오늘
한 분 뿐인 당신께
마음 담아 공양을 올립니다

불교에 관한 모든 것

BUDDHA 가르침

Buddhapāla

SATI SCHOOL

Namo Tassa Bhagavato Arahato Sammāsambuddhassa

지 거룩한 분
존경받아 마땅한 분
바르게 깨친 분께
머리숙여 예배드립니다

Ⅰ 참과 거짓

붇다하는 2600년 전 인도 중부지역에서 활동하다 입멸했다. 긴 시간 다양한 매개체를 거친 붇다하 가르침이 원형 그대로 오늘날까지 전해졌을 거라고 생각하면 순진한 발상이다. 자기가 직접 붇다하로부터 가르침을 전해받지 않은 이상 현재 알고있는 붇다하에 관한 모든 정보는 참일 수도 있고 거짓일 수도 있다.

불교 또한 역사산물이고 불교가 전해진 역사현실로부터 자유롭지 못하다. 그러기 때문에 자기가 알고있는 붇다하와 불교에 관한 모든 정보를 객관화하고 역사와 권위의 포장을 걷어내고 상식선에서 접근하면 있는 그대로 붇다하 가르침을 만날 수 있다. 이 책을 펼치면 붇다하 위에 드리워진 포장을 걷어내고 있는 그대로 맨얼굴의 붇다하 가르침을 만날 수 있을 것이다.

대개 자기가 좋아하는 것만 골라 취하고 이미 알고있고 믿고 따르는 것이 부정될 때 강한 거부감을 보인다. 불교도 마찬가지다. 대부분 사람은 붇다하 가르침 가운데 자기정서에 부합하는 것만 받아들이고 좋아하는 것만 믿고 따른다. 그러나 붇다하 가르침은 내가 좋아하는지에 상관없이 존재한다. 그것이 좋으면 따르고 싫으면 떠나면 그만이다.

불교는 단지 불교일 뿐이다. 붇다하 문제는 붇다하 것이고 우리문제는 우리 것이다. 붇다하는 자기삶을 위해살았고 중생 또한 자기삶을 위해산다. 모든 것은 나의 삶과 자유와 행복에 관계있고 도움되면 취하고 그렇지 않으면 그냥 두면 된다.

우리가 원형 그대로 붇다하 가르침을 알려고 할 때 가장 큰 방해요소는 말이나 권위에 의존해 배우려는 것이다. 붇다하 가르침은 말이나 글에 있지 않고 오직 행위로만 존재한다. 말이나 글은 붇다하 가르침으로 인도하는 통로이자 도구다.

붇다하 가르침은 수행으로 막가파라를 성취하고 욕망, 이기심, 분노, 적의, 원망, 서운함, 편견, 선입관, 가치관 등 탐진치 3독심인 마음오염원을 제거한 수행자마음에 존재한다. 누구나 자기수준만큼 붇다하를 만날 수 있다.

② 사람이 전부다

사람이 사람을 위해 자본주의도 만들고 공산주의도 만들었다. 그러나 세월이 지나면 사람은 없고 이념만 남아 사람을 구속한다.

사람이 사람을 위해 불교도 만들고 수행도 만들었다. 그러나 세월이 흐르면서 사람은 빠지고 불교와 수행만 남았다. 자유롭고 행복하자고 시작한 일이 도리어 삶을 얽매고 구속한다.

사람이 빠진 이념은 경직되고 사람이 빠진 수행은 허구와 말장난으로 가득할 수밖에 없다. 이제 우리가 해야 할 일은 사람이 빠진 불교와 수행에 따뜻한 온기를 불어넣고 사람이 여유롭게 머물 수 있게 하는 것이다.

③ 교육과 계몽

교육(education)은 기존 지식과 가치관을 답습해 가르치는 것이고 계몽(enlightment)은 기존 지식과 가치관이 유효성이 상실된 것을 안 사람이 직면한 어려움을 극복할 새로운 길을 발견하고 그것을 모르는 대중에게 가르치는 것이다. 그런 의미에서 계몽은 무용하고 낡은 기존체계를 버리고 유용하고 새로운 길을 여는 혁명성을 띤다.

누구나 처음 가는 길이다. 새로운 길을 개척할 때는 어려움이 따르기 마련이다. 그러나 누군가 길을 만들면 많은 사람이 편리하고 유용하게 이용할 수 있다. 새로운 길을 여는 것이 앞서가는 사람이 할 일이다.

④ 종교는 미신이다

사람은 진리를 믿는다고 하지만 실상은 진리일 것이라는 믿음이나 주장을 믿는다. 진리는 유효성이 있어야 한다. 어떤 주장이나 이론도 실천을 통해 그 유효성을 검증받아야 진리(法則)로 간주된다.

관세음보살이나 창조주 신에 대해 많이 주장하지만 아직까지 그런 존재를 검증할 수 없었다. 사람은 신이나 불보살을 믿는 것이 아니라 그런 존재가 실재할 것이라는 주장이나 믿음을 믿는다. 그런 점에서 종교는 미신이다.

종교는 근세 서구인이 크리스트교 우수성을 전파하기 위해 인위적으로 만든 개념이다. 미학이 아름다움과 추함을 다루듯 불교는 자유와 행복, 마음과 수행을 대상으로 한다. 불교는 종교가 아니라 마음다루는 마음과학이자 자유로운 삶, 청정한 삶, 행복한 삶으로 가는 도구이다.

붇다 가르침이 담겨있는 경전은 마음을 구체적이고 논리적으로 다루는 「마음관리 혹은 싸띠수행 매뉴얼이다.」

5000여 종류가 넘는 경전에서 삶의 교훈적인 내용을 담고있는 것은 수십 종에 불과하다. 대부분 경전은 어떻게 하면 마음을 효과적으로 다루고 건강하게 유지할 수 있는지에 관한 내용을 담고있다.

5 자유크기가 행복크기를 결정한다

붇다는 모든 물질·정신적 구속으로부터 자유로워질 때 행복하게 살 수 있다고 보았다. 물질구속으로부터 자유로워지는 것은 현실적으로 불가능할뿐더러 많은 비용을 지불해야 한다. 그러나 삶의 흔적이 저장돼있는 마음구속이나 기억무게로부터 자유로워지는 것은 조금만 노력하면 가능하다.

누구나 행복한 삶을 살기원하지만 모두가 행복할 수 있는 것은 아니다. 행복한 삶은 그냥 주어지지 않는다. 그것은 노력을 통해 성취해야 하는 것이다.

행복은 조건과 느낌이 어우러져있다. 행복조건은 물질적, 객관적이고 행복느낌은 정신적이고 주관적이다. 조건은 객관적으로 이뤄지고 느낌은 마음에서 일어난다. 느낌이 마음에서 일어나기 때문에 마음상태는 행복과 불행을 결정하는 중요한 요소다. 마음이 맑고 건강하고 안정돼있으면 외부에서 들어오는 자극에 대응력이 높아지고 느낌도 좋게 일어난다.

마음이 오염되고 지치고 불안하면 조그만 자극에도 과민하게 반응한다. 그러기 때문에 마음이 맑고 건강하고 안정돼있으면 삶이 행복해진다.

삶에 필요한 물질을 획득하는 데 많은 시간과 정열을 투자한다. 그것이 삶에 중요하기 때문이다. 그러나 그 모든 것을 창조하고 받아들이고 누리는 마음을 가꾸는 데는 소홀하다.

물질만으로 성숙한 삶을 사는 것은 불가능하다. 물질은 기본이다. 거기에 마음의 풍요로움이 뒷받침돼야 행복한 삶을 살 수 있다.

⑥ 만년대계

교육은 백 년, 문화는 천 년, 문명은 만 년 동안 영향미친다고 한다.

현대사회는 욕망과 경쟁, 갈등과 폭력으로 대표되는 물질문명과 자본주의 문화를 소비하고 산다. 풍요로운 삶을 만들려고 선택한 문화가 도리어 삶을 지치게 하기도 한다.

현대인은 넘쳐나는 물질이 아니라 빈곤한 정신이 문제가 되는 사회에 살고있다. 사람이 불행하다고 느끼는 것은 물질부족뿐만 아니라 욕망과 이기심, 만족하지 못하는 마음도 한 몫한다. 욕망과 분노를 적절히 관리하지 않고서는 자유롭고 행복한 삶을 누리기가 쉽지않은 것도 현실이다.

물질문명과 자본주의 문화가 삶을 지치고 힘들게도 하지만 그렇다고 마땅한 대안이 있는 것도 아니다. 끊임없이 요구되는 욕망을 채울 것이 아니라 만족하고 여유로울 때 삶은 자유와 행복으로 충만할 것이다.

이제 물질문명과 자본주의 문화단점을 보완할 새로운 문화를 창조하고 누릴 때다. 우리가 꿈꾸는 새로운 문화는 자유롭고 여유롭고 당당하고 홀로서고 함께 공존하는 문화다.

이제까지 문화가 욕망과 폭력 그리고 물질에 기반둔 것이었다면 우리가 꿈꾸는 새로운 문화는 자유와 행복, 마음과 수행, 만족과 공존을 기반으로 한 문화다. 물질과 욕망에 기초해 살기엔 삶은 너무나 소중하고 복잡하다. 물질은 기본이다. 거기에 더해 마음이 풍요로우면 삶이 훨씬 여유로울 것이다.

⑦ 자유와 행복으로 가는 길

이 책을 펼치는 순간 새로운 삶의 길이 보일 것이다. 인류삶을 풍요롭게 할 자양분이자 동양문화 정수가 당신을 기다리고 있을 것이다. 붇다하가 창안한 마음과학과 싸띠수행은 당신을 자유와 행복으로 인도할 것이다.

이 책은 자유와 행복으로 가는 길 시리즈 첫 번째에 속한다. 원래 계획은 오리지널 불교에 관한 모든 것인 「BUDDHA 가르침」을 먼저 출판하고 그 속에 담긴 내용 가운데 마음과학과 싸띠수행을 특화해 마음과 수행에 관한 이론과 기술서인 「BUDDHA 수행법」을 출판할 예정이었는 데 수행에 관한 이론과 기술이 급해서 그것을 먼저 출판하고 이 책은 지금 출판한다.

이 책은 BUDDHA DHAMMA SAṄGHA에서 수행하는 사람을 위해 집필했다. 그러나 누구나 불교 위에 덮인 왜곡된 거품을 걷어내고 마음과학과 싸띠수행으로 불리는 불교를 만든 붇다하가 창안한 원형 그대로 오리지널 불교를 알고싶은 사람, 맨얼굴의 불교를 만나고 싶은 사람, 자유와 행복으로 가려하는 사람에게는 소중한 길라잡이가 될 것이다.

현재문제를 해결하기 위해서는 현재수준으로는 해결관점을 발견할 수 없다고 한다. 지금까지 알고있던 모든 것을 내려놓고 새로운 관점에서 접근할 때만이 꿈과 원력을 이룰 수 있을 것이다.

수행을 지도해준 은사 淸霞대장로, 미얀마 마하-시- 아-라-마 U Vasava 대장로, 항상 올바른 길을 일러준 통도사 殊眼대장로께 이 책을 공양올린다. 좋은 도반과 함께 수행을 후원하는 법우, 새로운 문화를 창조하는 모든 분, 편집과 교정, 도표와 사진을 만드느라 복 많이 쌓은 천윤경과 무량수 식구, 지우와 여러 스님, 회장 덕운, 무어법우께 깊은 존경과 감사 드린다.

1. 이 책은《자유와 행복으로 가는 길》시리즈 **❶**권이다. 총 8부 24장으로 구성됐다. 굳이 앞에서부터 읽지 않아도 되고 필요한 장을 선택해 읽어도 좋다.

17장 마음과학, 18장 수행지향점과 출발점, 19장 수행기술, 23장 한국불교 처음부터 붇다하 정통 수행법이었다. 이 네 장은 책 내용에 필요해서 《BUDDHA 수행법》에 있는 것을 그대로 실었다.

23장 부파불교와 종파불교는 佛敎大辭典(弘法院, 서울, 1996), 中國佛敎史(경서원, 서울, 1992), 인도불교의 역사(히라카와 아키라 저/이효근 역, 민족사, 서울, 1994)에 전적으로 의존했다.

마음과학과 싸띠수행에 관한 내용은 마음관리와 수행기술에 관한 것으로 문자로만 이해하기에 한계가 많다. 가능하면 반냐라마 SATI SCHOOL에서 실시하는 SATI workshop에 참여해 직접 배우고 익히면 이해하기 한결 수월할 것이다.

1부 붇다가야 선언은 1장으로 구성했다. 여기서는 BUDDHA DHAMMA SAṄGHA 창립목적과 활동방향을 드러냈다.

2부 오해와 진실은 2장으로 구성했다. 여기서는 불교, 마음과학, 싸띠수행을 이해하고 실천하는 기본관점을 다루고 불교를 이해할 때 흔히 범하는 오류를 지적하고 올바른 관점을 가질 수 있도록 교정하는 데 중점됐다.

3부 불교일반은 8장으로 구성했다. 여기서는 삶의 본질, 붇다 가르침, 행복으로 가는 길, 붇다 발견과 발명, 불교일반, 불교예절, 붇다 생애 등을 다룬다. 이 장을 배우고 익히면 오리지널 불교를 이해하는 데 도움될 것이다.

4부 원전읽기는 2장으로 구성했다. 여기서는 붇다가 처음 붇다가야 보리수 아래서 아라한뜨 막가파라에 들어 닙바-나를 성취하고 미가다-야에서 5비힉쿠에게 수행지도할 때까지 6개월 동안 행적을 기록한 초전법륜경과 라-자가하에서 꾸씨나-라-까지 마지막 1년 동안 행적을 기록한 대반열반경을 한글로 번역해 주요부분을 원문 그대로 실었다. 초전법륜경은 중도, 3법인, 5온, 4성제, 8정도, 12연기, 연기법, 차제설법, 최상설법, 쏘따-빳띠와 아라한뜨 인가법, 오도송, 수계법, 불교창립선언문 등 불교에 관한 거의 모든 내용이 담겨있다. 이 한 권의 경전은 모든 불교경전 모태다. 대반열반경은 붇다가 입멸한 후 제자가 정법과 비법을 구분하고 계와 수행을 스승으로 삼고 실천해야 할 유언을 담고있다. 이 한 권의 경전을 읽으면 오리지널과 사이비 불교를 구분할 수 있는 안목이 열릴 것이다.

5부 불교철학은 3장으로 구성했다. 여기서는 붇다가 사유하고 실천한 사유체계와 교리내용을 다룬다. 불교철학을 이해하는 데 도움될 것이다.

6부 마음과학은 1장으로 구성했다. 여기서는 마음실체, 마음 구조와 기능, 마음화학반응, 마음물리특성, 마음작용, 기억 구조와 기능, 싸띠기능 등을 다룬다. 이 장은 붇다가 체계화한 마음에 관한 모든 것을 현대인이 이해할 수 있는 언어, 도표, 마음과학 개념으로 구체화했다. 특히 마음구성 기본인자와 기억구조, 싸띠기능 등은 마음분야에서 활동하는 사람이 배우고 익히면 유용하게 사용할 수 있을 것이다. 여기서는 《BUDDHA 수행법》에서 4장으로 나눠 실었던 것을 한 장에 실었다.

7부 수행기술은 2장으로 구성했다. 여기서는 수행 출발점과 지향점, 좌선, 행선, 생활선, 노동선, 자비수행 등에 관한 기본기술을 배우고 익힌다. 여기서 제시한 기술은 마음과학과 싸띠수행을 창시한 붇다가 만든 원형 그대로 기술이다. 이 기본기술을 배우고 익히면 수행이 크게 진보할 것이다.

8부 시대배경은 4장으로 구성했다. 여기서는 불교전파 경로와 지역, 고대 인도사회에서 불교가 발생한 시대배경, 불교발생에 영향미친 요인, 인도에서 발생한 부파불교와 중국에서 만들어진 종파불교, 한국불교가 처음부터 붇다 정통 싸띠수행이었던 것을 배우고 익히면 불교를 이해하는 안목이 깊고 넓어질 것이다.

2. 이 책은 불교, 마음과학, 싸띠수행을 창시한 붇다가 만든 오리지널 불교에 관해 기술했다. 원칙을 드러내기 위해 기술했으므로 문장이 읽기에 다소 불편할 수도 있다. 의미와 내용을 정확히 전달하기 위해 몇몇 표현, 문장, 목차 등은 반복해 기술했다. 그리고 《BUDDHA 수행법》에서 도표와 몇 장은 그대로 옮겨왔다.

3. 이 책에 사용한 용어는 붇ㄷ하 언어인 pāli 어에 기초해 썼고 pāli 어에 없는 대승부 용어는 sanskṛt 어다. pāli 어 로마자표기는 oxford university에 본부를 둔 「Pāli Text Society」 표기법에 따르고 pāli 어 한글표기는 「BUDDHA DHAMMA SAṄGHA」 표기법에 따른다. 가능한 원칙에 따라 표기하지만 pāli 한글일 경우 표기법이 너무 번잡해진 받침은 대표음으로 표기한다.

예) Buddha →붇ㄷ하, satta → (쌑따) 쌋따

4. 한글과 한문, 한글과 pāli 어 음이 같을 경우는 ( ), 한글의미가 pāli 어 나 한문과 같을 경우는 [ ]로 표기했다.

예) 초선(初禪)

앗따(atta, sk.Ātmam, 我)

마음괴로움[dukkha, 苦]

5. 처음 나온 pāli 어는 pāli 한글(pāli romanize, 한문음사, 한문의역), 두 번째부터는 pāli 한글로 표기한다. 문장 흐름상 꼭 필요한 경우는 처음처 럼 표기하거나, pāli 한글(한문), 한글(한문)로 표기한다.

예)쌍ㄱ하(saṅgha, 僧伽, 衆)

그 다음부터는 쌍ㄱ하, 쌍ㄱ하(僧伽), 승가(僧伽)

6. pāli 어 음사는 pāli 한글(pāli, 음사, 의역) 순으로 표기한다.

예) 쏘따-빳띠(sotāppatti, 須陀洹, 預流)

7. 중국 지명이나 인명 등 고유명사는 한국에서 사용하는 한문발음으로

표기한다.

　예) 혜능(慧能)

8. 이 책을 저술하기 위해 사용한 자료는 일일이 출전을 밝히지 않았다. 그러나 많은 문장을 인용했거나 지도를 인용한 것은 출전을 밝혀뒀다.

　예) 佛敎大辭典(弘法院, 서울, 1994), 謙田茂雄 著 鄭舜日 譯 中國佛敎史 (경서원, 서울, 1992), 히라카와 아키라 저 이호근 역 인도불교의 역사(민족사, 서울, 1994)

9. 이 책에 수록한 내용은 붇다하가 창안한 이래 축적된 불교와 인류 공동 자산이다. 누구든 필요한 경우 비영리목적이나 학술목적으로 인용, 전제, 복사를 허가한다. 그러나 상업적으로 사용하는 것은 금한다.

10. 이 책에 사용한 연대표기는 ABM, BCE, CE를 사용했고 ABM과 CE 는 꼭 필요한 경우가 아니면 생략했다. 현재 전세계적으로 통용되는 역법 인 Jusus 탄생을 기원으로 한 BC(Before Christ, 그리스도 이전)와 AD(Anno Domini, 우리 주님 해라는 뜻의 라틴어)를 주로 써왔다.

최근 비기독교권 나라와 양심적인 학자 사이에 BC 대신 Before Common Era 약어인 BCE, AD 대신 Common Era 약어인 CE를 사용하 는 경향이 두드러지고 있다. Common Era 라는 표현은 이 역법이 현재 종교와 지역에 무관하게 전세계에 퍼졌다는 것을 뜻하고 종교의미를 어느 정도 제거한 종교중립적인 의미다. Oxford 영영사전에도 이 표기법이 실려 있다.

ABM은 After Buddha Mahāparinibbāna 약어로 붇다하 입멸 후부터 계산

한 불교연호인 불기(佛紀)다. 원래 붇다하는 BCE 486년 음력 4월 15일에 입멸했으니 BCE 485년 음력 4월 15일이 불기 1년이다. 현재 통용되는 불기는 남방에 전해진 전설에 따른 것으로 실제 입멸년도보다 58년 많이 계산된 BCE 542년 음력 4월 15일을 불기 1년으로 계산한다. BUDDHA DHAMMA SAṄGHA는 BCE 485년을 불기 1년으로 계산한다. 서기 2009년은 불기 2495년에 해당한다.

BUDDHA DHAMMA SAṄGHA
pāli 한글표기법

모음

a 아   ā 아-   i 이   ī 이-   u 우   ū 우-   e 에   o 오

자음

ka 까   kha 카   ga 가   gha ㄱ하   ṅ ㄴ

ca 짜   cha 차   ja 자   jha ㅈ하   ñ ㄴ

ṭa 따   ṭha 타   ḍa 다   ḍha ㄷ하   ṇ ㄴ

ta 따   tha 타   da 다   dha ㄷ하   n ㄴ

pa 빠   pha 파   ba 바   bha ㅂ하   m ㅁ

ya 야   ra 라   la 라   ḷa 라   va 와, 봐 / 위, 뷔

sa 싸   ha 하   ṁ ㅇ

붇다가 만든 불교는 사회적(外的)으로는 평등, 평화, 공존을 지향하고, 개인적(內的)으로는 자유, 청정, 행복을 추구하는 수행공동체다.

불교와 수행에 관련된 모든 것은 마음과 수행에 기초해야 올바르게 알 수 있다. 아라한뜨 막가파라를 성취하지 못한 상태에서 아라한뜨인 붇다 생각과 행동을 이해하는 것은 한계가 있다.

붇다 가르침은 막가파라(道果)에 들어 닙바-나(涅槃)를 성취한 수행자 마음과 행동, 율장과 경장에 전해진다. 이런 자료에 저장된 붇다 가르침을 있는 그대로 이해하기 위해서는 스스로 아라한뜨 막가파라를 성취해 붇다와 같은 지혜를 얻어야 한다.

BUDDHA DHAMMA SAṄGHA는 붇다가 창안한 마음과학과 붇다 정통 싸띠수행에 관한 책을 《자유와 행복으로 가는 길》 시리즈로 출간한다.

싸띠수행을 직접 체험한 수행자가 붇다 가르침을 현대어와 마음과학 용어를 사용해 자유로운 삶, 청정한 삶, 행복한 삶, 공존하는 삶으로 올바르고 쉽고 유용하게 인도해줄 것이다.

우리의 이런 노력이 인류의 현재와 미래, 이익과 번영, 자유와 행복, 청정과 공존에 기여할 수 있기를 간절히 기대한다.

ABM 2495(2009)년 12월 10일
BUDDHA DHAMMA SAṄGHA 대표법우 慧日

3 불교일반
183~456

4 원전읽기

457~522

6 마음과학
731-832

부록

불교에 관한 모든 것

BUDDHA 가르침

모든 존재가 자유롭고 행복하기를

BUDDHAGAYA 선언

1장 BUDDHAGAYA 선언

(BUDDHA DHAMMA SAṄGHA 창립선언문)

1

좋은 사람과 함께 가는 산이 좋은 산이다

1장

BUDDHAGAYA 선언

(BUDDHA DHAMMA SAṄGHA 창립선언문)

check point

마음과학, 싸띠수행, 불교를 창립한 붇다가 아라한뜨 막가파라를 이루고 최상깨달음을 성취한 지 2533년째가 된 불기 2488(2002)년 1월 21일 붇다가 아라한뜨 막가파라를 성취한 Buddhagaya 보리수 아래서 BUDDHAGAYA 선언문을 처음 선포했다.

1. 좋은 사람과 함께 가는 산이 좋은 산이듯 평등하고 평화롭고 공정하게 사는 것이 좋은 삶이고 맑고 건강한 마음으로 사는 세상이 행복한 세상이다.

① 존재본질

2. 존재가 1차고 존재결합으로 마음현상이 발생한다. 2차로 일어난 마음상태는 존재양식에 크게 영향미친다.

3. 존재는 인식주체 수준과 감각대상 관계와 상황에 따라 다차원으로 이해된다.

4. 존재는 물질과 마음으로 구분하고 분리할 수 없는 복합존재다. 동일존재를 인식수준과 설명편리에 따라 물질이나 마음으로 분리하고 구분해 이해한다.

5. 존재는 서로 관계맺고, 서로 의존하고, 서로 영향미치고, 서로 해체하고, 서로 재구성하면서 변화발전한다.

6. 존재는 그 자체로 완성돼있다. 존재는 부족이나 넘침이 없다. 존재는 존재할 뿐이다. 단지 존재를 인식하는 사람이 자기수준에서 평가하고 포장한다.

7. 생명가진 존재가 자기생명을 유지하기 위해서는 다른 존재로부터 필요한 에너지를 가져와야 한다. 이것은 선악문제가 아니라 생명현상 본질이다.

8. 소비를 줄이고 필요한 만큼 소비하고 나머지는 다른 존재가 사용할 수 있도록 두는 것이 다른 생명을 살리는 길이고 자연이치에도 맞다.

9. 인류역사에 존재가 인간에게 인위적으로 해를 끼친 적은 많지 않다. 사람이 무지와 욕망으로 물질을 잘못 사용해 삶을 힘들게 한다.

10. 현재인류가 직면한 갈등과 고통 등 근본문제는 무지와 이기심에 기초해 존재를 점유하고 다른 존재를 소외시킴에 기인한다.

2 삶의 실재

11. 생명가진 존재의 중심과제는 현재 삶을 지속하는 것이다. 그 외는 모두 부차적이다. 생존이 보장되면 비로소 자유와 행복 등 삶의 질이 중심과제로 등장한다.

12. 철학, 종교, 예술 등이 삶을 고상하게 포장하고 설명하지만 포장을 한 겹만 벗기면 그 중심에 생존문제가 도사리고 있다.

13. 생명현상 중심고리는 물질이고 삶의 질의 중심고리는 자유와 행복이다. 물질이 평등하고 풍요로운 것은 기본이다. 거기에 더해 삶이 자유롭고 행복해야 품위있고 여유롭게 살 수 있다.

14. 물질이 풍요롭고 사회가 정의로울 때 삶의 토대가 건강하고, 마음이 청정하고 자유로울 때 삶은 행복으로 충만해진다. 물질과 마음, 생존과 삶의 질은 분리할 수 없는 동일현상의 다른 표현이다.

15. 평화롭고 풍요로운 사회, 평등하고 공정한 제도, 약자에 대한 배려, 사회정의를 추구하는 것은 모든 사회구성원 기본의무다.

16. 그것만으로는 충분치 않다. 모든 것을 만들고 누리는 마음공간이 욕망, 이기심, 분노, 적의, 원망, 서운함, 편견, 선입관, 가치관 등 마음오염원(貪嗔痴 三毒心)으로 가득 차 있으면 삶의 토대는 거칠어지고 행복한 삶에

서 멀어진다.

17. 물질의 평등과 풍요로움은 자연과 사회에서 객관적, 집단적, 상대와의 관계와 상황에서 이뤄진다.

18. 마음의 자유로움, 청정함, 평화로움, 행복함은 마음에서 주관적, 개별적, 독립적으로 이뤄진다.

19. 물질의 평등과 풍요로움만으로 직면한 삶의 문제를 해결하기에는 한계가 많다. 거기에 더해 마음의 청정함과 평화로움이 더해질 때 다른 존재와 더불어 자유롭고 행복하게 살 수 있다.

20. 현재 인류가 직면한 모든 문제는 사람이 만들었다. 사람은 욕망과 분노, 무지와 편견, 관념과 가치관 등에 기초해 존재를 창조하고 소비한다.

21. 물질문제는 법, 제도, 사회구조를 바꿔 1차로 해결할 수 있지만 그것만으로 충분치 않다. 마음공간에 있는 욕망과 분노, 무지와 편견, 관념과 가치관 등 마음오염원을 제거하는 것도 중요하다.

22. 법, 제도, 사회구조를 바꿔 문제를 해결하는 것은 개인이나 단체뿐만 아니라 사회구성원 모두 공통된 의무다. 마음을 바꾸는 것은 사회구성원도 함께 해야 하지만 마음이 가진 특성상 개인이 스스로 할 수밖에 없다.

23. 물질은 자연과 사회에 존재하기 때문에 개인과 단체가 참여와 연대를 통해 해결할 수 있다. 마음은 개인의식에 존재하기 때문에 스스로 자기 마음으로 들어가 수행으로 해결해야 한다.

24. 마음에 관해 다른 사람이 할 수 있는 것은 마음 건강과 관리 필요성을 설명하고, 마음 건강과 관리의 이론, 기술, 장소를 제공하고, 마음 건강과 관리에 도움되도록 법과 제도를 바꾸고 사회환경을 조성하는 것뿐이다. 마음은 자기 스스로 정화하고 관리할 수밖에 없다.

25. 물질의 평등함과 풍요로움은 생존문제 기초고 청정하고 평화로운

마음은 삶의 질의 기초다. 자유로운 삶, 청정한 삶, 행복한 삶, 공존하는 삶의 출발점은 건강한 사회와 청정한 마음에서 시작한다.

③ 물질과 마음

26. 삶은 물질뿐만 아니라 마음도 매우 중요하다. 물질은 삶을 유지하는 데 기본이고 마음은 삶의 질을 성숙하는 데 필수적이다.

27. 삶은 물질이 기본이지만 물질에만 초점둔 개인이나 사회는 거칠고 본능에 충실하고 욕망과 폭력에 의존해 모든 것을 해결하려고 한다.

28. 물질은 기본이다. 거기에 더해 마음을 중시한 개인이나 사회는 여유롭고 상대를 배려하고 관계와 상황에 기초해 문제를 해결하려고 한다.

29. 사회구조를 살기 좋은 것으로 만드는 것은 기본이다. 거기에 더해 마음공간을 청정하고 아름답게 가꾸는 것은 필수적이다.

30. 사회공동체가 불평등, 폭력, 편견 지수가 높으면 삶의 토대가 거칠고 삶이 각박하다. 마음공간에 욕망, 분노, 편견 지수가 높으면 삶의 질이 낮고, 품위있고 공존하는 삶을 살 수 없다.

31. 사회공동체가 평등, 평화, 공존 지수가 높으면 삶의 토대가 여유롭고 삶이 풍요롭다. 마음공간에 욕망, 분노, 편견 지수가 낮으면 삶의 질이 높고 품위있고 공존하는 삶을 살 수 있다.

32. 법이나 제도 변화는 참여와 연대를 통해 가능하고 마음공간에 존재하는 마음오염원 제거는 싸띠수행으로 가능하다.

33. 사람은 몸과 환경을 가꾸는 데 많은 시간과 노력을 들인다. 필요한 물질을 획득하는 데 삶의 전부를 투자한다. 사람은 육체건강을 지키기 위

해 많은 에너지를 사용한다. 그것이 삶에 중요하기 때문이다. 그러나 그 모든 것을 창조하고 받아들이고 누리는 마음을 가꾸는 데는 관심이 적다.

34. 물질평등에 주안점을 두었던 사회주의나 인간욕망에 기초한 자본주의가 삶의 질을 높이기 위해 노력했고 큰 성과를 거둔 것은 사실이지만 마음공간에 존재하는 욕망, 이기심, 분노, 적의, 원망, 서운함, 편견, 선입관, 가치관 등 마음오염원을 적절히 관리하지 않고서는 자유와 행복에 관한 어떤 문제도 해결할 수 없다는 사실도 알려주었다.

35. 인류가 직면한 문제핵심은 물질부족이 아니라 허약한 마음이다. 그러기 때문에 사회구조를 평등하고 평화롭고 정의롭게 만드는 것 못지않게 사람마음을 맑고 아름답게 가꾸는 것도 필요하다.

36. 부족한 물질뿐만 아니라 만족하지 못하는 욕망과 불만족함이 사람에게 괴로움을 일으킨다. 물질부족보다 정신빈곤이 더 문제다. 허약한 육체뿐만 아니라 나약한 마음이 삶을 지치게 한다. 오염된 자연뿐만 아니라 탐진치 3독심으로 오염된 마음이 삶을 초라하게 만든다.

37. 항상 물질을 다루고 소유한 사람이 문제였다. 그러기 때문에 삶의 문제를 해결함에 물질뿐만 아니라 마음도 함께 고민해야 온전한 해결책을 찾을 수 있다.

④ 자유와 행복

38. 누구나 자유롭고 행복한 삶을 원하지만 모두가 자유롭고 행복할 수 있는 것은 아니다. 자유와 행복은 다른 존재가 주지 않는다. 그것은 스스로 노력해 성취해야 한다.

39. 자유롭고 행복한 삶에 물질은 기본이다. 거기에 더해 욕망이 원하는 대로 물질을 제공할 것이 아니라 욕망지수를 낮추고 만족지수를 높이고, 폭력지수를 낮추고 평화지수를 높이는 것이 자유와 행복에는 더 본질적이고 직접적이다.

40. 행복은 내용과 형식, 조건과 느낌으로 이뤄진다. 내용은 정신적, 주관적, 느낌적이고 형식은 물질적, 객관적, 조건적이다.

41. 사람은 접촉 다음에 일어난 느낌이 좋으면 행복하고 싫으면 불행하다고 생각한다. 느낌은 마음에서 일어난다. 느낌이 마음에서 일어나기 때문에 접촉뿐만 아니라 그것을 수용하고 느낌을 일으키는 마음상태는 행복과 불행을 결정하는 핵심요소다.

42. 물질조건이 풍요로운 것 못지않게 그것을 받아들이고 누리는 마음상태가 건강하고 청정해야 한다. 마음을 맑고 아름답게 가꾸는 것은 추상적이거나 애매해서는 안 된다. 그것은 구체적이고 현실적이고 무엇보다 유효해야 한다.

43. 지치고 피로한 마음에 활력을 주고, 오염된 마음을 맑고 아름답게 정화하고, 속박된 마음을 자유롭게 하고, 혼돈된 마음을 정돈하는 것은 자유와 행복으로 가는 유일한 길이다.

44. 모든 물리적, 심리적 구속으로부터 자유롭고 싶은 사람, 사자처럼 당당하고 바람처럼 자유롭고 연꽃처럼 초연하게 살고싶은 사람에게 붇다가 만든 마음관리기법인 싸띠수행을 권한다.

45. 붇다가 직접 만든 싸띠수행으로 마음공간에 존재하는 지나온 삶의 흔적, 마음오염원, 기억무게, 업장, 스트레스 등을 제거하고 마음공간을 정화하는 이론과 기술을 배우고 익히면, 존재를 인식하는 관점이 바뀌고 생각이 변하고 행동이 달라져 삶에 혁명이 일어난다.

46. 마음은 빈 통이다. 쓰레기를 채우면 쓰레기통이 되고 향수를 채우면 향수병이 된다. 마음공간을 욕망, 이기심, 분노, 적의, 원망, 서운함, 편견, 선입관, 가치관 등 마음오염원으로 채울 것이 아니라 정크 데이터나 마음오염원을 청소하고 청정한 향기로 채우면 삶은 맑은 향기로 가득할 것이다.

5 종교와 과학

47. 종교는 비논리적이고 신비주의에 기초해 경험, 주장, 믿음을 강요한다. 종교는 증명된 사실을 믿는 것이 아니라 진리일 거라는 믿음을 믿는다. 그래서 종교는 미신이다.

48. 고대인은 거대한 자연 앞에 나약한 존재였다. 그들은 삶을 유지할 물질을 획득하는 과정에서 신을 창조하고 종교를 만들고 의존했다.

49. 이렇게 만들어진 종교는 사람삶을 이전보다 성숙시킨 것은 사실이지만 종교를 통해 생존문제를 해결하는 사람은 다른 사람이 개방적이고 진보적인 생각을 하지 못하도록 했다. 더 나은 삶을 위해 만든 신과 종교가 도리어 과학적이고 성숙된 삶을 가로막았다.

50. 미신적, 비과학적, 추상적 종교영역에서 벗어나 인간의 지식과 지혜에 기초해 논리적, 과학적, 객관적으로 사고하고 실천하는 노력을 멈추지 않은 사람도 있었다.

51. 종교에서 자연과학, 사회과학, 인문과학, 의학, 철학 등이 분리독립했다. 철학에서 심리학, 심리학에서 상담학 등이 분리독립했다.

52. 이들은 주관적, 비논리적, 미신적 사유체계인 종교에서 벗어나 객관적, 논리적, 과학적 사유방식을 획득하기 위해 큰 희생을 치렀다. 그러나

오늘날 많은 과학자, 의학자, 철학자가 미신적이고 종교적인 영역으로 자발적으로 들어간다.

53. 불교도 마찬가지다. 불교를 만든 붇다하는 기존의 주관적, 비논리적, 미신적인 힌두교로부터 분리독립하기 위해 객관적, 논리적, 과학적이란 의미인 빤냐-(paññā, 般若, 慧)와 윗자-(vijjā, 明)를 강조했다.

54. 붇다하 입멸 후 과학과 증명을 중시한 붇다하 가르침을 믿고 따르던 제자가 주관적, 비논리적, 미신적인 힌두교 사유체계를 받아들이고 종교영역으로 흡수됐다.

55. 신과 윤회는 인간이 만들어낸 허구다. 삶을 추동하는 것은 신과 윤회가 아니라 무지와 욕망이다.

56. 붇다하는 신, 윤회, 계급, 신분, 세습 등을 부정했다. 붇다하는 논리적으로 설명할 수 없는 것, 객관적으로 증명할 수 없는 것 등은 철저히 부정했다. 붇다하는 지식, 지혜, 평등, 평화, 공정, 공존, 능력, 자력 등을 중시했다. 붇다하는 논리적으로 설명할 수 있는 것, 객관적으로 증명할 수 있는 것 등을 존중했다.

57. 삶의 흔적 가운데 물질적인 것은 자연과 사회 속에 물질로 남아있고 정신적인 것은 마음공간에 기억과 정서로 존재한다.

58. 지나온 삶의 흔적은 신과 윤회를 통해 이전되지 않고 사회를 통해 다음세대로 이전한다. 정신흔적은 사람마음에 존재하다 다양한 매개체를 통해 다른 사람 마음으로 이전된다.

59. 이전세대로부터 다음세대로 이전되는 삶에 관한 정보가 욕망, 이기심, 분노, 적의, 원망, 서운함, 편견, 선입관, 가치관 등 마음오염원으로 오염돼있으면 관계맺고 있는 다른 존재와 자기의 현재 삶뿐만 아니라 앞으로 전개될 삶 또한 고통으로부터 자유롭지 못할 것이다.

60. 삶의 흔적인 기억이 가진 힘을 제거하고 마음을 청정하고 평화롭고 자유롭고 지혜롭게 가꾸는 것은 자유와 행복으로 가는 중요한 일 가운데 하나다.

61. 마음오염원을 제거하고, 이미 발생한 고통으로부터 벗어날 수 있고 앞으로 발생할 모든 고통을 막을 수 있고 삶의 토대를 청정하고 평화롭게 하는 싸띠수행은 자유와 행복으로 가는 올바른 길이다.

⑥ 마음과학

62. 물질과 마음은 서로 분리할 수 없는 존재다. 이 둘은 서로 관계맺고 서로 의존하고 서로 영향미치는 동일존재의 다른 표현이다.

63. 물질과 마음은 고유 영역과 법칙을 갖고있다. 개념의 선명함과 설명의 편리함, 존재이해나 문제해결 관점을 간결하고 효율적으로 하기 위해서 구분해 설명하지만 물질과 마음은 분리할 수 없는 동일존재다.

64. 물질과 마음은 통일돼 있기 때문에 물질일반에 적용되는 법칙이 마음에도 적용된다. 그러나 물질과 마음은 결합수준이 서로 다르고 차원이 다르다.

65. 마음은 일반물질보다 더 복잡하고 고차원이다. 일반물질보다 더 복잡하고 고차원으로 결합된 마음을 다룰 때는 물질일반에 적용되는 법칙에 더해 마음에 존재하는 고유법칙을 이해하고 적용해야 한다.

66. 일반물질은 질량을 가지고 있고, 비교적 고정돼있고, 형체를 파악하기 쉽고, 마음 밖에 존재하기 때문에 분석, 사유, 논리를 사용하면 다루기 쉽다.

67. 마음거울에 맺힌 상은 질량을 갖고 있고, 빠르게 움직이고, 형체를 포착하기 까다롭고, 마음 안에 존재하기 때문에 분석, 사유, 논리를 사용하되 그것을 압축해 직관방식을 사용해 효과적으로 다룰 수 있다.

68. 마음거울에 맺힌 상을 다룰 때는 마음공간에 존재하는 모든 데이터를 한 순간, 한 지점에 쏟아붓는 방식으로 다룬다. 이것을 응축 또는 직관이라고 한다. 마음작용은 직관을 사용하면 다루기 쉽다.

69. 하위개념을 다룰 때는 하위개념을 다루는 도구를 사용하고 상위개념을 다룰 때는 상위개념을 다루는 도구를 사용해야 유효성이 있다. 하위개념을 다루는 도구로 상위개념을 다룰 수 없다.

70. 붇다 가르침은 마음과학과 싸띠수행이다. 과학은 사실에 기초해 객관적인 법칙, 실천, 증명을 요구한다. 붇다는 모든 신비주의를 배제하고 개인 경험과 주장을 객관적이고 논리적으로 증명해야 한다고 말했다.

71. 우리는 붇다가 만든 오리지널 불교[BUDDHA DHAMMA, 根本佛敎]를 마음과학과 싸띠수행 동의어로 사용한다.

72. 우리가 이 운동을 하는 것은 붇다 입멸 후 종교영역으로 흡수된 붇다 가르침을 다시 객관적, 논리적, 과학적인 영역으로 되살리기 위함이다.

73. 우리가 이 운동을 하는 것은 오리지널 붇다 가르침을 있는 그대로 드러내기 위해서고 붇다가 만든 싸띠수행, 마음과학, 불교를 그 본래 사용가치로 사용하기 위해서다.

74. 붇다가 마음과학, 싸띠수행, 불교를 만든 것은 두 가지 목적에서다. 하나는 자기자신를 위해서였고 다른 하나는 다른 사람의 자유로운 삶, 청정한 삶, 행복한 삶, 공존하는 삶을 위해서였다.

75. 붇다 입멸후 계승자는 붇다 가르침을 미신적, 추상적, 종교적으로 바꾸고 왜곡하고 축소해 불교교단과 수행자만 생각하는 이기적이고 편협

한 단체로 만들었다.

76. 우리가 붇다 오리지널 가르침을 밝히는 것은 미신적, 추상적, 종교적 불교를 과학적, 현실적, 실제적으로 되살리고 수행자와 불교교단만 생각하는 불교를 모든 존재 이익과 번영, 자유와 행복, 현재와 미래에 기여하도록 하기 위해서다.

77. 마음과학과 싸띠수행은 마음을 논리적, 과학적, 객관적으로 이해하고 다루면 유효성이 높다는 것에서 출발한다.

78. 마음과학과 싸띠수행은 마음구성인자, 마음 구조와 기능, 마음화학반응, 마음물리특성, 마음작용, 마음활용, 기억 구조와 기능, 싸띠 구조와 기능 등을 올바르게 이해하고 논리적으로 체계화하고 객관적으로 설명하는 데 전심전력을 기울인다.

79. 물리학이 물질이해 기본도구이듯 마음과학과 싸띠수행은 마음을 맑고 고요하게 가꾸고 자유와 행복으로 가는 핵심도구다.

80. 붇다는 마음 구조와 법칙을 논리적으로 이해하고 실천으로 과학성과 유효성을 증명했다. 붇다가 붇다가야 보리수 아래서 성취한 깨달음은 마음 법칙과 관리에 관한 내용이었다.

81. 붇다는 인류역사에 의미있고 중요한 마음과학과 싸띠수행에 관한 핵심적인 이론과 기술을 발견했다.

82. 붇다는 최초로 감각기관이 여섯 개(6감)라는 것을 발견했다. 붇다는 마음거울을 발견했고 마음거울에 맺힌 상을 알아차림하는 싸띠기능을 발견했다. 싸띠기능을 활용해 싸띠현미경을 발견했고 싸띠기능을 활용해 기억이미지와 결합된 마음오염원 해체기술, 마음에너지 증감 이론과 기술, 마음 건강과 휴식에 관한 이론과 기술, 스트레스 증감 이론과 기술을 발견했다. 붇다는 자유[vimokkha, 解脫]와 행복[nibbāna, 涅槃, 寂滅]으로 가

는 길을 발견했다.

83. 그래서 붇다 스스로 자기를 발견자란 의미인 붇다(Buddha, 佛陀, 覺者)란 이름을 즐겨 사용했다.

84. 붇다가 발견하고 체계화한 마음관리 이론과 기술은 보편성, 유효성, 단순성, 편리성에서 인류역사에서 가장 넓고 지속적으로 대중성을 획득했다. 현대사회는 그 중요성과 필요성을 더 많이 강조한다.

85. 붇다는 싸띠, 알아차림, 실재보기, 깨어나기, 위빳싸나-, 참선 등으로 불리는 마음관리 이론과 기술인 마음과학과 싸띠수행으로 아라한뜨 막가파라에 들어 닙바-나를 체험했다.

86. 붇다는 마음과학과 싸띠수행을 사용해 기억이미지와 결합된 탐진치 3독심인 마음오염원[āsava, 流漏] 뿌리를 제거하고 대자유를 성취하고 최상행복을 누렸다.

87. 붇다 가르침과 싸띠수행이 어려운 것이 아니라 그것을 설명하고 지도하는 방법이 어려웠다. 붇다가 만든 싸띠수행은 붇다가 처음 만든 방법대로 하면 너무 쉽고 정확하기 때문에 누구나 사용할 수 있다.

7 개인과 사회

88. 내용과 형식, 본질과 현상은 일치한다. 내용이 형식을 구성하고 형식은 내용에 영향미친다. 그러나 내용과 본질이 형식이나 현상으로 곧바로 드러나지 않는다. 그러면 과학과 수행이 필요치 않다.

89. 현상은 복잡하고 혼돈스럽지만 지혜와 인내심을 가지고 현상을 관찰하면 존재에 내재한 법칙성(질서)을 규명할 수 있다. 그 법칙을 사용해

존재를 다루면 존재활용을 효율적으로 할 수 있다.

90. 개인과 사회는 내적·외적으로 서로 관계맺고 있다. 개인이 자유롭고 행복할 때 살기좋은 사회가 만들어지고 사회가 평등하고 평화로울 때 개인삶도 여유롭고 풍요롭다.

91. 행위는 사회적으로 이뤄지고 행위영향력은 사회적으로 축적되고 이전된다. 행위가 사회적으로 이뤄지기 때문에 행위결과물도 사회적으로 공유해야 한다.

92. 개인수준이 사회수준을 결정하고 사회환경이 개인삶에 영향미친다. 개인과 사회는 서로 관계맺고, 서로 의존하고, 서로 영향미치고, 서로 해체하고, 서로 재구성하며 변화발전한다.

93. 개인이나 사회가 직면한 모든 것은 개인이나 사회가 모두 해결할 수 없다. 사람이 직면한 것 가운데 개인이 해결해야 할 것은 개인이 해결하고 사회가 해결해야 할 것은 사회가 해결해야 한다.

94. 물질과 관련된 것은 사회구성원이 공동으로 해결할 수 있지만 마음과 관련된 것은 개인이 해결할 수밖에 없다. 마음과 관련된 것은 붇다하가와도 대신할 수 없다.

95. 마음은 자기이외 다른 존재가 해결할 수 있는 것이 거의 없다. 자기마음에 관한 문제는 오직 자기자신마이 해결할 수밖에 없다. 그것이 마음이 가진 본성(물리특성)이다.

96. 현재 우리가 누리는 정치, 경제, 환경 등 그 모든 것은 긍정적이든 부정적이든 사람이 창조했다.

97. 사회공동체를 만들고 인간관계를 형성하고 인간과 자연 관계를 규정하는 사람마음을 청정하게 정화해 맑고 아름다운 사회를 건설할 수 있는 토대를 제공하는 것이 수행의 사회기능이다.

98. 개인이 모여 사회공동체를 구성한다. 사회구성원 자질과 역량은 사회공동체 수준을 결정하고 사회구성원 삶의 방식과 삶의 질을 결정한다.

99. 마음건강, 마음에너지 보충, 마음안정, 마음관리 이론과 기술인 마음과학과 싸띠수행으로 사회구성원 마음을 맑히도록 도와주는 것은 살기좋은 사회공동체를 건설하는 데 기여하는 수행의 사회기능이다.

100. 불교, 마음과학, 싸띠수행 존재이유는 불교도나 수행자 숫자를 늘리는 것이 아니다. 수행으로 다른 사람이 자유로운 삶, 청정한 삶, 행복한 삶, 공존하는 삶을 살 수 있도록 마음에너지를 제공하는 것이 존재목적이다.

101. 자기인권을 스스로 지키지 못하는 사람을 도와주는 것이 훌륭한 참여활동이듯 욕망이나 분노로 요동치는 마음을 스스로 다스리지 못하는 사람에게 마음관리 이론과 기술을 올바르게 지도해 평화로운 마음상태를 가질 수 있도록 도와주는 것이 수행의 사회기능이다.

102. 갯벌이 바다의 허파이고 녹지대가 도시의 허파이듯 마음맑히는 싸띠수행은 삶을 풍요롭고 여유롭게 하는 삶의 청량제다. 나무는 자기삶을 위해 살지만 나무가 내뿜는 산소는 생명가진 존재의 생명원천이 된다.

103. 사람은 자유롭고 행복한 삶을 살기위해 마음을 맑히지만 청정한

마음이 내뿜는 맑은 향기는 관계맺고 살아가는 존재에게 자유와 행복을 제공한다.

104. 자기가 청정하게 사는 것만으로도 자기는 물론이고 다른 존재를 자유롭고 행복하게 한다. 마음맑히는 싸띠수행은 다른 차원의 환경운동이다.

105. 마음공간에 존재하는 욕망, 이기심, 분노, 적대감, 원망, 서운함, 편견, 선입관, 가치관 등은 지나온 삶의 흔적이다. 이것이 마음오염원인 아-싸봐다. 마음공간에 아-싸봐가 많으면 잘못된 제도와 관습을 만들고 불평등, 폭력, 편견, 갈등, 차별 등을 일으켜 삶의 토대를 척박하게 한다.

106. 사회 구조, 제도, 관습 등이 불평등하고 폭력이 난무하고 정의가 무너진 사회에 사는 사람의 행복지수는 높지 못하다. 사회구조가 평등하고 정의로워도 그 사회에 사는 사람의 마음공간이 아-싸봐로 가득 차면 그들의 행복지수 또한 높지 못하다.

107. 마음과학과 싸띠수행으로 마음공간을 오염시키는 아-싸봐를 제거하고 실재를 통찰하는 빤나-를 키우면 무지, 폭력, 불평등을 뿌리뽑고 평등하고 평화로운 삶의 토대를 건설할 수 있다.

108. 마음공간에 존재하는 아-싸봐를 제거하고 아름다운 세상을 건설하는 데 기여하는 것이 수행사회화 핵심이다.

9 새로운 시작

109. 행복한 삶은 지혜롭게 살 때 가능하고 지혜는 바르게 살 때 성취된다. 바르게 살면 삶은 청정함으로 충만해진다. 몸과 마음이 청정한 사람은

물리적, 심리적 구속으로부터 자유롭다. 그 자유로움만큼 행복 또한 커진다. 이것이 붇다 가르침 핵심이다.

110. 붇다 법은 붇다 것이고 우리 법은 우리 것이다. 붇다 문제를 우리가 어쩌지 못하듯 우리 문제도 붇다가 어쩌지 못한다.

111. 붇다 가르침은 자유로운 삶, 청정한 삶, 행복한 삶, 공존하는 삶을 사는 좋은 도구 가운데 하나다.

112. 하나의 방법이 모든 존재에 유효할 수 없다. 삶은 다양하고 자유와 행복에 대한 기준과 도구는 무수히 많다. 그렇기 때문에 고정된 기준과 단일한 도구만 고집할 수도 없고 고집해서도 안 된다.

113. 사람은 누구나 자기견해를 가지고 있다. 그래서 동일존재도 다르게 이해하고 다차원으로 행동한다.

114. 우리가 믿고 따르는 방식이 절대적이라고 고집하지 않는다. 단지 현 단계에서 우리는 붇다 삶의 방식과 붇다가 체계화한 마음관리 이론과 기술을 과학성, 유효성, 보편성, 대중성, 편리성 등에서 최상으로 믿고 따른다.

115. 우리가 붇다 삶의 방식을 따르고 붇다가 체계화한 마음관리 이론과 기술을 따르는 것은 붇다를 위해서가 아니다. 그것은 자기자신의 자유로운 삶, 청정한 삶, 행복한 삶, 공존하는 삶을 위한 것이다.

116. 마음공간에 존재하는 아-싸봐를 정화해 나오는 맑고 아름다운 마음향기는 자기뿐만 아니라 관련된 존재의 삶을 여유롭고 풍요롭게 한다.

117. 다른 사람마음을 정화할 수 있도록 마음관리 이론과 기술을 제공하는 것은 자리나 이타가 아니다. 그것은 다른 존재와 공존하는 기본자세다.

118. 자기생각을 다른 존재에게 강요하는 것은 폭력이다. 이것은 고통

을 일으키는 근본원인 가운데 하나다. 자기삶의 방식이 올바르고 좋다고 생각하면 주장만 해야 한다. 그렇게 하는 것이 평화롭고 자유롭게 공존하는 유일한 길이다.

119. 붇다하는 자기삶을 살았다. 붇다하는 자기삶의 방식을 다른 존재에게 강요하지 않았다. 필요한 사람이 요청할 때는 정보를 제공하고 도와주었다.

120. 붇다하가 만든 마음과학과 싸띠수행을 다른 사람에게 전할 때도 필요한 정보만 제공해야 한다. 단지 그 사람이 배우려고 할 때는 가르쳐주는 것이 좋다.

121. 사람이 붇다하 삶의 방식을 따르려고 할 때는 논리적으로 설명하고 스스로 익혀 사용할 수 있도록 구체적이고 적극적으로 도와주어야 한다. 이것은 붇다하로부터 전해진 마음과학과 싸띠수행을 상속받은 사람의무다.

122. 지혜와 자비는 붇다하 가르침의 두 축이다. 삶의 흔적이 축적된 마음공간을 맑고 아름답게 가꾸고 실재를 통찰할 수 있도록 하는 것은 지혜의 길이다. 다른 존재를 배려하고 함께 공존할 수 있는 토대를 만들어가는 것은 자비의 길이다.

123. 지혜는 자기삶을 자유롭고 행복하게 이끄는 도구고 자비는 서로를 배려하고 함께 공존하며 편안하고 안락하게 하는 도구다.

124. 붇다하는 지혜가 자비를 선도한다고 했다. 다른 존재를 배려하고 함께 공존하는 도구인 자비가 소중하기 때문에 자비를 선도하는 지혜를 성숙시키는 싸띠수행이 필요하다.

125. 주는 것이 자비가 아니라 필요한 것을 필요한 사람에게 필요할 때 필요한 만큼 주는 것이 자비다. 주기 때문에 옳은 것이 아니라 옳기 때문에 주는 것이다.

126. 자기가 가진 힘을 필요한 존재와 함께 공유하는 것은 가치있는 일이다. 현재 자기가 소유한 모든 것도 사회적으로 생산된 것이기 때문에 다른 존재와 공유하는 것이 올바른 삶의 길이다.

127. 수행기술을 가지고 있으면 그것을 필요한 존재에게 제공하고, 물질이 넉넉하면 함께 나누고, 기술이 있으면 서로 공유하고, 시간이 여유로우면 함께 어울려 사는 것이 삶의 실재다.

128. 물질이 필요한 사람에게 물질을 제공하는 것은 사회구성원으로서 기본의무다. 거기에 더해 욕망, 분노, 편견 지수를 낮추고 마음오염원을 제거하고 마음에너지를 제공해 자유롭고 행복하게 살 수 있도록 도와주는 것은 싸띠수행자 1차의무다.

129. 많은 개인과 단체가 전문성과 대중성을 갖추고 인류 행복과 번영에 기여한다. 대부분 활동분야가 법, 제도, 사회구조 등 행복형식인 물질을 중심영역으로 삼는다. 행복형식을 대상으로 하는 것은 그것이 삶의 기본이고 눈에 보이고 객관화가 쉽고 대중성획득이 용이하기 때문이다.

130. 마음건강, 마음에너지, 마음안정 등 행복내용을 대상으로 삼고 활동하는 단체나 개인은 많지않다.

131. 마음다루는 분야는 삶에 중요하고 필수적이고 중요하지만 눈에 보이지않고, 객관화가 어렵고, 마음속에서 이뤄지고, 전문성을 요구하고, 많은 인내심을 필요로 하기 때문에 개인이나 단체가 마음은 있어도 쉽게 시도하지 못한다.

132. 이제 우리가 두 번째로 시도한다. 첫 번째는 2600여 년 전 인도에서 마음과학, 싸띠수행, 불교를 창시한 붇다가 이론과 기술을 올바르게 정리하고 실천했다.

133. **BUDDHA DHAMMA SAṄGHA**는 붇다 가르침을 현실에 적합하

게 재해석해 인류 자유와 행복, 이익과 번영, 평등과 평화, 공정과 투명, 현재와 미래에 기여하고자 한다.

134. 붇다하는 불교수행자가 해야 할 가치있고 의미있는 자비실천은 다른 존재가 건강한 마음상태, 평화로운 마음상태, 청정한 마음상태, 활기찬 마음상태를 가질 수 있도록 도와주는 것이라고 했다. 이것이 불교정체성이자 수행사회화다.

135. 마음공간에 존재하는 아-싸봐를 제거하고, 실재를 있는 그대로 보고, 맑고 평화로운 마음상태를 가꾸도록 도와주는 것은 종교, 이념, 민족, 국가, 나이, 성별 등을 초월한 중요한 참여활동이다.

136. 붇다하 가르침은 2600년의 긴 시간, 넓은 지역, 다양한 매개체, 많은 인종을 통해 전해지면서 많이 왜곡됐고 다양한 형식으로 발전했다.

137. 붇다하 가르침은 다양하게 변형됐지만 그 속에서도 붇다하 가르침 원형과 변형을 구분하고 선택하는 안목이 필요하다. 그리고 붇다하 정법(正法)과 사법(邪法)을 올바르게 분별하고 사법과 결별하고 정법으로 돌아가려는 용기와 결단이 필요하다.

138. 다양하게 발전한 붇다하 가르침이지만 거기에는 다름보다 같음이 더 많다. 다름을 보고 구분하고 차별할 것이 아니라 같음과 특성을 인정하고 함께 공존하는 지혜가 필요하다.

139. 테라봐-다(Theravāda, 長老部, 上座部), 마하-야-나(Mahāyāna, 大乘部), 라마야-나(Lamayāna, 密乘部), 화두 싸띠수행(話頭禪), 묵조 싸띠수행(黙照禪), 염불 싸띠수행(念佛禪), 진언 싸띠수행(Mantra, 眞言), 조사 싸띠수행(祖師禪), 여래 싸띠수행(如來禪), 돈오(頓悟), 점오(漸悟) 등 자기가 속한 유파가 붇다하 정통 가르침을 계승한다고 주장한다. 그러나 붇다하는 한 번도 그것에 대해 말하지 않았다.

140. 처음부터 하나의 붇다, 하나의 가르침, 하나의 싼가하(saṅgha, 僧伽, 衆, 敎團)만 존재했다. 붇다 가르침이 다른 것이 아니라 그것을 수용하는 사람근기가 다르고 문화가 다르다.

141. 강물이 바다에서 만나듯 모든 차이를 초월해 붇다 제자는 붇다가 창안한 이론과 방법에 따라 수행해 지혜를 성숙시키고 붇다가 펼친 원대한 꿈과 원력대로 모든 존재가 자유로운 삶, 청정한 삶, 행복한 삶, 공존하는 삶을 살 수 있도록 공덕을 쌓고 자비를 실천하는 것이 싸띠수행자 명예이자 자부심이고 꿈과 원력이다.

142.「큰 고함소리에 놀라지 않는 사자처럼 당당하고
　　　그물에 걸리지 않는 바람처럼 자유롭고
　　　흙탕물에도 물들지 않는 연꽃처럼 초연하게
　　　무소뿔처럼 행동하라.」

는 붇다 가르침을 가슴에 새기고 붇다 정법을 실천하고 마음과학과 싸띠수행으로 자기자신과 사회공동체에 기여하는 새로운 출발을 시작한다.

오해와 진실

2

보이는 것이 전부다

2장
기본관점

project

check point

여기서는 불교이해에 필요한 기본관점과 불교이해를 방해하는 몇 가지 오해와 진실을 배우고 익힌다.

1. 기본관점

1. 불교(Buddha Sāsana, 佛敎), 마음과학[Cittology, 心學], 싸띠수행(sati, 念) 창시자인 고따마 씻다핫타(Gotama Siddhattha, 瞿曇 悉達多, 義成就, BCE 566~486)가 사유하고 실천한 가르침[dhamma, 達磨, 法]을 이해할 때 명심해야 할 기본관점은 다음과 같다*.

1) 오래 전

2. 붇다하(Buddha, 佛陀, 覺者)로 불린 고따마 씻다핫타는 지금부터 2600여

불교 오리엔탈리즘

동양시선으로 동양을 보지않고 서양관점에서 동양을 보는 것이 오리엔탈리즘이다. 서양사람이 이성, 지성, 합리, 경험 등에 기초해 자기시각으로 동양을 이해한 것을 토대로 동양사람을 교육한다. 그렇게 교육받은 동양사람은 자기가 배운 대로 동양사람을 가르친다. 동양사람은 분명 동양출신 선생으로부터 지식을 배우지만 존재를 바라보는 관점은 처음부터 서양사람이 정한 기준 그대로다.

불교도 마찬가지다. 현재 많은 사람이 불교를 배우기 위해 외국대학에 가지만 대부분 지역은 영국, 프랑스, 독일, 일본, 중국, 미국 등이고 그렇지 않으면 스리랑카, 미얀마, 타일랜드 등이다. 그러나 그곳에서 불교를 가르치는 선생은 영국이나 미국에서 불교를 배웠다고 자랑한다. 그리고 정작 불교가 발생한 인도에서 불교를 배우지 않는다. 브라질 어느 대학에서 용비어천가(龍飛御天歌)를 전공했다면 이상하게 들리는데 하버드에서 동양학이나 불교를 배웠다고 하면 이상하게 들리지 않는 것이 더 이상하다.

불교는 수행이 핵심이다. 수행하기 위해 모인 사람이 자연발생적으로 동아리를 형성한 것이 불교교단이다. 수행은 철학이나 사유가 아니라 마음관리 기술이다. 기술은 대학강단이나 연구실에서 분석, 사유, 논리, 언어로 익히는 것이 아니라 수행도량에서 몸과 마음을 사용해 익혀야 한다. 불교를 배우기 위해서는 대학으로 갈 것이 아니라 수행도량으로 가야한다. 대학은 불교를 가르치는 것이 아니라 문자나 분석을 가르치는 곳이다. 그렇기 때문에 대학에서 불교를 배웠다고 하지 말고 그곳에서 문자를 배웠다고 해야 올바른 표현이다. 그런데도 그곳에서 문자를 배웠다고 하지 않고 불교를 배웠다고 주장한다. 그리고 다른 사람에게 분명히 분석과 문자를 가르치면서 불교를 가르친다고 말한다. 오늘날 전 세계 거의 모든 불교대학이나 승가대학에서 불교를 가르치지 않고 분석과 문자를 가르친다. 이것이 현실이고 실재다.

여기서는 이런 현실을 불교 오리엔탈리즘이라고 정의한다. 불교 오리엔탈리즘은 서양사람이나 서양사람에게 불교를 배운 동양사람이 서양 시선과 수준으로 이해한 문자불교를 다른 사람에게 불교라고 가르치는 것을 말한다. 이런 관점을 시급히 벗어나야 한다. 붇다하와 붇다하 가르침을 계승한 수행자에게서 붇다하가 만든 오리지널 불교를 배우고 익히는 것이 중요하다.

년 전에 태어났다. 지리적으로는 한국에서 서쪽으로 1만km 정도 떨어진 북동인도 서네팔 룸비니-(Lumbinī, 藍毘尼)에서 태어나 중동인도 반경 400km 정도에서 활동했다.

3. 고따마 씻ㄷ핫타는 인종은 백인 아리야인(ariya, 聖)으로 오늘날 독일인과 인종적으로 가까운 흰색피부를 가진 서양인에 가깝다. 언어는 고대 영어계통인 pāli 어를 사용했고 사유와 언어 습관은 분석적이고 나열적이었다.

4. 그러나 한국이나 일본을 비롯한 중국문화권은 붇ㄷ하 가르침을 직관적이고 압축적인 것으로 이해한다. 그것은 중국주변부 국가가 불교가 발생한 인도가 아니라 중국을 통해 중국문화에 동화된 불교를 수입해 사용했기 때문에 생긴 오해다.

5. 이런 사실을 무시하고 현재 자기가 알고있는 불교가 마치 붇ㄷ하로부터 직접 전해진 오리지널 불교[buddha dhamma, 根本佛敎]라고 생각하면 무식하거나 순진하거나 둘 중 하나다.

6. 붇ㄷ하에 관한 모든 정보를 붇ㄷ하로부터 직접 배우지 않았다면 현재 자기가 알고있는 불교에 관한 모든 지식을 객관화하고 상식선에서 접근하고 이해해야 한다. 그래야 붇ㄷ하 가르침을 있는 그대로 배울 수 있다.

2) 같음과 다름

7. 불교가 힌두교와 이름을 다르게 사용하고 활동방법이 달랐다는 것은 불교가 힌두교와 사유체계와 실천유형이 달랐다는 것을 의미한다. 불교가 당시 활동한 힌두교 전신 브라흐마 교(Brahma, 婆羅門, 梵)와 사유구조와 실천방법이 같다면 이름을 다르게 사용하고 활동을 차별화할 이유가 없었다.

8. 오늘날 많은 사람은 불교와 힌두교 차이점을 구분하지 못하고 혼동한다. 현재 불교라고 알고있는 것 대부분이 힌두교란 사실을 모른다.

9. 불교와 힌두교 차이점은 세모와 네모만큼 분명하고 확실하다. 불교와 힌두교 차이점은 존재를 이해하는 방식에서부터 행동유형까지 현격히 다르다.

10. 그럼에도 불구하고 일반불교도뿐만 아니라 불교를 연구하는 전문가조차 불교와 힌두교 차이를 올바르게 구분하지 못하는 것은 그들조차도 불교와 힌두교 정체성을 잘 모르기 때문이다.

11. 다음 표에서 볼 수 있는 것처럼 붇다하는 존재를 비결정세계관에 기초해 신[brahma, 梵]과 윤회[saṁsāra, 輪廻]를 부정했고 능력제를 선호했고 시간과 공간은 「여기 그리고 지금」을 중시했다. 존재는 자연법칙에 기초해 이해했고 자기삶을 스스로 디자인하고 살아가는 자력(自力)을 강조했다.

표1) **불교와 힌두교 비교**

	불교	힌두교
세계관	비결정세계관	결정세계관
존재관	연기설	전변설
우주창조	자연법칙(신 부정)	창조신(신 인정)
우주질서	자연법칙	신과 윤회
시공	여기 지금	과거와 미래, 6도
지위	능력제	세습제
신분	부정	인정

12. 힌두교는 결정세계관에 기초해 신과 윤회 등을 믿고 신분세습을 선호하고 시간과 공간은 과거와 미래를 중시한다. 신과 윤회론에 기초해 삶과 존재를 이해하고 신의 의지와 구원에 자기삶을 맡기고 신의 노예로 살아가는 타력(他力)을 강조한다.

13. 붇다하는 자기를 윤회론자(saṁsāravādin, 輪廻論者)가 아니라 업론자(kammavādin, 業論者)라고 강조했다.

14. 윤회론은 행위가 사회적으로 이뤄지고 행위영향력도 사회적으로 축적된다고 본다. 그러나 관계된 상대에게 축적된 에너지는 관심없고 자기에게 축적된 에너지는 몸이 죽어도 영혼은 소멸되지 않고 다음 생으로 윤회하며 이전된다고 믿었다. 행위와 행위영향력의 개인주의를 강조했다.

15. 업론은 행위가 사회적으로 이뤄지고 행위영향력 또한 사회적으로 축적된다고 본다. 개인에게 축적된 에너지는 개인이 죽으면 소멸하지만 행위영향력이 개인과 관계맺은 존재에게도 남아있기 때문에 행동을 조심하고 상대를 이해하고 배려해야 하고 지금 여기뿐만 아니라 다음에 살아갈 사람의 삶까지도 이해하고 배려해야 한다고 본다. 행위와 행위영향력의 사회성을 강조한다.

16. 힌두교는 증명되지 않은 신의 의지에 의해 존재와 삶이 전개된다고 본다. 붇다하는 존재와 삶은 자연질서에 의해 창조되고 전개된다고 보았다*.

자연주의 혹은 諸行無常

고대인도에서 발생한 힌두교와 불교 사유구조와 실천방식 차이는 무엇일까? 힌두교와 다른 불교만의 철학독창성은 무엇일까?

만일 새로 등장한 불교가 기존 사유체계나 실천방식과 동일했다면 굳이 불교라는 새로운 이름을 사용하고 공동체를 만들어 기성사회에 진입할 이유가 없었다. 불교라는 새로운 명칭을 사용하고 사유와 실천의 독창성을 주장한 것은 기존 사유체계와 실천방식이 다름을 드러낸 것이다. 그렇다면 불교만의 독자적인 사유체계와 실천방식은

17. 증명되지 않은 신과 윤회를 강조한 힌두교의 미신적이고 비과학적인 가치체계를 부정하고 자연질서를 강조한 붇다 가르침은 세월이 흐르면서 힌두교와 동화되고 힌두교 가치체계와 실천원리를 받아들인 결과 붇다 입멸 후 수 백년이 지난 BCE 100 ~ CE 100년 무렵에는 불교는 힌두교와 차이를 발견할 수 없게 될 정도로 힌두교에 동화됐다.

18. 오늘날 대부분 불교유파는 신, 윤회, 세습 등의 가치체계를 붇다 가르침으로 이해하고 실천한다. 수행은 요가수행 싸마-디히(samādhi, 三昧, 止, 定) 기법에 기초한 힌두교수행을 가르친다. 이것은 불교가 아니라 힌두교다.

19. 관세음보살(Avalokiteśvara Bodhisatta, 觀世音菩薩)로 포장된 힌두 신에게 기도하고 가피를 기원하는 것은 명백히 타력신앙이고 힌두교다.

20. 붇다하는 윤회설은 쏘따-빳띠 막가파라(sotāpatti magga phala, 須陀洹道果, 預流道果)만 성취해도 분명히 없는 줄 안다고 했다. 그럼에도 불구하고 오랫동안 수행한 사람이 윤회설을 언급하는 것은 붇다 가르침의 본질을 왜곡한 것으로 곤란하다.

무엇일까? 이것이 불교와 힌두교를 구분하는 기준이다.

힌두교는 우주를 창조한 신을 설정하고, 그 신이 우주유지 법칙으로 윤회설을 만들고, 그 윤회질서에 따라 현실세계 삶의 질서인 4성계급제도를 만들었다고 주장한다. 그러나 불교는 신, 윤회, 4성계급제도 등을 부정하고 자연법칙을 중시한다.

불교는 신을 중심으로 한 사유체계와 실천방식을 자연과 인간 중심 사유체계와 실천방식으로 관점을 옮긴 것이었다. 이것은 사유와 실천에 큰 혁명을 일으켰다. 3법인, 연기, 공, 4대, 업, 인과, 수행 등은 모두 신과 윤회설을 부정하고 자연과 인간 중심 사유체계와 행동유형을 설명한 개념이다.

붇다 입멸 후 얼마 지나지 않아서 부파부는 윤회설을 도입하고 대승부는 윤회설에 더해 신을 도입함으로써 불교정체성이 무너졌다. 그 결과 인도에서 불교는 힌두교 속으로 흡수되고 역사 속으로 소멸했다. 신과 윤회에 관해서는 힌두교가 오리지널이고 불교는 아류다. 항상 오리지널은 살아남지만 모제품은 생명력이 짧다.

3) 붇ㄷ하 자신

21. 불교, 마음과학, 싸띠수행을 창시한 고따마 씻ㄷ핫타는 다른 사람을 위해 불교를 만들지 않았고 자기자신을 위해 불교를 만들었다. 불교는 불교일 뿐이다. 불교는 사람이 좋아하든 싫어하든 상관없이 존재한다.

22. 불교소비자인 불교도가 착각하는 것은 불교가 소비자를 위해 만들어졌을 것으로 생각한다는 점이다. 그러나 불교창시자 고따마 씻ㄷ핫타는 마음과학과 싸띠수행으로 알려진 불교를 다른 사람이 아닌 자기자신을 위해 만들었다고 말했다.

23. 불교를 사용하려는 사람은 불교 사용가치가 자기삶에 도움되고 삶의 질을 향상하는 데 필요하다고 생각하면 채택해 사용하면 된다. 그러면 불교도나 싸띠수행자다.

24. 그러나 불교의 어떤 것은 좋지만 다른 일부는 마음에 들지않아 일부만 채택해 사용하면 불교도 비슷한 사람일 수는 있지만 진정한 의미에서 불교도나 싸띠수행자는 아니다.

2. 인간 붇ㄷ하

1. 자유로운 삶, 청정한 삶, 행복한 삶, 공존하는 삶을 지향하는 불교, 마음과학, 싸띠수행을 창시한 고따마 씻ㄷ핫타는 신이 아니라 인간이다.

2. 붇ㄷ하는 사람이었기에 그의 삶은 밝은 면도 있고 어두운 면도 있다. 대부분 사람은 밝은 면의 붇ㄷ하만 보려고 한다. 그러면 부족하다. 붇ㄷ하 가르침을 있는 그대로 배우려고 하면 밝은 면 뿐만아니라 어두운 면도 볼 수 있

어야 한다.

3. 고따마 씻ㄷ핫타는 어머니 마하-마-야-(Mahāmāyā, 摩耶夫人, 大淸淨妙) 부인이 해산하기 위해 친정으로 가는 길에서 태어났다. 태어난 지 7일 만에 어머니는 산후 후유증으로 돌아가고 이모이자 새어머니인 마하-빠자-빠띠 고따미-(Mahāpajāpati Gotamī, 摩訶波闍波提瞿曇彌, 大愛道)가 양육했다.

4. 작은 왕국이었지만 태자로 태어나 성장한 고따마 씻ㄷ핫타는 친어머니에게서는 자기만 태어났고 새어머니에게서 남동생 하나와 여동생 네 명이 태어났다. 훗날 모두 출가했다.

5. 12살쯤부터 여러 가지 이유로 삶의 무게를 느껴 출가해 수행자가 되려고 했지만 부모가 허락하지 않았다.

6. 16세(19세)에 처음 결혼하지만 이후 두 번 정도 더 결혼한 것 같다. 부인으로 알려진 야쏘ㄷ하라-(Yasodharā, 耶輸陀羅)는 두 번째 부인으로 추정된다. 야쏘ㄷ하라-는 라-후라(Rāhula, 羅睺羅, 障碍)를 낳았다. 라-후라는 훗날 아버지인 붇ㄷ하를 따라 출가했다*.

7. 아버지 쑷ㄷ호다나(Suddhodana, 淨飯) 왕은 고따마 씻ㄷ핫타 출가를 허

얽힌 인연

고따마 씻ㄷ핫타와 4촌동생이자 제자였던 데봐닷따는 출가하기 전부터 감정이 많이 얽혀있었다. 고따마 씻ㄷ핫타는 데봐닷따와 무술대결에서 이겨 야쏘ㄷ하라와 결혼했다. 데봐닷따는 붇ㄷ하를 따라 출가했지만 수행으로 지나온 삶의 흔적을 완전히 제거하지 못했는지 기회만 되면 붇ㄷ하와 부딪힌다. 네 번에 걸쳐 붇ㄷ하 암살을 시도했지만 번번이 실패했다. 불교교단을 분열해 자기추종 교단을 만들었지만 이마저도 싸-리뿟따와 목갈라-나에 의해 실패했다. 네 번째는 손톱 밑에 독약을 묻혀 제따봐나로 암살하러 갔지만 땅이 갈라져 죽었다. 땅이 갈라졌는지 누가 생매장을 했는지 알 수 없는 일이다.

붇ㄷ하는 출가한 지 12년 만인 BCE 525년 고향인 까삐라밧투를 방문했다. 이때 붇ㄷ하를 따라 5명의 4촌동생이 함께 출가했다. 이때 아-난다, 데봐닷따, 아누룻따, 라-후라 등도 함께 출가했다. 아-난다는 데봐닷따 친동생이다. 동생은 붇ㄷ하를 25년 동안 시봉했고 형은 죽인다고 설쳤다. 대충 그림이 그려진다.

락하지 않고 자기방식대로 즐거움을 제공하기 위해 3시전(tayo pāsāda, 三時殿)을 만들고 온갖 종류의 즐거움을 제공했지만 아들의 마음갈증[taṇhā, 渴愛]을 해소시키지 못했다.

8. 3시전에서 이뤄진 유희는 10대 중반부터 출가하는 날 밤까지 15년 정도 지속됐다. 이때 뼛속 깊이 박힌 감각적 즐거움은 출가수행하는 내내 고따마 씻ㄷ핫타를 괴롭혔다.

9. 아들이 태어났다는 말을 듣고 이 아이가 자기발목을 잡을 것이라고 한탄했다. 이 말을 듣고 쑷ㄷ호다나가 그것으로 새로 태어난 손자이름을 지었다. 그것이 라-후라다. 장애란 의미다.

10. 고따마 씻ㄷ핫타는 아들이 태어나자 그때까지 미뤘던 출가를 결심하고 야밤에 성을 넘어 출가했다. 불교사는 이 장면을 위대한 출가라고 말한다. 그러나 이것은 결과가 붇ㄷ하를 이뤘기 때문에 의미부여한 것이고 실상은 책임져야할 민족과 가족, 자식과 부인을 두고 떠난 야반도주에 불과했다.

11. 고따마 씻ㄷ핫타가 출가할 때는 라-후라가 태어난 직후라고 한다. 출가해 붇ㄷ하를 이뤘기에 망정이지 세속관점으로는 갓 태어난 아들과 부인을 남겨두고 야밤에 담을 넘어 달아난 무책임한 가출이었다.

12. 출가하는 날 밤에도 여자와 어울려 한바탕 놀다 목말라 깨어나서 함께 놀던 여자가 잠자는 모습을 보고 정신차려 출가했다고 한다.

13. 출가해 불을 섬기는 배화교(aggi paricariyā, 火祀, 拜火敎), 브라흐마 신과 하나되는 요가수행(Yoga, 修定), 몸에 고통을 가하는 고행(tapo, 苦行) 등을 섭렵했지만 그것이 삶의 갈증을 해결해주지 못했다.

14. 결국 전정각산(Pubbe bodhi giri, 前正覺山)에서 4년 이상 해오던 고행을 포기하고 우루붸라 네란자라-(Uruvela Nerañjarā, 尼連禪河) 강변 보

리수(Bodhi rukkha, 菩提樹) 아래로 장소를 옮겨 싸띠수행(sati, 念)으로 아라한뜨 막가파라(arahant magga phala, 阿羅漢 道果)를 성취했다. 이때 비로소 마음갈증을 해소하고 자유와 행복으로 가는 길을 발견했다.

15. 그 순간 스스로 자기자신을 자유와 행복으로 가는 길을 발견한 자란 의미로 붇다(Buddha, 佛陀, 覺者)라고 선언했다*.

16. 엄밀한 의미에서 고따마 씻다핫타가 처음부터 싸띠수행을 알아서 아라한뜨 막가파라를 성취한 것은 아니었다. 사람삶을 획기적으로 바꾼 위대한 발명이 그러하듯 고따마 씻다핫타 또한 마찬가지로 보리수 아래서 수행한다고 앉아서 끙끙대다 소 뒷걸음치다 쥐잡듯 어찌하다 아라한뜨 막가파라에 들어 닙바-나를 성취했다.

17. 그 후 2개월 정도 그곳에 더 머물며 자기가 발견한 이론과 기술을 면밀히 검토하고 실천으로 검증한 후 자기가 발견한 이론을 마음과학, 수행기술을 싸띠수행(sati, 念)이라고 정의했다.

창조와 계승

다른 사람이 하지 않은 길을 처음 개척한 사람은 대개 세 가지 문제에 직면한다.

① 이론과 기술을 확립하는 일이다. 이것을 불교는 법을 세운다고 한다. 이것이 가장 중요하고 핵심이다.
② 내용을 담을 수 있는 물적토대를 확보하는 일이다. 아무리 좋은 것이라도 그것을 담을 수 있는 그릇이 없으면 현실화는 불가능하다. 만일 불교에서 고따마 씻다핫타가 붇다를 이룬 직후 웨루봐나나 제따봐나가 없었다면 붇다 가르침이 인도에 안정적으로 정착할 수 있었을지 의문이다. 마하-시- 아-라-마가 없었다면 마하-시-(Mahāsī, 1904~1982) 가르침이 대중에게 확산되기 쉽지 않았을 것이다. 반냐라마도 마찬가지다. 진리는 진리를 지킬 수 있는 힘을 가질 때 비로소 지킬 수 있다. 어떤 일을 하더라도 물적토대 중요성을 소홀히 하면 안 된다.
③ 그 법을 유지발전시킬 계승자가 있어야 한다. 계승자를 양성하는 일은 조직사활이 걸린 문제다. 자기가 수행을 배우는 것은 비교적 쉽다. 그러나 그 법을 다른 사람에게 전하는 것은 생각만큼 쉽지 않다. 만들어진 것을 배우고 전달하는 것이 힘들기는 해도 처음 만드는 것보다 수월하다. 강호무림계에 전하는 전설에 따르면 새로운 초식을 만드는 것은 그것을 배워 펼치는 것보다 100배나 더 어렵다고 한다. 그래서 역사는 항상 처음 창조한 사람만 기억한다.

18. 분ㄷ하는 처음 자기가 발견한 마음과학과 싸띠수행을 다른 사람에게 전해주려고 했을 때 무시당한다. 그래도 포기하지 않고 260km를 걸어가서 이전부터 인연있던 5ㅂ힉쿠(pañca vaggiya bhikkhu, 五比丘)에게 말하지만 그들 또한 완강히 거부했다.

19. 그래도 자기확신을 가지고 끈기있게 설득해 자기가 발견한 마음과학과 싸띠수행에 기초해 지도해 그들이 처음 출가할 때 가졌던 목표를 달성할 수 있게 하고 제자로 삼았다.

20. 이후 45년 동안 인도 중북동 지역인 웨싸-리-(Vesālī, 毘舍離, 廣嚴城)를 중심으로 반경 400km, 라-자가하(Rājagaha, 羅閱祇, 王舍城)에서 싸-봣티(Sāvatti, 舍衛城)까지 남북으로 700km, 연간 1300km 이상 이동하면서 자기가 발견한 자유와 행복으로 가는 길에 대해 설명하고 수행지도 했다.

21. 그 과정에서 4촌동생 데봐닷따(Devadatta, 提婆達多)를 포함해 수십 번 암살시도를 당했고 몇 번은 몸에 직접 상처를 입기도 했다.

22. 대중이 신장이란 말이 있듯 모든 것을 열어두고 대중과 함께 생활한 것이 암살극복에 가장 효과적인 방법이었다. 더 직접적으로 자기가 생각한 꿈과 원력을 달성하기 위해 죽고 사는 데 관심이 없었다*.

23. 분ㄷ하가 재벌이나 정치지도자를 제자로 둔 것이 다른 사람으로부터 질투를 유발한 동기가 됐지만 그들이 훌륭한 신장역할도 했고 불교가 인도

경호실장

신통제일로 알려진 목갈라나-는 붇ㄷ하 경호실장이었다. 누군가 거칠게 행동하거나 말을 잘 듣지 않으면 직접 가서 한 신통 보여주면 조용해졌다. 그래서 경전은 목갈라나-가 신통술을 많이 부렸다고 기술한다. 자비를 강조하는 수행자가 물리폭력을 행사하지 않고 상대를 조복받는 방법은 자기힘을 보여주는 것이다. 그런 이유로 신통을 즐겨 사용했던 것 같다.

에 뿌리내리는 데 크게 도움주기도 했다.

24. 몸매 자랑하는 여자를 똥자루라고 말한 것이 빌미가 돼 붇ㄷ하가 왕비와 바람났다는 소문에 휩싸인다. 이 일을 계기로 모함받은 왕비는 사형당했고 모함한 다른 왕비도 사형당했다.

25. 붇ㄷ하와 바람나 임신했다고 주장한 여자가 나타나 곤란을 겪기도 했고 제따봐나 붇ㄷ하 방 뒤쪽에서 시체가 발견돼 탁발하기도 어려운 지경에 직면하기도 했다. 이런 경우 대부분 그 사건이 해명될 때까지 묵언하고 수행했다.

26. 붇ㄷ하가 처음 여자를 출가시켜 같은 아-라-마에서 함께 수행할 때 일반대중이 불교를 바라보는 입장이 어땠을지는 어느 정도 짐작할 수 있다. 아마 모르긴 해도 살림차렸다고 매도했을 것이다. 그러나 그런 말에도 흔들리지 않고 옳다고 믿는 일을 포기하지 않았다.

27. 붇ㄷ하가 살아있을 때 붇ㄷ하 고향이자 모국인 싸꺄(Sakya, 釋迦) 족이 살던 까삐라밧투((Kapilavatthu, 迦毘羅坡兜)가 꼬싸라(Kosala, 拘薩羅)로부터 정복당해 소멸한다. 붇ㄷ하는 군대가 지나가는 길목에 직접 앉아 전쟁을 말리지만 대세를 멈출 수 없었다*.

정략결혼 비극

붇ㄷ하를 배출한 싸꺄 족은 종족 순수성을 강조했다. 그들은 아리야 순수혈통임을 자랑스럽게 여겼다. 현실적인 힘을 가진 꼬싸라로부터 정략결혼을 요청받자 혈통이 낮은 종족과 피를 섞을 수 없다고 강력히 반발했다. 그러나 힘의 논리를 거부할 수 없자 편법을 동원했다. 왕실하인을 공주로 변장시켜 꼬싸라 빠쎄나디 왕과 결혼시켰다. 이렇게 해서 태어난 왕자가 위두-ㄷ하봐다. 위두ㄷ하봐가 성장해 외갓집인 까삐라밧뚜를 방문했다. 그곳에서 자기가 앉았던 자리를 우유로 씻으며 정화하는 것을 목격하고 자기신분 비밀을 알았다. 그 이후 위두-ㄷ하봐는 싸꺄 족을 멸망시키려고 마음먹었다. 물론 그것은 핑계일 것이고 그렇게 해야 할 정치이유가 더 컸을 것이다. 위두-ㄷ하봐가 까삐라밧뚜를 침략한다는 말을 듣고 붇ㄷ하는 아-난다를 데리고 나무 그늘이 없는 들판에서 따가운 햇살을 맞으며 좌선하고 길을 막았다. 위두-ㄷ하봐는 그 모습을 보고 왜 그늘에서 하지 않고 햇살을 받고 수행하느냐고 묻자 자기 민족이 없는 것은 그늘 없는 것과 같다고 말하며 위두-ㄷ하봐를 설득했다. 두 번은 막았지만 세 번째는 막지 않았다. 아-난다가 다시 가자고 하자 인과는 어쩔 수 없다고 말하고 포기했다. 그리고 싸꺄 족은 멸망했다.

28. 출가 전 부인 야소ㅎ다라-, 새어머니 마하-빠자-빠띠 고따미-, 아들 라-후라, 이복 남동생 난다(Nanda, 難陀)와 여동생 네 명, 아-난다(Ānanda, 阿難, 慶喜) 등 4촌동생 다섯 명, 많은 친인척, 수많은 싸꺄 족 유민을 싼ㄱ하로 받아들여 함께 생활했다. 그들 대부분은 붇다하를 존경하고 겸손했지만 어떤 사람은 붇다하를 등에 업고 권력을 행사하기도 했다.

29. 생활비 달라고 억지쓰는 외아들 라-후라를 싸-리뿟따(Sāriputta, 舍利佛, 舍利子)에게 보내 출가시켜 평생 탁발해 얻어먹고 수행하는 직업을 마련해주었다*.

30. 12살에 출가한 라-후라가 밤이면 배고프다고 낑낑대자 20살이 안된

부모와 자식

자식이기는 부모없다고 한다. 붇다하도 예외일 수는 없었다. 사춘기에 접어든 어린 아들을 출가시켜 놓으니 한 코미디했다. 저녁마다 배고프다고 칭얼댄 것은 기본이고 해만 지면 마을로 돌아다녔다. 초기경전은 이런 아들을 나무라는 붇다하 모습을 여러 곳에서 발견할 수 있다.

붇다하는 29살에 외아들 라-후라가 태어나는 것을 보고 곧바로 출가했다. 그리고 12년 후 붇다하를 이룬 지 6년 뒤 집 떠난 지 12년 만인 41살 때 고향 까삐라밧투를 방문했다. 고향으로 돌아와서 왕궁으로 가지 않고 나무 밑에서 탁발하며 생활했다. 아버지인 숫ㄷ호다나 왕이 찾아와 왕궁으로 가자고 하자 붇다하는 출가수행자는 아-라-마에 머물러야 한다고 거부한다. 할 수 없어 수행도량을 지어주었다. 이것이 까삐라밧투에 건립된 니ㄱ로다하 아-라-마다.

붇다하가 수행지도하는데 출가 이전 부인인 야쏘다하라-가 아들인 라-후라에게 저곳에서 법문하는 사람이 아버지이니 가서 아들이 가질 보물(생활비)을 달라하라고 시켰다. 12살 된 라-후라는 아버지 붇다하에게 가서 보물을 달라고 하자 붇다하는 그 아이가 자기아들임을 알고 싸-리뿟따를 시켜 자기가 거주하던 아-라-마로 데리고가 출가시키라고 말했다. 아들과 아버지의 첫 만남이 환상적이다.

붇다하 아킬레스

벽암록(碧巖錄) 91칙 조주삼전어(趙州三轉語) 송(頌)에 다음과 같은 말이 있다.

「진흙부처는 물을 건너지 못하고……금부처는 화로를 건너지 못하고……나무부처는 불을 건너지 못한다.(泥佛不渡水……金佛不渡鑪……木佛不渡火」

붇다하는 아들을 건너기가 무척 힘들었던 것 같다. 경전 곳곳에는 라-후라와 씨름하는 내용이 나온다. 부모와 자식이 협상하기가 가장 힘들다고 한다. 그것은 서로 대체제가 없기 때문이다. 협상을 하려면 서로 여러 가지 대체제를 가지고 우위비교를 하면서 해야 하는데 자식이나 부모를 대체할 것이 아무것도 없다는 것이 문제다.

출가자는 저녁을 먹을 수 있다고 규정을 고친다*.

31. 라-후라가 선배수행자를 존경하지 않고 거만하게 행동한다는 소문이 라-자가하(Rājagaha, 羅閱祇, 王舍城) 웨루봐나(Veḷuvana, 竹林精舍)까지 들리자 그곳에서 싸-봣티 제따봐나(Jetavana Anāthapiṇḍika ārāma, 祇陀 給孤獨園, 祇園精舍)까지 700여km를 단숨에 달려가 발씻은 물을 먹으라고 하며 나무라는 장면은 보면 사람사는 모습은 똑같다는 것을 알 수 있다.

32. 병들어 죽어가는 제자가 붇ㄷ하를 한 번이라도 보겠다고 간청하자 이 늙은 몸은 보아 무엇하겠느냐고 타이르며 삶의 실재를 바라보자고 말하는 장면은 신격화를 거부하는 인간 붇ㄷ하를 볼 수 있다.

33. 조폭이 와서 진짜수행자인지 가짜수행자인지 실험한 후 존경하겠다고 말하고 붇ㄷ하에게 시비걸려고 몸을 일부러 부딪쳤다. 붇ㄷ하가 슬쩍 피하자 조폭이 두려워서 피하느냐고 묻자 붇ㄷ하는 두렵지 않으나 기분이 나쁘다고 대꾸했다.

34. 탁발(piṇḍa cāra, 托鉢)하러 가는 길에 농부가 점심먹기 위해 줄을 선 곳에 슬쩍 끼어든다. 붇ㄷ하 차례가 돼서 빳따(patta, 鉢盂)를 내밀자 농장주인은 일하지 않은 사람에게 밥을 줄 수 없다고 말했다. 그러자 붇ㄷ하는 자기도 마음밭을 일구는 정신노동자라고 한참을 설명해 겨우 밥 한 그릇 얻어먹었다.

35. 붇ㄷ하가 수행지도하거나 법문하는 도중에 비판하고 퇴장하는 사람도 부지기수였다. 오후불식하자는 말을 듣고 제자가 단체로 저항하기도 했다.

36. 45살 때는 꼬쌈비-(Kosambī, 憍賞彌)에서 출가수행자 사이에 분쟁이 일어났다. 2년이 지나도 그치지 않자 직접 찾아가 말리지만 도리어 제

자로부터 내침을 당하고 깊은 슬픔에 잠기기도 했다.

37. 말년에 병들어 아파하는 모습은 영락없이 나이 든 노인을 보는 것 같다. 입멸 후 제자와 교단이 혼란에 빠질 것을 염려해 여러 가지 원칙을 제시하는 것을 보면 사후에 남은 사람을 걱정하는 여느 사람과 다를 바 없다.

38. 79살 되던 BCE 487년 마가ㄷ하(Magadha, 摩揭陀) 왕 아자-따샷뚜(Ajātasattu, 阿闍世, 未生怨)가 왓지(Vajji, 跋耆)와 전쟁하겠다고 통고하자 전쟁을 거부하고 왓지 지역으로 가서 수행하며 말린다.

39. 그러나 역부족임을 알고 고향으로 돌아가 입멸하겠다며 그곳에서 400km 정도 떨어진 까삐라밧투로 가다 100km 정도 못미친 꾸씨나-라-(kusinārā, 拘尸那羅)에서 독살로 추정되는 의문사를 당한다.

40. 그 당시 고대인도 양대강국인 마가ㄷ하 쎄니야 빔비싸-라(Seniya Bimbisāra, 斯尼耶 頻毘娑羅, 影勝)와 꼬싸라 빠쎄나디(Pasenadi, 波斯匿) 왕을 비롯해 많은 정치지도자를 제자로 두었다. 기원정사를 세운 쑤닷따(Sudatta, 須達多, 善施), 뿝바 아-라-마(Pubba ārāma, 東園精舍, 鹿子母講堂)를 세운 위싸-카-(Visākhā, 毘舍佉), 마하-봐나(Mahāvana, 大林精舍)를 세운 암바빠-리-(Ambapālī, 菴婆波利) 등의 재벌이 귀의하고 많은 아-라-마를 만들어 수행자가 안정적으로 수행할 수 있는 토대를 마련했다.

41. 불교사는 이런 사실을 의미있게 묘사하지만 보는 관점에 따라서 붇ㄷ하를 정치가와 재벌을 따라다니며 아-라-마를 짓고 자기이익을 챙기는 사람으로 볼 수도 있었다.

42. 지금은 역사와 전통을 자랑하는 불교지만 BCE 531년 처음 시작할 때는 신흥교단에 불과했다. 붇ㄷ하와 수행자가 어떻게 활동하든 비판하는 사람눈에는 사이비 종교로 보였을 것이다.

43. 붇다하는 자기를 믿고 따르는 제자에게 많은 사람이 만져도 흔들리지 않는 목욕탕 기둥처럼 다른 사람 평가에 흔들리지 말고 자기가 처음 세운 목표를 향해 묵묵히 가라고 격려했다.

44. 붇다하는 41세를 전후해 입멸(mahāparinibbāna, 大般涅槃, 入滅)할 때까지 거의 매년 제따봐나가 있는 싸-봣티에서 출발해 마하-봐나가 있는 웨싸-리-를 거쳐 웨루봐나가 있는 라-자가하까지 길을 따라 이동하며 수행 지도했다.

45. 싸-봣티에서 라-자가하까지 약 700km 정도 된다. 41살 전후부터 이 거리를 일 년에 한 번씩 왕복했다. 연간 이동거리만도 1300km 이상이다.

46. 오늘날 사람이 상상하는 것처럼 많은 대중이 붇다하를 찾아오지 않았다. 대부분 붇다하가 직접 찾아가 자기가 발견한 자유로운 삶, 청정한 삶, 행복한 삶, 공존하는 삶에 관한 이론인 마음과학을 설명하고 그 기술인 싸띠수행을 가르쳤다.

47. 일반사람은 붇다하가 개발한 마음과학과 싸띠수행이 너무 우수해 사람이 받아들였다고 생각한다. 그것은 절반은 옳다. 법이 우수한 것은 기본이고 거기에 더해 붇다하 발품판 공덕으로 불교가 인도에 뿌리내렸다는 사실을 간과하면 안 된다.

48. 이런 역사사실을 외면하고 붇다하 가르침을 배우면 제한된 불교만 이해하거나 왜곡된 진실만을 편협하고 제한적으로 이해할 수밖에 없다.

49. 붇다하도 사람이다. 삶의 과정에서 일반사람이 경험하는 것을 피할 수 없었다. 그러나 후세사람은 붇다하가 창안한 자유와 행복으로 가는 길인 마음과학, 싸띠수행, 삶을 통찰하는 지혜만 기억하고 인간적인 삶은 애써 외면하고 영웅적이거나 신으로 포장된 붇다하만 강조했다*.

50. 사람이 살면서 별일을 다 경험한다. 그러나 세월이 흐르면 별일은

사라지고 그 사람이 남긴 의미있는 일만 기억한다.

51. 붇다하도 마찬가지다. 붇다하가 살면서 경험한 잡다하고 일상적인 별일은 없어지고 사람은 붇다하가 만든 자유와 행복으로 가는 도구인 마음과학과 싸띠수행만 기억한다*.

52. 이런 사실과 진실에 기초해 붇다하와 불교를 이해하면 있는 그대로 붇다하 가르침을 만날 수 있고 살아있는 지혜를 얻을 수 있다.

53. 붇다하가 직면한 어려움을 극복하기 위해 어떤 지혜와 용기를 필요로 했는지를 볼 수 있어야 자기가 직면한 어려움을 극복할 때 붇다하가 사용했던 지혜와 용기를 차용할 수 있다. 그러지 않고 밝고 위대한 붇다하만 바라보면 얻을 게 별로 없다.

단체설립자

봉사단체 설립자를 존경해서 그 사람이 죽고 난 후 설립자상을 만들고 그 앞에 꽃, 과일, 돈 등을 올리고 설립자이름을 부르고 절하면 죽은 설립자가 나타나 자기이름 부르는 사람이 직면한 어려움을 해결해준다고 주장하고 행동하면 그 사람을 미친사람으로 여기거나 사기꾼으로 생각할 것이다.

그런데 어째서 마음과학, 싸띠수행, 불교를 창시한 사람인 붇다하 상을 만들고 그 앞에 꽃, 과일, 돈 등을 올리고 붇다하 이름을 반복해 부르고 절하면 자기가 직면한 문제를 해결해준다고 믿는 것은 이상하지 않다고 여기는지 모르겠다.

종교라는 이름으로 이런 상품을 만들어 판매하고 소비하는 것이 정당화되는 사회는 곤란하다. 이렇게 대중을 기만하는 단체가 있으면 즉각 사회공동체에서 추방해야 한다. 그런데도 그것이 생명을 유지하는 것은 무지와 공갈로 포장된 상품을 무지와 욕망을 가진 소비자가 요구하기 때문이다.

일하는 사람

일을 하다보면 별일을 다 만난다. 이때 일을 잘 하는 사람은 주변평가를 참조하지만 그 평가에 흔들리지 않고 자기가 해야 할 일을 한다. 그렇지 않은 사람은 주변 시선과 평가에 흔들려 정작 자기가 해야 할 일을 하지 못하고 낑낑댄다.

동서고금을 막론하고 인류역사에 의미있는 업적을 남긴 수많은 사람 또한 평범한 인간이었다. 그들 또한 사람이기에 사람사이에 일어나는 일을 피해갈 수 없었다. 그러나 그들은 자기가 해야 할 일만을 주목했다. 세월이 흐르면 그들이 경험했던 별일은 자연히 사라지고 그들이 남긴 업적만 돋보인다. 남의 일 3일 이상 기억하는 사람은 없다. 단지 자기만이 그 상황에 매몰되고 구속돼 힘들어 할 뿐이다.

54. 극락에는 붇다가 필요치 않다. 밝음이나 즐거움은 굳이 설명하거나 참조할 필요없다. 즐거움을 해결하기 위해 붇다 지혜가 필요한 사람은 별로 없다. 행복해 힘들어 하는 사람은 없기 때문이다.

55. 힘들고 어려울 때 답답함과 괴로움을 극복하고 상쾌함과 즐거움이 필요할 때, 어둡고 흐려서 길이 보이지 않을 때, 붇다하와 싸띠수행을 찾아보자. 혹시 그곳에 내가 필요한 것이 있을지도 모른다.

3. 원형과 변형

1. 모든 것은 변한다. 감각대상도 변하고 그것을 인식하는 사람도 변하고 마음공간에 저장된 기억이미지도 변한다. 영원한 것은 아무것도 없다. 붇다하는 변하지 않는 것은 아무것도 없다는 이 법칙만이 영원히 변하지 않는다고 했다.

2. 변하는 존재가 변하는 대상을 인식할 때 시공차이가 존재한다. 시공이 일치하면 만족하고 행복해 하지만 불일치하고 간격이 생기면 그 틈만큼 불만족하고 불행하다고 느낀다.

3. 불교도 마찬가지다. 붇다하가 만든 불교와 싸띠수행도 엄연한 역사산물이다. 구체적인 역사 조건이나 상황에 의해 만들어진 오리지널 불교는 조건이나 상황이 변하면 새로운 현실에 적응해 변형이 생긴다*.

주장과 사실

붇다하는 BCE 531년 자기나이 35세에 불교로 알려진 마음과학과 싸띠수행을 만들었다. 그 후 45년 동안 활동하다 BCE 486년에 입멸했다. 붇다하 직계제자가 활동한 시기까지는 수행자모임인 불교교단, 수행자 행동규범인 계율, 수행형식인 싸띠수행, 불교내용인 사유체계 등이 비교적 단일대오를 유지하지만 그들이 입멸하고 난 후부터 지역, 개인, 사상 차이로 서서히 분화하고 변형되기 시작했다.

붇다 입멸 후 100년쯤 뒤 BCE 380년 무렵 계율에 관한 원칙주의자와 관용주의자 사이에 논쟁이 발생하고 근본싼가(Mūla saṅgha, 根本僧伽)로부터 계율관용주의자가 떨어져 나갔다. 그들은 붇다 당시와 지금은 모든 것이 변했기 때문에 수행자 행동규범을 정한 계율조항을 고칠 수 없으면 내부규약이라도 새로 만들어 새로운 현실에 적응해야 한다고 주장했다. 그들은 어떤 것도 바꿀 수 없다는 원칙주의자로부터 분리해 새로운 싼가를 구성하고 그것을 마하-싼가까(Mahāsaṅghika, 大衆部)라고 불렀다. 여기에 대해 붇다로부터 전해진 가르침 형식과 내용은 엄격히 유지해야 한다고 주장하는 원칙주의자가 자기가 속한 싼가를 테라봐-다(Theravāda, 長老部, 上座部)라는 새로운 싼가 이름을 정하고 부르고 권위를 강조했다. 그러나 이들 또한 치명적인 오류를 범했다. 그들은 자기가 속한 싼가 이름을 노스님[thera, 長老] 가르침[vāda, 言]이란 의미인 테라봐-다라고 불렀다. 붇다 가르침이 아닌 장로가르침이라는 새로운 이름을 사용한 순간 자기들 또한 조직이기주의로부터 결코 자유로울 수가 없었다.

붇다 입멸 후 300년 정도 지난 뒤 BCE 187년 인도에 힌두교를 중시한 슌가 왕조가 등장해 불교에 대한 차별과 탄압을 가했다. 그런 상황을 극복하기 위해 불교에서 새로운 변형이 등장했다. 그들은 기존불교는 붇다가 생각한 불교가 아니라 시대와 상황에 따라 변형된 것이고 그것은 당대 시대정신을 반영할 수 없기 때문에 새로운 불교운동을 일으켜야 한다고 주장했다. 그들은 붇다가 생각한 오리지널 불교로 돌아가야 한다고 주장했는데 스스로를 보디싿따, 마하-야-나(Mahāyāna, 摩訶衍, 大乘)라고 했다. 그들은 기존불교는 싸-봐까(Sāvaka, 聲聞), 니까-야(Nikāya, 部派), 히-나야-나(Hinayāna, 小乘)라고 비하했지만 자기들 또한 대승부란 부파임을 자각하지 못했다. 그들은 붇다가 생각한 오리지널 불교로 돌아가야 한다고 주장했지만 어떻게 해야 할지를 몰랐다. 열심히 노력했지만 그들을 기다린 것은 힌두교 아류로 전락하는 것이었다.

붇다 입멸 후 1000년쯤 뒤 500년 무렵 완전히 힌두교화된 불교가 등장했다. 그것이 비밀불교 혹은 밀교로 알려진 와지라야-나(Vajrayāna, 金剛乘)다. 그들은 대승부는 껍데기[顯敎]고 진정한 붇다 가르침은 붇다 유일한 아들인 라-후라를 통해 자기에게 전해졌다고 주장했다. 구체적으로 무엇이 어떤 경로를 통해 전해졌느냐고 질문하면 그것은 은밀히 전해졌기 때문에 전해준 스승과 전해받은 제자 외는 비밀(密敎)이라고 말문을 닫았다. 밀교는 불교라기보다 이름만 불교를 사용했지 내용과 형식은 95% 이상 힌두교다.

한국을 포함해 중국문화권은 대승부와 밀교부 전통이 강하다. 현재 한국불교는 붇다 입멸 후 2000년이 지난 1500년대 후반 서산휴정에 기초했다. 더 직접적으로 1800년대 후반에 형성된 것에 기반해 1970년 이후 성립한 조계종에 토대둔다.

대부분 한국불교도는 길게는 1~2백 년 짧게는 3~4 십 년 전에 형성된 불교유형을 마치 수천 년 전 붇다가 직접 만들고 전한 것으로 착각한다. 그리고 현재 자기가 알고있는 것 이외는 모두 사이비라고 주장한다. 시장통 만병통치약 장사는 이 약만 먹으면 모든 병이 치료된다고 주장한다. 그것은 주장이고 실제로 복용했을 때 효과가 있느냐 하는 것은 별개문제다. 현재 자기가 알고있는 것이 붇다 가르침과 일치한다고 주장하는 것과 실제로 일치하느냐는 다른 문제다. 항상 가짜는 자기것이 진짜라고 우긴다. 오리지널은 자기를 진짜라고 우길 이유가 없다.

붇다 입멸 후 불과 100년도 지나지 않아서 이제 시대와 사람이 바뀌었으니 붇다 가르침도 변화된 현실에 적응하기 위해서는 조금 변해야 하다고 주장한 사람이 나타났다. 붇다 입멸 후 4~5백 년 뒤는 완전히 다른 불교 형식과 내용이 등장했다. 그들은 마음과학, 싸띠수행, 불교를 창시한 붇다가 살던 시대와 지금은 상황이 많이 변했기 때문에 현실에 적응하기 위해서는 힌두 철학과 수행기법도 사용해야 한다고 주장하고 불교를 왜곡했다. 밀교는 언급할 가치도 없다.

항상 새로운 변혁세력은 변화된 현실을 지적하고 적응하자고 주장하고 등장해 활동한다. 그러나 그들 또한 얼마 지나지 않아 현실에 안주하고 자기가 가진 기득권을 지키기 위해 보수주의가 된다. 그리고 자기가 그랬듯 새로운 세력이 등장해 낡은 것을 밀어낸다. 이것이 역사순리다. 기존불교를 비판하고 등장한 대승부도 마찬가지다. 대승은 영원히 변하지 않아야 한다는 것은 무식하거나 순진하거나 어리석다. 대승에게만 예외적으로 적용되는 법칙은 존재하지 않는다. 이것이 존재실재다.

4. 일단 변형이 등장하면 자기가 오리지널이고 다른 것은 가짜라고 주장한다. 이렇게 등장한 여러 변형은 서로 자기가 믿고 따르는 불교유형이 오리지널 불교라고 주장하고 기득권을 차지하기 위해 다투지만 모두 모방이고 변형일 뿐이다.

5. 불교원형, 즉 오리지널 불교는 형식상 시공으로 한정지으면 붇다하가 붇다하가야 보리수 아래 금강석 위에 앉아 처음 아라한뜨 막가파라에 든 후, 미가다-야(Migadāya, 鹿野園)에서 5비힉쿠에게 수행지도하고 불교교단을 성립했던 6개월(BCE 531 음력 4. 15~10.15) 정도다. 불교는 이미 붇다하 당시부터 변형이 진행됐다.

6. 모든 것은 변하기 때문에 불교를 만든 붇다하도 구체적인 역사환경에 적응했고 붇다하가 만든 불교나 싸띠수행도 구체적인 역사환경으로부터 자유롭지 못했다.

7. 붇다하가 만든 오리지널 불교와 싸띠수행은 시간적으로 수천 년을 흐르고 공간적으로 전 세계로 퍼졌다. 다양한 생각과 문화를 가진 사람과 전달매체를 거치면서 원형을 알아볼 수 없을 정도로 변했다.

8. 대개 변형된 불교는 불교 앞에 자기정체성을 나타내는 다양한 수식어를 붙인다. 오리지널은 수식할 필요가 없다. 불교는 불교다. 불교에 붙이는 어떤 수식어도 불교를 왜곡시킬 뿐이다.

9. 부파, 대승부, 밀교부, 위빳싸나-, 참선, 남방불교, 북방불교, 한국불교, 중국불교 등등 다양한 수식어를 붙이지만 그것은 자기가 진정한 의미에서 오리지널이 아니라는 사실을 드러낼 뿐이다.

10. 만일 원형 그대로 붇다하 가르침을 알고싶으면 불교 앞에 붙는 수식어를 제거해야 한다. 끼고있는 색안경을 벗어야 있는 그대로 볼 수 있다*.

4. 보편성과 특수성

1. 불교를 불교이게 하는 보편성이 있고 불교가 구체적인 역사, 지리, 자연, 사회 등 여러 상황에 적응하고 발전한 특수성이 있다.

2. 불교특수성은 보편성에 기반해 성립한다. 보편성이 훼손된 상태에서 포장이나 이름만 가지고 불교라고 주장한다고 해서 그것이 불교가 되지는 않는다*.

3. 붇다하 가르침 가운데 자기가 좋아하거나 필요한 것은 선택적으로 취하고 다른 것은 버리면서 자기를 불교도라고 주장한다. 이런 사람은 불교

한국불교와 색깔논쟁

한국사람은 한국불교에 자부심이 대단하다. 나 또한 한국에서 출가해 수행하고 공부했다. 그래서 한국불교에 애정이 많다. 한국불교란 개념을 정의하기가 참으로 난감하다. 여기서는 한국불교를 한국사람이 하는 불교 혹은 한국에서 행해지는 것이 한국불교라고 정의한다.

한국에서 불교전문가로 자칭하는 사람 가운데 한국불교란 용어를 즐겨쓰면서 다른 불교유형을 구분하고 차별하고 한국불교 외 다른나라 사람이 믿는 불교를 비하하고 우월의식을 가지고 사고하고 행동하는 사람이 많다. 그런데 정작 그렇게 사고하고 행동하는 사람에게 한국불교를 어떻게 정의하느냐고 물으면 얼굴을 붉히거나 머뭇거리는 것을 자주 본다.

오늘날 조계종을 중심으로 한국불교를 정의하면 1970년에 만든 조계종이 한국불교가 되고 그 이전 활동한 서산휴정 등은 한국불교가 아니란 말이다. 많이 양보해 보조지눌이 주장한 것을 한국불교로 정의하면 이전 불교는 무엇인가? 9산선문을 기점으로 잡으면 원효나 의상 등은 어떻게 되는가?

특정지역 출신이 자기지역만 편애하고 다른 지역을 구분하고 차별하면 얼마나 편협하고 옹졸해 보일까? 피부색으로 존재를 구분하고 차별하는 것 또한 곤란하다. 마찬가지로 불교에 특정수식어를 붙이고 다른 불교유형을 구분하고 차별하는 것은 전형적으로 미개인이 하는 짓이다. 이런 편협하고 옹졸한 사고와 언어 함정으로부터 빨리 벗어나야 한다. 간혹 한국 정치인이 정치목적으로 상대를 빨갱이로 규정해 색깔논쟁하는 것을 볼 수 있다. 이렇게 상대에게 덕지덕지 색깔을 칠하는 것이 이전에는 어느 정도 대중을 속일 수 있었지만 이제는 대중이 그런 논쟁본질을 간파해 잘 통하지 않는다. 불교도 마찬가지다. 이제까지는 한국불교란 편협하고 옹졸한 개념이 대중을 기만할 수 있었지만 더 이상 대중을 속일 수 없다. 그만큼 일반대중 눈높이가 높아졌고 지혜가 성숙했다. 단지 스스로 불교전문가를 자칭하는 불교학자나 기득권에 안주하는 스님들 수준만 이전시대 유물로 남아있을 뿐이다.

가능한 보편언어를 사용하는 것이 좋다. 국제적이고 개방적인 시대는 다양한 인종, 종교, 문화 등이 만나고 상호침투하고 서로 영향미치고 변화발전한다. 이런 사회는 한국불교보다 불교만을 이야기해야 하고 불교가 아니라 자유, 평등, 평화, 공존 등과 같은 인류 보편관심을 이야기하고 실천하는 것이 멋있다.

도 비슷하다고는 할 수 있지만 오리지널 불교도는 아니다*.

4. 사람이 동의하든 동의하지 않든 상관없이 붇ㄷ하 가르침은 붇ㄷ하 가르침이다. 불교는 소비자인 불교도를 위해 만든 것이 아니라 불교를 창시한 붇ㄷ하 자기를 위해 만들었다.

5. 불교는 반드시 붇ㄷ하 가르침 핵심이 담겨있어야 한다. 붇ㄷ하 가르침을 현실에 적용할 때는 문화적, 사회적, 개인적 차이에 따라 다르게 표현할 수는 있지만 내용이 바뀌면 안 된다.

6. 주장은 주장일 뿐이다. 주장이 사실과 법칙이 되기위해서는 실천으로 유효성을 증명해야 한다. 대부분 사람은 역사나 권위, 조직이나 물질 크기에 마음 빼앗겨 실상을 보지 못하고 현상에 휘둘리는 경향이 강하다.

7. 불교를 불교이게끔 하는 불교보편성은 다음과 같다. 철학관점은 신,

수행만 약속했다

어느 날 붇ㄷ하 제자가 붇ㄷ하에게 와서 세상 기원과 종말에 관해 한참을 고민하다 질문했다. 그러자 붇ㄷ하는 독화살비유를 들었다. 독화살 맞은 사람이 먼저 독화살을 제거하고 치료하는 것이 우선이고 중요한데 그것은 하지않고 화살을 쏜 사람이 누구인지를 먼저 알지 못하면 독화살도 뽑지 않고 치료하지 않겠다고 하면 그 사람을 알기도 전에 죽고 말 것이라고 말했다. 그리고 저 유명한 말을 한다.

「내가 그대에게 싸띠수행을 지도해 그대 마음에 존재하는 욕망, 분노, 편견 지수를 낮추고 자유롭고 행복하게 살 수 있는 것에 대해 도와줄 수 있다고 약속했지 언제 우주 기원과 종말에 관해 답을 준다고 했느냐? 우리는 서로 한 약속을 시키사.」

간혹 수행도량에 와서 수행하는 사람이 수행은 하지 않고 수행 외적인 것에 현혹되고 다른 사람과 파당을 짓고 휩쓸리다 수행처를 떠나는 것을 본다. 수행하러 왔으면 수행에 전념하는 것이 핵심이다. 초심을 잃지 않아야 한다.

90% 아버지

어떤 사람이 자기아버지는 90%라고 하면 이상하다. 아버지면 아버지고 아니면 아니다. 아버지처럼 비슷한 사람은 있을 수 있지만 90% 아버지는 존재하지 않는다. 불교도 마찬가지다. 불교도 비슷한 사람은 있을 수 있지만 90% 불교도는 존재하지 않는다. 붇ㄷ하가 제시한 것을 온전히 믿고 따르면 불교도고 그렇지 않으면 불교도 비슷한 사람이다.

윤회, 세습제, 비과학적, 비논리적, 주관적 사유구조를 부정하고 자연법칙, 능력제, 과학적, 논리적, 객관적 사유구조를 중시한다.

8. 3법인(ti dhamma lakkhaṇa, 三法印)은 존재를 신이 만들고 윤회법칙에 따라 변화발전한다는 신과 윤회 중심 사유구조를 부정하고 존재는 자연법칙에 따라 구성된 것이라는 자연주의를 주장한 개념이다.

9. 3법인 가운데 무아(anatta, 無我), 고(dukkha, 苦), 무상(anicca, 無常)은 신과 윤회(saṁsāra, 輪廻)를 부정하고 객관적이고 자연중심 질서와 법칙을 강조한 불교개념이다.

10. 붇다하는 모든 것은 신이나 윤회논리에 따라 존재하지 않고 자연질서에 지배받고 다른 존재와 서로 관계맺고, 서로 의존하고, 서로 영향미치고, 서로 해체하고, 서로 재구성하는 과정을 거치며 변화발전한다고 보았다.

11. 존재구성은 개별존재가 다른 존재와 조건에 따라 결합해 새로운 존재를 구성하고 그렇게 만들어진 존재는 또 다른 존재와 조건에 따라 결합해 새로운 존재를 구성하고 중중첩첩 발전한 것이 오늘날 우주라고 본다. 이렇게 존재를 이해하는 관점이 연기(paṭicca samuppāda, 緣起)다.

12. 연기는 신과 윤회 중심에서 자연과 인간 중심으로 사유구조와 철학관점을 바꾼 불교개념이다.

13. 붇다하는 조건이 변하면 존재도 변한다고 보았다. 고정불변한 것은 아무것도 없고 모든 것은 변한다는 존재 물리특성을 공(suñña, 空)이라고 했다. 공은 비어있다는 의미뿐만 아니라 영원한 것은 아무것도 없고 모든 것은 유동적이고 변한다는 존재 물리특성을 가리키는 불교개념이다.

14. 실천관점은 업(kamma, 羯磨, 業)과 인과(hetuphala, 因果)다. 이런 관점에 기초해 사람행동과 사회구조를 만들어야 한다고 강조했다.

15. 행위[kamma, 業]는 순간에 이뤄지고 소멸하지만 행위영향력
[kamma bala, 業力]은 오랫동안 지속되고 관계된 존재에게도 미치지만 자
기자신에게도 미쳐 삶을 구속할 수도 있다. 붇다하는 이것을 업장(kamma
āvaraṇa, 業障)이라고 한다. 서양은 스트레스(stress, 抵抗力)라고 한다.

16. 붇다하는 행위는 사회적으로 이뤄지고 행위영향력도 사회적으로 축
적되지만 행위는 사회적으로 이뤄지는데 행위영향력이 개인적으로 이뤄
지는 깃이 불평등과 폭력 발생 원인이라고 보았다.

17. 붇다하는 행위의 사회측면을 강조했기 때문에 여기 그리고 지금[ida
ca idāni, 此現]을 중시했고 윤회론자는 행위의 개인측면을 중시했기 때문
에 저곳 그리고 과거와 미래를 중시했다. 붇다하는 객관성과 법칙성을 강조
했기 때문에 있는 그대로 실재보기를 강조했고 윤회론자는 신의 은총을 중
시했기 때문에 기도를 주장했다.

18. 불평등[rāga, 貪]은 필연적으로 폭력[dosa, 嗔]을 일으킨다. 폭력지수
가 높은 사회는 그 속에 사는 사람삶의 질을 저하시킨다. 불평등과 폭력은
마음공간에 존재하는 편견이나 가치관[moha, 痴]이 근본원인이다.

19. 마음공간에 존재하는 욕망과 이기심, 분노와 적의, 원망과 서운함,
편견과 선입관, 가치관 등 마음오염원은 싸띠수행을 통해 제거해야 한다.

20. 삶의 질을 떨어뜨리고 자유와 행복을 제한하는 마음오염원을 제거
하기 위해서는 마음 구조와 기능, 마음 화학반응과 물리특성, 기억 구조와
기능 등에 관한 학문인 마음과학을 올바로 이해해야 하고 마음관리 기술인
싸띠수행을 구체적으로 배우고 익혀야 한다.

21. 마음특성을 올바르고 체계적으로 이해한 후 마음상태를 변화시키기
위해서는 마음변화 주변수인 싸띠 구조와 기능, 싸띠 에너지와 건강성, 마
음오염원 결합과 해체를 다루는 싸띠수행과 마음공학[bhāvanā, 修行]을 체

계적이고 논리적으로 배우고 익혀야 한다.

22. 수행이론은 4성제, 8정도, 5온, 4념처, 6경 등이다. 마음변화 과정이 수행(bhāvanā, 修行)이고 마음변화 핵심도구가 싸띠, 싸마-디히, 쌈빠자-나(sampajāna, 自知), 빤나-고, 핵심기술은 직관(sāmukkaṁsika, 直觀, 凝縮)이다. 기본방법은 앉아 하는 좌선, 걸으며 하는 행선, 생활하며 하는 생활선·노동선 등이다. 붇다하는 수행기술보다 그것을 수용하고 실천하는 수행자근기를 중시했다.

23. 붇다하는 모든 존재가 관계맺고 서로 영향미치기 때문에 자유롭고 행복하게 사는 유일한 길은 함께 공존하는 것이라고 보았다.

24. 함께 공존하기 위해서는 첫째 자기가 행한 행위결과가 노력한 주체에게 돌아가야 한다는 것[hetuphala, 因果], 둘째 서로를 존중하고 이해하고 배려해야 한다는 것[metta karuṇā, 慈悲], 셋째 모든 사유와 행위는 개인의 자유의지에 따라 이뤄지고 책임져야 한다는 것[vimokkha, 解脫] 등이 요구된다.

25. 붇다하는 계급, 재산, 지식 등 세습을 부정하고 자기능력에 기초해 필요한 것을 획득하는 것이 올바른 삶의 태도라고 보았다. 붇다하는 신분은 주장이나 세습으로 이뤄지는 것이 아니라 실천으로 성취되는 것이라고 강조했다. 이것이 사회정의고 실천할 수 있는 안목이 지혜다.

26. 붇다하가 주목하고 실천한 중심영역은 마음건강이다. 불교는 마음건강에서 출발해 자기와 사회의 자유와 행복에 기여하는 것을 중심영역으로 삼는다.

27. 존재가 중요하지 않거나 필요없다는 것이 아니다. 존재양식이 평등하고 건강하고 정의로운 것은 기본이다. 거기에 더해 마음이 건강하면 더 좋다. 불교는 마음건강을 출발점으로 삼았다.

28. 존재와 사유는 일치한다. 이 둘은 서로 관계맺고 서로 영향미친다. 존재를 중시할 수도 있고 사유를 중시할 수도 있다. 어느 것이 중요한지는 직면한 현실과 상황에서 결정해야 한다.

29. 자유로운 삶, 청정한 삶, 행복한 삶, 공존하는 삶으로 가는 도구인 마음과학, 싸띠수행, 불교를 만든 붇다와 직계 제자가 살았던 삶의 방식과 가치관을 현재 자기가 살고있는 현실에 적용해 사용하는 것이 불교보편성 이다. 이것이 오리시널 불교다.

30. 이상과 같은 관점이 적용되면 불교라고 할 수 있지만 벗어나면 불교 라고 할 수 없다.

31. 불교는 불교다. 불교 앞에 부파불교, 대승불교, 비밀불교(밀교), 선 불교, 민중불교, 한국불교, 중국불교, 일본불교, 남방불교, 북방불교, 남종, 북종, 조계종, 태고종 등 다양한 수식어를 붙이는 것은 불교가 원형을 상실 하고 구체상황에 적응하고 변했다는 것을 의미한다.

32. 붇다 가르침은 하나다. 그것을 수용하고 실천하는 사람, 상황, 문화 등은 다를 수 있지만 법이 다를 수 없다. 만일 붇다 법이 다르다고 주장하 면 어느 하나는 가짜다.

33. 마음과학, 싸띠수행, 불교를 창시한 붇다가 가짜일 수는 없고 그렇 게 주장하는 사람이나 단체가 자기를 가짜라고 주장하는 꼴이다. 언어를 주의해 사용해야 한다.

5. 붇ᄃ하 지향점

1. 붇ᄃ하는 자유로운 삶, 청정한 삶, 행복한 삶, 공존하는 삶을 추구했다.

2. 삶은 존재와 사유, 물질과 마음, 개인과 사회, 인간과 자연이 어울려 존재한다. 그 가운데 자기가 처한 상황에서 자기가 중요하다고 생각하고 자기가 잘 할 수 있는 것을 선택해 실천한다.

3. 더 나아가 자기가 처한 상황에서 자기가 해야할 일만 한다. 상황에 따라 행동했기 때문에 상황이 종료되면 상황으로부터 자유로워진다. 처음부터 결과를 예측하고 행동하지 않았기 때문에 행동이 끝나면 비교하고 평가할 것이 아무것도 없다. 그래서 자유롭고 행복하다.

4. 자유롭고 행복하게 살기 위해서는 욕망, 분노, 편견 등에 구속되고 의존하는 것보다 욕망, 분노, 편견 지수를 낮추고, 만족, 평화, 평등, 공존 지수를 높이는 것이 핵심이라고 보았다.

5. 붇ᄃ하는 즐거움부족이 아니라 마음괴로움[dukkha, 苦]과 불만족이 자유와 행복으로 가는 길을 가로막는 장애물로 보고 그런 마음오염원 제거에 집중했다.

6. 모든 마음괴로움은 몸[kāya, 身], 말[vācā, 口], 생각이나 앎[manas, 意]에 낀 삶의 흔적이나 마음오염원에 기초해 일어난다.

7. 삶에 낀 거품[āsava, 流漏]을 제거하는 것이야말로 자유와 행복으로 가는 유일한 길이다. 삶에 낀 거품을 제거하는 것이 싸띠수행이다.

8. 싸띠수행은 지금 여기 자기가 하고있는 일을 있는 그대로 알아차림하는 것으로부터 출발한다. 이것이 붇ᄃ하 기본관점이다.

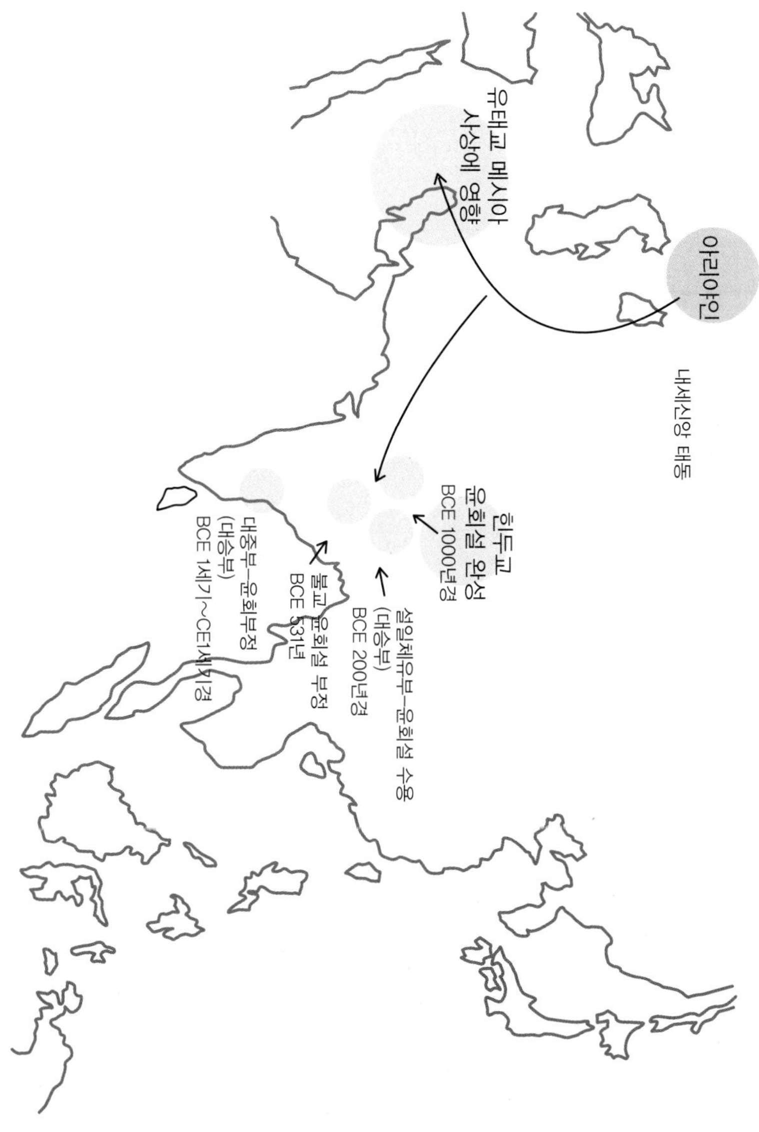
유태교 메시아
사상에 영향
아리아인
내세사상 태동
힌두교
윤회설 완성
BCE 1000년경
설일체유부–윤회설 수용
(대승부)
BCE 200년경
불교 윤회설 부정
BCE 531년
대중부–윤회부정
(대승부)
BCE 1세기~CE1세기경

오해와 진실

project

check point

여기서는 불교를 올바르게 이해하는 데 장애되는 오해를 바로잡고 불교를 있는 그대로 이해하는 안목을 배우고 익힌다.

1. 불교는 붇다로부터 시작됐다. 붇다 가르침 원형과 붇다가 수행한 근본수행법이 무엇인지 올바르고 정확히 이해하는 것은 붇다 가르침을 실천하는 데 매우 중요하다.

2. 붇다는 2600여 년 전에 활동했고 지리적으로 먼 인도인이다. 지금 사람은 붇다로부터 직접 가르침을 받지 않았다. 따라서 현재 자기가 알고 있는 붇다에 관한 지식은 참일 수도 있고 거짓일 수도 있다.

3. 현재 자기가 알고있는 불교에 관한 모든 지식을 정통과 권위를 내세워 주장하지 말고 객관사실에 기초해 구체적으로 이해하고 실천해야 한다.

4. 우리는 불교나 수행을 말할 때 붇다 가르침은 동서가 없기 때문에 어떤 차별이나 구분도 하면 안 된다고 주장한다. 그러나 논의 끝에는 소승, 대승, 상근기, 하근기, 자리, 이타 등으로 구별하고 차별해 논점이탈(論点離脫)이나 논점비약(論点飛躍) 오류를 범한다.

5. 여기서는 붇다 근본가르침과 정통 싸띠수행에 관한 왜곡된 현실을 극복하기 위해 흔히 범하는 몇 가지 잘못된 관점을 재정립한다.

1. 법이 아니라 문화가 다르다

1. 불교는 불교다. 여기에 다른 이론이 있을 수 없다. 오늘날 한국은 소승과 대승, 현교와 밀교, 상근기와 하근기, 돈오와 점오, 중생과 붇다, 자리와 이타, 자력과 타력, 북방과 남방 등 각자 입장과 상황에 따라 불교를 다양하게 구분하고 차별한다.

2. 분명한 것은 붇다 가르침이 아니라 문화가 다르다. 법이 아니라 그것을 받아들이고 실천하는 사람 근기가 다르고 삶의 양식과 문화가 다를

뿐이다[*].

3. 사람은 자기가 처한 상황, 입장, 수준에 따라 존재를 다차원으로 이해한다. 존재를 구별하고 차별하지 말자고 출발한 불교지만 이 또한 사람일 인지라 세월이 흐르면서 존재를 구별하고 차별하는 것을 피할 수 없다.

4. 객관적, 역사적, 사실적 자료에 기초해 불교유형을 구분하고 차별하지 않고 오직 개인확신에 따라 불교를 구분하고 차별하는 데 문제심각성이 있다.

5. 한국불교는 그 이전 불교를 비열하고 속좁은 수행자집단[Hīnayāna, 小乘]이라고 비난하고 등장한 마하야나(Mahāyāna, 摩訶衍, 大乘)가 주류를 이룬다. 사람은 남북이 있지만 붇다 가르침[buddha dhamma, 佛法]에는 어떤 구분과 차별이 없다고 주장한 대감혜능(大鑑慧能, 638~713)을 중시하고 일체구속으로부터 자유롭고 모든 구별과 차별을 타파하는 선불교 전통을 이어받았다고 자부한다.

6. 이런 한국불교가 조계종(曹溪宗) 혹은 화두 싸띠수행(話頭禪, 看話禪) 제일주의에 기초해 불교를 구분하고 차별하고 종파이기주의에 매몰돼있다.

7. 붇다하는 전법선언(dhamma cakka pavattana deseti, 轉法宣言)에서 불교도는 많은 대중이 자유롭고 행복하게 살 수 있도록 싸띠수행으로 봉사하라고 말했다. 금강경(Ariya vajracchedika prajñaparamita mahāyāna sūtra,

---

강호전설

聖能斷金剛般若波羅蜜大乘經, 金剛經)은 대승은 다른 사람이 자유롭고 행복하게 살 수 있도록 싸띠수행으로 도움주는 것이라고 했다. 능엄경(Sūraṁgama sūtra, 楞嚴經)은 진정한 대승은 대승이란 말조차도 하지 않는다고 했다.

8. 오늘날 한국불교는 남방에서 전해지는 오리지널 불교를 소승으로 비하하고 대승을 강조하고, 조계종과 화두 싸띠수행 이외는 사마외도로 간주하고, 붇다하가 직접 만들고 실천해 아라한뜨 막가파라를 성취한 붇다 정통 싸띠수행(sati, 念, vipassanā, 觀)을 하면 붇다하를 이루지 못한다고 주장한다. 이런 것을 보면 진리는 말에 있지 않고 실천에 있다는 붇다 가르침을 새삼 돌아보게 된다.

2. 다름보다 같음이 더 많다

1. 대승불교 문화권인 한국이나 중국 사람은 대승이 최고라고 말하고 테라봐-다를 소승이라고 무시한다. 테라봐-다 문화권인 타일랜드나 미얀마는 테라봐-다가 붇다 정통 가르침을 계승한다고 주장하고 대승을 인정하지 않는다.

2. 불교도는 테라봐-다나 대승이 아니라 붇다하봐-다(Buddhavāda, 佛言)를 말해야 하고 대승이나 소승이 아니라 불승(Buddhayāna, 佛乘)을 강조해야 한다.

3. 한국불교도는 조계종이나 화두 싸띠수행을 말하지만 불교에서 중요한 것은 붇다 그 분이고 붇다하가 만들고 직접 실천해 아라한뜨 막가파라를 성취한 싸띠수행이다.

4. 붇다하 가르침은 2600여 년 긴 세월동안 다양한 지역으로 전해졌다. 불교가 전해진 곳은 소승, 대승, 라마, 조사 등을 말하지만 붇다하는 그것에 대해서 한 번도 말하지 않았다.

5. 처음부터 붇다하 가르침과 싼ㄱ하는 하나다. 붇다하 법이 다른 것이 아니라 붇다하 가르침을 수용하고 실천하는 사람과 문화가 다르다.

6. 다양한 불교유형에서 다름을 볼 것이 아니라 같음을 찾으려고 노력해야 한다. 다름을 보는 것은 필연적으로 구별과 차별을 낳고 갈등과 분열을 일으킨다.

7. 서로 같음을 이해하고 상대를 인정하고 차이를 다양성으로 이해하면 함께 공존할 수 있는 기틀을 마련할 수 있다. 붇다하 가르침이 전해진 지역은 다르고 문화가 다를지라도 서로 함께 할 수 있는 것이 더 많다.

3. 붇다하가 기준이다

1. 붇다하를 따르면 붇다하가 되고 조사를 따르면 조사가 되고 라마를 따르면 라마가 된다.

2. 붇다하는 불교 모범이자 기준이다. 불교도가 사유하고 행동할 때 그 표준은 불교, 마음과학, 싸띠수행 창시자인 붇다하다.

3. 부파, 대승, 밀교, 선, 나-가-르주나(Nāgārjuna, 那伽閼剌樹那, 龍樹, 2~3세기 활동), 붇다하ㄱ호싸(Buddhaghosa, 佛音, 5세기 활동), 보드히드함마(Bodhidhamma, 菩提達磨, 6세기 초 활동), 원효(元曉, 617~686), 대감혜능, 마조도일(馬祖道一, 709~788), 임제의현(臨濟義玄, ?~867), 대혜종고(大慧宗杲, 1088~1163), 보조지눌(普照知訥, 1158~1210), 서산휴정(西山

休靜, 1520~1604), 경허성우(鏡虛惺牛, 1875~1939), 퇴옹성철(退翁性澈, 1911~1993)과 같은 훌륭한 수행자 가르침도 중요하다.

4. 그러나 불교 중심이자 기준은 붇다하다. 붇다하 이외 수행자는 붇다하 가르침을 그들이 살던 시대에 적극적으로 재해석하고 실천한 것으로 단지 참고사항이다.

5. 불교는 붇다하 가르침을 따르는 공동체다. 그렇기 때문에 붇다하를 스승으로 모시고 수행하는 사람은 붇다하 가르침에 기초해 수행하고 생활해야 불교가 된다. 보다히쌋따(bodhisatta, 菩提薩陀, 菩薩)를 믿고 따르면 보살교(菩薩敎)고 라마(Lama, 喇嘛)를 믿고 따르면 라마교(喇嘛敎)고 조사를 믿고 따르면 조사교(祖師敎)다.

6. 초전법륜경(paṭhama dhamma cakka sutta, 初轉法輪經)에 따르면 붇다하는 미가다-야에서 행한 최초 수행지도에서 5ㅂ힉쿠에게 자기를 ㅂ하가봐(Bhagava, 世尊), 아라한뜨(Arahant, 阿羅漢, 應供), 쌈마-쌈붇다하(Sammā sambuddha, 正自覺), 따타-가따(Tathāgata, 如來)로 불러달라고 주문했다. 그 이후 붇다하 제자는 붇다하를 부를 때는 항상 세존, 아라한뜨, 정자각, 여래 등으로 불렀다.

7. BCE 1~CE 1세기 무렵 인도에서 대승이 등장하고 보다히쌋따를 이상 인물로 설정했다. 금강경은 대승은 다른 사람이 무상정자각(Anuttara sammā sambodhi, 阿耨多羅三藐三菩提, 無上正自覺)을 성취할 수 있도록 도와주는 것을 보다히쌋따 역할로 규정했다.

8. 대승은 욕망이나 분노로 요동치는 마음상태를 싸띠수행으로 욕망, 분노, 편견 지수를 낮춰 그들이 자유롭고 행복한 삶을 살 수 있도록 도와주는 존재인 대승불보살을 믿고 따르면 자기자신도 행복하게 살 수 있다고 주장했다.

9. 보살종류는 현세문제를 해결하는 관세음보살(Avalokiteśvara bodhisatta, 觀世音菩薩), 내생문제를 해결하는 미륵보살(Metteyya bodhisatta, 彌勒菩薩), 지옥문제를 해결하는 지장보살(Kṣitigarbha Bodhisatta, 地藏菩薩), 지혜상징인 문수보살(Mañjuśrī bodhisatta, 文殊菩薩), 실천상징인 보현보살(Samantabhadra bodhisatta, 普賢菩薩) 등 힌두교 신 하나에 대승불보살 하나가 대응해 다양한 불교 신이 만들어졌다. 대승 경전에 등장하는 대부분 불보살은 힌두 신을 불교 신으로 각색한 것이다.

10. 대승은 바로 이런 신을 믿고 기도하면 은총받아 행복하게 살 수 있다는 믿음에 근거해 존재하는 보살교다.

11. 보살교는 두 가지 측면에서 붇다 가르침을 부정한다. 하나는 인과법이다. 붇다는 노력한 것이 노력한 주체에게 노력한 만큼 돌아가는 것이 정의롭고 청정하다고 보았다.

12. 그러나 보살교는 자기가 노력하지 않아도 대승불보살에게 열심히 매달리고 기도하면 보살가피력으로 자기가 원하는 것을 이룰 수 있다고 주장한다. 이것은 인과법을 부정한 것이다.

13. 다른 하나는 붇다는 세간법으로 대표되는 물질영역이 아니라 출세간법으로 불리는 마음과 수행, 자유와 행복 분야가 불교와 수행 중심영역이라고 보았다.

14. 보살교는 학교에 합격하거나 사업이 잘 되는지 등을 불보살과 같은 불교 신에게 기도하면 자기가 원하는 것을 이룰 수 있다고 주장한다.

15. 붇다는 사업이 잘 되고 못 되는 것은 그 방면 전문가에게 문의하고 입시문제는 학교선생이 더 전문이라고 보았다. 그러나 자기가 원하는 것을 이루는 과정에서 마음이 불편하거나 괴로움이 있을 때 싸띠수행으로 방해 요소를 제거하는 것을 수행영역으로 보았다.

16. 오늘날 티베트는 전생에 큰스님이 환생해 금생에 태어난 사람을 라마(lama, 喇嘛)라 하고 그 라마를 붇다처럼 믿고 따른다. 그래서 라마교다. 라마교는 기도와 영험, 신과 윤회를 믿고 따른다. 이것은 힌두교지 더 이상 불교는 아니다*.

17. 중국이나 한국 선수행자는 붇다보다 조사가르침을 믿고 따른다. 그것은 불교라기보다 조사교다*.

티베트불교

티베트불교에 대한 오해를 많이 한다. 현재 티베트불교는 1300년대 전후해 형성된 것이다. 언제 티베트에 불교가 전해졌는지 알 수 없다. 그러나 6세기 중엽 인도 나란다에 등장한 만따라와 8세기 중엽 같은 지역에 등장한 딴따라가 10세기 전후 티베트에 전해져 대중성을 획득했다. 만따라는 소리, 딴따라는 성을 수행에 활용했다.

평지는 신이나 존경하는 사람에게 뭔가 선물할 때 물건을 직접 드리는 것을 선호하지만 티베트처럼 척박한 곳은 물건을 구할 수 없기 때문에 말로 때우는 주문을 선호했다. 산악지대는 성폭행이 빈번히 일어나고 스스로 보호하지 않으면 어찌할 방법이 없다. 그래서 자연환경에 적합한 성문화가 만들어진다. 티베트는 여자가 성폭행 당할 때 성폭행하는 사람 얼굴을 보지 않으면 괜찮다는 성문화가 있었다. 그런데 성을 수행도구로 삼는 것은 새로운 성문화를 형성하기에 적합했다. 성폭행이 일어나면 수행했다고 하면 사회적으로 무마됐다. 이런 이유로 만따라와 딴따라는 처음 발생한 인도보다 티베트, 파미르 고원이나 몽골평원에서 대중성을 획득했다.

11세기가 되면 티베트와 파미르 고원은 성병으로 뒤덮인다. 14세기 중엽 티베트 만따라 신봉파는 딴따라 추종파에 대해 종파전쟁을 시작해 주도권을 잡았다. 그 전쟁이론을 제공하고 주도한 사람이 쫑까빠(Tsoṅ kha pa, 宗喀巴, 1357~1419)다. 이후 티베트 사람은 쫑까빠는 티베트를 위해 관세음보살이 환생한 것으로 믿고 죽어 티베트에 환생해 라마가 됐다고 상징조작했다. 그렇게 해서 14대에 걸쳐 환생한 사람이 오늘날 달라이라마다. 1400년 5내 라마부터 라마가 티베트 왕이 되는 제도가 성립됐다. 그 후부터 오늘날까지 티베트는 제정일치 사회로 존속했다. 현재 달라이라마는 티베트 정신지주이자 정치지도자인 왕이다.

쫑까빠를 배출한 종파 이외 다른 종파도 환생한 큰스님이 있다고 주장했다. 그래서 어떤 파는 아미타불 혹은 보현보살이 환생했다고 주장했다. 그것이 린포체(Rinpoche)다. 다른 파는 깔마빠(Karmapa)를 주장했다.

오늘날 민주주의 관점에서 보면 환생한 사람을 선택해 왕으로 삼는 티베트 정치제도가 후진적일 수 있지만 전제왕조시대 왕의 자식만 다음 왕이 되는 엄격한 신분사회에서 보면 티베트 정치제도는 혁명적인 제도. 언제인지는 몰라도 자기가문도 왕이 될 수 있다는 기대감은 누구도 거부할 수 없는 제도였다. 차기왕을 선발한 사람은 왕사(王師)로서 큰 기득권을 누릴 수 있다. 그런 관점에서 보면 장막 뒤에서 이뤄지는 정치논리는 각자 상상에 맡긴다.

유럽인이 티베트 불교를 좋아하는 이유가 여러 가지 있겠지만 그 가운데 하나는 달라이라마가 귀족(왕)이란 사실이고 다른 하나는 서양 폭력적인 신보다 관세음보살처럼 여성적이고 부드러운 신을 좋아하기 때문이다.

18. 조사란 9~10세기 중국불교가 만든 독특한 개념이다. 당(唐) 문화가 화려함을 다하고 저물어갈 때 한유(韓愈, 768~824)를 비롯한 민족주의자가 등장해 당 국제주의에 기초한 개방정책을 송(宋) 중화주의에 기초한 폐쇄정책으로 전환했다.

19. 당은 836년 「유색인종접촉금지법안」을 만들었다. 이 법의 직접 피해자는 인도에서 수입한 불교와 외국스님이었다. 그 결과 교학(敎學) 위주 불교는 급속히 쇠퇴했다. 843년부터 시작된 불교탄압정책은 30만 명 이상 수행자를 죽이거나 환속시켰고 2만 6천 곳 이상의 아-라-마(ārāma, 精舍, 수행도량)를 파괴했고 모든 외국 스님을 귀국조치시켰다.

20. 그런 혹독한 시기를 통과하면서 두 종류 불교만 살아남았다. 하나는 조상신앙과 결합된 정토신앙이고 다른 하나는 수행을 강조한 선종이었다*.

21. 선종은 꼬리자르기 방법을 사용해 탄압을 극복했다. 선종은 우리는 붇다하를 믿는 것이 아니라 붇다하가 되기위해 수행한다고 주장했다.

22. 그래도 붇다하를 피해갈 수 없었다. 선종수행자가 스승으로 모신 보

주류와 주변부

중국선사가 모델로 삼은 것은 중국선사뿐만 아니라 불교를 만든 붇다하가 핵심이었다. 그들은 어떻게 하든 붇다하 정통 수행법을 이어받기 위해 노력했다. 조사어록이나 경전주석을 보면 오리지널 경전인 아함경을 즐겨 인용한 것을 볼 수 있다. 중국수행자는 붇다하를 주목했는데 한국이나 일본처럼 중국문화를 추종하는 사람은 중국을 더 중시했다. 이것이 주류문화와 주변부문화 차이다.

생존비법

중국인은 유난히 조상을 중시한다. 그렇게 조상을 중시한 사람이 자기조상을 극락보내기 위해 기도하는 도량을 파괴하는 것은 상상할 수 없다. 불교를 탄압하고 사찰을 파괴할 사람은 멀리서 오지 않고 부근에 사는 사람이 온다. 누가 절을 부수러 간다고 소문나면 그 집안이나 마을 전체 조상천도제를 지냈다. 이런 방법이 먹혀들자 이후 중국불교는 정토교 일색으로 급속히 기울었다.

ㄷ히ㄷ함마(Bodhidhamma, 菩提達摩, 530년대 활동) 역시 인도출신이었다.

23. 선종수행자는 인도문화 잔재를 청산하기 위해 인도출신 붇ㄷ하나 보ㄷ히ㄷ함마 대신 중국출신 수행자를 전면에 내세웠다. 그가 바로 대감혜능이다.

24. 붇ㄷ하는 싸띠수행이 최고경지에 오른 사람을 아라한뜨라고 했다. 아라한뜨 가운데 최초 아라한뜨가 붇ㄷ하다.

25. 이때부터 중국은 중국출신이면서 아라한뜨 지위에 오른 수행자를 조사(祖師)라고 불렀다. 조사 가운데 가장 뛰어난 분이 대감혜능이라고 상징조작했다. 이 무렵부터 중국불교는 붇ㄷ하나 아라한뜨와 같은 인도어보다 조사라는 중국어를 선호했다.

26. 그들은 혜능어록을 수집해 붇ㄷ하가 설한 경(sutta, 經)과 같은 지위를 부여했다. 그것이 6조단경(六祖壇經)이다. 중국수행자가 저술한 많은 저서 가운데 경이란 호칭이 붙은 것은 이것이 유일하다.

27. 800년대 이전은 불교 최고수행법은 여래 싸띠수행(如來禪) 또는 여래청정선(如來清淨禪)이라고 불렀다. 그러나 800년대 중반 이후는 조사 싸띠수행(祖師禪)이라고 주장했다.

28. 여래 싸띠수행과 조사 싸띠수행은 같은 개념이다. 단지 상황에 따라 여래 싸띠수행이라거나 조사 싸띠수행이라고 이름을 다르게 불렀다.

29. 이런 구분은 내용없는 구분을 위한 구분일 뿐이다. 이 두 단어는 800년대 초반부터 일어난 중국 민족주의와 연결지어 이해할 때만이 진정한 의미를 가진다.

30. 조사를 따르는 수행자는 한 번 확철대오(廓徹大悟)하면 더 이상 닦아야할 마음이 없다고 한다. 그러나 붇ㄷ하는 단 한 번도 그렇게 말하지 않았다.

31. 붇다하는 마음은 닦으면 맑아지고 방치하면 오염된다고 보았다. 힌두교는 창조신 브라흐마 본성이 청정하다고 보았다. 만일 마음본성이 맑다는 것(自性淸淨心, 心淨本性)을 알았다면 마음본성을 안 것이 아니라 힌두교 신 본성을 보았다는 말이다.

32. 붇다하는 아라한뜨 막가파라를 성취한 후에도 시간이 나면 수행을 계속했다. 그러자 그 당시 일부 사람이 붇다하가 정말 아라한뜨 막가파라를 성취한 것인지 의아스럽게 생각했다.

33. 중아함경(Majjhima Nikāya, 中阿含經)에서 붇다하는 「내가 숲으로 수행하러 가는 것은 한편은 마음휴식을 위한 것이고 다른 한편은 다른 사람에게 자비관을 보내 고요하고 평화로운 마음을 나눠주기 위함.」이라고 말했다.

34. 중국수행자는 한 번 확철대오하면 더 이상 닦을 필요가 없다고 주장했다. 그렇게 주장하는 맨 앞에 대감혜능이 있다.

35. 대통신수(大通神秀, 606~706)가 마음은 끊임없이 닦고 가꾸는 것이라고 하자 대감혜능은 마음은 원래 토대가 없기 때문에 닦을 필요가 없다고 맞받아친다.

36. 이후 사람은 대통신수와 대감혜능 가운데 누구 지혜가 수승했느냐를 담론주제로 삼고 행동지침으로 삼았다. 그러나 이것은 수행 높낮이로 접근하면 초점이 빗나간다. 이 논쟁핵심은 마음이 가진 현상적인 면을 강조할 것인지 본성적인 면을 강조할 것인지 차이다.

37. 이것은 누구 관점이 옳고 그름이 아니라 붇다하 관점을 따를지 아니면 위배할지에 관한 문제다. 붇다하 관점을 따르면 불교고 그렇지 않으면 불교가 아니다. 그것은 불교기준이 붇다하이기 때문이다.

4. 근본으로 돌아가자

1. 많은 사람이 한국불교 개혁을 말하면서 다양한 대안을 제시한다. 그러나 한국불교를 개혁하려면 새로운 것을 만들 것이 아니라 붇다하를 주목하면 해결관점이 보일 것이다.

2. 오늘날 한국불교는 붇다하 근본 가르침과 너무 멀리 떨어진 것이 문제다. 그런데도 문제핵심을 보지 못하고 개혁만을 주장한다. 현재 주장하는 개혁은 개혁이 아니라 권력이동을 개혁으로 포장한 경우가 많다.

3. 한국불교에 만연해있는 신과 윤회설, 기도와 같은 주술성과 힌두주의, 교단구조 정치성, 아-라-마 운영 세속화를 탈피하고 붇다하 근본가르침에 따라 원칙을 지키는 자세가 필요하다.

4. 출가수행자는 이른 아침 빳따를 들고 거리로 나가 탁발해 음식을 얻고, 정오 이후는 음식을 먹지 않는 전통을 지키고, 율장에 정해진 대로 까-싸-야(kāsāya, 袈裟)를 입고 생활하는 수행자 본래모습으로 돌아가는 것이 무엇보다 시급하다.

5. 재가수행자는 출가수행자가 안정적으로 수행할 수 있도록 도와주고, 수행도량을 관리하고 교단을 외호하며 복을 짓고, 시간 내서 자기수행을 완성하고, 다른 사람이 수행할 수 있도록 도와주고, 사회 정의와 청정성을 이룩하기 위해 참여활동과 소외된 사람을 위해 봉사활동도 해야한다. 그게 전부다.

6. 한국불교 개혁 처음과 끝은 붇다하 근본가르침으로 돌아가는 것이다. 종파이기주의나 자파이기주의 입장에서 불교를 볼 것이 아니라 붇다하와 일반민중 입장에서 불교와 수행을 보면 해답은 거기 있을 것이다.

7. 불교는 불교일 뿐이다. 붇다하 근본가르침이 자기에게 맞지 않으면 그

냥 불교를 떠나는 것이 솔직한 자세다. 우리가 붓다 가르침을 믿고 따를 때 붓다 가르침을 자기가 처한 상황에 억지로 짜맞추지 말아야 한다. 붓다 가르침이 자기에게 맞지 않으면 버리고 떠나면 된다. 자유롭고 행복하자고 선택한 일인데 붓다나 수행에라도 구속되는 것은 좋지 않다.

8. 붓다 가르침 가운데 자기에게 필요한 몇 가지만 취사선택하고 그것을 붓다 가르침 전부라고 믿고 따르면 많은 오류를 범할 수 있다.

9. 어떤 사람은 시대가 변했기 때문에 2600여 년 전 붓다 삶의 방식을 따르기 힘들기 때문에 변화와 적응이 필요하다고 주장한다.

10. 이런 주장은 2000여 년 전에 등장한 인도 대승부나 1400여 년 전에 등장한 중국선불교 전통을 고집하는 것 또한 심각한 자기모순에 빠지게 한다.

11. 시대가 변했기 때문에 새로운 가치관과 방법론이 필요하다고 등장한 대승부나 선불교가 더 많은 세월이 흘렀지만 정작 자기는 역사와 변화를 받아들이지 않으려고 한다. 이것은 모순이다.

12. 지키려고 하면 천 가지 어려움도 극복할 수 있지만 깨뜨리고자 마음먹으면 한 가지 어려움도 핑곗거리로 다가온다. 일단 시도해보고 필요하면 개선하면 된다. 그러나 시도도 해보지 않고 미리 예단해 포기하는 것은 진리를 추구하는 수행자태도가 아니다.

5. 기본에 충실하자

1. 어떤 일을 하더라도 기본에 충실해야 한다. 이 말은 수없이 들어온 말이다. 그러나 현실에 직면하면 당장 눈앞의 성과에 마음끌리는 것이 인지

상정이다. 그러다보면 본래목표를 놓치고 욕심이 앞서고 일을 그르친다.

2. 우리가 붇다를 믿고 따르는 것도 마찬가지다. 붇다를 믿고 따르는 본래목적은 수행으로 지나온 삶의 흔적을 정화하고 자유로운 삶, 청정한 삶, 행복한 삶, 공존하는 삶을 살기위함이다. 수행으로 인류 이익과 행복, 현재와 미래를 위해 회향하는 것이 지혜와 자비다. 그러기 위해서는 먼저 스스로 수행을 완성해야 한다*.

3. 불교교단이 결성된 1차목표는 수행으로 지혜를 성취하고 그것을 다른 사람과 공유하는 것이다. 필요한 사람에게 물질을 나눠주고 잘못된 사회제도를 바로잡는 일은 불교도라서 하는 것이 아니라 사회구성원으로서 반드시 해야 하는 기본의무다.

4. 거기에 더해 마음을 정화하고, 마음공간에 존재하는 마음때[āsava, 流漏]를 제거해 삶을 맑히고, 근원적 불평등[rāga, 貪], 폭력[dosa, 嗔], 편견

선언적 의미

중국문화권 불교도는 집회를 시작할 때 3귀의를 하고 마칠 때는 4홍서원(四弘誓願)을 발원한다. 4홍서원은 다음과 같다.

① 중생무변서원도(衆生無邊誓願度): 중생을 다 건지겠다.
② 번뇌무진서원단(煩惱無盡誓願斷): 번뇌를 다 끊겠다.
③ 법문무량서원학(法門無量誓願學): 법문을 다 배우겠다.
④ 불도무상서원성(佛道無上誓願成): 불도를 다 이루겠다.

이런 사홍서원을 하며 붇다는 중생을 구제하기 위해 출가했다고 말한다. 그러나 붇다가 처음 출가수행한 것은 중생문제를 해결하기 위한 것이 아니라 자기문제를 해결하기 위해서다. 수행을 모두 마친 뒤 중생문제로 관심을 돌린 것은 다른 문제다.

이것은 중생을 제도하기 위해 번뇌를 끊고, 번뇌를 끊기 위해 법문을 다 배우고 불도를 이루겠다는 대승철학에 기초한다. 금강경은 대승은 「중생이 붇다가 되도록 도와주는 것」이라고 정의한다. 이것이 대승정체성이라면 자기가 수행하지 않으면 다른 사람에게 수행지도할 수 없다. 선언의미는 선언의미일 뿐이다. 구호에 취해 현실을 놓치면 안 된다. 다른 존재를 도와주는 것이 대승이라고 생각하지만 더 중요한 것은 내용이다. 무엇으로 도움줄 것인가와 그것이 해당 사람에게 정말 도움됐는지 구분해 사고해야 한다.

[moha, 痴] 등을 제거하는 것이다. 이것이 불교교단이 만들어진 기본목적이다.

5. 사회정의를 실천하거나 필요한 사람에게 물질을 나눠주는 단체는 많다. 그러나 마음공간에 존재하는 마음오염원을 제거하고 마음을 안정시키고 잘못된 가치관을 바로잡아주는 단체는 많지 않다.

6. 이 일은 성과가 직접 눈에 보이지 않는 일이고 실천하기 전에 먼저 자기가 어느 정도 수행성과물을 갖고있어야 하기 때문에 하고싶다고 아무나 할 수도 없고 급하다고 당장 되는 일도 아니다.

7. 먼저 수행하고 수행성과물을 필요한 다른 사람과 공유하는 것이 수행자나 불교도가 베푸는 최고자비다.

8. 물질을 공유하는 재시(āmisa dāna, 財施)도 의미있지만 욕망, 분노, 편견 등으로 요동치는 마음을 맑고 평화로운 상태로 변화시킬 수 있도록 도와주는 것[dhamma dāna, 法施]도 의미있다. 뭔가 잘 안될 때는 기본으로 돌아가는 것이 최선이다.

6. 교재선택과 교사자질

1. 어떤 것을 배울 때 해당 주제에 대한 올바른 교재를 선택하는 것은 중요하다. 잘못된 교재로 배우면 돈과 시간을 낭비하는 결과를 초래한다.

2. 붇다 가르침을 배우는 것도 마찬가지다. 올바르고 제대로 된 교재를 선택하고 그것을 충분히 익힌 스승을 통해 배우면 시간과 노력을 절약하고 폭넓고 깊이있게 습득할 수 있다.

3. 붇다 가르침을 배울 때 가장 좋은 것은 지혜높고 수행경험이 풍부한

눈밝은 수행자를 통해 배우고 익히는 것이 올바른 길이다.

4. 붇다 가르침은 마음닦는 수행에 관련한 것이기 때문에 혜안(paññā cakkhu, 慧眼)을 갖춘 수행자로부터 지도받는 것이 중요하다.

5. 그 다음으로 경전을 통해 배우는 것이다. 경전을 통해 붇다 가르침과 수행을 배울 때 무엇보다 조심하고 주의해야 할 것은 붇다 가르침 가운데 문자로 전할 수 있는 것은 문자로 기록해 율장(Vinaya Piṭaka, 律藏, 씨줄)과 경장(Sutta Piṭaka, 經藏, 날줄)으로 편찬했다. 이때 문자로 기록할 수 없는 수행에 관한 것은 아라한뜨 막가파라를 성취한 수행자를 통해 직접 이전했다. 이것이 이심전심(以心傳心)이다*.

6. 붇다 가르침 가운데 문자로 기록해 전할 수 있었던 것은 2% 정도고 문자로 전하기 까다로운 마음과 수행에 관한 것이 98% 이상이다. 율장과 경장은 붇다 가르침 기준이자 참고사항이다.

7. 붇다 가르침을 담은 율장이나 경장은 그것을 읽는 사람수준에 따라 다차원으로 해석하고 행동한다. 붇다 가르침을 제대로 배우기 위해서는 눈밝고 지혜높은 수행자로부터 수행을 통해 올바르게 전달받아야 한다.

8. 붇다 입멸 후 부파불교도는 붇다가 상황에 따라 설법한 내용을 특정한 개념중심으로 계통별로 정리했다.

9. 대승부는 부파불교가 정리한 개념을 가지고 힌두교 신과 윤회설을 추

아라한뜨와 3장법사

불교를 접하고 많이 듣는 말이 3장법사와 아라한뜨 같은 용어다. 아라한뜨는 수행으로 마음오염원을 제거해 지혜수준이 높아진 수행단계를 나타낸 것이고 3장법사는 수행내용을 기록한 경전 암송단위를 나타낸 것이다. 3장법사는 경전암송을 측정해 붙인 이름이다. 율장을 모두 암송하면 1장법사, 1장법사가 경장을 모두 암송하면 2장법사, 2장법사가 논장을 완전히 암송하면 3장법사라고 한다. 대개 1년에 한 번 암송시험을 치른다. 각 종파별로 치르기도 하고 국가가 주관하기도 한다. 몸으로 수행을 익혀 마음오염원을 제거해 자유롭고 행복하게 살자고 시작한 불교가 수행보다 수행지도 내용을 암송하는 것을 중시한 것은 본말이 전도된 것이다.

가하거나 개념을 비틀어 불교소설을 창작했다. 그것이 대승경전이다.

10. 금강경, 빤나-심경(Prajñā paramita hṛdaya sūtra, 般若心經) 등 빤나-부(般若部)는 지혜와 수행, 능엄경이나 능가경(Laṅkavatara sūtra, 楞伽經) 등은 싸띠집중[samādhi, 三昧, 止, 定]과 수행, 아미타경(Sukhāvatī vyūha sūtra, 阿彌陀經) 등 정토삼부경(淨土三部經), 법화경(Saddharma puṇḍarīka sūtra, 妙法蓮華經), 화엄경(Buddha avataṃsaka mahāvaipulya sūtra, 大方廣佛華嚴經) 등은 자비, 공덕, 구제, 회향 등을 주제로 역사소설을 썼다.

11. 중국불교는 대승부가 쓴 불교소설로 정치경제 이익을 함께하는 종파불교를 만들었다.

12. 수행하다보면 특정한 마음기능이 약하거나 마음기능이 유기적으로 작동하지 못하는 경우도 있다. 이때 수행지도자는 해당 수행자에게 특정기술을 강화하라고 주문한다. 또 수행지도자가 자기경험에 기초해 특정방법이 수행향상에 도움된다고 강조하기도 한다.

13. 이런 것을 주제로 써놓은 것이 논장, 대승경전, 조사어록 등이다. 그러므로 경장, 논장, 조사어록 등을 읽을 때는 이런 특성을 고려해야 한다. 특정경전에서 주장하는 주제는 해당 수행자를 위한 것이므로 그것을 다른 사람에게 적용할 때는 세심한 주의가 필요하다.

14. 붇다 가르침을 배우고자 하는 사람은 붇다 가르침 원형이 그대로 담겨있는 Āgama(阿含, 傳承)나 Pāli(聖典, 傳承) 등 오리지널 경전이나 율

1차자료

붇다에 관한 1차자료는 pāli 어로 기록된 수행자 행동규범을 담고있는 율장과 수행을 담고있는 경장 등 2장(二藏)이다. 여기에 붇다가 활동할 당시 함께 활동했던 다른 종교에서 기록한 자료이다. 그외 자료는 2차자료거나 3차자료로 참고사항이다.

간혹 불교학자나 호사가가 pāli 어로 기록된 자료도 붇다 당시 직접 기록한 것이 아니고 붇다 입멸 후 제자가

장 등을 통해 배우는 것이 현명하다. 먼저 수행하면서 교리를 익히면 많은 것을 얻는다. 왜냐하면 불교교리는 95% 이상이 마음과 수행에 관련된 것이기 때문이다*.

15. 현재 한국불교가 불교도를 교육하기 위해 선택한 대부분 교재(大乘經典, 祖師語錄)는 붇다 입멸 후 400~1000여 년 뒤에 붇다를 모델로 하고 붇다 당시 시대상황을 배경으로 해 쓴 창작소설인 대승경전이고 붇다 입멸 후 1000~2000여 년 뒤 중국이나 한국 수행자가 쓴 조사어록이다. 그것에 기초해 역사인물인 붇다를 가르친다*.

16. 이것은 근본적으로 교재선택이 잘못됐다. 잘못된 교재로 붇다 가르침이나 싸띠수행을 배우면 올바로 이해할 수 없다. 처음엔 뭔가 있는 것 같지만 진도가 나갈수록 혼돈스럽고 복잡해진다.

17. 붇다 가르침을 배우고 싸띠수행을 익힐 때 수행지도할 수 있는 눈 푸른 스승이 필요하다. 그것은 경전내용이 수행이고 붇다 가르침이 마음

수집하고 암송으로 전승됐기 때문에 신뢰할 수 없다고 말하기도 한다. 얼핏 들으면 일리있는 말 같기도 하다. 그러나 이 1차자료를 부정하면 어떤 자료를 믿어야할지 혼란스럽다. 이 1차자료를 부정하고 4차자료에 속하는 대승경전이나 밀교경전 내용을 신뢰하고 따르는 것은 심각한 자기모순이다.

현재 대부분 불교도는 이 1차자료를 통해 붇다에 대해 배웠다. 이렇게 비판하는 사람의 주장대로라면 그들이 알고있는 붇다에 관한 지식은 어떤 자료에 의존했는지 궁금하다. 물론 붇다에 관한 1차자료인 율장과 경장 내용이 전부 신뢰할 수 있는 것은 아니다. 경장은 약간의 내용이 후세에 삽입된 것으로 보인나. 그렇나고 해서 붇다 가르침으로 추정되는 핵심내용이 바뀐 것은 아무것도 없다. 부족하기는 해도 현재로서는 1차자료인 pāli 어로 쓰인 율장과 경장을 믿고 따르는 것이 현명하다.

올바른 텍스트

가령 80년대 황석영이 조선중기를 배경으로 쓴 《장길산》이란 소설을 가지고 조선중기 사회를 연구하면 어떻게 될까. 안될 것은 없지만 기본교재를 잘못 선택했다. 그렇지만 이 소설은 80년대 초 한국소설에 반영된 조선중기 사회상에 대한 연구로는 매우 훌륭한 교재가 될 수 있다.

대승경전도 마찬가지다. 붇다 입멸 후 4~5백 년 뒤에 쓰인 역사소설로 실존인물인 붇다를 연구하는 것이 안될 것은 없지만 교재선택이 잘못됐다.

과 수행이기 때문이다.

18. 오늘날 불교가 직면한 문제본질은 마음과 수행에 대해 전혀 모르는 사람이 전통과 권위를 내세워 마음과 수행을 가르친다는 사실이다. 이런 서글픈 현실이 대중을 잘못된 정보 속에 허우적거리게 만드는 주범이다.

7. 오리지널 불교

1. 오리지널 불교는 원형 그대로 오리지널 붇다 가르침을 말한다.

2. 우리가 오리지널 불교를 배우고 익힌다는 것은 붇다 가르침과 싸띠 수행을 자기그릇에 담는 것이다. 붇다와 직계제자가 살았던 삶의 방식과 가치관을 현재 자기가 사는 현실에 적용해 사용하는 것이다. 이것은 붇다 가르침 내용을 자기형식에 담는 과정이다.

3. 이때 내용은 변하면 안 되고 형식은 현실에 맞춰 적절히 응용할 수 있다. 어떤 경우는 형식뿐만 아니라 내용이 바뀌어 도리어 비불교적이 되기도 했다.

4. 삶의 양식은 끊임없이 변한다. 사람사는 양식이 변했다고 해서 삶의 내용이 변한 것은 아니다. 세월이 흐르고 지역이 다르고 세대가 변하고 인종이 구분돼도 사람사는 양식은 비슷하다.

5. 부파부, 대승부, 밀교부, 정토부, 선종 등은 불교도가 그들이 직면한 삶의 현장에 적용하기 위해 붇다 가르침과 싸띠수행을 재해석하고 실천하면서 만든 것이다.

6. 오리지널 불교에 관한 기본자료는 붇다 가르침이 담겨있는 pāli 어로 기록된 율장과 경장을 스승으로 삼는다*.

7. 시대배경은 붇다와 붇다 직계제자가 활동한 시기로 대략 BCE 531 ~ BCE 380년까지 약 150년 정도다. 이 시기 불교가 모든 불교원형이다. 불교사적으로는 근본교단이 테라봐-다와 마하-쌍기히까로 분열한 때까지다.

8. 철학관점은 신과 윤회 등 비과학적이고 신비적인 힌두철학을 부정하고 객관적이고 자연법칙을 중시한다. 그리고 모든 종류 세습제를 부정하고 능력제를 강조한다.

9. 교리는 연기, 인과, 자력, 4성제, 8정도, 업 등을 적용하고 붇다가 제정한 계율 조목과 정신을 준수해야 한다.

10. 붇다 가르침과 싸띠수행을 배우고 실천하는 순서는 먼저 싸띠수행을 배우고 익힌 후 이론체계인 교리를 배우는 선수행(先修行) 후교리(後敎理)를 강조한다*.

11. 붇다가 직접 행한 싸띠수행에 기초해 앉아하는 좌선, 걸으며 하는 행선, 생활하며 하는 생활선, 일하며 하는 노동선 등을 익힌다.

기도는 힌두교다

신, 윤회, 기도, 제사 등은 붇다 가르침이 아니라 힌두교 가르침이다. 신, 윤회, 기도, 제사 등 가치관을 적용하는 대승부와 밀교부 등은 붇다 가르침을 심각하게 왜곡했고 불교를 힌두교 아류로 만든 주범이다.

선수행 후교학

기술을 배울 때는 먼저 이론을 배우는 것보다 먼저 실기를 배우고 나중에 이론을 배우는 것이 효과적이다. 먼저 이론을 배우고 나중에 기술을 배우면 시간과 노력이 훨씬 더 많이 든다.

수행은 기술이다. 철학으로 마음오염원을 제거하는 것이 아니라 구체기술을 사용해 탐진치 3독심을 제거하고 마음공간을 맑고 건강하게 한다. 붇다 이래 대승부, 선불교 등 붇다 정통파는 항상 선수행 후교학 전통을 따랐다. 오늘날 선불교와 대승불교를 따르는 조계종은 철저히 선교학 후수행 전통에 입각해 교육한다. 이것은 붇다가 생각한 교육철학이 아닐 뿐더러 그토록 극복하자고 주장한 소승불교 전통을 따른 것이다. 부파부는 선교학 후수행 전통을 따른다.

12. 수행이 앞선 사람이 다른 사람을 수행지도한다. 전문적으로 수행할 때는 다른 사람으로부터 도움받고 여유있을 때는 다른 사람이 수행할 수 있도록 도움준다. 사회현실에 참여할 때는 마음과학과 싸띠수행에 기초한다.

13. 불교사 전개는 오리지널 불교가 다른 부파로 분열된 것이 아니다. 근본불교는 그대로 있고 사상, 계율, 수행에 관용적이거나 변절한 사람이 근본쌍ㄱ하에서 분리독립했다.

14. 처음에 하나의 붇ㄷ하[佛], 하나의 가르침[法], 하나의 쌍ㄱ하(衆)만 존재했다.

15. 붇ㄷ하는 테라봐-다, 마하-야-나, 와ㅈ라야-나 등에 대해 말하지 않았다. 후세사람이 자기필요에 의해 부파를 만들고 대승을 말하고 밀교를 실천했다.

16. 오리지널 불교에서 마하-쌍ㄱ히까(大衆部)가 분리독립된 후 기존 수행자는 테라봐-다로 이름을 바꾸었다. 이름을 바꾼 순간 그들 또한 분열해 나간 사람처럼 자파이기주의에 빠지고 본질을 벗어났다. 이후 20여개 부파로 분열됐다.

17. BCE 1 ~ CE 1세기 무렵 오리지널 불교로 돌아가자고 주장하고 등장한 것이 대승부다. 그러나 그들은 처음 주장대로 실천하지 못하고 도중

불교사 서술오류

시중에 나와 있는 불교사에 관련된 대부분 서적은 불교사를 서술할 때 큰 오류를 범한다. 일반왕조사를 서술할 때는 신라, 고려, 조선 등의 순서로 하면 된다. 그러나 불교사를 서술할 때는 그렇게 하면 안 된다. 불교사에 관련된 대부분 책은 원시불교, 부파불교, 대승불교, 밀교 순서로 기술한다. 그리고 부파시기는 부파만 대승시기는 대승부만 기술한다. 그러면 일반독자는 해당 시기에 부파는 없어지고 대승부만 존재한 것으로 인식할 수 있다. 그러나 부파가 존재한 가운데 대승부가 등장해 함께 활동한 것이지 이전 불교가 없어진 것은 아니다. 이런 서술방식은 불교학자가 아무 고민없이 일본이나 서양학자가 한 불교사 서술방식이나 역사학자가 한 왕조사 기술방식을 그대로 차용했기 때문이다.

에 길을 잃고 힌두교로 흡수됐다.

18. 이때 오리지널 불교가 소멸하고 대승부가 그 자리를 대신한 것이 아니다. 오리지널 불교 계열 20개 부파는 그대로 있었고 여기에 대승부라는 새로운 부파가 하나 추가된 것이다*.

19. 399년 법현(法顯, 340~?)이 인도를 방문할 무렵 인도불교 분포는 오리지널 불교 60%, 대승부 20%, 근본·대승 겸학 20% 정도였다.

20. 이런 사정은 629년 현장(玄奘, 600~664)이 인도를 순례할 무렵에도 변하지 않았다. 인도불교에서 오리지널 불교가 다수를 차지했고 대승부는 항상 소수였다.

21. 6세기 전후해 대승부보다 더 힌두교화된 밀교부가 등장해 대승부를 비롯해 기존불교를 강력히 비판했다.

22. 밀교부는 대승부가 대중을 위한다고 하지만 실제로는 소수지식층과 상류층 이익을 대변하고 진정한 민중불교는 분다 가르침을 따르는 밀교에 있다고 주장했다.

23. 일반대중은 밀교부가 주장하는 주술성과 미신화를 도리어 간결함과 편리함으로 인식하고 대승부뿐만 아니라 오리지널 불교까지 모든 인도불교가 밀교부에 흡수됐다. 밀교는 내용과 형식에서 95% 이상 힌두교다.

24. 불교가 전파된 전 지역에서 분다가 제정한 계율, 교리, 탁발, 싸띠 수행, 수행자가 입는 까-싸-야 등 핵심항목은 변하지 않았다.

25. 이것은 한국불교에도 그대로 적용된다. 간혹 변한 것이 있다해도 사소한 것이거나 추가로 몇몇 조항을 삽입하거나 뺀 것뿐이다*.

까-싸-야를 입자

남방스님뿐만 아니라 한국 조계종스님도 오리지널 불교 율장인 4분율(四分律)에 따라 계를 받고 스님이 된다. 오리지널 불교뿐만 아니라 조계종에 이르기까지 출가수행자 공식승복은 쌍ㄱ하-띠-(saṅghāṭi, 僧伽梨, 大衣, 重

26. 오리지널 불교가 등장한 이래 부파, 대승부, 밀교부 등이 차례로 등장했지만 붇다ㅎ 핵심사상인 연기, 인과, 3법인, 4성제, 업 등 기본교리는 변하지 않았고 붇다나 싸띠수행을 부정한 종파도 없었다. 단지 신, 윤회, 기도, 구제, 화두 싸띠수행, 진언 싸띠수행 등 다른 요소가 추가되면서 불교가 왜곡됐을 뿐이다.

8. 남방불교

1. 한국은 남방불교는 저급한 소승이고 북방불교는 수승한 대승이라고 규정해 구분하고 차별하는 것을 지극히 당연한 것으로 여긴다.

2. 그렇게 저급한 소승에 붇다도 포함되는지 궁금하다. 만일 붇다는 제외된다면 붇다가 포함된 것이 어떤 불교인지 명확히 대답해야 한다. 오늘날 한국불교는 종파이기주의에 빠져 불교, 마음과학, 싸띠수행 창시자인 붇다까지도 비하한다. 어떤 사람은 그렇게 말하고 행동하는 것을 자랑스럽게 여긴다.

3. 붇다가 활동한 지역은 라-자가하에서 싸-봣티에 이르는 반경

衣), 웃따라-싼가(uttarāsaṅga, 鬱多羅僧, 上衣, 外衣), 안따라봐-싸까(antaravāsaka, 安陀會, 下衣, 內衣)의 3의(三衣)인 까-싸-야다. 현재 조계종 종헌 의제법 제1조는 위의 3가지를 까-싸-야라 하고 이것을 정복(法服)으로 정했다. 문제는 아무도 입지 않는다는 사실이다.

출가수행자는 항상 까-싸-야를 입어야 한다. 날이 추우면 까-싸-야 안에 다른 옷을 한두 가지 추가로 입을 수 있다. 그러나 까-싸-야를 벗어서는 안 된다. 오늘날 한국스님은 까-싸-야는 벗고 그 안에 추가로 입어도 되는 옷을 입는다. 그러다 의식할 때만 한복 위에 까-싸-야를 입는다. 율장에 따르면 까-싸-야를 벗으면 그 순간부터 출가수행자가 아니다. 한국수행자는 붇다가 제정한 율장보다는 자기가 제정한 종헌종법에 의거해 행동한다. 그래서 종파불교다. 한국불교 수행자가 외국에서 부딪히는 문제 가운데 곤란한 점은 까-싸-야를 입지 않는다는 것과 오후불식을 하지 않는다는 것이다.

400km 정도 지역이었다. 그 당시 불교는 신흥교단에 불과했다. 붇다 입멸 후 불교는 통상로를 따라 인도전역으로 퍼졌다.

4. 라ㆍ자가하에서 웃제인(Ujjein, 優禪尼)을 거쳐 인도남부나 스리랑카로 전해진 불교를 남방불교, 마투라-(Mathurā, 摩偷羅)를 거쳐 간다하-라(Gandhāra, 健陀羅, 香)로 전해진 불교를 북방불교라고 한다*.

5. 중국과 한국은 남방불교와 북방불교를 동시에 받아들였다. 북방불교는 육상 실크로드를 따라 전해졌고 남방불교는 해상 실크로드를 통해 전해졌다.

6. 북방불교는 힌두교 윤회설과 대승부 영향을 많이 받았고 현실정치에 개입했다. 남방불교는 싸띠수행을 중시한 오리지널 불교였고 불교정체성을 지키려고 노력했다.

7. 한국에 불교가 전해진 것은 여러 갈래다. 최초기록은 4년 금강산 해안에 표류한 선박에서 불상 53구를 인양해 금강산에 모신 것이 처음이다.

8. 48년 가야(金海) 김수로(金首露, 재위 42~199) 왕 왕비인 허황옥(許黃玉, ?~188)이 인도에서 가야로 올 때 오리지널 불교와 싸띠수행을 전했다.

9. 372년 북중국 전진(前秦)에서 순도(順道, 370년대 활동)가 고구려에

Nikāya와 Āgama

붇다 가르침이 중인도를 벗어나 통상로를 따라 남쪽과 북쪽으로 전해졌다. 이때 붇다가 제정한 수행자 행동규범을 기록한 율장과 마음관리 매뉴얼을 담고 있는 경장이 붇다가 사용한 언어인 pāli 어로 암송돼 전해졌다.

남쪽으로 전해진 율장과 경장은 붇다 성스런 가르침이란 의미로 pāli(聖典, 傳承 날줄)로 불렸다. 그리고 이 경장은 내용과 형식에 따라 5부로 나눠졌는데 이 부(部) 혹은 장(章)이란 용어가 니까-야(nikāya, 部)다. 그래서 pāli nikāya란 개념이 생겼다.

북쪽으로 전파된 불교도 pāli로 기술한 율장과 경장을 갖고갔다. 그들은 이것은 붇다로부터 전승된 것이란 의미로 Āgama(阿含, 傳承, 聖典)로 불렀다. 중국은 인도에서 북방으로 전해진 부파로부터 아-가마를 가져다 번역해 사용했다. 아-가마 한문표기가 아함(阿含)이다. 아함은 Āgama 음사다.

싸띠수행에 기초한 삼론종(三論宗) 계통 불교를 전했다.

10. 384년 남중국 동진(東晉)에서 인도스님인 마라난타(Maranantha, 摩羅難陀, 380년대 활동)가 백제에 계율과 오리지널 불교와 싸띠수행을 전했다. 그는 pāli 어로 된 율장을 번역했다.

11. 가야와 백제에 전한 불교는 인도스님이 직접 와서 율장, 경장, 마음과학, 싸띠수행, 오리지널 불교 등을 전했고 고구려에 전해진 불교는 싸띠수행을 중시한 불교가 전해졌다*.

12. 가야와 백제에 전해진 불교는 비교적 현실정치와 어느 정도 거리두고 불교순수성을 지키려고 노력했다. 전진을 통해 고구려에 전해진 불교는 수행을 중시했지만 불교와 정치권력이 결합된 순수성을 상실한 불교였다.

13. 고구려를 통해 신라에 전해진 불교는 한층 더 왕권과 밀착됐다. 신라가 3국을 통일하는 과정을 거치면서 신라불교가 한국불교 주류가 됐다.

14. 불교가 중국을 거쳐 한국에 전해졌고 중국문자인 한문으로 번역된 경전을 사용한다고 해서 불교 원형과 전통을 중국에서 찾으면 안 된다.

15. 신라 말 보편화된 화엄경과 밀교중심 불교를 혁파하고자 많은 수행자가 당에 건너가 붇다 가르침 핵심인 싸띠수행(禪佛敎)를 배우고 도입해 9산선문(九山禪門)을 열고 이 땅에 마음과학과 싸띠수행을 전했다.

불교와 정치

남중국 동진 불교는 혜원(惠遠, 523~592)의 사문불경왕자론(沙門不敬王者論)에 기초해 권력과 불교가 결탁하는 것을 철저히 배제했다. 북중국 전진불교는 왕즉불(王卽佛) 사상을 주장하고 권력과 불교가 밀접히 연결됐다. 신라 원광(圓光, 541~630)은 세속5계(世俗五戒)를 주장하고 전쟁을 부추겼다. 이런 행동이 정치입장은 어떨지 몰라도 폭력과 살생을 금하는 출가수행자가 살생과 폭력을 권장한 것은 불교사에 그 유례를 찾아보기 드문 부끄러운 일이다. 흔히 한국불교를 통불교(通佛敎) 혹은 호국불교(護國佛敎)라고 한다. 모든 것을 아우르는 것이 능사가 아니다. 국가를 지키는 것 못지않게 그곳에 사는 민중의 진리와 정의, 자유와 행복, 평등과 평화, 공존과 상생 편에 서는 것이 더 중요하다. 호국하는 길이 어찌 정치권력 잡은 편에 서서 그들 행동을 추인하는 것뿐이겠는가?

16. 고려중엽 보조지눌은 당시 도시위주, 상류층, 권력중심, 문자위주 불교를 시골위주, 서민층, 민중중심, 수행중심으로 개혁하고자 중국에서 화두 싸띠수행을 도입했다.

17. 고려말 나옹혜근(懶翁惠勤, 1320~1376)과 무학자초(無學自超, 1327~1405)는 중국에서 인도출신 다햐-나ㅂ하다라(Dhyānabhadra, 指空, ?~1363)로부터 새로운 수행법을 도입했다*.

18. 중국불교가 몰락하고 교통이 편리해진 오늘날 많은 한국수행자가 남방으로 구법여행을 떠난다. 그러나 모든 남방불교가 수행을 강조하지는 않는다. 대부분 남방불교 아-라-마는 한국과 마찬가지로 수행하지 않고 경을 보거나 기도위주 불교에 전념한다.

19. 타일랜드 불교는 계율을 강조하고 스리랑카 불교는 경전해석에 치중하고 미얀마 불교는 논장을 강조한다.

20. 수행을 강조하는 미얀마는 출가수행자 가운데 3% 정도만 수행한다고 한다. 타일랜드는 1% 미만이고 스리랑카는 그보다 훨씬 적을 것으로 추정한다. 한국조계종은 1만 2천여 명의 출가수행자 가운데 대략 20% 이상 수행에 전념한다. 단순비율만으로는 전 세계에서 수행열기가 가장 높다.

21. 다만 한국조계종은 체계적인 수행이론과 정확한 수행기술을 가지고 있지 못하기 때문에 수행유효성이 매우 낮다. 이 점만 슬기롭게 극복하면

수행은 마구니 법

신라 말 당에서 싸띠수행이 도입되자 당시 기득권을 가진 화엄위주 교종인 신라불교는 수행을 강조하는 선불교를 마구니 법이라고 배척했다. 그래서 선수행자는 신라왕도인 경주에 들어가지 못하고 지리산 남녘을 중심으로 변두리에 정착했다. 그렇게 만들어진 수행도량이 오늘날 9산선문이다. 10세기 중엽 왕건(王建, 877~943)이 지방호족과 선승 지원으로 후3국을 통일한 후 선불교가 한국불교 주류로 등장했다. 요즘도 불교학자를 자처하는 사람 가운데 선불교가 한국불교를 망친 주범이라고 당당히 말하는 것을 볼 수 있다. 선불교가 아니라 수행하지 않는 사람이 한국불교를 오염시키고 망친 주범이다.

한국불교는 세계불교 등불역할을 할 수 있을 것이다.

22. 붇ㄷ하가 창안한 마음과학과 싸띠수행에 기초한 불교는 인도에 본부 두고 전 세계에 붇ㄷ하 정통 싸띠수행을 전하는 BUDDHA DHAMMA SAṄGHA를 비롯해 미얀마 마하-시- 아-라-마, 타일랜드 수안목 아-라-마, 일본임제종, 한국조계종 정도다. 이곳이 현재와 미래 불교희망이다.

9. 인도불교

1. 역사적으로 볼 때 중국불교와 한국불교가 그 청정성을 상실하고 새로운 에너지가 필요할 때마다 남쪽에서 온 인도불교 수행자로부터 새로운 에너지를 받아들였다.

2. 인도불교는 불교발생지이자 부파, 대승부, 밀교부, 중관(Mādhyamika, 中觀), 유식(Vijñapti mātratā, 唯識), 만뜨라(mantra, 曼荼羅 眞言, 呪文), 딴뜨라(tantra) 등 모든 형태 불교유형이 발생한 곳이다. 인도불교는 모든 불교 에너지 근원이고 공급처다.

3. 48년 인도에서 싸띠수행과 오리지널 불교가 한국에 전해진 이후 한국불교는 인도가 아닌 중국을 통해 불교자양분을 공급받았다. 중국불교는 인도로부터 자양분을 공급받았다. 그것은 인도불교가 모든 불교 에너지 근원이기 때문이다.

4. 그래서 중국이나 한국 수행자는 현재 자기가 믿고 행하는 불교가 부족하다고 느낄 때 주저없이 새로운 에너지를 얻기위해 인도와 중국으로 구법여행을 떠났다.

5. 한국수행자는 중국으로 구법여행을 떠났고 일부는 인도로 직접 가기

도 했다. 중국수행자는 인도로 직접 갔다. 많은 사람이 천축으로 갔지만 돌아온 사람은 극히 몇 사람에 불과했다.

6. 6세기 의상(義湘, 625~702)은 당으로 구법여행을 떠났고 9세기 신라 불교 수행자는 중국에서 선불교를 받아들여 한국불교를 수행중심으로 돌려놓았다. 13세기 무렵은 다시 중국에서 화두 싸띠수행을 받아들여 한국불교를 더욱 건강하게 만들었다.

7. 조선조 한국불교 침체를 유교탄압만으로 결론짓는 것은 부족하다. 그것은 고려불교 멸망을 가져온 한 요인이고 더 본질적으로는 이 시기 중국불교 침체를 주목해야 한다.

8. 한국불교가 침체기에 빠져들 때마다 항상 새로운 자양분을 중국불교에서 받아들였다. 중국불교는 인도불교로부터 새로운 에너지를 공급받았다.

9. 그러나 1204년 무렵 인도불교가 이슬람 침입으로 멸망하자 중국불교는 더 이상 새로운 자양분을 공급받지 못하고 침체했다. 이것이 조선불교 멸망의 중요한 요인이다.

10. 이것이 인도불교를 되살려야 하는 이유다. 인도불교가 살아나지 않고서는 세계불교도 희망이 없다. 그것은 인도불교가 불교 에너지 공급원이기 때문이다.

11. 지난 100년 동안 한국불교를 되살리기 위해 많은 수행자가 외국 유명대학에 가면 정법이 있을 줄 알고 여러 대학으로 유학갔다.

12. 그러나 그곳에서 기다린 것은 분석, 사유, 논리 등 부파불교에서 실패한 것만 쌓여있었다. 최근은 교통발달로 직접 남방으로 가서 붇다 정통 싸띠수행을 배워오고 있다.

13. 중국불교가 한국불교 전반에 걸쳐 지대한 영향미친 것은 사실이지

만 그것을 불교원형으로 삼을 수는 없다. 북방불교나 남방불교 구분이 중요한 것이 아니라 붇다 가르침이 불교중심이어야 한다. 그 중심에 처음 불교를 만든 인도불교가 있다.

14. 이런 의미에서 남방불교에 대한 맹목적인 추종도 문제될 수 있지만 지나친 배척도 역사안목없는 무지한 행동이다. 한국불교가 한국 역사환경으로부터 자유롭지 못하듯 오늘날 남방불교 역시 그들의 역사환경으로부터 자유롭지 못하다.

15. 이런 현실을 무시하고 현재 스리랑카, 미얀마, 타일랜드 등 남방불교가 행하는 것을 불교원형으로 받아들이는 것은 극히 주의해야 한다. 이제 불교발생지이자 에너지 근원인 인도불교를 주목해야 한다.

10. 율경논, 처음부터 하나다.

1. 붇다 가르침 핵심은 자유와 행복, 마음과 수행이다. 마음이 맑고 건강하면 외부로부터 들어오는 자극을 보다 효과적으로 다스릴 수 있고 삶의 질을 향상시킬 수 있기 때문에 마음을 맑고 건강하게 하는 훈련과정인 싸띠수행을 강조한다.

2. 마음이 불편한 사람이 붇다에게 마음다스리는 방법을 묻고 붇다가 가르쳐 준 내용을 모아둔 것이 경전이고, 수행자 행동규범을 정해둔 것이 계율이고, 마음닦는 공간이 아-라-마다.

3. 출가해 마음닦으면 출가수행자고 여러 인연으로 세속에 있으면서 수행하면 재가수행자다. 수행이 앞서면 지도하고 모자라면 배운다. 깨치면 붇다하고 못 깨치면 중생이다. 경제여유나 남다른 기술이 있으면 그것을 타

인을 위해 사용하고 없으면 맑은 마음을 보낸다.

4. 계율을 지키면 율사(律師)고 경전을 가르치면 강사(講師)고 마음을 닦으면 선사(禪師)고 아-라-마 소임을 맡으면 주지(住持)다. 위치에 따라 역할이 정해지고 역할은 언제든지 바뀐다. 처음부터 정해진 것은 아무것도 없다.

5. 오늘날 불교를 배우는 이름난 곳은 한국이나 남방 전통강원, 동국대, 도쿄대, 베이징대, 하버드대, 옥스퍼드대, 예일대 등을 거론하지만 그곳은 문자나 논리만 다루지 마음과학과 싸띠수행은 잘 모른다.

6. 붇다 가르침과 싸띠수행은 막가파라(magga phala, 道果)를 성취한 사람[ariya, 聖人] 마음속에 있다. 그 사람을 통해 붇다 가르침과 싸띠수행을 배우고 익히는 것이 순서다*.

7. 한국스님 약력을 보면 강사, 율사, 선사, 교수, 주지 등 다양한 직함을 볼 수 있다. 조계종 교육 프로그램을 보아도 경전배우는 강원(講院), 계율 배우는 율원(律院), 수행하는 선원(禪院), 불교학 배우는 동국대나 중앙승

대학에서 불교를 배운다

의과대학에서 병 치료기술은 가르치지 않고 의학사나 특정의사 사유구조를 가르치면 어떻게 될까? 그런 사람에게 의사자격을 주고 환자를 치료하도록 해도될까? 지금 이름난 대학출신 불교학자에게 가서 수행지도할 수 있는지 그곳에서 붇다가 만난 싸띠수행을 배울 수 있는지 물어보라. 그리고 그곳에서 구체적으로 어떤 불교를 가르치는지 재차 물어보라.

간혹 불교학자 가운데 자기가 유명대학 출신임을 내세우는 사람이 있다. 그러면 대중은 껌뻑 넘어간다. 그러나 주의깊은 사람은 그곳에서 무엇을 배웠는지 물어본다. 하버드 출신이 중요한 것이 아니라 그곳에서 무엇을 배웠느냐가 더 본질이다. 적절한 비유는 아니지만 브라질에서 한문학을 전공했다면 안될 것은 없지만 뭔가 약간 묘하다. 그런데 왜 하버드에서 불교를 배웠다고 하면 이상하게 들리지 않을까? 붇다 가르침이 유명대학 이름에 있는 것으로 착각하고 그곳에서 학위를 받으면 그 사람 말이 곧 붇다 말처럼 권위를 가지고 통용되는 것이 오늘날 세계불교 현실이다. 그러나 그곳은 불교보다 문자해독과 논리만 있을 뿐이다. 분명한 것은 사람마음은 분석과 논리로 변화하지 않는다는 점이다.

마음을 분석하는 강단불교가 아니라 마음변화 기술과 방법을 배우고 익혀 삶의 현장에서 사용할 수 있는 인재양성 수행도량과 교육기관을 세워야 하는 이유가 여기에 있다.

가대 등으로 구분해 스님을 교육한다. 이렇게 구분하고 분리된 프로그램으로 지도자를 가르쳐야 하는지 의문이다.

8. 전공을 나눠 해당분야에만 전념하고 정해진 과정을 마치면 할 일을 모두 끝낸 것으로 착각한다. 그러다보니 강원은 경전만 배우고 율원은 계율만 배우고 선원은 앉아만 있으면 된다는 안일한 생각에 빠진다.

9. 고개들면 극락이고 눈감으면 선방이라고 한다. 처처(處處)가 극락 아닌 곳 없고 물물(物物)이 불타 아닌 것이 없다. 초의의순(艸衣意恂, 1786~1866)은 수행자가 술집에 가면 술집이 수행도량이 되고 술꾼이 절에 오면 수행도량이 술집이 된다고 했다.

10. 분리할 수 없고 분리하면 안 되는 것을 분리해 전문분야를 나눈 것은 현대불교학 맹점이고 한국불교 한계성과 천박성을 드러낸다.

11. 한국불교가 이런 근본한계를 가진 것은 근세 불교학을 일본이나 유럽에서 도입한 결과다.

12. 도쿄대는 불교학을 옥스퍼드대로부터 도입했다. 옥스퍼드대는 스리랑카에서 불교와 원전을 가져갔다. 이렇게 돌고도는 과정에서 항상 수행은 빠지고 문자와 논리만 남았다.

13. 100여 년 전 동국대에서 불교학을 도입할 때 강단불교 한계를 정확히 직시하지 못했다. 서구교육을 해야한다는 의욕만 있었지 구체적으로 무엇을 어떻게 해야할지에 대한 안목이 부족했다.

14. 실정이 이렇다보니 교수를 선발할 때 평가기준을 마음과 수행이 아니라 학위로 결정하는 오류를 범했다.

15. 지금 그곳에는 화려한 학위는 있지만 정작 중요한 수행은 없다. 수행실기를 담당하는 교수가 한 명도 없다. 모두 분석과 문자 타령만 한다. 이런 현실은 동국대뿐만 아니라 옥스퍼드대나 남방 전통강원도 마찬가

지다.

16. 1994년 시작한 조계종개혁도 마찬가지 오류를 범했다. 개혁을 주장했지만 권력이동 말고 변한 것은 아무것도 없다. 오히려 교육 내용과 형식은 조선중기 서산휴정이 활동한 시대로 후퇴했다. 수행경력이 일천한 사람이 변혁을 주장했지만 개혁 방향이나 내용은 없고 종단 권력이동이 핵심이었다.

17. 오늘날 대학에서 강의하는 불교학자는 붇다 가르짐과 역대 수행자 차이점만 비교하려고 애쓴다. 그래야 생존권이 보장되고 논문이 통과될 수 있기 때문이다.

18. 다른 사람이 말한 것에서 무엇이라도 조금 달라야 학위가 나오고 그래야 대학강단에 설 수 있는 자격을 준다. 이것이 학위중심 강단학문 본질이다. 실상이 그렇다보니 불교학과 관련된 논문이 분석과 논리 일색이고 구분과 차별을 강조한다.

19. 학문은 그렇게 해도 되는지 몰라도 마음과 수행은 그렇게 하면 안된다. 동일한 병에 동일한 약이 효과있으면 계속 그 약을 써도 무방하다. 부작용이 없다면 굳이 새로운 약을 만들 이유가 없다.

20. 마음에 관한 분석과 논리는 마음변화에 아무 소용없다는 것을 이미 알고 부파불교뿐만 아니라 현대 심리학과 상담학 등이 고민하는 데도 오늘날 불교학자는 그것을 타산지석으로 삼지 못한다. 말할 수 없는 것은 말하지 말아야 하고 분리할 수 없는 것은 분리하지 않는 것이 정답이다.

11. 불교학과 불교수행

1. 붇다가 제시한 마음과학과 싸띠수행에 기초해 마음에 대한 이론구조와 변화기술을 체계적으로 연구하고 실천으로 진리성과 유효성을 객관적으로 검증하는 것이 불교학이다.

2. 마음 구조와 작용을 분석, 사유, 논리로 이해하는 것이 마음과학 혹은 불교학이다. 응축, 직관으로 마음상태를 변화시키는 것이 싸띠수행이다.

3. 불교학자는 마음 이해와 변화 둘 다 할 수 있는 이론과 기술을 갖춰야 한다. 이것이 불교학자는 동시에 불교수행자여야 하는 이유다*.

4. 불교가 마음을 치료하고 변화시키는 것이 중심영역이라면 불교학자는 학문일반 기능뿐만 아니라 마음을 바람직한 상태로 변화시킬 수 있는 구체적인 기술과 능력을 갖춰야 한다.

5. 단지 경전을 분석하고 수행자일화 등을 논리로 포장한다고 사람마음이 변하고, 소모한 마음에너지를 보충해 슬픔과 괴로움을 극복하고, 상처받은 마음을 치유하고, 지친 마음이 활기차지고, 혼돈이 극복되고, 맑은 지혜가 나오지는 않는다.

6. 불행하게도 지금까지 불교학자는 불교를 그렇게 다뤘고 현재도 마찬가지다. 단지 문자에 담겨있는 조그마한 데이터를 해석하고 논리를 세우는 데 급급했다.

7. 불교도도 마음에 이상이 생기면 정신과나 상담소로 간다. 불교학자도

부파불교 실수

부파불교 최대실수는 마음분석에 많은 시간을 할애했다는 점이다. 오늘날 대학을 중심으로 행해지는 불교학 최대맹점은 사람마음을 분석하거나 이름난 수행자행적을 해석하는 데 머문다는 점이다. 막가파라에 들어 닙바나를 체험해 아싸봐 뿌리를 완전히 뽑는 방법이나 기술을 구체적으로 지도하는 불교학자나 연구성과물이 드물다.

서구 상담이론이나 심리이론을 뒤적이고 해결관점을 찾으려고 한다. 그러다 다른 사람이 마음이 불편해 이유와 해결방법을 물으면 적절한 답을 찾지 못해 낑낑댄다.

8. 붇다하는 자기를 마음치료 전문의(心醫)라고 했는데 정작 불교학자나 불교수행자는 마음변화 이론과 기술을 붇다에게서 찾지 않고 서양 심리학이나 상담학에서 찾으려고 한다. 대부분 상담이론이 크리스트교 철학에 기초한 것인 줄도 모른다.

9. 정치학교수는 정치에 대한 이론체계만 제시하면 1차역할이 끝난다. 그러나 의대교수는 환자병을 분석하고 직접 환자치료를 감당할 수 있는 이론과 기술을 가져야 한다.

10. 지금 시중에 있는 불교관련 논문이나 책을 펴면 극히 예외적인 몇 권을 제외하고는 분석과 논리일색이다. 화려한 수식어나 치밀한 논리를 사용하지만 분석과 논리가 마음을 변화시키는 것은 아니다. 올바르고 구체적인 이론과 기술만이 마음오염원을 해체하고 마음변화에 유효하다. 그 중심에 마음과학과 싸띠수행이 있다*.

11. 붇다가 싸띠수행으로 깨달음을 이루고 자기경험을 체계화한 마음과학과 싸띠수행에 기초해 수행하는 사람은 누구나 존재에 내재한 있는 그대로 실재를 체험할 수 있고 쉽고 빠르게 아라한뜨 막가파라에 들어 닙바-나를 체험할 수 있다.

갈수록 혼돈스럽다

처음 출가해 수행할 때는 뭐가뭔지 잘 몰랐다. 그러나 점차 불교를 배우면서 뭔가 잘못 됐다는 생각이 들었다. 붇다가 직접 행한 정통 싸띠수행에 대한 기본 이론과 기술을 알고싶은데 붇다와 싸띠수행은 없고 중국수행자 일화나 신라, 고려, 조선 시대 수행자 에피소드만 주변에 널려있었다. 수행을 모르고 또 수행을 직접 해보지도 않은 사람이 불교를 가르치다보니 배울수록 더 혼돈스러웠다.

12. 불교학자나 불교수행자는 붇다가 창안한 마음과학과 싸띠수행에 기초해 마음공간에 존재하는 마음오염원을 해체하고, 마음상태를 맑고 건강하게 가꾸고, 실재를 있는 그대로 볼 수 있는 지혜를 키우고, 자유로운 삶, 청정한 삶, 행복한 삶, 공존하는 삶을 살 수 있도록 지도하는 사람이다.

13. 불교학자나 불교수행자는 마음변화에 관한 구체적인 이론과 기술을 가지고 있어야 한다. 단순히 아스피린 처방만으로 문제를 해결할 수 없다*.

14. 불교지도자 양성은 문자해독 전문가 양성이 아니라 마음공간을 정화하고 마음상태를 변화시킬 수 있는 수행지도자를 양성하는 것이다. 그것은 이론뿐만 아니라 기술도 배우고 익혀야 한다는 것을 의미한다.

15. 붇다는 훌륭한 수행지도자였다. 붇다 수행경험과 다른 사람에게 수행지도한 내용을 모아 편찬한 것이 불교경전이다. 경전내용을 제대로 이해하기 위해서도 수행이 필수다.

16. 경전은 아라한뜨 막가파라를 성취한 붇다가 제자에게 수행지도한 내용을 기술한 것이다. 따라서 아라한뜨 막가파라를 성취하지 않은 사람은 그 내용을 제대로 이해할 수 없거나 제한적인 것만 알 수 있다.

17. 그럼에도 불구하고 선방문고리도 잡아보지 않은 사람이 아라한뜨가 말한 이론과 기술을 잘 아는 것처럼 말하는 것은 곤란하다.

18. 경전을 올바르게 이해하고 싶은 사람은 먼저 수행으로 아라한뜨 막가파라를 성취해야 한다. 그래야 제대로 된 경안(經眼)이 열린다.

아스피린 처방

　아스피린 처방은 머리가 아파도 아스피린, 배가 아파도 아스피린을 처방하는 것처럼 사람이 직면한 모든 문제를 신이나 보살에게 기도나 절 등을 함으로써 해결할 수 있다는 것을 일컫는 비유다.

12. 불교 중심영역

1. 불교 중심영역은 자유와 행복이다. 필요한 사람에게 수행 이론과 기술을 제공하고 그들이 자유로운 삶, 청정한 삶, 행복한 삶, 공존하는 삶을 누리도록 도와주는 것이 불교필요성이고 존재이유다.

2. 사람이 사는 데 물질은 기본이다. 그리고 마음도 물질만큼 중요하다. 물질과 마음은 서로 관계맺고, 서로 의존하고, 서로 영향미치고, 서로 해체하고, 서로 재구성하며 변화발전한다. 이 둘은 어느 것이 먼저라고 할 수 없다.

3. 물질조건이 풍요로워지는 것과 그것을 받아들이는 마음상태가 청정해지는 것은 서로 밀접하게 연관돼있으면서 다르게 전개되는 별개과정이다. 물질조건이 풍요로워지는 것 못지않게 그것을 수용하는 마음상태 또한 청정하고 건강해야 한다. 그래야 자유롭고 행복하게 살 수 있다*.

4. 불교는 마음에서 출발한다. 어떻게 하면 마음상태를 고요하고 청정하게 할 수 있는지 그 이론과 기술을 객관적, 논리적, 구체적으로 배우고 익히는 것이 불교와 수행이 담당한 고유영역이다.

5. 붇다하는 물질영역을 행복형식 또는 세간길, 마음영역을 행복내용 또는 출세간길이라고 했다. 그리고 출세간길을 중심영역이자 1차영역으로

기도 비불교성

예를 들어 기도하는 목적이 사업이 잘 되게 해달라거나 성적이 좋게 나와 대학에 합격하는 것이라면 기도성취 여부와 관계없이 이것은 불교 중심영역을 벗어났다. 왜냐하면 사업이 잘 되는 것이나 성적이 좋게 나오는 것 등은 명백히 물질영역이고 행복조건 측면이다. 그런 조건을 받아들이는 마음이 행복한가 않은가 하는 것은 다른 과정이다. 불교수행은 마음오염원을 제거하고 마음을 건강하고 청정하게 가꾸는 것이 주된 목적인데 기도로 욕망이나 이기심을 부추기면 이는 붇다 가르침을 심각하게 왜곡한 것이다.

삼았다. 그렇기 때문에 수행과 포교는 물질영역이 아니라 마음영역에서 1
차로 이뤄져야 한다.

6. 스스로 자립할 수 없는 사람을 도와주는 것, 자기인권을 스스로 지킬
수 없는 사람을 도와주는 것, 청정한 자연을 보존하기 위해 활동하는 것 등
사회단체는 자기 고유영역을 가진다.

7. 욕망, 이기심, 분노, 적의, 원망, 서운함, 편견, 선입관, 가치관 등 마
음오염원인 아-싸봐로 인해 고통받는 사람을 싸띠수행으로 맑고 아름다운
마음상태를 가질 수 있도록 도와주는 것이 수행 중심영역이다.

13. 불교수행 보편성과 특수성

1. 불교수행은 시대, 지역, 수행자에게 공통으로 통용되는 보편성과 시
대, 지역, 수행자에 따라 다르게 적용되는 특수성이 있다.

2. 불교수행 기준은 붇다하가 창안하고 직접 실천해 아라한뜨 막가파라를
성취한 싸띠수행이다.

3. 불교수행 보편성은 마음과학과 싸띠수행을 창시한 붇다하가 직접 실천
한 이론과 기술을 정확히 적용하는 것이다.

4. 싸띠, 싸띠집중, 위빳싸나-, 쌈빠자-나 등을 사용해 마음오염원을 제
거하고 실재를 있는 그대로 볼 수 있는 빤나-가 성장되는 구조가 적용되면
형식에 상관없이 불교수행 보편범주로 볼 수 있다.

5. 불교수행 특수성은 붇다하가 만든 싸띠수행을 자기가 직면한 삶의 현
장에 재해석해 적용해 사용하는 것이다. 참선, 진언, 염불 싸띠수행, 조사
싸띠수행, 화두 싸띠수행, 명상 등은 불교수행 특수범주에 속한다.

6. 알아차림 기준점(출발점)을 정할 것인지 정하지 않고 마음거울에 반영되는 대로 알아차림할 것인지, 기준점을 정하면 고정대상으로 할 것인지 유동대상으로 할 것인지, 기준점은 사람몸으로 할 것인지 몸 이외 다른 대상으로 할 것인지, 기준점은 자연상태로 두고 할 것인지 수행자의지대로 인위적으로 조절하면서 할 것인지에 따라 수행진보가 많이 차이날 수 있다.

7. 붇다하는 기준점(출발점)을 미리 정하고 이름붙이고 알아차림하는 것이 싸띠강화와 기억이미지와 결합한 마음오염원 해체에 효과적이라고 보았다.

8. 붇다하는 기준점(출발점)은 사람몸에 정하는 것을 선호했다. 몸을 기준점으로 정할 때는 그 특징에 따라 네 가지 범주[cattāro sati paṭṭhāna, 四念處], 다섯 가지 범주[pañca khandha, 五蘊], 여섯 가지 범주[cha visaya, 六境·cha indriya, 六根·cha viññāṇa, 六識] 등으로 구분했다.

9. 알아차림 대상을 지수화풍 4대(catur dhātu, 四大)로 구분하고 그 가운데 앉아 수행할 때는 배나 호흡 움직임[vāyo dhātu, 風大], 걸으며 수행할 때는 발 무게감[pathavī dhātu, 地大]에 초점두고 알아차림했다.

10. 알아차림 기준점(출발점)을 인위적으로 조절하지 않고 자연상태로 두고 마음거울에 상이 맺히는 대로 적절히 이름붙이고 알아차림했다. 이름은 현상에 따라 붙이거나 숫자로 통일해 한 단어로 붙이기도 했다.

11. 알아차림 기준점(출발점)에 알아차림 기능인 싸띠를 두고 수행하다 방해현상이 나타나면 방해현상을 알아차림한 후 즉시 기준점으로 되돌아왔다. 새로운 현상이 나타났지만 기준점 알아차림을 방해하지 않으면 기준점 알아차림을 계속했다.

12. 이렇게 해서 알아차림 기능인 싸띠힘이 커지면 3법인을 몸과 마음으로 체득하면서 막가파라에 들어 닙바-나를 체험하고 기억이미지와 결합

한 탐진치 3독심이 해체되고 실재를 있는 그대로 볼 수 있는 빤나-가 열린다. 그리고 대자유를 성취한다.

13. 붇다하는 앉아 하는 좌선을 강조했지만 움직이며 하는 행선이나 생활선도 중시했다. 시간이 나면 아-라-마에서 수행하고 여의치 않으면 생활현장에서 수행하라고 말했다. 항상 기본기를 강조했고 수행목적을 잃지 말라고 주문했다.

14. 붇다하는 수행할 때 좌선, 행선, 생활선, 노동선 등과 같은 형식보다 싸띠, 싸띠집중, 위빳싸나-, 쌈빠자-나, 빤나- 힘을 강화해 마음오염원을 제거하고 자유롭고 청정하고 행복하게 사는 내용이 중요하다고 보았다. 이것이 불교수행 보편성이다.

15. 불교수행 특수성도 보편성을 벗어나면 안 된다. 직면한 상황에 따라 형식은 다양하게 적용할 수 있지만 어떤 경우라도 붇다하 가르침 기본원칙과 싸띠수행 기본 이론과 기술을 훼손하면 안 된다. 붇다하 가르침 기본원칙이 변하거나 수행방법이 바뀌면 그것은 더 이상 불교가 아니다. 질이 바뀌면 이름도 바꿔야 한다.

16. 붇다하 이래 불교수행은 다양하게 발전했다. 수행발전은 주로 좌선, 행선, 생활선, 노동선 가운데서 어떤 것을 더 중시할 것인지 싸띠, 싸띠집중, 위빳싸나-, 쌈빠자-나, 빤나- 등의 수행도구 가운데 어느 요소를 강조할 것인지로 나눠진다*.

문화특성

인도사람은 논리적이고 분석적인 것을 좋아한다. 그들은 존재를 불필요할 정도로 잘게 쪼개고 분석하는 경향이 있다. 중국사람은 응축과 실용성을 중시한다. 그들은 가능한 응축하고 생활하며 하는 생활선과 노동선을 좋아한다. 대개 인도와 중국 같은 대륙사람은 과장하기를 좋아한다. 그래서 조그만 것도 크게 과장해 말한다.

한국사람은 사람을 중시하고 기술을 좋아한다. 모든 것을 사람중심, 기술중심으로 접근한다. 그래서 어디서 도

17. 묵조 싸띠수행은 좌선을 중시하고 화두 싸띠수행은 좌선은 기본이고 거기에 더해 행선, 생활선, 노동선을 강조한다. 염불 싸띠수행은 소리에 기준점(출발점) 정하고 수행한다. 붇다하는 싸띠, 싸마-디히, 쌈빠자-나, 빤나-를 강조했고 부파는 분석과 위빳싸나-를 중시했고 대승부는 싸띠, 싸마-디히, 빤나- 등을 강조했다.

18. 붇다하 이후 개발된 여러 가지 불교수행이 붇다하가 만든 싸띠, 싸마-디히, 위빳싸나-, 쌈빠자-나, 빤나- 등을 강조하지만 훈련방법과 수행도구에서 많은 차이를 보인다.

19. 붇다하가 싸띠수행을 창시한 것은 힌두교 요가수행을 부정하고 새로운 수행 이론과 기술을 개발한 것이다. 그러나 후대로 내려갈수록 힌두교 요가수행을 불교수행에 도입해 변절됐다.

20. 붇다하 이후 불교수행자는 싸띠와 싸마-디히 차이를 구분하지 못하고 힌두교 요가수행 기술을 불교수행 기술로 착각하고 도입해 사용했다. 그 결과 불교수행이 힌두교 요가수행에 흡수통합되는 결과를 초래했다.

21. 금강경과 법화경은 싸띠수행, 대승기신론(大乘起信論)은 위빳싸나-를 강조한다. 그 외 대부분 대승경전은 힌두교 요가수행인 싸마-디히 기법을 도입해 사용한다.

22. 불교가 정체성을 상실하면 더 이상 불교가 아니다. 대승부 이후 불교가 정체성을 잃고 대승불보살로 각색된 힌두교 신을 받아들이고 싸마-디히

인이 나타났다고 하면 어떤 도인인지 물어보지도 않고 눈썹을 휘날리며 달려가고 본다. 일본사람은 분명한 것을 좋아하고 형식을 중시하고 도차원으로 끌어올려 접근한다.

이런 문화차이는 여러 분야에서 잘 나타난다. 중국인은 검법(劍法)이나 서법(書法) 등으로 표현하고 원칙을 중시한다. 한국인은 검술(劍術)로 부르고 기술을 강조한다. 일본인은 검도(劍道)나 서도(書道)로 부르고 도차원으로 표현한다.

로 대표되는 힌두교 요가수행을 흡수하고 불교는 힌두교로 급속히 흡수됐
다.

23. 불교는 2600여 년 동안 지리적, 역사적, 사회적, 문화적 특수성에
직면할 때마다 붇다하가 만든 정통 싸띠수행을 다양하게 발전시켰다. 이렇
게 해서 불교수행은 풍부해졌다.

24. 그렇게 변용된 불교수행 속에 이질적인 요소가 너무 많이 혼합된 것
도 사실이다. 지금 불교수행에서 비불교적인 것을 걷어내고 붇다하가 만든
오리지널 싸띠수행 원형을 드러내는 것이 필요하다*.

14. 수행이 전부다

1. 수행이 불교전부다. 불교는 수행으로 몸과 마음을 맑고 아름답게 가
꾸고 행복한 삶을 살자고 출발한 공동체다.

2. 마음을 청정하게 가꾸는 수행이 불교에서 차지하는 비중이 95% 이상

신을 바꾸기는 쉽다

근세 한국사람이 크리스천으로 개종한 것을 보면 재미있다. 조선후기 선비는 유교를 믿었고 일반서민이나 여자
는 무속을 믿거나 무속불교를 믿었다. 그 중심에 칠성(七星), 용왕(龍王), 관세음보살, 아미타불 등과 같은 신이 있
었다. 여기에 서구로부터 크리스트교가 들어와 선교활동으로 무속을 믿거나 불교를 믿던 사람이 크리스트교로 개
종해 서양 신을 믿었다.

불교도가 지장보살에게 기도하다 관음보살에게 기도하는 것이 자연스럽듯 원래 신을 믿던 사람이 다른 신을 믿
는 것은 정서적으로 힘들지 않다. 오늘날 유럽 사람이 달라이라마로 대표되는 티베트불교를 따르는 것도 마찬가지
다. 그들이 믿고 있던 야훼 신에서 관세음보살로 신을 바꾸기는 쉽다. 힌두교도가 믿던 신을 대승불보살로 각색해
받아들이는 것이 처음은 몰라도 조금 지나면 익숙해진다. 그러나 처음부터 신을 믿지 않는 사람에게 신을 믿게 하
거나 신을 믿는 사람에게 신을 믿지 말라고 하면 정서적으로 강한 거부감이 일어난다. 불교정체성은 신과 윤회를
부정하는 것이었다. 그러나 신을 믿던 힌두교도가 불교로 개종하고 자기가 믿는 힌두교 신을 대승불보살로 각색해
믿음으로써 자연스럽게 힌두교 신이 불교에 흡수됐다.

이다. 수행내용을 담고 있는 경전, 수행자 행동규범을 담고있는 계율, 아-라-마 운영은 비중이 5%도 되지 않는다.

3. 마음닦는 과정이 수행이고 수행자가 지켜야 할 행동규범이 계율이다. 붇다가 다른 사람에게 수행지도한 것을 모아놓은 것이 경전이고 수행성과물을 다른 사람에게 전하는 것이 자비다.

4. 불교와 관련된 모든 것은 수행을 중심으로 이뤄지고 이름을 정했다. 계율은 연구대상이 아니라 실천덕목이다. 경전은 연구나 신봉 대상이 아니라 수행지침서고 참고도서다. 이런 사실을 무시하고 경전이나 교리에 해답이 있을 것으로 생각하면 껍데기만 붙들고 있는 것이다*.

5. 불교를 공부할 때 먼저 경전이나 교리를 배우고 수행은 선택사항으로 남겨두는 것이 일반적이다. 그러나 그렇게 불교를 배우면 잘못된 방법이다.

6. 처음부터 마음관리 기술인 수행을 먼저 배우고 익힌 후 수행이론 책인 경전이나 교리를 배우는 것이 붇다 가르침을 보다 올바르고 효율적으로 배우는 길이다. 왜냐하면 경전이나 교리 내용이 수행이기 때문이다.

7. 붇다는 선수행 후교학을 주장했다. 부파는 선교학 후수행, 대승부는 선수행 후교학, 밀교부는 선믿음 후교학 마지막으로 수행, 선불교는 선수행 후교학을 교육철학 핵심으로 삼았다.

8. 한국불교는 먼저 기도나 절하면서 믿음을 강조하고 그 뒤에 경전이나 교리를 가르친다. 그리고 수행은 좋다고만 하고 가르치지 않는다. 선택사항으로 남겨둔다.

2%에 목숨걸다

현재 한국불교는 출가수행자가 직접 아-라-마 운영에 전념하고 불교지도자를 양성하는 불교대학은 경전만 다룬다. 불과 2% 비중도 차지하지 않는 것을 전부인 것처럼 배우고 그것에 목숨건다.

9. 조선중기 활동한 서산휴정은 사교입선(捨敎入禪)을 주장하고 교학을 배운 후 수행하라고 권했다. 이런 전통에 따라 강원에서 최소 10년 이상 경전과 논장을 배운 후(俱舍八年, 唯識三年) 선방으로 갔다. 그러나 이것은 잘못이다. 불교는 처음부터 수행이다.

10. 정신적 어려움에 직면한 사람이 붇ㄷ하에게 와서 마음 평화와 안정에 대해 질문하면 직면한 어려움을 극복할 수 있는 구체방법을 설명하고 마음을 편안히 할 수 있는 싸띠수행을 지도했다. 이렇게 해서 사례가 남겨지면 그것이 경전이 된다. 이런 과정을 거치면서 많은 경전이 만들어졌다.

11. 현재 경전숫자는 약 5000종류가 넘는다. 경전특성으로 인해 대부분 겹치기 때문에 비슷한 내용을 간추리면 50~100개 정도다. 이것만 읽으면 전체내용을 파악할 수 있다.

12. 많은 경전이 존재하지만 경전 하나하나는 해당 수행자에게 개별적으로 적용된 특수경우다. 경전은 특정한 사람에게 수행지도한 사례기 때문에 다른 사람에게는 참고사항이다*.

13. 붇ㄷ하 가르침과 싸띠수행을 배우는 전통적인 순서로 정형화된 것은 계정혜(戒定慧) 3학(tayo sikkhā, 三學)이다. 계(sila, 戒)는 수행방향을 잡아주는 도구고, 싸띠집중은 마음공간에 떠다니는 마음오염원을 가라앉히는 도구고, 빤냐-는 마음오염원 제거기능을 한다.

14. 붇ㄷ하는 붇ㄷ하가야 보리수 아래서 아라한뜨 막가파라를 성취한 후 4개월 뒤 미가다-야에서 5ㅂ힉쿠에게 4성제 8정도를 사용해 수행지도했고

그때마다 다르다

붇ㄷ하가 제자를 지도할 때 해당 제자근기에 따라 수행지도했다. 그것을 모아놓은 경전내용은 제자근기에 적합하도록 설해졌다. case by case다. 그렇기 때문에 제3자가 경전을 응용할 때는 세심한 주의가 필요하다.

꾸씨나-라-에서 입멸하기 30분 전에 찾아온 마지막 제자에게 8정도가 적용되면 나의 가르침이고 그렇지 않으면 나의 가르침이 아니라고 말했다. 붇다하는 정법과 비법의 기준을 8정도로 잡았다.

15. 수행자는 먼저 자기마음을 정화해야 한다. 다른 사람 마음을 정화할 수 있도록 도와주는 사람은 자기 스스로 먼저 마음정화할 수 있는 도구를 갖추고 능숙하게 사용할 수 있어야 한다.

16. 경전은 95% 이상이 수행과 관련된 것이므로 수행하지 않고서는 그 내용을 제대로 이해할 수 없다.

17. 실상이 이럼에도 불구하고 수행경험이 없는 자칭 불교학자나 전통 강원 강사가 신참수행자를 양성하는 악순환이 계속된다. 수행공동체인 불교에 정작 수행이 없는 결과가 초래되는 상황이 오늘날 한국불교가 직면한 한계이자 현실이다. 이런 현상은 비단 한국불교뿐만 아니라 세계불교가 직면한 현실이다*.

15. 수행이 가장 쉽다.

1. 수행이 가장 쉽다. 붇다하가 직접 행한 싸띠수행은 너무 간결하고 쉬워

의사 양성기간

의사 한 명을 양성하기 위해 최소 6~16년 정도 체계적인 공부와 구체적인 훈련이 필요하다. 책을 통한 의학지식뿐만 아니라 실습으로 기술을 습득해야 한다. 그래야 잘 하든 못 하든 환자를 치료할 수 있는 유효한 기술을 가질 수 있다.

마음다스리는 스님을 양성하는 과정과 비교해 보자. 문자로만 공부한 스님이 아픈 마음을 구체적으로 치료할 수 있는 실질기술을 가지고 있을지 의문스럽다. 아픈 몸이 말로 치료되지 않듯 상처받은 마음이 말로는 잘 고쳐지지 않는다. 구체기술을 배우고 익혀 사용해야만이 욕망이나 분노로 요동치는 마음을 다스릴 수 있다.

서 오히려 당혹스럽다. 수행이 어려운 것이 아니라 수행을 복잡하게 설명하고 어렵게 지도하는 것이 문제다.

2. 단순한 것을 복잡하게 설명하고 간단한 것을 어렵게 지도하고 사실적인 것을 추상적으로 접근하는 것은 그것에 대해 잘 모른다고 보면 된다.

3. 붇다하는 처음 출가한 후 6(7)년 정도 수행했지만 출가할 때 가진 목적을 성취할 수 없었다. 그래서 오랫동안 고행하던 전정각산을 떠나 그곳으로부터 8km 정도 떨어진 붇다하가야 보리수 아래로 옮겨서 7~30일 정도 수행해 아라한뜨 막가파라에 들어 닙바-나를 체험했다.

4. 그로부터 3개월 뒤 미가다-야에서 최초 왓싸(vassa, 雨期, 安居)를 보내고 5ᵇ힉쿠에게 수행지도했다. 붇다하 자신을 포함해 61명이 아라한뜨가 되자 불교창립선언(轉法宣言)을 발표하고 활동을 시작했다.

5. 붇다하 수제자인 목갈라-나(Moggallāna, 目犍連)는 7일, 싸-리뿟따(Sāriputta, 舍利佛, 舍利子)는 14일, 대감혜능 제자 일숙각 현각(一宿覺 玄覺, 647~713)은 하룻밤만에 아라한뜨가 됐다. 마하-시-(mahāsi, 1904~1982)는 4개월 걸렸다.

6. 마하-시- 아-라-마는 60일 정도면 막가파라에 들어 닙바-나를 성취할 수 있다고 본다. BUDDHA DHAMMA SAṄGHA는 120일 정도면 막가파라를 성취하고 닙바-나 체험이 충분하다고 본다.

7. 스승이 시키는 대로만 하면 쉽고 수월하고 시간과 노력을 절약할 수 있다. 그러나 대부분 수행자는 스승이 시키는 대로 하지 않고 자기방식대로 하는 경향이 강하다. 그러면 시간과 에너지가 많이 든다*.

8. 붇다하 당시 많은 수행자는 짧은 기간에 수행을 완성하고 다른 사람에게 수행을 전했다.

9. 그것은 수행지도하는 스승이 수행을 정확히 알고있고 다른 사람에게

수행지도할 수 있는 능력을 갖췄고 무엇보다 수행자가 왜 수행하는지에 대한 필요성을 정확히 알고있었기 때문이다.

10. 붇다하는 제자가 수행으로 막가파라에 들어 닙바-나를 체험하면 다른 사람에게 수행지도할 수 있게 인가했다. 그렇게 해서 짧은 기간에 많은 수행지도자가 배출됐다. 이것은 신흥교단이던 불교가 인도사회에 굳건히 자리잡을 수 있게 하는 원동력이었다.

11. 붇다 가르침은 너무나 분녕하고 간결하기 때문에 굳이 어렵고 힘들게 설명하거나 지도할 필요없다. 그냥 상식선에서 설명하고 지도하면 된다. 그게 정답이다*.

시키는 대로 하면 된다

여러 경전은 붇다가 제자에게 수행할 때 취할 자세에 대해 주문하는 대목이 자주 나온다. 「내가 지시하는 대로만 따라 해라.」 초전법륜경은 최초로 붇다를 찾아와 제자가 된 야싸(Yasa, 耶舍)가 붇다에게 말하길 「스승이 시키는 대로 내 수준에서 했다.」 그렇게 하니 쉽고 수월하게 막가파라를 성취할 수 있었다.

무슨 일을 하든 처음은 모방이 필요하다. 모방을 통해 어느 정도 기술을 축적하면 그것을 바탕으로 창조할 수 있는 힘이 생긴다. 그러지 않고 처음부터 자기방식대로 하면 되는 것이 아무것도 없다. 보기는 쉬워도 그 쉬움 속에 오랜 세월 축적된 기술이 녹아있다. 그것을 보지 못하면 만년하수다.

알면 설명할 수 있다

흔히 불교수행은 고상하고 어렵기 때문에 특별히 선택받은 사람만이 할 수 있다고 생각한다. 수십 년 동안 전문으로 수행에 전념한 사람도 수행에 대해 설명을 부탁받거나 수행지도를 요청받으면 수행은 설명하는 것이 아니라거나 자기는 아직 수행을 더 해야 하므로 다른 사람을 지도하기에 부족하다고 겸손히 말한다. 그러나 올바르게 수행하고 수행단계가 진보하면 다른 사람을 지도하지 않을 수 없다. 그것이 수행자 자비심이기 때문이다. 수행자가 자비를 베푸는 것은 당연하다. 오랜 세월 수행하고도 다른 사람을 지도할 수 없다면 수행이 부족하거나 자비심이 없거나 둘 중 하나다. 알면 설명하고 가르칠 수 있다. 불교수행에 관해 필요한 도구는 무엇이고 그 도구 특징과 사용법에 대해 설명해보자. 만일 스스로 명확하고 세밀하게 설명하지 못하면 불교수행에 관해 아무것도 모른다고 보면 된다. 지금 각자 자기집으로 가는 길이나 방법을 설명해보자. 그 길을 정확히 알면 구체적으로 설명할 수 있다. 설명할 수 없는 것은 모른다의 다른 표현이다.

16. 모든 것이 수행대상이다

1. 행주좌와(行住坐臥) 어묵동정(語黙動靜) 일상생활 모든 것이 수행대상이다. 붇다 정통 싸띠수행은 일상생활 전부를 수행대상으로 한다.

2. 일상생활 전부를 수행대상으로 삼는다고 해서 기본훈련이 필요없는 것이 아니다. 모든 것이 수행대상이기 때문에 기본기술을 익히는 것이 필요하다. 여건이 허락하면 아-라-마에서 기본기를 충분히 익히고 실제생활에 적절히 응용한다.

3. 일반적으로 싸띠, 싸띠집중, 위빳싸나-, 쌈빠자-나 등의 도구를 사용해 실재보는 능력인 빤나-가 성장하고 욕망, 이기심, 분노, 적의, 원망, 서운함, 편견, 선입관, 가치관 등 마음오염원인 아-싸봐를 제거하고 기억이미지 속박(bandhana, 束縛)에서 벗어나 대자유(vimokkha, 解脫)를 성취하는 것이 적용되면 붇다 정통 싸띠수행이라고 한다.

4. 절하는 것이 수행이라고 주장하는 사람이 있다. 그러나 절하는 동작 하나하나에 싸띠집중해 알아차림하면 수행이지만 절한 보상으로 불교로 각색된 힌두교 신인 관세음보살 가피력을 요구하면 기도가 되고 아무 생각 없이 빠르게 움직이면 운동이다.

5. 목탁이나 염불 소리에 싸띠집중해 알아차림하면 염불 싸띠수행이거나 진언 싸띠수행이지만 내가 원하는 것을 이루게 해달라고 빌면 기도다.

6. 불교수행 목적은 막가파라에 들어 닙바-나를 체험하고 아-싸봐를 제거하고 싸띠와 빤나-를 성숙시켜 일체구속으로부터 대자유를 성취해 자유롭고 행복한 삶을 누리는 것이다.

7. 절이나 기도하는 목적이 막가파라에 들어 닙바-나를 체험하는 것이라면 불교수행 범주로 볼 수 있다. 그러나 절이나 기도 목적이 원하는 바

를 성취하기 위함이라면 수행이 아니라 붇다하에게 뭔가 요구하는 구걸행위다*.

17. 수행은 만화가 아니다

1. 간혹 불교나 수행에 관해 말하는 사람 가운네 만화나 엉화를 낳이 보았는지 상상력이 풍부한 것을 볼 수 있다. 그러나 수행은 만화가 아니고 삶은 현실이다.

2. 수행을 해보지 않았거나 초보자인 경우 수행에 대해 만화적 상상력을 가미해 환상적으로 접근한다. 아마도 무협지를 많이 읽지 않았는지 의심된다.

3. 중국문화는 실용주의를 중시하고 과장이 발달했다. 이것은 수행문화와 아주 잘 어울렸다. 삶의 현장이 수행도량이고 생업에 충실하는 것이 수행이라는 생활선과 노동선은 실용주의를 좋아하는 중국인을 매료시켰다.

4. 중국은 땅이 넓어서 그런지 과장이 심하다. 무협지 같은 것을 보면 사람이 날아다닌다. 이런 만화적 상상력이 중국문화 특징 가운데 하나다. 매트릭스 같은 헐리우드 영화도 무협지를 모방한다. 땅이 크면 스케일도 큰 것 같다.

5. 불교에 대한 중국정서도 비슷했다. 대승경전은 붇다하나 보살이 지옥

수행 기본자세

불교수행 기본자세는 좌선이다. 일상생활 전부를 수행대상으로 삼는 생활선이나 노동선도 좌선이 기본이다. 좌선이 잘 되는 사람은 일상생활에서 하는 생활선이나 노동선도 잘 되고 좌선이 잘 안되는 사람은 생활선이나 노동선도 잘 되지 않는다.

에서 극락으로 무리지어 날아다니거나 신통술 부리는 장면이 자주 등장하는데 이것이 중국에서 대중성획득에 한몫했다*.

6. 수행도 마찬가지다. 생활선과 노동선을 강조했지만 산천경계 좋은 곳에서 수행하는 것도 좋아했다. 수행내용이 마음과 행복을 다루다 보니 담론 형식과 내용이 추상적이고 과장이 스며들 수밖에 없다.

7. 중국에 있는 큰 산에 가보면 무협지에 등장하는 상상력이 결코 과장만이 아닐 것이라고 생각되지만 어디까지나 말과 생각이 그렇다는 것이지 실제상황이 그렇게 전개되는 것은 아니다.

8. 실정이 그렇다보니 중국에서 과장이 수행과 불교 속으로 스며들기 안성맞춤이었다. 중국인은 그런 대화나 문장을 보면 실재를 어느 정도 짐작하고 행동했다.

9. 그러나 중국문화를 받아들이고 소모하는 주변부문화권인 한국이나 일본 등에서는 문장 그대로 받아들인다. 그렇다보니 문장이나 대화 속에 등장하는 것이 현실에서 행해지는 것으로 착각하고 순진하게 받아들인다.

문화차이

인도, 중국, 미국 등 대국은 존재를 실재보다 훨씬 크게 과장하는 문화특징이 있다. 그러나 그 문화내용을 들여다보면 해당 국가가 위치한 자연환경과 사회환경에 따라 과장하는 주제가 다르다.

인도는 우기 4개월을 제외하면 무척 더운 지역이다. 여름에는 섭씨 45도를 넘나든다. 이런 날씨에서 급하게 움직이는 것은 죽음을 의미한다. 그래서 인도인은 느긋하게 움직이고 더울 때는 나무 밑에 누워 즐긴다. 그렇다 보니 마음속으로 여행하며 지옥이나 천상 세계를 상상하고 만화 같은 판타지 세계를 그렸다. 이런 전통은 오늘날 인도 TV를 보아도 금방 확인할 수 있다.

장안을 중심으로 한 북중국은 추운 날씨가 더 많다. 척박한 대지에서 몸을 움직이지 않으면 먹고살기 힘들다. 따라서 중국인은 몸을 가지고 과장하는 데 익숙하다. 무협지에서 보듯 몸을 가지고 만화 같은 과장을 좋아했다. 와호장룡을 봐도 중국인은 몸놀림에 많은 과장이 스며든 것을 알 수 있다.

후발 제국인 미국은 스타워스나 매트릭스처럼 기계나 컴퓨터를 가지고 상상을 펼친다. 그들은 우주선을 타고 광활한 우주에서 전쟁하거나 컴퓨터 프로그램 속에서 싸우기도 한다.

분명한 것은 이런 판타지 세계가 현실이 아니라 과장이란 사실이다. 지옥에서 극락으로 부처가 떼를 지어 날아가는 것도 아미산을 축지법으로 뛰어오르는 것도 우주전쟁이 벌어지는 것도 현 단계는 단지 상상이다. 현실과 판타지를 구분할 수 있을 때 실재를 있는 그대로 볼 수 있다.

이것이 오늘날 불교와 수행이 부풀려지고 거품이 낀 배경 가운데 하나다.

10. 수행을 해보지 않았거나 수행을 모르는 사람이 수행을 이야기하거나 가르치다보니 수행은 어렵고 아무나 접근할 수 없는 것으로 설명하거나 마음다루는 과정을 기술이 아니라 사유하는 것으로 이해하게 만들었다.

11. 여러 가지 이유로 수행에 덧씌워진 허구와 과장을 걷어내고 있는 그대로 실재를 볼 수 있어야 한다. 수행은 만화나 영화가 아니다. 현실에 기초해 구체적이고 실질직으로 접근해야 납이 있다. 수행은 현실이다.

18. 원리이해와 기술숙련

1. 원리를 정확히 이해하면 창의력이 나오고 기술을 올바로 사용하면 유효성이 나온다. 무엇을 하든 먼저 그 일의 원리를 정확히 이해해야 한다.

2. 원리를 이해하면 필요한 도구를 창의적으로 개발할 수 있고 직면한 현실에 유연하게 대처할 수 있다. 원리를 정확히 이해하지 못하고 단순히 기술만 익히면 사고가 경직되고 형식에 집착해 배타적이고 창의력도 떨어진다*.

3. 원리이해만 해서는 유효성이 나오지 않는다. 문제해결에 필요한 기술을 구체적으로 익혀야 한다. 원리는 머리로 이해하지만 기술은 몸으로 익

본류와 주변부

본류특성은 내용에 충실하고 주변부특성은 형식에 집착한다. 본류는 필요한 것을 만들어 사용하고 부족한 것은 수정해 활용하지만 주변부는 새로운 것을 창의적으로 만들어 사용하지 못하고 본류가 만든 것을 수입해 사용하다 보니 형식에 집착한다. 본류는 삶과 행복을 위해 필요한 도구(철학)를 필요할 때 만들어 사용하지만 주변부는 수입한 도구에 삶과 행복을 종속시킨다. 이것은 인간중심으로 사유할 것인지 철학중심으로 사유할 것인지 본질차이다. 본류는 인간중심으로 사고하고 행동하지만 주변부는 철학중심으로 사고하고 행동한다.

혀야 한다.

4. 수행도 마찬가지다. 수행이 이뤄지는 공간인 마음에 대해 정확히 이해해야 한다. 마음 구조와 기능, 마음화학반응, 마음물리특성, 기억 구조와 기능, 싸띠기능, 마음에너지 증감구조, 마음건강, 마음작용 등을 분명하고 정확히 이해한 바탕 위에 필요한 기술을 익혀야 한다.

5. 그러지 않고 수행기술만 익히면 창의력이 나오지 않고 노력에 비해 유효성이 떨어진다. 원리를 정확히 이해하지 않은 상태에서 공식을 외우고 단순기술만 익히는 것은 암기식교육과 같다.

6. 오늘날 한국수행자가 화두잡는 기본원리를 이해하지 않고 화두만 들려고 하는 것은 기술만 익힌 암기식교육과 다를 바 없다. 그 결과 사고는 경직되고 행동은 배타적이고 수행유효성은 현저히 떨어진다.

7. 수행에 대해 고상하고 추상적으로 말하지만 수행은 마음과학이고 마음관리 기술이다. 수행은 머리로 이해하는 것[vitakka, 解悟]보다 몸으로 익히고 체득(abhiññā, 體得)해야 한다.

8. 수행은 기술이다. 수행기술을 가진 사람으로부터 구체적이고 체계적인 수행 원리와 기술을 이전받아야 한다. 수행에 필요한 도구와 그 사용법

인도는 필요에 따라 불교를 만들어 사용하고 시대요청에 따라 부파, 대승부, 밀교부 등으로 활용해 발전했지만 그것을 수입해 사용한 중국과 한국은 대승부나 밀교부 등 특정사상으로 종파를 만들고 자기가 속한 종파만 고집했다.

유목민족은 결과를 중시하고 농경민족은 원인과 과정을 강조한다. 유목민족은 이동과 약탈 문화에 기초하고 농경민족은 정착과 생산 문화다. 이런 문화특성은 기술을 개발하고 사상을 활용하는 데도 그대로 나타난다.

한민족이 유목민족 전통을 가지고 있어서 그런지 새로운 철학이나 기술을 개발하기보다 다른 사람이 만들어 놓은 것을 수입해 사용하는 데 주력한다. 편리하지만 영원히 소비자로 길들여지고 종속적이고 의존적인 삶을 살기 쉽다.

수행도 마찬가지다. 인도나 중국에서 만든 수행법을 도입해 사용하지만 경직되게 사고하고 편협되게 소비한다. 자기가 수입해 사용하는 수행 이론이나 기술에서 단어 하나 틀리면 큰일 날 것처럼 경직되게 운용한다. 조금 여유로울 필요가 있고 그것이 만들어진 목적, 원리, 기술, 철학 등을 자세히 살펴야 한다. 그래야 만들어진 원래 사용가치로 유용하게 사용할 수 있다.

에 대해서도 구체적이고 세밀하게 배우고 익혀야 한다*.

9. 붇다 이래 수행필요성은 경전이나 조사어록에 상세히 기술돼있지만 구체적인 수행기술과 수행진행 과정은 막가파라를 성취한 수행자를 통해 축적돼 다음 세대로 이전됐다.

10. 붇다로부터 축적된 수행기술을 가지고 있는 수행지도자로부터 수행 이론과 기술을 올바르고 정확하게 이전받을 때만이 수행진보를 기대할 수 있다*.

19. 수행 · 법문 · 포교

1. 경전은 붇다가 사람에게 수행지도한 내용이고 법문(dhamma kathā, 法問)은 붇다가 다른 사람에게 수행지도한 것을 다른 사람에게 설명하는 것이다.

구체기술

맹장염을 치료할 때 병원에서 수술하면 된다고 쉽게 말할 수 있지만 구체적으로 마취약은 얼마나 사용하고 어디를 어떻게 절개해 맹장을 제거하는지에 대한 구체기술을 가지고 있지 못하면 아무것도 없는 것과 같다.

수행도 마찬가지이다. 말은 많이 히지만 구체적으로 어떻게 일아자림하고 싸띠집중해 아-싸봐를 세서하고 싸띠와 빤나- 힘을 키울 것인지에 대한 구체적이고 유효한 기술을 갖고있지 않으면 아무것도 없는 것과 같다. 삶에 말로 할 수 있는 것은 그리 많지 않다.

직접 이전

수행자근기가 각기 다르고 수행과정에 나타난 현상 또한 천차만별이기 때문에 수행과 관련된 정보를 문자로 기록하면 부작용이 더 클 수 있다. 이런 단점을 극복하기 위해 붇다는 수행자세와 수행도중에 만나는 방해물처리 등에 관한 최소정보 이외는 문자로 기록하지 않고 수행지도하는 스승으로부터 직접 이전받도록 했다. 수행에 관한 정보를 그 사람이 아닌 다른 사람에게 적용하는 것은 문제가 될 수 있다. 단지 참고만 해야 한다. 조심하고 또 조심할 일이다.

2. 법문할 때는 붇다하가 사람에게 수행지도한 내용을 있는 그대로 전달해야 한다. 붇다 가르침은 붇다 것이기 때문에 가능하면 각색하지 말고 첨삭하지 않고 있는 그대로 전하는 것이 핵심이다.

3. 수행에 대해 말할 때는 붇다하 앞이라도 자기수행을 양보하면 안 된다. 왜냐하면 수행은 자기것이기 때문이다. 자기가 성취한 법을 스스로 무시하면 곤란하다.

4. 오늘날 한국은 법사(dhamma ācariya, 法師)가 대중에게 법문할 때는 자기말을 하고 수행은 이전 수행자일화를 인용한다. 실정이 이렇다보니 법회에 참석해도 붇다하에 관한 내용이 없고 법사 신변잡기나 수행자 에피소드가 대부분이다.

5. 법사가 법문할 때는 붇다하 가르침에 기초해 말하고 다른 사람에게 수행지도할 때는 자기가 성취한 수행에 기초해야 한다. 이것이 기본자세다*.

6. 흔히 포교가 수행이라거나 기도가 수행이라고 한다. 아-라-마에 와서 수행하지 않아도 포교를 열심히 하고 관세음보살에게 기도하고 타인을 위해 봉사하거나 경전보거나 불사하는 것도 수행이라고 말한다. 이것은 맞는 말이면서 동시에 틀린 말이기도 하다.

7. 붇다하 가르침 그 어디에도 포교, 기도, 봉사, 간경, 불사 등이 수행이라고 한 곳이 없다. 수행은 수행이고 포교는 포교고 기도는 기도다. 이것은

법문내용

불교포교는 많은 사람을 모으는 것이 중요한 것이 아니라 붇다하 가르침을 얼마나 올바르게 전달하느냐가 더 중요하다. 단순히 사람을 모으는 데 치중하면 수행단체가 아니라 정치조직이거나 기업이다. 법문은 붇다하 가르침을 있는 그대로 전해야 하고 수행을 말할 때는 자기수행을 말해야 한다. 왜냐하면 붇다하 법은 붇다하 것이고 내수행은 내것이다. 오늘날 한국불교에서 법문은 자기견해를 말하고 수행은 역대조사 말을 앵무새처럼 반복한다. 법문은 붇다하 가르침을 있는 그대로 중계해야 하고 수행은 철저히 자기수행에 기초해 지도해야 한다.

명칭뿐만 아니라 내용도 현격히 다르다.

8. 수행은 싸띠, 싸띠집중, 위빳싸나-, 쌈빠자-나 등의 힘을 키워 실재를 있는 그대로 통찰할 수 있는 안목인 빤냐-를 성숙시켜 마음공간을 더럽히는 마음오염원인 아-싸봐 제거과정이다.

9. 기도는 중생이나 피조물이 신이나 절대자 힘을 빌려 삶에 필요한 것을 수월하게 획득하려고 매달리는 구걸과정이다.

10. 마음에 쌓인 시나온 삶의 흔적이 가진 먼지를 털어내고 맑고 아름다운 마음상태를 가꾸는 것이 수행이다. 수행성과물을 다른 사람과 공유하는 것이 자비고 봉사다. 이런 관점은 붇다뿐만 아니라 대승경전인 금강경도 많이 강조했다.

11. 포교는 붇다 가르침을 전하는 것만을 의미하지 않는다. 붇다 가르침을 사용해 많은 사람이 자유로운 삶, 청정한 삶, 행복한 삶, 공존하는 삶을 살 수 있도록 도와주는 것을 포함한다. 이것을 법시(dhamma dāna, 法施)라고 한다.

12. 그렇기 때문에 수행하는 것이야말로 효과적이고 구체적인 포교활동이다. 자기와 타인 마음을 정화하지 못하고 단지 사람만 모으는 것이 포교라고 한다면 그것은 포교가 아니라 불교상품을 판매하기 위해 소비자를 모으는 상업행위다*.

13. 대부분 종교단체는 기도와 영험으로 포장한 욕망과 이기심을 판매한다. 자기가 개발한 종교상품을 소비할 사람을 조직하고 관리하는 데 많은 에너지를 사용한다.

문화산업

문화산업에 문화는 없고 산업만 있으면 천박하고 기술산업에 기술은 없고 산업만 있으면 사기꾼되기 쉽다. 수행단체인 불교에 수행은 없고 아-라-마 경영만 있으면 수행공동체를 지향하는 불교 존재이유가 없어진다.

14. 붇다하가 만든 마음과학과 싸띠수행 1차목표는 막가파라에 들어 닙바-나를 성취해 마음오염원인 아-싸봐를 뿌리뽑는 것이다. 포교 1차목표는 다른 사람이 수행으로 스스로 마음을 맑힐 수 있도록 도와주는 것이다.

15. 자기마음을 먼저 정화하지 않고서는 타인마음을 정화할 수 있도록 도움줄 수 없다. 열심히 수행하는 것이야말로 최상 포교활동이다.

16. 참여나 순수는 정치용어다. 삶은 참여나 순수로 구분되는 것이 아니라 상황에 따라 다르게 의미부여된다. 개인과 사회는 긴밀히 연결돼있으므로 공동으로 해결해야 하는 것과 개별적으로 해야 하는 것을 구분해야 한다.

17. 사람이 자기이익을 위해 행동하는 것은 선악문제가 아니라 생명현상 본질이다. 거기에 더해 사회구성원으로서 이 사회를 맑고 아름다운 공동체로 만들 의무도 있다. 그것은 참여나 순수가 아니라 개인의무와 사회의무와의 차이다.

18. 개인이나 단체는 전문성을 가지고 공동선을 성취하기 위해 다른 사람이나 공동체와 연대해 사회를 맑고 아름답게 가꾸고 정의가 강물처럼 흘러넘치게 해야 한다.

19. 불교나 수행 존재이유는 단순히 불교추종자 숫자를 늘리는 것이 아니라 모든 사람이 자유롭고 행복하게 살 수 있도록 마음에너지를 제공하는 것이다*.

보시기능

불교는 봉사를 보시, 선행, 덕행, 자비 등으로 부른다. 이것은 가치있고 아름다운 일이고 수행자가 반드시 실천해야 하는 덕목이다. 그렇지만 그런 행동자체가 곧바로 수행은 아니다. 보시는 수행할 때 끼어든 방해물 제거기능을 하지만 보시를 많이 했다고 막가파라에 들어 닙바-나를 체험하는 것은 아니다. 보시를 많이 한 사람은 수행할 때 방해물이 적게 나타나 수월하게 수행할 수 있다. 이것이 보시기능이다. 붇다하는 불교도가 해야 하는 봉사활동 중에서 물질로 하는 재시보다 수행성과물을 공유하는 법시를 더 가치있게 평가했다.

20. 깨침과 닦음, 상근기와 하근기

1. 깨침[paññā, 般若, 慧, 悟]과 닦음[citta, 心, 修] 문제는 전 불교사를 통해 오랫동안 진행된 담론주제다. 깨침과 닦음은 동전양면처럼 동일개념의 다른 표현이다.

2. 깨침은 실재 통찰과정[paññā vimutti, 慧解脫]을 말하고 닦음은 마음오염원인 아-싸봐 제거과정[citta vimutti, 心解脫]을 뜻한다.

3. 싸띠, 싸띠집중, 위빳싸나-, 쌈빠자-나로 빤나-를 키우는 과정이 깨침이고 빤나-로 무명을 걷어내고 마음오염원인 아-싸봐를 제거해 마음을 청정하고 아름답게 가꾸는 과정이 닦음이다.

4. 수행목적은 마음공간에 존재하는 아-싸봐를 제거하는 것이다. 아-싸봐 제거도구가 빤나-다. 빤나-는 싸띠와 쌈빠자-나를 먹고 자란다. 수행의 구체적 전개과정은 빤나-를 성숙시켜 아-싸봐를 제거하는 것으로 진행된다. 마음오염원인 아-싸봐가 제거되면 마음공간은 맑아진다. 붇다하는 혜해탈이 심해탈을 선도한다고 보았다.

5. 일반적으로 깨침(慧-悟-無漏-無爲)과 닦음(心-修-流漏-有爲) 논쟁은 수행기술과 수행자근기 우열, 선종과 교종 우위, 자파이기주의와 연결돼 복잡하고 때로는 본질과 다른 방향으로 전개됐다[*].

돈오와 점오

수행기술에 따라 지도방법이 다를 수 있다.

돈오법(頓悟法)은 수행지도자 역할이 중요하다. 돈오법은 짧은 시간 안에 최고단계까지 나아가거나 시간이 좀 더 걸리더라도 한 번에 최고단계까지 올라가는 수행기술이다. 이때 수행지도자 역할이 결정적인 데 수행지도자가 수행면담을 통해 수행자를 인도한다. 막가파라에 들어 닙바-나를 체험하고 난 후 여유갖고 서서히 아-싸봐를 제거하고 수행을 내면화해 나가면 돈오점수(頓悟漸修)고 막가파라에 들어 닙바-나를 체험한 순간 모든 아-싸봐가 소멸하고 더 이상 닦을 필요가 없으면 돈오돈수(頓悟頓修)다.

6. 붇다하는 수행진행이 범부(puthujjana, 凡夫, 無智者)에서 성인(ariya, 聖人, 智者)으로, 성인은 다시 쏘따-빳띠(sotāpatti, 須陀洹, 預流), 싸까다-가-미(sakadāgāmi, 斯陀含, 一來), 아나-가-미(anāgāmi, 阿那含, 不還), 아라한뜨(arahant, 阿羅漢, 應供) 단계로 진보한다고 말했다.

7. 붇다하는 수행단계를 범부와 성인 2단계로 구분하고 성인단계를 쏘따-빳띠, 싸까다-가-미, 아나-가-미, 아라한뜨 4단계(8단계)로 세분했다. 붇다가 말한 수행단계는《BUDDHA 수행법》19장 「싸띠수행 진행과정」을 참조하면 자세히 알 수 있다.

8. 짧은 순간 모든 단계를 한꺼번에 통과할 수도 있고, 순차적으로 할 수도 있고, 몇 단계를 순식간에 통과하고 다른 단계는 점차적으로 올라가기도 하고, 어떤 단계는 오래 머물다가 다른 단계는 아주 빠르게 진행되기도 한다.

9. 각 단계를 응축할 수는 있어도 생략할 수는 없다. 반드시 모든 단계를 거치고 지나간다. 단지 진행 과정과 속도는 수행자 근기와 노력에 따라 다

점오법(漸悟法)은 수행진보를 수행자에게 맡기는 방식으로 수행지도자 역할을 중요하게 생각하지 않는다. 이 수행기술은 수행기간을 길게 잡고 특별한 수행기법이 개발돼있지도 않다. 화엄경은 아라한뜨 막가파라에 이르는 여러 단계를 설정하고 순차적으로 밟아 올라간다고 설한다. 이것은 점오법이다.

여기에 대해 혜능계통 선종은 한순간에 최고단계까지 올라갈 수 있다고 주장했다. 이것이 돈오법이다. 그러나 수행기술보다도 더 중요한 것은 해당 수행법을 소화할 수 있는 수행자근기다. 오늘날 한국불교 딜레마는 돈오법을 주장하면서도 돈오법에 따르는 구체적 수행기술을 갖고있지 않고 시간을 오래 끄는 것으로 실제로는 점오법이다. 현재 한국불교는 말만 돈오법이지 실상은 점오법이다. 말은 화두 싸띠수행을 한다고 하지만 내용은 묵조 싸띠수행을 한다.

최근에는 퇴옹성철이 돈오돈수를 주장하고 고려중기 보조지눌이 제창한 돈오점수가 잘못됐다고 비판했다. 그러나 논쟁이 전개되는 과정에서 붇다 정통 수행기술인 싸띠수행과 보조지눌과 퇴옹성철이 주장한 수행기술 구체차이를 비교하고 유효성을 검증하는 것은 없어지고 자파이기주의에 빠져 쓸데없는 말장난에 그치고 말았다. 더 본질적인 것은 수행을 소화해야 하는 수행자근기가 빠진 채 수행기술만을 논하는 것은 환자입장은 고려하지 않고 약효만 논하는 것처럼 공허하다.

9~10세기 중국에서 형성된 수행가문을 흔히 5가7종(五家七宗)으로 부른다. 이후 어떤 수행자도 이들을 사마외도(邪魔外徒)로 매도하지 않았다. 그런데 최근 한국불교 조계종 일부 수행자가 임제종 이외 수행자를 사마외도로 매도한다. 슬픈 일이다.

르게 전개된다.

10. 부파는 범부단계를 세분화했고 대승부는 범부단계는 단순화했지만 성인단계는 더 세분화했다. 아라한뜨 위에 보살지(菩薩地)와 불지(佛地)를 추가로 설정했다.

11. 돈오(頓悟)는 이런 수행단계를 한 번에 올라간다고 보았다. 그러나 수행단계를 생략한 것이 아니라 압축해 올라간다. 점오(漸悟)는 각 단계를 천천히 올라간다고 주장한다.

12. 돈오든 점오든, 대승이든 소승이든 분다가 말한 수행단계를 변경한 적은 한 번도 없다. 단지 약간 세분하거나 압축하거나 또는 몇 가지를 추가하거나 간략히 했을 뿐이다.

13. 보조지눌은 간화경절문(看話徑截門)을 수행방법론으로 주장했다. 간화경절문은 대혜종고가 개발한 화두를 알아차림 기준점(출발점)으로 삼고 수행(看話)하면 빠르게 아라한뜨 막가파라까지 올라갈 수 있다는 것(徑截門)이다. 이것은 「깨달음 단기 속성과정 혹은 깨달음 족집게 과외」다.

14. 수행자, 수행기술, 수행지도자가 함께 어울려 수행이 이뤄진다. 이 가운데 중요한 것은 수행주체인 수행자다.

15. 수행에 있어 가장 먼저 고려돼야 할 사항은 수행자가 수행기술을 소화할 수 있는 능력이다. 그러므로 수행자근기에 맞는 수행기술이 좋은 수행기술이다.

16. 수행자가 특정한 수행기술을 사용해 막가파라에 들어 닙바-나를 체험할 수 있어야 그 수행기술의 진리성과 유효성을 증명할 수 있다. 많은 사람이 도전했지만 극히 소수만이 성공할 수 있는 수행기술은 보편적인 것이 아니라 특수한 수행기술이다.

17. 특수한 수행기술은 특수근기를 가진 사람에게 적용해야 한다. 그것

을 소화할 수 없는 일반대중에게 적용하는 것은 위험하고 어리석은 일이다.

18. 쉬운 것이 반드시 좋은 것은 아니듯 어렵다고 좋은 것도 아니다. 붇다하는 오늘날 한국불교가 말하는 상근기 수행법이라는 화두 싸띠수행을 통해 붇다하가 된 것이 아니다.

19. 붇다하는 4념처(cattāro sati paṭṭhānā, 四念處), 5온(pañca khandha, 五蘊), 6경(cha visaya, 六境) 등을 알아차림 기준점(출발점)으로 삼고 수행하는 싸띠수행으로 붇다하가 됐다는 평범한 사실을 망각하면 안 된다.

20. 돈오와 점오, 여래 싸띠수행과 조사 싸띠수행, 상근기와 하근기 등 수행기술을 구분하지만 붇다하 수행법에 그런 것은 없다.

21. 자기근기에 맞는 수행기술이 자기에게 가장 좋은 수행법이다. 간혹 특정 수행기술 우수성을 강조하는 사람을 본다. 마치 해당 수행기술 판매자를 보는 것 같다.

21. 붇다하 가능성과 현실성

1. 마음이 붇다하라거나 중생이 붇다하라고 한다. 이 말의 진정한 뜻은 모든 존재는 붇다하가 될 가능성[buddhatā, 佛性]을 가지고 있다는 의미다.

2. 모든 존재가 붇다하가 될 가능성이 있다는 말은 중생이 될 가능성[sattatā, 衆生性]도 있다는 뜻이다*.

3. 마음을 깨치면 붇다하지만 깨치지 못하면 여전히 중생이다. 마음이 붇다하가 아니라 깨친 사람이 붇다하다. 붇다하가 마음을 강조한 것은 마음이 아니라 행복이 핵심이다. 마음이 맑고 건강할 때 외부자극에 대응력이 높아

지고 느낌이 좋게 일어나 행복지수를 높일 수 있기 때문에 마음 건강과 청정을 강조한 것이다*.

4. 깨침가능성이 있는 것과 수행으로 붇다하가 되는 것은 별개문제다. 가능성과 현실성을 구분해야 한다. 존재자체는 어떤 차별이나 구분이 있을 수 없고 있어서도 안 된다. 그러나 각자 노력에 따라 다르게 취급되는 것이 올바른 평등이고 정의다.

5. 모든 존재가 평등하다고 주장한 것은 존재본성이 평등하다고 주장한 것이다. 행위에 따른 차별을 인정하지 않는 것을 붇다하는 잘못된 것이고 악평등이라고 했다.

6. 대승부는 아라한뜨와 붇다하는 다르다고 주장하고 아라한뜨는 붇다하보다 아래 단계로 취급한다. 대승부는 아라한뜨가 아니라 붇다하가 돼야 한다

콜라와 사이다

대단히 불경스런 질문을 해보자. 붇다하와 중생 가운데 어느 존재가 더 가치있을까? 일반적으로 중생보다 붇다하가 더 가치있다고 말한다. 그러나 붇다하는 그렇게 생각하지 않았다. 붇다하는 그것은 단지 취향차이라고 보았다. 욕망과 분노에 기대서 자유와 행복으로 가려는 사람을 중생이라 하고 욕망과 분노로부터 벗어나 자유롭고 행복하게 살려는 사람을 붇다하라고 한다. 이것은 어느 것이 더 가치있고 의미있는 길이라고 할 수 없다. 그렇게 존재를 구분하고 차별하면 곤란하다. 단지 욕망에 구속돼 행복으로 가려고 할지 욕망으로부터 자유로워져 행복하게 살려고 할지 취향문제다.

존재는 그 자체로 완성돼있다. 삶의 과정은 다른 존재로부터 에너지를 가져오지 못하면 단 한 순간도 삶을 유지할 수 없는 것이 생명현상 실재다. 그 과정에서 다른 존재에게 피해를 최소화하면서 자기삶을 살 수 있다면 최선이다. 소비를 줄이는 수밖에 달리 길이 없다. 생명현상 본질을 두고 가치판단하면 답이 없다. 그것은 사이다 마시는 사람이 콜라 마시는 사람보고 왜 콜라 마시느냐고 질문하는 것처럼 어리석다.

가능성과 현실성

심즉시불(心卽是佛), 즉 마음이 붇다하라는 말은 오리지널 경전에 없는 말이다. 이것은 중국수행자가 즐겨한 말이다. 대승열반경(大乘涅槃經)은 일체중생 실유불성(一切衆生 悉有佛性)이라고 해서 모든 중생은 다 붇다하가 될 수 있는 성품이 있다고 주장한다. 경전은 가능성을 강조했을 뿐인데 그것을 읽는 사람은 자기가 붇다하가 된 것처럼 착각하고 행동한다. 이런 사유구조는 모든 존재에 창조주 신이 들어있다는 우빠싸-드 철학이 대승과 결합해 나타난 것이다. 가능성과 현실성은 구분돼야 한다.

고 강조한다.

7. 대승부는 붇ㄷ하와 아라한뜨는 다르다고 말하지만 구체적으로 무엇이 어떻게 다른지 질문하면 대답하지 못하고 주제와 동떨어진 주장만 한다.

8. 붇ㄷ하와 아라한뜨는 같은 의미다. 붇ㄷ하가 아라한뜨다. 아라한뜨 가운데 최초 아라한뜨가 붇ㄷ하고 아라한뜨가 되는 길을 최초로 깨달은 사람, 마음오염원인 아-싸봐를 제거하고 행복으로 가는 길을 최초로 발견한 사람이란 의미로 붇ㄷ하(Buddha, 佛陀, 覺者)라고 했다*.

9. 붇ㄷ하는 미가다-야에서 5ㅂ힉쿠에게 앞으로 자기를 부를 때는 벗이라거나 이름으로 부르지 말고 ㅂ하가봐(世尊), 아라한뜨(阿羅漢), 쌈마- 쌈붇ㄷ하(正自覺), 따타-가따(如來)로 불러달라고 주문했다.

10. 그 후 아라한뜨는 붇ㄷ하 10가지 이름(十種名號) 가운데 하나로 불리면서 경전 맨 앞에 쓰인다. 아라한뜨와 붇ㄷ하는 동일한 의미다. 굳이 구별하면 아라한뜨와 붇ㄷ하는 지혜는 같지만 복(puñña, 福, 功德)은 차이날 수 있다*.

붇ㄷ하와 아라한뜨

자유와 행복으로 가는 길, 아라한뜨가 되는 길을 처음으로 발견한 사람을 특화해 붇ㄷ하라고 한다. 스승없이 자기노력으로 아라한뜨가 된 사람을 독각(獨覺), 혼자 수행으로 연기법을 깨달은 사람을 연각(pacceka buddha, 辟支佛, 緣覺), 수행을 완성한 후 수행을 대중에게 회향하면 붇ㄷ하 혹은 아라한뜨, 수행을 회향하지 않고 자기만을 위해 은거하는 사람은 벽지불이라고 한다. 결국 같은 말이다. 대승부는 수행을 완성한 후 대중에게 수행을 회향하는 것을 꿈(願力, 誓願)으로 하고 그 상징적인 인물을 보ㄷ하쌋ㄷ하(菩提薩陀, 菩薩)로 불렀다.

붇ㄷ하 인사말

한국에서 불교도가 인사할 때 「붇ㄷ하가 되세요 라는 의미인 성불(成佛)하세요.」라고 한다. 붇ㄷ하는 「행복하세요.」라고 했다. 행복하세요가 붇ㄷ하 인사말이다.

22. 소승과 대승, 자리와 이타

1. 모든 불교도는 시대와 지역을 초월해 붇다 근본가르침을 존중해야 한다. 자기가 직면한 문제를 붇다 가르침에 의지해 해결하려고 노력해야 한다.

2. 대승불교도는 대승이란 이름으로 많은 사실을 왜곡한다. 대승이전 모든 불교역사를 소승이라 무시하고 폄하한다.

3. 여기서 한 가지 의문점은 그렇게 폄하하는 역사 속에 붇다도 포함되는지 궁금하다. 부파나 소승을 무시하고 폄하하려면 그 주장은 부파나 소승에서 끝내야 한다.

4. 불교사에 부파는 있어도 소승은 없었다. 다른 사람이 대승이라고 불러준 적도 없다. 스스로 대승이라고 자처하는 부파만 있었고 자기이외를 소승이라고 폄하한 역사만 있었다. 대승부도 부파 일부고 힌두철학으로 무장한 특이한 부파다.

5. 붇다는 진리나 청정함은 말이나 주장, 건물규모나 추종자숫자에 있지 않고 오직 실천으로 성취된다고 보았다. 이름과 주장이 아니라 행동이 대승과 소승을 구분하는 분기점이다*.

6. 어떤 사람은 붇다 근본가르침으로 돌아가는 것은 역사를 거스르는 행위라고 한다. 어떤 사람은 붇다로부터 세월이 많이 흘렀기 때문에 붇다 근본가르침은 현대사회에 맞지 않는다고 한다.

대승본질

대승은 극소수 상류층, 지식층을 위한 불교였다. 대승이야말로 불교역사상 대중을 가장 소외시킨 부파였다. 이런 대중소외 현상은 밀교시대에 와서야 어느 정도 극복된다. 문제는 밀교가 대중을 무식으로 인도했다는 것이다.

7. 세월이 변했다고 삶의 본질이나 붇다 가르침 내용까지 바뀐 것은 아니다. 많은 세월이 흘렀기 때문에 붇다 가르침이 현대사회와는 부조화를 이룰 것이라는 염려는 기우에 불과하다. 붇다 가르침 원형을 현대사회에 알맞게 해석해 활용하는 것이 붇다 가르침을 올바르게 계승하는 일이다. 그것이 오리지널 불교다.

8. 오리지널 불교는 붇다가 사유하고 실천한 내용을 실천하는 사람이 처한 현실에 적용한 것이다. 형식은 다를 수 있지만 내용이 변하면 안 된다.

9. 대승부는 붇다 입멸 후 약 400~500여 년 후에 등장해 이제 시대가 변했으니 붇다 가르침을 전면 수정해 변한 사회에 적용해야 한다고 주장했다. 대승부가 등장한 지 2000여 년이 지난 지금 대승부를 모범으로 삼는다면 이것은 심각한 자기모순에 빠진다.

10. 대승부가 등장한 시기는 인도뿐만 아니라 전 세계사적으로 볼 때 통일제국을 건설하고 전제왕조가 등장해 정착하기 시작한 시기였다*.

11. 이 시기는 권력이나 신분세습을 통한 불평등한 사회가 정착되는 과정이었다. 개인능력과 사회 평등과 평화를 강조한 붇다 가르침은 그 당시 지배계급에게는 제거해야 할 불순한 사유구조였다.

12. BCE 187년 친불교왕조인 마우리아(Maurya) 왕조를 군사 쿠데타로 전복하고 집권한 쑨가(Suṅga) 왕조는 브라흐마 교를 개량해 힌두교를 만들고 국교로 삼았다. 힌두교는 신분세습을 인정했다.

대승다양성

대승부성격을 한 마디로 정의하기는 무척 까다롭다. 금강경을 비롯한 빤나-부 계통은 신과 윤회를 부정하고 붇다 근본 가르침으로 돌아가자고 주장하고 수행을 강조한다. 아미타경을 비롯한 정토삼부경, 법화경, 화엄경 계통 등은 신과 윤회를 도입하고 붇다를 찬양하고 붇다 자비를 강조한다. 철학이나 지역 등을 달리하고 등장한 대승이 세월이 흐르면서 상호침투해 모든 파가 신과 윤회를 도입하고 기도와 불사를 중시하고 수행을 등한시했다. 그리고 밀교부로 대체됐다.

13. 이런 변화된 현실에 일부 불교도반응이 대승부를 만드는 것이었다. 대승부는 절대자, 중생, 윤회, 구제 등의 힌두철학으로 무장하고 현실에 타협하고 기득권층 이익에 복무하고 역사무대에 등장했다.

14. 대승부가 주장하듯 붇다 근본가르침이 유효성을 상실했다기보다 오히려 일부 불교도가 힌두교화된 세속권력과 타협한 것이 문제였다.

15. 중국이나 한국 사람은 대승문화권에서 태어나고 대승에 기초해 불교를 배운다. 그래서 소승은 자기만 붇다가 되려고 수행하기 때문에 이기적이고 대승은 먼저 타인을 구제하고 난 후에 자기가 붇다가 되려고 하기 때문에 이타적이라는 대승주장에 기초해 불교를 배운다*.

16. 흔히 자기를 위해 행동하는 것보다 타인을 배려하고 행동하는 것이 가치있다고 생각한다. 공동체를 구성하고 서로 관계맺고 살아가는 과정에서 타인을 배려하고 함께 공존하는 것은 의미있는 일이다.

이타주의 본질

이타주의를 좋아하는 사람은 역설적이게도 시혜받는 계층이 아니라 자기가 가진 것을 나눠줄 수 있는 계층이다. 동서고금을 막론하고 박애와 보시를 강조한 계층이 자기것을 전부 다 나눠준 적은 없다. 자기가 가진 것 가운데 병아리 눈물만큼 나눠주고 해야 할 일은 다 마친 것처럼 포장하고 행동한다. 보시나 박애, 자선 등은 신을 믿는 종교에서 많이 강조한다. 박애, 보시, 자선 등을 강조하는 종교는 사회적 불만세력, 소외세력 반발을 약화시키고 국가가 담당하지 못하는 소외계층 복지부분을 담당한다. 한편으로 가진 사람에게 자선과 박애에 참여하도록 해 그늘에게 도덕명문을 세상해수고 사회통합을 유도한다. 그리고 종교자신은 그린 행위를 통해 신지를 획보힌다. 어떤 하층민은 부자가 나눠주는 것에 만족하고 생활하지만 다른 사람은 물질을 나눠주지 말고 정당한 자기권리를 찾아야 한다고 주장한다. 박애주의는 근대유럽 시민사회에서 신흥자산가에게 면죄부를 제공하는 수단이었다. 박애, 자선, 보시 등은 분명 중요한 사회행위고 좋은 일이다.

빌 게이츠(William H. Gates, 1955~)가 돈을 벌자 부모가 강조한 것이 이 재산을 지키려고 하면 많이 베풀라고 했다. 이후 2005년 말까지 10년 동안 빌 게이츠는 약 60억불 가까이 기부했다고 한다. 그리고 남아있는 재산을 사회를 위해 기부하겠다고 밝혔다. 부시 미국대통령이 부자에게 세금을 깎아주려고 법안을 제출하자 강력히 반대한 사람이 미국부자였다. 부자로 오랫동안 살기 위해서는 부자가 더 많은 세금을 내야 가난한 사람이 가진 불만을 약화하고 부자가 기득권을 지속할 수 있다고 생각했기 때문이다. 홍콩배우 Jackie Chan(成龍, 1954~)은 「자기아들이 능력있기 때문에 자기재산을 필요로 하지 않을 것이고 만일 능력이 없어 자기재산을 지킬 수 없으면 더욱 주어서는 안 된다.」 고 하면서 자기재산을 사회에 기부한다.

17. 사람은 자기삶 또한 소중하다. 사람은 타인을 위해 존재하는 것이
아니라 자기삶을 위해 존재한다. 삶은 타인없이는 불가능한 것 또한 사실
이다.

18. 결국 존재는 함께 공존해야 한다. 붇다도 중생을 구제하기 위해 출
가한 것이 아니라 자기행복을 찾아 출가했다. 수행할 때는 자기수행에 전
념했고 수행을 마친후에는 수행결과를 대중과 함께 공유했다.

19. 몸이 아파 병원에서 치료하는 것, 건강한 신체를 유지하기 위해 운
동하는 것, 맑고 건강한 마음 가꾸기 위해 수행하는 것, 모르는 것을 배우
기 위해 공부하는 것, 삶에 필요한 물질을 획득하기 위해 노동하는 것 등은
이기주의가 아니라 생명현상 본질이다.

20. 정신적, 물질적 에너지를 자기주변으로 결집하는 것은 개인능력이
지 이기심이 아니다. 그것은 삶의 본질이다. 그렇게 획득한 힘을 자기만을
위해 사용할 지 아니면 다른 존재와 함께 사용할 것인지가 자리와 이타 구
분기준이다.

21. 자기에게로 결집된 힘을 자기가족 등 관계된 사람뿐만 아니라 필요
한 사람이 적절히 사용할 수 있도록 배려하는 것이 자비심이고 이타행이
다. 자기가 가진 것을 필요한 존재와 함께 하지 않고 독점하고 타인을 소외
시킨 것이 욕망이고 이기심이다.

22. 사람이 타인을 이해하고 배려하고 행동할 때 모든 것을 다 제공할
수 없다. 타인에게 무엇을 제공할 것이고 자기에게 그럴 능력이 있는가 하
는 본질적인 문제가 남는다.

23. 일반적으로 타인을 배려하고 행동할 때 행동하는 사람은 뭔가 가지
고 있어야 한다. 아무것도 갖고있지 않으면서 마음만으로 타인에게 베풀
수 있는 것은 별로 없다. 그렇게 하면 생색내기나 말장난으로 흐르기 쉽다.

더 본질적인 것은 타인을 돕는 것이 아니라 함께하는 것이다*.

24. 다른 존재를 돕는다는 것은 구체적이고 실질적이어야지 추상적이고 막연해서는 안 된다. 다른 존재를 도울 때 자기가 가진 장점이나 에너지를 활용하면 효과를 극대화할 수 있다.

25. 불교교단이나 수행자가 사회적으로 이타행을 행할 때 불교만이 할 수 있는 영역과 다른 공동체와 연대해 할 수 있는 영역이 있다. 그것을 구분할 줄 알아야 한다.

26. 불교교단은 수행하기 위해 모인 단체다. 수행자는 무소유 삶을 사는 사람이다. 불교나 수행자가 할 수 있는 이타행은 다른 사람 마음이 맑아지도록 도와주는 것이다.

27. 사회구성원이 가진 욕망, 분노, 편견 지수를 낮추고 마음오염물을 제거하고 맑고 건강한 마음상태를 가질 수 있도록 도와주고 함께 하는 것은 수행자가 할 수 있는 현실적이고 구체적이고 유효한 이타행이다*.

28. 무소유 삶을 실천하는 수행자에게 물질의지처를 원할까 아니면 정신스승을 원할까. 아무것도 가진 것 없는 수행자에게 물질도움을 원하면

손가락이 불쌍해서

손가락을 다친 사람이 손가락이 불쌍해 치료했다면 약간 이상하다. 그것은 손가락이 불쌍해 치료한 것이 아니라 치료하지 않으면 자기가 불편해 치료한다. 마찬가지로 다른 사람이 불쌍해 도와주는 것이 아니라 다른 사람이 힘들고 지쳐있을 때 그들을 외면하면 자기가 불편하기 때문에 함께 한다. 결국 마음크기가 원크기를 결정한다. 내 그릇크기가 내 삶의 범위를 결정한다.

전문분야

타인을 배려하고 행동하는 것에 여러 가지가 있다. 그 가운데 자기가 가진 장점을 베풀면 노력에 비해 효과가 좋다. 전기기술자와 치과의사는 각자 전문분야를 활용하면 유효성을 극대화할 수 있다. 불교교단이나 수행자가 타인을 배려하고 행동할 때 1차영역은 마음이다. 복지센터를 운영하고 사회정의를 실현하는 일은 당연히 해야 하고 의미있는 일이지만 1차영역인 수행하면서 해야 한다. 1차영역을 하지 않고 다른 것만 하는 것은 본말이 전도됐다. 불교교단 존재목적이 복지센터나 다른 것을 하기 위해서가 아니기 때문이다.

그런 생각을 가진 사람 잘못을 지적해야 한다. 붇다하는 그랬다.

29. 수행자는 무소유로 살지만 붇다하를 믿고 따르는 재가수행자는 재물을 여유있게 소유할 수 있다. 그들이 가진 것을 베풀 수 있도록 유도하는 것은 수행자가 해야 하는 참여활동 가운데 하나다.

30. 불교교단이나 수행자는 이타행을 위해서라도 먼저 자기마음을 정화하는 것이 필요하다. 이타행은 구체적이고 직접적이어야 한다. 자기를 정화하지 않고 다른 사람을 정화할 수 없다.

31. 무엇보다 마음맑히는 구체적이고 실제적인 이론과 기술을 배우고 익혀야 한다. 그런 이론과 기술을 갖고있지 않으면서 다른 사람 마음을 맑히겠다면 곤란하다.

32. 나무는 자기를 위해 이산화탄소를 흡수하고 산소를 내뿜지만 나무와 연을 맺고사는 뭇 생명은 그 산소를 먹고 살아가듯 수행자는 자기마음을 맑히지만 수행자와 인연있는 존재는 수행자가 내뿜는 맑은 향기를 맡으며 행복하게 살 수 있다. 자기를 위한 일이 타인을 위한 일이 될 때 그보다 더 좋을 수 없다*.

33. 자기마음을 닦고 붇다하가 되려는 것은 자리나 이타가 아니다. 그것은 수행자가 해야 하는 의무이자 권리다. 수행성과를 자기가 독점할 것인지 그것을 필요로 하는 사람과 함께 할 것인지가 자리와 이타 구분기준이다.

34. 붇다하는 타인 행복과 이익을 위해 노력하는 것은 가치있고 의미있는

수행자와 소유물

청빈하고 무소유 삶을 살아야 하는 수행자가 필요이상 재물을 소유하고 있다면 하루빨리 그 재물로부터 자유로워져야 한다. 하나의 발우 한 벌의 까-싸-야(三衣一鉢) 이외에 다른 것을 소유한 수행자는 스스로를 살필 일이다.

일이라고 보았다. 그런 일 가운데 물질을 나눠주는 것보다 마음을 맑고 아름답게 가꿀 수 있도록 도와주는 것이야말로 수행자가 할 수 있는 가치있고 아름다운 이타행이라고 주장했다.

35. 재시를 위해서는 필요한 물질을 소유하고 있어야 하듯 법시를 하기 위해서도 스스로 수행으로 성취한 맑은 마음과 수행기술을 가지고 있어야 한다. 타인을 도와주는 것은 생각만으로 되는 것은 아니다. 다른 사람을 도와줄 때는 구체적이고 현실적이고 무엇보다 유효해야 한다.

36. 전통적으로 수행도량인 아-라-마는 출가수행자뿐만 아니라 재가수행자와 수행하고 싶은 모든 사람에게 열린 공간이다. 전 세계 어떤 아-라-마를 가든지 수행지도할 수 있는 스승이 있고 친절하게 수행을 지도한다.

37. 초보자는 최고스승이 수행기초를 잡아주고 어느 정도 기초가 잡히면 혼자 수행하도록 배려한다. 수행진도가 충분히 성숙해 막가파라에 들어 닙바-나를 체험하면 다른 사람에게 수행지도할 수 있도록 인가한다. 그것이 수행자 의무고 자비심이고 이타행이다.

38. 오늘날 많은 한국 아-라-마에 수행을 구체적이고 체계적으로 배울 수 있는 곳이 얼마나 있고 수행지도할 수 있는 수행지도자가 몇이나 되는지 궁금하다*.

39. 지금 어떤 아-라-마라도 찾아가 그곳에서 수행할 수 있고 수행지도 받을 수 있는지 물어보자. 만약 수행지도할 수 없고 수행할 수 없다면 아-

---

공간낭비

한국선원은 30~50명 정도 출가수행자로 제한해 수행을 허용한다. 통도사 정도 규모를 가진 마하-시- 아라마는 3천명이 동시에 숙식하고 수행할 수 있는 시설을 갖추고 매일 500~600명이 수행한다. 출가수행자는 200명 정도고 나머지는 재가수행자다. 조계종이 선종을 표방하지만 조계종소속 아-라-마조차 극히 일부 출가수행자를 제외하고는 수행할 공간이 없고 수행지도받을 수 없는 현실을 어떻게 이해해야 할지 곤혹스럽다. 더 본질적인 것은 화두 싸띠수행이 최고라고 주장하면서 정작 자기절에서는 관세음기도를 한다.

라-마 설립목적이 무엇인지 다시 한 번 물어보자,

40. 수행전통을 온전히 간직한 아-라-마에 가면 인종, 종교, 성, 승속을 불문하고 수행공간이 개방돼있고 수행지도할 수 있는 선지식(sappurisa, 善知識)이 머문다.

41. 수행자가 막가파라에 들어 닙바-나를 체험하고 난 이후 다른 사람이 수행으로 마음오염원을 제거하고 자유롭고 행복하게 살 수 있도록 수행지도에 모든 것을 다 바친다. 이것이야말로 대승이 주장한 진정한 대승이고 이타행이다.

42. 붇다하는 누구든지 막가파라에 들어 닙바-나를 체험하면 경력, 나이, 성별, 승속 등을 불문하고 다른 사람에게 수행지도할 수 있도록 허용했다.

43. 그것이 신흥교단이었던 불교를 인도에 뿌리내리도록 한 원동력이었다. 사람은 남녀노소 동서남북 구별이 있지만 수행지도는 오직 법의 높고 낮음만 있다*.

44. 수십 년을 수행하고도 다른 사람에게 수행지도할 수 없다면 수행을 잘못했거나 아니면 수행경지가 높은데도 불구하고 다른 사람에게 수행지도를 하지 않는다면 수행성과물을 스스로 독점한 이것이야말로 대승을 표방한 한국불교가 그토록 경멸한 소승이고 옹졸한 행동이다. 대승, 소승, 자리, 이타 등은 그 주장이나 말에 있지 않고 오직 실천에 달렸다.

아-라-마 설립목적

아-라-마는 수행이 1차 설립목적이다. 병원에 환자를 치료할 의사가 없다면 다른 것이 아무리 잘 갖춰있어도 소용없는 것과 마찬가지로 아-라-마에서 수행할 수 없다면 그 규모와 오랜 역사와 전통에 상관없이 더 이상 수행도량이 아니고 게스트하우스거나 수행도량 관리자용 숙소에 불과하다. 전국에 수십 군데 수행전문 아-라-마가 있고 수천 명의 수행자가 수행하고 있다. 거의 모든 건물이 출가수행자만을 위한 공간이고 일반불교도가 가서 수행할 수 있는 곳은 10군데 미만이다.

23. 신과 중생, 자력과 타력

1. 창조주 신이 만물을 창조하고 피조물은 신의 뜻에 따르고 신에게 복종함으로써 행복한 삶을 보장받을 수 있다는 것이 신과 중생, 기도와 구제 사상 핵심이다.

2. 이런 사유체계는 사람 지혜와 능력이 미약하고 자연질서를 잘 모를 때 거대한 자연 앞에 나약한 인간이 만들어낸 허구다. 과학이 발달하고 자연법칙을 어느 정도 이해한 지금도 이런 가치관이 삶에 깊이 박혀있고 현실적으로 믿고 따르는 사람이 많다.

3. 중생(satta, 衆生, 有情)이나 피조물은 신의 상대개념이다. 중생은 의타적이고 자기일을 스스로 해결하지 못하는 나약한 존재, 아-싸봐로 오염된 존재, 물리적, 심리적으로 끊임없이 고통받는 존재, 열등한 존재란 의미로 사용된다.

4. 신은 중생의 상대개념이다. 강력한 힘을 소유한 존재, 깨끗한 존재, 중생이나 피조물 행복과 불행을 결정하는 존재란 의미로 쓰인다.

5. 붇다하는 중생으로 태어난 것이 아니라 중생으로 길들여지고 붇다하로 태어나는 것이 아니라 붇다하로 교육되는 것이라고 보았다.

6. 붇다하는 사람은 그 자체로 완성돼있고 모든 능력과 가능성을 갖고 태어난다. 그 가운데 어떤 것을 계발시킬 것인지는 사회환경, 자연환경과 더불어 개인의지력이 크게 영향미친다고 보았다.

7. 대승부나 밀교부는 관세음보살과 같은 신을 등장시켜 민중을 중생으로 세뇌하지만 붇다하는 오리지널 경전 그 어디에서도 그렇게 말하지 않았다. 이것은 대승부나 밀교부가 상징조작한 것이다.

8. 구제는 신과 짝을 이루고 등장한 개념이다. 신을 따르면 구제할 것이

고 그렇지 않으면 벌받을 것이라고 협박한다. 이 말은 존재를 구분하고 차별하고 나와 남을 편가르고 강한 존재에게 의존하고 아부하라는 의미다*.

9. 신을 믿는 사람은 그들이 믿고 있는 사유체계에 따라 조직을 만들고 행동한다. 행동이 격렬할수록 신과 거리가 가까워지고 신의 은총을 더 많이 받을 수 있다고 믿는다.

10. 청동기문화가 철기문화로 대체되고 생산력증가는 생산관계 변화를 요구했다. 그 이행과정은 폭력에 기초해 전쟁으로 진행됐다. 그 결과 능력에 기초한 사회는 신분에 기초한 불평등한 사회로 급속히 이행됐다.

11. 붇다하와 중생, 신과 구제 사상은 봉건왕조가 등장하고 핵심이념으로 자리잡았다. 전제왕조 사회구조가 정착되고 유지되는 과정에서 오늘날 기

신의 사랑

신은 당신을 사랑합니다. 많이 본 표어다. 감성에 호소하는 달콤한 용어를 많이 사용한 선전물이다. 그러나 이 말의 진정한 의미는 신을 믿으면 사랑하지만 믿지 않으면 벌을 준다는 것이다. 벌준다는 말은 뒤에 감추고 사랑만 전면에 부각해 강조했다.

「저 위 하늘에 있는 어떤 분이 당신을 사랑합니다. 자기생각에 기초해 10가지 규칙을 정하고 사랑하는 사람이 지키기를 원합니다. 자기가 만든 규칙을 따르지 않으면 지옥으로 보내 오랫동안 고통을 가한답니다. 사랑한다면서요.
신은 전지전능합니다. 그러면서 매주 헌금을 들고 교회로 오라고 하십니다. 전지전능한 분이 돈은 어떻게 할 수 없나 봅니다.
어딘지 몰라도 억수로 자비심을 많이 가진 분이 계십니다. 그 분 능력은 워낙 뛰어나 모든 존재가 하는 소리를 다 들을 수 있다는 의미로 관세음보살이라고 합니다. 때로는 관자재라고도 합니다. 그 분은 오직 자기이름을 부르고 절하고 아부하는 사람 요구만 들어준답니다. 자비가 넘친다는 분이 어디서나 듣고 볼 수 있다는 분이 꼭 불러야만 온답니다.」

이슬람은 한 손에 코란을 다른 손에 칼을 들고 개종을 강요하고 크리스트교는 한 손에 성경을 다른 손에 빵을 들고 자기종교를 믿으라고 주장한다. 그 어디도 순수한 자비나 사랑은 없다. 단지 믿음을 강요하는 도구만 존재한다. 절대로 그냥 주는 법은 없다. 항상 빵이나 돈과 믿음과 사랑을 교환한다. 곳곳에 크리스트교나 불교이름을 딴 병원이 많다. 그러나 그곳은 돈이 없으면 아무도 치료해주지 않는다. 사랑과 자비를 강조하면서. 이것이 신이 가진 사랑본질이다.

성종교가 크게 기여했다.

12. 오늘날 기성종교는 신분세습에 기초한 봉건제와 결탁하고 교세를 확장했다.

13. 서양은 313년 로마가 크리스트교를 공인했고, 중국은 1세기 후한(後漢)이 국가유교주의를 채택했고, 인도는 BCE 187년 쑨가 왕조가 힌두교를 채택하면서 오늘날 기성종교가 확고히 자리잡았다.

14. 기성종교는 왕과 신을 같은 위치에 배치하고 피조물과 민중을 같은 등급으로 취급했다.

15. 크리스트교, 유교, 힌두교, 대승부 등은 신이나 불보살은 청량하고, 결점없고, 강력하고, 모든 것을 다 할 수 있는 존재고, 중생이나 피조물은 결점많고, 왕의 보살핌이 없으면 아무것도 할 수 없는 나약하고 오염된 존재로 규정하고 세뇌시켰다.

16. 자기문제를 스스로 주체가 돼 해결하는 것이 자력이고 자기삶의 주체가 되지 못하고 다른 존재에 의지해 종속적으로 해결하는 것이 타력이다.

17. 신을 믿는 종교는 대부분 타력신앙이다. 불교는 스스로 노력해 막가파라에 들고 닙바-나를 체험하고 자유롭고 청정하고 행복하고 공존하는 삶을 추구하는 자력 수행공동체다.

18. 물질적, 정신적 능력이 부족한 사람에게 도움주어도 그것은 단지 도움만 줄 뿐 자기문제 해결주체는 어디까지나 자기자신이다. 이것이 붇다하 가르침 핵심이다*.

19. 대승부는 관세음보살, 문수보살, 지장보살, 아미타불 등과 같이 불교로 각색된 힌두교 신을 믿으면 필요한 것을 불보살이 해결해준다고 주장한다. 이것은 타력신앙이고 붇다하 근본가르침인 인과와 자력 원칙에 위배

된 사상이다.

20. 대승부는 불보살은 고통받는 중생을 구제하기 위해 자비심으로 이
땅에 왔고 불보살은 지금 당장 붇ㄷ하가 될 수 있는 능력을 갖추고 있지만
중생을 구제한 후에 성불하기 위해 잠시 성불을 늦추었고 중생이 아프기
때문에 자기도 아프다고 주장한다.

21. 이것은 감성에 호소하는 선동구호다. 그러나 구체적으로 어떻게 실
천할 것인지는 빠져있다. 단지 「구제해줄 것이라고 말한 보살을 믿고 따르
면 모든 것이 해결될 것이다.」는 주장만 한다. 그리고 다른 것은 없다. 어
리석은 중생은 그 주장을 믿고 따른다.

22. 주장과 실천, 실천결과가 실제적으로 유효했는지는 실천으로 객관
적이고 구체적으로 검증해야 한다*.

붇ㄷ하도 할 수 없는 세 가지

붇ㄷ하는 자기가 할 수 없는 세 가지 일이 있다고 했다.

① 다른 사람이 저지른 행위결과를 대신 받아줄 수 없는 것.
② 다른 사람을 직접 막가파라에 넣어 닙바-나를 체험시켜줄 수 없는 것.
③ 인연없는 사람을 수행지도할 수 없는 것.

결국 스스로 해야 하는 것은 힘들더라도 스스로 해결할 수밖에 없다.

중생이 아프므로 나도 아프다

누가 중생이고 누가 붇ㄷ하인가? 붇ㄷ하도 아닌 사람이 어떻게 타인을 붇ㄷ하로 인도할 수 있는가? 만일 붇ㄷ하와
동등한 능력을 소유했다면 그것이 붇ㄷ하지 어찌 보살이겠는가? 말장난은 하지 않는 것이 솔직하다.
유마경(Vimala sūtra, 維摩經)에 등장하는 위마라끼-ㄹ띠(Vimalakīrti, 維摩詰, 淨名)는 불교소설에 등장한 가공
인물이지만 웨싸-리-에 살던 재벌이었다. 그는 싸-리뿟따, 마하-목갈라-나 등 붇ㄷ하 수제자를 비롯한 10대제자를
비난하고 가난한 사람이 사는 곳으로 탁발나가는 마하-깟싸빠를 분별주의자라고 비난하고 빳따를 빼앗아 깨뜨리
기도 했다. 이 소설에서 그는 「중생이 아프므로 나도 아프다」는 선동 슬로건을 사용했다. 사람은 이 슬로건만 보
고 좋아하지만 대부분 핵심을 놓친다. 마치 세상은 넓고 할 일은 많다던 어느 재벌을 연상시킨다. 「당신 말이 다
맞는데 저는 돈도 없고 시간도 없다.」는 어느 노동자 고백처럼. 세상은 넓고 할 일은 많기 때문에 정의편에 서야
하고 옳은 일을 해야 한다.

23. 힌두교 신을 불교 신으로 각색한 대승부나 밀교부는 자력이 아닌 타력신앙이다. 이것은 붇다 가르침을 미신화하고 지혜를 멀게 하는 요인이다.

24. BCE 1~CE 1세기 전후해 인도에서 보살과 중생, 기도와 구제에 기초한 대승부등장은 이런 역사배경을 이해해야 제대로 드러난다.

25. 자기가 믿는 신에게 아부해 노력한 것보다 더 많은 것을 획득할 수 있고 그것이 신의 성의라면 그것은 매우 부낭하고 불병등하기 때문에 상식이 지배하고 정의가 살아있는 곳에서는 이런 불합리한 가치체계를 사회공동체로부터 격리해야 한다*.

26. 욕망이나 분노로부터 벗어나 마음을 맑고 평화롭게 가꾸고 만족지수를 높여 자유롭고 행복하게 살자고 출발한 불교가 기도로 욕망지수를 높이도록 교육하고 강요한다면 정의로운 사회공동체에서 퇴출해야 한다.

24. 과학과 미신

1. 과학은 객관적으로 증명된 사실을 믿고 종교는 그럴 것이라는 주장과 믿음을 믿는다. 과학은 권위보다 증명을 강조하고 종교는 실천으로 증명하

기도와 뇌물

자기문제를 잘 봐달라고 힘가진 존재에게 뇌물주고 그 사람이 그렇게 처리했다면 그것은 매우 불공평한 일이다. 한 걸음 더 나아가 힘가진 사람 사진을 걸고 그 앞에 과일을 차려놓고 그 사람 이름을 반복해 부른다고 일을 잘되게 해준다면 그런 사람은 사회정의를 위해 사회공동체에서 격리하고 추방해야 한다. 만약 그런 사람 자리에 붇다나 신을 대치시키면 어떨까? 그것은 종교라는 이름으로 허용될 수 있는가. 만일 그런 행동을 기도란 이름으로 옹호하는 붇다가 있다면 그런 붇다는 부당하고 부도덕하기 때문에 사회공동체에서 격리하거나 제거하는 것이 마땅하다.

기보다 권위에 의존한다.

2. 불교는 주장이나 미신을 믿는 종교가 아니다. 불교는 마음과학과 싸띠수행으로 자유로운 삶, 청정한 삶, 행복한 삶, 공존하는 삶을 지향하는 철학이자 도구다.

3. 종교가 신, 기도, 가피력, 은총, 사후세계, 윤회 등을 중시할 것 같지만 자세히 관찰하면 종교는 그들이 주장하는 것을 믿을 것인가 믿지 않을 것인가가 핵심이다.

4. 불교로 국한해도 관세음보살, 아미타불, 윤회가 있느냐 없느냐보다 더 본질적인 것은 그런 주장을 믿을 것인가 믿지 않을 것인가 하는 믿음, 신뢰, 선택이 핵심이다. 믿고 따르면 구속될 것이고 믿지 않으면 자유로울 것이다*.

5. 미래 언젠가는 증명될 수 있을지 몰라도 현재까지 참으로 증명되지 않은 가설이나 주장을 믿으면 그 추종자 숫자나 건물규모에 상관없이 미신이다.

6. 그런 의미에서 종교는 본질상 미신이다. 대승부나 밀교부도 그들이 주장하는 것을 증명하지 못하고 다른 사람에게 자기주장을 믿으라고 강요하면 미신이다.

7. 붇다가 창안한 불교, 마음과학, 싸띠수행은 실천으로 검증되지 않은

윤회로부터 해탈

업(業)은 가치관이 개입된 행위다. 행위는 순간에 이뤄지고 소멸하지만 행위영향력은 오랫동안 남아 관계된 존재에게 영향미친다. 행위와 행위영향력 그리고 윤회는 아무 관계없다. 붇다도 그렇게 주장했다. 그러나 붇다 입멸 후 200여 년 뒤부터 부파에서 업과 윤회를 억지로 결합해 해석하면서 업과 윤회설을 연계하고 윤회설이 불교에 들어왔다. 붇다는 기회있을 때마다 신과 윤회설을 부정했다. 붇다는 윤회논리 안에서 열심히 노력해 윤회를 극복한 것이 아니라 윤회라는 논리를 부정하고 믿지 않음으로써 윤회로부터 해방됐다.

것은 믿지 않는다.

8. 자연과학은 가설과 검증을 중시한다. 먼저 가설을 제시하고 실천으로 검증하면 법칙이 된다. 이런 태도는 자연과학뿐만 아니라 모든 분야에 공통으로 적용된다.

9. 그런데 유독 종교는 자기주장을 검증하는 것을 불경스럽게 여긴다. 종교는 권위에 의존해 그들이 주장하는 것을 믿으라고 강요한다. 그리고 주장을 실천으로 검증하는 것을 무시하거나 불손한 것으로 여긴다*.

10. 밝음, 맑음, 정돈, 참, 지혜 등을 추구하는 불교수행자조차도 검증을 불필요한 것으로 생각한다.

11. 사실에 기초해 있는 그대로 실재를 통찰하는 지혜를 중요하게 생각하는 불교가 참과 거짓을 가리는 검증을 무시하고 주장이나 믿음을 강요하는 것은 어리석은 일이다*.

앎 성장

인간지혜는 미신에서 종교로, 종교에서 과학, 혼돈에서 정돈으로, 어둠에서 밝음으로, 무지에서 명지로 발전했다. 인간은 개별 데이터를 가공해 지식으로 발전시켰고 지식을 가공해 지혜로 그 부가가치를 높였다.

객관적

객관적이란 동일한 조건에서 계측할 수 있는 것이다. 아무리 유명한 과학자라도 자기가 주장한 것을 증명하지 못하면 권위를 상실한다. 그러나 종교는 권위가 사실관계에 우선해 절대적이다.

불교일반

3

마음이 맑으면 삶은 행복하다

4장
삶의 실재

project

check point

여기서는 삶을 구성하는 본질을 통찰하고 개인과 공동체 이익과 행복을 위해 어떻게 사고하고 행동하는지를 배우고 익힌다.

1. 삶의 실재

1. 사람은 어떻게 사는 것이 행복하고 사람답게 사는 것인지에 대해 수없이 질문하고 고민한다.

2. 삶에 정해진 것은 아무것도 없다. 태어나서 죽는 순간까지 삶은 각 단계에서 직면한 문제를 해결하며 끊임없이 삶이 전개된다.

3. 존재실체나 생명현상 본질을 찾기위해 광활한 우주공간을 휘젓고 다니거나 마음속 깊은 곳을 헤매기도 한다. 그러나 그 어디에서도 존재에 대한 답은 찾을 수 없는 것이 현실이다.

4. 삶에서 특정한 의미를 찾는 것 자체가 허깨비장난이다. 삶에 처음부터 정해진 답은 없다. 존재는 단지 존재할 뿐이다. 답은 각자 마음속 관념으로 존재한다*.

존재와 답

존재가 답을 갖고 있기도 하고 존재를 인식하는 사람이 답을 갖고 있기도 하다. 물론 그 기준은 사람이 정한 것이기는 해도 대개 일반물질은 무게, 크기, 위치, 색깔 등으로 답을 갖고 있다. 그러나 일반물질을 어디에 어떤 용도로 사용할 것인지는 존재를 인식하고 사용할 사람이 결정하는 경우가 많다. 이때는 답이 정해져있지 않고 사람 수준이나 관념에 따라 다차원으로 답을 결정한다.

일반적으로 서구는 존재에 나타난 현상은 복합적이고 혼돈스럽지만 그 속에 결정된 답이 내재해있다고 본다. 그들은 현상을 분석, 사유, 논리로 체계화하고 존재에 내재한 법칙성을 찾기 위해 노력했다. 그렇게 해서 지식이 발전했다. 지식은 개별존재를 이해하는 능력이다.

동양은 존재는 인식수준에 따라 다차원으로 이해되기 때문에 답은 사람마음에 관념형태로 존재한다고 본다. 객관적으로 정해진 답이 없기 때문에 실제상황에서 답을 결정해야 한다고 본다. 따라서 전체맥락에서 판단하고 행동하는 지혜가 발전했다. 지혜는 전체맥락을 읽는 능력이다.

대개 동양은 다른 존재와의 관계를 중시하고 서양은 개인능력을 중시한다.

1) 삶의 본질

5. 모든 존재는 자연에서 자연법칙에 지배받는다. 인간도 자연일부로 자연법칙으로부터 자유로울 수 없다. 인간에게만 예외로 적용되는 자연법칙은 없다.

6. 모든 존재는 서로 내적, 외적으로 밀접히 연관맺고 있다. 서로 관계맺고, 서로 의존하고, 서로 영향미치고, 서로 해체하고, 서로 재구성되는 과정을 거치면서 변화발전한다.

7. 모든 존재는 자연에서 삶에 필요한 자양분을 획득하며 산다. 자연은 어떤 존재도 다른 존재를 배타적으로 소유할 권리가 없다. 필요한 만큼 사용하고 나머지는 그대로 두는 것이 자연법칙이다.

8. 생명가진 존재에 있어 가장 중요한 일은 현재 삶을 지속하는 것이다. 그 이외 것은 부차적이다.

9. 삶의 문제를 직접 다루는 정치나 경제는 말할 것도 없고 시, 소설, 종교, 철학 등에서 삶을 미사여구로 고상하게 포장하지만 그 속을 한 겹만 벗겨보면 생존문제가 중심고리로 자리잡고 있다.

10. 사람은 자기의지와 상관없이 태어났다. 태어난 이상 어떤 선택보다 먼저 생존문제가 삶의 핵심이다.

11. 생존문제를 해결하는 과정은 선택이 아니라 필수다. 생존문제를 해결하는 과정에서 자기에게 이익되는 방향으로 움직이는데 이것은 선악이나 미추 문제가 아니라 생명현상 본질이다*.

12. 사람은 삶에 필요한 물질을 자기가 가진 도구를 사용해 자연에서 획득한다. 존재를 이해하는 관점이나 교육수준에 따라 생산도구를 선택하고 행동양식을 결정한다.

13. 인류역사는 삶에 필요한 물질을 스스로 획득하는 데서 시작해 점차 분업형태로 발전했다. 현대사회는 고도로 분업화하고 전문화되고 서로 연대하고 협조하고 공존한다.

14. 삶에 필요한 물질획득이 모든 존재에게 공정하고 평등하고 평화롭게 열려있는 사회에 사는 사람은 그렇지 못한 사람보다 더 행복하게 살 수 있다.

2) 행복한 삶

15. 삶은 생존과 질로 구성돼 있다. 생존문제 중심고리는 물질이다. 생존문제를 해결하면 지금보다 높은 삶의 질을 추구한다. 생존문제는 필수지만 삶의 질은 선택이다. 삶의 질의 중심고리는 행복이다.

16. 가난할 때는 물질만 제공되면 대부분 문제가 해결되지만 조금 여유로워질 때 부딪히는 문제는 훨씬 더 복잡하다. 그것은 행복이 문제핵심이기 때문이다*.

아름다움과 추함

모피코트 입은 모습이 아름답다고 할 수 있지만 동물가죽 뒤집어쓰고 있다고 보면 다른 느낌이 들 수도 있다. 하얀 피부가 멋있다고 볼 수 있지만 오뉴월 땡볕에 검게 그을린 모습이 아름답다고 볼 수도 있다. 아름다움과 추함은 지극히 주관적이다. 마찬가지로 행복과 불행도 지극히 주관적이다.

행복은 복잡하다

아픔은 전선이 하나다. 어떤 고통이라도 그것만 제거하면 해결된다. 즐거움은 전선이 다양하고 복잡하다. 그것은 즐거움에 대한 기준과 취향이 각자 다르기 때문이다. 아픔을 치료하는 데는 이론이 없지만 놀러가자고 하면 말이 많다. 물질이 부족할 때는 전선이 하나다. 물질만 제공되면 된다. 물질이 해결되고 관점이 행복으로 바뀌면 복잡하고 미묘해진다. 그것은 행복기준이 각자 다르기 때문이다.

표3 생존과 행복

삶의 2가지 요소		조건적	느낌적
	생존	감각외부, 객관적/물질적 계측/계량/비교가 쉬움 통제 가능	
	질		감각내부, 주관적/정신적 계측/계량/비교가 까다로움 통제 어려움

행복의 2가지 요소

17. 행복과 불행은 지극히 주관적이다. 행복은 각자 취향과 가치관이 다르기 때문에 기준을 정할 수 없다. 행복은 접촉 다음에 일어난 느낌이 좋으면 좋고 나쁘면 나쁘다.

18. 행복은 좋은 느낌이다. 행복한 느낌이 일어나는 공간이 마음이기 때문에 마음상태는 접촉 다음에 일어나는 느낌이 행복과 불행을 결정하는 데 직접 영향미친다.

19. 느낌은 두 가지 요소가 결합해 일어난다. 하나는 조건과 형식이다. 이것은 인식외부에 존재하고 객관적이고 물질적이고 계량할 수 있고 비교할 수 있다. 다른 하나는 조건과 형식을 받아들이는 수용체인 마음이다. 이것은 인식내부에 존재하고 주관적이고 접촉을 받아들이는 수용체고 계량하기 까다롭고 비교하기 애매하다.

20. 동일자극도 느낌이 다르게 일어나는 것은 느낌을 일으키는 데 관여하는 기제가 외부에서 가해지는 자극뿐만 아니라 수용체인 마음상태가 느낌을 일으키는 데 직접 관여하기 때문이다.

21. 외부에서 가해지는 조건이나 자극은 어느 정도 통제할 수 있지만

수용체인 마음은 조절하기 쉽지 않다. 보다 좋은 느낌을 가지기 위해서는 외부에서 가해지는 자극이 좋아야 함은 기본이다. 거기에 더해 수용체인 마음이 건강하고 안정돼야 한다. 마음을 건강하고 안정되게 하는 과정이 수행이다.

22. 어떤 특정상태를 좋은 것으로 규정하고 그곳으로 가려는 것이 좋을 수도 있지만 현실적으로 더 많은 문제를 야기할 수 있다. 분亡하는 삶의 질을 낮추는 부정요소를 제거해 삶의 질을 높여 자유와 행복으로 갈 수 있나고 보았다*.

23. 그래서 욕망이 일어나는 대로 즐거움을 제공해 자유와 행복으로 가지 않고 욕망지수를 낮추고 만족지수를 높여 자유와 행복으로 가려고 노력했다.

2. 경험과 신념

1. 경험한 대로 신념을 형성하고 자기가 가진 신념에 따라 존재를 경험한다*.

관점변화

이전에는 삶의 질을 높이기 위해 노력했지만 오늘날은 삶의 질을 떨어뜨리는 요소를 제거하는 데 초점맞추고 이론을 개발하고 실행 프로그램을 짠다. 사회가 단순할 때는 몇몇 엘리트가 주도하는 정치가 유효할 수 있지만 성숙한 사회는 다양성이 인정되는 민주주의가 유효하다. 규모가 작을 때는 조그만 일에도 전체가 영향받지만 규모가 커지면 한 쪽은 비가 내려도 다른 쪽은 해가 뜨고 바람도 분다. 전체흐름을 볼 수 있는 안목이 필요하다.

종교학

종교(religion, 宗教)는 서구 크리스트교 중심개념이다. 예로부터 동양은 종교란 용어가 없었다. 불가(佛家), 유가

2. 경험과 신념, 존재와 사유, 현상과 실재, 내용과 형식은 서로 관계맺고, 서로 의존하고, 서로 영향미치고, 서로 해체하고, 서로 재구성하면서 변화 발전한다*.

3. 존재는 시간과 공간으로 다른 존재와 중중첩첩 관계맺고 있기 때문에 인식수준에 따라 다차원으로 해석한다*.

4. 일반물질은 존재가 답을 가지고 있고 존재를 어떻게 사용할지에 관한 답은 인식하는 사람 마음속에 관념으로 존재한다*.

5. 존재는 외적, 내적 연관을 고려하고 시공범위를 한정짓고 이해해야 구체적으로 판단하고 행동할 수 있다*.

(儒家), 도가(道家), 묵가(墨家) 등의 이름으로 부르고 각자 정체성을 분명히 인정했다. 서구는 야훼 신을 믿는 크리스트교를 중심으로 종교범주가 정해졌다.

유럽에서 종교학이 처음 만들어진 것은 1890년대다. 크리스트교가 유럽대륙을 넘어 다른 대륙으로 전파되면서 그곳에도 신을 믿는 사람이 존재하는 것을 보고 크리스트교 우수성을 주장하기 위해 종교학을 만들었다. 그러나 세월이 흐르면서 종교학은 크리스트교 단점을 드러내는 데 기여한다. 그리고 종교에 대한 새로운 정의가 계속 등장했다. 오늘날 종교학은 「마음을 변화시키는 것은 모두 종교다.」 라고 할 정도로 심리학, 상담학, 교육학, 마음과학, 싸띠수행과 차이를 구별하지 못할 만큼 변했다. 무엇보다 주목되는 것은 크리스트교 제일주의에서 탈피해 종교다원주의를 인정하는 방향으로 진화한다는 점이다.

종교이중성

특정종교가 다른 지역으로 확산될 때 두 가지 행동유형을 보인다. 하나는 자기종교만 진리고 다른 것은 제거대상으로 규정하고 행동한다. 그러면 분쟁이 일어난다. 다른 하나는 자기종교가 그곳 사람이 믿는 종교와 다르지 않다고 주장한다. 전자의 대표적인 것이 이슬람과 크리스트교고 후자의 대표적인 것이 힌두교와 무속이다.

종교가 다른 지역으로 이동할 때 이미 그곳에 존재하는 다른 종교와 연대하기도 하고 홀로 활동하기도 한다. 자기가 힘이 약할 때는 종교라는 범주로 함께 활동한다. 그래야 탄압을 피할 수 있고 차별을 극복할 수 있다. 그러다 어느 정도 힘이 강해지면 자기정체성을 주장하고 자기종교와 다른 종교는 이단으로 차별한다.

종교는 아편이다

칼 하인리히 마르크스(Karl Heinrich Marx, 1818~1883)는 종교를 아편이라고 했다. 맞는 말이다. 종교는 체념을 강조한다. 아편은 진통을 일시적으로 진정시키는 역할을 한다. 그러나 진통제가 치료제는 아니듯 종교는 불평등과 폭력을 일으킨 법이나 제도는 무시한 채 신에게 행복을 구걸하는 것이 마치 아플 때마다 병을 치료하지 않고 진통제만 찾는 것과 비슷하다. 그런 의미에서 종교는 아편이고 진통제지 치료제는 아니다. 치료하기 전에 고통을 완화하기 위해 일시적으로 진통제가 필요하지만 진통제를 치료제로 착각하는 것이 문제다.

6. 철학, 사상, 사유 등은 형체가 없다. 그것은 특정한 그릇이나 형식에 담길 때 비로소 인식될 수 있고 구체적인 힘을 갖는다*.

7. 사람이 어떤 생각을 하는지 다른 사람은 알 수 없다. 다른 사람이 가진 사유방식이나 마음상태는 그 사람이 속한 조직이나 행동유형을 통해 유추한다*.

종교는 미신이다

종교는 진리를 믿는다고 하지만 실상은 진리일 거라는 믿음을 믿는다. 관세음보살이나 야훼 신을 믿는다고 하지만 그런 존재가 실제로 증명된 적은 없다. 단지 신이나 보살이 있으며 그런 존재에게 기도하고 매달리면 원하는 것을 들어준다는 주장을 믿는다. 그런 의미에서 종교는 미신이다.

종교는 어둠을 좋아한다

신을 믿는 종교가 희망을 제공하는 것 같지만 끊임없이 어둠을 제공하는 것을 볼 수 있다. 그런 의미에서 종교는 어둠을 먹고 자란다.

대개 기쁘고 즐거운 일에는 종교를 찾지 않는다. 그러나 슬프고 괴로운 일에는 반드시 종교를 찾는다. 그리고 존재하지도 않는 신, 윤회, 극락, 천상 등을 말하고 어둠을 판다. 말하는 것은 분명히 희망이고 밝음인 것 같은데 자세히 들어보면 절망이고 어둠이다. 신이나 불보살의 자비심을 말하는 것 같지만 거기에는 반드시 옵션이 붙는다. 처음에는 많은 것을 베푸는 것 같은데 돌아보면 웃음 뒤에 협박과 곁들여 많은 것을 요구한다. 세상에 공짜는 없다.

본 사람이 없다

흔히 경험이 먼저라거나 관념이 먼저라고 주장한다. 그러나 이 둘은 어느 것이 먼저라고 규정할 수 없다. 그것은 영원히 증명할 수 없는 확신에 기초한 주장일 뿐이다. 분명한 것은 맨 처음 뭔가 존재했겠지만 그게 뭔지 현 단계는 단지 추측할 뿐 정확히 모른다는 사실이다. 태초나 종말에 관한 질문은 현 단계는 잘 모른다는 것이 올바른 대답이다. 과학자, 종교인, 철학자 등이 우주 시초와 종말에 관해 다양한 의견을 주장하지만 현 단계는 어디까지나 확신에 기초한 가설일 뿐이다. 존재를 어느 차원에서 이해하고 행동하는가? 우주차원, 문명차원, 이념차원, 정권차원, 개인차원, 결국 인식하는 사람 차원문제다.

믿는 대로 행동한다

신이 우주만물을 만들었다고 이해하는 사람은 신에게 의지하는 기도를 통해 당면한 문제를 해결하려고 한다. 우주는 자연법칙에 따라 변화발전한다고 생각하는 사람은 존재에 내재한 법칙을 규명해 삶을 풍요롭게 하려고 한다. 마음이 존재를 선도한다고 믿는 사람은 마음상태 변화를 중시하고 존재가 마음을 선도한다고 생각하는 사람은 물질 존재양식을 중시한다. 노동자가 된 후에 진정한 노동자마음을 가질 수도 있고 노동자가 되려고 생각한 후 노동자가 되기도 한다. 궁극적으로 어느 것이 먼저라고 규정할 수 없다. 범위를 한정지으면 어떤 요소가 선행하는지 분명히 드러난다.

8. 사람은 삶의 과정에서 체험한 경험에 따라 특정한 사유구조를 형성한다. 그렇게 형성된 틀이나 관념으로 세상을 이해하고 행동한다.

9. 경험, 사유, 행동은 서로 분리되지 않고 서로 의존해있다. 세계를 이해하고 경험한 내용에 따라 삶이 달라진다. 결국 세상을 바라보는 세계관이나 가치관 문제다.

3. 다양한 삶의 모습

1. 삶은 다양한 모습을 하고있다. 어떤 삶의 양식이 옳거나 그르다고 규정할 수 없다. 삶은 삶일 뿐이다. 그런데도 불구하고 삶에 많은 의미를 부여하고 그것에 구속돼 허우적거리는 것이 삶의 실재다.

2. 어떤 삶이든지 나름대로 의미있다. 특정한 가치기준으로 다른 것을 평가하는 것은 독선과 오만이고 다른 존재에 대한 폭력이다*.

3. 삶의 방식은 다양할 뿐더러 지극히 상대적이다. 구체상황에서 서로 규정하고 재규정된다. 나와 다른 삶의 모습을 이해하고 부족한 것을 서로 도우며 함께 공존하는 것이 현명하고 열린 삶의 자세다*.

중생과 붇다

중생의 삶과 붇다의 삶에 구분은 없다. 그것은 삶의 방식의 차이일 뿐이다. 욕망에 의존해 자유와 행복으로 가려는 사람을 중생이라 하고 욕망으로부터 벗어나 자유와 행복으로 가려는 사람을 붇다라고 한다. 콜라를 마시거나 사이다를 먹거나 그것은 취향이듯 어떤 삶을 살든 다른 존재에게 피해주지 않는다면 비난받거나 저평가받아야 할 이유가 없다. 불교도가 붇다와 같은 삶의 방식을 선택한 것은 선악문제가 아니라 삶의 방식의 차이일 뿐이다.

4. 삶의 각 단계에서 해결할 일

1. 삶은 많은 단계를 거치며 진행된다. 삶의 각 단계마다 우선적으로 해결할 일이 있고 다음 단계를 위해 준비할 것도 있다*.

2. 어떤 일을 하든 처음 시작할 때는 그것과 관련된 데이터를 수집하고 가공해 마음공간을 채우는 것이 현명하다. 그 일에 어느 정도 익숙해지면 마음공간을 채우고 있는 데이터를 응축하고 성찰하고 비워야 한다. 그래야 보다 효과적이고 성숙하게 일을 처리할 수 있다.

3. 데이터 가공수준에 따라 생존문제가 다차원으로 전개된다. 전공이나 지식과 관련된 데이터는 적극적으로 가공해 부가가치를 높여야 한다. 대개 데이터를 가공해 부가가치를 높일 때는 분석, 사유, 논리 등을 사용한다. 그것을 통해 지식이 성장한다.

4. 분석, 사유, 논리가 치밀하고 체계적이면 삶에 필요한 물질을 보다 효과적으로 획득할 수 있고 사회적으로 출세할 수도 있다. 그러나 지식은 가공과정에서 필연적으로 거품이 낀다.

필요한 것

몸이 아프면 병원에서 전문가와 상의하고 마음이 불편하면 수행도량에서 수행으로 극복할 수 있다. 지식이 부족하면 스승을 찾아가고 지혜가 필요할 때는 선방으로 간다. 물질이 필요하면 노동으로 획득하고 마음에너지가 필요하면 수행으로 보충한다. 매 순간 자기에게 무엇이 필요한지 분명히 아는 것이 지혜다.

어린이와 어른

어린아이에게 수행으로 마음을 쉬거나 비우라고 하면 고개를 갸우뚱거리지만 뭔가 배우면서 마음을 채우라고 하면 좋아한다. 어른에게 수행으로 마음을 쉬거나 비우라고 하면 공감하지만 마음을 채우라고 하면 살기도 바쁜데 쓸데없는 짓 한다고 불평한다. 나이와 지위에 따라 필요한 것이 다를 수 있기 때문에 상황에 따라 구분하고 판단하는 안목이 필요하다. 그것이 지혜.

5. 데이터를 가공해 부가가치를 높인 것이 지식이다. 지식에 낀 거품을 제거하고 데이터 순도를 높인 것이 지혜다. 지혜는 지식을 가공해 부가가치를 더욱 높인 것이다.

6. 지식은 물건만드는 도구고 지혜는 만들어진 물건을 사용하는 도구다. 지식은 데이터에 거품이 끼면서 성장하고 지혜는 데이터에 낀 거품을 제거하면서 성숙한다. 학교는 지식획득 방법을 가르치고 수행도량은 지혜성숙 기술을 가르친다.

7. 물리학자는 물질에 내재한 법칙을 규명하고 수행자는 마음에 내재한 법칙을 밝힌다. 환경운동가는 자연을 보호하고 수행자는 마음건강을 챙긴다.

8. 물질과 같은 데이터는 가공하고 양을 늘리는 것이 효과있다. 물질은 가공할수록 유용하게 사용할 수 있다.

9. 욕망, 이기심, 분노, 적의, 원망, 서운함, 편견, 선입관, 가치관 등 탐진치 3독심과 같은 마음오염원은 가공하지 않는 것이 현명하다. 마음오염원은 가공할수록 마음공간을 오염시키고 마음건강을 해친다.

10. 탐진치 3독심과 같은 마음오염원은 알아차림 기능인 싸띠로 제거해 마음을 맑고 건강하게 가꿀 수 있다. 마음을 채워야 할 때는 적극적으로 채워야 하고 비워야 할 때는 쌈박하게 비우는 것이 마음건강에 좋다*.

여기 그리고 지금

금강경 18장 마지막에 「이미 지나간 과거에 얽매이지 말고, 아직 오지 않은 미래에 구속되지 말고, 현재에도 매몰되지 말라(過去心不可得 現在心不可得 未來心不可得).」는 구절이 있다. 이 말은 「지금 이 순간 직면한 존재를 있는 그대로 알아차림하고 깨어있으라.」는 말이다. 경전을 읽다보면 가끔 핵심적인 말을 생략한 것을 볼 수 있다. 그것은 기본이기 때문에 굳이 강조하지 않는다. 생략한 것을 볼 수 있는 안목이 경안이다. 원래 이 구절은 중아함경 공품(中阿含經 空品)에 나오는데 금강경을 창작할 때 이 구절을 인용했다. 그때 알아차림하라는 구절을 생략했다. 결국 here and now 다.

11. 마음거울[manas, 意]에 맺힌 상[viññāṇa, 識]을 따라가면 데이터를 가공하고 마음채우는 것이고 알아차림하고 벗어나면 마음비우는 것이다.

12. 물질과 관련된 것은 마음채우는 것이 현명하고 생존지수를 높일 수 있다. 마음노폐물과 같은 것은 마음비우는 것이 행복지수를 높일 수 있다.

13. 현재삶에 매몰되지 말고 미래를 위해 준비해야 할 것은 차근차근 준비하는 것이 필요하다. 삶의 각 단계를 무시하고 살면 오직 한 번뿐인 삶을 부의미하게 끝낼 수도 있다.

14. 이미 지난 과거에 얽매이거나 오지 않은 미래에 매달리지 말고 현재에 매몰되지 않고 여기 그리고 지금 이 순간 마음거울에 반영된 상을 알아차림하고 깨어있으면 자유롭고 행복하게 살 수 있다 .

5. 사회공동체

1. 모든 존재는 집단을 이루고 생활한다. 사람도 마찬가지다. 인류역사가 시작된 이래 개인과 집단 이익을 극대화할 수 있는 다양한 유형의 사회공동체가 역사산물로 만들어지고 발전해왔다.

2. 사람은 태어난 순간부터 소속된 자연, 역사, 사회로부터 영향받으며 성장하고 부모 지위, 재산, 지식 정도에 따라 삶의 출발점이 각기 다르게 정해진다. 그것이 근원적 불평등 출발점이다.

3. 사람은 자기가 태어난 사회가 형성한 지식과 지혜를 습득한다. 그것은 사람의 삶과 사유체계 토대를 형성한다.

4. 이전세대가 형성한 삶의 양식에 적응하지 못하면 해당사회에서 도태되거나 그 사회를 변혁하려고 한다.

5. 개인삶은 다른 사람뿐만 아니라 사회공동체나 자연계 다른 존재와도 관계맺는다. 관계된 모든 존재가 함께 공존하기 위해서는 자기삶뿐만 아니라 다른 존재를 배려하는 자세가 중요하다. 이것을 붇다하는 자비라고 했다*.

6. 우주에 존재하는 에너지를 내 쪽으로 결집하는 것은 자기능력이지만 모아진 에너지를 나와 내 가족만을 위해 사용하는 것은 이기적이고 옹졸하다.

7. 모든 존재는 연관돼있기 때문에 내가 소유한 것에도 다른 존재 땀과 노력이 포함돼있다. 지금 내가 소유한 것이라도 내가 필요한 만큼 사용하고 다른 존재가 필요할 때 사용할 수 있도록 배려하는 것이 현명하다. 이것이 모든 존재가 평화롭게 공존하는 지혜다.

8. 사람은 특성과 능력이 각기 다르다. 어떤 사람은 주어진 환경에 능동적으로 적응하지만 그렇지 못한 사람도 있다. 그렇기 때문에 나의 능력을 나와 인연맺은 존재뿐만 아니라 필요한 존재를 위해 배려하고 베푸는 것이 공존토대다.

9. 자연을 가공하고 그 산물을 소유하는 과정에서 생산과 분배 정의가 실현되도록 해야 한다. 삶에 필요한 물질을 획득하는 가능성이 모든 구성원에게 평등하게 열려있는 사회가 살기좋은 곳이다.

에티켓과 자비

접촉 다음에 처음 일어난 마음작용이 상대를 배려하면 자비고 조금 생각한 후 상대를 배려하면 에티켓이다. 지하철에서 노약자를 만난 순간 자리를 양보하는 마음이 일어나는 것은 자비심이지만 속마음은 양보하기는 싫은데 이 상황에서 양보하지 않으면 창피할 것이라고 판단해 양보하면 에티켓이다. 불특정다수가 어울려 사는 현대사회는 자비심보다는 에티켓이 발달했다. 에티켓이 발달하면 얼굴은 웃지만 마음은 멍들기도 한다. 자비가 발달한 사회는 스트레스 지수가 낮고 행복지수는 올라간다. 무엇을 하든 자기가 하고싶어하고 즐겁게 하는 것이 잘 사는 비결이다.

6. 전문과 연대

1. 사회공동체를 평등하고 평화롭게 유지하는 것은 개인이나 몇몇 공동체만으로는 불가능하다. 그것은 사회구성원 모두 공동의무다.

2. 개인삶은 1차로 자기가 해결해야 한다. 개인삶과 공동체운명은 하나로 연결되기 때문에 사회 각 부분은 각자 전문성에 기초해 연대하고 함께 공동문제를 해결해야 한다.

3. 불교수행자 모임인 쌍가하도 사회구성 일부기 때문에 쌍가하가 추구하는 기본활동인 수행뿐만 아니라 사회구성원으로서 해야 하는 기본활동인 사회정의를 이룩하고 모든 존재가 다 함께 행복하게 살 수 있도록 다른 공동체와 연대해 실천하는 일도 소홀히 하면 안 된다.

7. 다양한 삶의 영역

1. 생존에 필요한 물질을 획득하는 전 과정을 삶의 일반영역이라고 한다.

2. 그 가운데 사람마음만 분리해 다루는 분야는 삶의 일반영역 가운데 마음 특수영역이다.

3. 마음 특수영역 중에서 붇다를 스승으로 삼고 붇다가 만든 마음관리 이론과 기술에 따라 마음관리하는 것이 불교수행 특수영역이다.

4. 불교수행 특수영역 가운데 붇다가 창안한 마음과학과 싸띠수행에 기초해 수행하는 것이 싸띠수행 특수영역이다.

5. 불교수행 특수영역 가운데 붇다 가르침을 현재 자기가 사는 현장에

적용하는 것이 오리지널 불교(根本佛敎) 특수영역이다.

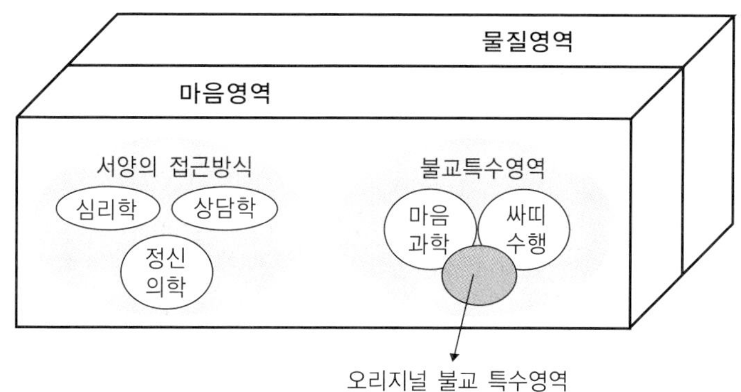

표4 삶의 제 영역

1) 삶의 일반영역

6. 삶에 필요한 물질을 획득하는 과정은 단순하면서도 복잡하게 얽혀있지만 크게 범주나누면 삶에 필요한 물질을 다루는 물질영역과 마음을 다루는 마음영역으로 구분할 수 있다.

7. 이 두 영역을 총체적으로 삶의 일반영역이라고 한다. 사람은 대개 이두 영역 가운데 어느 한 분야에 종사하고 삶에 필요한 물질을 획득해 삶을 꾸린다.

8. 고대사회는 이 두 분야가 분리되지 않고 함께 공존했지만 사회가 발전하면서 점차 개별영역으로 분화해 삶에 필요한 물질을 획득한다. 현대사회는 삶에 필요한 물질을 획득하는 방식과 도구가 다양하게 발전했다.

9. 세월이 흐르면서 많은 직업이 생겨났다 사라지고 새로운 직업이 나타

난다. 어떤 직업은 부모로부터 물려받기도 하고 어떤 직업은 스스로 선택하기도 한다. 역사, 사회, 자연 환경에 따라 어떤 직업은 존경받기도 하고 어떤 것은 비난받기도 한다. 자기가 가진 직업에 만족하는 사람도 있고 그렇지 못한 사람도 있다.

10. 붇다하는 자기가 하고 싶은 일을 하면서 삶에 필요한 물질을 획득하는 사회를 맑고 아름다운 세상(極樂淨土)이라고 했다. 이런 세계가 붇다하가 꿈꾼 이상세계였다.

2) 마음 특수영역

11. 삶에 필요한 물질을 획득하는 일반과정에서 사람마음에 관한 제반 문제를 다루는 과정을 특화해 마음 특수영역이라고 한다.

12. 마음다루는 영역이 서구는 심리학, 정신의학, 상담학 등으로 발전했고 동양은 마음과학, 싸띠수행 등으로 발전했다.

3) 불교수행 특수영역

13. 마음다루는 분야는 인류역사만큼 다양하고 다차원으로 발전했다. 그 가운데 붇다하가 직접 창안한 마음관리 이론과 기술에 따라 마음관리하는 것을 불교수행 특수영역이라고 한다.

14. 어둠에서 밝음으로, 혼돈에서 정돈으로, 무지에서 정지로, 중생에서 붇다하로, 무기력하고 산란한 마음에서 활기차고 평화로운 마음으로 변화시키는 과정이 불교수행이다*.

15. BCE 531년 음력 4월 15일 인도 붇다하가야 보리수 아래 금강보좌

(Vajiraratana āsana, 金剛寶座) 위에서 붇다하가 불교를 창안한 이래 인도뿐만 아니라 중국이나 한국 등에서 많은 유형의 변형된 불교수행이 만들어졌다.

16. 붇다하는 자기가 만든 마음관리법을 싸띠수행이라고 불렀다. 이것이 인도에서는 위빳싸나-, 만뜨라 싸띠수행, 딴뜨라 싸띠수행 등으로 변형됐고, 중국에서는 조사 싸띠수행, 여래 싸띠수행, 염불 싸띠수행, 화두 싸띠수행, 묵조 싸띠수행 등으로 다양하게 변형됐다.

17. 불교가 다루는 목표는 자유와 행복이다. 삶은 다양한 요소로 구성돼 있고 그 범위도 넓기 때문에 특정한 한두 단체가 모든 것을 다 할 수 없다.

18. 불교는 자유와 행복, 마음과 수행에 관한 분야를 중심영역으로 삼는다. 불교가 마음다루고 마음건강을 강조하는 것은 행복과 불행을 느끼는 공간이 마음이기 때문이다.

19. 마음이 맑고 건강하면 외부에서 들어오는 자극에 대한 대응력을 갖출 수 있고 느낌을 좋은 쪽으로 만들 수 있다. 마음상태를 건강하게 가꾸는 것은 마음오염원을 제거하는 것으로 시작한다.

4) 싸띠수행 특수영역

20. 불교수행 특수영역 가운데 붇다하가 발견하고 체계화한 마음관리이

정크데이터

불량주식을 정크본드라고 한다. 정크푸드는 패스트푸드처럼 건강에 해로운 음식을 가리킨다. 정크데이터는 마음공간에 존재하고 마음건강에 해로운 영향미치는 데이터를 일컫는 새로운 용어다. 욕망, 이기심, 분노, 적의, 원망, 서운함, 편견, 선입관, 가치관 등이 모두 정크데이터다. 이것이 마음공간에 존재하고 마음공간을 오염하고 마음건강을 해친다. 좋은 음식을 먹으면 정크푸드 독성을 제거해 건강한 몸을 유지할 수 있듯 정크 데이터는 알아차림과 싸띠집중으로 제거해 맑고 평화로운 마음상태를 가질 수 있다.

론인 마음과학과 마음관리기술인 싸띠수행을 사용해 아라한뜨 막가파라를 성취해 기억이미지와 결합된 마음오염원을 제거해 자유롭고 행복한 삶을 사는 것을 싸띠수행 특수영역이라고 한다.

21. 싸띠수행 특수영역은 다음과 같은 원칙을 적용한다*.

(표5) **싸띠수행 특수영역**

① 붇다하가 설한 오리지널 경전과 율상에 기초할 것, 득히 초전빕륜경(Paṭhama dhamma cakka sutta, 初轉法輪經), 대반열반경(Mahāparinibbāna sutta, 大般涅槃經)을 중시할 것.

② 붇다하가 창안한 마음이해 도구인 마음과학과 직접 행해 아라한뜨 막가파라를 성취한 도구인 싸띠수행에 따라 수행할 것.

③ 싸띠(sati, 念), 쌈빠자-나(sampajāna, 自知), 싸마-디히(samādhi, 三昧, 止, 定), 빤나-(paññā, 般若, 慧) 등의 도구를 사용할 것.

④ 싸띠기준점(sati paṭṭhāna, 念處) 정하고 이름붙일 것.

⑤ 싸띠기준점은 몸[rūpa, 色·kāya, 身]에 두고 그것을 알아차림하다 방해현상이 나타나면 그것을 알아차림하고 즉시 기준점(출발점)으로 돌아올 것. 새로 나타난 방해현상이 알아차림을 방해하지 않으면 기준점을 계속 알아차림할 것.

⑥ 좌선, 행선, 생활선, 노동선 등을 중시할 것. 그 가운데 좌선이 기본임.

수행과 운동

근육을 강화하는 것이 운동이고 알아차림 기능인 싸띠강화는 수행이다. 하루 종일 선방에 앉아있다고 수행하는 것은 아니다. 망상과 놀면서 알아차림과 싸띠집중을 놓치면 그것은 수행이 아니라 앉기나 걷기 운동이다.

이런 원칙이 적용되면 형식에 관계없이 싸띠수행 특수영역이라고 한다.

5) 오리지널 불교 특수영역

22. 불교수행 특수영역 가운데 오리지널 불교 특수영역은 다음과 같다.

(표6) **오리지널 불교 특수영역**

> 신과 윤회를 부정하고 자연법칙을 중시할 것, 비과학적이고 비논리적인 것을 부정하고 과학적이고 논리적인 것을 강조할 것, 모든 종류 세습제를 부정하고 능력제를 인정할 것, 행위는 사회적으로 이뤄지고 행위영향력도 사회적으로 축적된다는 원칙을 따를 것, 연기, 인과, 3법인, 4성제, 8정도, 4무량심 등에 따라 사고하고 행동할 것, 붇다와 직계제자가 살았던 삶의 방식과 가치관을 현재 자기가 사는 현실에 적용해 사용할 것 등이다.

이것은 붇다 가르침 내용을 자기형식에 담는 것이다.

23. 2600여 년 전 인도에서 발생한 불교는 인도를 넘어 전 세계로 퍼졌다. 그 과정에서 붇다가 만든 오리지널 불교는 부파, 대승부(大乘部, 菩薩敎) 밀교부(秘密部, 喇嘛敎), 선불교(禪佛敎, 祖師敎) 등 다양한 유형으로 변형됐다.

24. 앞으로도 끊임없이 새로운 유형의 불교가 생겨날 것이다. 불교교단은 싸띠수행을 하기위해 자연발생적으로 결성된 단체다. 형식은 마음과 수행이고 내용은 자유로운 삶, 청정한 삶, 행복한 삶, 공존하는 삶이라는 원칙을 자기가 사는 현실에 담을 수 있으면 오리지널 불교라고 정의한다.

5장

붇ㄷ하 가르침

project

1. 아름다운 사회
2. 행복한 삶
3. 자유로운 삶
4. 마음건강
5. 삶의 거품빼기
6. 좋은 관계맺기
7. 신경클리닉
8. 홀로서기
9. 지혜로운 삶
10. 공존하는 삶
11. 마음과학(Cittology, *心學*)

check point

여기서는 붇ㄷ하 가르침 핵심내용을 올바르고 정확하게 배우고 익힌다.

1. 아름다운 사회

1. 붇다하는 모든 존재가 함께 어울려 사는 세계가 아름다운 사회(雜華, 華嚴)라고 보았다.

2. 개인과 사회는 내적 · 외적으로 밀접히 관계맺고 있다. 사회가 평등하고 청정할 때 살기좋고 개인이 자유롭고 행복할 때 그들이 모여사는 사회 또한 아름답다.

3. 삶에 필요한 물질을 획득하고 다른 존재와 어울려 사는 공간인 사회가 평등하고 평화롭고 함께 공존할 수 있으면 좋다. 그러나 현실은 그렇지 못하다.

4. 다양한 불평등이 존재하고 다차원의 폭력이 난무하고 여러 가지 구분과 차별이 존재한다. 이런 외적인 불평등, 폭력, 편견 등은 신이나 윤회에 의해 만들어진 것이 아니다. 그것은 이 세계에 사는 사람이 사유한 대로 만들어졌다*.

5. 자기 욕망과 이기심을 충족하기 위해 법과 제도를 만들고 자기와 생각을 달리하는 존재를 구분하고 차별하고 다차원의 강압수단을 사용한다.

6. 법이나 제도를 만든 사람 마음에 욕망, 분노, 편견 지수가 높으면 법이나 제도를 불평등하고 폭력적이고 편견이 가득한 방향으로 만든다.

7. 법이나 제도를 만든 사람 마음에 욕망, 분노, 편견 지수가 낮으면 법

입장차이

많이 가진 사람은 평화로워야 행복할 수 있다고 말한다. 적게 가진 사람은 평등할 때 평화로워질 수 있다고 주장한다. 가진 사람은 화합을 주장하고 빼앗긴 사람은 평등을 주장한다.

이나 제도를 평등하고 평화롭고 공존하는 방향으로 만든다.

8. 기득권을 가진 사람이 스스로 자기가 누리는 기득권을 포기하고 내놓는 사람은 인류역사상 단 한 번도 없었다. 그렇기 때문에 잘못된 현실은 그것을 바로잡으려는 의지있는 사람이 할 수밖에 없다.

9. 잘못된 현실을 바로잡고 살기좋은 사회건설을 위한 단기적, 구체적, 직접적, 현실적 방법은 정치나 참어 활동을 통해 법이나 제도를 바꾸는 것이다.

10. 그러나 장기적, 본질적, 근원적 방법은 그런 법이나 제도를 만들고 누리는 마음을 정화하는 것이다. 그 도구가 마음맑히는 싸띠수행이다.

11. 싸띠수행으로 마음공간에 존재하는 욕망, 이기심, 분노, 적의, 원망, 서운함, 편견, 선입관, 가치관 등 마음오염원인 아-싸봐를 제거하는 것은 아름다운 사회, 자유로운 사회, 청정한 사회, 행복한 사회, 공존하는 사회를 건설하는 출발점이자 핵심이다.

12. 이런 의미에서 수행이나 교육은 장기적, 본질적, 근원적 문제해결을 위한 유효한 도구다.

2. 행복한 삶

1. 누구나 행복하게 살기 원하지만 모두가 행복하게 사는 것은 아니다. 모든 것이 다 그렇듯 행복 또한 필요한 것은 반드시 갖춰야 하고 구체적인 훈련이 필요하다.

2. 행복은 사과처럼 따먹을 수 있는 것이 아니다. 접촉 다음에 일어난 느낌에 따라 행복과 불행이 결정된다.

3. 행복은 형식과 내용, 조건과 느낌으로 구성된다. 행복형식은 물질적, 객관적, 조건적이고 계측할 수 있고 계량할 수 있고 다른 존재와 비교할 수 있다. 대부분 사람은 행복형식을 갖추기 위해 하루 8시간 이상 노력한다.

4. 행복내용은 정신적, 주관적, 느낌적이고 계측하기 어렵고 계량하기 까다롭고 다른 존재와 비교할 수 없다. 대부분 사람은 행복내용을 갖추기 위한 노력은 게을리한다.

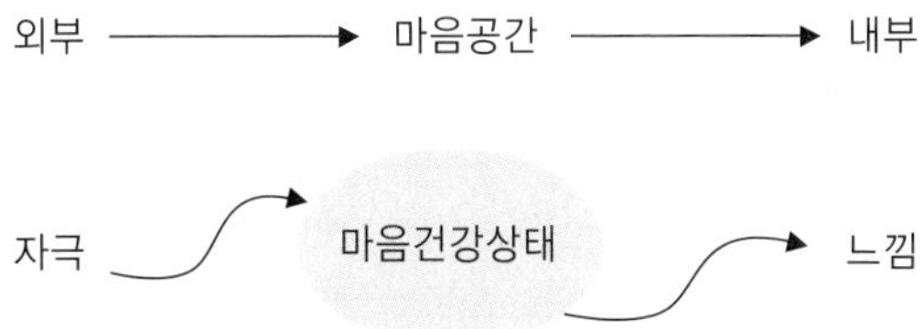

표7 자극과 느낌

5. 많은 사람이 행복을 찾아 헤매지만 대부분 행복 형식이나 조건을 갖추기 위해 노력한다. 그러나 자기가 노력한 결과물을 수용하고 느낌이 일어나는 마음공간을 가꾸기 위한 노력은 소홀히 한다.

6. 느낌은 마음에서 일어난다. 마음이 건강하면 접촉 다음에 느낌이 좋게 일어나지만 마음이 지치고 피곤하면 느낌은 좋지 않게 일어난다. 그렇기 때문에 마음을 맑고 건강하게 가꾸는 것은 행복으로 가는 유일한 길이다.

7. 마음은 스스로 자정력과 자생력을 갖고있다. 마음을 건강하게 하기 위해 인공적인 활동을 하지 말고 마음을 피곤하게 하고 지치게 하는 마음 오염원만 제거하고 마음에 맡기면 나머지는 마음이 알아서 잘 한다.

8. 마음을 지치고 피곤하게 하는 첫 번째 마음오염원은 욕망과 이기심이다. 마음공간에 욕망지수가 높으면 마음은 지치고 피곤해진다.

9. 마음을 지치고 피곤하게 하는 두 번째 마음오염원은 분노와 적대감, 원망과 서운함이다. 마음공간에 분노지수가 높으면 마음은 지치고 피곤하다. 욕망은 마음만 지치게 하지만 분노는 마음뿐만 아니라 몸까지도 피곤하게 한다.

10. 욕망과 이기심, 분노와 적대감 등은 자극이 강해 스스로 통제하려고 노력한다. 그러나 편견과 선입관, 가치관 등은 자극이 부드러워 스스로 자각하지 못하는 사이 몸과 마음을 무기력하게 하는 근본요인이다.

11. 붇다하는 마음을 지치고 피곤하게 하는 마음오염원을 마음에 관한 독가스(三毒心)라고 했다.

12. 마음공간을 오염시키는 마음오염원 제거과정이 싸띠수행이다. 싸띠수행으로 마음오염원을 제거하고, 마음공간을 맑고 아름답게 정화하고, 활기차고 건강하게 가꾸고, 외부에서 가해지는 자극에 대응력을 높이면 느낌은 좋게 일어난다.

13. 행복 조건이나 형식도 중요하지만 그보다 더 본질적인 것은 그런 형식이나 조건을 접하는 순간 일어나는 느낌이다. 접촉 다음에 일어나는 느낌을 좋은 방향으로 바꾸는 것이 붇다하 가르침 핵심이고 불교 중심영역이고 싸띠수행 내용이다.

14. 행복은 형식이나 조건도 중요하지만 그것을 받아들여 특정한 느낌을 일으키는 마음상태도 중요하다. 행복형식을 갖추는 것 못지않게 마음상태를 맑고 건강하게 가꾸는 행복내용을 갖추기 위해 노력해야 한다.

15. 행복한 삶을 살기 위해서는 형식을 잘 갖추고 물질영역에서 감각접촉이 풍요롭고 쾌적하게 이뤄지도록 노력해야 한다. 동시에 내용도 쾌적하

게 하고 마음영역에서 감각접촉을 받아들여 일어나는 느낌을 맑고 아름답게 하려고 노력해야 한다*.

16. 대부분 사람은 행복 형식이나 조건을 갖추는데 많은 시간을 소비하지만 그것을 받아들이는 행복 내용이나 느낌을 갖추는데는 시간을 할애하지 않고 노력도 소홀히 한다.

17. 행복에 대한 정의가 지극히 주관적이듯 행복으로 가는 길 또한 무수이 많다.

18. 붇다하는 어떤 특정상태를 행복이라고 정의하고 그곳으로 달려갈 것이 아니라, 행복으로 가는 길을 가로막는 요소를 제거하는 것이 행복에는 더 현명한 것이라고 보았다.

3. 자유로운 삶

1. 사람은 살면서 다양한 존재와 접촉하고 다차원으로 구속당한다. 붇다하는 뭔가에 구속되는 삶보다 자유로운 삶이 행복지수를 높일 수 있다고 보았다.

행복 형식과 내용

행복 형식이나 조건은 학력, 재력, 몸무게, 아파트 평수, 사회지위 등과 같이 물질적, 객관적, 인식외부에 있고, 계측가능하고, 계량할 수 있고, 다른 존재와 비교할 수 있다. 행복형식을 붇다하는 세간길이라고 했다.

행복형식을 수용하는 내용측면, 느낌측면은 맑고 건강한 마음, 만족하는 마음 등과 같이 정신적, 주관적, 인식내부에 있고, 계측하기 까다롭고, 계량하기 쉽지 않고, 다른 존재와 비교하기 곤란하다. 행복내용을 붇다하는 출세간길이라고 했다.

오늘날 매스컴에서 하는 광고는 행복 형식이나 조건을 선전하는 데 주력한다. 아무리 좋은 집에 살아도 그곳에 사는 사람 마음이 편안하면 행복하고 무겁고 불편하면 지옥이다. 행복은 형식도 중요하지만 그보다 더 중요한 것은 내용이고 느낌이다.

2. 자유는 두 가지가 있다. 하나는 지나온 삶의 흔적으로부터 자유로워지는 것이고 다른 하나는 이미 알고있는 앎으로부터 자유로워지는 것이다. 전자를 삶의 해방[citta vimokkha, 心解脫] 후자를 앎의 해방[paññā vimokkha, 慧解脫]이라고 한다.

3. 물질구속으로부터 자유로워지는 것은 기본이다. 물질구속으로부터 자유로워지기 위해서는 많은 비용을 지불해야 한다. 그러나 물질흔적이 저장된 정신구속으로부터 자유로워지는 것은 조금만 노력하면 가능하다.

4. 어떤 경우든 삶의 흔적이나 기억이미지를 제거할 수 없다. 단지 기억이미지가 가진 질량(힘, 무게, 에너지)을 제거할 수 있을 뿐이다.

5. 싸띠수행은 기억무게를 제거해 구속으로부터 자유로워지는 것이지 삶의 흔적이나 기억이미지를 없애는 것은 아니다. 기억이미지는 인위적으로나 자연적으로나 지우기가 쉽지 않다. 그것은 삶이 끝나고 몸이 기능을 멈추면 자연히 소멸한다.

6. 붇다 가르침 핵심은 마음공간에 존재하는 지나온 삶의 흔적이나 기억이미지가 가진 무게를 싸띠수행으로 제거하고 마음공간을 정화해 모든 구속으로부터 자유로워지는 것이다.

7. 행위는 순간에 이뤄지고 소멸한다. 그러나 행위영향력은 오랫동안 지속되면서 삶을 얽어맨다. 사람은 행위에 구속된다고 생각한다. 그러나 행위에 구속되는 것이 아니라 행위영향력에 구속된다.

8. 행위영향력은 다른 존재뿐만 아니라 자기에게 미치기도 한다. 이것을 붇다는 업장(kamma āvaraṇa, 業障)이라 했고 서양은 스트레스라고 한다. 여기서는 기억질량 혹은 마음무게라고 정의한다.

9. 삶의 과정에서 접촉을 피할 수는 없지만 접촉 다음에 일어난 마음작용으로부터 자유로울 수는 있다.

10. 접촉 다음에 일어난 마음작용을 알아차림하고 효과적으로 관리하면 자유롭고 행복지수도 증가한다. 그러나 접촉 다음에 일어난 마음작용을 알아차림하지 못하고 구속되면 고통지수가 높아진다.

11. 자유와 행복은 접촉 다음에 발생한 마음작용을 알아차림하고 자유로울 수 있는지 알아차림을 놓치고 그 마음작용에 구속될지가 핵심이다.

12. 알아차림 기능인 싸띠힘이 약하면 마음거울에 맺힌 이미지(감각대상)에 구속된다. 이 상태를 결(saṁyojana, 結)이나 박(縛)이라고 한다. 이 상태는 싸띠가 마음오염원인 아-싸봐에 구속된 것이다*.

13. 마음공간에 존재하는 기억이미지 힘이 클수록 알아차림 기능인 싸띠를 구속하고 고통지수는 커지고 행복지수는 낮아진다. 그러나 기억이미지 힘이 약할수록 싸띠는 기억이미지로부터 자유롭고 고통지수는 감소하고 행복지수는 증가한다*.

14. 붇다하는 싸띠수행으로 알아차림 기능인 싸띠를 강화해 기억질량을 줄이면 마음거울에 맺힌 상의 영향력으로부터 자유로울 수 있다고 주장했다.

접촉과 자유

존재하느냐 않느냐보다 감각대상에 알아차림 기능인 싸띠가 구속되느냐 자유로워지느냐가 핵심이다. 접촉하느냐 않느냐보다 더 본질적인 것은 접촉 다음에 일어난 마음작용에 싸띠가 구속될 것인가 자유로워질 것인가다. 다른 사람과 다투고 10일 동안 말하지 않으면 그 사람은 행위영향력에 10일 동안 구속되고 3시간 정도 지나 툴툴 털면 3시간 동안 구속된다. 10일 동안 구속될 것인지 3시간 동안 구속될 것인가에 따라 10일 동안 자유와 행복이 제한당할 것인지 3시간 동안 제한당할 것인지를 결정한다.

자유와 구속

붇다하가 즐겨 사용한 개념은 행복을 뜻하는 닙바-나(nibbāna, 涅槃, 寂滅), 자유를 의미하는 위모카(vimokha, 解脫), 지혜를 가리키는 빤나-(paññā, 般若, 慧), 자비를 상징하는 멧따 까루나-(metta karuṇā, 慈悲) 등이다.

4. 마음건강

1. 흔히 불교는 마음종교라거나 마음을 깨치면 붇다하라고 한다. 그러나 불교가 중심영역으로 삼는 것은 마음과 수행이 아니라 자유와 행복이다.

2. 마음과 수행은 자유와 행복으로 가는 수단이다. 자유롭고 행복한 느낌이 일어나는 공간이 마음이고 마음이 건강하면 느낌이 더 좋게 일어나기 때문에 건강한 마음상태를 강조한다.

3. 감각대상을 접촉하면 감각기관을 통해 그 데이터가 마음공간에 전해져 정서와 사유 작용이 일어나고 판단하고 반응한다.

4. 마음이 건강할 때는 외부에서 가해지는 자극에 대응력이 높아 좋은 느낌이나 자유롭고 행복한 느낌을 가질 수 있다. 그러나 마음이 피곤하고 지치면 느낌은 좋지않게 일어나고 조그만 자극에도 과민반응한다.

5. 동일자극도 마음상태에 따라 느낌과 가공이 다르게 일어나는 것은 외부에서 가해지는 자극뿐만 아니라 그것을 수용하는 마음상태가 정서와 사유 작용에 영향미치기 때문이다. 그래서 마음건강과 마음닦는 수행을 강조한다*.

1) 마음오염원 제거

6. 붇다하는 탐진치 3독심을 마음오염원이라고 규정했다. 이런 독가스가

간사한 마음

건강할 때는 주변이 다소 소란해도 지나가지만 조금만 피곤하면 짜증이 난다. 마음이 건강할 때는 다소 거친 소리를 해도 웃을 수 있지만 지치고 피곤할 때는 지나가던 개만 쳐다봐도 시빗거리가 되는 것이 사람마음이다.

마음공간에 존재하면 마음은 건강성을 상실하고 피곤하기 때문에 싸띠수
행으로 그것을 제거해 마음상태를 맑고 건강하게 가꿔야 한다고 강조했다.

7. 마음은 스스로 자정력과 자생력을 갖고있다. 마음을 건강하게 하기
위해 인위적으로 운동할 것이 아니라 마음을 피곤하고 지치게 하는 마음오
염원만 제거하고 마음에 맡기면 나머지는 마음이 알아서 잘한다.

8. 마음을 지치고 피곤하게 하는 오염원은 욕망과 이기심이다. 좋은 것
을 만나면 가지려는 욕망과 이기심은 선악문제가 아니라 마음이 가진 본성
이다. 그러나 마음공간에 욕망지수가 높으면 마음은 지치고 피곤해진다.
욕망지수가 높을수록 마음은 지치고 외부자극에 대응력이 낮고 예민하게
반응한다.

9. 욕망과 이기심보다 마음을 더 지치게 하고 오염시키는 것은 분노와
적대감, 서운함과 원망이다. 싫은 것을 접촉하면 밀쳐내려는 것은 좋고 싫
음이 아니라 마음본성이다.

10. 그러나 분노지수가 높은 만큼 마음은 피곤하고 외부자극에 대응력
이 낮아지고 거칠게 반응한다. 마음공간에 분노지수가 높으면 마음은 지치
고 피곤하다. 욕망은 마음만 지치게 하지만 분노는 마음뿐만 아니라 몸까
지도 피곤하게 한다.

11. 분노나 적대감보다 마음을 더 지치게 하고 오염시키는 것은 지나온
삶의 흔적으로 형성된 편견, 선입관, 가치관 등이다. 사람은 자기가 가진
편견, 선입관, 가치관 등에 기초해 존재를 구분하고 차별한다.

12. 욕망과 이기심, 분노와 적의, 원망과 서운함 등은 자극이 강해 스스
로 통제하려고 노력한다. 그러나 편견, 선입관, 가치관 등은 자극이 부드러
워 스스로 자각하지 못하고 서서히 몸과 마음을 무기력하게 하는 근본요인
이다.

13. 사람은 아침에 일어나 저녁에 잠들 때까지 끊임없이 대상을 접촉하고 산다. 접촉 다음에 일어난 느낌을 대상으로 마음갈증을 일으키고 좋은 대상은 취하고 싫은 대상은 밀쳐내면서 존재에 집착하고 행동한다.

14. 이런 행동은 사람이 가진 본성이지만 편견지수가 높고 존재를 구분하고 차별하는 마음이 클수록 마음은 건강을 상실하고 외부자극에 대응력이 낮고 가벼운 자극에도 민감하게 반응한다*.

15. 마음공간을 오염시키는 마음오염원 제거과정이 싸띠수행이다. 싸띠수행으로 마음오염원을 제거하고 마음공간을 맑고 아름답게 정화하고 활기차고 건강하게 가꾸면 외부에서 가해지는 자극에 대한 대응력이 높아 느낌이 좋게 일어나고 자기가 처한 상황을 올바르게 이해하고 정확하게 대처할 수 있다.

2) 뇌와 마음 휴식

16. 뇌는 마음만드는 기계고 마음은 데이터 가공주체다. 컴퓨터에 비유하면 뇌는 하드웨어고 마음은 소프트웨어다. 뇌와 마음은 분리할 수 없이 밀접히 연결돼 작동하지만 서로 고유 영역과 기능이 있다.

마음건강

편견은 자극은 부드럽지만 마음건강에는 치명적이다. 이것은 만성병과 같다. 몸이 다쳤거나 아플 때는 자극이 강하기 때문에 즉시 치료하려고 하지만 만성병은 자각증상이 없기 때문에 그냥 지나치다가 스스로 깨달을 정도면 손쓰기 늦은 경우가 많다. 마찬가지로 욕망이나 이기심, 분노나 적대감 등은 자극이 크기 때문에 스스로 어느 정도 조절하려고 노력한다. 그러나 편견, 선입관, 가치관 등은 자극이 부드럽기 때문에 스스로 자각하지 못하고 마음은 서서히 피로해진다. 나이 들수록 마음이 무겁다는 표현을 자주 한다. 이것은 이미 마음피로가 상당히 진행된 상태다. 어린아이는 울다가도 웃지만 나이 들수록 조그만 자극에도 서운함을 많이 타고 한 번 서운하면 오래간다. 그만큼 외부자극에 마음 대응력과 회복력이 떨어진 것을 의미한다.

17. 그렇기 때문에 뇌는 뇌차원에서 이해하고 마음은 마음차원에서 접근해야 한다. 뇌다루는 것이 뇌과학이고 마음다루는 것은 마음과학이다. 마음을 뇌차원으로 환원해 다루면 안 된다.

18. 몸이 과도하게 일하면 피곤해지듯 뇌나 마음도 많은 데이터를 처리하면 지치고 피곤하다. 충분한 휴식이 일의 유효성을 높여주듯 뇌나 마음이 피곤할 때 적절히 휴식하면 건강하고 활기찬 마음상태를 유지할 수 있고 일의 효율성을 높일 수 있다.

19. 뇌와 마음이 지치고 피곤해지는 여러 요인 가운데 하나는 과도한 마음노동 때문이다. 마음에 하중을 가하는 노동은 마음공간에 입력된 데이터를 분석, 사유, 논리로 가공하는 것이다.

20. 이런 일은 삶을 유지하는 필수기능이고 마음공간에 입력된 데이터 처리하는 것이 마음이 담당하는 고유기능이지만 처리량이 많거나 까다로울 때는 마음에 하중을 가해 지치고 피곤하게 된다.

21. 마음이 가중한 노동으로 지치고 피곤할 때는 마음이 하던 일을 멈추고 충분히 휴식하도록 해야 한다. 몸뿐만 아니라 마음이 휴식으로 피로풀고 활기차면 데이터 가공효율성이 높고 삶이 활기차진다.

22. 대부분 사람은 몸휴식은 잘 알지만 뇌나 마음 휴식은 잘 모르는 경우가 많다. 뇌나 마음 휴식도 몸휴식처럼 기본구조가 비슷하다.

23. 뇌와 마음이 피곤한 것은 마음만드는 기계인 뇌와 알아차림 기능인 싸띠가 가중한 노동으로 지치고 피곤해졌기 때문이다.

24. 이때는 하드웨어인 뇌는 그대로 두고 소프트웨어인 마음을 통제해 뇌와 마음이 휴식하게 만들어야 한다.

25. 뇌와 마음 휴식구조는 마음구성인자 가운데 알아차림 기능인 싸띠를 한 곳에 머물게 하거나 존재를 가공하지 않고 있는 그대로 알아차림만 하

면 된다. 이렇게 하면 뇌는 피로를 풀고 마음에너지를 보충하고 활기차진다. 이것이 뇌와 마음이 휴식하고 에너지를 절약하고 보충하는 방법이다*.

26. 마음과 뇌가 충분히 휴식하면 활기차지고 최고기능을 발휘하지만 지치고 피곤하면 무기력해지고 기능이 떨어진다.

27. 뇌와 마음이 지치고 피로하면 외부자극에 제대로 대응하지 못하고, 데이터 가공수준이 떨어지고, 마음공간에 존재하는 데이터와 새로 들어오는 데이터 결합이 낮아지고, 데이터 가공과 해석에 오류를 범한다.

28. 뇌와 마음이 충분히 휴식하고 뇌와 마음 상태를 쾌적하게 유지하는 것은 데이터 가공수준을 높일 뿐만 아니라 좋은 느낌을 일으키고 삶의 질을 향상시키는 데 도움된다*.

29. 뇌와 마음이 휴식할 수 있도록 적절히 쉬어주어야 한다. 그것이 마음공간에 입력되는 데이터를 분석, 사유, 논리로 가공하지 않는 것이다. 그러면 뇌와 마음은 휴식할 수 있다.

30. 사람은 어려서부터 분석, 사유, 논리로 존재를 가공하는 데 익숙해 있어 어떤 존재라도 마음공간에 들어온 순간 즉각 가공해버린다. 그러면 뇌와 마음은 노동으로 지치고 피곤해진다. 마음공간에 입력되는 존재를 가공하지 않는 학습이 필요하다. 그것이 바로 싸띠수행이다.

뇌파와 마음

뇌가 많은 에너지를 소모할 때 뇌파가 높다. 반대로 에너지를 덜 소모할 때는 뇌파가 낮다. 알아차림 기능인 싸띠가 한 곳에 머물 때 뇌파가 낮고 싸띠가 감각대상에 끌려가면 뇌파가 높다. 싸띠가 존재를 분석, 사유, 논리로 가공하면 뇌파가 높고 싸띠가 존재를 알아차림만 하고 가공하지 않으면 뇌파는 낮다.

마음환경보호운동

Green Peace 처럼 자연을 보호하고 지구를 살리는 환경운동은 중요하다. 싸띠수행은 마음오염을 정화하고 맑고 건강한 마음을 가꿔 삶의 질을 높이고 자유와 행복 지수를 높이는 마음환경보호운동이다.

31. 존재를 분석, 사유, 논리로 가공하는 훈련은 사회와 학교에서 배우고 익힌다. 존재를 분석, 사유, 논리로 가공하지 않고 있는 그대로 알아차림하는 훈련은 불교 수행도량인 아-라-마에서 한다.

32. 온종일 움직이고 노동하면 몸이 피곤하듯 마음도 이곳저곳으로 돌아다니면 피곤해진다. 몸이 피곤할 때 한 곳에 머물면 피로가 풀리듯 마음도 피곤할 때 한 지점에 머물면 피로를 회복한다.

33. 마음이 움직일 때 마음구성인사 선부 움직이는 것이 아니라 알아차림 기능인 싸띠만 움직인다. 마음이 지치고 피곤하다는 것은 알아차림 기능인 싸띠가 지치고 피곤해졌다는 것을 의미한다.

34. 알아차림 기능인 싸띠를 한 곳에 머물게 하는 훈련이 싸띠수행이다. 배나 발과 같은 특정지점을 기준점(출발점)으로 삼고 싸띠를 그곳에 보낸다. 기준점 움직임에 따라 이름붙이고 알아차림하면 싸띠는 기준점에 머문다. 그러면 싸띠는 휴식한다.

35. 하루 노동으로 몸에 쌓인 피로는 6시간 정도 잠자고 휴식하면 풀리지만 마음에 쌓인 피로는 5분이면 충분하다. 문제는 오랫동안 돌아다니는데 길들여진 싸띠를 한 지점에 붙들어두는 것이 쉽지 않다는 점이다.

36. 몸은 피곤하면 한 곳에 머물지만 마음은 피곤할수록 조그만 자극에도 끌려가 움직인다. 그러면 마음은 쉬지 못하고 점점 더 지치고 피곤해진다.

37. 이때 마음이 통째로 감각대상에 끌려가는 것이 아니라 알아차림 기능인 싸띠만 구속되고 끌려간다.

38. 이때 싸띠를 한 곳에 지속적으로 머물게 해서 충분히 휴식하게 하기 위해서는 구체적이고 체계적인 훈련이 필요하다.

39. 훈련방법은 간단하다. 배, 발, 화두, 염불 등 몸에 기준점(출발점) 정

하고 그 기준점에 알아차림 기능인 싸띠를 밀착고정시킨다. 어떤 데이터가 마음공간으로 들어와도 그것을 단지 알아차림만 해야 한다. 그러면 뇌나 마음이 휴식한다.

40. 붇다가 만든 싸띠수행은 존재를 분석, 사유, 논리로 가공하지 않고 있는 그대로 알아차림하는 훈련이고, 마음에너지를 보충하는 훈련이고, 싸띠힘을 키워 마음 스스로 감각대상을 선택해 머물게 하는 훈련이다. 방법은 간단하다. 마음거울에 맺힌 상을 이름붙이고 알아차림하면 된다.

3) 마음에너지 보충

41. 마음에너지가 충만되면 활기차고 건강하게 살 수 있고 마음에너지를 많이 소모해 고갈되면 무기력하고 피곤해진다. 그러면 삶의 질이 떨어진다.

42. 마음에너지를 적절하고 효율적으로 관리하려면 마음구성인자, 마음구조와 기능, 마음화학반응, 마음물리특성 등을 올바르게 이해해야 한다.

43. 마음구성 기본인자 가운데 알아차림 기능인 싸띠는 자기가 원하는 대상에 머물 수 있고, 감각대상을 따라 옮길 수 있고, 옮김과 머묾을 자유자재로 할 수 있다.

44. 알아차림 기능인 싸띠가 감각대상을 선택하고 머물면 마음에너지를 보충하고 활기차지지만 싸띠가 감각대상에 끌려가면 마음에너지를 소모하고 피곤해진다.

45. 알아차림 기능인 싸띠힘을 강화해 소모한 마음에너지를 보충하는 훈련이 붇다가 만든 싸띠수행이다. 싸띠수행은 몸에 기준점(출발점) 정하고 이름붙이고 기준점 움직임을 알아차림하는 것이다. 그게 전부다. 싸띠

수행 이론과 실기는《BUDDHA 수행법》을 참조하면 많이 도움될 것이다.

46. 차에 기름이 떨어지면 주유소에서 기름넣고 배고프면 음식먹어 몸에 필요한 영양분을 공급하듯 마음에너지가 고갈되면 싸띠수행으로 보충해야 한다.

47. 마음공간에 입력된 데이터를 가공하면 마음에너지를 많이 소모하고 기본기능만 하면 마음에너지를 덜 소모하고 마음에너지를 보충해 활기차진다.

48. 머리로 작업하거나 스트레스나 갈등 지수가 높은 곳에서 일하는 사람일수록 뇌에너지와 마음에너지를 많이 소모한다.

49. 마음노동 중에서 존재를 분석, 사유, 논리로 치밀하게 가공할수록 더 많은 에너지를 소모한다. 자극이 크고 속도가 빠르고 일이 복잡할수록 몸뿐만 아니라 마음에너지도 많이 소모한다.

50. 알아차림 기능인 싸띠가 감각대상에 끌려가면 마음에너지를 많이 소모하고 피곤해지고 한 지점에 머물면 마음에너지를 보충해 활기차진다.

51. 마음에너지 보충방법은 마음기능을 중지하고 마음이 휴식할 수 있도록 하는 것이다. 그러나 일반기계와 달리 마음기능을 인위적으로 중단시킬 순 없다. 그래서 마음기능을 최소화하고 기본기능만 하도록 해야 한다.

52. 마음이 가진 여러 기능 가운데 감각대상을 알아차림하는 기능인 싸띠를 특정한 감각대상에 밀착고정시켜 감각대상을 알아차림할 뿐 어떤 데이터가 마음공간에 들어와도 가공하면 안 된다. 분석, 사유, 논리로 체계화하지 말고 단지 알아차림만 해야 한다. 그러면 마음은 에너지 소모를 줄이고 에너지를 보충하고 활기차진다.

4) 마음안정

53. 삶 전부를 통제하고 관리하는 마음이 안정되고 평화로우면 자유와 행복으로 가는 길이 한결 수월하다.

54. 동일한 일을 해도 마음상태가 안정되고 고요할 때와 불안하고 산만할 때는 일의 집중도와 효율성에서 많이 차이난다.

55. 대개 머리좋고 타고난 천재라야 일을 잘 처리할 것으로 생각하기 쉽지만 자기분야에 성공한 사람 대부분은 얼마나 끈기있게 집중해 일하는지에 따라 성패가 결정된다고 말한다.

56. 자기가 하는 일에 최선을 다하고 효율적으로 집중할 수 있기 위해서는 무엇보다도 마음상태가 평화롭고 안정돼야 한다. 마음상태가 불안정하고 들뜨고 산만하면 하는 일에 최선을 다할 수 없고 집중도도 떨어진다. 그러면 일처리능률은 현저히 낮아지고 삶의 질 또한 저하된다.

57. 자유와 행복으로 가는 유일한 길은 삶 주변을 안정시키고 평화롭게 하는 일이다. 일 성취도와 집중도를 높이는 효과적인 길 또한 마음상태를 평화롭고 고요하게 하는 것이다. 그 중심에 싸띠수행이 있다.

5) 예방 마음건강

58. 모든 일이 그렇듯 미리 예방하는 것이 일이 일어나고 나서 수습하는 것보다 좋다. 병도 마찬가지다. 병들고 나서 치료하는 것보다 병들기 전에 예방하는 것이 경제적일 뿐만 아니라 치료효과도 효율적이다.

59. 마음건강도 마찬가지다. 우울증이나 스트레스처럼 이미 마음이 지치고 피곤해진 후에 그것을 변화시키기 위해 노력하는 것보다 마음이 무기

력 상태에 빠지기 전에 미리 마음운동을 통해 예방하는 것이 효율적이다*.

60. 사람이 살면서 접촉은 피할 수 없고 접촉 다음에는 반드시 특정한 마음상태가 일어난다.

61. 접촉 다음에 일어난 마음상태로 인해 마음공간을 욕망, 이기심, 분노, 적의, 원망, 서운함, 편견, 선입관, 가치관 등으로 채우면 마음은 치명적으로 타격받고 지치고 피곤해진다.

62. 평소 싸띠강화 훈련으로 마음을 맑고 건강하게 가꾼 사람은 마음공간에 발생한 마음오염원을 효과적으로 처리하고 마음상태를 효율적으로 관리할 수 있지만 평소 마음을 관리하지 않은 사람은 발생한 마음오염원으로 마음건강을 상실하고 조그만 자극에도 예민하게 반응하고 타격받아 힘들어한다.

63. 평소 마음을 안정되고 평화롭게 가꾼 사람은 마음공간에 마음오염원이 등장해 마음건강을 해치더라도 즉시 그 상태를 알아차림하고 마음오염원을 해체해 마음을 맑고 건강하게 가꿀 수 있다.

64. 마음상태를 건강하게 가꾸기 위해서는 두 가지 일을 해야 한다. 하나는 마음건강을 상실케 하는 마음오염원이 발생하지 않도록 하는 것이다. 다른 하나는 이미 발생한 마음오염원을 마음공간에서 제거하는 것이다. 이 둘을 앞에서 이끄는 것이 마음과학과 싸띠수행이다.

세균과 면역력

사람사는 생활공간은 많은 세균이 함께 공존한다. 면역력이 약한 사람은 세균에 감염되지만 강한 사람은 세균으로부터 자유로울 수 있다. 그렇기 때문에 생활공간에 존재하는 세균을 없애는 것 못지않게 면역력을 키우는 것도 중요하다.

5. 삶의 거품빼기

1. 붇다하는 싸띠수행으로 몸, 생각, 앎에 낀 거품을 제거해 맑고 건강한 삶을 누릴 수 있다고 보았다.

2. 지나온 삶의 흔적으로 삶은 내적·외적으로 오염되고 번잡하다. 그러나 더 본질적인 것은 오염된 삶이 아니라 그것을 정돈하고 정화하지 못하고 방치하는 것이 문제다. 생활주변을 청소하고 정돈하듯 몸과 마음에 쌓인 마음오염원을 정화하고 맑히는 것도 필요하다.

3. 붇다하는 몸에 낀 습관과 같은 삶의 거품은 스스로 절제하고 정해진 규칙(戒)을 지킴으로써 정화할 수 있다고 보았다.

4. 몸에 쌓인 습관과 같은 노폐물은 잘 정화되지 않는다. 마음은 안 하려고 하지만 이미 습관으로 길들여진 몸과 마음이 생각처럼 따라주지 않는다. 이때는 규칙을 정하고 그것을 지킴으로써 몸에 낀 거품을 제거할 수 있다.

5. 붇다하는 마음공간에 떠도는 생각거품은 싸띠집중(定)으로 정화할 수 있다고 보았다.

6. 감각접촉으로 외부 데이터가 마음공간에 들어오면 그것을 대상으로 많은 생각거품(貪嗔痴 三毒心)이 일어나 마음공간을 어지럽힌다.

7. 이때 알아차림 기능인 싸띠를 기준점(출발점)에 밀착고정해 싸띠집중력을 높이면 마음공간에 떠다니던 생각거품을 고요히 가라앉힐 수 있다. 그러나 싸띠집중은 생각거품을 마음깊은 곳으로 가라앉혀 고요하게 할 뿐 완전히 제거하지는 못한다.

8. 붇다하는 마음공간에 떠다니는 생각거품, 앎에 낀 거품 등은 빤나-(慧)로 제거할 수 있다고 보았다. 마음오염원은 싸띠집중으로 가라앉히고 빤나-로 제거한다. 붇다하는 앎에 낀 거품은 빤나-로 제거할 수 있다고 보았다*.

9. 앎(지식)은 유통되고 가공되면서 많은 거품이 낀다. 앎에 낀 거품은 빤냐-로 제거할 수 있다. 빤냐-는 알아차림 기능인 싸띠와 싸띠집중 기능인 싸마-디히로 성숙한다.

10. 붇다하는 계정혜 3학은 몸(身), 말(口), 생각(意)과 앎(智) 등 3업(ti kamma, 三業)에 낀 거품을 제거하는 도구이자 지나온 삶의 구속으로부터 자유로워지는 길이라고 말했다*.

흙탕물 가라앉히기

흙탕물은 가만히 두면 가라앉지만 건드리면 더 흐려진다. 생각거품도 마찬가지다. 한 생각이 일어날 때 그것을 알아차림하고 기준점에 알아차림 기능인 싸띠를 갖다두면 고요해진다. 그러지 않고 생각꼬리를 따라가면 다른 생각이 연달아 일어나면서 마음공간은 생각거품으로 가득 차고 오염된다. 「어려운 일에 빠져있을 때 어머니가 내게 다가와 말하길 있는 그대로 두라.」로 시작하는 비틀즈 「Let it be」 노래는 그들이 인도에서 수행을 마치고 1970년에 발표한 것으로 싸띠수행을 그대로 풀어쓴 것이다.

3학과 5분향례

3학은 붇다하 가르침을 배우는 세 가지 관분이다. 물교도는 아침저녁 예불할 때 3학과 5분향례(五分香禮)를 암송하며 몸과 마음을 닦는다. 5분향례는 다음과 같다.

① 계로 몸에 쌓인 거품을 제거하면 삶에 향기가 납니다(戒香).
② 싸띠집중으로 생각에 쌓인 거품을 제거하면 삶에 향기가 납니다(定香).
③ 빤냐로 앎에 쌓인 거품을 제거하면 삶에 향기가 납니다(慧香).
④ 지나온 삶의 구속으로부터 자유로우면 삶에 향기가 납니다(解脫香).
⑤ 자유로워졌다는 것을 스스로 자각하면 삶에 향기가 납니다(解脫知見香).

경집(suttanipāta, 經集)은 싸띠, 싸마-디히, 빤냐- 3학도 말한다. 주로 계정혜 3학은 붇다하 말년 수행자가 늘고 질서를 지키는 것이 수행향상에 도움되기 때문에 강조했다. 초기는 염정혜 3학을 많이 강조했다.

6. 좋은 관계맺기

1. 붇ㄷ하 가르침 핵심은 다른 존재와 좋은 마음나누고 좋은 관계맺기다. 붇ㄷ하는 싸띠수행으로 마음공간에 존재하는 마음오염원을 제거하고 맑고 아름답게 마음가꾸면 다른 존재와 좋게 관계맺을 수 있고 삶의 토대를 풍요롭게 할 수 있다고 보았다.

2. 사람이 산다는 것은 필연적으로 다른 존재와 관계맺는 것을 의미한다. 모든 존재는 홀로 독립적으로 존재하는 것이 아니라 다른 존재와 관계맺고 함께 공존한다.

3. 다른 존재와 관계를 어떻게 맺느냐에 따라 마음상태가 결정되고 마음상태에 따라 관계수준이 결정된다. 다른 존재와 어떻게 어느 수준으로 관계맺을 것인가의 중심에 마음이 있다.

4. 다른 존재와 관계맺는다고 하는 것은 그 양과 질에 관계없이 서로 마음나눔을 의미한다.

5. 사람은 태어나면서 부모, 자식, 형제, 가족, 지역, 민족, 국가, 종교 등 자기의지와 관계없이 다른 존재와 관계가 결정되기도 하고 살면서 후천적으로 친구, 학교, 직장, 동호회, 종교, 사회단체 등 사회활동을 통해 다른 존재와 관계맺기도 한다.

6. 상대에 호의적인 마음을 가질 때 서로 관계는 부드럽고 우호적이지만 서운한 감정이 있거나 분노가 개입하면 말이 거칠어지고 서로 적대관계를 형성한다.

7. 서로 맺은 관계가 평등하면 우호적이고 마음상태는 평화롭지만 불평등하면 마음상태가 불안하고 삶이 힘든다.

8. 싸띠수행으로 마음공간에 존재하는 마음오염원을 제거하고 마음을

맑고 건강하게 가꾸는 것은 다른 존재와 좋은 마음나누고 좋은 관계맺는
것을 의미한다.

7. 신경클리닉

1. 싸띠수행을 하면 마음을 정화하기 전에 몸이 먼저 정화된다. 싸띠수
행은 마음정화이자 신경클리닉 프로그램이다*.

2. 마음공간에 입력된 데이터(이미지)는 자체 에너지를 가지고 마음공간
에 존재하는 기억이미지와 결합하고 에너지(마음오염원)를 이전받아 마음
공간(신경조직)에 착상한다.

3. 지나온 삶의 흔적이나 나만의 추억거리 등은 기억이미지 형태로 마음
공간에 저장된다.

4. 마음작용은 신경작용으로 만들어진 사이버 공간이기 때문에 기억이
미지가 착상한 마음공간은 뇌를 중심으로 한 신경조직에 직접 영향미친

A = B

붇다하는 존재와 의식, 몸과 마음은 분리할 수 없는 동일존재의 다른 표현으로 보았다. 이 둘은 서로 관계맺고,
서루 이존하고, 서로 영향미친다. 빤나 심경은 색즉시공(色卽是空)이라고 해서 색(色=현상, 형식)이 공(本質=본질,
내용)이라고 보았다.

현상과 본질이 일치한다는 관점은 인도 남동부에서 출발해 해안선을 따라 서북인도 간다하-라 지역으로 가서 그
곳에서 대중성을 획득했다. 오늘날 아프가니스탄 지역은 예로부터 전쟁이 멈추지 않은 지역이다. 대륙에서 확장되
는 민족주의와 대륙으로 들어오던 외세가 만나는 지점이 바로 간다하-라 지역이다. 이 지역에 사는 사람은 자기색
깔을 분명히 하는 것은 죽음을 의미했다. 민족주의가 팽창할 때는 민족주의를 강조하고 외세가 들어올 때는 외세
편을 들어야 생존할 수 있었다. 왜 왔다 갔다 하느냐고 지적하면 「A=B」라고 주장했다. 그래서 현상이 본질이고
색(色)이 공(空)이라는 빤나-심경 논리는 생존과 직결되는 생존철학이었다. 현상이 어떻든 본질은 변하지 않는다고
주장하는 금강경이나 현상과 본질은 하나라는 빤나-심경은 이런 변화무쌍한 역사배경을 이해할 때 실체가 분명히
드러난다. 한국에서 빤나-심경이나 금강경이 대중성을 획득한 것과 외침을 많이 받았던 한국상황이 비슷한 것은
아닌지 모르겠다.

다*.

5. 마음이 무겁고 오염됐다는 것은 신경조직이 오염돼 제대로 기능하지 못한다는 의미다. 싸띠수행으로 마음맑히면 신경조직에서 만들어지는 신경전달물질이 정상화돼 몸과 마음이 건강해진다*.

6. 신경청소는 신경조직에서 하는 것보다 마음공간에서 알아차림 기능인 싸띠를 활용하는 것이 효과있다*.

7. 마음공간에 입력된 기억이미지가 에너지를 많이 흡수한 상태를 스트레스, 업장, 기억질량, 마음무게, 에너지 뭉침이라고 한다.

8. 마음공간(신경조직)에 존재하는 기억이미지가 가진 에너지(질량) 총

마음오염

기억이미지가 에너지를 가지고 마음공간에 있으면서 그 힘을 다른 존재에게 미치는 상태를 아-싸봐 또는 염(rajana, 染)이라고 한다. 유루란 통에 구멍이 나 통 속 내용물이 밖으로 새어나온다는 의미다. 이것은 아-싸봐(마음오염원)가 기억이미지로부터 떨어져 나온상태다. 염은 기억이미지 밖으로 흘러나온 아-싸봐에 의해 마음공간이 오염됐다는 의미다.

대개 질량을 많이 가진 삶의 흔적(기억이미지)은 마음공간 깊은 곳에 가라앉아 있고 가벼운 것은 표면에 떠있다. 자주 쓰는 것은 길이 뚫려있고 사용하지 않는 것은 막혀있다. 중요한 것은 접근하기 쉽고 사소한 것은 찾기 어렵다.

신경클리닉

현 단계 인류가 도달한 과학과 의료 수준은 신경클리닉에 관해 어떤 해결책을 내놓지 못하고 있다. 오직 마음 닦는 싸띠수행으로 신경클리닉이 가능하다. 몸이 아프고 무기력해졌지만 병원에서 특별한 문제점을 발견하지 못할 때 싸띠수행으로 신경청소해 보길 권한다. 그러나 몸에 문제가 있을 때는 의사나 해당 분야 전문가로부터 조언 듣는 것이 1차다.

하드웨어와 소프트웨어

컴퓨터는 하드웨어에 문제가 있으면 하드웨어에서 고치고 소프트웨어에 문제가 있으면 소프트웨어에서 처리해야 한다.

사람은 하드웨어에 해당하는 뇌와 신경 조직에 문제가 생기면 뇌와 신경 조직에서 처리하고 소프트웨어에 해당하는 마음작용에 문제가 생기면 마음공간에서 해결한다. 그러나 신경청소는 뇌와 신경 조직에서 직접 할 수 없고 오직 알아차림 기능인 싸띠로만 가능하다. 이것은 뇌와 마음은 특성과 차원이 다르기 때문이다.

량만큼 마음공간은 하중받는다. 그리고 마음공간에 가해지는 하중이 클수록 마음상태는 무겁고 피로해진다.

9. 에너지를 많이 가진 기억이미지가 마음공간에 착상하면 마음으로부터 하중받은 신경조직은 단위 면적당 질량이 높아지고 수축하고 경직된다.

10. 신경조직이 몸에서 하는 일을 이해하면 그것이 얼마나 큰 문제를 일으키는지 알 수 있다. 신경조직은 몸에서 전기, 통신, 화학 작용을 일으켜 생명유지 핵심기능을 담당힌다.

11. 신경조직은 전기작용으로 몸과 마음 안팎에서 발생하는 데이터를 관련된 곳으로 전달해 필요한 화학제품(신경전달물질)을 만들어 몸과 마음을 유지한다.

12. 그런데 신경조직이 수축하고 굳어진다는 것은 전기, 통신, 화학 작용에 이상이 생긴 것을 의미한다. 이렇게 되면 먼저 몸의 면역력이 낮아지고 몸은 세균이나 바이러스에 무방비상태로 노출되고 마음은 무기력해진다. 그래서 스트레스, 아-싸봐, 업장, 마음무게, 기억질량 등을 만병근원이라고 한다.

13. 사람은 스트레스를 풀기 위해 운동이나 등산을 하고 노래도 부른다. 눈 밝은 스승을 찾아 법문을 듣고 삶의 지혜가 담긴 책을 읽거나 자원봉사 등 사회활동도 한다*.

스트레스

존재에 가하는 압력을 press라고 한다. 기해지는 압력에 저항하고 견디는 내부힘을 stress라고 한다. 스트레스가 높다는 말은 외부자극에 대해 내부에서 저항하는 힘이 커진다는 것을 의미한다. 이렇게 힘을 한 곳에 지속적으로 모으면 다른 곳의 에너지가 고갈돼 몸과 마음이 지친다. 그 결과 몸에서 나타나는 반응이 면역체계의 붕괴다. 그러면 문제가 복잡하고 심각해진다.

표8 스트레스 구조와 신경조직

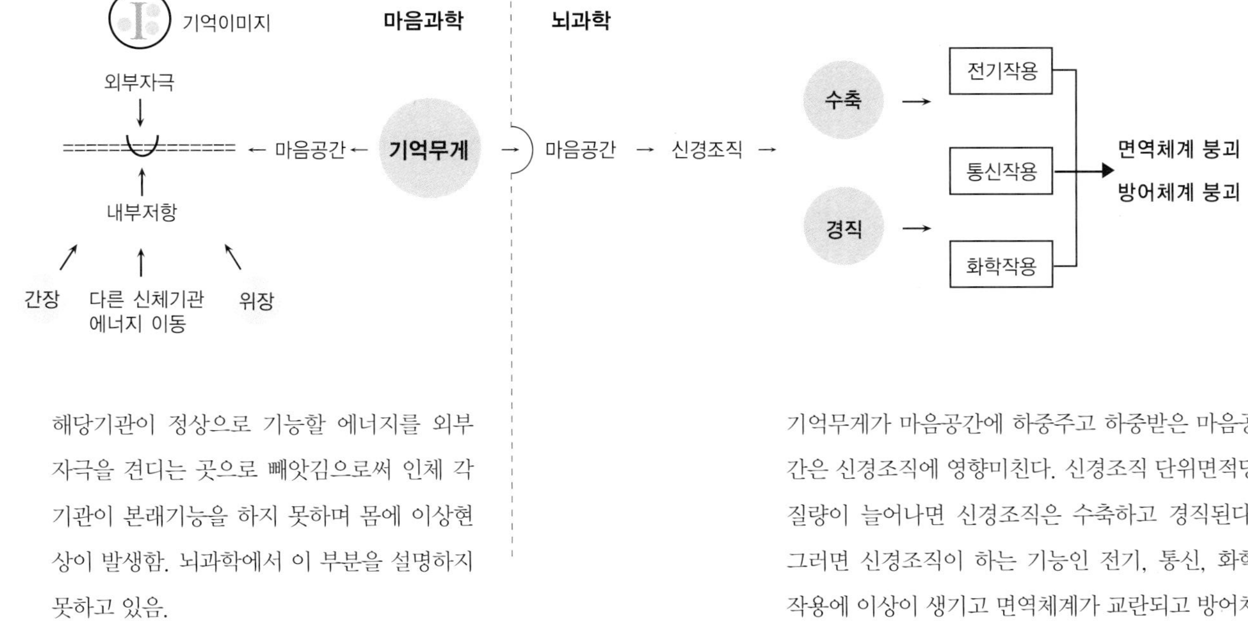

해당기관이 정상으로 기능할 에너지를 외부 자극을 견디는 곳으로 빼앗김으로써 인체 각 기관이 본래기능을 하지 못하며 몸에 이상현상이 발생함. 뇌과학에서 이 부분을 설명하지 못하고 있음.

기억무게가 마음공간에 하중주고 하중받은 마음공간은 신경조직에 영향미친다. 신경조직 단위면적당 질량이 늘어나면 신경조직은 수축하고 경직된다. 그러면 신경조직이 하는 기능인 전기, 통신, 화학작용에 이상이 생기고 면역체계가 교란되고 방어체계가 붕괴된다. 그러면 몸에 이상현상이 발생함.

14. 그러면 일시적으로 마음이 가볍고 스트레스도 풀린 것 같다. 그러나 혼자있으면 미운 사람은 여전히 밉고 욕망이나 서운함 또한 그대로다. 운동도 마찬가지다. 할 때는 근육이 이완되는 것 같지만 돌아보면 항상 그 자리다.

15. 원인에 따라 처방해야 유효성이 나온다. 운동부족으로 굳어진 근육이나 신경조직은 운동으로 이완시킬 수 있다. 그러나 기억이미지가 에너지를 많이 흡수해 수축되고 경직된 신경조직은 흡수한 에너지를 해제해야 이완되고 정상으로 돌아온다*.

16. 붇다가 만든 기억질량 해체 이론과 기술을 마음과학과 싸띠수행이라고 한다.

17. 기억이미지가 흡수한 에너지를 해체하기 위해서는 신경조직보다 마음공간으로 들어가 알아차림 기능인 싸띠를 활용해 기억이미지와 결합한 마음오염원을 해체해야 한다.

18. 뇌나 신경 과학으로 뇌나 신경 작용은 관리할 수 있지만 마음작용과 연계돼 발생한 현상이거나 신경청소 등은 마음을 활용해 관리하는 것이 실제적이고 유효성도 높다 .

19. 마음과학은 기억이미지 속으로 들어가 기억이미지가 흡수한 에너지

달걀 깨뜨리기

상 옆에 달걀을 쌓아놓고 책상이 무너질 정도로 압력을 가하면 책상이 부서지면서 그보다 약한 것도 모두 깨진다. 큰 기억질량을 한두 개 깨뜨리면 그보다 작은 기억질량이 모두 해체된다. 에너지를 많이 가진 기억이미지는 마음깊은 곳에 가라앉아 있어 마음표면에 잘 떠오르지 않는다. 그것을 마음표면으로 떠오르게 하는 방법은 간단하다. 알아차림 기능인 싸띠를 감각대상에 집중할 때 생긴 압력을 증폭해 마음공간에 가하면 마음깊은 곳에 가라앉아 있던 무거운 기억이미지가 마음표면으로 떠오른다. 이때 싸띠가 그것을 알아차림하면 기억이미지와 결합한 마음오염원이 해체되면서 기억질량이 감소한다. 이 방법은 쉽고 효과적일 뿐 아니라 반복성도 없다. 한 번 기억질량을 해체하면 더 이상 그 기억이미지에 구속되지 않고 그 영향력으로부터 자유롭다.

를 해체하기도 하고 마음공간 바깥에서 마음공간에 압력을 가해 기억이미지가 흡수한 에너지를 해체하기도 한다.

20. 붇다하는 알아차림 기능인 싸띠를 감각대상에 밀착고정해 1차로 압력[samādhi bala, 三昧力]을 얻고 싸띠를 이용해 그 압력을 마음공간에 재차 가하면 수십 배 증폭되고 그렇게 증폭된 압력으로 기억이미지와 결합된 마음오염원이 해체되는 것을 발견했다.

21. 붇다하는 싸띠와 싸마-다히를 이용해 마음무게(기억질량) 감소 원리와 기술을 발견했다. 그 이론을 마음과학, 기술을 싸띠수행이라고 규정했다*.

22. 붇다하가 보리수 아래서 발견한 것은 기억질량을 해체하고 지나온 삶의 영향력으로부터 벗어나 자유롭고 행복하게 사는 것이었다.

23. 그 순간 오른손으로 땅을 짚고 「내가 자유와 행복으로 가는 길을 발견했다[buddha, 佛陀, 覺者].」고 선언했다. 이것이 붇다하가 보리수 아래서 깨달은 내용이다*.

핵과 기억 질량

붇다하가 싸띠힘을 이용해 기억이미지가 흡수한 에너지 해체방법은 과학자가 핵 에너지를 조작하는 과정과 비슷하다. 원자핵은 중성자나 양성자와 같은 입자가 결합해있다. 입자가 어떤 비율로 결합되느냐에 따라 핵질량이 결정된다. 핵입자결합을 인위적으로 조절하면 핵 에너지를 변화할 수 있고 필요한 에너지를 얻을 수 있다. 핵입자결합을 인위적으로 조절하기 위해서는 많은 에너지가 필요하다.

기억질량도 비슷하다. 기억이미지와 욕망, 이기심, 분노, 적의, 원망, 서운함, 편견, 선입관, 가치관 등 마음오염원이 어떤 비율로 결합되느냐에 따라 기억질량이 결정된다. 이때 기억이미지와 결합된 마음오염원을 해체하기 위해서는 많은 압력이 필요하다. 그 압력을 만드는 것이 알아차림 기능인 싸띠. 싸띠가 감각대상으로 집중해 1차로 압력을 만들고 그 압력을 마음공간으로 재차 보내 압력을 증폭시킨다. 이렇게 증폭된 압력으로 기억이미지와 결합된 마음오염원을 해체한다.

강한 확신과 제스처

한국사람은 강한 확신이 들 때 무릎을 치면서 주장하고 인도사람은 오른손으로 땅을 짚고 주장한다. 붇다하가 보리수 아래서 마음 구조와 기능을 정확히 이해하고 기억에너지 흡수·해체 구조를 깨달았을 때 오른손으로 땅을 짚으면서 「자유와 행복으로 가는 길을 깨달았다. 마음공간에 존재하는 에너지 뭉침, 해체방법을 발견했다.」고 선언했다. 그 장면을 불상으로 조각한 것이 항마촉지인이다. 오른손은 땅을 짚고 왼손은 무릎에 올려놓은 모습이다.

24. 싸띠수행은 기억이미지를 없애는 것이 아니라 기억이미지가 흡수한 에너지 뭉침을 해체하는 것이다. 조금만 노력하면 기억이미지가 흡수한 에너지 뭉침(마음오염원)을 해체하고 맑고 아름다운 마음상태를 가꿀 수 있다*.

25. 싸띠수행이 지향하는 바는 마음 건강과 청정이기 때문에 몸의 정화나 건강함은 강조하지 않는다. 싸띠수행으로 마음을 건강하게 해 자유롭고 행복한 삶을 살사는 섯을 상소할 뿐이다.

26. 서양의학은 마음안정이 신체건강에 크게 영향미친다는 것을 잘 알고 있다. 뇌신경계, 심혈관계, 내분비계 등 거의 대부분 치명적인 질병은 마음에서 시작한다고 강조한다. 한의학은 몸의 병은 마음에 기인하기 때문에 마음을 다스려야 몸의 병도 다스릴 수 있다고 생각한다.

27. 최근에는 마음 정화, 안정, 건강, 에너지 등을 다루는 싸띠수행을 많이 주목한다. 우울증과 같은 몇몇 정신질환은 싸띠수행을 치료와 예방의학 차원에서 주목한다.

28. 신경조직이 외부충격으로 타격받으면 그 지점을 중심으로 에너지 뭉침이 형성된다. 몸상태가 좋거나 날씨가 쾌적할 때는 뭉쳐있던 에너지가 신경조직을 따라 분산되지만 몸이 피곤하거나 날씨가 좋지 않을 때는 분산됐던 에너지가 타격입은 지점으로 다시 뭉친다. 그러면 그 지점이 아프고 불편하다.

비포장도로

비포장도로는 차가 달릴 때 먼지가 많이 일어나지만 포장도로는 적게 일어난다. 질량을 많이 가진 기억이미지가 마음공간에서 활동하면 기억이미지가 활동한 흔적이 마음공간에 흩날린다. 그러나 싸띠수행으로 기억질량을 해체하면 포장도로에 차가 달려도 먼지가 적게 일어나듯 마음공간은 맑고 고요하다. 존재와 알아차림만 있을 뿐이다. 자기일을 할 뿐이다. 자기일에 충실할 때 그 모습이 참으로 멋있다. 이것을 금강경에서는 위의적정(威儀寂靜)이라고 한다.

29. 현 단계 동서양의학은 신경조직을 봉합하고 치료할 수는 있지만 신경조직에 착상한 에너지 뭉침을 발견하고 해체할 수 있는 이론과 기술이 없다.

30. 싸띠수행자는 오랫동안 수행하면서 알아차림 기능인 싸띠와 싸띠집중 기능인 싸마-ㄷ히가 향상하면 신경조직이 타격입을 때 형성된 에너지 뭉침이 해체되는 것을 발견했다.

31. 싸띠와 싸마-ㄷ히 힘을 강화하면 신경조직에 형성된 에너지 뭉침이 해체되고 신경조직이 정화된다. 물리운동이나 화학약품으로도 해결되지 않던 것이 싸띠와 싸마-ㄷ히 힘으로 신경조직 스스로 자가치료한다*.

32. 어디에 초점두고 출발점으로 삼느냐에 따라 강조점이 달라지고 전문분야가 나눠진다. 수행자는 마음 건강과 청정으로부터 출발하고 의사는 몸건강에서 출발한다.

33. 싸띠수행은 자유와 행복, 마음과 수행에 초점두고 출발했다. 붇ㄷ하도 몸이 아프면 지-봐까(Jīvaka, 耆婆)라는 주치의가 돌봐주었다.

전문가역할

전문가가 하는 일과 아마추어가 하는 일은 구분된다. 자동차 급발진에 관한 경우를 보면 차를 만든 회사가 급발진에 대한 원인을 규명하는 것이 아니라 자동차 사용자가 급발진에 대한 원인을 규명하라고 한다. 이것은 잘못된 것이다. 왜냐하면 자동차 사용자는 아마추어기 때문에 해당현상이 발생한 것을 경험했지만 왜 그런 현상이 일어났는지 잘 모른다. 그것은 자동차 전문가가 규명하고 설명해야 할 몫이다. 의료사고도 마찬가지다. 의료소비자인 환자는 전문가가 아니다. 그런데도 불구하고 환자가 의사과실을 규명하라는 것은 잘못이다. 신약도 비슷하다. 어떤 특이한 약효를 가진 물질을 발견해도 한국은 잘 인정하지 않는다. 심지어 무슨 법률조항을 들먹이고 구속까지 한다. 신약은 전문가만 개발해야 하는지 궁금하다. 사람이 살다보면 우연한 기회에 기발한 것을 발견할 수 있다. 그러면 전문가가 왜 그런 현상이 나타나는지 논리적으로 규명하고 인류 번영과 행복에 쓰이도록 해야 한다. 이것이 아마추어와 전문가 역할차이다. 한국은 이런 것을 근원적으로 막는 경향이 강하다. 관료무지 때문인지 그 방면 전문가가 선민의식, 권위주의, 생존문제가 결합해 대중을 무시하는 것인지 모르겠다. 미국은 새로운 약효를 가진 물질을 발견하면 정부가 면밀히 검토해 타당성이 있으면 즉각 임상실험한다. 중국은 가문에 전해진 처방이 타당성있고 임상실험으로 유효성이 검증되면 그 사람을 의사로 인정한다. 그들은 의사가 병고치는 것이 아니라 병고치는 것이 의사라는 확고한 믿음을 갖고있다. 대개 의사는 스스로를 과학자라고 생각한다. 그러나 때로는 가장 비과학적일 때도 있다.

34. 붇ㄷ하는 해당분야 전문가를 통해 도움받는 것이 현명한 자세라고 보았다. 마음다루는 것은 붇ㄷ하나 수행자가 전문가고 몸다루는 것은 의사나 그 분야 전문가다*.

8. 홀로서기

1. 대부분 사람은 자기가 자기삶의 주인공이기보다 어떤 존재에 종속돼 사는 경우가 많다.

2. 어려서는 부모, 학생 때는 진학, 성장한 뒤는 출세나 가정꾸리는 것이 삶을 지배한다. 자동차나 모바일폰 등 삶에 유용한 도구를 사용하지만 그 부속품으로 사고하고 행동하기도 한다. 사람이 필요해서 신을 창조했지만 도리어 신의 노예로 전락했다.

3. 자기가 자기삶의 주체고 주인공되지 못할 때 삶은 초라해진다. 자기문제에서 소외되고 다른 존재에 의존할 때 삶은 당당하지 못하고 궁색해진다.

4. 내 인생은 나의 것이다. 누구도 대신할 수 없다. 오직 한 번뿐인 삶을 자기의지와 상관없이 다른 존재에 의존하고 검증되지 않은 가설에 따라 살기에는 삶이 너무 짧고 소중하다. 자기 스스로 자기삶의 주인공으로 살 때 당당하고 여유롭고 홀로설 수 있다. 그런 삶이야말로 자유와 행복으로 가

항가 가운데 찬기파랑가(讚耆婆郎歌)가 있다. 기파(耆婆)라는 화랑을 찬탄한 노래다. 아마도 이때 기파는 의료기술을 가진 화랑이 아닌가 생각된다. 붇ㄷ하 주치의 자-봐까를 존경해 이름을 그렇게 지은 것 같다. 그 당시에도 군의관이 존재했는지 몰라도 전쟁도 사람일이라 아마도 부상병 치료하는 의사가 필요했을 것이다.

는 유일한 길이다.

5. 싸띠수행으로 마음에너지가 충만하면 홀로설 수 있고 당당하게 행동할 수 있다. 붇다하는 큰 고함소리에 놀라지 않는 사자처럼 당당하고, 그물에 걸리지 않는 바람처럼 자유롭고, 흙탕물에 물들지 않는 연꽃처럼 초연하게 살라고 주문했다.

6. 대개 사람은 접촉을 피하려고 한다. 그러나 삶을 마감하는 순간까지 접촉은 피할 수 없다. 접촉을 피할 것이 아니라 접촉 다음에 일어나는 마음작용에 구속되지 않고 자유롭고 당당하게 사는 것이 핵심이다.

7. 당당함과 홀로서기 핵심은 알아차림이다. 어떤 일을 하든 어떤 상황에 처하든 그것을 온전히 자각하고 스스로 주체가 돼 판단하고 행동하는 것이 중요하다.

8. 사람이 살면서 자기가 하고싶은 일만 하고 살 수는 없다. 때로는 불편한 일도 할 수 있고 어떤 때는 일탈행위를 하기도 한다. 그러나 어떤 경우라도 자기가 하는 일을 스스로 자각하고 깨어있어야 한다.

9. 붇다하는 알아차림하고 깨어있는 것은 뜨거운 쇳덩이를 알고잡으면 적게 데이지만 모르고 잡으면 많이 데이는 것과 같다고 말했다.

10. 알아차림 기능인 싸띠힘이 약하면 감각대상에 구속되지만 강하면 홀로설 수 있다. 싸띠수행을 가지고 놀다보면 어느새 당당하고 자유롭고 초연한 자기자신을 발견할 수 있을 것이다*.

텅 빈 충만

많은 의미를 함축하면 꽉 찬 충만으로 다가오지만 입력된 데이터 없이 압축만 하면 단순무식해진다. 무식함과 현명함은 한 치 차이다. 화려하게 꾸미는 것도 매력이지만 꼭 필요한 것만 갖춘 단출함이 멋이기도 하다. 아마추어 목수와 프로 목수 차이는 못 박는 개수라고 한다. 아마추어는 열 개 박고도 미심쩍어하지만 프로는 한두 개 박고 돌아선다. 초식이 화려하다고 싸움 잘 하는 것은 아니다.

9. 지혜로운 삶

1. 붇다하는 존재에 내재한 실재, 법칙, 본질, 진리를 볼 수 있는 안목인 빤냐-를 중시했다.

2. 실재를 있는 그대로 보는 것이야말로 어둠에서 밝음으로, 혼돈에서 정돈으로, 무지에서 정지로, 구속에서 자유로, 고통에서 행복으로 가는 올바른 길이다*.

3. 사람은 삶의 과정에서 이전세대가 경험하고 축적한 데이터를 이전받고 새로운 데이터를 생산해 삶에 유용하게 사용하고 다음세대로 이전한다.

4. 인류지혜는 끊임없이 성장발전한다. 사람은 데이터를 가공해 이전에 모르고 있던 것에 대해 분명한 앎을 획득할 수 있지만 데이터 유통과정에

앎의 종류

불교경전은 앎에 관한 다양한 용어가 등장한다. 간략히 살펴보면 다음과 같다.

① vijjā(明): 앎, 객관, 과학, 사실, 논리, 있는 그대로 등 의미다. 반대가 avijjā(無明)다. 주관, 비과학, 비논리, 자기입장 등의 의미다.
② ñāṇa(智, 知): 존재나 상황을 분석, 사유, 논리로 이해한 것, 분석지란 의미다.
③ vitakka(尋): 사유하다란 의미다.
④ ceto pariya ñāṇa(他心通): 마음으로 아는 능력이란 의미다. 이심전심이다.
⑤ abhisambuddha(圓滿自覺): 스스로 올바르게 알다란 의미다.
⑥ abhiññā(證得): 체험으로 알다란 의미다.
⑦ bujjhati(覺): 모르던 것을 알다, 발견하다란 의미다. 완료형(명사)이 buddha(佛陀, 覺者)다. 발견자란 의미다.
⑧ sati(念): 마음거울에 맺힌 상을 알아차림하다란 의미다. 싸띠수행 핵심도구다.
⑨ sampajāna(自知): 행동하기 전에 일어난 의도를 알아차림하다, 결과를 파생한 원인을 알아차림하다란 의미다. 싸띠수행 핵심도구다.
⑩ paññā(般若, 慧): 존재나 상황을 직관, 전체, 유기로 이해한 것, 직관지란 의미다. 존재나 상황을 전체, 맥락, 흐름으로 이해하는 의미다.
　　sati가 한 점이고, sampajāna는 선이나 면이고, paññā는 입체로 이해하는 능력이다.

서 치밀하게 가공해 양과 질이 높아지기도 하고 양은 늘지만 거품이 끼고 순도가 떨어져 쓰레기 데이터가 되기도 한다.

5. 사람은 학습으로 이전에 모르는 것으로부터 자유로워졌지만 자기가 아는 것에 철저히 구속된 것도 사실이다. 누구나 자기가 아는 앎의 범위에서 사고하고 행동한다.

6. 자기가 이미 알고있는 것으로부터 벗어나야 더 넓고 깊은 앎을 획득할 수 있다. 아는 것으로부터 자유로울 때 새로운 세계가 열린다. 항상 아는 것으로부터 자유로운 사람이 인류에게 새로운 방향을 제시했다.

7. 현재문제를 해결하기 위해서는 현재수준으로는 불가능하다. 그렇기 때문에 현재문제를 해결하기 위해서는 기존에 알고있던 모든 지식을 내려놓고 새로운 사고와 차원으로 접근해야 한다. 그래야 답을 얻을 수 있다.

8. 싸띠수행으로 데이터에 낀 거품을 걷어내면 앎의 순도를 높일 수 있고 자기가 이미 알고있는 것으로부터 자유롭게 된다. 그러면 편견, 선입관, 가치관, 지나온 삶의 흔적 등으로부터 벗어나 존재를 넓고 깊게 이해할 수 있는 맑은 지혜가 열리고 깊이를 알 수 없는 자비가 나온다.

9. 붇다하는 사실에 기초할 것, 논리로 설명할 수 있을 것, 현실적으로 보여줄 수 있을 것, 구체적으로 증명할 수 있는 것 등을 진리 또는 올바른 앎이라고 했다*.

10. 붇다하가 말한 진리, 올바른 앎, 지혜로운 안목은 상식으로 사유, 판

주장, 이론, 법칙

자기생각을 말하는 것을 주장이라고 한다. 자기생각을 논리와 체계를 갖춰 말하는 것을 이론이라고 한다. 이론은 주장의 다른 이름이다. 이론은 실천으로 증명된 것이 아니라 단지 그럴 것이라고 논리를 사용해 주장한 것이다. 그래서 이론은 가설이라고도 한다. 실천을 통해 주장이나 이론의 유효성이 검증되면 법칙이라고 한다. 이론과 법칙은 다르다. 이론은 그럴 것이라고 주장하는 것이고 법칙은 실천으로 유효성이 검증된 것이다. 법칙을 진리라고도 한다.

단, 행동하는 것이다. 사실에 기초해 존재에 내재한 실재, 본성, 법칙 등을 있는 그대로 이해하고 행동하는 것이야말로 존재나 세상을 올바로 보는 것이다.

11. 사람은 마음거울에 맺힌 상에 뭔가 특별한 것이 있을 것으로 생각한다. 그러나 존재에 특별한 것이 있을 것이라는 생각이 잘못이다. 존재는 존재일 뿐이다. 존재를 바라보는 사람마음에 내재한 편견과 선입관 등 관념이 답을 결정한다*.

12. 어떤 경우는 존재가 답을 가지고 있는 경우가 있고 어떤 경우는 존재를 인식하는 사람이 답을 결정하는 경우도 있다.

13. 일반물질과 같이 존재가 답을 갖고있는 경우가 있다. 대개 자연과학은 일반물질에 내재한 답을 찾아내는 것을 중심영역으로 삼는다.

14. 존재를 어떤 관점으로 보고 어떻게 이해하고 어떤 목적으로 사용할지를 정할 때는 인식하는 사람이 존재에 의미를 부여하고 답을 결정한다.

진리와 유효성

진리는 객관사실에 기초해 실천으로 유효성을 검증한 것이다. 실천으로 유효성을 검증하면 법칙, 올바른 앎, 진리라고 한다. 유효성 검증도구가 과학이다. 객관사실에 기초하지 않고 실천으로 유효성을 검증받지 않은 것은 현 단계에서 비진리, 가설, 이론, 주장이라고 한다.

대개 진리를 믿는다고 하지만 진리일 거라는 믿음을 믿는 경우가 많다. 진리는 객관사실에 기초하지만 믿음은 확신과 주장에 기초한다. 진리일 것이라는 믿음을 믿는 것이 어리석은 믿음, 미신이다. 그런 의미에서 종교는 미신이다.

붇다하는 주관확신에 기초한 것, 객관사실로 증명되지 않은 것, 논리로 설명할 수 없는 것, 현실로 보여줄 수 없고 증명할 수 없는 것을 잘못된 앎 또는 미신이라고 규정했다. 붇다하는 전생이나 내생이 있고, 윤회나 영혼이 있고, 신과 같은 절대자가 있고, 사주팔자가 있고, 운명은 태어날 때부터 결정돼 있다는 주장이나 견해 등은 개인확신에 기초한 것이고 객관사실로 증명된 것이 아니라고 보았다.

현 단계에서 증명되지 않은 것은 거짓은 아닐지 몰라도 참은 아니다. 현실적으로 증명할 수 없는 것은 말하지 않는 것이 현명하다. 결정할 수 없는 것을 결정하는 것이 잘못이고 말할 수 없는 것을 말하는 것이 문제다. 결정할 수 있는 것만 결정하고 결정할 수 없는 것은 그대로 두는 것이 지혜다. 이런 태도가 무지와 혼돈을 넘어 정지와 정돈으로 가는 본질이다. 알고있는 모든 것을 내려놓고 그것으로부터 자유로울 때 실재를 있는 그대로 볼 수 있는 안목이 열린다. 그래야 비로소 자유로운 삶, 청정한 삶, 행복한 삶, 공존하는 삶을 살 수 있다.

미학 등 인문과학이나 싸띠수행 등 마음과학은 이것을 중심영역으로 삼는다.

15. 붇다는 사람이 살면서 형성된 편견, 선입관, 가치관에 기초해 감각 대상을 구분하고 차별하고 집착함으로써 모든 괴로움이 발생한다고 보았다.

16. 붇다는 특정 가치관에 집착해 존재를 구분하고 차별하고 집착하는 것이야말로 사람을 고통스럽고 불만족스럽고 불행하게 하는 근본요인이라고 보았다.

17. 존재를 분석, 사유, 논리로 체계화해 이해하는 것을 분석지라고 한다. 분석지는 현대문명을 이룩한 토대지만 유통과정에서 거품이 많이 낀다. 대부분 데이터를 책이나 강의 등으로 간접적으로 전달하다보니 양은 많지만 질이 왜곡될 수 있다.

18. 존재를 분석해 이해한 것이 지식이다. 지식은 분석, 사유, 논리 도구로 다룬다. 지식은 치밀하게 분석하고 깊이 사유하고 체계로 논리세우는 것을 통해 성장한다.

19. 존재에 의미와 가치를 부여하고 존재를 어떻게 사용할 것인지를 이해한 것이 지혜다. 지혜는 분석, 사유, 논리로 체계화하지 않고 일체관념을 배제하고 존재를 있는 그대로 이해하는 것으로 성장한다.

20. 붇다는 앎에 낀 거품을 제거하고 있는 그대로 존재를 볼 때 올바른 앎을 획득할 수 있다고 보았다. 앎에 낀 거품은 막가파라를 성취하고 닙바-나를 체험하면서 뽑힌다. 그래야 있는 그대로 존재를 볼 수 있는 안목이 열린다. 이것을 붇다는 깨침[Buddha, 佛陀, 覺者] 또는 혜해탈(paññā vimutti, 慧解脫)이라고 했다.

21. 막가파라에 들어 닙바-나를 통과하고 마음숙면상태[nibbāna, 涅槃,

寂滅]를 경험하면서 앎에 낀 거품이 뿌리뽑히고 앎에 구조조정이 일어난다. 비로소 기존에 알고있던 것으로부터 자유롭게 된다. 그러면 세상이 새롭게 보이고 앎과 삶에 혁명이 일어난다. 존재는 존재할 뿐이다. 단지 존재를 인식하고 이해하는 사람 앎과 마음이 바뀌었을 뿐이다.

22. 존재를 내식대로 이해하는 무명이 뿌리뽑히지 않은 상태의 앎은 편견, 선입견, 가치관이 개입된 앎이다. 막가파라를 성취하고 닙바-나를 체험하라고 강조하는 것은 그것이 목적이 아니라 막가파라에 들고 닙바-나를 체험하면서 무명이 뿌리뽑히고 앎의 해방과 삶의 해방이 이뤄지기 때문이다.

23. 고통이 괴로움형태로만 오지 않듯 기쁨이 즐거움형태만으로도 오지 않는다. 존재에 속지 않고 존재에 내재한 실재를 볼 수 있는 빤나-를 갖추는 것이 자유와 행복으로 가는 데 중요하다.

10. 공존하는 삶

1. 자연은 많은 존재가 어울려 산다. 수많은 존재가 함께 하지만 같은 것은 아무것도 없다. 서로 다름을 개성과 다양성으로 인정하고 함께 공존한다. 이것이 잡화세계(雜華, 華嚴)고 어울림의 아름다움이다.

2. 모든 존재가 함께 공존하기 위해서는 공존원칙이 필요하다. 그것이 평등과 평화[hetu phala, 因果], 이해와 배려[metta karuṇā, 慈悲], 자유[vimokkha, 解脫]와 행복[nibbāna, 涅槃, 寂滅]이다.

3. 삶의 과정이 평등하고 평화로울 것, 노력한 것에 상응하는 대가가 노력한 사람에게 돌아갈 것, 다른 존재를 이해하고 배려할 것 등이 붇다가

생각한 공존원칙이다.

4. 평등해야 평화롭게 살 수 있다. 모든 것은 사회적으로 생산된다. 생산은 사회적으로 했는데 분배와 소유가 개인적으로 이뤄지면 문제가 발생한다. 그래서 생산정의뿐만 아니라 분배, 소비, 소유 정의도 중요하다.

5. 어떤 일을 하든 존재에 대한 이해와 배려가 필수적이다. 존재에 대한 이해와 배려없이는 아무리 능력있고 일을 잘 하고 상황파악이 뛰어나도 그것만으로는 부족하다.

6. 삶은 홀로 독립적으로 살 수 없다. 다른 존재와 함께 공존하는 것이 삶의 실재라면 무엇보다 먼저 존재에 대한 여유로운 이해와 따뜻한 배려가 있어야 한다. 이것을 붇다하는 자비라고 했다. 결국 사람이 핵심이다.

7. 붇다하는 자기가 가진 능력을 필요한 존재에게 제공하는 것을 배려 혹은 자비라고 했다. 자기능력을 발휘하는 것은 자아실현이지만 자기에게 집중된 에너지를 다른 존재와 함께 공유하는 것은 의미있고 가치있는 일이다.

8. 서로 관계맺고 조건지어진 존재라면 함께 공존하는 것이 최상의 삶의 방식이다. 나만 잘 먹고 잘 살면 그만이라는 생각은 지극히 위험하고 옹졸한 발상이다. 다른 존재가 생존할 수 없다면 나 또한 살 수 없는 것이 자연이치다.

9. 붇다하는 모든 존재는 시공을 통해 끊임없이 변하기 때문에(無常) 어느 특정존재를 나 또는 나의 것이라고 경계를 정할 수 없다(無我)고 보았다. 관계된 모든 존재가 함께 공존하려는 삶의 태도는 붇다 가르침 핵심이다.

11. 마음과학(Cittology, 心學)

1. 붇다하는 마음을 분석대상이 아니라 변화대상으로 보았다. 마음변화 이론과 기술이 마음과학 (Cittology, 心學)과 싸띠수행(sati, 念)이다*.

2. 마음에 내재한 법칙성을 규명하고 본성을 이해하는 것은 마음변화를 위한 수단이지 분석과 이해가 목적은 아니다.

3. 마음과학은 마음작동 원리를 이해하고 설명한다. 마음과학에서 밝힌 원리에 따른 마음관리 기술이 싸띠수행이다.

4. 심리학(psychology, 心理學)은 마음작동 과정을 설명하지만 정작 중요한 마음작동 원리를 설명하지 못한다. 그것은 마음구성인자, 마음 구조와 기능, 마음화학반응, 마음물리특성 등을 올바로 이해하지 못했기 때문이다.

5. 마음과학은 마음작동 과정뿐만 아니라 마음작동 원리를 올바르게 이해했기 때문에 마음을 효과적으로 관리하고 변화시킬 수 있다.

6. 기존 불교수행은 수행으로 깨달음을 성취하자고 주장하지만 정작 수행이 이뤄지는 원리와 기술을 설명하지 못한다.

7. 붇다하 정통 싸띠수행은 수행으로 막가파라에 들어 닙바-나를 성취하고 기억이미지와 결합된 마음오염원을 제거하고 맑고 아름다운 마음상태

강단불교 실수

오늘날 대학과 같은 강단불교가 범한 오류가 마음을 분석대상으로 삼고 접근한 것이다. 이런 접근은 부파시대에 많은 수행자가 500년 이상 시도했지만 결국 실패했다. 마음을 분석하는 것으로는 어떤 경우든 자유와 행복으로 갈 수 없다. 마음을 변화시킬 때만이 자유, 청정, 행복, 공존으로 갈 수 있다. 이것이 마음 실체이자 본성이다. 오늘날 서양에서 마음다루는 심리학, 뇌다루는 뇌과학, 정신의학 등이 어느 정도 그 성과를 거두고있지만 한계에 직면한 근본요인 가운데 하나는 마음을 일반물질처럼 분석대상으로 삼았기 때문이다. 불교는 이런 것을 이미 2300여 년 전에 경험했다. 그리고 철저히 실패했다.

를 유지하는 것이 자유와 행복으로 가는 올바른 길이라고 보았다.

8. 붇다하는 마음다룰 때 개인 경험이나 확신에 기초하지 말고 마음에 내재한 실재, 법칙, 진리를 이해하고 그것에 기초해 다루는 것이 유효성이 크다고 보았다.

9. 자연과학자는 연구실에서 현미경 등 다양한 계측도구를 사용해 존재에 내재한 법칙, 본성, 진리를 규명해 삶에 유용한 도구를 만들어 사용한다.

10. 마음다루는 싸띠수행자는 선실방석에서 알아차림 기능인 싸띠와 싸띠집중 기능인 싸마-디히를 강화해 마음에 내재한 법칙, 본성, 진리, 실재를 이해해 마음을 효율적으로 관리해 자유와 행복으로 가는 길을 닦는다.

11. 싸띠수행자는 마음이 가진 법칙에 기초해 산란하고 들뜬 마음을 고요하고 평화롭게, 오염된 마음을 맑고 아름답게, 지치고 무기력한 마음을 활기차고 건강하게, 어리석고 무지한 마음을 밝고 지혜로운 마음으로 변화시켜 자유롭고 청정하고 행복하고 공존하는 삶을 누린다.

12. 마음과학은 마음변화 원리와 법칙을 규명하고 싸띠수행은 마음과학에서 규명한 원리와 법칙성에 기초해 구체적으로 마음변화 기술을 사용해 마음을 변화시킨다. 그런 의미에서 싸띠수행은 마음공학이다*.

13. 마음과학과 싸띠수행을 창시한 붇다하는 마음을 분석과 이해 대상이 아니라 변화와 실천 대상으로 보았다. 그래서 마음작동 과정이 아니라 마음작동 원리를 규명하려고 노력했고 드디어 마음작동 원리를 완전히 이해

마음성형

싸띠수행으로 마음변화시키는 것은 칼을 사용해 몸을 고치는 것에 비유해 마음성형이라고 한다. 미학은 아름다움과 추함을 다루고 윤리학은 선과 악을 대상으로 한다. 목수는 나무를 다루고 치과는 이를 대상으로 한다. 싸띠수행은 마음과 수행, 자유와 행복을 대상으로 한다.

하고 기술을 완성했다*.

14. 마음은 일반물질로부터 파생된 물질이기는 하되 일반물질과는 차원을 달리하는 고차원 복합화합물이다.

15. 마음과 같은 특수물질을 다룰 때는 일반물질 다루듯 분석, 사유, 논리로 다루면 소용없다. 마음은 분석, 사유, 논리를 압축해 다루는 직관기법을 사용해야 한다. 그래야 유효성이 있다. 그 중심에 붇다하가 만든 마음과학과 싸띠수행이 있다.

원리와 기술

행동과정을 설명하는 것과 행동원리를 설명하는 것은 엄청난 차이다. 어떤 존재가 「A 지점에서 B 지점」으로 이동한 과정은 쉽게 설명할 수 있다. 그러나 어떤 원리에 의해 그렇게 운동했는지 설명하는 것은 쉽지 않다. 운동 과정보다 원리를 설명할 수 있으면 과학은 획기적으로 발전하고 삶에 혁명이 일어난다. 17세기 이전 과학은 운동과정을 설명할 수 있었지만 17세기 이후 과학은 운동원리를 찾아내는 데 주력했다.

마르크스 이전 철학은 운동과정을 설명했다면 이후 철학은 운동원리를 설명했다. 그래서 마르크스는 자기이전 철학은 존재를 분석하고 설명하는 데 주력했지만 자기는 존재변화에 초점두고 실천한다고 주장했다. 그리고 세계 절반을 변화시켰다.

인도에서 붇다하가 창안한 Cittology(心學, 마음과학), sati(念, 싸띠수행)와 서양에서 창안한 psychology(心理學) 차이는 단순하고 명백하다. 심리학은 마음을 분석과 이해 대상으로 삼고 마음작용을 설명하려고 했지만 마음 작동 원리를 올바르게 알지 못했다. 그러나 붇다하는 마음작동 원리를 올바르게 이해하고 마음변화 도구를 개발했다. 붇다하는 마음구성인자, 마음 구조와 기능, 마음화학반응, 마음물리특성, 마음작용, 마음변화 도구 등을 상세하고 구체적으로 이해하고 설명했다.

6장

행복으로 가는 길

project

1. 괴로움제거

2. 만족한 삶

3. 자유로운 삶

4. 건강한 마음

5. 열린 마음

6. 도전과 극복

7. 올바른 길

8. 노력하는 삶

check point

여기서는 붇다하가 지향한 자유로운 삶, 청정한 삶, 행복한 삶, 공존하는 삶에 대한 이론과 방법을 배우고 익힌다.

1. 괴로움제거

1. 많은 사람은 즐거움을 추구해 행복으로 가려고 한다. 그러나 붇다하는 즐거움보다 괴로움제거가 행복에 더 직접적이라고 보았다.

2. 누구나 자유롭고 행복하게 살기원하지만 모두 자유롭고 행복하게 살 수 있는 것은 아니다. 자유의 행복도 다른 것과 마찬가지로 신이 베푸는 것이 아니라 스스로 노력하고 성취하고 누리는 것이다.

3. 사람은 흔히 즐거움이 부족해 행복하지 못하다고 생각한다. 그래서 불만족스럽거나 괴로운 일이 있으면 즐거움으로 괴로움을 벗어나려고 노력한다*.

4. 그러나 붇다하 생각은 달랐다. 붇다하는 괴로움은 즐거움부족이 아니라 괴로움 때문이라고 보았다. 즐거움부족 때문에 불행한 것이 아니라 괴로움 때문에 행복하지 못하다고 보았다*.

5. 즐거움은 그 속성이 맑고 부드럽지만 괴로움은 탁하고 날카롭다. 한두 방울 먹물이 맑은 물 전체를 흐리듯 하루 종일 즐겁다가도 귀에 거슬리는 한두 마디 말이 모든 즐거움을 날려버린다.

6. 이것이 괴로움속성이다. 그렇기 때문에 마음공간을 즐거움으로 채우

괴로움실재

붇다하는 미가다-야에서 5비흑쿠에게 최초로 수행지도하면서 설한 것이 괴로움 실재를 통찰하자는 것이었다. 그것이 고집멸도, 4성제다. 붇다하가 주제로 제시한 것은 '삶이 고통이다.'가 아니라 괴로움실재를 통찰하고 그 원인을 해소함으로써 괴로움을 제거할 수 있다는 것이었다.

괴로움이 문제다

흔히 인생은 괴롭다고 한다. 그러나 붇다하는 삶 전체가 괴로운 것이 아니라 괴로움이 문제라고 보았다. 인생전체가 괴롭다면 굳이 수행할 필요가 없다. 수행한 인생도 인생이고 수행하지 않은 인생도 인생이기 때문이다.

는 것 못지않게 괴로움제거가 행복에는 더 직접적이다.

7. 붇다하는 즐겁지 않아도 좋지만 괴롭지만 않다면 세상은 살 만하다고 생각했다. 그래서 행복으로 가는 출발점을 괴로움제거로 삼았다*.

8. 괴로움은 초점이 하나지만 즐거움은 전선이 복잡하다. 괴로움은 특징이 분명하고 단순하지만 즐거움은 복잡하고 주관적이기 때문에 각자 취향에 따라 알아서 해소해야 한다.

9. 수행도량인 아-라-마는 마음갈증과 괴로움해소 공간이다. 몸과 마음에 즐거움을 제공하는 곳은 많다. 즐거움은 그런 곳을 이용해 해소할 수 있다.

10. 괴로움발생은 여러 가지 유형이 있고 그 원인에 따라 해소하는 방법도 달라야 한다*.

11. 법, 제도, 관습 등이 잘못돼 괴로움을 당할 때는 정치행위, 사회참여 활동을 통해 잘못된 법, 제도, 관습 등을 고쳐야 한다. 이것이 잘못돼 고통

괴로움과 즐거움

사람은 몸이 아파도 돈이 없어도 권력을 상실해도 공부가 되지 않아도 사랑하는 사람이 떠나도 괴롭다고 한다. 괴로움은 전선이 단순하고 자기가 느끼는 괴로움만 제거해달라고 한다.

즐거움은 전선이 복잡하고 주관적이다. 어디 놀러가자고 하면 사람마다 제각각이고 의견을 하나로 모으기가 힘들다. 그것은 즐거움은 취향이 각자 다르기 때문이다.

병원과 아-라-마

병원은 몸에 생긴 괴로움해소 공간이다. 병이 몸에 생겨 괴로울 때는 병원에서 의사로부터 도움받을 수 있고 몸에 생긴 괴로움을 효과적으로 제거할 수 있다. 그러나 몸과 마음에 즐거움을 제공할 때는 병원으로 가면 효과가 없다. 왜냐하면 그곳은 즐거움을 제공하는 곳이 아니라 괴로움을 제거하는 곳이기 때문이다. 즐거움을 제공하는 곳은 놀이공원부터 도처에 많다.

마음닦는 수행도량인 아-라-마는 마음에 생긴 괴로움해소 공간이다. 욕망이나 분노, 마음갈증 등으로 마음이 괴로워 힘든 사람은 아-라-마에 오면 많이 도움받을 수 있다. 그러나 마음에 즐거움을 담으려는 사람은 아-라-마에 오면 싱거울 것이다. 왜냐하면 아-라-마는 즐거움을 제공하는 곳이 아니라 괴로움제거 공간이기 때문이다.

받을 때는 수행으로 해소할 수 없다.

12. 법, 제도, 관습 등을 바로잡는 것은 수행자만의 몫은 아니다. 그것은 사회구성원 모두 일이다. 이것은 다른 단체와 연대해 해결해야 한다.

13. 욕망, 이기심, 분노, 적의, 원망, 서운함, 편견, 선입관, 가치관 등이 마음공간에 넘쳐 불편할 때는 싸띠수행으로 마음오염원을 제거해 괴로움을 해소할 수 있다.

14. 자기마음 상태에 문제가 발생해 불편할 때는 1차로 자기자신이 해결해야 한다. 이 문제는 붇다하가 와도 대신해줄 수 없다. 다른 사람이 할 수 있는 일은 마음을 건강하고 평화롭게 가꾸는 것의 중요성에 관해 말해줄 뿐이다.

15. 법이나 제도가 잘못된 것을 바로잡는 단기적, 구체적, 직접적, 현실적 수단은 참여와 연대로 가능하다. 그러나 장기적, 본원적, 근원적 수단은 그런 법이나 제도를 만든 사람 마음에 존재하는 욕망, 분노, 편견 지수를 낮추는 것이다.

16. 붇다하가 다뤘던 중심주제는 마음공간에 넘치는 탐진치 3독심으로 인해 발생한 마음괴로움을 싸띠수행으로 제거하는 것이었다.

17. 붇다하는 미가다-야에서 5비힉쿠에게 행한 최초 수행지도에서 4성제를 설명하고 싸띠수행은 괴로움을 제거해 행복으로 가는 도구라고 말했다. 그 구체기술이 8정도다*.

넘치는 붇다하

초전법륜경에 따르면 붇다하는 붇다가야 보리수 아래서 최초로 아라한뜨 막가파라를 성취한 후 그곳에 2개월 정도 더 머물다 260km 정도 떨어진 미가다-야로 가서 5비힉쿠에게 수행지도했다. 그곳으로 가는 도중 가야부근에서 아지봐카 교도인 우빠까(Upaka)를 만났다. 그는 붇다하를 보고 「당신 피부색은 밝고 안색은 맑습니다. 누구를 스승으로 모시고 어떤 수행을 합니까?」 하고 질문했다. 이때 붇다하는 많이 오버한다. 붇다하는 자기는 모든 것을 성

2. 만족한 삶

1. 많은 사람은 욕망을 충족해서 행복으로 가려고 한다. 그러나 붇다하는 만족지수를 높여 행복으로 가는 것이 올바른 길이라고 보았다.

2. 사람은 어느 정도 바람이나 욕망을 추구하고 산다. 자기가 원하는 만큼 충족하면 행복해하지만 그렇지 못할 때는 괴로워한다. 한 걸음 물러나 보면 욕망이나 이기심을 추구해 행복으로 가는 것은 힘들다*.

3. 욕망은 충족하기도 힘들고 욕망을 충족하는 과정에서 겪는 긴장, 갈등, 스트레스는 몸과 마음을 더 지치게 한다. 하나의 욕망을 충족하면 또 다른 욕망이 생긴다. 그렇게 새로운 욕망은 끊임없이 일어난다.

4. 더 중요한 사실은 욕망을 충족해줄 물질은 어디에도 없다는 사실이다. 실상이 그렇다면 욕망을 충족해 행복으로 가는 것은 처음부터 어리석고 잘못된 일이다.

5. 붇다하는 물질부족이 아니라 채워지지 않는 욕망 때문에 불행하고 물

취한 사람이라고 확신에 찬 목소리로 말했다. 그러자 우빠까가 말했다. 「벗이여! 당신이 말한 대로 그렇게 되었으면 좋겠군요.」 하고 말하고 머리를 흔들며 옆길로 갔다.

붇다하가 최초로 한 법문이 보기 좋게 실패했다. 이유가 뭘까? 이것이 미가다-야로 가는 길 내내 붇다하 직면한 화두였다. 미가다-야에 도착한 붇다하는 5ㅂ힉쿠에게 수행지도할 때는 진리에 대해 한 마디도 하지 않고 자유와 행복을 주제로 수행지도했다. 그러자 대중은 비로소 붇다하 가르침에 귀기울이기 시작했다. 세상사람은 진리에 대해 별 관심없다. 대부분 사람이 관심갖는 것은 삶과 행복이다. 붇다하는 최초법문이 실패하고 나서 비로소 그것을 터득했다. 미가다-야에서 행한 수행지도는 최초로 성공한 법문으로 기록해야 한다.

기도본질

기도는 그 본질상 신에게 뭔가 이뤄달라는 바람을 드러내는 과정이다. 바람, 갈애, 욕망, 탐욕, 집착 등은 모두 탐심에 기반 둔 개념인데 강도에 따라 달리 표현한 것이다. 불교수행자가 기도를 권한다면 영험 있고 없고를 떠나 그것은 붇다하 가르침을 부정한 것이다. 붇다하는 욕망지수를 낮추고 만족지수를 높여 행복으로 가는 것이 올바른 길이라고 가르쳤다. 싸띠수행은 마음오염원을 제거하는 것이고 기도는 마음공간에 욕망채우는 과정이다.

질이 아니라 만족하지 못하는 마음이 문제라고 보았다.

6. 그렇기 때문에 욕망과 이기심이 요구하는 대로 수요를 공급할 것이 아니라 절제하고 만족지수를 높이는 것이 행복으로 가는 핵심이다.

3. 자유로운 삶

1. 많은 사람은 접촉과 구속을 통해 행복으로 가려고 한다. 그러나 붇다하는 자유로움을 통해 행복으로 가는 것이 현명한 길이라고 보았다.

2. 붇다하는 구속만큼 고통지수는 증가하고 자유만큼 행복지수는 높아진다고 보았다. 자유롭고 초연하고 당당하고 여유로운 마음상태는 삶의 질을 높여준다.

3. 사람은 좋은 느낌을 주는 존재와 접촉하고 속박됨으로써 행복할 것이라 생각하고 그런 존재를 찾아다닌다. 그러나 붇다하는 어떤 종류의 구속이라도 마음을 오염하는 아-싸봐라는 마음오염물질(貪嗔痴 三毒心)을 만드는데 이것이 삶을 고통스럽게 만드는 주범이라고 보았다.

4. 미움과 증오뿐만 아니라 사랑과 애정에 속박되는 것도 집착이다. 대개 미움과 증오보다 사랑과 애정이 좋다고 생각하기 쉽다. 그러나 존재에 집착하고 구속되는 점에서는 동일하다.

5. 좋은 존재를 접하면 취하려하고 싫은 존재를 만나면 밀쳐내려고 한다. 이것은 선악문제가 아니라 사람본성이다. 그렇기 때문에 접촉대상을 좋게 하는 것만큼 접촉 다음에 일어난 느낌으로부터 자유로워져야 한다.

6. 사람이 살아있는 한 감각접촉으로부터 자유로울 수 없다. 그러나 접촉 다음에 일어나는 마음작용으로부터 자유로운 것은 조금만 노력하면 가

능하다.

7. 붇다하는 욕망, 이기심, 분노, 적의, 원망, 서운함, 편견, 선입관, 가치관 등 마음오염원으로부터 벗어난 자유즐거움[vimokkha sukha, 解脫樂]이야말로 진정한 행복이라고 보았다.

8. 붇다하는 보리수 아래서 아라한뜨 막가파라를 성취하고 닙바-나를 체험한 후 두 달 정도 해탈락을 누렸다.

4. 건강한 마음

1. 사람은 물질영역이나 접촉대상을 좋게 해 행복으로 가려고 한다. 그러나 붇다하는 감각접촉 다음에 일어나는 마음작용을 맑고 건강하게 가꿔야 느낌이 좋게 일어나고 행복에는 더 본질적이라고 보았다.

2. 물질영역은 삶의 토대이자 기본이다. 물질이 풍요로워야 함은 기본이다. 거기에 더해 마음이 건강하면 외부자극에 대응력이 높아지고 느낌도 좋게 일어나고 행복수준도 높아진다.

3. 붇다하는 물질이 필요없다고 하지 않았다. 물질은 삶에 중요하고 필요한 요소다. 물질은 많으면 많을수록 좋다. 그러나 자유와 행복은 마음건강에 더 직접적이고 본질적이라는 의미에서 건강한 마음을 강조했다.

4. 동일접촉이라도 느낌이 다르게 일어나는 것은 마음건강이라는 변수가 작용하기 때문이다. 행복은 존재를 접촉하고 그것을 수용하는 순간 마음공간에서 일어나는 느낌이 결정한다. 마음이 건강하고 안정되면 느낌은 풍요롭게 일어나지만 마음이 피곤하고 지치면 느낌은 좋지않게 일어난다.

5. 붇다하는 존재를 좋게 하는 것만큼 마음오염원을 제거하는 것을 마음

을 청정하고 건강하게 하는 출발점으로 삼았다. 마음오염원인 아-싸봐 제
거과정이 싸띠수행이다.

5. 열린 마음

1. 사물을 바라보고 이해하는 데 두 가지 방법이 있다. 하나는 열린 마음
이고 다른 하나는 닫힌 마음으로 접근하는 방식이다. 붇다하는 닫힌 마음보
다 열린 마음이 행복으로 가는 지혜로운 길이라고 보았다.

2. 열린 마음은 객관조건을 충분히 고려하고 문제와 상황을 총체적으로
파악해 해결하려는 것이다. 닫힌 마음은 객관조건을 무시하고 자기가 경험
했거나 알고있는 지식에 기초해 문제를 해결하려는 자세다.

3. 오늘날 많은 사람이 열린 마음을 닫힌 마음보다 유효성과 진리성에
있어 매우 탁월한 방법론으로 인정한다.

4. 열린 마음은 원인, 동기, 진행과정에 주목하고 닫힌 마음은 결과에 초
점두고 문제해결 관점을 찾는다.

5. 열린 마음은 비결정세계관에 입각해 존재를 이해하고 행동한다. 닫힌
마음은 결정세계관에 기초해 존재를 이해하고 행동한다*.

6. 열린 마음은 존재에 내재한 본성이나 법칙성에 주목하고 닫힌 마음은

낙관주의

결정세계관은 필연적으로 낙관주의에 빠진다. 공산주의도 자본주의 다음에 필연적으로 공산주의가 온다는 결정
세계관을 믿었다. 붇다하는 연기설을 주장하면서 결정되거나 고정불변한 것은 아무것도 없다고 보았다. 그렇기 때
문에 현실에 충실했고 적극적으로 활동했다. 붇다하를 지독한 현실주의자라고 한 것은 바로 이 연기세계관에 기초
해 사고하고 행동했기 때문이었다.

사물 형식이나 결과에 의존해 존재를 이해하고 행동한다.

7. 열린 마음은 상대를 이해하고 배려하고 독선적이지 않고 유연하게 존재를 대하고 닫힌 마음은 자기입장을 강조하고 배타적이고 경직되게 존재를 대한다.

8. 열린 마음은 모든 존재가 동일가치를 지니고 있고 서로 평등하고 평화롭게 공존해야 한다고 믿는다. 그렇기 때문에 존재 모두를 중심에 두고 사고하고 행동한다.

9. 닫힌 마음은 개별존재 가치가 각기 다르다고 본다. 그리고 자기가 속한 계급, 종교, 인종, 성, 동호회 등을 중심으로 사고하고 행동한다. 그래서 편견, 선입관, 가치관 등에 기초해 존재를 다차원으로 구분하고 차별한다.

10. 사람이 존재를 올바르게 이해하고 판단하기 위해서는 존재를 파생시킨 원인이나 조건을 면밀히 검토하고 전체맥락에서 이해하는 것이 중요하다.

11. 붇다하는 문제가 발생하면 항상 어떤 상황에서 그와 같은 일이 일어났는지 설명하라고 주문했다. 결과보다는 결과를 일으킨 원인, 동기, 진행과정 등을 더 중시했다. 붇다하는 항상 원인에 기초해 결과를 판단했고 상황 속에서 답을 구했다*.

저울 균형잡기

저울을 수평으로 유지하기 위해서는 상황에 따라 움직여야 한다. 저울이 수평을 유지할 때는 중앙에 있는 것이 균형을 유지하는 것이고 양쪽 끝으로 움직이면 수평을 깨뜨린다. 한쪽으로 기울어 있을 때는 반대편으로 가는 것이 균형잡는 요령이다. 이때 저울중앙에 위치하면 기울어진 상태를 유지한다.

6. 도전과 극복

1. 살다가 어려움에 직면하면 대부분 사람은 회피하거나 체념하고 신과 같은 힘있는 존재에 의존해 수월하게 극복하려고 한다. 그러나 붇다하는 장애물을 만나도 도전하고 슬기롭게 극복하는 것이 행복으로 가는 올바른 길이라고 보았다*.

2. 삶의 과정은 다양하다. 어떤 사람은 장애물을 만나 힘들어하기도 하고 어떤 사람은 일이 순조롭게 풀려 재미있어하기도 한다.

3. 어떤 사람은 장애물을 만나면 존재에 내재한 법칙을 이해하고 극복하려 하고 어떤 사람은 체념하고 회피하거나 힘가진 존재에 의존하기도 한다.

4. 붇다하는 어려움을 만나면 실재를 통찰하고 스스로 노력으로 지혜롭게 극복하라고 강조했다. 어려운 상황에 처하면 다른 존재를 원망하거나 폭력을 사용해 극복하지 말고 존재에 애정을 가지고 이해하고 배려하며 덕을 베풀고 극복하라고 강조했다.

5. 삶의 실재가 힘들고 어렵고 자기뜻대로 잘 되지 않는 것이다. 그렇기 때문에 처음부터 패배의식에 빠져 체념하고 술이나 신에 의존해 현실을 회피하는 것은 어리석은 일이다. 직면한 어려움을 극복하려는 실천과 용기야말로 행복으로 가는 올바르고 유일한 길이다.

사실과 진실

사실과 진실은 반드시 일치하지 않는다. 사실이 결과에 초점둔 것이라면 진실은 결과를 만든 원인, 동기, 조건, 진행과정에 기초한다. 사실보도는 사고난 결과만을 객관적으로 짧게 보도하고 진실보도는 사고난 원인, 동기, 사고 배경 등을 상세히 설명한다. 대개 사실보도는 선정성과 선동성이 강하고 진실보도는 논리적이고 차분하다.

7. 올바른 길

1. 사람은 편안함을 통해 행복으로 가려고 한다. 그러나 붇다하는 올바름을 통해 행복으로 가는 것이 지름길이라고 보았다.

2. 편안함을 추구하면 처음은 쉬울지 몰라도 갈수록 불편하다. 또 더 편안해지려고 요령피우고 핑곗거리를 찾는다. 그러면 삶은 갈수록 꼬이고 복잡하고 힘들고 지치게 된다.

3. 올바르게 하는 것이 처음에는 힘들지 몰라도 갈수록 편안함을 가져온다. 올바르게 행동하는 것이 힘들다면 그만큼 잘못된 길에 익숙하다는 증거다. 편안함을 추구하는 길이 원칙을 지키고 올바르게 사유하고 행동하는 것이다.

4. 붇다하는 미가다-야에서 5비학쿠에게 행한 최초 수행지도에서 행복으로 가는 올바른 길(八正道)에 대해 설명했다. 이후 45년 동안 자기가 경험한 올바른 삶의 자세와 자유와 행복으로 가는 길에 대해 다른 사람에게 설명하고 지도했다.

8. 노력하는 삶

1. 사람은 요행을 바라고 쉬운 길을 찾는다. 그러나 붇다하는 열심히 노력하는 것 외에 달리 왕도가 없다고 강조했다.

2. BCE 566년 음력 4월 15일 오전 10시 무렵 북인도 까삐라 봣투 왕국 태자로 태어나 국가경영에 참여하기도 하고 젊은 날 온갖 환락과 영광을 경험했지만 그 모든 것을 내려놓고 부인과 어린 아들을 두고 29살에 출가

해 6년 동안 고행과 요가수행으로 몸과 마음을 닦았다. 그러나 자기가 가진 출가목적을 성취하지 못하자 고행을 포기한 후 붇다가야 보리수 아래로 옮겨 오늘날 불교로 알려진 마음과학과 싸띠수행을 창시했다. 이후 45년 동안 다른 사람에게 자기가 발견한 진리를 전파했다.

3. BCE 486년 음력 4월 15일 저녁 11시 무렵 꾸씨나-라-에서 입멸(nirodha, 入滅)하는 순간까지 자기가 체험하고 발견한 올바른 삶, 자유로운 삶, 청정한 삶, 행복한 삶, 공존하는 삶에 대해 설명하고 가르치면서 한 평생을 보냈다.

4. 붇다는 처음 활동을 시작할 때 올바르게 사는 것이 잘 사는 것이라고 했다. 그리고 45년 뒤 입멸할 때 게으르지 말고 열심히 노력하는 것 말고 달리 길이 없다고 유언했다. 그게 삶에 대한 붇다 답이었다*.

존재와 마음

존재가 마음을 규정하고 마음은 존재에 영향미친다. 사회존재가 사회의식을 선도하고 존재양식에 따라 다양한 사회의식을 형성한다. 사회의식이 사회존재에 영향미치고 사회의식에 따라 다양한 사회존재가 형성된다.

대개 사회존재와 사회의식은 외적으로 비교적 멀리 떨어져있기 때문에 서로 관계없는 것처럼 보인다. 그러나 이 둘은 내적으로 긴밀히 연관돼있다. 사람은 사회존재와 사회의식을 사용해 자기이익을 극대화하기 위해 여러 유형의 존재양식과 의식형태를 만든다. 어느 특정시기 존재양식과 의식형태를 이해하기 위해서는 물적, 심적 제 조건을 세밀히 파악해야 한다. 역사, 종교, 철학 등을 다룰 때는 이런 관점이 더욱 필요하다.

7장

붇다 발견과 발명

project

1. 6감발견

2. 싸띠기능 발견

3. 싸띠지렛대 발명

4. 싸띠현미경 발명

5. 싸띠수행 발명

check point

여기서는 붇다가 발견하고 발명한 마음과 수행에 관련한 법칙과 기술 등에 관해 배우고 익힌다.

1. 붇다하로 불리는 고따마 씻다핫타는 자유와 행복, 마음과 수행에 관한 위대한 발견자이자 발명자였다. 흔히 깨달음이라고 하는 붇다하(Buddha, 佛陀, 覺者)도 발견자 또는 발명자란 의미다*.

1. 6감 발견

1. 붇다하가 발견한 것 가운데 가장 의미있는 것은 사람감각을 6감(六境, 六根, 六識)이라고 본 것이다. 감각기관이 여섯 개라고 주장한 것은 붇다하가 최초다.

2. 감각기관을 5감(五感, 眼耳鼻舌身)으로 설명하는 것과 의(manas, 意, 마음)를 포함해 6감으로 설명하는 것은 마음이해 차원을 달리한다.

3. 감각기관을 다섯 개로 이해하면 몸은 설명할 수 있지만 마음은 접근조차 할 수 없다. 감각기관을 여섯 개로 이해해야 비로소 사람 몸뿐만 아니라 마음까지도 설명할 수 있다.

4. 붇다하가 경전에서 6경(六境), 6근(六根), 6식(六識) 등을 반복해 말한 것도 감각기관이 6개란 사실을 강조한 것이다. 붇다하는 이것이 마음이해 핵심요소란 것을 알았기 때문에 「마음관리 매뉴얼이자 마음변화 이론과 기술 매뉴얼」인 경전에서 누차 반복해 설명했다.

5. 이것이 붇다하의 큰 업적 가운데 하나다. 의학, 정신분석학, 심리학, 상

발견과 발명

발견은 이미 존재하지만 모르던 것을 알게 된 것이고 발명은 없던 것을 새롭게 만든 것이다. 그런 의미에서 붇다하는 감각기관이 여섯 개란 사실을 발견하고 마음에 관한 제 법칙을 발견한 발견자이자 싸띠수행을 창안해 기억 이미지와 결합한 마음오염원을 흡수한 에너지를 해체하는 기술인 싸띠수행을 창시한 발명자다.

담학 등이 한계를 가진 근본이유 가운데 하나가 감각기관을 5감으로 이해한 데 기인한다. 마음과학과 싸띠수행이 사용하는 정확하고 세밀한 묘사는 감각기관을 6감으로 이해한 데서 출발한다*.

6. 이것은 차원문제다. 오늘날 마음다루는 분야에 종사하는 사람이 흔히 범하는 오류 가운데 하나가 마음을 5감차원에서 다룬다는 점이다.

7. 그러나 마음을 올바르게 이해하고 유효하게 다루려면 6감차원에서 이해하고 접근해야 한다. 5감차원으로 환원해 마음을 이해하면 한계도 많고 제대로 설명되지도 않을 뿐더러 마음에 관해 할 수 있는 것이 별로 없다.

8. 마음과학과 싸띠수행이 사용하는 마음에 관한 풍부하고 세밀한 개념은 감각기관을 6감으로 이해하기 때문이다.

2. 싸띠기능 발견

1. 마음거울에 맺힌 상을 알아차림하는 싸띠기능[sati, 念]이야말로 붇다가 만든 마음과학과 싸띠수행 핵심이다.

2. 일반거울은 6감 가운데 시각이나 청각 등 일부존재를 거울표면에 상

숫자혁명

1에서 9까지 수로 숫자를 조합하면 숫자조합에 한계가 많다. 여기에 0을 추가해 조합하면 숫자조합에 혁명이 일어난다. 오늘날 0이 없었다면 디지털 기술도 쉽지 않았을 것이다. 0을 발견한 곳이 인도다. 인도에서 발견해 사용한 0이 아라비아로 가서 아라비아 숫자와 결합해 세계로 확산됐다.

눈, 귀, 코, 입, 피부 등 5감으로는 몸을 설명할 수 있지만 마음설명은 한계가 많다. 그것은 차원이 다르기 때문이다. 마음설명을 하려면 5감에 더해 5감을 받아들이고 저장하고 가공하고 느끼는 감각기관인 의식(manas, 意)을 추가해야 한다. 이것을 발견한 곳도 인도고 발견한 사람이 붇다다.

을 맺지만 마음거울은 6감 전부 상을 맺는 동시에 맺힌 상을 자각하는 알아차림 기능도 있다.

3. 붇ㄷ하는 보리수 아래서 수행하면서 알아차림 기능을 발견했다. 붇ㄷ하는 이 기능을 활용해 기억이미지 질량을 감소하고 기억이미지 구속으로부터 벗어나고 마음에너지를 보충하고 마음이 휴식하고 마음작용을 효율적으로 관리할 수 있었다.

4. 붇ㄷ하는 알아차림 기능인 싸띠를 마음물리특성, 마음화학반응, 마음작용 등의 주변수로 보았다.

5. 지나온 삶을 저장하는 기억이미지도 힘을 갖고있고 알아차림 기능인 싸띠도 힘을 갖고있다. 싸띠힘과 기억이미지 힘과의 관계에서 붇ㄷ하는 자유와 구속 주변수는 알아차림 기능인 싸띠로 보았다.

6. 기억이미지 질량이 높을수록 마음공간에 하중을 가하고 알아차림 기능인 싸띠를 구속하고 삶을 힘들게 한다. 기억이미지 질량이 낮을수록 싸띠가 자유롭고 삶은 활기차진다.

7. 싸띠힘이 강하면 기억이미지 힘이 강해도 자유로울 수 있지만 싸띠힘이 약하면 기억이미지 힘이 약해도 구속된다.

8. 붇ㄷ하는 알아차림 기능인 싸띠힘을 강화해 기억이미지 힘을 감소하고 그 힘으로부터 벗어나 자유로운 삶, 청정한 삶, 행복한 삶, 공존하는 싊을 살려고 노력했다.

3. 싸띠지렛대 발명

1. 알아차림 기능인 싸띠를 사용해 싸띠지렛대[sati bala, 念力]를 만들고

그것을 활용해 싸띠압력[samādhi bala, 三昧力]을 형성하고 이 압력을 재차 증폭해서 기억이미지와 결합된 마음오염원 해체기술을 발명했다.

2. 붇다하는 바로 이 싸띠지렛대와 싸띠압력을 활용해 기억무게를 줄이고 기억이미지 구속으로부터 벗어나 자유롭고 행복하게 살 수 있다고 했다.

3. 맨손으로 무거운 것을 들면 힘들지만 기중기를 사용하면 쉽게 들 수 있다. 맨 땅에서 높이뛰기하면 한계가 있지만 지형지물을 이용해 도약하면 더 높이 오를 수 있다.

4. 알아차림 기능인 싸띠를 기준점(출발점)으로 보내 1차로 압력을 만들고 그것을 재차 마음공간에 가해 압력을 증폭해 기억이미지와 결합된 마음오염원을 효과적으로 해체할 수 있다.

5. 이것은 스펀지 물빼기와 같다. 스펀지 속으로 들어가 물을 빼려고 하면 까다롭고 잘 빠지지 않는다. 그러나 외부에서 스펀지에 압력을 가하면 물이 쉽게 빠지는 것과 같다.

6. 기억이미지 속으로 들어가 기억이미지가 흡수한 에너지를 해체하는 것이 아니라 마음공간 외부에서 압력을 가해 기억질량을 해체하는 방법이다.

7. 마음공간에 형성된 에너지 뭉침을 해체하기 위해서는 강한 싸띠힘[sati bala, 念力]이 필요하다. 그 힘을 이용해 기억질량을 줄이고 에너지 뭉침을 해체한다*.

굴착기

도로공사할 때 기계에 압력을 가해 단단한 물체를 깨뜨리고 땅을 판다. 이때 기계에 압력을 가하기 위해 기계머리를 계속 두드려 압력을 만드는 것을 볼 수 있다. 마찬가지로 기억이미지와 결합된 마음오염원을 해체하기 위해서는 강한 압력이 필요한 데 그 압력을 1차로 만드는 것이 알아차림 기능인 싸띠를 기준점에 보내 이름붙이고 알아차림하는 것이다. 이때 망상이나 외부 소리 등에 마음빼앗겨 분석하거나 망상피우는 순간 압력이 떨어지고 힘이 약화된다. 기준점 정하고 이름붙이고 알아차림하는 것이 압력생성 핵심이다.

8. 붇다가 발견한 마음무게, 기억질량을 감소하는 방법은 인류 자유와 행복, 이익과 번영에 기여한 위대한 발명 가운데 하나다.

9. 기억이미지는 뇌를 중심으로 한 신경조직이 없어지기 전에는 소멸되지 않는다. 기억이미지를 저장한 신경조직이 타격받으면 옆에 있는 신경조직으로 그 데이터(기억이미지)가 이동해 저장되는 것으로 추정한다.

10. 마음공간 깊은 곳에 잠재된 무거운 기억이미지는 마음표면으로 잘 떠오르지 않는다.

11. 배, 발, 화두, 소리 등에 기준점(출발점) 정하고 이름붙이고 그곳으로 알아차림 기능인 싸띠를 보내 싸띠압력을 만들고 그 압력을 마음공간에 재차 가해 증폭하면 마음공간 깊은 곳에 존재하는 작은 기억이미지가 마음표면으로 떠오르고 서서히 무거운 기억이미지도 떠오른다.

12. 알아차림 기능인 싸띠가 감각대상에 가하는 압력만큼 기억질량이 해체된다. 이때 그보다 작은 기억질량도 모두 해체된다.

13. 붇다는 이런 간단하고 편리한 방법을 사용해 기억질량, 기억이미지가 가진 에너지 뭉침(마음오염원, 아-싸봐, 업장)을 제거했다.

4. 싸띠현미경 발명

1. 마음거울에 맺힌 상을 있는 그대로 보기 위해서는 현미경처럼 존재를 확장해볼 수 있는 도구가 필요하다. 붇다는 알아차림 기능인 싸띠를 활용해 싸띠현미경을 발명했다. 붇다는 이것을 사용해 마음거울에 맺힌 상과 마음작용을 있는 그대로 볼 수 있었다.

2. 붇다는 알아차림 기능인 싸띠를 활용해 일반현미경처럼 싸띠현미경

을 만들어 존재를 확장해 이해하는 기술을 개발해 기억이미지와 결합된 마음오염원 제거기술을 창안했다.

3. 알아차림 기능인 싸띠는 현미경이나 저울과 같은 기능을 한다. 일반물질을 관찰할 때는 전자현미경 정도면 가능하지만 마음작용을 관찰할 때는 마음 밖에서 관찰할 수 없다. 이때는 마음구성인자 가운데 알아차림 기능인 싸띠를 훈련해 현미경과 같은 기능을 만들어 사용한다.

4. 기억이미지가 가진 질량은 아주 미미하고 또 마음공간 내부에 존재하기 때문에 현 단계는 어떤 계측도구로도 측정이 불가능하다. 오직 마음속에서 마음저울인 싸띠로만 가능하다.

5. 분명히 존재하는 마음무게를 측정하는 도구가 마음저울이다 보니 객관화하기가 까다롭다. 이것은 일반물리법칙을 미세물리학에 적용하거나 미세입자 질량을 측정해 객관화하는 것이 까다로운 것과 같은 이치다. 마음은 마음차원에서 필요한 이론과 도구를 만들어 사용해야 한다.

6. 알아차림 기능인 싸띠를 강화해 싸띠현미경이 고도로 활성화돼 존재를 확장하면 거의 입자수준까지 확장할 수 있다.

7. 그러면 존재는 감각채널에서 사라지고 알아차림 기능인 싸띠가 더 이상 인식할 수 없는 단계에 도달하면 잠드는 것처럼 「마음숙면상태」에 빠진다.

8. 이 상태에 도달하면 비로소 기억이미지와 결합한 마음오염원이 뿌리 뽑히기 시작한다.

5. 싸띠수행 발명

1. 붇다가 발명한 것 가운데 가장 위대한 것은 마음변화 기술로 알려진 싸띠수행이다.

2. 붇다는 싸띠수행을 이용해 어둠에서 밝음으로, 혼돈에서 정돈으로, 무지에서 성시로, 산만함에서 평화로움으로, 속박에서 자유로, 괴로움에서 행복함, 피곤함에서 활기참으로 변화시켜 자유로운 삶, 청정한 삶, 행복한 삶, 공존하는 삶을 살 수 있도록 했다.

3. 붇다는 6~7년 시행착오 끝에 감각기관이 여섯 개라는 6감, 마음구성인자, 마음 구조와 기능, 마음화학반응, 마음물리특성, 마음작용, 기억구조와 기능, 기억질량 증감 · 해체 법칙, 싸띠기능, 싸띠지렛대, 싸띠압력, 싸띠현미경 등을 발견했다.

4. 이런 발견과 발명은 자기삶뿐만 아니라 인류삶에 크게 영향미치고 지속적으로 퍼져나갔다.

5. 마음과학과 싸띠수행을 창시한 붇다와 붇다 이외 심리학, 상담학, 정신의학, 수행자 등 구분기준은 분명하고 간단하다.

6. 심리학, 상담학, 정신의학 또는 여러 마음관련 이론은 마음상태나 마음작용을 분석하고 설명한다. 그러나 붇다는 마음상태나 마음작용 과정이 어떻게 이뤄지는지 원리설명과 변화기술을 만들었다.

7. 누구나 현상이나 운동과정을 설명할 수는 있다. 그러나 어떤 원리에 의해 그런 현상이 발생하고 그와 같은 운동과정이 이뤄지는지를 설명하기는 쉽지 않다.

8. 많은 과학자가 연구실에서 밤을 새며 원리를 규명하기 위해 노력한다. 그리고 눈밝은 과학자가 나타나 원리를 규명하면 세상이 변하고 삶에

혁명이 일어난다*.

9. 붇다하는 마음을 변화대상으로 보고 변화 원리와 기술을 개발했다. 그러나 붇다하 이외 사람은 마음작용을 분석하고 설명만 했지 원리를 이해하고 설명할 수 없었다.

8장
불교일반

check point

여기서는 불교일반에 대해 구체적이고 직접적으로 배우고 익힌다. 불교를 올바르게 정의하는 것은 붇다 가르침을 어떻게 받아들이고 실천할 것인가를 결정하는 데 중요하기 때문이다.

1. 불교정의

1. 붇ㄷ하 가르침인 불교(buddha sāsana, 佛敎)를 어떻게 정의하느냐에 따라 불교도 사유방식과 행동유형이 결정된다.

2. 2600여 년 전에 활동한 붇ㄷ하 가르침이 온전한 형태로 지금까지 전해질 것이라고 생각하면 순진한 발상이다.

3. 붇ㄷ하 가르침은 오랜 세월 다양한 매개체를 통해 전해오는 과정에서 구체적 역사환경으로부터 자유로울 수 없었고 처한 상황에 따라 많이 왜곡됐다.

4. 자기가 직접 붇ㄷ하로부터 가르침을 받지않은 이상 붇ㄷ하 가르침을 배울 때는 모든 것을 객관화하고 구체적인 자료를 통해 이해하고 실천해야 한다.

5. 불교는 한문이 아니라 불교창시자인 붇ㄷ하가 사용한 pāli 어(聖典, 傳乘) 음사다. 불교는 buddha 음사인 불타(佛陀)의 불(佛)과 sāsana 의역인 교(敎)를 합성한 용어다. 불교를 의미하는 용어는 경전에 다음 세 가지가 있다*.

한문이 원어가 아니다

중국인은 불교를 붇ㄷ하 언어인 pāli 어를 한문으로 번역해 배웠다. 중국문화권 주변부는 중국어로 번역된 자료를 통해 불교를 이해했다.

중국인이 붇ㄷ하 언어인 pāli 어를 번역할 때 음사와 의역을 자의적으로 하거나 한 용어 안에 음사와 의역을 혼합해 사용했다. 한문으로 번역한 불교 텍스트를 읽을 때는 특정용어가 음사인지 의역인지 아니면 혼합된 것인지 먼저 구분해야 한다. 한문으로 번역하기 이전 붇ㄷ하 언어인 pāli 어 원문을 알면 한문으로 표기된 불교 텍스트를 이해하는 데 훨씬 정확할 수 있다. 중국인이 사용한 한문 용어나 뉘앙스와 한국처럼 중국문화 주변부에서 사용한 한문 용어나 뉘앙스는 차이날 수 있다. 이것이 한문으로 표기된 불교 텍스트를 이해하는 데 또 다른 장애요인이다.

모든 불교용어는 마음다루는 수행언어다. 따라서 붇ㄷ하 수준까지 수행진도가 향상하지 않은 사람이 불교나 경전을 이해하는 것은 힘들다. 장님 코끼리 만지기다. 아라한뜨인 붇ㄷ하를 알기 위해서는 자기자신이 아라한뜨가 되는 수밖에 달리 길이 없다.

표9 불교정의

① buddha(佛陀, 覺) + sāsana(教)　　　　⇒ 불교(佛教)
② dhamma(達摩, 法)　　　　　　　　　⇒ 법(法)
③ buddha(佛陀, 覺) + dhamma(達摩, 法)⇒ 불법(佛法)

6. 이 가운데 ①이 직역이고, 빈번하게 쓰이는 것은 ②고, ③은 드물게 쓰인다.

2. 깨달음내용

1. 사람은 붇다하 깨달음을 말하지만 깨달음보다 더 중요한 것은 무엇을 깨달았는지 그 내용이다.

2. 붇다하는 오늘날 중인도 붇다하가야 보리수 아래서 최상깨달음[anuttara sammā sambodhi, 阿耨多羅三藐三菩提, 無上正自覺]을 성취했다.

3. 깨달음[buddha, 佛陀, 覺者]은 「알다, 발견하다, 발명하다」 의미를 가진 동사에서 파생된 용어다. 명사나 동사는 수식어를 가질 때 진정한 의미를 가진다. 깨달음은 다음 네 가지 의미를 함축한 용어다.

4. 붇다하는 BCE 531년 음력 4월 15일 새벽 3시 무렵 오른손으로 땅을 짚으면서 붇다가야 보리수 아래서 자유로운 삶, 청정한 삶, 행복한 삶, 공존하는 삶으로 가는 길을 발견했고, 그 도구인 싸띠수행을 발명했고, 마음오염원 해독제[paññā, 慧]를 발명했고, 실재를 있는 그대로 볼 수 있는 방법[sati, 念]을 깨달았다고 선언했다*.

3. 불교창시자

1. 마음과학, 싸띠수행, 불교 창시자인 붇다하는 BCE 566년 음력 4월 15일 오전 10시쯤 오늘날 서네팔과 북인도 국경지역인 까삐라 밧투(Kapilavatthu, 迦毘羅拔兜) 룸비니-(Lumbinī, 藍毘尼) 무우수(asoka

---

달마대사

소림사 달마대사로 알려진 분은 인도출신 Bodhidhamma(520년 무렵 활동)다. 이것을 한문으로 음사하면 보리달마(菩提達摩)인데 일반적으로 달마(達摩) 또는 달마대사(達磨大師)라고 한다. 한국인은 보리달마 혹은 달마대사로 읽지만 중국인은 보드히드함마로 읽는다. pāli 어뿐만 아니라 중국어 발음을 알면 불교용어 이해가 수월하다.

rukkha, 無憂樹) 아래서 태어나 여든까지 활동하다가 BCE 486년 음력 4월 15일 저녁 11시쯤 꾸씨나-라-(Kusinārā, 拘尸那羅) 싸-라수(sāla rukkha, 沙羅樹) 아래서 입멸했다*.

2. 성은 고따마(Gotama, 瞿曇, 最良牛), 이름은 씻ㄷ핫타(Siddhattha, 悉達陀, 義成就), 종족명은 싸까(Sakya, 釋迦), 무니(muni, 牟尼)는 현자, 붇ㄷ하(Buddha, 佛陀, 覺)는 자유와 행복으로 가는 길을 깨달은 사람이란 의미다*.

붇ㄷ하 어원

「알다, 깨닫다, 발견하다」를 의미하는 동사가 bujjhati 고 완료형이 buddha 다. 한문으로 음사하면 불타(佛陀)고 의역하면 각(覺)이다. 한국은 불타로 읽지만 중국은 「붇ㄷ하」로 발음하고, 훈민정음 표기법은 「부텨」인데 오늘날 「부처」로 표기한다. 여기에 존칭접미어 님을 붙이면 「부처님」이 된다.

이렇게 인도어가 불교를 통해 한글어원으로 스며든 것이 1400개 정도다. 간혹 한글사전을 보면 어원을 정확히 밝혀놓지 못하고 얼버무려놓은 것을 볼 수 있는데 어원이 인도어인 경우가 많다. 스님, 푸닥거리, 아궁이 등도 인도어를 어원으로 한다.

붇ㄷ하 별칭

불교, 마음과학, 싸띠수행을 창시한 고따마 씻ㄷ핫타는 자칭타칭 별칭이 많다. 그 가운데 대표적인 것을 10종 명호라고 한다. 붇ㄷ하 별칭은 다음과 같다.

① Bhagava(薄伽梵, 世尊): 마음오염원인 탐진치 3독심을 제거, 마음을 맑혀 세상에서 존경받을 가치있는 분.
② Arahant(阿羅漢, 應供, 眞人): 마음오염원인 아-싸봐를 제거해 청정한 마음을 지닌 분, 세상에서 공양받을 만한 자격을 갖춘 분.
③ Sammā sambuddha(正自覺, 正便智, 正等覺): 스승없이 스스로 최상깨달음을 이룬 분. 정변지(正便智), 정등각(正等覺)이라고 한다.
④ Vijjācarana sampanna(明行足): 지혜와 덕행을 함께 갖춘 분.
⑤ Sugata(善逝): 행복하게 산 분, 행동이 올바른 분.
⑥ Lokavidū(世間解): 세상일을 잘 아는 분.
⑦ Anuttara(無上師): 최고스승인 분.
⑧ Purisa damma sārathi(調御丈夫): 사람을 잘 다스리는 분.
⑨ Satthā deva manussa(天人師): 하늘과 인간의 스승인 분.
⑩ Buddha(佛陀, 覺): 최상진리를 깨달은 분.
⑪ Tathāgata(如來): 진리를 전하러 온 분, 진리에 따라 살다간 분.
⑫ Mahāvīra(大雄): 큰 영웅인 분.
⑬ Bhante(師): 스승인 분.
⑭ Satthu(師): 스승인 분.

표11 고대 인도지도

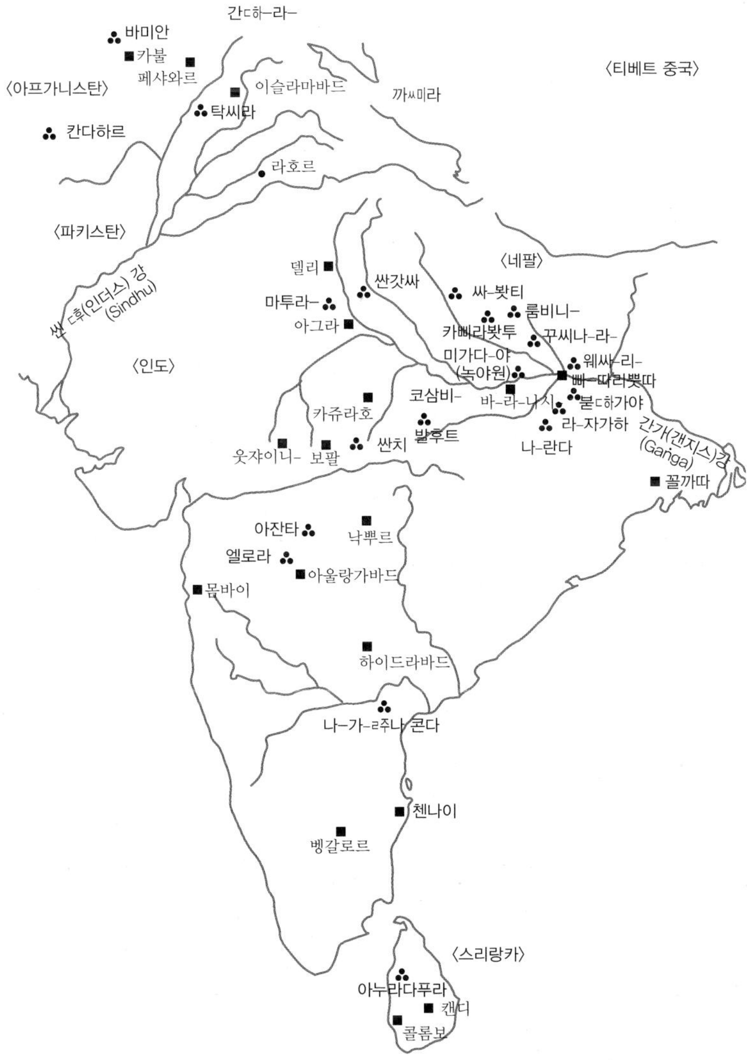

불교유적지
도시
바미안
카불
페샤와르
간ㄷ하ㅡ라ㅡ
〈아프가니스탄〉
탁씨라
이슬라마바드
까ㅆ미라
〈티베트 중국〉
칸다하르
라호르
〈파키스탄〉
싼ㄷ후(인더스) 강
(Sindhu)
델리
싼갓싸
〈네팔〉
싸ㅡ봣티
마투라ㅡ
룸비니ㅡ
〈인도〉
아그라
카삐라봣투
꾸씨나ㅡ라ㅡ
미가다ㅡ야
웨싸ㅡ리ㅡ
(녹야원)
빠ㅡ따리뿟따
코삼비ㅡ
카쥬라호
바ㅡ라ㅡ나시
불ㄷ하가야
웃쟈이니ㅡ
보팔
싼치
발후트
라ㅡ자가하
나ㅡ란다
간가(갠지스)강
(Ganga)
꼴까따
아잔타
낙뿌르
엘로라
아울랑가바드
뭄바이
하이드라바드
나ㅡ가ㅡㄹ주나 콘다
첸나이
벵갈로르
〈스리랑카〉
아누라다푸라
캔디
콜롬보

3. 중국문화권은 흔히 석가모니불(Sakyamuni buddha, 釋迦牟尼佛)로 부르는 데 이것은 「싸꺄 족 출신 성인이자 붇다」 란 뜻이다*.

4. 붇다는 어머니가 친정으로 해산하러 가는 도중 룸비니- 부근 길에서 태어났다. 여든이 돼 고향으로 돌아가 생을 마감하고자 고향으로 가는 도중 꾸씨나-라-에서 금세공업자 쭌다(Cunda, 純陀)가 올린 쑤-까라맛다봐(sūkaramaddava, 栴檀樹耳)를 먹고 식중독을 일으켜 3일 동안 피가 섞인 설사를 하다 입멸했다*.

5. 붇다 아버지는 쑷도하다나, 어머니는 마하-마-야-다. 아버지는 까삐라봤투 왕이고 어머니는 붇다 해산 후 7일 만에 돌아갔다. 붇다는 태자로서 왕위계승자였다. 아버지와 새어머니 사이에 한 명의 남동생[Nanda, 難陀, 歡喜]과 네 명의 여동생이 있었는데 붇다를 따라 모두 출가했다.

여러 명의 붇다

불교창시자인 고따마 씻다핫타를 붇다라고 한다. 처음 불교에 붇다는 한 분만 있었다. 붇다와 같은 경지에 오른 아라한뜨는 붇다와 구분해서 그냥 아라한뜨라고 불렀다. 그러다 대승부는 힌두교 영향으로 아미타불(Amita buddha, 阿彌陀佛)이나 비로자나불(Vairocana buddha, 毘盧遮那佛) 등 여러 명의 붇다를 등장시켰다. 여러 명의 붇다가 등장하다보니 고따마 씻다핫타를 석가모니불로 구분해 불렀다. 그러다 밀교에 오면 아예 교주가 석가모니불에서 대일여래(Vairocana Tathāgata, 大日如來)로 바뀐다. 밀교는 석가모니를 인정하지 않고 대일여래만 중시한다. 붇다 외에 다른 불보살을 추가해 믿기는 했어도 불교역사상 불교창시자인 붇다를 인정하지 않는 파는 없었다. 그렇기 때문에 밀교는 불교가 아니다.

버섯 혹은 돼지고기

붇다가 마지막으로 먹고 입멸한 음식이 일반적으로 전단나무 버섯(栴檀樹耳)이라고 한다. 그러나 붇다 마지막 행적을 기록한 대반열반경(大般涅槃經)에는 그런 말이 없다. 인도에서는 전통적으로 어린 돼지고기로 본다. 지금도 이 지역에는 같은 이름을 가진 음식이 있다고 한다. 아마도 훗날 힌두교 전통에 따라 육식을 하지 않는 인도 일부 불교도나 중국에서 붇다가 돼지고기 먹고 입멸했다는 것을 감추기 위해 전단나무 버섯을 먹고 입멸했다고 왜곡한 것으로 추정된다.

붇다는 이 음식을 먹고 3일동안 피가 섞인 설사를 하다 입멸했다고 한다. 공양올린 상황을 고려하면 단순 식중독이라기보다 독살일 확률이 많다. 그러나 불교사는 단순 식중독으로 기록했다. 아마도 말 못할 사정이 있었거나 아니면 여든이 된 노인 사인을 밝히다보면 곤란한 문제에 직면할 것을 고려해 덮은 것이 아닌지 모르겠다.

6. 태어난 지 7일 만에 어머니가 출산후유증으로 죽고 이모이자 새어머니인 마하-빠자-빠띠 고따미-가 양육했다. 16(19)살에 결혼해 아들을 한 명 두었는데 이름이 라-후라다. 그 역시 붇ㄷ하를 따라 출가했다.

7. 29세에 출가해 6(7)년 동안 수행해 35세 되던 해인 BCE 531년 음력 4월 15일 새벽 3시 무렵 중인도 붇ㄷ하가야 보리수 아래서 아라한뜨 막가파라에 들어 닙바-나를 성취하고 붇ㄷ하가 됐다.

8. 이후 45년 동안 매년 1300km 정도를 맨발로 다니며 필요한 사람에게 자유로운 삶, 청정한 삶, 공존하는 삶으로 가는 이론과 도구인 마음과학과 싸띠수행을 지도하다 80세에 입멸했다.

9. 붇ㄷ하가 창안한 마음과학과 싸띠수행을 따르는 사람이 자발적으로 모여 만든 것이 불교교단이다.

4. 붇ㄷ하 인종과 언어

1. 붇ㄷ하 인종은 오늘날 독일인과 계통을 같이하는 백인 아리야인(Ariya, 聖)이다.

2. 아리야인은 카스피 해와 아랄 해 부근 중앙아시아 초원지대에 살다 4000여 년 전에 북인도 씬ㄷ후(인더스) 강 유역에 이주해 정착했다. 그 가운데 한 부족이 싸꺄 족이다*.

3. 아리야인이 침입하기 이전 씬ㄷ후 강 유역에 살던 선주민은 드라비다인과 문다인으로 추정된다. 드라비다인은 피부색깔이 약간 검었고 문다인은 황인종에 가깝다*.

4. 붇ㄷ하가 사용한 언어는 pāli 어다. saṁskṛt 어 계통으로 오늘날 중인

도를 지배한 마가다허(Magadha, 摩揭陀) 언어다. 이것은 인도유럽어족으로 영어와 계통을 같이한다.

5. 인도는 언어로 인종과 종교를 구분한다. pāli 어는 불교, saṁskṛt 어는 힌두교, prakṛt 어는 자이나교 언어다*.

6. 율장과 경장은 전부 pāli 어로 쓰였고 대승부와 밀교부 경전은 힌두교 언어인 saṁskṛt 어와 pāli 어를 혼합한 혼성범어를 사용해 창작했다*.

7. 중국문화권은 불교언어인 pāli 어와 힌두교언어인 saṁskṛt 어를 구분하지 못하고 인도어 전부를 범어(brāhmī, 梵語)로 통칭했다. 번역할 때도 이 둘을 구분하지 않았다.

8. 꾸마-라지-봐(Kumālajīva, 鳩摩羅什, 343~413)를 중심으로 한 번역은 pāli 어 음사가 많았고 현장(玄奘, 600~664)은 saṁskṛt 어 음사를 채택했다.

인도인 출생방법

고대인도인은 사람이 계급에 따라 탄생방법이 다르다고 상징조작했다. 1등계급인 사제는 신의 혀, 2등계급인 무사는 허리, 3등계급인 평민은 허벅지, 4등계급인 노예는 발바닥에서 태어난다고 믿었다. 경전에 따르면 붇다하는 허리에서 태어났다고 한다. 이것은 그 당시 풍습을 그대로 표현한 것이다.

몽고리안

붇다하 인종을 몽고리안이라고 주장하는 사람도 있다. 그들은 붇다하를 민족해방투사로 규정하고 인도대륙 침입자인 백인 아리야인에 저항한 몽고리안이라고 주장한다. 그들 주장 또한 상당히 설득력이 있지만 붇다하에 관한 1차 자료인 율장과 경장에 따르면 붇다하는 아리야인임에 틀림없는 것 같다.

saṁskṛt 어와 pāli 어

어떤 사람은 saṁskṛt 어에서 pāli 어가 떨어져 나갔다고 하고 다른 사람은 pāli 어에서 saṁskṛt 어로 발달했다고도 한다. 일부는 saṁskṛt 어는 상류층 표준어고 pāli 어는 평민 지방어라고도 한다. saṁskṛt 어는 문법이 복잡하고 까다롭고 기계적이고 pāli 어는 문법이 단순하고 수월하고 느슨하다. 언어가 복잡한 데서 단순한 데로 발전했을까? 아니면 단순한 데서 복잡한 데로 발전했을까?

인도유럽어족 계보

이 인도유럽어족 계보는 대학원에서 공부할 때 배운 것인데 그 당시 정확한 출전을 적어놓지 않아 출전을 밝히지 못한다. 현재로서는 사전인지 언어학 계통 책인지 알 수가 없다. 그렇지만 인도유럽어족 계보를 일목요연하게 정리해두었기에 여기에 재인용한다(1666p).

표12 인도유럽어족

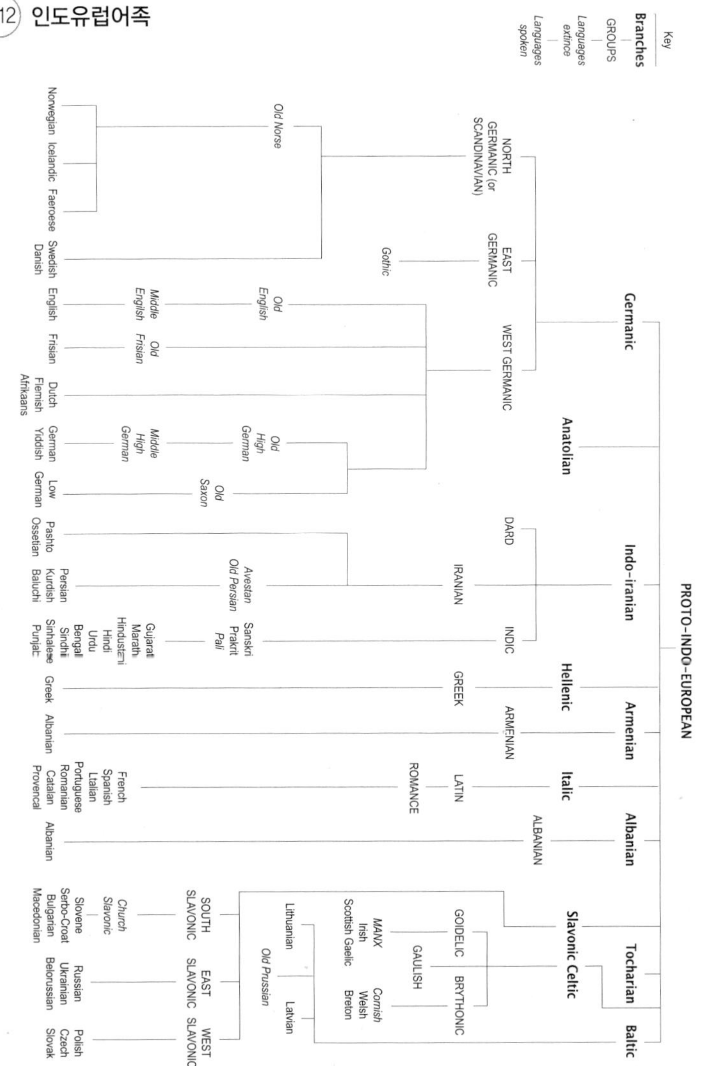

5. 불교창립선언문

1. 붇다하는 자기문제를 해결하기 위해 출가수행했다. 오랜 노력 끝에 자기문제를 해결하고 난 뒤부터 입멸할 때까지 45년 동안은 세상사람이 그들 문제를 효율적으로 해결할 수 있도록 상담과 수행지도로 봉사했다*.

2. 반경 400km, 일년 1300km 정도를 맨발로 걸어다니며 필요한 사람에게 마음과학과 싸띠수행을 전했다. 하루 20시간 이상 대중을 위해 봉사했고 평균 2~4시간 정도 잠자고 휴식했다*.

3. BCE 531년 음력 4월 15일 새벽 3시쯤 고따마 씻다핫타는 붇다하가야 보리수 아래 금강석 위에 앉아 아라한뜨 막가파라에 들어 붇다하를 이룬다.

4. 4개월 후 그곳에서 260km 정도 떨어진 미가다-야에서 5ㅂ힉쿠에게 수행지도해 그들이 모두 아라한뜨 막가파라를 성취하도록 했다.

5. 그곳에서 최초로 집중수행인 왓싸(vassa, 安居)를 지낸 후 자기를 포함해 아라한뜨가 61명이 됐을 때인 BCE 531년 음력 9월 초순쯤 저 유명한

상구보리 하화중생

불교도는 상구보리 하화중생(上求菩提 下化衆生)이라고 해서 「위로는 깨달음을 구하고 아래로는 중생을 제도한다.」는 말을 즐겨 사용한다. 상구보리란 아라한뜨 막가파라에 들어 기억이미지와 결합한 탐진치 3독심인 마음오염원을 제거해 자유로운 삶, 청정한 삶, 행복한 삶, 공존하는 삶을 사는 토대를 마련하는 것이고 하화중생은 다른 사람이 자기마음을 맑힐 수 있도록 도와주는 것이다.

불교도 행동강령인 4홍서원은 중생을 모두 제도하기 위해 먼저 자기 마음공간에 존재하는 마음오염원인 아-싸봐를 제거하겠다고 맹세한다. 전문적인 일을 하기 위해서는 먼저 전문기술을 익히는 것이 필요하다. 전문기술을 익히는 기간은 허송세월이 아니라 투자기간이다. 마음관리로 봉사하려는 사람은 먼저 마음관리 이론과 기술을 익혀야 한다. 그게 순서다. 급하다고 바늘허리에 실을 묶어 사용할 수는 없다.

고따마, 붇다하, 불교

흔히 붇다하로 알려진 분은 이름이 고따마 씻다핫타다. 고따마 씻다핫타가 태어난 곳은 룸비니-고, 고따마 씻다핫타가 35살에 붇다하를 이룬 곳은 붇다하가야고, 붇다하가 대중에게 수행지도하고 불교교단을 만든 곳은 미가다-야다.

불교창립선언문[Dhamma cakka pavattana deseti, 轉法宣言]을 발표한다. 그 전문은 다음과 같다.

표13 **불교창립선언문**

「비힉쿠여! 나는 하늘과 인간의 모든 그물(banddha, 束縛)로부터 헤탈(muñcati, 解脫)했다. 비힉쿠여! 그대들도 하늘과 인간의 모든 그물로부터 해탈했다. 비힉쿠여! 여행을 떠나라. 많은 사람의 이익(hita, 利益)과 행복(sukha, 幸福)을 위해, 세상을 동정(anukampā, 同情)하고, 인간과 천신의 안락(attha, 安樂), 이익, 행복을 위해(전법여행을 떠나라). 두 사람이 함께 가지마라. 비힉쿠여! 처음도 좋고, 중간도 좋고, 마지막도 좋게, 의미를 갖추고, 유용하게 수행[dhamma, 法]을 전하라. 원만하고 청정한 행위를 가르쳐주어라. 세상에는 평화로운 사람도 있고 먼지와 때가 적은 사람도 있다. 그들이 수행을 듣지 못하면 쇠퇴할 것이지만 들으면 잘 알 것이다. 비힉쿠여! 나 역시 수행을 전하기[dhamma deseti, 傳法] 위해 우루-붸라 쎄나-니 마을로 갈 것이다.」(初轉法輪經)

6. 여기서 붇다하는 마음과학과 싸띠수행을 많은 존재의 자유와 행복, 이익과 번영을 위해 사용하라고 주문하고 그것이 불교정체성이라고 선언한다*.

수행산업

기술산업에 기술이 없고 산업만 있으면 사기꾼되기 쉽고 문화산업에 문화가 없고 산업만 있으면 천박하다. 마찬가지로 수행문화에 수행은 없고 문화만 있으면 곤란하다. 수행이 있어야 소비할 문화가 있을 텐데 천박한 사람은 수행할 생각은 하지않고 수행을 소비할 생각만 한다. 그러면 사이비가 된다.

7. 이런 전통은 대승부에도 그대로 이어진다. 금강경 3장 대승정종분(大乘正宗分)은 다음과 같이 대승을 정의한다.

「보ㄷ히쌋따(Bodhisatta yāna, 菩薩乘) 마하-쌋따(Mahāsatta, 摩訶薩)는 다음과 같이 마음을 닦았다. 살아있는 모든 존재(卵胎濕化 有色 無色 有想 無想)가 그들이 죽을 때까지 무여열반(anupādisesa nibbāna, 無餘涅槃)에 들어 행복하게 살 수 있도록 도와주겠다.」

8. 그 어디에도 불교교단을 위하거나 돈이나 권력을 위해 싸띠수행을 전하지 않았다.

9. 필요한 사람을 위해 싸띠수행으로 봉사하는 것이 불교정체성이다. 누구도 이기적인 개인이나 집단을 위해 봉사하지 않는다. 대중을 모으기 위해서는 대중을 위해 봉사하는 것이다. 이게 정도고 진리다*.

10. 붇ㄷ하는 처음부터 자기가 발견한 자유와 행복으로 가는 도구인 마음과학과 싸띠수행을 다른 사람에게 제공해 그들이 자유롭고 행복하게 살 수 있도록 봉사하는 것을 불교정체성으로 삼았다*.

사용가치와 교환가치

물 사용가치는 목마른 사람이 마시는 것이다. 그러나 교환가치로 바뀌면 아무리 목말라도 교환수단을 가지지 않으면 마실 수 없다.

불교교단 정체성 혹은 사용가치는 마음 건강과 안정을 통해 자유와 행복으로 가는 것이다. 누구나 수행이 필요한 사람이 수행을 배워 사용하면 된다. 그러나 수행이 교환가치로 변하면 돈이란 교환수단을 가지지 않으면 배우고 익힐 수 없다. 오늘날 사찰에서 하는 많은 행위가 본래 사용가치로 기능하지 않고 교환가치로 쓰이는 것을 보면 불교도는 사찰입장에서는 불교상품 소비시장 단골고객으로 기능하지나 않는지 의심된다.

보상윤리

간혹 시험점수를 많이 받으면 휴대폰 사준다고 약속하거나 신을 믿으면 복준다거나 하는 것은 전부 give and take 로 주고받기식이라고 해서 보상윤리라고 한다. 이것은 매우 저급한 것으로 교환가치를 강조하는 상업논리다. 신을 믿으면 은총을 받는다는 것도 같은 논리다.

6. 조직구성과 활동원칙

1. 붇다하는 대중활동을 시작하면서 몇 가지 원칙을 세우고 그 원칙에 충실했다.

1) 조직구성

2. 붇다하가 만든 불교조직인 싼가하(saṅgha, 僧伽, 衆, 敎團) 특징은 무조직의 조직이다. 이것이 가능한 것은 다음 두 가지 특성 때문이다.

① 붇다하가 될 수 있음

3. 붇다하는 누구나 노력해 붇다하 자신이 도달한 경지를 성취하면 붇다하가 될 수 있다고 말했다. 붇다하가 설한 오리지널 경전은 누구나 붇다하가 될 수 있다고 주장한다.

4. 이것은 파격이다. 오늘날 지구상에 존재하는 모든 종교 가운데 구성원이 창시자와 동일한 지위를 가질 수 있다고 주장한 종교는 없다.

5. 크리스트교를 믿는 사람이 열심히 기도하면 창조신 야훼나 그 아들이자 메시아인 예수와 같은 지위를 가질 수 있다고 믿는다고 상상해보라. 신을 믿는 가치체계는 이런 발상을 도저히 생각조차 할 수 없을 것이다.

6. 그러나 붇다하는 누구든지 싸띠수행으로 아라한뜨 막가파라를 성취하

간혹 제3세계 사람을 위해 긴급구호사업을 하거나 소외계층을 위해 봉사활동을 하는 사람이 신을 내세우는 것을 보면 마음이 편치 않다. 그냥 봉사활동만 하면 보기 좋은데 꼭 신을 믿으라고 강요하는 것을 보면 신을 믿는 것과 생존을 교환하는 것 같아 불편하다. 신을 믿는 것도 조건이 붙고 교환가치를 강조하는 상품인지 혼동된다.

면 아라한뜨이자 붇다가 될 수 있다고 강조했다.

7. 이것이 유용한 조직도 없고 체계적인 포교활동도 없으면서도 불교가 소멸하지 않고 지금까지 이어져올 수 있었던 비결이다.

② 붇다와 같은 지위

8. 붇다는 제자를 자기자신과 같은 동급으로 취급했다. 불교도는 창시자인 붇다(Buddha, 佛), 붇다가 만든 마음과학과 싸띠수행인 다함마(Dhamma, 法), 수행자인 스님(Saṅgha, 僧)을 3보(ti ratana, 三寶)로 규정하고 존경한다.

9. 불법승 3보는 같은 지위를 가진다. 3보는 불교구성 핵심이자 붇다 가르침을 계승하는 불교교단 주체다.

10. 이런 획기적인 발상이 불교가 대중을 조직하지 않고도 강력한 조직을 갖출 수 있게 했고 누구든지 자기노력으로 붇다가 될 수 있다는 희망을 주었다*.

11. 불교교단은 한 사람 한 사람이 바로 조직이다. 이것은 살아있는 생명체와 같다. 스스로 환경에 적응하고 환경을 자기가 활동하기에 편리하도

붇다 리더십 ①

이윤을 창출하는 기업은 생산성향상을 위해 다양한 기법을 사용한다. 생상성향상을 위해 노력하기도 하고 생산성향상을 저하시키는 요인을 제거하기 위해서도 많은 노력을 기울인다. 구성원에게 직무연수뿐만 아니라 인접학문을 통해 창의력을 키우려고 교육하고, 다양한 보상을 제공하거나 가족까지 챙기며 노동의욕을 부추긴다. 보너스뿐만 아니라 성과급도 지급하고, 주식을 제공하기도 한다. 그 모든 것에 더해 오늘날은 노동자를 이사회에 참여시켜 회사운영을 결정하도록 하는 데까지 왔다. 결국 모든 구성원이 주인되고 스스로 사고하고 판단하고 결정하고 책임지는 구조일 때 비로소 주인의식이 나오고 창의적이고 능동적으로 움직여 생산성을 향상시킨다는 결론에 도달했다.

붇다는 불교교단을 처음 만들 때부터 이런 철학을 기초로 출발했다. 이것이 붇다가 존재를 이해한 관점이었고 조직을 꾸리는 토대였다. 이것이 붇다 리더십 핵심이다. 누구나 노력하면 붇다가 될 수 있다. 그리고 붇다, 수행, 수행자는 동격이다.

록 재구성한다.

12. 불교도나 싸띠수행자는 붓다를 섬기고 싸띠수행을 전파하기 위해 불교를 믿고 따르는 것이 아니다. 모두 붓다가 되고 싸띠수행으로 자유롭고 행복하기 위해 노력하는 잠재적인 붓다다. 그래서 자력공동체라고 한다.

2) 활동원칙

13. 붓다는 대중활동을 시작하면서 몇 가지 활동원칙을 세웠다. 그것을 붓다는 입멸하기 3개월 전에 한 유언에서 자등명 법등명(atta dīpa dhamma dīpa, 自燈明 法燈明)으로 규정했다.

① 일중심

14. 붓다는 사람중심으로 활동하지 않고 일중심으로 사고하고 행동했다.

15. 사람중심으로 일하는 것은 정치조직이나 상업활동에는 유효할지 몰라도 수행모임과 같은 비영리활동에는 적합하지 않다.

16. 사람을 모으고 조직하고 유효성을 극대화하기 위해서는 누군가 조직하고 관리하는 사람이 필요하다. 그래서 기업이나 정치 조직은 많은 물량이나 인력을 동원해 사람관리에 집중한다.

17. 불교는 싸띠수행으로 자유로운 삶, 청정한 삶, 행복한 삶, 공존하는 삶을 지향하는 사람이 자발적으로 모여 결성한 수행공동체, 생활공동체다.

18. 수행공동체는 수행품질을 높이고 수행지도를 유효하게 하고 수행자가 얼마나 질높게 수행할 수 있느냐가 핵심이다. 봉사단체는 봉사품질을 높

이는 것이 핵심인데 봉사는 하지 않고 그곳에 출입하는 사람만 관리하면 곤란하다.

19. 수행단체는 수행이 핵심이다. 자기수행과 다른 사람 수행지도에 전념하면 된다. 그렇지 않고 수행은 소홀히 한 채 그곳에 출입하는 사람관리만 하면 뭔가 찜찜하고 상업냄새가 난다.

20. 봉사하는 것이 좋으면 모이고 그것이 싫으면 그만두면 되듯 싸띠수행이 좋으면 오고 그것이 의미없으면 벗어나 자유로워지면 된다.

21. 누구든 강요하지 않는다. 단지 자기에게 필요하다고 생각한 사람이 자연발생으로 모여 형성된 것이 수행공동체인 불교교단이다.

② 자력과 자율

22. 모든 것은 스스로 선택하고 실천하는 것이 현명하고 유효성도 높다. 붇다하는 다른 사람 생각을 통제하는 것은 폭력이라고 주장했다. 누구도 다른 사람 생각과 행동을 강제할 수 없다. 다른 사람에게 폭력을 행사하고 행동을 규제하면 안 된다.

23. 붇다하는 자기가 필요한 것은 스스로 결정하고 노력해 성취하는 것이 아름답고 의미있다고 보았다.

24. 오직 한 번뿐인 삶을 다른 사람에게 의존하는 것은 곤란하다. 삶이 힘들고 어렵더라도 가능한 스스로 결정하고 노력해 성취하는 것이 좋다.

25. 내 인생은 나의 것이다. 이토록 소중한 삶을 신, 점, 윤회, 사주팔자 등과 같은 허구나 운명에 의존하고 매달리는 것은 비참하다*.

점성술

경집에서 붇다하는 「수행자는 주술적인 주문, 꿈해몽, 징조, 점성술, 새나 짐승 소리로 점을 치거나 술수를 부리는 일을 해서는 안 된다.」고 강조했다.

26. 싸띠수행도 마찬가지다. 다른 사람에게 강요하면 안 된다. 그것이 필요한 사람은 의미있을지 몰라도 굳이 필요치 않은 사람도 있다. 그렇기 때문에 필요한 사람이 스스로 선택해 사용하도록 하는 것이 좋다.

27. 붇다하는 자기가 발견한 자유로운 삶, 청정한 삶, 행복한 삶, 공존하는 삶에 관한 소중한 정보를 알려주고 필요한 사람에게 길을 안내했을 뿐이다.

28. 붇다하는 자기를 자주 안내자로 표현했다. 자기는 마음과학과 싸띠수행에 관한 정보를 제공하고 안내만 할 뿐 그 일을 실천하고 성취하는 주체는 오직 자기자신이라고 보았다.

29. 붇다하는 소를 물가로 끌고갈 수는 있지만 물을 먹을 것인지 먹지 않을 것인지는 소가 결정한다는 입장을 견지했다.

30. 좋은 정보가 있으면 인연있는 사람에게 알려주고 권하는 것은 좋지만 강요하는 순간 폭력이다. 알려주되 강요하지는 말 것. 이것이 아름다운 관계를 형성하는 출발점이다.

7. 기본대중과 활동공간

1. 불교교단을 유지하는 데 필요한 기본대중이 있고 대중이 활동할 기본공간이 필요하다.

1) 기본대중

2. 수행공동체를 지향하는 불교교단을 기본대중은 20세 이상 ᴮ힉쿠

(bhikkhu, 比丘, 출가 남자수행자), 비흑쿠니-(bhikkhunī, 比丘尼, 출가여자
수행자), 우빠-싸까(upāsaka, 優婆塞, 재가 남자수행자), 우빠-씨까-
(upāsikā, 優婆夷, 재가 여자수행자) 등 4부대중(四部大衆)이다. 이 기본대
중을 싼ᄀ하(saṅgha, 僧伽, 敎團, 衆)라고 한다.

3. 불교교단 기본대중은 위치에 따라 기능을 달리한다. 각자 신분은 스
스로 선택하고 언제든지 자율적으로 신분이동이 자유롭다.

4. 신분이동할 때는 해당신분을 가진 사람이 지켜야할 행동강령을 받는
데 이것이 수계식(授戒式)이다.

5. 기본대중은 신분과 역할에 따라 두 종류로 나눈다. 하나는 출가해 전
문적으로 싸띠수행하는 출가수행자와 재가에 있으면서 일반적으로 수행
하는 재가수행자다.

6. 출가수행자는 수행, 교육, 조직을 담당하고 재가수행자는 출가수행자
후원, 수행도량 재정, 행정, 관리 등을 담당한다.

2) 활동공간

7. 분ᄃ하는 싸띠수행자가 모여 활동할 기본공간으로 수행공동체이자 생
활공동체인 싼ᄀ하를 만들어 활동했다.

8. 싼ᄀ하는 수행도량인 아-라-마(ārāma, 精舍)를 중심으로 수행과 사회활
동을 했다. 아-라-마는 불교교단 활동중심이자 기본공간이고 기본단위다.

9. 아-라-마는 출가수행자가 머물며 생활하고 수행한다. 재가수행자가
와서 수행을 배우고 익히며 마음과학과 싸띠수행을 필요로 하는 사람에게
수행지도하는 곳이다.

10. 아-라-마는 불교도 사회활동과 생활중심 공간이다. 대부분 불교도는

아-라-마에서 결혼식과 장례식 등 수행뿐만 아니라 각종 통과의식, 참여활동, 봉사활동 등을 하며 수행공동체, 생활공동체를 꾸린다.

8. 기본자료

1. 붇다, 불교, 마음과학, 싸띠수행 등에 관한 기초자료는 붇다 언어인 pāli 어로 쓰인 율경논 3장(律經論 三藏)이다.

2. 그 가운데 가장 기초가 되는 직접자료는 붇다 행적과 수행자 행동규범을 기록한 율장(Vinaya Piṭaka, 律藏)과 마음과 수행을 기록한 경장(Sutta Piṭaka, 經藏) 등 2장(二藏)이다.

3. 율장과 경장에 관한 논문집인 논장(Abhidhamma Piṭaka, 阿毘達磨, 對論, 論藏)은 불멸(Buddha nirodha, 佛滅) 후 250여 년 뒤 BCE 250년 무렵 제작된 것으로 2차자료고 참고자료다.

4. 대승부나 밀교부에서 창작한 대승경전이나 밀교경전, 중국수행자 수행에세이인 조사어록, 논문이나 단행본 등은 모두 3차자료고 참고자료다.

5. 불교교단은 수행공동체이자 생활공동체다. 자유와 행복, 마음과 수행, 경험과 지혜는 말이나 글로 표현하기 까다롭고 뉘앙스가 미묘하기 때문에 막가파라를 성취하고 닙바-나를 체험한 수행자마음에 담아둘 수밖에 없다*.

이심전심

이심전심(ceto pariya ñāṇa, 以心傳心)은 자기마음으로 상대마음을 안다는 것으로 붇다가 즐겨 사용한 표현이다.

수행으로 체험한 직접경험은 말이나 글로 설명하기가 까다롭고 핵심내용도 전달하기가 곤란하다. 이것을 불립

6. 붇다하를 시작으로 아라한뜨와 아라한뜨를 통해 전해진 수행이론인 마음과학과 수행기술인 싸띠수행이야말로 붇다하와 수행에 관한 가장 중요한 1차자료다.

7. 율장, 경장, 논장, 조사어록 등의 내용이 모두 수행이다. 수행을 경험하지 않고 아라한뜨 막가파라를 성취하지 않은 사람이 쓴 불교에 관한 자료는 그만큼 신뢰도가 떨어지고 오류가 많을 수밖에 없다. 이것은 단지 참고만 해야 한다. 불교와 수행은 유명대학 학위가 아니라 수행경험이 핵심이다*.

9. Pāli 3장

1. 대장경(大藏經)은 불교에 관한 모든 자료를 체계적으로 분류해 모은 자료집이다.

2. 붇다하에 관한 1차자료는 붇다하가 수행자에게 pāli 어로 수행지도한 것

문자(不立文字)라고 한다. 문자를 사용하지 않는 것이 아니라 전달하기 까다롭다는 의미다. 그래서 경험을 전달할 때는 먼저 전달받을 사람에게 전달할 내용을 경험하도록 유도한다. 그리고 나서 말이나 글로 경험을 전달하면 효과있다.

교외별전(敎外別傳)도 마찬가지다. 경전 밖에 따로 전하는 것이 있는 것이 아니라 경전은 아라한뜨 막가파라를 성취한 붇다하가 자기경험을 말과 문자로 기록한 것이기 때문에 경전내용을 올바로 이해하기 위해서는 먼저 수행으로 붇다하와 같은 아라한뜨 막가파라 경지를 경험하라는 말이다. 그러면 붇다하 수준에서 경전을 이해할 것이다.

직지인심(直持人心)은 싸띠수행으로 자기마음 공간으로 직접 들어가 마음을 닦아야 비로소 마음을 이해할 수 있다는 말이다.

율경논 3장

흔히 경율논 3장이라고 한다. 이것은 중국에서 대장경을 편찬할 때 순서를 그렇게 바꾼 것이다. 원래는 율경논 순서로 편찬하고 전승했다.

이다. 그러나 이 자료는 문자로 기록되지 않고 붇다와 가르침을 받은 사람 몸과 마음에 남아있다 소멸했다.

3. 붇다 입멸 후 제자가 붇다 행적을 수집해 붇다 언어[buddha vācā, 佛語]인 pāli 어로 암송해 전승하다, BCE 35~32년 사이 스리랑카에서 싱할리 문자로 기록했다. 이것이 오늘날 남아있는 붇다에 관한 1차자료다.

4. 수행자 행동규범을 기록한 율장(律藏)과 마음관리와 수행 이론과 기술 매뉴얼인 경장(經藏) 2장(二藏)을 편찬했다.

5. 수집할 때도 붇다 언어인 pāli 어로 수집하고 전승[Āgama, 阿含·pāli, 聖典]할 때도 pāli 어로 집단합송(saṅgīti, 合誦)으로 구전(口傳)됐다.

6. 2장은 불교전파와 함께 인도에서 남쪽으로는 스리랑카와 동남아를 거쳐 남중국에서 다시 한국으로, 북쪽으로는 간다하-라에서 실크로드로, 북중국에서 한국으로 전파됐다.

7. 처음은 율장과 경장 2장만 성립됐다. 그러나 250여 년 뒤 불교에 스며든 힌두교 사상인 윤회설을 제거하기 위해 율장과 경장에 대한 논문인 논장(論藏)이 만들어졌다.

8. 이렇게 해서 Pāli 3장이 만들어졌다. 그 뒤 중국에서 중국수행자 저작을 추가해 오늘날 대장경으로 발전했다.

1) Pāli 2장

9. 붇다가 꾸씨나-라-에서 입멸한 것이 BCE 486년 음력 4월 15일 저녁 11시 무렵이다.

10. 7일장을 치른 후 그곳에서 400km 정도 남쪽인 라-자가하 웨루봐나

(Veḷuvana, 竹林精舍)에서 아자-따쌋뚜(Ajātasattu, 阿闍世, 未生怨) 왕의 후원과 마하-깟싸빠(Mahā kassapa, 摩訶迦葉, 大迦葉) 주도로 제1차 전인도수행자대회[saṅgīti, 合誦, 第一結集]가 열렸다.

11. 수만 명의 수행자가 참석했다. 그 가운데 아라한뜨 막가파라를 성취한 500명 ㅂ힉쿠를 선발해 웨루봐나 뒤에 있는 와이ㅂ하라(Vaibhara giri) 산 쌋따빠니구하-(Sattapaṇṇi guhā, 七葉窟)에 지도부를 설치하고 그 주변 평평한 산등에 머물며 붇ㄷ하에 관한 자료를 수집했다.

12. 이 모임에 참석한 대중은 소모임과 전체회의를 통해 결정한 내용을 함께 합송해 기억했다. 그래서 이 모임을 합송(saṅgīti, 合誦, 結集)이라고 한다.

13. BCE 486년 음력 6월 15일 무렵부터 이듬해 2월 초순까지 약 7개월 동안 진행된 제1차결집에서 다음과 같이 세 가지 중요한 결정을 했다.

표14 1차결집 결정사항

① 교단을 유지할 것.
② 교단중심은 붇ㄷ하(佛), 수행(法), 수행자(僧)로 할 것.
③ 붇ㄷ하 가르침을 수집하고 편찬해 전승할 것.

14. 이 모임에 참석한 5백 명의 아라한뜨는 붇ㄷ하가 아라한뜨 막가파라를 이룬 후 45년 동안 활동한 내용을 두 가지 큰 주제로 분류하고 수집했다*.

15. 수행자 행위규범과 에티켓 등은 율장으로, 마음과 수행에 관한 것은

경장으로 정리했다. 이것이 대장경원형이다.

16. 이때는 율장과 경장 2장만 존재했다. 사용된 언어는 붇다 언어인 pāli 어고 이것을 그곳에 모인 아라한뜨가 함께 합송하고 암송으로 전승했다. 이때 결집한 내용은 오늘날 해인사에 있는 8만대장경(八萬大藏經)의 약 1/25 정도 분량으로 추정된다.

17. 결집은 전체모임과 분과토론으로 진행된 것으로 추정한다. 참석대중이 많은 관계로 주제에 따라 소모임을 결성해 자료를 수집하고 전체모임에서 대중동의를 얻는 방식으로 진행됐다.

18. 전체모임은 마하-깟싸빠가 맨 상석에 앉고 우빠-리(Upāli, 優波離)와 아-난다(Ānanda, 阿難, 慶喜)가 양 옆에 앉았다. 나머지 497명 아라한뜨는 빙 둘러 원을 그리고 앉았다.

19. 맨 먼저 우빠-리가 수행자 행위규범에 관해 붇다로부터 들은 대로 암송하면 나머지 아라한뜨가 그것에 대해 토론하고 이론이 없으면 전원이 합송하는 방식으로 율장이 만들어졌다.

20. 우빠-리는 까삐라봣투 왕실이발사였다. 붇다가 41세 되던 해 고향을 방문하고 아-난다와 함께 4촌동생 5명이 함께 출가할 때 같이 출가했다.

21. 우빠-리는 처음 출가한 사람이 붇다로부터 계받을 때 머리를 깎아주고 수계를 도와주었다. 이런 인연으로 계율 제정과 유래를 잘 알았다. 따

수행자대회

제1차 전인도수행자대회(一次結集) 이후 불교가 인도에서 위기에 봉착하거나 기존 붇다 가르침이 심각하게 왜곡되면 전인도수행자대회를 소집해 그곳에서 정법(正法)과 비법(非法)을 가려내고 그 내용을 기록했다. 전인도수행자대회와 그 결과물인 결집은 불교역사상 4회 정도로 추정한다. 그러나 붇다에 관한 내용이 수집된 것은 제1차결집 뿐이고 나머지는 붇다 가르침에 대한 해석문제였다. 이런 방식은 불교역사에 전통으로 자리잡았다. 교단에 중대한 문제가 발생하면 수행자대회(僧侶大會)를 소집해 대중공의에 따라 문제를 해결했다. 여기서 결정된 내용은 율장과 경장을 제외한 모든 것에 우선했다.

라서 교단이나 수행자 사이에 계율문제가 발생하면 항상 우빠-리가 가서 해결했다. 우빠-리는 분쟁해결사였다*.

22. 이어서 아-난다가 마음과 수행에 관해 붇ㄷ하가 다른 사람에게 수행지도한 것을 들은 대로[evaṁ me suttaṁ, 如是我聞] 암송하면 나머지 아라한뜨가 그것에 대해 토론하고 이론이 없으면 전원이 합송하는 방식으로 경장이 만들어졌다.

23. 아-난다는 붇ㄷ하 4촌동생이고 데봐닷따 친동생이다. 붇ㄷ하가 41살 때 고향을 방문했을 때 붇ㄷ하를 따라 출가했다. 처음에만 조금 수행하고 그 이후로는 수행에 소홀했던 것 같다. 붇ㄷ하 입멸 후 마하-깟싸빠 지도로 아라한뜨가 되고 1차결집에 참여할 수 있었다*.

24. 이후 붇ㄷ하가 55세 되던 해부터 입멸할 때까지 25년간 곁에서 시중들었다. 이런 인연으로 붇ㄷ하가 다른 사람에게 수행지도한 내용을 상세히

구족계

붇ㄷ하가 처음 불교교단을 만들고 수행자를 받아들일 때는 계율이 「오라, ㅂ힉쿠여, ehi bhikkhu, 善來比丘, welcome」 하나였다. 점차 수행자가 늘고 교단에 문제가 발생하면 새로운 규칙을 하나씩 추가로 제정했다. 그러다보니 출가수행자가 받은 계율이 시기에 따라 숫자가 서로 달랐다. 그래서 계받을 때 제정된 모든 계를 받으면 구족계(upasampadā, 具足戒)라고 한다. 붇ㄷ하가 입멸할 때 ㅂ힉쿠는 227(250)개 항목, ㅂ힉쿠니-는 311(348)개 항목으로 늘어났다. 이것을 우빠-리가 모두 기억했다가 제1차결집 때 송출함으로써 율장이 형성됐다. 붇ㄷ하는 입멸할 때 지금까지 제정된 계율이 너무 많기 때문에 사소한 것은 폐기하라고 유언했다. 그러나 아-난다가 그때 망상피우느라 폐기해야할 조목을 물어보지 못했다. 그래서 율장을 편찬할 때 의견이 분분하자 제정된 모든 것을 지키자고 결론지었다.

코꿰인 아-난다

붇ㄷ하 입멸과정을 상세히 기록한 대반열반경을 보면 붇ㄷ하는 자기가 3개월 뒤에 입멸하면 어떻겠느냐고 아-난다에게 물었는데 아난다가 아무런 대답을 하지 않아 입멸하기로 결정했다는 대목이 몇 번에 걸쳐 나온다. 아마도 아-난다가 수행을 게을리한 것이 붇ㄷ하는 마음에 걸렸던 것 같다. 그래서 자기가 입멸한 뒤 수행할 수 있도록 코를 꿴 것으로 보인다. 어릴 때 어머니가 외갓집에 가면서 「네가 말을 듣지 않아서 외갓집에 간다」 고 겁준 것과 비슷한 구조다.

알고있었다. 아-난다는 한 번 들은 것은 잊어버리지 않는 기억력을 가졌다고 한다.

25. 아-난다는 수행을 게을리해서 붇ㄷ하가 살아있을 때는 쏘따-빳띠 막가파라밖에 성취하지 못했다고 한다. 붇ㄷ하 입멸 후 열심히 정진해서 제1차 전인도출가수행자대회가 열리던 날 새벽에 아라한뜨 막가파라를 성취하고 그 모임에 참석할 수 있었다. 이때 아-난다에게 수행지도한 사람이 마하-깟싸빠다.

2) Pāli 3장

26. 제3차 전인도출가수행자대회는 붇ㄷ하 입멸 후 230여 년 뒤인 BCE 250년 무렵 아쏘까(Asoka, 阿育, 無憂, 재위 BCE 268~232) 즉위 18년 뒤 빠-따리뿟따(Pāṭaliputta, 巴羅利弗, 華氏城)에서 목가리뿟따 띳싸(Moggaliputta tissa, 目犍連子帝須) 주도로 이뤄졌다*.

2차, 4차 전인도수행자대회

제2차 전인도출가수행자대회는 붇ㄷ하 입멸 후 약 110여 년 뒤 BCE 370년 무렵 웨싸-리-에서 소집됐다. 이때는 새로운 경전이나 계율을 수집한 것이 아니라 계율해석 문제가 주제였다. 수 만 명의 ㅂ히쿠가 모여 8개월 동안 토론을 진행했다. 그 결과 웨싸-리- 싼ㄱ하에서 행하던 10가지 관행이 살봇됐내(十事非法)고 실튼시었나. 그러나 이런 결론에 대해 웨싸-리- ㅂ히쿠가 반발하면서 계율원칙을 준수하려는 교단에서 계율을 현실에 맞게 관용적으로 해석하자는 파가 떨어져나갔다. 이것은 진보나 보수 문제가 아니라 원칙을 지킬 것인지 파기할 것인지에 대한 입장차이었다. 계율에 엄격주의를 취한 교단을 테라봐-다(長老部, 上座部), 계율에 관용주의를 취한 교단을 마하-싼ㄱ히까(大衆部)라고 했다. 테라봐-다는 비교적 장로 ㅂ히쿠나 시골을 기반으로 활동하는 ㅂ히쿠가 많았고 마하-싼ㄱ히까는 젊은 ㅂ히쿠나 도시에서 활동한 ㅂ히쿠가 많았다.

테라봐-다란 장로 말(가르침)을 따른다는 의미다. 이것을 상좌부라고 하는 것은 장로스님이 상석에 앉은 것을 의미한다. 대중부란 참여대중이 많다는 의미다. 오늘날 동남아는 테라봐-다를 믿는다. 그러나 장로말을 따를 것이 아니라 붇ㄷ하 가르침(佛語)을 믿고 따르는 것이 올바르다. 이후 불교교단은 여러 부파(Nikāya, 部派)로 분열해 활동했다. 이때 문제가 됐던 10가지 관행은 다음과 같다.

① 소금을 저장하는 것.

27. 이때는 사상해석 문제가 주제였다. 힌두교 윤회설을 도입하려는 사상 변절자가 등장해 붇다 가르침을 어지럽히자 원칙주의 ㅂ힉쿠가 이 대회를 소집했다.

28. 계율은 마하-싼ㄱ히까(Mahā saṅghika, 大衆部)가 먼저 왜곡했지만 사상은 테라봐-다(Theravāda, 長老部, 上座部)가 먼저 변절했다.

29. 중인도 마우리아 왕조 수도인 빠-따리뿟따 지역에서 아쏘까 왕이 불교 우대정책을 취하자 힌두교수행자가 대거 불교수행자로 개종해 자리잡고 힌두교사상인 윤회설을 주장했다. 그들은 7년 동안 우뽀싸타(uposatha, 布薩)를 하지 않아 교단질서가 무너졌고 사상적으로 힌두교화되기 시작했다.

30. 이런 현상을 목격한 아쏘까는 제3차 전인도출가수행자대회를 소집해 이 문제를 해결하라고 주문했다.

31. 1000명의 아라한뜨가 모여 9개월 동안 토론한 결과 1차결집으로부터 전승된 율장과 경장에 대한 논문을 7편을 써서 힌두교와 분석[vibhaṅga, 分別] 하고, 윤회설은 힌두교사상이고 붇다하는 윤회설을 부정했다는 것을 밝히고 불교정체성을 회복하려고 노력했다.

---

② 오후에 음식먹는 것.
③ 다른 부락에 가서 탁발하는 것.
④ 한 아-라-마에 살면서 다른 곳에서 포살하는 것.
⑤ 아직 오지 않은 사람을 계산해 의결하는 것.
⑥ 스승습관을 따르는 것.
⑦ 식사 후에 우유를 마시는 것.
⑧ 발효된 야자즙을 마시는 것.
⑨ 방석크기에 관한 것.
⑩ 금은을 받을 수 있다는 것.

제4차 전인도출가수행자대회는 북인도 간드하-라 탁씨라(Taksila)에서 소집됐다. 이때는 새로운 내용이 추가된 것이 아니라 3장에 대한 주석작업이 행해졌다. 이때는 붇다 언어인 pāli 어가 아니라 힌두교 언어인 saṁskṛt어로 기록했다.

32. 이렇게 만들어진 논문 7편을 논장(論藏)이라고 한다. 율장, 경장에 이어 논장이 만들어지면서 붇다하에 관한 자료는 율경논 3장으로 체계를 갖췄다.

33. 제3차 전인도수행자대회 결과 아쏘까 왕은 윤회설은 붇다하 정법이 아니라 비법으로 결론지었다. 그리고 윤회설을 믿는 수행자는 즉시 환속해 불교교단을 떠나라고 칙령을 내렸다.

34. 힌두교에서 개종한 대부분 불교수행자는 불교교단을 떠나 다시 힌두교로 돌아갔다. 그러나 일부는 불교수행자 신분을 유지하면서 동시에 윤회설을 버리지도 않았다.

35. 그들은 당시 수도인 빠-따리뿟따를 떠나 마투라-를 거쳐 힌두교 고향이자 윤회설 발생지인 북인도 간다하-라 지역으로 갔다.

36. 이들은 자기 부파이름을 쌉밧타 봐-다(sabbattha vāda, 說一切有部, 有部)라고 지었다.

(표15) Pāli 3장표

1. 위나야 삐따까(Vinaya Piṭaka, 律藏)

1) Sutta vibhaṅga(經分別): 계율 조문과 해설

2) Khandhaka(犍度部): 출가교단 운영규칙

3) Parivāra(附隨): 부수로 추가된 것

2. 숫따 삐따까(Sutta Piṭaka, 經藏)

5 Nikāya(5262 經)   4 Āgama(阿含, 2085 經)

1) Dīgha nikāya: 34經   1) 長阿含經: 30經

2) Majjhima nikāya: 152經   2) 中阿含經: 222經

3) Saṁyutta nikāya: 2872經   3) 雜阿含經: 1362經

4) Aṅguttara nikāya: 2189經   4) 增一阿含經: 471經

5) Khuddaka nikāya: 15經 * 부분적으로 번역됨

① Khuddakapāṭha(小誦)

② Dhammapada(法句經)

③ Udāna(自說經)

④ Itivuttaka(如是經)

⑤ Suttanipāta(經集)

⑥ Vimānavatthu(天宮事)

⑦ Petavatthu(餓鬼事)

⑧ Theragāthā(長老偈)

⑨ Therīgāthā(長老尼偈)

⑩ Jātaka(本生譚)

⑪ Niddesa(義釋)

⑫ Paṭisambhidāmagga(無礙解道)

⑬ Avadāna(譬喻)

⑭ Buddhavaṁsa(佛種姓)

⑮ Cariyāpiṭaka(所行藏)

3. 아ㅂ히ㄷ함마 삐따까 (Abhidhamma Piṭaka, 論藏)

1) Dhammasaṅgaṇi(法聚論)

2) Vibhaṅga(分別論)

3) Dhātukathā(界論)

4) Puggalapaññatti(人施設論)

5) Kathāvatthu(論事)

6) Yamaka(雙論)

7) Paṭṭhāna(發趣論)

37. 이들은 모든 존재에 변하지 않는 주체가 있고 그것이 윤회한다고 믿던 자기가치관에 기초해 부파이름으로 삼았다. 이것이 공식적으로 최초로 불교에 윤회설이 침투해 들어온 계기가 됐다.

38. 윤회설을 주장하는 사람이나 그것을 거부하는 사람이나 「윤회」란 개념을 피할 수 없다. 이후 300여 년 동안 토론을 진행하는 과정에서 윤회

설은 자연스럽게 불교에 스며들어 자리잡았다.

3) Pāli 3장 문자기록

39. 처음 450년 동안 붇다 가르침은 철저히 암송에 기초해 전승됐다. 고대인도인은 스승의 고귀한 가르침을 문자로 기록해 전승하는 것은 스승에 대한 결례로 생각하고 가능한 암송으로 전승됐다.

40. 문자기록 도구가 발달하지 않은 옛날은 문자로 기록하는 것 못지않게 여러 대중이 함께 합송하는 것이 더 정확히 전승할 수도 있었다.

41. 암송으로 전승되던 pāli 3장은 붇다 입멸 후 400년 정도 지난 뒤 BCE 29~17년 사이 스리랑카에서 싱할리 문자로 기록됐다. 최초로 문자로 기록할 당시 야자수 잎에 기록했는데 그것을 패엽(paṇṇa, 貝葉)이라고 한다.

42. 이렇게 기록된 3장은 인도로 역수출되고 동남아 각국으로 퍼져나갔고 해로와 육로를 통해 중국으로 전해져 한문으로 번역됐고 오늘날은 서양으로 전해져 영어를 비롯해 여러 나라 언어로 번역됐다.

43. 미얀마와 타일랜드에서는 후세 수행자저술을 포함해 몇 차례에 걸쳐 자체적으로 결집했다. 그러나 새로운 내용은 없고 기존의 것을 돌이나 패엽에 새롭게 기록하는 수준이었다.

44. pāli 3장은 중국에서 175년~420년 사이 거의 모두 한문으로 번역됐다. 일본은 1945년 이전에 완역했고 영어로도 대부분 번역됐다. 인도는 1973년에 인도표기법인 데봐나가리(Devanagari, 梵語)로 pāli 3장을 출판했다.

4) Pāli 3장 한문번역

45. pāli 어로 쓰인 붇다 가르침은 중국으로 전해지고 얼마 후부터 한문으로 번역되기 시작해 3백여 년 동안에 거의 대부분 번역됐다.

46. 불교가 중국에 전해진 시기는 정확하지 않지만 대략 진시황(秦始皇, BCE 246~210) 시대로 본다. 이때 인도에서 석리방(釋利防, BCE 3세기 활동)을 비롯한 18명의 스님이 경전을 가지고 와서 불교를 포교할 수 있도록 허가를 받았다고 한다.

47. 불교가 전해진 후 점차 중국인이 붇다 가르침을 믿고 따르자 율장이나 경장을 번역할 필요성이 대두됐다.

48. 처음은 중앙아시아나 인도에서 온 스님이 중국어를 배워 pāli 3장을 번역했지만 서서히 중국인이 인도말을 배워 번역했다.

49. 불교는 인도국경을 넘어 실크로드를 통해 중앙아시아 여러 지역으로 전해지거나 해로를 통해 동남아 각 지방으로 전해졌다. 이들은 단편적이나마 자기언어로 붇다 언어인 pāli 3장을 번역해 사용했다*.

50. 147년 페르시아 출신 안세고(安世高, 2세기 중후기활동)가 중국에 와서 157년 안반수의경(安般守意經)을 번역한 이래 1078년 일칭(日稱, 11세기 후기활동)에 이르기까지 율장, 경장, 대승경전 등을 포함한 거의 모든 pāli 3장이 한문으로 번역됐다.

의식언어

붇다 언어인 pāli 어는 불교가 전해진 지역언어로 대부분 번역됐다. 그러나 예불이나 자주 암송하는 짧은 경전은 pāli 어를 그대로 사용했다. 그래서 언어가 다른 사람이 모여 함께 의식을 거행해도 통일성을 가질 수 있었다. 그런데 중국인은 의식에 사용하는 것도 모두 한문으로 번역해 사용했다. 그러다보니 한문문화권에 사는 사람과 다른 불교국가 사람이 모여 행사를 할 때면 의식언어에 통일성이 없어 번잡하다.

51. 역경사업은 개인이 하기 힘들다. 적게는 수백 명에서 많게는 수천 명이 모여 집단으로 이뤄졌고 대부분 국가지원을 받았다. 번역할 때는 역경원(譯經院)을 설립하고 세부직제를 두고 시행했다*.

52. 비한족계열이 득세한 북중국은 유교(儒敎)와 도교(道敎)로 대표되는 중국문화에 대한 열등감을 인도로부터 전해진 불교를 통해 극복하고자 국가차원에서 번역사업을 주도했다.

53. 이때 가장 유명한 사람이 꾸마-라지-봐다. 그는 인도출신 스님으로 383년에 중국으로 와서 여러 경전을 번역했다.

54. 북중국은 왕즉불(王卽佛) 사상을 기반으로 불교와 왕권이 결합된 국가불교가 성행했다.

55. 북중국은 여러 이민족이 이합집산하면서 국가를 형성하다보니 각 민족 사이 사상통일이 쉽지 않았다. 이때 모든 민족에게 붇다하를 믿게 해 사상통일을 시키는 정치공학을 사용했다. 이것이 바로 왕즉불 사상이다.

56. 남중국은 한족이 만든 유교와 도교의 문화에 마음다루는 수행문화

역경원기구

중국은 국가에서 역경원을 설치하고 경전을 번역할 때는 다음과 같이 여러 가지 기구를 설치했다.

① 역주(譯主): 원전을 암송하거나 읽고 그 뜻을 강의하는 사람. 누구 번역으로 한 것은 바로 이 역주를 말함.
② 필수(筆受): 역문(譯文)을 받아 적는 사람. 여러 명이 함께함.
③ 도어(度語): 일종의 통역이다. 역주 어학능력에 따라 있기도 하고 없기도 함.
④ 증범본(證梵本): 번역본을 원본과 대조해 잘못된 것이 있는지를 검증하는 사람.
⑤ 윤문(潤文): 문장을 문학적으로 수식하는 사람.
⑥ 증의(證義): 번역한 경전내용을 조사해 그 뜻이 올바르게 되었는지 검증하는 사람. 역주에 오류가 있을 때 여기서 1차로 점검함.
⑦ 범패(梵唄): 번역을 시작할 때 거행하는 의식담당.
⑧ 교감(校勘): 교열(校閱), 즉 역문을 재심사하는 사람. 역주에 오류가 있을 경우 여기서 다시 한 번 점검함.
⑨ 감호(監護): 마지막으로 검열하는 사람. 대개 정부관료가 번역을 완료한 경전을 정서(淨書)한 후 검열했음. 일종의 국가검열임.

가 소개되자 지식인이 열광했다.

57. 그 당시 남중국은 장안을 중심으로 한 북중국을 이민족에게 빼앗기고 남쪽으로 이주한 한족 망명정부였다. 그들은 분노와 한탄을 싸띠수행을 통해 극복했다.

58. 그들은 싸띠수행에 기초한 오리지널 불교와 존재본질을 강조한 대승경전을 선호했고 신선사상과 은둔사상을 수행과 결합해 여유로운 문화를 창조했다.

59. 그들은 사문불경왕자론(沙門不敬王者論)을 주장하고 정치와 불교를 분리해 불교정체성을 인정했다. 유교와 도교 문화토대를 가졌기 때문에 굳이 불교를 통해 문화적인 우수성을 강조할 이유가 없었다.

60. 통일제국에서 번역사업은 당(唐) 현장이 중심이었다. 그는 13세에 출가해 수행하다 28세 되던 628년에 장안을 떠나 인도를 여행한 후 나-란다 아-라-마(Nālanda ārāma, 那爛陀寺, 供慧寺)에서 공부한 뒤 645년 장안으로 돌아왔다. 그는 국가지원과 많은 스님도움으로 경전을 번역했다.

61. 중국에서 경전번역을 처음 시작할 때 인도와 중국 문화는 정서가 달랐다. 또 인도어를 중국어로 옮기기도 쉽지 않았다. 그래서 인도어를 중국어로 옮길 때 정확하지 않더라도 중국인이 이미 알고있는 개념으로 설명했다. 이것이 격의불교(格義佛敎)다*

62. 이때 가장 많이 차용한 것이 도교개념이었다. 처음 번역사업에 참여

된장 혹은 치즈

케첩이나 치즈를 잘 모르는 한국사람에게 케첩을 서양고추장이라거나 치즈를 서양된장이라고 소개하면 이해하기 쉽다. 그러나 이미 그것을 알고있는 사람에게 서양된장이나 서양고추장이라는 설명은 오히려 거북하다.

중국에 번역된 불교도 마찬가지다. 처음은 도교개념을 차용해 불교개념을 설명하는 것이 편리했지만 이미 중국인이 불교에 대해 명확히 알게 된 후는 그것을 버려야 함에도 불구하고 그러지 못하고 오늘날까지 도교개념을 그대로 사용해 불교를 이해하려고 한다.

한 사람이 도교출신이 많았고 또 도교도 수행을 강조하다보니 뉘앙스가 다르기는 해도 유교개념보다 표현이 수월했다. 그러나 대부분 중국인이 불교에 대해 명확히 알게 된 후에도 이런 관행이 고쳐지지 않고 현재까지 이어진다*.

63. 인도는 경전이 만들어진 연대가 드러나 있기 때문에 헷갈리지 않았고 만들어진 순서를 변경하는 것도 어려웠다. 그러나 중국은 인도에서 경전이 만들어진 시기와 상관없이 번역했고 경전이 만들어진 시기를 잘 몰랐기 때문에 만들어진 순서를 조작하기 쉬웠다.

64. 중국불교는 자기가 좋아하거나 신봉하는 경전을 가지고 종파(宗派)를 만들고 그곳에 안주했다. 그리고 자기가 신봉하는 경전이 가장 수승한 것으로 상징조작하고 다른 종파에서 믿는 것은 저급한 것으로 주장했다. 이것이 경전에 서열매기기인 교상판석(敎相判釋)이다*.

65. 이런 경향은 훗날 선불교가 모방해 선종판석(禪宗判釋)을 만들고 여러 수행기술에 등급을 매기고 서열을 정했다*.

신격의불교

격의불교(格義佛敎)는 붇다가 사용한 pāli 어를 한문으로 번역할 때 이미 중국인이 알고있던 도교개념을 사용해 불교개념을 설명한 것을 말한다.

신격의불교는 불교, 마음과학과 싸띠수행을 서구에 소개할 때 서구인이 잘 알고있는 심리학, 상담학, 철학, 정신의학, 뇌과학 등의 개념을 사용해 불교개념을 설명하는 것을 말한다.

경전서열

경전은 붇다가 수행지도한 내용을 암송했다가 후에 문자로 기록한 것이다. 수행지도할 때 가장 중요한 원칙이 대기설법(對機說法)이다. 상대근기에 맞게 설해졌다. 따라서 경전에 우열을 매기고 서열을 정하는 것은 모순이다. 또 경전내용을 모든 사람에게 동일하게 적용하는 것도 잘못이다. 왜냐하면 해당경전은 그것을 듣는 사람을 위해 설한 것이기 때문에 자기에게 적용할 때는 참고만 해야 한다. 그럼에도 불구하고 중국은 경전에 등급을 매기고 서열을 정했다. 화엄종(華嚴宗) 법장(法藏, 643~712)이 주장한 5교10종판(五敎十宗判)은 다음과 같다.

① 소승교(小乘敎): 아함경 등으로 12연기, 4성제, 8정도 등을 설함

5) Pāli 3장 기타언어 번역

66. pāli 3장은 한문뿐만 아니라 영어, 독일어, 일본어 등 세계 각국어로 번역돼 출판됐다.

67. 영국이 인도와 동남아를 침략하는 과정에서 1881년 영국 옥스퍼드 대학 부설 「Pali Text Society」를 만들어 스리랑카에서 싱할리어로 기록된 pāli 3장을 로마자로 표기해 출판했다. 이 로마자 표기법이 오늘날 pāli 3장을 대중화하는 데 공헌했다.

68. 독일이나 프랑스를 비롯해 유럽에서도 거의 대부분 자국어로 번역을 마쳤다. 일본은 pāli 3장을 남전대장경(南傳大藏經)으로 번역해 출판했다.

10. 대장경

1. 대장경(大藏經)은 Pāli 3장에 중국수행자 저술을 포함해 한문으로 편찬된 것을 말한다.

2. 157년 안반수의경을 시작으로 번역된 경전은 당을 거처 송에 이르러

---

② 대승시교(大乘始敎): 빤냐-경, 해심밀경 등으로 공(空)을 설함
③ 대승종교(大乘終敎): 기신론 등으로 자성청정심이지만 인연에 따라 염정(染淨)됨을 설함.
④ 돈교(頓敎): 유마경 등으로 곧바로 깨달음에 들어가는 것을 설함. 불이(不二), 무차별을 설함
⑤ 원교(圓敎): 화엄경, 법화경 등으로 일승(一乘)을 설함.

선종판석

수행기술에 우열을 정하고 서열을 매긴 것은 여러 종류가 있다. 최초의 것은 대감혜능 제자인 하택신회(何擇神會, ?~760)다. 그는 대통신수 계통을 북종이라고 비난하고 대감혜능 계통을 남종으로 규정했다. 이렇게 시작된 선종판석은 중국뿐만 아니라 한국과 일본 등 중국문화권 불교도를 구분하고 차별하는 기준으로 삼았다.

오늘날 대장경으로 체계적으로 수집되고 분류됐다.

1) 경전목록 수집

3. 처음에는 번역된 경전목록을 작성했다. 최초로 작성된 경전목록은 도안(道安, 314~385)이 374년에 편찬한 종리중경목록(綜理衆經目錄)이다.

4. 그 후 많은 경전목록을 작성했는데 그 가운데 730년 지승(智昇, 8세기 초중엽활동)이 저술한 개원석교록(開元釋敎錄)이 유명하다. 이것은 20권으로 이뤄졌고 그때까지 번역된 경전목록을 수록한 것으로 후세 목록편찬 출발점이 된다.

2) 대장경조판

5. 중국에서 최초로 조판한 대장경은 972~983 사이 조성된 촉판대장경(蜀版大藏經)이다. 이후 중국뿐만 아니라 몽골, 티베트, 거란 등에서 많은 대장경을 자국어로 조판했다*.

6. 고려는 몽골침입을 막기 위해 2회에 걸쳐 고려대장경(高麗大藏經)을 조판했다. 처음 것은 불타 없어지고 나중에 조판한 것은 현재 해인사에 보관돼있다.

팔만대장경

고려는 2회에 걸쳐 대장경을 조판했다. 첫 번째는 거란침입 때 대장경을 조판해 외국침략을 물리치려는 의도에서 현종(顯宗, 1010~1031) 때부터 시작해서 40여 년에 걸쳐 완성했다. 총 1106부 5048권이었다. 이것을 고려구장경(高麗舊藏經) 또는 초조대장경(初雕大藏經)이라고 한다. 이 대장경은 팔공산 부인사에 봉안했는데 1231년 몽골침입으로 불탔다.

11. 경전형식

1. 붇다가 설한 경전은 9분교와 12분교로 구분한다.

1) 9분교

2. 9분교(navāṅga sāsana, 九分敎)는 붇다 이래 경전구분 정통방식이다.

표16 **9분교**

① sutta(經): 붇다 가르침을 간결하게 정리한 산문.

② geyya(重頌, 應訟): sutta의 산문내용을 중간중간 운문(詩)으로 압축한 것. 산문+운문 형식.

③ veyyākaraṇa(授記, 記說): 간결한 문답형식. 스승과 제자가 토론한 후 제자실력이 뛰어나면 스승이 제자를 인정하고 머리를 쓰다듬고 다음에 어떻게 될 것이라고 예언함.

④ gāthā(偈頌): 운문, 시.

⑤ udāna(自說, 感興語): 붇다 스스로 시를 읊은 것.

⑥ itivuttaka(如是語): geyya와 비슷함. 경전 앞문장이 여시아문(evaṁ me sutaṁ, 如是我聞)으로 시작함.

⑦ jātaka(本生譚): 붇다 전생이야기.

⑧ vedalla(方廣): 교리문답. 집단토론.

⑨ abbhuta dhamma(未曾有法): 기적 등에 관한 이야기.

두 번째는 고종(高宗, 1214~1259) 때 1236년 강화도에 대장도감(大藏都監)을 설치하고 판각을 시작해 16년만인 1251년에 완성했다. 경판이 81258판인데 이것을 양면으로 새겼으니 총 162516판이다. 판의 두께는 1촌 2·3분, 한 면에 23행, 1행에 14자씩 글자를 새겼다. 여기에 수록한 경전은 1512부 6791권이다. 이것은 강화도 선원사에 봉안했다. 조선 태조(太祖, 1335~1408) 때인 1398년에 지천사로 옮겼다가 나중에 해인사로 옮겨 봉안했다.

2) 12분교

3. 12분교(dvādasa aṅga sāsana, 十二分敎)는 대승부 경전구분 방식이다. 9분교에 다음 세 가지를 더한 것이다.

(표17) **12분교**

⑩ nidāna(因緣): 계율조문 성립배경에 관한 이야기.
⑪ avadāna(譬喩): 여러 가지 사건을 비유로 설명한 것.
⑫ upadesa(論議): 교리에 대한 설명.

12. 아라한뜨와 3장법사

1. 불교를 접하면 아라한뜨(arahant, 阿羅漢, 應供)나 3장법사(ti piṭaka dhamma ācariya, 三藏法師)에 관한 이야기를 많이 듣는다.

1) 아라한뜨

2. 불교는 마음을 닦고 관리해 자유로운 삶, 청정한 삶, 행복한 삶, 공존하는 삶으로 가는 이론과 도구다.

3. 싸띠수행 이론과 기술을 배우고 익히는 과정에서 마음공간에 존재하는 욕망, 이기심, 분노, 적의, 원망, 서운함, 편견, 선입관, 가치관 등 마음 오염원을 제거하고 마음공간이 맑아지고 수행진도가 향상되는 단계마다 이름을 정했다.

4. 이것은 알아차림 기능인 싸띠힘과 싸띠집중 기능인 싸마-ㄷ히 힘의 크기에 따라 정한 이름이기도 하다.

5. 그 가운데 아-싸봐가 뿌리뽑히는 단계를 막가파라(magga phala, 道果)라고 했다. 이것을 체험한 사람을 성인이라고 한다.

6. 성인단계는 대략 4단계 8등분(cattāro paṭipanna cattāro phala, 四向四果)으로 구분했고 그 최종단계를 아라한뜨 막가파라라고 한다.

7. 아라한뜨 막가파라 단계가 싸띠수행 완성단계다. 붇ㄷ하는 항상 제자에게 수행을 완성하라고 당부했고 수행상속자[damma dāyāda, 法相續者]가 돼야 한다고 강조했다.

8. 싸띠수행을 완성한 아라한뜨는 수행 이론과 기술을 개발하고 다른 수행자를 지도하고 수행에 관해 최종ㆍ최고 책임과 권위를 가졌다. 붇ㄷ하 자신도 스스로를 아라한뜨라고 규정했다.

9. 아라한뜨는 불교, 마음과학, 싸띠수행에서 자기완성 마지막 단계다. 이 단계를 성취하면 그 이후로는 다른 사람이 자유롭고 행복하게 살 수 있고 아라한뜨 막가파라를 성취할 수 있도록 도와주는 삶을 살았다.

10. 이것을 붇ㄷ하는 공덕업(puñña kiriya, 功德業)이라 했고 대승부는 보살업(bodhisatta kiriya, 菩薩業)이라고 했다.

2) 3장법사

11. 붇ㄷ하 가르침은 붇ㄷ하 입멸 후 라-자가하 웨루봐나에서 개최된 제1차 전인도출가수행자대회(第一結集)에서 수행자 행동규범을 모은 율장(律藏)과 마음과학과 수행지도를 모은 경장(經藏)의 2장이다.

12. 붇ㄷ하 입멸 후 BCE 246년 빠-따리뿟따에서 열린 제3회 전인도출가

수행자대회(第三結集)에서 율장과 경장에 대한 논문이 7편 만들어졌는데 이것을 논장(論藏)이라고 한다.

13. 이것이 율경논 3장이다. 한국에서는 일반적으로는 경율논 3장이라고 하지만 처음 편찬될 때는 율경논 순서로 했고 지금도 그렇게 한다.

14. 3장은 상당히 많은 분량인데 이것을 문자로 기록하지 않고 대중이 함께 합송으로 전승하다 BCE 35~32 사이 스리랑카에서 최초로 싱할리 문자로 기록됐다.

15. pāli 3장은 문자로 기록된 이후에도 불교수행자는 붇다 가르침이 담긴 율경논 3장을 암송으로 전승했다.

16. 불교교단은 붇다 입멸후부터 3장을 암송하는 시험을 보았다. 시험은 율장암송 시험을 통과하면 1장법사(一藏法師), 경장암송 시험을 통과하면 2장법사(二藏法師), 마지막으로 논장암송 시험을 통과하면 3장법사(三藏法師)라고 한다.

3) 아라한뜨에서 3장법사로

17. 붇다가 활동하던 시대 싸띠수행 궁극목적은 자유롭고 행복한 삶을 사는 것이지만 현실목표는 아라한뜨 막가파라를 성취하고 닙바-나를 체험하는 것이었다.

18. 붇다 당시는 출가수행자가 붇다 가르침에 따라 열심히 수행만 하면 됐다. 그러나 붇다 입멸 후에는 수행자가 자기수행을 열심히 하는 것은 기본이고 거기에 더해 붇다 가르침을 암송으로 계승하는 것도 중요의무로 등장했다.

19. 싸띠수행을 하면 좋은 줄 알지만 실제로 해보면 생각만큼 쉽지 않은

것이 현실이다. 그러다 보니 수행하기 위해 불교도가 됐지만 수행보다 수
행 외적인 것에 마음빼앗기는 경우가 많다.

20. 붇다 입멸 후 붇다 가르침을 저장하는 방식으로 암송을 채택한 후
부터 수행하기 싫은 사람은 3장법사가 현실목표로 변했고 아라한뜨보다 3
장법사를 강조했다.

21. 붇다 당시 출가수행자 의무는 두 가지였다. 하나는 열심히 수행해
아라한뜨 막가파라를 성취해 수행을 완성하는 것[上求菩提]이고, 다른 하
나는 다른 사람이 아라한뜨 막가파라를 성취할 수 있도록 도와주는 것[下
化衆生]이었다.

22. 붇다 입멸 후 출가수행자 의무는 세 가지로 늘었다. 아라한뜨가 되
는 것과 다른 사람 수행지도하는 것에 추가해 붇다 가르침을 암송으로 전
승하는 것이었다.

23. 붇다는 제자에게 수행상속자가 돼달라고 유언했지만 제자는 수행
상속자보다 문자 암송과 분석에 관심이 많았다. 세월이 흐르면서 대부분
수행자는 싸띠수행보다 수행을 기록한 문자 암송과 분석으로 세월을 낭비
했다. 오늘날은 불교대학에서 문자분석하느라 허송세월하는 것도 비슷한
흐름이다.

24. 이런 흐름은 붇다 입멸 후 불교도가 불교를 지키고 전파하는 과정
에서 등장한 역사산물이다. 그 결과 싸띠수행은 형식주의로 빠지고 붇다
가르침은 논리로 분석하는 데 매몰됐다.

4) 3장법사에서 아라한뜨로

25. 경전을 암송하고 분석하는 것도 중요하지만 그보다 더 중요하고 본

질적인 것은 마음을 변화시키는 것이다. 이것이 불교정체성이기도 하다.

26. 오늘날 사람이 만든 많은 기계는 사람보다 더 많이 기록하고 저장할 수 있다. 옛날에는 어쩔 수 없어서 사람이 하던 일을 이제는 기계에게 맡기고 불교본업인 수행으로 돌아가야 한다. 마음을 분석하는 것보다 변화시키는 사람이 해야 할 일이 더 많고 중요하다. 교수나 암송자가 아닌 수행자가 필요한 시대다. 그 중심에 아라한뜨가 있다.

13. 아-라-마와 투-빠

1. 불교 수행도량을 아-라-마(ārāma, 精舍, 禪院)라고 한다. 이것은 마음을 정밀하게 닦는 곳이란 의미다. 힌두교 수행도량은 아쉬람(ashram)이라고 한다.

1) 아-라-마 종류

2. 불교 수행도량인 아-라-마는 크기와 기능에 따라 여러 종류로 구분된다.

① 아-라-마

3. 경전에 가장 많이 등장하는 수행도량 이름 가운데 하나가 아-라-마다. 아-라-마는 규모가 크고 많은 대중이 함께 모여 수행하는 곳이다. 오늘날 총림(叢林)과 비슷하다.

4. 아-라-마는 한문으로 정사(精舍)로 번역하는 데 마음을 맑고 아름답

게 닦는 곳이란 의미로 선원(禪院)과 같은 뜻이다.

5. 한국 같으면 통도사와 같이 규모가 큰 수행도량을 아-라-마라고 한다. 기원정사 이름도 제따바나 아나-타삔디까 아-라-마(Jetavana Anāthapiṇḍika ārāma, 祇陀林, 給孤獨園, 祇園精舍)다.

② 와나

6. 경전에 자주 등장하는 수행도량 이름 가운데 하나가 와나(vana, 園林)다. 아-라-마처럼 규모가 크고 많은 대중이 함께 모여 수행하는 곳이다. 오늘날 총림과 비슷하다.

7. 와나는 한문으로 원(園) 또는 원림(園林)으로 번역하는데 큰 나무가 서있는 널찍한 공원이다. 요즘은 공원에서 산책이나 운동하며 몸건강을 관리하지만 붇다 당시는 공원에서 좌선이나 행선하며 마음건강을 닦았다.

8. 한국 같으면 해인사와 같이 규모가 큰 수행도량을 와나라고 한다. 불교최초 수행도량인 죽림정사 원래이름도 웨루봐나(Veḷuvana, 竹林精舍)다.

③ 쌍가하 아-라-마

9. 붇다 입멸 후 등장하는 형태가 쌍가하 아-라-마(saṅgha ārāma, 僧伽藍)다. 아-라-마처럼 규모가 크고 많은 대중이 함께 모여 수행하는 곳이다. 오늘날 총림과 비슷하다.

10. 한문으로는 승가람(僧伽藍) 또는 가람(伽藍)으로 번역하는데 오늘날 총림처럼 수행뿐만 아니라 경전도 배우는 종합수행도량이다. 붇다 입멸 후 대규모 수행도량을 쌍가하 아-라-마라고 불렀다.

11. 한국 같으면 송광사와 같이 규모가 큰 수행도량을 쌍가하 아-라-마라고 한다.

④ 위하-라

12. 아-라-마 보다 작은 수행도량을 위하-라(vihāra, 寺)라고 한다.

13. 한문으로 사(寺)라고 번역하는데 큰 아-라-마에 소속된 소규모 단위 수행도량이다. 한국 같으면 범어사에 소속된 개별사찰을 위하-라라고 한다.

14. 사는 고대중국 외교부 소속 외국인전용 게스트하우스다. 고대중국에 인도로부터 불교수행자가 오자 그들을 사에 머물게 했는데 여기에 머무는 수행자가 많아지면서 이 부서이름이 자연스럽게 불교 수행도량을 가리키는 이름으로 자리잡았다.

⑤ 꾸띠

15. 꾸띠(kuṭi, 茅舍, 土窟, 庵子)는 한두 명이 거주하는 소규모 수행도량이다. 한국 같으면 법주사 뒷산에 있는 암자와 같다.

16. 붇ㄷ하가 즐겨 머문 라-자가하 깃ㅈ하꾸-따(Gijjhakūṭa, 耆闍崛山 香室, 多寶山 靈鷲峰 香室)는 죽림정사에 속한 산내암자다.

⑥ 간ㄷ하 꾸띠

17. 붇ㄷ하가 거처하는 방을 간ㄷ하 꾸띠(gandha kuṭi, 香室)라고 한다.

18. 그것은 제자나 재가수행자가 붇ㄷ하를 친견하러 올 때 꽃을 공양올렸는 데 꽃향기가 주변에 가득했다고 해서 향실이라고 한다.

2) 아-라-마 배치

19. 불교 수행도량인 아-라-마를 지을 때는 용도에 따라 자유롭게 지었

다. 그러다 점차 수행인원이 늘고 공간에 의미를 부여하면서 일정한 형식을 갖추고 건립했다.

① 붇다 당시

20. 붇다 당시 수행자는 나무 밑이나 동굴 같은 데서 수행하다보니 특정한 아-라-마 형식이 없었다.

21. 그러다 머물며 수행하는 건물이 만들어지고 성주하며 수행했다. 이때 초기 수행도량은 정해진 형식없이 벽돌이나 나무 등을 이용해 간소하게 지어 사용했다.

② 붇다 입멸 후

22. 불교, 마음과학, 싸띠수행 창시자인 붇다가 입멸한 후 불교도는 붇다가 수행했던 장소나 보리수 등을 붇다와 동일시하며 참배했다.

23. 특히 붇다 유골인 싸리-라(sarīra, 舍利)를 봉안한 투-빠(thūpa, 塔婆)를 참배하거나 투-빠를 중심으로 아-라-마를 만들고 수행했다.

③ 불상숭배

24. 내승부기 등장할 때인 1세기쯤 붇다 모습을 조각한 불상(buddha paṭimā, 佛像)이 등장했다. 북인도 간다하-라와 중인도 마투라-를 중심으로 불상이 만들어졌다.

25. 간다하-라 불상은 그리스 영향을 받아 날렵하고 단아하게 조각했고 마투라- 불상은 인도 민족주의를 상징하며 힘있고 역동적으로 조각했다.

26. 불상등장은 두 가지 점에서 중요하다. 하나는 이제까지 불교도 숭배 대상인 싸리-라가 귀해 더 이상 구할 수 없었다는 점이고, 다른 하나는 인

간이고 스승이던 붇다가 신으로 숭배받기 시작했다는 것을 의미한다.

27. 불상이 만들어지고 불교도 숭배대상으로 등장하자 수행도량인 아-라-마도 불상중심으로 배치되기 시작했다.

28. 불상을 모신 전각이 만들어지고 그 전각을 중심으로 수행자 생활공간과 수행공간을 배치했다.

29. 붇다 싸리-라를 모신 투-빠가 있는 곳은 투-빠를 중심으로 아-라-마를 만들고 불상을 모신 곳은 불상중심으로 아-라-마를 배치했다.

④ 대웅전시대

30. 불교가 중국으로 건너와도 사정은 비슷했다. 붇다 유골인 싸리-라를 모신 곳은 투-빠를 중심으로 아-라-마를 배치하고 싸리-라가 없는 곳은 불상을 모신 대웅전(Mahāvīra Sabhā, 大雄殿)을 중심으로 아-라-마를 배치했다.

31. 붇다 유골인 싸리-라를 모신 적멸보궁(寂滅寶宮)이 있는 통도사는 대웅전에 불상이 없고 대웅전 뒤에 붇다 싸리-라 투-빠가 있고, 해인사는 대웅전 뒤에 대장경을 모신 장경각(藏經閣)이 있고, 송광사는 대웅전 뒤에 수행자가 수행하는 선원(禪院)이 있다.

32. 이런 가람배치는 인도보다 중국에서 발달했다. 중국은 대웅전 뒤에 정법안장(正法眼藏) 현판을 모신 집을 짓고 수행공간으로 사용한다.

33. 불상을 모신 대웅전을 중심으로 아-라-마를 배치한 곳은 대웅전 앞이나 도량 곳곳에 투-빠를 배치한 것을 볼 수 있다. 이것은 숭배하기 위한 것이 아니라 아-라-마를 꾸미기 위한 장식용이다.

3) 투-빠 양식

34. 붇다 유골인 싸리-라를 모신 투-빠는 지역과 시대에 따라 여러 가지
양식으로 발전한다.

① **인도문화권**

35. 현재 남아있는 투-빠 가운데 모범은 중인도 보팔 부근에 있는 싼치
투-빠다. 이 투-빠는 아쏘까 왕이 자기 옛 부인을 위해 세웠다.

36. 이것을 모델로 많은 투-빠가 인도, 스리랑카, 인도차이나 등지에 세
워졌고 중국이나 한국에도 전해져 투-빠를 만드는 데 영향미쳤다.

37. 이 투-빠 상륜부를 모델로 해서 새로운 양식으로 5~7세기 사이에
세운 붇다가야 투-빠가 유명하다. 붇다가 아라한뜨 막가파라를 성취한
붇다가야 보리수 앞에 세운 이 투-빠는 전 세계 불탑양식 표준이 됐다.

38. 중국을 비롯해 많은 나라에서 온 순례객이 붇다가야 투-빠를 참배
하고 그 모습을 모사해 자국으로 돌아가 그것을 모델로 투-빠를 만들었다.
불국사에 있는 다보탑은 붇다가야 투-빠 상륜부를 응용한 것이고 석가탑
은 본체를 모델로 삼았다.

39. 인도는 붇다나 훌륭한 수행자유골을 모신 투-빠를 만들 때 벽돌을
많이 사용했다.

40. 벽돌로 마감하기도 하고, 벽돌 밖에 돌가루로 매끈하게 바르기도 하
고, 안에는 벽돌로 쌓고 밖은 빙 둘러 불상을 조각하기도 하고, 경전이나
자-따까(Jātaka, 本生譯) 등에 나오는 의미있는 내용을 조각해 벽돌 밖에 세
우기도 했다. 벽돌은 평지에서 구하기 쉬운 재료고 투-빠를 확장할 때 재활
용할 수 있어 좋다.

41. 캄보디아 앙코르왓(Angkor Wat)이나 인도네시아 보로부두르(Borobudur) 투-빠는 돌로 만들었다. 이것은 아주 특이한 경우에 속한다.

42. 스리랑카, 미얀마, 타일랜드 등 동남아 불교국가에서 세운 투-빠는 대부분 벽돌과 돌을 사용해 비슷한 양식으로 만들었다.

② 중국문화권

43. 중국은 순례승이 인도로 갔다 올 때 경전만 필사해온 것이 아니라 여러 곳에 세워진 투-빠나 불상도 함께 필사해왔다.

44. 이들이 필사해온 그림을 보고 중국장인이 투-빠를 세웠다. 이들은 나무나 벽돌을 사용해 투-빠를 몇 층씩 웅장하게 높이 쌓았다. 일부는 돌로 만들었다. 돌로 투-빠를 쌓을 때는 재료 때문에 규모를 크게 할 수 없었다.

45. 한국은 처음에는 나무로 투-빠를 만들었지만 점차 돌을 사용해 투-빠를 쌓았다. 돌로 만들다 보니 투-빠 크기가 다른 나라에 비해 작다.

14. 유명한 아-라-마

1. 붇다하가 출가할 당시 고대인도는 불교수행자뿐만 아니라 고행주의자, 요가수행자, 싸마나 등 대부분 수행자가 나무 아래 머물며 수행했다.

2. 불교 출가수행자는 3일 이상 한 나무 아래 머물지 않았다. 수행자가 한 곳에 오래 머물면 애착이 생긴다고 보았기 때문이다.

3. 그러나 출가수행자가 점차 늘어나자 붇다하는 재가수행자가 지어준 수행도량에 머물며 수행해도 된다고 허락했다. 이후 붇다하 당대에 많은 아-

라-마가 만들어졌다. 그 가운데 대표적인 것은 다음과 같다.

1) 웨루봐나

4. 불교 최초 아-라-마는 라-자가하 북문 밖에 세워진 웨루봐나(Veḷuvana, 竹林精舍)다.

5. 붇다하가 아라한뜨 막가파라를 성취한 후 3년 정도 뒤 BCE 528년 붇다하가야에서 라-자가하로 오자 빔비싸-라 왕이 성문 밖에 있던 대나무 숲을 아-라-마로 만들어 교단에 공양올렸다.

6. 이곳을 시작으로 출가수행자가 안정적으로 수행할 공간이 마련되자 많은 수행자가 머물 수 있었고 이것은 인도에 불교가 확산되는 데 결정적인 역할을 했다.

7. 붇다하 입멸 후 마하-깟싸빠 주도로 제1차 전인도출가수행자대회가 열려 율경 2장이 결집된 곳은 웨루봐나 뒤 산 중턱에 있던 쌋따빤니구하(Sattapaṇṇi guha, 七葉窟)다.

8. 이곳 웨루봐나에서 붇다하는 불교사에 등장하는 중요한 사람을 모두 만났다. 수제자인 싸-리뿟다와 목갈라-나를 비롯해 붇다하 입멸 후 교단을 정비한 마하-깟싸빠 등 출가수행자와 빔비싸-라 왕, 쑷닷따 장자 등 재가수행자도 웨루봐나에서 만났다.

9. 웨루봐나는 불교역사상 중요한 곳 가운데 하나지만 붇다하 입멸 후 얼마 지나지 않아 쇠퇴했다. 현장이 이곳을 방문했을 때는 이미 폐허로 변했다.

10. 지금은 아자-따쌋뚜가 모신 붇다하 싸리-라 투-빠 기단만 부근에 있고 경내는 스님이 목욕하던 연못터와 몇 그루 대나무가 있다.

2) 제따봐나

11. 불교 최대 아-라-마는 싸-봣티에 있던 쑤닷따 장자와 제따 태자가 함께 세운 제따봐나(Jetavana, 祇陀林, 祇園精舍)다. 다른 이름은 아나-타삔디까 아-라-마(Anāthapiṇḍika ārāma, 給孤獨園)다.

12. 쑤닷따(Sudatta, 修達多, 善施) 는 사업차 싸-봣티에서 라-자가하로 왔다가 붇다가 세상에 출현했다는 말을 듣고 즉시 설레는 마음으로 웨루봐나로 붇다를 찾아갔다. 그곳에서 붇다를 만나 법문듣고 그 자리에서 붇다 제자가 됐다. 그리고 붇다를 싸-봣티로 청한다.

13. 이때 붇다는 자기생애 처음이자 마지막 부탁을 했다. 출가수행자가 함께 모여 수행할 수 있는 도량을 지어주면 좋겠다고 했다. 그러자 쑤닷따는 1년 정도 시간을 주면 수행도량을 완성하고 그곳으로 청하겠다고 약속했다.

14. 붇다가 37세 되던 해, 붇다를 이룬 지 3년 후, 그 깊이를 알 수 없는 지혜와 자비를 갖춘 붇다, 지혜제일 싸-리뿟따, 신통제일 목갈라-나, 투타제일 마하-깟싸빠, 고대인도 최대 신흥강국 빔비싸-라, 고대인도 최대 재벌인 쑤닷따, 이 여섯 사람의 운명적인 만남, 서로에 대한 신뢰, 현재와 미래에 대한 비전은 인류역사에 지대하게 영향미친 불교, 마음과학, 싸띠 수행을 창립하고 대중화하는 데 크게 공헌했다.

15. 싸-봣티로 돌아온 쑤닷따는 수행하기 좋은 곳에 아-라-마를 짓고 싶었지만 그곳 주인인 제따태자가 땅을 팔려고 하지 않았다. 쑤닷따 장자의 거듭된 요청을 거절하기도 곤란한 제따태자는 그곳을 금으로 모두 덮으면 팔겠다고 제안하자 쑤닷따는 5만평 정도 부지를 황금으로 덮었다.

16. 쑤닷따 장자의 이런 태도에 감명받은 제따 태자는 건물은 자기가 세

우고 싶다고 간청했다. 이리해서 불교최대 아-라-마가 건립됐다. 그 이름은 건물을 시주한 제따태자 이름과 땅을 공양올린 쑤닷따장자 호인 아나-타삔디까를 함께 사용해 제따봐나 아나-타삔디까 아-라-마라고 했다.

17. 이렇게 건립된 아-라-마에는 많은 수행자가 모여 함께 수행했고 수행자에게 올린 음식공양을 아껴 배고픈 사람에게 무료급식을 베풀어 공덕을 쌓았다.

18. 이곳은 오리지널 경전뿐만 아니라 대승경전에도 가장 많이 등장하고 붇ㄷ하가 가장 오랫동안 머물며 수행지도한 곳이다. 현장이 이곳을 방문했을 때도 많은 스님이 수행하는 것을 목격했다.

19. 이곳은 7층 불당(buddha agāra, 佛堂)이 있어 그 건물을 보려고 많은 순례객이 왔다. 이곳은 많은 수행자가 찾아와 수행했고 다른 지역으로 불교가 전파되는 구심점이 됐다.

20. 싸-봣티는 붇ㄷ하 고향인 까삐라 봣뚜와 가까운 관계로 까삐라 봣뚜가 멸망한 후 많은 유민이 이곳 부근에 살았다. 붇ㄷ하 50세 이후 대부분 왓싸를 이곳에서 보낸 것도 이런 이유와 무관하지 않은 것으로 추정된다.

3) 마하-봐나

21. 붇ㄷ하 당시 인도 최대상업도시인 웨싸-리-에서 활동한 암바빠-리-(Ambapālī, 菴婆波利)가 붇ㄷ하를 친견하고 제자가 됐다.

22. 그는 자기가 경영하던 요정을 수행도량으로 만들어 승단에 공양했다. 이 도량이 마하-봐나(Mahāvana, 大林精舍)다.

23. 이후 그녀자신도 출가해 ㅂ힉쿠니-가 되고 수행에 전념했다. 이 아-라-마에 있던 2층 누각인 꾸-따-가-라 싸-라-(kūṭāgāra sālā, 重閣講堂)는 매

우 아름다웠다고 한다.

24. 웨싸-리-는 북쪽에 있는 싸-밧티와는 400km, 남쪽에 있는 라-자가하와는 200km 정도 떨어져있는 중간지점이다. 왓지(Vajji, 跋耆) 국 수도로 상업이 발달한 지역이었다.

25. 붇다 입멸 후 100여 년 뒤 계율문제로 제2차 전인도수행자대회가 이뤄졌고 대승경전인 유마경(Vimalakirti sutta, 維摩經) 무대가 된 곳이다.

26. 붇다가 싸-밧티 제따봐나에서 라-자가하 웨루봐나를 오갈 때 항상 이곳을 경유해 지나갔는데 그때마다 이곳에 머물며 수행지도했다.

4) 뿝바 아-라마

27. 싸-밧티 제따봐나 동쪽에 1km 정도 떨어진 곳에 뿝바 아-라-마 (Pubba ārāma, 東園精舍)가 세워졌다. 이곳은 미가-라마-뚜빠-싸-다 (Migāramātupāsāda, 鹿子母講堂)라고도 한다.

28. 이곳은 위싸-카-(Visākhā, 毘舍佉)가 180만 금을 시주했고 마하-목갈라-나가 감독해 완성했다.

29. 위싸-카-는 부자집 딸로 태어나 어려서부터 붇다에게서 수행을 배우고 제자가 됐다. 성장해 미가-라(Migāra, 鹿子) 아들 뿐나 밧다하나 (Puṇṇavaḍḍhana)에게 시집갔다.

30. 시아버지 미가-라는 니간타(Nigaṇṭha, 尼乾陀, 자이나교) 신자였다. 시아버지는 니간타 수행자는 집에 출입할 수 있게 했지만 불교수행자인 스님은 집에 오는 것을 싫어했다.

31. 그래도 위싸-카-는 스님을 청해 수행지도받았다. 미가-라는 위싸-카-가 스님에게서 수행지도받는 것을 병풍 뒤에 숨어서 엿듣고 따라서 수행하

곤 했다. 그러다 미가-라가 쏘따-빳띠 막가파라에 들었다.

32. 이후부터 미가-라는 위싸-카-가 며느리지만 자기에게는 어머니와 같은 존재라고 말하고 존경했다. 그래서 위싸-카- 별칭이 미가-라마-따(Migāramāta, 鹿子母)라고 불렀다.

33. 이곳이 어딘지 정확히 알 수 없다. 제따봐나 정문에서 동쪽 방향 1km 지점으로 추정된다.

5) 니ㄱ로ㄷ하 아라-마

34. 붇ㄷ하는 아버지 쑷ㄷ호다나 왕의 간청으로 고향을 방문했다. 그러나 붇ㄷ하는 왕궁으로 가지 않고 거리에서 탁발하고 나무 밑에서 생활했다.

35. 쑷ㄷ호다나 왕은 아들인 붇ㄷ하에게 왕궁으로 갈 것을 요청했지만 붇ㄷ하는 출가수행자로서 생활규범을 깨뜨릴 수 없다고 거절했다. 쑷ㄷ호다나는 할 수 없어 니ㄱ로ㄷ하 아-라-마(Nigrodha ārāma, 寂滅精舍)를 만들어 공양 올렸다.

36. 붇ㄷ하가 고향인 까삐라 봣투를 방문할 때는 항상 이 아-라-마에서 머물고 수행지도했다.

37. 이곳이 어딘지 정확히 알 수 없지민 1973년 붇ㄴ하 싸리-라가 발견된 까삐라 봣투에 있는 근본 10탑 부근으로 추정된다.

6) 깃ㅈ하-꾸따

38. 다보산 영축봉 향실이다. 라-자가하에 있는 라따나 깃ㅈ하-꾸-따(Gijjhākūṭa, 耆闍崛山 香室) 한문이름이다.

39. 라-자가하는 평지에 다섯 개 산이 빙 둘러싸여있는 천혜요새다. 그곳에 마가ㄷ하 국이 왕도를 정했다. 이곳에 있는 다섯 개 산 중에서 왕궁 바로 뒷산 이름이 라따나(Ratana, 多寶) 산이고 그 동쪽으로 이어진 것이 깃ㅈ하(Gijjha, 靈鷲) 산이다.

40. 라따나 산 끝자락과 깃ㅈ하 산이 시작하는 지점에 작은 봉우리가 하나 있는 데 이것을 영축봉이라고 한다. 이 봉우리 정식명칭은 다보산 영축봉이다. 일반적으로 영축산이라고도 한다. 그것은 산봉우리 모습이 독수리가 앉아있는 모습과 닮았다고 해서 영축봉이라고 부른다.

41. 붇ㄷ하는 이곳 꼭대기에 조그만 토굴을 짓고 오랫동안 머물면서 수행했다. 지금도 붇ㄷ하가 수행하던 향실이 그대로 보존돼있다. 향실 아래에 시자스님이 머물던 석굴도 있다.

42. 대승경전은 붇ㄷ하가 영축봉에 앉아 수행지도할 때 다보산 쪽에서 투-빠가 하나 솟아났는데 그 탑 이름을 다보탑(多寶塔)이라고 했다. 이것을 토대로 만든 것이 불국사(佛國寺) 다보탑과 석가탑(釋迦塔)이다.

43. 빔비싸-라 왕이 감옥에 갇혀있을 때 이곳을 보면서 친구이자 스승인 붇ㄷ하에게 의지하며 어려움을 극복했다고 한다. 빔비싸-라 왕이 붇ㄷ하를 찾아뵐 때 다니던 길이 지금도 남아있다.

44. 붇ㄷ하 당시 라-자가하 웨루봐나, 싸-봣티 제따봐나, 웨싸-리- 마하-봐나 등 수행도량은 불교확산에 크게 기여했다.

15. 4대성지

1. 붇ㄷ하 마지막 1년 동안 행적을 기록한 대반열반경(Mahāparinibbāna

sutta, 大般涅槃經)은 붇다하가 태어난 곳 룸비니-, 아라한뜨를 이룬 곳 붇다하가야, 최초로 수행지도한 곳 미가다-야, 꾸씨나-라-를 한 번이라도 참배하면 큰 공덕이 있다고 했다.

2. 이 네 곳을 불교도는 4대성지라고 한다. 붇다하를 스승으로 모시고 수행하는 사람은 일생에 한 번은 이곳을 참배하고 스승향기를 몸과 마음으로 체득하는 것이 좋다.

1) 룸비니-

3. 북인도 서네팔 접경지역에 있는 룸비니-(Lumbinī, 藍毘尼)는 고따마 씻다핫타가 태어난 곳이다.

4. 어머니 마하-마-야가 해산하기 위해 까삐라봣투에서 친정으로 가는 도중 길가 무우수 아래서 고따마 씻다핫타를 낳았다. 그 나무를 지키는 수신(樹神) 이름이 룸비니-다. 그래서 이곳을 룸비니- 동산이라고 한다.

5. 붇다하 입멸 후 태어난 곳에 아-라-마를 세우고 많은 수행자와 순례객이 와서 참배하고 수행했다.

6. 지금도 고따마 씻다핫타를 해산하고 목욕시킨 연못, 태어난 지점에 쌓은 두빠, 아쏘까 왕이 이곳을 참배하고 세운 돌기둥, 스님이 수행하던 집터가 그대로 보존돼있다.

2) 붇다하가야

7. 고따마 씻다핫타가 아라한뜨 막가파라에 들어 닙바-나를 성취하고 무상정자각을 증득하고 붇다하를 이룬 붇다하가야 보리수 자리에 세운 아-라-마

를 마하-보ㄷ히 마하-뷔하-라(Mahābodhi Mahāvihāra, 大覺大寺)라고 한다.

8. 붇ㄷ하가야(Buddhagaya, 佛陀伽耶)는 불교, 마음과학, 싸띠수행이 발생한 곳이다. 붇ㄷ하 입멸 직후부터 많은 수행자와 순례객이 참배하는 불교 최대성지이자 출발점이다. 이곳은 불교 최대 싸띠수행도량이었다.

9. 옛날부터 외국에서 순례객이 오면 먼저 이곳을 참배하고 머물며 싸띠수행과 붇ㄷ하 언어인 pāli 어를 배우고 율장과 경장을 배웠다.

10. 그 다음에 대승경전, 밀교경전이나 saṁskṛti 어를 배우고자 하면 나-란다 아-라-마로 갔고 논장을 배우려고 하면 탁씨라 ㄷ함마라-지까 위하-라(Dhamma rājika vihāra, 法王寺)로 갔고, 밀교경전을 배우려는 사람은 위ㄲ라마씨-라 위하-라(Vikramasīla vihāra, 無汚戒寺)로 갔다.

11. 이곳 원래이름은 가야(Gaya, 伽耶)인데 고따마 씯ㄷ핫타가 이곳에서 붇ㄷ하를 이뤘다고 해서 붇ㄷ하가야로 이름이 바뀌었다. 붇ㄷ하가 앉았던 나무 이름도 원래 뻽빠리였는데 보리수, 깔고 앉았던 돌은 금강보좌, 갈대는 꾸싸(kusa, 拘舍, 吉祥草)로 이름을 바꿔 불렀다.

12. 붇ㄷ하 이후 모든 불교흐름은 여기에서 시작해 전 세계로 퍼졌다. 불교, 마음과학, 싸띠수행을 창시한 붇ㄷ하가 여기서 시작했고, 대승철학을 완성한 나-가-ㄹ주나, 붇ㄷ하 이후 싸띠수행을 되살린 붇ㄷ하ㄱ호싸(Buddhaghosa, 佛音, 5세기 활동)도 여기서 불교흐름을 바꿨다.

13. 지금 이 아-라-마는 붇ㄷ하가 앉았던 보리수, 깔고 앉았던 금강보좌, 아라한뜨를 성취한 후 일곱 군데를 옮겨다니며 수행한 곳, 나-가-ㄹ주나와 붇ㄷ하ㄱ호싸 등 불교흐름을 바꾼 위대한 수행자 투-빠가 빼곡히 차있다. 오늘날 붇ㄷ하가야 상징물로 알려진 높이 52m 큰 투-빠도 있다. 이것은 5~7세기 사이에 세워졌다.

3) 미가다-야

14. 미가다-야(Migadāya, 鹿野園)는 고따마 씻ㄷ핫타가 최초로 수행지도한 곳으로 불교교단[Saṅgha, 僧伽, 衆, 敎團]이 출발한 곳이다. 이곳은 붇ㄷ하가야와 더불어 불교최대 싸띠수행도량이었다.

15. 오늘날 이곳을 싸ㄹ나트(Sarnath, 鹿王)라고 하는 데 이것은 후기에 만든 이름이다. 이것은 붇ㄷ하 전생이야기인 자-따까에 나오는 사슴왕에 관한 이야기에서 차용한 것이다.

16. 이곳에서 붇ㄷ하(Buddha, 佛), 수행[Dhamma, 法], 수행자[Saṅgha, 僧伽, 衆, 敎團]가 형성되고 출가수행자와 재가수행자가 모여 불교교단이 만들어졌다.

17. 룸비니-는 불교창시자인 고따마 씻ㄷ핫타가 태어난 곳이고, 붇ㄷ하가야는 고따마 씻ㄷ핫타가 붇ㄷ하를 이룬 곳이고, 실질적인 불교교단이 탄생한 곳은 미가다-야다.

18. 붇ㄷ하는 붇ㄷ하가야에서 아라한뜨 막가파라를 성취한 후 그곳에서 2개월 정도 더 머물면서 자기가 발견한 새로운 수행 이론과 기술을 검증했다.

19. 붇ㄷ하는 자기가 발견한 마음과학과 싸띠수행 이론과 기술이 옳다는 확신이 들자 드디어 법륜(dhamma cakka, 法輪)을 굴리기로 결심했다. 그리고 그곳으로부터 260km 떨어진 바-라-나씨-(Bārāṇasī, 波羅奈) 미가다-야로 가서 5ㅂ힉쿠에게 최초로 수행지도했다.

20. 여기서 붇ㄷ하는 최초로 3개월 동안 왓싸를 지내면서 5ㅂ힉쿠, 야싸(Yasa, 耶舍), 야싸친구를 포함해 60명이 아라한뜨 막가파라를 성취하도록 수행지도했다. 여기서 바-라-나씨- 부호자제를 많이 출가시켰는데 이들이

후일 불교를 정착시키는 데 크게 기여했다.

21. 여기서 붇ㄷ하는 자기를 포함해 61명의 아라한뜨가 생기자 전법선언
(불교창립선언문)을 발표하고 마음과학과 싸띠수행을 사용해 자유와 행복.
이익과 번영, 현재와 미래에 기여하자고 선언했다.

22. 현재 이곳은 붇ㄷ하가 최초로 수행지도한 곳에 높이 62m 물-라간ㄷ하
꾸띠(Mūla gandha kuṭi, 根本香室) 기단이 남아있다.

23. 그 옆에 1794년에 파괴된 ㄷ함마라지까(Dhammarājika, 法王) 투-빠
터가 있다. 여기서 붇ㄷ하 진신 싸리-라가 나왔지만 무지한 사람이 간가-
(gaṅgā, 恒河, 天堂峽, ganges) 강에 버렸다. 건너편에 ㄷ하메카(Dhamekha,
法雲) 투-빠가 원형 그대로 남아있고 많은 스님이 수행과 학습을 한 넓은
아-라-마 터가 보존돼있다.

4) 꾸씨나-라-

24. 꾸씨나-라-(Kusinārā, 拘尸那羅)는 붇ㄷ하가 80세로 입멸(nirodha, 入
滅) 한 곳이다.

25. 붇ㄷ하는 79세 되던 해 라-자가하 낏ㅈ하꾸-따에 있을 때 마가ㄷ하 아자-
따싿뚜 왕이 왓지 국과 전쟁하겠다고 자문하자 전쟁을 거부하고 그곳을 떠
나 왓지 왕도인 웨싸-리-로 갔다.

26. 아자-따싿뚜 왕이 전쟁하겠다는 왓지 국에서 왓싸를 지내고 반전평
화운동을 하지만 역부족인 것을 알고 3개월 후 고향에서 입멸하겠다고 선
언하고 북쪽으로 가던 도중 이곳 꾸씨나-라-에서 입멸했다.

27. 붇ㄷ하 입멸 후 유해는 불[aggi, 茶毘, 火]로 화장[jhāpeti, 火葬] 했다.
붇ㄷ하 유골인 싸-리라는 8등분해 투-빠를 세우고 재와 싸-리라를 담았던

병도 두 곳에 투-빠를 세웠다. 이렇게 해서 근본 10탑이 만들어졌다*.

28. 불교도는 붇다하가 입멸한 곳에 닙바-나 위하-라(nibbāna vihāra, 涅槃像), 화장한 곳에 마꾸따 반다하나 위하-라(Makuṭa bandhana vihāra, 天冠寺)와 투-빠를 쌓아 붇다하 공덕을 기렸다. 거기에 많은 수행자가 모여 함께 수행하던 집터와 화장한 곳이 오늘날까지 그대로 보존돼있다.

16. 불상양식

1. 붇다하 입멸 후 500여 년 정도 지나 붇다하 유골인 싸리-라가 더 이상 분할할 수 없이 희귀해지자 붇다하 싸리-라를 대신할 것이 필요했는데 그것이 붇다하 상을 조각한 불상(buddha paṭima, 佛像)이다.

2. 불상은 만들어지고 난 후 불교도로부터 선풍적인 인기를 끌면서 불교도 숭배대상으로 자리잡는다.

인도장례법

인도인은 종교에 따라 장례법이 다르다.

① 힌두교는 수장(水葬)을 선호한다. 특히 간가 강물은 쉬바 신 입에서 흘러내린 물이라고 해서 그 물에 목욕하거나 시체를 띄워보내면 곧바로 천상으로 간다고 믿는다. 그래서 수장을 좋아한다.
② 조로아스트교(拜火敎)는 조장(鳥葬)을 선호한다. 그들은 신성한 불에 사람몸을 태우는 것은 있을 수 없는 일이라고 믿고 건물 위에 새가 시체를 쪼아먹도록 하는 조장을 좋아한다.
③ 불교는 화장을 선호한다. 이 몸은 자연일부기 때문에 죽은 다음은 자연으로 돌려보내는 것이 자연스럽다고 생각한다.
④ 이슬람은 매장을 선호한다.

오늘날 인도는 불교와 힌두교 장례법이 섞여서 화장한 후 남은 유골은 강물에 쓸어넣는다. 한국은 불교가 국교이던 신라나 고려 때는 화장을 좋아했고 유교가 국교이던 조선은 매장을 선호했다. 오늘날 다시 화장하는 추세지만 유골은 납골당에 모시는데 뭔가 어색하다. 화장한 후 그냥 자연으로 돌려보내는 것이 좋다.

1) 불상숭배

3. 붇다가 활동한 시대는 불상이 없었다. 붇다 입멸 후 500여 년 뒤 CE 1세기를 전후해 인도 북쪽 간다하-라와 중부 마투라- 지역에서 비슷한 시기에 불상이 만들어졌다.

4. 불상은 그 지역에 살고있는 사람을 모방해 조각했다. 간다하-라 불상은 날렵하게 조각했고 마투라- 불상은 투박하게 조각했다.

5. 간다하-라 불상은 그리스 영향을 많이 받았고 마투라- 불상은 인도민족주의 영향을 반영한다. 한국은 간다하-라 불상과 마투라- 불상이 함께 영향 미쳤다.

6. 불상이 만들어지기 이전에는 다양한 상징물을 사용해 붇다를 나타냈다.

7. 보리수는 깨달음을 나타내고 법륜은 수행지도를 의미한다. 싸-라수 밑에 보리수나 투-빠가 있는 것은 꾸씨나-라-에서 붇다가 입멸한 것을 상징하고 투-빠를 조각하고 꽃공양 올리는 것은 붇다 입멸과 싸리-라 존경을 나타낸다.

8. 불상이 만들어진 것은 두 가지 의미가 있다. 하나는 그때까지 불교도 숭배대상이던 싸리-라가 더 이상 분할할 수 없을 정도로 희귀해진 이후 대체수단으로 불상이 등장한 것이다.

9. 다른 하나는 힌두교 영향으로 인간적인 붇다에서 신적인 붇다로 상징이동한 것이다. 이것은 대승부와 밀교부 영향을 강하게 받으면서 대중성을 획득한다.

10. 붇다가 살아있을 때는 불교도는 붇다를 직접 예배하거나 붇다 가르침에 따라 수행하는 스님에게 존경을 표했다. 붇다에게 직접 공양올리

는 것이 불공(buddha pūjā, 佛供)이다.

11. 그 당시 불교도는 붇다하가 수행한 장소나 거처한 곳, 보리수 등에 존경을 표하고 공양올렸다.

12. 붇다하 입멸 후는 앞의 것에 더해 붇다하 발바닥 상, 붇다하 싸리-라 투-빠, 4성지 등에 존경을 표했다. 그러다 불상이 만들어지자 불상은 불교도 숭배대상으로 광범위하게 대중성을 획득했다. 그러나 지금까지도 보리수, 싸리-라 투-빠, 발바닥 상 등은 여전히 불교도 존경대상이다.

13. 불상은 용도에 따라 여러 가지 모습으로 조각됐다. 그것을 살펴보면 다음과 같다.

2) 탄생상

14. 오른손은 하늘을 향하고 왼손은 땅을 가리키며 천상천하유아독존(天上天下唯我獨尊)을 선언한 탄생상(誕生像)은 고따마 씻다핫타가 룸비니-에서 탄생한 모습을 조각한 것이다.

15. 탄생상은 룸비니-를 상징한다. 현재 룸비니-에 있는 탄생상이 유명하다.

3) 성도상

16. 오른손은 땅을 짚고 왼손은 무릎위에 올려놓은 모습(成道像)은 붇다하가 붇다하가야 보리수 아래 금강보좌 위에 앉아 아라한뜨 막가파라에 들어 닙바-나를 체험하고 붇다하임을 선언할 때 모습(降魔觸地印)을 본떠 조각했다.

17. 성도상은 붇다가야를 상징한다. 석굴암불상을 포함해 대부분 불상은 이 모습이다. 현재 붇다가야 대탑에 봉안된 성도상이 유명하다.

4) 설법상

18. 손을 가슴에 모으고 설법하는 설법상(說法像)은 미가다-야에서 최초로 수행지도한 것을 상징했다.

19. 설법상은 미가다-야를 상징한다. 현재 싸라나트 박물관에 있는 설법상이 유명하다.

5) 열반상

20. 평화롭게 누워 입멸하는 열반상(涅槃像)은 붇다가 꾸씨나-라-에서 마하-빠리닙바-나(Mahāparinibbāna, 大般涅槃)에 든 모습을 조각한 것이다.

21. 열반상은 꾸씨나-라-를 상징한다. 현재 꾸씨나-라- 닙바-나 위하-라에 봉안된 열반상이 유명하다.

6) 고행상

22. 몸이 삐쩍 말라 힘줄과 갈비뼈가 튀어나오고 눈이 움푹파인 고행상(苦行像)은 붇다가 정정각산에서 고행한 모습을 조각한 것이다.

23. 고행상은 붇다 고행을 상징한다. 현재 탁씨라 박물관에 있는 것이 유명하다.

7) 수행상

24. 발을 결가부좌하고 손을 모으고 있는 수행상(修行像)은 붇다가 수
행하는 모습을 상징한다.
25. 수행상은 대부분 불교성지나 많은 수행자가 모시고 수행했다.

8) 전법상

26. 오른 손바닥을 앞으로 보이고 선 모습(施無畏印)을 조각한 전법상
(轉法像)은 붇다가 다른 사람에게 마음과학과 싸띠수행을 전한 것을 상징
한다.
27. 신을 믿던 사람이 신을 믿지않고 자기 스스로 자기삶의 주인공되고
싸띠수행으로 자유와 행복으로 가는 길을 따르면 신이 벌주지 않을까 두려
워하는 사람에게 두려움을 없애주는 모습이다.
28. 신이나 윤회설은 사람이 만든 허구다. 붇다는 사람도 자연일부이기
때문에 자연법칙으로부터 자유로울 수 없다고 보았다. 그렇기 때문에 신이
나 윤회 중심으로 사고하지 말고 자연법칙을 중시하고 자연중심으로 사고
하고 행동해야 한다고 두려움에 가득 친 사람을 설득했다.

17. 불교상징물

1. 붇다나 불교를 상징하는 여러 가지 표시가 있다. 그것을 살펴보면 다
음과 같다.

1) 나무

2. 붇다 생애와 관련해 세 종류 나무가 있다.

① 무우수

3. 무우수(asoka rukkha, 無憂樹)는 고따마 씻다핫타가 태어날 때 어머니 마하-마-야가 이 나뭇가지를 잡고 낳았다고 해서 유명해진 나무다.

4. 오늘날 이 나무는 인도에서 정원을 가꾸거나 공원에서 그늘을 만드는 데 사용하는 귀중한 나무다. 한국에서 소나무를 중시하는 것과 비슷하게 취급한다.

② 보리수

5. 보리수(bodhi rukkha, 菩提樹)는 고따마 씻다핫타가 붇다가야에서 이 나무 아래 금강보좌 위에 앉아 아라한뜨 막가파라에 들어 닙바-나를 체득하고 무상정자각을 성취하고 붇다를 이뤘다고 해서 유명해진 나무다.

6. 원래이름은 뻽빠리 나무였는데 고따마 씻다핫타가 이 나무 아래서 붇다를 성취했다고 해서 깨달음나무란 의미로 보리수로 이름이 바뀌었다.

③ 싸-라수

7. 싸-라수(sāla rukkha, 沙羅樹)는 붇다가 이 나무 두 그루[yamaka sāla, 沙羅雙樹]가 서있는 아래서 입멸했다고 해서 유명해진 나무다. 우리 나라 참나무와 비슷하다.

2) 연꽃

8. 불교를 상징하는 꽃은 연꽃이다. 연꽃은 원래 사막이나 열대 지역에 자생하는 꽃이다. 이 꽃은 흙탕물에 사는데 잎이나 꽃잎 표면에 물이 닿으면 묻지 않고 흘러내리는 것을 삶에 비유했다.

9. 사람이 살다보면 온갖 일을 다 겪지만 싸띠수행으로 마음맑히면 세속에 살면서도 물들지 않고 초연히 살 수 있다는 희망을 상징했다.

10. 대승부는 힌두교 신을 도입해 대승보살로 포장해 불교신으로 만들었다.

11. 대승부는 불보살을 연꽃에 비유했다. 하얀 연꽃[puṇḍarīka, 白蓮]은 미륵보살, 붉은 연꽃[paduma, 紅蓮]은 관세음보살, 푸른 연꽃[uppala, 靑蓮]은 지장보살을 상징한다.

3) 동물

12. 불교를 상징하는 동물은 두 종류가 있다. 하나는 사자고 다른 하나는 코끼리다.

① 사자

13. 사자(sīha, 獅子)는 백수의 왕이라고 해서 붇다 가르침이 모든 가르침 가운데 으뜸이란 의미로 즐겨 비유했다. 붇다 법문을 사자후(sīhanāda, 獅子吼)라고도 한다.

② 코끼리

14. 코끼리(Gaya, 象)는 동물 가운데 덩치가 가장 큰 것을 비유해 붇다
가르침을 모든 가르침 가운데 으뜸이란 의미로 상징했다.

15. 코끼리 발자국은 커서 다른 발자국을 그 속에 포용하듯 붇다 가르
침은 모든 가르침을 포용할 수 있다고 비유했다.

4) 법륜

16. 법륜(dhamma cakka, 法輪)은 진리를 상징한다. 고대인도인은 진리
[dhamma, 達磨, 法]나 정의를 수레바퀴[cakka, 輪]에 비유했다.

17. 붇다도 자기가 만든 불교, 마음과학, 싸띠수행을 진리에 비유해 진
리 수레바퀴를 굴리기 위해 길을 나섰다는 표현을 자주했다.

18. 붇다 표현에 따라 진리 수레바퀴를 상징하는 법륜이 불교상징물이
다. 오늘날 인도국기도 법륜문양이 새겨져있다.

19. 간혹 卍[sovatthika, 吉祥]를 불교 상징문양으로 알고있는데 이것은
불교문양이 아니라 아리야인이 이 문양을 가슴중앙에 가지고 태어나면 행
운을 가져온다고 믿는 길상문양이다.

20. 인도에서는 집이나 자동차에 이 문양을 그려놓은 것을 볼 수 있다.
한국도 대궐에 이 문양을 즐겨 사용했다. 아돌프 히틀러(Adolf Hitler,
1889~1945)도 이 문양을 제3제국 상징문양으로 사용했다.

21. 아리야인 행운상징 문양이 실크로드를 통해 인도에서 중국으로 전
해지는 과정에서 불교상징 문양으로 바뀌었다.

5) 불교기

22. 불교상징 깃발은 청황적백주(靑黃赤白朱) 등 5색을 사용해 만든 5색기다.

23. 5색기는 1882년대 스리랑카에서 영국군 대령이었던 헨리 스티레 올콧뜨(Henry Steele Olcott, 19세기 중후기 활동) 두움으로 만들어 사용했다. 1950년 스리랑카에서 개최된 세계불교도우의회(World Fellowship of Buddhists) 대회에서 추인해 WFB 상징깃발로 제정됐다. 한국은 조계종이 1966년 8월 12일부터 공식적으로 사용한다.

24. 이것은 불교를 창시한 고따마 씻c핫타가 태어날 때나 보리수 아래서 아라한뜨 막가파라에 들어 닙바-나를 체험할 때 하늘에서 5색빛이 비쳤다는 전설에 기초해 만들었다. 불교기에 사용한 색깔이 상징하는 의미는 다음과 같다.

① 청

25. 청색(靑)은 정진을 상징한다. 푸른색은 수행을 의미하며 열심히 마음맑혀 붇c하와 같은 지혜를 성취해 자유롭고 행복하게 사는 것을 뜻한다.

② 황

26. 황색(黃)은 지혜를 상징한다. 황금색은 붇c하 몸에 나타난 색깔을 의미하며 열심히 수행해 붇c하와 같은 지혜를 성취하는 것을 의미한다.

③ 적

27. 적색(赤)은 자비를 상징한다. 붉은색은 수행으로 맑힌 맑은 마음을

필요한 존재에게 베풀어 그들이 자유롭고 행복하게 살 수 있도록 도와주는 것을 의미한다.

④ 백

28. 백색(白)은 청정을 상징한다. 수행으로 마음공간에 존재하는 욕망, 이기심, 분노, 적의, 원망, 서운함, 편견, 선입관, 가치관 등 마음오염원을 제거하고 맑고 깨끗하게 마음가꾸는 것을 의미한다.

⑤ 주

29. 주황색(朱)은 인욕을 상징한다. 삶의 과정에 직면하는 온갖 어려움을 극복해야만이 붇다하를 성취할 수 있다는 것을 의미한다.

6) 붇다하 상징물

30. 붇다하 입멸 후 불교도는 붇다하 상을 직접 조각해 숭배하는 것을 좋아하지 않았다.

31. 그렇다고 붇다하가 직접 수행한 유적지를 찾아가는 것도 쉬운 일은 아니었다. 그래서 불교도는 붇다하를 상징하는 여러 가지 상징물을 돌이나 보석에 조각해 숭배했다.

① 보리수

32. 보리수는 붇다하가 보리수 아래 금강보좌 위에 앉아 아라한뜨 막가파라를 성취하고 닙바-나를 체험해 무상정자각을 증득하고 붇다하를 성취한 것을 상징한다.

33. 이것은 붇다 깨달음을 숭배하면서 자기자신도 붇다와 같은 깨달음을 성취하려는 원력을 나타낸다.

② 싸리-라 투-빠

34. 싸리-라 투-빠(sarīra thūpa, 舍利塔婆)는 붇다가 꾸씨나-라-에서 입멸한 것을 상징한다. 또 붇다 유해를 화장해 나온 싸리-라를 숭배하는 것을 상징한다.

35. 불교도는 불교, 마음과학, 싸띠수행 창시자인 붇다 유골인 싸리-라를 모시는 것 자체를 매우 영광스럽게 생각했다. 또 붇다 싸리-라를 모시면 큰 복받는다고 생각했다. 그래서 많은 불교도가 붇다 싸리-라를 참배하거나 직접 모시려고 애썼다.

③ 법륜

36. 사자상 위에 법륜(dhmma cakka, 法輪)을 조각한 것은 붇다가 싸띠수행을 다른 사람에게 전해주는 전법활동을 상징한다.

④ 붇다 족상

37. 붇다 발사국을 조각한 것(佛足相)은 붇다를 숭배하는 것을 상징했다. 사다리에 발자국을 조각한 것은 붇다가 어머니를 위해 뚜씨따(tusita, 兜率天)에 가서 수행지도하고 내려오는 모습을 상징한다.

웨루봐나

제따봐나

마하-봐나

깃ㅈ하꾸-따

룸비니-

미가다-야

붇ㄷ하가야 대탑

꾸씨나−라−

화장터

탄생상

성도상

설법상

열반상

고행상

수행상

전법상

불교기

무우수

족상

9장

불교교단

project

1. 수행공동체
2. 수행두레
3. 교단운영 원칙
4. 교단구성과 입문절차
5. 출가수행
6. 왓싸
7. 탁발
8. 경전읽기
9. 통과의식
10. 사회참여

check point

여기서는 불교교단 구성, 운영, 정체성 등에 관해 배우고 익힌다.

1. 수행공동체

1. 불교가 무엇인지 올바르게 알면 구성원 사유구조와 행동양식을 분명히 알 수 있다.

2. 불교정체성은 수행이다. 그 외 것은 수행과 병행하는 것은 몰라도 수행하지 않고 다른 것을 하면 불교 비슷할 수는 있어도 불교는 아니다.

3. 불교, 마음과학, 싸띠수행이 지향하는 것은 자유로운 삶, 청정한 삶, 행복한 삶, 공존하는 삶을 추구하는 수행공동체, 생활공동체다. 이것을 성취하기 위한 도구가 마음과학과 싸띠수행이다.

4. 삶의 질을 높이기 위해서는 물질이 기본이고 가장 중요하다. 거기에 더해 마음이 건강하고 풍요로우면 더 좋다. 물질과 정신은 삶을 지탱하는 두 축이다.

5. 개인이나 단체가 그 둘을 모두 다 잘 할 수는 없다. 그래서 역할을 분담해 활동한다. 불교는 삶의 제 영역 가운데 물질을 수용하고 누리는 마음건강에 초점두고 활동한다.

6. UN산하 세계보건기구(WHO)는 창립 50주년에 「이제부터 육체건강뿐만 아니라 정신건강에도 관심을 두어야 한다.」고 선언했다.

7. 정신복지를 담당하겠다고 출발한 것이 불교다. 이제 일반복지뿐만 아니라 정신복지 개념을 도입해 활동해야 한다. 삶은 육체에너지뿐만 아니라 정신에너지를 많이 소비하는 시대로 접어들었다. 마음건강을 담당하는 정신복지는 마음과학과 싸띠수행을 더 많이 필요로 할 것이다*.

8. 불교교단도 사회구성 일부기 때문에 사회를 정의롭고 청정하게 유지하기 위한 여러 가지 활동에 참여해야 하고 소외된 이웃이나 홀로설 수 없는 사람을 위해 봉사도 해야 한다. 그것은 기본이다.

9. 불교도는 싸띠수행은 기본이다. 거기에 더해 마음과학과 싸띠수행을 창시한 붇다에 관해 배워야 하고, 붇다가 다른 사람에게 수행지도한 내용을 담고있는 경장, 수행자 행동유형을 담고있는 율장, 율장과 경장 주석인 논장, 그리고 역대 훌륭한 수행자가 자기수행을 기록한 어록 등도 배우면 도움된다.

10. 불교도가 어려움에 직면했을 때 인내와 지혜로 해결하면 좋지만 수행자도 사람인지라 안 되는 것일 줄 알면서도 때로는 붇다나 신에 의존해 극복하려는 마음이 일어나기도 한다.

11. 그러나 불교교단이나 불교도가 해야 하는 일 가운데 중요하고 본질인 것은 수행이다. 수행 이외 것은 수행공동체에는 부차적이다.

12. 불교교단에서 수행이 차지하는 비중은 98% 이상이다. 수행하지 않는 사람은 더 이상 불교도가 아니고 수행공동체에 머물 이유가 없다. 붇다는 항상 불교도에게 수행상속자[dhamma dāyāda, 法相續者]가 돼야 한다고 강조했다.

일반복지와 정신복지

일반복지는 개인이 앞장서서 필요한 분야를 개척하면 거기에 관심가진 단체가 참여하고 국가가 제도로 정착시키는 방향으로 진행된다. 법이나 제도로 정착되면 운영은 사회단체가 맡고 재정은 국가가 지원하는 방향으로 발전했다.

정신복지도 마찬가지다. 필요성을 느낀 개인이나 단체가 먼저 시작하고 그 필요성을 공감하는 사회단체가 나중에 참여한다. 이제 많은 국가에서 정신복지에 관해 관심갖고 주의깊게 관찰하기 시작했다. 세계보건기구(WHO)가 먼저 관심갖고 대중에게 필요성을 알리려고 노력한다.

불교교단은 정신복지 활동을 하기 위해 결성하고 출발했는데 정작 정신복지는 관심없고 정신복지 활동공간인 사찰경영에만 관심있는 것 같다.

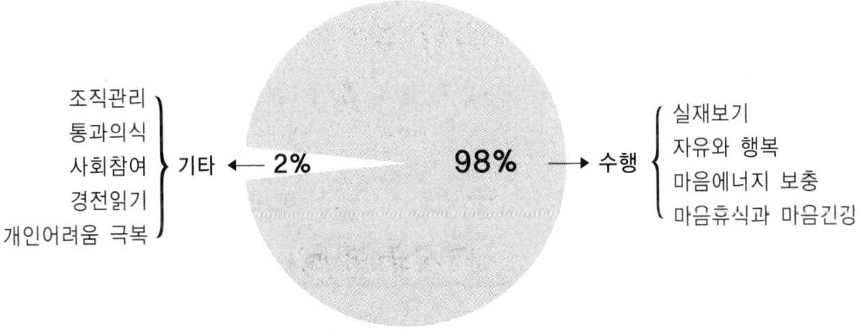

2. 수행두레

1. 불교교단은 수행자모임이다. 수행자모임에서 가장 중요한 일은 수행이다.

2. 수행자가 어디에 있건 그곳이 바로 수행처다. 눈감으면 피안(彼岸)이고 눈 뜨면 차안(此岸)이다. 초의의순은 술꾼이 절에 오면 절이 술집이 되고 수행자가 술집에 가면 술집이 수행처라고 했다.

3. 불교교단은 수행두레 조직이다. 불교교단은 수행할 때 서로 도움주는 공동체다. 내가 수행할 때는 다른 사람으로부터 도움받고 수행하지 않을 때는 다른 사람이 수행할 수 있도록 도와주는 수행두레 공동체가 불교교단이다.

4. 불교교단은 구성원 모두가 수행자다. 전문적으로 수행하는 사람을 출가수행자(스님)라 하고 틈틈이 수행하는 사람을 재가수행자(法友)라고 한다.

5. 수행이 앞선 사람이 신참수행자를 지도한다. 전문가가 초보자를 지도하고 어느 정도 수행진도가 나가면 스스로 수행할 수 있도록 한다.

6. 출가수행자는 수행과 교육에 전념하고 재가수행자는 자기수행을 하면서 시간이나 재물을 다-나(dāna, 布施)하고 아-라-마를 관리하고 다른 사람이 수행할 수 있도록 도와준다*.

7. 여건이 허락하면 시간을 내 집중적으로 수행하고 그렇지 않을 때는 하루에 한두 시간, 한 달에 서너 번 수행끈을 놓지 않고 수행했다. 불교도는 수행노예가 되지 않고 수행을 즐기는 자유로운 사람이다.

3. 교단운영 원칙

1. 불교교단(아-라-마)은 출가수행자와 재가수행자가 역할분담하고 자원봉사로 운영하고 필요한 자원은 기부받아 사용하는 비영리수행공동체다.

2. 출가수행자는 수행, 교육, 조직을 담당하고 재가수행자는 재정, 행정, 아-라-마 관리, 수행자 뒷바라지를 담당한다. 언제든지 자기의지에 따라 출가와 재가 역할을 바꿀 수 있다*.

3. 불교가 수행단체로서 그 정체성을 유지할 때는 이런 역할분담이 자연

수행자의무

가정을 꾸리고 수행하는 재가수행자 의무는 전문적으로 수행하는 출가수행자가 수행에 전념할 수 있도록 음식을 제공하고 아라-마 관리를 하는 것이고 출가수행자 의무는 열심히 수행해 막가파라를 성취하고 닙바-나를 체험하고 나서 다른 사람이 수행할 수 있도록 수행지도하는 것이다. 각자 의무에 충실해야 한다. 그것이 자비로운 일이다. 스스로 해야 할 일을 소홀히 하는 것은 무자비하다.

스럽게 이뤄진다.

4. 그러나 출가수행자가 사심이 생기고 지혜가 흐려지면 아-라-마 경제나 행정에 관심갖고 그것을 직접 담당하려고 한다. 그러면 수행은 멀어진다. 이것은 불교교단과 수행자가 망하는 길이다.

5. 재가수행자도 마찬가지다. 수행하기 위해 불교도가 되고 아-라-마에 왔지만 정작 수행은 하지 않고 아-라-마 운영에만 종사하면 그 사람은 더 이상 수행자가 아닌 행정관료다.

6. 아-라-마 운영은 다른 사람이 수행할 수 있도록 지원하는 것이다. 그러나 때로는 수행지원하는 사람이 수행자 위에 군림하는 경우가 있다. 그러면 곤란하다. 수행지원하는 사람은 일반수행자가 편안하고 효과적으로 수행할 수 있도록 성심을 다해 봉사해야 한다.

7. 수행도량인 아-라-마가 퇴락하거나 좁아 수행자가 생활하기 불편할 때는 새로운 수행공간을 만들어야 한다. 이때는 돈, 전문기술, 허드렛일 등이 필요하다.

8. 아-라-마를 만드는 데 필요한 재원은 재가에서 기부받아 조달한다. 이러다보니 돈을 많이 시주하는 사람 발언권이 자연스럽게 커지기도 한다. 그러나 기부자입장에서 보면 모든 기부금이 동일가치를 가진다.

9. 아-라-마 운영지금이니 신축기금 등 재가수행자가 주노해서 삭송 수익사업을 통해 조달하는 경우가 있다.

이판사판

이판사판(理判事判)이란 말이 있다. 이판은 수행부분을 말하고 사판은 행정부분을 말한다. 조선조에 들어와 불교가 유교로부터 탄압받자 아-라-마 운영을 도와줄 사람이 없게 된다. 그러자 출가스님이 직접 아-라-마 운영을 담당했는데 이때 수행에 전념하는 스님을 이판, 행정담당 스님을 사판이라고 했다.

10. 출가수행자는 열심히 수행하고 다른 사람에게 수행지도해 그들이 자유롭고 행복하게 살 수 있도록 도와주고 재가수행자는 자기자신을 위해 수행하고 다른 존재를 위해 복을 쌓고 공덕을 사회로 환원하는 데 소홀하면 안 된다.

11. 수행자모임이라고 해서 수행만 할 수 없다. 사람이 모이면 조직이 생기고 그것을 운영해야 한다. 그러나 조직을 유지하고 건물을 관리하는 일은 어디까지나 수행하기 위한 부수적인 일이다. 불교도가 해야 할 주된 일은 수행이다. 본업에 충실할 때 다른 것도 잘 할 수 있다.

4. 교단구성과 입문절차

1. 바다가 모든 강물을 받아들이고 목욕탕이 사람을 구분하지 않듯 마음 맑히는 공동체인 불교, 마음과학, 싸띠수행은 성, 종교, 인종을 구분하지 않는다.

2. 불교수행자는 교단에서 모두 동일지위를 가진다. 단지 자기가 하는 역할에 따라 기능적으로 구분될 뿐이다.

1) 교단구성

3. 불교교단은 크게 출가수행자와 재가수행자로 구분한다. 출가수행자는 ㅂ힉쿠, ㅂ힉쿠니-, 재가수행자는 우빠-싸까 우빠-씨까-로 구분해 4부대중(四部大衆)이라고 한다. 이것이 불교교단 기본대중이다.

4. 누구나 언제든지 계받고 출가수행하면 출가수행자가 되고 받은 계를

붇ㄷ하에게 되돌려주고(還戒) 세속으로 돌아가면 재가수행자가 된다.

5. 불교교단 기본대중은 다음 네 가지가 있다*.

① ㅂ힉쿠

6. ㅂ힉쿠(bhikkhu, 比丘)는 20세 이상 남자 출가수행자다. 이들은 227(250 가지) 게를 받고 수행한다.

② ㅂ힉쿠니-

7. ㅂ힉쿠니-(bhikkhunī, 比丘尼)는 20세 이상 여자 출가수행자다. 이들은 311(348 가지) 계를 받고 수행한다.

③ 우빠-싸까

8. 우빠-싸까(upāsaka, 優婆塞)는 20세 이상 남자 재가수행자다. 이들은 5계를 받고 수행한다.

예비수행자

20세 이전이지만 출가수행자가 되고자 하면 가능하다. 그러나 정식 ㅂ힉쿠나 ㅂ힉쿠니-는 될 수 없다. 그러나 까-싸-야는 같이입고 생활도 같은 아-라-마에서 함께 한다. 이들은 1명의 ㅂ힉쿠로부터 머리깎고 까-싸-야 입고 10계 받아 출가수행할 수 있다.

① 싸-마네라(sāmaṇera, 沙彌): 20세 이하 남자 출가수행자.
② 싸-마네리-(sāmaṇerī, 沙彌尼): 20세 이하 여자 출가수행자.
③ 씩카마-나-(sikkhamānā, 式叉摩那): 18~20세 이하 여자 출가수행자. 옛날은 여자가 임신했는지 알 수 없었기 때문에 임신여부를 알 수 있을 때까지 출가수행을 유예한 것에서 이 제도가 만들어졌다.
④ 아나가-리까(anagārika, 居士): 8계를 받고 흰 옷을 입고 수행한다. 결혼은 해도 되고 가정을 꾸려도 되지만 성교는 허락하지 않는다.

④ 우빠-씨까-

9. 우빠-씨까-(upāsikā, 優婆夷)는 20세 이상 여자 재가수행자다. 이들은 5계를 받고 수행한다.

2) 입문절차

10. 입문의식은 신분에 따라 다르게 진행한다. ᴮ힉쿠는 10(5)명 이상 ᴮ힉쿠가 허락하면 계를 받고 출가수행자가 된다. 언제든지 계를 반납하고 세속으로 돌아갈 수 있다. ᴮ힉쿠는 수행, 교육, 조직을 담당한다. 특히 출가수행자와 재가수행자에게 계를 주는 수계식을 담당한다.

11. ᴮ힉쿠니-는 ᴮ힉쿠 수계식과 같다. 먼저 ᴮ힉쿠니- 싼ᵍ하에서 계를 받기 위한 예비점검을 한 후 ᴮ힉쿠 싼ᵍ하에서 계를 받는다. ᴮ힉쿠니- 또한 ᴮ힉쿠와 마찬가지로 수행, 교육, 조직을 담당한다. 그러나 수계식은 ᴮ힉쿠가 담당한다.

12. 붇ᵈ하가 미가다-야에서 BCE 531년 음력 6~9월 무렵 5ᴮ힉쿠를 출가시킬 때는 「오라, ᴮ힉쿠여! ehi bhikkhu, 善來比丘, welcome bhikkhu」로 계가 하나였다.

13. 그러나 많은 사람이 출가수행하러 오고 수계식 때문에 번잡해지자 계조목이 3귀의(ti saraṇa gamana, 三歸依)로 확장됐다.

14. 그 후 점차 출가수행자가 증가하고 파계하는 사람이 생기자 계조목이 증가하고 수계절차도 복잡해졌다. 필요에 따라 새로운 계가 하나씩 추가됐다. 계는 붇ᵈ하가 만들었고 붇ᵈ하 입멸 후에 더 이상 만들지 않았다.

15. 출가수행자는 자기가 수계할 때까지 만들어진 계를 모두 받는 것을 구족계(upasampadā, 具足戒)라고 한다. 출가수행자는 파계하면 참회해야

한다.

16. 재가수행자 입문의식은 간단하다. 10년 이상된 1명 이상 ㅂ힉쿠로부터 5계만 받으면 된다. 계를 파괴해도 참회할 의무가 없다. 다시 계를 받으면 된다.

3) 수행복과 머리모양

17. 수행할 때는 화려하지 않고 자극적이지 않고 몸에 꽉 쪼이지 않게 간소하게 입었다.

18. 출가수행자와 재가수행자는 머리모양과 수행복 색깔과 형태를 구분했다. 출가수행자도 20세 이상 ㅂ힉쿠, ㅂ힉쿠니-와 20세 이하 싸-마네라(sāmaṇera, 沙彌)와 싸-마네리-(sāmaṇerī, 沙彌尼)를 구분했다. 출가수행자는 삼의일발(三衣一鉢)이라 하여 까-싸-야 한 벌과 빳따 한 벌을 소유할 수 있었다.

19. 까-싸-야는 하의 또는 속옷인 안따라봐-싸까(antaravāsaka, 安陀會, 下衣), 상의인 웃따라-싼가(uttarāsaṅga, 鬱多羅僧, 中衣, 上衣), 이불이나 외투처럼 걸치는 싼ㄱ하-띠-(saṅghāṭī, 僧伽梨, 大衣)다. 이 세 가지를 찌-봐라(cīvara)라 하거나 싼ㄱ하-띠-만을 찌-봐라라고 한다. 여자 출가수행자인 ㅂ힉쿠니-는 여기에 속옷 두 가지를 더 입을 수 있고 날씨가 추울 때는 ㅂ힉쿠나 ㅂ힉쿠니- 모두 한두 가지 더 입을 수 있다.

20. 이 가운데 ㅂ힉쿠와 ㅂ힉쿠니-는 이 세 벌을 모두 소유할 수 있고 싸-마네라와 싸-마네리-는 안따라봐-싸까와 웃따라-싼가만 소유하고 싼ㄱ하-띠-는 소유할 수 없다.

21. 원래 까-싸-야는 시체를 감싼 헝겊이나 쓰레기장에 버려진 천을 주

워 나뭇잎이나 황토로 물들여 가지런히 정비된 밭처럼 바느질해 만든 출가수행자 옷이다. 까-싸-야란 어원이 「물들이다」는 의미다.

22. 인도, 스리랑카, 태국 등은 오렌지색을 선호하고 미얀마, 티베트 등은 밤색을 좋아한다. 중국, 한국, 일본 등은 회색으로 물들인 세속옷을 입는다. 의식할 때만 그 위에 개량된 까-싸-야를 걸친다. 대개 까-싸-야 색깔은 밤색을 선호한다*.

23. 재가수행자 수행복색은 흰색이다. 흰색은 재가수행자 색이다. 그래서 백의단월(白衣檀越)이란 표현을 즐겨 쓴다.

24. 수행도량에서 수행하는 재가수행자는 대개 상의는 흰색을 입고 하의는 갈색이나 푸른색 계통을 입는다.

25. 출가수행자는 정기적으로 머리와 수염을 깎아야 하고 재가수행자는 머리에 관한 특별한 규정이 없다. 간혹 출가수행자가 머리는 깎고 수염은 기르는 사람이 있는데 규정을 벗어난 것이다.

5. 출가수행

1. 붇다하 때부터 출가수행은 휴가 혹은 여행 가는 개념이었다. 수행은 마음속으로 여행을 떠나 휴식하고, 지나온 삶의 노폐물을 제거하고 삶을 맑

회색승복

중국은 전제왕조 시대 때 색깔로 신분을 구분하던 때가 있었다. 1등신분인 왕족은 황금색을 입었고, 2등신분인 출가수행자는 검정색을 입었다. 왕사나 왕이 존경하는 스님에게 황금색 까-싸-야를 내리면 그것을 입었다. 편리하고 효과적으로 검정색을 물들이는 것이 먹물이다. 먹물들인 옷을 빨면 회색으로 탈색된다. 이것이 오늘날 한국 스님이 회색한복을 즐겨입는 문화배경이다.

고 아름답게 가꾸는 소중한 시간이다.

2. 수행이 좋고 수행자삶을 살고싶으면 집을 떠나 출가해 평생 수행자로 살아도 되고, 3개월 정도 단기출가해 계받고 까-싸-야 입고 하루에 한 끼 탁발해먹고 수행자삶 살다 기간이 끝나면 환계하고 돌아가면 된다.

3. 누구나 언제든지 계를 반납하고 세속으로 돌아갈 수 있고 원하면 언제든지 다시 출가해 수행할 수 있다.

4. 세속에 있으면 보름과 그믐 우뽀쌋타(uposatha, 布薩) 날 계받고 일일 출가해 수행자삶을 살았고 틈틈이 아-라-마에 와서 수행한다*.

5. 불교도는 일생에 최소 한 번 이상 출가해 수행자삶을 살았다. 남자는 초등학교나 중학교 때 1~2주에서 3~6개월 정도 출가해 스님생활을 하다 세속으로 돌아가 가정을 꾸리고 생업에 종사한다. 여자는 초등학교나 중학교 때 출가해 수행하고 집으로 돌아가 생업에 종사한다. 결혼하기 전 6개월~1년 정도 수행하며 마음맑히고 나서 결혼한다.

6. 재가에 있으면서 틈틈이 아-라-마에 와서 싸띠수행으로 마음정화, 마음휴식, 마음에너지를 보충하고 다른 사람이 수행할 수 있도록 도와준다.

7. 남자는 정년퇴직할 때 쯤 세속삶을 정리하고 다시 출가해 삶을 갈무리하기도 한다. 여자는 틈틈이 아-라-마에 와서 자기수행과 다른 사람 수행

일일출가

모든 불교도는 수행자다. 재가에 있으며 수행하면 재가수행자고 출가해 수행하면 출가수행자다. 출가수행자는 매일 수행하지만 재가수행자는 그것이 쉽지 않다. 그래서 한 달에 2회(혹은 4회) 날짜를 정해 일일출가를 했다. 그 날을 우뽀싸타 날이라고 했다. 이것을 대승부가 모방해 불교로 각색한 신에게 기도하는 제일로 바꾸었다. 관음제일이나 지장제일 등은 원래 수행하기 위해 절에 가는 날이었는데 대승부에서 힌두교 신을 불보살로 각색한 신에게 기도하는 날로 바꾼 것이다.

출가수행자는 수염과 머리를 깎을 것, 까-싸-야를 입을 것, 오후불식할 것 등 몇 가지 형식이 있다. 그러나 하루 출가해 수행할 사람이 수염과 머리를 깎으면 사회생활에 지장이 있을 수 있다. 그래서 머리깎는 조항만 빼고 계를 주는데 그것이 우뽀싸타 계다. 계 항목이 8개다. 이 계는 해뜰 때부터 해질 때까지 유효하다.

을 도와주며 복을 쌓는다.

8. 옛 어른은 수행과 인연맺는 것을 가장 큰 공덕이라고 했다. 그래서 선방문고리만 잡아도 지옥가는 것은 면한다고 했다.

6. 왓싸

1. 불교도는 출가수행자건 재가수행자건 1년에 3개월씩 집중수행기간을 선포하고 열심히 수행했다.

2. 집중수행 기간은 인도에서 우기가 시작되는 음력 6월 15일부터 9월 15일까지다. 이 기간은 우기를 의미하는 왓싸(Vassa, 雨期, 安居)라고 한다. 출가수행자는 이 기간 동안은 경계를 정하고 그 밖으로 나가지 않는다고 해서 결제(結制)라 하고 끝나는 것을 해제(解制)라고 한다.

3. 중국문화권은 기후차이로 인해 여름은 음력 4월 15일부터 7월 15일까지, 겨울은 음력 10월 15일부터 이듬해 1월 15일까지 1년에 2회 시행한다.

4. 이런 왓싸제도는 아주 훌륭한 사회제도다. 매년 3개월 정도 사회구성원이 마음닦는 것은 자기는 말할 것도 없고 사회전체가 정신적 평화로움과 풍요로움을 누릴 수 있고 삶을 정돈할 수 있는 좋은 문화다.

5. 싸띠수행에 기반한 사회공동체를 건설하는 것이 붇다하 꿈이었다. 교단구성원은 이런 청정하고 평화로운 문화를 계승발전시키는 것이 긍지와 자부심이다.

7. 탁발

1. 붇다 이래 전통은 출가수행자는 하루에 한 끼를 오전 중에 가능한 탁발(piṇḍa cāra, 托鉢)로 얻어먹었다.

2. 몸이 아픈 경우는 아-라-마에서 제공하는 음식을 먹을 수 있고 재가수행자가 음식을 가져오거나 집으로 초청하는 것은 받을 수 있다. 지난밤에 갖다둔 음식은 아침에 탁발나가기 전에 먹을 수 있다. 여행 중일 때는 선배 수행자로부터 허락받아 공양시간을 늦출 수 있다.

3. 매일 아침 6시~9시 사이 까-싸-야를 입고 거리로 나가 탁발한다. 재가수행자 의무 가운데 하나가 출가수행자에게 음식, 까-싸-야, 약품, 일상용품 등을 공양올리는 것이다*.

4. 출가수행자가 공양받을 때는 세 가지 점에 주의해야 한다. 그것은 시주물이 청정해야 하고, 공양올리는 사람이 청정해야 하고, 공양받는 출가수행자가 청정해야 한다. 이것을 3륜청정(三輪淸淨)이라고 한다.

5. 출가수행자가 음식받을 때는 채식, 육식, 생선 등을 선택할 권리가 없다. 출가수행자는 재가수행자가 공양올리는 것을 받기만 해야 한다.

6. 그러나 죽이는 것을 직접 목격한 것, 자기가 먹고싶어 다른 사람을 시켜 죽인 것, 자기를 위해 죽인 것으로 생각되는 음식은 취하지 말라고 했다.

복발제도

복발(覆鉢)은 제공된 공양물이 부정하다고 생각될 때 그것을 받지않기 위해 빳따를 엎는 것이다. 이것은 상대방에게 도덕적으로 큰 상처를 입히는 것으로 출가수행자가 할 수 있는 가장 강력한 저항이다. 몇 년 전에 미얀마에서 군인이 민주화운동을 탄압할 때 출가수행자가 군인이 올리는 공양은 받을 수 없다고 복발운동을 했다. 그러자 군인은 자기가 올리는 공양은 정당하게 획득한 것이기 때문에 받지않는 것은 부당하다고 시위했다.

7. 붇ㄷ하는 경전에서 살아있는 생명은 해쳐서는 안 된다고 강조했다. 이런 원칙은 동물뿐만 아니라 식물에도 동일하게 적용해야 한다고 말했다*.

8. 이런 전통을 지키며 출가수행자가 탁발하는 전통은 지금까지 전해졌다. 이것은 출가수행자가 수행공덕을 사회로 회향하는 것이고 동시에 재가수행자가 출가수행자에게 공양올리며 공덕(puñña, 功德, 福)을 쌓을 수 있는 좋은 제도다.

9. 그러나 세월이 흐르면서 아-라-마에서 음식을 직접 만들어 먹으면서 출가수행자나 재가수행자 모두 게을러졌다. 해야 하는 일은 다소 불편하고 귀찮더라도 하는 것이 올바른 일이다*.

10. 출가수행자가 공양물을 받는 빳따(patta, 鉢盂)는 붇ㄷ하 이래 전통은

채식과 5신채

흔히 출가수행자는 채식만 하고 육식이나 생선은 먹지 않는다고 알고있다. 그러나 붇ㄷ하는 얻어먹는 사람을 위해 음식을 특별히 만들지 않는 이상 채식과 육식을 구분하는 것은 곤란하다고 말했다.

붇ㄷ하는 여러 경전에서 살아있는 동물을 죽이지 말라고 말하면서 그 다음 문장에 반드시 식물도 해쳐서는 안된다고 함께 강조했다. 동물이나 식물은 생명가진 것으로는 동일하다. 그럼에도 불구하고 동물과 식물의 생명가치를 구분하는 것은 어리석은 발상이다.

원래 힌두 상류층은 육식을 하지않고 채식만을 하며 5신채를 먹지 않았다. 이런 전통은 북인도 간ㄷ하-라 지역을 중심으로 힌두교와 윤회설을 믿는 지역에 널리 퍼졌다. 그러다 대승부가 그 지역에서 대중성을 획득하면서 채식을 강조하고 5신채를 먹지않는 것을 강조했다. 이런 문화는 중국에 와서 그대로 정착됐다. 그러나 채식은 힌두교 전통이지 불교전통은 아니다.

아침점호

출가수행자가 음식을 재가수행자로부터 탁발해 얻어먹으면 매일 아침 출가수행자와 재가수행자가 만난다. 그런 접촉과 관계가 서로 신뢰하고 행동하게 하는 큰 요인이다. 매일 탁발해야 하기 때문에 멀리가서 할 수 없고 인근 동네에서 해야 한다. 따라서 평소 수행하지 않으면 그 수행자에게 아무도 공양올리지 않는다. 그래서 조심한다. 또 매일 탁발하기 때문에 해당 수행자가 어디에 갔는지 대중이 더 잘 안다. 일종의 아침점호다. 탁발하지 않고 아-라-마에서 공양을 만들어먹는 곳은 출가수행자와 재가수행자가 접촉할 기회가 많지 않다. 그러면 서로 편리할지는 몰라도 점점 소원해진다. 한국은 1977년 조계종이 탁발을 금지한 이래 탁발제도가 거의 사라졌다. 하루빨리 이 제도를 부활해야 한다. 그래야 출가수행자와 재가수행자의 접촉이 더 활발하게 이뤄질 것이다.

하나를 사용하고 한국은 네 개를 한 벌로 사용한다. 빳따가 하나면 탁발하기 쉬운 형태고 네 개는 아-라-마에서 음식을 만들고 실내에서 먹기 편리하도록 발전한 것이다.

11. 초전법륜경에 따르면 처음 붇다하가 두 명의 상인으로부터 공양받을 때 4대왕(cattāro mahārājā, 四大王)이 각기 하나씩 빳따를 가지고 와서 붇다하께 공양올렸는데 이것을 붇다하가 하나로 만들어 사용했다고 한다.

8. 경전읽기

1. 붇다하가 설한 경전은 대부분 마음과학과 싸띠수행 이론과 기술에 관한 내용이다. 경전은 붇다하가 다른 사람에게 수행지도한 내용을 알 수 있는 기본자료다.

2. 수행하면서 때때로 경전읽는 것은 궁금한 것을 해소할 수 있을 뿐만 아니라 수행력을 향상시키는 기능도 한다.

3. 수행자는 수행기술뿐만 아니라 이론도 익혀야 한다. 수행 이론과 기술이 담긴 경전을 계승할 의무도 있다. 그래서 예로부터 경전읽기를 많이 권장했다.

4. 세월이 흐르면서 경전을 읽으면 복이 온다거나 직면한 어려움을 제거한다고 상징조작했다. 그리고 종파에 따라 특정한 경전을 소의경전(所依經典)으로 삼고 그 경전을 강조한다.

5. 삶이 힘들면 경전이나 불상에 의존해 기도하고 직면한 어려움을 극복할 수 있게 해달라고 매달린다. 그러나 이런 행위는 현재가 힘들고 답답해 그렇게 해보는 것이지 그렇게 한다고 해서 직면한 문제가 해결되는 것은

아니다*.

6. 붇다하가 설한 경전을 읽고 삶의 등불로 삼고 수행지침서로 삼는 것은 무방하지만 그런 행위를 통해 붇다하 가피력이 있을 것으로 생각하고 행동하는 것은 잘못된 생각이다. 경전은 마음관리 매뉴얼일 뿐이다.

9. 통과의식

1. 불교교단은 수행하려는 사람이 모여 자연발생적으로 형성된 수행공동체다.

2. 사람이 모인 곳은 사람 사이에 일어나는 각종 통과의식, 탄생, 결혼, 장례, 개업 등 축하할 일이나 위로해야 할 일 등을 피할 수 없다.

3. 불교도가 각종 통과의식을 치를 때는 가능하면 수행정신에 입각해 의미있고 청정하게 치러야 한다.

4. 만남의식(結婚式)이나 이별의식(茶毘式, 永訣式) 등을 치를 때는 짧은 기간만이라도 싸띠수행으로 마음맑히고 인연맺은 사람에게 자비관을 보내고 공덕을 쌓아 맺어진 인연을 맑고 청정하게 가꿔야 한다. 통과의식에

욕망장사

오늘날 대부분 종교는 신을 믿으면 복을 준다고 하지만 내용은 욕망장사 성격이 강하다. 우리 신을 믿으면 당신이 원하는 것을 성취시켜줄 것입니다. 욕망이 클수록 신을 열심히 믿으세요. 그러면 신이 알아서 당신이 원하는 것을 성취시켜줄 것이라고 말하며 소비자를 모은다.

문제는 불교도 그렇게 한다는 것이다. 불교는 수행으로 욕망, 분노, 편견 지수를 낮춰 자유로운 삶, 청정한 삶, 행복한 삶, 공존하는 삶을 살자는 가르침을 믿고 따르는 것인데 관세음보살을 믿고 기도하면 복받을 수 있다고 강조한다. 결국 관세음보살이 당신욕망을 충족시켜줄 것이라고 주장하며 욕망장사를 한다. 이것은 붇다하 가르침을 근본에서부터 왜곡한 것이다. 신을 믿는 종교가 욕망을 부추기는 자본주의 사회에 기생하며 기형적으로 발달했다.

관한 자세한 것은 이 책 10장 불교예절편을 참조하면 도움될 것이다.

10. 사회참여

1. 불교교단도 사회일부인 이상 해당 사회를 살기좋은 사회, 정의로운 사회, 함께 공존할 수 있는 사회로 만들기 위한 활동에 참여해야 한다.

2. 능력이 부족하거나 신체적, 정신적 장애로 인해 정상적인 삶을 유지할 수 없는 사람을 도와주는 것은 사람으로서 마땅히 해야 하는 기본자세다. 자기가 가진 물질, 정신, 기술, 지식 등을 필요로 하는 사람과 함께 공유하려는 자세는 아름다운 일이다.

3. 사회는 여러 단체나 개인이 모여 형성되고 유지된다. 어떤 특정 집단이나 개인의 생각대로만 운영될 수 없다. 특정집단이나 개인생각을 다른 사람에게 강요하면 갈등이 일어나고 공동체평화가 깨지고 삶의 질이 낮아진다.

4. 사회구성원이 서로 대화와 타협, 견제와 균형, 관용과 포용, 다양성에 기초하고 전문과 연대를 통해 푸른 행성을 평등과 평화가 넘치는 살기좋은 사회로 가꿔야 한다.

5. 불교교단이 사회에 참여할 때 기본원칙은 수행단체가 잘 할 수 있는 마음과 수행으로 사회에 참여할 수 있는 부분을 먼저 고민하고 실천해야 하는 것이다.

6. 수행이 결여된 상태에서 참여활동이나 봉사활동에만 전념하면 더 이상 수행자나 수행단체가 아니다. 이런 개인이나 단체는 이름을 바꿔야 한다.

7. 이것은 그런 활동을 하지 말라는 것이 아니라 먼저 자기 본분사에 충실하자는 것이다. 그리고 여력을 모아 다른 일을 해야 한다. 그게 올바른 길이다.

불교예절

check point

여기서는 불교도가 일상생활에서 행하는 예절을 배우고 익힌다. 신을 믿지 않고 자연법칙을 중시하는 불교예절을 알고있으면 삶을 품위있게 가꾸는 데 많이 도움될 것이다.

1. 불교는 절대자나 신을 인정하지 않기 때문에 절대자나 신을 믿는 종교와는 다른 문화가 형성됐다.

2. 붇다하는 자연법칙에 기초해 삶을 사는 것이 아름답고 가치있다는 입장을 가졌기 때문에 사람과 사람이 만나 서로를 존경하고 이해하고 배려하는 예절도 자연법칙을 중시하는 것에 기초해 이뤄졌다.

3. 불교는 예절이나 각종 통과의식 등을 처음부터 특별양식에 기초해 만들지 않았다. 불교가 전해진 자연, 역사, 사회 환경이나 문화양식에 따라 다양하게 융합하고 발전했다.

4. 불교 예절이나 통과의식은 특별형식보다는 일반상식에 기초해 처리하면 좋다.

5. 일반적으로 불교도가 각종 통과의식을 할 때는 불교, 마음과학, 싸띠 수행을 창시한 불상 앞에서 스승인 스님을 모시고 한다. 불상은 집안에 모신 가족불상이나 개인이 모신 개인불상도 좋다.

6. 이때 참석한 대중은 예식을 주관하는 스님에게 까-싸-야나 생활용품 등을 공양올린다. 스님은 5계를 설하고 의미있는 경전을 읽어주고 삶의 교훈이 담긴 덕담을 하고 참석한 대중은 싸띠와 메따 수행으로 모든 존재가 자유로운 삶, 청정한 삶, 행복한 삶, 공존하는 삶을 살 수 있도록 마음보낸다.

1. 인사법

1. 수행자가 만날 때 서로 존중하고 이해하고 마음전하는 에티켓을 알면 실수를 방지할 수 있고 상대를 배려할 수 있어 좋다.

1) 호칭

2. 출가수행자인 스님을 부를 때는 법명(法名), 당호(堂號), 별칭, 직함 등으로 부른다.

3. 젊은 스님은 이름이나 직함으로 부르고 어른 스님은 가급적 이름보다 당호, 별호, 직함 등으로 부른다.

4. 재가수행자는 좋은 벗이란 의미인 선우(kalyāṇamittatā, 善友)나 진리 동반자란 의미인 법우(dhamma mitta, 法友)란 용어를 사용한다.

5. 경전에는 재가수행자 가운데 남자는 우빠-싸까, 여자는 우빠-씨까-로 불렀다. 남자는 거사(anāgārika, 居士)나 장자(seṭṭhin, 長者)로도 불렀다. 거사는 가정을 가지고 있으면서 수행하는 사람을 가리키고 장자는 재정적으로 여유있는 사람에게 붙였다

6. 한국은 여자법우를 부를 때는 「00菩薩」 남자법우를 부를 때는 「00處士 또는 00居士」란 호칭을 사용한다.

7. 이는 적절하지 않다. 보살(bodhisatta, 菩提薩陀, 菩薩)은 관세음보살이나 문수보살 등을 일컫는 극존칭이고 처사는 유교에서 능력은 있지만 뜻이 맞지 않아 초야에 은거하는 사람을 가리키는 명칭이다. 거사가 전통있는 호칭이다.

2) 인사법

8. 사람이 만날 때 서로 반갑게 인사하는 것이 예의바른 행동이고 삶의 토대를 풍요롭게 한다.

① 붇다와 스님에게 하는 인사법

9. 붇다에게 인사할 때는 온몸을 던져하는 오체투지(五體投地), 머리만 땅에 닿게하는 정례(頂禮), 선채로 손을 모아하는 합장(合掌) 등으로 예를 표했다. 불상에는 살아있는 붇다에게 하듯 하면 된다*.

10. 고대인도인은 절할 때 세 번한다. 왜 세 번하는지 알 수 없지만 고대 인두에서 하던 인사법이 지금까지 전승됐다.

11. 스님에게 인사할 때도 붇다에게 인사하는 것과 같이 한다. 이때「행복하세요」라고 말한다. 붇다는 항상 사람을 만나면「행복하세요」라고 말하고 인사했다.「행복하세요」가 붇다 인사말이다.

12. 불교도가 붇다나 스님 앞에 앉을 때는 무릎꿇고 앉거나 한 발을 뒤로돌려 비스듬히 앉고 한 손으로 땅을 짚어도 된다. 그러나 수행하거나 강의들을 때는 편한 자세로 앉아도 무방하다.

② 법우 사이 인사법

13. 법우가 만나면 두 손을 모으고 합장하고 약간 머리를 숙이면서 다정하게 인사한다.

14. 이때「행복하세요.」라고 인사한다. 상대가 막가파라를 성취하지 않았을 때는「막가파라에 들어 닙바-나를 체험하세요.」라고 해도 좋다. 그러

과유불급

지나친 것은 모자란 것만 못하다. 실내서 어른을 만나 인사할 때 일반적으로는 한 번 절하고 불교도는 세 번한다. 그런데 어떤 불교도는 불상에 수없이 절을 한다. 이것은 곤란하다. 어른을 찾아뵙고 3천 번 정도 절하면 아마 미친놈이라고 불쾌해할 것이다.

아는 사람이름을 한두 번 부르면 좋지만 수천 번 반복해부르면 맛이 간 놈이라고 무시할 것이다. 그런데 절에 가면 관세음보살이나 아미타불 명호는 수없이 반복해부른다. 그러면 복을 줄 것이라고 믿고 그렇게 한다. 불보살이 정상인이라면 복을 주려고 하다가도 마음을 접을 것 같다. 상식선에서 사고하고 행동하자.

나 상대가 이미 막가파라를 성취했으면 결례다. 가급적 어른에게는 막가파라를 성취하라고 하지 않는 것이 좋다.

3) 합장법

15. 합장(añjali karaṇīya, 合掌)은 불교도가 인사할 때 손 처리방식이다. 합장은 양손을 가슴에 모으고 머리를 숙이며 하는 인사법으로 고대로부터 현재까지 인도에서 행한 인사법이다*.

16. 두 손을 가슴에 모으는 것은 흐트러진 마음을 한 군데 모아 정성을 다한다는 의미다. 이런 인사법을 불교에서 받아들여 현재까지 사용한다.

17. 어른이 말할 때 아랫사람은 합장하고 경청하면 상대를 존경하는 마음을 드러내는 공손한 자세다.

18. 합장은 양손을 앞으로 올려 가슴 위에서 서로 맞대고 두 손과 손가락을 가지런히 모아 명치부근에 두고 팔은 겨드랑이에 자연스럽게 붙인다. 손끝은 코끝을 향하도록 하고 허리는 곧게 세운다. 머리는 앞으로 살포시 숙이며 인사한다.

고대전사 인사법

고대전사는 길을 가다 사람을 만나면 상대방이 자기에게 해를 가하지 않을까 두려웠다고 한다. 그래서 상대를 만나며 자기가 해칠의사가 없다는 우호적인 제스처를 즐겨 사용했다. 그런 제스처 가운데 일반적인 것은 무기를 드는 오른손을 머리나 가슴에 붙여 공격무기를 가지고 있지않고 공격할 의사가 없다는 것을 나타냈다. 서로 손을 잡고 악수하는 것도 마찬가지다. 이렇게 발달한 인사법이 거수경례나 합장 등이다. 중국은 소매 속에 아무것도 없다는 표시로 소매를 탈탈 털고 인사하기도 한다. 인도는 아예 오른쪽 어깨를 드러내고 손을 가슴에 모으고 인사하는 합장으로 발전했다.

4) 절하는 법

19. 상대에 존경을 표하는 방법은 동서고금에서 다양하게 발전했다. 그 가운데 머리를 땅에 대는 절은 동서양에 흔한 인사법이다.

① 종류

20. 절은 5체투지(nipaccākāra, 五體投地), 정례(muddha pāda, 頂禮), 반배(半拜) 등 세 종류가 있다.

21. 오체투지는 머리, 양팔꿈치, 양무릎 등 몸의 다섯 곳을 땅에 대고 절하는 방식이다.

22. 합장하고 허리를 굽히지 않은 상태로 무릎꿇고 양손을 앞으로 내밀면서 몸 전체를 밑으로 쭉 뻗으며 땅에 밀착한다. 일어날 때는 역순으로 한다. 일어난 후에는 반배한다.

23. 절할 때 절하는 사람머리가 절받는 사람 오른발등에 닿도록 한다. 이때 절받는 사람이 오른발을 조금 내밀면 수월하다. 또 머리가 잘 닿지 않을 때는 오른손으로 상대방 오른발등에 댄 후 자기이마에 대며 예를 표하기도 한다.

24. 정례는 무릎꿇고 앉아 머리를 땅에 대고 절하는 방식이다. 무릎꿇고 앉아 합장하고 허리를 굽히지 않은 상태로 왼손은 가슴에 둔 채 허리를 숙이며 오른손을 땅에 대고 나서 왼손을 오른손 옆에 10cm 정도 떨어지게 가지런히 둔다. 그리고 이마가 땅에 닿도록 절한다.

25. 일어날 때는 반대로 허리를 펴면서 왼손을 먼저 들어 가슴에 대고 오른손을 들어 왼손에 붙여 합장한다.

26. 한국은 절할 때 일어섰다 엎드리며 절한다. 이런 방식은 중국식이

다. 인도식은 일어나지 않고 앉아서 상체만을 일으키며 절한다.

27. 절할 때 땅에 닿은 손을 하늘을 향해 뒤집어 귀 옆에 들어올리는 것은 일본식이다.

28. 반배는 선채로 합장하고 머리를 약간 숙이며 하는 인사법이다. 길에서 어른을 만나거나 상황이 여의치 않을 때 하면 좋다. 이때는 한 번만 해도 된다.

② 횟수

29. 불교도는 붇다하, 싸리-라 투빠, 불상, 스님에게 절할 때 세 번한다. 세 번 절하는 것은 인도전통이다.

2. 3보 존경법

1. 불교는 세 가지 보배[ti ratana, 三寶]가 있다. 이것을 불교도와 싸띠수행자는 숭배하고 존중한다.

2. 불교, 마음과학, 싸띠수행을 창시한 분을 불보(buddha ratana, 佛寶), 붇다하가 만든 마음과학과 싸띠수행을 법보(dhamma ratana, 法寶), 싸띠수행자를 승보(saṅgha ratana, 僧寶)라고 한다.

1) 붇다하모시는 법

3. 붇다하는 불교, 마음과학, 싸띠수행을 만들었고 자유로운 삶, 청정한 삶, 행복한 삶, 공존하는 삶으로 가는 길을 개척한 위대한 스승이다.

4. 불교도가 살아있는 붇다를 대하듯 불상을 모시고 존경하는 것은 불교도 의무이자 큰 기쁨이다.

5. 가족이 모시는 불상은 거실이나 서재에 봉안하는 것이 좋다. 개인이 모시는 불상은 자기방에 모시면 된다.

6. 가정에 모시는 불상은 너무 클 필요없고 10~30cm, 개인이 모시는 불상은 5~10cm 정도가 적당하다.

7. 불상은 눈높이보다 약간 높이 모시면 되고 개인방에 모실 때는 높이에 구애받지 않아도 된다. 불상을 모시는 집을 만들어도 좋다. 불상에 먼지가 묻으면 깨끗한 수건으로 잘 닦아내고 정갈히 모셔야 한다.

8. 불상을 만드는 재질은 보석, 나무, 돌, 금속 등 다양하다. 불상은 전신상(全身像), 반신상(半身像), 두상(頭像), 좌상(坐像), 입상(立像) 등으로 정해진 형식은 없다.

9. 불상에 올리는 공양은 꽃, 향, 과일, 음식 등을 공양올린다. 음식을 공양올릴 때는 살아있는 붇다가 직접 먹을 수 있도록 다듬어 올려야 한다.

10. 결혼, 제사, 생일, 개업식 등 각종 통과의식은 자기가 모신 불상 앞에서 하면 의미있다. 수행하거나 예불할 때도 불상을 모시고 하면 좋다.

2) 경전모시는 법

11. 불교도는 자기에게 의미있는 경전을 집에 모시고 때때로 읽거나 암송하며 의미를 새기는 것이 좋다.

12. 경전은 붇다 가르침이 담긴 소중한 책이다. 그렇기 때문에 경전은 살아있는 붇다를 대하듯 공손히 모셔야 한다.

13. 경전은 책꽂이나 손닿기 쉬운 곳에 모신다. 경전 위에 다른 책이나

물건을 올려놓지 말고 눈높이 정도 높은 곳에 두면 좋다. 불상을 모시면 그 옆에 두어도 된다.

3) 스님모시는 법

14. 출가수행자인 스님은 붇다 가르침에 따라 수행하고 다른 사람에게 수행지도하는 스승이다.

15. 스님은 청정복전(puñña khetta, 福田)이므로 붇다하나 경전을 대하듯 공경하게 대해야 한다. 불교도가 스님을 대할 때는 다음과 같이 해야 한다.

16. 스님을 만나면 반갑다고 악수하거나 포옹 등 신체접촉을 하지말고 공경하는 마음으로 합장하고 절한다.

17. 스님께 여쭐 것이 있으면 찾아가 인사드리고 공손히 여쭈어야 한다.

18. 스님을 찾아뵐 때는 문 앞에 서서 자기가 누구라고 알린 다음 들어가야 한다. 이때 가급적 침실은 들어가지 말고 접견실에서 기다리는 것이 좋다.

19. 스님과는 동일높이 의자나 자리에 앉지말고 한 단 밑에 앉는다. 스님이 의자에 앉으면 일반법우는 바닥에 앉고 스님이 바닥에 앉으면 자리를 깔아주고 일반법우는 그냥 앉는다.

20. 일반법우가 스님 앞에 앉을 때는 무릎꿇고 앉거나 한 발을 뒤로돌려 비스듬히 앉는다. 가부좌자세로 마주보고 앉는 것은 바람직하지 않다. 그러나 강의를 듣거나 수행할 때는 편하게 앉아도 된다.

3. 아-라-마 예절

1. 수행도량인 아-라-마는 수행자뿐만 아니라 많은 사람이 함께 모여 마음과학과 싸띠수행을 배우고 익히는 공간이다.

2. 아-라-마는 사람이 함께 모여 붇다 가르침에 따라 수행하는 공간이자 출가수행자가 머물며 수행하는 생활공간이다. 이런 다목적공간을 이용할 때는 다른 사람에게 방해되지 않도록 세심한 주의를 기울여야 한다.

3. 아-라-마를 만드는 것은 붇다 가르침을 담는 그릇을 만드는 것과 같다. 그렇기 때문에 아-라-마는 깨끗하지 않은 재물로 건립하기보다 청정한 마음으로 모은 재물로 건립하는 것이 의미있다.

4. 아-라-마는 한두 사람 시주로 건립하기보다 많은 사람이 조금씩 마음 모아 만드는 것이 바람직하다. 아-라-마 유지에 필요한 자금도 아-라-마를 사용하는 사람이 조금씩 마련하는 것이 좋다.

5. 출가수행자인 스님은 수행, 교육, 조직을 담당하고 아-라-마 관리, 행정, 재정 등은 재가수행자인 법우가 담당하고 청소나 일반잡무는 아-라-마에서 함께 수행하는 사람이 분담해 처리하는 것이 붇다 이래 전통이다.

6. 아-라-마는 단순한 수행공간만이 아니라 세상사람 삶과 연결된 복합공간이다.

7. 수행자도 사람이다 보니 인연있는 사람의 탄생, 성인, 결혼, 장례, 생일 등 각종 통과의식을 외면할 수 없다. 수행자가 통과의식을 치를 때는 붇다 가르침에 기초해 아-라-마에서 스님, 가족, 친지, 인연있는 사람이 함께 모여 하는 것이 좋다.

8. 붇다 가르침에 따라 생활하는 수행자는 청정한 삶을 살려는 좋은 벗이다. 그러므로 기쁜 일이나 슬픈 일도 함께 마음나누는 것이 의미있다.

1) 옷차림

9. 아-라-마는 붇ㄷ하 가르침을 배우고 익히며 마음닦는 수행도량이다.

10. 아-라-마에 올 때는 현란하고 자극적인 옷차림은 피하고 단정하고 편안한 것이 좋다. 수행복을 입으면 바람직하다. 붇ㄷ하 당시 불교도가 아-라-마에 올 때는 흰옷을 입었다.

11. BUDDHA DHAMMA SAṄGHA는 수행복을 다음과 같이 정해 사용한다.

12. 출가수행자는 반드시 까-싸-야를 입는다. 남자법우는 하얀 상의, 하의 자유. 여자법우는 하얀 상의, 감청색치마 하의입는 것을 권장한다.

2) 몸자세

13. 몸에 지나치게 장식해 다른 사람을 산만하게 하거나 진한 화장냄새 등은 다른 사람 수행을 방해할 수 있기 때문에 주의해야 한다.

14. 아-라-마에 오기 전에 간단히 몸을 씻고 정갈한 자세를 갖추는 것이 수행에 도움된다.

3) 마음자세

15. 아-라-마에 오는 목적은 붇ㄷ하가 창안한 마음과학과 싸띠수행을 배우고 익혀 삶의 질을 향상시키기 위한 것이지 복을 구걸하거나 지위나 재산 등을 과시하기 위한 것이 아니다.

16. 아-라-마에 올 때는 마음을 차분히 하고 와야 한다. 그래야 수행향상

에 도움되고 다른 사람 수행을 방해하지도 않는다.

4) 공양물

17. 붇다 당시부터 오늘날까지 출가수행자는 재가수행자인 법우로부터 음식과 생필품을 공양받아 생활한다. 재가수행자는 붇다나 출가수행자에게 음식이나 생필품을 공양올려 복을 쌓았다.

18. 불교도는 붇다와 스님에게 꽃, 음식, 약, 까-싸-야 등 생필품을 공양 올렸다. 각 지역마다 해당지역에서 의미있는 특산물을 공양올린다. 경제적으로 무리해서는 안 되며 항상 상식선에서 자기수준에 맞게 해야 한다.

5) 아-라-마 예절

19. 수행도량인 아-라-마 예절을 알면 수행도량에서 품위있게 생활할 수 있고 다른 사람 수행을 방해하지 않을 수 있어 좋다.

① 아-라-마 입구

20. 한국사찰 구조를 부면 큰 산 밑에 있는 아-라-마는 먼저 산입구에 산문(山門)이 있다. 산문은 세속과 아-라-마를 구분하는 경계로 삼는다. 산문은 크게 짓기도 하고 길옆에 기둥을 두 개 세우기도 한다.

21. 산문을 지나 조금 가면 일주문(一柱門)이 있다. 일주문은 산과 아-라-마를 구분하는 경계로 삼는다.

22. 일주문은 기둥을 두 개 또는 네 개를 한 줄로 세워 만든 문이다. 현상은 다양하지만 실재는 하나(萬法歸一 또는 會三歸一)라는 대승사상에서

유래했다. 일주문부터 수행도량이다.

23. 일주문을 지나 조금 더 가면 4천왕문(四天王門)이 있다. 4천왕은 불교를 보호하는 호법신장이다*.

24. 이곳에서 소지품을 내려놓고 몸과 마음을 가다듬고 붇다를 모신 대웅전이나 붇다 싸리-라를 모신 투-빠를 향해 합장하고 반배한다.

② 아-라-마 안

25. 아-라-마에 들어오면 먼저 대웅전 불상에 참배하고 선실로 가서 수행한 후 수행지도하는 스님으로부터 수행지도받는다. 또는 먼저 수행지도하는 스님께 인사드린 후 수행지도받고 대웅전불상에 참배한 후 선실에서 수행하거나 개인일을 본다.

26. 아-라-마에서는 뛰어다니지 않고 천천히 걷고 조용히 행동한다.

27. 아-라-마에서는 가급적 묵언하고 꼭 말해야 할 경우는 큰소리로 말하지 않고 조용히 말한다.

28. 아-라-마에서는 음주나 노래 등을 하지 않는다.

29. 아-라-마에서는 신을 끌면서 다니지 않고 소리나지 않게 걷는다.

30. 아-라-마에서는 세속화제로 시끄럽게 하거나 소란을 피우지 않는다.

31. 불상을 모신 대웅전이나 붇다 싸리-라를 모신 투-빠 앞을 지날 때는 합장하고 반배하고 공손히 지나간다.

32. 스님이나 법우를 만나면 먼저 합장하고 공손히 인사한다.

4천왕

4천왕은 초전법륜경에 붇다가 최초로 공양받을 때 빳따를 공양올린 것으로 등장한다. 4천왕은 인도인이 믿는 우주사상에 기인한다. 우주중심에 쑤메루(Sumeru, 須彌山)가 있고 그 꼭대기에 도솔천이 있다. 쑤메루 동서남북 4방에 그 방위를 지키고 모든 정보를 도솔천에 보고하는 경호원이자 정보원이 있는데 이것이 4천왕이다.

33. 대웅전이나 선실에 들어갈 때는 신을 가지런히 벗어 정해진 자리에 둔다.

34. 공양할 때는 함께 나눠먹고 남기거나 버리는 일이 없어야 한다. 혹시 음식을 남기면 짐승에게 나눠준다.

35. 아-라-마에 있는 물품은 대중이 사용하는 공용물이기 때문에 가급적 절약해야 한다. 사용한 다음은 깨끗이 정돈해 제자리에 두어 다음 사람이 편리히게 사용하도록 배려해야 한다.

③ 대웅전 출입

36. 불상을 봉안한 건물을 불당(buddha sabhā, 佛堂) 혹은 대웅전(mahāvīra sabhā, 大雄殿)이라고 한다. 이곳을 출입할 때는 붇다하가 살아있을 때처럼 조심해 출입해야 한다.

37. 불교도는 붇다하가 살아있을 때는 붇다하를 직접 찾아뵙고 예배했다. 붇다하 입멸 후는 붇다하가 머물며 수행한 유적지, 보리수, 붇다하 유골을 봉안한 싸리-라 투-빠 등에 예배했다.

38. 붇다하 상이 조각되고 숭배대상으로 대중성을 획득한 후 중국은 불상을 건물 안에 봉안하고 예배했다.

39. 불상을 모신 대웅전은 아-라-마 중심부에 배치한다. 오리지널 불교는 붇다하 싸리-라를 모신 투-빠가 아-라-마 중심부에 위치한다.

40. 일반법우는 대웅전 출입할 때 가운데 문으로 하지말고 옆에 있는 문으로 해야 한다. 가운데 문은 스님출입문이다.

41. 대웅전에 들어가면 붇다하를 향해 반배하고 가지고 온 공양물을 불상에 공양올린 후 적당한 자리에서 불상에 3배 올린다. 이때 먼저 와서 참배하는 법우가 있으면 방해하지 않도록 주의해야 한다. 불상에 예배할 때는

불상 가까운 곳에서 한다.

42. 대웅전 불상 앞에 촛불을 켤 때는 앞사람이 켠 촛불이 있으면 그대로 두고 새 촛불을 켜지 않는다. 초나 향에 붙은 불은 입으로 불어 끄지 말고 불끄는 도구를 사용하거나 손바람으로 끈다.

43. 아라마 건물은 대개 목조로 지었기 때문에 화재에 각별히 주의해야 한다. 자기가 켠 촛불은 사람이 없는 경우 반드시 끄고 나와야 한다.

44. 대웅전은 붇다하를 모신 곳이고 법당(dhamma sabhā, 法堂)은 수행하거나 법문듣거나 대중집회장이고, 승당(saṅgha sabhā, 僧堂)은 스님숙소다.

45. 한국은 불당과 법당을 겸용해 사용하기 때문에 일반으로 불당을 법당이라고 한다.

④ 선실출입

46. 실내 수행공간인 선실(禪室, 法堂)은 많은 사람이 함께 수행하는 공간이므로 다른 사람 수행방해하지 않도록 각별히 주의해야 한다. 문을 열거나 방석을 깔 때 소리나 먼지가 나지 않도록 주의해야 한다.

47. 선실에서는 좌선과 행선을 주로 한다. 수행자는 각자 수행지도자로부터 자기수준에 맞는 시간과 단계를 지시받고 수행한다.

48. 그렇기 때문에 선실에서는 다른 사람이 물구나무서서 수행할지라도 그 사람 수행을 방해하면 안 되고 단지 알아차림만 해야 한다. 많이 불편하면 수행지도자에게 보고하고 상의하는 것이 좋다. 그러지 않고 직접 해당 수행자에게 말하는 것은 결례다.

49. 수행을 마치면 방석이나 사용한 물건을 조용히 제자리에 두고 정돈해 다음 사람이 편리하게 사용할 수 있도록 배려해야 한다.

50. 깨끗하게 정돈된 공간에서 수행할 때 수행자마음이 평화롭고 수행에도 도움된다. 그렇기 때문에 수행자는 틈틈이 선실 안팎을 청소하고 정돈해 다른 사람이 쾌적하게 수행할 수 있도록 배려하는 것이 좋다.

⑤ 투-빠 참배

51. 붇다 유골인 싸리-라를 모신 투-빠는 야외에 있는 경우가 많다. 대게 주변이 넓기 때문에 여유삿고 참배하고 휴식하거나 수행하기 좋다.

52. 투-빠를 참배할 때는 준비해 온 공양물을 올리고 합장한 후 시계방향으로 세 바퀴 돌면서 참배한다.

53. 이때 「Namo...., 3귀의, 예불문」 등을 암송하며 천천히 돈 후 자리로 돌아와 3배올린다. 먼저 3배올린 후 투-빠를 돌아도 된다.

4. 법회참석

1. 법회(dhamma samaya, 法會)는 붇다 가르침을 배우는 중요한 수행과정이기 때문에 항상 경건하고 차분한 마음으로 임해야 한다.

2. 법회에 참석할 때는 가능한 수행복을 입고 미리 와서 수행하거나 법회준비를 도와주며 마음을 가다듬는다.

3. 가능한 앞자리부터 앉고 전체조화를 깨뜨리지 않도록 주의한다. 만약 늦게 도착한 경우는 진행 중인 의식에 방해되지 않도록 주의하고 조용히 자리잡고 앉는다.

4. 소지품은 지정된 장소에 가지런히 놓고 법회시작 10분 전까지 모든 준비를 마치고 법당에 모여 법회를 시작할 때까지 조용히 수행하며 기다

린다.

5. 법문들을 때는 허리를 곧게펴고 단정히 앉는다. 법당에 앉거나 스님 앞에 앉을 때는 무릎을 꿇거나 한발을 뒤로 돌려 비스듬히 앉는다. 수행하거나 강의들을 때를 제외하고는 평좌로 앉는 것은 결례다.

6. 법회 중에는 옆사람과 이야기하거나 산만하게 행동하는 것은 법문하는 법사(dhamma kathika, 法師)나 참석대중에게 결례다.

7. 설법은 붇다하를 대신해 법사가 설하는 것이니만큼 경솔한 마음으로 법문내용을 평가하지 말고 궁금하거나 의심나는 사항이 있으면 법문이 끝난 후 질문시간에 법사에게 직접 묻거나 경전을 통해 확인하는 것이 좋다.

8. 법회는 단지 법문듣는 것만을 의미하지 않는다. 법회는 자기마음을 가다듬는 중요한 수행과정이기 때문에 가능한 자주 참석해 법문듣고 마음을 풍요롭게 하는 것이 좋다.

5. 공양올리는 법

1. 특별한 음식이 있을 때 존경하는 분께 먼저 드리는 것은 아름다운 관습이다.

2. 그러나 문화에 따라 의미와 형식이 다를 수 있다. 이런 문화차이를 자세히 알면 결례를 미연에 방지할 수 있고 품위있게 공양올릴 수 있어 유용하다.

1) 붇다하께 공양올리기

3. 붇다하께 공양올리는 것은 불교도의무이자 아름다운 일이다. 정성스럽게 준비한 공양물을 집이나 아-라-마에 모신 불상에 올린다.

4. 붇다하께 올리는 공양은 향, 꽃, 과일, 음식, 까-싸-야 등 공양올리는 사람이 소중하게 생각하고 의미있는 것을 올린다. 음식을 공양올릴 때는 계율과 관습에 벗어나지 않도록 세심히 주의해야 한다.

5. 붇다하는 씹어먹는 음식은 오전 5~12시 까지만 먹었다. 아침은 있으면 먹고 없으면 먹지 않았다. 점심은 오전 10시 전후해 하루 한 끼만 먹었다. 음료수는 시간에 구애받지 않았다.

6. 음식을 공양올리는 사람은 오전 10시를 전후해 올린다. 음식종류는 가리지 않지만 오전 10시 전후로 올리고 정오를 지나 음식으로 분류되는 것은 올리지 않는다. 그러나 음료수는 상관없다.

7. 과일 등을 올릴 때는 편안히 드실 수 있도록 손질해 한두 쪽 정도 올리고 밥을 올릴 경우도 조금만 올린다. 붇다하는 적은 양을 먹었다. 공양올리고 나서 예불이나 독경을 해도 좋다.

8. 붇다하에게 꽃을 공양올리는 사람은 어느 때라도 가능하다. 정성스럽게 준비한 꽃을 붇다하 앞에 올린다.

9. 꽃을 공양올릴 때는 화병에 꽂거나 꽃잎만 따서 접시에 담아 올려도 되고 꽃타래를 만들어 올려도 된다.

10. 꽃뿐만 아니라 싱싱한 나무 잎사귀, 화초 잎사귀 등도 훌륭한 공양물이다. 그러므로 꽃잎에만 집착할 필요없다. 공양올리고 나서 예불이나 독경을 해도 좋다.

11. 음식이나 꽃 이외에도 향, 까-싸-야, 약품, 일상용품 등 각자 의미있

고 필요한 것을 공양올린다.

12. 공양올리는 사람이 정성담아 올리는 것은 아름다운 모습이다. 그러나 명심할 것은 입멸한 붇다가 아니라 지금 살아있는 붇다에게 공양올리듯 정성을 담아야 한다.

2) 스님께 공양올리기

13. 출가수행하는 스님께 공양올릴 때도 붇다께 공양올리는 것과 같이 정성을 다해야 한다.

14. 스님은 생산활동에 종사하지 않기 때문에 필요한 생활용품을 재가수행자 보시에 의존한다. 그러므로 스님이 수행하는 데 필요한 생활용품을 공양올리는 것은 불교도의무 가운데 하나며 공덕쌓는 일이다.

15. 돈을 공양올릴 때는 가능한 봉투에 넣어 시중드는 사람에게 전하든지 쟁반 같은 것에 담아 책상 위에 둔다. 길에서 드릴 때는 들고있는 가방 같은 데 넣어드리는 것이 좋다.

① 음식공양

16. 아-라-마, 까-싸-야, 빳따 등은 한 번 준비하면 오랫동안 사용할 수 있고 약품도 아플 때만 필요하다. 그러나 음식은 매일 수행하는 데 필요하기 때문에 음식공양 올리는 것은 매우 중요하다.

17. 스님은 음식을 재가수행자인 법우로부터 매일 탁발해 얻어먹기 때문에 법우가 스님께 음식공양 올리는 것은 성스러운 의무 가운데 하나고 가치있는 일이다.

18. 스님은 붇다가 제정한 전통에 따라 씹어먹는 음식은 오전 5~12시

까지만 먹는다. 아침은 있으면 먹고 없으면 먹지 않는다. 점심은 오전 10시 전후해 하루 한 끼만 먹는다. 음료수는 시간에 구애받지 않는다.

19. 음식을 공양올리는 사람은 오전 10시를 전후해 올린다. 음식종류는 가리지 않지만 오전 10시 전후로 올리고 정오를 지나 음식으로 분류되는 것을 올리는 것은 결례다.

20. 12시 이후는 씹어먹는 것은 안 된다. 음료수는 먹을 수 있고 과일 등은 주스처럼 갈아서 먹을 수 있다. 이것도 직접 하면 안 되고 재가법우가 공양올린 것에 한해 먹을 수 있다. 우유 등 음식으로 분류되는 것은 먹을 수 없고 녹차나 주스 등은 먹을 수 있다*.

21. 스님에게 음식을 공양올릴 때는 붇다하에게 올리는 것과 같이 한다. 스님께 음식을 공양올릴 때는 다음과 같은 원칙을 준수해야 한다.

② 아라마에서 음식공양 올리기

22. 준비한 음식을 상에 차려놓고 스님을 청한다.

23. 스님이 자리에 앉고 난 후 스님인도로 공양게송을 한다. 게송이 끝나면 앉은자리에서 세 번 절한 후 옆에 앉아서 시중들거나 법문듣는다.

24. 스님께 공양올릴 때는 공양올리는 사람 가운데 가장 어른이 스님발우에 공양을 담아드린다. 이때 가능한 오른손으로 공양올린다.

25. 이미 상에 차려진 음식일 경우는 그 음식이 스님께 올리는 공양이라는 표시로 음식을 설명하거나 안내한다.

부적절한 음식

사람, 코끼리, 말, 개, 뱀, 사자, 호랑이, 곰, 표범 고기 등은 적절하지 않으며 그 이외에는 무방하다. 스님은 자기가 직접 죽인 것, 자신이 보는 앞에서 죽인 것, 다른 사람에게 부탁해 죽인 것은 먹지 않는다.

26. 공양 도중에 추가해 들어오는 음식은 스님이 손으로 받는 형식을 취한 후 상에 놓아 드린다.

27. 차나 후식 등은 처음부터 준비해 상에 올려놓거나 공양이 끝나면 적당한 때 올리거나 자리를 옮겨 올려도 된다.

③ 집으로 초청할 때

28. 스님을 초청해 집에 오면 모든 가족이 함께 맞이한다. 스님을 정해진 자리에 앉도록 안내한 후 참석대중이 절하고 예를 표한다.

29. 이때 스님을 다른 대중보다 한 단 높게 앉게하고 거실에서 스님이 의자에 앉으면 다른 사람은 맨바닥에 앉는다.

30. 음식이 나오기 전에 먼저 차나 과일을 올려도 된다.

31. 음식을 상에 준비해놓고 그 곳으로 스님을 안내한다. 이때 일반인은 스님과 함께 차리지 말고 따로 준비하거나 상을 약간 떨어지도록 배치한다.

32. 스님이 공양할 때 시중은 초청한 집에서 가장 어른이 한다. 어른시중을 어른이 하는 것이 불교예의다.

33. 공양이 끝나면 법문을 청해 듣거나 마음과학과 싸띠수행에 관해 궁금한 것이 있으면 묻거나 법문을 듣기도 한다.

34. 스님을 모셔올 때나 돌아갈 때는 가능한 초청한 법우가 직접 모시는 것이 예의다.

④ 탁발할 때

35. 스님은 병든 경우가 아니라면 아-라-마에서 공양을 준비하지 않으며 가능한 탁발을 통해 음식을 얻어먹는다.

36. 스님이 거리로 탁발나오면 지나갈 자리에 먼저 나와 준비한 음식을
가지고 기다린다.

37. 스님이 지나가면 빳따에 한두 숟갈씩 음식을 담아 드린다. 이때 반
찬은 봉지나 다른 그릇에 담아 드리고 다른 생활용품이 있으면 빳따 위에
올려드린다.

3) 아-라-마에서 공양하는 법

38. 불교도가 아-라-마에서 음식공양할 때는 다음과 같이 예의를 갖춰야
한다.

39. 불교는 음식을 공양(piṇḍapāta, 供養)이라고 한다. 공양은 맛을 추구
하지 않고 적당한 영양을 공급해 수행에 필요한 몸을 지탱하는 약이란 의
미다.

40. 공양하러 갈 때는 정해진 장소에 미리 모여 함께 간다. 이때는 기러
기와 같이 줄을 지어간다고 해서 안행(samagga, 雁行, 和合)이라고 한다.

41. 안행할 때는 손은 앞으로 가지런히 모으고 눈은 땅을 보고 옆 사람
과 말하지 않고 몸을 흔들지 않고 알아차림하며 천천히 걷는다.

42. 공양할 때는 정해진 위치와 차례를 지키는 것이 좋다. 많은 대중이
함께할 때는 질서를 지키는 것이 편리하고 좋다.

43. 공양할 자리에 앉으면 불상이나 지도법사를 향해 3배올리고 공양한
다.

44. 공양할 때는 옆 사람과 말하지 않고 눈은 자기 밥그릇을 벗어나지
않아야 하고 허리와 고개는 반듯하게 든다.

45. 공양할 때는 수저소리나 음식먹는 소리를 내지 않아야 하고 천천히

먹는다. 집중수행할 때는 대략 40~50분 정도가 적당하다.

46. 가급적 먹을 만큼만 먹되 음식을 남기면 짐승에게 준다. 음식을 사람만 먹어야 한다는 생각은 편협한 생각이다.

47. 공양이 끝나면 불상이나 지도법사를 향해 3배올린 후 조용히 자리에서 일어난다.

48. 공양할 때는 모든 동작을 알아차림하고 먹으면 좌선보다 열 배 이상 수행효과있다. 그래서 예로부터 공양할 때 알아차림하는 것을 강조했다.

6. 아-라-마 공양

1. 출가한 스님이 머물며 수행할 수 있는 아-라-마를 승당이라고 한다.

2. 승당은 한 번 준비하면 두고두고 사용할 수 있다. 그렇기 때문에 승당을 지을 때는 한두 사람이 자금을 마련하는 것도 좋지만 가능하면 모든 법우가 합심해 공양올리는 것이 바람직하다.

3. 승당을 지을 때는 계율에 명시된 대로 검소하게 짓는다. 방은 율장에 정해진 규격에 맞게 침대, 책상, 간소한 이불 등을 비치한다.

7. 빳따와 까-싸-야 공양

1. 출가한 스님이 개인적으로 소유할 수 있는 것은 까-싸-야와 빳따 하나(三衣一鉢) 밖에 없다.

2. 출가한 스님께 음식을 담는 빳따와 수행복인 까-싸-야를 공양올리는 것은 매우 큰 공덕이라고 해서 복전이라고 한다.

3. 빳따와 까-싸-야는 스님 필수품이기 때문에 항상 지니고 다녀야 한다. 빳따와 까-싸-야도 한 번 준비하면 오랫동안 사용할 수 있다*.

8. 약공양

1. 스님이 수행할 때 몸이 아프면 약이 필요하다. 그래서 스님께 필요한 약을 공양올리는 것은 가치있고 의미있는 일이다.

2. 약은 평소에 어느 정도 비치하면 오랫동안 사용할 수 있기 때문에 평소 적당히 준비하는 것이 좋다.

3. 수행자가 아프면 재가법우가 도와주는 것이 좋다. 남방 불교국가는 출가수행자가 아프면 병원에서 치료할 수 있는 수행자 전용병원을 마련하고 편리하게 이용한다*.

어머니공양

막가파라를 성취했거나 처음 출가한 스님에게 까-싸-야와 빳따를 공양올리면 큰 공덕이 된다고 해서 인연있는 수행자가 막가파라를 성취하면 앞다퉈 공양올린다. 대개 출가수행하려는 사람이 처음 계받을 때는 어머니가 까-싸-야와 빳따를 공양올리도록 배려한다.

수행자복지

간혹 수행자복지를 언급하는 것을 볼 수 있다. 그런 이야기를 들을 때마다 마음이 편치 않다. 출가수행은 모든 기득권을 내려놓고 수행에 삶의 전부를 건다는 것을 의미한다. 그렇기 때문에 처음부터 복지란 개념이 있을 수 없다. 복지를 생각하면 처음부터 출가해서는 안 된다. 단지 재가수행자나 불교교단이 준비하고 지원할 것은 수행, 교육, 의료다. 수행과 교육은 반드시 해야 하는 의무고 수행하다 아프면 몸을 치료하는 것은 기본이다. 그 외 것에 신경쓰면 더 이상 수행자가 아니다.

9. 일상용품 공양

1. 출가수행자에게 바느질 용품, 면도기, 교통비, 학비, 꽃, 향 등 일상적으로 필요한 생활용품을 공양올리는 것은 가치있는 일이고 불교도의무다.

10. 통과의식

1. 불교도는 생일, 결혼, 장례, 제사, 개업, 이사 등 각종 통과의식이나 축하의식을 할 때는 공덕쌓는 것을 중시한다.

2. 각종 통과의식을 하기 전에 당사자, 가족, 인연있는 사람이 계를 받거나 일정기간 출가해 수행으로 마음닦는다. 이것은 의미있고 아름다운 일이다.

3. 사회봉사를 통해 사회공동체 현재와 미래, 이익과 번영, 자유와 행복을 위해 기여하는 의미있는 활동으로 공덕을 쌓거나 양로원, 고아원, 무료급식소 등에 음식을 베풀어 복을 쌓는다.

4. 수행하는 스님을 집으로 초청하거나 아-라-마에 가서 수행하는 사람에게 음식이나 생활용품 등을 공양올리며 공덕을 쌓는다. 이때 인연있는 사람을 초청해 함께 음식을 먹으며 복을 쌓는다.

5. 스님은 공양올리는 사람을 위해 의미있게 축원하고 붇다 오도송(悟道頌), 자비경(metta sutta, 慈悲經), 축복경(mangala sutta, 祝福經) 등을 독송하고 공양올리는 사람에게 계를 설하고 덕담해주는 것이 오랜 전통이다.

6. 부모나 스승 등 존경하는 사람에게 선물드릴 때 그냥 물건만 드리지

말고 수행으로 마음을 맑히고 그 맑은 마음을 선물에 담아드리는 것은 의미있고 아름답다*.

1) 결혼식

7. 결혼은 삶의 중요한 일 가운데 하나다. 불교도는 결혼식을 할 때 스님을 모시고, 가족, 친지, 친구, 인연있는 사람을 초청해 품위있고 의미있게 예식을 치른다.

8. 결혼식 집전과 주례는 스님이 하고 축사, 축가 등은 자유롭게 해도 된다. 결혼식은 아-라-마에서 해도 좋고 가족 불상이나 자기가 모시고 있는 불상 앞에서 해도 된다.

9. 결혼식 전후로 스님을 집으로 청해 공양올리기도 하고 아-라-마에서 수행하는 사람에게 공양올리기도 한다. 이때 인연있는 사람을 청해 함께 공양하기도 한다. 이때 스님께 까-싸-야나 필요한 생활용품을 공양올린다.

10. 결혼식은 집에서 하고 특정한 날을 정해 아-라-마에 와서 스님께 공양올려도 된다. 이때 인연있는 사람을 청해 함께 공양하기도 한다.

아름다운 선물

1997년인가 미얀마 마하-시- 아라마에서 수행할 때 머리가 하얀 노신사가 수행하는 것을 보았다. 그 사람은 미국국적을 가진 미얀마 사람이었는데 2년 치 휴가를 모아 수행한다고 했다. 그는 올해 부모님 결혼 50주년인데 아들로서 부모에게 드릴 선물로 2개월 동안 수행해 마음맑히고 그 맑은 향기를 부모님께 선물로 드리기 위해 수행한단다. 수행마치는 날 인연있는 분을 초청해 음식을 공양올렸다. 그 모습이 참으로 아름다웠다. 이 얼마나 멋진 선물인가. 감동이 가슴 가득 밀려왔다.

예로부터 부모나 친척이 돌아가면 인연있는 사람이 한두 달 추모기간을 선포하고 5계를 받고 살생 등을 삼가고 방생 등을 통해 생명을 살려주는 것으로 몸과 마음맑히고 그 맑은 향기를 고인께 공양올렸다. 그리고 무료급식소 등을 개설해 배고픈 사람에게 음식을 베풀고 공덕을 쌓거나 수행하는 사람에게 공양올려 덕을 쌓았다. 옛 어른은 배고픈 사람이 잘 먹었다는 한마디가 가장 좋은 축원이라고 했다. 오늘날 염불하면서 49제 등을 지내는 것은 이런 아름다운 의식의 변형이다.

11. 불교도는 결혼하기 전에 일정기간 아-라-마에 와서 싸띠수행으로 몸과 마음을 정화하고 그 맑은 마음으로 함께 새로운 삶을 시작하도록 적극 권한다.

2) 임종식

12. 불교도 오랜 전통은 사람이 임종할 때 그 사람과 잘 알고 있거나 가까운 사람이 임종하는 사람 옆에 앉아 평소 그 사람이 한 일 가운데 의미 있거나 행복했던 일 또는 타인을 위해 베푼 선행 등을 회상시킨다.

13. 임종을 맞이하는 사람은 마음이 불안하거나 긴장하기 때문에 평소 행한 선행을 회상시켜 싸띠수행이나 메따수행으로 마음을 편안히 안정시키면 좋다*.

14. 임종을 맞이하는 사람이 원할 때는 함께 싸띠수행을 하거나 평소 임종하는 사람이 즐겨읽던 경전을 함께 독송하거나 메따수행을 함께 하기도 한다.

15. 어떤 경우든 임종하는 사람 위주로 의식을 진행해야 한다. 간혹 임종하는 사람의사와 달리 개종의식을 하거나 가족생각대로 진행하는 경우가 있는데 이것은 폭력이다*.

호스피스 운동

요즘 임종을 맞이하는 사람이 품위있고 편안히 삶을 마감할 수 있도록 도와주는 호스피스 활동이 보편화됐다. 이 운동을 처음 구상하고 시작했던 사람은 동남아 불교국가에서 불교도나 수행자가 함께 수행하는 사람이 임종할 때 함께 수행하거나 덕담을 주고받거나 선행한 것을 회상시키거나 임종하는 사람이 평소 좋아한 경전을 읽어주며 마음을 편안히 해주는 것에서 힌트를 얻었다고 한다. 그것을 마음뿐만 아니라 육체적 안락함까지도 필요하다고 발전시킨 것이 오늘날 호스피스 활동이다.

16. 불교도는 돌아간 분을 염할 때 먼저 향수로 몸을 깨끗이 목욕시킨 후 준비한 옷을 입힌다. 몸은 매듭으로 묶지않고 깨끗한 옷을 입힌 후 그 위에 경전이나 꽃 등으로 장식한다.

3) 장례식

17. 신, 윤회, 극락, 천국, 지옥, 영혼 등을 믿지않는 불교는 죽음을 자연스런 현상으로 이해하고 받아들인다. 돌아간 고인과 맺었던 인연을 맑고 아름답게 정리하고 가꾸는 의미로 장례식을 치른다.

18. 장례식 혹은 영결식은 이별의식이다. 오랜 동안 가족, 친구, 동료 등으로 인연맺은 사람과 영원히 헤어지는 이별의식은 품위있고 의미있게 진행하는 것이 좋다.

19. 장례식 장소는 아-라-마, 집, 장례식장, 화장장, 산소 등 적당한 곳에 단을 설치하고 스님을 모시고 진행한다.

20. 장례식장은 스님을 중심으로 고인의 관이나 영정을 마련된 단에 모신다. 유족은 스님 앞이나 영정주변에 앉고 참석한 대중은 지정된 자리나 유족 옆에 앉는다.

21. 상례식을 주관하는 스님은 유족과 참석한 대중에게 5계를 설하고 참석대중이 함께 싸띠수행이나 메따수행을 한다. 유족은 스님에게 까-싸-

---

안락사

오늘날 안락사나 존엄사 문제가 심각하게 대두된다. 이전에는 의료기술이 덜 발달해서 아프거나 해도 자연사에 가깝게 돌아갔다. 그러나 요즘은 각종 기계에 의존해 생명연장 기술이 발달했다. 의식없이 식물인간 상태로 생명을 연장하는 것이 과연 환자를 위한 올바른 길인지 냉정히 생각해볼 문제다. 붙드하는 병으로 고통받을 때는 스스로 생을 마감하는 것을 허용했다. 태어나는 것은 자기의지대로 할 수 있는 것이 아닐지라도 삶을 마감하는 것은 정상인이 스스로 결정하는 것도 나쁠 것은 없다.

야 등을 공양올린다. 참석대중이 함께 짧은 경전을 읽고 공덕을 돌아간 고
인과 유족에게 회향한다. 참석대중은 순서에 따라 고인의 관이나 영정에
꽃이나 차를 올리고 마음보낸다.

22. 장례를 치른 후 유족은 일정기간 싸띠수행으로 돌아간 고인과 맺은
인연을 정리하고 맑고 아름답게 가꾸어 맑은 향기를 돌아간 고인께 회향한
다. 유족 가운데 한두 사람이라도 일정기간 출가수행해 마음맑히고 그 공
덕을 돌아간 고인께 회향한다.

23. 장례를 치른 후 일주일이나 한 달 정도 지나 특정한 날을 정해 스님
을 청해 공양올리고 무료급식소나 봉사활동으로 복을 쌓고 공동체 행복과
평화에 기여하고 그 공덕을 돌아간 고인께 회향한다.

24. BUDDHA DHAMMA SAṄGHA는 돌아간 분을 추모하는 법회를
「공덕회향법회」 라고 한다. 돌아간 날로부터 일정기간이나 한 달 정도 추
모기간을 선포하고 유족과 함께 고인과 인연있는 사람이 세 번에 걸쳐 복
을 쌓고 맺은 인연을 맑고 아름답게 가꾸기를 권장한다.

25. 한 번은 수행하는 스님과 수행자를 초청해 공양올리고, 한 번은 무
료급식소에서 배고픈 사람에게 음식을 베풀고, 나머지 한 번은 봉사활동으
로 공덕을 쌓고 그 공덕을 고인과 고인이 살았던 사회공동체 평화와 행복
을 위해 회향한다.

26. 사람뿐만 아니라 모든 존재는 자연에서 와서 자연에서 머물다 자연
으로 돌아간다. 그래서 붇다하는 사람이 죽으면 화장해 강이나 산에 뿌려 자
연으로 돌려보내는 것을 권장했다.

27. 사람은 인연이 다해 떠나지만 그 사람과 맺어진 삶의 흔적은 인연
맺은 존재에게 기억으로 남는다. 그래서 옛 어른은 인연맺은 사람 마음
공간에 존재하는 기억이미지가 무거우면 지옥이고 가벼우면 극락이라고

했다.

28. 옛 어른은 마음을 맑고 아름답게 닦는 것이야말로 돌아간 분을 극락으로 인도하는 것이라고 말했다. 그런 이유로 불교도는 제사나 기도를 하지 않고 마음닦는 수행으로 돌아간 분과 맺은 인연을 청정히 가꾸는 것을 좋아했다.

29. 분다하는 사람이 죽고난 후 윤회나 사후세계가 있다거나 극락이나 지옥이 존재한다고 믿는 것은 허구로 보았다. 그래서 옛 어른은 30년기도보다 3일수행이 자유와 행복에 효과적이라고 했다. 옛 어른은 선방문고리만 잡아도 지옥가는 것은 면한다고 했다.

4) 공덕회향법회(제사)

30. 돌아간 고인에 대한 추모문화는 각 시대와 민족에 따라 다양하게 형성됐다. 그러나 고인에 대한 추모양식은 다를지라도 그 지향하는 것은 비슷하다.

31. 오늘날 한국에서는 유교식 조상 추모양식에 따라 제사지내는 것을 선호한다. 수행을 중시하는 불교는 돌아간 날을 기념해 스님께 공양올리는 것이 일반석인 추모문화다.

32. **BUDDHA DHAMMA SAṄGHA**는 돌아간 분을 추모하는 제사를 「공덕회향법회」라고 한다.

33. 돌아간 날을 기념해 공덕회향법회를 열고 가족이나 고인과 인연있는 사람이 싸띠수행으로 마음맑히고 자비수행으로 인연있는 존재에게 자비관을 보내거나 수행하는 스님을 청해 공양올리거나 무료급식소를 개설해 음식을 베풀거나 봉사활동으로 공덕을 쌓아 그 공덕을 고인과 고인이

살았던 사회공동체 행복과 평화를 위해 회향한다. 이렇게 고인과 맺은 인연을 맑고 아름답게 가꿨다.

34. 공덕회향법회는 반드시 돌아간 날에 할 필요는 없고 돌아간 날을 전후해 적당한 날에 하면 좋다.

35. 돌아간 분이 많을 경우는 대표 한 분 추모일에 다른 분도 함께 해도 되고, 일 년 가운데 적당한 날을 정해 가족 추모일로 삼고 공덕회향법회를 해도 된다.

36. 공덕회향법회 시간은 스님 공양시간인 오전 10시 전후에 해도 되고 집에서 할 때는 초저녁에 해도 좋다. 굳이 한밤중에 할 필요는 없다.

37. 한국에서는 울람바나(ullambana, 盂蘭盆, 음력 7월 15일)에 영가천도제 지내는 것은 집중수행하는 왓싸에 수행하는 스님께 음식공양 올림으로써 공덕을 쌓는다는 의미고, 인연있는 사람과 맺어진 인연을 수행으로 맑고 아름답게 정화한다는 의미다*.

삶과 조상

농사를 지을 수 있는 평지는 사람이 정주하며 살고 농사를 짓고 외부침입을 막기 위해서는 집단으로 방어하는 전략을 취했다. 그러기 위해서는 사람이 함께 사고하고 행동하고 연대하기 위한 상징조작이 필요했다. 그 중심에 조상이 있었다. 조상을 상징조작해 현재 삶과 연결시켰다. 그 가장 대표적인 것이 중국이고 조상과 제사 문화다.

중국사람은 사람이 죽으면 혼백(魂魄)이 나오는데 혼(魂)은 가벼워 하늘로 올라가고 백(魄)은 무거워 자기가 살던 집 주변에 7대까지 머물다 떠난다고 생각했다. 그래서 죽은 선조를 7대까지 가족으로 생각하고 제사지냈다. 또 사람이 죽으면 사후세계가 있는데 좋은 곳으로 가기 위해서는 후손이 정성을 모아 공덕(福)을 쌓아 죽은 사람에게 돌려주면 가능하다고 믿었다. 이렇게 해서 발전한 것이 제사와 천도 의식이다. 그 가운데 49제가 자리잡고 있다.

제사지내지 않는 인도에서 발생한 불교가 처음 중국에 와서 400여 년 동안 제사지내지 않았다. 그러다 200년 전후로 제사지내기 시작했다. 제사지내기 위해서는 제사지낼 이론과 상징이 필요했는데 그렇게 해서 상징조작해 만들어진 것이 목련경(目連經)이다.

이 경전에서 살아있는 생명을 죽여 힌두 신께 제사지내기 좋아했던 목갈라-나 어머니가 죽어 무간지옥(avīci niraya, 阿鼻奈落, 阿鼻地獄, 無間地獄)에서 고통받는 것을 아들인 목갈라-나가 알고 붇다에게 어떻게 하면 그곳에서 어머니를 구제할 수 있을지 물어보자 수행하는 스님께 음식과 까-싸-야를 100일 동안 공양올리면 그곳에서 벗어날 수 있다고 말했다. 그렇게 해서 왓싸 3개월 동안 수행하는 스님께 음식으로 공양올렸다.

11. 교단행사

1. 불교교단도 사람이 모인 공동체다 보니 수행뿐만 아니라 필요한 행사를 치러야 한다.

2. 불교교단이 하는 각종 행사는 대개 붇다하와 관련된 기념일이거나 수행에 관한 것이다.

1) 붇다하 기념일

3. 붇다하에 관한 기념일은 불교교단이 매우 중시한다.

4. 붇다하에 관한 기념일은 탄생, 성도, 입멸을 중심으로 치른다.

5. 붇다하 탄생, 성도, 입멸 기념일은 음력 4월 15일로 같은 날이다.

（표19） **붇다하 기념일**

> 1. 탄생 : BCE 566년 음력 4월 15일
> 2. 성도 : BCE 531년 음력 4월 15일
> 3. 입멸 : BCE 486년 음력 4월 15일

처음은 음력 6월 15일부터 9월 15일까지였는 데 나중에 음력 4월 15일부터 7월 15일 사이로 정했다. 이 기간 동안 먼저 돌아간 조상위패를 선실에 모시고 함께 수행하며 수행자께 음식공양 올렸다. 그러다 마치는 날은 많은 사람이 참여해 조상천도제를 올렸다. 이것이 오늘날 7월 백중으로 발전했다.

조상숭배를 강조하는 유교문화와 모든 것은 자연으로 돌아가는 것을 강조한 수행문화인 불교가 결합한 중국문화권은 불교가 조상숭배를 강조하는 독특한 문화로 자리잡았다.

2) 수행기념일

6. 불교는 수행하기 위해 사람이 모인 동아리다. 따라서 수행과 관련된 행사를 중시한다.

7. 붇다를 사람으로 보고 스승으로 생각하는 사람은 붇다가 아라한뜨막가파라를 성취하고 무상정자각을 증득해 붇다가 된 날을 중시한다. 이 것은 붇다를 통해 수행을 알고 배울 수 있기 때문이다.

8. 붇다를 신으로 생각하는 사람은 붇다가 태어난 날을 중시한다. 이것은 붇다가 이 땅에 와서 중생을 구제할 것이라고 보기 때문이다.

9. 수행으로 누구나 붇다가 될 수 있다고 믿는 사람은 집중수행 기간인 왓싸를 중시한다.

10. 왓싸가 진행될 때는 모든 사람이 동참하고 함께 수행하며 나라 전체가 차분하다. 이 기간 동안 결혼이나 축제도 삼간다.

11. 왓싸가 끝날 무렵인 음력 9월초가 되면 나라전체에서 축제가 열리고 모두 행복해한다.

12. 집중수행 기간은 인도를 중심으로 한 남방과 중국을 중심으로 한 북방이 기후차이로 인해 약간 차이가 있다.

13. 인도를 중심으로 한 남방은 붇다 생전에 했던 것처럼 여름에 한 번만 한다. 중국을 중심으로 한 북방은 여름과 겨울 1년에 2회 한다.

표20 **수행 기념일**

오리지널 불교	중국문화권
왓싸 (음) 6월 15~9월 15일	여름 왓싸 (음) 4월 15일~7월 15일 겨울 왓싸 (음) 10월 15일~1월 15일

11장
붇ㄷ하 생애

project

1. 탄생연도

2. 연보

3. 일상생활

4. 출가목적

5. 10대제자

6. 32상

7. 전생이야기

8. 입멸과 다비

9. 근본 10투-빠

check point

여기서는 붇ㄷ하 출생, 성장, 수행, 깨달음, 불교창립선언, 하루일과, 활동범위, 제자에 대해 상세히 배우
고 익힌다.

1. 탄생연도

1. 붇다하에 관한 자료는 많다.

1) 탄생연도

2. 그 가운데 인도를 중심한 남방불교설, 중국문화권에서 주장한 중국불교설, 다까꾸스 쥰지로를 중심으로 한 학계설 등 세 가지가 대표적이다.

① 남방불교설

3. 남방불교설은 스리랑카에 전해진 전설에 기초한 주장이다. 이것은 붇다하가 BCE 544년에 입멸했다는 주장으로 탄생은 BCE 624(544+80)년이다.

4. 현재 사용하는 불교연호인 불기(佛紀)는 이 설을 채택해 사용한다. 불기는 붇다하 입멸 후부터 계산한 연호다. 그러나 이 주장은 근거없다.

② 중국불교설

5. 중국불교설은 흔히 3000년설로 중국, 한국, 일본 등 중국문화권에서 믿어온 설이다. 이 주장은 중국에서 만들어진 위서(僞書)인 주서이기(周書異記)에 근거한다.

6. 이 책은 붇다하 탄생이 주소왕(周昭王, BCE 996~977) 즉위 24년(甲寅, BCE 1107) 음력 4월 8일이고 입멸은 주목왕(周穆王, BCE 977~922) 즉위 52년(壬申, BCE 1027)이라고 주장한다.

7. 이 주장에 따르면 붇다하 탄생은 지금부터 3116년(1107+2009) 전이고

입멸은 3036(3116-80) 년이 된다.

8. 이 설은 전혀 근거없는 주장이다. 이 주장은 4~5세기 중국에서 노자(老子, BCE 6세기 활동)를 믿는 도교(道敎)와 붇다하를 믿는 불교(佛敎)가 다툴 때 양측에서 서로 자기시조가 더 나이가 많다는 것을 강조하는 과정에서 만든 허구다.

9. 도교도는 도교창시자 노자(老子, BCE 6세기 활동)가 중국에서 죽어 인도에 태어난 것이 불교시조인 석가모니불이기 때문에 불교도는 도교제자라고 주장했다.

10. 불교도는 불교창시자인 붇다하(Buddha, 佛陀, 覺者, BCE 566~486)가 인도에서 죽어 중국에 태어난 것이 도교시조인 노자라고 주장했다.

11. 그러다 불교 측에서 노자보다 아예 5~600년 전에 태어난 분이 석가모니불이라고 조작했다. 이 설은 70년대 초반까지도 한국에서 사용했다.

③ 다카쿠스 준지로

12. 다카쿠스 준지로(高楠順次郎, 1866~1945)가 주장한 것으로 학계에서 지지한다.

13. 이 주장은 불멸 BCE 486년 설이다. 이 설에 따르면 붇다하 탄생은 BCE 566년(486+80) 이다. 이 주장은 두 가지 자료에 기초한다.

14. 하나는 인도를 최초로 통일한 아쏘까 왕이 세운 석주(silā thambha, 石柱)고 다른 하나는 중국 제(濟)나라 때 489년 인도에서 중국으로 온 쌍ㄱ하ㅂ하ㄷ라(Saṅghabhadra, 衆賢)가 가지고 온 중성점기(衆聖點記)다.

15. 아쏘까 석주는 붇다하 입멸이 아쏘까왕 즉위(BCE 268) 전 218년이라고 한다. 이 설에 따르면 붇다하 입멸은 BCE 486년이고 탄생은 BCE 566(486+80)이다.

16. 스리랑카 역사서인 디-빠봥싸(Dīpavaṁsa, 島史)는 아쏘까 왕 즉위 (BCE 268) 전 100년에 붇다가 입멸했다고 한다. 이 주장에 따르면 붇다 입멸은 BCE 368년이고 탄생은 BCE 448년(368+80)이다.

17. 붇다가 입멸한 후부터 매년 왓싸를 마치는 날(음력 9월 15일) 율장에 점을 하나씩 찍었다고 한다. 이것이 중성점기다.

18. 쌍가바하라가 489년 남중국 광주(廣州)에 도착해 선견율비바사 (Samantapāsādikā, 善見律毘婆娑) 18권을 번역할 때 그 수가 975개였다. 이 숫자에 따르면 붇다 입멸은 BCE 486년(975-489)이고 탄생은 BCE 566년(486+80)이 된다.

19. 이와 같은 자료를 토대로 BUDDHA DHAMMA SAṄGHA는 붇다 탄생과 입멸 연도를 BCE 566~486년으로 믿고 따른다.

2) 탄생일

20. 붇다가 태어난 날이 언제인지에 관해서는 두 가지 설이 있다. 하나는 음력 4월 8일에 태어났다는 것과 다른 하나는 음력 4월 15일에 태어났다는 설이다.

21. 이것은 고대인도 역법계산 차이에서 온 혼동으로 생각한다. 고대인도는 한 달을 15일이나 30일로 하기도 했다.

22. 초하루부터 시작해 달이 만월이 되는 보름까지(白月)와 16일부터 달이 기울어 그믐이 될 때까지(黑月) 15일을 한 달로 보기도 했고 초하루부터 달이 차서 보름이 되고 다시 달이 기울어 그믐이 될 때까지를 한 달로 삼기도 했다.

23. 지역이나 시대가 달라지면서 붇다가 반 달에 태어났다고 하면 15일

을 한 달로 삼는 사람은 8일로 생각했고, 30일을 한 달로 삼는 사람은 15일에 태어난 것으로 생각했다.

24. 많은 자료는 붇다하가 보름에 태어났다고 한다. 그래서 BUDDHA DHAMMA SAṄGHA는 음력 4월 15일을 붇다 탄생일로 삼는다.

25. 붇다 탄생, 출가, 성도, 입멸 일은 다음과 같다.

(표21) **붇다 기념일**

오리지널 불교	중국문화권
탄생 BCE 566년 음 4월 15일 출가　　　537년 날짜 모름 성도　　　531년 음 4월 15일 입멸　　　486년 음 4월 15일	탄생 BCE 566년 음 4월 8일 출가　　　537년 음 2월 8일 성도　　　531년 음 12월 8일 입멸　　　486년 음 2월 15일

2. 연보

1. 붇다로 알려진 고따마 씯다핫타(Gotama Siddhattha, 瞿曇 悉達多, 義成就) 생몰연대는 대략 BCE 566~BCE 486년이다. 이 연대에 기초해 붇다 연보를 정리하면 다음과 같다*.

붇다 연보

붇다 연보는 김진열, 불타의 생애와 사상 재조명(동국사상, 제19집, 1986) pp.53~55에 기초해 재편집했다.

2. BCE 566년(1세): 북인도 까삐라봣투 왕인 쑷ㄷ호다나 아들로 태어났다.

3. 태어난 후 7일 만에 어머니 마하-마-야가 돌아가고 이모인 마하-빠자-빠띠 고따미-가 아버지와 결혼했다. 새어머니와 아버지 사이에 남동생 1명과 여동생 4명이 태어났다.

4. 부왕은 태자가 태어난 후 얼마 지나지 않아 전통에 따라 유명한 관상가를 초청해 태자관상을 보였다.

5. 이때 아씨따(Asita, 阿私陀)가 태자관상을 보고 이 아이는 훗날 세속에 있으면 전륜성왕(cakkavattin, 轉輪聖王)이 될 것이고 출가수행하면 붇ㄷ하(Buddha, 佛陀, 覺者)가 될 것이라고 예언한다.

6. BCE 559년(7세): 7세부터 12년 동안 정치, 경제, 사회, 문화, 종교 등 학문을 쌓았다. 위씨ㅂ미뜨라(Visibmitra, 選友) 선생으로부터 제왕학(帝王學)을 배웠고 ㅋ싼띠데봐(Khsantideva, 忍天)로부터 여러 학문을 배웠다.

7. BCE 554년(12세): 춘경제(春耕祭)에 참석해 새가 벌레를 쪼아먹는 생태계 약육강식과 고달픈 노동현장을 목격하고 충격받아 숲 속에서 홀로 좌선했다.

8. 이때 생긴 의문에 대한 해답을 찾기위해 노력하지만 점점 마음갈증만 커지고 찾을 수 없었다.

9. 이때부터 삶에 대한 긴 방황이 시작됐다. 현실을 어렴풋이 인식했지만 원인이 무엇인지 어떻게 극복하는지에 대한 구체적인 관점과 방법을 알지 못했다. 그 해답은 출가수행한 후 붇ㄷ하가야 보리수 아래서 아라한뜨 막가파라를 성취했을 때 찾았다*.

10. 아버지는 아들인 고따마 씻다핫타가 출가하는 것을 막기위해 세 곳에 별장[tayo pāsāda, 三時殿]을 짓고 무희와 악단을 함께 머물게 했다. 그것은 아버지방식의 행복이었다.

11. BCE 547년(19세): 야쏘다하라-와 결혼했다. 고따마 씻다핫타가 태어난 룸비니-에 세워진 아쏘까 석주에는 16세로 돼있다.

12. 다른 기록은 고따마 씻다핫타는 3회 정도 결혼한 것으로 알려졌다. 첫 번째 부인은 고삐까-(Gopikā, 瞿比, 喬比迦)고 세 번째 부인은 마노타라(Monothara, 摩奴陀羅)다. 아들인 라-후라 어머니로 알려진 야쏘다하라-는 두 번째 부인이다.

13. BCE 546년(20세): 마가다하 쎄니야 빔비싸-라가 15세에 왕위에 즉위했다. 빔비싸-라 왕은 훗날 붇다하 최대 후원자가 됐고 처음 불교교단이 정착하는 데 크게 기여했다.

14. 성년이 된 고따마 씻다핫타는 궁궐생활의 무료함과 답답함을 달래기 위해 궁궐 밖으로 소풍을 갔다. 이것을 불교사는 4문유관(四門遊觀)이라고 한다.

최초 의문과 답

붇다하가 가진 최초의문은 폭력과 평화였다. 발단은 춘경제에 참석해 논갈이하는 것을 보았는데 쟁기끝에 묻어 나온 벌레를 새가 쪼아먹는 것을 보고 두려움과 의문을 가졌다고 한다.

존재가 다른 존재에 가하는 폭력에 대한 의문이 삶을 짓눌렀지만 분명한 해답을 찾지 못해 오랫동안 방황한다. 출가수행한 후 6~7년이 지나 붇다하가야 보리수 아래서 그 문제에 대한 해답을 발견했다. 처음 의문을 가진 지 무려 23년 만이었다. 얼마나 좋았을까?

그 해답은 모든 존재가 서로를 이해하고 배려하고 평등하고 평화롭게 공존하는 자비(평화)였다. 이것은 모든 종류 폭력을 반대하고 평화롭게 공존할 때 행복할 수 있다는 붇다하 가르침 기본토대를 이룬다.

15. 소풍가는 길에서 비폭력 평등평화운동하던 싸마나(samaṇa, 沙門)를 만나면서 이제까지 안개에 가려졌던 길이 보이기 시작했다.

16. 「나도 출가해 싸마나가 될거야!」싸마나를 본 순간 고따마 씻다핫타는 그렇게 기쁠 수가 없었다고 한다. 싸마나와 짧은 대화 끝에 새로운 길을 발견하고 출가할 것을 결심했다.

17. 기쁜 마음으로 궁궐로 돌아오는 모습을 지나가던 여인이 보고 저렇게 멋진 남편을 둔 여자는 「정말 행복[nibbāna, 涅槃寂靜] 할거야!」라고 부러움섞인 넋두리를 했다. 그 소리를 듣는 순간 붇다하는 비로소 이제까지 왜 그렇게 방황했는지 깨달았다고 한다.

18. 그리고 주변을 정리하고 얼마 후 자유와 행복을 찾아 출가했다. 출가하던 날 밤에도 밤새워 놀다 잠들었는데 목말라 깨어보니 밤에 함께 놀던 무희의 흐트러진 모습을 보고 정신차려 출가했다.

19. 붇다하는 중생을 구제하기 위해 출가한 것이 아니라 자기행복을 찾아 출가했다고 여러 번 말했다.

20. 붇다하는 출가수행해 마음과학과 싸띠수행으로 자기문제를 해결한 후 자기가 발견한 자유와 행복으로 가는 길을 다른 사람 자유와 행복을 위해 사용할 수 있도록 도와주는 것을 새로운 꿈[paṇidhi, 誓願]으로 설정하고 활동했다*.

습관힘

오랫동안 길들여진 방식을 갑자기 금지하거나 변경하면 금단현상이 나타난다. 처음 출가한 사람이 힘들거나 수행단계마다 치명적으로 진보를 방해하는 현상은 다름 아닌 오랫동안 익힌 버릇이나 습관인 경우가 많다. 붇다하도 출가이전 아버지로부터 강요된 쾌락습관은 마지막 아라한뜨 막가파라에 들기 직전 무희가 나타나 나체로 춤추는 장면으로 묘사된다. 아라−마 벽에 그린 벽화나 붇다하 일생을 8단계로 구분해 묘사한 8상도(八相圖)에는 벌거벗은 여자가 수행하는 붇다하 앞에서 춤추는 장면을 볼 수 있다. 이것은 붇다하가 수행을 완성하는 마지막 순간까지 세속습관이 꿈틀댄 것을 상징한다. 그것을 극복하는 순간 곧바로 아라한뜨 막가파라를 성취했다.

21. 20대 후반 여행가는 길에서 일반민중의 현실을 구체적으로 목격한다. 이때 목격한 민중의 힘든 삶을 보면서 품은 의문에 대한 해답은 붇ㄷ하가야 보리수 아래서 아라한뜨 막가파라를 성취한 후에 깨달았다*.

22. BCE 537년(29세): 야쏘ㄷ하라-가 라-후라를 낳은 직후 여태까지 미뤘던 출가를 단행했다*.

23. 처음출가해 북동쪽인 설산(Himavant, 雪山)으로 갔다고 한다. 까삐라밧투에서 설산으로 알려진 히말라야 산맥 안나푸르나까지는 200km 정도 된다.

24. 정말 그곳으로 갔는지 아니면 그곳으로 간다고 하고 다른 곳으로 갔

2번째 의문과 답

고따마 씻ㄷ핫타가 가진 두 번째 의문은 평등문제였다. 귀족과 민중의 삶의 질이 차이나는 것은 왜일까? 일반민중이 게을러서 못 사는 것인지, 그들이 흘린 땀의 대가를 누군가에게 착취당해서 그런 것인지, 귀족이 안락하게 사는 것은 그들이 부지런해서 그런 것인지, 다른 존재로부터 에너지를 착취해서 그런 것인지 고민하기 시작했다.

삶의 질과 형평성에 대한 의문은 고따마 씻ㄷ핫타를 출가로 인도하는 동기였다. 여기에 대한 해답은 6~7년 동안 출가수행 한 후 붇ㄷ하가야 보리수 아래서 발견했다. 그것은 노력한 대가가 노력한 주체에게 돌아가야 한다는 평등(因果)이었다. 이것은 붇ㄷ하 가르침 핵심으로 자리잡는다. 이 문제에 의문을 가진 지 10여 년 만에 답을 찾았을 때 뛸 듯이 기뻤다고 한다.

출가시간

고따마 씻ㄷ핫타가 출가한 시간은 한밤중이다. 말이 출가지 야반도주다. 만일 붇ㄷ하를 이루지 못했다면 붇ㄷ하 출가는 갓 태어난 아이를 두고 집떠난 무책임한 출가로 기억될 것이다. 이것이 가풍이 됐는지 몰라도 오늘날 한국스님 출가시간을 살펴보면 상당히 많은 스님이 한밤중에 가족몰래 출가한 것을 알 수 있다. 믿거나 말거나.

평등과 평화

평화를 강조하는 사람은 평화로우면 평등해질 것이라고 주장한다. 평등을 강조하는 사람은 평등해야 평화롭게 살 수 있다고 주장한다. 신문을 볼 때 노사간 평등을 주장하면 노동자입장에서 기사를 작성한 것이고 노사화합을 주장하면 사용자입장에서 기사를 작성한 경우가 많다. 고문서를 볼 때도 균(均)이나 동(同)을 주장하면 민중입장이고 화(和)를 주장하면 지배자관점이다.

는지는 알 수 없다. 많은 자료는 그곳으로 가지않고 곧장 남쪽으로 간 것으로 전한다*.

25. 남로(Dakkhiṇa patha, 南路)를 따라 내려오면서 불을 섬기는 사람[aggi paricārika, 事火外徒)에게 갔다. 그리고 다시 길을 따라 남쪽으로 내려오다 웨싸-리- 부근에서 아라-라 까-라-마(Alāra kālāma)와 웃다까 라-마뿟타(Uddaka rāmaputta)를 만나 요가수행인 수정(Anuyoga, 修定)을 배웠다.

26. 아라-라 까-라-마로부터는 무소유처(ākiñcaññāyatana, 無所有處)를, 웃다까 라-마뿟따로부터는 비상비비상처(nevasaññā nāsaññāyatana, 非想非非想處)를 배웠다.

27. 고따마 씻ㄷ핫타는 두 스승으로부터 3개월씩 지도받고 스승과 같은 경지에 도달했다. 그 수준에 만족하지 못하고 다시 남쪽으로 내려가 라-자가하에 잠시 머물다 오늘날 가야 부근에 있는 전정각산에서 5년 정도 고행(tapo, 苦行) 했다.

28. 오랫동안 몸에 고통을 가하고 그것에 몰두하며 고행했지만 마음갈증은 점점 더 증가했다. 더 이상 수행이 진보되지 않자 고행을 포기하고 함께 수행하던 5비학쿠와 헤어져 그곳으로부터 8km 정도 떨어진 우루-붸라로 갔다.

29. 걸어서 그곳으로 가는 도중 마호(Maho, 摩戶) 강을 건너면서 목욕하고 힘들어 아자빠-라 니ㄱ로ㄷ하 나무(Ajapālanigrodha rukkha, 般若樹) 아래 누웠다. 그때 옆 마을에 살던 쑤자-따(Sujāta, 善生)라는 어린 여자아이가 누워있던 고따마 씻ㄷ핫타를 발견하고 산신에게 올릴 유미죽(pāyāsa, 乳糜)을 공양올렸다.

30. 그것을 먹고 기운차린 후 다시 네란자-라(Nerañjāra, 尼連禪河) 강을

건너 우루-웨라 언덕에 도착해 뻽빠라 나무 아래 금강보좌 위에 꾸싸 (Kusa, 拘舍, 吉祥草)를 깔고앉아 새로운 마음으로 수행을 시작했다.

31. 함께 고행하던 5비힉쿠는 고따마 씻드핫타를 따라오다 그가 강물에 목욕하고 유미죽 받아먹는 모습을 보고 타락했다고 규정하고 배신감을 느껴 그곳으로부터 260km 떨어진 미가다-야로 떠나갔다.

32. BCE 531년(35세): 고따마 씻드핫타는 출가수행한 지 7(6)년, 우루-웨라 네란자-야 강변 뻽빠라 나무 밑에서 수행한 지 한 달(7일)쯤 됐을 때 아라한뜨 막가파라(Arahant magga phala, 阿羅漢 道果)에 들어 닙바-나 (nibbāna, 涅槃, 寂滅)를 체득하고 모든 아-싸봐(āsava, 流漏)를 제거하고 붇드하(Buddha, 佛陀, 覺者)가 됐다.

33. 고따마 씻드핫타가 가야에서 깨달았다고 해서 그곳 지명이 붇드하가야 (Buddhagaya, 佛陀伽耶, 오늘날 Bodhgaya), 뻽빠라나무는 깨달음나무를 뜻하는 보리수, 평범한 돌은 금강보좌, 고따마 씻드핫타는 붇드하(Buddha, 佛 陀, 覺者)로 이름이 바뀌었다*.

34. 붇드하가 마음과학과 싸띠수행으로 아라한뜨 막가파라를 성취했지만 처음부터 그 이론과 기술을 알고한 것이 아니라 어찌하다보니 아라한뜨를 성취했다.

보리수와 버드나무

붇드하가 최상깨달음을 성취할 때 앉았던 보리수는 우리나라에도 흔히 있는 재래종 버드나무와 잎이나 재질이 비슷하다. 인도식 버드나무라고 생각하면 된다. 원래 이 나무이름은 뻽빠라(pippala)인데 붇드하가 그 나무 아래서 아라한뜨 막가파라를 성취한 후로 깨달음 나무(菩提樹)로 이름이 바뀌었다.

인걸지령 물화천보(人傑地靈 物華天寶)라고 한다. 「사람이 뛰어나면 땅도 신령스러워지고 존재가 아름다우면 하늘보배다.」란 의미다. 오늘날도 유명한 사람을 기념해 거리이름 등을 정하는 것을 자주 볼 수 있다. 보리수가 원래부터 존재한 것은 아니다. 아무 나무나 그 밑에서 깨닫기만 하면 보리수가 된다. 일단 우기고 볼 일이다. 우김이 상징이 되고 상징이 역사가 된다.

35. 그곳에서 약 2개월 정도 더 머물면서 자기가 발견한 마음과학과 싸
띠수행에 관한 이론과 기술에 관한 유효성을 검증하고 나서 다른 사람에게
자기가 발견한 자유와 행복으로 가는 새로운 길인 마음과학과 싸띠수행을
가르쳐주려고 결심했다.

36. 붇다하는 처음에 당신이 발견한 세계관과 수행법을 아무도 이해하지
못할 것으로 생각하고 혼자 즐기며 살려고 마음먹었다. 그러나 천신 싸함
빠띠(Sahampati)의 간곡한 설득[Brahmā āyācato, 梵天勸請]을 통해 자기
가 발견한 세계관과 수행법을 이해하는 사람과 사회를 위해 회향
(pariṇāmana, 廻向)하기로 마음먹었다.

37. 이렇게 해서 그 깊이를 알 수 없는 지혜와 끝없는 자비에 기초해 자
유로운 삶, 청정한 삶, 행복한 삶, 공존하는 삶을 위한 위대한 원력과 회향
의 발걸음이 출발했다.

38. 붇다하는 처음에 누구에게 자기가 발견한 마음과학과 싸띠수행을 설
명할 것인지를 망설인다. 그러다 이전에 요가수행을 지도해주던 아라-라
까-라-마와 웃다까 라-마뿟타를 찾아가려했지만 그들은 이미 세상을 떠나
고 없었다.

39. 그래서 이전에 전정각산 고행림에서 함께 수행한 5비힉쿠가 수행하
고 있는 바-라-나씨- 미가다-야로 갔다.

40. 길을 가는 도중 아-지-봐까(ājīvaka, 邪命外道) 교도인 우빠까
(Upaka)를 만나 자기가 성취한 것에 대해 설명하다 핀잔만 당했다. 붇다하
는 자기가 도달한 수행경지를 최초로 있는 그대로 설명했지만 그것을 듣던
우빠까는 관심을 보이지 않았고 보기좋게 실패했다.

41. 최초설법으로 알려진 미가다-야에서 수행지도는 최초로 성공한 수
행지도였다. 미가다-야에서 5비힉쿠에게 수행지도할 때는 자기가 도달한 경

지나 자기가 이해한 진리를 말하지 않고 자유와 행복에 관해서만 말했다. 그것이 대중을 설득할 수 있었다.

42. BCE 531년(35세): 미가다-야에서 음력 6월 보름부터 9월 보름까지 3개월 동안 5ㅂ힉쿠에게 수행지도했다. 5ㅂ힉쿠는 붇다하를 신뢰하지 않았지만 간곡한 설득 끝에 수행지도받고 그들 모두 아라한뜨 막가파라를 성취했다. 붇다하와 5ㅂ힉쿠는 그곳에서 최초왓싸를 지냈다.

43. 음력 9월 보름쯤 5ㅂ힉쿠, 야사(Yasa, 耶事), 야사친구 54명, 붇다하 자신을 포함해 61명의 아라한뜨가 배출되자 전법선언문으로 알려진 불교창립선언을 발표하고 본격적인 활동을 시작했다.

44. 그리고 자기수행을 완성하고 아라한뜨가 된 수행자는 다른 사람에게 수행지도하고 수행으로 사회를 변화시키는 데 봉사하라고 떠나보내고 자기도 처음 아라한뜨 막가파라를 성취한 곳인 오늘날 붇다하가야로 되돌아갔다.

45. 미가다-야에서 비로소 불교교단이 형성됐다. 고따마 씻다핫타가 태어난 곳은 룸비니-, 출가수행해 붇다하를 이룬 곳은 붇다하가야, 불교교단이 만들어진 곳은 미가다-야, 붇다하가 입멸한 곳은 꾸씨나-라-다. 이곳은 오늘날까지도 불교 4대성지로 존경받는다.

46. 붇다하 자신도 붇다하가야 우루-벨라 쎄나-니 마을로 돌아와서 깟싸빠(kassapa, 迦葉) 3형제를 제자로 만들었다. 가야-씨-싸(Gayāsīsa, 象頭山) 정상에서 연화경(āditta sutta, 燃火經)을 설하고 마가다하 수도 라-자가하에서 빔비씨-라 왕의 귀의를 받고 웨루봐나를 공양받았다.

47. BCE 529년(37세): 라-자가하에서 두 번째 왓싸를 지냈다. 마하-깟

싸빠(Mahākassapa, 摩訶迦葉)가 32세에 출가해 제자가 됐다. 원래 이름은 삡파리-(Pipphalī, 畢鉢羅)인데 출가해 깟싸빠로 바꿨다. 부인도 5년 뒤 출가했다.

48. 마하-깟싸빠는 붇다 입멸 후 아-난다(Ānanda, 阿難, 慶喜)가 아라한뜨 막가파라를 성취하도록 수행지도했고 붇다 입멸 후 율경 2장(律經 二藏) 결집과 교단을 정비했다. 중국선종은 마하-깟싸빠를 붇다 정법을 이은 초조로 상징조작했다*.

3처전심, 사실과 조작

중국선종, 특히 보디히담마 계열은 자기정통성을 확보하기 위해 3처전심(三處傳心)을 상징조작했다. 붇다가 마하-깟싸빠에게 법을 세 곳에서 전했다는 것이다.

① 염화시중(拈華示衆)

이것은 붇다가 다보산 영축봉에서 법문할 때 연꽃을 한 송이 들어 대중에게 보이자 아무도 그 뜻을 몰랐는데 마하-깟싸빠만이 빙그레 웃었다는 것이다. 그래서 붇다는 마하-깟싸빠에게 법을 전했다고 상징조작했다.

그러나 이 전설은 다음 고사를 확대해석한 것이다. 붇다와 마하-깟싸빠는 나이가 같고 외모가 비슷했다고 한다. 붇다와 마하-깟싸빠는 라-자가하에 머물며 수행했는데 어느 날 마하-깟싸빠가 아침에 탁발을 나갔는데 어떤 여자가 올리는 공양받고 그곳을 떠났다. 그런데 얼마가지 않아서 그 여자가 급히 오더니 자기가 올린 공양을 빼앗아갔다. 뒤돌아보니 붇다가 탁발하고 있는 것을 보았다. 그 여자는 가난해서 매일 아침 다른 집에서 밥을 얻어 붇다께 공양올렸는데 그날 마하-깟싸빠를 붇다로 착각해 공양올리고 돌아가는데 붇다가 탁발하는 것을 보고는 자기가 사람을 잘못 본 것을 알고서 마하-깟싸빠에게 올린 공양을 빼앗은 것이었다. 이 장면을 목격한 붇다나 마하-깟싸빠나가 곤란하기는 미친가지였다.

그날 이후 마하-깟싸빠는 자기외모가 붇다와 너무 비슷해 대중이 착각하기 쉽다는 것을 알고서 가능한 공식석상에 붇다와 함께 하지 않으려고 애썼다. 마하-깟싸빠가 대중시선을 피해 혼자 두타행(dhūta, 頭陀行)을 즐겨한 것도 같은 이유라고 생각한다.

그러나 밥은 먹어야 하기에 붇다와 같은 시간에 탁발하는 것을 피하기 위해 매일 아침 해 뜰 무렵 연못에서 연꽃을 한 송이 꺾어다 방 앞에 두었다고 한다. 한두 시간 지나 연꽃이 시들 때쯤 붇다 탁발이 끝나면 평소보다 약간 늦게 탁발을 나갔다.

이 소문이 흘러 붇다에게 들리자 약간 미안하기도 하고 해서 어느 날 마하-깟싸빠가 오는 것을 보자 연꽃을 한 송이 들어보이자(요즘 아침마다 연꽃꺾으러 다닌다고 바쁘군요. 굳이 그렇게까지 해야 하나요. 미안하군요.) 마하-깟싸빠는 빙그레 웃었다(뭘 그런 것까지 신경쓰십니까? 그냥 모른 척 하세요. 그게 제가 더 편합니다.) 그러나 함께 모인 대중은 붇다가 왜 연꽃을 들었는지. 또 마하-깟싸빠는 왜 빙그레 웃었는지 영문을 몰랐다. 이것이 염화시중 전설이다.

49. 라-자가하에서 쑤닷따(Sudatta, 須達多, 善施, 給孤獨)를 만나 제자로 삼았다. 쑤닷따는 붇ㄷ하를 꼬싸라 싸-봣티로 초청했다. 붇ㄷ하는 수행도량을 지어주면 초청을 허락하겠다고 했다. 이것이 붇ㄷ하가 다른 사람에게 한 처음이자 마지막 부탁이다.

50. 불교, 마음과학, 싸띠수행 창시자 붇ㄷ하, 당시 신흥강국 마가ㄷ하 왕 빔비싸-라, 당시 인도 최대부자 쑤닷따, 그리고 붇ㄷ하 수제자인 싸-리뿟따와 목갈라-나, 마하-깟싸빠 등 이들 여섯 명의 운명적인 만남은 자기운명뿐만 아니라 인류역사를 통째로 바꾸는 단초를 제공했다.

51. BCE 528년(38세): 라-자가하 라따나 깃자꾸-따(Ratana Gijjhakūṭa, 耆闍崛山, 多寶山 靈鷲峰 香室)에서 왓싸를 지내고 쑤닷따 초청으로 꼬싸라 싸-봣티로 갔다.

---

② **다자탑전 반분좌(多子塔前 半分座).**
웨-싸리 다자탑에서 붇ㄷ하가 대중에게 법문할 때 마하-깟싸빠에게 붇ㄷ하가 자리를 나눠 함께 앉았다는 전설이다.
붇ㄷ하가 법문할 때 약간 늦게 도착한 마하-깟싸빠가 앉을 자리가 마땅치 않아 망설이자 붇ㄷ하가 자기자리로 오라고 해서 함께 앉았다. 이게 전부다. 그러나 중국선종은 이것이 붇ㄷ하가 법을 마하-깟싸빠에게 전한 증거라고 상징조작했다.

③ **곽시쌍부(槨示雙趺).**
붇ㄷ하가 입멸한 7일 후 마하-깟싸빠가 꾸씨나-라-에 도착해 붇ㄷ하 곽에 절하자 붇ㄷ하가 곽 밖으로 두 발을 쑥 내밀었다는 전설이다.
BCE 486년 음력 4월 보름 저녁 11시 무렵 꾸씨나-라-에서 붇ㄷ하가 입멸하고 7일장을 치르고 다비를 했다. 붇ㄷ하가 고향으로 가서 입멸하겠다고 선언하고 고향으로 떠나자 마하-깟싸빠는 다른 제자와 함께 20~30km 떨어져 따라갔다. 그런데 지나가던 사람으로부터 붇ㄷ하가 입멸했다는 소식을 듣고 급히 꾸씨나-라-로 갔지만 그때는 7일이 지난 뒤였다. 대중은 몇 번이나 화장하려고 불을 붙였지만 잘 타지 않아 고민했는데 그때 마하-깟싸빠 일행이 도착해서 붇ㄷ하 발에 예배드렸다.
인도사람은 어른에게 인사할 때 인사받는 사람 오른쪽 발에 절하는 사람 이마를 대는 것이 존경표시다. 이것이 정례(頂禮)다. 붇ㄷ하도 마찬가지였다. 붇ㄷ하 입멸 후 많은 대중이 문상와 붇ㄷ하 발에 예배드렸다. 예배할 때는 시신을 덮은 천을 걷고 발에다 이마를 대고 예배드렸다. 이런 평범한 사실을 문화가 다른 중국사람은 붇ㄷ하가 법을 전한 징표라고 상징조작했다.

52. 싸-봣티에서 쑤닷따는 제따태자와 공동으로 아나-타삔디까아-라-마 혹은 제따봐나를 세워 붇ㄷ하께 공양올렸다. 역사상 가장 비싼 땅을 매입해 무료급식소와 마음건강운동본부로 사용했다.

53. 처음 쑤닷따가 현재 기원정사 터를 매입하려고 하자 그곳 주인인 제따태자가 팔기싫은 핑계로 황금으로 땅을 덮으면 팔겠다고 했다. 쑤닷타는 그날로 5만평 정도 대지를 금화로 덮었다. 일이 이렇게 되자 입장이 곤란해진 제따태자는 땅은 쑤닷타가 보시하고 집은 자기가 짓고싶다고 해서 만들어진 것이 기원정사다.

54. 이렇게 만들어진 공간에서 욕망, 이기심, 분노, 적의, 원망, 서운함, 편견, 선입관, 가치관 등 마음오염원을 제거해 자유로운 삶, 청정한 삶, 행복한 삶, 공존하는 삶을 추구하는 사람이 와서 마음닦았다.

55. 붇ㄷ하는 개인이유도 있었지만 처음 창립한 사람과의 약속과 고마움을 잊지 않기 위해 매년 이곳에서 왓싸를 지냈다.

56. BCE 527년(39세): 라-자가하 라따나 깃자꾸-따에서 왓싸를 지냈다. 이때 싸-리-뿟따와 목갈라-나를 제자로 삼았다.

57. 싸-리뿟따와 목갈라-나가 오는 것을 보고 붇ㄷ하는 저 두 사람이 자기 수제자라고 선언한다. 그러자 대중이 반발하시만 붇ㄷ하는 입장이 곤란할 때 즐겨 사용하는 전생이야기로 무마한다. 싸-리뿟따를 붇ㄷ하에게 소개한 사람은 미가다-야에서 아라한뜨 막가파라를 성취한 5비히쿠 가운데 한 명인 앗싸지(Assaji, 阿說示)다.

58. 싸-리뿟따는 14일, 목갈라-나는 7일 만에 아라한뜨가 됐다. 싸-리뿟따는 소리를 듣고 아라한뜨 막가파라를 성취했고 목갈라-나는 졸음을 알아차림해 아라한뜨 막가파라를 성취했다.

59. BCE 526년(40세): 웨싸-리-에서 암바빠-리-는 자기가 경영하던 음식점을 마하-봐나로 만들어 교단에 공양올리고 자기도 출가해 ㅂ헉쿠니-가 됐다.

60. 웨싸-리-에 가뭄이 들고 전염병이 창궐하자 붇ㄷ하를 초청했다. 붇ㄷ하가 강가 강을 건너자 비가 왔다고 한다.

61. BCE 525년(41세): 싸-밧티- 아나-타삔디까 아-라-마에서 수행했다. 이때 까삐라밧투에서 옛 친구 우다-이ㅂ핟다(Udāyibhadda, 優陀夷跋陀)를 만나 함께 고향을 방문했다. 출가할 때 갓 태어난 라-후라는 12살이 됐다. 이때 라-후라와 함께 이복동생 난다(Nanda, 難陀, 歡喜)가 출가했다.

62. 붇ㄷ하는 고향인 까삐라밧투에 갔지만 집인 왕궁으로 가지 않고 탁발하며 나무 밑에 머물렀다. 그러자 아버지 숫ㄷ호다나 왕이 니ㄱ로ㄷ하 아-라-마를 지어 공양올리자 그곳에 머물렀다.

63. BCE 524(42세): 붇ㄷ하가 까삐라밧투에 머물 때 4촌동생 아누룻ㄷ하(Anuruddha, 阿那律, 無滅), 아-난다(Ānanda, 阿難, 慶喜), 데봐닷따(Devadatta, 提婆達多, 天施), 난디까-(Nandikā, 歡喜) 등이 출가했다.

64. 이때 우빠-리도 출가했다. 우빠-리는 왕실이발사였다. 우빠-리는 붇ㄷ하 입멸 후 수행자 행동규범인 율장(律藏)을 정리하는 데 크게 공헌했다.

65. 대개 하층민 출신은 지식이 부족하다보니 다른 수행자를 가르치는 것보다 자기가 가진 기술을 활용하는 것을 좋아했다. 우빠-리도 마찬가지였다. 전공이 이발사다보니 처음 출가해 계받는 사람 머리를 깎아주고 수계를 도와주었다. 그러다 보니 누가 언제 어디서 누구로부터 몇 가지 계(具足戒)를 받았는지 소상히 알았다. 그래서 교단이나 수행자사이에 문제가

발생하면 언제나 우빠-리가 해결사로 나섰다.

66. BCE 523년(43세): 아버지인 쑷ㄷ호다나 왕이 97세로 돌아갔다는 소식을 듣고 라-자가하에서 고향인 까삐라밧투로 가서 장례를 치렀다.

67. 니ㄱ로ㄷ하아-라-마에서 이모이자 새어머니인 마하-빠자-빠띠 고따미-와 옛 아내인 야쏘ㄷ하라-에게 8중법(aṭṭha garu dhamma, 八重法, 比丘尼 八敬法)을 지킨다는 조거으로 출가를 허락했다. 이들은 불교교단 최초 ㅂ힉쿠니-다*.

68. BCE 522년(44세): 마하-봐나 꾸-따 아까-라 싸-라-(kūṭa agāra sālā, 重閣堂)에 머물다가 꼬쌈비-(Kosambī, 憍賞彌)에서 출가수행자가 두 무리로 나눠 싸우자 이를 말리기 위해 그곳으로 갔다. 그러나 그들이 붇ㄷ하 말

ㅂ힉쿠니- 8경법

붇ㄷ하를 양육한 이모이자 새어머니인 마하-빠자-빳띠 고따미-와 출가전 부인인 야쏘ㄷ하라-, 이복여동생이 출가하려고 요청했다. 붇ㄷ하는 여러 가지 이유를 들어 허용하지 않았다. 아난다를 앞세워 거듭 출가를 요청하자 붇ㄷ하는 8가지 추가규칙을 지킬 것을 요구하고 출가수행을 허용했다. 이 추가규칙이 ㅂ힉쿠니- 8경법(比丘尼 八敬法)이다.

① 100살 ㅂ힉쿠니-도 새로 계받은 신참 ㅂ힉쿠에게 예배하고 깨끗한 자리를 펴고 앉기를 청해야 한다.
② ㅂ힉쿠니-는 ㅂ힉쿠를 흉보거나 나무라지 못한디.
③ ㅂ힉쿠니-는 ㅂ힉쿠 허물을 말하지 못한다.
④ 식차마나는 6법을 배웠으므로 대중스님을 따라 대계(大戒)받기를 청해야 한다.
⑤ ㅂ힉쿠니-가 쌍ㄱ하- 디쎄싸(saṅghā disesa, 僧殘罪)를 범하면 반드시 반 달 동안 2부대중이 있는 가운데 참회해야 한다.
⑥ ㅂ힉쿠니-는 반 달마다 ㅂ힉쿠 대중 가운데서 우뽀싸타(uposatha, 布薩陀, 布薩)를 지도할 사람을 구해야 한다.
⑦ ㅂ힉쿠가 없는 곳에서 여름 안거를 하지 못한다.
⑧ 왓싸를 마친 후 ㅂ힉쿠 대중 가운데 빠봐-라나-(pavāraṇā, 鉢剌婆剌羅, 自恣)할 스님을 구해야 한다.

현대 불교수행을 정립한 마하-시- 아라-마나 쑤안묵(Suanmokha) 아라-마도 여자를 출가시켜 ㅂ힉쿠니-를 만들지 못했다. BUDDHA DHAMMA SAṄGHA는 ㅂ힉쿠니-를 허용한다.

을 듣지 않고 싸움을 계속하자 빠-리레야까(Pālileyaka, 波陀林) 동산으로 갔다. 그곳에서 혼자 왓싸를 지낸 후 아나-타삔디까 아-라-마로 갔다. 이때 대중화합 6원칙[cha sāraṇīyā dhammā, 六和敬法]을 발표했다[*].

69. BCE 521년(45세): 꼬쌈비- 불교도는 2년 여 동안 싸우며 스승인 붇다 말도 듣지않는 출가수행자에게 공양올리지 않았다. 그때서야 싸움을 그만두고 ᵇ힉쿠가 뉘우쳤다. 그들은 아나-타삔디까 아-라-마에 머물고 있는 붇다께 가서 참회했다.

70. 붇다는 이들에게 범신매(brahma daṇḍa, 梵罰)라는 벌을 주었다. 이것은 모든 대중이 그들과 말하지 않는 것으로 일종의 왕따와 같은 것이다.

생각을 강요하지 마라

붇다는 꼬쌈비-에서 분쟁이 일어나자 편지를 보내고 나중에는 사람을 보냈지만 2년 여 동안 분쟁이 그치지 않고 지속되자 직접 그곳으로 분쟁을 조정하러 갔지만 제자에게 한 소리 듣고 쫓겨나온다. 이때 붇다는 교단이 무너질 것이라고 깊이 한탄했다고 한다. 그리고 대중이 모여 함께 살 때 서로 다투지 않고 평화롭게 살 수 있는 여섯 가지 화합원칙을 발표했다. 그것은 다음과 같다.

① 공간을 함께 사용할 것.
② 생필품을 함께 사용할 것.
③ 정해진 규칙을 함께 지킬 것.
④ 화합하는 말을 하고 분열하는 말은 삼갈 것.
⑤ 수행으로 얻은 지혜를 함께 공유할 것.
⑥ 나의 생각을 다른 사람에게 강요하지 말 것.

여기서 붇다는 자기생각을 다른 사람에게 강요하는 것이 가장 큰 폭력이라고 규정했다. 이 사건 이후 붇다 생각과 행동도 조금 여유로워진 것 같다. 이전에는 당신생각을 다른 사람에게 어느 정도 강요했다. 그러나 이 사건 이후 소를 물가로 끌고갈 수 있지만 물을 먹을 것인지 아닌지는 소가 결정할 것이라는 입장을 취했다. 이 사건은 붇다 나이가 45세였고 아라한뜨 막가파라를 성취해 붇다를 이루고 대중에게 수행을 전하기 위해 활동한 지 10년쯤이었다.

현재 전하는 대부분 경전은 붇다 55세 이후 설한 것을 아난다가 기억했다가 제1결집 때 암송으로 회상한 것이다. 붇다가 아라한뜨 막가파라를 성취한 직후와 40대에 설한 경집과 같은 경전을 보면 젊은 시절 붇다 진면목을 볼 수 있고 돌아가기 직전에 설한 대반열반경과 같은 경전을 보면 노숙한 붇다 모습을 볼 수 있다.

71. 선연(善緣)만 연이 아니라 악연(惡緣)도 연이다. 곤란한 것은 무연(無緣)이다. 그래서 붇다하는 무연중생은 제도할 수 없다고 했다. 대중으로부터 무시당함이 주는 교훈은 스스로 많은 것을 생각케 하는 벌이다.

72. BCE 519년(47세): 선배수행자에게 거만하게 행동하는 라-후라를 교육하기 위해 라-자가하 웨루봐나에서 700km 떨어진 싸-봣티 제따봐나로 가서 훈계했다.

73. 붇다하는 눈썹을 휘날리고 달려가 라-후라에게 발을 씻겨달라 하고 그 물을 예로 들면서 처음 출가할 때는 맑은 물처럼 깨끗했지만 지금 모습은 발씻은 물처럼 오염됐다고 나무랐다.

74. 그 다음날 붇다하와 라-후라는 아침 일찍 함께 탁발가다 라-후라가 이제부터 수행하겠다고 하고 아-라-마로 돌아와 수행에 전념해 아라한뜨 막가파라를 성취했다.

75. 라-후라 스승은 싸-리뿟따다. 싸-리뿟따는 말썽만 피우던 라-후라가 수행하겠다고 하자 아-나-빠-나 싸띠기술을 가르쳐주었다. 그날 저녁 붇다하는 기준점(출발점)을 4대로 알아차림하면 수행이 크게 진보한다고 한 수 더 가르쳐 주었다. 아들 이기는 부모는 없다고 한 말이 여기도 적용된다.

76. BCE 517년(49세): 아나-타삔디까 아-라-마에서 왓싸를 지냈다. 이때 라-후라가 구족계를 받고 ᵇ힉쿠가 됐다.

77. BCE 516년(50세): 니그로ᄃ하 아-라-마에서 까삐라 봣투 마지막 왕인 마하-나-마(Mahānāma, 大名)에게 수행지도했다.

78. BCE 514년(52세): 라-자가하에서 왓싸를 지냈다.

79. BCE 513년(53세): 라-자가하에서 왓싸를 지냈다.

80. BCE 512년(54세): 싸-봣티 석이산에서 왓싸를 지냈다.

81. 이때 앙구리마-라(Aṅgulimāla, 央堀摩羅, 指鬘)를 만났다. 앙구리마-라는 스승부인의 유혹을 뿌리쳤는데 그것이 빌미가 돼 사람을 100명 죽여 손가락으로 목걸이를 하면 최고깨달음을 성취할 수 있다는 스승의 최면에 걸려 사람을 죽이고 다녔다.

82. 길에서 붇다하를 만나 죽이려고 하자 붇다하는 달아났다. 앙구리마-라가 쫓아갔지만 따라잡을 수 없자 서라고 소리친다. 그때 붇다하가 멈추고 말했다. 「이제 내가 섰으니 그대도 살생을 멈추어라.」

83. 이렇게 해서 앙구리마-라를 제자로 삼고 훌륭한 수행자가 될 수 있도록 지도했다. 또한 유족과 앙구리마-라를 화해시켜 후원자로 만들어주었다.

84. BCE 511년(55세): 아-난다가 붇다하 시자가 되고 이후 25년 동안 붇다하를 시봉했다. 이 인연으로 붇다하 입멸 후 붇다하가 다른 사람에게 수행지도한 것을 모아 경장으로 편집하는 데 크게 공헌했다.

85. 아-난다는 기억력이 좋았지만 수행은 얼마 하지 않았다. 붇다하가 입멸할 때는 쏘따-빳띠 막가파라만 성취했다. 붇다하도 아-난다에게 수행지도하는 것을 포기하고 자기가 입멸한 후 마하-깟싸빠가 수행지도해 아라한뜨 막가파라를 성취할 수 있도록 배려했다.

86. BCE 509년(57세): 빔비싸-라 아들인 아자-따쌋뚜가 태어났다. 훗날 그는 아버지 빔비싸-라를 죽이고 마가다하 왕이 됐다. 그 뒤 참회하고 붇다하

제자가 됐다. 이때 정황을 소재로 삼아 쓴 불교역사소설이 정토삼부경《淨土三部經》이다.

87. BCE 504년(62세): 이때부터 78세가 될 때까지 매년 싸-밧티제따와나에서 왓싸를 지냈다.

88. BCE 493년(73세): 아자-따삿뚜가 아버지 빔비싸-라를 죽이고 왕위를 찬탈했다. 이 쿠데타는 붇ㄷ하 4촌 동생이자 아-난다 친형인 데봐닷따가 사주했다고 한다.

89. 이 일이 있은 후 데봐닷따는 불교교단을 자기가 지도하겠다고 붇ㄷ하에게 요청하지만 거절당했다. 그러자 5개조항의 새로운 행동강령을 만들고 가야-씨-싸로 옮겨 새로운 쌍ㄱ하를 만들어 분리독립했다. 이때 많은 대중이 데봐닷따를 따라갔지만 싸-리뿟따와 목갈라-나가 대중을 데리고 돌아왔다*.

문화차이

데봐닷따는 붇ㄷ하 4촌동생이고 아-난다 친형이다. 붇ㄷ하가 고향을 방문했을 때 아-난다 등과 함께 출가했다. 수행이 어느 정도 성숙하자 붇ㄷ하 수제자인 싸-리뿟나나 마하-목갈리 나를 제치고 자기가 교단지도자가 되겠다고 붇ㄷ하께 요청하지만 거절당했다. 이후 데봐닷따는 4번에 걸쳐 붇ㄷ하를 암살하려 했지만 실패했다. 그래서 불교사는 데봐닷따를 부정적으로 기술한다.

그러나 이 사건은 신분평등과 개인능력을 중시한 붇ㄷ하와 신분구분과 사람차별을 주장한 힌두교와의 문화차이가 표출된 것이다. 초기 불교교단 구성원은 붇ㄷ하와 같은 상류층 지식인이 대부분이었다. 그들은 붇ㄷ하처럼 신분철폐와 능력에 따른 평등을 주장했다. 그러나 데봐닷따처럼 출가수행하면서도 출가이전에 가진 생각을 완전히 바꾸지 못한 사람도 많았다. 그들은 엄격한 고행을 좋아하고 교단운영과 수행지도는 상류층출신이 해야한다고 주장했다. 데봐닷따로 대표되는 신분차별을 주장한 출가수행자가 붇ㄷ하께 요구한 5개조항은 다음과 같다.

① 출가수행자는 만들어진 집에 살지 않고 숲에서만 산다.
② 출가수행자는 재가수행자 공양청에 가지 않고 탁발로만 산다.
③ 출가수행자는 좋은천으로 만든 옷은 입지 않고 분소의(糞掃衣)만 입는다.

90. 이런저런 이유로 데봐닷따는 세 번에 걸쳐 붇ㄷ하를 죽이려고 시도했지만 번번이 실패했다. 마지막으로 제따봐나에서 손톱에 독을 묻혀 접근했지만 땅이 갈라져 죽었다.

91. BCE 490년(76세): 꼬싸라 싸-봧티 위두-다ㅂ하(Viḍūdabha, 毘盧擇迦, 毘琉璃)가 부왕인 빠쎄나디(Pasenadi, 波斯匿) 왕을 축출하고 왕위를 찬탈했다.

92. 위두-다ㅂ하는 비운의 왕자였다. 꼬싸라는 정치경제는 신흥강국이었지만 혈통은 순수 아리야인이 아니었다. 그러나 붇ㄷ하가 속한 싸꺄 족은 정치경제는 약해 꼬싸라 속국으로 있었지만 혈통은 순수 아리야인이었다.

93. 꼬싸라는 혈통단점을 보완하기 위해 까삐라봧투 싸꺄 족에게 정략결혼을 청했다. 빠쎄나디 왕의 청혼을 싸꺄 족이 거절하기도 부담스럽고 결혼시키자니 자존심 상하고 해서 공주가 아닌 궁궐하인을 공주로 위장해 결혼시켰다.

94. 그렇게 해서 태어난 왕자가 위두-다ㅂ하다. 성장한 후 외갓집을 방문했지만 그곳에서 자기신분을 확인하고 신분차별을 받았다. 그리고 싸꺄 족을 멸망시키겠다고 맹세하고 얼마 후 실제로 까삐라봧투를 침략해 멸망시켰다. 자신도 귀국길에 전사했다.

---

④ 출가수행자는 나무 밑이나 무덤 가에서만 산다.
⑤ 출가수행자는 우유, 생선, 육류 등을 먹지 않고 채식만 한다.

그러나 붇ㄷ하는 그런 제안을 거부하고 대중 속에 살면서 수행해야 하며, 공양올리는 사람이 주는 음식은 무엇이나 먹어야지 수행자가 음식을 구분하면 안 된다고 거부했다. 이 가운데 육식을 금하고 채식위주로 생활하자는 주장은 힌두교전통이다. 힌두교 상류층은 채식만 한다. 평생 채식만 하던 사람이 육식을 한다는 것이 매우 곤혹스러웠을 것이다. 5신채(五辛菜)도 마찬가지다. 힌두교 상류층은 5신채를 먹지 않는다. 채식과 5신채를 먹지 않는 것 등 힌두교전통이 불교에 많이 스며들어와 있다.

95. 이 전쟁을 막고자 붇ㄷ하가 직접 군인이 행군하는 길목을 세 번이나 막지만 인과는 어쩔 수 없다고 하면서 마지막은 포기했다. 그리고 까삐라봣투가 멸망하고 떠도는 유민을 달래주기 위해 매년 제따봐나에 머물지 않았나 사료된다.

96. 위두-다ㅂ하에게서 축출당한 빠쎄나디 왕은 아자-따쌋뚜 왕에게 의탁하기 위해 싸-봣티에서 라-자가하로 왔지만 남루한 차림으로 성안에 들어가지 못하고 문 앞에서 죽었다.

97. BCE 487년(79세): 라-자가하 라따나 깃ㅈ하꾸-따에 머물렀다. 아자-따쌋뚜 왕이 왓지를 공격하려고 사신을 보내 붇ㄷ하 의향을 묻자 붇ㄷ하는 전쟁은 하지않는 것이 좋다고 거부했다.

98. 목갈라-나가 순교했고 싸-리뿟따도 입적했다. 마하-빠자-빠띠 고따미-가 입적한 후 곧이어 붇ㄷ하는 라-자가하를 떠나 고향인 까삐라봣뚜로 갔다.

99. BCE 486년(80세): 웨싸-리- 근교 죽림에서 마지막 왓싸를 지내면서 3개월 뒤에 입멸할 것을 예언했다. 이때 저 유명한 자등명 법등명(自燈明 法燈明) 유언을 했다.

100. 그곳에서 고향을 향해 가던 도중 고향 100㎞ 정도 못 미치는 꾸씨나-라-에서 쭌다가 올린 쑤-까라맛다봐를 먹고 식중독에 걸렸다.

101. 그러나 이때 붇ㄷ하는 상에 놓인 쑤-까라맛다봐는 자기만 먹고 다른 사람에게는 주지말라 하고 먹은 후 그 음식을 땅에 묻으라고 했다. 그리고 3일 동안 피가 섞인 설사를 하다 입멸했다. 자연사라기보다 독살에 가깝다.

102. 입멸하기 직전 마지막으로 찾아온 제자에게 8정도가 적용되면 자기가르침이고 8정도가 적용되지 않으면 자기가르침이 아니라고 선언한다.

103. 그리고 「비힉쿠여. 부촉하노니 형성된 것[saṅkhāra, 行, 有爲]은 소멸하는 것[vaya dhamma, 滅法]이다. 게으르지 말고[appamāda, 不放逸] (수행을) 완성해라.」라고 유언(pacchima vācā, 遺言)하고 입멸했다.

104. 처음 불교활동을 시작하면서 「올바르게 사는 것이 자유와 행복으로 가는 유일한 길」이라고 말한 후 45년 동안 활동하다 여든에 입멸하면서 마지막으로 남긴 말이 「열심히 노력해라. 그 외에 다른 길이 없다」는 것이었다. 이것이 위대한 스승의 처음이자 마지막 말씀이다.

3. 일상생활

1. 붇다하가 매일 시간을 어떻게 사용했는지 1년 일정이 어떻게 이뤄졌는지 궁금하다.

2. 정확한 기록은 전하지 않지만 율장, 경장, 그리고 오늘날까지 붇다하 전통이 전해오는 아-라-마 하루일과나 연간활동을 참조하면 붇다하 하루일과와 1년활동 내용과 범위를 유추할 수 있다.

1) 하루일과

3. 붇다하 하루일과를 자세히 살펴보면 수행자가 일상생활을 어떻게 계획하고 실천할 것인지에 대해 기준을 세울 수 있다.

① 새벽

4. 새벽 4시 전후에 일어났다.

5. 4~6시 사이는 자비수행을 했다. 지혜눈(paññā cakkhu, 慧眼)으로 도움이 필요한 사람을 살펴보고 마음을 보냈다. 필요하면 직접 찾아가기도 했다.

② 오전

6. 6시를 전후해 탁발나갔다. 음식을 가지고 아-라-마로 와서 공양올리면 그것을 먹었고 그렇지 않을 때는 빳따를 들고 제자와 함께 다니면서 탁발해서 먹었다.

7. 탁발할 때는 문 앞에 조용히 서 있다가 어떤 음식이든 빳따에 담아주는 대로 받았다. 돌아오는 길가 한적한 곳이나 아-라-마에 와서 먹었다.

8. 붇다하는 하루 한 끼만 먹었다. 10시 전후 늦어도 정오까지는 공양을 마쳤다. 12시가 넘으면 몸이 아프거나 여행 중일 때를 제외하고는 씹어먹는 음식은 먹지 않았다.

9. 공양이 끝나면 공양올린 사람에게 5계를 설하거나 자유와 행복에 관해 법문하거나 수행지도했다.

10. 이때 수행진보가 있는 사람이 있으면 칭찬했고 출가수행하기 원하는 사람이 있으면 계를 주었다. 그 후 처소인 간다하꾸띠(香室)로 돌아가 휴식했다*.

향실

붇다하 처소는 항상 향기가 났다고 한다. 제자가 찾아올 때 꽃을 가지고 와서 방 밖에 두었는데 그곳을 향기가 가득 채웠다. 그래서 붇다하 처소를 향실(香室) 또는 응향각(凝香閣)이라고 한다.

③ **오후**

11. 오후 2시쯤 휴식을 마치고 출가수행자와 재가수행자에게 법문하거나 수행지도하기 위해 법당으로 가서 수행지도했다. 어떤 때는 침묵으로 가르침을 대신하기도 했다.

12. 법문이 끝나면 처소인 향실에 머물면서 휴식했다. 휴식이 끝나면 지혜눈으로 세상을 둘러보고 도움이 필요한 수행자나 수행지도가 필요한 사람이 있으면 그곳에 가서 지도했다.

④ **저녁**

13. 저녁 7~9시 사이는 출가수행자나 재가수행자에게 법문하거나 수행지도했다.

14. 9~12시 사이는 다른 사람에게 노출되는 것을 꺼리는 사람이 붇다하를 방문해 궁금한 것을 묻거나 수행지도 받았다.

15. 12~4시 사이는 도량에서 행선하거나 오른편으로 누워 와선[seyya sati, 臥禪]하다 잠을 잤다.

16. 붇다하는 자기에게 찾아와 수행지도 받고자 하는 사람을 지혜눈으로 살펴보고 그들의 성질, 성격, 근기를 파악해 그들에게 적합하게 수행지도했다. 근기에 따라 수행지도하는 것(對機說法)이 붇다하 교육방법이었다. 그리고 붇다하는 비유나 예를 들어 설명하는 것을 좋아했다.

17. 누구든지 자유롭게 붇다하에게 가서 수행에 대해 궁금한 것이나 매일 수행한 것에 대해 보고하고 지도받았다.

18. 붇다하 하루일과는 자기수행과 타인을 위한 수행지도로 채워졌다. 붇다하는 간소하고 청빈한 삶을 살면서 어떤 불편함도 느끼지 않았다. 자기가 먹을 음식은 스스로 탁발해 해결했다.

2) 1년활동

19. 1년 가운데 우기인 음력 6월 15일부터 9월 15일까지 3개월 동안은 한 곳에 머물며 수행했다. 이때는 자기수행뿐만 아니라 함께 수행하는 사람에게 수행지도했다.

20. 그 외 기간은 이곳저곳으로 옮겨다니며 사람에게 수행지도했다. 여든이 돼 입멸하는 순간까지 숨쉴 힘만 있으면 필요한 사람에게 수행지도하겠다는 열정으로 입멸하기 30분 전까지 수행지도하다 입멸했다.

21. 붇다 55세 이후 1년활동 내용을 살펴보면 다음과 같다. 음력 6월 초부터 10월 중순까지 4개월쯤 싸-봣티 제따봐나에 머물며 수행지도했다.

22. 음력 10월 중순쯤 그곳을 떠나 「싸-봣티 – 꾸씨나-라- – 웨싸-리 – 빠-따리뿟따 – 라-자가하」로 내려왔다. 오는 길에 웨싸-리- – 마하-봐나에서 한동안 머물며 수행지도했다.

23. 음력 12월 초순쯤 라-자가하 웨루봐나에 도착해 음력 3월 중순까지 3개월 정도 그곳에 머물렀다. 라-자가하에 머물 때는 대개 깃ㅈ하꾸-따에 머물며 수행지도했다.

24. 음력 3월 중순쯤 라-자가하를 출발해 내려온 길을 따라 싸-봣티 제따봐나로 돌아가 그곳에서 왓싸를 지냈다. 이때도 웨싸-리- 마하-봐나에서 한 동안 머물며 수행지도했다.

25. 라-자가하 웨루봐나에서 싸-봣티 제따봐나까지는 700km 정도 먼 거리다. 걷거나 수레를 얻어타고 다니며 필요한 사람에게 수행지도했다.

26. 후세 사람은 붇다는 가만히 앉아있는데 사람이 찾아와 불교, 마음과학, 싸띠수행을 배운 것으로 생각한다. 그러나 붇다 스스로 필요한 사람을 찾아다닌 경우가 대부분이다.

27. 붇ㄷ하가 자기자신만을 위해 수행한 것은 출가한 후 아라한뜨 막가파라를 이룬 7(6)년이 전부였다.

28. 그 이후로는 자기자신만을 위해 수행할 수 있는 시간이 많지 않았다. 항상 다른 사람에게 수행지도하느라 건강을 챙기지 못할 때가 허다했다. 불교가 인도를 넘어 전 세계로 전파된 데는 붇ㄷ하 지혜뿐만 아니라 발품판 자비공덕이 더 컸다.

29. 이것이 붇ㄷ하 힘이다. 붇ㄷ하는 자기가 이룩한 수행성과물을 필요한 대중에게 전부 회향했다. 그래서 사람이 붇ㄷ하를 존경한다. 사람이 붇ㄷ하를 존경하는 것은 붇ㄷ하 지혜뿐만 아니라 그 지혜를 필요한 사람에게 돌려준 자비심 때문이다*.

3) 활동범위

30. 붇ㄷ하가 활동한 범위는 중인도 「웨싸-리-를 중심으로 북으로는 싸-봣티, 남으로는 라-자가하, 서로는 꼬쌈비-, 동으로는 짬빠-(Campā, 瞻婆)」에 이르는 반경 300km 정도다.

31. 특히 「싸-봣티 꾸씨나-라- – 웨싸-리- – 빠-따리뿟따 – 나-란다 – 라-자가하」를 잇는 남로를 중심으로 활동했다.

열정과 자비

뭔가 일을 하려면 에너지 혹은 열정이 있어야 한다. 에너지가 넘치면 일을 추진하는 데 수월하다. 에너지는 그냥 생기는 것이 아니다. 열정은 자비나 사랑이 있어야 한없이 나온다. 간혹 수행을 게을리하는 수행자에게 자비심이 부족하다고 표현한다. 자비심이 넘치면 대중에게 수행을 회향하기 위해 열심히 자기수행에 매진할 것이기 때문이다. 자비심이 없는 것을 무자비하다고 한다.

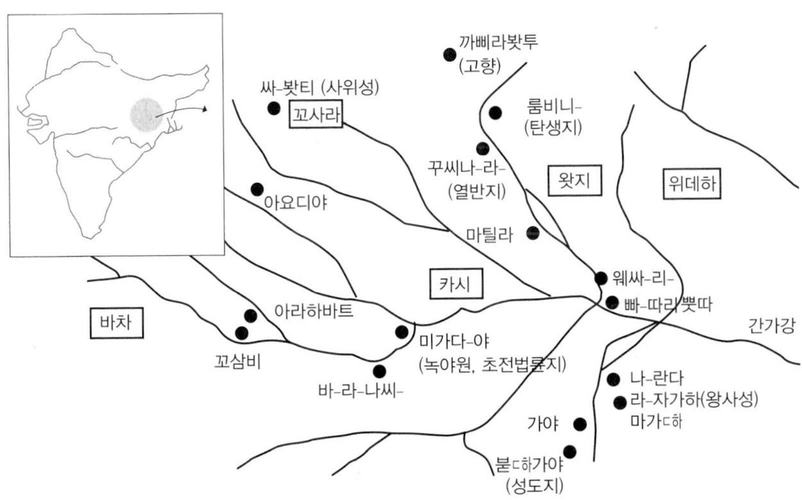

4. 출가목적

1. 붇다 출가목적은 자유로운 삶[vimokha, 解脫], 청정한 삶(visuddhi, 淸淨), 행복한 삶[nibbāna, 涅槃, 寂滅], 공존하는 삶[sahavāsa 共住]을 찾기 위함이었다.

2. 후세 사람은 붇다는 중생(sabbe satta, 有情, 衆生)을 구제하기 위해 출가수행했다고 주장하지만 붇다가 그렇게 말한 적은 없다*.

3. 출가 이전 젊은 시절 붇다는 자유분방하게 생활했다. 현실생활에 만족하지 못하고 출가하려는 붇다 마음을 알게 된 아버지는 계절용 별장인

3시전을 지어놓고 그곳에 무희와 악사를 두고 매일 밤 연회를 베풀었다.

4. 이런 생활에도 채워지지 않는 마음갈증을 해소하기 위해 방황하던 붇ㄷ하에게 새로운 길을 열어주는 계기가 찾아왔다.

5. 지루한 궁전생활에 싫증을 느낀 붇ㄷ하가 어느 날 성문 밖으로 소풍을 갔다. 그 길에서 당시 평등평화운동을 하던 고대인도 히피인 싸마나를 만났다*.

6. 그와 짧은 대화를 나눈 후 그토록 찾아 헤매던 새로운 길을 발견하고 출가수행을 결심했다.

7. 기쁜 마음으로 궁전으로 돌아가는 붇ㄷ하를 먼발치서 바라보던 여인이 「저렇게 멋있는 남자와 사는 여인은 얼마나 행복할까?」 하고 넋두리했다. 붇ㄷ하는 그 말을 우연히 듣고 「최상행복을 찾아 출가한다.」는 출가목적을 정했다.*

구제와 폭력

구제란 대단히 폭력적인 용어다. 자기 앞에 줄서고 아부하면 거두어주고 다른 신 앞에 줄서면 타도대상으로 바뀌는 것이 구제본질이다. 국수나 자장면 먹고 배가 부르면 그만인데 국수먹지 않은 사람은 밥먹지 않은 것이라고 주장하는 것과 마찬가지다. 사람은 신, 종교, 구제, 기도 등의 이름으로 이와 같은 일을 버젓이 한다. 붇ㄷ하는 나의 생각을 타인에게 강요하는 것은 폭력이라고 규정했다.

소풍길

궁전에 살면서 다른 사람으로부터 부러움을 받았지만 정작 자신은 채워도 채워지지 않는 마음갈증에 시달렸다. 정확히 언젠지는 몰라도 29살에 출가했으니 아마도 20대 중후반 정도 어느 때라고 생각된다.

처음에는 동문으로 나갔는데 초라하게 늙어가는 노인을 보고 충격을 받았다고 한다. 아마도 노인을 보고 충격받은 것이 아니라 상류층노인과 일반노인과의 삶의 질의 차이 때문으로 생각된다. 여기서 평등에 관한 근원적인 의문이 생겼다. 그 답은 35살 되던 해 보리수 아래서 깨달았다.

다음으로는 서문으로 나갔는데 병들어 괴로워하는 사람을 보고 충격을 받았다고 한다. 아마도 병들어 아픈 사람을 보고 마음이 아팠겠지만 더 가슴을 아프게 했던 것은 궁궐에서는 아프면 즉각 의사가 와서 돌봐주지만 일반인은 아파도 마음놓고 쉴 수 있는 곳이 없다는 점 때문에 힘들었다고 한다.

다음으로는 남문으로 나갔는데 죽은 사람을 장례지내는 것을 보고 깊이 고민했다고 한다. 그리고 북문으로 나갔다가 삶의 방향을 바꾸는 계기가 되는 출가수행자를 만났던 것이다.

8. 그때 지나가던 여자가 한 넋두리가 바로 최상의 행복을 의미하는 닙바-나(nibbāna, 涅槃, 寂滅)다. 닙바-나 한문음사가 열반이다. 열반 본래의 미는 「불을 끄다, 마음오염원 불이 꺼진 상태」다. 이것이 확장돼 마음이 고요해지고 청정해진 상태를 의미한다.

9. 붇다하 출가목적이 오늘날 대승부에서 말하듯 중생을 구제하기 위한 것이 아님은 분명하다. 후세인은 붇다하 전생이야기 등을 창작해 붇다하를 미화하지만 이것 또한 붇다하를 존경하는 다른 표현이다.

10. 붇다하는 자기문제를 해결하기 위해 출가했다. 붇다하는 중생이 가진 고뇌를 해결할 정도로 한가하지 않았다. 붇다하는 자기문제를 해결하기에도 벅찬 삶을 살았다.

인도인 생활양식

인도인은 일생을 학습기(學習期), 가주기(家住期), 임서기(林棲期), 유행기(遊行期)의 4부분으로 구분해 생활했다. 노예계급을 제외한 브라-흐마나(婆羅門), 캇띠야(武士), 와-니자(平民) 등 세 계급 사람은 이런 생활방식을 선호했다. 이것은 남자에게만 적용됐다.

① 학습기
학습기는 어린 시절부터 스승집에서 수 년간을 보내면서 삶에 필요한 여러 가지 주제를 공부하고 신을 모시는 절차법인 웨다(Veda, 吠陀)를 학습했다.

② 가주기
가주기는 학습이 어느 정도 끝나고 성장하면 가정으로 돌아가 가장으로서 의무를 다했다.

③ 임서기
임서기는 나이가 장년으로 접어들면 자식에게 가정을 물려주고 집을 떠나 숲으로 들어가 요가수행을 했다.

④ 유행기
유행기는 수행이 어느 정도 익어지면 한 곳에 머물지 않고 여러 곳을 돌아다니며 가르침을 설하고 보시받은 음식으로 생활하다 생을 마감했다.

이런 생활의 외형적인 특징 때문에 그들을 유행자(遊行者), 둔세자(遁世者), 고행자(苦行者), 행걸자(行乞者), 비쿠(比丘) 등으로 불렀다. 그들의 생활공동체를 싼가해(saṅgha, 僧伽) 또는 가나(gaṇa, 會衆)라고 한다.

11. 붇다하는 수행을 완성하고 자기문제를 해결한 후 자기가 발견한 자유와 행복으로 가는 방법을 필요로 하는 다른 사람에게 전해주려고 마음정했다.

12. 붇다하 길은 붇다하 길이고 내길은 내것이다. 내가 붇다하를 위해 살 이유가 없듯 붇다하 또한 중생을 위해 살 이유도 없다. 사람은 각자 자기길을 갈 뿐이다. 붇다하 길이 자기삶에 도움되면 참고하고 모방하면 되지만 그렇지 않으면 버리고 떠나면 된다.

13. 처음부터 자유롭고 행복하자고 불교를 믿고 싸띠수행을 한다. 그런데 불교나 수행에 구속되고 매몰되면 곤란하다. 수행과 불교를 믿는 일이 자기삶에 의미있고 행복하다면 얼마든지 실천해도 상관없다.

14. 그러나 자기에게 좋다고 다른 사람에게 강요하면 안 된다. 인연있는 사람에게 좋은 정보를 제공하는 것은 자비지만 강요하면 폭력이다. 제공하되 강요하지 말 것. 이것이 붇다하 진정한 뜻이다.

5. 10대제자

1. 붇다하 가르침에 따라 수행한 제자가 많았다. 경전에는 붇다하를 직접 모시고 수행한 출가수행자가 500명 또는 1250명 등으로 기록된 것만 보아도 당시 스님과 일반대중이 상당히 많았던 것으로 생각된다.

2. 그런 제자 가운데 뛰어난 열 명을 10대제자라고 한다. 물론 이 10대제자도 붇다하가 직접 지명한 것이 아니라 세월이 지나면서 누군가 만든 것으로 추정된다. 10대제자는 다음과 같다.

1) 지혜제일 싸-리뿟따

3. 싸-리뿟따(Sāriputta, 舍利佛, 舍利子)는 붇다하가 공식적으로 인정한 수제자다. 제자 가운데 지혜가 가장 뛰어났기 때문에 지혜제일(智慧第一)이라고 한다.

4. 라-자가하 북쪽 나-란다 위하-라가 있는 곳이 고향이다. 친구인 목갈라-나와 함께 출가했다.

5. 목갈라-나와 함께 모든 것은 결정할 수 없다는 불가지론을 주장한 싼자야 베랏티뿟따 제자로 있다가 붇다하를 만나 불교수행자가 됐다.

6. 출가한 후 14일 만에 아라한뜨 막가파라라를 성취했다. 싸-리뿟따는 조카가 암송하는 소리를 듣고 막가파라라에 들었다고 한다. 붇다하와 함께 수행자를 지도하고 교단이 정착하는 데 실질적인 초석을 놓았다.

7. 싸-리뿟따와 목갈라-나가 오는 것을 보고 붇다하는 저 두 사람이 나의 수제자라고 선언했다. 그러자 먼저 출가한 스님이 반발했다. 그러자 붇다하는 전생이야기를 하며 슬쩍 피해갔다. 붇다하는 곤란한 일이 생기면 전생이야기를 즐겨했다*.

8. 붇다하 아들인 라-후라는 출가해서 싸-리뿟따 제자가 됐다. 그는 붇다하를 대신해 많은 사람에게 마음과학을 설명하고 싸띠수행을 지도했다.

말된다

싸-리뿟따와 목갈라-나가 오는 것을 보고 저 두 사람이 나의 수제자가 될 것이라고 선언한다. 그러자 먼저 출가한 스님이 출가순서대로 수제자로 삼거나 수행성취도에 따라 서열을 정하자고 했다. 그때 붇다하는 전생이야기를 하며 슬쩍 피해간다.

「어떤 이는 전생에 나의 첫 번째 제자가 되려고 서원했기 때문에 첫 번째 제자로 삼았고 누구는 전생에 나를 시봉하려고 서원했기 때문에 시자로 삼았다. 그리고 저 두 사람은 전생에 나의 수제자가 되려고 서원했기 때문에 지금 수제자로 삼는다. 뭐가 문제인가?」 말 된다.

9. 싸-리뿟따는 붇다하보다 6개월 정도 먼저 입멸에 들었다. 붇다하가 고향으로 가 입멸에 들겠다고 선언하고 고향인 북쪽으로 갔다. 싸-리뿟따는 나이가 많아 따라갈 수 없었다. 그 당시 수제자는 스승보다 먼저 입멸한다는 전통에 따라 어머니께 말하고 입적했다고 전한다.

2) 신통제일 목갈라-나

10. 목갈라-나(Moggallāna, 目犍連, 目連)는 싸-리뿟따와 함께 붇다하가 공식적으로 인정한 수제자다. 붇다하 제자 가운데 신통력이 가장 뛰어났다고 해서 신통제일(神通第一)이라고 한다.

11. 신통제일이란 의미는 오늘날 개념으로는 붇다하 경호실장이다. 물리적인 힘을 사용하지는 않았지만 교단이나 붇다하에게 어떤 문제가 발생하면 직접 그곳으로 가서 한 신통 보여주면 해결됐다.

12. 싸-리뿟따가 지혜로 대중을 설득했다면 목갈라-나는 신통으로 대중을 조복했다.

13. 싸-리뿟따와 함께 싼자야 베랏티뿟따 제자로 있다가 붇다하를 만나 불교수행자가 됐다. 싸-리뿟따와는 절친한 친구이고 고향도 같고 함께 출가해 수행하다 비슷한 시기에 입멸했다.

14. 출가한 후 7일 만에 아라한뜨 막가파라를 성취했다. 목갈라-나는 졸음을 관찰하다 막가파라에 들었다. 붇다하와 함께 마음과학을 설명하고 싸띠수행을 지도해서 교단이 정착하는 데 크게 기여했다.

15. 목갈라-나 어머니는 살아있는 생명을 죽여 신에게 제물로 바치는 힌두교를 믿었다. 아들인 목갈라-나가 말려도 소용없었다고 한다. 목갈라-나

가 집을 비우면 산 동물을 죽여 희생제를 하느라 온 동네에 피냄새가 가득했다고 한다.

16. 훗날 사람이 산 생명을 죽여 제사지내면 죽어서 무간지옥에 떨어진다고 상징조작했다. 이런 고사에 기초해 중국에서 조상신앙과 불교를 결합할 때 목갈라-나와 어머니를 등장시켰다.

17. 붇다하보다 1년 먼저 입멸에 들었다. 수행을 지도하러 가다 외도가 던진 돌에 맞아 순교했다. 죽는 순간까지도 자기를 괴롭힌 사람을 원망하지 않고 그들을 위해 자비관을 보냈다.

3) 두타제일 마하-깟싸빠

18. 마하-깟싸빠(Mahākassapa, 摩訶迦葉, 大迦葉)는 붇다하 제자 가운데 대중과 떨어져 혼자 수행하기 좋아했고 열심히 수행했기 때문에 두타제일(頭陀第一)이라고 한다.

19. 붇다하보다 5살 정도 적었고 외모가 붇다하와 비슷했다. 붇다하가 아라한뜨 막가파라를 이룬 후 3년 뒤 붇다하가 37세 되던 해 라-자가하에서 붇다하를 만나 제자가 됐다.

20. 어려서부터 출가해 싸마나가 되려고 했지만 부모반대로 뜻을 이루지 못하고 결혼했다. 그런데 부인도 생각이 비슷해서 12년 동안 한 방을 쓰면서 침대를 따로 썼다고 한다. 라-자가하에서 붇다하를 만나 출가하자 5년 뒤 부인도 출가해 비힉쿠니-가 됐다.

21. 마하-깟싸빠는 붇다하 지도로 수행에 전념해 아라한뜨 막가파라를 성취했다. 붇다하 입멸 후 라-자가하 웨루봐나에서 열린 제1차 전인도수행자대회를 주관했다. 여기서 7개월에 걸쳐 붇다하 가르침을 수집해 율장과

경장 2장을 결집했다.

22. 붇다하 입멸 후 동요하던 교단을 정비하고 수행자를 추스려 붇다하 가르침을 후대에 전할 수 있는 토대를 마련했다.

23. 붇다하 입멸 후 아-난다를 수행지도해 아라한뜨 막가파라를 성취할 수 있도록 수행지도했다. 아-난다는 붇다하가 살아있을 때 쏘따-빳띠만 성취했다. 아-난다는 붇다하와 마하-깟싸빠를 스승으로 두었다.

24. 마하-깟싸빠는 제1차 전인도수행자대회를 마치고 율장과 경장이 결집된 후 교단을 아-난다에게 물려주고 고향에 있는 꾹꾸따빠-다 기리(Kukkuṭapāda giri, 鷄足山)로 가서 입멸했다. 꾹꾸따빠-다 기리는 붇다하가 야에서 50km 정도 떨어진 곳이다. 그는 그곳 부호 외아들이었다.

25. 중국선종은 붇다하 법이 마하-깟싸빠에게 전해졌다고 상징조작했다.

4) 다문제일 아-난다

26. 아-난다(Ānanda, 阿難, 慶喜)는 붇다하 4촌동생이다. 붇다하가 출가한 지 12년 만에 고향을 방문하자 붇다하를 따라 출가했다.

27. 붇다하 나이 55세부터 80세에 입멸할 때까지 25년 동안 붇다하를 시봉했다. 기억력이 좋아서 한 번 들은 것은 모두 암송할 수 있었기 때문에 다문제일(多聞第一)이라고 한다.

28. 붇다하 입멸 후 라-자가하 웨루봐나에서 열린 제1차 전인도수행자대회 때 붇다하가 다른 사람에게 수행지도한 내용을 모아 암송한 것이 오늘날 경장이다.

29. 아-난다는 붇다하가 살아있을 때는 수행을 게을리해서 쏘따-빳띠 막가파라만 성취했다. 붇다하 입멸 후 마하-깟싸빠 지도로 아라한뜨 막가파라

를 성취했다. 아난다는 붇다와 마하-깟싸빠를 스승으로 모신 행운을 누렸다.

30. 붇다가 입멸할 때 그 슬픔을 억누르지 못하고 크게 슬퍼했는데 꾸씨나-라- 열반상 좌대에 땅을 치며 통곡하는 수행자조각이 아-난다를 모델로 했다. 그 옆에 묵묵하게 앉아 좌선하는 분은 아난다 4촌형님인 아누룻다다. 붇다가 임종할 때 4촌동생이자 평생동지로 함께 산 아-난다와 아누룻다가 곁을 지켰다.

31. 아난다는 붇다를 시봉하면서 약간 넘쳤던 것 같다. 붇다 입멸 후 마하-테라(Mahāthera, 大長老)로부터 큰 질책을 받았다. 마하-깟싸빠가 주도한 제1차 전인도수행자대회에 참석도 허락되지 않았고 짧은 기간 동안 대중과 격리됐다.

32. 이후 마하-깟싸빠 지도로 열심히 정진해 제1차 전인도수행자대회가 열리던 날 새벽 밤새워 정진했지만 붇다 거룩한 법을 만날 수 없자 행선에 지친 몸을 쉬기 위해 침대에 걸터앉는 순간 아라한뜨 막가파라를 성취했다고 한다. 그리고 아침에 수행자대회에 아라한뜨 자격으로 참석할 수 있었다.

33. 아난다는 멋있게 생겼다고 한다. 아-난다는 유달리 여자와 관련돼 구설수가 많았다. 아-난다는 부드럽고 자상한 성격으로 여자에게 인기가 많았다. 자비심이 많았던지 다른 사람 유혹에도 잘 넘어갔다.

34. 아난다는 붇다 새어머니 마하-빠자빠띠 고따미-와 출가 전 부인인 야쏘다하라-가 출가를 원하자 거부하는 붇다를 설득해 출가를 허락받는다*.

35. 붇다 직계제자 가운데 가장 오래 살았다. 마하-깟싸빠로부터 교단을 물려받아 교단운영을 책임졌다.

36. 아-난다 제자는 오늘날 보팔 부근인 서남방 웃제인 지역에서 많이 활동했다. 웨싸-리-에서 열린 제2차 전인도수행자대회는 그의 제자가 주도했다.

5) 지계제일 우빠-리

37. 우빠-리(Upāli, 優波離)는 출가하기 전 까삘라 밧투 왕실이발사였다. 우빠-리는 지계제일(持戒第一)이라고 한다.

38. 왕자가 출가하자 따라왔다가 자기도 허락받아 출가했다. 이때 붇다하는 왕자자만심도 꺾고 평생 그들을 위해 봉사한 이발사를 배려해 먼저 머리깎아 출가시킨 후 왕자보다 윗자리에 앉혔다. 왕자도 붇다하의 이런 배려를 기꺼이 받아들였다. 이후 열심히 수행해 아라한뜨 막가파라를 성취했다.

39. 우빠-리는 출가 후 자기전공을 살려 새로 출가하는 사람이 있으면 머리를 깎아주고 수계식을 도왔다. 이런 인연으로 인해 붇다하 입멸 후 교단에 분쟁이 일어나면 우빠-리가 해결했다*.

붇다하 코미디

여자출가자가 늘고 사람이 많다보니 말썽이 자주 일어나자 붇다하는 아-난다에게 다음과 같이 말했다고 한다. 「그대가 여자를 출가시키자고 했으니 앞으로 여자문제는 그대 선에서 해결하라.」 역시 붇다하 답다.

역할분담

불교교단은 여러 계층이나 직업을 가진 사람이 출가해 공동체를 구성한다. 그렇다보니 다양한 능력을 가진 사람이 많다. 그들 대부분은 자기가 가진 기술이나 능력을 사용해 포교활동, 교단운영, 아-라-마 관리 등을 한다. 대개 지식인이 출가하면 다른 사람에게 수행지도하거나 법문으로 붇다하 가르침을 가르쳤다. 하층민이 출가하면 자기가 가진 기술을 살려 아-라-마를 관리하거나 필요한 일을 했다. 신라하대 당에서 보드히다함마 계통 수행법을 배워 와 9산선문을 개창한 조사를 보아도 비슷하다. 6두품출신 지식인은 수행지도와 법문에 주력했고 하층민출신 진감혜소(眞鑑慧昭, 774~850)는 쌍계사에서 음악(梵唄)으로 대중교화했다.

40. 처음 출가하면 머리깎고 계를 받는다. 이때 계받는 순서에 따라 교단서열이 정해진다. 그러다 서열에 관한 분쟁이 일어나면 머리깎아준 사람이 증명하면 분쟁이 쉽게 조정됐다. 초기교단은 우빠-리가 그 역할을 했다. 우빠-리는 교단분쟁 조정자역할을 했다.

41. 붇다하 입멸 후 라-자가하 웨루봐나에서 행해진 제1차 전인도수행자대회에서 붇다하가 제정한 수행자 행동규범에 관한 내용을 암송한 것이 오늘날 율장이다.

6) 천안제일 아누룻다하

42. 아누룻다하(Anuruddha, 阿那律, 無滅)는 아-난다와 마찬가지로 붇다하 4촌동생이다.

43. 붇다하가 출가한 지 12년 만에 고향을 방문할 때 아-난다와 함께 출가했다. 아누룻다하는 수행으로 천안통(dibba cakkhu, 天眼通)이 열렸다. 그래서 천안제일(天眼第一)이라고 한다.

44. 유난히 잠이 많아 붇다하가 수행지도하거나 법문할 때 늘 앉아 졸았다. 하루는 졸다가 붇다하로부터 꾸지람을 듣고 이후부터 잠자지 않고 정진해 아라한뜨 마가파라를 성취했다.

45. 그 과정에서 실명해 남은 생을 시각장애인으로 살았다. 실명한 아누룻다하가 바늘에 실을 끼지 못하자 붇다하가 실을 끼어주기도 했다.

46. 붇다하가 79세 되던 해 라-자가하를 출발해 고향인 까삐라봤투로 가 입멸하겠다고 길을 떠나자 아-난다와 함께 그 길을 떠났다.

47. 꾸씨나-라-에서 아-난다와 함께 붇다하 입멸을 지켜보면서 나눈 대화는 인상적이다. 평생을 함께한 형제이자 동지죽음을 함께하면서 많은 생각

이 스쳐지나 갔지만 그것을 묵묵히 받아들이고 알아차림했다*.

48. 붇다하가 입멸에 들자 슬픔에 잠긴 아-난다를 위로하고 좌선하면서 실재를 관찰했다. 꾸씨나-라- 열반상좌대에 새겨진 돌아앉아 좌선하는 상은 아누룻다하라고 한다.

7) 설법제일 뿐나

49. 뿐나(Puṇṇa, 富樓那, 滿願子, 滿慈子)는 붇다하 제자 가운데 대중연설을 가장 잘 했다. 그래서 설법제일(說法第一)이라고 한다.

50. 뿐나는 붇다하를 만나 싸띠수행으로 아라한뜨 막가파라를 성취한 후 다른 사람에게 수행지도하기 위해 한 곳에 머물지 않고 인연닿는 대로 다니면서 법문했다.

51. 뿐나는 대중연설을 잘 했다. 그는 대중정서를 잘 이해하고 감성을 자극하는 선동에 능했다. 그는 마음과학과 싸띠수행이 자유와 행복으로 인

동생 코메디

붇다하는 친동생을 비롯해 많은 친척을 출가시켜 함께 수행했다. 그들이 초기교단을 정착하는 데 크게 기여했다. 그만큼 말썽도 많이 피웠고 살면서 한 코메디했다. 붇다하가 꾸씨나-라-에서 입멸할 때도 4촌동생인 아-난다와 아누룻다하가 함께 임종을 지켰다. 이때도 둘이서 한 코메디했다. 이때 아누룻다하는 아라한뜨고 아-난다는 쏘따-빳띠였다.

붇다하가 누워 숨을 거두려고 초선에서 시작해 막가파라에 들었다가 초선으로 내려와서 다시 4선으로 올라가는 과정에서 곁에 있던 아-난다가 형님인 아누룻다하에게 물었다.

아-난다 : (곁에 있는 아누룻다하를 돌아보며 물었다)
　　　　　형님이 죽었나(붇다하가 입멸했나요).

아누룻다하 : 아니 아직 죽지(입멸하지) 않았다.
　　　　　아마 지금쯤 4선에 들었을 거다.

이때 붇다하 나이 여든, 두 동생 나이가 60~70살 정도였다. 그림이 그려진다.

도할 것이라는 확고한 믿음을 갖고 활동했다.

52. 한 번은 붇다하가 수행지도를 위해 나서는 뿐나에게 「그곳 사람은 거칠다고 들었는데 괜찮겠느냐?」고 묻자 뿐나는 「그들이 나에게 욕을 하면 때리지 않아 좋다고 생각할 것이고, 돌을 던지면 몽둥이로 때리지 않아 좋다고 생각할 것이고, 몽둥이로 때리면 죽이지 않아 좋다고 생각할 것입니다.」라고 대답하고 떠났다.

8) 논의제일 깟짜-야나

53. 깟짜-야나(Kaccāyana, 迦栴延)는 붇다하 제자 가운데 가장 논리적이었다.

54. 뿐나가 감성적이고 선동적인 대중연설에 뛰어났다면 그는 지성적이고 논리적이어서 듣는 사람이 이해하기 쉬웠다. 그는 일대일 토론에 능했다고 한다. 그래서 논의제일(論義第一)이라고 한다. 열심히 수행해 아라한 뜨 막가파라를 성취했다.

55. 붇다하가 태어난 후 관상을 본 아씨따 선인이 깟짜-야나 외삼촌이다.

56. 아씨따는 자기는 얼마 살지 못하지만 방금 관상을 본 아이는 세상에 있으면 평등과 평화, 공존과 원칙에 입각해 세상을 다스리는 전륜성왕이 될 것이고 출가수행하면 마음갈증을 해결해 자유와 행복으로 가는 길을 인도할 붇다하가 될 것이라고 예언했다. 그리고 조카인 깟짜-야나에게 장차 싸꺄 족에서 붇다하가 났다고 하면 바로 이분일 것이니 스승으로 모시고 수행하라고 유언했다.

57. 그러나 깟짜-야나는 외삼촌 말을 깜박잊고 자기가 도달한 학문에 만족하고 자만심에 빠져 세월을 보냈다. 그러던 중 붇다하가 위대하다는 말을

들고 도전하러 왔다가 토론에 지고나서 외삼촌 말이 생각나 반성하고 붇다하 제자가 됐다.

58. 아-난다는 서남방면에서 활동했고 깟짜-야나는 주로 마투라-나 간다하-라 등 서북방면에서 활동했다.

9) 무쟁제일 쑤ㅂ후-띠

59. 쑤ㅂ후-띠(Subhūti, 須菩提, 善現)는 붇다하 제자 가운데 분쟁을 싫어 하고 대중이 화합하며 살 수 있도록 노력한 제자다.

60. 쑤ㅂ후-띠는 평화를 사랑했고 분쟁을 싫어했기 때문에 무쟁제일(無諍 第一)이라고 한다. 열심히 수행해 아라한뜨 막가파라를 성취했다.

61. 쑤ㅂ후-띠가 태어나자마자 집안가구가 갑자기 모두 사라져 집 안이 텅 비었다고 한다. 가족이 놀라 관상가에게 묻자 「이 아기는 장차 아라한 뜨 막가파라를 성취하고 실재가 조건지어져 있다는 것(緣起)과 조건지어진 존재본성(물리특성)은 고정해있지 않고 끊임없이 변한다는 것(空)을 통찰 할 것입니다.」 라고 말했다. 그제야 안심하고 훌륭한 자손이 태어난 것을 기뻐했다.

62. 이런 인연으로 훗날 붇다하를 만나 열심히 수행해 해공제일(解空第 一)이라는 또 다른 별칭을 듣는다. 그는 제따봐나를 창건한 쑤닷따 장자 동 생이다. 오랜 동안 제따봐나에 머물며 수행했다.

10) 밀행제일 라-후라

63. 라-후라(Rāhula, 羅睺羅, 障碍)는 붇다 하나뿐인 아들이다. 가급적 대중을 피해 한적한 곳에서 수행과 선행을 했기 때문에 밀행제일(密行第一)이라고 불렀다.

64. 라-후라가 태어날 무렵 붇다는 출가하려고 마음먹고 있었다. 그때 아들이 태어나자 붇다는 「이 아이가 내 삶에 장애물이 될 것이다.」라고 한탄했다. 이 말을 들은 붇다 아버지가 그것으로 이름을 지었는데 그게 라-후라이다. 라-후라가 태어난 직후 붇다는 출가한다. 그리고 12년 지나 고향으로 돌아온 아버지를 따라 출가했다.

65. 청년시절에는 말썽도 많이 피웠지만 붇다로부터 따끔한 질책을 받고 열심히 수행해 아라한뜨 막가파라를 성취했다.

66. 12년 만에 고향으로 돌아온 붇다는 왕궁으로 가지 않고 거리에서 탁발해 나무 밑에서 공양했다. 이것을 가슴 아프게 생각한 부왕은 니ㄱ로다 하 아-라-마를 지어 그곳에 붇다가 거처할 수 있도록 했다.

67. 그런데 출가하기 이전 아내였던 야소다하라-가 라-후라에게 저 분이 너의 아버지니 가서 생활비를 달라고 하라며 시켰다. 어린 라-후라가 대중에게 수행지도하는 붇다에게 생활비를 달라고 하자 붇다는 아무 말없이 아-라-마로 데리고 돌아갔다. 이때 따라다니며 보배를 달라는 라-후라를 싸-리뿟따에게 시켜 머리깎아 출가시켰다.

68. 어린 나이에 출가하니 저녁에 배고프다고 칭얼대자 붇다는 20세 이하 어린아이가 출가하면 오후에 음식을 먹어도 된다고 규정을 새로 만들었다.

69. 밀교부는 붇다 법이 라-후라를 통해 전해졌다고 주장하고 초조(初

祖)로 모신다.

6. 32상

1. 고대인도인은 전쟁을 종식하고 평화를 정착하고 물리적 강압수단보다 진리로 세상을 다스릴 위대한 인물 탄생을 기다렸다. 이 위대한 인물이 세속에 있으면 전륜성왕이라 하고 출가하면 붇다하라고 생각했다.

2. 이 위대한 인물은 몸에 이런저런 몇 가지 특징을 가지고 태어나는 것으로 생각했다. 그런 특징이 하나 둘 추가되면서 32상(dvattiṁsa mahāpurisa lakkhaṇa, 三十二大人相, 三十二相)으로 정형화됐다.

3. 이런 상징조작 때문에 붇다하 몸에도 32가지 특이한 상이 존재한다고 믿었다. 그래서 불상을 조각할 때도 32상에 따라 만든다. 32상은 불교뿐만 아니라 자이나교 등 다른 인도종교에서도 공통으로 나타난다.

4. 자료마다 32상항목이 조금씩 다르다. 범마경(Brahmāyu sutta, 梵摩經)에 나오는 32상은 다음과 같다.

(표23) **32상**

① 족안평상(suppatiṭṭhita pāda, 足安平相): 발바닥이 평평함.

② 족천복륜상(sahassāra, 足千輻輪相): 발바닥에 법륜상이 있음.

③ 족근원장상(āyata paṇhin, 足跟圓長相): 넓고 원만한 발꿈치를 가지고 있음.

④ 수지섬장상(dīghāṅgula, 手指纖長相): 손가락이 가늘고 긺.

⑤ 수족유연상(mudu taluṇa hattha pāda, 手足柔軟相): 손발이 부드럽

고 유연함.

⑥ 수족망만상(jāla hattha pāda, 手足網縵相): 손가락과 발가락 사이에 물갈퀴가 있음.

⑦ 족질단후상(ussaṅkha pāda, 足跌端厚相): 복사뼈가 높이 솟아 있음. *발등이 높고 원만함.

⑧ 천여록왕상(eṇijaṅgha, 腨如鹿王相): 장딴지가 사슴과 같이 잘록함.

⑨ 수과슬상(ṭhitaka, 手過膝相): 똑바로 서면 손이 무릎에 닿음

⑩ 마음장상(kosohita vattha guyha, 馬陰藏相): 성기가 말처럼 몸속에 들어가 있음.

⑪ 신금색상(suvaṇṇavaṇṇa, 身金色相): 몸에서 금빛이 남.

⑫ 피부세골상(sukhuma cchavi, 皮膚細滑相): 피부가 부드럽고 때가 끼지 않음.

⑬ 공생일모상(ekeka-loma, 孔生一毛相): 털이 한 구멍에 하나씩 남.

⑭ 신모우선상(uddhagga-loma, 身毛右旋相): 털이 오른쪽으로 감겨 올라감.

⑮ 신여범신상(brahmujjugatta, 身如梵神相): 몸이 범신처럼 단정함.

⑯ 7처충만상(satta ussada, 七處充滿相): 몸에 7군데 융기된 곳이 있음. * 양손, 양발, 양어깨, 머리

⑰ 신여사자상(sīhapubbaddhakāya, 身如獅子相): 몸의 상체가 사자처럼 당당함.

⑱ 양액만상(citantaraṁsa, 兩腋滿相): 양어깨사이 패인 곳이 없는 충만한 어깨를 지님.

⑲ 신분원만상(nigrodha parimaṇḍala, 身分圓滿相): 양손을 뻗은 길이가 키길이와 같음.

⑳ 견원만상(samavatta khandhā, 肩圓滿相): 양어깨가 풍만하고 당당
　함.

㉑ 득최상미상(rasagga saggī, 得最上味相): 최상미각을 지님.

㉒ 사자협거상(sīhahanu, 獅子頰拒相): 사자와 같은 턱을 가짐.

㉓ 구사십치상(cattārīsadanta, 具四十齒相): 치아가 40개임.

㉔ 치제평밀상(samadanta, 齒齊平密相): 치아가 가지런함.

㉕ 치백제밀상(avivaradanta, 齒白齊密相): 치아가 틈이 없이 빽빽함.

㉖ 아치선백유광명상(susukkadāṭha, 牙齒鮮白有光明相): 치아가 희고
　빛남.

㉗ 광장설상(pahūtajivha, 廣長舌相): 혀가 얼굴을 덮을 정도로 길고 넓
　음.

㉘ 범음성상(brahmassara, 梵音聲相): 목소리가 천상소리 같음.

㉙ 목감청상(abhinīlaṇetta, 目紺靑相): 깊고 푸른 눈을 가짐.

㉚ 우왕첩상(gopakhuma, 牛王睫相): 황소와 같은 속눈썹을 가짐.

㉛ 미간백호상(uṇṇā, 眉間白毫相): 양 눈 사이에 흰 털이 있음.

㉜ 정성육계상(uṇhīsasīsa, 頂成肉髻相): 머리 꼭대기에 살이 상투처럼
　솟아있음.

5. 좋다는 것을 하나하나 모아놓고 보니 조화없고 어울리지 않는 상당히
이상한 모습이다.

7. 전생이야기

1. 고따마 씻ㄷ핫타가 출가해 자유로운 삶, 청정한 삶, 행복한 삶, 공존하는 삶으로 가는 길을 발견한 후 스스로를 진리발견자, 자유와 행복으로 가는 길을 발견한 자란 의미인 붇ㄷ하(Buddha, 佛陀, 覺者)라고 불렀다.

2. 그러나 깨닫기 전 수행자시절을 부를 때는 성이나 이름을 부르지 않고 깨달음을 추구하는 사람이란 의미로 보ㄷ히씻따(boddhisatta, 菩提薩陀, 菩薩)라고 불렀다.

3. 세월이 흐르면서 사람은 이렇게 훌륭한 사람이 금생수행으로 아라한뜨 막가파라를 성취할 수 없고 과거전생 많은 공덕을 쌓아 금생에 붇ㄷ하를 성취한 것으로 상징조작했다.

4. 붇ㄷ하 과거를 전생으로 확장하고 상징조작해 소설로 재구성한 것이 붇ㄷ하 전생이야기인 자-따까(Jātaka, 闍多迦, 本生譯)다.

5. 자-따까를 쓴 사람은 두 가지 의도를 가졌던 것 같다. 하나는 붇ㄷ하공덕을 찬양하고 다른 하나는 당시 나태한 수행자를 붇ㄷ하 전생이야기를 빌려 질타했다*.

6. 「붇ㄷ하가 전생에 수행하던 시절 이와 같이 열심히 수행했고 그것이 공덕이 돼 금생에 붇ㄷ하를 이뤘습니다. 그런데 지금 스님이 수행하는 것을 보니 이기적이고 게으르고 근시안적이기 때문에 그렇게 수행해서는 붇ㄷ하를 이루기 힘들 것 같습니다. 각성하시지요.」이런 내용이다.

7. 이런 내용을 담고있는 자-따까는 긴 세월동안 지속적으로 창작돼 현재 547편이 전해진다. 이솝우화의 상당부분이 자-따까를 각색한 것이고 별주부전도 자-따까에서 온 것이다.

8. 547편의 자-따까 내용을 다찌하나 히데미기(立花俊道)가 쓴《考證佛

陀傳》에서 분석한 것에 따르면 다음과 같다※.

표24 붇ㄷ하 전생이야기 등장인물

구 분	회 수	세 부 내 용
사람	325회	고행자 82회, 국왕 59회, 대신 27회, ㅂ라-ㅎ마나(婆羅門) 22회, 교사 21회, 현자 19회, 장자 18회, 왕자 17회, 사제 13회, 상인 9회, 가신 5회, 전타라 5회, 거사 4회, 코끼리 조련사 2회, 도공 2회, 현명한 어린이 2회, 농부 1회, 곡예사 1회, 기예사 1회, 이발사 1회, 사수(射手) 1회, 도적 1회, 곡물상 1회, 소라부는 사람 1회, 악사 1회, 마부 1회, 강도 1회, 평가원 1회, 선원 1회, 대장장이 1회, 도박꾼 1회, 석공 1회, 북치기 1회, 목수 1회.
천인 신 괴물	76회	수신(樹神) 31회, 제석천 22회, 잡신 12회, 범천 4회, 용왕 3회, 금시조 2회, 긴나라 1회, 하늘 새 1회, 수류(獸類) 1회.
동물	55회	원숭이 11회, 사슴 11회, 사자 10회, 코끼리 7회, 소 6회, 말 3회, 쥐 2회, 들소 2회, 토끼 1회, 개 1회, 돼지 1회.
새	53회	백조 9회, 앵무새 8회, 비둘기 6회, 메추라기 6회, 새매 4회, 새 4회, 갈가마귀 3회, 공작새 3회, 금거위 2회, 닭 2회, 딱따구리 2회, 자그새 1회, 잼부카 1회, 쿠나라새 1회, 싱기라새 1회.
기타	8회	도마뱀 3회, 개구리 1회, 사왕(蛇王) 1회, 물고기 3회.

간접화법

중국에서 선비가 왕과 대화할 때는 가능한 직접화법을 쓰지 않았다. 왜냐하면 그 내용이 옳다고 해도 왕의 기분을 살펴야 하는 입장이었기 때문이다. 따라서 고사를 즐겨 인용해 우회적으로 자기가 할 말을 하는 방법을 사용했다. 고대인도도 마찬가지다. 수행자를 직접비판하기보다 붇ㄷ하 전생이야기를 만들어 간접비판 방법을 사용했다.

立花俊道 著,《考證佛陀傳》, 미래사, 서울, p.32~37

8. 입멸과 다비

1. 붇ㄷ하가 꾸씨나-라-에서 입멸하자 마하-깟싸빠 주도로 출가수행자와 재가수행자가 함께 붇ㄷ하 유해를 다비(āḷāhana kicca, 茶毘, 火葬)하고 싸리-라를 수습했다.

1) 다비

2. 붇ㄷ하는 입멸 전에 아-난다가 장례를 어떻게 해야 할지 묻자 붇ㄷ하는 왕의 수준으로 치르라고 말하고 절차를 자세히 일러주었다.

3. 누가 주관할 것인지 묻자 재가수행자가 알아서 할 것이므로 출가수행자는 수행에 전념하라고 말했다.

4. 붇ㄷ하가 입멸하자 유언대로 재가수행자가 주관해 7일장을 치른다. 입멸한 곳에서 다비장까지는 2km 정도 떨어졌다. 가는 길은 참석한 사람이 뿌린 꽃으로 무릎까지 꽃이 쌓였다고 한다. 준비한 장작[citaka, 香積]으로 유해를 화장했다. 지금도 화장한 장소에 큰 투-빠가 있다.

2) 싸리-라

5. 붇ㄷ하 유해는 화장했다. 처음에 불을 붙였지만 잘 붙지 않았다. 그러다 마하-깟싸빠가 와서 붇ㄷ하 유해에 참배한 후 불을 붙여 화장했다.

6. 화장한 지 2시간 정도 지나 피부가 타고 내장이 타자 향수를 부어 불을 껐다. 타다 남은 유골인 싸리-라(sarīra, 舍利, 遺骨)는 반 되쯤 들어가는 조그만 항아리[doṇa, 頭那, 桶] 8개 분량이었다.

7. 인도는 화장할 때 뼈가 완전히 탈 때까지 태우지 않는다. 대개 한두 시간 지나 내장이 어느 정도 타면 물을 부어 불을 끄고 나머지는 강물에 넣는다. 그러면 끝이다.

8. 이때 타다 남은 유골을 인도말로 싸리-라라고 한다. 오늘날은 스님이 입멸하면 화장하고 발견되는 진주와 같은 영롱한 구슬을 싸리-라라고 한다. 그러나 원래는 일반유골을 싸리-라라고 한다. 사리는 싸리-라 한문음사다.

9. 붇다하 싸리-라는 그냥 뼛조각이다. 구슬과 같은 싸리-라는 찾아볼 수 없다. 대개 구슬형태를 붇다하 진신 싸리-라고 주장하면 고민해볼 일이다.

10. 현재 붇다하 진신 싸리-라로 추정되는 것은 1973년 붇다하 고향인 까삐라봣투 투-빠에서 발견돼 인도 뉴델리 국립박물관에 봉안된 것이 유일하다. 그 외 것은 대부분 가짜일 확률이 99.99%이다.

11. 오늘날 붇다하 진신 싸리-라라고 주장하는 것을 모으면 8톤 트럭 30대 분량 정도라고 한다.

12. 붇다하 유해를 화장해 수습한 진신 싸-리라는 많아야 무게가 2kg, 부피가 3~4되 정도다. 그 많은 싸리-라가 어디서 왔는지 궁금하다.

13. 한국은 신라 자장(慈藏, 650년대 활동)이 당 청량산 문수보살에게서 붇다하 진신 싸리-라를 받아와 양산 통도사(通度寺), 경주 황룡사(黃龍寺), 울산 태안사(泰安寺)를 비롯해 전국 다섯 곳에 봉안했다고 전한다. 이것을 5대 적멸보궁(寂滅寶宮)이라고 한다.

14. 이보다 더 확실한 것은 서울 조계사 대웅전 앞 9층탑에 봉안한 붇다하 진신 싸리-라다.

15. 이것은 1913년 스리랑카 불교개혁가 아나-가리-까 다함마빠-라 (Anāgārika Dhammapāla, 法護居士, 1864~1933)가 Mahābodhi Society(大覺會) 운동을 격려하기 위해 미국과 일본을 거쳐 한국에 왔다

가 한국스님이 열심히 수행하는 것을 보고 감동받아 자기가 모시고 있던
붇다 진신 싸리-라를 조계사에 기증해 모신 것이다.

16. 이 싸리-라는 인도정부가 불교유적지를 발굴하는 과정에서 발견한
것으로 순도 95% 이상 진품으로 알려진 붇다 진신 싸리-라다. 그러나 이
것이 인도 어디에서 출토된 것인지는 밝히지 않았다.

17. 현재 이 싸리-라와 동일한 싸리-라가 인도 미가다-야 스리랑카 아-
라-마에 모셔져 있다. 매년 10월 말에서 11월 초순까지 대중에게 공개한다.
이때는 전 세계에서 이 싸리-라를 친견하기 위해 많은 순례객이 모인다.

3). 싸리-라 상징

18. 붇다 입멸 후 당시 통치자나 친족이 붇다 싸리-라를 모시려고 한
것은 붇다를 존경한 측면도 있고 붇다 권위를 통해 민중을 통치하려는 상
징조작도 있었다.

19. 붇다가 활동한 고대인도는 계급제도(vaṇṇa, 色, caste)가 형성되던
시기였다. 이 시기는 개인능력을 중시하는 계급과 신분을 중시하는 계급이
혼재한 시기였다.

20. 창조주 브라흐마 신을 모시는 사제인 브라-흐마나(brāhmaṇa, 婆羅門)는
최상층부를 차지했고 정치나 전투를 담당한 캇띠야(khattiya, 刹帝利)가 그
다음 지위를 차지했다.

21. 현실적인 힘은 캇띠야가 잡고 있었지만 2등신분인 신분열등감을 붇
다를 통해 극복하려고 했다.

22. 민중이 존경하는 붇다가 바로 캇띠야 출신이라는 것을 드러내 「우
리계급에도 신과 같이 이렇게 훌륭한 붇다가 태어났다.」 그리고 일반민중

에게는 「민중이 존경하는 분을 내가 이렇게 잘 받들어 모시고 있으니 나를 믿고 따르라.」는 상징조작으로 사용했다.

23. 현실적로도 민중의 열렬한 지지를 받았던 붇ㄷ하 권위에 의지하면 수월하지만 외면하면 민중마음을 얻기도 힘들고 민중을 효과적으로 통제하기도 어려웠을 것이다.

24. 붇ㄷ하를 믿고 따르는 일반민중이 많았고 그들의 바람을 정치인이 수용해 붇ㄷ하 싸리-라 투-삐를 앞다퉈 건립했다.

25. 붇ㄷ하 입멸 후 일부 왕은 붇ㄷ하 싸리-라 투-빠를 자기영토에 건립해 봉안하려고 분쟁이 일어나 전쟁으로 비하될 기미가 보이자 도나(doṇa, 頭那, 桶) ㅂ히쿠가 여덟 개 항아리에 균등하게 담아 분배해 분쟁을 막았다.

26. 여러 가지 이유로 붇ㄷ하 싸리-라는 당시 강대국이 나눠가져 BCE 485년 전후로 사람이 많이 다니는 대로변에 붇ㄷ하 싸리-라 투-빠를 만들어 봉안했다.

27. 이렇게 만들어진 10개 근본 투-빠에 봉안된 붇ㄷ하 싸리-라는 붇ㄷ하 입멸 후 222년 뒤 BCE 264년 마우리아 아쏘까 왕에 의해 전 인도에 나눠 봉안됐다.

28. 붇ㄷ하 싸리-라를 두고 전쟁이 발생해 승리한 쪽에서 싸리-라를 탈취하기도 했다. 그들 대부분은 진심으로 붇ㄷ하를 존경하기도 했고 붇ㄷ하 싸리-라를 모시는 것 자체가 그들의 사회적, 정치적 권위를 한층 강화시켜주는 상징물이 되기도 했다.

29. 마가ㄷ하 아-자타쌋뚜 왕은 상당히 미묘한 입장이었다. 붇ㄷ하 입멸은 관점에 따라서는 자연사라기보다 정치타살로 볼 수 있는 의문점이 많았다.

30. 그 당시 아-자타쌋뚜 왕은 왓지와 전쟁하려고 준비하고 있었고 그것을 반대한 붇ㄷ하는 왓지 수도인 웨싸-리-에 머물며 수행한 후 고향으로 가

다 입멸했다. 이런 미묘한 입장은 민중으로부터 의심을 사기에 충분했다.

31. 아-자타쌋투 왕은 붇다 최대후원자였던 자기 아버지 빔비싸-라 왕을 죽이고 왕위를 찬탈했다. 이후 참회하고 붇다에게 귀의했다. 아-자타쌋투 왕은 붇다가 입멸했다는 소식을 듣고 기절했다고 한다.

32. 이런 복잡한 사정을 이해한 마하-깟싸빠는 붇다 입멸 후 교단수습을 위한 제1차 전인도수행자대회를 치르기 위한 재물을 아-자타쌋투 왕의 지원과 그곳에서 멀지 않은 자기집으로부터 필요한 재물을 공양받아 라-자가하 웨루봐나에서 개최했다.

33. 물론 여기는 붇다 고향과 가까운 싸-봤티 제따봐나를 피하려는 의도도 있었다. 그래야 아-난다를 비롯한 출가한 붇다 친족 영향력을 차단해 객관적이고 정확하게 붇다 가르침을 결정하고 전승할 수 있으리라고 보았기 때문이다. 또 웨루봐나는 불교 최초수행도량인 아-라-마라는 상징성도 있었다.

4) 불상등장

34. 붇다 입멸 후 500여 년 정도 지난 1세기 전후에는 붇다 싸리-라를 더 이상 물리적으로 나눌 수 없게 되자 대용품이 등장했다

35. 그것이 불상이다. 불상은 싸리-라를 대체해 급속히 대중성을 획득했다. 불상은 붇다 싸리-라 대용품으로 아주 훌륭했다*.

간다하-라와 마투라- 불상

인도 민족주의의 중심무대인 마투라-와 외세길목인 간다하-라에서 동시에 불상을 제작했다. 간다하-라에서 제작된 불상은 그리스 영향을 많이 받았고 마투라-에서 제작된 불상은 인도 민족주의 영향을 많이 받았다. 간다하-라에서 제작된 불상은 날렵하고 마투라-에서 제작된 불상은 투박하다. 석굴암 석가모니상은 간다하-라 양식과 마투라- 양

36. 불상등장은 이제까지 사람이자 스승으로 인식한 붇다하를 신으로 전환하는 계기가 됐다. 이전에는 붇다하를 존경하던 방식이 붇다하가 수행하던 장소나 싸리-라를 모신 투-빠참배로 한정됐다.

37. 그러나 불상이 만들어지자 불상은 신을 믿는 종교 신상(神像)과 같은 역할을 했다. 특히 힌두교 신을 불교 신으로 각색한 불보살을 믿는 대승부나 밀교부에서 불상제작을 선호했다.

38. 불교도는 처음에는 불상을 모시지 않고 붇다하 싸리-라를 봉안한 투-빠를 모셨다. 그리고 이 탑을 중심으로 수행도량인 아-라-마를 지었다. 지금도 적멸보궁에 가면 불상이 없고 붇다하 싸리-라를 모신 투-빠만 있다.

9. 근본 10투-빠

1. 붇다하를 화장하고 수습된 싸리-라는 8등분해 인도각지에 투-빠(thūpa, 塔婆)를 건립해 봉안했고 재와 재를 담았던 병도 두 군데 투-빠로 봉안했다. 이렇게 해서 근본 투-빠 10개를 건립했다. 그곳은 다음과 같다.

(표25) **근본 10투-빠**

① 마가다하 국이 라-자가하(Magadha, Rājagaha)에 싸리-라 투-빠
(Sarīra thūpa, 舍利塔婆) 건립.
② 릿차뷔 족이 웨싸-리-(Licchavi, Vesālī)에 싸리-라 투-빠 건립.

식이 혼합해 조각됐다. 마투라-는 힌두교에서 중요하게 생각하는 성지고 크리슈나 신앙 발상지다. 간다하-라는 외세가 인도로 들어오는 길목이다.

③ 싸꺄 족이 까삐라봣투(Sākiya, Kapilavatthu)에 싸리-라 투-빠 건
립

④ 알라깝빠 부리 족이 알라깝빠(Allakappabuli, Allakappa)에 싸리-
라 투-빠 건립

⑤ 라-마-가-마 꼬리야 족이 라-마-가-마(Rāmāgama koliya,
Rāmāgama)에 싸리-라- 투-빠 건립*

⑥ 웨타디-빠까 브라ㅎ마가 웨타디-빠(Vethadīpaka brahma, Vethadīpa)에
싸리-라 투-빠 건립.

⑦ 빠-봐- 말라 족이 빠-봐-(Pāvā Malla, Pāvā)에 싸리-라 투-빠 건립.

⑧ 꾸씨나-라- 말라 족이 꾸씨나-라-(Kusinārā Malla, Kusinārā)에 싸
리- 라 투-빠 건립.

⑨ 도나 브라-ㅎ마나(Dona brāhmaṇa)가 붇ㄷ하 화장한 재를 담은 병으로
병 투-빠(Kumbha thūpa, 瓶 塔婆) 건립.

⑩ 삡파리봐니야 모리야 족이 삡파리봐니야(Pipphalivaniya Moriya,
Pipphalivaniya)에 붇ㄷ하 화장한 재로 재 투-빠(aṅgāra thūpa, 灰 塔
婆) 건립.

우리가 잘 모신다

근본 10투-빠 가운데 9개는 아쏘까 왕이 BCE 250년 무렵 개봉하고 인도전역에 분배해 싸리-라 투-빠를 만들었다. 그러나 붇ㄷ하 외갓집이 있던 라-마-가마 꼬리야 족이 건립한 투-빠는 개봉하지 못했다. 투-빠를 열려고 사신이 오자 투-빠를 지키던 사람이 자기보다 더 잘 모실 수 있으면 개봉해도 좋다고 하면서 투-빠를 지극히 모셨다고 한다. 그 모습을 보고 감동받아 이 투-빠는 개봉되지 않고 현재까지 온전히 남아있다. 네팔 룸비니- 부근에 있다.

원전읽기

12장 붇ᄃ하 최초 말씀
13장 붇ᄃ하 마지막 말씀

4

올바르게 살고 열심히 살아라

붇다하 최초 말씀

project

check point

여기서는 붇다하가야에서 아라한뜨 막가파라를 성취하고 닙바-나를 체득하고부터 미가다-야에서 5ㅂ힉쿠에게 수행지도하고 불교교단을 형성한 6개월 동안 붇다하 행적을 통해 오리지널 붇다하 가르침을 배우고 익힌다.

1. 고따마 씻c핫타가 붇c하가야 보리수 아래서 아라한뜨 막가파라에 들어 닙바-나를 체득하고 무상정자각을 성취했다. 그곳에서 2개월 정도 머문 후 미가다-야로 가서 5ʙ힉쿠에게 수행지도하고 불교교단을 만든 초기 6개월 동안 활동내용을 담아놓은 것이 율장대품(Vinaya Pitaka Mahā Vagga, 律藏 大品)이다. 흔히 그 앞부분을 초전법륜경(初轉法輪經)이라고 한다.

2. 이 경은 불교경전 모태다. 붇c하는 초기 6개월 동안 법문하고 수행지도한 내용을 이후 45년 동안 듣는 대중에 따라 다양하게 설명했다.

3. 이 경은 거의 모든 불교핵심 개념을 담고있다. 이 경전을 보면 현실과 타협하지 않고 붇c하 입장에서 설명하는 오리지널 불교를 만날 수 있다.

1. 불교창시자

1. 붇c하는 초전법륜경 첫머리에서 지금부터 말하는 것은 스승없이 내가 혼자서 스스로 발견한 것이라고 분명히 선언했다.

2. 이것은 불교, 마음과학, 싸띠수행 등이 나의 창작품이고 이것은 내가 발견하고 만들었고 내가 책임진다는 자심감의 표현이자 위대한 선언이다. 경전은 다음과 같이 전한다.

「어느 때 붇c하(buddha, 佛陀, 覺者) ʙ하가봐(bhagava, 薄伽梵, 世尊)는 우루붸라 네란자야 강변 보리수 아래[bodhirukkhamūla, 菩提樹下]에 계셨다. 그곳에서 처음으로 스승없이 스스로 최상깨달음[abhisambuddha, 圓滿自覺]을 성취한 ʙ하가봐는 7일 동안 움직이지 않고 좌선(pallaṅka nisīdati, 坐禪, 平坐, 跏趺坐)하면서 해탈즐거움(解脫樂)을 누렸다.」

3. 붇다하가 아라한뜨 막가파라에 들어 최상깨달음을 이룬 날은 전통적으로 BCE 531년 음력 4월 15일 보름날 새벽이라고 한다. 티베트나 중국은 음력 12월 8일이라고 믿는다. 이 순간은 깨달음을 이룬 후 7일이 지난 음력 4월 22일쯤이다.

2. 연기, 자연중심 사고

1. 붇다하는 자기가 만든 마음과학과 싸띠수행이 신과 윤회를 믿고 따르는 비과학적, 비논리적, 주관적, 신비적, 미신적이 아닌 자연법칙을 중시하는 과학적, 논리적, 객관적 가르침이라고 강조했다. 그 핵심개념이 연기와 공이다.

2. 연기는 존재 구성원리를 설명하고 공은 존재 물리특성을 설명한 개념이다.

3. 연기는 단순히 존재를 설명하고 관념이 형성되고 행동이 학습되는 과정만 설명한 것이 아니라 이제까지 믿어온 세계관을 바꾸고 존재를 인식하고 이해하고 행동하는 관점을 바꾼 개념이다*.

4. 붇다하가 연기법을 주장한 것은 그 당시 고대인도 사람이 신과 윤회를

지동설과 천동설

중세 유럽은 크리스트교 영향이 컸다. 중세 유럽인은 크리스트교에서 주장하는 대로 지구를 중심으로 태양계가 움직인다고 믿었다. 이것이 천동설(天動說)이다. 1600년대에 이르면 많은 과학자가 등장해 태양을 중심으로 지구가 돈다는 지동설(地動說)을 주장했다. 이것은 어느 행성을 중심으로 다른 행성이 돈다는 과학적 사실만을 의미하지 않는다. 종교적 믿음과 신뢰를 부정하는 큰 사건이었다. 신을 인정하고 신의 논리에 따라 살 것인지 신을 부정하고 자연법칙에 기초해 살 것인지를 결정한 중요한 사건이다.

믿고 따르는 허구적인 가치관을 버리고 자연중심의 객관적이고 과학적인 사유체계를 갖춘 것을 의미한다. 경전은 다음과 같이 전한다.

「그러던 중 밤이 시작될 무렵 연기(paṭicca samuppāda, 緣起)를 발생하는 대로[anuloma, 順觀] 그리고 소멸하는 대로[paṭiloma, 逆觀]로 관찰했다.」

3. 12연기

1. 연기는 존재 구성원리를 설명한 개념이다. 관념이나 행동도 마찬가지다. 이것은 신이나 윤회에 의해 형성된 것이 아니라 자기 스스로 학습하고 만든 것이다.

2. 붇다하는 관념이 형성되는 과정과 행동이 학습되는 과정을 12단계로 나눠 설명했다. 이것이 12연기(dvādasa paṭicca samuppāda, 十二緣起)다.

3. 신을 믿는 사람은 자기성격이나 마음상태가 신의 의지에 따라 만들어진 것이라고 믿었고 윤회를 믿는 사람은 전생업보라고 믿었다.

4. 붇다하는 신이나 윤회를 믿지 않았기 때문에 관념형성이나 행동학습이 오직 자기 스스로 행위에 의해 이뤄지는 것으로 보았고 자기행동에 책임져야 한다고 주장했다. 12연기는 다음과 같다.

「① 편견[avijjā, 無明]에 기초해 ② 의도[saṅkhāra, 行, 有爲]가 발생하고,
　　의도에 기초해 ③ 분별[viññāṇa, 識]이 발생하고,
　　분별에 기초해 ④ 관념[nāmarūpa, 名色, 개념]이 발생한다.

관념과 ⑤감각기관[saḷāyatana, 六處]이 결합하고,

감각기관에 기초해 ⑥ 접촉[phassa, 觸]이 발생하고,

접촉에 기초해 ⑦ 감각느낌[vedanā, 受]이 발생하고,

느낌에 기초해 ⑧ 마음갈증[taṇhā, 愛]이 발생하고,

마음갈증에 기초해 ⑨ 집착[upādāna, 取]이 발생하고,

집착에 기초해 ⑩ 삶의 흔적[bhava, 有]이 남는다.

삶의 흔적이 쌓여 ⑪ 새로운 삶[jāti, 生]이 발생하고,

 삶에 기초해 ⑫ 늙음[jarā, 老], 죽음[maraṇa, 死], 슬픔[soka, 愁], 비통[parideva, 悲], 괴로움[dukkha, 苦], 근심[domanassa, 憂], 고뇌[upāyāsa, 惱] 등이 얽혀 삶이 흘러간다. 이렇게 해서 ⑬ 괴로움[dukkha khandha, 苦蘊]이 일어난다.

진실로 모든 탐욕을 제거해

편견을 남김없이 소멸하면 의도가 사라지고,

의도가 소멸하면 분별이 사라지고,

분별이 소멸하면 관념이 사라진다.

감각기관과 (관념)결합이 사라지면 접촉이 사라지고

(접촉은 있고 접촉 다음에 마음작용이 일어나되 그것에 구속되지 않는다.)

접촉이 소멸하면 느낌이 사라지고,

느낌이 소멸하면 마음갈증이 사라지고,

마음갈증이 소멸하면 집착이 사라지고,

집착이 소멸하면 삶의 흔적도 사라진다.

삶의 흔적이 소멸하면 새로운 삶이 사라지고, 새로운 삶이 소멸하면 늙음, 죽음, 슬픔, 비통, 괴로움, 근심, 고뇌 등이 사라진다. 이렇게 해서 괴로움이 소멸한다.」

5. 12연기는 사람이 어떻게 관념을 형성하고 행동을 학습하는지 그 과정을 상세히 밝힌 것으로 붇다하가 마음과학과 싸띠수행을 설명하는 이론토대가 된다.

6. 붇다하는 12연기로 삶을 분석하고 설명했다. 12연기를 듣는 사람 근기에 따라 세분화해 펼치기도 하고 압축해 오므리기도 했다.

4. 오도송

1. 붇다하는 보리수 아래서 아라한뜨 막가파라를 성취하고 난 후 그 즐거운 감흥을 시로 읊었다. 그것이 오도송(Paṭhama Bodhi Gāthā, 悟道頌)이다.

2. 오도송은 네 개가 있다. 그 가운데 세 개는 마음속으로 읊었고 하나는 소리내 읊었다고 한다. 처음 세 개는 초전법륜경에 나오고 마지막 오도송은 법구경(Dhammapada, 法句經)에 나온다. 오도송은 12연기를 순관과 역관한 후 읊었다. 붇다하 오도송은 다음과 같다.

1) 첫 번째 오도송

「열심히 정진한 수행자에게
 진실로 법칙이 드러나고 모든 의심이 사라졌다.
 그것은 괴로움원인이 일어나는 ㄷ함마[sahetu dhamma, 有因法]를
 분명히 깨달았기 때문이다.」

2) 두 번째 오도송

「열심히 정진한 수행자에게
 진실로 법칙이 드러나고 모든 의심이 사라졌다.
 그것은 괴로움원인이 소멸하는 ㄷ함마[paccaya khaya, 緣滅法]를
 분명히 깨달았기 때문이다.」

3) 세 번째 오도송

「열심히 정진한 수행자에게
 진실로 법칙이 드러나고 모든 의심이 사라졌다.
 하늘에 떠있는 태양처럼
 악마군대를 파괴했다.
 (태양이 떠오르면 구름이 걷히듯 아라한뜨 막가파라를 성취하고
 모든 아-싸봐를 소멸했다.)」

4) 네 번째 오도송

「오랜 세월 생사윤회(saṁsāra, 輪廻) 속에서
　얼마나 힘든 삶을 살아왔던가.
　이 몸을 만드는 목수(gaha kāraka, 木手, 神)를 찾아 다녔지만
　끝내 찾지 못하고 수없는 생을 윤회하면서 고통을 받았다네.

　아, 집[dukkha, 苦痛]을 짓는 자[taṇhā, 渴愛]여!
　나는 이제 그대를 보았노라.
　너는 이제 더 이상 집을 짓지 못하리라.
　이제 모든 서까래[phāsukā, 流漏]는 부서졌고,
　대들보[gaha kūṭa, 無知]는 산산이 조각났고,
　내마음은 닙바-나[visaṅkhāragata, 離行作, 涅槃]에 이르렀고,
　모든 욕망은 파괴됐다네[khayajjhagā, 아라한뜨 막가파라를
　얻었다네.]」

5. 붇다하 4락

1. 붇다하가 보리수 아래서 아라한뜨 막가파라를 성취한 후 20일쯤 지나 갑자기 7일 동안 큰 비가 내렸다. 이때 킹코브라[nāgarāja, 龍王]가 붇다하 몸을 보호했다.

2. 비가 그치자 붇다하는 킹코브라에게 고마움을 전하는 법문을 했는데 그것이 붇다하가 즐기는 네 가지 즐거움[cattāro sukha, 四樂]이다. 붇다하 4

락은 다음과 같다.

「① 먼저 ㄷ함마(dhamma, 法)를 듣고 나중에 실천해 스스로 깨달아 홀로 있으면서 만족함[tuṭṭhā, 滿足]은 즐거움[sukha, 樂]이다.

② 다른 생명을 해치지 않는 것[abyāpajjha, 不害]도 즐거움이다.

③ 애욕(kāma, 愛慾)을 제거하고 세상살이에 집착하지 않는 것[saṁyamati, 無着]도 즐거움이다.

④ 자기에 대한 아만심(asmimāna, 我慢心)을 자제할 줄 아는 것은 진실로 최상즐거움이다.」

6. 범천권청

1. 처음 붇ㄷ하가 아라한뜨 막가파라를 성취했을 때는 자기가 발견한 것을 세상사람이 이해하지 못할 것으로 생각하고 다른 사람에게 전하는 것을 포기하려고 했다. 경전은 다음과 같이 전한다.

「붇ㄷ하가 홀로앉아 좌선할 때 다음과 같은 생각이[parivitakketi, 遍尋] 떠올랐다*. 내가 성취한 이 ㄷ함마(dhamma, 法)는 깊고[gambhīra, 深], 만나기 어렵고[duddasa, 難見], 이해하기 어렵고[duranubujjhati, 難覺], 고요하고

붇ㄷ하 한 생각

붇ㄷ하도 수행할 때 망상이 많이 떠오른 것 같다. 경전을 읽다보면 곳곳에 「조용히 좌선할 때 한 생각이 떠올랐다.」는 대목이 많이 나온다. 왜 붇ㄷ하 한 생각은 한 생각이고 일반수행자 한 생각은 망상이라고 할까?

[santa, 寂靜], 뛰어나고[paṇīta, 極妙, 勝妙], 심오하고[atakkāvacara, 深奧], 미묘하고[nipuṇa, 微妙], 지혜로운 사람만이 알 수 있다[paṇḍita vedeti, 智者感受]. 그러나 사람은 집착하기 좋아하고[ālayarāma, 喜悅], 집착을 즐기고[ālayarata, 熱中], 집착을 탐닉한다[ālayasammudita, 耽溺]. 집착하기 좋아하고, 집착을 즐기고, 집착을 탐닉하는 사람이 어떤 것이라도 「이것에 의지해 저것이 있다[idappaccaya, 此緣]」는 연기(paṭicca samuppāda, 緣起法)를 이해하는 것은 매우 어려울 것이다. 또한 모든 의도가 고요하고[sabbasaṅkhāra samatha, 諸行寂滅], 모든 바람이 소멸하고[sabbaupadhi paṭinissagga, 諸願捨離], 모든 마음갈증이 사라지고[sabbataṇhā khaya, 諸渴愛壞], 탐욕에서 벗어나고[virāga, 離貪], 괴로움을 제거하고[dukkha nirodha, 苦滅], 최상행복인 닙바-나(nibbāna, 涅槃, 寂滅)에 이르는 도리를 안다는 것도 참으로 어려울 것이다. 만일 내가 ㄷ함마를 설한다고 해도 다른 사람이 이해하지 못한다면 나만 피곤하고 힘들 뿐이다. 그때 ㅂ하가봐에게 다음과 같이 예전에 들어보지 못한 가-타-(gāthā, 偈頌)가 떠올랐다.

나는 매우 어렵게 성취했다. 그러나 지금 보여줄 수 없다. 탐욕(rāga, 貪)과 분노(dosa, 瞋)에 뒤덮인 사람이 이 ㄷ함마를 이해하기 어려울 것이다. 이 ㄷ함마는 흐름을 거스르고[paṭisota, 逆流], 미묘하고, 깊고[gambhīra, 深], 보기어렵고, 섬세하므로[aṇu, 細], 탐욕에 물들고[rāga ratta, 染貪], 어둠으로 뒤덮인[tama khandha, 無明蘊] 사람은 이해하기 어려울 것이다.

이와 같이 깊이 생각한 ㅂ하가봐는 설하지 않기로 했다. 그때 ㅂ라ㅎ마(brahma, 梵天) 싸함빠띠(sahampati)가 ㅂ하가봐 마음을 자기마음으로 알고[ceto pariya ñāṇa, 以心傳心, 他心通] 다음과 같이 생각했다.

아! 세상은 진실로 멸망하는구나. 아! 세상은 정말로 소멸하는구나. 따
타-가따(Tathāgata, 如來), 아라한따(Arahanta, 阿羅漢, 應供), 쌈마-쌈붇ㄷ하
(Sammāsambuddha, 正自覺)가 ㄷ함마를 설하지 않는다면.

ㅂ라ㅎ마 싸함빠띠는 마치 신통술을 부리는 사람이 굽혔던 팔을 펼치고,
펼쳤던 팔을 다시 거두어들이는 것처럼 ㅂ라ㅎ마 세계로부터 ㅂ하가봐 앞에
나타났다. 그리고 ㅂ라ㅎ마 싸함빠띠는 한쪽 어깨에 상의를 걸치고 오른무릎
을 땅에 꿇고 두 손을 모아 합장한 다음 ㅂ하가봐에게 다음과 같이 간청했
다.

ㅂ한떼(Bhante, 師)시여! ㅂ하가봐시여! ㄷ함마를 설하소서. 쑤가따(Sugata,
善逝)시여! ㄷ함마를 설하소서. 평화롭고, 먼지[raja, 塵]가 적은 중생도 있습
니다. 만일 그들이 ㄷ함마를 듣지 못하면 쇠퇴할 것이지만 ㄷ함마를 들으면
이해할 것[ājānāti, 開悟] 입니다.

그리고 싸함빠띠는 다시 다음과 같이 간청했다.

(ㅂ하가봐) 이전 마가ㄷ하에 오염된 ㄷ함마[asuddha dhamma, 不淨法]가 나타
나 있었으니*, 때묻은 사람[samala, 垢人]이 사유(cinteti, 思惟)한 것이었
네*. 이제 (ㅂ하가봐가) 감로문(amata, 不死門, 甘露門)을 열었으니, 때를 여
읜[vimala, 離垢] 붇ㄷ하 ㄷ함마를 들으소서. 현명한 분[sumedha, 善慧]이여!
넓은 눈[samanta cakkhu, 一切眼者]*을 가진 분이여! 산정상에 있는 바위
같이 주변에 있는 사람을 볼 수 있듯 그와 같이 ㄷ함마로 이뤄진 누각 위에
올라 비탄에 빠진, 어둠[tama, 無明]과 죽음[peta, 死]에 빠진, 태어남과 늙

음에 정복당한 사람을 내려다보소서. 일어나소서! 영웅[vīra, 雄]이시여!*
전쟁승리자[vijita saṅgāma, 勝者]시여! 마차기수[satthavāha, 騎手] 처럼,
빚없는 사람처럼 (당당하게) 세상을 돌아다니소서. ㅂ하가봐시여! ㄷ함마를
설하소서. 이해하는 사람이 있을 것입니다.

그때 ㅂ하가봐는 ㅂ라ㅎ마의 청이 지극함을 알고 자비심(kāruññatā, 慈悲心)
을 일으켜 불안(buddha cakkhu, 佛眼)으로 모든 중생을 살펴보았다
[voloketi, 照見]......그리하여 ㅂ하가봐는 ㅂ라ㅎ마 싸함빠띠에게 다음과 같이
가-타-로 말했다.

오염된 법

여기서 말하는 오염된 법은 붇ㄷ하 당시 성행한 힌두교 전신 ㅂ라ㅎ마 교를 말한다. ㅂ라ㅎ마 교는 몸은 죽어도 ㅂ라ㅎ마 신의 분신인 앗따(atta, 我)는 영원히 죽지않고 「과거 – 현재 – 미래」를 윤회한다고 믿었다. 그런 법칙을 주재하는 ㅂ라ㅎ마 신에게 살아있는 동물을 죽여 제사지내고 기도하면 신의 은총으로 행복하게 살 수 있다고 가르쳤다.

붇ㄷ하는 미가다-야에서 행한 최초 수행지도에서 이런 가치관을 잘못된 것이라고 설법했다. 붇ㄷ하는 신의 분신이나 윤회주체가 없기[anatta, 無我] 때문에 기도하거나 은총을 빌 신도 없다고 주장했다. 이것이 불교정체성이다. 그러나 오늘날 많은 불교도가 이런 불교정체성을 상실하고 윤회를 믿고 신의 은총을 바라는 기도하는 것을 불교 창시자인 붇ㄷ하가 보면 통탄할 일이다.

오염된 사람

때묻은 사람이란 다름 아닌 ㅂ라ㅎ마 신을 믿고, 기도와 제사를 지내고, 살아있는 동물을 죽여서 신의 은총을 갈구하고, 신분세습을 주장하고, 윤회설을 주장하는 사람을 가리킨다.

천수천안

samanta(一切) + cakkhu(眼)를 「一切眼者, 普眼者」로 번역한다. 모든 것을 볼 수 있는 눈을 가진 자라는 의미로 이런 표현은 인도 언어습관으로 즐겨 사용하는 표현이다.

대승불교는 관세음보살을 천수천안(千手千眼)이라고 해서 모든 중생을 어루만지는 많은 손(千手)과 모든 것을 볼 수 있는 많은 눈(天眼)을 가진 자로 표현하는 것도 같은 언어습관이다. 대승불교가 사용하는 다양한 용어도 오리지널 경전에 등장하는 언어표현을 약간 각색해 사용하거나 인도인이 사용하는 언어습관을 그대로 사용했다.

감로문(甘露門)은 활짝 열렸다. 귀있는 사람은 듣고 (이미 가지고 있던) 잘못된 믿음[micchā saddha, 邪信, 邪敎]*을 버려라. ㅂ라ㅎ마여! 내가 이 지혜롭고 숭고한 ㄷ함마[paguṇa, 最上法]를 설하지 않으려 한 것은 나만 피곤할 뿐이라고 생각했기 때문이다.」

7. 최초대화

1. 붇ㄷ하는 자기가 발견하고 체계화한 수행법을 펴기 위해 붇ㄷ하가야를 떠나 5ㅂ힉쿠가 있는 미가다-야로 갔다.

2. 길을 가는 도중 가야부근에서 아-지-봐까 교도인 우빠까를 만났다. 거기서 우빠까가 질문한 것에 대해 대답하는 과정에서 톡톡히 망신당했다. 경전은 다음과 같이 전한다.

「ㅂ하가봐는 보리수와 가야 사이에 있는 긴 길을 따라 가고 있었다. 그때

영웅

경전은 붇ㄷ하를 영웅 또는 전쟁승리자라고 즐겨 표현한다. 그것은 자기자신의 욕망, 이기심, 분노, 적대감, 원망, 서운함, 편견, 선입관, 가치관 등을 극복하고 존재를 있는 그대로 바라보는 것을 전쟁에서 승리한 것만큼 의미있다고 보았기 때문이다. 영웅을 한문으로 웅(雄)으로 번역하는 데 석가모니불을 모신 불당(佛堂)을 중국이나 한국에서는 대웅전(大雄殿)이라고 한다.

잘못된 믿음

여기서 말한 잘못된 믿음은 힌두교 전신 ㅂ라ㅎ마교를 믿는 것을 말한다. 붇ㄷ하는 중생을 위해 법륜을 굴리겠다고 선언하면서 가장 먼저 지적한 것이 바로 신과 윤회설을 믿고 산 생명을 죽여 신께 제물올리는 제사의식을 폐기하는 것이었다. 오늘날 불교도가 윤회설을 믿고 관세음보살이나 아미타불과 같이 불교로 각색된 신을 믿고 기도하는 것을 보면 붇ㄷ하 정법을 등지는 것 같아 마음아프다.

아-지-봐까 교도인 우빠까가 B하가봐를 보고 물었다.

벗이여! 그대 감각기관은 맑고 피부는 하얗게 빛납니다. 모습은 아주 행복해보입니다. 누구를 따라 출가(pabbajjā, 出家)했고, 누구를 스승[satthar, 師]으로 모시고, 어떤 수행법[dhamma, 法]을 배우고 있습니까?

B하가봐는 아-지-봐까인 우빠까에게 다음과 같은 가-타-로써 대답했다.

나는 모든 것을 정복[sabba abhibhū, 一切勝者]했고, 모든 것을 알았고[sabba vidū, 一切智者], 모든 다함마에 오염되지 않았고[anupalitta, 無染法], 모든 것을 버렸고[jaha, 捨離], 마음갈증을 다한 [taṇhā khaya, 盡渴愛] 해탈을 성취했다. 스스로 깨달았으니[abhijānāti, 圓滿自覺], 누구를 스승[uddisati, 戒師]으로 하겠는가? 나는 스승[ācariya, 阿闍梨, 師]이 없다. 데봐를 포함해 세상에는 나와 동등한 사람도 없고[nasadisa, 無等], 나와 비교할 사람도 없다[napāṭipuggala, 無比]. 나는 진실로 세상보배고[araha loka, 世寶], 내가 최고스승[satthā anuttara, 無上師]이다. 나는 스스로 올바르게 깨달았고[sammā sambuddha, 正自覺], 아주 상쾌하고[sītibhūta, 淸凉], 닙바-나를 성취했다. 나는 법륜(dhamma cakka, 法輪)을 굴리기 위해 까-씨(kāsi)로 간다. 어두운 세상에 감로북[amata dundubhi, 甘露鼓]을 울리기 위해.

우빠까가 다시 물었다. 벗이여! 그대주장에 따르면 그대는 최승자(anatajina, 最勝者)이겠군요!

ㅂ하가봐가 가-타-로써 대답했다.

(나와 같은 사람이 있다면) 그는 참으로 승리자다. 왜냐하면 아-싸봐를 파괴했기 때문이다. 우빠까여! 나는 사악한 ㄷ함마[pāpaka dhamma, 邪法]* 를 정복했으니 진실로 승리자다!

그러자 우빠까는 벗이여! 당신이 말한 그대로라면 참 좋겠군요 라고 말 하고 머리를 흔들면서 옆길로 가버렸다*.」

8. 자칭 붇ㄷ하

1. 붇ㄷ하는 다른 사람에게 자기를 붇ㄷ하(Buddha, 佛陀, 覺者), 따타-가따

사악한 법

붇ㄷ하는 신, 윤회, 계급제도를 믿고, 산 생물을 죽여 신께 제물로 바치는 힌두교와 같은 종교를 사악한 법이라고 주장했다.

최초법문

흔히 붇ㄷ하 최초설법이 미가다-야에서 이뤄졌다고 한다. 그러나 실제로 최초법문은 미가다-야로 가는 도중 길 에서 만난 우빠까에게 한 이것이 최초다. 그러나 이 법문은 위에서 기술한 대로 실패했다. 미가다-야에서 한 법문 은 최초로 성공한 법문이다.

왜 최초법문이 실패했을까? 뭐가 잘못됐을까? 우빠까가 붇ㄷ하 말을 이해하기에 지혜가 부족했는가? 아니면 붇 ㄷ하 현실인식에 문제가 있었는가? 그에 대한 해답은 미가다-야에서 붇ㄷ하가 행한 법문내용을 보면 어느 정도 짐 작할 수 있다.

미가다-야로 가던 길에서 우빠까를 만난 붇ㄷ하는 자기가 보리수 아래서 깨달은 진리(緣起法), 마음과학, 싸띠수 행, 자유와 행복으로 가는 길 등에 대해 자신에 찬 목소리로 선언했다. 「나는 어떤 스승없이 스스로 최고진리를 깨달았고 그런 진리를 깨달은 나는 승리자고 나와 동등한 사람은 결코 없을 것이다.」 라고 말했다. 그러자 우빠 까가 반신반의하면서 그대 주장대로라면 그대는 최상승리자군요 하고 다소 비꼬는 어투로 묻는다. 그러나 붇ㄷ하

(Tathāgata, 如來), 아라한뜨(Arahant, 阿羅漢, 應供), 쌈마-쌈붇ㄷ하(Sammā sambuddha, 正自覺)로 불러달라고 했다.

2. 처음에 아무도 그가 붇ㄷ하인지 몰랐다. 스스로 자기를 그렇게 불러달라고 주문하고 45년 동안 우겼다. 그리고 제자가 그렇게 부르면서 붇ㄷ하 별칭이 정착됐다. 경전은 다음과 같이 전한다.

「그들은 ㅂ하가봐를 이름[nāma, 名]으로 부르거나 벗[āvuso, 友]이라고 불렀다. 그러자 ㅂ하가봐는 5ㅂ힉쿠에게 다음과 같이 말했다. ㅂ힉쿠여! 따타-가따를 이름으로 부르거나 벗이라고 부르지 마라. ㅂ힉쿠여! 나는 아라한뜨, 따타-가따, 쌈마-쌈붇ㄷ하다. (앞으로는 이렇게 불러달라.)」

는 얼른 눈치채지 못했는지 아니면 평소 하던 대로 우긴건지 몰라도 자기가 마음오염원인 탐진치 3독심을 제거했기 때문에 최상승리자라고 거듭 강조했다. 그러자 우빠까는 「당신주장대로라면 그럴수도 있겠군요.」 하면서 머리를 흔들고 다른 길로 가버린다. 모르긴 해도 우빠까 속마음은 다음과 같았을 것이다.

「당신이 도달한 진리가 구체적으로 나에게 어떤 의미가 있는가를 설명해야지 지금 당신이 도달한 진리가 얼마나 위대하고 그런 법을 성취한 당신이 얼마나 존경스러운가에 대해서만 말하고 있군요. 그 위대하고 좋은 진리가 당신에게는 의미있을지 몰라도 저는 별 관심이 없군요.」

흔히 진리나 진리를 성취한 사람의 위대성을 말하지만 일반민중은 그것에 별 관심없다. 진리가 구체적으로 나의 삶에 어떤 의미를 가져다주는가가 더 중요하고 본질이다.

붇ㄷ하는 이 최초 법문과 실패에 대해 260km 길을 가면서 구체적으로 뭐가 잘못됐는가에 대해 많은 생각을 했다. 그리고 그 해답은 미가다-야에서 행한 두 번째 법문에서 그대로 드러났다. 여기서 붇ㄷ하는 진리에 대해 한마디도 하지 않는다. 단지 우리가 무엇을 위해 출가했는지 출가목적인 자유와 행복에 대해서만 말했다. 그리고 어떻게 하면 최상행복을 성취할 수 있는가에 대해 구체적인 이론과 방법을 설명하고 곧바로 함께 실습하고 지도했다. 이것이 성공요인이었다.

보리수 아래서 깨달은 것은 진리였고, 우빠까에게 한 법문은 진리를 성취한 것이 얼마나 위대한 것이었느냐였다. 미가다-야에서 5ㅂ힉쿠에게 행한 설법은 그 진리가 우리를 자유와 행복으로 인도하는 도구라는 것이었다. 비로소 대중이 귀기울이고 관심보였다.

9. 초전법륜

1. 붇ㄷ하가 미가다-야에 도착했을 때 이전에 함께 고행했던 5ㅂ힠쿠는 붇ㄷ하를 환영하지 않았고 붇ㄷ하로부터 수행지도를 받으려고 하지 않았다. 오랜 설득 끝에 5ㅂ힠쿠에게 말할 기회를 얻은 붇ㄷ하는 처음 출가목적에 대해 말했다*.

2. 미가다-야에 도착해 5ㅂ힠쿠에게 말할 때는 내용이 달라진다. 자기가 성취한 것보다 상대가 필요로 하는 것을 중심주제로 삼고 법문했다.

3. 미가다-야에서 법문하고 수행지도할 때는 자유로운 삶, 청정한 삶, 행복한 삶, 공존하는 삶을 주제로 삼았다.

1) 양극단

4. 고행이나 쾌락은 수단이지 목적이 아니다. 그러나 대부분 수행자는 처음 출가목적인 「자유와 행복」 은 잊어버리고 수단인 수행법에 집착한다. 그러나 붇ㄷ하는 이제 수단보다 처음출가 목적에 충실하자고 설득했다. 이것이 양극단을 초월하자는 것이었다. 경전은 다음과 같이 전한다*.

전설에 따르면

일설에는 전정각산에서 5년 동안 붇ㄷ하와 함께 고행하던 5ㅂ힠쿠는 붇ㄷ하 아버지가 자기신하 가운데 5명을 선발해 붇ㄷ하와 함께 수행하며 자기아들을 보호해달라고 파견했다고 한다. 이들은 억지로 함께 고행했지만 정작 고행을 완성하고 빨리 고향으로 돌아가야할 당사자인 붇ㄷ하가 고행을 포기하고 목욕하고 유미죽을 받아먹는 것을 보고 배신감과 허탈감을 느껴 그곳에서 260km 정도 떨어진 미가다-야로 옮겼다. 훗날 아라한뜨를 성취하고 수행을 마친 붇ㄷ하가 그 소식을 듣고 그곳으로 찾아가서 그들에게 최초로 수행지도해 그들 모두 아라한뜨 막가파라를 성취할 수 있도록 도와주었다.

「비힉쿠여! 두 가지 극단[dvi anta, 兩極端]이 있다. 이것을 출가한 사람 [pabbajita, 出家人]은 가까이해서는 안 된다. 무엇이 두 극단인가? 하나는 쾌락[kāma, 愛慾]이다. 쾌락에서 발생하는 즐거움에 몰두하는 것[kāma sukhallikānuyoga, 沒頭愛欲樂]이다. 그것은 열등(hīna, 劣等)하고, 세속적 (gamma, 世俗的)이고, 범부행이고(pothujjanika, 凡夫), 성스럽지 못하고 [anariya, 非聖], 유익하지 못하다[anatthasaṁhita, 無益]. 다른 하나는 자기 몸[atta, 我]에 스스로 고통(kilamatha, 苦痛)을 가해 발생하는 괴로움에 몰 두하는 것[dukkhānuyoga, 沒頭苦]이다. 그것 또한 성스럽지 못하고 유익 하지 못하다. 비힉쿠여! 나는 두 가지 극단을 버렸다.

2) 중도

5. 붇다하는 자기가 발견한 자유와 행복으로 가는 새로운 길을 중도 (majjhima paṭipadā, 中道)라고 이름붙였다.

6. 많은 불교학자가 중도를 설명하지만 중도는 특별한 의미없는 자유와 행복으로 가는 새로운 길이란 용어다. 붇다하는 자기가 발견한 새로운 길을 중도라고 이름지었다. 중도내용이 8정도다. 중도를 경전은 다음과 같이 전

요즘 현실

2600여 년 전 붇다하가 직면한 현실을 지금 모든 불교도가 그대로 직면하고 있다. 한국수행자를 만나면 화두 싸 띠수행을 하느냐고 묻거나 아니면 조계종이냐고 먼저 묻는다. 우리는 붇다하를 스승으로 모시고 붇다하가 만든 마음 과학과 싸띠수행으로 자유로운 삶, 청정한 삶, 행복한 삶, 공존하는 삶을 성취하려고 불교를 믿는다. 그러나 붇다하 가르침이 세계로 퍼지고 해당 지역에 정착되는 과정에서 화두 싸띠수행이나 염불 싸띠수행 등 다양한 형태로 발 전했다. 그리고 조계종이나 마하사 아—라—마와 같이 여러 가지 종파로 발전했다. 그리고 그것에 매몰돼 세상을 본다. 자기동굴에 갇혀 더 넓은 세상을 보지 못하고 끙끙댄다. 불교수행자는 자유로운 삶, 청정한 삶, 행복한 삶, 공존하는 삶을 살기 위해 출가수행하는 것이지 특정 수행법이나 종단을 지키기 위해 출가한 것이 아니다. 수단과 목적을 혼동하면 안 된다.

한다.

「따타-가따는 (자유로운 삶, 청정한 삶, 행복한 삶, 공존하는 삶으로 가는) 새로운 실천방법[majjhima paṭipadā, 中道]을 분명히 깨달았다. 그것은 눈을 뜨게 하고[cakkhu karoti, 開眼], 알게 하고[ñāṇa karoti, 敎], 고요하고[upasama, 寂靜], 원만한 지혜[abhiññā, 圓滿智, 殊勝智, 勝智], 올바른 깨달음[sambodhi, 自覺, 正覺], 최상행복인 닙바-나(nibbāna, 涅槃, 寂滅)로 인도한다.」

3) 8정도

7. 붇다하는 그가 발견한 자유와 행복으로 가는 새로운 길인 중도를 설명했는데 그것이 8정도(ariya aṭṭhaṅgika magga, 聖八支道, 八正道)다. 경전은 다음과 같이 전한다.

「비힉쿠여! 무엇이 따타-가따에 의해 분명히 깨달아졌고, 눈을 뜨게 하고, 알게 하고, 고요하고, 원만한 지혜, 올바른 깨달음, 최상행복인 닙바-나로 인도하는 새로운 실천방법인가? 그것은 성스러운 8정도(ariya aṭṭhaṅgika magga, 聖八支道)다.

① 올바른 견해[sammā diṭṭhi, 正見]
② 올바른 의도[sammā saṅkappa, 正思]
③ 올바른 말[sammā vācā, 正語]
④ 올바른 행위[sammā kammanta, 正業]

⑤ 올바른 직업[sammā ājīva, 正命]

⑥ 올바른 노력[sammā vāyāma, 正精進]

⑦ 올바른 알아차림[sammā sati, 正念]

⑧ 올바른 마음집중[sammā samādhi, 正定]」

4) 4성제

8. 붇다하는 8정도를 설명하고 현실적인 수행목표인 고집멸도(苦集滅道) 4성제(cattāri ariya sacca, 四聖諦)를 설명했다.

9. 이 4성제에서 붇다하는 삶이 괴롭다고 말하지 않고 괴로움 실재, 본질, 특성에 대해 말했다. 삶이 괴롭다고 보는 것과 괴로움본질에 대해 말한 것은 다른 내용이다.

10. 간혹 불교학자가 4성제를 말하면서 붇다하는 삶이 괴롭다고 말했다고 한다. 그러나 그것은 원문을 보지 못했거나 잘못 해석한 것이다. 붇다하는 삶이 괴롭다고 말하지 않고 괴로움실재에 관해 설명했다. 4성제는 다음과 같다.

① 고성제

「ㅂ학쿠여! 이것이 진실로 둑카 실제진리[dukkha ariyasacca, 苦聖諦]다. 태어남도 둑카[jāti dukkha, 生苦]요, 늙어감도 둑카[jarā dukkha, 老苦]요, 병듦도 둑카[byādhi dukkha, 病苦]요, 죽음도 둑카[maraṇa dukkha, 死苦]다. 좋아하지 않는 사람과 만나는 것도 둑카[appiya sampayoga dukkha, 怨憎會苦]요, 사랑하는 사람과 헤어지는 것도 둑카[piya vippayoga dukkha, 愛別離苦]요, 원하는 것을 얻지 못하는 것도 둑카[icchan nalabhati, 求不得苦]요, 요약하면 5온*에 대한 집착 자체가 둑카(pañca khandha upādāna dukkha, 五陰盛苦)다.」

② 고집성제

「비힉쿠여! 이것이 진실로 둑카를 일으키는 실제진리[dukkha samudaya ariya sacca, 苦集聖諦]다. 새로운 삶의 조건[puna bhava, 再生]을 형성하고, 기쁨과 탐욕을 동반하고, 여기저기 다니며 즐기려는 마음갈증[abhinandati taṇhā, 欲樂渴愛]이 그것이다. 애욕에 대한 마음갈증[kāma taṇhā, 愛欲渴愛], 존재에 대한 마음갈증[bhava taṇhā, 有渴愛], 부에 대한 마음갈증[vibhava taṇhā, 富渴愛]이 그것이다.」

③ 고멸성제

「비힉쿠여! 이것이 진실로 괴로움을 소멸하는 실제진리[dukkha nirodha ariya sacca, 苦滅聖諦]다. 곧 마음갈증에 대한 탐욕을 완전히 없애고 [virāga taṇhā, 離貪渴愛], 마음갈증을 소멸하고[taṇhā nirodha, 滅渴愛], 마음갈증을 단념하고[cāga taṇhā, 斷渴愛], 마음갈증을 버리고[paṭinissagga taṇhā, 捨渴愛], 마음갈증으로부터 벗어나고[mutti taṇhā, 解脫渴愛], 마음갈증에 집착하지 않는 것[anālaya taṇhā, 無着渴愛]이다.」

5온

　5온은 사람을 특성에 따라 다섯 범주로 구분하고 그 가운데 몸[rūpa, 色]을 알아차림 기준점으로 삼고 싸띠를 강화하라는 수행기술을 말할 때 사용하는 용어다. 불교경전 95% 이상이 바로 5온을 대상으로 삼고 싸띠수행했다. 4염처는 사람특성에 따라 네 가지 범주나누는 것이고 6경은 감각기관에 따라 여섯 범주로 나눈 것이다. 이것은 존재를 구분하는 것이 목적이 아니라 그렇게 구분하고 수행하는 것이 핵심이다.

④ 고멸인도성제

「B힉쿠여! 이것이 진실로 괴로움소멸로 이끄는 실제진리[dukkha nirodha gāminī paṭipadā ariya sacca, 苦滅引道聖諦]*다. 이것이 8정도다.」

10. 쏘따-빳띠 인가

1) 쏘따-빳띠 수행지도

1. 붇다하가 미가다-야에서 5B힉쿠에게 처음 수행지도할 때 말로만 한 것이 아니다. 함께 수행하면서 수행을 지도하고 보고받고 지시했다.

2. 이때 고집멸도 4성제에 기초해 수행지도했다. 구체기술은 좌선, 행선, 생활선이었고 배나 호흡 움직임을 이름붙이며 알아차림했다. 기준점은 항상 몸(色, 身)에 두었고 자극이 있으면 자극을 알아차림했고 없으면 기준점을 보았다. 기준점 알아차림하는데 크게 방해되지 않으면 그것이 발생한 것만 알고 계속 기준점을 알아차림했다.

3. 그렇게 수행한 지 얼마 지나서 5B힉쿠 가운데 꼰단나((koṇḍañña, 憍陳如)가 최초로 쏘따-빳띠 막가파라(sotāpatti magga phala, 須陀洹 道果)에 들었다. 이때 붇다하는 뛸 듯이 좋아했다고 한다.

4. 붇다하가야 보리수 아래 금강보좌 위에서 아라한뜨 막가파라를 성

고멸도성제

gāminī(引) + paṭipadā(道)를 인도하다, 이끌다인데 흔히 인(引)을 생략하고 도(道)만 사용한다. 이 단어가 없어도 의미전달상 크게 무리없지만 있으면 훨씬 정확하다.

취하고 닙바-나를 체득하고 거기서 수없이 반복하면서 검증했지만 실제로 다른 사람에게 적용했을 때 가능할지는 알 수 없었다. 그런데 여기서 꼰단나가 붇다 이래 최초로 쏘따-빳띠에 들었다. 이제 큰 고비를 넘었다.

2) 쏘따-빳띠 인가게송

5. 붇다는 꼰단나가 쏘따-빳띠 막가파라에 든 것을 인가했는데 이때 읊은 게송은 이후 수행자가 막가파라에 들면 사용하는 인가게송으로 정착됐다.
6. 다음 첫 문장이 아라한뜨를 제외한, 아라한뜨 밑의 막가파라에 들면 하는 인가게송이다. 경전은 다음과 같이 전한다.

「이와 같이 수행지도[veyyākaraṇa bhaññati, 說法]가 행해지고 있을 때 꼰단나가 먼지가 없고[viraja, 無塵], 때가 없는[vimala, 無垢] 법안(dhamma cakkhu, 法眼)을 얻었다. 그리고 발생한 다함마[samudaya dhamma, 生法]는 소멸하는 다함마(nirodha dhamma, 滅法)라고 깨달았다.

오. 나의 벗이여! 참으로 꼰단나가 깨달았다(aññāsi, 開悟). 참으로 꼰단나가 깨달았다고 했다. 그때부터 꼰단나는 안냐꼰단나(aññā koṇḍañña, 阿若憍陳如)로 불리어졌다.

진실로 안냐꼰단나는 다함마를 보았고[diṭṭha dhamma, 見法], 다함마를 성취했고[patta dhamma, 得法], 다함마를 알았고[vidita dhamma, 知法], 다함마를 꿰뚫었다[pariyogāḷha dhamma, 通法]. 의심을 극복했고[tiṇṇa vicikicchā, 度疑], 불확실함을 제거했고[vigata kathaṅkhathā, 離惑], 완전히 자기확신에 도달해 두려움없게 되고[vesārajja patta, 得無畏], 붇다하 가르침[satthu sāsana, 師敎] 이외에 다른 것은 필요없게 됐다.」

11. 아라한뜨 인가

1. 붇다하는 5ㅂ힉쿠가 모두 쏘따-빳띠 막가파라에 들자 그들이 아라한뜨 막가파라를 성취할 수 있도록 수행지도했다.

1) 아라한뜨 수행지도

2. 흔히 무아법문(anatta pariyāya, 無我法門)으로 알려진 것인데 이미 막가파라에 들어 닙바-나를 체험한 수행자를 아라한뜨 막가파라로 인도하는 수행 이론과 기술로 5온을 3법인으로 설명하고 지도했다.*.

3. 이것은 미가다-야에서 붇다하가 5ㅂ힉쿠를 아라한뜨로 인도하기 위해 수행지도할 때 사용한 이론과 기술이다. 경전은 다음과 같이 전한다.

교리해석

거의 모든 스님이나 불교학자가 불교교리를 설명할 때 해당교리에 있는 용어만 독립적으로 설명한다. 그러나 불교교리를 만들고 사용한 붇다하는 교리를 독립적으로 고립시켜 설명하지 않고 수행 이론과 기술로 설명했다.

여기서 붇다하는 5온을 3법인과 연계해 설명했다. 5온은 수행 이론이자 기술이고 수행전문 용어다. 5온은 기억 이미지와 결합된 아-쌰봐를 해체하기 위해 쌰띠힘을 키울 때 사람을 기준점으로 삼고, 그 가운데 몸(色)을 기준점으로 삼고 수행해서 아라한뜨 막가파라에 들어가면서 3법인을 체득하는 것을 설명하고 있다. 그렇기 때문에 5온 따로 3법인 따로 설명하면 곤란하다.

「ㅂ힉쿠여! 루-빠(rūpa, 色)는 아낫따(anatta, 無我)다. 만일 루-빠가 아따(atta, 我)라면 루-빠에 병(ābādha, 病)이 생기지 않아야 하고, 루-빠를 내가 원하는 대로 이렇게도 저렇게도 할 수 있어야 한다. 그러나 ㅂ힉쿠여! 어떤 것이라도 루-빠는 아낫따다. 그래서 루-빠에 병이 생기고, 루-빠를 내가 원하는 대로 이렇게도 저렇게도 할 수 없는 것이다.

ㅂ힉쿠여! 웨다나-(vedanā, 受)….. 싼냐-(saññā, 想)……싼카-라(saṅkhāra, 行)……윈냐-나(viññāṇa, 識)는 아낫따(無我)다……

ㅂ힉쿠여! 어떻게 생각하느냐? 루-빠(rūpa, 色)는 아닛짜(anicca, 無常)인가? ㅂ한떼시여(Bhante, 師)! 아닛짜입니다. 그러면 만일 어떤 것이든지 아닛짜라면 그것은 둑카(dukkha, 苦)인가 쑤카(sukha, 樂)인가?

ㅂ한떼이시여! 둑카입니다. 그러면 만일 어떤 것이든지 아닛짜(無常)하고, 둑카(苦)하고, 변하는 ㄷ함마[vipariṇāma dhamma, 變法]를 이것은 내[eso aha asmi, 我]이고, 내것[etaṁ mama, 我所]이고, 내앗따[eso me atta, 我我]라고 볼 수 있겠는가? ㅂ한떼시여! 그렇게 볼 수 없습니다……웨다나-(vedanā, 受)……싼나-(saññā, 想)……싼카-라(saṅkhāra, 行)……윈냐-나(viññāṇa, 識)는……루-빠는 내(我)가 아니며, 내것(我所)이 아니며, 내앗따(我我)가 아니라고 있는 그대로[yathā bhūta, 如實] 바른 지혜[sammā paññā, 正慧]로 보아야 한다.」

2) 아라한뜨 인가게송

4. 5ㅂ힉쿠를 수행지도해 그들이 아라한뜨 막가파라를 성취하자 붇ㄷ하는 다음과 같이 게송을 읊고 아라한뜨 막가파라를 성취한 것을 인가했다.

5. 다음 첫 문장이 아라한뜨 인가게송이다. 경전은 다음과 같이 전한다.

「태어남은 끝났다[jāti khīṇa, 生滅]. 청정한 수행은 완성됐다 [brahmacariya vusita, 梵行終]. 해야 할 것을 모두 실천했다. 지금 이 삶 이외의 다른 삶이 없다는 것(윤회가 없다는 것)을 분명히 알았다[pajānāti, 了知].

ㅂ하가봐가 이와 같이 설하자, 기쁨으로 충만된 5ㅂ힉쿠는 그 기쁨을 붇ㄷ하에게 말했다. 그렇게 법문이 설해지자 5ㅂ힉쿠는 집착이 사라지고, 아-싸봐로부터 마음이 해탈했다[citta vimuccati, 心解脫]. 그때 이 세상에는 아라한뜨가 6명이 됐다.」

12. 수계식

1. 싸띠수행자는 수행하기 전에 수행자 행동강령(戒)을 맹세하고 수행자 삶을 산다. 그것을 수계식이라고 한다. 계종류는 출가와 재가, 남자 출가수행자와 여자 출가수행자에 따라 다르다*.

자동차와 도로교통법

자동차는 타기위해 사는 것이지 도로교통법 지키기위해 사지 않는다. 수행할 때 도움되기 때문에 계를 지키는 것이지 계를 지키기위해 출가하고 수행하는 것은 아니다. 계는 어디까지나 막가파라에 들어 닙바-나를 체득하는 보조수단이다. 수단과 목적을 혼동하면 안 된다. 중요하다고 해서 그것이 전부는 아니다.

1) 최초수계식

2. 꼰단나가 쏘따-빳띠에 들자 꼰단나는 붇ㄷ하에게 출가해 제자가 되겠다고 요청한다. 붇ㄷ하는 허락하고 꼰단나는 불교최초로 출가수행자가 됐다. 그러나 그때는 정해진 계율이 없었다. 그래서 계율조목이 하나였다. 경전은 다음과 같이 전한다.

「안냐-꼰단나가 ㅂ하가봐에게 다음과 같이 청했다. ㅂ한떼시여! ㅂ하가봐시여! 저는 ㅂ하가봐 밑으로 출가해 구족계를 받고 싶습니다*.

ㅂ하가봐가 말했다.

오라. ㅂ힉쿠여[ehi bhikkhu, 善來比丘, welcome bhikkhu]. ㄷ함마는 이미 잘 설해 놓았다[svākkhāta dhamma, 善說法]. 올바르게 둑카(dukkha, 苦)를 소멸하고자 한다면 청정한 수행을 하라.

안냐-꼰단나는 이렇게 해서 구족계를 받고 최초로 ㅂ힉쿠가 됐다.」

___

스승찾기

이것이 최초로 불교수행자가 되려는 안냐-꼰단나가 자기가 스승으로 모시고자 하는 붇ㄷ하에게 예를 갖추고 계 받고 제자되기 청하는 장면이다.

오늘날 출가해 불교수행자가 되려는 사람은 스승을 알고 찾아가는 게 아니고 사찰을 찾아가 출가수행자가 되겠다고 하면 사찰측에서 적당한 스승을 정해준다. 그러다 보니 스승과 제자가 생각이 다르고 갈등이 생길 수 있다. 그래서 옛 어른은 10년 정도 수행하면 제자를 놓아주고 스스로 근기에 맞는 스승을 찾도록 허용했다.

3. 「오라 ᴮ힉쿠여!」 이것이 최초계였다.

2) 발전된 수계식

4. 처음에는 출가수계식이 아주 간단했다. 계율조목도 하나만 있었다. 그러나 점차 출가수행자가 늘어나자 계율조항도 늘어나고 수계식도 체계를 갖췄다. 조금 발전된 수계식에 관해 경전은 다음과 같이 전한다.

「그때 ᴮ힉쿠는 여러 방향 여러 도시로부터 출가를 원하고 구족계를 받아 ᴮ힉쿠가 되고싶은 사람을 데리고 와서 ᴮ하가봐께 요청해 구족계를 받고 출가수행하게 했다. 그 때문에 ᴮ힉쿠도 피로했고 출가해 구족계를 받고자 하는 사람도 피곤했다. 그때 ᴮ하가봐가 한적한 장소에 가서 홀로앉아 수행할 때 마음에 한 생각이 일어났다……나는 마땅히 여러 방향 여러 지방에서도 출가하고 구족계를 받을 수 있도록 지금 ᴮ힉쿠에게 허락해야겠다.

그때 ᴮ하가봐는 저녁에 좌선에서 일어나 그 연유를 설명하기 위해 ᴮ힉쿠 싼ㄱ하를 불러모았다. 그리고 먼저 ᴰ함마(수행점검)를 설한 뒤 다음과 같이 말했다……

ᴮ힉구여! 지금부디 출기히고 구족계를 받아 ᴮ힉쿠가 되고자 하는 사람은 그 지방에서 출가하고 구족계를 받도록 하라. 나는 그것을 허락한다. 그리고 ᴮ힉쿠여! 출가하고 구족계 주는 의식은 다음과 같이 해야한다.

① 머리털과 수염을 깎인다.
② 까-싸-야를 입힌다.
③ 한쪽 어깨에 웃따라-싼ㄱ하를 걸친다.

④ ᴮ힉쿠 발에 절한다.

⑤ 웅크리고 앉게 한다.

⑥ 합장한다.

⑦ 다음과 같이 암송한다.

buddhaṁ saraṇaṁ gacchāmi(歸依佛).

dhammaṁ saraṇaṁ gacchāmi(歸依法).

saṅghaṁ saraṇaṁ gacchāmi(歸依僧). ―(세 번)

ᴮ힉쿠여! 이와 같이 3귀의(ti saraṇagamana, 三歸依)를 함으로써 출가해 구족계받은 것으로 한다.」

3) 귀의게송

5. 재가수행자가 수행자가 되려고 할 때 다음과 같이 귀의게송을 읊고 계받고 수행했다.

6. 출가해 붇ᴅ하 제자가 된 야싸를 찾으러온 야싸 아버지는 수행하면 아들 찾는 것을 도와주겠다는 말에 얼떨결에 수행해서 쏘따-빳띠 막가파라를 성취하고 붇ᴅ하를 스승으로 모시고 재가수행자가 됐다.

7. 이때 붇ᴅ하를 스승으로 모시고 수행하려는 의지를 다음과 같이 게송으로 읊었다. 여기서는 귀의게송이라고 한다. 경전은 다음과 같이 전한다.

「ᴮ한떼시여! 훌륭하십니다. ᴮ한떼시여! 뛰어나십니다. ᴮ한떼시여! 뒤집어진 것을 바로 세우는 것[nikkujjati ukkujjati, 顚覆正立]과 같이, 덮인 것을 벗겨주고[paṭicchādeti vivarati, 覆開], 어리석은 사람에게 길을 가리켜주고[mūḷha magga ācikkhati, 愚人道告], 어둠 속에서 등불[tela pajjota, 油燈]을 가지고 눈있는 사람[cakkhu mant, 俱眼者]에게 그 모습을 보여주는 것과 같습니다. 이와 같이 ㅂ하가봐는 여러 가지 방법으로 ㄷ함마를 설했습니다 ㅂ하떼시여! 지금 ㅂ하가봐께 귀의(Bhagava saraṇaṁ gacchāmi, 歸依世尊)합니다. ㄷ함마(dhamma, 達磨, 法)에 귀의합니다. ㅂ힉쿠싼ㄱ하(bhikkhusaṅgha, 比丘僧伽)에 귀의합니다. 저를 우빠-싸까로 받아주십시오. 오늘부터 제 목숨이 다할 때까지 귀의하겠습니다.」

13. 차제설법

1. 붇ㄷ하는 처음 수행하는 사람이 저항없이 자연스럽게 수행을 받아들일 수 있도록 마음여는 과정을 차제설법이라고 해서 즐겨 사용했다. 이런 방법은 오늘날 상담이나 비즈니스할 때 많이 사용한다. 경전은 다음과 같이 전한다.

「야싸가 옆에 앉자 ㅂ하가봐는 야싸에게 차제설법(anupubba kathā, 次第說法)을 했다. 예를 들면 다-나(dāna, 布施), 씨-라(sīla, 戒), 싹가(sagga, 天上)에 관해 설법했다. 욕망으로부터 발생하는 불행(ādīnava, 不幸), 무익(okāra, 無益), 불결함(saṅkilesa, 汚染)에 대해 설법했다. 그리고 욕망에서 벗어나면 큰 이익(ānisaṁsa, 利益)이 있음을 설법했다.

그때 ㅂ하가봐는 야싸가 ㅂ하가봐 가르침을 따르려는 마음상태[kallacitta,

順從心]가 됐고, 잘 받아들이려는 마음상태(muducitta, 柔軟心)가 됐고, 장애없는 마음상태[vinīvaraṇacitta, 無障碍心]가 됐고, 신명난 마음상태[udaggacitta, 歡喜心]가 됐고, 밝고 청정한 마음상태[pasannacitta, 明淨心]가 됐음을 알았다*.」

14. 최상설법

1. 처음부터 수행하려고 온 사람은 차제설법이 필요없고 곧바로 수행할 수 있도록 하는 것이 좋다.

2. 최상설법이 선법문(禪法門)이다. 선사가 하는 법문이 선법문이 아니라 수행지도하는 것이 선법문이다. 싸띠수행은 항상 4성제 8정도와 싸띠

차제설법

불교최초 경전인 초전법륜경에 따르면 수행에 대해 잘 모르는 사람을 만나면 바로 수행을 설명하지 않고 선행이나 계율 등을 주제로 대화하고 상대가 마음열고 수행을 받아들일 수 있도록 기다리라고 한다. 이것을 차제설법이라고 한다. 그러나 처음부터 수행하기 위해 온 사람은 불필요한 설명없이 곧바로 수행하면 된다. 이것이 최상설법 혹은 선법문이다. 불입차제(不入次第)라고도 한다. 차제설법을 중국수행자는 불필요한 것으로 간주하고 곧바로 수행하면 된다고 주장했다. 이것이 불입차제다. 또 중국수행자는 화엄경이 주장하듯 점진적으로 진행하는 것보다 곧바로 최고단계까지 압축해 나아가는 것을 좋아했다. 이것을 차제(段階)가 없다는 의미로 불입차제라고 했다. 이것은 차제가 없는 것이 아니라 차제에 구속되지 말라는 의미고 단계를 밟아가지만 어떤 경우는 단계를 압축해 전개한다는 의미다.

이런 기법은 오늘날 물건판매에도 즐겨 사용한다. 물건을 판매할 때 처음부터 안내책을 돌리면 하수라고 본다. 한두 번 오가며 날씨나 가벼운 대화로 안면을 트고 마음을 연 후 상대가 궁금해 할 때 제품소개하는 것이 판매에 효과적이라고 한다. 그러지 않고 보자마자 곧바로 물건사라고 하면 상대가 거부감을 가질 수 있다.

상담도 이런 기법을 중시한다. 상담하러 온 사람에게 곧바로 무엇이 문제인지 물으면 상대가 마음을 닫아버린다. 상대가 말할 수 있도록 여유갖고 기다리는 것이 필요하다. 이때 가벼운 주제로 대화하고 상담자와 내담자가 서로 신뢰하고 공감할 때 비로소 내담자가 자기마음을 열고 구체적으로 접근한다. 결국 이해와 배려, 수준과 품위가 문제다.

와 쌈빠자-나로 해야한다. 경전은 다음과 같이 전한다.

「붇ㄷ하 최상설법(buddha sāmukkaṁsika dhamma desanā, 佛最上說法)*
인 둑카(dukkha, 苦), 싸무다야(samudaya, 集), 니로ㄷ하(nirodha, 滅), 막가
(magga, 道) 4성제(四聖諦)에 대한 ㄷ함마(dhamma, 法)를 설법했다.」

직관기법

sāmukkaṁsika는 압축하다, 응축하다, 직관, 수행 등 의미가 있다. 붇ㄷ하 가르침은 크게 두 가지로 구분한다. 하나는 수행으로 아-싸봐를 제거하고 지혜를 계발하는 것이고, 다른 하나는 다른 사람 이익과 행복을 위해 자비를 베푸는 것이다. 전자를 위해 수행지도하는 것을 최상설법 또는 무상설법이라 하고 후자를 위해 설법하는 것을 차제설법이라고 한다.

최상설법 또는 무상설법은 수행과 수행지도에 관련된 가르침을 말하는데 그 이론구조는 4성제 8정도가 핵심이다. 불교수행은 붇ㄷ하가 체계화한 4성제와 8정도에 기초해 수행한다.

최상설법 또는 무상설법으로 번역되는 이 단어는 붇ㄷ하가 즐겨 사용한 수행지도 방법이다. 수행할 마음준비가 돼있는 사람은 굳이 보시나 계율을 먼저 교육하는 차제설법이 필요없다. 그런 것이 필요없는 것이 아니라 그 정도는 스스로 알아서 잘 하기 때문에 귀한 시간들여 설명할 필요가 없다는 뜻이다.

직관은 분석, 사유, 논리를 한순간 한 지점에 압축(응축)해 존재를 다루는 방법이다. 이런 직관기법은 분석, 사유, 논리를 사용하지 않는 것이 아니라 그것을 압축해 사용한다. 이렇게 해서 얻는 앎을 지혜, 통밥, feel, 직관 등으로 부른다. 특정분야에 오랫동안 종사하면 그것에 관한 정보가 점차 축적되고 응축된다. 처음은 많은 자료를 통해서도 잘 이해되지 않던 것이 한두 단어만 보아도 전체를 이해할 수 있는 것과 같은 원리다.

이런 직관기법은 마음과 같이 변화가 심한 존재, 고분자화합물처럼 다루기 까다로운 존재, 공동체 고위직처럼 존재를 종합적이고 유기적으로 다루는 위치에 있는 사람에게 유용하다. 전통적으로 수행할 때나 마음다룰 때는 직관기법을 사용한다. 이것을 붇ㄷ하는 최상설법 또는 무상설법이라 했고 중국은 선법문이라고 했다.

붇ㄷ하는 법문듣거나 수행하는 사람 수준이나 근기를 고려해 존재를 분석, 사유, 논리를 사용해 설명했다. 이런 방법은 일반물질을 다루는 데는 탁월하지만 마음과 같은 복잡하고 빠르게 움직이고 미묘한 대상을 다루기에는 적합하지 않다. 마음다루는 데는 직관기법이 더 적합하다. 붇ㄷ하는 수행하거나 마음다룰 때는 분석, 사유, 논리를 응축한 직관을 사용했다. 그것을 최상설법 또는 선법문이라고 한다. 경전이나 일반물질을 다룰 때는 분석, 사유, 논리를 사용한 차제설법이 적합하지만 마음다루는 수행할 때는 분석, 사유, 논리를 압축한 최상설법이 더 적합하다.

최상설법을 중국선승이 사용한 것으로 생각하지만 붇ㄷ하가 수행지도할 때 늘 사용한 지도기법이었다, 그것을 중국수행자가 수행지도할 때 그대로 사용했다. 최상설법을 설명할 때는 붇ㄷ하란 명칭이 등장한다.

15. 전법선언(불교창립선언문)

1. 붇ㄷ하를 포함해 아라한뜨가 61명이 됐을 때 붇ㄷ하는 전법선언[dhamma cakka pavattana deseti, 轉法宣言]으로 알려진 불교창립선언문을 발표하고 불교교단을 조직하고 대중활동을 시작했다. 경전은 다음과 같이 전한다.

「ㅂ힉쿠여! 나는 하늘과 인간의 모든 그물[sabba pāsa, 束縛]로부터 해탈했다. ㅂ힉쿠여! 그대들도 하늘과 인간의 모든 그물로부터 해탈했다. ㅂ힉쿠여! 여행을 떠나라. 많은 사람의 이익(hita, 利益)과 많은 사람의 행복(sukha, 幸福)을 위해, 세상을 동정(anukampā, 同情)하고, 인간과 천신의 안락(attha, 安樂), 이익, 행복을 위해 (전법여행을 떠나라). 두 사람이 함께 가지 마라. ㅂ힉쿠여! 처음도 좋고, 중간도 좋고, 마지막도 좋게, 의미를 갖추고[sāttha, 具意], 유용(sabyañjana, 有用)하게 ㄷ함마(dhamma, 法)를 전하라. 원만(kevala pari puṇṇa, 圓滿)하고, 청정한(pari suddha, 遍淨) 수행을 가르쳐주어라. 세상에는 평화로운 중생도 있고, 먼지와 때[raja kkha, 塵垢]가 적은 사람도 있다. 그들이 ㄷ함마를 듣지 못하면 쇠퇴할 것이지만 만일 그들이 ㄷ함마를 듣게 된다면 잘 알게 될것이다. ㅂ힉쿠여! 나 역시 ㄷ함마를 전하기[dhamma deseti, 轉法] 위해 우루붸라 쎄나-니 마을로 갈 것이다.」

13장
붇다 마지막 말씀

project

check point

여기서는 붇다가 입멸하기 전 1년 동안 라-자가하에서 꾸씨나-라-까지 걸어간 여정을 따라 마지막으로 수행자와 교단을 위해 유언한 것을 원전을 통해 있는 그대로 살펴보고 오리지널 붇다 가르침을 배우고 익힌다.

1. 붇ㄷ하는 꾸씨나-라-에서 입멸하기 1년 전인 BCE 487년 파란만장한 삶의 중심무대였던 라-자가하 웨루봐나와 깃ㅈ하꾸-따를 떠나며 다시는 돌아오지 못할 것을 알고 출가수행자에게 여러 가지 당부를 했다.

2. 라-자가하에서 꾸씨나-라-까지 400km를 가면서 1년 동안 기회있을 때마다 출가수행자에게 여러 가지 유언을 했다. 이때 말한 것이 붇ㄷ하 가르침에 대한 정오(正誤)를 결정하고 불교기준을 정하는 핵심자료다.

3. 붇ㄷ하 마지막 여정을 기록한 대반열반경(Mahā pari nibbāna sutta, 大般涅槃經)에 기초해 붇ㄷ하 마지막 말씀을 순서대로 살펴보면 다음과 같다.

1. 7불퇴법

1. 마가ㄷ하 왕 아자-따쌋뚜는 왓지를 공격하려고 마음먹고 깃ㅈ하꾸-따에 머물던 붇ㄷ하에게 사신을 보내 자문을 구했다.

2. 이때 붇ㄷ하는 7불퇴법(satta aparihīna dhamma, 七不退法)을 설하고 전쟁을 반대했다. 웨루봐나로 내려와 B힉쿠에게 여러 가지 7불퇴법을 설하고 그곳을 떠나 전쟁이 일어날 곳인 왓지를 향해 길을 떠났다. 대표적인 7불퇴법을 경전은 다음과 같이 전한다.

「① B힉쿠가 정기적으로 모이고 자주 모이면 퇴보하지 않고 번영할 것이다.

② B힉쿠가 화합(samagga, 和合, 雁行)해 모이고 화합해 싼ㄱ하 업무를 보면 퇴보하지 않고 번영할 것이다.

③ B힉쿠가 공인하지 않은 것은 인정하지 않고 공인한 것은 깨뜨리지 않

고 공인한 학습계목을 준수하면 퇴보하지 않고 번영할 것이다.

④ ᄇ힉쿠가 싼ᄀ하 아버지요 지도자인 구참(久參)이고 출가한 지 오래된 장로 ᄇ힉쿠(Thera bhikkhu, 長老比丘)를 존경하고 존중하고 숭상하고 예배하고 경청하면 퇴보하지 않고 번영할 것이다.

⑤ ᄇ힉쿠가 새로운 삶의 토대를 형성하는 마음갈증[taṇhā, 渴愛]이 생기더라도 그것에 지배받지 않으면 퇴보하지 않고 번영할 것이다.

⑥ ᄇ힉쿠가 숲 속 수행처(arañña, 阿蘭耶)에 큰 관심을 가지면 퇴보하지 않고 번영할 것이다.

⑦ ᄇ힉쿠가 싸띠수행(sati, 念)을 함으로써 아직 오지 않은 좋은 동료 수행자는 오게 하고 이미 온 좋은 동료수행자는 편안히 머물도록 하면 퇴보하지 않고 번영할 것이다.....

① ᄇ힉쿠가 대중적으로나 개인적으로나 다른 ᄇ힉쿠에게 몸으로 하는 행동[kāya kamma, 身業]이 자애로움[metta, 慈]을 유지하면 퇴보하지 않고 번영할 것이다.

② ᄇ힉쿠가 대중적으로나 개인적으로나 다른 ᄇ힉쿠에게 말로 하는 행동[vacī kamma, 口業]이 자애로움을 유지하면 퇴보하지 않고 번영할 것이다.

③ ᄇ힉쿠가 대중적으로나 개인적으로나 다른 ᄇ힉쿠에게 마음으로 하는 행동[mano kamma, 意業]이 자애로움을 유지하면 퇴보하지 않고 번영할 것이다.

④ ᄇ힉쿠가 대중적으로나 개인적으로나 법답게 얻은 것을 비록 그것이 자기 빳따 안에 있는 것이라도 혼자 사용하지 않고 계(sīla, 戒)를 잘 지키는 ᄇ힉쿠와 함께 사용하면 퇴보하지 않고 번영할 것이다.

⑤ ᄇ힉쿠가 훼손되지 않고 뚫어지지 않고 오점이 없고 얼룩이 없고 (구속

으로부터) 벗어나게 하고 지혜로운 사람이 찬탄하고 집착하지 않고 싸마-ㄷ히(samādhi, 三昧, 止, 定)에 도움되는 그런 계를 대중적으로나 개인적으로 ㅂ힉쿠와 함께 구족(具足)해 지키면 퇴보하지 않고 번영할 것이다.

⑥ ㅂ힉쿠가 (붇ㄷ하가 가르친대로) 실천하면 괴로움소멸로 인도하고 성스럽고 출리(出離)로 인도하는 견해(diṭṭhi, 見解)를 대중적으로나 개인적으로 구족해 다른 ㅂ힉쿠와 함께 따르면 퇴보하지 않고 번영할 것이다. 」

2. 법경

1. 이 법경(dhamma ādāsa, 法鏡)은 붇ㄷ하가 웨싸-리- 부근 나-디까 긴자까-봐싸타(Nādika Giñjakāvasatha, 繁耆迦精舍, 煉瓦堂)에 머물면서 ㅂ힉쿠에게 수행지도할 때 발표했다.

2. 그때 그 지역에 전염병이 돌아 밤사이 많은 사람이 죽었다. 그러자 아난다가 죽은 사람이 지옥이나 극락 어디에 태어났는지 궁금하다고 묻자 여러 가지 이야기를 한 후 수행자는 그런 것에 관심갖기보다 수행에 전념해야 한다고 말하고 법경법문을 했다.

3. 붇ㄷ하 입멸 후부터 불교도는 전통적으로 이 법경을 아침저녁 예불할 때 암송하며 마음에 새긴다. 경전은 다음과 같이 전한다.

1) 붇ㄷ하 완다나(Buddha vandana, 佛禮拜)

「아-난다여. 붇ㄷ하 성스런 제자[Buddha ariya sāvaka, 佛聖弟子, 聲聞]는 붇ㄷ하(Buddha, 佛陀, 覺者)에 대해 다음과 같이 움직이지 않는 청정한 믿음

[aveccapasāda, 不壞淨]을 가져야 한다.

그 분 ᄇ하가봐(Bhagava, 薄伽梵, 世尊),

아라한ᄄ(Arahant, 阿羅漢, 應供),

쌈마- 삼분ᄃ하(Sammā sambuddha, 正自覺),

윗짜- 짜라나 쌈빤나(Vijjā carana sampanna, 明行足),

쑤가따(Sugata, 善逝),

로까뷔두-(Loka vidū, 世間解),

아눗따라(Anuttara, 無上師),

뿌리싸 담마 싸-라티(Purisa damma sārathi, 調御丈夫),

쌋타- 데봐 마눗싸(Satthā deva manussa, 天人師),

분ᄃ하(Buddha, 佛陀, 覺者),

ᄇ하가봐(Bhagava, 薄伽梵, 世尊)다.

2) ᄃ함마 완다나(dhamma vandana, 法禮拜)

아-난다여. (분ᄃ하 성스런 제자는 분ᄃ하가 만든) 이 수행법(dhamma, 法)
에 대해 다음과 같이 움직이지 않는 청정한 믿음을 가져야한다.

ᄇ하가봐에 의해 잘 설해졌고[Svākkhāta, 善說],

스스로 보고 알 수 있고[sandiṭṭhika, 自見現證],

곧바로 증명할 수 있고[akālika, 卽時現證],

와서 보라고 초청할 수 있고[ehi passika, 招請現證],

최상행복인 닙바-나로 인도할 수 있고[opanayika, 引解脫涅槃],

지자가 알 수 있는 것[paccataṁ veditabbo viññūhiti, 智者自覺]이다.

3) 싼ㄱ하 **완다나**(saṅgha vandana, 僧禮拜)

아난다여. (붇ㄷ하 성스런 제자들은) 싼ㄱ하(Saṅgha, 僧伽, 衆)에 대해 다음
과 같이 움직이지 않는 청정한 믿음을 가져야한다.

올바르게 수행하는 ㅂ하가봐 성스런 싼ㄱ하(Supaṭipanna Bhagavata sāvaka
saṅgha, 善聲聞僧伽),
　참되게 수행하는 ㅂ하가봐 성스런 싼ㄱ하(Ujupaṭipanna Bhagavata sāvaka
saṅgha, 直聲聞僧伽),
　합리적으로 수행하는 ㅂ하가봐 성스런 싼ㄱ하(Ñāyapaṭipanna Bhagavata
sāvaka saṅgha, 理聲聞僧伽),
　화합하며 수행하는 ㅂ하가봐 성스런 싼ㄱ하(Sāmīcipaṭipanna Bhagavata
sāvaka saṅgha, 和聲聞僧伽),
　이들은 4쌍(cattāri purisa yuga, 四雙)의 사람이고,
　8종류(aṭṭha purisa puggala, 八輩) 사람이다.
　이런 ㅂ하가봐 성스런 싼ㄱ하는
　공양받아 마땅하고[āhuneyya, 獻供],
　대접받아 마땅하고[pāhuneyya, 接待],
　보시받아 마땅하고[dakkhiṇeyya, 布施],
　존경받아 마땅하고[añjali karaṇīya, 合掌],
　최상복전[anuttara puññakkhetta, 福田] 이다.

성인(ariya, 聖人)이 좋아하고, 잘 지켜 범하지 않고[akhaṇḍa, 不犯], 흠이
없고[acchidda, 無缺], 얼룩이 없고[asabala, 無點], 때가 없고[akammāsa, 無

垢], 삶을 자유롭게 하고[bhujissa, 解放], 현자로부터 칭찬받고 [viññūpasattha, 賢者稱頌], 집착하지 않고[aparāmaṭṭha, 不着], 싸마-ㄷ히 (samādhi, 三昧, 止, 定)에 도움되는[saṁvattanika, 助力] 계를 잘 받아지녀 야 한다[samannāgata, 具足].

아난다여. 이것이 법경가르침이다. 이것을 (붇ㄷ하 정법 판단기준) 갖춘 성스런 제자는 그가 원하면 다음과 같이 (윤회주체인) 신의 분신[atta, 我] 에 대해 설명할 수 있을 것이다.

나는 지옥을 부수었다(地獄盡). 나는 축생모태(畜生母胎)를 부수었다. 나 는 아귀계(餓鬼界)를 부수었다. 나는 고통스러운 곳(苦界)을 부수었다. 나 는 악취스러운 곳(惡趣)을 부수었다. 나는 비참한 곳(墮處, 險難處)을 부수 고 쏘따-빳띠를 성취해 다시는 악취에 떨어지지 않는 법을 성취하고 정자 각을 최종목표로 하는 수행자가 됐다.」*

3. 싸띠와 쌈빠자-나

1. 이어서 붇ㄷ하는 거기 모인 대중에게 (신, 윤회, 지옥, 극락 등에 관심 두기보다) 싸띠(sati, 念)와 쌈빠자-나(sampajāna, 自知)로 마음닦으라고 간 곡히 말했다. 경전은 다음과 같이 전한다.

두 가지 길

윤회로부터 벗어나는 두 가지 길이 있다. 하나는 윤회이론에 따라 열심히 노력해 벗어나는 것. 다른 하나는 윤 회이론을 폐기처분해 시궁창에 버림으로 해서 벗어나는 것. 이 두 가지 길 가운데 붇ㄷ하는 후자를 통해 윤회로부 터 자유로워졌다. 그래서 붇ㄷ하는 윤회를 부정했다.

「B힉쿠여! B힉쿠는 항상 싸띠와 쌈빠자-나를 가지고 생활해야 한다. 이것이 내가 그대에게 주는 간곡한 가르침[anusāsati, 敎]이다.

B힉쿠여! 어떻게 싸띠하는가? B힉쿠여! B힉쿠는 몸[kāya, 身]을 (기준점 삼고) 알아차림하고 수행해야 한다. 열심히 싸띠와 쌈빠자-나를 수행해 세상에 대한 욕망[abhijjhā, 貪愛]과 근심[domanassa, 憂鬱]으로부터 자유로워져야 한다[vinaya, 毘奈耶, 壞].

B힉쿠여! B힉쿠는 감각느낌[vedanā, 受]......마음작용[citta, 心]......기억대상[dhamma, 法]......

B힉쿠여! 어떻게 쌈빠자-나하는가? B힉쿠여! B힉쿠는 앞으로 나아갈 때(abhikkamati, 前進]나 뒤로 물러날 때[paṭikkamati, 後進]도 항상 쌈빠자-나해야 한다. 앞을 볼 때[ālokita, 前視]도 뒤를 돌아볼 때[vilokita, 後視]도 항상 쌈빠자-나해야 한다. 구부릴 때[sammiñjita, 屈]도 펼 때[pasārita, 伸]도 항상 쌈빠자-나해야 한다. 상가하-띠(saṁghātī, 僧伽梨, 大衣], 빳따(patta, 鉢盂), 찌-봐라(cīvara, 法衣)를 가질 때도 항상 쌈빠자-나해야 한다. 먹을 때[asita, 食], 마실 때[pīta, 飮], 씹을 때[khāyita, 嚼], 맛볼 때[sāyita, 味]도 항상 쌈빠자-나해야 한다. 대소변 볼 때[uccāra passāva kamma, 大小便]도 항상 쌈빠자-나해야 한다. 걸을 때[gata, 行], 멈출 때[ṭhita, 住], 앉을 때[nisinna, 坐], 누울 때[sutta, 臥, 睡], 잠깰 때[jāgarita, 醒, 覺], 말할 때[bhāsita, 語], 침묵할 때[tuṇhībhāva, 黙]도 항상 쌈빠자-나해야 한다.」

4. 자등명 법등명

1. 흔히 붇ㄷ하 유언으로 알려진 자등명(atta dīpa, 自燈明)과 법등명 (dhamma dīpa, 法燈明)은 여러 유언 가운데 하나며 가장 잘 알려진 유언이 고 중요한 유언이다.

2. 이 유언은 붇ㄷ하가 웨싸-리- 부근 죽림에서 왓싸 도중에 심한 병에 걸 려 죽을 것 같은 혹독한 고통이 생겼지만 싸띠와 쌈빠자-나로 괴로움을 참 아내고 대중에게 입멸을 알려야겠다고 마음먹고 말한 것이다. 경전은 다음 과 같이 전한다.

「아난다여. ㅂ히쿠쌍ㄱ하는 나에게 무엇을 더 바라는가? 나는 안과 밖이 없이 수행지도(dhamma deseti, 法示敎)했다. 아-난다여. 따타-가따 수행법 (dhamma, 法)은 스승주먹[ācariya muṭṭhi, 師拳]과 같이 (감추는) 것은 없 다.

아-난다여. 내가 ㅂ히쿠쌍ㄱ하를 보호한다거나 ㅂ히쿠쌍ㄱ하에 명령한다고 생 각하면 ㅂ히쿠쌍ㄱ하에 무엇인가를 말할 것이다.

아-난다여. 따타-가따는 ㅂ히쿠쌍ㄱ하를 보호한다거나 ㅂ히쿠쌍ㄱ하에 명령한 다는 생각을 하지 않는데 따타-가따가 ㅂ히쿠쌍ㄱ하에 대해 어떤 말을 하겠는 가?

아-난다여. 나는 이제 늙고, 나이 많고, 노인이고, 세월이 많이 흘러 나이 가 들었다.

아-난다여. 나의 몸은 마치 낡은 수레가 가죽끈에 묶여 겨우 움직이는 것 처럼 따타-가따 몸도 가죽끈에 묶여 겨우 살아간다.

아-난다여. 따타-가따가 모든 현상(nimitta, 現相)에 대해 어떤 의도도 하

지 않고[amanasikāra, 不作意] 감각느낌[vedanā, 受]이 소멸해 현상없는 무
상심삼매(animitta ceto samādhi, 無相心三昧)에 들어 있을 때 따타-가따 몸
은 편안[phāsukata, 安樂]하다.

아난다여. 그러므로 그대는 자기[atta, 我]를 등불[dīpa, 燈]로 삼고(自燈
明), 자기를 귀의처(saraṇa, 歸依處)로 삼고, 다른 사람을 귀의처로 삼고 살
지마라. 수행[dhamma, 法]을 등불로 삼고(法燈明), 수행을 귀의처로 삼고,
다른 것을 귀의처로 삼고 살지마라.

아난다여. 어떻게 ᵇ힉쿠가 자기를 등불로 삼고, 자기를 귀의처로 삼고,
다른 사람을 귀의처로 삼고 살지 않는가? 어떻게 ᵇ힉쿠가 수행을 등불로
삼고 수행을 귀의처로 삼고 다른 것을 귀의처로 삼고 살지 않는 것인가?

ᵇ힉쿠는 몸[kāya, 身]을 (기준점 삼고) 알아차림하고 수행해야 한다. 열심
히 싸띠와 쌈빠자-나를 수행해 세상에 대한 욕망과 근심으로부터 자유로워
져야 한다……감각느낌[vedanā, 受]……마음작용[citta, 心]……기억이미지
[dhamma, 法]를 알아차림하고 수행해야 한다……

아난다여. 이와 같이 ᵇ힉쿠는 자기를 등불로 삼고, 자기를 귀의처로 삼
고, 다른 사람을 귀의처로 삼고 살지 않으며, 수행을 등불로 삼고, 수행을
귀의처로 삼고 다른 것을 귀의처로 삼고 살지 않는다.

아난다여. 누구든지 지금이나 내가 죽고 난 뒤에나 자기를 등불로 삼고
자기를 귀의처로 삼고 다른 사람을 귀의처로 삼고 살지 않으며, 수행을 등
불로 삼고 수행을 귀의처로 삼고 다른 것을 귀의처로 삼지 않고 수행하는
ᵇ힉쿠[sikkhā kāma bhikkhu, 學習比丘]는 최고가 될 것이다.」

5. 입멸선언

1. 붇ㄷ하는 자등명 법등명을 설한 후 웨싸-리- 짜-빠-라(Cāpāla, 遮波羅)
쩨띠야로 가서 그곳에 머물렀다. 그리고 3개월 뒤 입멸하겠다고 선언했다.
경전은 다음과 같이 전한다.

「아-난다여. 누구든지 4여의족(cattāro iddhipāda, 四如意足, 四神足)을 닦
고[bhāvita, 修習], 많이 행하고[bahu kata, 多行], 수레처럼 행하고[yāna
kata, 乘行], 철저히 실천하고[vatthu kata, 實行], 경험(anuṭṭhita, 經驗)하
고, 몸에 익히고[paricita, 體化], 잘 갖춘[susamāraddha, 善持] 사람은 자기
가 원하면 1겁(kappa, 劫)을 머물 수도 있고 겁이 다하도록 머물 수도 있
다……

ㅂ하가봐가 이와 같이 분명히 현상(nimitta, 現相)을 주고 분명한 빛을 드
러냈다. 그러나 아-난다는 그것을 알아채지 못했다. 그때 아-난다는 ㅂ한떼
에게 ㅂ하가봐시여. 많은 사람의 이익과 행복을 위해, 세상을 연민
[anukampati, 憐愍]하고 신과 인간의 이익과 행복을 위해 1겁을 머물러주
소서, 쑤가따시여 1겁을 머물러주소서 하고 간청하지 않았다. 그것은 아-
난다 마음이 마-라(Māra, 惡魔)에게 사로잡혀 있었기 때문이다……ㅂ하가봐
는 아-난다를 불러 말했다. 그대는 조금 떨어져 있어라. 이제 그럴 시간이
된 것 같구나……

그러자 마-라 빠-삐마(Pāpima, 波旬)가 아-난다가 떠난 지 얼마 되지않
아 ㅂ하가봐에게 다가와 한 옆에 서서 다음과 같이 말했다.

ㅂ하가봐시여. 빠리닙바-나(parinibbāna, 般涅槃)에 드소서. 쑤가따시여.
빠리닙바-나에 드소서. ㅂ한떼 ㅂ하가봐시여. 지금이 빠리닙바-나에 들 시간

입니다. ᴮ한떼 ᴮ하가봐는 전에 이렇게 말했습니다.

빠-삐마여. 나의 ᴮ힉쿠제자[bhikkhu sāvaka, 比丘弟子]가 유능하고 (viyatta, 有能), 잘 수행하고[vinīta, 修習], 자신감있고[visārada, 無畏], 많이 배우고[bahussuta, 多聞], 수행을 잘 알고[dhamma dhara, 法護持], 수행을 여법히 하고[dhamma anudhamma paṭipanna, 法如法行], 화합하며 실천하고[sāmīci paṭipanna, 和敬行], 여법히 행하며[anudhamma cārina, 如法行], 자기스승(ācariya, 阿闍梨, 和尙)에게서 배운 것[ugganḥāti, 把持]을 잘 설명해 드러내고[ācikkhati deseti, 宣說示敎], 묘사[paññāpeti, 施設]하고, 제공(paṭṭhapeti, 提供)하고, 공개(vivarati, 公開)하고, 분별(vibhajati, 分別)하고, 분명히 하고[uttānī karoti, 宣言], 이설(parappavāda, 異說, 邪說)이 나타나면 수행으로 잘 제압하고, 제압한 뒤 올바른 논리를 갖춘 수행[sappāṭihāriya dhamma, 正理法]을 가르칠 때까지는 빠리닙바-나에 들지 않을 것이라고 말했습니다.

ᴮ한떼시여. 지금 ᴮ하가봐 ᴮ힉쿠제자는 유능하고, 잘 수행하고, 자신감있고, 많이 배우고, 수행을 잘 알고, 여법히 수행하고, 화합하며 실천하고, 여법히 행하고 , 자기스승에게 배운 것을 잘 설명해 드러내고, 묘사하고, 제공하고, 공개하고, 분별하고, 분명히 하고, 이설이 나타나면 수행으로 잘 제압하고, 제압한 뒤 올바른 논리를 갖춘 수행을 가르칠 수 있습니다.

ᴮ한떼 ᴮ하가봐시여. 이제 빠리닙바-나에 드소서. 쑤가따시여. 빠리닙바-나에 드소서. ᴮ하가봐시여. 지금이 빠리닙바-나에 들 시간입니다......나의 ᴮ힉쿠니- 제자(bhikkhunī sāvaka, 比丘尼弟子)가......우빠-싸까(upāsaka, 優婆塞)가......우빠-씨까-(upāsikā, 優婆夷)가......

ᴮ한떼 ᴮ하가봐는 전에 이렇게 말했습니다. 빠-삐마여. 나는 나의 이런 청정범행[brahmacariya, 梵行]이 번창(iddha, 繁昌)되고, 확산(phīta, 擴散)되

고, 확장(vitthārika, 擴張)되고, 많은 사람이 따르고[bāhu jañña puthu bhūta, 衆隨], 신과 인간에게 잘 설해질 때까지 빠리닙바-나에 들지 않을 것이라고 말했습니다.

ᵇ한떼 ᵇ하가봐시여. 지금 ᵇ하가봐의 이런 청정범행이 번창되고, 확산되고, 확장되고, 많은 사람이 따르고, 신과 인간에게 잘 설해지고 있습니다. ᵇ한떼시여. ᵇ하가봐시여. 이제 빠리닙바-나에 드소서. 쑤가따시여. 빠리닙바-나에 드소서. ᵇ하가봐시여. 지금이 빠리닙바-나에 들 시간입니다.

이와 같이 말하자 ᵇ하가봐는 마-라 빠-삐마에게 다음과 같이 말했다.

빠-삐마여. 조용히 하라. 오래지 않아 따타-가따는 빠리닙바-나에 들 것이다. 지금부터 3개월(ti māsa, 三個月)이 지나면 따타-가따는 빠리닙바-나에 들 것이다……

모든 사랑스럽고[piya, 愛] 즐거운 것[manāpa, 快]은 변하고[nānā bhāva, 變], 이별하고[vinā bhāva, 離], 달라진다[aññathā bhāva, 異].

아-난다여. 지금 여기 나에게 다시 간청해 생명을 연장하라는 것이 무슨 소용이 있겠는가?

아-난다여. 생겨나고[jāta, 生], 존재하고[bhūta, 有], 형성된 것[saṅkhata, 有爲]은 모두 파괴되는 것[paloka dhamma, 壞法]이다. 그런데도 절대로 부서져서는 안 된다고 하는 것은 있을 수 없다.

아-난다여. 따타-가따는 이미 명행(jīvita saṅkhāra, 命行)을 포기했고[vanta, 吐物], 버렸고[mutta, 放棄], 제거했고[pahīna, 除去], 놓아버렸고[paṭinissaṭṭha, 捨遺], 벗어났다[ossaṭṭha, 解放].

그래서 오래지 않아 따타-가따는 빠리닙바-나에 들 것이다. 지금부터 3개월 안에 따타-가따는 빠리닙바-나에 들 것이다 라고 분명히 말했다. 그런데 그것을 따타-가따가 더 살기 위해 다시 돌려놓는 것은 결코 있을 수 없는 일이다.」

2. 붇다하는 나중에 정신차린 아-난다에게 말했다. 내가 넌지시 몇 번에 걸쳐 생명연장을 하려고 표시했지만 너는 그때 망상피우느라 나에게 이 세상에 더 머물러 달라고 요청하지 않았다. 그래서 나는 싸띠와 쌈빠자-나로 하던 생명연장을 포기하고 입멸에 들려고 결정했으니 잘못[dukkata, 突吉羅, 惡作]은 그대에게 있다고 코를 꿴다*.

3. 아-난다는 수행을 잘 하지 않았다고 한다. 처음 출가해 쏘따-빳띠만 성취하고 그 이후로는 수행을 하지 않았다. 그래서 붇다하는 아-난다를 수행시키려고 노력했지만 허사였다.

4. 붇다하는 마하-깟싸빠에게 말해 자기가 입멸한 후 아-난다를 수행지도하라고 부탁했다고 한다. 붇다하 입멸 후 마하-깟싸빠는 아-난다를 맡아 수행지도해 아라한뜨 막가파라를 성취하게 한다. 야무지게 코를 꿴다.

아-난다 허물

붇다하 입멸 후 웨루봐나에서 열린 제1차 전인도수행자대회에서 대중은 아-난다에게 붇다하 생전에 몇 가지 잘못 모신 것에 대해 책임을 물었다. 대중의견이 이해되는 부분도 있고 다분히 교육적인 부분도 있다. 아-난다 허물은 다음과 같다.

① 여자가 출가수행하도록 요청했다는 것.
② 붇다하가 입멸하려고 할 때 말리지 않은 것.
③ 붇다하가 아프고 목말라 물을 달라고 할 때 드리지 않은 것.

6. 37보리조법

1. 붇다하는 웨싸-리- 마하-봐나 꾸-따-가-라 싸-라-(Mahāvana kūṭāgāra sālā, 大林精寺 重閣講堂]로 가서 웨-싸리- 부근에 수행하는 ㅂ힉쿠를 모두 강당에 모았다. 그리고 자기가 창안한 수행법에 대해 말했다. 경전은 다음과 같이 전한다.

「ㅂ힉쿠여! 나는 이 세상에서 이 수행법[dhamma, 法]을 최상지혜[abhiññā, 超凡智]로 안 뒤에 설했다. 그대는 그것을 잘 배워 실천하고[āsevati, 實踐], 수행하고, 많이 행해야한다. 이 청정범행이 오랫동안 전해지고, 오랫동안 머물게 해야한다. 이것이 많은 사람의 이익과 행복을 위하고, 세상을 연민하고, 신과 인간의 이익과 행복을 위하는 것이다.

ㅂ힉쿠여! 그러면 나는 어떤 수행법을 최상지혜로 안 뒤에 설했는가?

그것은 4염처(cattāro satipaṭṭhāna, 四念處), 4정근(cattāro sammāppadhānā, 四正勤), 4여의족(cattāro iddhipāda, 四如意足), 5근(pañca indriya, 五根), 5력(pañca bala, 五力), 7각지(satta bojjhaṅga, 七覺支), 8성도(ariya aṭṭhaṅgika magga, 聖八支道)다……

ㅂ힉쿠여! 참으로 내 이제 당부하노니, 모든 현상[saṅkhāra, 有爲]은 소멸하는 것[vaya dhamma, 壞法]이다. 게으르지 말고[appamāda, 不放逸] 노력해라[sampādeti, 現成]. 오래지 않아 따타-가따는 빠리닙바-나(parinibbāna, 般涅槃)에 들 것이다. 지금부터 3개월 뒤에 따타-가따는 빠리닙바-나에 들 것이다.

ㅂ하가봐는 이렇게 말했고, 쑤가따는 이렇게 말했고, 쌋타-(Satthā, 師)는 다음과 같은 게송을 읊었다.

내 나이 무르익어[paripakka, 遍熟]
내 목숨은 이제 조금 남았다.
내 이제 그대들을 두고 떠나노니
나는 내 자신을 귀의처(saraṇa, 歸依處)로 삼았다.

ᴮ힉쿠여! 게으르지 말고(不放逸)
싸띠(sati, 念)와 씨-라[susīla, 善戒]를 잘 가져라.
의도(saṅkappa, 思)를 평온히 하고[susamāhita, 善等持]
마음을 잘 수호(anurakkhati, 守護)하라.

싸띠수행[dhamma, 法]과 율(vinaya, 律)을 가지고
열심히 수행하는 사람은
윤회(saṃsāra, 輪廻)를 버리고(윤회없음을 알아)
괴로움(dukkha, 苦)의 끝을 이룰 것이다.」

7. 4대범

1. 붇ㄷ하는 ᴮ호가나가라(Bhoganagara) 아-난다 쩨띠야(Ānanda cetiya, 阿難塔廟)에 머물며 ᴮ힉쿠에게 붇ㄷ하 입멸 후 정법과 비법 구분기준인 4대범[Cattāro mahā padesa, 四大範, 四大基準]을 말했다. 경전은 다음과 같이 전한다.

「여기 어떤 ᴮ힉쿠가 말하길, '벗이여. 나는 이것을 ᴮ하가봐 앞에서 듣고

받아 지녔습니다. 이것이 수행[dhamma, 法]이고, 이것이 수행자 행동규범
[vinaya, 律]이고, 이것이 스승가르침[Satthu sāsana, 師教] 입니다.' 라고 주
장하면, ㅂ히쿠는 그 ㅂ히쿠 주장을 인정하지도 부정하지도 말아야 한다. 인
정하지도 부정하지도 않은 채 그 단어와 문장을 주의깊게 듣고 경(sutta,
經)과 대조하고 율(vinaya, 律)과 비교해야한다.

그의 주장을 경과 대조하고 율과 비교해 만일 경과 대조되지 않고 율과
비교되지 않으면 '당신 주장은 ㅂ하가봐 가르침이 아닙니다. 당신이 오해
(duggahīta, 誤解)하고 있습니다.' 하고 이 ㅂ히쿠 주장을 제거(chaḍḍeti, 除
去) 해야 한다.

그의 주장을 경과 대조하고 율과 비교해 만일 경과 대조되고 율과 비교
되면 '당신주장은 ㅂ하가봐 가르침입니다. 당신이 잘 이해[suggahīta, 善解]
하고 있습니다.' 하고 말해야 한다. 이것이 첫 번째 대범(mahā padesa, 大
範]이다.

여기 어떤 ㅂ히쿠가 말하길, '벗이여. 어떤 곳에 이름난 스승[satthā, 師]이
머무는 쌍ㄱ하(saṅgha, 僧伽, 敎團, 衆)가 있습니다. 나는 이것을 그 쌍ㄱ하 면
전에서 듣고 받아 지녔습니다. 이것이 수행이고 이것이 수행자 행동규범이
고, 이것이 스승가르침입니다.' 라고 주장하면, ㅂ히쿠는 그 ㅂ히쿠 주장을 인
정하지도 말고 부정하지도 않아야 한다. 인정하지도 부정하지도 않은 채
그 단어와 문장을 주의깊게 듣고 경과 대조하고 율과 비교해야 한다.

그의 주장을 경과 대조하고 율과 비교해 만일 경과 대조되지 않고 율과
비교되지 않으면 '당신주장은 ㅂ하가봐 가르침이 아닙니다. 당신이 오해하
고 있습니다.' 하고 이 ㅂ히쿠 주장을 제거해야 한다.

그의 주장을 경과 대조하고 율과 비교해 만일 경과 대조되고 율과 비교

되면 '이것은 ᴮ하가봐 가르침입니다. 당신이 잘 이해하고 있습니다.' 하고
말해야 한다. 이것이 두 번째 대범이다.

　여기 어떤 ᴮ힉쿠가 말하길, 벗이여. 어떤 곳에 많이 듣고[bahussuta, 多
聞], 전승(āgatāgama, 傳承)된 수행에 능통[dhamma dhara, 法通]하고, 수
행자 행동규범에 능통[vinaya dhara, 律通]하고, 마-띠까-에 능통한[mātikā
dhara, 論母通] 많은 테라(thera, 長老, 上座)가 있습니다. '나는 이것을 그
테라들 면전에서 듣고 받아 지녔습니다. 이것이 수행이고 이것이 수행자
행동규범이고 이것이 스승가르침입니다.' 라고 주장하면 ᴮ힉쿠는 그 ᴮ힉쿠
주장을 인정하지도 부정하지도 않아야 한다. 인정하지도 부정하지도 않
은 채 그 단어와 문장을 주의깊게 듣고 경과 대조하고 율과 비교해야 한
다.
　그의 주장을 경과 대조하고 율과 비교해 만일 경과 대조되지 않고 율과
비교되지 않으면 '당신주장은 ᴮ하가봐 가르침이 아닙니다. 당신이 오해하
고 있습니다.' 하고 이 ᴮ힉쿠 주장을 제거해야 한다.
　그의 주장을 경과 대조하고 율과 비교해 만일 경과 대조되고 율과 대조
되면 '당신주장은 ᴮ하가봐 가르침입니다. 당신이 잘 이해하고 있습니다.'
하고 말해야 한다. 이것이 세 번째 대범이다.

　여기 어떤 ᴮ힉쿠가 말하길, '벗이여 어떤 곳에 많이 듣고, 전승된 수행에
능통하고, 수행자 행동규범에 능통하고, 마-띠까-에 능통한 한 명 테라가
있습니다. 나는 이것을 그 테라 면전에서 듣고 받아 지녔습니다. 이것이 수
행이고 이것이 수행자 행동규범이고 이것이 스승가르침입니다.' 라고 주장
하면 ᴮ힉쿠는 그 ᴮ힉쿠 주장을 인정하지도 부정하지도 말아야 한다. 인정하

지도 부정하지도 않은 채 그 단어와 문장을 주의깊게 듣고 경과 대조하고 율과 비교해야 한다.

그의 주장을 경과 대조하고 율과 비교해 경과 대조되지 않고 율과 비교 되지 않으면 '당신주장은 ᴮ하가봐 가르침이 아닙니다. 당신이 오해하고 있습니다.' 하고 이 ᴮ힉쿠 주장을 제거해야 한다.

그의 주장을 경과 대조하고 율과 비교해 만일 경과 대조되고 율과 비교 되면 '당신주장은 ᴮ하가봐 가르침입니다. 당신이 잘 이해하고 있습니다.' 하고 말해야 한다. 이것이 네 번째 대범이다.」

8. 마지막 공양

1. 붇ㄷ하는 빠-봐-(Pāvā)에 있는 대장장이 아들 쭌다(kammāra putta Cunda, 純陀) 망고동산[ambavana, 菴羅園]에 머물렀다.

2. 여기서 붇ㄷ하는 쭌다가 올린 공양을 먹고 3일 동안 피가 섞인 설사를 하다 입멸한다. 극심한 고통 속에서도 쭌다를 이해하고 배려했다. 경전은 다음과 같이 전한다.

「쭌다여. 쑤-까라맛다봐(sūkara maddava, 牝豚, 栴檀樹耳)로 만든 것은 나에게 공양(parivisati, 供養)하고 ᴮ힉쿠쌍ㄱ하에는 카-다니야(khādaniya, 珂 旦尼, 嚼食, 硬食, 주메뉴, 단단한 음식)와 ᴮ호자니야(bhojaniya, 飮食, 軟 食, 디저트, 부드러운 것) 등 여러 가지 맛있는 음식을 공양올려라......

쭌다여. 쑤-까라맛다봐 남은 것은 구덩이에 파묻어라. 쭌다여. 이 세상 에 신[sadevaka, 天神], 마-라[samāraka, 惡魔], 범천(sabrahmaka, 梵天), 싸

마나(samaṇa, 沙門), ᄇ라-ᄒ마나(brāhmaṇa, 婆羅門), 신(sadeva, 神), 인간
(manussa, 人) 가운데 따타-가따를 제외한 어느 누구도 이 음식을 먹고 올
바르게 소화할 사람을 보지 못했다……

ᄇ하가봐는 대장장이 아들 쭌다가 공양올린 음식을 먹고 피가 섞인 설사
병[lohita pakkhandikā ābādha, 赤痢病]에 걸려 죽을 것 같은 고통이 일어
났다. 그때 ᄇ하가봐는 싸띠와 쌈빠자-나로 인내하며 괴로워하지 않았
다……

아-난다여. 대장장이 아들 쭌다는 다음과 같이 스스로를 후회
(vippaṭisāra, 後悔)할지 모른다. 도반 쭌다는 '따타-가따는 마지막으로 (내
가 올린) 음식을 공양하고 빠리닙바-나에 들었으니 이것은 나에게 무익
(alābha, 無益)하고 불행(dulladdha, 不幸)이다.'

아난-다여. 그대는 대장장이 아들 쭌다에게 다음과 같이 말해 후회를 없
애주어야 한다. '도반 쭌다여. 따타-가따는 (그대가 올린) 음식을 마지막으
로 공양하고 빠리닙바-나에 들었으니 이것은 그대에게 유익(lābha, 有益)하
고 행운(suladdha, 幸運)이다'……그리고 나서 다음과 같은 우다-나(udāna,
優陀那, 感興語)를 읊었다.

베풂[dāna, 布施]으로 공덕(puñña, 功德)은 증가하고,

자제함(saṁyamati, 自制)으로 증오(vera, 憎惡)는 쌓이지 않고,

선함[kusala, 善]으로써 악함[pāpaka, 惡]을 극복하고,

탐진치 3독(rāga dosa moha, 貪嗔痴 三毒, 마음오염원)을 파괴하고,

최상행복인 닙바-나(nibbāna, 涅槃, 寂滅)를 성취한다.」

9. 법공양

1. 붇ㄷ하는 꽃이나 음악 등 각종 물품으로 공양올리는 것보다 수행으로 공양올리는 것[dhamma pūja, 法供養]이 진정으로 붇ㄷ하를 존경하고 존중하는 것이라고 말했다. 항상 붇ㄷ하는 수행자는 물질상속자가 아니라 법상속자[dhamma dāyāda, 法相續者]가 돼야 한다고 말했다. 경전은 다음과 같이 전한다.

「붇ㄷ하는 히란냐봐띠(Hiraññavati) 강건너 꾸씨나-라- 부근 말라족 싸-라숲[sāla vana, 沙羅林]으로 갔다. 그곳에서 한쌍의 싸-라 나무[yamaka sāla 沙羅雙樹] 사이에 북쪽을 향해 머리를 둔[uttara sīsaka, 北向頭] 침상(mañcaka, 寢床)을 만들고 누웠다……

그때 ㅂ하가봐는 오른쪽 옆구리를 사자처럼 하고 (누워), 발과 발을 포개고, 싸띠와 쌈빠자-나를 했다.

그때 한 쌍의 싸-라나무는 꽃필 때가 아닌데도 꽃이 활짝피어 따타-가따 몸[sarīra, 舍利, 身] 위로 흩날리고[okirati, 散花], 떨어지고[ajjhokirati, 落花], 덮었다[abhikirati, 複花].

천상 만다-라봐(mandārava puppha, 曼茶羅華, 天妙華)도 따타-가따에게 공양올리기 위해 허공에서 내려와 따타-가따 몸 위로 흩날리고, 떨어지고, 덮었다.

천상 짠다나 가루[candana cuṇṇa, 栴檀粉]도 따타-가따에게 공양올리기 위해 허공에서 내려와 따타-가따 몸 위로 흩날리고, 떨어지고, 덮었다.

천상 악기(turiya, 樂器)도 따타-가따에게 공양올리기 위해 허공에서 연주되고, 함께 노래했다……

그러나 아난다여. 이런 것이 따타-가따를 존경(sakkata, 尊敬)하고, 존중(garukata, 尊重)하고, 숭배(mānita, 崇拜)하고, 예배(pūjita, 禮拜)하고, 숭상(apacita, 崇尙)하는 것은 아니다. ㅂ힉쿠, ㅂ힉쿠니-, 우빠-싸까, 우빠-씨까-가 여법하게 수행해야 하고[dhamma anudhamma, 法隨法], 화합하며 수행해야 하고[sāmīci anudhamma, 和隨法], 수행에 기초해[anudhamma cāritta, 隨法作持] 살아야 한다. 이것이 참으로 따타-가따를 존경하고, 존중하고, 숭배하고, 예배하고, 숭상하는 것이다.」

10. 4성지 순례

1. 붇다하는 다음 4성지는 성스러운 곳이기 때문에 순례하고 참배하면 큰 공덕을 쌓고 복을 받는다고 말했다. 경전은 다음과 같이 전한다.

「아-난다여. 믿음[saddha, 信心] 가진 선남자(kula putta, 善男子)가 친견하고 감동[saṁvejeti, 感動] 받을 네 가지 장소가 있다.

① 여기가 따타-가따가 태어난[jāti, 誕生] 곳[Rumbinī, 藍毘尼]이다. 아-난다여. 이곳이 믿음가진 선남자가 친견하고 감동받을 장소다.
② 여기가 따타-가따가 무상정자각(anuttara sammā sambodhi, 無上正自覺)을 깨달은[abhisambuddha, 圓滿自覺] 곳[Buddhagaya, 佛陀伽耶]이다. 아-난다여. 이곳이 믿음가진 선남자가 친견하고 감동받을 장소다.
③ 여기가 따타-가따가 무상법륜(anuttara dhamma cakka, 無上法輪)을 굴린[pavatteti, 轉起] 곳[Migadāya, 鹿野園]이다. 아-난다여. 이곳이

믿음가진 선남자가 친견하고 감동받을 장소다.

④ 여기가 따타-가따가 무여열반계(anupādisesa nibbāna dhātu, 無餘涅槃界)에 들어 빠리닙바-나를 한 곳[Kusinārā, 拘尸那羅]이다. 아-난다여. 이곳이 믿음가진 선남자가 친견하고 감동받을 장소다.

아-난다여. 믿음가진 ㅂ힉쿠, ㅂ힉쿠니, 우빠-싸까, 우빠-씨까- 등이 이곳이 따타-가따가 태어난 곳(誕生地)이다, 이곳이 따타-가따가 무상정자각을 깨달은 곳(正覺地, 成道地)다, 이곳이 따타-가따가 무상법륜을 굴린 곳(初轉法輪地)이다, 이곳이 따타-가따가 무여열반계에 들어 빠리닙바-나 한 곳(入滅地)이다라고 하면서 참배할 것이다.

아-난다여. 누구든지 이런 투-빠를 순례[cetiya cārika āhiṇḍata, 佛塔巡禮, 聖地巡禮]하는 청정한 마음[pasanna citta, 淨心] 가진 사람은 몸이 부서져 죽은 뒤 행복한[sugata, 善逝] 천상에 태어날 것이다.」

11. 8정도

1. 붇ㄷ하는 심한 고통 속에서도 입멸하기 직전에 찾아온 유행자(paribbājaka, 遊行者) 쑤ㅂ핫다(Subhadda, 須魃陀羅)를 위해 귀중한 가르침을 남기고 입멸했다.

2. 이때 붇ㄷ하는 처음 미가다-야에서 5ㅂ힉쿠에게 수행지도할 때 체계화한 8정도를 다시 한 번 강조한다. 그리고 8정도가 적용되면 나의 정법이고 8정도가 적용되지 않으면 비법이라고 마지막으로 규정했다. 경전은 다음과 같이 전한다.

「아난다여. 그만두어라. 쑤ㅂ핫다를 막지 말라. 쑤ㅂ핫다가 따타-가따를 친견할 수 있도록 해주어라. 쑤ㅂ핫다가 내게 질문하려는 것은 구경지를 찾기 위함[aññā pekhā, 觀待究境智]이지 따타-가따를 귀찮게 하려는 것이 아니다. 그가 질문하는 것에 대해 내가 설명하면 빠르게 이해할 것이다……

쑤ㅂ핫다여. 수행[dhamma, 法]과 수행자 행동규범[vinaya, 律]에서 8정도(Ariya Aṭṭhaṅgika Magga, 聖八支道, 八正道)가 발견되지 않으면 거기는 첫 번째 싸마나도 없고, 두 번째 싸마나도 없고, 세 번째 싸마나도 없고, 네 번째 싸마나도 없다.

쑤ㅂ핫다여. 수행과 수행자 행동규범에 8정도가 있으면 거기에는 첫 번째 싸마나가 있고, 두 번째 싸마나가 있고, 세 번째 싸마나가 있고, 네 번째 싸마나가 있다.

쑤ㅂ핫다여. (내가 설한) 이 수행과 수행자 행동규범에만 8정도가 있다. 쑤ㅂ핫다여. 오직 여기에만 첫 번째 싸마나가 있고, 두 번째 싸마나가 있고, 세 번째 싸마나가 있고, 네 번째 싸마나가 있다. 다른 것에는 싸마나가 없다[suñña, 空]. 쑤ㅂ핫다여. (나의 쌍ㄱ하에 있는) 이 ㅂ힉쿠가 올바르게 수행하면 이 세상에 아라한뜨가 비지 않을 것이다.」

12. 법과 율이 스승

1. 붇ㄷ하는 자기가 입멸한 후는 자기가 만든 수행[dhamma, 法]과 수행자 행동규범[vinaya, 律]이 스승[satthu, 師]이 될 것이라고 말했다. 경전은 다음과 같이 전한다.

「쌋투(Satthu, 師) 가르침은 이제 가버렸다. 쌋투는 존재하지 않는다라고 생각할 수 있다. 그러나 아난다여. 그렇게 생각하면 안 된다. 내가 가르치고 설명한 수행[dhamma, 法]과 수행자 행동규범[vinaya, 律]이 내가 죽고 난 후 그대들의 쌋투(satthu, 師)가 될 것이다......

아난다여. 내가 죽고 난 뒤 쌍ㄱ하가 원[ākaṅkhamāna, 願]하면 사소한 [khudda anukhuddaka, 小小] 계율조목[sikkhāpada, 學戒]은 폐지 [samūhanati, 廢止]해도 좋다.」

13. 마지막 말씀

1. 붇ㄷ하는 입멸하기 직전 제자를 불러 모으고 마지막으로 궁금하거나 의심나는 것이 있으면 질문하라고 격려한다. 그리고 임종게송을 읊고 입멸했다. 경전은 다음과 같이 전한다.

「ㅂ하가봐는 ㅂ힉쿠에게 말했다. ㅂ힉쿠여! 한 ㅂ힉쿠라도 붇ㄷ하(Buddha, 佛陀, 覺者), 수행[dhamma, 達摩, 法], 수행자모임[saṅgha, 僧伽, 衆), 막가 (magga, 道), 막가 실천[paṭipada, 行道]에 대해 의심이 있거나 혼란이 있으면 질문해라. ㅂ힉쿠여! 쌋타-(Satthā, 師)를 앞에 두고서 ㅂ하가봐에게 질문하지 못했다고 나중에 후회하지 말라. 이와 같이 말했지만 ㅂ힉쿠는 침묵 (tuṇhī, 沈黙)했다......

ㅂ힉쿠여! 부촉(āmanteti, 付囑)하노니, 형성된 것[saṅkhāra, 行, 有爲]은 소멸하는 것[vaya dhamma, 滅法]이다. (싸띠수행에) 게으르지 말고

[appamāda, 不放逸] (수행을) 완성해라[sampādeti, 現成].

이것이 따타-가따 마지막 말씀[pacchima vācā, 遺言]이다.」

14. 붇ㄷ하 입멸

1. 붇ㄷ하는 BCE 566년 음력 4월 15일 오전 10시쯤 룸비니-에서 태어났다. BCE 537년 출가해 6(7)년 동안 수행해 BCE 531년 음력 4월 15일 새벽 3시 무렵 붇ㄷ하가야 보리수 아래서 붇ㄷ하를 이루고 45년 동안 활동하다 BCE 486년 음력 4월 15일 저녁 11시 무렵 꾸씨나-라- 싸-라나무 아래서 고요히 입멸했다. 경전은 다음과 같이 전한다.

「ㅂ하가봐는 초선에 들었다[paṭhamajjhāna samāpajjati, 入初禪]. 초선에서 나와[paṭhamajjhāna vuṭṭhahati, 出初禪] 2선에 들었다[dutiyajjhāna samāpajjati, 入二禪]. 2선에서 나와[dutiyajjhāna vuṭṭhahati, 出二禪] 3선에 들었다[tatiyajjhāna samāpajjati, 入三禪]. 3선에서 나와[tatiyajjhāna vuṭṭhahati, 出三禪] 4선에 들었다[catutthajjhāna samāpajjati, 入四禪]. 4선에서 나와[catutthajjhāna vuṭṭhahati, 出四禪] 공무변처(ākāsānañcāyatana samāpajjati, 入空無邊處]에 들었다. 공무변처에서 나와[ākāsānañcāyatana samāpatti vuṭṭhahati, 出空無邊處等至] 식무변처에 들었다 [viññāṇañcāyatana samāpajjati, 入識無邊處]. 식무변처에서 나와 [viññāṇañcāyatana samāpatti vuṭṭhahati, 出識無邊處等至] 무소유처에 들었다[ākiñcaññāyatana samāpajjati, 入無所有處]. 무소유처에서 나와[ā

kiñcaññāyatana samāpatti vuṭṭhahati, 出無所有處等至] 비상비비상처에
들었다[nevasaññā nāsaññāyatana samāpajjati, 入非想非非想處]. 비상비비
상처에서 나와[nevasaññā nāsaññāyatana samāpatti vuṭṭhahati, 出非想非
非想處等至] 상수멸에 들었다[saññā vedayita nirodha samāpajjati, 入想受
滅].

그때 아-난다존자는 아누룻ㄷ하존자에게 다음과 같이 물었다. ㅂ한떼 아누
룻ㄷ하시여. ㅂ하가봐께서 빠리닙바-나에 들었습니까? 벗, 아-난다여. ㅂ하가봐
는 빠리닙바-나에 들지 않았습니다. 현재 상수멸에 들었습니다.

그때 ㅂ하가봐는 상수멸에서 나와 비상비비상처에 들었다. 비상비비상처
에서 나와 무소유처에 들었다. 무소유처에서 나와 식무변처에 들었다. 식
무변처에서 나와 공무변처에 들었다. 공무변처에서 나와 4선에 들었다. 4
선에서 나와 3선에 들었다. 3선에서 나와 2선에 들었다. 2선에서 나와 초
선에 들었다.

초선에서 나와 2선에 들었다. 2선에서 나와 3선에 들었다. 3선에서 나와
4선에 들었다. 4선에서 나와 곧바로 빠리닙바-나에 들었다……」

15. 임종게송

1. ㅂ하가봐가 빠리닙바-나에 들자 싹까 천신[Sakka, 釋迦, 帝釋天]이 다
음과 같이 게송을 읊었다.

「(모든)　존재[saṅkhāra, 行, 有爲]는 무상(anicca, 無常)하다.　　　　諸行無常

(자연은) 발생(uppāda, 生)하고, 소멸(vaya, 滅)하는 ㄷ함마(dhamma, 法)만 있다.　是生滅法

(마음에) 발생(uppajjati, 生)하고, 소멸(nirujjhati, 滅)하는 것만 사라지고,　　　生滅滅而

(마음이) 고요[vūpasama, 寂靜]해지면 그것이 행복함[sukha, 樂]이다.　　　寂滅爲樂」

2. ᄇ하가봐가 빠리닙바-나에 들자 아누룻ᄃ하가 다음과 같이 게송을 읊었다.

「들숨[assāsa, 入息]과 날숨[passāsa, 出息]이 없고

　마음에 흔들림이 없고[ṭhita citta, 不動心]

　여여[tādina, 如如]하고 욕망없는[aneja, 無欲] 현자(muni, 賢者)는

　평화롭게[santi, 寂靜] 입멸했다[ārabbha, 沒].

　불퇴전의 마음으로[asallīna citta, 不退轉心]

　(고통스런) 느낌(vedanā, 受)을 참아냈으니[adhivāseti, 忍耐]

　빛나는 닙바-나(nibbāna, 涅槃)로

　마음이 해탈했다[vimokha ceto, 心解脫].」

3. ᄇ하가봐가 빠리닙바-나에 들자 아-난다가 다음과 같이 게송을 읊었다.

「그때 두렵고[bhiṁsanaka, 怖畏]

　털이 곤두섰다[loma haṁsana, 身毛竪立].

　최상의 모든 상[sabba ākāra, 諸相]을 갖춘

　깨달은 분[sambuddha, 自覺]이 빠리닙바-나에 들었을 때.」

불교철학

5

마음은 분석대상이 아니라 변화대상이다

14장
사유구조

project

1. 불교철학

2. 세계를 보는 틀

3. 붇다하 사유 틀

4. 관념형성과 행동학습

check point

여기서는 붇다하가 세계를 인식하고 사유하고 행동한 기본토대를 구체적이고 직접적으로 배우고 익힌다. 이 장을 배우고 익히면 수행과 불교에 대한 정확하고 올바른 지식을 얻게 될 것이다. 존재나 세계를 어떻게 이해하느냐에 따라 사유형식이나 행동유형이 결정되기 때문에 세계를 인식하고 사유하는 틀인 세계관은 중요하다.

1. 불교철학

1. 철학은 과학의 다른 이름이다.

1) 철학기능

2. 과학은 존재를 관통하는 법칙을 규명하고 철학은 존재를 대하는 사람 사유와 행동에 관한 원리를 규명한다.

3. 과학은 존재자체에 내재한 법칙을 규명하고 철학은 존재를 사용하고 소비하는 법칙을 규명한다.

4. 존재가 답을 갖고있기도 하고 존재를 인식하는 사람이 답을 정하기도 한다.

5. 존재가 답을 갖고있을 때는 분석, 사유, 논리를 사용해 존재에 내재한 답을 규명한다. 이것이 과학이다. 지식이라고도 한다.

6. 존재를 인식하는 사람이 답을 결정할 때는 정해진 답이 없기 때문에 마음을 맑고 건강하게 가꾸고 자기가 가진 모든 정보를 한 순간 한 지점에 모두 집중해 최선의 답을 결정해야 한다. 이것이 지혜다. 직관이라고도 한다.

7. 철학은 직면한 문제를 극복하는 도구다. 직면한 삶이 만족스러우면 어떤 변화도 필요치 않다. 변화가 필요한 것은 현재 직면한 현실에 만족하지 못하기 때문이다.*

8. 직면한 현실에 만족하지 못하고 변화필요성을 느낄 때 그것을 극복할 도구가 필요한데 그것이 철학이다. 그런 의미에서 철학은 삶을 풍요롭게 하는 도구다.*

9. 현상은 복잡하고 혼돈스럽게 보이지만 인내심을 가지고 관찰하면 복잡하고 혼돈스런 현상을 관통하는 흐름이나 법칙을 찾아낼 수 있다.[*]

10. 내용과 형식은 일치한다. 그러나 내용이나 법칙이 그대로 형식으로 드러나지 않는다. 내용이 그대로 형식으로 드러나면 과학이 필요치 않을

철학필요성

현재 직면한 문제를 해결하기 위해 지금 사용하는 이론과 도구가 유효하면 새로운 것을 찾을 이유가 없다. 그러나 직면한 문제를 해결하는 데 현재 내가 알고있는 이론과 도구로는 답을 찾을 수 없을 때 새로운 패러다임이 요구된다. 그것을 찾아내는 것이 철학이다. 현재 내가 사용하는 이론과 도구가 유효성을 상실했을 때 새로운 유효한 이론과 도구를 찾는 것이 철학기능이다. 철학은 존재에 대한 사유방식과 행동유형을 정하는 틀이다.

철학유파

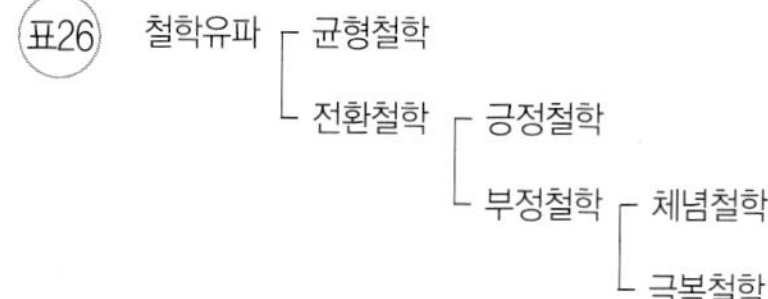

문명과 문화

표27	생산	문명, 생산, 예술, 창작 등
	소비	문화, 소비, 누림 등
	원리	과학, 철학 등
	기준	학문, 미학 등
	평가	평론, 비평 등
	교육	교육, 계몽 등

존재에 에너지를 가해 새로운 존재로 변화과정이 생산이다. 일반적으로 공장에서 기계로 찍어낸 것을 생산이라 하고 자기생각에 기초해 수작업으로 만드는 것을 창작 혹은 예술이라고 한다. 기본의미에서 생산, 예술, 창작 등은 같은 의미다. 사람이 만든 모든 것을 문명이라고 한다.

만들어진 존재를 사용하는 것이 문화다. 문화는 소비의 다른 이름이고 누림을 강조한다.

존재에 내재한 법칙을 규명하는 것이 과학이다. 일반적으로 과학은 개별존재에 내재한 질서를 다루고 철학은 존재를 대하는 사람의 사유와 행동에 관한 법칙을 규명한다. 과학이나 철학이 존재에 내재한 질서나 법칙을 규명하는 점에서는 같은 의미다.

비평이나 평론은 만들어진 존재를 특정기준에 따라 평가하는 것이다.

것이다. 복잡하고 혼돈스런 현상을 주의깊게 관찰하면 현상에 내재한 규칙을 발견할 수 있다.

11. 존재에 내재한 원리나 법칙을 알 수 있으면 행동을 객관화시킬 수 있고, 미래를 예측하고 행동할 수 있고, 행위유효성을 높일 수 있다.

12. 존재를 어떻게 바라보느냐에 그치지 않고 존재를 인식하는 관점과 수준에 따라 행동유형이 결정된다.

13. 모든 존재는 신(의식)에 의해 창조된 것으로 믿는 사람은 창조주 신에게 의존해 자기가 직면한 문제를 해결하려 할 것이고 자연상태로 존재한다고 믿는 사람은 자연질서를 규명해 문제를 극복하려고 할 것이다.

14. 철학 근본문제는 존재와 의식 관계다. 존재가 1차인가 의식이 1차인가에 대해 어떻게 대답하느냐에 따라 유물론과 관념론으로 나뉜다.

2) 불교철학

15. 불교는 욕망, 이기심, 분노, 적대감, 원망, 서운함, 편견, 선입관, 가치관 등의 마음오염원을 제거하는 도구고 자유와 행복으로 가는 도구다.

① 정의

16. 불교철학은 사람이 직면한 문제를 효과적으로 해결할 수 있는 도구다.

미학은 존재 평가기준이나 아름다움과 추함에 대한 기준을 정하고, 윤리학은 선과 악에 대한 기준을 정한다. 도덕 혹은 에티켓은 정해진 기준에 따라 어떻게 행동할 것인지를 다룬다. 아름다움과 추함, 선과 악 등은 처음부터 정해진 기준이 없다. 사람이 기준을 정하고 따른다.

계몽이나 교육은 존재를 특정한 기준에 따라 봐달라는 주문이다. 처음부터 존재에 아름다움과 추함, 선과 악에 대한 기준이 없는데도 불구하고 존재를 어떻게 이해하고 행동하라고 주문하는 것은 결국 자기생각을 다른 존재에게 강요하는 것이다. 생각을 다른 존재에게 강요하는 것은 폭력이다. 계몽이나 교육은 항상 폭력 성격을 가진다.

17. 불교철학은 붇다하가 만든 싸띠수행(sati, 念)을 비롯해 각종 수행을 관통하는 기본원리와 핵심기술을 규명하는 학문이자 도구다.

18. 불교철학은 마음작용에 내재한 법칙성을 규명하고, 마음변화 이론과 기술에 관한 기본원리를 규명하고, 기술사용 핵심원리를 규명하는 것을 목적으로 한다.

19. 불교철학은 붇다하가 만든 마음과학과 싸띠수행이 구체적 역사환경에서 다양하게 변화발전하는 기본원리와 핵심기술을 이해하고 마음과 수행에 관한 이론과 기술을 객관화, 표준화해 마음관리 효율성을 높인다.

② 근본문제

20. 불교철학이 다루는 근본문제는 감각대상[viññāṇa, 識]과 감각주체[sati, 念]다.

(표28) 수준차이

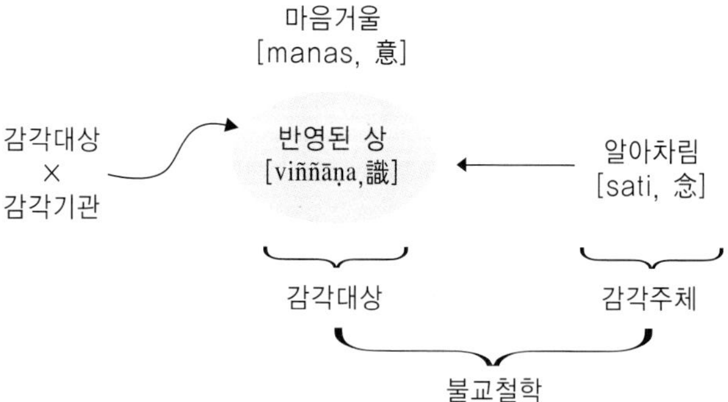

21. 붇다하는 감각주체를 알아차림 기능인 싸띠로 이해했고 감각대상은 마음거울에 맺힌 상[viññāṇa, 識]으로 보았다*.

22. 붇다하는 마음작용을 포함해 모든 감각대상은 물질로 취급하고 마음거울에 맺힌 상을 알아차림하는 싸띠만 마음으로 규정했다.

23. 존재를 인식하는 수준에 따라 삶의 질과 태도가 결정된다.

24. 마음거울에 맺힌 감각대상이나 기억이미지($M=IA^n$)와 그것을 알아차림하는 감각주체인 싸띠와의 역학관계에 따라 실재보는 수준이 결정된다.

25. 싸띠힘이 약해 기억이미지 힘에 밀리면 기억이미지(관념)가 알아차림 기능인 싸띠를 덮어 실재를 볼 수 없다. 그러나 싸띠힘이 강하면 기억이미지 개입을 차단하고 실재를 있는 그대로 볼 수 있다.

26. 감각대상과 감각주체 사이 역학관계에 따라 마음에너지 이동이 결정된다.

27. 싸띠힘이 약해 감각대상에 끌려가면 마음에너지를 소비하고 몸과 마음이 피곤하고 무기력해진다. 싸띠힘이 좋아 감각대상을 선택하면 마음에너지를 절약하고 보충해 몸과 마음이 건강하고 활기차진다.

수준차이

서양철학은 감각대상과 감각주체를 구분하는 기준이 거칠다. 서양철학은 마음 밖에 있는 외부존재를 모두 감각대상으로 취급하고 외부존재를 인식하는 마음을 감각주체로 취급한다. 이것은 감각기관을 5개로 보는 5감차원과 6개로 보는 6감차원의 차이에서 비롯된다. 5감차원에서 이해하면 물질은 알 수 있지만 마음은 애매하다. 그러나 6감차원에서 접근하면 물질뿐만 아니라 마음까지도 이해할 수 있다.

불교철학은 마음거울[mansa, 意]에 맺힌 상[viññāṇa, 識]을 감각대상으로 취급하고 마음거울에 맺힌 상을 알아차림하는 기능인 싸띠를 감각주체로 취급한다.

2. 세계를 보는 틀

1. 존재를 어떻게 인식하느냐에 따라 행동유형이 달라진다. 세계나 존재를 바라보는 데는 크게 다섯 가지 틀이 있다.

2. 첫째, 모든 것이 결정돼있다고 보는 결정세계관과 어떤 것도 결정돼있지 않다고 보는 비결정세계관이다.

3. 둘째, 존재와 사유 관계에서 사유가 존재에 의존해있다고 보는 유물론과 존재가 사유에 의존해있다고 보는 관념론이다.

4. 셋째, 개별존재 독립성을 강조하는 개인주의와 전체존재 연결성을 강조하는 전체주의다.

5. 넷째, 구조가 존재에 영향미친다고 보는 구조주의와 존재가 구조속에서 어떻게 기능하는 지가 핵심이라고 보는 기능주의다.

6. 다섯째, 모든 존재는 자연계처럼 개별존재와 전체가 연관돼있다는 연기주의다.

1) 결정론과 비결정론

7. 유물론, 관념론, 힌두교 윤회론 등은 결정세계관에 속하고 불교연기론이나 도교철학 등은 비결정세계관에 속한다.

8. 마음다루는 싸띠수행, 심리학, 상담학 등도 어떤 이론은 결정세계관에 기초해 논리를 전개하고 어떤 것은 비결정세계관에 기초해 존재를 설명한다.

9. 대개 결정세계관은 지중해를 출발점으로 하는 서양문명에서 선호하고 비결정세계관은 인도나 동양문명에서 발달했다.

10. 결정세계관은 질서정연해 편리하지만 낙관주의에 빠질 수 있고 때로는 자기생각을 다른 존재에게 강요할 수 있다. 비결정세계관은 역동적이고 흥미롭지만 비관주의에 빠질 수 있고 가변적이라 혼돈스럽기도 하다.

2) 유물론과 관념론

11. 유물론은 존재와 사유 관계에서 존재가 1차고, 의식이 존재에 의존해있고, 모든 것은 물질로 통일돼있다고 본다. 관념론은 의식이 1차고 존재가 의식에 의존해있고, 의식으로 통일돼있다고 본다*.

12. 관념론은 객관존재(정신, 神)가 우주(물질)를 만들었다는 객관관념론과 인식하는 마음이 있을 때 비로소 존재를 알 수 있다는 주관관념론(唯心論)으로 나뉜다.

관념론과 유물론

관념론(觀念論)은 마음이 1차고 마음이 존재에 선행하고, 존재는 고도로 조직된 마음의 한 형태고, 2차로 파생된 현상으로 본다. 그들은 세계가 본질적으로 마음이며 마음이 어떤 형태에서 다른 형태로 변해가는 존재로 이해한다. 세계는 일원(一元)이며 그 통일성은 마음에 존재한다고 믿는다. 그들은 절대의식, 창조주, 신에게 매달리면 신의 의지에 따라 존재와 사회가 변화될 수 있다고 생각한다. 따라서 사회 물적조건을 평등하게 하기보다 신에게 매달리고 신에 의해 자기의 풍요로운 삶이 이뤄질 것으로 믿는다. 그들은 신과 구제, 믿음과 은총을 중시하고 신의 필요에 의해 존재와 사람이 만들어진 것이라고 주장한다.

관념론은 객관관념론과 주관관념론 두 가지가 있다. 객관관념론은 마음 밖에 신이 존재하고 신의 의지에 따라 물질세계가 전개된다고 믿는다. 그들은 자기와 사회를 변화하는 수단은 신의 은총으로 가능하다고 믿고 그 도구로 기도를 선택한다. 그들은 신의 의지가 주변수고 피조물은 종속변수라고 본다. 신념이 경험에 선행한다고 이해한다.

주관관념론은 마음거울에 맺힌 존재유무는 중요하지 않고 오직 존재를 인식하는 마음이 있을 때만 존재가 마음에 반영된다고 본다. 실재하는 것은 마음에 반영된 것이고, 물질세계는 단지 마음에 반영된 허상에 불과하고 자기와 사회를 변화시키는 수단으로 자기마음을 변화시키면 된다고 믿고 자기마음이 주변수라고 본다.

유물론(唯物論)은 존재가 1차고 존재가 마음에 선행하고, 마음은 2차로 본다. 세계는 물질이고 어떤 형태에서 다른 형태로 변해가는 존재로 이해한다. 그들은 물질이 1차고, 마음은 고도로 조직된 물질의 한 형태이고, 2차로 파

3) 개별주의와 전체주의

13. 개별주의는 모든 것에 우선해 개별존재 삶이 중요하기 때문에 자기가 속한 공동체를 위해 개인희생을 강요할 수 없다는 가치관에 기초해 성립한다. 그러나 개인주의가 발달하면 개인이익을 위해 타인권리를 침해하지 않고 공동체이익을 중시하기도 한다.

14. 전체주의는 개별존재가 생존하기 위해서는 공동체가 먼저 존재해야 하기 때문에 공동체를 위해 개별존재가 희생될 수 있다는 가치관에 기초해 성립한다.

15. 개별주의는 초원지대를 중심으로 발달한 세계관이다. 초원지대 유목생활은 한 곳에 정착해 생활하기보다 풀을 찾아 이곳저곳 떠돌며 생활한다. 이것을 노마디즘(nomadism)이라고 한다.

16. 한 곳에 정착해 곡식을 가꾸기보다 이미 가꾸어진 곳을 찾아다니며 먼저 차지한 사람이 지배하는 약탈경제에 기초한다. 다른 존재 에너지를 약탈하기 위해서는 힘이 필요하다. 이동도 단체로 하지만 궁극적으로는 개별존재 능력을 더 중시한다*.

생된 현상으로 생각한다. 세계는 일원(一元)이며 그 통일성은 물질에 존재한다고 믿고 사회를 변화하면 마음도 변화될 것으로 확신한다. 사회 물적조건을 평등하게 하면 자기의 행복한 삶이 전개될 것으로 믿는다. 자기와 사회를 변화시키는 방법으로써 실천과 증명을 중시한다. 경험이 신념에 선행한다고 본다. 사람필요에 의해 신이 창조된 것이라고 주장한다.

윤회론(輪廻論)은 관념론의 한 형태로 처음에 신이 우주를 창조하고, 우주질서를 만들고, 신 또한 그 법칙에 지배받는다고 생각한다. 우주운행 원리로 윤회설을 설정하고 전생행위가 삶을 이끄는 원동력이라고 믿는다. 그들은 몸과 마음이 분리된 것으로 보며 몸은 소멸하지만 삶의 흔적을 담고있는 마음은 소멸하지 않고 윤회한다고 믿는다. 세계는 이원(二元)이며 그 통일성은 마음에 있다고 생각한다. 그들은 전생행위에 따라 금생삶의 질이 결정되고 금생행위에 따라 내생삶의 조건이 결정된다고 믿는다. 그들은 금생에 직면한 제 조건을 변화시키려는 어떤 노력도 하지 않고 그것을 지키고 받아들이기 위해 헌신한다. 그렇게 해야 내생에 좋은 곳에 태어난다고 믿는다. 윤회론자는 지금 주어진 조건을 변경하지 말고 부모로부터 물려받은 신분과 직업을 바꾸지 말아야 한다고 주장한다.

17. 전체주의는 평지를 중심으로 발달한 세계관이다. 평지는 한 곳에 정착해 생활한다. 장기적으로 계획하고 차근차근 일해서 결과를 성취한다.

18. 평지는 다른 존재와 연대하지 않으면 외적을 물리칠 수 없다. 평지에서 정착해사는 사람은 대개 전통과 관습을 중시하고 개인능력보다 공동체 생존을 중시한다*.

19. 인류역사는 초원에서 이동하고 약탈경제에 기초한 유목민족과 평지에서 정착해 성장경제에 기초한 농경민족과의 도전과 응전 역사다.

20. 이런 역사는 현대에 와서 자본주의와 사회주의로 새로운 전선이 형성됐고, 현재는 자본주의가 노마디즘이나 진화론(적자생존)을 앞세운 신자유주의 경제이론을 전파하며 세계경제를 파탄으로 몰고 있다*.

약탈이론

노마디즘에 기초해 경제이론을 개발한 것이 신자유주의다. 그들은 초원유목민이 이곳저곳 이동하며 생활하는 것을 기초해 자유이동 이론인 노마디즘을 창안하고 퍼뜨린다. 그들은 기본적으로 우수한 경제력과 군사력을 바탕으로 다양한 상품을 개발해 다른 국가나 기업을 무자비하게 약탈해 한 곳으로 집중했다. 그 중심에 유태자본이 있다. 자본주의는 여기에 가깝다. 미국식 자본주의는 진화론 특히 적자생존 이론을 신봉한다. 미국인이 진화적으로 우수해서 세계를 지배할 수 있었기 때문에 정부가 시장에 개입해서 약자를 보호하면 열성유전자가 살아남게 되는데 그렇게 되면 시장에서 미국식 자본주의가 도태될 것이라고 생각했다. 이것이 신자유주의 핵심이론이다. 그러나 그들은 이것을 진화론으로 드러내지 않고 유목민족 정서인 노마디즘으로 교묘하게 포장했다. 자본주의 발달 특수형태인 제국주의는 다음과 같이 정의한다.

① 상품생산을 위한 원료제공과 제품판매 시장확보.
② 그것을 위한 물리적인 군사력확보.
③ 그것을 위한 이론개발.
④ 그것을 위한 문화로 포장함.

정착이론

정착에 기초해 생존이론을 개발한 것이 유교다. 유교는 중국대지에 정착해 생존이론을 개발했다. 그들은 역사와 전통, 가문과 출신 성분을 중시한다. 개인능력에 기초한 각개격파보다 전체능력을 중시한 집단방어 개념을 선호한다. 그 중심에 중국문화가 있다. 사회주의는 집단방어 개념이다.

21. 이러한 약탈경제에 기초한 집단도전에 대해 아직까지 적절한 대응 이론을 만들지 못하고 있다.

4) 구조주의와 기능주의

22. 구조주의는 사회구조가 개인에게 절대적으로 영향미치기 때문에 사회구조를 건강하고 튼튼하게 하는 것이 자유와 행복으로 가는 유일한 길이라고 본다.

23. 기능주의는 상황에 적응하고 극복하는 개인능력이 중요하기 때문에 자유와 행복으로 가는 유일한 길은 개인능력을 향상시키는 것이라고 본다.

24. 구조주의는 존재가 의식에 영향미친다는 유물론적 입장에서 출발한다. 기능주의는 동일구조에서도 그것에 적응하는 개인차가 나타나는 것은 개별존재가 상황에 적응하고 극복하는 능력을 중시한 관념론적 입장에 서 있다.

25. 구조주의는 유물론적 입장에서 출발하는 행동주의와 입장이 비슷하고 기능주의는 관념론적 입장에서 출발하는 인지주의와 맥락을 같이한다.

5) 연기주의와 싸띠주의

26. 히말라야를 중심으로 유럽과 중앙아시아 초원과 중국 사이에 인도

투자와 투기

투자는 상대를 지원해 서로 상생하고 그것을 통해 자기이익을 얻는 방식이고 투기는 상대를 고려하지 않고 자기이익만을 사고하고 행동하는 방식이다.

가 있다.

27. 인도를 지배하는 인종은 4000여 년 전에 중앙아시아 초원지대로부터 이주해 온 아리야인이다. 이들은 이동하며 생활하던 유목민이었는데 인도에 들어와서는 광활한 대지에 정착해 농경민족으로 적응했다.

28. 인도에 침략한 아리야인은 초원지대에서 생활하던 방식 그대로 전쟁과 약탈에 기초한 삶의 방식을 전개했다.

29. 이때 아리야인 출신이자 뒤에 불교, 마음과학, 싸띠수행을 창시한 붇다하는 새로운 세계관에 기초한 삶의 방식을 제시했다.

30. 붇다하는 모든 존재가 서로 관계맺고 서로 의존하기 때문에 상황에 기초해 공존해야 한다는 세계관을 제시했다. 그것이 연기주의[paṭicca samuppāda, 緣起]다*.

31. 연기주의는 초원과 대륙, 이동과 정착, 약탈과 성장, 개별주의와 전체주의 문화를 극복한 새로운 삶의 방식이다.

32. 관계와 상황에 기초한 삶은 평화로운 삶, 평등한 삶, 자유로운 삶, 행복한 삶, 공존하는 삶으로 인도하는 올바른 길이다.

33. 붇다하는 존재나 상황을 인식하는 수준이 삶의 질과 태도를 결정한다고 보았다. 이것이 싸띠주의(satism)다. 사람은 상황을 인식하고 행동한다. 이때 인식하는 사람수준에 따라 동일상황도 다차원으로 해석따라 사고하고 행동한다. 그 모든 것을 선도하는 것이 알아차림하는 싸띠다. 싸띠는 인식과 행동을 지배하고 선도한다.

경험과 신념

경험이 신념에 앞선다고 하면 유물론이고 행동주의다. 신념이 경험에 선행한다고 하면 관념론이고 인지주의다. 붇다하는 구체적인 관계와 상황에서 어느 요소가 앞서는지 이해하는 것이 중요하다고 보았다. 그런 관점이 연기주의고 싸띠주의다. 구체상황이 빠진 절대상황은 존재를 제한적으로만 이해하게 된다.

3. 붇다하 사유 틀

1. BCE 531년 음력 4월 15일 고따마 씻다핫타는 출가한 지 7(6)년, 그의 나이 35살 되던 해, 붇다가야 보리수 아래서 아라한뜨 막가파라에 들어 닙바-나를 체험하고 무상정자각을 성취하고 붇다가 됐다. 이후 45년 동안 매년 1300km를 이동하며 자기가 발견한 마음과학과 싸띠수행을 지도했다*.

1) 차원문제

2. 물질과 정신, 몸과 마음은 동일한 존재의 다른 표현이다. 같은 존재도 어느 차원에서 인식하느냐에 따라 다르게 이해된다.

3. 오늘날 몸과 마음을 분리해 사고한 것은 르네 데카르트(Rene Descartes, 1596~1650) 이후 서구사상 주류로 자리잡았다. 그러나 인도와 중국을 중심으로 한 동양은 몸과 마음을 같은 존재의 다른 표현으로 보았다.

4. 몸과 마음은 서로 관계맺고, 서로 의존하고, 서로 영향미치고, 서로

앎과 행동

아는 것이 먼저인지 행동이 먼저인지에 대한 문제는 닭과 달걀 관계만큼 오래된 주제다. 대개 먼저 알고 뒤에 행동하는 경우가 많다. 뭔가를 먼저 발견한 후 어떤 원리에 의해 그렇게 됐는지 이론구조를 뒤에 이해하기도 한다.

붇다는 마음과학과 싸띠수행을 알고 그 원리에 따라 수행해 아라한뜨 막가파라에 들어 최상깨달음을 성취하지 않았다. 우연히 소 뒷걸음치다 쥐잡듯 보리수 아래 금강석 위에 앉아 수행하다 아라한뜨 막가파라에 들고나서 마음 구조와 기능, 마음구성인자, 마음화학반응, 마음물리특성, 마음작용 등을 알 수 있었고, 어떤 원리에 의해 마음이 오염되고 정화되는지 마음이 건강해지고 피곤해지는지 마음에너지가 소비되고 충전되는지 명확히 이해할 수 있었다.

해체하고, 서로 재구성되며 변화발전한다. 이 둘은 분리할 수 없고 전체로 다뤄야 한다. 붇다하는 이것을 색심불이(色心不二), 색즉시심(色卽是心)으로 보았다.

5. 행동이 변하면 생각이 바뀌고 앎이 성숙한다. 앎이 바뀌면 생각이 변하고 행동도 성숙한다. 이 둘은 어느 것이 먼저라고 할 수 없고 어느 것이 다른 것에 의존해있다고도 할 수 없다. 구체상황에서 판단하고 실천해야 한다. 전자에 기초해 교육하는 것이 행동주의고 후자에 기초해 학습하는 것이 인지주의다.

2) 기본관점

6. 붇다하는 존재에 내재한 변화(운동) 원리를 이해하고 법칙성을 규명하면 존재를 효과적으로 다룰 수 있다고 보았다*.

7. 붇다하가 존재를 이해한 기본관점은 다음 세 가지다. 이 세 가지 관점에 기초해 마음과학과 싸띠수행을 만들고 실천했다.

8. 붇다하는 마음변화 원리를 양질전환과 운동성으로 보았다.

① 관계성

9. 붇다하는 모든 존재는 서로 관계맺고, 서로 의존하고, 서로 영향미치

변화원리

연역법은 원인에서 결과가 만들어지는 과정을 설명하고 귀납법은 결과를 두고 그것을 일으킨 원인을 규명한다. 이것은 운동과정을 설명하지만 운동원리를 설명하지 못한다. 변혁법은 운동과정뿐만 아니라 운동원리를 설명한다. 어디서 어디로 움직이는 것뿐만 아니라 어떤 원리에 따라 움직이는지를 설명하는 것은 세상을 바꾸는 도구다.

심리학이나 상담학은 마음작용을 설명하지만 왜 그런 마음작용이 일어나는지 원리를 설명하지 못한다. 그러나 붇다하가 창안한 마음과학과 싸띠수행은 마음작용뿐만 아니라 마음변화 원리를 설명한다. 이것은 마음관리 혁명이다.

고, 서로 해체하고, 서로 재구성하며 변화발전한다고 보았다. 이것을 연기(paṭicca samuppāda, 緣起)라고 한다.

10. 연기는 개별존재가 조건에 따라 다른 존재와 결합하고 조건이 변하면 결과도 변한다는 입장을 가진다.

11. 이것은 관계성이라고 하며 존재 구성원리를 설명한 것이다.

② 운동성

12. 붇다하는 모든 존재는 고정돼있지 않고 끊임없이 움직인다고 보았다. 이것을 공(suñña, 空)이라고 한다.

13. 공은 존재 물리특성(本性, 法則, 實在)을 가리키는 용어다. 존재에 내재한 물리특성은 고정돼있지 않고 끊임없이 움직인다. 이것을 운동성이라고 한다.

14 공은 무상(anicca, 無常)과 비슷한 용어다. 무상을 포함해 3법인(ti dhamma lakkhaṇa, 三法印)이 신과 윤회를 부정하고 자연법칙을 강조한 것에 초점두었다면 공은 존재 본성이나 법칙성에 초점둔 것이다.

15. 붇다하의 이런 관점은 흑백론, 절대주의, 신과 관념 등을 배제하고 상황론, 관계론, 상대주의, 자연주의 관점 등을 중시한다.

③ 변화성

16. 붇다하는 모든 존재가 서로 관계맺고 서로 영향미치며 변화발전한다고 보았다. 이것을 변법(vipariṇāma dhamma, 變法)이라고 했다.

17. 모든 존재는 움직이려는 성질과 머물려는 성질을 함께 갖고있다. 이둘 사이에 어느 것의 힘이 큰지에 따라 머묾과 움직임이 결정된다*.

18. 존재가 어떻게 움직이느냐에 따라 위상차이가 난다. 드러난 고유특

성이나 내재한 법칙성에 따라 존재를 이해하고 다루면 효과적으로 존재를 변화시킬 수 있다.

19. 싸띠수행으로 삶을 어둠에서 밝음으로, 혼돈에서 정돈으로, 무지에서 정지로, 구속에서 자유로, 고통에서 행복으로 변화시킬 수 있다.

20. 존재는 다른 존재와 관계맺고, 영향을 주고받고, 운동하는 과정에서 긍정적으로 혹은 부정적으로 변한다.

21. 존재에 내재한 법칙성과 관계성을 이해하고 노력하면 긍정적으로 변화시킬 수 있다. 그래서 마음과학과 싸띠수행이 필요하고 희망이 존재한다.

3) 변화주도

22. 붇다하는 관계성과 운동성을 가진 존재 변화발전을 주도하는 힘은 감각주체이고 알아차림 기능인 싸띠라고 보았다.

23. 마음거울에 맺힌 상을 알아차림하는 싸띠가 생각을 바꾸고, 앎을 바꾸고, 행동을 바꾸고, 관계를 변화시키는 핵심도구다.

24. 내용과 형식은 일치한다. 내용은 형식을 규정하고 형식은 내용에 영

모순

모순(矛盾)을 창과 방패라고 한다. 그러나 철학적으로 모순은 하나의 존재에 두 가지 다른 성질이 있음을 가리키는 개념이다. 모든 존재는 운동성을 갖고있고, 머물려는 성질과 움직이려는 성질을 갖고있다. 이 둘 사이에 어느 힘이 큰가에 따라 운동방향이 결정된다. 이런 상태를 모순이라고 한다. 운동은 양이 차면 질로 전환된다. 이런 변화를 자연이나 환경에 맡기지 않고 사람이 인위적으로 시간이나 상황을 조절하고 통제할 수 있다는 것이 마르크스주의 혁명이론이다.

붇다하는 사람이 붇다가 될 수 있는 가능성(佛性)과 중생이 될 수 있는 가능성(衆生性)을 함께 갖고있다고 보았다. 이 두 성질 가운데 어느 힘이 큰가에 따라 붇다가 될 수도 있고 중생이 될 수도 있다. 이것을 자연상태에 맡기지 않고 수행을 통해 인위적으로 변화시킬 수 있다는 것이 붇다 수행이론이다.

향미친다. 그리고 내용이 형식을 선도한다.

25. 붇다하는 마음거울에 맺힌 상을 알아차림하는 기능인 싸띠(sati, 念)와 실재를 있는 그대로 보는 안목인 빤냐-(paññā, 般若, 慧)가 존재를 변화발전시키는 원동력으로 보았다*.

26. 빤냐-는 싸띠와 싸띠집중을 통해 성장한다. 빤냐-는 자유로운 삶, 청정한 삶, 행복한 삶, 공존하는 삶으로 가는 유용한 도구다.

27. 붇다하는 인지와 행동은 분리해 존재하는 것이 아니라 서로 관계맺고 함께 진행되는 것으로 보았다. 붇다하는 알아차림 기능인 싸띠와 전체 연관과 흐름 이해능력인 빤냐-가 인지와 행동을 선도하는 도구라고 보았다. 그 모든 것을 앞에서 선도하는 것이 싸띠다*.

28. 몸과 마음은 서로 관계맺고, 서로 의존하고, 서로 영향미치고, 서로 해체하고, 서로 재구성되며 변화발전한다. 이 둘은 분리할 수 없고 전체로 다뤄야 한다. 붇다하는 이것을 색심불이(色心不二), 색즉시심(色卽是心)으로 보았다.

생산성과 생산관계

마르크스는 생산성이 생산관계를 규정한다고 보았다. 생산성을 높이는 여러 가지 요인 가운데 생산도구가 가장 크게 영향미친다. 새로운 원리를 발견하고 생산도구를 만드는 것은 과학자다. 결국 지식이 사회발전 원동력이다.

인지 · 행동 · 싸띠

앎과 생각이 변하면 행동과 삶이 변한다고 본 것이 인지주의다. 이것은 관념론에 기초해 논리를 전개한다. 심리상담에서 인지치료는 사물을 바라보는 생각을 변화시키는 훈련방법이다. 그러면 현재 처한 부적응상태로부터 벗어나 현실에 적응할 수 있다고 본다.

행동과 삶이 변하면 앎과 생각이 변한다고 본 것이 행동주의다. 이것은 유물론에 기초해 논리를 전개한다. 심리상담에서 행동치료는 행동이나 삶의 방식을 변화시켜 앎과 생각을 바꿔 현재 처한 부적응상태로부터 벗어나도록 하는 훈련방법이다.

싸띠주의는 자각수준에 따라 인식과 행동에 영향미친다고 본다. 이것은 연기론에 기초해 논리를 전개한다. 마음과학과 싸띠수행에서 알아차림 기능인 싸띠힘을 키워 현재 처한 상황을 지혜롭게 대처하도록 훈련을 중시한다.

29. 행동이 변하면 생각이 바뀌고 앎이 성숙된다. 앎이 바뀌면 생각이 변하고 행동도 성숙된다. 이 둘은 어느 것이 먼저라고 할 수 없고 어느 것이 다른 것에 의존해있다고도 할 수 없다. 구체상황에서 판단하고 실천해야 한다. 전자에 기초해 교육하는 것이 행동주의고 후자에 기초해 학습하는 것이 인지주의다.

4) 싸띠주의

30. 붇다하는 상황이나 행동이 변하면 생각이 변하고 앎이 변한다는 행동주의 원칙을 중시했다. 이것을 훈습(vāsanā, 薫習), 학습(sajjhāya kiriyā, 學習), 수행(bhāvanā, 修行)이라고 했다. 이것이 심해탈(citta vimokkha, 心解脫)이다.

31. 붇다하는 앎이 변하면 생각이 변하고 행동과 상황도 변한다는 인지주의 입장을 주목했다. 일체 편견, 선입관, 가치관 등을 제거하고 존재를 객관화시켜 그대로 보는 것을 중시했다. 이것이 혜해탈(paññā vimokkha, 慧解脫)이다.

32. 붇다하는 몸과 마음은 서로 관계맺고있기 때문에 이 둘을 분리해 다루지 말고 함께 다뤄야 한다고 보았다. 붇다하는 행동과 인지가 분리독립해 전개되는 것이 아니라 함께 진행되는 것으로 보았다. 알아차림 기능인 싸띠가 선도해 앎(인지)과 행동을 변화(학습)시킨다. 이것을 싸띠주의라고 규정했다*.

앎수준

앎은 크게 두 종류가 있다. 하나는 사유로 이해하는 것이고 다른 하나는 경험으로 이해하는 것이다. 전자를 분석지(ñāṇa, 智, 分析智)라 하고 후자를 직관지(paññā, 般若, 慧, 直觀智)라고 한다. 분석지는 분석, 사유, 논리를 사

33. 관념형성과 행동학습에 관한 붇ㄷ하 기본입장은 존재가 답을 가지고 있는 것이 아니라 인식하는 사람수준이 답을 가지고 있다는 비결정세계관이었다. 존재를 어느 수준에서 이해할 것인가가 핵심이다.

5) 기본 틀

34. 붇ㄷ하는 다음과 같은 기본관점을 가지고 대중 수준이나 상황에 따라 자세히 설명하기도 하고 요약해 설명하기도 했다.

35. 존재를 바라보는 수준에 따라 삶의 질과 태도가 결정된다. 존재는 아는 것만큼 보이고 보이는 것만큼 사고하고 행동한다.

(표29) **인식수준**

36. 마음공간에 존재하는 삶의 흔적인 기억이미지와 결합한 마음오염원이 해체돼 마음공간이 맑아지면[anāsava, 無漏], 존재에 의미를 부

용해 물질을 다루는 데 효과적이고, 직관지는 존재를 분석, 사유, 논리 등을 압축하고 전체로 느껴, 마음다루는 데 유효하다. 직관지는 다음 세 가지 유형이 있다.

① 싸띠(sati, 念): 마음거울에 맺힌 상을 알아차림하는 기능. 마음작용 첫 번째 과정이다.
② 쌈빠자-나(sampajāna, 自知): 행동하기 전에 먼저 일어난 의도, 현상 밑에 존재하는 실재를 알아차림하는 기능.
③ 빤나-(paññā, 慧): 특정상황 발생과 전개, 원인과 결과, 전체 흐름이나 맥락 등을 이해하는 능력.

싸띠는 한 지점을 알아차림하는 데 초점두고, 쌈빠자-나는 한 상황에 초점두고, 빤나는 전체상황에 초점둔다. 그 모든 것의 출발점이자 선도하는 것은 알아차림 기능인 싸띠다. 분석지는 존재를 잘게 쪼개 이해하는 능력이고 직관지는 분리된 존재를 전체로 이해하는 능력이다.

여하지 않고 존재를 있는 그대로 객관적으로 볼 수 있다[vijjā, 明]. 존재를 있는 그대로 볼 수 있으면 직면한 상황에서 자기가 해야할 일을 하고 자기가 하고싶은 것이나 이익되는 방향으로 행동[kamma, 羯磨, 業]하지 않고 미래를 예측하고 행동하지 않는다[asaṅkhāra, 無爲]. 상황에 따라 행동하기 때문에 상황이 종료하면 행위결과[kamma bala, 業力]로부터 자유로울 수 있다[vimokkha, 解脫]. 그러면 삶이 청정[visuddhi, 淸淨]해지고 다른 존재와 함께 어울리고 공존하고[upekhā, 捨] 자유롭고 행복[sukha, 樂]하게 살 수 있다. 그러면 삶의 질이 높아지고 삶이 여유롭고 풍요로워진다.

37. 마음공간에 존재하는 삶의 흔적인 기억이미지와 마음오염원이 결합해 마음공간이 흐려지면[āsava, 流漏] 존재에 의미를 부여하고 존재를 있는 그대로 보지 못하고 자기입장에서 주관적으로 해석한다[avijjā, 無明]. 존재를 있는 그대로 보지 못하면 직면한 상황에서 자기가 하고 싶은 일을 하고 이익되는 방향으로 행동하고 결과를 예측해 행동한다[saṅkhāra, 有爲, 行]. 상황에 의미를 부여하고 행동했기 때문에 상황이 종료하면 자기가 가진 기준으로 결과를 평가하고 존재를 구분하고 차별하고 그 평가로부터 스스로 얽매이고 자유롭지 못하고 구속된다[upādāna, 結縛]. 그러면 삶이 답답하고 궁색해진다[dukkha, 苦].

표30 붇다하 가르침 기본 틀

삶

(無漏) → 명(明) → 무위(無爲) → 해탈(解脫) → 청정(淸淨) → 행복(涅槃)
anāsava   vijjā   asaṅkhāra   vimokkha   visuddhi   nibbāna

(念) sati — sampajāna(自知) — paññā(慧)

괴로움(苦) ← 오염(汚染) ← 결박(結縛) ← 유위(有爲) ← 무명(無明) ← (流漏)
dukkha   saṅkilesa   upādāna   saṅkhāra   avijjā   āsava

존재

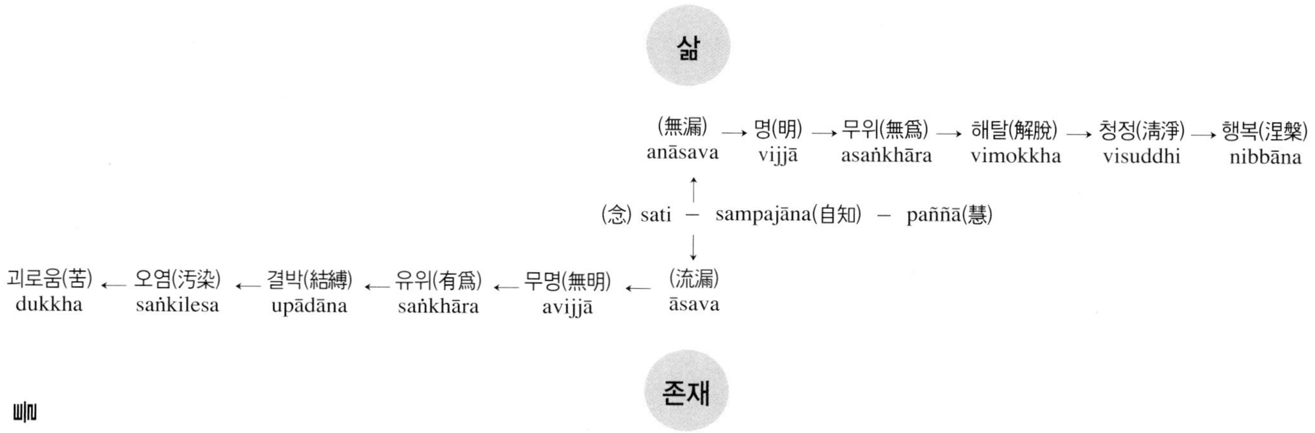

4. 관념형성과 행동학습

1. 붇다는 대사십경(mahācattārīsaka sutta, 大四十經)에서 관념형성 과정과 행동학습 과정을 12연기(dvādasa paṭicca samuppādaṅga, 十二支緣起), 8정도[ariya aṭṭhaṅgika magga, 聖八支道), 10선법(dasa kusala dhamma, 十善法), 10악법(dasa akusala dhamma, 十惡法]으로 상세히 규명했다.

2. 붇다는 존재를 바라보는 수준에 따라 삶의 태도와 질이 결정된다고 보고 마음을 맑히고 앎을 정화하고 삶을 정돈하는 도구인 마음과학과 싸띠 수행을 창안했다.

3. 붇다는 이 경에서 사유[mano kamma, 意業], 언어[vaci kamma, 口業], 행동[kāya kamma, 身業]을 올바르게 학습하는 것과 잘못 학습하는 과정을 상세히 설명했다.

(표31) **순관과 역관**

4. 존재를 올바른 관점[sammā diṭṭhi, 正見]으로 보고, 맑은 방향으로 관념을 형성하고 좋은 쪽으로 행동을 학습하면 삶이 자유와 행복으로 충만해진다.

5. 그러지 않고 존재를 잘못된 관점[micchā diṭṭhi, 邪見]으로 보고 흐린 방향으로 관념을 형성하고 좋지않은 행동이 학습되면 삶이 구속과 괴로움으로 가득차게 된다.

6. 붇다는 이 경에서 잘못 학습된 사유, 언어, 행동을 올바르게 재학습

하는 것이 필요하다고 보았다. 그래야 삶의 질을 높여 인간다운 삶을 살 수 있다고 주장했다.

7. 붇다하는 이 경에서 관념형성과 행동학습을 선도하는 것이 알아차림 기능인 싸띠라고 보았다. 붇다하는 싸띠를 구속과 괴로움, 자유와 행복을 선도하고 학습하는 핵심도구로 결론지었다. 관념형성과 행동학습 과정인 12연기는 이 책 650쪽에 자세히 설명해두었다. 참고하면 많이 도움될 것이다.

15장
사유관점

project

1. 존재관

2. 진리관

3. 우주관

4. 가치관

5. 생명관

6. 인간관

7. 실천관

8. 교육관

9. 상담관

10. 사회관

check point

여기서는 존재와 세계를 바라보고 행동하는 붇다 철학 관점에 대해서 이해하고 그것을 현재 자기삶에
활용할 수 있는 방법을 배우고 익힌다. 그러면 불교, 마음과학, 싸띠수행, 삶과 존재를 이해하는 폭과
깊이가 많이 확장될 것이다.

1. 존재관

1. 불교, 마음과학, 싸띠수행을 창시한 붇다하는 존재를 다음과 같이 이해했다.

1) 연기세계

2. 붇다하는 모든 존재는 결정돼있지 않다는 비결정세계관을 주장했다. 붇다하는 모든 것이 변하고 변하지 않는 것은 아무것도 없다는 이 법칙만이 영원히 변하지 않는다고 보았다.

3. 붇다하는 존재와 의식 관계에서 존재[rūpa, 色]와 의식[manas, 意]은 동일현상의 다른 형식이며 이 둘은 차원에 따라 다르게 인식되는 현상으로 이해했다*.

4. 존재와 사유는 서로 관계맺고, 서로 의존하고, 서로 영향미치고, 서로 해체하고, 서로 재구성되는 과정을 거치며 변화발전한다. 붇다하는 그것을 연기세계라고 정의했다*.

존재와 의식

내용이 형식을 규정하고 형식이 내용에 영향미친다. 모든 존재는 시간과 공간, 구체상황에서 서로 관계맺고 영향미친다는 붇다하 관점을 연기론이라고 한다.

붇다하가 되고 난 후 진정한 의미의 붇다하 생각과 행동을 할 수도 있고 붇다하가 되겠다고 마음먹고 노력한 결과 붇다하가 될 수도 있다. 전자를 유물론 후자를 관념론이라고 한다.

붇다하는 연기론을 주장했다. 연기론은 존재 상호 관계, 상황, 흐름을 중시한다. 존재와 생각은 어느 것이 먼저라고 할 수 없다. 그것은 구체상황에서 시간과 공간, 주체와 객체로 범위를 한정지으면 답을 구할 수 있다.

몸과 마음

몸과 마음을 분리해 사고한 것은 17세기 유럽에서 데카르트를 중심으로 주장했고 근대과학은 색심이원론(色心

5. 붇ㄷ하는 존재가 답을 갖고있기도 하고 존재를 인식하는 마음이 관념 형태로 답을 갖고있기도 하다고 보았다.

6. 붇ㄷ하는 일반물질은 존재가 답을 갖고있지만 존재를 어디에 어떻게 사용할지를 결정하는 것은 존재를 인식하는 사람마음에 답이 있다고 보았다.

2) 존재본질

7. 붇ㄷ하는 존재는 존재일 뿐이고, 존재는 답이 없고, 존재는 인식수준에 따라 다차원으로 해석되며 자기수준에 기초해 존재를 규정하고 답을 정한다고 보았다.

8. 물질과 마음은 동일존재의 다른 현상이다. 동일한 존재라도 현미경 배율에 따라 다르게 보이듯 존재는 인식주체 능력에 따라 다차원으로 보인다.*

9. 붇ㄷ하는 존재는 그 자체로 완성된 것이기 때문에 다른 존재와 비교되거나 경쟁대상이 아니라 모든 존재가 어울려 공존하는 것이 가치있고 아름답다고 보았다.

二元論)에 기초해 발전했다. 그러나 현대 물리학에서 양자역학이 등장하고 심리학에서 사람을 몸과 마음으로 분리하지 말고 몸과 마음을 총체적으로 이해하자는 유기체이론이나 장이론 등이 등장해 사람이해 수준을 한층 높였다. 인도나 중국에서 2600여 년 전부터 몸과 마음, 개인과 사회, 사람과 자연 등을 분리하지 말고 전체로 이해해야 한다는 관점을 가졌다.

답은 마음속에 있다

존재가 길다거나 짧다거나, 희다거나 검다거나, 좋다거나 나쁘다는 등의 구분과 차별은 삶의 과정에서 형성해 마음공간에 저장한 관념이다. 존재는 단지 존재할 뿐이다. 무담시 사람이 자기관념으로 존재에 의미를 부여하고 포장한다.

10. 존재는 단지 존재할 뿐인데 인식하는 사람이 자기가 가진 가치관이나 세계관으로 존재를 구분하고 차별할 뿐이다.

3) 구성원리

11. 붇다하는 존재 구성원리를 연기(paṭicca samuppāda, 緣起)로 보았다. 모든 존재는 개별존재가 조건과 상황에 따라 결합[paṭicca, 緣]해 새로운 존재를 만든다[samuppāda, 起]고 이해했다.

12. 붇다하는 개별존재가 조건과 상황에 따라 결합해 새로운 존재를 만들고 그렇게 만들어진 존재는 또 다른 존재와 조건에 따라 결합해 새로운 존재를 만들고 이렇게 중중첩첩 전개된 것이 오늘날 우주라고 보았다. 이렇게 존재 구성원리를 보는 관점을 연기세계관이라고 한다.

4) 물리특성

13. 모든 존재는 개별존재가 조건에 따라 결합된 것이므로 조건이 변하면 존재 형식, 본성, 특성도 변하는데 붇다하는 이런 존재 물리특성을 공(suñña, 空)이라고 했다.

14. 공은 두 가지 의미를 가진다. 하나는 비어있다는 의미고 다른 하나는 존재는 고정불변하지 않고 끊임없이 변한다는 의미다.

15. 붇다하는 고정된 것은 아무것도 없고 변하지 않는 것은 없다는 이 법칙만이 영원히 변하지 않는다고 보았다*.

16. 연기는 존재구성하는 측면을 설명한 것이고 공은 연기로 구성된 존재 물리특성을 설명한 것이다.

5) 기본인자

17. 존재구성 기본인자가 무엇인지는 영원히 알 수 없다. 그것은 과학발전에 따라 다르게 규정되고 재규정된다.

18. 존재를 열 배로 확대하느냐 백 배로 확대하느냐에 따라 다르게 보이듯 동일존재라도 어느 수준으로 알아차림하느냐에 따라 다차원으로 인식된다. 한때는 물질 최소단위를 원자라고 했지만 요즘은 쿼크라고 한다. 그러나 계측기계가 더 발달하면 더 작은 인자를 발견할 것이다.

6) 고유특성

19. 붇다하는 존재를 인식할 때 존재표면에 나타난 고유특성에 따라 인식하는 것이 좋다고 보았다.

20. 존재는 고유특성이 있다. 사람은 자기가 가진 가치관이나 선입관에 기초해 존재를 구분하고 차별하지만 존재는 처음부터 선악, 장단, 흑백 등의 구분이 없다. 다른 존재와 구분되는 고유특성만 있다. 물은 물의 특성이 있고 산은 산의 특성이 있다. 존재는 특성으로 구분되는 것이지 가치로 차별되는 것이 아니다.

21. 붇다하는 존재가 가진 특성에 따라 네 가지 범주[cattāri mahā

공의미

공(空)으로 번역된 pāli 어는 suñña다. 중아함경 공품(中阿含 空品)에 따르면 공은 두 가지 의미가 있다. 하나는 조건지어진 존재 물리특성은 고정불변하지 않고 조건이 변하면 물리특성도 변한다는 의미다. 다른 하나는 A를 인식할 때는 A만 인식하고 B를 인식할 때는 B만 인식하고 다른 것은 존재하지 않는다는 의미다. 비어있다는 의미다.

bhūtāni, 四大, 地水火風]로 구분했다. 그렇게 해야 존재를 가치판단하지 않고 사실판단할 수 있고 더 나아가 실재판단할 수 있다.

22. 이것은 존재구성 기본인자가 네 가지란 것이 아니라 인식하는 사람 수준에 따라 존재를 네 가지 범주로 인식할 수 있다는 의미다. 4대는 이 책 634쪽에 잘 설명해두었다. 참고하면 많이 도움될 것이다*.

23. 존재는 네 가지 고유특성이 함께 혼재해있다. 그 가운데 어느 한두 가지 요소가 두드러지게 나타나면 그것이 해당존재 고유특성으로 규정된다.

24. 존재의 고유특성으로 범주화한 4대는 사람 기질이나 근기를 나타낼 때도 사용하고 수행할 때는 기준점 정하는 기준으로도 사용한다*.

수준문제

일반물질에 내재한 실재, 법칙, 진리를 어느 수준에서 보느냐에 따라 존재를 다루고 통제하는 방법이 결정된다. 존재를 분자차원에서 이해하면 분자차원으로 다루고 나노차원에서 이해하면 나노차원으로 다룬다.

존재를 알아차림할 때 네 가지 고유특성으로 보는 것은 알아차림 기능인 싸띠를 강화해 존재를 있는 그대로 보기 위함이 목적이다.

사람은 존재를 이해할 때 분석, 사유, 논리로 체계화시키는 데 오랫동안 길들여졌다. 그러나 그렇게 하면 일반물질이 가진 법칙성을 이해하는 데는 탁월하지만 존재를 어떻게 인식할지를 다루는 데는 많이 부족하다. 존재를 인식하는 데는 존재를 있는 그대로 보는 것이 핵심이다. 그러기 위해서는 존재를 분석, 사유, 논리로 체계화하지 말고 마음거울에 반영되는 대로 있는 그대로 보아야 한다. 마음거울에 반영된 존재를 있는 그대로 보기 위해서는 알아차림 기능인 싸띠를 강화해야 한다.

그 훈련이 존재를 고유특성으로 보는 것이다. 마음거울에 맺힌 상의 실재를 보기 위해서는 존재를 모양이나 색 중심으로 보지 말고 해당 현상이 가진 고유특성(四大)으로 보면 싸띠와 싸띠집중 힘이 커지면서 실재인 3법인을 볼 수 있다.

존재를 고유특성에 따라 네 가지 범주로 구분해 인식하는 것은 단지 존재를 구분하기 위한 것이 아니라 알아차림 기능인 싸띠를 강화하기 위한 수단이다. 수행할 때 존재에 내재한 실재를 보는 것이 목표지만 실재를 보기 위해 노력하면 도리어 몸과 마음에 힘이 들어가 수행진도가 더뎌진다. 이때 존재에 드러난 현상을 고유특성에 따라 네 가지 범주로 나누고 그 가운데 어느 하나에 초점두고 수행하면 효과있다.

어떤 현상을 접하더라도 자기가 가진 가치관으로 존재를 분석, 사유, 논리를 사용해 구분하고 차별하는 데 익숙해있다. 아무리 그렇게 하지 않으려고 해도 길들여진 습관이 잘 고쳐지지 않는다. 또 분석, 사유, 논리로 존재를 보지 않고 있는 그대로 보고싶지만 그런 훈련을 받은 적도 없고 어떻게 해야 할지도 모른다. 이때 존재를 네 가지 범주로 나누고 그 특성으로 싸띠와 싸띠집중하면 존재를 구분하고 차별하는 것이 서서히 감소하고 있는 그대로 볼 수 있는 힘이 생긴다.

7) 존재실재

25. 존재에 내재한 실재가 있다. 내용과 형식, 실재와 현상은 일치한다. 그러나 내용 그대로 현상으로 드러나지 않는다. 내용 그대로 현상으로 드러나면 과학이 필요치 않을 것이다.

26. 존재는 복잡하고 혼돈스럽지만 그 속에 내재한 법칙을 올바르게 이해하면 존재를 유용하게 다룰 수 있고 삶을 풍요롭게 할 수 있다.

27. 붇다하는 생명가진 존재에 내재한 본성을 다음 세 가지로 보았다. 그것을 세 가지 확실한 진리란 의미로 3법인(ti lakkhaṇa, 三法印)이라고 한다. 3법인은 이 책 636~642쪽에 잘 설명해 두었다. 참고하면 많이 도움될 것이다.

(표32) **3법인**

	anatta(無我)	dukkha(苦)	anicca(無常)
기본의미	신의 분신없음 신부정	마음괴로움	신의 분신 정체성 없음
철학의미	존재에 경계를 정할 수 없음	감각주체가 감각대상을 인식할 때 틈이 생기는데 그 간격만큼 감각대상에 불만족한 느낌이 일어남	모든 존재는 끊임없이 변함
수행의미	공간(시간) 흔적	시공접촉 흔적	시간(공간) 흔적

향기와 냄새

같은 냄새지만 꽃냄새는 향기라 부르고 똥냄새는 악취라고 한다. 이것은 존재에 드러난 특성일 뿐인데 접하는 사람은 가치관으로 접근한다. 이런 기준은 사람의 것이고 파리나 벌의 기준은 다를 것이다. 기준 또한 끊임없이 변한다.

8) 인지양식

28. 붇다하는 조건지어진 존재는 조건에 따라 공간과 시간으로 끊임없이 변하기 때문에 어떤 존재라도 나 또는 내것으로 규정할 수 없고 규정할 수 없는 것을 그렇게 규정하고 그곳에 구속되는 것은 어리석은 것[avijja, 無明]이라고 보았다.

29. 붇다하는 존재에 내 또는 내것이 없고 내 또는 내것이라고 경계를 정할 수 없다고 했다. 그렇기 때문에 모두것이다. 모든 존재는 서로 관계맺고 전부 연결돼있다.

30. 붇다하는 어떤 존재를 보더라도 존재론으로 접근하지 않고 연기론(관계론)과 상황론으로 이해했다. 존재는 답이없기 때문에 존재론으로 접근하면 처음부터 잘못된 것이다.

31. 붇다하는 진리는 사유하는 것이 아니라 체험하고 체득하는 것이라고 보았다. 아낫따, 아닛짜, 둑카는 사유로 이해하는 것보다 몸과 마음으로 체득해 이해하는 것이 핵심이다*.

기억무게

시공접촉 흔적인 에너지 뭉침이 일반물질로 있을 때는 형체를 포착하기 쉽고 비교적 고정돼있지만 마음공간에 기억형태로 존재할 때는 분명히 존재하지만 형체는 선명하지 않고 고정해있지 않고 끊임없이 움직이기 때문에 실체를 포착하기가 까다롭다.

지나온 삶의 흔적이 힘을 가지고 마음공간에 존재할 때 아-싸봐라고 한다. 아-싸봐는 마음공간에 존재할 때 에너지 뭉침 형태로 존재하는데 그것은 싸띠로 제거할 수 있다. 아-싸봐는 해소할 때도 에너지 형태로 소멸한다. 싸띠와 싸띠수준에 따라 해체하는 에너지가 차갑기도 하고 뜨겁기도 하고 어떤 때는 열기를 감지하기가 까다롭기도 하는 등 다양한 형태로 인식한다.

둑카(dukkha, 苦), 아-싸봐(āsava, 流漏), 웨다나-(vedanā, 受), 업장(kamma āvaraṇa, 業障), 끼레싸(kilesa, 煩惱), 스트레스, 마음무게 등은 모두 에너지 뭉침 형태로 존재한다. 이것은 마음공간에 기억이미지 형태로 있으며 지나온 삶의 흔적이다.

9) 행동원리

32. 붇다하는 행위[kamma, 業]는 사회적으로 이뤄지고 그 영향력[kamma bala, 業力]도 사회적으로 축적된다고 보았다. 행위영향력이 행위를 한 존재에게 미칠 때 이것을 업장(kamma āvaraṇa, 業障)이라고 한다. 붇다하는 자기를 업론자(kammavādin, 業論者)로 규정했다.

33. 행위는 순간적으로 이뤄지고 소멸하지만 행위영향력은 자기뿐만 아니라 개인, 사회, 자연 등에 오랫동안 영향미친다.

34. 행위영향력이 관계한 존재에게 지속적으로 영향미치기 때문에 행동을 조심하고 다른 존재를 이해하고 배려해야 한다.

35. 힌두교는 행위는 사회적으로 이뤄지지만 행위영향력은 개인에게 축적돼 윤회한다고 주장했다. 고대인도 유물론자는 행위는 사회적으로 이뤄지지만 행위영향력 어디에 어떻게 축적되고 영향미치는지에 대해서는 관심없었다.

10) 행동원칙

36. 사람은 존재를 이해하는 것에서 그치지 않고 존재인식 수준과 양식에 따라 특정한 행동유형을 나타낸다.

① 공존

37. 모든 존재는 서로 관계맺고 서로 영향미친다. 이것이 존재실재다. 그러므로 어느 한 존재의 일방행동을 다른 존재가 용납하지 않는다. 그렇기 때문에 관계맺은 존재가 잘 사는 유일한 방법은 함께 공존하는 것이다.

38. 존재가 함께 공존하기 위해서는 공존법칙이 필요하다. 붇다하는 공존 법칙을 인과(hetu phala, 因果), 이해(abhisamaya, 理解), 배려[metta karuṇā, 慈悲] 세 가지로 보았다.

② 인과

39. 노력한 것[hetu, 因]에 상응된 대가를 노력한 주체에게 돌려주는 것[phala, 果]이 공존 첫째 법칙이다. 이것이 정의고 평등이다. 평등은 공정에 기초해야 한다.

40. 사회적으로 생산되지 않은 것은 아무것도 없다. 생산은 사회적으로 하고 소유나 소비는 개별적으로 하는 것은 곤란하다. 사람이 소유한 것에는 알게 모르게 다른 존재 땀과 희생이 포함돼있다.

41. 열심히 노력하고 능력을 최대로 발휘해 원하는 것을 성취하는 것은 아름답다. 그러나 성취한 결과물을 자기가 필요한 만큼 사용하고 나머지는 사회로 돌려주어 필요한 존재가 유용하게 사용할 수 있게 하는 것은 더 아름답다.

③ 이해

42. 다른 존재를 이해하는 것은 중요하다. 존재에 대한 이해가 없으면 다른 존재와 진정한 관계맺기는 어렵다.

43. 모든 존재는 처한 상황과 입장이 각자 다르다. 내 입장에서 상대를 이해하고 평가하는 것은 폭력이다.

44. 모든 존재가 서로 관계맺고 서로 영향미치고 변화발전하는 것이 실재라면 서로를 이해하는 것이 공존출발점이다.

④ 배려

45. 다른 존재와 인연맺고 산다는 것은 소중하다. 서로를 경쟁상대나 적대관계로 인식하는 것은 삶을 불편하고 힘들게 한다. 서로를 배려할 때 삶의 토대가 평화로워지고 삶의 질도 높아진다.

46. 홀로 독립적으로 살 수 없는 것이 삶의 실재다. 좋아하든 싫어하든 다른 존재와 관계맺고 서로 영향미치고 함께 어울려 살 수밖에 없는 것이 삶의 실재다. 그렇기 때문에 서로를 배려하는 것은 의미있고 아름다운 일이다.

⑤ 공존

47. 관계맺은 존재가 서로에게 즐거움을 주고[mettā, 慈], 다른 존재 슬픔을 제거해주고[karuṇā, 悲], 다른 존재가 기뻐할 때 함께 행복해하고[muditā, 喜], 편견이나 선입관 없이 함께 어울릴[upekhā, 捨] 때 아름다운 사회를 만들 수 있다.

48. 이것을 4무량심(catasso appamaññāyo, 四無量心)이라고 한다. 붇다하는 오리지널 경전인 아함경에서 4무량심을 즐겨 설했다. 이 4무량심에 기초해 만든 것이 맑은 마음을 인연있는 사람에게 보내는 자비수행(metta bhāvanā, 慈悲修行)이다*.

4섭법

붇다하가 설한 4무량(심)을 대승부는 4섭법(四攝法)으로 설명했다. 4섭법은 다음과 같다.

① 보시섭(布施攝): 재물이나 수행을 보시해 상대를 감동시킴.
② 애어섭(愛語攝): 부드럽고 온화한 말로 상대를 감동시킴.
③ 이행섭(利行攝): 상대에게 이익을 주어 상대를 감동시킴.
④ 동사섭(同事攝): 상대수준에 맞춰 함께 행동함으로써 상대를 감동시킴.

49. 붇다하는 자비희사 4무량심을 모두 강조했는데 후세로 오면서 능력제 사회가 세습제와 전제왕조시대로 바뀌면서 어울림을 강조한 희사(喜捨)는 감추고 베풂을 말한 자비(慈悲)만 강조했다.

2. 진리관

1. 실재를 있는 그대로 보고 실천하는 것은 자기자신과 세계를 변혁하는 중요한 도구다.

1) 진리와 유효성

2. 흔히 진리는 하나라고도 하고 무수히 많다고도 한다. 진리를 실재라거나 본성이라고도 한다. 진리를 도교는 도(道)라 했고 붇다하는 쌋짜(sacca, 諦, 眞理)라고 했다. 진리를 어떻게 규정하더라도 분명한 사실은 진리는 유효성이 있어야 한다는 점이다.

3. 유효성있는 것을 진리라고 할 때 그 유효성은 반드시 객관적으로 검증할 수 있어야 한다. 주장이나 확신만으로 진리라고 할 수 없다. 그런 의미에서 진리는 객관적이다.

4. 실천을 통해 유효성을 검증하지 않으면 진리로 인정받지 못한다. 그래서 진리는 구체적이다. 구체진리 합이 객관진리와 절대진리를 형성한다.

5. 어떤 것은 유효성이 짧은 순간 지속되고 어떤 것은 오랫동안 지속된다. 한때는 그 유효성이 인정되지만 다른 조건에서는 유효성이 없어지기도 한다. 따라서 진리는 상대적이다.

6. 매 단계마다 객관적이고 구체적인 진리합이 절대진리를 구성한다. 다음 단계에서는 절대진리도 변하고 새로운 절대진리를 구성한다.

2) 붇다하 진리관

7. 붇다하는 진리는 존재에 내재한 법칙, 실재, 본성이라고 규정했다.

8. 붇다하는 존재를 있는 그대로 보는 안목을 명(vijjā, 明) 또는 혜(paññā, 般若, 慧)라고 했다. 이것은 오늘날 과학, 논리, 객관 등의 용어와 같다.

9. 모든 존재는 끊임없이 변하고 변하지 않는 것은 아무것도 없다는 것이 붇다하 진리관이다.

10. 붇다하는 경집(suttanipāda, 經集)에서 견해나 진리도 변하기 때문에 어떤 특정 견해나 진리에 집착하는 것은 어리석다고 말했다.

11. 붇다하는 주관확신에 기초해 삶의 문제를 풀어가기보다 존재에 내재한 법칙, 실재, 본성을 이해하고 그것에 기초해 삶에 직면한 문제를 극복하고 자기정서를 일치하는 것이 올바른 삶의 태도라고 보았다.

12. 붇다하는 존재본성을 이해하고 체험해알면 명이고 자기확신에 기초해 존재를 이해하면 무명(avijjā, 無明)이라고 했다.

13. 마음거울에 맺힌 상에 내재한 실재를 체득하면 어둠에서 밝음으로 혼돈에서 정돈으로 무지에서 정지로 앎에 혁명이 일어나고 삶이 자유와 행복으로 충만해진다.

14. 붇다하는 실재를 통찰하지 못하면 현상에 속게 되고 구속당하게 되는데 그 크기만큼 고통지수가 증가하고 자유로워지는 것만큼 행복지수는 높아진다고 보았다.

15. 실재를 있는 그대로 보는 데 방해되는 것은 편견, 선입관, 가치관에

기초해 존재를 이해하는 안목인 무명이다. 무명 제거과정이 싸띠수행이다.

16. 붇다는 진리는 사유대상이 아니라 체험[abhiññā, 證悟, 知解]하고 체험한 것을 자각[adhigama, 證得, 體得]해 삶에 활용하는 것으로 보았다.

17. 붇다는 어느 수준 진리를 체험하고 자각했느냐에 따라 삶의 질이 결정된다고 보았다.

18. 붇다는 진리는 말, 글, 주장, 관념 형태로 존재하는 것이 아니라 현실에 구체적으로 존재하며 실천을 통해 체험할 수 있고 자기가 체험한 것만큼 삶에 유용하게 활용할 수 있다고 생각했다.

3. 우주관

1. 붇다는 우주 기원과 종말에 관해알 수 없지만 범위를 한정지으면 답을 찾을 수 있다고 보았다.

2. 붇다는 우주 기원이나 종말은 증명할 수 없기 때문에 경험하지 못하고 증명할 수 없는 존재에 대해 어떤 결론을 예단하는 것은 곤란하다는 입장을 견지했다.

3. 붇다는 관념론, 유물론, 과학자가 주장하는 우주 기원과 종말에 대해 결정세계관이라고 보았다.

4. 태초에 신이 우주와 인간을 만들었는지 물질이 먼저 존재했는지, 우주는 팽창하는지 수축하는지에 대해 다양한 견해나 이론이 있지만 대부분 증명할 수 없는 가설이다. 이런 견해나 가설은 현 단계 과학수준에서 추측한 것이고 과학이 발전하면 또 다른 가설이 끊임없이 등장한다.

5. 크리스트교는 신이 우주를 창조했고 자기가 만든 우주질서에 초월해

존재한다고 주장한다. 힌두교는 ᵇ라ᵃ흐마 신이 우주를 창조하고 신 자신도 그 우주질서에 지배받는다고 주장한다.

6. 관념론자는 우주(존재)를 이원론(二元論)으로 이해하고 그 통일성은 의식이라고 보았다. 그들은 물질과 마음을 분리하고 이 둘을 다른 차원으로 이해했다.

7. 유물론자는 우주(존재)를 일원론(一元論)으로 이해하고 그 통일성을 물질이라고 보았다. 그들은 마음이 물질에 의존한다고 주장했다.

8. 붇다하는 독화살비유에서 우주 기원과 종말을 밝히는 것이 주된 분야가 아닌 평범한 사람은 현실에서 행복한 삶을 사는 것이 더 중요하기 때문에 「여기 그리고 지금」에 충실하고 직면한 현실을 알아차림하는 것이 중요하다고 강조했다.

4. 가치관

1. 붇다하 가치판단 기준을 이해하는 것은 붇다하나 수행자 사고방식과 행동유형을 이해하는 데 필수적이다.

2. 붇다하는 존재가치를 결정하는 절대기준은 없고 어떤 존재를 다른 존재와 비교해 가치를 결정해서도 안 된다고 보았다.

3. 붇다하는 모든 존재는 그 자체로 완성돼있고 개별존재는 다른 존재와 비교대상이 아니라고 보았다.

4. 존재는 단지 존재할 뿐이다. 존재에 처음부터 정해진 가치는 없고 존재는 고유특성으로만 다른 존재와 구분된다*.

5. 가치판단 기준은 지극히 주관적이다. 존재를 대하는 사람 마음속 관

념에 기초해 존재를 구분하고 차별한다.

6. 아름다움과 추함, 좋은 것과 나쁜 것 등에 관한 기준과 평가는 시대, 환경, 필요에 의해 끊임없이 규정되고 재규정되면서 변화발전한다.

7. 어떤 존재가 특정시기에는 아름답고 가치있는 행위로 통용되다가 다른 시기에는 추하고 가치없는 행위로 평가받는 것이 부지기수다*.

8. 붇ㄷ하는 가치판단 기준은 행위결과가 아니라 결과를 파생한 원인, 의도, 진행과정, 상황 등을 종합해 판단하는 것으로 삼았다.

9. 붇ㄷ하는 문제가 발생했다고 하면 어떤 상황에서 그 문제가 발생했는지 설명하라고 주문했다. 붇ㄷ하는 관계, 상황, 원인제공 등을 종합해 가치판단 기준과 해결관점을 제시했다.

10. 붇ㄷ하는 상대를 죽이지 않고 살리는 것, 공정하고 투명할 것, 자기생각을 다른 존재에게 강요하지 말고 주체적이고 자유로운 의지를 존중할 것, 혼자가 아니라 함께 공존할 것, 폭력에 의존하지 말고 평화로울 것, 서

카레추억

1996년 말쯤 인도 붇ㄷ가야로 수행하러 갔을 때다. 그때는 외국이 처음이라 약간 겁도 났다. 붇ㄷ가야에 있는 International meditation center에 방부들이고 수행했다. 점심 때 하얀 밥 위에 노란 카레를 얹어주는데 숟가락도 없이 손으로 먹으라고 했다. 아직 배가 덜 고팠던지 손이 나섰다 들어오길 몇 번인가 반복했다. 그때 신원징인 Lastrapala(1930~2008)대장로가 옆에 오더니 알 수 없는 영어로 몇 마디 하는데 짧은 영어로 들어도 대충 짐작가는 내용이었다. 「그게 똥처럼 보이지」 아무리 마음 고쳐먹어도 어릴 때 동생이 마루 위에 눈 똥처럼 보였다. 똥을 누면 노리끼리하고 김이 모락모락 나고 꿀꿀한 냄새도 난다. 이것이 똥이 가진 특성이다. 그런데 사람은 그것을 똥이 가진 특성으로 보지 않고 더럽거나 깨끗하다는 가치판단으로 접근한다. 물론 그때는 그것을 깨닫지 못했다. 왜 꽃에서 나는 냄새는 향기고 똥에서 나는 냄새는 악취인지. 관념이 만들어낸 허구일 뿐인데…

생각나름

하얀 피부가 아름다울 수도 있고 오뉴월 땡볕에 시커멓게 그을린 모습이 아름다울 수도 있다. 모피코트 입은 모습이 멋있다고 볼 수도 있고 짐승가죽 뒤집어쓰고 있다고 생각할 수도 있다. 세상만사 생각하기 나름이다. 그래서 일체유심조(一切唯心造)라고 한다.

로를 이해하고 배려하고 협조할 것 등을 가치판단 기준으로 삼았다.

5. 생명관

1. 붇다하가 생명을 바라보는 기본관점을 이해하는 것은 불교도가 생명을
대하는 기본자세를 이해하는 데 많이 도움된다.

1) 생명본질

2. 생명가진 존재의 지상최대 과제는 현재 삶을 지속하는 것이다. 그 외
모든 것은 부차적이다.

3. 생명가진 존재는 자기생명을 유지하기 위해 다른 존재를 희생해 그
에너지를 먹고 생존한다. 다른 존재를 희생하지 않고서는 단 한 순간도 생
존할 수 없는 것이 생명현상 본질이다. 동물이든 식물이든 생명유지 활동
은 동일하다. 이것은 선악차원이 아니라 생명현상 실상이다.

4. 붇다하는 모든 생명은 동일한 가치를 가진다고 보았다. 생명에 경중을
두고 그것을 구분하고 차별하는 것은 관념일 뿐 생명가치가 처음부터 다르
게 존재하는 것은 아니다.

5. 어떤 생명체라도 자기목숨은 세상 그 무엇과도 바꿀 수 없는 소중한
것이다. 날파리나 콩나물도 자기생명은 태산과도 같은 무게를 가진다*.

6. 붇다하는 생존하기위해 다른 존재를 죽이는 것은 선악차원이 아니라
생명유지 활동이지만 생존과는 상관없이 취미로 다른 존재를 죽이는 것은
악이라고 규정했다*.

7. 붇다하는 어떤 생명체라도 해당 생명체 고유특성만 존재하기 때문에 생명체에 특정가치를 부여하는 것은 잘못이라고 주장했다.

8. 사람은 존재를 보고 아름답다거나 징그럽다고 말하지만 존재가 멋있거나 추한 것은 아니다. 모든 것은 필요에 의해 진화한 것이다.

9. 존재에 필요없는 것은 아무것도 없다. 단지 특정시기 자기에게 필요한 것을 발전시켰을 뿐인데 그것을 접한 사람이 가치를 부여하고 규정한다.

육식과 채식

흔히 육식은 살생이고 채식은 살생이 아니라고 말한다. 그것은 잘못된 견해다. 이는 생명가치를 구분하고 차별한 것이다. 붇다하는 모든 생명가치는 동등한 것으로 보았다. 인류의 식량문제나 물문제를 해결하는 데 기여하기 위해 고기먹는 것을 줄인다면 타당한 말이지만 단지 고기를 먹느냐 먹지 않느냐 하는 차원으로 접근하는 것은 저급하다. 어찌 동물생명은 소중하고 식물생명은 소중하지 않겠는가? 붇다하는 데와닷따를 비롯한 상류층출신 수행자가 수차에 걸쳐 채식위주로 생활하자는 것에 대해서 단호히 거부했다. 채식하는 것은 힌두교 문화지 불교문화는 아니라고 보았다. 더 본질적인 것은 음식으로 신분을 구분하는 문화는 저급한 것이라고 보았다. 수행자는 음식을 선택할 권리가 없다. 음식은 공양올리는 법우 몫이다. 중국은 도교나 신선도 영향으로 채식을 선호했다. 오리지널 경전인 아-가마에서 붇다하는 생명을 해쳐서는 안 된다고 하면서 동물뿐만 아니라 식물도 해쳐서는 안 된다고 주문했다.

꽃꽂이 취미

멀쩡한 꽃을 가위로 잘라 병에 꽂아놓고 아름답다고 즐기는 것을 보면 무자비하고 잔인함을 느낀다. 출가수행자가 꽃꽂이하는 것을 보면 기가 막힌다. 하찮다고 여기는 꽃이지만 자기자신에게는 무엇과도 바꿀 수 없는 소중한 목숨이다. 낚시나 사냥과 같이 다른 생명을 죽이는 것이 취미라고 하는 것도 마찬가지다. 낚시방송을 보면 로마시대 사람과 맹수, 사람과 사람이 서로 죽이도록 해놓고 광분하는 것을 보는 것과 같다.

간혹 시민단체에서 연어나 돼지잡기 대회 같은 것을 여는데 하고많은 놀이 가운데 다른 존재를 죽이는 놀이를 선택했는지 그 사람 의식구조가 궁금하다. 또 공중파방송에서 살아있는 고기를 요리한답시고 산채로 죽이는 장면을 거르지 않고 방송하는 것을 보면 끔찍하다. 유럽의 어떤 학교는 승패를 결정하는 운동경기는 하지않고 함께 즐길 수 있는 놀이만 시킨다고 한다. 그런 놀이를 통해 원초적 폭력성이 길러진다고 보기 때문이다.

2) 생명을 살리는 길

10. 생존과정에서 소비를 줄이는 것이야말로 다른 존재를 살리는 유일한 길이다. 삶의 방식을 가능한 단출하게 하고 탐욕적인 삶의 방식을 탈피하는 것이야말로 지구를 구하고 뭇 생명을 살리고 함께 공존하는 길이다.

11. 삶이 풍요로워졌다는 것은 자원이 증가했다기보다 한정된 자원이 자기주변으로 더 많이 모인 것을 의미한다. 이것은 욕망지수가 높아지고 불필요한 물질을 자기주변으로 집중해 축적한 것이다.

12. 사람이 많은 물질을 소유해도 결국 사용하는 것은 모두 비슷하다. 삶의 양식을 간소하고 자연친화적이고 비탐욕적으로 가꾸는 것이 생명을 살리는 첫걸음이다*.

6. 인간관

1. 인류는 사람본성을 규명하는 데 많은 시간과 노력을 들여 다양한 견

선진국 사람에게 수행이 필요한 이유

육류 1kg를 생산하는 데 25kg 곡물이 필요하고 육류 1kg 생산하는 데 필요한 물은 곡물 1kg을 생산하는 것보다 8배가 더 필요하다고 한다. 고단백질에 기초한 식생활 습관은 삶의 양식을 탐욕으로 길들인다. 문제는 식량이 부족한 것보다는 탐욕위주 생활양식이 문제다. 인류가 소비하는 에너지 가운데 상당히 많은 양을 미국이 소비한다. 60억 인구 가운데 1/20인 3억이 소비하는 에너지가 절대적으로 많다는 것은 미국인이 다른 국가 사람보다 욕망지수가 더 높다는 것을 의미한다. 미국이 본래부터 자원이 풍부하기도 하지만 미국에서 소비하는 에너지 대부분은 제3세계로부터 수입한 것이다. 미국 정치지도자는 자국민 욕망지수를 충족하기 위해 제3세계로부터 석유로 대표되는 자원을 지속적으로 공급해야 권력을 유지할 수 있다. 이것이 오늘날 전 지구차원에서 전개하는 전쟁본질이다. 결국 전쟁은 화석연료와 식량을 중심으로 전개될 것이 분명하다. 미국을 비롯한 선진국사람 욕망지수를 1%만 낮춰도 인류의 평화, 공존, 행복 지수는 10% 향상될 수 있다. 이것이 미국을 비롯한 선진국사람이 수행으로 욕망, 분노, 편견 지수를 낮춰야 하는 중요한 이유다.

해를 제시했다. 거기서 한걸음 더 나아가 사람본성을 규정하고 그것에 기초해 삶의 방식을 제시하고 통제한다*.

1) 본성

2. 붇다하는 사람은 그 자체로 완전하고 모든 가능성을 다 지니고 있다고 보았다. 사람은 붇다하가 될 가능성[buddhatā, 佛性]도 중생이 될 가능성[sattatā, 衆生性]도 함께 갖고있다.

3. 붇다하는 사람이 자기문제를 결정할 수 있는 능력과 의지력을 갖추고 있지만 이런 사실을 스스로 깨닫지 못하고 있거나 이런저런 요인 때문에 실천하지 못할 뿐이라고 이해했다.

4. 붇다하는 사람이 가진 가능성 가운데 어떤 요소를 계발할 것인지는 자연환경, 사회환경, 교육수준 등이 영향미치고 그 가운데 개인의지가 중요

아는 대로 행동하기

맹자(孟子, BCE 372~289)는 사람본성이 원래 선하기 때문에 사람을 다룰 때는 법이나 제도 등 물리적 강압수단에 의존하지 말고 양심에 호소해야 한다고 주장했다.

순자(荀子, BCE 298~238)는 사람본성이 원래 악하기 때문에 양심에 호소해서는 안 되고 법이나 제도 등 물리적 강압수단에 의존해야 한다고 주장했다.

크리스트교는 인간은 신의 의지로 만들어진 존재기 때문에 신의 뜻대로 살아야 한다고 주장했다.

윤회론은 사람본성이 전생 - 금생 - 내생으로 윤회하며 형성되기 때문에 전생행위로 금생본성이 형성된다고 주장했다.

사람을 나약한 존재라거나 추한 존재로 규정하는 사람은 직면한 문제를 인간 스스로 해결할 수 없고 신에게 의존할 때만이 고통스러운 삶에서 구제될 수 있다고 주장하고 그런 방향으로 유도한다. 그러나 사람이 가진 추함과 나약함을 부각하는 이면에는 신의 위대함을 강조하는 측면이 강하다.

인간은 나약하고 악한 존재라는 인간이해는 전제왕조시대 대표유물이다. 이런 사유구조는 그 시대 지배계층 이익을 대변한다. 왕은 전지전능하고 강한 힘의 소유자고 선한 존재로 규정하고 민중은 나약하고 악한 존재로 규정한다. 모든 힘의 원천인 왕은 어리석고 나약한 민중을 지배하는 것이 당연하다고 세뇌시켰다. 전제왕조시대 지배논리를 정당화하고 그들 이익에 복무한 사유구조는 유럽 문화권은 크리스트교, 인도 문화권은 힌두교, 대승부, 밀교부, 중국 문화권은 유교, 도교, 대승부 등이다.

하다고 보았다.

5. 붇다하는 사람이 특정본성만 가지고 태어난 것이 아니라 다양한 특성이 복합적으로 응축돼있고 그 가운데 어느 한두 가지 특징이 강하게 나타난다고 보았다.

6. 붇다하는 천함, 고귀함, 오염됨, 청정함, 깨침, 어리석음 등은 태어난 가문이나 말에 의해 정해지지 않고 오직 행위로만 결정된다고 보았다.

7. 붇다하는 사람은 태어날 때 선천적으로 타고난 성질과 살면서 후천적으로 형성된 성격이 결합해 총능력인 근기를 형성하고 자기근기에 따라 일을 하면 능률이 높다고 보았다.

8. 사람이 가진 성질, 성격, 근기 등은 고정불변한 것이 아니라 끊임없이 변한다. 이런 특성은 어떤 것이 다른 것에 비해 좋거나 나쁜 것이 아니고 어떤 것이 우수하거나 열등하다는 의미가 아니다. 단지 그 특성에 따라 범주를 나눈 것이다.

2) 성질

9. 사람은 태어나면서부터 선천적으로 특정본성을 가지고 태어나는데 그것을 성질[dhātu, 性質, 大, 氣質]이라고 한다. 사람은 자기가 가진 성질에 따라 다양한 개성을 지닌 삶을 산다. 붇다하는 사람성질을 지대, 수대, 화대, 풍대 네 가지로 구분했다.

① 지대성질

10. 지대성질[pathavī dhātu, 地大] 소유자는 대지와 같은 본성으로 포용, 안정, 끈기, 지구력 등을 특성으로 한다. 지대는 딱딱함과 부드러움, 무

거움과 가벼움의 특성이 있다. 이 성질은 자기가 상대를 받아들이고 포용한다.

11. 이 성질 장점은 대지와 같은 포용성과 지치지 않는 끈기다. 대지가 모든 것을 받아들이고 견뎌내듯 주변상황에 흔들리지 않고 상대를 포용하고 동화한다. 많은 사람과 함께할 수 있다. 이것이 도리어 단점이 된다. 개념없이 섞여 잡탕이 되고 무한정 시간을 허비하기도 한다.

12. 이 성질은 조용하고 내적조화, 안정감, 인내심이 강하다. 수동적이고 다소 게으른 인상을 주기도 하지만 기분이나 상황에 좌우되지 않고 침착하게 받아들이고 행동한다. 동작이 다소 느리지만 매사에 편하게 마음먹는다.

13. 이 성질을 가진 사람에게 일을 시킬 때는 큰 흐름만 짚어주고 맡겨두면 알아서 잘 처리한다. 문제는 시간이 오래 걸린다는 점이다.

② 수대성질

14. 수대성질[āpo dhātu, 水大] 소유자는 물과 같은 본성으로 적응, 수동, 부드러움, 유동성을 특성으로 한다. 수대는 흐름과 막힘, 팽창과 수축의 특성이 있다. 이 성질은 상대를 변화시키기보다 자기를 상대에 맞춘다.

15. 이 성질 장점은 수동성과 적응력이다. 물처럼 부드럽게 상대에게 자기를 맞춘다. 이것이 도리어 단점이 된다. 마음내키지 않아도 받아들이다 한계에 도달하면 폭발해 판이 깨지기도 한다.

16. 이 성질은 감성적이고 자기중심적이고 조용하고 진지하다. 의지가 강하고 이상이나 진실을 따르려하고 완벽주의에 치우치기 쉽다. 때로는 어떤 일에 지나치게 집착한다. 소극적이고 수동적이고 답답해보이기도 한다. 자기가 주변수가 아닌 종속변수로 활동하는 경우가 많다.

17. 이 성질은 주변상황에 지나치게 마음쓰고 작은 일에도 과민하게 반
응해 주변까지 힘들게 한다. 사소한 일로 많은 시간을 허비하고 감정변화
폭이 크다. 매사에 부정적인 면을 많이 본다.

18. 이 성질을 가진 사람에게 일을 시킬 때는 그 사람이 감당할 수 있을
정도만 시키는 것이 좋다. 너무 잘 하려는 경향이 있기 때문에 때로는 적당
히 하도록 유도하는 것도 요령이다.

③ 화대성질

19. 화대성질[tejo dhātu, 火大] 소유자는 불과 같은 본성으로 적극성, 활
동성 등을 특징으로 한다. 화대는 뜨거움, 차가움, 강함, 짧음의 특성이 있
다. 이 성질은 자기생각이나 의지를 상대방에게 강요하고 억지로라도 변화
시키려고 한다.

20. 이 성질 장점은 적극성과 활동성이다. 어떤 일을 추진할 때 불처럼
격렬하게 밀어붙이고 활동성도 뛰어나다. 난관에 부딪혀도 도전하고 극복
하려는 의지가 강하다. 이것이 도리어 단점이 된다. 자기생각을 지나치게
강요하고 때로는 폭력을 사용해서라도 성취하려고 한다. 장기적으로 일을
추진하지 못하는 측면도 있다.

21. 이 성질은 활동적이고 의지가 강하고 결단력도 있고 성공에 대한 욕
구도 강하다. 자기의지를 적극적으로 표현하고 성격이 급해 화도 잘 낸다.
다혈질이고 일의 성취도도 높다.

22. 이 성질은 사고와 개념화를 잘하고 모험심이 강하며 실패에 대한 두
려움이 적고 역동성이 크고 자아도 큰 편이다. 인내심과 정의감이 크나 타
인을 이해하고 배려하는 마음이 적다.

23. 이 성질을 가진 사람에게 일을 시킬 때는 짧고 강도있게 하는 것이

좋다. 때로는 자존심을 살짝 건드리면 일의 성취도가 높아진다. 문제는 어디까지 건드릴 것인가다. 너무 깊이 건드리면 곤란하다. 판이 깨지기도 한다. 이 성질 소유자는 체면과 자존심을 중시한다.

④ 풍대성질

24. 풍대성질[vāyo dhātu, 風大]은 바람과 같은 본성으로 자유와 진취력을 특성으로 한다. 풍대는 흔들림, 뻗댐, 움직임, 멈춤의 특성이 있다. 이 성질은 상대를 변화시키려고 하지 않고 스스로도 자유로운 삶을 산다.

25. 이 성질 장점은 가변성과 자유로움이다. 기존 사고방식에 구애받지 않고 자유롭게 사고하고 진취적으로 행동한다. 이것이 단점이 된다. 지나치게 시대에 앞서가다 고립되기도 하고 너무 자유로워 책임감이 없고 생각이나 행동이 가변적이라 예측하기도 어렵다. 그런 것에 스스로 고민하지도 않는다.

26. 이 성질은 낙천적이고 개방적이고 편견도 적다. 자유롭고 기분에 따라 행동하고 지구력과 책임감이 약하고 우유부단하다. 행동이 침착하지 못하고 삶을 가볍게 생각하기도 한다. 호기심이 강하고 어떤 것이라도 의심부터 한다.

27. 이 성질을 가진 사람에게 일을 시킬 때는 책임지우기보다 자유롭게 일할 수 있는 환경을 만들고 관심분야를 바꿔가며 새로운 아이디어를 제공하는 것이 좋다.

지대	감각대상	딱딱함과 부드러움, 무거움과 가벼움	수동적 · 내향적 · 靜的
	사람근기	포용과 완고, 지구력과 불변성	
수대	감각대상	팽창과 수축, 흐름과 막힘	
	사람근기	적응과 유연, 답답함과 가변성	
화대	감각대상	뜨거움과 시원함	능동적 · 외향적 · 動的
	사람근기	적극과 활동, 열정과 속성	
풍대	감각대상	흔들림과 뻗댐	
	사람근기	진취와 자유, 가벼움과 유동성	

⑤ 성질조화

28. 붇다하는 모든 사람이 네 가지 성질을 복합적으로 갖고있다고 보았다. 그 가운데 어느 한 가지 성질만으로 그 사람을 특징지을 수 없고 네 가지 성질이 균등하게 나타나지도 않는다.

29. 네 가지 성질은 크게 두 가지로 요약할 수 있다. 동적성질과 정적성질이다. 사람성질은 우수함과 열등함이 아니라 해당성질이 가진 특징으로 범주나눈 것이다.

30. 사람성질은 상호보완적이다. 동적인 사람에게 정적인 사람, 정적인 사람에게 동적인 사람이 결합하면 조화롭다. 사람성질은 나이나 환경에 따라 특정성질이 활성화되고 싸띠수행(학습)으로 변화될 수 있다.

31. 싸띠수행으로 성질이 바뀔 때는 현재 자기에게 드러난 성질이 없어지고 새로운 것이 나타나는 것이 아니고 자기성질 단점을 보완하는 성질이

나타나 상향식으로 균형맞춘다.

32. 지대성질 포용력과 끈기에 화대성질 적극성과 활동성이 보완된다든
지 풍대성질 자유로움에 지대성질 안정감이 추가되는 식으로 변한다.

33. 붇다는 자기에게 강하게 나타난 것은 장점으로 보았다. 사람이 태
어날 때부터 갖고있는 성질에 따라 일하면 효과적이라고 보았다. 배우자
를 선택하거나 함께 일할 동료를 찾거나 친구를 사귈 때도 자기성질을 보
완해줄 사람이 좋은 상대다. 사람성질을 파악하는 데는 오랜 관찰이 필요
하다.

3) 성격

34. 사람은 선천적으로 타고난 성질뿐만 아니라 지리, 환경, 사회, 문화
배경 등 후천적으로 형성된 성격(carita, 性格)과 행동이 있다.

35. 후천적으로 형성된 성격도 선천적으로 타고난 성질 못지않게 삶에
크게 영향미친다.

36. 붇다는 사람성격을 욕망성격, 분노성격, 어리석음성격의 세 가지로
구분했다. 여기서는 어리석음성격을 네 가지로 세분화해 여섯 가지로 구분
한다.

① **욕망**

37. 욕망성격[rāga carita, 貪格] 소유자는 욕망과 이기심을 특성으로 한
다. 욕망이 적은 사람은 베풀기를 좋아하고 자유로운 삶을 추구하고 욕망
이 많은 사람은 마음가는 대로 소유하고 소유한 것을 움켜쥐고있어야 안심
한다. 마음갈증에 구속되고 존재에 집착하고 산다.

38. 이런 성격을 가진 사람은 사물이 부패하는 모습을 관찰하는 백골관(kāpotaka aṭṭhi bhāvanā, 白骨觀), 부정관(asubha bhāvanā, 不淨觀), 실재를 있는 그대로 통찰하는 싸띠수행 등으로 마음관리하는 것이 도움된다. 이런 수행이 존재에 대한 유혹을 방지해주기 때문이다.

② 분노

39. 미움성격[dosa carita, 嗔格] 소유자는 미움과 분노를 특성으로 한다. 미움이나 분노가 적은 사람은 다른 사람을 사랑하고 포용해 함께 공존하려 노력하고 분노가 많은 사람은 자기의지대로 되지 않으면 화를 내고 타인을 공격한다.

40. 이 성격을 가진 사람은 상대를 배려하고 함께 공존하려는 메따수행, 실재를 있는 그대로 통찰하는 싸띠수행 등으로 마음관리하는 것이 도움된다. 이런 수행이 마음에 자비심을 담고 타인을 배려하는 힘을 제공해주기 때문이다.

③ 어리석음

41. 어리석음성격[moha carita, 痴格] 소유자는 편견과 어리석음을 특성으로 한다. 어리석음이 적은 사람은 존재를 있는 그대로 이해하고 지혜롭게 행동하고 어리석음이 많은 사람은 존재본질을 제대로 이해하지 못하고 단면만 보고 전체를 이해한 것처럼 행동하다 조금 복잡한 문제에 직면하면 어떻게 할지 몰라 헤맨다.

42. 이 성격을 가진 사람은 마음공간에 존재하는 마음오염원을 제거하고 마음맑히는 싸띠수행이 도움된다. 싸띠수행으로 실재를 볼 수 있고 존재 흐름과 연관을 이해할 수 있기 때문이다.

④ 믿음

43. 믿음성격(saddhā carita, 信格) 소유자는 믿음과 의존성을 특성으로 한다. 믿음이 적은 사람은 독립심이 강하고 자기문제를 스스로 해결하고 믿음이 강한 사람은 자기문제를 스스로 해결하지 못하고 힘있는 존재에게 의존하고 마음이 허전하고 불안하다.

44. 이 성격을 가진 사람은 마음에너지를 제공하는 싸띠수행이 도움된다. 싸띠수행으로 마음에너지가 몸과 마음가득 넘치면 다른 존재에 의존하는 것에서 벗어나 자기삶의 주인공이 될 수 있기 때문이다*.

⑤ 지적

45. 지적성격[buddhi carita, 覺格] 소유자는 사유와 지식을 특성으로 한다. 올바른 앎이 많은 사람은 열린 마음으로 존재를 객관적이고 과학적으로 해결하고 잘못된 앎이 많은 사람은 닫힌 마음으로 존재를 주관적, 비과학적으로 사유하고 행동한다*.

46. 지적성격이 강한 사람은 지식크기가 인격을 결정한다고 생각한다.

믿음문제

결국 무엇을 믿을 것인가가 핵심이다. 증명되지 않은 주장(가설)을 믿을 것인지 객관적으로 증명된 사실(법칙)을 믿을 것인지가 문제다. 증명되지 않은 주장을 믿으면 비과학적인 믿음, 즉 미신을 믿는 것이지만 객관적으로 증명된 사실을 믿으면 과학적 믿음, 즉 진리(법칙)를 믿는 것이다. 뭔가 믿을 바에는 신이나 미신을 믿기보다 과학, 진리 또는 마음닦는 수행을 믿는 것이 좋다.

이론과 법칙

이론의 다른 표현은 주장이다. 주장내용이 실천으로 증명되면 법칙이 된다. 심리학이나 상담학 등에 관한 거의 모든 이론은 주장인 경우가 많다. 이론은 어디까지나 논리를 갖춰 말하는 주장이다. 주장은 실천으로 증명해야 법칙으로 인정받는다. 자연과학은 증명되지 않은 이론은 주장(가설)으로 간주한다.

지적우월감이 지나치면 다른 존재를 무시하는 경향이 있다. 존재가치는 평가기준에 따라 달리 결정된다는 것을 이해하고 항상 겸손하게 행동하고 타인을 이해하고 배려하고 함께 공존하려는 마음자세를 갖는 것이 필요하다.

47. 이 성격을 가진 사람은 존재를 흐름과 연관으로 보는 싸띠수행이 도움된다. 싸띠수행으로 실재를 있는 그대로 보고 사물을 전체로 이해하는 직관력을 키우면 지혜를 한층 성숙시킬 수 있기 때문이다.

⑥ 논리

48. 논리성격[vitakka carita, 尋格] 소유자는 분석과 논리를 특성으로 한다. 논리력이 풍부하면 사물을 체계적, 분석적으로 이해하고 논리력이 빈약하면 산만하고 혼돈스럽게 이해한다.

49. 논리성격이 강한 사람은 원칙을 강조하고 사물을 구분하고 차별하기 쉽다. 다소 차갑게 느껴지기도 하지만 일처리능력이 뛰어나다.

50. 이 성격을 가진 사람은 존재나 상황을 전체로 이해하는 싸띠수행이 도움된다. 싸띠수행으로 분석사고를 직관사고로 전환할 수 있다. 분석과 논리는 물질을 다루는 데 유효하나 마음다루기는 부적절하다.

51. 붇다하는 모든 사람이 여섯 가지 성격을 복합적으로 가지고 있다고 보았다. 그 가운데 어느 한 가지 성격만으로 사람을 특징지을 수 없고 여섯 가지 성격이 균등히 나타나는 것도 아니라고 보았다. 나이, 상황, 수행 정도에 따라 특정성격이 보다 활성화되기도 한다.

52. 붇다하는 사람성격은 후천적인 영향으로 형성되는 경향이 강하다고 보았다. 따라서 마음과 행동을 적절히 관리하는 것만큼 삶의 현장을 바람직한 방향으로 가꾸는 것도 중요하다.

4) 근기

53. 사람이 일을 감당할 수 있는 총역량을 근기(upanissaya, 根機)라고 한다. 근(根)은 그릇크기를 가리키고 기(機)는 일처리능력을 말한다.

54. 근기는 사람이 선천적으로 가지고 태어난 성질, 후천적으로 형성된 성격, 지적수준, 환경요인, 자연환경 등이 결합한 총체적인 일 처리능력이다. 붇다하는 일을 하거나 수행할 때 자기근기에 기초하면 유효성이 높다고 보았다.

55. 한두 가지 성질과 성격 위에 다른 성질과 성격이 섞이는 경우도 있고 특정시기, 주변환경, 처한 상황에 따라 특정 성질과 성격이 우위를 점하기도 한다. 성질이나 성격은 고정불변한 것이 아니고 싸띠수행(학습)으로 변하기도 한다.

56. 붇다하는 수행하는 사람 성질, 성격, 근기를 먼저 파악한 후 거기에 적합하게 수행지도했다. 이것이 대기설법(abhiupanissaya kathā, 對機說法)이다.

57. 붇다하는 사람이 선천적으로 가지고 태어나는 네 가지 성질과 후천적으로 형성된 여섯 가지 성격이 결합해 일 처리역량인 근기가 형성된다고 보았다.

58. 붇다하는 사람근기를 지대, 수대, 화대, 풍대 네 가지로 분류했다. 4대 근기는 크게 수대와 지대와 같은 정적(靜的)이고 수동적인 근기와 화대와 풍대와 같이 동적(動的)이고 적극적인 근기로 나눈다. 이것이 서로 보완되면 좋다*.

7. 실천관

1. 후세 사람이 인위적으로 만든 붇ㄷ하가 아닌 붇ㄷ하가 평소 가지고 있던 기본입장과 실천원칙은 다음과 같다.

1) 기본입장

2. 사람은 중생으로 태어나는 것이 아니라 중생으로 길들여지고 붇ㄷ하로 태어나는 것이 아니라 붇ㄷ하로 학습되는 것이다.

3. 붇ㄷ하는 세상을 구제하러 온 것이 아니다. 붇ㄷ하는 자기문제도 해결하기 벅찼다. 붇ㄷ하는 자기문제를 해결하는 과정에서 알게 된 소중한 경험과 지혜를 필요로 하는 사람에게 가르쳐주었다.

4. 붇ㄷ하가 체험하고 개발한 마음과학과 싸띠수행으로 마음오염원 제거방법을 지도한 내용이 불교다.

5. 붇ㄷ하 경험과 지혜를 배우고 참조해 자유롭고 행복한 삶을 살고자 하

인간다운 삶

사람은 태어난 이상 인간답게 살아야 한다. 붇ㄷ하는 존재는 모두 평등하다고 보았다. 생명은 그 자체로 고귀하고 다른 것과 비교대상이 아니다. 사람이 다른 존재보다 우월하거나 동물이 식물보다 가치있거나 어떤 존재가 다른 존재보다 귀중하게 취급되는 것은 편견이다. 존재에 처음부터 좋고 나쁜 것은 없다. 모든 것은 상대적으로 규정되고 재규정된다.

붇ㄷ하는 자유롭게 사는 것, 자기생각을 다른 존재에게 강요하지 않는 것, 다양성을 인정하고 공존하는 것, 원칙을 지키는 것, 자기가 하고싶은 일을 하며 생활하되 다른 존재에게 피해주지 않는 것, 자기가 해야할 일을 하는 것, 자기일에 충실하고 타인일에 불필요하게 간섭하지 않는 것, 다른 존재 어려움을 외면하지 않는 것, 자기가 성취한 것을 다른 존재와 공유하는 것, 실재를 통찰하는 지혜를 갖추는 것, 존경할 만한 사람을 존경하는 것, 자유롭고 행복하게 사는 것 등이 인간다운 삶이라고 보았다.

붇ㄷ하는 이런 기준에 따라 자기삶을 경영하고 살 때 자유로운 삶, 청정한 삶, 행복한 삶, 공존하는 삶을 누릴 수 있다고 보았다.

는 사람이 모여 자연발생으로 결성된 것이 불교교단이다.

6. 붇다가 체득한 경험과 지혜를 필요로 하는 사람에게 수행지도한 내용을 기록한 것이 경장과 율장이다. 불교 존재이유는 붇다 경험과 지혜를 필요한 사람에게 전해주고 익힐 수 있도록 도와주는 것이다.

7. 붇다는 자기가 체험한 경험과 지혜를 다른 사람이 배우고 익히려고 할 때 가르쳐줄 수 있지만 대신할 수 없다는 것이 붇다 기본입장이다.

8. 붇다는 소를 물가에 끌고 갈 수는 있지만 물을 먹고 안 먹고는 소가 결정할 문제지 다른 존재가 강요할 수 없다고 했다. 좋고 유용한 정보는 함께 공유할 수 있지만 강요하는 것은 폭력이란 생각이 붇다 기본관점이었다.

9. 붇다는 자유와 행복으로 가는 이론과 방법을 가르쳐줄 수 있지만 그 성취는 개인이 실천할 문제라고 보았다.

2) 주체와 자력

10. 붇다는 자기와 관련된 문제해결 주체는 자기자신이어야 한다는 기본입장을 가졌다. 붇다 문제는 붇다 자기것이고 내문제는 내것이다.

11. 내문제를 해결하는 주체는 오직 자기자신이다. 붇다는 자기일은 자기 스스로 주체가 돼 해결하는 것이 옳다고 보았다. 자기삶에 스스로 주인공되지 못하고 소외된 타자로 다른 존재에 종속돼살면 곤란하다. 오직 한 번뿐인 삶을 그렇게 사는 것은 곤란하다*.

붇다 깨달음

붇다 깨달음은 붇다 자기문제를 해결해준 것이지 내문제를 해결해준 것은 아니다. 붇다 가르침은 붇다 자기 문제를 해결할 수는 있어도 모든 문제를 해결할 수는 없다.

12. 이런 붇다 기본입장은 신을 믿는 사람에게는 매우 의아스럽게 생각될 것이다. 피조물이 해야할 일은 신을 믿는 것이고 피조물이 필요로 하는 것은 신이 해결한다고 믿는 것이 종교다. 변형된 불교인 대승부나 밀교부는 그렇게 하고 있지만 붇다는 그런 관점을 철저히 거부했다.

13. 신을 믿거나 타력을 강조하는 종교는 자기가 할 일은 야훼 신이나 관세음보살과 같은 힘있는 존재에게 내문제를 해결해달라고 매달리는 것이고 신이 할 일은 매달리는 존재가 원하는 일을 해결해주는 것이라고 주장한다. 이렇게 존재를 자기문제에서 소외시키고 신에게 의존하도록 길들인다.

14. 자기에게 아부하고 매달리면 문제를 해결해주고 그러지 않으면 불이익을 주거나 무시하는 신이나 붇다가 있다면 그것은 정의로운 사회, 공정한 사회, 평등한 사회, 평화로운 사회의 적이다. 그런 가치관을 가진 존재는 진리와 정의 이름으로 추방해야 한다.

15. 그러나 대부분 기성종교는 종교와 기도, 은총과 가피력이란 이름으로 부끄러운 줄도 모르고 그렇게 하면서 추종자를 모으고 세를 과시한다. 그것은 쉽고 수월한 방법인지 몰라도 올바른 길은 아니다.

16. 불교도가 붇다를 믿으면서 범하기 쉬운 잘못 가운데 하나는 붇다를 믿기만 하면 나머지는 붇다가 알아서 해결해줄 것이라고 생각하기 쉽다는 점이다.

17. 붇다는 이런 생각이 잘못됐다고 보았다. 그러나 오늘날 전 세계 대부분 불교지도자는 기도와 가피력이란 이름으로 불교도를 교육하고 세뇌시킨다. 이것은 붇다가 거부한 가르침이고 비불교적인 가치관이다. 불교교육이 가장 비불교교육으로 전락했다.

3) 일과 원칙

18. 붇다하는 입멸 3개월 전 아난다에게 한 유언에서 사람에게 의존하지 말고 원칙[sīla, 戒]과 일[dhamma, 法]에 의지하고 그것을 스승으로 삼으라고 했다.

19. 조직을 구성할 때도 제시된 원칙과 일에 동의하면 함께하고 그렇지 않으면 각자 길을 가면 된다. 그러면 서로 자유롭다. 오는 사람 막지말고 가는 사람 잡지말라는 붇다하 가르침은 이런 입장을 잘 보여준다.

20. 해야할 일과 지켜야 할 원칙을 먼저 제시하고 생각이 같은 사람이 모여 해야할 일을 함께 하면서 자기와 사회 공동체 번영과 이익을 위해 노력하는 것이 좋다.

21. 붇다하는 수행단체는 가능한 사람중심으로 조직을 꾸리지 말고 수행(일) 중심으로 만들어야 한다고 가르쳤고 그것을 유언으로 남겼다.

22. 사람중심으로 일하는 것은 정치나 사업을 위해 고객을 모으고 관리하는 기법으로는 좋은 방법이지만 수행하거나 의미있는 일을 하기 위해서는 일과 원칙 중심으로 조직을 꾸려야 한다. 그래야 불필요한 곳에 에너지를 뺏기지 않고 해야 할 일에 전심전력할 수 있다.

4) 상대입장

23. 붇다하는 모든 것은 관계와 상황에서 상대적으로 규정되고 재규정된다고 보았다.

24. 존재나 행위가 어떤 가치나 의미를 지니고 있는 것이 아니라 구체상황에서 상대적으로 존재 가치와 의미가 결정된다.

25. 모든 존재는 개별존재가 조건지어진 존재이기 때문에 해당존재를 파생시킨 원인, 의도, 진행과정이 존재 가치와 의미를 결정한다.

26. 붇다하는 어떤 일이 발생했다고 보고받으면 결과를 묻지 않고 어떤 상황에서 그와 같은 일이 발생했는지 구체적으로 설명하라고 주문했다. 그리고 해당일의 원인, 의도, 동기, 진행과정, 상황 등을 가지고 결과를 평가했다.

5) 의도중심

27. 붇다하는 행위자의도[saṅkhāra, 行, 有爲]가 개입되지 않은 것은 선악으로 판단해서는 안 된다고 보았다. 행위자의도가 개입된 행위를 업(kamma, 業)이라고 했다.

28. 붇다하는 행위는 결과물이기 때문에 행위로써 판단하지 말고 그 행위를 도출한 원인, 의도, 동기, 진행과정, 상황, 상대와의 관계 등을 선악판단 기준으로 삼아야 한다고 보았다.

29. 붇다하는 행위자가 마음장애가 있어 행한 일, 의도가 개입되지 않고 우발적으로 일어난 일, 불가항력적으로 일어난 일, 꿈에서 행한 일 등은 처벌할 수 없다고 주장했다.

6) 행위자중심

30. 붇다하는 어떤 일을 할 때 그 일을 담당할 사람이 중요하므로 행위자 근기에 맞춰 일을 해야한다고 보았다.

31. 자기근기에 맞게 일을 하거나 업무를 추진하면 생산성이 높지만 그

렇지 않으면 노력한 것에 비해 유효성은 떨어지고 일하는 사람은 스트레스를 많이 받는다.

32. 일하는 사람은 자기근기를 미리 알고 있는 것이 중요하고 일시키는 사람 또한 일의 성격과 난이도에 따라 일할 사람 근기를 먼저 이해하고 업무를 적절히 배분하는 것이 중요하다. 이것이 대기설법이다.

8. 교육관

1. 붇다 교육관을 이해하면 붇다가 제자를 어떻게 효과적으로 지도했는지, 제자가 수행할 때 어느 부분에 역점두고 실천해야 하는지를 알 수 있다*.

1) 대기설법

2. 붇다는 배우는 사람을 중심에 두고 가르쳐야 한다고 주장했다. 이것

교육과정

교육은 데이터를 가공해 삶에 유용한 지식으로 만들어 사용하는 과정이다. 교육은 앞세대로부터 데이터를 이전받고 그것을 다음세대로 전해주는 일련의 과정이다. 데이터 이전하는 사람을 교사, 전해받는 사람을 학생이라고 한다. 그 중심에 데이터가 있다.

이 세 요소는 모두 다 중요하다. 그러나 시대나 지역에 따라 그 가운데 어느 한두 가지 요소를 강조하기도 하고 덜 강조하기도 한다. 전통적으로는 데이터 이전주체인 선생역할을 강조했다. 현대는 데이터 이전받는 학생입장을 중시한다. 서양은 학생입장을 중시하고 동양은 선생역할을 강조한다. 무엇보다 중요한 것은 데이터 양과 질이다. 거기에 더해 데이터 이전하는 선생역할은 매우 중요하다. 데이터 이전받는 학생수준과 마음상태, 학생수준에 맞게 필요한 정보를 필요할 때 제공하는 안목은 결국 선생 몫이다. 물론 데이터 전달받는 학생입장은 더 중요하다.

배우는 학생기질 못지않게 가르치는 선생성격 또한 중요하다. 가르치는 선생 이전기술뿐만 아니라 배우는 학생 학습방법도 중요하다.

을 대기설법(對機說法)이라고 한다. 흔히 눈높이 교육 또는 학생중심 교육이라고 한다.

3. 붇다하는 배우는 사람 몸과 마음 상태, 성질과 성격, 자연과 사회 환경 등에 기초해 교육해야 한다고 보았다. 붇다하는 수행지도할 때는 가능한 수행자근기에 기초해 지도했다*.

4. 사람은 타고난 성질이 다르고 살면서 형성된 성격도 다르다. 서로 상황이나 여건이 다르기 때문에 이런 것을 고려해 공부하고 직업을 선택하면 유효성이 크다. 오늘날 교육이나 업무 스타일은 성질론에 기초하는 방향으로 발전한다*.

2) 자립교육

5. 붇다하는 자기자신이 자기삶의 주인공되도록 교육하는 것이 중요하다고 보았다.

교육철학과 강당배치

불상을 모신 대웅전을 보면 대웅전면적 절반 정도를 붇다 상이 차지하고 대중이 사용하는 공간은 적다. 공간활용 측면에서 보면 매우 비효율적이다. 이렇게 공간을 배치한 것은 스승을 스승으로 모시기 위해 제자가 다소 불편하더라도 괜찮다는 교육철학에 기반한 공간배치다.

요즘 대학강당은 강의하는 교수위치가 낮고 배우는 학생위치가 높다. 배우는 학생이 가르치는 선생을 내려다보고 강의를 듣는다. 이런 강당배치는 강의집중도를 높이고 학습효율성을 고려한 배치다. 오직 정보이전 실용적인 측면만 고려한 배치다.

발도로프 학교

독일 발도로프학교는 기질에 기초해 교육한다. 한 선생이 학생기질을 파악하기 위해 8년 동안 담임교사를 맡도록하고 그렇게 학생 기질과 적성을 파악해 공부하거나 진로를 지도한다. 이 학교는 12년 동안 시험을 치르지 않고도 대학진학률이 높고 사회로 진출해 전문직에 종사하는 비율도 높다. 이 학교는 교재가 없다. 선생이 강의한 내용을 학생이 스스로 작성한 노트가 교재다.

6. 스스로 자기삶의 주체가 돼 문제해결하는 것이 올바른 삶의 자세다. 그래야 당당하고 자유롭고 멋있게 살 수 있다.

7. 신이나 다른 존재에게 자기삶을 맡기고 자기는 자기삶에서 소외되고 다른 존재에 의존하는 나약한 태도는 바람직하지 않다.

8. 붇다하는 해답을 알려주기보다 스스로 문제를 풀어 해답을 찾을 수 있는 능력을 키우는 것이 좋다고 보았다. 눈 밝고 지혜로운 스승은 제자가 스스로 문제를 풀 수 있는 단서만 제공하고 한걸음 물러나 지켜보고 뒤에서 방향만 잡아준다*.

9. 삶은 자기자신이 주체가 돼 자기가 직면한 문제를 해결해야 한다. 그러지 않고 답만을 제공하는 것은 스스로 해결할 수 있는 능력을 미리 잘라버리는 것과 같다*.

달과 손가락

달을 가리키는 손가락을 보면 달을 보지 못한다. 손가락은 달을 가리키는 실마리일 뿐이고 정작 달은 손가락 끝에 있지않다. 말꼬리를 따라가지 말고 그 낙처(落處)를 보아야 한다. 말이 지향하는 바를 이해해야지 말꼬리를 따라가면 핵심을 놓친다. 모두 다 선방에서 수행지도할 때 사용하는 말이다. 결국 답은 스스로 찾아야 한다. 스승은 필요할 때 실마리만 제공하고 뒤에서 지켜본다. 수행지도자가 앞으로 전개될 수행단계에 대해 수행자에게 미리 말해주는 것은 특수상황이 아니면 가능한 절제해야 한다. 이것은 수행자 지혜싹을 잘라버릴 수도 있기 때문이다. 왜냐하면 수행이 덜 성숙한 사람은 보라는 배나 화두는 보지 않고 앞으로 올 현상을 기다리느라 배도 놓치고 화두도 놓치기 쉽기 때문이다.

3할만 가르쳐라

옛 어른은 제자를 가르칠 때 3할만 가르치라고 한다. 나머지 7할은 배우는 사람이 스스로 노력해서 성취해야 한다. 그래야 힘이 생기고 지식이 자기것이 된다. 그러지 않고 스승이 앞서가며 많은 것을 제공하면 학생자립력은 현저히 낮아지고 교육효과는 떨어진다. 자식농사도 마찬가지다. 부모는 자식에게 3할만 제공하라. 나머지는 스스로 성취하도록 할 것.

3) 적기교육

10. 붇다하는 필요한 것을 적기에 제공하는 것이 스승이 해야할 중요한 역할 가운데 하나라고 보았다.

11. 붇다하는 조기교육보다 더 중요한 것은 필요한 것을 필요할 때 제공하는 적기교육이라고 생각했다. 주는 것이 선이 아니라 선이기 때문에 주는 것이고 가르치는 것이 교육이 아니라 필요한 것을 필요할 때 제공하는 것이 교육핵심이다. 이것이 교육에 관한 붇다하 기본입장이었다.

12. 이런 관점은 수행지도자가 수행자를 지도할 때 중시하는 교육기술이다. 마음닦는 수행은 욕망과 이기심이 개입하면 치명적으로 방해받기 때문에 수행정보는 필요할 때 적절히 제공하는 것이 핵심이다. 그러지 않고 수행자수준보다 앞선 정보를 미리 제공하면 욕심이 앞서기 쉽고 늦게 주면 지쳐 포기하거나 분노가 일어나기 쉽다.

13. 그래서 수행자와 수행지도자와의 관계를 졸탁(崒琢)이라고 한다. 병아리가 껍질을 깨고 나올 때 어미닭이 껍질을 쪼아주어야 하듯 수행자수행이 익어지면 막가파라에 들어 닙바나를 체험할 수 있도록 스승이 적절히 지도해야 하는 것을 비유해 한 말이다.

14. 이런 관점은 교육에 그대로 적용된다. 교사가 제자 수준, 기질, 상황, 환경 등을 적절히 파악해 필요한 정보를 제공해 성장자양분으로 삼도록 하는 것이 중요하다.*

뇌와 교육

뇌가 덜 발달된 상태에서 문자교육, 지식교육, 암기위주 주입교육은 아이 뇌에 지나치게 스트레스를 주고 많은 부작용이 생길 수 있다.

아동 유사자폐증이나 어린이 정신장애 등이 증가하는 추세와 실내에서 문자나 시청각 위주 조기교육을 강조하

4) 보완교육

15. 붇다하는 장점은 살리고 단점은 보완해 능력을 향상하는 것을 중요한 교육과정으로 보았다.

16. 장점을 강조하는 것은 두말할 필요없이 중요하다. 그러나 장점을 강조하는 것으로 능력을 향상시킬 수는 없다. 장점을 계발하는 것 못지않게 중요한 것은 단점을 보완하는 것이다. 자기단점을 분명히 이해하고 보완해 나갈 때만이 자기능력을 지속적으로 성장시킬 수 있다.

5) 경험교육

17. 붇다하는 직접경험에 기초해 교육하는 것이 중요하다고 보았다. 이것을 경험교육이라고 한다. 직접경험으로 얻는 앎이 확실하고 질도 좋다.

18. 지식은 다른 사람이 경험한 것을 말, 문자, 개념을 사용해 간접으로 이전받는 것이고 지혜는 자기가 직접경험해 얻는 앎이다.

19. 지식을 이전할 때는 개념을 사용하면 효과있다. 그러나 체험한 경험을 이전할 때는 방식이 달라야 한다.

20. 경험을 이전할 때는 말, 문자, 개념 등은 유효성이 매우 낮다. 수백쪽 분량으로 사과맛을 설명하지만 그것은 사과맛을 전해주는 것이 아니라 사과맛에 대한 개념만 나열할 뿐이다.

21. 자기가 체험한 경험을 이전할 때 효과있는 방법은 이전받을 상대로

는 것과 연관성이 없는지 살펴볼 일이다. 어린이는 자연이 가장 좋은 스승이고 교재고 교실이고 친구다. 어릴 때는 자연에서 6감을 활짝열고 외부 데이터를 받아들여 지식과 지혜가 성장할 때 자양분으로 사용할 수 있도록 몸과 마음에 저장하는 것이 가장 좋은 교육이다.

하여금 자기가 경험한 것을 스스로 체험하도록 하는 것이다. 그리고 나서 말이나 글로 설명하면 분명하고 확실히 이전할 수 있다. 서로 같은 경험을 한 상태에서 말이나 글은 큰 위력을 발휘한다.

22. 학교교육은 가르칠 때 직접경험보다 다른 사람 경험을 말이나 문자로 각색된 개념을 사용해 이전하는 경향이 많다. 이런 교육방식은 간접경험인 지식을 이전시키는 데는 탁월한 효과가 있다.

23. 오늘날 대부분 학교교육은 지식기반 교육이다. 그렇게 교육받은 사람이 만든 현대문명 또한 지식기반으로 이룩했고 눈부신 발전을 이뤘다. 그러나 지식은 유통되는 과정에서 거품이 낄 수밖에 없고 직접경험에 기초하지 않다보니 허구가 많다.

24. 일반물질은 분석, 사유, 논리를 사용해 다룬다. 이런 도구에 기반해 획득한 지식은 일반물질을 다루는 데는 탁월한 효과가 있지만 마음, 행복, 인생 등을 다루는 데는 한계가 많다.

25. 마음은 직관으로 다뤄야 효과있다. 지식교육이 잘못된 것이 아니라 직접경험과 지혜에 기반해 마음다루는 교육부족이 문제다. 상호 보완교육이 필요하다.

26. 수행지도할 때는 스승이 자기가 체험한 것을 제자에게 설명하기가 까다롭고 미묘하다. 그래서 먼저 수행을 체험하게 해 비슷한 경험을 공유하고 나서 지도한다. 그것이 경험으로 얻은 지혜를 이전하는 효과적인 방법이다.

27. 수행(체험)을 말이나 글로 설명할 수 없다는 말은 경험을 이전하는 것이 지식에 기반한 간접경험을 이전하는 것과 메커니즘이 다르기 때문이다.

6) 전인교육

28. 붇다하는 삶의 각 부분을 분리해 이해하기보다 전체맥락에서 이해할 수 있도록 교육하는 것이 효과있다고 보았다. 삶은 부분결합이지만 부분으로 분리하고 이해하기에는 복잡하고 상호 연관돼있다.

29. 복잡한 현상은 모두 다루기보다 부분으로 분리해 개별적으로 이해하는 것이 현실적으로 효과있고 답도 구하기 쉽다.

30. 사회가 분업화되면서 모든 분야가 지나치게 전문분야로 세분화됐다. 자기가 전문으로 다루는 분야는 잘 알지만 조금만 벗어나면 깜깜절벽이다.

31. 존 듀이(John Dewey, 1895~1952)가 제창한 미국식 교육은 모든 교과목을 분리해 가르친다. 이런 교육방식은 어떤 측면은 효과있지만 다른 측면은 지나치게 사물을 부분으로 국한해 이해하게 하는 경향도 있다.

32. 이런 교육방법은 기초교육이나 자연과학에는 효과있지만 어느 정도 성숙되거나 경험을 축적한 사람, 인생이나 마음, 자연이나 우주 전체를 다룰 때는 관련된 존재의 전체 맥락, 흐름, 연관 등을 폭넓게 이해하는 것이 더 중요하다. 이것이 전인교육이다.

7) 지식숙성

33. 마음공간으로 입력된 데이터를 그대로 사용하는 것도 좋지만 시간 갖고 숙성시켜 사용하는 것도 필요하다.

34. 마음공간은 입력한 많은 데이터를 저장하고 있다. 이런 데이터와 마음공간에 새로 입력된 데이터가 유기적으로 결합해 앎순도를 높인다. 또

마음공간에 존재하는 데이터가 서로 결합하고 구조조정해 성숙한다. 이것을 앎숙성이라고 한다.

35. 분t하는 마음공간으로 들어온 데이터가 다른 데이터와 결합해 숙성하는 기간을 여유갖고 기다리는 것도 중요한 교육기술이라고 강조했다. 수행할 때는 이 점을 중시한다.

36. 사람은 두 가지 방식으로 필요한 정보를 획득한다. 하나는 책이나 강의 등을 통해 다른 사람 경험을 글이나 말로 표현한 개념을 익혀 정보를 이전받는다. 이것을 간접경험이라고 한다. 다른 하나는 직접체험을 통해 정보를 입력한다. 이것을 직접경험이라고 한다.

37. 어릴 때는 다른 사람경험을 책이나 강의 등을 통해 흡수하지만 어느 정도 성장하면 직접체험을 통해 지식을 쌓는 것이 중요하다. 스스로 직접 경험한 것이 다른 사람 경험을 전해받는 것보다 유효하고 힘도 좋다.

9. 상담관

1) 상담필요성

1. 삶은 다른 존재와의 관계 속에서 전개된다. 사람과 사람, 사람과 자연 관계가 항상 만족스러울 수는 없다. 행복하기도 하지만 때로는 감당하기 벅찰 정도로 힘들기도 하다. 혼자 힘으로 문제를 해결하고 상황을 슬기롭게 극복하면 좋지만 그렇지 못할 때는 현실에 적응하지 못하고 삶이 힘들어진다.

2. 삶이 힘들 때는 누군가 조금만 함께하면 수월하게 극복할 수 있지만

혼자 힘으로 해결할 때는 잘 되지 않고 상황이 더 꼬이기도 한다.

3. 상담은 다른 존재가 그들 문제를 효과적으로 극복하고, 현실에 잘 적응해 자유롭고 행복하게 살 수 있도록 도와주는 과정이다.

4. 상담은 자기생각을 일방적으로 상대에게 강요하는 과정이 아니다. 상담을 필요로 하는 사람(내담자)이 자기가 직면한 문제를 슬기롭게 극복할 수 있도록 함께하는 과정이다.

5. 누군가 조금만 마음나누고, 정서를 공감하고, 상황을 자각하도록 안목을 넓혀주고, 지혜를 키워주면 사람은 스스로 문제를 해결하고 상황을 슬기롭게 극복하는 능력을 갖고있다.

6. 사람은 장점과 단점을 모두 갖고있다. 상담은 사람이 가진 단점과 어리석음을 스스로 자각하고 장점과 지혜를 효과적으로 사용할 수 있도록 끄집어내고 도와주는 과정이다.

7. 상담핵심은 상담자가 아니라 내담자다. 상담자는 내담자가 직면한 문제를 슬기롭게 해결할 수 있도록 사고하고 행동해야 한다. 상담자가 내담자문제를 해결해주는 것이 아니다. 상담을 필요로 하는 사람이 스스로 문제를 해결하고 홀로설 수 있도록 함께하는 과정이다.

8. 소를 물가로 데리고 갈 수는 있지만 물을 먹고 안 먹고는 소가 결정할 문제다. 붇다하는 자기자신을 자유와 행복으로 가는 길라잡이라고 정의했다. 좋은 생각을 전해주고 도와주되 강요해서는 안 된다. 생각과 행동을 강요하는 순간 폭력이 된다. 지지하고 함께하되 스스로 홀로설 수 있도록 유도할 것, 이것이 상담핵심이다.

2) 붇다하 상담철학

9. 붇다하는 마음닦는 수행자에게 수행지도하고 그들이 자유롭고 행복하게 살 수 있도록 함께하는 과정에서 다양한 상담 이론과 방법을 고안해 사용했다.

① 존재를 보는 관점

10. 사람은 자기가 가진 세계관, 지적수준, 정서 등에 기초해 다른 존재와 관계맺고 살아간다. 다른 존재와 관계맺고 행동하는 것은 자기가 세상을 바라보는 방식과 수준으로부터 자유로울 수 없다.

11. 존재를 어떤 관점, 어느 수준에서 인식하느냐에 따라 사고방식과 행동유형이 결정된다. 모든 존재가치는 관계와 상황에서 규정되고 재규정된다. 특정 시기, 장소, 사람, 상황 등에는 가치있는 것도 시기, 장소, 사람, 상황이 바뀌면 가치없는 것으로 전환되기도 한다.

12. 붇다하는 결정된 것이 아무것도 없다는 비결정세계관에서 출발한다. 존재는 존재일 뿐이다. 물질은 존재가 답을 갖고있지만 그 물질을 어떤 용도로 사용할지는 존재를 인식하는 사람이 판단하고 결정한다.

13. 붇다하는 모든 존재는 서로 연관돼있고, 서로 영향미치고, 서로 해체하고, 서로 재구성되는 과정을 거치면서 변화발전한다는 연기세계관에 기초해 사고하고 행동했다.

14. 개별인자가 조건과 상황에 따라 결합해 새로운 존재를 만들고 그렇게 만들어진 새로운 존재는 또 다른 조건과 상황에 따라 다른 존재와 결합해 새로운 현상을 파생시키면서 현재우주로 발전했다는 것이 연기세계관이다.

15. 연기세계관은 존재가 형성되는 원리다. 연기세계관은 존재는 조건
과 상황에 따라 서로 관계맺고 조건이 변하면 존재도 변한다는 견해를 가
진다.

16. 개별존재가 조건에 따라 결합해 만들어진 존재본성은 조건과 상황
에 따라 끊임없이 변한다는 것이다. 고정돼있지 않고 항상 변하는 것이 존
재본성이다. 이것이 공이다. 공은 존재본성을 가리키는 개념이다.

17. 연기세계관은 존재를 다른 존재와의 관계와 상황에서 상대적으로
모든 가치가 결정된다고 본다. 따라서 존재변화는 관계맺은 존재 상호작용
으로부터 시작된다. 다른 존재와 관계맺는다는 것은 어느 한 편의 일방통
행을 다른 쪽이 용납하지 않는다는 것을 의미한다.

18. 관계맺은 존재가 행복하게 살기위한 최선방법은 함께 공존하는 것
이다. 함께 공존하려고 노력할 때 관계질이 향상된다. 붇다하는 공존법칙으
로 두 가지를 제시했다. 하나는 인과고 다른 하나는 상대에 대한 배려다.

19. 노력한 것에 상응되는 대가를 노력한 주체에게 돌려주는 것, 이것이
야말로 관계맺은 존재가 공존할 수 있는 유일한 길이고 정의다.

20. 무엇보다 관계맺은 존재에 대한 애정이 있어야 한다. 존재에 대한
애정이 없으면 서로 마음을 열지않고 관계가 거칠어진다. 그 첫 출발은 상
대에 대한 이해와 배려다.

② 사람에 대한 관점

21. 사람본성을 어떻게 규정하느냐에 따라 행동유형이 결정된다. 사람
을 나약하다고 보는지 강하다고 이해하는지에 따라 사람이해와 실천방식
이 달라진다.

22. 사람은 누구나 장점과 단점을 갖고있다. 잘 하는 것과 그렇지 못한

것도 있다. 하고싶은 것과 반드시 해야하는 것이 있다. 어떤 상황에서는 장점인 것이 다른 상황에서는 단점이 된다. 어떤 곳에서는 아주 잘 하던 것도 다른 곳에서는 서툴다. 하고싶은 것과 해야하는 것이 일치하면 만족하고 행복해하지만 불일치할 때는 불만족스럽고 삶이 힘들어진다.

23. 이런 상황을 스스로 잘 파악하고 대처하면 좋지만 그렇지 못한 경우가 많다. 처해있는 상황에서 최선을 다했다고 생각하지만 효과적으로 대처하지 못하고 불필요하게 에너지를 낭비하고 자기자신은 물론이고 주변까지 힘들게 하고 우왕좌왕하는 경우가 허다하다.

24. 붇다하는 사람은 모든 능력과 가능성을 가지고 태어난다고 보았다. 자기자신이 가진 가능성 가운데 어떤 것을 현실화시켜 삶에 유용하게 사용할 것인지는 그 사람이 처해있는 자연환경, 사회환경, 교육수준 등과 함께 선천적으로 타고난 기질, 후천적으로 형성시킨 성격 등이 영향미치는 데 그 중에서도 개인의지력이 가장 크게 영향미친다고 보았다.

3) 부적응상태

25. 붇다하는 사람이 현실에 적응하지 못하고 부적응상태에 빠져 삶이 힘들게 된 요인을 다음과 같이 진단했다.

26. 첫째, 감각 데이터가 입력돼 마음거울에 상을 맺는데 이때 마음거울에 맺힌 상을 알아차림하지 못하는 것이 부적응상태에 빠지는 시발점이라고 보았다.

27. 둘째, 실재를 있는 그대로 보지 못하고 자기입장에서 자의적으로 해석하고 행동하는 것이 부적응상태 원인이라고 보았다.

28. 셋째, 욕망, 이기심, 분노, 적의, 원망, 서운함, 편견, 선입관, 가치관

등의 마음오염원이 마음공간을 오염시키고 삶을 구속하는 것이 현실에 적
응하지 못하게 하는 출발점이라고 보았다.

29. 넷째, 여기 그리고 지금에 집중하지 못하고 과거와 미래, 이곳저곳
으로 돌아다니며 마음에너지를 과도하게 소모해 마음이 피곤하고 지치는
것이 현실에 적응하지 못하게 하는 요인이라고 보았다.

30. 다섯째, 감각대상이 마음거울에 맺힐 수가 마음이 안정되지 못하고
불안하고 요동치기 때문에 현실에 적응하지 못하는 것이라고 보았다.

31. 붇다하는 보리수 아래서 아라한뜨 막가파라를 성취한 후 읊은 오도송
에서 사람이 부적응상태에 빠져 괴로워하는 것은 신이나 윤회설에서 주장
하듯 검증되지 않은 신이나 과거전생 힘에 의해서가 아니라고 보았다*.

진단과 해결 관점

표34 **부적응상태 관점비교표**

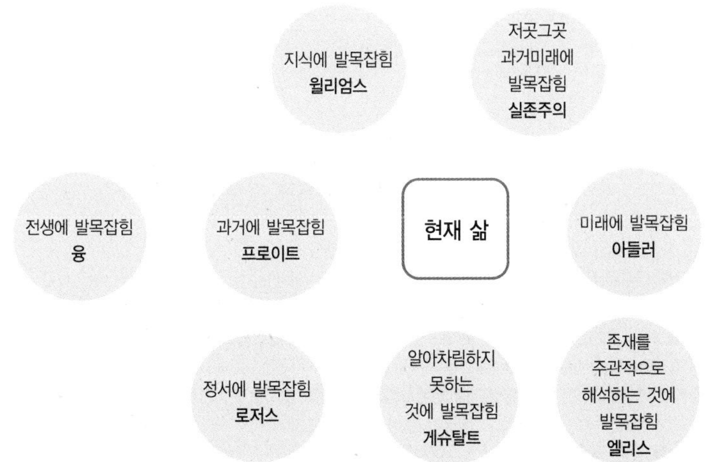

　정신분석학을 만든 프로이트는 사람은 지나온 삶의 흔적에 발목잡혀 현재 괴로움당하는 것이 부적응상태 원인
이라고 보았다.

32. 붇다하는 현재 직면한 괴로운 상태, 현실에 적응하지 못하는 부적응 상태를 극복하기 위해 다음과 같이 몇 가지 상담이론을 제시했다.

① 싸띠강화

33. 붇다하는 마음거울에 맺힌 상을 알아차림하지 못하는 것이 괴로움시작이고 부적응상태 출발점이라고 보았다. 어떤 상황에서라도 감각대상이 마음거울에 맺히는 것을 놓치지 말고 있는 그대로 알아차림해야 한다. 그

개인심리 상담학을 개척한 알프레드 아들러(Alfred Adler, 1870~1937)는 사람은 과거보다 오히려 미래에 저당잡혀있다고 보았다.

특성요인 상담학을 만든 에드문드 그리피스 윌리암슨(Edmund Griffith Williamson, 1900~1979)은 사람은 자기가 알고있는 수준만큼 행동하기 때문에 자기앎에 구속돼있다고 보았다.

인간중심 상담학을 개척한 칼 로저스(Carl Rogers, 1902~1987)는 사람은 모든 논리와 지식에 우선해 자기가 느끼는 정서에 기반해 행동한다고 보았다.

합리-정서-행동 상담학(Rational emotive behavioral therapy)을 개발한 알버트 엘리스(Albert Ellis, 1913~2007)는 사람문제는 외부뿐만 아니라 그것을 인지하고 해석하고 평가하는 내부도 중요하다고 본다. 그는 감각대상을 받아들여 자기입장에서 해석하는 것이 정서장애 핵심이라고 보았다. 그는 비합리적인 신념을 합리적인 신념으로 바꾸는 것이 중요하다고 보았다.

실존주의(existentialism)는 현재 자기가 느끼고 자각하는 것이 자기전부라고 보았다. 그들은 현재 자기삶이 과거나 미래, 지식이나 정서로 규정되는 것을 싫어했다. 그들은 자기가 그 어떤 것으로도 규정되지 않기를 원했다. 그들은 과거나 미래, 이곳저곳이 아닌 지금 여기[here and now]를 주장했다. 그리고 나를 그 어떤 것으로도 규정하지 말라[無我]고 선언했다. 그들은 지금 여기에 머물지 못하는 것이 괴로움시작으로 진단했다. 따라서 자기가 현재 처해있는 현실을 있는 그대로 자각하는 것이 부적응상태를 벗어나는 해결책이라고 보았다.

게스탈트이론(Gestalt Therapy)을 창안한 프레더릭 싸로만 펄스(Frederick Saloman Perls, 1893~1970)는 「지금 그리고 여기」 마음거울에 맺힌 상을 알아차림하는 것이 중요하다고 주장했다. 그들은 「현재 마음거울에 맺힌 현상을 있는 그대로 알아차림하지 못하는 것」이 삶을 고통 속으로 몰아넣는 원인(부적응상태)으로 진단했다. 따라서 그들은 실재를 있는 그대로 알아차림하도록 유도한다.

인지주의(cognitivism)는 사람이 실재를 있는 그대로 인지하지 못하고 자기입장에서 해석하는 것이 부적응상태에 직면하는 문제근원이라고 보았다. 그들은 사람이 사물을 인식할 때 객관적으로 있는 그대로 인식할 수 있도록 생각을 변화시키는 데 주력한다.

행동주의(behaviorism)는 사람이 행동하는 것은 경험으로 학습된다고 보았다. 이들은 감정, 사고, 신념 등 마음이 행동에 미치는 영향을 배제한다. 이들은 관찰 가능한 행동에만 관심을 가진다. 그리고 행동을 재학습함으로써 현재 부적응상태를 벗어날 수 있다고 본다.

러면 부적응상태를 효과적으로 벗어날 수 있다고 보았다.

34. 마음거울에 맺힌 상을 알아차림 못하기 때문에 마음공간에 들어온 데이터가 다른 데이터와 결합해 정크데이터, 마음오염원으로 발전하는 것을 방치한다.

35. 욕망, 이기심, 분노, 적의, 원망, 서운함, 편견, 선입관, 가치관 등이 마음거울에 맺힌 상을 알아차림 못하기 때문에 감각대상에 집착하고 좋은 것, 하고싶은 것을 성취하기 위해 노력한다. 이것이 모든 괴로움시작이다.

36. 싸띠수행으로 마음거울에 맺힌 상을 있는 그대로 알아차림하는 훈련을 하면 서서히 마음거울에 맺힌 상을 있는 그대로 알아차림할 수 있고 괴로움원인이 되는 마음오염원을 근원에서부터 차단할 수 있다.

37. 마음거울에 맺힌 상을 알아차림하는 수준만큼 부적응상태에서 벗어나 자유롭고 행복하게 살 수 있다. 그래서 붇d하는 상황에 매몰되지 말고 항상 깨어있으라고 강조했다.

38. 존재는 존재할 뿐이다. 존재는 답이 없다. 답은 인식하는 사람이 결정한다. 산은 산일 뿐인데 인식하는 사람이 자기관념으로 산에 온갖 수식어를 붙이고 의미를 부여해 구분하고 차별한다.

39. 인류는 많은 노력으로 무지에서 앎으로, 어둠에서 밝음으로, 혼돈에서 정돈으로, 흐림에서 맑음으로 옮겨왔다. 그 결과 삶은 풍요롭고 효율적으로 발전했다. 그러나 동시에 사람은 자기가 알고있는 앎에 철저히 구속돼있다. 어떻게 사고하고 행동하든 그것은 자기앎의 범위 안에서 이뤄진다.

40. 앎이 인류를 무지와 신비주의로부터 해방시킨 것은 사실이지만 동시에 사람이 알고있는 앎에 구속돼있는 것 또한 사실이다. 이런 현실을 직시하고 이미 자기가 알고있는 앎을 내려놓고 사물을 있는 그대로 볼 때 비

로소 앎의 자유와 삶의 자유가 성취된다.

41. 싸띠수행으로 마음공간을 덮고있는 거품을 제거하면 실재를 있는 그대로 볼 수 있고 괴로운상태를 벗어날 수 있다. 생각을 바꾸면 삶이 바뀐다는 논리를 상담이론으로 체계화시킨 것이 인지이론이다.

② 실재보기

42. 붇다하는 사람이 괴로운 상태[dukkha, 苦, 부적응상태]에 직면한 것은 실재를 보지 못하는 무지(avijjā, 無知) 때문으로 보고, 싸띠수행으로 싸띠힘을 키우면 기억이미지와 결합된 마음오염원이 해체되고 마음공간을 맑혀 존재를 있는 그대로 볼 수 있고 부적응상태로부터 벗어나 자유롭고 행복하게 살 수 있다고 보았다.

43. 마음공간이 욕망, 분노, 편견과 같은 오염물질로 오염돼있으면 마음공간이 흐려지고 삶이 힘들게 되고 부적응상태에 빠지게 된다. 마음을 지치게 하고 힘들게 하는 오염원을 제거하면 부적응상태로부터 빠져나올 수 있다.

44. 마음오염원 제거는 싸띠와 싸마−디히로 가능하다. 욕망과 이기심, 분노와 적대감, 원망과 서운함, 편견과 선입관, 가치관 등은 생각만으로 제거되지 않는다. 그것은 스스로의 노력으로 제거할 수 있다.

45. 기억이미지와 결합한 마음오염원을 해체하는 구체도구가 마음거울에 맺힌 상을 알아차림하는 싸띠와 싸띠를 감각대상에 밀착고정시키는 싸띠집중이다. 이 두 가지 기능을 활용해 기억이미지와 결합된 마음오염원을 제거한다. 그러면 삶은 맑음으로 충만해진다.

③ 자유롭기

46. 감각대상에 대한 갈애와 집착으로 인해 마음이 괴롭고 부적응상태에 빠진 것은 싸띠수행으로 싸띠힘을 키워 기억이미지와 결합된 마음오염원을 해체하고 욕망, 분노, 편견 지수를 낮추고 만족지수를 높이면 부적응상태로부터 벗어나 자유롭고 행복하게 살 수 있다.

④ 마음에너지 충전

47. 마음이 에너지를 가득 가지면 삶이 활기차고 역동적이지만 에너지를 많이 소모하면 현실에 잘 적응하지 못하고 삶이 피곤해진다.

48. 몸이 에너지를 많이 소모하고 배가 고프면 음식을 먹고 차에 기름이 떨어지면 주유소에서 기름을 넣는다. 복잡다단한 삶의 과정에서 마음에너지가 고갈되면 어디서 어떻게 보충하는지 잘 알지 못한다. 소모된 마음에너지는 수행으로 재충전해야 한다. 수행은 마음에너지 보충과정이다.

49. 알아차림 기능인 싸띠가 감각대상에 끌려다니거나 존재를 분석, 사유, 논리로 치밀하게 가공할 때 뇌와 마음은 에너지를 과도하게 소모하고 지친다. 싸띠가 감각대상을 선택하고 머물거나 존재를 분석, 사유, 논리로 체계화시키지 않고 마음거울에 반영되는 대로 알아차림만 하면 뇌와 마음의 기능을 최소한도로 가동해서 마음은 에너지 소비를 줄이고 충전해 활기차진다.

⑤ 마음건강

50. 몸과 마음이 건강하고 활기차면 삶의 질이 높아지고 행복지수도 향상된다. 몸과 마음이 건강하지 못할 때 일에 대한 집중력과 일처리능력이 떨어지고 현실에 적응하지 못하고 힘들어한다.

51. 사람은 몸건강에 대해서 잘 알고 있거나 스스로 적절하게 관리한다. 그러나 마음건강에 대해서는 잘 모른다. 몸 못지않게 마음건강이 삶에 미치는 영향도 크다.

52. 육체건강은 기본이다. 거기에 더해 마음을 건강하게 관리하지 않고서는 삶에 직면한 문제를 효과적으로 해결할 수 없다.

53. 마음을 지치고 피곤하게 하는 가장 큰 요인은 기억이미지가 무게를 가지고 마음공간에 존재하는 것이다. 마음공간에 존재하는 기억이미지와 결합된 마음오염원이 많을수록 마음은 건강을 상실한다.

54. 마음관리 출발점은 마음건강이다. 사람은 마음을 건강하게 유지하기 위해 여러 가지 노력을 한다. 붇ㄷ하는 마음을 건강하게 하기위한 출발점으로 마음건강을 해치는 마음오염원을 제거하는 것으로 삼았다.

55. 마음은 스스로 자정력과 자생력을 갖추고있다. 이런 능력을 가진 마음을 위해 사람이 할 일은 그리 많지 않다. 사람이 할 일은 탐진치 삼독심인 마음오염원을 제거하는 일이다. 그리고 나머지는 마음에 맡겨두면 마음이 스스로 알아서 잘 한다.

⑥ 마음안정

56. 감각대상이 마음거울에 맺혀 마음상태를 산란하게 하고 불안하게 하기 때문에 부적응상태에 빠지면 수행으로 알아차림 기능인 싸띠힘을 키워 싸띠를 한 곳에 집중하면 마음상태가 안정되고 고요해진다. 그러면 부적응상태로부터 벗어나 자유롭고 행복하게 살 수 있다.

⑦ 앎, 생각, 마음바꾸기

57. 마음크기가 원크기를 결정하고 원크기가 마음크기를 결정한다. 마

음이 몸과 행동에 영향미치기도 하고 행동이 몸과 마음에 영향미치기도 한다.

58. 앎이 바뀌면 생각이 변하고 생각이 변하면 마음과 행동이 달라진다. 앎, 생각, 마음은 자기자신만이 바꿀 수 있다. 다른 사람이 해줄 수 있는 것은 생각변화가 가져오는 긍정효과에 대해서 말해줄 수 있을 뿐이다.

59. 붇다하는 자기가 가진 앎과 생각에 낀 거품을 제거하면 앎과 생각에 구조조정이 일어나면서 앎과 생각이 바뀐다고 보았다. 앎과 생각에 낀 거품을 제거하는 구체적이고 효과적인 방법이 몇 가지 있다.

60. 첫째, 배나 발에 알아차림 기능인 싸띠를 집중시켜 힘을 만들고 그 힘을 마음공간에 재차 가해 압력을 증폭시켜 기억이미지와 결합된 마음오염원을 제거한다.

61. 둘째, 감각 데이터가 마음거울에 반영될 때 알아차림 기능인 싸띠힘이 좋으면 그 상을 알아차림하는 순간 기억이미지와 결합된 마음오염원을 해체할 수 있다.

62. 셋째, 알아차림 기능인 싸띠를 특정대상(기준점)에 집중하면 마음공간에 존재하던 데이터는 싸띠가 집중되는 지점으로 함께 집중된다. 이때 마음공간에 존재하는 데이터가 싸띠압력으로 서로 결합하고 거품이 빠지면서 앎과 생각에 구조조정이 일어난다.

63. 넷째, 실재를 있는 그대로 보면 생각이 바뀐다. 마음거울에 맺힌 상을 있는 그대로 알아차림 못하고 현상에 매몰되거나 현상을 자기 입장이나 수준에서 해석하고 행동하기 때문에 앎과 생각이 바뀌지 않는다. 그러나 마음거울에 맺힌 상을 있는 그대로 알아차림하면 앎과 생각은 저절로 바뀐다.

64. 다섯째, 강의듣고 책보고 다른 사람과 대화함으로써 자기의 앎과 생

각에 변화를 가져온다. 사람이 흔히 빠지기 쉬운 함정이 자기가 가진 앎과 생각에 매몰되는 것이다. 다른 사람과 대화하고 마음나누는 것은 자기생각을 전환시키는 좋은 과정이다.

⑧ 마음나누기

65. 마음을 닫고 자기생각에 매몰되면 현실에 적응하지 못하고 힘들어진다. 마음을 활짝열고 다른 존재와 마음을 나누면 즐거움은 늘어나고 슬픔은 줄어들고 삶이 희망으로 충만해진다.

66. 다른 사람과 말이나 행동, 또는 물질을 통해 마음을 나눌 수 있다. 뇌파를 이용한 텔레파시를 통해 서로 마음을 교류해보자. 삶의 질이 한층 성숙될 것이다.

67. 다른 사람과 마음나눌 때는 마음오염원에 기초하지 말고 자유와 행복에 기초한 좋은 생각, 맑은 마음, 부드러운 행동을 나누면 삶의 토대가 풍요로워진다.

68. 누군가에 대한 욕망과 이기심, 분노와 적대감, 원망과 서운함, 편견과 선입관, 가치관 등에 기초한 오염된 마음이 일어나는 순간, 그것을 알아차림하고 즉시 해당대상에게 자유와 행복에 기반한 맑은 마음을 보내주는 것이 좋다. 맑은 마음을 보내는 순간 그 사람에 대한 욕망과 분노로부터 벗어나 자유롭고 행복하게 살 수 있다.

⑨ 관심돌리기

69. 붇ㄷ하는 마음거울에 맺힌 상이 힘이 강하고 알아차림 기능인 싸띠힘이 약할 때는 억지로라도 관심을 다른 곳으로 돌리는 것이 마음건강과 마음에너지 절약에 효과석이라고 보았다.

70. 특정대상에 몸과 마음이 구속돼 통제불능 상태에 빠져 현실에 적응하지 못한 상태를 중독현상이라고 한다. 이런 현상이 일어나는 중요한 요인 가운데 하나는 알아차림 기능인 싸띠힘이 감각대상힘보다 약해 싸띠가 대상에 지배당하고 끌려다니기 때문이다.

71. 이런 상황이 계속되면 마음에너지를 지속적으로 소모하고 피곤해지기 때문에 해당상황에서 빨리 빠져나오는 것이 중요하다. 그러면 마음에너지를 절약하고 마음을 건강하게 유지할 수 있다.

72. 감각대상에 마음이 전부 끌려가는 것이 아니라 알아차림 기능인 싸띠만 끌려간다. 싸띠를 특정대상으로 집중시키면 해당상황으로부터 효과적으로 벗어날 수 있다. 그러면 자유롭고 행복하게 살 수 있다.

73. 붇다하는 앉아있을 때는 배 움직임(일어남-사라짐), 걸을 때는 움직이는 발바닥(무게감)에 알아차림 기능인 싸띠를 갖다두고 일상생활이나 노동현장에서는 행위 끝에 싸띠를 갖다두면 관심돌리기에 효과적이라고 보았다.

74. 격렬한 마음작용이 일어나고 그것을 알아차림하기 힘들 때는 노래를 부르거나, 운동을 하거나, 하던 일에 더 집중하거나, 좋았던 일을 생각하거나, 마음이 움직이는 대로 행동했을 때의 결과를 상상하거나, 해당 사람에게 자비심을 보내거나, 다른 사람과 대화하거나 해서 관심을 다른 곳으로 돌려주는 것이 마음건강에 효과적이다*.

고수들

옛날 할머니는 마음이 불편할 때, 그 화나는 마음을 따라가지 않고 염주를 돌리며 관세음보살하고 마음을 다른 곳으로 돌려주었다. 어떤 때는 노래를 흥얼거리며 부르거나 싱거운 농담을 해서 관심을 다른 곳으로 돌려주었다. 기막힌 생활선이자 마음관리 기법이다. 허름해 보여도 고수란 말이 있다. 초식이 화려하다고 싸움 잘 하는 것은 아니다.

⑩ 행동바꾸기

75. 몸에 쌓여있는 습관은 사람이 살아오면서 학습한 결과다. 이렇게 학습된 것은 재학습을 통해 교정할 수 있다.

76. 붇다하는 앎, 생각, 마음, 행동 등은 길들여지고 학습되는 것으로 보았다. 현재 자기 앎, 생각, 마음, 행동 등이 마음에 들지않는 사람은 그것을 교정하기 위해 새로운 행동규범에 따라 스스로를 학습시키면 자기가 원하는 방향으로 변화된다.

77. 붇다하는 수행자 행동규범인 계율을 정하고 이런 행동규범에 따라 학습하면 행동이 변하고 앎과 생각이 변하고 삶이 변한다고 보았다. 계는 몸과 행동으로 일으키는 부적응상태를 극복하는 좋은 방법이고 동시에 몸에 낀 거품을 제거하는 좋은 도구다.

78. 붇다하는 5계, 10선업(十善業) 등을 정하고 사람이 그런 규범을 학습하기를 원했다. 삶의 과정에서 사람은 10불선업(十不善業)에 길들여져 사고하고 행동하고 습관화된 경향이 강하다. 그런 잘못된 습관을 교정하고 맑고 행복한 삶을 살기위해서는 선한 삶으로 재학습하는 과정이 필요하다.

79. 수행은 이제까지 학습된 것을 정화하고 걸러내 새로운 삶으로 변화시키는 재학습과정이다.

5) 붇다하 상담기법

80. 붇다하 이래 수행지도자는 수행지도나 대중을 만나는 과정에서 효과적인 대화기법이나 상담기법을 개발해 사용했다. 붇다하는 자기지혜를 필요로 하는 사람을 다양한 방법으로 지지하고, 도와주고, 수행하고, 지도했

지만 문제해결 주체는 붇다 자신이 아니라 내담자라는 사실을 중시했다.

81. 붇다는 마음을 열게 하는 준비기술, 마음을 변화시키는 기본기술, 개인상태에 따라 적용하는 세부기술 등을 상황에 따라 적절하게 사용했다.

① 준비기술

82. 붇다는 직면한 현실에 적응하지 못하는 사람이 찾아오면 상담자와 내담자가 서로 신뢰하고 마음을 열 수 있도록 하는 준비기술이 필요하다고 보았다.

83. 먼저 눈을 맞추고, 반갑게 인사하고, 서로를 칭찬하고, 내담자가 필요로 하는 것을 함께 고민하고 해결점을 찾아보자고 하며 자리를 권한다. 봉사활동이나 기부[dāna, 布施, 善行] 등으로 사회에 기여하고, 상대를 배려하고 절제된 행동[sila, 戒]이 가져오는 청정한 삶의 아름다움, 지나친 욕망탐닉으로 인한 불행[ādinava, 不幸], 마음갈증으로 일어나는 괴로움, 동경하는 세계[sagga, 天上]의 즐거움과 행복 등을 대화하면서 서로 마음열고 함께 문제를 해결할 수 있는 분위기를 성숙시킨다.

84. 이런 과정을 거치면서 내담자가 상담자로부터 조언을 따르려는 마음상태(順從心), 잘 받아들이려는 마음상태(柔軟心), 저항없는 마음상태(無障碍心), 신명난 마음상태(歡希心), 밝고 청정한 마음상태(明淨心)가 되면 내담자가 직면한 현재 부적응상태[dukkha, 苦]를 변화시키기 위한 기본기술인 싸띠수행[苦集滅道 四聖諦 八正道]을 시작한다.

② 기본기술

85. 상담을 필요로 하는 내담자가 스스로 마음을 바꾸기 전에 다른 사람이 내담자마음을 바꿀 수 있는 방법은 없다. 소를 물가로 데려갈 수는 있어

도 물을 먹고 안 먹고는 소가 결정한다.

86. 마음을 변화시키기 위한 다양한 이론과 방법이 모색된다. 그 가운데 효과적인 방법은 내담자가 스스로 마음을 바꾸게 하는 것이다. 이것이 상담에 효과적이다. 스스로 마음을 바꾸면 그 효과는 장기적으로 유효하다.

87. 내담자가 자기마음을 스스로 변화시키는 데 사용한 여러 가지 이론과 기술 가운데 인류가 가장 오랫동안 사용해왔고, 효과가 지속적이고, 후유증없고, 비용이 들지 않고, 쉽고 간단하게 사용해온 것이 수행(명상)이다.

88. 수행기법은 상담 기본기술이자 가장 큰 기술이다. 많은 전문가가 지금까지 알려진 수행법 가운데 BCE 531년 음력 4월 15일 새벽 인도 붇다가야 보리수 아래서 붇다가 개발한 싸띠수행이 최고라고 인정한다.

89. 붇다하는 싸띠수행은 모든 종류 슬픔과 괴로움, 기쁨과 즐거움, 마음갈증, 마음무기력 등을 극복하고 자유와 행복, 이익과 번영으로 인도하는 기본기술이자 큰 기술이라고 강조했다.

90. 붇다하는 마음변화시키는 것을 불최상설법(佛最上說法), 불무상설법(佛無上說法), 선법문(禪法門)이라고 했다. 이것이 싸띠수행이다.

91. 싸띠수행은 현실에 적응하지 못하고 겪는 모든 종류 슬픔과 괴로움, 미움과 원망, 욕망과 이기심, 편견과 선입관 등 마음괴로움(苦)으로부터 벗어나고, 자기가 직면한 현실에 적응하고, 자유와 행복으로 인도하는 좋은 길라잡이다.

③ 공동주제(수행)

92. 내담자와 공동주제를 설정하고 그것을 함께하는 과정에서 자기가 직면한 문제가 개입하면 질문하고 해결하는 방법을 사용한다. 붇다가 창

안한 공동주제가 싸띠수행이다.

93. 붇다하를 찾아오거나 아-라-마에 오는 사람은 각기 필요한 것이나 사정이 다르다. 그러나 싸띠수행이라는 공동주제를 두고 함께 수행하면서 개입하는 문제를 해결한다.

94. 싸띠상담 이론에서 공동주제는 좌선, 행선, 생활선, 자비관 등으로 정하고 실천한다. 이 책 19장 수행기술에 싸띠수행 이론과 방법을 자세히 설명해 두었다. 참고하면 많이 도움될 것이다.

95. 공동주제 설정하는 싸띠수행은 오늘날 놀이치료, 미술치료, 음악치료 등에 많이 활용된다. 이런 방법은 단기상담뿐만 아니라 장기상담에도 효과적이고 인생전체 방향을 설정하는 데 필요한 도구다.

④ 세부기술

96. 붇다하는 수행자나 일반인에게 수행지도하거나 가르침을 주면서 다양한 기술을 개발해 사용했다.

큰 주제

97. 일상적인 고민거리를 말하면 그것보다 더 크고 본질적인 고민거리를 던져줌으로써 생각물꼬를 틀어 현재 상황에서 벗어나게 한다. 작고 부분적인 질문은 큰 주제로 감싸버린다.

98. 상담자는 사랑이나 사람관계 등 일상적인 고민거리를 상담하는 내담자에게 생사문제를 해결해보라거나, 붇다하를 이뤄보라거나, 세상을 위해 크고 의미있는 일을 해보라고 권하면서 이것을 해결하면 작은 문제는 저절로 해소된다고 유도한다.

상황 자각하기

99. 자기가 직면한 문제를 해결하지 못하고 힘들어할 때는 대개 자기생각에 매몰돼 상황을 올바로 파악하지 못하거나 자기수준에서 사물을 인식하고 해석하기 때문에 그 다음에 일어날 문제나 전체흐름을 보지 못하는 경우가 많다.

100. 경험이 풍부하고 지혜로운 사람은 현재 자기가 직면한 문제가 어떤 경로를 통해 여기까지 왔고, 어떻게 대처하느냐에 따라 어디로 흘러갈 것인지를 예측하고 흐름과 맥락을 통찰한다. 그러면 자기가 직면한 문제본질이 무엇이고 무엇이 가장 중요하고 현재 우선적으로 해야할 일이 무엇인지 명확하게 알고 실천한다.

101. 현명한 사람은 상황을 객관적으로 인식하고 답을 찾지만 어리석은 사람은 상황에 매몰되고 자기입장에서 주관적으로 답을 찾으려 하기 때문에 본질을 놓치고 현상에 끄달려 힘들어한다.

102. 10대 때에는 사랑이 전부인 것처럼 보이지만 30대만 돼도 사랑이 밥먹여주나 하고 반문한다. 이것은 사랑이 필요없거나 돈이나 권력에 물들었다기보다 사랑이 삶에서 차지하는 비중이 상대적으로 낮아졌기 때문이다.

103. 붇다하는 문제해결에 대한 조언을 구할 때 질문하는 문제에 한정짓지 않고 그 사람 전체삶 속에서 해당주제를 이해하도록 인도한다.

반문하기

104. 사람은 어떤 문제를 해결하지 못할 때 다른 사람으로부터 도움받아 극복하려고 노력한다. 그러나 어떤 경우는 질문을 통해 자기지식을 과시하거나 상대를 곤경에 빠뜨리려는 사람도 있다.

105. 붇다하는 몰라서 질문하면 친절히 답해주었다. 그러나 자기지식을 뽐내기 위해 질문하거나 상대를 곤경에 빠뜨리기 위해 질문하는 경우는 반박하거나, 침묵하거나, 질문하는 주제를 되물어서 스스로 잘못을 인정하고 교정하도록 유도했다.

106. 붇다하는 교만한 사람이 상대를 시험하거나 곤경에 빠뜨리기 위해 질문하면 그 주제에 대해 직접 대답하지 않고 반문하면서 질문한 모순을 자각해 스스로 생각을 바꾸게 했다. 이것은 지식인과 이론논쟁할 때나 비불교도가 와서 곤경에 빠뜨리려고 할 때 즐겨 사용했다.

내용바꾸기

107. 붇다하는 어떤 사람이 진지하게 일하고 있지만 그렇게 해서는 일의 유효성이 없다고 생각될 때 그 사람이 거부감없이 새로운 방법을 받아들이도록 하는 기법을 즐겨 사용했다. 일하지 못하게 한 것이 아니라 당신이 원하는 것을 성취하기 위해서 일의 형식과 내용을 바꿨다. 이것이 전의법(轉意法)이다.

침묵

108. 붇다하는 쓸데없는 말장난(戱論)이나 해답을 구할 수 없는 주제로 대화하거나 자기가 가진 것이나 지식을 드러내고자 할 때 대답하지 않고 침묵으로 처리했다.

109. 묵빈대처(黙賓對處), 침묵으로 상대를 대하는 것, 이것은 붇다하가 불필요한 대화를 그만두게 하는 방법 가운데 백미다.

110. 붇ㄷ하는 행동으로 실천해 현실을 자각하게 하는 방법을 좋아했다. 몸과 마음으로 직접 경험해 답을 스스로 체험하는 것이야말로 가장 강력한 힘이다. 이불 뒤집어쓰고 민주주의 만세를 백날 외쳐도 현실은 변하지 않는다.

111. 말이나 문자로 다른 사람 앎을 이전받는 것은 지식습득에 중요하다. 그러나 간접경험은 양이 아무리 많아도 직접경험보다 힘이 약하다.

112. 붇ㄷ하 법은 붇ㄷ하 것이고 내법은 내것이다. 다른 사람 경험은 나에게는 참고사항은 될 수 있어도 내것이 될 수 없다. 지식으로 해결할 수 있는 것은 지식으로 해결하고 지혜로 해결할 수 있는 것은 지혜로 해결해야 한다. 삶이나 인생을 다루는 지혜는 스스로 체험을 통해 획득하는 것이 좋다.

⑤ 대기설법

113. 현실에 적응하지 못해 삶이 괴로운 사람이 찾아오면 그 사람이 처한 상황이나 수준에 따라 기본기술과 세부기술을 적절하게 사용해 내담자가 처한 부적응상태로부터 벗어날 수 있도록 도와주었다.

114. 모든 이론에 앞서 내담자가 문제를 받아들이고 해결할 능력이 우선이다. 이론과 상담자 중심이 아닌 상담을 필요로 하는 사람입장에서 출발해야 한다.

115. 붇ㄷ하는 누구든지 자기지혜를 필요로 하는 사람이 있으면 먼저 그 사람이 처한 상황이나 그 사람 마음상태, 선천적으로 타고난 기질, 후천적으로 형성시킨 성격, 지적수준, 수행정도 등을 고려해 상대에게 필요한 것을 제공했다. 이것이 대기설법이다.

116. 붇다하는 이론에 앞서 사람이 중심이라고 보았다. 이론은 사람을 위해 존재하는 것이지 사람이 이론을 위해 존재하는 것은 아니다. 아무리 좋은 것이라도 그것을 사용하는 사람이 수용하지 않으면 쓸모없다.

117. 특정한 수행법, 심리학, 상담학, 정신분석학, 뇌과학 등의 이론에 사람을 적용하는 경우가 많다. 그러나 분명한 것은 모든 것에 통용되는 만병통치약은 없다.

118. 사람은 모든 가능성을 다 갖고있고 다양한 특성을 가진 존재다. 사람을 대할 때는 자기가 가진 특정이론에 집착하지 말고 사람을 중심에 두고 사고하고 행동해야 한다. 사람에 대한 애정이 있어야 사람을 변화시킬 수 있다.

119. 붇다하는 무엇이 진리를 수호하는 길인지 묻는 질문에 대해 특정견해에 집착하는 것이야말로 진리를 파괴하는 주범이라고 말했다. 모든 가능성을 열어두고 항상 열린 마음으로 존재를 접해야 실재를 있는 그대로 볼 수 있다*.

⑥ 비교기술

120. 상담목적은 내담자가 현실에 적응해 자유롭고 행복하게 살 수 있도록 도와주는 것이다. 내담자가 처한 부적응상태를 극복하기 위해서는 스

내 노트에

흔히 이것이 내가 주장하는 이론근거라고 말하는 경우를 많이 본다. 그러나 제시된 자료를 자세히 검토해보면 어떤 사람 일기장이나 노트에 그렇게 적혀있는 것일 경우가 많다. 내 노트에 이런 내용이 적혀있기 때문에 이것은 사실이고 진리라고 우긴다. 그런데 우리는 종교나 가치관 등에 대해 이런 잘못을 자주 범한다. 특히 종교에서 이런 경우가 많다. 종교인은 코란이나 성경, 불경이나 웨다 등을 제시하며 자기가 믿는 종교경전에 이렇게 적혀있다고 주장한다. 그러나 한 발 물러나 보면 자기가 믿는 종교교주가 서술해놓은 일기장에 그렇게 씌여있을 뿐이다.

스로 자기마음을 변화시키려고 노력하는 것이 무엇보다 중요하다. 일단 마음이 한 번 변하면 나머지는 조금만 도와주면 스스로 잘 해결한다.

121. 내담자마음을 변화시키기 위한 여러 가지 기술이 개발돼있다. 동양이나 싸띠수행에서는 내담자마음을 변화시키는 큰 기술, 기본기술이 발달했다. 서양이나 심리학, 상담학 등은 내담자마음을 열고 마음을 변화시키기 위한 준비과정이나 세부기술이 발달했다. 의학은 병적으로 진행된 사람마음을 통제하는 기술이 발달했다.

122. 오늘날 심리학이나 상담학은 자기가 발달시킨 기술이 마음변화를 위한 준비기술이거나 세밀한 기술이기 때문에 특정사례에는 유효성이 있지만 다른 경우에는 적용하기가 쉽지 않다는 것을 알았다.

123. 이런 문제를 극복하려고 동양수행자가 개발한 큰 기술, 기본기술인 마음닦는 싸띠수행을 주목하고 적극적으로 받아들이고 있다. 문제는 작은 기술 위에 큰 기술을 받아들여 사용하려고 하니 아귀가 잘 맞지 않고 부자연스러울 때가 있다. 그러나 마음변화시키는 큰 기술, 기본기술 위에 작은 기술, 세밀한 기술을 얹어놓으면 그 효과가 좋다.

124. 싸띠수행은 마음변화시키는 큰 기술과 작은 기술을 둘 다 유용하게 사용해왔다. 싸띠수행은 마음변화를 위한 기술로 내담자가 받아들여 사용하면 효과있다.

125. 싸띠수행은 오늘날 심리학이나 상담학처럼 마음을 열게 하는 준비기술이나 작은 기술이 부족하다. 싸띠수행이 개인문제를 해결하는 데는 탁월하게 효과있지만 부부문제처럼 사람사이에 발생한 문제를 해결하기 위해서는 어느정도 세부기술을 많이 개발해야한다.

126. 이런 문제를 극복하기 위해 심리학이나 상담학 등에서 개발한 마음을 열게 하는 준비기술이나 작은 기술을 도입해 활용하면 효과적으로 내

담자가 직면한 부적응상태를 극복할 수 있도록 도움줄 수 있다.

127. 붇다하가 개발한 마음변화시키는 기본기술인 싸띠수행은 오늘날 상담기법에 즐겨쓰는 인식바꾸기, 생각바꾸기, 행동바꾸기, 관심돌리기, 자각하기 등과 비슷한 기법이다. 붇다하는 수행지도 과정에 여러 가지 상담기법을 개발해 사용했다.

10. 사회관

1. 붇다하가 사회를 바라보는 관점을 정확히 이해하면 불교나 수행자가 자기삶을 어떻게 살고, 사회에 참여해 사회 구성, 유지, 발전에 어떻게 기여하고 활동할지를 올바르게 정립할 수 있다.

2. 사람은 자연(사회)에서 태어나고, 자연에서 필요한 자양분을 획득하고, 자연에서 성장발전하고, 자연으로 사라진다.

3. 모든 존재는 서로 관계맺고, 서로 의존하고, 서로 영향미치고, 서로 해체하고, 서로 재구성되는 과정을 거치며 변화발전한다.

4. 개인과 사회는 동일존재의 다른 표현이다. 개인이 모여 사회를 이루고 사회는 개인에게 영향미친다.

5. 개인수준이 사회수준을 결정하고 사회 구조나 수준이 개인삶을 지배한다.

6. 개인 삶과 행복은 다른 존재와의 관계 속에서 이뤄지기 때문에 전체 연관과 흐름 속에서 사고하고 행동해야 한다.

7. 삶은 모든 구성원이 서로 연관돼있고 서로 영향미친다. 모든 존재는 자기이익을 위해 행동한다. 그렇기에 어떤 특정한 사람이나 공동체 가치관

이나 행동유형을 일방적으로 강요하면 공동체평화가 무너지고 삶의 토대
가 척박해진다.

1) 기본원칙

8. 붇ㄷ하는 삶이 이뤄지는 사회공동체를 구성하는 기본원칙을 다음과 같
이 제시했다.

① 객관법칙

9. 붇ㄷ하는 삶에 필요한 물질획득 공간인 공동체를 구성할 때는 개인확
신이 아니라 자연, 사람, 사회에 내재한 객관법칙을 이해하고 그것에 기초
해 사유하고 실천해야 한다고 보았다.

② 생존과 행복

10. 붇ㄷ하는 공동체를 만들 때는 모든 존재가 평화롭고 자유롭고 행복하
고 공존하며 살 수 있도록 건설하는 것이 중요하다고 보았다.

11. 생존은 기본이다. 거기에 더해 자유롭고 행복하게 사는 것은 더 중
요하다. 생존차원에만 머물면 곤란하다. 생존문제가 해결되면 행복차원으
로 삶의 질을 높여야 한다.

12. 삶의 질을 높이고 자유와 행복 지수를 향상시키기 위해서는 삶의 질
을 높이는 물질을 제공하는 것 못지않게 삶의 질을 낮추고 자유와 행복으
로 가는 길을 방해하는 존재를 제거하는 것도 중요하다.

13. 높은 삶의 질, 자유롭고 행복한 삶, 안정되고 풍요로운 사회는 특수
계층 전유물이 아니다. 공동체를 구성하는 모든 존재에게 생산과 분배 정

의가 실현되고 모든 가능성과 혜택이 주어지는 사회가 아름다운 사회다.

③ 공존하는 삶

14. 붇다하는 공동체를 건설할 때는 사람과 사람, 사람과 자연이 함께 공존할 수 있도록 만드는 것이 중요하다고 보았다.

15. 혼자서는 어떤 삶도 불가능한 것이 자연이다. 다른 존재와 관계맺고 공존하는 것이 삶의 실재다. 먹이사슬과 공존관계에 인간만이 예외일 수 없다.

16. 모든 존재는 서로 관계맺고 서로 영향미치는 것이 삶의 실재라면 관계된 존재가 함께 공존하는 틀을 만드는 것이 필요하다.

17. 자연질서 앞에 모든 존재는 평등하다. 인간중심으로 존재를 바라볼 것이 아니라 자연관점에서 사유할 수 있는 안목을 갖춰야 한다.

18. 모든 것은 사회적으로 생산됐기 때문에 소유와 소비도 사회적으로 이뤄져야 한다. 생산은 사회적으로 했는데 소유와 소비가 개인적으로 행해지는 것은 곤란하다.

19. 자기가 소유한 것은 자기노력만으로 이뤄진 것은 아니다. 거기에는 다른 존재 땀과 희생이 포함돼있다.

20. 현재 내가 소유한 것을 자기와 가족, 인연있는 소수만을 위해 사용하는 것은 이기적이고 옹졸하다. 내능력을 발휘하고 성취했으면 그 결과물은 필요한 존재와 함께 공유하는 것이 의미있고 아름다운 일이다*.

문제본질

뛰어난 사람이 많은 것을 소유한 것이 잘못이 아니라 그들이 노력한 것보다 더 많은 것을 소유하고 소비하는 것이 문제다.

④ 생명존중

21. 붇다하는 공동체를 건설할 때는 생명을 살리고 존중하는 것에 기초해야 한다고 강조했다*.

22. 생명을 살리는 것은 두 가지 길이 있다. 하나는 다른 생명을 죽이지 않고 살리는 것이고 다른 하나는 삶의 방식을 간소히 하고 자원을 절약하는 것이다. 이것이 뭇 생명을 살리고 인류 평화와 행복을 가져오는 유일한 길이다.

23. 다른 존재를 희생해 삶이 유지되는 것은 선악문제가 아니라 생명현상 본질이고 자연법칙이다.

24. 생존한다는 것은 다른 존재희생을 의미한다. 다른 존재를 희생하지 않고 생존할 수 있는 방법은 현실적으로 존재하지 않는다. 종이 한 장을 만드는 데도 노동자땀뿐만 아니라 나무를 비롯해 많은 생명체목숨이 담겨있다.

25. 삶의 과정에서 필요한 자원을 사용하지 않을 수 없지만 소비를 줄이는 것이야말로 환경을 보전하고 지구를 살리고 생명을 존중하는 길이다.

⑤ 다양한 삶

26. 붇다하는 공동체를 구성할 때는 다양성을 인정하고 함께 공존할 수 있도록 만드는 것이 좋다고 보았다. 이것이 화엄(華嚴, 雜華), 어울림 아름

살리는 즐거움

붇다하는 네 가지 즐거움이 있다. 그 가운데 하나가 다른 생명을 살려주는 것이다. 이것이 너무 즐거워서 그렇게 했다고 한다. 살아있는 생명을 살려주는 것을 방생이라고 한다. 불교도는 여러 형태의 방생활동을 많이 한다. 그러나 대부분 그렇게 하면 복을 많이 받을 수 있기 때문에 그렇게 한다. 그러나 붇다하는 살려주는 것이 즐거워서 했다고 한다. 하기는 싫은데 어쩔 수 없이 억지로 하는 것, 의무감으로 하는 것, 복받기 위해 하는 것, 즐거워서 하는 것의 차이는 참으로 크다.

다움이다.

27. 모든 존재는 존재양식, 고유특성, 사유방식, 추구하는 가치관 등이 다르기 때문에 서로 다름을 인정하고 차이를 다양성과 고유특성으로 받아들이고 함께 공존할 수 있도록 하는 것이 중요하다.

28. 존재는 비교와 차별 대상이 아니다. 존재는 자기가 가진 고유특성에 따라 구별될 뿐이다. 나와 다름은 차별기준이 아니라 고유특성으로 이해하고 받아들이는 것이 필요하다.

29. 존재를 인식할 때 다름뿐만 아니라 같음도 보아야 한다. 존재는 밝은 면도 있고 어두운 면도 있다. 그러기 때문에 존재를 있는 그대로 보는 것이 중요하다. 이것이 공존할 수 있고 자유롭고 행복하게 살 수 있는 첫걸음이다.

30. 차이를 강조하는 것은 지배, 폭력, 욕망에 기초한 문화다. 같음을 보면 공존, 평화, 자유로운 공동체를 건설할 수 있다.

⑥ 평등과 평화

31. 붇다하는 공동체를 건설할 때 모든 존재가 평등하고 평화롭게 공존할 수 있도록 만드는 것이 중요하다고 보았다.

32. 삶에 필요한 물질에 접근, 생산, 분배 과정이 투명하고 평등하고 평화롭게 이뤄져야 한다. 생산과 분배 정의를 실현한 사회가 평등하고 평화롭고 공정한 사회다.

33. 결국 살자고 하는 일인데 욕망과 분노, 불평등과 폭력에 의존하는 것은 삶의 질을 낮추는 잘못된 삶의 방식이다.

34. 붇다하는 노력한 것에 상응되는 대가가 노력한 주체에게 돌아가는 것(因果)이 평등, 청정, 정의라고 규정했다. 이것은 결과의 평등뿐만 아니라

원인, 동기, 진행과정에 기초해 보상도 차등하게 해야하는 것도 포함된다. 그리고 무엇보다 삶의 출발점이 평등해야 하고 능력이 부족한 사람이거나 소수와 약자를 우선으로 이해하고 배려해야 한다.

35. 삶의 토대를 이루고 삶을 유지하고 발전하는 기본이 되는 교육, 의료, 복지 등을 개인에게 맡기지 않고 사회공동체가 함께 책임지는 사회가 아름답고 살기좋은 사회다.

36. 모든 가능성이 종교, 인종, 신념, 성적 취향에 관계없이 사회구성원 모두에게 평등하고 공정하게 열려있어야 한다. 사회를 구성, 유지, 변화하는 전 과정이 모든 구성원에게 평등해야 하고 진행과정은 평화롭고 투명하고 공정하고 민주적이어야 한다.

37. 사회가 안정되고 평화지수와 평등지수가 높은 사회에서 생활하는 사람 마음상태는 안정되고 정서가 풍부하고 외부조건을 충분히 느끼고 누릴 수 있는 마음상태를 갖출 수 있다.

⑦ 투명과 민주

38. 붇다하는 공동체를 건설할 때 법이나 제도를 만들고 집행하는 과정이 투명하고 공정하고 민주원칙을 적용하고 평화롭게 진행되는 것이 중요하다고 보았다.

39. 사회는 모든 존재가 내적, 외적 연관갖고 함께 어울려 사는 공간이다. 사회를 구성, 유지, 발전하기 위해서는 공존규칙을 정하고 개인이나 집단의 욕망, 이기심, 분노, 적의, 원망, 서운함, 편견, 선입관, 가치관 등을 다른 존재에게 강요하지 않고 개인의 자유선택을 존중하고 보호하는 사회가 좋은 사회다.

40. 서로 이익이 첨예하게 부딪히는 현장에서 관계된 사람은 민감할 수

밖에 없다. 이것은 선악문제가 아니라 생존본능이다. 평등하고 정의롭게 규칙을 만들고 정당하게 집행하는 전 과정이 모든 구성원에게 투명하고 공정해야 한다.

41. 법이나 제도를 만들고 집행할 때 편견, 선입관, 가치관에 기초해 사람을 구분하고 차별하고 이해관계에 따라 불공정하게 적용하면 안 된다.

42. 모든 존재에게 평등하고 투명하게 적용돼야 한다. 그래야 공동체 구성원 사이에 신뢰가 쌓이고 서로 해야할 일을 하고 자유롭고 행복하게 살 수 있다.

⑧ 이해와 배려

43. 붇다하는 공동체를 건설할 때 서로 이해하고 배려할 수 있도록 만드는 것이 중요하다고 보았다.

44. 서로 어울려 사는 것이 현실이라면 다른 존재에 대한 이해와 배려는 필수덕목이다.

45. 세상에 혼자 할 수 있는 일은 그리 많지 않다. 대부분은 다른 존재와 함께 어울려 해야한다. 서로를 이해하고 배려해야 효율적으로 일할 수 있다.

46. 삶에 필요한 물질을 생산하는 과정에서 어떤 존재는 탁월한 능력을 소유하지만 그렇지 못한 경우도 있고 능력은 있지만 신체나 사회 제약 때문에 발휘하지 못하기도 한다.

47. 사람은 누군가로부터 조금만 도움받으면 자기가 가진 능력을 충분히 발휘할 수 있고 서로 협력하면 보다 큰 효과를 나타낼 수 있다.

⑨ **자율과 자립**

48. 붙드하는 공동체를 구성할 때 자기문제는 1차로 스스로 해결할 수 있도록 만드는 것이 중요하다고 보았다. 이것이 능력과 평등 사회를 건설하는 기본토대다.

49. 능력이 부족한 것을 도와주는 것은 기본이다. 그러나 자기가 필요로 하는 것을 다른 존재나 사회가 모두 해결해 줄 수는 없다. 자기가 필요한 것은 스스로 노력해 해결하는 것이 자존심과 책임감 있는 존재가 해야할 일이다.

50. 필요한 물질 획득과정이 스스로 노력에 의해 이뤄지는 것이 바람직하다. 다른 존재 땀과 노력을 착취하거나 중간에서 가로채는 것은 부도덕한 행위다. 자기노력으로 필요한 물질을 획득하는 것이 깨끗하고 아름다운 일이다.

51. 자기삶의 주인공은 어디까지나 자기자신이다. 자기일을 다른 존재에게 맡기고 의탁하는 것은 올바른 삶의 자세가 아니다.

52. 오직 한 번뿐인 삶이다. 이렇게 소중한 삶의 주인공이 되지 못하고 자기가 해야할 일을 다른 존재에게 맡기고 자기삶에서 소외되고 종속변수가 되는 것은 곤란하다. 현실이 어렵고 힘들더라도 스스로 판단하고 결정하고 노력하고 책임지는 자세야말로 건강한 삶이다.

53. 대개 자기의지와는 상관없이 여러 가지 이유로 현실에 순응하고 사는 경우가 많다. 하고싶지 않은 일을 하면서 살 때 현실에 만족하지 못하고 삶의 무게가 몸과 마음을 짓누른다.

54. 그러면 삶은 거칠고 정서는 메마르고 조그만 자극에도 과민하게 반응하고 폭력지수도 높아진다. 삶에 필요한 물질은 충분히 획득해도 만족과 행복 지수는 낮아진다.

55. 자기가 좋아하는 일을 하면서 삶을 꾸려가는 것이 자유롭고 행복한 삶이다. 그러나 이런 삶은 그냥 주어지지 않는다. 용기와 노력으로 성취해야 한다.

56. 붇다하는 자유크기가 행복크기를 결정하고 속박크기가 고통크기를 결정한다고 보았다. 삶을 구속하는 모든 것을 제거하는 것이야말로 삶의 질을 높이고 행복지수를 향상시키는 길이다.

57. 생존방식과 삶의 질에 관한 문제는 스스로 선택하고 책임져야 한다. 스스로 하고싶은 일을 하면서 삶에 필요한 물질을 획득하는 사회가 모든 존재가 꿈꾸는 사회다.

2) 정신문화

58. 사람이 산다는 것은 물질에 기반한 것이 엄연한 현실이지만 물질차원으로만 이해하고 행동하면 삶이 천박해진다.

59. 행복 조건과 형식을 갖추는 것 못지않게 행복 느낌과 내용을 가꾸는 것도 필요하다. 물적조건이 잘 갖춰져도 그것을 수용하는 마음이 건강하지 못하면 접촉 다음에 일어나는 느낌을 맑고 행복한 상태로 갖기어렵다. 행복조건을 가꾸는 것 못지않게 행복느낌이 일어나는 주체인 마음을 청정하고 평화롭게 가꾸기 위한 노력도 필요하다.

60. 물질은 기본이다. 그 바탕위에 정신과 문화 풍요로움이 더해질 때 삶은 성숙할 것이다.

61. 지금까지 물질문명이 삶을 이끌었고 눈부신 발전을 이룩했다. 물질은 기본이다. 그 바탕 위에 정신문화가 새로운 삶을 이끌 차례다.

62. 사회가 성숙될수록 정신문화를 중시한다. 미술, 음악, 스포츠, 레저

등의 문화생활은 삶을 풍요롭게 한다. 그 가운데서도 마음을 청정하고 건강하게 하는 수행문화가 핵심이다.

63. 물질문명을 더욱 성숙시키고 삶의 질을 향상시키기 위해 자유와 행복, 마음과 수행에 기반한 새로운 문화가 필요하다. 그 중심에 마음과학과 싸띠수행이 있다.

64. 싸띠수행으로 마음오염원을 제거하는 것은 자기자신은 말할 것도 없고 사회전체가 정신적 풍요로움을 누릴 수 있는 좋은 문화다.

65. 물질은 기본이고 거기에 더해 마음과 수행에 기반한 사회공동체를 건설하고자 한 것이 붇다 꿈이었다*.

3) 수행사회화

66. 수행사회화는 마음과 수행에 기반해 맑고 아름다운 사회공동체를 건설하는 것을 꿈과 원력으로 삼는다.

67. 사람이 사용하는 모든 것은 부정적이든 긍정적이든 사람이 만들었다.

68. 자연환경이 오염된 것은 무지와 욕심 때문이고 법이나 제도가 불평

꿈꾸는 사회

칼 하인리히 마르크스(Karl Heinrich Marx, 1818~1883)와 프리드리히 엥겔스(Friedrich Englels, 1820~1895)가 생각한 이상사회는 블라디미르 일리치 레닌(Vladimir Il′ich Ul′yanov Lenin, Nikolai, 1870~1924)과 같은 사회개혁가를 통해 실천됐다. 예수가 꿈꾼 세계는 중세유럽을 지배했다. 마호메트(Mahomet, 570~632)가 바라던 세계는 중동 이슬람국가를 건설했다. 공자(孔子, BCE 552~479)가 추구한 세계는 중국을 중심으로 동양을 지배했다. 인도에 들어온 아리야인이 설계한 세계는 인도를 건설했다.

붇다가 꿈꾸던 자유와 행복, 마음과 수행에 기반한 세계는 2600여 년 불교역사상 단 한 번도 시도된 적이 없었다. 불교 싼가는 사회에서 부분으로 존재하고 운동차원으로만 기능했다. 누군가 혜안과 원력을 가진 실천가가 나오면 자유와 공존에 기반한 회사, 공동체, 국가를 설계하고 운영하는 것이 가능할 수 있을까?

등한 것은 욕망과 이기심이 많기 때문이다. 폭력과 전쟁 또한 분노와 적의가 많기 때문이다. 존재를 구분하고 차별하는 것은 편견과 선입관이 넘치기 때문이다.

69. 잘못된 현실을 바로잡고 살기좋은 공동체를 건설하기 위해서는 단기적으로 해야할 것과 장기적으로 해야할 것이 있다.

70. 현실적, 구체적, 직접적, 단기적으로 불평등한 법이나 제도를 바로잡고 폭력을 멈추고 편견을 제거하기 위해서는 사회현실에 참여해 바로잡아야 한다.

71. 궁극적, 본질적, 근원적, 장기적으로는 그런 불평등하고 폭력적이고 편견이 가득찬 법이나 제도를 만든 사람마음에 존재하는 욕망, 이기심, 분노, 적대감, 원망, 서운함, 편견, 선입관, 가치관 등의 마음오염원을 수행으로 제거해야 한다.

72. 수행사회화는 먼저 수행으로 마음공간에 존재하는 마음오염원을 제거해 자기삶을 자유롭고 행복하게 하고 수행성과물을 필요한 존재에게 제공해 그들이 마음공간에 존재하는 마음오염원을 제거하고 자유롭고 행복하게 살 수 있도록 함께하는 과정이다.

73. 탐진치 3독심과 같은 마음오염원으로 인해 고통받는 사람이 자기마음을 맑고 아름답게 가꿀 수 있도록 도와주고 그들이 자유롭고 행복하게 살 수 있도록 도와주는 것은 종교, 이념, 민족, 국가를 초월한 중요한 사회활동이다.

74. 이것이 불교와 수행의 사회기능이고 사회참여 방식이다. 불교나 수행은 종교가 아니다. 수행은 마음을 맑고 아름답게 가꾸는 마음관리프로그램이자 자유와 행복으로 가는 철학이자 도구다.

75. 불교, 마음과학, 싸띠수행 존재이유는 불교도를 늘리는 것이 아니

다. 모든 존재가 자유롭고 행복한 삶을 살 수 있도록 수행으로 마음에너지를 제공하는 것이다.

76. 사회구조를 바람직하게 만들어도 그런 사회에 사는 사람마음이 맑고 건강하지 못하면 삶의 질은 떨어진다. 그렇기 때문에 사회구조를 건강하게 만들어 가는 것 못지않게 사회구성원 마음을 맑고 건강하게 가꾸는 것도 중요하다.

77. 수행사회화를 옛 사람은 「위로는 깨달음을 구하고 아래로는 중생을 제도한다(上求菩提 下化衆生)」고 했다. 붇다하는 지혜와 자비로 자기와 세상을 변화시키는 출발점으로 삼으라고 강조했다*.

78. 붇다하는 자연과 인간, 개인과 사회, 몸과 마음은 관련된 존재가 함께 연대해 변화해야 하기 때문에 마음다루는 수행자는 자기와 세계 변화를 자기 마음변화로부터 시작하라고 주문했다.

79. 붇다하는 수행으로 마음공간에 존재하는 욕망, 이기심, 분노, 적의, 원망, 서운함, 가치관 등을 제거해 자기와 사회를 변화시킬 수 있다고 보았다.

80. 붇다하는 물질이 삶의 토대를 이루고 모든 구성원이 연관돼있기 때문에 모든 사람이나 전문분야가 서로 연대해 세상을 변화시켜야 한다고 보았다.

81. 붇다하는 마음과학과 싸띠수행이 마음, 자유, 청정, 행복을 다루고,

변화 3단계

가정이나 공동체를 건설할 때는 대개 3단계과정을 거친다. 처음 1세대는 경제기반을 확립하고, 그 다음 2세대는 학문을 축적하고, 마지막 3세대에 와서 비로소 사화참여나 정치활동을 통해 자리잡는다. 동양왕조사를 봐도 대개 태조는 창업하고, 3대나 4대쯤 지나서 왕조가 튼튼하게 뿌리내리는 것을 볼 수 있다. 안정된 사회는 이런 과정을 순차로 밟는다. 그러지 않고 무리하게 압축성장하면 곤란한 경우를 당한다.

이것이 자기가 가장 잘 할 수 있는 일이라고 보았다. 붇다하는 마음과학과 싸띠수행을 자기와 사회를 변혁하는 도구이자 전문분야로 삼았다.

82. 다른 분야 사람은 자기 전문분야로부터 시작하면 된다. 자기가 잘 할 수 있고 현실적으로 가능한 부분에서 출발하고 다른 존재와 함께 연대해 세상을 변화시킬 수 있다.

83. 붇다하는 물질변화가 먼저인지 마음변화가 먼저인지는 상황 속에서 결정해야 하며 현실에서 검증되지 않은 모든 것은 참이 아니라고 규정했다*.

84. 마음과학과 싸띠수행으로 모든 존재가 자유로운 삶, 청정한 삶, 행복한 삶, 공존하는 삶을 살 수 있도록 도와주는 것이 수행사회화 핵심이다.

닭과 달걀

닭이 먼저인지 달걀이 먼저인지에 대해서는 영원히 답을 구할 수 없다. 붇다하는 범위를 한정지으면 답을 구할 수 있다고 본다. 닭의 입장에서는 분명히 달걀이 먼저 존재해야 하고 달걀입장에서는 닭이 먼저 존재해야 한다.

윤회설은 태초와 최후, 전생과 내생으로 주제를 끊임없이 확장한다. 그렇게 확장하면 궁극적으로 답을 구할 수 없는 희론(papañca, 戲論)에 빠진다. 아무리 토론해도 답을 구할 수 없는 것을 두고 토론하는 것을 말장난, 즉 희론이라고 한다. 붇다하는 이런 말장난을 하지 말라고 했다. 그러나 희론도 시간과 공간으로 범위를 한정하면 답을 구할 수 있다. 붇다하는 희론을 일곱가지로 구분했다.

현실적으로 증명하지 않아도 정치기술로는 뭔가를 선택하고 주장해야 한다. 그러나 그것은 단지 정치기술이고 그 주장이 참인지 거짓인지는 실천으로 증명해야 한다. 유물론이나 관념론에 관한 논의도 정치기술 측면을 배제할 수 없다. 정치인은 현실주의자고 희론에 일가견있는 사람이다.

16장

교리체계

project

1 존재와 실재

1. 연기
2. 공
3. 4대
4. 3법인
5. 감각기관

2 행동과 학습

1. 업
2. 3업
3. 10업
4. 12연기

3 마음과 수행

1. 3학
2. 마음
3. 마음구성 기본인자
4. 수행
5. 수행도구
6. 8정도
7. 4성제
8. 37보리조법
9. 4무량심
10. 4선
11. 막가파라와 닙바-나
12. 4성도
13. 아-싸봐
14. 사람
15. 수행기술

check point

여기서는 불교교리에 스며든 비과학적이고 미신적인 신, 윤회, 기도, 타력 등과 같은 요소를 제거하고 붇다가 생각했던 오리지널 사유와 실천 체계에 관해 개념을 배우고 익힌다.

불교교리는 자유로운 삶, 청정한 삶, 행복한 삶, 공존하는 삶을 위한 이론과 방법을 설명한 것이다. 그러나 붇다 입멸 후 불교 사유체계에 힌두교철학이 스며들면서 미신요소가 혼합됐다. 불교교리에 스며든 신과 윤회설만 제거하면 오리지널 붇다 가르침을 만날 수 있을 것이다.

1. 붇다 사유체계는 단순하고 분명하다. 그것은 존재를 이해하고 행동할 때 항상 해당 존재에 내재한 법칙을 이해하고 논리적으로 행동하면 유효성이 크다는 것이다.

2. 존재에 내재한 법칙성과 유효성은 붇다 사유와 실천을 관통하는 대원칙이다.

3. 이것에 대한 2600여 년 전 붇다가 사용한 용어가 빤냐-(paññā, 般若, 慧)다. 빤냐-를 강조한 것은 주괸직, 관념직, 미신직 사유와 실천을 배세하고 객관적, 논리적, 과학적 사유와 실천을 강조한 것이다.

4. 붇다가 사유하고 실천한 것을 개념화해놓은 것이 불교교리다. 불교교리는 자유로운 삶, 청정한 삶, 행복한 삶, 공존하는 삶을 위한 이론과 방법을 설명한 것이다. 그러나 붇다 입멸 후 불교 사유체계에 힌두교철학이 스며들면서 미신적인 요소가 혼합됐다.

5. 불교교리에 스며든 미신요소인 신과 윤회, 기도와 타력 등과 같은 것을 제거하면 원래 붇다가 생각했던 있는 그대로 오리지널 사유와 실천 체계를 발견할 수 있을 것이다.

6. 불교교리 체계는 다음과 같이 존재와 실재, 행동과 학습, 마음과 수행 세 부분으로 구성했다.

Ⅰ 존재와 실재

1. 존재를 객관적이고 논리적으로 이해한 것에 초점두고 용어를 사용했다.

1. 연기

표35 **12연기**

연기(paṭicca samuppāda, 緣起)는 존재 구성원리를 설명한 용어다.

1. 이 용어는 pāli 3장 율장 대품 초전법륜경에 최초로 등장한다.

2. 존재는 홀로 독립적으로 존재하지 않고 다른 존재와 관계맺고, 서로 의존하고, 서로 영향미치고, 서로 해체하고, 서로 재구성하며 변화발전한다.

3. 개별존재[hetu, 因]가 다른 존재와 조건과 상황에 따라 결합[paṭicca, 緣]해 새로운 존재를 구성[samuppāda, 起]하고, 그렇게 구성된 존재는 또 다른 존재와 조건과 상황에 따라 결합해 새로운 존재를 구성한다. 이렇게 중중첩첩 결합해 파생된 것이 오늘날 우주다.

4. 연기(緣起)는 개별존재가 결합해 새로운 존재가 형성되는 측면을 설명한 것이고 인연(因緣)은 존재를 구성하는 인자를 설명한 것이다. 연기는 인(因)에서 과(果)를 설명한 것이고 인연은 과(果)에서 인(因)을 설명한 것이다.

표36 **연기와 인연**

5. 모든 존재는 서로 관계맺고 서로 의존하고 서로 조건지어져있기 때문에 조건이 변하면 관계도 변하고 존재도 변한다.

6. 이것은 힌두교가 신중심으로 존재를 이해한 것에 대한 부정이자 자연법칙 중심의 존재이해 방식이다.

7. 힌두교는 모든 존재는 다른 것과 구별되는 독립실체가 있고 그것이 윤회주체라고 설명한다.

8. 그리니 붇다하는 그것을 부정하고 모든 존재는 다른 존재와 관계맺고 있고, 다른 존재와 구분되는 고유특성으로만 존재하고, 존재는 자연에서 태어나고 자연에서 머물다 자연으로 돌아간다고 보았다.

9. 붇다하는 존재구성 조건과 상황이 변하면 존재 또한 변한다고 보았다. 붇다하는 존재는 영원불변한 것이 아니라 끊임없이 변하며 변하지 않는 것은 아무것도 없다는 법칙만이 영원히 변하지 않는 것이라고 보았다.

2. 공

(표37) 공

공(suñña, 空)은 존재 물리특성(本性, 特性, 性質, 實在)을 설명한 용어다.

1. 공은 대승부에서 사용한 개념으로 알고 있지만 붇다하가 중아함경 공품(Majjhima nikāya suññata vagga, 中阿含經 空品) 등에서 자주 사용한 개념이다.

2. 공은 두 가지 의미를 갖고있다. 하나는 비어있어 아무것도 없다는 것이고, 다른 하나는 존재 물리특성은 고정돼있지 않고 끊임없이 움직인다는 것이다.

3. 연기가 존재 구성측면을 설명한 것이라면 공은 구성된 존재 물리특성을 설명한 개념이다.

3. 4대

(표38) **4대**

> 4대(catur dhātu, 四大, 地水火風)는 존재 인식측면에서 설명한 개념이다.
> ① 지대(pathavī dhātu, 地大): 땅의 특성.
> ② 수대(āpo dhātu, 水大): 물의 특성.
> ③ 화대(tejo dhātu, 火大): 불의 특성.
> ④ 풍대(vāyo dhātu, 風大): 바람의 특성.

1. 존재구성 기본인자가 무엇인지는 알 수 없다. 그것은 과학발달 수준에 따라 다르게 규정된다. 과거는 원자라고 했지만 현재는 쿼크라고 한다. 다음은 어떤 인자가 존재할지 모른다.

2. 4대는 존재구성 기본인자가 무엇인지 설명한 것이 아니라 존재를 인식할 때 존재에 드러난 고유특성으로 범주나눠 인식하라는 것이다.

3. 존재는 4대로 구성된 것이 아니라 4대로 범주정해 인식하면 싸띠향상과 수행진보에 도움된다는 수행개념이다. 4대는 다음과 같다.

1) 지대

4. 땅의 특성인 지대(pathavī dhātu, 地大)는 실제 땅이 아니라 존재에 나타난 딱딱함과 부드러움, 무서움과 사머움 등의 특성에 붙인 이름이다.
5. 존재를 인식할 때 모양이 아니라 존재에 드러난 고유특성으로 알아차림해야 존재를 가치판단하지 않고 사실판단할 수 있다. 그러면 실재판단할 수 있다.

2) 수대

6. 물의 특성인 수대(āpo dhātu, 水大)는 실제 물이 아니라 존재에 나타난 흐름과 막힘, 팽창과 수축 등의 특성에 붙인 이름이다.
7. 인식할 때 모양이 아니라 존재에 드러난 고유특성으로 알아차림해야 존재를 가치판단하지 않고 사실판단할 수 있다. 그러면 실재판단할 수 있다.

3) 화대

8. 불의 특성인 화대(tejo dhātu, 火大)는 실제 불이 아니라 존재에 나타난 뜨거움과 차가움 등의 특성에 붙인 이름이다.
9. 존재를 인식할 때 모양이 아니라 존재에 드러난 고유특성으로 알아차림해야 존재를 가치판단하지 않고 사실판단할 수 있다. 그러면 실재판단할

수 있다.

4) 풍대

10. 바람의 특성인 풍대(vāyo dhātu, 風大)는 실제 바람이 아니라 존재에 나타난 흔들림과 뻗댐 등의 특성에 붙인 이름이다.

11. 존재를 인식할 때 모양이 아니라 존재에 드러난 고유특성으로 알아차림해야 존재를 가치판단하지 않고 사실판단할 수 있다. 그러면 실재판단할 수 있다.

4. 3법인

(표39) **3법인**

3법인은 존재를 이해할 때 신과 윤회 중심 사유구조를 버리고 자연법칙에 기초해 이해해야 한다는 불교세계관을 나타낸 개념이다.

① 무아(anatta, 無我)

② 고(dukkha, 苦)

③ 무상(anicca, 無常)

1. 생명가진 존재에 내재한 법칙, 본성, 실재를 세 가지로 보고 그것은 「진리(法)로 확정(印)할 수 있다.」는 의미로 3법인(ti dhamma lakkhaṇa, 三

法印)이라고 한다.

1) 무아

2. 무아(anatta, 無我) 본래 뜻은 힌두교 창조주 ᵇ라ʰ마 (Brahma, 梵)신의 분신인 앗따(atta, sk. ātman, 我)가 없다는 것이다.

3. 힌두교 전신인 ᵇ라ʰ마 교는 창조신이 우주와 피조물을 만들고 피조물 행복과 불행을 결정한다고 주장했다. 그들은 동물피로 ᵇ라ʰ마 신에게 제사 지냄으로써 신의 은총받아 행복하게 살 수 있다고 생각했다.

4. ᵇ라ʰ마 교와 씬ᵈ후 강 중류 토착민 수행문화가 중인도에서 결합해 만들어진 우빠싸-드(upasād, sk.upaniṣad) 철학은 오리지널 신인 ᵇ라ʰ마가 우주와 피조물을 만들고 자기가 만든 피조물 속으로 들어왔다고 주장했다.

5. 창조신은 하나고 피조물은 많기 때문에 신이 직접 피조물 속으로 들어간 것이 아니라 신이 자기분신을 만들어 피조물 속에 넣었는데 그 분신이 앗따다. 그들은 신의 분신인 앗따가 주체가 돼 윤회한다고 주장했다.

6. 그들은 피조물 속에 들어있는 신의 분신인 앗따와 하늘에 있는 창조신 ᵇ라ʰ마가 하나[brahmātmāikya, 梵我一如]가 되면 신의 은총으로 행복하게 살 수 있다고 주장했다.

7. 그들은 신의 분신을 창조신과 하나로 묶는 작업을 했다. 그것이 요가 수행(yoga, 瑜伽)이다.

8. 붇ᵈ하는 창조신도 없고 피조물 속에 존재하는 신의 분신도 없다고 보았다. 붇ᵈ하는 보리수 아래 금강보좌 위에 앉아 무상정자각을 성취한 후 읊은 오도송에서 신과 윤회설을 부정했다. 붇ᵈ하는 삶을 추동하는 것은 신과 윤회가 아니라 욕망과 무지라고 규정했다.

9. 붇다하는 하늘에 있는 신에게 행복을 구걸하는 제사나 신과 신의 분신을 하나로 묶는 요가수행이 아니라 싸띠수행으로 실재를 있는 그대로 보고 마음오염원을 제거해 자유롭고 행복하게 살 수 있다고 주장했다. 신과 윤회를 부정하는 붇다하 이론이 무아를 핵심으로 한 3법인이다.

10. 오늘날 강단 불교학자가 관념으로 정리한 불교철학은 아낫따를 공간과 시간 개념으로 이해한다. 그들은 불교개념이 원래 마음과 수행을 설명한 사실을 모르고 일반철학 범주에서 불교개념을 논한다. 4대나 3법인도 마찬가지다. 그들은 기술개념을 철학개념으로 환원시켜 이해하고 설명한다.

11. 존재는 공간적 시간적으로 조건지어져있다. 존재를 고정불변하는 내 또는 내것이라고 경계를 정할 수 없다. 조건이 변하면 존재도 변한다. 존재는 조건지어져있고 서로 관계맺고있고 때문에 함께 공존해야 한다. 이것이 자연법칙이고 존재본성이다.

12. 싸띠수행에서 아낫따는 실재체득 수준을 나타낸다. 감각대상을 사유로 알기보다 몸과 마음으로 체득해 이해하는 것이 중요하다. 아낫따를 몸으로 체험하면 어떤 모습일까? 그 답이 막가파라와 빤나 - 수준을 나타내는 척도다.

2) 고

13. 고(dukkha, 苦) 기본의미는 힌두교 창조신 바라흐마 신의 본성이 순수 그 자체고 항상 즐거움으로 충만해있다는 것을 부정한 개념이다.

14. 붇다하는 사람이 살다보면 괴로울 때도 있고 즐거울 때도 있는 것이지 어떻게 즐거움으로 충만할 수 있느냐고 부정했다.

15. 붇다하는 마음은 닦으면 맑아지고 오염되면 흐려지는 것이지 처음부터 청정하거나 영원히 변하지 않는 순수자체는 아니라고 힌두교주장을 부정했다.

16. 붇다하는 행복으로 가는 길에는 즐거움부족이 아니라 괴로움이 문제라고 보았다. 살면서 즐거움은 문제될 것이 없지만 괴롭지만 않으면 살아볼 만하다고 생각했다. 삶에 즐거움충족보다 괴로움제거가 더 본질적이고 직접적이라고 보았다.

17. 강단 불교학자는 둑카를 불만족상태(부적응상태)로 이해한다. 시간과 공간, 존재와 존재가 접촉하면 그 흔적이 남는다. 그것은 마음공간에 기억질량, 마음무게, 스트레스, 업장 등 에너지 뭉침 등으로 존재한다*.

18. 감각대상도 변하고 그것을 받아들이는 마음, 정서, 가치관도 변한다. 감각대상 변화속도와 감각주체인 마음변화 속도가 일치하면 만족하고 행복해하지만 불일치하면 불만족스럽고 괴로워한다. 감각대상과 감각주체 간격이 클수록 고통스런 느낌 또한 커진다.

19. 싸띠수행에서 둑카는 존재실재를 체득한 수준을 나타낸다. 감각대상은 사유로 알기보다 몸과 마음으로 체득해 이해하는 것이 중요하다. 둑카를 몸으로 체험하면 어떤 모습일까? 그 답이 막가파라와 빤나-수준을 나타내는 척도다.

에너지 뭉침

둑카(dukkha, 苦), 끼레싸(kilesa, 煩惱), 느낌(vedanā, 受), 아-싸봐, 스트레스, 마음무게, 기억무게 등은 모두 에너지 뭉침이다. 이것을 붇다하는 업장 또는 삶의 흔적이라 했다. 화병도 에너지 뭉침이다. 아-싸봐 소멸을 욕망의 불이 꺼진 상태, 기억질량이 해체된 상태라고 한다.

3) 무상

20. 아닛짜(anicca, 無常) 기본의미는 힌두교 창조신인 브라흐마 신의 분신이자 윤회주체인 앗따가 윤회할 때 다양한 존재 속으로 들어가지만 신의 분신으로서 정체성을 상실하지 않고 그대로 유지한다[nicca, 常]고 본 것에 대해 붇다하는 신도 없고 신의 분신도 없다고 부정한 개념이다*.

21. 힌두교는 신의 분신인 앗따가 윤회하는 과정에서 사람, 돼지, 소, 개 등에 들어가더라도 신의 분신으로서의 정체성을 잃지 않고 그대로 유지한다고 주장했다.

22. 붇다하 생각은 달랐다. 모든 존재, 사람, 동물, 식물은 자기수준에서 정서와 마음작용을 가지고 있다고 보았다. 모든 존재는 동일한 마음을 가질 수 없으며 존재에 따라 정서와 마음 작용이 다르게 나타난다고 보고 신의 분신의 정체성을 부정했다*.

신의 분신

이것이 오늘날 경전을 번역할 때 가장 왜곡된 부분이다. 신의 분신이란 개념이 atta(sk. atman)인데 한문으로 아(我)라 번역했다. 경전에 전형으로 나오는 문구는 내(eso aha asmi, 我), 내것(etaṁ mama, 我所), 내 속에 들어온 신의 분신(eso me atta. 我我) 등이다. 이것을 모두 한문으로 아(我)로 번역했지만 3법인에 있는 무아(anatta, 無我)의 아(我)는 다른 개념이다. 한문으로는 아(我)로 번역하기 때문에 혼동하지만 pāli 원문은 분명히 다르다. 이것은 불교경전 번역사 최대오역이다. 여기처럼 3법인의 아(我)를 「신의 분신」으로 번역하면 경전내용이 분명하게 드러나고 힌두철학과 불교철학 차이와 정체성이 선명해진다.

색 · 마음 · 수행 · 연기 · 공

붇다하는 조건지어진 존재를 연기(paticca samuppāda, 緣起)라고 했다. 조건지어진 존재는 고정불변한 실체가 없고 끊임없이 변하는데 이것을 공(suñña, 空)이라고 했다. 이 둘은 같은 의미다. 연기가 존재결합 방식에 초점 두었다면 공은 결합된 존재 물리특성을 강조한 개념이다. 공을 존재론으로 접근하면 틀이 없다. 이것은 존재가 있다거나 없다거나 한다거나 하지 않는다는 의미가 아니다. 존재는 끊임없이 변한다는 상황론과 존재본성을 설명하기 위해 사용한 개념이다.

붇다하는 존재는 답이 없다고 보았다. 존재가 답을 가진 것이 아니라 인식하는 사람이 답을 갖고있다. 붇다하는 이

23. 붇다하는 모든 존재는 조건과 상황에 따라 형성된 것이기 때문에 창조신도 없고 피조물도 없고 영원불변한 신의 분신도 없다고 보았다.

24. 강단 불교학자는 아닛짜를 시간(공간) 개념으로 이해한다. 모든 존재는 시간과 공간으로 끊임없이 변하는데 이것을 아닛짜라고 한다. 조건이 변하면 존재도 변한다. 변하지 않는 것은 아무것도 없다. 변하지 않는 것은 아무것도 없다는 이 법칙만이 영원히 변하지 않는다. 이것이 붇다하 기본생각이었고 자연법칙이다.

25. 붇다하는 경전에서 변하는 것을 말할 때는 항상 변법(vipariṇāma dhamma, 變法)으로 설명했다. 아닛짜는 신의 분신의 특성을 부정할 때만 사용한 개념이다*.

두 개념을 상황에 따라 사용했고 부파는 연기를 강조했고 대승부는 공을 강조했다. 붇다하는 모든 존재구성 혹은 존재양식은 서로 관계맺고(緣起), 존재본성은 끊임없이 변해 실체가 고정돼있지 않음(空)으로 보았다. 그리고 존재 실재는 싸띠수행으로 체험해 알 수 있다.

붇다하는 물질이 연기고 공이라고 했는데 후세인은 물질은 다른 곳에 보내버리고 연기와 공만 다룬다. 붇다하는 5온이 연기고 공이라고 했는데 후세인은 5온은 무시하고 연기와 공만 다룬다. 붇다하는 싸띠수행으로 색(色, 감각대상)과 심(念, 감각주체)이 어떻게 상호작용하는지 자극에 대한 반응이 어떻게 이뤄지는지 설명했는데 후세인은 물질과 자극은 없애버리고 수용체인 마음만 논한다. 이것은 필연적으로 관념론이나 말장난으로 끝날 수밖에 없다. 대단히 선동적이다.

신과 신의 분신 특징

힌두교는 하늘에 있는 브라흐마 신[Brahma, 梵]과 신의 분신[Atta, sk. Ātman, 我]이 특징에 대해 다음과 같이 주장한다.

표40 신과 신의 분신

Brahma(梵)	정(淨)	창조주 브라흐마는 청정 그 자체임
신의 특징	락(樂)	창조주 브라흐마는 즐거움으로 충만해있음
atta(我)	아(我)	신의 분신인 앗따는 모든 존재에 들어있음
분신 특징	상(常)	신의 분신인 앗따 정체성은 윤회하며 변하지 않음

26. 싸띠수행에서 아닛짜는 실재를 체득한 수준을 나타낸다. 감각대상은 사유로 알기보다 몸과 마음으로 체득해 이해하는 것이 중요하다. 아닛짜를 몸으로 체험하면 어떤 모습일까? 그 답이 막가파라와 빤나 - 수준을 나타내는 척도다.

첫째 ㅂ라흐마 신의 특징은 다음 세 가지다.
　① 청정(淨)하고 순수 그 자체다. 그래서 어떤 존재도 침범할 수 없다.
　② 순수하기 때문에 즐거움으로 가득차고 괴로움이 없다.
　③ 창조주 신은 힘이 세다.

둘째 신의 분신특징은 다음 세 가지다.
　① 모든 피조물 속에는 신의 분신인 앗따(我)가 들어있다.
　② 앗따는 윤회과정에서 어떤 존재에 깃들더라도 그 정체성이 변하지 않는다[常].
　③ 신의 분신은 내것이기 때문에 내가 하고자 하는 것은 무엇이나 내뜻대로 할 수 있다.

이런 힌두철학을 부정한 개념이 3법인이다. 이것은 불교철학 정체성과 독창성을 나타낸다. 붇다하는 신과 신의 분신이 가진 특성을 다음과 같이 부정했다. 붇다하는 힌두철학이 신과 윤회를 중심으로 비과학적, 주관적, 신비적, 미신적 주장을 한다고 보았다. 그래서 붇다하는 과학적, 객관적, 실천적으로 증명할 수 있는 자연중심 사고를 했다. 그래서 붇다하는 다음과 같이 힌두철학을 부정했다.
　① 창조신도 없고 윤회주체인 신의 분신도 없다(無我).
　② 삶에 즐거움만 있지 않고 때로는 괴로움도 있다(苦). 감각대상과 감각주체 변화속도가 각기 다르고 그 간격만큼 감각대상에 불만족스러움을 느낀다(苦).
　③ 존재에 영원히 변하지 않는 신의 정체성은 없고 고정불변한 실체도 없다(無常).
　④ 마음은 닦으면 청정해지고 방치하면 오염된다(染).

붇다하는 고상한 철학개념으로 힌두철학을 부정하지 않고 현실적이고 직접적인 예를 들어 부정했다. 힌두교 창조신인 ㅂ라흐마 신은 지극히 순수하고 청정하기 때문에 어떤 것도 침범하지 않는다고 주장하는 것에 대해 붇다하는 초전법륜경에서 왜 병들고 아프냐고 반문한다. 어떤 것도 침범할 수 없다면서 어떻게 병원균이 침범했느냐는 질문이다. 그리고 붇다하는 같은 경전에서 ㅂ라흐마 신은 힘이 세기 때문에 모든 것을 자기가 원하는 대로 다 할 수 있다고 주장하는데 왜 모든 것이 자기 뜻대로 잘 되지 않느냐고 반문했다.

그런데 대승열반경은 불성(佛性) 정체성(불성 4德)을 상락아정(常樂我淨)이라고 해서 힌두신과 신의 분신의 정체성을 붇다하 정체성으로 잘못 이해했다. 대승경전인 화엄경은 불교로 각색된 힌두교 창조신인 비로자나불[Vairocana Buddha 毘盧遮那佛, 法身]을 청정법신(淸淨法身)이라고 해서 힌두교 창조신의 정체성을 대승불교 불보살 정체성으로 포장했다.

신, 신의 분신, 윤회, 신분세습 등은 인도문화를 관통하는 핵심이다. 이것의 본질을 올바로 이해하면 불교공부 90%는 마쳤다고 한다. 이들 개념이 만들어진 배경에 대한 이해는 이 책 21장 불교발생 시대배경에 자세히 설명해두었다. 참조하면 많이 도움될 것이다.

5. 감각기관

(표41) **감각기관**

① 6경(cha bāhira āyatana, 六外處, 六境): 감각대상.

② 6근(cha indriya, 六內處, 六根): 감각기관.

③ 6식(cha viññāṇa, 六識): 마음거울에 맺힌 이미지.

④ 12처(dvādasa āyatana, 十二處): 6경과 6근의 결합.

⑤ 18계(aṭṭhārasa dhātuyo, 十八界): 12처와 6식의 결합.

1. 붇다는 감각을 여섯 개(六感)로 이해했다. 감각기관을 다섯 개로 이해하는 것과 여섯 개로 이해하는 것은 많은 차이있다. 그것은 수준차이다.

2. 감각기관을 다섯 개로 이해하면 몸이나 일반물질은 설명할 수 있지만 마음을 설명할 수 없다. 마음을 설명하기 위해서는 감각기관이 여섯 개라야 한다.

3. 감각기관을 여섯 개로 이해함으로써 비로소 마음작용을 이해하고 마음을 체계적으로 관리할 수 있는 길이 열렸다.

4. 붇다가 발견한 것 가운데 가장 대표적인 것이 감각기관을 여섯 개로 이해한 것과 마음거울에 맺힌 상을 알아차림하는 싸띠기능이다. 6감에 관한 표는 이 책 756쪽에 자세히 설명해두었다. 참고하면 많이 도움될 것이다.

1) 6경

5. 붇다하는 감각대상을 여섯 개[cha bāhira āyatana, 六境, 色聲香味觸法]
로 보았다.

2) 6근

6. 붇다하는 감각기관을 여섯 개[cha indriyā, 六內處, 六根, 六入, 六處,
眼耳鼻舌身意]로 보았다.

3) 6식

7. 붇다하는 마음거울에 맺힌 상(감각 데이터)을 여섯 개(cha viññāṇa, 六
識, 眼識 耳識 鼻識 舌識 身識 意識]로 보았다.

8. 마음거울에 상이 맺힐 때는 감각기관별로 상을 맺는다. 시각 데이터
는 시각으로 상을 맺고 청각 데이터는 청각으로 상을 맺는다.

9. 마음거울에 처음 이미지 맺힌 것을 식(viññāṇa, 識, 이미지 I)이라고
한다. 마음거울에 맺힌 상(이미지)은 마음공간에 존재하는 마음오염원과
결합하고 그 에너지를 이전받아 저장된다. 마음공간에 저장된 감각 데이터
(기억이미지)가 재차 마음공간에 회상돼 상을 맺는 것을 법(dhamma, 法,
이미지 II)이라고 한다. 법을 알아차림하는 감각기관이 의(manas, 意)다.

4) 12처

10. 6경과 6근이 결합한 것이 12처(dvādasa āyatana, 十二處)다.

5) 18계

11. 12처와 6식이 결합한 것이 18계(aṭṭhārasa dhātuyo, 十八界)다.

6) 수행방법

12. 6경, 6근, 6식, 12처, 18계 등은 사람몸을 단순히 구분하기 위해 분류하고 설명한 것이 아니다. 이렇게 분류하고 설명한 것은 수행하고 마음을 변화시키기 위함이다. 수행방법은 이 책 19장 수행기술에 자세히 설명해두었다. 참고하면 많이 도움될 것이다.

② 행동과 학습

1. 업

 업

① 업(kamma, 羯磨, 業): 의도가 개입된 행위.
② 업력(kamma bala, 業力): 행위영향력.
③ 업장(kamma āvaraṇa, 業障): 행위영향력이 행위주체에게
　　돌아가 장애가 됨.

1) 업

1. 의도가 개입된 행동을 업이라고 한다. 업은 붇다 세계관의 한 축을 담당하는 중요개념이다. 붇다는 경집에서 자기를 업론자(kamma vāda, 業論者)라고 말했다.

2. 업론은 윤회론과 반대개념이다. 윤회론(saṁsāra, 輪廻)이 신중심 사유체계라면 업론은 자연중심 사유체계다.

3. 윤회론자는 행위는 사회적으로 이뤄지고 그 결과물은 개인에게로 축적된다고 주장했다.

4. 업론자는 행위는 사회적으로 이뤄지고 그 결과물 또한 사회적으로 축적된다고 본다.

2) 업력

5. 행위는 순간적으로 이뤄지고 소멸하지만 행위영향력은 남아 관계된 존재에게 지속적으로 영향미친다.

6. 흔히 행위에 구속된다고 생각하지만 행위에 구속되는 것이 아니라 행위영향력에 알아차림 기능인 싸띠가 구속된다.

7. 알아차림 기능인 싸띠힘이 좋으면 행위영향력으로부터 자유롭지만 약하면 그 영향력에 구속된다.

3) 업장

8. 행위영향력은 다른 존재에게 미치기도 하지만 행위를 한 자기자신에게 미치기도 한다.

9. 자기가 한 행위영향력이 자기자신에게 미쳐 삶을 힘들게 하면 그것을 업장이라고 한다. 서양에서는 스트레스라고 한다.

10. 업론은 행위와 영향력 관계를 설명한 것인데 붇다 입멸 후 윤회론과 결합돼 이해하면서 그 내용이 많이 왜곡됐다.

11. 업론과 윤회론은 그 출발점과 지향점이 완전히 다른 개념이다. 업론은 신과 윤회를 부정하는 불교에서 자연중심 세계관을 설명한 개념이고 윤회론은 신과 윤회를 인정하는 힌두교 세계관을 설명한 개념이다.

2. 3업

(표43) **3업**

> ① 신업(kāya kamma, 身業): 몸에 낀 거품.
> ② 구업(vacī kamma, 口業): 말에 낀 거품.
> ③ 의업(manas kamma, 意業): 앎과 생각에 낀 거품.

1. 몸[kāya, 身], 말(vacī, 口), 생각(manas, 意)을 3업(tiṇi kammāni, 三業)이라고 한다.

2. 어떻게 사고하고 행동하느냐에 따라 행동(身), 언어(口), 앎이나 생각(意)에 거품이 끼기도 하고 제거되기도 한다.

1) 신업

3. 신업은 몸에 낀 거품이다. 몸에 낀 거품은 계(sīla, 尸羅, 戒)를 지킴으로써 제거할 수 있다. 습관과 같은 좋지 못한 거품이 몸에 끼어있을 수 있다. 그렇게 낀 거품은 규칙이나 질서(戒)를 지킴으로써 제거할 수 있다.

2) 구업

4. 구업은 말에 낀 거품이다. 말에 낀 거품은 올바르게 말함으로써 제거할 수 있다. 욕망, 분노, 편견 등에 기초한 말은 규칙이나 질서(戒)를 지킴

으로써 제거할 수 있다.

3) 의업

5. 의업은 앎이나 생각에 낀 거품이다. 앎이나 생각에 낀 거품은 싸띠수행으로 제거할 수 있다. 앎은 가공되고 유통되는 과정에서 많은 거품이 낀다. 그렇게 낀 거품은 싸띠수행으로 제거할 수 있다.

3. 10업

(표44) 10업

10선업(十善業)	10불선업(十不善業)
행위학습[kāya kamma, 身業]	**행위학습[kāya kamma, 身業]**
① 불살생(apāṇātipātā(不殺生) 살생하지 않는 것.	① 살생(pāṇātipātā, 殺生) 살생하는 것.
② 불투도(anadinnādāna, 不偸盜) 훔치지 않는 것.	② 투도(adinnādānā, 偸盜) 훔치는 것.
③ 불사음(akamesu micchācāra, 不邪淫) 사음하지 않는 것.	③ 사음((kamesu micchācāra, 邪淫) 사음하는 것.
언어학습[vacī kamma, 口業]	**언어학습[vacī kamma, 口業]**
④ 불망어(amusā vāda, 不妄語) 거짓말하지 않고 진실되게 말하는 것.	④ 망어(musā vāda, 妄語) 진실되게 말하지 않고 거짓말하는 것.
⑤ 불양설(apisuṇā vācā, 不兩舌) 이간질하지 않고 화합되게 말하는 것.	⑤ 양설(pisuṇā vācā, 兩舌) 화합되게 말하지 않고 이간질하는 것.
⑥ 불악구(apāpanā, 不惡口) 거칠지 않고 부드럽게 말하는 것.	⑥ 악구(pāpanā, 惡口) 부드럽게 말하지 않고 거칠게 말하는 것.
⑦ 불기어(asamphappalāpa, 不綺語) 꾸미지 않고 솔직하게 말하는 것.	⑦ 기어(samphappalāpa, 綺語) 솔직하게 말하지 않고 꾸미며 말하는 것.

10선업(十善業)	10불선업(十不善業)
생각학습[mano kamma, 意業]	생각학습[mano kamma, 意業]
⑧ 불탐애(arāga, 不貪愛) 쾌락을 멀리하는 생각.	⑧ 탐애(rāga, 貪愛) 쾌락을 가까이 하려는 생각.
⑨ 불진에(adosa, 不嗔恚) 분노나 폭력을 멀리하려는 생각.	⑨ 진에(dosa, 嗔恚) 분노나 폭력을 가까이 하려는 생각.
⑩ 불우치(amoha, 不愚癡) 편견이나 선입관을 갖지 않으려는 생각.	⑩ 우치(moha, 愚癡) 편견이나 선입관을 가지려는 생각.

4. 12연기

1. 12연기(dvādasa paṭicca samuppādaṅga, 十二支緣起)는 관념형성과 행동학습을 12단계로 나눠 설명했다. 관념과 행동이 맑은 방향으로 형성되는 것을 역관(paṭiloma, 逆觀)이라 하고 관념과 행동이 흐린 방향으로 형성되는 것을 순관(anuloma, 順觀)이라고 한다.

2. 생각이 변하면 행동과 삶이 바뀐다는 입장에서 출발한 것이 인지주의다. 행동이 바뀌면 생각과 삶이 변한다는 관점에서 시작한 것이 행동주의다.

3. 마음거울에 맺힌 상을 알아차림하는 싸띠가 인지와 행동을 선도하고 추동하는 주체라고 본 것이 마음과학과 싸띠수행이다. 분다하는 존재를 이해하는 수준과 실천하는 행동양식에 따라 삶의 태도가 결정된다고 보았다. 이 전체과정을 설명한 것이 12연기다.

12연기(順觀)	12연기(逆觀)
관념형성	**관념형성**
① 무명(avijjā, 無明) 편견에 기초해 존재를 내 식대로 인식함. ② 행(saṅkhāra, 行, 有爲) 주관적으로 인식한 것에 기초해 의도를 일으킴. ③ 식(viññāṇa, 識) 의도에 기초해 존재를 구분하고 차별함. ④ 명색(nāma rūpa, 名色) 존재에 관해 특정관념을 형성해 마음공간에 저장함.	① 명(vijjā, 明) 편견에 기초하지 않고 존재를 있는 그대로 인식함. ② 멸행(nirodha saṅkhāra, 滅行, 無爲) 객관적으로 인식한 것에 특정의도를 일으키지 않음. ③ 멸식(nirodha viññāṇa, 滅識) 특정의도가 없기 때문에 존재를 구분하고 차별하지 않음. ④ 멸명색(nirodha nāma rūpa, 滅名色) 존재에 관해 특정관념 없이 기억이미지만 마음공간에 저장됨.
행동학습	**행동학습**
⑤ 6입(saḷāyatana, 六入) 감각기관이 있음. ⑥ 촉(phassa, 觸) 감각기관과 감각대상이 접촉함. ⑦ 수(vedanā, 受) 접촉 다음에 접촉 데이터가 마음공간에 입력되면 마음공간에 존재하는 관념(기억이미지)과 결합해 특정느낌이 일어남 ⑧ 갈애(taṇhā, 羯愛) 느낌을 대상으로 마음갈증이 일어남. ⑨ 취(upādāna, 取) 마음갈증을 대상으로 좋은 것은 취하고 싫은 것은 밀쳐내려는 집착과 행동이 일어남. ⑩ 유(bhava, 有) 행동이 일어나면 반드시 흔적이 남음.	⑤ 멸6입(nirodha saḷāyatana, 滅六入) 감각기관이 없음. ⑥ 불촉(nirodha phassa, 滅觸) 감각기관과 감각대상 접촉이 없음. ⑦ 불수(nirodha vedanā, 滅受) 특정관념이 없으면 접촉 다음에 느낌이 일어나지 않음. ⑧ 멸갈애(nirodha taṇhā, 滅羯愛) 느낌이 없으면 마음갈증이 일어나지 않음. ⑨ 멸취(nirodha upādāna, 滅取) 마음갈증이 없으면 집착과 행동이 일어나지 않음. ⑩ 멸유(nirodha bhava, 滅有) 행동하되 행위자를 구속할 흔적이 일어나지 않음.

12연기(順觀)	12연기(逆觀)
삶의 질	삶의 질
⑪ 생(jāti, 生) 　지나온 삶의 흔적에 기초해 새로운 삶이 전개됨. ⑫ 노병사 수비고우뇌(jarā, vyādhi, maraṇa, soka, parideva, dukkha, domanassa, upāyāsa, 老病死 愁悲苦憂惱) 　지나온 삶의 흔적이 탁하고 무거우면 삶의 질이 낮고 어둡고 괴롭다.	⑪ 멸생(nirodha jāti, 滅生) 　지나온 삶의 흔적에 기초해 새로운 삶이 전개되지 않음. ⑫ 멸노병사 수비고우뇌(nirodha jarā, vyādhi, maraṇa, soka, parideva, dukkha, domanassa, upāyāsa, 滅老病死 愁悲苦憂惱) 　지나온 삶의 흔적이 맑고 가벼우면 삶의 질이 높고 밝고 행복하다.

4. 경전은 존재구성을 설명한 연기 다음에 바로 12연기를 설명한다. 이것은 연기를 12가지로 구분해 설명한 것이다.

5. 연기를 몇 등분으로 구분해 설명하느냐에 따라 4연기, 6연기, 12연기 등 다양하게 나눴다. 설명과정에서 듣는 사람 근기에 따라 세분화했기 때문에 연기를 몇 등분으로 구분했는지는 중요치 않다.

6. 12연기는 pāli 3장 첫머리에 등장한 개념이다. 연기는 존재 구성원리를 설명하고 12연기는 관념형성, 행동학습, 삶의 질이 형성되는 과정을 설명한 것이다. 이 책 546쪽 표 ⑳ 붇다 가르침 기본 틀을 참조하면 12연기 전체구조를 이해하는 데 도움될 것이다.

1) 자연법칙

7. 연기와 공이 신과 윤회설을 부정하고 자연중심으로 사고해야 한다는

선언이었다면 12연기는 사람 생각, 행동, 삶의 질이 신이나 윤회에 의해 형성되고 추동되는 것이 아니라 무지와 욕망에 기초하고 자기자신에 의해 형성된 것이란 사실을 강조하고 설명한 것이다.

8. 붇다하는 12연기에 기초해 불교, 마음과학, 싸띠수행을 즐겨 설명했다. 대승부는 12연기에 기초해 금강경과 같은 불교역사소설을 창작했다.

9. 붇다하가 대중에게 한 수행지도와 법문내용 대부분은 12연기를 설명한 것이었다. 12연기 개념을 하나하나 살펴보면 다음과 같다.

2) 관념형성

10. 12연기 전반부는 관념형성 과정을 설명한다.

11. 사람은 어떤 관념형성이나 행동학습 없이 잉태되고 태어난다. 그 후 생존본능과 학습으로 최초 관념과 행동이 형성된다.

12. 마음공간에 입력되는 이미지는 욕망, 이기심, 분노, 적의, 원망, 서운함, 편견, 선입관, 가치관 등 마음오염원인 탐진치 3독심이 결합해 질량을 가지고 마음공간에 저장된다. 이것이 삶의 흔적을 저장한 기억이미지다.

13. 마음공간에 들어온 새로운 이미지가 마음공간에 저장돼있던 기억이미지와 결합해 에너지를 이전받아 마음공간에 저장되기도 하고 싸띠수행으로 기억이미지와 결합한 에너지가 해체되기도 하면서 삶이 전개된다.

14. 붇다하는 존재를 있는 그대로 보고 행동하면 기억이미지 질량(힘, 무게, 에너지)이 감소하고 삶이 맑아지고 자유롭고 행복해지지만 자기입장에서 보고 행동하면 기억이미지 질량이 증가하고 삶이 오염되고 구속돼 삶이 힘들다고 보았다.

15. 존재를 연기와 공으로 이해한 붇다하는 관념형성 과정을 12연기에서

다음과 같이 구분해 설명했다.

① 무명과 명

16. 대부분 사람은 마음거울에 맺힌 존재를 있는 그대로 보지 못하고 자기 입장이나 관점에서 주관적으로 이해하고 받아들인다. 이것이 무명(avijjā, 無明)이다. 마음거울에 맺힌 상을 있는 그대로 보고 객관적으로 이해한 것을 명(vijjā, 明)이라고 한다.

17. 마음공간에 욕망과 이기심(貪), 분노와 적의, 원망과 서운함(嗔), 편견과 선입관, 가치관(痴) 등 마음오염원(三毒心)인 아-싸봐(āsava, 流漏)가 많으면 마음공간이 오염된다.

18. 마음공간에 마음오염원이 많으면 마음거울에 맺힌 상을 있는 그대로 보지 못하고 주관적으로 인식하고 해석하지만 마음오염원이 적으면 [anāsava, 無漏] 존재를 있는 그대로 알아차림하고 객관적으로 인식하고 해석한다.

19. 존재 인식수준에 따라 삶의 태도가 결정된다. 이 명과 무명은 사람이 중생으로 살건지 붇다하로 살건지를 결정하는 핵심요소다. 붇다하는 명과 무명이 구속과 고통속에서 살건지 자유롭고 행복하게 살 건지를 결정하는 분기점이라고 보았다.

② 행과 멸행

20. 존재나 상황을 자기 입장이나 수준에서 이해하고 받아들이면 그 상황에서 자기가 하고싶은 것, 자기에게 이익되는 것, 결과를 예측하고 행동하려는 의도를 일으킨다. 이렇게 일으키는 의도가 행(saṅkhāra, 行, 有爲)이다.

21. 존재를 객관적이고 있는 그대로 해석하면 그 상황에서 자기자신이 해야할 일만 하고 결과를 예측하고 행동하지 않는다. 그리고 상황이 종료하면 그 상황으로부터 자유롭다. 이것이 멸행(nirodha saṅkhāra, 滅行, 無爲)이다. 무위(asaṅkhāra, 無爲)라고도 한다.

22. 결과를 예단하고 행동할 때는 행동이 끝나면 처음에 자기자신이 가졌던 예측과 결과를 비교하고 평가해 그 결과에 구속된다. 그러면 삶이 고달프다. 그러나 결과를 예단하지 않고 상황에 따라 행동하년 상황이 끝나면 상황과 결과로부터 자유롭다. 존재에 구속되면 그 크기만큼 괴로움은 증가하고 자유로우면 그 크기만큼 행복지수는 증가한다.

③ 식과 멸식

23. 어떤 의도(行)를 가지면 존재를 인식하고 행동할 때 자기자신이 가진 의도에 기초해 존재를 구분하고 차별한다. 이것을 옛 어른은 알음알이(分別)라고 했다. 이것이 식(viññāṇa, 識)이다.

24. 붇다하는 행동하되 어떤 의도에 기초하지 않고, 존재를 구분하고 차별하지 않고, 자기가 처한 상황에서 해야할 일만 할 것을 주문했다. 이것이 멸식(nirodha viññāṇa, 滅識)이다.

25. 의도를 일으키면 그것으로 끝나지 않고 의도에 따른 특정행동을 한다. 행동하되 의도에 기초하지 않고 상황과 필요에 따라 행동하는 것[akamma, 無業]과 자기이익을 위해 의도를 가지고 행동하는 것[kamma, 業]은 결과를 처리하는 데 많은 차이가 있다.

26. 붇다하는 행동하되 어떤 의도도 가지지 말고 자기가 처한 상황에서 자기자신이 해야할 일만 할 것을 주문했다.

27. 처음부터 특정 목적이나 의도를 가지고 행동하면 결과를 처음 의도

와 비교하고 평가해 존재를 구분하고 차별한다.

28. 특정 목적이나 의도 없이 상황이나 필요에 의해 행동하면 상황이 종료된 후 결과를 처음 의도와 비교하고 구분하고 차별하지 않는다[nirodha viññāṇa, 無識]. 처음부터 의도가 없었기 때문에 행위결과를 비교하고 구분하고 차별할 이유가 없다.

④ 명색과 멸명색

29. 자기입장에서 존재를 해석하고 그것에 기초해 특정의도를 일으키고, 자기가 가진 의도에 기초해 존재를 구분하고 차별하고 행동하고, 그 결과를 평가해 마음공간에 특정관념[nāma rūpa, 名色]으로 입력한다. 이것이 명색(nāma rūpa, 名色)이다.

30. 특정의도 없이, 주관적 편견이나 선입관 없이, 존재를 있는 그대로 객관적으로 보고, 순수한 기억이미지만 마음공간에 입력한 것이 멸명색(nirodha nāma rūpa, 滅名色)이다.

31. 사람은 자기 마음공간에 입력한 관념을 사용해 새로 마음거울에 맺힌 상을 해석하고 행동한다. 어떤 관념이 마음공간에 많이 입력되었는지가 삶의 질을 결정하는 핵심이다.

32. 위와 같은 과정을 거치면서 관념이 가볍고 맑은 방향으로 형성되기도 하고 무겁고 흐린 방향으로 형성되기도 한다. 이렇게 형성된 관념이 마음공간에 저장된 것이 명색(nāma rūpa, 名色)이다.

33. 사람은 존재나 행위결과를 평가해 마음공간에 특정관념으로 포장해 입력했다가 필요할 때 회상해 사용한다.

34. 싸띠수행으로 마음공간에 존재하는 기억이미지와 결합된 마음오염원을 해체하면 기존에 형성된 관념이 정화되고 앎이 구조조정된다.

35. 대부분 사람은 행동하기 전에 결과를 예측하고 행동한다. 그리고 행동이 끝나면 처음 의도와 결과를 비교하고 평가해 존재를 구분하고 차별하고 평가결과에 스스로 구속된다[bandhana, 結縛]. 그러면 삶이 힘들어진다.

36. 그러나 처음부터 의도나 목적을 갖지않고 행동하거나 결과를 예측하지 않고 행동하면 자기자신이 처한 상황에서 자기가 해야할 일만 하고 상황이 종료되면 그 상황으로부터 자유로워진다[vimokkha, 解脫]. 행동이 끝나도 결과를 비교하고 평가하지 않는다. 상황과 행동만 있다. 그래서 옛 어른은 존재를 알음알이로 분별하지 말라고 했다.

37. 붙c하는 존재에 구속되는 것만큼 행복지수는 감소하고 자유로워지는 것만큼 행복지수는 증가한다고 보았다. 자유크기가 행복크기를 결정한다.

38. 여기서 첫 번째 문장이 끝난다. ①~④까지는 관념형성 과정에 대한 설명이다. 이것은 인식론과 인지주의에 기초한 접근법이다. 다음은 행동학습 과정을 설명한다. 행동학습은 철저히 행동주의 원칙을 따른다.

3) 행동학습

39. 12연기 중반부는 행동학습 과정을 설명한다.

⑤ 6입과 멸6입

40. 사람이 행동할 때는 먼저 감각대상(cha bāhira āyatana, 六外處, 六境, 色聲香味觸法)과 감각기관(cha ajjhattika āyatana, 六內處, 六根, 六入, 六處, 眼耳鼻舌身意)이 접촉하고 그 데이터가 마음거울(manas, 意)에 상

(cha viññāṇa, 六識, 眼識 耳識 鼻識 舌識 身識 意識)을 맺는다. 마음거울에 맺힌 상은 이미 마음공간에 저장돼있는 관념(名色, 기억이미지)과 결합하고, 그 순간 알아차림 기능인 싸띠가 개입하면서 다차원의 마음화학반응이 전개되면서 마음작용이 마음거울에 맺힌 상을 해석하고 행동한다. 이것이 6입(saḷāyatana, 六入)이다.

41. 감각기관과 감각대상이 접촉하고 감각 데이터가 마음거울에 맺혀 상을 맺고, 그 순간 마음공간에 저장돼있던 기억이미지와 알아차림 기능인 싸띠가 동시에 개입하면서 다차원으로 작용한다. 이때 마음공간에 존재하는 기억이미지와 싸띠와의 역학관계에서 마음작용이 어떻게 전개될지가 결정된다. 싸띠힘이 커서 기억이미지 개입을 차단하는 것이 멸6입(nirodha saḷāyatana, 滅六入)이다.

42. 감각기관, 감각대상, 감각 데이터, 알아차림 기능인 싸띠, 저장돼있는 기억이미지 등이 결합해 마음작용이 전개되지만 문장에서 감각기관을 의미하는 6입만 사용한 것은 운문을 만들기 위해서다. 12연기는 무명과 행, 행과 식, 식과 명색처럼 두 단어로 한 문장을 만들었다. 여기서도 인지하고 행동이 이뤄지는 전 과정을 두 단어로 압축해 설명했다.

⑥ 촉과 멸촉

43. 감각대상[cha visaya, 六境]과 감각기관[cha indriya, 六根]이 접촉하면[phassa, 觸] 감각 데이터가 마음거울에 반영돼 상[cha viññāṇa, 六識]을 맺는다.

44. 접촉 다음에 일어난 마음상태를 알아차림하고 자유로워지는 것과 알아차림을 놓치고 감각느낌에 집착하고 매달리는 것은 삶의 질과 행동유형에 큰 차이가 있다.

45. 삶의 과정에서 접촉은 피할 수 없고 접촉 다음에 마음작용이 일어나지 않을 수 없다. 단지 그 상태를 알아차림하고 자유로워질 것인지 매몰되고 구속될 것인지에 따라 삶의 태도와 질이 달라진다.

46. 감각접촉으로 데이터가 마음공간에 입력돼 마음거울에 상을 맺으면 마음공간에 입력돼있던 기억이미지(관념)가 순식간에 개입해 알아차림하는 싸띠를 덮거나 마음거울에 맺힌 상과 결합한다.

47. 접촉 다음에 일어난 감각 데이터가 마음거울에 맺힌 것을 알아차림하지 못하고 그 데이터가 발전하면서 거품을 일으키고 마음채우는 것이 촉(phassa, 觸)이다. 반대로 마음거울에 맺힌 감각 데이터를 알아차림하고 그 데이터가 더 이상 발전하지 않게 하고 거품을 일으키지 못하게 해서 마음 비우는 것이 멸촉(nirodha phassa, 滅觸)이다.

48. 존재는 있는 그대로 마음거울에 반영되지만 그것을 알아차림하는 사람이 존재를 자기수준에서 해석하고 받아들인다. 이와 같이 이미 마음공간에 입력해둔 관념(기억이미지)이 감각접촉을 통해 활성화되고 개입해 행동과 앎의 형성에 영향미친다.

⑦ 수와 멸수

49. 감각접촉이 이뤄지고 감각 데이터가 마음거울에 반영되면 그것을 대상으로 마음공간에 저장돼있는 기억이미지와 알아차림 기능인 싸띠가 개입하고 결합한다. 이때 싸띠힘이 약하고 기억이미지 힘이 강하면 마음공간에 저장된 관념에 기초해 특정한 감각느낌이 발생한다. 이것이 수(vedanā, 受)다.

50. 반대로 알아차림 기능인 싸띠힘이 강해 마음공간에 존재하는 관념이 새로 입력된 감각 데이터와 결합하는 것을 방해하고 순수 이미지로만

마음공간에 입력시키면 특정한 감각느낌이 발생하지 않는다. 단지 느낌만 존재한다. 이것이 멸수(nirodha vedanā, 滅受)다.

51. 접촉 다음에는 반드시 감각느낌이 일어난다. 자극과 느낌은 지극히 주관적이다. 자기가 형성시킨 관념과 알아차림 기능인 싸띠수준에 따라 동일자극도 느낌은 다차원으로 일어난다. 접촉 다음에 일어나는 느낌강도는 싸띠힘이 결정한다.

⑧ 애와 멸애

52. 마음공간에 삶의 흔적으로 형성된 편견, 선입관, 가치관 등이 많이 존재하면 접촉 다음에 일어난 느낌에 의미를 부여하고 비교하고 평가해 좋은 것은 취하고 싫은 것은 밀쳐내려는 마음갈증이 일어난다. 이것이 애(taṇhā, 愛)다.

53. 마음공간에 편견, 선입관, 가치관 등 마음오염원이 적게 존재하면 감각느낌에 의미를 부여하지 않고 비교하고 평가하지 않고 느낌을 있는 그대로 알아차림하고 존재가 가진 특성으로만 보고 존재에 대해 마음갈증을 일으키지 않고 그 상황에서 자기가 해야 할 일만 한다. 이것이 멸애(nirodha taṇhā, 滅愛)다.

54. 감각느낌을 대상으로 좋은 것은 취하고 싫은 것은 밀쳐내려는 마음갈증이 일어난다. 이 마음갈증 크기만큼 행동강도가 정해진다. 마음갈증이 크면 행위는 격렬하고 마음갈증이 약하면 행위는 부드럽다.

⑨ 취와 멸취

55. 알아차림 기능인 싸띠힘이 약하면 마음갈증을 일으킨 대상에 집착한다. 집착하는 것만큼 행동은 격렬해진다. 집착은 필연적으로 행동

[kamma, 業]으로 발전한다. 이것이 취(upādāna, 取)다.

56. 알아차림 기능인 싸띠힘이 강하면 마음갈증이 발생한 줄 알고 그것을 알아차림하고 벗어날 수 있다. 그 자유로움만큼 삶은 청정해진다. 이것이 멸취(nirodha upādāna, 滅取)다.

57. 접촉대상에 의미를 부여하고 접촉 다음에 일어난 느낌에 집착하고 구속되면 삶은 답답하고 힘들지만 존재를 있는 그대로 알아차림하고 자유로워지면 삶은 자유로움과 행복함으로 충만해진다.

⑩ 유와 멸유

58. 행동은 반드시 흔적을 남긴다. 지나온 삶의 흔적 총합이 현재 총체적인 내 모습, 성격, 지위 등을 형성한다.

59. 지나온 삶의 흔적에 의미를 부여하고 집착하면 유(bhava, 有)다. 그러면 삶이 답답하고 옹졸해진다. 그러나 자기가 처한 상황에서 자기가 해야할 일만 하고 상황이 종료되면 그 상황으로부터 자유로워지고 상황과 행위만 있고 의미부여나 집착이 없다. 이것이 멸유(nirodha bhava, 滅有)다.

여기에서 두 번째 문장이 끝난다. ⑤~⑩까지는 행동학습 과정을 설명한다. 그리고 마지막 문장에서 그렇게 형성된 관념과 행동으로 삶이 전개되는 과정을 설명한다.

4) 삶의 실재

60. 12연기 후반부는 관념형성과 행동학습에 따라 삶의 태도가 정해지고 삶의 질이 결정되는 과정을 설명한다.

⑪ 생로병사와 멸생로병사

61. 관념을 어떻게 형성하고 행동을 어떻게 학습하느냐에 따라 삶의 질이 달라진다. 감각대상에 집착하는 방향으로 행동하고 학습할 건지 자유로워지는 방향으로 행동하고 학습할 건지에 따라 삶의 질이 결정된다.

62. 삶을 흐린 방향으로 학습하면[jāti, jarā, vyādhi, maraṇa, 生老病死] 구속과 고통 지수가 증가하고 삶이 고달파진다. 그러나 삶을 밝은 방향으로 학습하면[nirodha jāri, jarā, vyādhi, maraṇa, 滅生老病死] 자유와 행복 지수가 높아지고 삶의 질이 향상된다.

⑫ 수비고우뇌와 멸수비고우뇌

63. 관념이 형성되고 행동이 학습되면서 괴롭기도 하고 즐겁기도 하고 슬프기도 하고 기쁘기도 하면서 삶이 흘러간다. 그 과정에서 존재에 구속 돼 괴롭기도 하고[soka, parideva, dukkha, domanassa, upāyāsa, 愁悲苦憂惱] 자유로워 행복하기도 하다[nirodha soka, parideva, dukkha, domanassa, upāyāsa, 滅愁悲苦憂惱]. 그게 삶의 실재다.

64. 존재에 의미를 부여하고 결과를 예측하고 자기자신에게 이익되는 방향으로 행동하면 욕망, 이기심, 분노, 적의, 원망, 서운함, 편견, 선입관, 가치관 등의 흔적을 남긴다. 그리고 삶(生老病死)은 슬픔, 고통, 답답함(愁悲苦憂惱) 등으로 채워진다.

65. 존재에 의미를 부여하지 않고 결과를 예측하지 않고 처한 상황에서 자기가 해야할 일만 하고 상황이 종료되면 그 상황으로부터 자유로워지고 마음오염원이 쌓이지 않고 삶은 자유로움과 행복함으로 충만해진다.

66. 붇다히 관점은 단순하고 분명하다. 행동하되 의도를 가지고 행동하지 마라. 의도를 가지고 행동하면 삶이 힘들지만 의도를 가지지 않고 주어진

상황에서 자기자신이 해야 할 일만 하면 삶은 자유와 행복으로 넘쳐날 것이다.

67. 이것이 12연기다. 붇다하는 존재를 인식, 해석, 판단, 행동, 삶이 이뤄지는 과정을 12단계로 나눠 설명했다.

68. 붇다하는 이것을 대중 근기와 상황에 따라 자세히 설명하기도 하고 압축해 간략히 설명하기도 했다.

69. 관념형성, 행동학습, 삶의 전개과정을 설명한 12연기는 붇다하 입멸 후 세월이 흐르고 힌두교 윤회설이 불교에 스며들면서 12연기, 윤회, 업을 교묘히 결합해 12연기를 윤회설에 기초해 왜곡해 설명했다.

70. 후세에 형성된 윤회설에 기초한 12연기 해석은 붇다하 견해와는 완전히 다르다. 붇다하가 설한 원전인 오리지널 경전 그 어디에도 그런 해석은 없다. 12연기에 스며든 윤회설만 제거하면 12연기는 인지주의, 행동주의, 심리학, 상담학, 교육학 등에 유용하게 활용할 수 있을 것이다.

71. 붇다하는 앎의 수준에 따라 삶의 태도가 결정된다고 보았다. 존재를 있는 그대로 이해하고 맑은 관념을 형성하고 청정한 행동을 학습하기 위해서는 존재를 반영하고 인식하는 공간인 마음공간에 존재하는 마음오염원을 제거하는 것이 중요하다고 보았다. 마음오염원 제거과정이 싸띠수행이다.

72. 붇다하가 수행을 강조했지만 그것은 어디까지나 수단이고 목적은 자유로운 삶, 청정한 삶, 행복한 삶, 공존하는 삶이었다.

73. 싸띠수행으로 어둠에서 밝음으로, 무지에서 정지로, 혼돈에서 정돈으로 삶을 변화시킬 수 있다. 그 중심에 12연기, 마음과학, 그리고 싸띠수행이 있다.

③ 마음과 수행

1. 불교교리 대부분은 마음과 수행을 설명하고 변화시키기 위해 만들어졌다. 마음과학과 싸띠수행 이론구조와 기술방법을 분명히 알아야 그 개념을 올바르게 이해할 수 있다.

1. 3학

(표46) **3학**

① 계(sīla, 尸羅, 戒): 수행자 행동규범, 규칙, 질서.
② 정(samādhi, 三昧, 止, 定): 마음완력.
③ 혜(paññā, 般若, 慧): 존재에 내재한 실재, 흐름, 상황 등을 총체적으로 이해하는 능력.
* 경집에서는 계정혜 3학뿐만 아니라 염정혜 3학이나, 계염정혜 4학 등도 설한다.

1. 붇다하는 불교와 싸띠수행을 배우는 과정을 3학(tayo sikkhā, 三學)으로 설명했다.

2. 처음은 염정혜(念定慧) 3학을 설했지만 후기로 갈수록 수행자가 늘고 질서를 강조할 필요에 따라 계정혜 3학을 강조했다. 여기서는 계정혜 3학에 대해 설명한다.

1) 계

3. 계(sīla, 尸羅, 戒)는 수행할 때 방향을 잡아주는 나침판이나 사다리와 같이 길라잡이 역할을 한다.

4. 계는 규칙, 질서, 행동강령 등을 의미한다. 계를 잘 지키면 다른 사람으로부터 비난받는 것을 면한다. 계는 좋지 못한 습관처럼 몸에 낀 거품을 제거하는 도구다.

5. 계를 잘 지키면 수행할 때 길을 잃지 않는다. 그러나 계를 지키는 것만으로 막가파라를 성취하고 닙바-나를 체험할 수 없다. 그것은 알아차림 기능인 싸띠로만 가능하다.

2) 정

6. 정(samādhi, 三昧, 止, 定)은 마음완력이다. 정은 알아차림 기능인 싸띠가 기억이미지와 결합된 마음오염원을 제거할 때 필요한 에너지 공급원이다.

7. 정은 생각에 낀 거품을 제거하는 도구다. 정은 마음공간에 떠다니는 생각거품, 마음오염원을 고요히 가라앉히는 기능을 한다. 그러나 가라앉히기만 할 뿐 제거하지는 못한다. 그것을 제거하는 것은 빤나-로만 가능하다.

3) 혜

8. 혜(paññā, 般若, 慧)는 기억이미지와 결합해있는 마음오염원 제거도구다. 빤나-는 실재와 맥락을 이해하는 도구다.

9. 빤냐-는 앎에 낀 거품을 제거하는 도구다. 빤냐-는 알아차림 기능인 싸띠와 싸띠집중 기능인 싸마-디히로 성장한다. 빤냐-는 자동차 운전수와 같고 삶에 직면한 문제를 극복하는 도구다.

10. 빤냐-는 알아차림 기능인 싸띠와 싸띠집중 기능인 싸마-디히를 통해 성장한다.

2. 마음

(표47) **마음**

① 의(manas, 意): 사유기능 전체, 마음거울.

② 심(citta, ceto, 心): 마음작용.

③ 식((viññāṇa, 識)): 마음거울에 맺힌 상, 발전된 망상, 아뢰야식에 저장된 상

1) 의

1. 붇다하는 사유기능 전체를 마나쓰(manas, 意)라고 했다.

2. 마나쓰는 마음거울로도 쓰인다. 이 때는 여섯 번째 감각기관이다.

3. 마나쓰는 마음거울에 맺힌 5감(五感, 色聲香味觸)과 마음공간에 저장된 기억이미지를 통합하는 기능을 한다.

2) 심

4. 붇다하는 접촉 다음에 일어나고 전개되는 마음작용을 찟따(citta, 心)
또는 쩨또(ceto, 心)라고 했다.

3) 식

5. 붇다하는 감각기관과 감각대상이 접촉해 감각 데이터를 마음거울에 보
내 맺힌 상을 윈냐-나(viññāṇa, 識)라고 했다. 이것은 1차의미고 그 상이 마
음공간에 저장된 기억이미지와 결합해 망상으로 발전한 것이 2차의미다.
그리고 유식에서 아뢰야식에 저장된 데이터도 식이다. 이것은 3차의미다.

3. 마음구성 기본인자

(표48) **마음구성인자**

> ① 의[manas, 意, 認知, mind-mirror]: 마음거울.
> ② 식[viññāṇa, 識, 反影, image]: 마음거울에 맺힌 상.
> ③ 기[anussati, 記, 貯藏, memory]: 마음공간에 저장된 기억이미지.
> ④ 염(sati, 念, 自覺, awake): 알아차림 기능.

1. 뇌활동으로 만들어진 마음은 다음과 같은 네 가지 기본인자로 구성

된다.

2. 마음은 컴퓨터처럼 사이버 공간을 이룬다. 네 가지 마음구성인자가 결합하고 마음공간에 데이터를 입력해 저장, 회상, 결합, 가공, 느낌, 판단 등으로 서로 끊임없이 되먹임하면서 작용하고 반응한다.

3. 네 가지 마음구성 기본인자가 마음공간에서 다차원의 「마음화학반응, citta chemical reactions」, 「마음물리특성, citta physical characteristics」, 사유과정[vitakka, 尋, 가공], 정서과정[vedanā, 受, 느낌], 행동과정[kamma, 業, 반응] 등으로 서로 되먹임하면서 발전하고 전개된다. 이런 마음작용은 막가파라에 들어 닙바-나를 체험할 정도로 싸띠힘이 향상되면 스스로 자각[adhigama, 證得]할 수 있다.

4. 알아차림 기능인 싸띠와 같은 일부인자는 마음구성인자이면서 동시에 마음기능 요소다. 마음에 관해서는 이 책 17장 마음과학에 자세히 설명해두었다. 참고하면 많이 도움될 것이다.

4. 수행

1. 붇다하는 자기가 만든 「마음관리 프로그램」을 싸띠수행(sati bhāvanā, 念修行)이라고 했다.

2. 싸띠수행은 알아차림 기능인 싸띠를 강화하고 실재보는 안목인 빤냐-를 성장시키고 마음오염원인 아-싸봐 제거과정이고, 기억이미지에 낀 거품을 제거하고 기억이미지 구속으로부터 자유로워지는 과정이다.

3. 싸띠수행은 어둠에서 밝음으로, 혼돈에서 정돈으로, 무지에서 정지로 삶을 변혁하는 과정이다. 싸띠수행은 괴로움을 제거하고 자유와 행복으로

인도하는 길라잡이다.

5. 수행도구

(표49) **수행도구**

① 계(sīla, 尸羅, 戒): 수행자 행동규범, 규칙, 질서.

② 보시(dāna, 布施): 선행, 적선, 자비, 봉사.

③ 4념처, 5온, 6경, 화두, 소리: 싸띠 기준점, 알아차림 대상.

④ 싸띠(sati, 念): 알아차림 기능.

⑤ 겨냥[saṅkappa, 思惟]: 알아차림 대상을 향한 싸띠방향.

⑥ 이름붙임: 이름붙이기.

⑦ 싸마-ㄷ히(samādhi, 三昧, 止, 定): 마음완력.

⑧ 응축(sāmukkaṁsika, 凝縮): 데이터 압축.

⑨ 쌈빠자-나(sampajāna, 自知): 원인, 의도 알아차림 능력.

⑩ 빤나-(paññā, 般若, 慧): 실재나 맥락 알아차림 능력.

1) 계

1. 계(sīla, 尸羅, 戒)는 수행자를 막가파라와 닙바-나로 인도하는 길라잡이다. 계는 수행자를 막가파라 문앞까지 인도할 수 있지만 막가파라 문을 열 수는 없다. 계는 오직 막가파라로 나아가는 방향만 잡아준다.

2. 계를 잘 지키면 다른 사람으로부터 비난받는 것을 면할 수 있다. 계는 행동으로 표출되는 거친 아-싸봐를 다스릴 수 있다. 계는 습관과 같이 좋지 못한 몸에 낀 거품을 제거한다. 계는 자동차 핸들에 해당한다.

2) 보시

3. 보시(dāna, 布施), 선행, 덕행, 자비행 등은 수행진보를 가로막는 방해물을 제거하고 좋은 인연을 맺게 해준다. 보시는 아무리 많이 해도 막가파라 문을 열지 못한다. 이것은 수행할 때 직면하는 방해물을 제거하고 좋은 인연을 맺어주지만 일의 성취는 스스로 노력해 이뤄야 한다. 이것이 인과법이다.

4. 수행할 때 방해물이 등장하면 지체없이 보시로 제거해야 한다. 수행자는 조그만 선행이라도 적극 실천하려고 노력해야 한다. 다른 존재를 배려하고 함께 공존하려는 자세는 다른 사람으로부터 칭송받는다.

5. 보시는 네 가지가 있다. 물질이 필요한 사람에게 물질을 제공하는 것[āmisā dāna, 財施], 두려움있는 사람에게 두려움을 제거해주는 것[abhaya dāna, 無畏施], 마음이 불편한 사람에게 마음을 편안히 해주는 것(상담), 다른 사람이 수행할 수 있도록 도와주는 것[dhamma dāna, 法施]이다.

6. 사람은 어려운 일에 직면하면 상대에게 겁을 주거나 꾀를 써서 피하려고 한다. 붇다하는 덕을 베풀어 직면한 어려움을 극복하라고 주문했다. 이것이 붇다하 리더십 가운데 하나다. 붇다하는 타인을 이해하고 배려하는 자비를 아름다운 행위로 보았다.

3) 4념처, 5온, 6경, 화두, 소리

7. 4념처(四念處), 5온(五蘊), 6경(六境), 화두(話頭), 염불(念佛), 진언(眞言) 등은 모두 알아차림 기준점(paṭṭhāna, 發趣處, 出發點)이다.

8. 이것은 자동차연료에 해당한다. 수행자는 이것을 사용해 수행을 향상시킨다. 4념처, 5온, 6경 등은 싸띠수행할 때 사람을 알아차림 기준점으로 삼으라는 전문용어다.

9. 싸띠수행 정통파는 항상 알아차림 대상에서 그 기준점을 색(色) 또는 신(身)에 둔다. 기준점을 색이나 신에 두는 것은 자극이 없어 싸띠강화 훈련에 좋기 때문이다.

4) 싸띠

10. 싸띠(sati, 念)는 마음거울에 맺힌 상을 알아차림하는 도구다. 이것은 감각대상이 마음거울에 맺힌 것을 자각하는 것으로 자동차 엔진 점화장치 또는 자동차열쇠에 해당한다.

11. 이것은 엔진에 연료가 들어오면 점화 플러그가 불꽃을 튕겨 엔진이 작동하고 필요한 에너지를 얻는 것과 같은 구조다.

12. 알아차림 기능인 싸띠만이 막가파라 문을 열 수 있는 유일한 열쇠다. 싸띠는 불교수행에서 가장 중요한 도구다. 싸띠가 싸마-디히, 관찰, 직관, 빤나- 등을 선도한다.

13. 싸띠힘에 따라 막가파라 수준이 결정된다. 싸띠는 흐리고 어두운 마음을 정화해 맑고 밝게 한다.

14. 알아차림 기능인 싸띠는 맑음을 특징으로 한다. 그러나 싸마-디히가

받쳐주지 못하면 맑음은 산만함으로 옮겨간다. 감각대상에 이름붙이고 알아차림하면 싸띠와 싸마-디히가 균형잡혀 수행이 진보한다.

5) 겨냥

15. 사유(saṅkappa, 思惟)는 알아차림 기능인 싸띠가 마음거울에 맺힌 상을 정확히 겨냥하도록 방향을 잡아준다. 사유는 「사유하다.」뿐만 아니라 「의도, 목적」등의 의미도 있다. 동사는 「대상을 향하다.」다.

6) 이름붙임

16. 알아차림 기능인 싸띠가 알아차림 대상을 향해 정확히 겨냥하기 위해서는 마음거울에 맺힌 상을 이름붙이고 알아차림해야 한다. 싸띠수행기술 가운데 가장 두드러진 특징은 기준점 정하고 이름붙이고 알아차림하는 것이다.

7) 싸마-디히

17. 싸마-디히(samādhi, 三昧, 止, 定)는 알아차림 기능인 싸띠를 감각대상에 밀착고정하는 기능이다. 싸마-디히는 마음완력이다. 여기서는 싸띠집중으로 정의한다. 이것은 엔진 힘에 해당한다.

18. 싸마-디히 크기에 따라 닙바-나 체험시간이 결정된다. 싸마-디히는 감각대상에 싸띠를 튼튼히 고정시켜 효율적으로 알아차림할 수 있게 해준다.

19. 싸마-디히는 산란한 마음을 안정시켜 평화롭게 한다. 몸과 마음이 고

요하고 평화로울 때 수행은 크게 진보한다. 그러나 싸마-디히 힘만으로 막가
파라 문을 열지 못한다. 그것은 싸띠만이 열 수 있다. 싸마-디히는 싸띠가 막
가파라 문을 열 수 있도록 힘을 제공한다. 싸마-디히는 이미 마음표면에 등
장해 활동하는 중간 아-싸봐를 제거한다.

20. 싸마-디히는 고요함을 특징으로 한다. 그러나 알아차림 기능인 싸띠
가 받쳐주지 않으면 고요함은 흐림으로 옮겨간다. 감각대상에 이름붙이고
알아차림하면 싸마-디히와 싸띠가 균형잡히고 수행이 크게 진보한다.

8) 직관

21. 응축(sāmukkaṁsika, 凝縮)은 감각대상을 분석, 사유, 논리로 이해
하지 않고 그것을 압축해 전체로 아는 능력이다. 직관은 마음공간에 있는
데이터를 응축해 한 순간, 한 지점에 모두 집중해 실재를 있는 그대로 파악
하는 능력이다. 싸띠와 싸마-디히로 직관은 성숙한다.

22. 알아차림 기능인 싸띠가 감각대상으로 집중될 때 마음공간에 저장
돼있는 데이터도 함께 집중된다. 이때 얼마나 많은 데이터를 집중할 수 있
느냐가 직관력과 빤나-수준을 결정한다.

9) 쌈빠자-나

23. 쌈빠자-나(sampajāna, 自知)는 마음거울에 맺힌 상을 알아차림하고
상을 덮고있는 포장 밑에 존재하는 실재를 있는 그대로 알아차림하는 능력
이다.

24. 쌈빠자-나는 현상(존재)이 발생한 전후관계, 내용과 형식, 원인과 결

과 등을 분명히 아는 능력이다.

25. 쌈빠자-나는 생활선이나 노동선할 때 필요한 도구다. 행동하기 전에 일어난 의도를 알아차림한 후 행동하면 수행향상에 도움된다. 평소 생활할 때 쌈빠자-나를 익혀두면 수행이 익어질 때 좋다.

10) 빤나-

26. 빤나-(paññā, 般若, 慧)는 실재통찰 능력이다. 이것은 자동차 운전자와 같다.

27. 빤나-는 마음속에 잠재해있지만 아직 발생하지 않은 미세한 아-싸봐를 제거한다. 빤나-는 누구나 갖고있다. 단지 크기가 다를 뿐이다. 빤나-가 완전히 성숙된 단계가 아라한뜨 막가파라를 성취했을 때이고 최초 아라한뜨가 붇ㄷ하다.

28. 싸띠는 점에 해당하고, 쌈빠자-나는 선이나 면에 해당하고, 빤나는 입체에 해당한다.

(표50) **알아차림 수준**

점	선(면)	입체

29. 자동차에 비유하면 마음은 엔진이고 싸띠는 엔진 점화장치 또는 자동차열쇠다. 4념처, 5온, 6경, 화두, 염불, 진언 등은 연료고 계는 핸들이다. 보시는 장애물 제거장치에 해당한다.

30. 운전자가 자동차 안팎에서 일어나는 모든 것을 종합해 판단하고 운전하듯 빤나는 삶에 직면한 모든 사항을 점검하고 행복으로 인도하는 운전사와 같은 기능을 한다.

6. 8정도

(표51) **8정도**

① 정견(sammā diṭṭhi, 正見): 올바른 견해

② 정사(sammā saṅkappa, 正思): 올바른 의도·목적(겨냥)

③ 정어(sammā vācā, 正語): 올바른 말

④ 정업(sammā kammanta, 正業): 올바른 행동

⑤ 정명(sammā ājīva, 正命): 올바른 직업

⑥ 정정진(sammā vāyāma, 正精進): 올바른 노력

⑦ 정념(sammā sati, 正念): 올바른 알아차림

⑧ 정정(sammā samādhi, 正定): 올바른 싸띠집중

1. 8정도(ariya aṭṭhaṅgika magga, 聖八支道, 八正道)는 붇다하가 미가다-야에서 5비힉쿠에게 최초로 수행지도할 때 사용한 자유와 행복으로 인도하

는 여덟 가지 수행도구다.

2. 붇다하는 미가다-야에서 5비힉쿠에게 최초로 수행지도할 때 이 개념을 「내가 발견한 자유와 행복으로 가는 새로운 방법」이란 의미로 사용했다. 중도내용이 8정도다.

3. 붇다하는 미가다-야에서 최초로 수행지도할 때 이 8정도를 가지고 지도했고 꾸씨나-라-에서 입멸하기 직전 찾아온 제자에게 8정도가 적용되면 내가르침이고 적용되지 않으면 내가르침이 아니라고 유언했다. 8정도가 붇다하 가르침 핵심이다.

1) 정견

4. 정견(sammā diṭṭhi, 正見)은 존재를 보는 올바른 견해다. 흔히 「올바로 보다.」로 번역하는 데 이것은 올바로 보다가 아니라 존재를 보는 올바른 견해, 올바른 가치관, 올바른 세계관으로 번역하는 것이 옳다.

2) 정사

5. 정사(sammā saṅkappa, 正思)는 두 가지 의미가 있다. 하나는 어떤 일을 할 때 그 의도나 목적이 올발라야 한다는 것이고, 다른 하나는 알아차림 기능인 싸띠가 존재를 향해 정확하게 겨냥돼야 한다는 의미다.

6. 전자는 정견과 함께 존재를 보는 견해가 올발라야 하고 어떤 일을 하더라도 그 의도가 올발라야 한다는 의미로 쓰인다.

7. 후자는 싸띠수행할 때 마음거울에 맺힌 상을 알아차림 기능인 싸띠가 올바르게 겨냥돼야 수행효과가 좋고 수행진도를 향상시킬 수 있다는

의미다.

8. 한문 사(思)로 번역한 pāli 어 saṅkappa는 사유, 의도, 목적, 계획 등의 의미가 있다. 동사인 saṅkappeti로 쓰이면 생각하다, 상상하다, 결정하다, 노력하다의 의미다. 이 용어가 수행용어로 쓰일 때는 마음거울에 맺힌 상에 알아차림 기능인 싸띠를 「정확히 겨냥하다, 또는 정확하게 겨냥하려고 노력하다.」 라는 뜻으로 쓰인다.

3) 정어

9. 정어(sammā vācā, 正語)는 올바른 말이다. 말을 할 때 올바르게 한다는 것이 생각만큼 쉽지가 않다. 올바르게 말하기 위해서는 마음을 맑히고 지혜를 성숙시켜야 하고 실천으로 몸과 마음을 훈련하는 것도 중요하다.

10. 붇다하는 거짓말하지 않고 진실만을 말하는 것, 이간질하지 않고 화합하게 말하는 것, 거칠게 말하지 않고 부드럽게 말하는 것, 꾸며서 말하지 않고 있는 그대로 말하는 것 등을 올바른 말하기로 보고 많이 권장했다.

4) 정업

11. 정업(sammā kammanta, 正業)은 올바른 행동이다. 올바르게 행동한다는 것이 생각만큼 쉽지 않다. 올바르게 행동하기 위해서는 규칙을 정하고 그것을 지키는 것이 요령이다.

12. 붇다하는 살생하지 않고 생명을 살려주는 것, 다른 사람 물건을 훔치지않고 보호해주는 것, 사음하지 않고 상대의 성적결정을 존중하는 것 등을 올바른 행동으로 보고 권장했다.

5) 정명

13. 정명(sammā ājīva, 正命)은 올바른 직업이다. 생명가진 존재가 생존한다는 것은 다른 존재희생을 의미한다. 다른 존재를 희생하지 않고서는 한 순간도 삶을 지속할 수 없는 것이 현실이다.

14. 붇다하는 생존에 필요한 에너지 획득과정에서 가능한 다음과 같은 직업은 피하는 것이 좋다고 권장했다. 붇다가 피해야 할 직업으로 권장한 것은 살생업, 독약업, 술집, 마약, 고리대금업 등이다.

15. 불교도이거나 수행자는 이런 직업은 피할 수 있으면 피하는 것이 좋고 현재사정이 여의치 못하면 다음에 직업을 바꿀 때 심각하게 고려해야 한다.

6) 정정진

16. 정정진(sammā vāyāma, 正精進)은 올바른 노력이다. 열심히 노력했지만 그 이론이나 방법이 올바르지 못하면 노력한 것만큼 결과를 얻을 수 없다.

17. 원효는 발심수행장(發心修行章)에서 어리석은 사람은 모래로 밥을 하는 것과 같고 지혜로운 사람은 쌀로 밥하는 것과 같다고 했다.

18. 붇다하가 많이 강조한 단어는 노력을 의미하는 정진과 게으르지 않아야 한다는 불방일이다. 아무리 좋은 생각이라고 해도 노력하지 않으면 아무 소용없다. 올바른 노력과 불방일은 일의 시작과 끝이다.

7) 정념

19. 정념(sammā sati, 正念)은 올바른 알아차림이다. 붇다가 발견한 것 가운데 가장 획기적인 것이 바로 알아차림 기능인 싸띠다. 이 기능을 발견함으로써 비로소 마음과학과 싸띠수행을 완성할 수 있었다. 싸띠기능은 불교와 수행 처음이자 마지막이다.

8) 정정

20. 정정(sammā samādhi, 正定)은 올바른 싸띠집중이다. 알아차림 기능인 싸띠가 감각대상에 집중할 때 생긴 압력이다. 일종의 마음압력에 해당한다. 이것을 이용해 기억이미지와 결합한 마음오염원을 제거한다.

9) 싸띠와 싸마-디 균형잡기

21. 알아차림 기능인 싸띠는 맑음이 특징이고 싸띠집중 기능인 싸마-디는 고요함이 특징이다.

22. 싸띠와 싸마-디가 균형잡혀야 수행진도가 나가고 막가파라 문을 열 수 있다. 수행이 진보할 때는 대개 싸띠가 앞서간다.

23. 싸띠가 싸마-디보다 앞서면 맑음은 산만함으로 바뀌고 싸마-디가 싸띠보다 앞서면 고요함은 흐림으로 바뀐다. 수행자는 항상 이 둘이 균형을 이루도록 노력해야 한다.

24. 그래서 옛 어른은 이 둘의 균형잡기를 강조했다. 천태지의(天台智顗, 538~597)는 지관쌍수(止觀雙修), 대감혜능(大鑑慧能, 638~713)은 정

혜불이(定慧不二), 보조지눌(普照知訥, 1158~1210)은 정혜쌍수(定慧雙修)를 강조했고 일반적으로는 성성적적(惺惺寂寂)을 좋아했다. 붇다하는 염정쌍수(念定雙修)를 강조하면서 염(sati, 念)이 정(samādhi, 三昧,止, 定)을 선도한다고 보았다. 이 둘을 균형잡는 도구가 이름붙이기다.

7. 4성제

(표52) **4성제**

① 고성제(dukkha ariyasacca, 苦聖諦): 괴로움 실제진리.

② 고집성제(dukkhasamudaya ariyasacca, 苦集聖諦): 괴로움발생 실제진리.

③ 고멸성제(dukkhanirodha ariyasacca, 苦滅聖諦): 괴로움소멸 실제진리.

④ 고멸인도성제(dukkhanirodhagāminī paṭipadā ariya sacca, 苦滅引道聖諦): 괴로움소멸로 인도하는 실제진리.

1. 붇다하는 수행필요성을 4성제(cattāri ariya sacca, 四聖諦, 苦集滅道)로 설명했다.

2. 붇다하는 초전법륜경에서 4성제를 설하면서 이것을 붇다 최상설법(buddha sāmukkaṁsika dhamma desanā, 佛最上說法, 禪法門)이라고 했다.

3. 여기에 등장하는 pāli 어 sāmukkaṁsika는 응축, 압축, 직관 등으로

번역되는 용어로 선법문이라고 번역해도 된다.

4. 조어지경[dantabhūmisutta, 調御地經]에는 「수행할 때는 존재(몸)를 단지 알아차림만 해야지 분석하면 안 된다.」고 강조했다. 이것을 대혜종고는 서장(書狀)에서 막존지해(莫存知解)로 표현했다.

5. 수행지도하기 전에 준비가 덜 된 사람은 마음을 열고 받아들일 준비가 필요한데 그것을 차제설법(anupubba kathā, 次第說法)이라고 한다. 차제설법은 계, 보시, 천상 등에 관한 내용이다.

6. 수행자가 하는 법문이 선법문이 아니라 수행에 관한 내용으로 하는 법문이 선법문이다. 선사라 해도 계나 보시 등에 관한 내용을 말하면 차제설법하는 것이다.

1) 고성제

7. 고성제(dukkha ariya sacca, 苦聖諦)는 괴로움 실제진리다. 붇다하는 4성제에서 삶이 괴롭다고 하지 않았고 괴로움 실재, 본성, 본질을 설명했다. 그러나 후세인은 삶이 괴롭다고 왜곡했다.

8. 붇다하는 초전법륜경에서 「태어남도 둑카(生苦)요, 늙어감도 둑카(老苦)요, 병듦도 둑카(病苦)요, 죽음도 둑카(死苦)요, 좋아하지 않는 사람과 만나는 것도 둑카(怨憎會苦)요, 사랑하는 사람과 헤어지는 것도 둑카(愛別離苦)요, 원하는 것을 얻지 못하는 것도 둑카(求不得苦)요, 요약하면 5온에 대한 집착 그 자체가 둑카(五陰盛苦)다.」 라고 말하고 이것이 괴로움실재라고 했다.

2) 고집성제

9. 고집성제(dukkha samudaya ariya sacca, 苦集聖諦)는 괴로움발생 실제 진리다. 붇다하는 다음과 같은 여러 가지 요인이 모여 괴로움이 발생한다고 말했다.

10. 새로운 삶의 조건(再生)을 형성하고, 기쁨(歡喜)과 탐욕(貪欲)을 동반하고, 여기저기 다니면서 즐기려고 하는 마음갈증(渴愛), 애욕에 대한 마음갈증, 존재에 대한 마음갈증, 부에 대한 마음갈증 등이 모여 괴로움이 발생한다.

11. 붇다하는 괴로움이 발생하는 원인을 거창하게 말하지 않았다. 오늘날 사람이 경험하는 것과 다르지 않다. 돈, 권력, 명예, 사랑 등을 성취하는 과정에서 괴로움이 발생한다고 보았다.

3) 고멸성제

12. 고멸성제(dukkha nirodha ariya sacca, 苦滅聖諦)는 괴로움소멸 실제 진리다. 원인을 알면 답도 있다. 괴로움원인이 마음갈증에 기초한 것이라면 마음갈증을 해소하면 괴로움도 소멸한다는 것이 붇다하 기본생각이었다.

13. 이것이 진실로 괴로움소멸 실제진리다. 마음갈증에 대한 탐욕을 완전히 없애고, 마음갈증을 소멸하고, 마음갈증을 단념하고, 마음갈증을 버리고, 마음갈증으로부터 벗어나고, 마음갈증에 집착하지 않는 것이 괴로움을 소멸하는 유일한 길이다.

4) 고멸인도성제

14. 고멸인도성제(dukkha nirodha gāminī paṭipadā ariya sacca, 苦滅引
道聖諦)는 괴로움소멸로 인도하는 실제진리다. 괴로움본질과 괴로움발생
원인을 알았다면 괴로움을 제거할 수도 있다. 원리를 알면 유효한 기술을
개발해 사용할 수 있기 때문이다.

15. 붇다하는 삶의 실을 떨어뜨리는 집착과 구속 상태로부터 벗어나 자유
롭고 행복한 상태로 가는 도구로서 8정도를 제시했다. 8정도는 자유와 행
복으로 가는 붇다하가 제시한 핵심도구다. 8정도는 위에서 설명했다. 참고
하면 도움될 것이다.

8. 37보리조법

1. 37보리조법(sattatiṁsa bodhi pakkhiya dhamma, 三十七菩提助法)은
막가파라에 들어 닙바-나를 체험하고, 기억이미지와 결합해있는 마음오염
원인 욕망, 이기심, 분노, 적의, 원망, 서운함, 편견, 선입관, 가치관 등 탐
진치 3독심을 제거하고 자유와 행복으로 가는 도구다.

2. 37보리조법은 붇다하가 여러 곳에서 개별적으로 설한 것을 말년에 하
나로 묶어 설명했다. 같은 내용을 다른 관점에서 설명한 것이기 때문에 반
복하는 개념이 많다. 중복되는 것을 빼면 알아차림 기능인 싸띠가 핵심이
다.

1) 4념처

(표53) **4념처**

① 신(kāya, 身): 몸이나 신체작용

② 수(vedanā, 受): 감각느낌

③ 심(citta, 心): 마음작용

④ 법(dhamma, 法): 마음거울에 맺힌 기억이미지

3. 4념처는 이 책 719~721쪽에 자세히 설명해두었다. 참고하면 많은 도움될 것이다.

2) 4정근

(표54) **4정근**

① 단근(pahāna padhāna, 斷勤): 이미 생긴 악은 제거하려고 노력하는 것.

② 율의근(saṁvara padhāna, 律儀勤): 아직 생기지 않은 악은 생기지 않게 노력하는 것.

③ 수호근(anurakkhaṇā padhāna, 隨護勤): 아직 생기지 않은 선은 생기게 노력하는 것.

④ 수근(bhāvanā padhāna, 修勤): 이미 생긴 선은 성장하도록 노력하는 것.

4. 4정근(cattāri padhāna, 四正勤)은 일종의 서원, 맹세, 원력이다. 그냥 노력하는 것과 목표를 설정하고 노력하는 것에는 많은 차이있다. 목표나 꿈을 설정하고 노력하면 서서히 그와 같은 상태가 될 수 있다.

5. 꿈을 갖지않은 사람은 목표치를 성취하고 나면 다음에 어떻게 해야 할지 몰라 길을 잃는 경우가 많다. 그러나 큰 꿈이나 원력을 갖고있는 사람은 작은 꿈을 성취하고 나면 더 큰 꿈을 향해 흔들리지 않고 나아간다.

6. 큰 꿈을 성취하기 위한 수단으로 돈을 벌고, 권력을 잡고, 학문을 익힌 사람은 그것을 성취하면 곧장 자기가 가진 큰 꿈을 향해 주저없이 나아간다. 그렇지 않은 사람은 자기가 노력해 성취한 것을 놓지 못하고 의미있게 사용할 줄 몰라 헤맨다.

7. 그래서 옛 어른은 항상 원력, 서원, 꿈을 가지라고 주문했다. 아름다운 세상은 꿈꾸는 자 몫이다.

3) 4신족

(표55) **4신족**

① 욕신족(chandiddhipāda, 欲神足): 뛰어난 수행경지를 획득하려는 욕망.

② 정진신족(viriyiddhipāda, 精進神足): 뛰어난 수행경지를 획득하려는 노력.

③ 심신족(cittiddhipāda, 心神足): 마음을 맑고 아름답게 다스릴 수 있는 능력을 획득하려는 노력.

④ 사유신족(vimaṁsiddhipāda, 思惟神足): 깊고 치밀하게 사유할 수 있는 능력을 획득하려는 노력.

8. 4신족(cattāro iddhipāda, 四神足, 四如意足)은 4여의족이라고도 한다.
이것은 일종의 서원, 맹세, 원력이다. 이런 경지에 도달하려는 강력한 서원
이나 꿈을 설정하고 수행하면 마음자세가 확고하고 어려움에 직면해도 흔
들리지 않고 인내심으로 극복할 수 있다. 그래서 항상 수행자는 수행할 때
서원을 세우고 하라고 권한다.

4) 5근

(표56) **5근**

① 신근(saddha indriya, 信根): 수행지도하는 스승과 수행법에 대한
  확고한 신뢰.
② 근근(viriya indriya, 勤根): 아라한뜨 막가파라에 들어 닙바-나를
  성취하기 위해 열심히 노력하는 것.
③ 염근(sati indriya, 念根): 마음거울에 맺힌 상을 알아차림하는 것.
④ 정근(samādhi indriya, 定根): 알아차림 기능인 싸띠를 마음거울
  에 맺힌 상에 집중하는 것.
⑤ 혜근(paññā indriya, 慧根): 실재를 있는 그대로 보는 것.

9. 5근(pañca indriya, 五根)은 싸띠수행을 진보시키는 데 필요한 근본토
대에 관한 설명이다.

10. 붇ㄷ하는 자유와 행복으로 가는 근본토대를 붇ㄷ하, 마음과학, 싸띠수

행에 대한 믿음[saddha indriya, 信根], 가열찬 노력[viriya indriya, 勤根], 분명한 알아차림[sati indriya, 念根], 견고한 싸띠집중[samādhi indriya, 定根], 실재보는 안목인 지혜[paññā indriya, 慧根]로 설정했다.

11. 무엇을 하더라도 견고한 토대를 갖추면 외적상황이나 직면한 어려움에 흔들리지 않고 자기가 세운 최종 목표지점으로 나아갈 수 있다.

5) 5력

(표57) 5력

① 신력(saddha bala, 信力): 수행지도하는 스승과 수행법에 대한 확고한 신뢰.
② 근력(viriya bala, 勤力): 아라한뜨 막가파라에 들어 닙바-나를 성취하기 위해 열심히 노력하는 것.
③ 염력(sati bala, 念力): 마음거울에 맺힌 상을 알아차림하는 것.
④ 정력(samādhi bala, 定力): 알아차림 기능인 싸띠를 마음거울에 맺힌 상에 집중하는 것.
⑤ 혜력(paññā bala, 慧力): 실재를 있는 그대로 보는 것.

12. 5력(pañca bala, 五力)은 싸띠수행을 진보시키는 데 필요한 근본 에너지에 관한 설명이다.

13. 붇다하는 싸띠수행으로 자유와 행복으로 가는 근본 에너지를 붇다하, 마음과학, 싸띠수행에 대한 믿음[saddha bala, 信力], 가열찬 노력[viriya

bala, 勤力], 분명한 알아차림[sati bala, 念力], 견고한 싸띠집중[samādhi bala, 定力], 실재보는 안목인 지혜[paññā bala, 慧力]로 설정했다.

14. 무엇을 하더라도 그것을 추진할 현실적인 힘이 필요하다. 힘없이 말이나 주장만으로 할 수 있는 것은 많지 않다.

15. 싸띠수행도 마찬가지다. 수행진보를 위한 현실적이고 근원적인 힘이 필요한데 그것이 5력이다. 5력은 수행진보를 결정짓는 핵심 에너지다.

6) 7각지분

(표58) **7각지**

① 염각지(sati bojjhaṅga, 念覺支): 마음거울에 맺힌 상을 알아차림 하는 것.

② 택법각지(dhammavicaya bojjhaṅga, 擇法覺支): 자기 수행단계에 맞는 적합한 수행기술을 찾는 것.

③ 정진각지(viriya bojjhaṅga, 精進覺支): 아라한뜨 막가파라에 들어 닙바-나를 성취하기 위해 열심히 노력하는 것.

④ 희각지(pīti bojjhaṅga, 喜覺支): 수행에서 오는 첫 번째 행복감, 기쁨으로 번역함. 몸과 마음이 약간 들뜸.

⑤ 경쾌각지(passaddhi bojjhaṅga, 輕快覺支): 몸과 마음이 고요하고 상쾌함.

⑥ 정각지(samādhi bojjhaṅga, 定覺支): 알아차림 기능인 싸띠를 마음거울에 맺힌 상에 집중하는 것.

⑦ 사각지(upekhā bojjhaṅga, 捨覺支): 실재를 있는 그대로 보고, 존재를 구분하거나 차별하지 않고 함께 어울리는 것.

16. 7각지(satta bojjhaṅgā, 七覺支)는 막가파라에 들기 위한 수행도구를 일곱 개로 세분화해 설명한 것이다.

17. 7각지는 수행초기도 유효하지만 수행진도가 막가파라에 이르는 4/5 지점인 우뻬카-(upekhā, 捨) 단계부터 본격적으로 닦아야 한다. 그래야 4선을 거쳐 막가파라에 들어 닙바-나를 체험할 수 있다.

18. 이 단계에 도달하면 자연히 7각지가 나와야 한다. 그렇지 않으면 억지로 수행한다고 해서 수행진보가 향상되지 않는다. 스스로 7각지가 나올 때 수행이 다음단계로 진보한다.

① 염각지

19. 염각지(sati bojjhaṅga, 念覺支)는 마음거울에 맺힌 상을 알아차림하는 것이다. 알아차림한다기보다 저절로 알아차림된다. 그래야 수행이 크게 진보한다.

② 택법각지

20. 택법각지(dhammavicaya bojjhaṅga, 擇法覺支)는 자기 수행단계에 맞는 적합한 수행기술을 찾는 것, 자기근기에 맞는 적절한 수행방법을 찾는 것이다.

21. 붇다하는 수행자근기에 맞는 수행기술을 적절히 응용했다. 근기에 따라 수행하면 수행효과가 좋기 때문이다.

22. 그러나 수행자근기는 드러난 경우도 있지만 살면서 여러 가지 이유로 다양한 형태로 포장돼있는 경우가 많다. 이때는 처음부터 수행자근기를 유추하지 않고 기본방법으로 수행해 수행단계가 우뻬카- 단계(4/5지점)에 도달하면 비로소 껍질을 깨고 근기가 드러난다. 그렇게 드러난 근기에 따

라 수행기술을 사용하면 수행은 크게 진보한다.

23. 그러나 주의해야 할 것은 어떤 경우든 싸띠수행자는 붇다하가 만든 기본기에 충실해야 한다는 점이다. 기본기를 벗어난 응용은 옆길로 새게 하고 길을 잃게 할 수도 있다. 기본기에 충실하면서 응용하는 것이 수행진보 핵심이다.

③ 정진각지

24. 정진각지(viriya bojjhaṅga, 精進覺支)는 아라한뜨 막가파라에 들어 닙바-나를 성취하기 위해 열심히 노력하는 것이다. 수행하면 할수록 힘이 나와야 더 열심히 노력할 텐데 정진하면 할수록 힘들면 더 열심히 할 수가 없다.

25. 이 단계에 도달해서 하루에 평균 14시간 이상 밀어붙여도 몸과 마음이 지치거나 피곤하지 않고 힘이 더 나와야 한다. 그래야 수행진보를 기대할 수 있다. 만일 이 단계에 도달했는데 수행할수록 몸이 힘들면 자기점검을 할 필요가 있다.

④ 희각지

26. 희각지(pīti bojjhaṅga, 喜覺支)는 수행을 통해 몸과 마음에 쌓인 아-싸봐를 제거하고 나오는 첫 번째 행복감이다. 대개 막가파라 2/5 지점부터 나오는데 수행진보가 나아갈수록 더 강하게 나타나기도 하고 기쁨이 몸으로 표출되기 때문에 약간 들뜬 느낌이 들기도 한다.

27. 수행할수록 행복하고 즐거워야 더 열심히 수행할 수 있다. 그렇지 않고 수행할수록 불쾌하고 괴로우면 수행이 재미없고 수행진보도 기대할 수 없을 것이다.

⑤ 경쾌각지

28. 경쾌각지(passaddhi bojjhaṅga, 輕快覺支)는 몸과 마음이 고요하고
상쾌한 상태다.

29. 수행진도가 나가면 몸과 마음에 쌓인 아-싸봐가 해체된다. 그러면
마음뿐만 아니라 몸도 아주 가볍고 상쾌함을 느낀다. 수행진도가 나갈수록
몸과 마음이 가볍고 상쾌해야 더 열심히 수행할 수 있다. 수행할수록 몸과
마음이 무겁거나 찜찜하면 수행을 포기하는 요인이 된다.

⑥ 정각지

30. 정각지(samādhi bojjhaṅga, 定覺支)는 알아차림 기능인 싸띠를 마음
거울에 맺힌 상에 집중하는 것이다. 싸띠집중이라고 한다. 이 단계에 도달
하면 싸띠뿐만 아니라 싸띠집중도 힘들이지 않고 잘 된다. 그래야 수행이
크게 진보한다.

⑦ 사각지

31. 사각지(upekhā bojjhaṅga, 捨覺支支)는 기억이미지와 결합된 마음
오염원인 탐진치 3독심을 해체하고 존재를 구분하거나 차별하지 않고 자
기가 가진 모든 편견, 선입관, 가치관 등을 내려놓고, 존재를 있는 그대로
보고, 함께 어울리는 것이다.

32. 존재를 있는 그대로 보면 마음이 고요하면서 상쾌하다. 어떤 존재를
만나거나 어떤 상황에 처하더라도 마음이 흔들리지 않고 평정심을 유지할
수 있다. 이런 힘이 나와야 수행이 크게 진보할 수 있다.

7) 8정도

표59 **8정도**

① 정견(sammā diṭṭhi, 正見): 올바른 가치관

② 정사(sammā saṅkappa, 正思): 올바른 겨냥(의도·목적)

③ 정어(sammā vācā, 正語): 올바른 말

④ 정업(sammā kammanta, 正業): 올바른 행동

⑤ 정명(sammā ājiva, 正命): 올바른 직업

⑥ 정정진(sammā vāyāma, 正精進): 올바른 노력

⑦ 정염(sammā sati, 正念): 올바른 알아차림

⑧ 정정(sammā samādhi, 正定): 올바른 싸띠집중

33. 8정도는 이 책 675쪽에 자세히 설명해두었다. 참고하면 많은 도움
될 것이다.

9. 4무량심

표60 **4무량심**

① 자(mettā, 慈): 다른 존재를 기쁘게 하는 것.

② 비(karuṇā, 悲): 다른 존재의 슬픔을 제거하는 것.

③ 희(muditā, 喜): 다른 존재가 기뻐할 때 함께 기뻐하는 것.

④ 사(upekhā, 捨): 다른 존재와 함께 어울리는 것.

1. 4무량심(cattāro appamana citta, 四無量心)은 자비희사(慈悲喜捨)다.

1) 자

2. 자(mettā, 慈)는 다른 존재에게 기쁨을 주는 것이다. 다른 존재를 기쁘게 하는 것은 여러 가지가 있을 수 있다. 물질이 필요한 사람은 물질이 기쁨일 수 있고 마음이 불편한 사람은 싸띠수행이 청량제가 될 수도 있다.

3. 그것은 관계와 상황, 필요와 능력에 따라 선택하면 좋다. 그러나 어떤 경우든 제공자 생각이 개입하면 안 된다. 제공자나 생산자 입장도 중요하지만 더 중요한 것은 소비자나 사용자다. 소비자나 사용자가 소외된 베풂은 폭력일 수 있다.

2) 비

4. 비(karuṇā, 悲)는 다른 존재가 가진 슬픔을 제거하는 것이다. 다른 존재 슬픔을 제거하는 방식은 다양하다. 함께 공감하고 슬퍼하기도 하고, 기쁨을 제공해 슬픔을 몰아내기도 하고, 슬픔을 일으킨 원인을 제거하기도 한다.

5. 그러나 슬픔과 기쁨은 지극히 주관적이다. 그렇기 때문에 다른 사람이 자기방식대로 슬픔을 해소하는 방식을 소개할 수는 있어도 자기방식을 강요해서는 안 된다. 그것은 폭력이다.

3) 희

6. 희(muditā, 喜)는 다른 존재가 즐거워할 때 함께 기뻐하는 것이다. 함께 기뻐하기가 말처럼 쉽지 않다.

7. 얼핏 생각하면 상대에게 기쁜 일이 생기면 좋을 것 같은데 축하보다 부러움이 시기와 질투로 변하는 경향이 많다. 또 상대가 경쟁상대거나 직장에서 함께 일하며 승진을 다투는 경우는 기쁨을 공유하는 것이 정말 어렵다. 서로 함께 기뻐할 수 있을 때 삶의 토대가 평화롭고 풍요로워진다.

4) 사

8. 사(upekhā, 捨)는 다른 존재와 함께 어울리는 것이다. 내가 가진 돈, 신분, 명예 등을 내려놓고 다른 존재와 함께 어울리기는 참으로 어렵다.

9. 자기가 가진 것을 베풀기는 쉬울지 몰라도 삶의 방식이나 정서나 취향이 다른 존재가 함께 어울리는 것은 참으로 힘든 일이다.

10. 그러나 달리 생각하면 사람사는 것 모두 비슷하고 거기서 거기다. 산에 소나무만 있으면 얼마나 단조로울까? 명산은 소나무뿐만 아니라 토끼, 여우, 독사, 노루, 호랑이 각종 동식물이 어울려 산다. 옛 어른은 이것을 어울림 아름다움이라고 했다.

11. 어울림은 존재가 가진 아름답고 고귀한 것이다. 서로 다른 존재가 함께 어울려 조화로움을 창조하는 것이야말로 진정한 아름다움이다.

12. 각기 다른 존재가 함께 어울리기 위해서는 편견, 선입관, 가치관 등으로 존재를 보지 말고 싸띠수행으로 기억이미지와 결합한 마음오염원을 제거하고 모든 것을 내려놓고 존재를 있는 그대로 보아야 한다.

5) 분리강조

13. 자비희사는 내용상 두 부분으로 이뤄졌다. 하나는 자비(慈悲)고 다른 하나는 희사(喜捨)다.

14. 자비는 베풂을 강조한 개념이고 희사는 어울림을 강조한 개념이다. 자비는 자기와 다른 존재가 행복하길 바라는 마음이고 희사는 사랑과 우정이 넘지게 하는 노력다.

15. 붇다하는 베풂과 어울림을 좋아했다. 베풂을 좋아하는 사람은 여유로운 사람이다. 자기자신이 가지지 못하면 베풀 수 없는 것이 현실이다. 마음만으로 할 수 있는 것은 많지 않다.

16. 베풂 못지않게 중요한 것은 어울림이다. 자기가 가진 모든 것을 내려놓고 다른 존재와 함께 어울리는 것은 아름다운 일이다. 그러나 쉽지 않은 것도 엄연한 현실이다.

17. 붇다하는 다른 존재를 이해하고 배려해야 하며 베풂공덕을 강조했다. 동시에 모든 것을 내려놓고 자기입장을 초월해 함께 기뻐하고 어울리는 삶이 아름답다고 주장했다.

18. 붇다하 당시는 능력제와 신분제가 공존했다. 붇다하는 능력에 기초해 평가받아야 한다고 주장했고 힌두교는 신분에 따라 구분하고 차별해야 한다고 주장했다.

19. 붇다하 입멸 후 능력제를 주장한 사람이 통일제국을 만들었지만 능력제는 자기가 성취한 것을 포기해야 한다는 것을 의미하자 새로운 기득권을 가진 사람은 자기가 가진 것을 세습시키기 위해 급속히 신분제사회로 복귀했다.

20. 신분세습에 기초한 전제왕조 시대 왕의 베풂이란 상징조작에 이론

제공을 한 불교개념이 자비다. 그러나 신분평등에 기초한 어울림은 신분사회에서는 금기철학이었다. 그래서 자비희사는 앞의 자비만 대중에게 강조되고 희사는 의도적으로 제거됐다.

21.동서고금을 막론하고 혼자서 살 수 없는 것이 삶의 실재다. 항상 다른 존재와 어울리고 공존하려는 자세를 갖출 때 삶이 풍요롭고 평화로울 것이다. 그런 의미에서 자비뿐만 아니라 그동안 소홀히 다루었던 어울림을 강조한 희사도 중시해야 한다.

10. 4선

(표61) **4선**

① 초선(paṭhama jhāna, 初禪): 수행진도가 초선단계에 도달함. 이 단계에서 삐-띠(pīti, 歡喜)와 쑤카(sukha, 樂)가 함께 나타나기도 함.

② 2선(dutiya jhāna, 二禪): 수행진도가 2선단계에 도달함. 이 단계에서 삐-띠(pīti, 歡喜)가 있는 상태에서 쑤카가 나타남.

③ 3선(tatiya jhāna, 三禪): 수행진도가 3선단계에 도달함. 이 단계에서 쑤카는 남아있고 삐-띠는 사라짐.

④ 4선(catuttha jhāna, 四禪): 수행진도가 4선단계에 도달함. 이 단계에서 쑤카도 사라지고 사(upekhā, 捨)만 남음.

1. 4선(cattāri jhāna, 四禪)은 막가파라 4/5지점인 우뻬카- 단계와 막가파라 단계 사이를 네 단계로 세분해 4선이라고 한다. 4선을 통과하면서 곧바로 막가파라에 들어 닙바-나를 체험한다.

2. 경전은 4선을 말로 설명하지만 4선에 도달하면 기쁨[pīti, 歡喜], 즐거움[sukha, 樂], 사(upekhā, 捨) 등이 몸과 마음에 나타난다. 4선 각 단계는 심리현상이지만 수행자몸에 나타난 생리특성을 보고알 수 있다.

1) 초선

3. 초선(paṭhama jhāna, 初禪)에 도달하면 몸과 마음에 삐-띠(pīti, 歡喜)와 쑤카(sukha, 樂)가 나타난다.

4. 여러 가지 사유작용이 활발히 일어나면서 삐-띠와 쑤카는 몸과 마음에서 현상으로 나타난다. 속기쉽다. 조심할 일이다. 수행자는 삐-띠나 쑤카가 나타남만 두드러지게 느낀다.

2) 2선

5. 수행진도가 2선(dutiya jhāna, 二禪)에 도달하면 몸과 마음에 삐-띠와 쑤카가 나타난다.

6. 여러 가지 사유작용이 멈추고 삐-띠와 쑤카는 몸과 마음에서 현상으로 나타난다. 속기쉽다. 조심할 일이다. 수행자는 삐-띠와 쑤카 둘 다 강하게 느낀다.

3) 3선

7. 수행진도가 3선(tatiya jhāna, 三禪)에 도달하면 몸과 마음에서 삐-띠는 사라지고 쑤카만 남는다.

8. 여러 가지 사유작용도 멈추고 쑤카는 몸과 마음에서 현상으로 나타난다. 속기쉽다. 조심할 일이다.

4) 4선

9. 수행진도가 4선(catuttha jhāna, 四禪)에 도달하면 몸과 마음에서 쑤카도 사라지고 우뻬카-(upekhā, 捨)만 남는다.

10. 여러 가지 사유작용도 멈추고 감각 느낌도 사라지고 맑고 평정한 느낌만 나타난다. 우뻬카는 몸과 마음에서 현상으로 나타난다. 속기쉽다. 조심할 일이다.

11. 수행진도가 어느 정도 향상된 수행자가 수행할 때 몸이 불편해서 수행에 많은 지장을 받으면 혹시 4선 가운데 어느 단계에 걸린 것은 아닌지 눈밝은 스승에게 한 번쯤 수행점검해볼 필요있다.

11. 막가파라와 닙바-나

① 막가(magga, 道): 마음숙면상태에 들어가는 문.
② 파라(phala, 果): 마음숙면상태에서 나오는 문.
③ 닙바-나(nibbāna, 涅槃, 寂滅): 마음숙면상태.

1. 처음 수행을 시작해 수행진도가 나가면 반드시 그 끝이 있다. 끝지점에 도착하면 들어가는 문과 나오는 문이 있다.

2. 들어가는 문을 막가(magga, 道)라 하고 나오는 문을 파라(phala, 果)라고 한다. 막가와 파라 사이에 틈이 있는데 그 틈을 닙바-나(nibbāna, 涅槃, 寂滅)라고 한다.

1) 막가파라

3. 싸띠기능이 성숙해 실재(三法印, 無我-苦-無常)를 체험하는 것을 스스로 알아차림할 수 있는 단계로 접어들면 알아차림 기능인 싸띠힘이 고도로 활성화되고 감각대상을 크게 확대한다.

4. 이 단계에 도달하면 분명히 깨어있지만 마음거울에 맺힌 상이 소멸하면서 깊은 숙면상태에 빠지는 현상이 나타난다. 이 상태를 막가(magga, 道)라고 한다.

5. 이런 현상은 감각대상이 변한 것이 아니라 존재를 알아차림하는 싸띠

기능이 고도로 활성화돼 존재를 극도로 확대했기 때문에 감각대상이 입자 수준으로 보이면서 시야에서 사라지기 때문이다.

6. 조금 시간이 지나 알아차림하는 싸띠기능이 약해지고 감각대상을 확대하던 배율이 낮아지면 감각대상이 다시 보이기 시작한다. 이 상태를 파라(phala, 果)라고 한다. 이것은 싸띠힘이 후퇴하고 마음숙면상태로부터 깨어난 것이다.

2) 닙바-나

7. 알아차림이 소멸했다 다시 돌아오는 틈을 닙바-나(nibbāna, 涅槃, 寂滅)라고 한다. 여기서는 마음숙면상태라고 정의한다.

8. 이런 마음숙면상태는 알아차림 기능인 싸띠가 분명히 깨어있지만 싸띠와 싸마-디히 기능이 고도로 활성화된 단계에서 나타나는 현상이다.

9. 싸띠기능이 고도로 활성화되고 감각대상을 3법인상태로 알아차림하면 존재움직임이 아주 빠르게 진행되는 것을 알아차림할 수 있고 감각대상과 알아차림하는 싸띠가 완전히 밀착해 전개되는 것을 알 수 있다. 그리고 대상과 그것을 알아차림하는 싸띠가 함께 소멸[nirodha, 滅]한다.

표63 **마음숙면 상태**

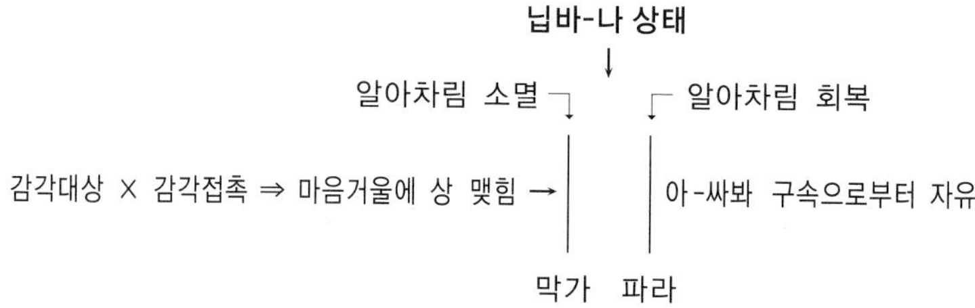

10. 닙바-나를 체험할 때 알아차림이 소멸하고 마음숙면상태에 드는 것은 현미경배율을 높이는 것과 같은 원리다. 시각대상을 입자수준으로 확대하면 시각대상은 분명히 존재하지만 더 이상 시각기관으로 감지할 수 없듯 싸띠기능이 고도로 활성화되면 대상이 입자수준으로 확장되고 마음거울에서 사라진다. 어느 정도 수행으로 실제로 그런 일이 가능하다.

11. 감각대상을 10초에 10배 정도 확장하면 관찰자가 그 속으로 빨려들어가는 듯한 느낌을 받는다. 같은 원리로 마음거울에 맺힌 상을 순간적으로 10만 배 정도 확장하면 강한 흡입장치에 물컹하고 쑥 빨려 들어가는 듯한 느낌을 받으면서 알아차림이 끊어지고 마음숙면상태로 접어든다. 싸띠 힘이 약해지면 즉시 일상차원으로 돌아온다.

12. 막가파라에 들어가는 상태는 싸띠수준에 따라 다차원으로 전개된다. 여기서 예를 든 것은 일반적으로 쏘따-빳띠 막가파라에 드는 현상이다. 싸까다-가미, 아나-가미, 아라한뜨와 같이 더 높은 막가파라로 나아갈 때는 알아차림이 다른 상태로 소멸되고 막가파라에 들고나는 현상을 다르게 체험한다.

13. 마음숙면상태인 닙바-나에 들어있는 시간은 사람과 수행력에 따라 다르다. 처음 경험하는 사람은 몇 초, 몇 분, 몇 십 분 또는 몇 시간이 걸리기도 한다. 그것은 싸띠와 싸마-ㄷ히의 힘이 결정한다.

14. 육안수준에서 전자현미경 수준으로 싸띠기능을 강화하는 데 그렇게 많은 시간이 필요치 않다. 한걸음에 막가파라에 갈 수 있는 지점까지 싸띠 힘을 성숙시키는 데 BUDDHA DHAMMA SAṄGHA에서는 하루 15시간 12주면 충분하다고 본다.

15. 막가파라에 들어 닙바-나를 체험하는 것은 결국 스스로 힘으로 해야 한다. 붇ㄷ하가 와도 그것은 대신해줄 수 없다.

16. 막가로 들어가 닙바-나를 체험하고 파라로 나오는 과정에서 3법인을 어느 수준으로 알아차림했느냐가 쏘따-빳띠, 싸까다-가-미, 아나-가-미, 아라한뜨 판단기준이다.

17. 길은 하나다. 붇다하가 간 길이나 옛 조사가 간 길이나 지금 수행자가 가는 길은 같다. 누구나 싸띠와 빤나-가 성숙하면 동일하게 체험할 수 있다. 수행점검과 법거량이 가능한 것은 길이 하나기 때문이다.

18. 객관이란 동일한 조건을 갖추면 누구나 계측가능한 것을 말한다. 싸띠수준에 따라 체험이 동일하면 수행단계도 객관적으로 검증할 수 있다.

19. 빤나가 성숙되는 것은 잘 보이지 않지만 마음오염원인 아-싸봐가 소멸될 때는 몸과 마음에 분명히 그 흔적을 남긴다. 아-싸봐는 심리현상이지만 그것이 몸에 축적되거나 해체될 때는 반드시 생리흔적을 남긴다. 그 흔적을 보면 수행이 어느 정도 진도나갔는지 알 수 있다.

3) 마음오염원 해체

20. 닙바-나 상태에서 3법인을 몸과 마음으로 체득하고, 몸과 마음에 쌓인 아-싸봐가 뿌리뽑혀 현저히 약화되고, 마음공간에 존재하는 기억이미지에 낀 거품이 해체되면 앎이 구조조정된다. 그러면 마음공간이 맑아지고 마음기능은 건강하고 실재를 볼 수 있는 안목인 빤나-힘이 성숙된다.

21. 이 상태를 통과하면 기억이미지와 결합한 기억이미지 질량이 해체된다. 그러면 무거운 짐을 내려놓은 것처럼 마음이 상쾌하고 최상행복을 느낀다. 앎과 기억이미지에 낀 거품이 제거되고 세상을 바라보는 관점이 변한다. 사물을 있는 그대로 보고 행동한다. 대자유와 최상행복을 누릴 수 있다.

22. 막가파라에 들어 닙바-나를 체험하면 몸과 마음이 깊은 숙면상태를 거친 것보다 수천 배 강한 상쾌함을 경험한다. 이 상쾌함을 붇다하는 최상행복 또는 닙바-나 즐거움[nibbāna sukha, 解脫樂]이라고 했다. 여기서는 「맑음」으로 정의한다.

23. 막가파라 4/5지점에 이르면 대부분 아-싸봐는 소멸하지만 몸과 마음에 그 뿌리가 남아있다.

24. 막가파라에 들어 닙바-나를 체험하면서 욕망과 이기심(貪), 분노와 적의, 원망과 서운함(嗔), 편견과 선입관, 가치관(痴) 등의 아-싸봐 뿌리가 뽑히기 시작하고 기억이미지 구속으로부터 벗어날 수 있다.

4) 앎 구조조정

25. 이 과정을 통과하면서 마음공간에 존재하는 데이터가 다른 데이터와 결합해 데이터에 낀 거품이나 마음오염원을 제거하고 데이터 구조조정이 일어난다. 그 결과 어둠과 혼돈이 밝음과 정돈으로 바뀌고 삶은 구속과 괴로움으로부터 자유와 행복으로 충만해진다.

26. 마음오염원인 아-싸봐는 에너지 뭉침이다. 아-싸봐는 홀로 존재하지 않고 반드시 기억이미지와 결합하고 에너지를 흡수해 마음공간에 존재한다.

27. 마음오염원이 기억이미지와 결합할 때는 에너지를 흡수하고 기억이미지와 해체될 때는 에너지를 해체하면서 빠져나간다.

28. 마음오염원인 아-싸봐는 심리현상이지만 그것이 소멸될 때는 몸과 마음에 반드시 생리흔적을 남긴다. 몸과 마음에 남긴 생리흔적은 수행진도를 판정하는 유일한 객관자료다.

29. 누구나 막가파라에 들어 마음숙면상태인 닙바-나에 들었다고 주장
할 수 있지만 아-싸봐가 소멸될 때 몸과 마음에 남긴 생리흔적은 감출 수
없다. 체험해본 사람은 분명히 알고있다.

5) 다양한 마음숙면

30. 마음숙면상태는 여섯 가지가 있다. 그 가운데 하나만 진짜 닙바-나
에 든 것이고 나머지 다섯 개는 가짜 닙바-나다. 여섯 개는 다음과 같다.

① 죽음
31. 사람이 죽으면 감각대상을 알아차림하는 싸띠기능이 완전히 정지한
다.

② 잠듦
32. 싸띠기능이 무기력해 감각대상을 놓치면 잠든다. 이때는 알아차림
하는 싸띠기능이 작동하지만 기능이 무기력하고 약해서 감각대상을 감지
하지 못한다.

33. 잠잘 때는 몸자세가 허물어진다. 알아차림이 소멸했다 돌아올 때 제
일 먼저 확인해야 할 것이 몸자세다. 몸자세가 허물어져 있으면 잠잔 것이
다.

34. 막가파라를 체험하고 알아차림이 돌아올 때는 몸자세가 처음 자세
그대로 유지된다. 푹 자고나서 막가파라에 들어 닙바-나를 체험했다고 우
기면 곤란하다.

③ 기쁨

35. 삐-띠(pīti, 歡喜)가 몸과 마음에 충만해 감각대상을 놓치는 경우가 있다. 이때는 몸과 마음이 흥분상태에 빠져있기 때문에 알아차림이 사라지고 돌아오는 과정을 기억하지 못하고 횡설수설한다.

④ 싸마-ㄷ히

36. 알아차림 기능인 싸띠가 감각대상에 완전히 밀작[samādhi, 三昧, 止, 定]해도 알아차림이 소멸한다. 이때는 싸띠가 감각대상에 너무 밀착했기 때문에 감각대상을 알아차림하지 못하는 것이다. 이 상태를 싸마-ㄷ히로 알아차림이 끊어졌다고 한다. 또는 무소유처(無所有處)라고도 한다.

37. 이때는 수행도중에 몸과 마음에 상당한 압박감을 느낀다. 이 상태에서 싸띠기능이 조금 더 깨어나면 막가파라에 들어 닙바-나를 체험할 수 있다. 끝까지 이름붙이고 감각대상에 따라붙는 것이 요령이다.

38. 이 상태에서 깨어나면 몸과 마음이 약간 들뜨고 열기도 있고 몸자세도 처음 취했던 것과 비슷하다. 많은 수행자가 이런 상태를 경험한 후 자기가 막가파라에 들어 닙바-나를 체험했다고 우기기도 한다.

⑤ 빳싸ㄷ히

39. 알아차림 기능인 싸띠가 감각대상에 밀착해 알아차림이 끊어질 듯 말 듯한 상태[passadhi, 安穩]에서 싸띠힘이 조금 더 강하면 들뜨던 힘이 가라앉고 고요한 상태로 접어든다. 이 상태를 비상비비상처(非想非非想處)라고도 한다.

40. 이때 싸띠힘이 강해야 막가파라에 들지만 이 상태가 지속되면 서서히 싸띠힘이 약해지고 알아차림이 끊어진 것 같기도 하고 깨어있는 것 같

기도 한 상태에 빠진다.

41. 다시 알아차림이 깨어나면 몸과 마음은 고요하고 가볍다. 어떻게 생각하면 알아차림이 끊어진 것 같기도 하고 아닌 것 같기도 해 본인도 헷갈린다. 자세도 정상인 경우도 있고 흩어진 경우도 있다. 이 상태로 계속 두면 무기공(無記空)에 빠져 수행이 치명적으로 방해받는다.

42. 수행자가 막가파라에 들어 닙바-나를 체험했다고 한번쯤 우기기도 한다. 수행지도자가 강하게 물어보면 잠잤다고 한발뺀다. 그러다 다시 자기가 막가파라에 들었다고 우긴다. 본인 스스로도 헷갈려 왔다갔다 한다.

⑥ 닙바-나 체험

43. 싸띠기능이 최고로 활발해져서 마음거울에 맺힌 상을 입자수준으로 알아차림하고 몸과 마음으로 체험할 때도 감각대상을 알아차림하지 못한다.

44. 이때는 감각대상이 소멸한 것이 아니다. 알아차림 기능인 싸띠가 아주 활성화돼있어 감각대상을 3법인상태로 몸과 마음으로 체험하기 때문에 감지하지 못한다. 이것은 싸띠가 감각대상을 입자수준에서 알아차림하기 때문에 마음거울에서 감각대상이 사라져 보이지 않는 것처럼 느껴진다.

45. 감각대상도 존재하고 알아차림 기능인 싸띠도 깨어있지만 아무것도 감지하지 못한 상태에 든 현상을 막가파라에 들어 닙바-나(nibbāna, 涅槃, 寂靜)를 체험했다고 한다. 이 상태를 마음숙면상태에 들었다고 한다.

46. 이때는 잠든 것과 구별되고 싸마-ㄷ히로 알아차림이 끊어진 것과도 확연히 구분된다. 알아차림이 돌아오면 몸과 마음이 상쾌하고 맑고 고요하다. 아무런 자극없는 가운데 몸과 마음이 행복감으로 충만해있다. 몸자세는 처음 그대로 유지된다.

47. 이 단계에서 마음오염원인 아-싸봐가 뿌리뽑히기 시작한다. 알아차림이 끊어지고 다시 깨어나는 전 과정에서 3법인체험하고 아-싸봐 해체과정을 분명하고 자세히 설명할 수 있다.

6) 인가방식

48. 붇ᄃ하는 수행자가 막가파라에 들어 닙바-나 체험한 것을 인가할 때 다음 두 가지를 가지고 점검했다.

(표64) **인가기준**

① 수행자가 막가파라에 들고 날 때 체험하고 알아차림한 3법인.
② 마음오염원인 아-싸봐가 뿌리뽑히면서 몸과 마음에 남긴 생리흔적.

49. 이 두 가지 증거를 가지고 막가파라에 들어 닙바-나 체험한 것을 인가했다.

50. 붇ᄃ하는 막가파라에 들어 닙바-나를 체험하고 아-싸봐가 뿌리뽑히면서 몸과 마음에 남긴 흔적인 직접증거로 수행단계를 평가했기 때문에 직접적이고 정확했다. 그리고 수행자가 어느 단계 막가파라에 들었는지 분명히 말해주었다.

51. 중국이나 한국은 막가파라에 들어 아-싸봐가 뿌리뽑히면 아주 맑은 마음상태가 되는데 그 느낌을 시로 적은 오도송을 보고 평가했다. 오도송이란 간접증거로 평가했기 때문에 정확도가 떨어지고 평가가 애매했다. 또

수행단계를 초견성(初見性), 확철대오(廓徹大悟), 몽중일여(夢中一如), 오매일여(寤寐一如) 등 자의적으로 나눴다.

52. 오늘날 대부분 남방수행처에서는 수행자가 성취한 수행단계를 말할 때 붇다처럼 직접적으로 표현하지 않고「거룩한 법을 만났다.」든지「수행에 큰 진보가 있다.」든지 하는 간접표현을 사용한다.

53. 이 책 482쪽을 보면 붇다가 제자에게 수행지도하고 수행이 진보해 막가파라에 들어 닙바-나 체험했을 때 설한 쏘따-빳띠 인가게송을 볼 수 있고, 484쪽을 보면 아라한뜨 인가게송을 볼 수 있다.

12. 4성도

(표65) **4성도**

① 쏘따-빳띠(sotāpatti, 須陀洹, 預流): 막가파라에 들어 닙바-나 체험한 단계.

② 싸까다-가-미(sakadāgāmi, 斯陀含, 一來): 막가파라에 들어 닙바-나 체험한 단계.

③ 아나-가-미(anāgāmi, 阿那含, 不還): 막가파라에 들어 닙바-나 체험한 단계.

④ 아라한뜨(arahant, 阿羅漢, 應供): 막가파라에 들어 닙바-나 체험한 단계.

1. 4성도(cattaro ariya magga, 四聖道, 四向四果)는 각 성도를 막가(magga, 道)와 파라(phala, 果)로 구분해 8단계(四向四果)로 나눈다.

2. 기억이미지와 결합된 마음오염원은 접착강도가 강하기 때문에 어지간한 압력으로는 기억이미지와 분리되지 않는다.

3. 예를 들어 신과 윤회를 믿는 마음오염원이 10정도 압력에서 기억이미지와 분리된다면 욕망이나 이기심(貪)과 같은 마음오염원은 20정도 압력에서 분리되고 분노, 적의, 원망, 서운함(嗔)과 같은 마음오염원은 50성노 압력에서 분리되고 편견, 선입관, 가치관(痴)과 같은 마음오염원은 100정도 압력에서 분리된다.

4. 각 압력크기에 따라 쏘따-빳띠, 싸까다-가-미, 아나-가-미, 아라한뜨 막가파라라고 이름붙였다. 따라서 그런 이름이 특별한 의미갖는 것은 아니다. 그 이름은 각 압력크기를 나타내는 수행단위일 뿐이다.

1) 쏘따-빳띠

5. 쏘따-빳띠(sotāpatti, 須多洹, 預流) 막가파라 단계는 처음 막가파라에 들어 닙바-나를 체험한 단계다.

6. 이 단계에서 10가지 아-싸봐 가운데 ①~③ 아-싸봐가 뿌리뽑히기 시작하고 약화된다.

 아-싸봐 해체 ①

① 유신견(sakkāyadiṭṭhi, 有身見): 모든 존재에 실체나 윤회주체가
  있다는 견해.
② 계금취견(silabbata parāmāsa, 戒禁取): 신을 믿는 종교에서 생명
  을 죽여 신에게 공양올리는 잘못된 계를 믿고 따르는 것. 신이 있
  다는 견해.
③ 의(vicikicchā, 疑): 과학적, 객관적 사실에 대한 의심.

7. 이 단계에 도달해 기억이미지와 결합된 아-싸봐가 해체될 때는 몸에
생리흔적으로 나타난다.

2) 싸까다-가-미

8. 싸까다-가-미(sakadāgāmi, 斯陀含, 一來) 막가파라 단계는 쏘따-빳띠
단계를 지난 다음 막가파라 단계다.

9. 이 단계에서 10가지 아-싸봐 가운데 ④~⑤ 아-싸봐가 뿌리뽑히기 시
작하고 약화된다.

표67 **아-싸봐 해체 ②**

④ 욕탐(kāmarāga, 欲貪): 쾌락에 대한 집착.
⑤ 진에(paṭigha, 瞋恚, 有對): 장애, 충돌, 화, 분노에 대한 집착.

10. 이 단계에 도달해 기억이미지와 결합된 아-싸봐가 해체될 때는 몸에 생리흔적으로 나타난다.

3) 아나-가-미

11. 아나-가-미(anāgāmi, 阿那含, 不還) 막가파라 단계는 싸까다-가-미 단계를 지난 다음 막가파라 단계다.

12. 이 단계에서 10가지 아-싸봐 가운데 ①~⑤ 아-싸봐가 다시 한 번 뿌리뽑히고 현저히 약화된다.

4) 아라한뜨

13. 아라한뜨(arahant, 阿羅漢, 應供) 막가파라 단계는 아나-가-미 막가파라 단계를 지난 다음 막가파라 단계다. 이것이 불교수행 마지막 그리고 최고·최후 막가파라 단계다.

14. 이 단계에서 무명을 포함해 10가지 아-싸봐가 전부 뿌리뽑히기 시작하고 약화된다.

표68 **아-싸봐 해체 ③**

①~⑤ +

⑥ 색탐(rūparāga, 色貪): 물질에 대한 탐욕. 이 세상(色界)에 다시 태어나고 싶은 욕망.

⑦ 무색탐(arūparāga, 無色貪): 비물질에 대한 탐욕. 저 세상(無色界,

天上)에 태어나고 싶은 욕망.

⑧ 도거악작(uddhaccakukkucca, 掉擧惡作): 흥분하고 거칠게 말하는 것.

⑨ 자만(māna, 自慢): 자만하는 것.

⑩ 무명(avijjā, 無明): 실재를 있는 그대로 보지 못하는 것. 존재를 자기관점으로 해석하는 것.

15. 이 단계에서 10가지 아-싸봐가 전부 뿌리뽑히기 시작한다. 붇다하는 이 단계를 수행자가 해야할 일을 모두 마친 단계로 표현했다. 이후부터는 다른 존재에게 자기가 도달한 경지를 가르치고 회향한다. 이 단계에 도달해 기억이미지와 결합한 아-싸봐가 해체될 때는 몸과 마음에 생리흔적으로 나타난다.

5) 막가와 파라 단계

16. 해당 막가파라 단계에 처음 들면 막가라고 하고 해당단계에서 제거해야 할 아-싸봐를 어느 정도 제거하면 파라라고 한다.

17. 막가에 들면 반드시 파라로 나오기 때문에 막가와 파라를 구분하는 것은 큰 의미없다. 한 번 막가파라에 든 사람은 다음에 들 때는 파라에 든다고 말한다. 각 막가파라 단계에 따라 지나는 문은 분명히 다르다. 경험한 사람은 입구와 출구를 분명히 구분하고 설명할 수 있다.

13. 아-싸봐

1. 마음공간에 존재하며 마음공간을 오염시키고 기억이미지와 결합해 기억질량을 증가시키고 기억이미지에 에너지를 공급하는 마음오염원을 아-싸봐(āsava, 流漏)라고 한다. 이것이 훗날 번뇌(kilesa, 煩惱)라는 추상개념으로 변했다.

2. 아-싸봐는 탐진치 3독심(貪嗔痴 三毒心)의 3가지로 구분하기도 하고, 10 가지로 구분하기도 한다. 붇다하 입멸 후 후세인은 이것을 더 세분해서 108번뇌로 표현하기도 했다.

1) 3가지 아-싸봐

(표69) **3가지 아-싸봐**

① 탐(rāga, 貪): 욕망, 이기심.
  싸까다-가-미 단계에서 뿌리뽑히기 시작한다.
② 진(dosa, 嗔): 분노, 적의, 원망, 서운함.
  싸까다-가-미 단계에서 뿌리뽑히기 시작한다.
③ 치(moha, 痴): 편견, 선입관, 가치관.
  쏘따-빳띠에서 시작해 아라한뜨 단계에서 뿌리뽑히기 시작한다.

3. 붇다하는 아-싸봐를 그 특성에 따라 탐진치 3독심(tayo akusala, 三毒心, 三不善) 으로 즐겨 구분했다.

2) 10가지 아-싸봐

 10가지 아-싸봐

① 유신견(sakkāyadiṭṭhi, 有身見): 모든 존재에 실체나 윤회주체가 있다는 견해.

② 계금취견(silabbata parāmāsa, 戒禁取): 신을 믿는 종교에서 생명을 죽여 신에게 공양올리는 잘못된 계를 믿고 따르는 것. 신을 믿는 견해.

③ 의(vicikicchā, 疑): 과학적이고 객관적 사실에 대한 의심.

④ 욕탐(kāmarāga, 欲貪): 쾌락에 대한 탐욕과 집착.

⑤ 진에(paṭigha, 瞋恚, 有對): 장애, 충돌, 화, 분노에 대한 집착.

⑥ 색탐(rūparāga, 色貪): 물질에 대한 탐욕. 이 세상(色界)에 다시 태어나고 싶은 욕망.

⑦ 무색탐(arūparāga, 無色貪): 비물질에 대한 탐욕. 저 세상(無色界, 天上)에 태어나고 싶은 욕망.

⑧ 도거악작(uddhaccakukkucca, 掉擧惡作): 흥분하고 거칠게 말하고 행동하는 것.

⑨ 자만(māna, 自慢): 자만하는 것.

⑩ 무명(avijjā, 無明): 실재를 있는 그대로 보지 못하는 것. 존재를 자기관점으로 해석하는 것.

4. 붇다하는 마음오염원인 아-싸봐를 10가지[dasa āsava, 十漏]로 즐겨 구분했다. 아-싸봐를 10가지로 세분해 구분할 때는 수행지도할 때 수행진보

에 따라 기억이미지와 결합된 아-싸봐가 해체되는 것을 설명할 때 사용했다.

5. 10가지 아-싸봐 가운데 ①~⑤를 5하분결(pañca orambhāgiya saṁyojana, 五下分結, 下界, 欲界), ⑥~⑩을 5상분결(pañca uddham bhāgiya saṁyojana, 五上分結, 上界, 色界)이라고 한다.

3) 108번뇌

6. 붇다 입멸 후 부파불교에 접어들면 붇다가 말한 용어를 계통별로 묶어 추상개념으로 정리했다. 이때 아-싸봐도 108개로 세분화해 정리했다. 108번뇌는 108결(百八結)이라고 한다. 대개 두 가지 방법으로 계산한다.

(표71) **108번뇌**

6근(6경)×3(好, 惡, 捨) = 18

×3(苦, 樂, 捨)= 18 = 36×3(過去, 現在, 未來) = 108번뇌

* 18+18=36×3=108 → (18+18)×3=108

견혹(見惑) 88사(使) + 수혹(修惑) 10사(使) + 전(纏) 10사(使)

= 108번뇌

4) 5개

(표72) **5개**

① 욕망(kāmacchanda, 愛貪)

② 악의(byāpāda, 惡意)

③ 혼침과 졸음(thīnamiddha, 惛沈睡眠)

④ 들뜸과 욕설이나 거친 행동(uddhaccakukkucca, 掉擧惡作)

⑤ 의심(vicikicchā, 疑)

7. 5개(pañca āvaraṇa, 五蓋, 五障碍)는 마음오염원이 마음공간에 존재하면서 마음공간을 흐리고 오염시키는 것을 다섯 가지로 구분한 것이다.

8. 마음거울에 상이 맺히면 마음공간에 존재하는 기억이미지가 개입해 새로 마음거울에 맺힌 상과 결합해 포장하거나 알아차림 기능인 싸띠를 덮는다. 그래서 덮개(蓋)라고 한다.

9. 그러면 존재는 있는 그대로 존재하지만 존재를 있는 그대로 보지 못하고 자기 입장과 수준에서 해석하고 행동한다.

14. 사람

1. 알아차림 기능인 싸띠를 강화하고 기억이미지와 결합된 마음오염원을 제거하기 위해 싸띠수행할 때 사람을 알아차림 기준점(출발점)으로 삼았다. 그 가운데 색(色)이나 신(身)을 기준점으로 삼고 수행했다.

2. 사람을 그 특징에 따라 범주나눌 때 네 가지로 나누면 4념처(四念處),
다섯 가지로 나누면 5온(五蘊), 여섯 가지로 나누면 6경(六境)이라고 한다.

3. 붇다가 설명한 개념이나 교리는 그 자체를 해석하고 설명하기 위한
것이 아니라 수행도구로써 수행할 때 그것을 어떻게 사용하라는 설명이다.

4. 4념처, 5온, 6경을 분석하고 해석하는 것과 그것을 직접 수행에 사용
하는 것은 다르다. 수행을 제대로 해본 사람은 해당개념이 어디에 어떤 용
도로 사용된 것인지 알 수 있다.

5. 경전은 암송으로 전해지다보니 모든 것을 자세히 설명하면 양이 증가
하기 때문에 함축적인 용어나 내용을 압축해 사용했다. 수행을 직접 전하
는 경전이나 수행자 행위규범을 담고있는 율장을 볼 때는 항상 이 점을 염
두에 두어야 행간내용을 제대로 파악할 수 있다.

1) 5온

(표73) **5온**

① 색(rūpa, 色): 몸
② 수(vedanā, 受): 감각느낌
③ 상(saññā, 想): 과거생각
④ 행(saṅkhāra, 行): 미래의지
⑤ 식(viññāṇa, 識): 반영현상

6. 붇다하는 사람을 다섯 가지로 범주[pañca khandha, 五蘊] 나누고 그 가
운데 색(rūpa, 色)을 기준점[paṭṭhāna, 출발점]으로 삼고 수행했다.

7. 5온은 사람을 기준점으로 삼고 수행하라는 전문용어다. 5온은 사람을 구분하는 것이 목적이 아니라 그것을 사용해 싸띠수행으로 마음가꾸는 것이 핵심이다.

① 색

8. 색(rūpa, 色)은 사람을 특징에 따라 다섯 가지로 범주나눌 때 마음거울에 맺힌 몸 움직임을 특화한 것이다.

② 수

9. 수(vedanā, 受)는 사람을 특징에 따라 다섯 가지로 범주나눌 때 접촉 다음에 일어난 감각느낌을 특화한 것이다.

10. 감각느낌은 괴로운 느낌, 즐거운 느낌, 괴롭지도 즐겁지도 않은 중립적인 느낌 등 세 가지로 설명한다.

③ 상

11. 상(saññā, 想)은 사람을 특징에 따라 다섯 가지로 범주나눌 때 마음거울에 맺힌 상이 과거로 발전된 것을 특화한 것이다.

④ 행

12. 행(saṅkhāra, 行)은 사람을 특징에 따라 다섯 가지로 범주나눌 때 마음거울에 맺힌 상이 미래로 발전된 것을 특화한 것이다.

⑤ 식

13. 식(viññāṇa, 識)은 사람 특징에 따라 다섯 가지로 범주나눌 때 마음

거울에 맺힌 상이 과거나 미래로 발전되지 않고 상이 맺힌 순간을 특화한 것이다.

14. 마음거울에 맺힌 모든 것이 식이다. 색수상행(色受想行)도 식이다. 단지 그 고유특성이 뚜렷이 다르고 또 수행도구로 삼기위해 구분했을 뿐이다.

15. 5온을 가지고 수행하는 방법은 이 책 723~730쪽에 자세히 설명해 두었다. 참고하면 많이 도움될 것이나.

2) 4념처

(표74) **4념처**

① 신(kāya, 身): 몸.
② 수(vedanā, 受): 감각느낌.
③ 심(citta, 心): 마음작용.
④ 법(dhamma, 法): 마음거울에 맺힌 기억이미지.

16. 붇드하는 사람을 네 가지로 범주[cattāro satipaṭṭhāna, 四念處] 나누고 그 가운데 신(kāya, 身)을 기준점(출발점)으로 삼고 수행했다.

17. 4념처는 사람을 기준점(출발점)으로 삼고 수행하라는 전문용어다. 4념처는 사람을 구분하는 것이 목적이 아니라 그것을 사용해 싸띠수행으로 마음가꾸는 것이 핵심이다.

① 신

18. 신(kāya, 身)은 사람을 고유특성에 따라 네 가지로 범주나누고 몸 움직임을 특화한 것이다.

② 수

19. 수(vedanā, 受)는 사람을 고유특성에 따라 네 가지로 범주나누고 접촉 다음에 일어난 감각느낌을 특화한 것이다.

20. 감각느낌은 괴로운 느낌, 즐거운 느낌, 괴롭지도 즐겁지도 않은 중립적인 느낌 등 세 가지로 구분한다.

③ 심

21. 심(citta, 心)은 사람을 고유특성에 따라 네 가지로 범주나누고 마음거울에 맺힌 마음작용을 특화한 것이다.

22. 감각대상이 마음거울에 반영됨과 동시에 이미 마음공간에 저장돼있던 기억이미지와 결합해 전개되면서 다양한 마음작용이 일어난다. 이때 일어난 마음상태는 다음과 같다.

「욕망있는 마음과 욕망없는 마음, 성냄있는 마음과 성냄없는 마음, 어리석음있는 마음과 어리석음없는 마음, 주의깊은 마음과 주의깊지 않은 마음, 넓은 마음과 좁은 마음, 우월한 마음과 열등한 마음, 고요한 마음과 산란한 마음, 자유로운 마음과 구속된 마음」

23. 이런 마음상태는 자극 없고 부드럽기 때문에 알아차림하기 까다롭다. 대개 수행자는 접촉 다음에 일어난 마음상태를 알아차림하지 못하고

어울려 놀거나 행동으로 발전한다. 4념처는 5온에서 말한 상과 행을 심(마음작용)으로 단순화했다.

④ 법

24. 법(dhamma, 法)은 사람을 고유특성에 따라 네 가지로 범주나누고 마음공간에 저장해둔 기억이미지가 재차 마음거울에 맺힌 것을 특화한 것이다.

25. 마음거울에 맺힌 모든 것은 법이다. 신수심(身受心)도 법이다. 단지 그 고유특성이 뚜렷이 다르고 또 수행도구로 삼기위해 구분했을 뿐이다.

26. 5온은 감각대상이 마음거울에 맺힌 상을 식(viññāṇa, 識)이라고 하고 4념처는 마음공간에 저장된 기억이미지가 마음거울에 재차 맺힌 상을 법(dhamma, 法)이라고 한다.

27. 4념처를 가지고 수행하는 방법은 이 책 719~730쪽에 자세히 설명해두었다. 참고하면 많이 도움될 것이다.

3) 6경

(표75) **6경**

① 색(rūpa, 色): 시각대상.
② 성(sadda, 聲): 청각대상.
③ 향(gandha, 香): 후각대상.
④ 미(rasa, 味): 미각대상.
⑤ 촉(phassa, 觸): 촉각대상.
⑥ 법(dhamma, 法): 기억대상.

28. 분드하는 사람을 여섯 가지 범주[cha visaya, 六境·cha indriya, 六根
·cha viññāṇa, 六識]로 나누고 그 가운데 색(rūpa, 色)을 기준점(출발점)으
로 삼고 싸띠수행했다.

① 색

29. 색(rūpa, 色)은 사람을 감각기관에 따라 여섯 가지로 범주나누고 마
음거울에 맺힌 시각대상을 특화한 것이다.

② 성

30. 성(sadda, 聲)은 사람을 감각기관에 따라 여섯 가지로 범주나누고 마
음거울에 맺힌 청각대상을 특화한 것이다.

③ 향

31. 향(gandha, 香)은 사람을 특징에 따라 여섯 가지로 범주나누고 마음
거울에 맺힌 후각대상을 특화한 것이다.

④ 미

32. 미(rasa, 味)는 사람을 특징에 따라 여섯 가지로 범주나누고 마음거
울에 맺힌 미각대상을 특화한 것이다.

⑤ 촉

33. 촉(phassa, 觸)은 사람을 특징에 따라 여섯 가지로 범주나누고 마음
거울에 맺힌 촉각대상을 특화한 것이다.

⑥ 법

34. 법(dhamma, 法)은 사람을 특징에 따라 여섯 가지로 범주나누고 마음거울에 맺힌 기억이미지를 특화한 것이다.

35. 마음거울에 맺힌 모든 것은 다 법이다. 색성향미촉(色聲香味觸)도 법이다. 단지 그 고유특성이 뚜렷이 다르고 또 수행도구로 삼기위해 구분했을 뿐이다.

36. 6경을 가지고 수행하는 방법은 이 책 721~730쪽에 자세히 설명해 두었다. 참고하면 많이 도움될 것이다.

15. 수행기술

1. 마음거울에 맺힌 상을 알아차림할 때 기준점(출발점) 정하는 것은 붇다 이래 정통파에서 중시한 수행기술이다. 붇다가 수행지도한 것을 모아놓은 경전은 여러 가지 기준점 정하는 방법을 자세히 설명한다.

2. 싸띠수행은 싸띠기능을 활성화시켜 실재를 통찰하는 빤나를 키우는 과정이다. 싸띠기능을 향상시키기 위해서는 수행할 때 기준점 정하고 이름붙이고 알아차림하는 것이 효율적이다.

3. 모든 것이 수행대상이다. 마음거울에 맺힌 상을 대상으로 삼고 알아차림 기능인 싸띠를 강화하는 것이 중요하다. 특정대상에 기준점 정하고 수행하면 수월하게 싸띠기능을 강화할 수 있다.

1) 기준점 정함

4. 사람을 알아차림 대상으로 삼고 수행할 때는 네 가지 범주인 4념처, 다섯 가지 범주인 5온, 여섯 가지 범주인 6경, 6근, 6식 등으로 구분하고 그 가운데 몸에 기준점(출발점) 정하고 싸띠수행한다.

5. 붇다 이래 정통파는 색(色)이나 신(身)을 기준점으로 삼았다. 색에 드러난 고유특성을 네 가지로 범주(地水火風) 나누고, 그 가운데 좌선할 때는 풍대(風大)인 배 움직임, 행선할 때는 지대(地大)인 움직이는 발바닥무게에 초점맞추고 싸띠수행했다. 싸띠힘이 향상되고 수행이 진보하면 실재인 3법인을 보면서 막가파라에 들어 닙바-나를 체험한다.

(표76) **5온 알아차림 기술**

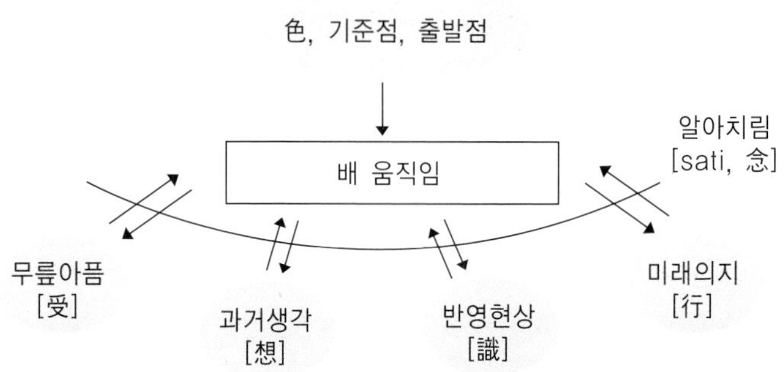

6. 배(色) 움직임(일어남-사라짐, 風大)을 알아차림할 때 무릎이 아파(受)

배 움직임을 알아차림할 수 없을 때는 아픔이 일어난 방향으로 알아차림 기능인 싸띠를 보내 서너 번 「아픔」 하고 이름붙이고 알아차림한 후 즉시 배 움직임(기준점)으로 돌아온다. 아픔이 배 움직임 알아차림을 방해하지 않으면 아픔을 알아차림하는 것보다 계속 배 움직임 알아차림하는 것이 수행진보에 더 효과있다.

7. 배(色) 움직임(일어남-사라짐, 風大)을 알아차림할 때 과거생각(想)이 나타나 배 움직임을 알아차림할 수 없을 때는 과거생각이 일어난 방향으로 알아차림 기능인 싸띠를 보내 서너 번 「망상」 하고 이름붙이고 알아차림한 후 즉시 배 움직임(기준점)으로 돌아온다. 과거생각이 배 움직임 알아차림을 방해하지 않으면 과거생각을 알아차림하는 것보다 계속 배 움직임 알아차림하는 것이 수행진보에 더 효과있다.

8. 배(色) 움직임(일어남-사라짐, 風大)을 알아차림할 때 미래의지(行)가 나타나 배 움직임을 알아차림할 수 없을 때는 미래의지가 일어난 방향으로 알아차림 기능인 싸띠를 보내 서너 번 「망상」 하고 이름붙이고 알아차림한 후 즉시 배 움직임(기준점)으로 돌아온다. 미래의지가 배 움직임 알아차림을 방해하지 않으면 미래의지를 알아차림하는 것보다 계속 배 움직임 알아차림하는 것이 수행진보에 더 효과있다.

9. 배(色) 움직임(일어남-사라짐, 風大)을 알아차림할 때 마음거울에 상(識)이 맺혀 배 움직임을 알아차림할 수 없을 때는 상이 맺힌 방향으로 알아차림 기능인 싸띠를 보내 「상」을 서너 번 이름붙이고 알아차림한 후 즉시 배 움직임(기준점)으로 돌아온다. 식이 배 움직임 알아차림하는 것을 방해하지 않으면 식을 알아차림하는 것보다 계속 배 움직임 알아차림하는 것이 수행진보에 더 효과있다.

10. 배(色) 움직임(일어남-사라짐, 風大)을 알아차림할 때 감각느낌(受),

과거생각(想), 미래의지(行), 반영현상(識) 등이 동시에 함께 나타날 수 있다.

11. 이때 알아차림 기능인 싸띠 유연성과 순발력이 좋으면 현상 하나하나 따라가며 알아차림해도 되고, 전부 알아차림해도 되고, 그것이 발생한 줄만 알고 계속 배 움직임만 알아차림해도 된다.

12. 현상이 복잡하게 전개될 때는 이름을 「앎」으로 해도 된다. 현상이 전개되는 것을 알아차림할 수 있지만 이름붙이기는 까다롭다는 것을 화두처럼 줄여 앎이라고 한다. 이것은 복잡하거나 빠르게 움직이는 현상에 이름붙일 때 좋다. 그리고 즉시 배 움직임(기준점)으로 돌아온다.

13. 5온을 알아차림 기준점(출발점)으로 삼고 수행할 때는 몸보다 수, 수보다 상, 상보다 행, 행보다 식에 대한 알아차림이 더 복잡하고 미묘하기 때문에 가급적 몸을 알아차림 기준점으로 삼는 것이 좋다.

14. 어떤 수행자는 색보다 수, 수보다 상, 상보다 행, 행보다 식을 알아차림하는 것이 더 좋다고 말한다. 또는 색에서, 수, 상, 행, 식으로 순차적으로 해나가는 것이 효과적이라고 주장한다. 그러나 이것은 지나치게 기계적으로 해석한 것이다. 그렇게 하면 수행은 오히려 퇴보할 수 있다. 어려운 것이 반드시 좋은 것은 아니다. 자기수준에 알맞게 수행기술을 사용하는 것이 현명하다.

15. 배(色) 움직임(일어남-사라짐, 風大)을 알아차림할 때 배 움직임 이외 것이 나타났지만 배 움직임 알아차림을 방해받지 않으면 그것이 발생한 줄만 알고 계속 배 움직임을 알아차림하는 것이 더 효과있다.

16. 몸 움직임이 마음거울에 반영될 때는 대개 거칠고 단순하게 나타나고 감각느낌, 과거생각, 미래의지, 반영현상 등은 미세하고 복잡하게 나타난다. 마음깊은 곳으로 내려갈수록 현상은 미세해지고 끈질김은 강해진다.

그것을 알아차림하고 기준점(출발점)으로 돌아올 수 있으면 수행은 크게 향상된다.

17. 느낌을 알아차림하는 것이나 기준점(출발점)을 알아차림하는 것이나 어느 것을 알아차림해도 답이다. 그러나 알아차림 기능인 싸띠가 활성화되지 않은 수행자는 느낌을 알아차림할 때 있는 그대로 알아차림하기보다 그 느낌과 싸우거나 씨름하는 경우가 많다. 그래서 기준점 알아차림하는 것이 안전하고 효과있다. 과거생각, 미래의지, 소리 등도 마찬가지다. 아주 사소한 것 같지만 수행향상에 절대적이다.

18. 모든 존재가 알아차림 대상이지만 쉽고 효과적인 것은 기준점(출발점)을 몸에 정하고 이름붙이고 알아차림하는 싸띠수행이 가장 좋다.

19. 술꾼이 절에 오면 절이 술집이 되고 수행자가 술집에 가면 술집이 수행처가 된다. 존재에 정해진 것은 아무것도 없다. 누가 어떤 용도로 사용하느냐에 따라 다르게 규정된다. 같은 물이라도 소가 마시면 우유가 되고 뱀이 마시면 독이 된다. 수행자근기나 수행정도에 따라 색뿐만 아니라 수상행식, 신뿐만 아니라 수심법을 기준점으로 삼고 수행할 수 있다. 먼저 수행자가 자기수준을 파악하는 것이 중요하다.

2) 수행방법

20. 싸띠수준에 따라 마음거울에 맺힌 상은 다차원으로 인식된다. 존재를 인식할 때 자기경험이나 삶의 과정에서 형성된 편견, 선입관, 가치관 등에 기초해 이해한다. 존재는 존재할 뿐인데 존재를 인식하는 사람이 존재를 규정하고 그곳에 스스로를 구속하고 힘들어한다. 이것이 무명이고 어리석음이다. 여기서부터 마음괴로움이 시작된다.

21. 알아차림 기능인 싸띠를 덮고있는 거품을 걷어내면 존재를 있는 그대로 볼 수 있다. 인식하는 사람 눈을 덮고있는 포장이 문제다. 그것만 걷어내면 존재는 있는 그대로 보인다.

22. 있는 그대로 실재를 보기 위해서는 감각대상을 알아차림할 때 모양이 아니라 존재에 드러난 고유특성(四大)으로 알아차림해야 한다. 그러면 싸띠와 빤나- 힘이 커지고, 막가파라에 들어 닙바-나를 체험하고, 마음오염원이 뿌리뽑히고, 마음공간이 맑아지고, 신이나 윤회가 없고 모든 것은 자연법칙에 따른다는 존재실재(三法印)를 있는 그대로 볼 수 있다.

23. 드러난 고유특성으로 존재를 인식하는 것이 사실판단이다. 존재를 모양위주로 보면 감각대상을 구분하고 차별하고 필연적으로 좋아하는 것은 취하고 싫은 것은 밀쳐내고 존재에 집착한다. 이것은 가치판단이다. 수행은 가치판단하지 말고 존재를 있는 그대로 알아차림하는 실재판단하기 위한 훈련과정이다.

24. 드러난 고유특성으로 존재를 보면 가치판단에서 서서히 사실판단으로 관점이 옮겨지고 실재판단하는 힘이 생긴다.

표77 **싸띠크기 비교**

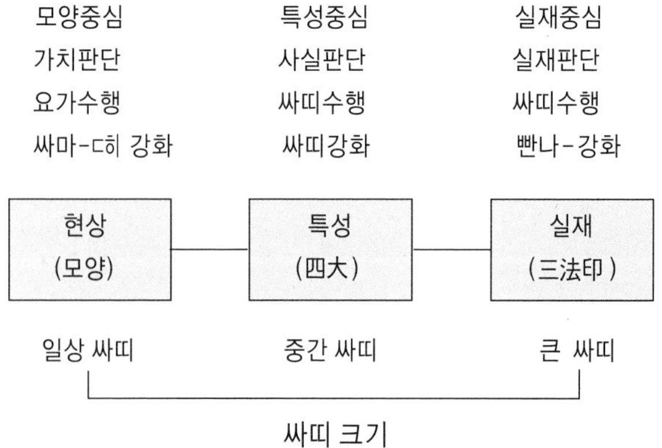

25. 수행자 빤나-가 성숙함에 따라 존재는 개별차원에서 고유특성인 4대로, 4대차원에서 실재인 3법인차원으로 알아차림이 향상된다.

26. 4대는 존재에 드러난 고유특성에 기초한 분류고 3법인은 존재에 내재한 실재, 본성, 법칙에 기초한 분류다.

27. 존재는 수행자 싸띠수준에 따라 각기 다르게 인식되기 때문에 수행과정에서 만난 개별현상에 집착할 필요없다. 존재는 단지 존재를 인식하는 수행자 빤나-와 싸띠 수준을 반영할 뿐이다.

28. 매순간 실재인 3법인을 체험하지만 빤나-가 충분히 성숙되기 전에는 그것을 체험하고 있다는 사실을 자각하지 못한다. 존재가 답을 가지고 있기도 하지만 존재를 알아차림하는 사람이 답을 정하기도 한다. 싸띠와 빤나- 수준만큼 답을 결정한다.

29. 수행자는 실재보는 것이 1차목적이다. 그러나 실재보기에 초점맞추면 몸과 마음에 힘이 들어가고 수행이 잘 되지 않는다.

30. 사람은 오랫동안 감각대상을 판단하고 차별하는 가치판단에 익숙해 있기 때문에 조금 훈련으로 있는 그대로 보는 실재판단 단계로 잘 나아가지 않는다.

31. 언제 깨달을 수 있는지 기다리지 말고, 막가파라에 들어 닙바-나 체험하기 바라지 말고, 좋은 현상오기 기대하지 말고, 존재를 구분하고 차별하지 말고, 단지 마음거울에 맺힌 상을 있는 그대로 이름붙이고 알아차림만 해야한다. 이것이 수행자가 할 일이다.

32. 실재를 볼 수 있을 정도로 알아차림 기능인 싸띠(마음현미경) 배율이 높아지면 뭔가에 쑥 빨려 들어가듯 하며 알아차림이 끊어지고 마음숙면 상태로 접어든다. 이것이 막가파라에 들어 닙바-나 체험하는 과정이다. 조금 지나 싸띠기능이 후퇴하면 다시 대상을 알아차림하기 시작한다.

33. 마음숙면상태(막가파라에 들어 닙바-나 체험)를 거치면서 기억이미지와 결합된 마음오염원이 해체되고 마음은 맑아지고 삶은 자유와 행복으로 충만된다.

34. 알아차림 기능인 싸띠수준이 일상적인 육안차원(일상 싸띠)일 때는 존재를 모양이나 색깔에 기초해 알아차림하는 것이 수월하다. 싸띠가 20~50% 정도 깨어난 상태(중간 싸띠)는 존재에 드러난 고유특성(四大)으로 분류하고 알아차림하는 것이 좋다. 싸띠가 50% 이상 활성화된 단계(큰 싸띠)는 존재에 내재한 실재(三法印)로 범주나눠 알아차림하는 것이 효과 있다. 4대나 3법인은 싸띠수준에 따라 존재를 구분하고 범주나눈 틀이다.

35. 붇다하는 실재인 3법인은 머리로 사유해 이해하는 것(解悟=思惟則)이 아니라 몸과 마음으로 직접 체험하고 체득(證悟=經驗則)해야 올바로 알 수 있다고 했다.

36. 불교를 사상이나 철학으로 접근하는 것은 처음부터 길을 놓친 것이다. 붇다하 가르침은 머리로 배우는 사유칙이 아니라 몸과 마음으로 익히는 경험칙이다. 수행은 「마음관리 프로그램」이자 「마음관리기술」이다.

37. 수행은 마음으로 하는 것이 아니라 몸으로 해야한다. 마음닦는 것이 수행이지만 마음속에서 마음닦는 기술을 훈련하지 않는다. 말은 그럴듯해도 실제로 해보면 잘 되지 않는다. 마음다루기는 몸에서 출발하는 것이 올바른 길이다.

마음과학

6

원리를 이해하라

17장
마음과학

project

1. 마음실체

2. 마음특성

3. 마음발생

4. 마음기관

5. 마음 구조와 기능

6. 마음화학반응

7. 마음물리특성

8. 기억 구조와 기능

9. 싸띠기능

10. 마음작용

11. 비교마음

check point

여기서는 마음구성인자, 마음의 구조와 기능, 마음화학반응, 마음물리특성, 기억 구조와 기능, 싸띠기능, 마음작용 등을 구체적으로 배우고 익힌다.

여기서는 마음을 객관적이고 구체적으로 배우고 익혀 마음이해, 수행진보, 자유로운 삶, 청정한 삶, 행복한 삶, 공존하는 삶의 토대로 삼는다. 인류 역사에서 마음만큼 관심을 모은 분야도 없다. 마음이 삶에 그만큼 중요하기 때문이다. 마음에 대한 다양한 견해가 있지만 그 가운데 의학, 심리학, 상담학, 프로이트 정신분석학, 붇다 등이 이해하고 실천한 마음관리 이론과 방법을 배우고 익혀 마음다루는 토대로 삼는다.

여기서 서술한 내용은 붇다로부터 저자에 이르기까지 수행으로 직접 체득한 내용이다. 여기서 설명한 것은 누구든지 막가파라에 들어 닙바-나를 체험하는 단계에서 스스로 체득할 수 있다.

이 장은 BUDDHA 수행법 4부 마음과학을 옮겨 실었다.

1. 마음실체

1. 마음은 사람이 무엇을 언제 어디서 어떻게 할지를 결정하고, 다른 존재와의 관계수준과 존재양식을 결정하고, 행복과 불행을 좌우하고, 인생전체를 다루는 핵심기능을 한다. 마음을 어떻게 가지느냐에 따라 앎이 바뀌고 생각이 변하고 행동이 달라진다.

2. 사람이 마음에 대해 말할 때 주관적, 관념적, 추상적으로 주장하는 경우가 많다. 그러나 마음을 안다고 할 때는 구체적, 직접적, 객관적이어야 한다. 정확히 알면 어떤 방식으로든 분명히 표현할 수 있다. 구체적으로 설명할 수 없다는 것은 모른다는 것의 다른 표현이다*.

3. 일반물질과 마음은 둘 다 질량을 가지고 있다. 일반물질은 형체를 파악하기 쉽고 비교적 고정돼있지만 특수물질인 마음은 형체를 파악하기 어렵고, 빠르게 움직이고, 가변적이다.

4. 이와 같은 마음물리특성으로 인해 마음은 실체가 없고, 복잡하고, 이해하기 어려운 것으로 생각한다. 이것이 마음에 대해 말할 때 주관확신에 기초한 허구가 난무하는 이유다.

물과 마음 분자

물 전문가에게 물 분자구조가 무엇인지 질문하면 「H_2O」라고 대답한다. 그것은 물 분자구조가 「수소입자 2개와 산소입자 1개로 구성됐다.」는 것을 구체적으로 알기 때문에 분명히 대답할 수 있다.

심리학자, 상담학자, 정신분석학자, 의사, 뇌과학자, 수행자, 마음과학자에게 「마음분자구조는 무엇입니까? 혹은 기억분자구조는 무엇입니까?」하고 질문하면 구체적으로 대답할 수 있을까? 물 전문가가 물 분자구조를 상세히 말할 수 있는데 마음전문가가 마음분자구조를 구체적으로 말하지 못한다면 뭔가 문제있는 것은 아닐까?

google에서 마음분자나 기억분자를 검색어로 찾아보면 수만 건이 뜨지만 구체적인 것은 찾을 수 없다. 대부분 마음이나 기억을 뇌과학이나 화학차원에서 설명한다. 그러나 마음은 뇌가 아닌 마음차원에서 설명하고 검증해야 한다. 마음이 뇌작동이나 화학반응으로 발생했지만 마음은 뇌나 화학구조 자체가 아니다. 진리는 주장으로 결정되는 것이 아니라 실천으로 유효성을 증명해야 한다.

5. 마음도 물질이기 때문에 일반물질처럼 물리특성을 가진다. 다소 까다롭기는 해도 마음이 가진 물리특성에 기초해 마음 구조와 작용을 객관적이고 논리적으로 설명하고 검증해야한다. 마음에 내재한 법칙, 실재, 본성, 특성 등을 이해하면 마음을 체계적이고 효과적으로 다룰 수 있다*.

6. 하위체계를 다룰 때는 하위체계를 다루는 이론과 도구를 사용해야하고 상위체계를 다룰 때는 상위체계를 다루는 이론과 도구를 사용해야 유효성이 나온다. 마음을 다룰 때 일반물질을 다루는 이론과 도구를 사용하면 곤란하다. 마음다루는 이론과 도구를 개발하고 적용해야한다.

7. 우주 생성, 유지, 소멸, 구성원리, 화학반응, 물리특성 등을 다루는 것이 우주과학이다. 우주에서 지구를 특화해 다루는 것이 지구과학이다. 지구에서 생명을 특화해 다루는 것이 생명과학이다. 생명에서 사람뇌를 특화해 다루는 것이 뇌과학이다. 뇌작동으로 생겨난 마음을 특화해 다루는 것이 마음과학이다. 이것은 각기 차원과 특성이 다르기 때문에 해당차원에 알맞은 이론과 도구를 개발하고 사용해야 유효성이 나온다.

8. 우주과학은 광활한 우주로 관심을 확장하고 마음과학은 마음공간 속

양자론과 마음분자

막스 칼 에른스트 루드빅 플랑크(Max Karl Ernst Ludwig Planck, 1858~1947)는 에너지가 만약 불연속이라면 더 이상 분할할 수 없는 최소단위가 있지 않을까 하는 기발한 생각을 했다. 이것은 에너지에도 다른 물질처럼 원자에 해당하는 것이 있을 거라고 추측하게 했다. 이런 생각에 기초해 알버트 아인쉬타인(Albert Einstein, 1879~1955)은 빛이 가진 에너지에 더 이상 분할할 수 없는 최소단위가 있는데 그것이 광양자라고 주장했다. 이것은 빛의 정체는 파동과 같은 성질을 가지면서 동시에 입자와 같은 성질을 가진다는 가설이었다. 이것이 1905년에 발표된 상대성이론이다. 이후 아인쉬타인은 파동으로 간주된 빛에 입자와 같은 성질이 있음을 실험으로 증명했다. 이와 같은 단순하고 기발한 생각이 현대물리학의 새로운 장을 열었다.

붇다는 간단하면서도 기발한 생각을 했다. 마음현상은 연속적일까? 불연속적일까? 마음구성 최소단위는 무엇일까? 마음구성 최소단위가 있다면 어떤 인자로 구성되었는가? 어떤 메커니즘으로 인해 마음무게 혹은 마음질량이 증감하는가? 기억구성 최소단위는 무엇일까? 기억구조는 무엇일까? 기억질량 변화 주변수와 종속변수는 무엇일까? 이 단순하고 기발한 생각에서 오늘날 불교, 마음과학, 싸띠수행이 발생했다.

으로 초점을 압축한다. 물리학은 존재에 내재한 법칙성, 물리특성, 화학반
응, 작동원리 등을 규명하고 철학은 존재를 이해하고 행동하는 기본원리를
연구한다. 행동과학은 사람행동을 체계적으로 다루고 인지과학은 존재를
인식하는 방식을 다룬다. 마음과학은 마음구성인자, 마음 구조와 기능, 마
음화학반응, 마음물리특성, 마음작용 등을 다룬다.

표78) 제과학과 고유영역

우주과학	→	지구과학	→	생명과학	→	뇌과학(인공지능)	→	마음과학
↑		↑		↑		↑		↑
우주에 관한 학문		지구에 관학 학문		생명에 관한 학문		뇌에 관한 학문		마음에 관한 학문

2. 마음특성

1. 마음은 몸(물질)에서 나왔다. 그러나 마음은 자기를 만든 물질뿐만 아
니라 마음까지 통제하고 관리한다. 그러기 때문에 마음을 다룰 때는 몸에
서 시작해서 마음다루는 것이 효과있다*.

정통파 생각

붇다를 비롯해 싸띠수행 정통파는 항상 몸에서 시작해 마음을 다스렸다. 몸을 떠난 수행은 있을 수 없다고 생
각했다. 보조지눌은 수심결(修心訣)에서 「붇다를 찾으려면 붇다는 바로 이 마음이다. 이 몸을 두고서 마음을 먼
곳에서 찾겠는가? 若欲求佛 佛則是心 心何遠覓 不離身中」라고 했다.

붇다는 5온이 공하다고 했는데 후세인은 공만 이야기한다. 저 사람이 나쁜 사람이라고 했는데 저 사람은 온데
간데 없고 나쁜 사람에 관한 이야기만 한다. 사람이 사람을 위해 자본주의나 공산주의를 만들었는데 사람은 없고
자본주의나 공산주의만 이야기한다. 몸을 통해 마음 다스리라고 했는데 마음만 이야기한다.

(표79) **마음관리 출발점**

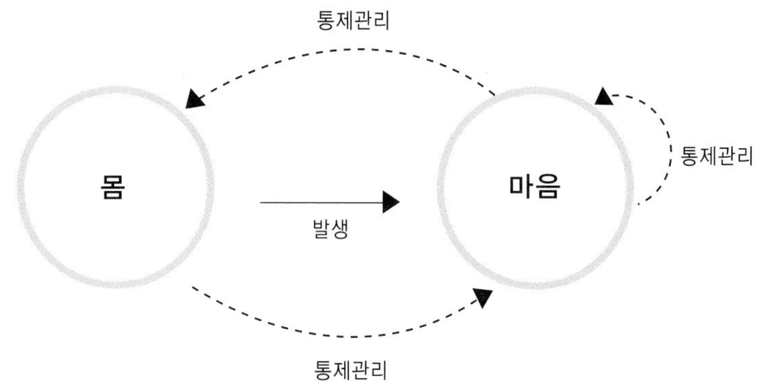

2. 삶은 홀로 독립적으로 존재하지 않는다. 삶은 다른 존재와의 관계 속에서 규정되고 재규정된다. 다른 존재와 어떤 방식으로 어느 수준으로 관계맺을지는 마음이 결정한다.

3. 다른 존재와 관계맺는 질에 따라 자기 마음상태가 결정되고 자기 마음상태에 따라 다른 존재와 맺는 관계수준이 정해진다. 다른 존재와 관계맺는다는 것은 그 양과 질이 어떻든 마음과 마음의 연결을 본질로 한다. 마음은 존재와 존재를 연결하는 도구이자 통로다.

4. 몸은 부모로부터 뇌와 유전자를 통해 물려받고 마음은 사회에서 학습으로 이전받는다. 습관이나 정서와 같은 몇몇 요인은 유전자에 저장돼 이전되는 것으로 추정된다*.

5. 식물은 씨를 통해 몸이 이전되고 동물은 정자와 난자로 몸이 이전되고 사회를 통해 마음이 이전된다. 몸은 소멸하지만 마음은 소멸하지 않고

다른 존재 몸을 빌려 삶이 지속된다고 주장하는 윤회설은 보다 오래 살려는 사람욕망이 만들어 낸 허구다.

6. 이것은 식물이 씨를 통해 생명이 이전하는 방식에다 마음이 이전되는 방식을 조잡하게 연결한 것으로, 사람의 주장이다. 붇다하는 신이나 윤회를 통해 몸과 마음이 이전되지 않는다고 누차 강조했다*.

7. 마음은 가상공간(사이버 공간)이다. 뇌가 작동하면 가상공간인 마음이 만늘어진다. 자극이 있으면 활성화되고 자극이 없으면 기초의식만 흐른다. 뇌작동이 멈추면 가상공간도 소멸한다. 이것은 전기가 들어오면 컴퓨터에 사이버 공간이 형성되고 전기가 끊기면 사이버 공간이 소멸되는 것과 같은 원리다*.

허깨비 장난

붇다하는 과거, 현재, 미래는 존재하지 않는다고 보았다. 과거 이미지(과거생각)가 현재 마음거울에 반영되고 앞으로 할 일에 대한 미래 이미지(미래의지)가 현재 마음거울에 반영될 뿐이다. 그것은 실체가 아니라 이미지다. 과거기억이나 미래의지를 반영하는 현재 마음도 끊임없이 변한다. 마음거울에 맺힌 이미지를 실제상황인 것처럼 붙잡고 시비하는 것은 어리석다. 그래서 옛 어른은 허깨비 붙들고 시비하지 말라고 했다. 접촉대상은 이미 변했는데 마음공간에 존재하는 기억만 변하지 않는다고 착각한다. 금강경은 과거심불가득 현재심불가득 미래심불가득(過去心不可得, 現在心不可得, 未來心不可得)이라고 한다. 그러면 어떡하나? 현재 마음거울에 맺힌 상을 있는 그대로 알아차림하면 된다. 존재에 의미나 가치를 부여해 구분하고 차별하지 말고 있는 그대로 보는 것이 핵심이다.

힌두교와 불교 차이

신을 인정하면 힌두교고 부정하면 불교다. 윤회설을 인정하면 힌두교고 부정하면 불교다. 세습과 계급제도를 인정하면 힌두교고 평등과 능력제를 인정하면 불교다. 시간과 공간에서 과거와 미래, 거기 그리고 저곳에 초점두면 힌두교고 여기 그리고 지금에 주목하면 불교다. 힌두교는 타력과 기도를 주장하고 불교는 자력과 수행을 강조한다. 이런 의미에서 대승부와 밀교부는 힌두교라고 해야옳다.

자동차 엔진

자동차 엔진이 작동하면 에너지가 나오고 차가 움직이듯 뇌 신경조직이 작동하면 뇌에너지 흐름이 형성되고 마음기능이 발생한다. 자극이 있으면 반응하고 자극이 없으면 기초의식만 흐른다. 뇌가 멈추면 마음도 없어진다. 옛 스님은 마음은 기타소리와 같다고 했다. 기타를 치면 소리나지만 그냥 두면 소리나지 않는다. 뇌 신경조직이 작동

8. 동물은 자연산물을 가공하지 않고 있는 그대로 사용하지만 사람은 필요에 따라 적절히 가공해 사용한다. 이것은 물질뿐만 아니라 마음에도 적용된다. 동물은 외부자극에 본능적으로 대응하지만 사람은 접촉 다음에 일어난 마음작용을 어떤 형태로든 가공해 반응한다*.

9. 마음은 몸과 마찬가지로 선천적으로 자기 에너지를 가지고 태어난다. 태어나면서 외부대상을 접하고 생존본능에 따라 감각대상을 구분하고 차별해 좋은 것은 취하고 싫은 것은 밀쳐낸다. 접촉대상을 이미지화(관념화)해 마음공간에 저장하고 필요할 때 회상해 사용한다.

10. 마음공간에 들어온 데이터는 대상자체가 입력된 것이 아니라 이미지만 입력된다. 이미지와 욕망, 이기심, 분노, 적의, 원망, 서운함, 편견, 선입관, 가치관과 같은 마음오염원 등이 결합해 저장된다*.

11. 마음공간에 입력된 기억이미지는 자체질량만 있지만 기억이미지와

을 멈추었는데 그곳에서 나오던 에너지 흐름이 소멸하지 않고 다른 생명체로 옮겨가 새로운 삶에 시동을 걸어준다는 것이 윤회설이다. 자동차 엔진을 꺼보자. 엔진에서 나오던 에너지가 다른 자동차로 옮겨가 시동을 걸어주는지. 상식선에서 접근하자. 답은 거기에 있다.

예술, 문화, 수행

예술은 창조하는 것이고 문화는 만들어진 것을 소비하는 과정이다. A를 B로 변화시키는 것을 생산, 창조, 예술이라고 한다. 수행은 오염된 마음을 청정하게 하고 무기력한 마음을 활기차게 하고 산란한 마음을 평화롭게 하고 무거운 마음을 가볍게 한다. 이런 의미에서 수행은 창조이자 예술이고 문화다. 일반물질은 생산과 소비가 어느 정도 구분되지만 마음은 생산과 소비 주체가 하나다. 수행문화는 수행으로 변화된 마음상태를 소비한다. 먼저 수행하고 그 결과물을 삶에 적용해 누리자는 것이 수행문화운동인데 언제부턴가 수행은 간 곳없고 문화타령만 한다. 붕어빵에 붕어가 없다고 했던가?

이미지 입력

산이 마음속으로 들어 온 것이 아니라 산에 대한 이미지가 마음공간에 입력되고 저장됐다 마음거울에 다시 회상된다. 과거가 마음공간으로 들어온 것이 아니다. 과거행위에 대한 데이터가 이미지 형태로 마음거울에 반영되고 마음공간에 저장된다. 미래도 마찬가지다.

결합된 마음오염원 양과 질에 따라 기억이미지 질량이 달라진다. 기억이미지와 결합된 마음오염원은 저절로 없어지는 게 아니다. 오직 알아차림 기능인 싸띠힘으로만 제거할 수 있다.

12. 이런 과정을 거치면서 기억이미지가 최초로 에너지를 부여받는다. 이렇게 생성된 마음에너지(기억질량, 마음오염원)는 이후 삶이 진행되면서 늘기도 하고 줄기도 한다. 마음에너지는 삶을 구속하고 힘들게도 하지만 자유롭고 행복하게도 한다.

13. 붇다하는 접촉 다음에 일어난 마음작용을 방치하면 기억이미지와 마음오염원이 결합돼 기억질량이 증가해 삶을 구속하고 힘들게 하지만 그것을 알아차림하면 기억이미지와 결합된 마음오염원을 해체해 자유롭고 행복하게 살 수 있다고 보았다. 기억이미지와 결합된 마음오염원을 해체하는 과정이 싸띠수행이다.

14. 마음은 데이터를 6감(六感, 眼 耳 鼻 舌 身 意)으로 받아들여 통합, 저장, 회상, 가공해 사용한다. 마음은 받아들인 데이터와 마음공간에 저장된 데이터(기억이미지)를 결합해 사용하고 마음공간에 저장된 데이터를 재가공해 사용한다.

15. 마음공간에 입력하는 데이터(이미지 I)와 마음공간에 존재하는 데이터(기억이미지 II)가 어느 수준에서 결합하느냐에 따라 데이터 가공과 활용 수준이 결정된다. 저장한 기억이미지 수준이 높거나 입력하는 데이터와 마음공간에 저장돼있는 기억이미지가 결합하는 양과 질에 따라 데이터 가공과 활용 수준이 달라진다. 데이터 처리주체인 싸띠힘이 마음건강, 마음안정, 마음청정, 싸마-디히, 데이터 처리수준에 영향미친다.

16. 마음은 입력된 데이터를 한 번에 하나씩 처리한다. 마음이 6감을 통해 입력된 데이터를 동시에 처리하는 것 같지만 알아차림 기능인 싸띠를

사용해 한 번에 하나씩 처리한다.

17. 사람은 활동하는 폭만큼 다양한 접촉을 하고 다차원으로 반응한다. 접촉 다음에 일어난 느낌작용[vedanā, 受]과 사유작용[vitakka, 尋]은 다차원으로 전개된다.

18. 마음거울에 맺힌 존재를 알아차림하는 수준에 따라 다차원으로 판단하고 다양하게 행동한다*.

반응한계선

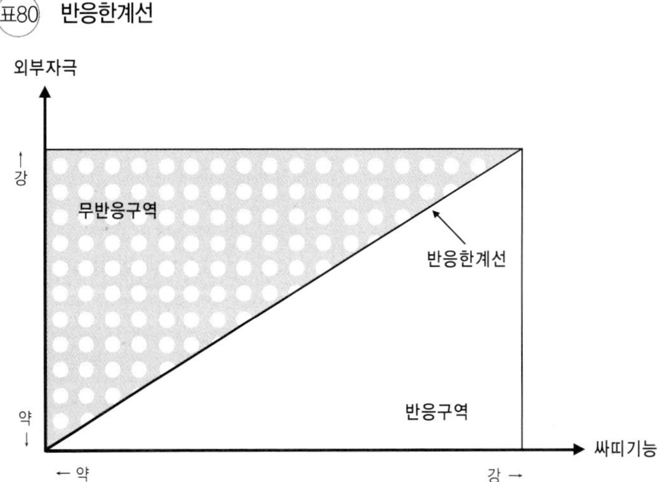

자극은 있지만 알아차림하는 싸띠기능이 약해 그것을 알아차림하지 못할 수 있다. 이런 상태를 「정서가 경직됐다. 마음이 메말랐다.」고 한다. 이것은 마음공간이 삶의 무게로 경직됐기 때문이다. 어릴 때는 떨어지는 낙엽만 봐도 깔깔대지만 나이가 들면 삶의 무게로 싸띠기능이 약화되고 정서기능이 경직돼서 어지간한 자극은 감지하지 못하고 무덤덤해진다. 그러면 슬픔뿐만 아니라 행복도 느낄 수 없다. 자극을 알아차림하지만 초연한 것과 아예 감지하지 못하는 것은 다르다. 경직된 마음공간을 수행으로 부드럽게 만들어야 외부자극을 있는 그대로 느끼고 반응할 수 있다. 이것을 동사섭법회(同事攝法會)를 주관하는 용타(龍陀, 1940~)는 반응한계선이라고 한다. 붇ㄷ하는 싸띠기능이 약하고 반응한계 이하로 자극이 가해지면 자극은 있지만 그것을 자각하지 못한다고 보았다. 결국 알아차림이 핵심이다.

19. 행위[kamma, 業]는 순간에 이뤄지지만 행위영향력[kamma bala, 業力]은 오랫동안 지속된다. 행위가 지속되는 것이 아니라 행위영향력이 지속되고 그것에 삶이 구속[kamma āvaraṇa, 業障] 된다. 행위영향력에 구속되는 것만큼 삶은 고달프고 괴로움은 증가한다.

20. 마음은 입력된 데이터를 비교, 분석, 조합, 추리, 유추, 논리, 종합, 판단, 예측 등으로 가공하고 다차원으로 느끼고 반응한다. 마음공간에 입력된 데이터는 알아차림, 가공, 판단, 느낌, 반응 등으로 끊임없이 되먹임되면서 발전한다*.

21. 마음거울에 맺힌 상을 자각하지 못해도 마음공간에 입력된 데이터는 사유과정을 거쳐 정서층으로 들어가거나 정서과정을 거쳐 사유층으로 들어간다. 이 둘은 끊임없이 되먹임되면서 다양한 마음작용을 일으킨다. 사유과정과 정서과정 가운데 어느 것이 먼저라고 할 수 없다*.

마음노폐물

음식을 만들면 찌꺼기가 남는다. 이것을 잘 썩히면 거름이 되지만 그대로 방치하면 환경을 오염한다. 신문이나 책에서 필요한 정보를 얻으면 나머지는 버린다. 이렇게 버려진 것이 생활공간을 오염시킨다. 삶에 필요한 정보는 다양한 매체를 통해 다차원으로 획득하지만 데이터 가공과정에서 발생한 쓰레기 데이터는 마음공간에 남아 마음환경을 오염시킨다. 욕망, 이기심, 분노, 적의, 원망, 서운함, 편견, 선입관, 가치관 등 찌꺼기 데이터, 정크 데이터, 마음노폐물, 마음오염원을 어떻게 처리할 것인가? 붇다하는 싸띠수행을 「마음환경보호운동」으로 정의했다.

사유층과 정서층

사유기능은 입력된 데이터를 비교, 분석, 조합, 추리, 유추, 논리, 종합, 판단, 예측 등으로 가공하고 정서층에 전달해 느낌을 일으킨다. 정서기능은 외부자극을 받아들여 기쁨, 슬픔, 행복, 불행 등의 느낌을 일으키고 사유층으로 보내 다양하게 가공한다. 정서기능은 데이터 가공수준과 정서공간 유연성에 따라 다차원으로 반응한다. 동일 데이터도 개인에 따라 다차원으로 가공되고 다양하게 느낀다.

사유기능이 발달하면 존재를 분석적, 논리적, 체계적, 객관적으로 이해하고, 전체맥락을 볼 수 있고 지혜롭고 유기적으로 행동한다. 이 기능이 발달하지 못하면 존재를 신비적, 비논리적, 주관적, 부분적으로 이해하고 우둔하고 단세포적으로 행동한다. 정서기능이 발달하면 직관적, 감성적이고 마음이 부드럽고 감각대상을 전체로 이해한다. 이 기능이 발달하지 못하면 정서가 경직되고 마음이 산만하고 삶이 거칠고 무미건조하다.

표81 인지와 반응

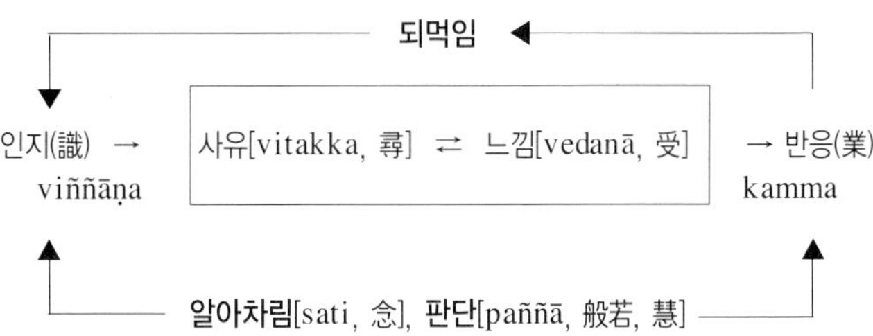

22. 동일존재도 사람마다 다르게 느끼고 사유하는 것은 선천적으로 타고난 기질, 후천적으로 학습된 성격, 자연환경, 사회환경, 지적수준, 존재를 알아차림하는 수준과 판단하는 질에 따라 데이터를 다차원으로 가공하기 때문이다.

23. 마음공간에 새로 입력되는 데이터가 이미 마음에 입력돼있는 기억이미지와 결합해 발전하는 순간부터 망상(papañca, 妄想)이라고 한다. 이 상태를 생각거품으로 마음채운다고 한다.

24. 마음공간에 존재가 반영되는 순간 알아차림하면 입력된 데이터가 더 이상 발전하지 않는다. 이것을 마음비운다고 한다. 마음공간에 입력된 데이터가 마음오염원과 결합해 발전하면 아-싸봐(āsava, 漏)라고 한다*.

마음채움과 마음비움

마음거울에 상이 맺히고 마음공간에 존재하는 지나온 삶의 흔적과 결합해 발전하면 「마음채운다. 마음이 오염됐다.」고 한다. 「마음비운다. 마음맑힌다.」는 것은 마음거울에 상이 맺힌 순간 싸띠가 그것을 알아차림하고 해당 데이터가 마음공간에 존재하는 다른 데이터와 결합해 더 이상 발전하지 못하는 것이다.

싸띠기능이 강해 외부 데이터가 마음공간에 입력되는 순간 알아차림하면 더 이상 발전하지 않는다. 앞집 개가 짖을 때 「들림」하고 알아차림하면 마음비운 것이지만 「앞집에 도둑이 들었나, 주인이 밥을 주지 않나」 등으로 가공하면 입력 데이터는 하나지만 그것이 마음공간에 존재하는 다른 데이터와 결합해 발전하면서 생각거품을 일으키고 마음공간을 가득 채운다.

表82 데이터 입력과 출력

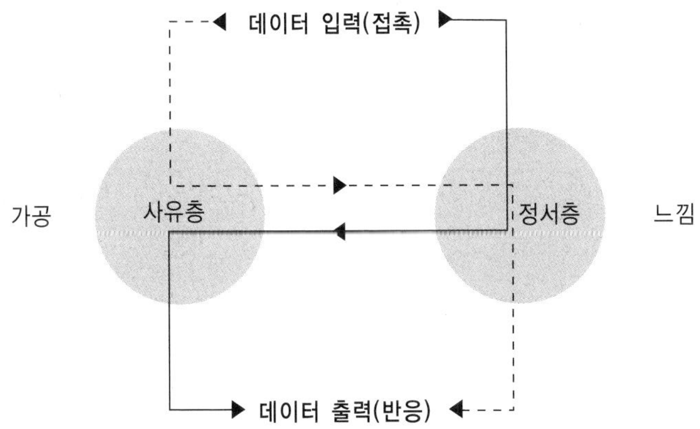

25. 마음은 관계성, 운동성, 변화성 등 몇 가지 물리특성이 있다. 마음이 가진 물리특성을 이해하고 마음을 다루면 마음관리 효율성을 높일 수 있다.

표83 마음물리특성

26. 마음은 감각대상을 따라 옮겨다닐 수도 있고, 한 곳에 머물 수도 있고, 원하는 곳에 머묾과 옮김을 자유자재로 할 수도 있다.

27. 머묾과 옮김을 자유자재로 하기 위해서는 알아차림 기능인 싸띠 힘이 강하고 유연성과 순발력도 갖춰야 한다.

28. 마음이 감각대상에 끌려다니면 마음에너지를 소모하고 산만하고 피곤하고 무기력해진다.

29. 마음이 감각대상을 선택하고 한 곳에 머물면 마음에너지를 적게 소모하고 보충해 안정되고 활기차고 건강해진다.

30. 마음먹은 대로 일이 잘되면 기분 좋고 행복하다고 느낄 수도 있고 마음이 활기차고 행복한 사람이 일을 더 잘할 수도 있다. 성공한 사람이 활기차고 행복할 수도 있고 활기차고 행복한 사람이 일의 성취도가 높을 수도 있다. 이 둘 가운데 어느 것이 먼저라고 할 수 없다. 관계와 상황에 따라 필요한 요소를 적절히 사용하면 좋다*.

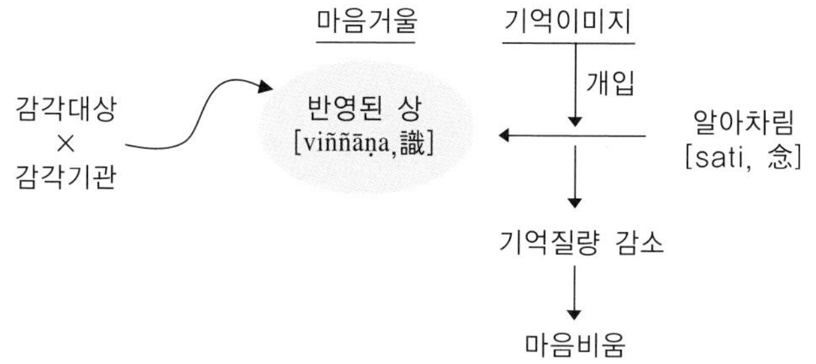

3. 마음발생

1. 마음이 발생하고 작동하는 구체공간은 인체 신경조직, 특히 뇌 신경조직이다. 뇌가 작동하면 뇌전기가 일어나고 이것이 복잡하게 상호작용하

존재와 생각

붇다하가 되고 난 후 진정한 의미의 붇다하 생각과 행동을 할 수 있고 붇다하가 돼야겠다고 마음먹고 노력한 결과 붇다하가 될 수도 있다. 전자를 유물론이라 하고 후자를 관념론이라고 한다. 내용과 형식은 일치한다. 내용이 형식을 규정하고 형식이 내용에 영향미친다. 붇다하는 연기론을 주장했다. 연기론은 상호 관계와 상황을 중시한다. 구체상황에서 답을 구할 수 있다. 존재와 생각은 어느 것이 먼저라고 할 수 없다. 그것은 구체상황에서 시공으로 범위를 한정지으면 답을 구할 수 있다. 내용과 형식은 서로 의존하고 서로 영향미치고 서로 해체하고 서로 재구성되는 과정을 거치면서 변화발전한다. 시간과 공간, 구체상황에서 서로 영향미친다는 붇다하 관점을 연기론이라고 한다.

면서 마음(마음사이버 공간)이 발생한다*.

2. 이것을 의식, 정신, 심리, 마음이라고 한다. 붇다하는 이것을 마나쓰 (manas, 意 · citta, 心)라고 했다. 여기서는 「마음」 이라고 정의한다*.

3. 마음발생 장소인 뇌는 몇 가지 개별인자가 유기적으로 결합해 작동한다. 뇌가 작동하면 마음에너지가 발생한다. 이때 뇌작동결과 발생한 마음에너지는 뇌 구성인자와는 다른 특수성질(마음)을 띤다. 뇌 구성인자는 일반물질이지만 뇌작동으로 생겨난 마음에너지는 일반물질과는 차원이 다른 특수물질이다.

부대현상론

붇다하는 마음발생을 부대현상론(附帶現象論)으로 보았다. 수력발전에서 물과 철이 특수하게 결합해 작동하면 물이나 철에 존재하지 않는 전기라는 제3현상이 나타난다. 이것을 부대현상론이라고 한다. 이것은 역학 에너지가 전기 에너지로 전환한 것이지만 전기 에너지를 역학 에너지 다루듯 하면 제대로 다뤄지지 않는다. 전기는 전기 에너지가 가진 특성에 기초해 다뤄야 하듯 역학 에너지도 마찬가지다.

마음을 다룰 때도 마찬가지다. 마음은 뇌작동으로 나왔지만 뇌와는 성질을 달리하는 특수물질이다. 뇌 신경조직이 분자차원에서 작동하면 그것과는 차원이 다른 제3현상인 마음이 발생한다. 이것은 마음을 일으키는 뇌 구성인자가 분자차원이라는 것이지 그 작동으로 발생된 마음이 분자차원에서 작동한다는 것을 의미하지는 않는다. 마음은 분자와는 비교할 수 없을 정도로 복잡하고 고차원에서 작동한다. 마음은 분자차원이 아니라 마음차원에서 접근해야 답을 구할 수 있다. 오늘날 정신의학이 마음다룰 때 분자차원에서 물질(약)을 만들어 사용한다. 이것은 마음작용은 분자차원이 아니라 훨씬 더 고차원에서 이뤄진다는 점을 간과했거나 현대의학이 아직 마음을 효과적으로 다룰 수준에 도달하지 못했기 때문이다.

뇌크기

의식작용이 발생하는 공간인 뇌의 무게는 평균 1.5kg로 몸무게의 2.5% 정도며, 뇌를 펼치면 200~300㎠로 신문지 반 장 정도 면적이고, 그 부피는 1.8L 정도다. 뇌는 약 10^{11} 개의 뉴런이 있으며 10^{14}개의 시냅스가 존재한다. 뇌 뉴런 하나는 다른 뉴런과 수천 개의 시냅스 연결을 이룬다. 사람의 뇌에서 수학으로 조합 가능한 시냅스 수는 우주에 존재하는 원자의 총수보다 많다. 그렇게 많은 연결점에서 창의력이 나온다. Richard F. Thompson 저, 김기석 역, 《腦》 (성원사, 서울, 1996), p 13.

각 동물 뇌와 체중의 관계는 다음과 같다. 공룡 1/2000, 고래와 코끼리 1/2000, 유인원 1/100, 그리고 사람 1/40 정도이다. 사람의 뇌가 몸무게에 비교해서 가장 크면서 동시에 뇌세포간의 유기적 결합 또한 가장 치밀하다. 서유헌 저, 《잠자는 뇌를 깨워라》(평단문화사, 서울, 2000), p. 17.

4. 마음작용을 일으키는 기본인자가 무엇인지는 알 수 없다. 그것은 과학발전과 함께 어느 차원에서 보느냐에 따라 다르게 정의된다. 현 단계는 뇌를 중심으로 한 인체 신경조직이 마음발생기계라고 이해한다.

5. 현단계에서 뇌 구성인자를 분자차원에서 이해한다. 그러나 분자차원인 뇌활동으로 나온 마음작용은 분자차원으로 설명할 수 없는 더 고차원적이고 복합수준에서 이뤄진다*.

(표85) 뇌와 마음

발전기	→	전기	→	사이버 공간
몸, 신경조직, 뇌	→	뇌 전기	→	마음사이버 공간

4. 마음기관

1. 마음도 인체기관이다. 인체는 개별인자가 결합해 해당인자에 없는 새로운 기능을 만들어 사용한다. 이렇게 만들어진 개별기관을 전체로 통합·

발전기 · 전기 · 사이버 공간

발전기와 발전기 작동으로 생겨난 전기, 그 전기를 사용해 만들어진 사이버 공간은 각기 성질이 다르다. 뇌 신경조직이 작동하면 뇌에서 전기가 발생한다. 이 뇌전기가 고도로 작동하면 마음사이버 공간이 형성된다. 뇌 신경조직 작동과 뇌전기 그리고 마음사이버 공간은 서로 밀접하게 연관돼있다. 그러나 뇌가 뇌전기는 아니듯 뇌전기 또한 마음사이버 공간은 아니다. 이것은 다른 현상이고 차원이 서로 다르다. 뇌작동으로 생긴 마음을 뇌 다루듯 하면 잘 다뤄지지 않는다. 뇌는 뇌차원(뇌과학)에서 다루고 마음은 마음차원(마음과학)에서 다뤄야 유효성이 나온다. 각 현상수준에서 해당현상이 가진 특성을 이해하고 다뤄야 유효성이 나온다. 발전기는 발전기가 가진 특성에 따라 다루고 전기는 전기가 가진 특성에 따라 다뤄야 한다. 전기특성과 사이버 공간특성도 마찬가지다.

분배하는 기관이 뇌다. 뇌는 인체내부 데이터를 전체로 통합하고 분배하는 기능을 한다*.

2. 마음은 인체내부 기관을 통합하는 뇌를 통제하고 뇌를 통해 마음공간으로 입력된 데이터를 통합, 분석, 비교, 유추, 판단 등으로 가공하고 느끼고 명령한다. 동시에 인체외부에 있는 존재와 연결하는 기관이다. 마음은 인체기관 최고 · 최정점에 있다.

3. 몸의 각 기관을 통합하는 복잡하고 다양한 기능을 하는 뇌를 통제하고 외부존재와 연결하는 마음은 뇌와는 비교할 수 없을 정도로 훨씬 더 복잡한 차원에서 작동한다.

4. 인체기관은 개별세포가 모여 개별기관을 구성한다. 데이터 수집은 개별세포에서 뇌를 거쳐 마음으로 올라가지만 명령은 마음에서 뇌를 통해 개별기관과 단위세포로 내려간다.

5. 데이터 입력과 출력은 다음과 같다. 단위세포에서 수집된 데이터는 개별기관에서 1차로 처리한다. 그렇게 처리된 데이터는 뇌에 통합돼 2차로 처리해서 마음으로 보내진다*.

인체기관

인체를 유지하는 기관은 다음과 같이 정의한다.

① 개별기관이 담당하는 고유기능이 있어야 한다. 눈은 시각 데이터를 다루고 귀는 청각 데이터를 다룬다.
② 하부기관을 갖고있어야 한다. 하나의 세포를 기관이라고 하지 않는다. 여러 부속이 결합돼 특정기계를 구성하듯 여러 세포가 모여 하나의 기관을 형성한다. 그런 기관이 모여 더 복잡한 기관을 만든다.
③ A를 B로 전환시키는 filtering 기능이 있어야 한다. 간은 해독작용을 하고 콩팥은 정화작용을 한다.

이런 조건이 충족되면 인체구성 기관이라고 정의한다. 마음도 이런 구성요소를 갖추면 인체구성 기관이라고 할 수 있다. 마음은 감각대상을 반영하고 저장하고 가공하고 느끼고 자각하는 기능을 한다. 마음은 네 가지 기본인자를 가지고 있고 마음공간에 입력한 데이터를 가공해 사용하기 때문에 인체기관으로 정의할 수 있다. 마음과학은 마음을 인체구성 최고 · 최종 기관으로 정의한다.

6. 마음은 뇌에서 전달된 데이터를 이미 마음공간에 저장돼있는 데이터(기억이미지)와 결합해 3차로 처리하고 마지막으로 판단한다. 그리고 어떻게 반응하고 행동하라는 명령을 뇌로 내려보낸다. 뇌는 마음에서 내려온 명령을 개별기관과 단위세포로 분배하고 전달한다.

7. 마음을 인체구성 기관으로 이해하면 마음 구성과 기능을 구체적이고 올바르게 이해할 수 있고 마음을 효과적으로 관리할 수 있다*.

믿거나 말거나

좌뇌는 언어, 계산, 논리, 사고, 이성 등을 관장하고 우뇌는 느낌, 정서, 공간, 이미지, 창조활동 등을 담당한다. 오늘날 창의력을 강조하다보니 우뇌 학습법을 많이 강조한다. 그러나 뇌는 좌뇌와 우뇌가 분리되지 않고 함께 연계해 활동할 때 기능을 최대한 발휘한다.

싸띠수행자는 전통적으로 좌뇌와 우뇌를 함께 사용하는 것을 선호한다. 수행과정에서 이런 것을 우연히 알았다. 좌우뇌를 연계해 활동하는 부위가 정수리 숨골부위다. 이곳을 직관뇌라고 한다. 이곳이 발달해야 뇌와 마음 기능이 최상으로 작동한다.

뇌 어느 부위가 어떤 기능을 담당하는지는 어느 정도 밝혀졌다. 전해오는 말에 의하면 뒷뇌가 발달하면 기억기능이 뛰어나고, 앞과 좌우 뇌가 발달하면 계산과 판단 능력이 뛰어나고, 정수리부위가 발달하면 직관력이 뛰어나다고 한다. 직관뇌는 많이 사용하면 후천적으로 성장한다.

싸띠수행자는 오랜 경험으로 뇌 특정부위가 어느 정도 발달하지 않으면 수행을 시키지 않았다. 그 이유는 수행 진도가 많이 나가 좌뇌와 우뇌가 최대치로 가동하면 마음공간에 존재하는 모든 기억이미지(데이터)가 알아차림 기능인 싸띠가 집중되는 곳으로 함께 이동하면서 구조조정을 한다. 이때 뇌에 과부하가 걸리는데 뇌가 발달한 사람은 그 과부하를 견디고 지혜가 자라지만 뇌가 충분히 발달하지 못한 사람은 뇌작동 프로그램이 다운되는 경우가 드물지만 있다. 그러나 이런 경우는 희귀하다.

로봇도 사랑할 수 있을까?

간단한 로봇은 인공 시냅스를 20~30개 정도 사용하면 작동한다. 사람머리에 존재하는 뇌세포 연결점인 시냅스는 약 10^{14}개라고 한다. 거의 무한대라고 보아도 무방하다. 이 정도 기능을 가질 때 비로소 스스로 사고하고 느끼고 저장하고 판단하는 기능이 탄생한다.

현 단계 사람이 개발한 로봇은 계산기능만 있고 정서기능은 없다. 그러나 미래에 등장할 로봇은 존재를 가공만 하지 않고 사유하고 느끼고 반응하는 기능을 할 수 있도록 진화할 것이다. 그러기 위해서는 여러 가지 문제를 극복해야겠지만 로봇이 사람수준으로 근접하기 위해서는 사람뇌와 같은 기억용량과 그것의 종합처리장치인 CPU(중앙처리장치)가 해마체처럼 입체로 돼있어야 한다. 사람머리는 10^{11}개 뇌세포와 10^{14}개 시냅스가 입체로 얽혀있고 이것을 통해 전달되는 정보를 해마체가 처리한다. 이 정도 돼야 사유기능과 함께 정서기능이 나온다. 현재 평판 메모리로는 계산기능을 넘어 느낌기능으로 발전하기 쉽지 않다. 해마체와 같은 입체 메모리와 처리장치가 나오고 인공마음(인공지능)이 만들어지면 로봇으로 사람마음을 대상으로 한 실험을 할 수 있을 것이다.

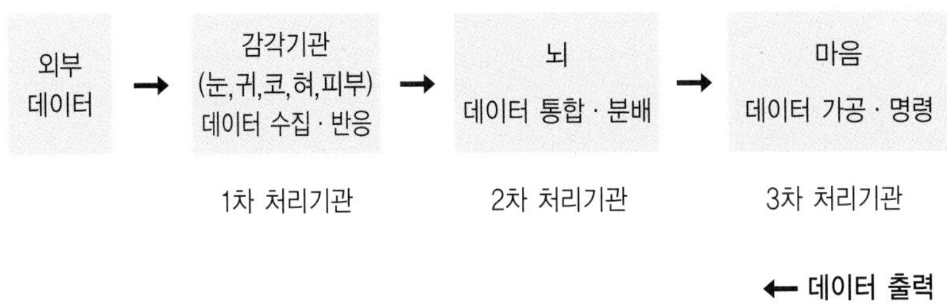

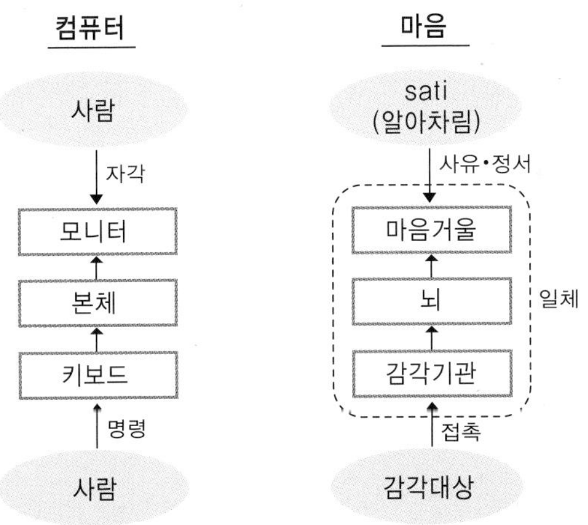

　이런 인공뇌를 만들 수 있으면 인공마음도 가능할 것이다. 그때가 되면 마음에 관한 비밀이 많이 풀릴 것으로 기대된다. 문제는 젤리형태 메모리를 만들기 위한 재료가 있어야 하는데 아직까지 그런 소재를 찾았다는 소식이 들리지 않는다. 이 소재를 먼저 찾는 개인이나 단체가 미래 인간의 모든 것을 결정하는 주변수가 될 것이다. 이 때가 되면 로봇도 다른 존재처럼 감정을 느끼고 사랑할 수 있을지 모른다.

5. 마음 구조와 기능

1. 마음형태, 마음구성 기본인자, 마음기능, 마음화학반응, 마음물리특성, 마음작용 등에 대해 분명히 이해하는 것은 마음과 행동을 효과적으로 관리할 수 있는 토대를 제공한다.

1) 마음형태

2. 마음은 뇌작동으로 나온 뇌전기를 토대로 만들어진 마음사이버 공간이다.

3. 마음모양은 뇌생김새를 따라 둥글게 형성되는 것으로 추정하지만 가변적이고 유동적이기 때문에 특정형태로 고정돼있지 않은 것으로 생각된다.

2) 마음구성인자

4. 뇌활동으로 만들어진 마음은 다음과 같은 네 가지 마음구성 기본인자

존재와 실재

현상은 복잡하지만 현상을 덮고있는 거품을 걷어내면 작동원리가 드러난다. 찰스 다윈(Charls Darwin, 1809~1882)은 생물에 내재한 종의 법칙을 규명했고, 세포를 발견한 로버트 훅(Robert Hooke, 1635~1703)이나 DNA 이중나선구조를 발견한 제임스 왓슨(James Watson, 1928~)과 프란시스 크릭(Francis Crick, 1916~2004)은 생명이해 수준을 획기적으로 발전시켰다. 뉴튼(Newton, 1642~1727)은 만유인력법칙을 규명해서 과학발전에 크게 이바지했고, 칼 마르크스(Karl Marx, 1818~1883)는 사회현상에 내재한 법칙을 정식화시켰다. 현대 과학자는 원자의 핵질량을 규명해 에너지를 획득했다. 붇다(Buddha, BCE566~BCE486)는 마음구성인자, 마음화학반응, 마음물리특성의 제 법칙을 규명했고, 마음작동원리, 싸띠기능, 기억의 구조와 기능, 기억질량의 흡수·해체구조를 발견했다. 이것은 인류가 발견한 의미있는 것 가운데 하나다.

로 구성된다*.

① 대상을 인지하고 반영하는 마음거울[manas, 意, 認知, mind-mirror]
② 마음거울에 맺힌 상[viññāṇa, 識, 反影, image]
③ 마음공간에 저장된 기억이미지[anussati, 記憶, 貯藏, memory]
④ 마음작용 전 과정을 알아차림하는 싸띠(sati, 念, 自覺, awake)

5. 마음은 우주처럼 공간을 이룬다. 네 가지 마음구성 기본인자가 유기적으로 결합하고 마음공간에 데이터를 입력해 저장, 회상, 결합, 가공, 느낌, 판단 등으로 서로 되먹임하면서 작용하고 반응한다.

6. 네 가지 마음구성 기본인자가 마음공간에서 다차원의 「마음화학반응, citta chemical reactions」, 「마음물리특성, citta physical characteristics」, 사유과정[vitakka, 尋, 가공], 정서과정[vedanā, 受, 느낌], 행동과정[kamma, 業, 반응] 등으로 발전한다.

7. 이런 마음작용은 막가파라에 들어 닙바-나를 체험할 정도로 싸띠힘이 향상되면 스스로 자각[abhigama, 證得]할 수 있다.

8. 붇다하가 마음을 보다 분명하고 세밀하게 정의하고 설명할 수 있었던 것은 머리로 이해한 것[vitakka, 思惟則]이 아니라 막가파라에 들어 닙바-나를 체험하면서 마음구성인자, 마음 구조와 기능, 마음화학반응, 마음물리특성, 기억 구조와 기능, 싸띠기능, 마음작용 등을 체험[abhiññā, 經驗則]으로 정확히 목격했기 때문이다.

표89 마음구조

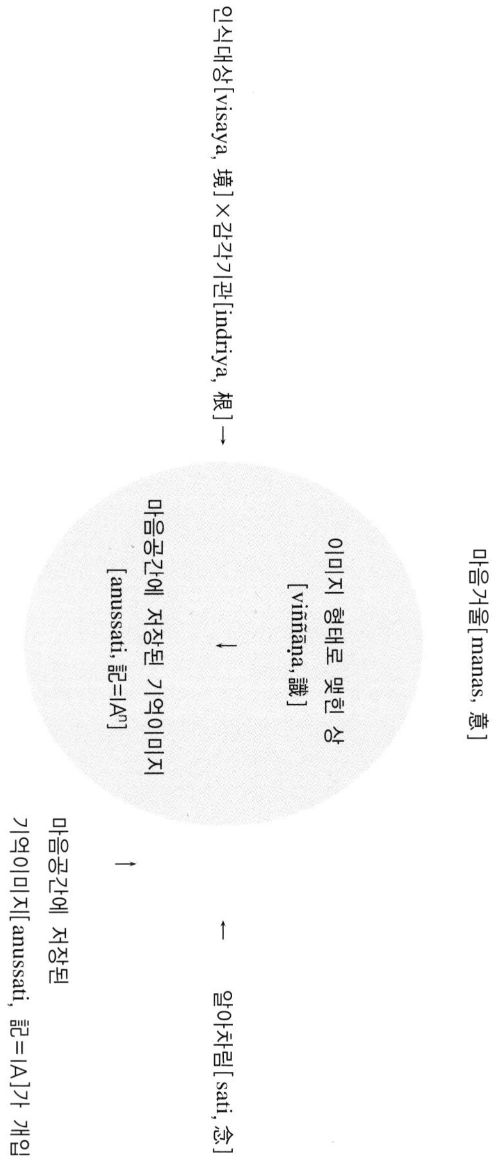

마음거울[manas, 意]

인식대상[visaya, 境] × 감각기관[indriya, 根] →

이미지 형태로 맺힌 상 [viññāṇa, 識]

↓

마음공간에 저장된 기억이미지 [anussati, 記=IA^n]

← 알아차림[sati, 念]

↑

마음공간에 저장된 기억이미지[anussati, 記=IA]가 개입

9. 알아차림 기능인 싸띠와 같은 일부인자는 마음구성인자이면서 동시에 마음기능이기도 한다. 마음구성 기본인자는 다음과 같다*.

① 마음거울

10. 마음구성인자 가운데 하나는 감각대상과 감각기관이 접촉하고 그 데이터가 마음공간으로 입력되는 대로 마음표면에 상을 맺게하는 마음거울[manas, 意]이다. 마음거울은 마음작용[citta, 心] 전체를 가리키는 용어로도 사용한다*.

11. 일반거울은 하나의 감각대상만 상을 맺지만 마음거울은 시각대상[rūpa, 色], 청각대상[sadda, 聲], 후각대상[gandha, 香], 미각대상[rasa, 味], 촉각대상[phassa, 觸], 기억대상[dhamma, 法] 등 6감대상 전부 상을 맺는다.

불교용어

95%이상 불교용어는 감각대상이 마음거울에 맺혀 상을 맺고 알아차림 기능인 싸띠가 그것을 알아차림하고 그 곳으로 밀착고정될 때 마음공간에 저장한 기억이미지가 개입하고 이것이 상호작용하면서 마음작용이 전개되는 과정을 설명하면서 만들었다. 대부분 불교용어는 사유나 철학을 위한 것이 아니라 마음과학과 싸띠수행과 관련된 것이다. 불교경전은 입송으로 전승됐는데 상세한 설명은 전문용어를 사용해 내용을 압축했다. 마음과학과 수행기술과 관련된 세밀한 설명은 아-라-마에서 수행하면서 수행지도자로부터 배웠다. 마음과 수행과 관련된 용어는 그 속에 마음과학과 싸띠수행에 관한 많은 의미가 함축돼있다.

마음거울

일반거울은 거울표면에 상을 맺지만 마음거울은 감각대상만으로 상을 맺지 않는다. 감각대상과 감각기관이 접촉해 그 데이터를 마음거울에 투사할 때만 상을 맺는다. 감각기관에 장애를 가진 사람은 감각대상을 마음거울에 상을 맺게 할 수 없다. 현 단계 과학은 6감 가운데 시청각 데이터를 전파로 이동해 상을 맺게 하는 기술까지 발달했다. 최근은 마음공간에 저장된 기억이미지 이동기술을 시도하고 있다. 앞으로 발달할 기술은 후각, 미각, 촉각, 기억 데이터 이동기술이 될 것이다.

② 마음거울에 맺힌 상

12. 마음구성인자 가운데 하나는 감각대상과 감각기관이 접촉하고 그 데이터가 마음거울에 맺힌 상[viññāṇa, 識]이다. 감각대상이 직접 마음공간에 들어오는 것이 아니고 마음거울에 그 이미지만 입력돼 상이 맺힌다.

13. 마음거울에 데이터가 입력될 때 감각기관별로 입력되고 상도 감각기관별로 맺는다. 붇다하는 감각기관을 6개(六根, 眼 耳 鼻 舌 身 意), 감각대상을 6개(六境, 色 聲 香 味 觸 法), 감각대상과 감각기관이 결합된 감각 데이터가 마음거울에 입력돼 맺는 상을 6개(六識, 眼識 耳識 鼻識 舌識 身識 意識)로 범주나눠 구분했다.

표90 감각기관

감각대상(六境)		감각기관(六根)		감각 데이터(六識)
시각[rūpa, 色]	×	눈[cakkhu, 眼]	→	시각[cakkhu viññāṇa, 眼識]
청각[sadda, 聲]	×	귀[sota, 耳]	→	청각[sota viññāṇa, 耳識]
후각[gandha, 香]	×	코[ghāna, 鼻]	→	후각[[ghāna viññāṇa, 鼻識]
미각[rasa, 味]	×	혀[jivhā, 舌]	→	미각[[jivhā viññāṇa, 舌識]
촉각[phassa, 觸]	×	피부[kāya, 身]	→	촉각[kāya viññāṇa, 身識]
기억[dhamma, 法]	×	마음거울[manas, 意]	→	기억[manas viññāṇa, 意識]

14. 거울과 거울에 맺힌 상이 서로 다르듯 마음거울과 마음거울에 맺힌 상 또한 다른 존재다. 이 둘은 밀접히 관계맺고 함께 움직이지만 서로 다르

게 작동한다. 붇다하는 마음거울(意)과 마음거울에 맺힌 상(識)을 두 과정으로 보았다. 의식(意識)은 한 과정이 아니라 의와 식의 두 과정이다.

15. 의와 식을 한 과정으로 보는지 두 과정으로 보는지에 따라 마음이해 수준과 차원이 달라진다. 의와 식을 한 과정으로 이해하면 5감차원에서 마음을 이해한 것이고 의와 식을 두 과정으로 보면 6감차원에서 마음을 이해한 것이다.

16. 이것은 차원문제다. 인류 역사상 지금까지 마음과학과 싸띠수행이 마음을 가장 수준높게 이해하고 유효하게 다룬 것은 마음을 6감차원으로 이해했기 때문이다.

17. 붇다하의 천재성과 위대함은 감각기관에서 6감과 싸띠기능을 발견하고 그것을 이용해 마음관리 핵심 이론과 기술인 마음과학과 싸띠수행을 개발한 것이다.

③ 저장기억

18. 마음구성인자 가운데 하나는 마음거울에 입력된 데이터를 마음공간에 저장한 기억이미지[anussati, 記憶]다. 입력된 데이터를 저장하는 것이야말로 마음이 가진 중요한 기능 가운데 하나다.

19. 데이터가 마음공간에 저장될 때는 대상자체를 입력하고 저장하지 않는다. 마음거울에 이미지 형태로 맺힌 상(이미지 I)에 욕망, 분노, 편견계열 등 마음오염원이 결합해 기억이미지(이미지 II)로 저장된다*.

데이터 회상 프로그램

기억에 관한 다양한 가설을 주장하지만 현 단계에서 인류가 이해한 기억에 관한 정보는 단편적이다. 붇다하는 마음공간에 입력된 데이터(기억이미지)는 뇌나 마음 작동이 멈추기 전까지는 소멸하지 않는다고 보았다. 데이터 회

20. 마음공간에 새로 입력되는 데이터와 마음공간에 이미 저장된 기억이미지가 어떻게 결합하느냐에 따라 입력되는 데이터 질량(힘, 무게, 에너지)이 결정된다. 이때 알아차림 기능인 싸띠가 주변수고 기억이미지는 종속변수다.

21. 마음공간에 입력된 데이터는 뇌가 완전히 없어지지 않는 한 소멸되지 않는다. 뇌세포가 점진적으로 혹은 급격히 손상될 때는 그 데이터(기억이미지)가 다른 뇌세포로 이동해 저장되는 것으로 추정한다.

22. 마음이 무거운 것은 마음전체가 무거운 것이 아니라 에너지를 흡수해 질량이 증가한 기억이미지가 마음공간에 하중을 가하기 때문이다.

23. 마음이 오염됐다는 것은 기억이미지가 내뿜는 영향력에 마음공간이 노출된 것을 말한다. 마음을 맑힌다는 것 혹은 수행한다는 것은 마음공간에 있는 지나온 삶의 흔적인 기억이미지가 흡수한 질량(마음오염원)을 해체하는 것이다.

④ 알아차림

24. 마음구성인자 가운데 하나는 마음작용 전 과정을 알아차림하는 싸띠(sati, 念)다. 싸띠는 모든 마음작용을 알아차림하고 통제하는 핵심기능

상 프로그램에 문제가 생기면 데이터는 분명히 저장돼있지만 회상하지 못할 수는 있다. 교통사고나 고문 등 특수 상황에 직면하면 이전에 입력된 데이터를 순간적으로 압축해 회상하는 것을 볼 수 있다. 일부 치매환자는 뇌세포가 손상을 많이 입어 평소는 과거나 주변 상황을 회상하지 못하다가 돌아가기 직전에 기억이 선명하게 돌아오는 것을 볼 수 있다. 이것은 한 번 마음공간에 입력된 데이터는 좀처럼 소멸하지 않고 보존되는 것을 의미한다. 데이터 저장공간에 이상이 생기면 그곳에 저장된 데이터를 다른 공간으로 이동시키는 것으로 보인다. 마음공간에 저장된 데이터가 소멸되는 것이 아니라 데이터 회상 프로그램 작동에 문제가 있다고 보아야 한다. 기억에 관한 연구는 기억세포 손상뿐만 아니라 데이터 회상 프로그램을 주목할 필요있다. 그러면 기억에 관해 더 많은 것을 규명할 수 있을 것이다.

이다*.

25. 알아차림 기능인 싸띠는 마음다루는 핵심요소고 주변수다. 싸띠를 알고 마음다루는 것과 모르고 다루는 것은 유효성에 차이가 크다. 싸띠를 올바르게 알고 마음다룰 때 마음관리 효율성이 극대화된다.

26. 기억이미지와 결합된 마음오염원을 제거하고 기억질량을 해체하는 도구가 빤냐-다. 빤냐-는 싸띠와 싸마-디히로 성장한다. 싸띠가 싸마-디히를 선도하고 싸띠에 힘을 주는 것이 싸마-디히다. 싸띠가 망치라면 싸마-디히는 망치에 가하는 힘이다. 붇디하는 싸마-디히 힘을 키우기 위해서는 싸띠힘을 키워야 한다고 강조했다.

27. 마음이 피곤하거나 무기력하다고 할 때는 마음전체가 무거운 것이 아니라 알아차림 기능인 싸띠가 피곤하고 무기력한 것이다.

28. 매 순간 접촉은 피할 수 없고 접촉 다음에 마음작용이 일어나지 않는 경우는 없다. 알아차림 기능인 싸띠수준에 따라 그것을 자각하기도 하고 모르고 지나치기도 한다. 자각하지 못한다고 해서 존재하지 않는 것은 아니다. 체험하는 것보다 더 중요한 것은 체험한 것을 스스로 알아차림하는 것이다.

29. 접촉 데이터가 마음거울에 입력돼 상을 맺고 싸띠가 그것을 알아차

맺힌 상과 알아차림

일반거울은 사물을 비추는 기능만 있지만 마음거울은 표면에 상을 맺는 기능과 맺힌 상을 자각하는 기능이 있다. 자동차는 움직이기만 하지만 사람은 움직이면서 스스로 움직인다는 것을 자각한다. 감각대상을 알아차림하는 싸띠기능이 있다는 것을 아는 사람과 그렇지 못한 사람은 마음이해 수준과 마음관리 차원이 다르다. 붇디하는 자각 기능을 싸띠(sati)라 했고 한문으로 염(念)으로 번역했다. 싸띠는 기억하다(memory)는 의미도 있지만 붇디하는 이것을 알아차림[awake, 自覺]으로 사용했다. 8정도 정념(sammā sati, 正念)은 「올바른 기억이 아닌 정확한 알아차림」이라고 번역해야 한다. 알아차림 기능인 싸띠를 기억으로 번역한 것과 힌두교 창조신 브라흐마(Brahma, 梵)의 분신인 앗따(atta, sk. Ātman, 我)를 자아나 영혼으로 번역한 것이 불교번역사에서 가장 큰 오역이다.

림하고 마음공간에 저장된 기억이미지가 개입돼 입력된 상과 결합해 다양
한 마음작용이 발생하고 전개된다.

30. 이때 마음작용이 전개되고 마음공간을 채울수록 기억질량이 증가하
고 마음이 무겁고 피곤해진다. 마음작용이 전개되는 앞쪽에서 알아차림되
고 브레이크 걸리고 마음공간을 비울수록 기억질량이 감소하고 마음이 가
볍고 활기차진다.

31. 알아차림 기능인 싸띠가 집중되는 곳으로 뇌파도 함께 집중된다. 이
것을 텔레파시라 한다. 텔레파시에 마음을 실어 인연있는 사람에게 전달한
다. 싸띠힘의 크기에 따라 텔레파시 힘도 함께 커진다.

32. 알아차림 기능인 싸띠가 집중되는 곳으로 마음공간에 저장된 데이
터(기억이미지)도 함께 집중된다. 집중되는 기억이미지 양과 질에 따라 존
재를 가공하고 느끼는 힘도 함께 커진다. 이때 싸띠집중 기능인 싸마-ㄷ히
힘(三昧力)으로 기억이미지와 결합돼있는 마음오염원을 해체한다.

3) 마음기능

33. 네 가지 기본인자로 구성된 마음[manas, 意 · citta, 心]은 다음과 같
은 기능을 한다.

① 거울기능

34. 마음기능 가운데 하나는 거울기능이다. 일반거울처럼 마음도 거울
기능이 있다. 마음은 표면에 입력된 데이터를 반영해 상을 맺는다. 일반거
울은 시각 데이터만 상을 맺지만 마음거울은 시각, 청각, 후각, 미각, 촉각,
기억 등 6감대상 전부 상을 맺는다.

② 저장기능

35. 마음기능 가운데 하나는 마음공간에 입력된 데이터를 보관하는 저장기능(기억기능)이다. 한 번 저장된 데이터(기억이미지)는 소멸되지 않고 마음공간에 남아있다.

36. 마음공간에 저장돼있는 기억이미지는 마음공간에 이미 입력된 다른 기억이미지와 결합해 다차원으로 발전한다. 마음공간에 저장돼있는 기억이미지가 가공되고 발전되는 과정에서 기억질량이 늘기도 하고 줄기도 한다.

37. 마음공간에 저장돼있는 기억이미지 질량이 줄면 마음이 가볍고 늘면 무겁다. 기억질량이 줄면 알아차림 기능인 싸띠가 집중되는 방향으로 기억이미지 집중도가 높아지고 기억질량이 늘면 집중도가 낮아진다. 기억이미지 집중도가 높으면 실재를 있는 그대로 볼 수 있고 낮으면 자기관점에서 존재를 이해하거나 존재에 다양한 의미를 부여하고 구분하고 차별한다. 그리고 그 결과에 스스로 구속돼 힘들어한다.

③ 가공기능

38. 마음기능 가운데 하나는 마음공간에 입력된 데이터를 결합, 비교, 분석, 조합, 추리, 유추, 논리, 종합, 판단, 예측 등으로 가공하고 판단하는 계산기능 혹은 가공기능이다. 이것을 이성 또는 지성이라고 한다.

39. 데이터 가공수준은 싸띠힘과 빤나-힘이 결정한다. 싸띠힘이 강하면 마음공간에 저장돼있는 데이터를 특정지점으로 더 많이 집중시켜 데이터 가공 효율성을 높인다. 싸띠힘이 약하면 데이터 집중력이 떨어지고 가공 효율성도 낮아진다.

④ 느낌기능

40. 마음기능 가운데 하나는 데이터 가공결과를 판단하고 수용하는 느낌기능이다. 이것은 저울과 같은 기능이다. 이것을 감성 또는 정서라고 한다.

⑤ 자각기능

41. 마음기능 가운데 하나는 마음작용 전 과정을 알아차림하는 자각기능이다. 이것을 싸띠 혹은 알아차림이라고 한다.

42. 붇다가 싸띠기능을 발견함으로써 비로소 마음을 체계적이고 효과적으로 관리할 수 있는 길을 열었다. 붇다는 싸띠기능을 이해함으로써 마음 구조와 기능을 논리적이고 올바르게 설명할 수 있었다. 싸띠기능을 최초로 발견한 사람이 붇다다.

43. 붇다는 싸띠기능을 발견하고서 「깨달았다, Buddha, 佛陀, 覺者」고 선언했다. 붇다는 싸띠기능을 사용해 마음공간에 존재하는 욕망, 이기심, 분노, 적의, 원망, 서운함, 편견, 선입관, 가치관 등 마음오염원을 제거할 수 있었다.

44. 붇다는 싸띠기능을 이용해 마음을 맑고 건강하게 관리해 자유로운 삶, 청정한 삶, 행복한 삶, 공존하는 삶을 살았다. 붇다가 발견한 싸띠기능은 자유와 행복으로 가는 좋은 도구다*.

수행개념

감각대상을 자각하는 데 초점맞춘 것을 싸띠(sati, 念, 알아차림, 깨어나기), 싸띠를 감각대상에 밀착고정하는 데 초점맞춘 것을 싸마-디(samādhi, 三昧, 止, 定, 싸띠집중), 싸띠집중의 다른 개념이 ㅈ하-나(jhāna, 禪那, 靜慮), 이것을 줄여 선(禪) 혹은 참선(參禪), 싸띠집중을 힌두교(upasād, sk. upaniṣad)는 요가(yoga, 瑜伽), 실재통찰에 초점맞추면 위빠싸나(vipassanā, 毘鉢舍那, 觀法) 혹은 통찰, 실제이해에 초점맞추면 빤냐(paññā, 般若, 慧), 인식이 미음거울에 맺힌 것을 알아차림하는 것을 싸띠, 행동하기 전에 먼저 일어난 의도나 현상을 파생시킨 원인을 알아차

6. 마음화학반응

1. 네 가지 마음구성 기본인자가 유기적으로 결합하고 작용해 마음에너지 결합과 해체, 마음 건강과 마음안정 등 마음작용 전 과정에 영향미치는 「마음화학반응」을 한다*.

2. 마음화학반응은 네 가지 마음구성 기본인자 가운데 마음거울에 맺힌

림하는 것을 쌈빠자-나(sampajāna, 自知) 혹은 실재보기라고 한다.

붇다하는 자기가 만든 수행법을 싸띠수행, 테라봐-다(上座部) 계통이나 대승기신론은 위빳싸나, 쌉밧-타봐-다(說一切有部) 계통이나 대부분 대승경전은 싸마-디, 빤나-부나 금강경 계통은 싸띠를 좋아했다. 요가는 힌두교용어기 때문에 불교도가 사용하는 것은 정체성문제가 있어 곤란하다. 오늘 날 싸띠수행을 위빳싸나-라고 하는 것은 미얀마를 중심으로 한 남방 불교국가 수행자가 테라봐-다 영향으로 이 개념을 선호한데서 기인한다. 최근에 그곳에서 붇다하 정법을 받아오다보니 이 용어를 즐겨 사용한다. 그러나 붇다하는 이 개념을 잘 사용하지 않았다. 붇다하는 수행전체를 말할 때 ㅂ하-봐나-(修行) 또는 싸띠라고 했다. 마음닦는 수행전체를 영어로 meditation 이라고 번역했는데 이것을 한문으로 재번역할 때 명상(瞑想)이라고 했다. 명상은 불교뿐만 아니라 요가 등 수행전체를 가리키는 용어로 쓰인다.

이런 명칭은 부분이나 전체 등 초점맞추는 것에 따라 다르고 지역이나 시기에 따라 각자 선호하는 개념이 달랐기 때문이다. 그렇기 때문에 개념의 다름을 두고 마치 내용이 다른 것으로 설명하면 핵심을 놓친다. 붇다하는 미가다-야에서 최초로 수행지도할 때부터 꾸씨나-라-에서 마지막으로 수행지도하고 입멸할 때까지 자기가 창안한 수행법을 「싸띠수행」이라고 불렀다.

마음화학과 마음물리

물은 H_2와 O가 결합해 구성된다. 이때 물이 가진 물리특성이 있고 구성인자가 결합해 일으키는 화학반응이 있다. 물을 다룰 때 물이 가진 물리특성뿐만 아니라 구성인자가 결합해 일으키는 화학반응을 올바르게 알면 물을 활용할 수 있는 폭이 넓어진다. 물이 가진 화학반응을 올바르게 알지 못하고 물리특성만 이해하면 활용분야가 제한될 수 있다.

마음도 마찬가지다. 마음은 뇌작용으로 파생된 특수물질이다. 뇌작용으로 생성된 데이터가 마음공간에 입력되면 다차원의 마음화학반응을 거쳐 정서나 사유와 같은 마음작용이나 마음물리특성을 갖는다. 이때 마음구성인자가 서로 영향미치고 복잡하게 전개되는 화학작용은 일반감각으로는 잘 보이지 않지만 분명히 존재한다. 알아차림하는 싸띠기능이 활성화되면 마음구성인자가 화학반응을 일으키는 전 과정을 자세히 볼 수 있다. 싸띠수행은 마음을 물리차원뿐만 아니라 화학차원에서도 이해하고 정서, 사유, 행동 등을 다룬다. 심리학은 마음물리특성만을 다루고 의학이나 뇌과학은 신경전달물질과 같은 뇌화학과 뇌물리 특성을 다룬다. 그러나 뇌작동 결과물인 마음화학반응이나 마음물리특성 등에 관해서는 초보적인 이해도 못한 것 같다. 마음구성인자가 복잡하게 상호작용하는 구조를 이해하면 마음을 수행과 산업에 활용할 수 있는 분야가 새롭게 열릴 것이다.

상, 지나온 삶의 흔적인 기억이미지, 마음작용 전 과정을 알아차림하는 싸띠 상호작용으로 이뤄진다.

3. 기억이미지가 질량을 가지고 있느냐 없느냐보다 싸띠기능 강약에 따라 마음화학반응이 다차원으로 일어나고 싸띠기능은 뇌와 신경전달물질, 데이터 처리, 행동유형, 마음에너지, 마음건강, 마음안정 등 마음작용 전반에 영향미친다.

4. 마음공간에 저장된 기억이미지는 마음화학반응 종속변수고 마음거울에 맺힌 상을 알아차림하는 싸띠기능은 주변수다. 싸띠가 마음화학반응 핵심기능이다. 분c하는 싸띠기능을 강화하지 않고서는 마음에 관한 어떤 것도 해결할 수 없다고 보았다*.

5. 싸띠수행 핵심은 알아차림 기능인 싸띠를 활성화하는 것이다. 싸띠가 활성화되면 마음화학반응에 적극적으로 개입해 마음거울에 맺힌 데이터가 마음공간에 입력될 때 에너지를 적게 흡수해 기억이미지가 가벼워진다. 그러면 마음상태는 평화롭고 건강하다*.

수행과 운동

근육강화 과정이 운동이고 싸띠강화 과정이 수행이다. 배를 복식호흡처럼 인위적으로 움직이면 운동이고 배가 자연리듬에 따라 움직일 때 알아차림 기능인 싸띠가 그 움직임을 알아차림하면 수행이다. 감각대상을 인위적으로 움직이면 싸띠기능이 강해지지 않는다. 역기를 하루에 한 시간 정도 들어 한두 달 지나면 팔 근육이 강해진다. 마찬가지로 하루에 한 두 시간 호흡, 배, 발, 화두 등을 알아차림 대상(기준점)으로 삼아 수행하면 싸띠기능이 향상된다.

마음현미경

알아차림 기능인 싸띠는 자연과학에서 존재를 확대하는 현미경이나 무게를 측정하는 저울과 같은 기능을 한다. 일반물질을 관찰할 때는 전자현미경 정도면 가능하지만 마음작용을 관찰할 때는 마음밖에서 관찰할 수가 없다. 이때는 마음구성인자 가운데 알아차림 기능인 싸띠를 훈련시켜 마음현미경이나 마음저울과 같은 기능을 만들어 사용한다.

6. 알아차림 기능인 싸띠가 마음거울에 맺힌 상을 가공하는 주체다. 싸띠가 감각대상으로 집중되는 순간 마음공간에 있는 기억이미지도 싸띠가 집중된 곳으로 동시에 집중되면서 감각대상을 분석, 사유, 논리, 비교, 종합, 유추, 예측, 이해, 느낌 등으로 가공하고 느끼고 판단하고 반응한다*.

7. 알아차림 기능인 싸띠가 감각대상으로 집중될 때 함께 집중되는 기억이미지 사이에 다차원으로 결합이 이뤄지고 사유과정과 정서과정이 동시에 전개된다.

표91 **마음화학반응**

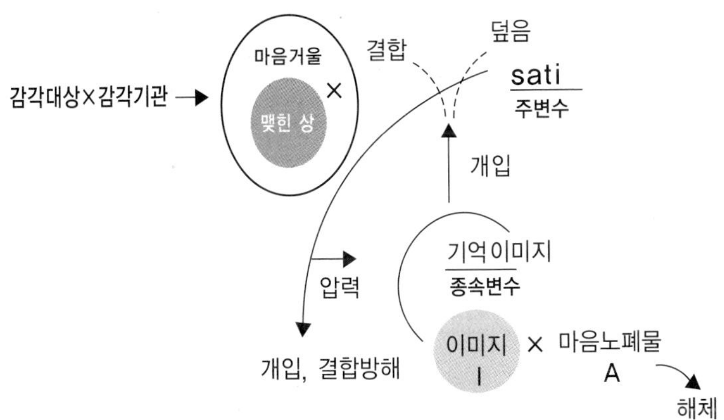

안경색깔

감각대상은 마음거울에 있는 그대로 반영되지만 그것이 마음거울에 맺힌 순간 마음공간에 존재하는 삶의 흔적이나 마음오염원과 결합하고 포장해 나타난다. 실재를 덮고 있는 포장을 보거나 자기가 낀 안경색깔로만 감각대상을 본다. 포장 밑에 존재하는 실재를 있는 그대로 보거나 안경 너머 존재하는 실재를 보기위해서는 알아차림하는 싸띠기능이 좋아서 마음오염원을 제거하고 마음환경을 맑게 가꿔야 한다.

8. 알아차림 기능인 싸띠가 감각대상으로 집중될 때 마음공간에 저장돼 있던 기억이미지 가운데 감각대상과 관련된 데이터가 한 순간에 얼마나 많이 그리고 질높게 집중되느냐에 따라 감각대상 이해나 실재보는 수준(빤나-)이 결정된다. 실재를 있는 그대로 보기위해서는 싸띠기능을 활성화해야 한다.

9. 싸띠힘이 강하면 더 많은 기억이미지를 한 곳으로 집중할 수 있다. 이때 싸띠집중으로 형성된 압력(三昧力)으로 기억이미지 사이에 다차원으로 결합이 일어나고 기억이미지에 낀 마음오염원이 제거되고 실재와 흐름을 볼 수 있는 안목인 빤나-가 성숙한다.

10. 기억이미지 집중수준은 기억이미지에 낀 마음오염원 양과 질, 싸띠힘, 알아차림하는 사람과 감각대상과의 관련성에 따라 결정된다.

11. 뇌파도 알아차림 기능인 싸띠가 집중되는 곳으로 쏠린다. 이것이 텔레파시다. 텔레파시를 통해 마음과 마음이 서로 통한다. 이때 욕망, 분노, 편견 계통으로 오염된 탁한 마음을 전하지 말고 자유와 청정, 평등과 평화, 행복과 공존에 기초한 맑고 평화로운 마음을 전하는 것이 좋다. 이것을 이용해 맑고 따뜻한 마음을 인연있는 사람에게 보내는 것이 자비수행(자비관)이다*.

12. 욕망, 이기심, 분노, 적대감, 원망, 서운함, 편견, 선입관, 가치관 등 마음오염원은 앎과 행동에 기초해 형성된다. 앎이 구조조정을 거치면 기억

싸띠집중

알아차림 기능인 싸띠가 감각대상에 밀착고정되는 것을 싸띠집중 또는 싸마-디라고 한다. 싸띠는 감각대상이 마음거울에 맺힌 것을 알아차림하는 것이고 싸띠가 알아차림한 대상을 놓치지 않고 따라가는 것이 싸띠집중 또는 싸마-디다. 흔히 마음집중이라고 하는데 이것은 거친 번역이다. 마음구성인자 모두가 감각대상으로 집중되는 것이 아니라 싸띠만 감각대상으로 집중된다. 그래서 여기서는 마음집중을 싸띠집중으로 새롭게 정의한다.

이미지가 흡수한 에너지는 자연스럽게 해체된다. 이것을 붇다하는 혜해탈(paññā vimutti, 慧解脫), 혜청정(paññā visuddhi, 慧淸淨)이라고 했다.

13. 알아차림 기능인 싸띠가 마음거울에 맺한 상을 알아차림하고 그곳으로 집중되는 순간 감각대상 힘이 크고 싸띠힘이 약하면 싸띠가 감각대상 힘에 갇힌다.

14. 알아차림 기능인 싸띠가 감각대상에 끌려가 상황에 구속되거나 매몰되면 마음에너지를 급속히 소모해 피곤하고 무기력해신나.

15. 알아차림 기능인 싸띠는 자기가 좋아하거나 오랫동안 몸과 마음이 길들여진 것에 자발적으로 끌려간다. 이때도 마찬가지다. 싸띠가 감각대상에 끌려가 구속되면 마음에너지를 급속히 소모하고 기억이미지와 마음오염원이 많이 결합되면서 기억질량이 현저히 증가한다.

7. 마음물리특성

1. 뇌 전기작용으로 나타난 가상공간인 마음은 네 가지 마음구성 기본인자가 중중첩첩 결합되고 되먹임하면서 마음화학반응이 일어나고 특정한 마음상태가 발생한다. 이렇게 발생된 마음상태에 내재한 법칙이나 본성을 「마음물리특성, suñña, 空」이라고 한다*.

마음분자구조

일반물질을 전자현미경으로 확대하면 분자구조를 볼 수 있다. 특수물질인 마음도 마음현미경[sati, 念]을 사용해 확대하면 네 가지 마음구성 기본인자가 결합해있는 마음분자구조를 볼 수 있다. 붇다가 마음을 상세하고 올바르게 설명할 수 있었던 것은 알아차림 기능인 싸띠를 활용해 마음 구조와 구성인자를 있는 그대로 올바르게 보았기 때문이다.

2. 마음을 다룰 때는 마음이 가진 특성에 기초해야 유효성이 있다. 몸(물질)에서 나온 특수물질인 마음을 일반물질 차원으로 환원해 일반물질처럼 다루면 곤란하다. 마음은 마음차원에서 다루는 도구를 사용해 다뤄야 답을 얻을 수 있다*.

3. 마음은 다음과 같이 네 가지 물리특성(법칙)을 가지고 있다. 붇다하는 이 네 가지 법칙을 발견하고 그것을 활용해 마음과학과 싸띠수행을 만들어 마음 관리와 변화에 관한 이론과 기술을 개발했다.

(표92) **마음물리특성**

① 관계성　②운동성　③변화성

1) 관계성

4. 모든 존재는 서로 관계맺고, 서로 의존하고, 서로 영향미치고, 서로

아무리 치밀한 가설도 그것이 이론으로 인정받기 위해서는 실천으로 유효성을 검증해야 한다. 마음도 마찬가지다. 마음구성인자와 그 작동구조에 대해 올바르게 이해해야 마음을 효과적으로 다룰 수 있고 체계적으로 설명할 수 있다. 과학은 권위나 주장이 아니라 실천으로 그 주장을 검증해야 한다. 유명대학 학위, 의사, 과학자, 심리학자, 상담학자, 수행자 등의 주장이 아니라 마음전문가라면 최소한 마음 구조나 구성인자만이라도 설명할 수 있어야 한다.

수준 따라 도구선택

하위개념을 다룰 때는 하위개념을 다루는 틀을 사용하고 상위개념을 다룰 때는 상위개념을 다루는 틀을 써야 한다. 일반물질을 다룰 때는 일반물질을 다루는 도구를 사용하고 특수물질인 마음을 다룰 때는 마음다루는 도구를 써야 효과있다. 물은 걸레로 닦아낼 수 있지만 기름은 고분자화합물인 세제를 사용해야 제거할 수 있다.

해체하고, 서로 재구성하면서 변화발전한다.

5. 마음은 안팎에 존재하는 것과의 상호관계 속에서 존재하고 작동한다. 마음상태에 따라 관계수준이 정해지고 관계수준에 따라 마음상태가 형성된다. 이것은 서로 의존하고 영향미친다.

2) 운동성

6. 마음은 스스로 운동할 수 있고 한 곳에 머물 수 있고 마음 공간에 존재하는 데이터를 이동할 수 있고, 그것을 가공하고 사용할 수 있다.

① 운동성

7. 알아차림 기능인 싸띠힘이 강하면 능동적으로 감각대상을 선택하고 머물수 있고 약하면 수동적으로 감각대상에 끌려다닌다. 마음이 움직일 때는 마음구성인자 가운데 알아차림 기능인 싸띠와 저장기능인 기억이미지만 움직인다.

8. 마음은 알아차림 기능인 싸띠와 데이터 저장기능인 기억이미지와의 역학관계에 따라 다차원으로 운동한다.

② 반응성

9. 자극과 반응 사이에 시차가 존재한다. 사람은 외부에서 가해지는 자극을 단순히 수용하고 반응하지 않는다. 자극을 받으면 자기가 가진 모든 능력을 이용해 적절한 반응형태를 찾아내고 적용한다.

10. 자극과 반응 사이에 모든 자료를 동원해 반응유형을 찾아내는 주체이자 공간이 마음이다. 마음공간에 저장된 기억이미지를 사용해 반응에 필

요한 자료를 찾아내고 사용한다.

11. 자극을 수용하고 최적의 반응형태를 찾아내고 적용하고 반응하는 주체가 알아차림 기능인 싸띠다. 싸띠가 모든 데이터를 집중, 통합, 가공, 판단, 명령하는 주체다.

12. 알아차림 기능인 싸띠활력도에 따라 자극에 대한 반응수준이 달라진다. 싸띠활력도가 크면 마음공간에 존재하는 기억이미지를 많이 사용해 효율적으로 반응하지만 싸띠활력도가 약하면 적게 사용하고 비효율적으로 대응한다.

③ 운동원리

13. 존재가 움직이는 운동원리는 크게 두 가지다. 하나는 부정법칙이고 다른 하나는 양질전환법칙이다.

14. 부정법칙은 존재가 현재자기를 부정해야 움직이고 운동한다는 것이다. 양질전환법칙은 양이 차면 질로 전환된다는 것이다. 이 두 운동원리에 의해 수행으로써 마음을 변화시킬 수 있고 중생이 붇다로 발전할 수 있다.

3) 변화성

15. 마음은 마음공간에 존재하는 데이터 가공수준에 따라 차원이 다른 상태로 변한다.

① 마음에너지

16. 마음은 에너지를 갖고있다. 사람은 본능적이고 선천적으로 마음에

너지를 갖고 태어난다. 이것은 생존현상 본질이다. 삶의 과정에서 자기가 가진 마음에너지가 활동으로 소모해 감소되기도 하고 수행으로 보충해 증가되기도 한다.

17. 마음에너지가 충만하기 위해서는 싸띠힘이 좋아야 한다. 마음에너지가 충만하면 몸과 마음은 건강하고 활기차고 마음에너지가 고갈되면 몸과 마음은 피곤하고 무기력해진다.

18. 알아차림 기능인 싸띠힘이 강해 감각대상을 스스로 선택하고 움직이면 마음에너지를 적게 소모하고 마음에너지를 보충해 마음이 활기차진다. 싸띠힘이 약해 감각대상에 끌려가면 마음에너지를 많이 소모하고 마음이 피곤해진다.

19. 감각대상을 분석, 사유, 논리로 체계화하거나 존재를 내 식대로 볼수록 마음에너지를 많이 소모하고 마음이 피곤해진다. 감각대상을 분석, 사유, 논리로 체계화하지 않거나 존재를 있는 그대로 볼수록 마음에너지를 절약하고 마음이 건강해진다.

20. 감각대상이 느리고, 단순하고, 부드러우면 마음에너지를 덜 소모해 마음이 활력이 넘친다. 감각대상이 빠르고, 복잡하고, 자극적이면 마음에너지를 많이 소모해 마음이 피곤해진다.

21. 마음에너지를 보충하는 유일한 방법은 알아차림 기능인 싸띠를 한 곳에 고정하고 감각대상에 끌려가지 않고 존재를 분석, 사유, 논리로 가공하지 않고 존재를 있는 그대로 보는 것이다. 그러기 위해서는 알아차림 기준점(출발점) 정하고 이름붙이고 알아차림해야한다.

② 마음건강

22. 마음은 건강성을 갖고있다. 마음이 건강하면 접촉 다음에 느낌이 좋

게 일어나고 건강하지 못하면 느낌이 좋지 않게 일어난다. 느낌이 좋으면 행복하다고 느끼고 좋지 않으면 불행하다고 느낀다.

23. 접촉 다음에 일어나는 느낌을 좋게 하기 위해서는 알아차림 기능인 싸띠힘이 좋아야한다.

24. 마음건강을 해치는 요인은 욕망, 이기심, 분노, 적의, 원망, 서운함, 편견, 선입관, 가치관 등 마음오염원이다. 마음공간에 마음오염원이 많으면 마음은 오염되고 건강을 상실한다. 마음오염원을 제거하고 마음을 맑히면 마음은 정화되고 건강하다.

25. 마음은 자정력과 자생력을 갖고있다. 마음을 건강하게 하기위해 특별히 행동하는 것보다 마음을 피곤하게 하는 마음오염원을 제거하는 것이 좋다. 이것이 마음환경을 건강하게 유지하는 올바른 길이다.

③ 마음자유

26. 마음은 자유성을 갖고있다. 알아차림 기능인 싸띠힘이 약하면 마음거울에 맺힌 상에 구속되고 강하면 자유롭다.

27. 알아차림 기능인 싸띠가 감각대상에 구속될수록 기억질량이 늘어나고 마음에너지를 소모하고 마음활력이 약해지고 데이터 처리능력이 떨어지고 마음작용이 둔해지고 마음상태가 불안하고 마음공간이 오염된다.

28. 알아차림 기능인 싸띠가 감각대상으로부터 자유로우면 기억질량이 줄어들고 마음에너지를 보충하고 마음활력이 강해지고 데이터 처리능력이 향상되고 마음작용이 활기차고 마음상태가 안정되고 마음공간이 맑아진다.

29. 알아차림 기능인 싸띠가 감각대상 영향력에 구속될수록 느낌이 빈

약하고 정서가 메마르고 삶이 무미건조해진다. 싸띠가 감각대상 구속으로부터 자유로우면 느낌이 좋고 정서가 풍부하고 삶이 여유로워진다.

30. 붇ㄷ하는 자유크기가 행복크기를 결정한다고 보았다. 붇ㄷ하는 기억, 앎, 삶의 구속으로부터 자유, 해방, 해탈을 수행의 궁극지향점으로 삼았다.

④ 마음인징

31. 마음은 안정성을 갖고있다. 마음이 산만하고 흐리면 실재를 있는 그대로 보지 못하고 상황을 자의적으로 판단하고 특정의도를 갖고 결과를 예측하고 행동하고 자기가 하고싶은 대로 행동하고 자기에게 이익되는 방향으로 행동하고 행동이 끝나면 결과를 평가하고 그 평가에 스스로 구속된다. 그러면 점차 삶이 복잡해지고 힘들어진다.

32. 마음이 고요하고 맑으면 실재를 있는 그대로 보고 직면한 상황을 객관적으로 이해하고 그 상황에서 어떤 의도나 결과를 예단하지 않고 행동하고 자기가 해야할 일을 하고 상황이 종료하면 상황과 결과로부터 자유로워진다. 그러면 삶이 단출해지고 여유로워진다.

33. 알아차림 기능인 싸띠가 감각대상에 끌려가면 마음에너지를 많이 소모해 마음이 피곤하고 불안하고 산만해진다. 싸띠가 한 곳에 머물면 마음에너지를 보충하고 활기차고 안정되고 평화로워진다. 싸띠가 한 곳에 머물기 위해서는 싸띠힘이 좋아야 한다.

34. 새로운 데이터가 마음거울에 반영되는 것을 놓치지 않고 알아차림하면 마음상태가 안정되고 고요해진다. 알아차림을 놓치면 존재에 매몰되고 조그만 자극에도 끌려가고 주변상황에 흔들리고 당황하고 불안해진다.

⑤ 마음청정

35. 마음은 청정성을 갖고 있다. 알아차림 기능인 싸띠힘이 약하면 마음 거울에 맺힌 상과 마음공간에 저장된 기억이미지가 결합하고 마음오염원으로 마음공간을 채운다. 마음공간이 욕망, 분노, 편견 계열 등의 마음오염원으로 가득차면 마음이 물들었다고 한다.

36. 마음공간을 청정하게 하기 위해서는 알아차림 기능인 싸띠힘이 좋아야 한다. 싸띠힘이 강하면 사유작용과 정서작용이 전개되는 앞쪽에서 브레이크 걸리고 마음작용이 더 이상 전개되지 않고 마음오염원으로 발전하지 않고 마음공간을 비운다. 이것이 심청정(citta visuddhi, 心淸淨)이다.

37. 싸띠수행은 마음공간에 존재하는 마음오염원을 제거하고 마음을 맑고 아름답게 가꾸어 삶을 자유와 행복으로 넘쳐나게 하는 좋은 도구다.

38. 마음이 맑고 건강한 것은 자유로운 삶, 청정한 삶, 행복한 삶, 공존하는 삶의 토대가 된다.

8. 기억 구조와 기능

1. 붇ㄷ하가 마음과학에서 규명한 기억 구조와 기능, 기억 에너지 흡수·해체구조는 다음과 같다.

1) 기억 제1법칙(기억구조)

2. 기억이미지[$M=IA^n$]는 이미지(image)와 마음오염원(āsava, 漏)으로 구성된다.

표93 기억구조

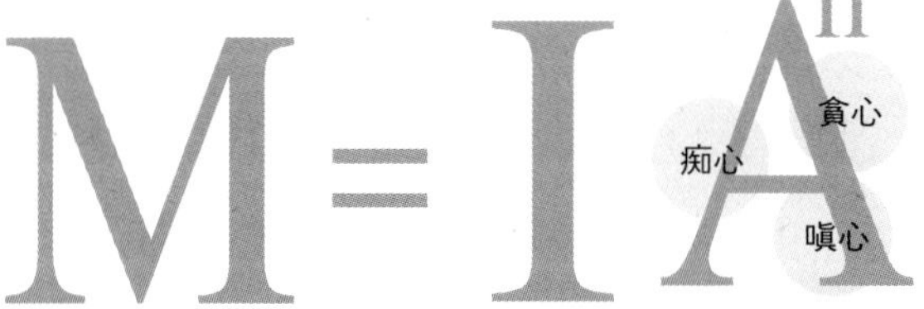

기억이미지 = 이미지 × 마음오염원

* 욕망, 이기심[rāga, 貪心]

* 분노, 적의, 원망, 서운함[dosa, 瞋心]

* 편견, 선입관, 가치관[moha, 痴心]

M=memory I=image A=āsava

2) 기억 제2법칙(기억기능)

3. 마음은 지나온 삶의 흔적 등을 이미지 형태로 마음공간에 저장하고 필요할 때 회상해 사용한다. 마음공간에 저장된 기억이미지를 사용해 자기가 현재 직면한 문제와 앞으로 살아갈 문제를 효과적으로 해결한다*.

4. 기억이미지는 사유과정과 느낌과정을 위한 기초 데이터다. 기억이미지 수준에 따라 데이터 가공수준도 달라진다*.

5. 기억이미지는 입력과정에서 이미지가 가진 자체질량과 마음오염원이 가진 질량이 결합해 저장된다. 마음오염원 질량이 많을수록 마음공간은 하중받고 삶은 힘들어진다. 마음오염원 질량이 가벼울수록 마음공간은 가볍고 삶은 자유와 행복으로 충만해진다.

6. 기억이미지도 힘을 갖고있고 알아차림 기능인 싸띠도 힘을 갖고있다. 싸띠힘이 강하면 기억이미지 구속으로부터 벗어나 마음이 자유롭고 마음에너지를 절약해 건강하고 활기차진다. 기억이미지 힘이 더 강하면 싸띠를

데이터 저장구조

오늘날 과학은 이전보다 비약적으로 발전했지만 기억에 대해 아는 것은 미약하다. 뇌의 각 부위가 어떤 기능을 하고 어떤 기제가 관여하는지에 대해서는 어느 정도 밝혀졌지만 마음공간에 입력된 데이터가 구체적으로 어떤 구조로 마음공간에 저장되고 회상되고 작동하는지는 극히 일부만 알려졌다. 기억을 다루는 과학자가 마음을 전문적으로 다루는 싸띠수행자에게 조언을 구하면 얻는 게 많을 것이다.

정보수준

존재를 어떻게 가공하느냐에 따라 다양한 수준의 앎으로 발전한다.

① data: 가공하기 전의 모든 자료.
② information: 사용자에게 필요한 자료.
③ knowledge(ñāṇa, 智 또는 知): 분석, 사유, 논리를 사용해 원재료를 가공해 부가가치를 높인 것.
④ wisdom(paññā, 慧): 가공된 지식을 재가공해 지식에 낀 거품을 제거하고 질과 순도를 더 높인 것.

구속하고 마음에너지를 소모해 마음이 피곤하고 무기력해진다.

7. 마음공간에 입력된 데이터[viññāṇa, 識, image]와 마음오염원이 많이 결합하면 마음공간은 오염되고 기억질량은 늘어난다. 기억이미지와 마음오염원이 적게 결합하면 마음공간은 청정하고 기억질량은 감소된다. 기억이미지와 결합된 마음오염원은 싸띠와 싸띠집중 힘으로 해체할 수 있다. 이것이 싸띠수행 핵심이다*.

3) 기억 제3법칙(기억에너지)

8. 기억이미지는 질량을 갖고있다. 마음공간에 입력된 이미지는 자체질량이 있고 그것과 결합된 마음오염원 크기에 따라 기억질량이 결정된다.

9. 알아차림 기능인 싸띠힘이 크면 마음화학반응에 간섭, 조작, 통제해 기억이미지와 결합된 마음오염원을 해체하거나 결합하려는 마음오염원을 방해하고 제거하면 마음은 가볍고 맑아진다. 싸띠수행으로 기억이미지와 결합된 마음오염원을 제거하면 기억이미지는 자체질량만 가진 순수 이미지로만 남는다.

10. 싸띠수행 현실목표는 기억이미지와 결합된 마음오염원을 제거하는

기억질량 측정도구

기억이미지가 가진 질량은 아주 미미하고 미음공간 내부에 존재하기 때문에 현 단계는 어떤 계측도구로도 측정이 불가능하다. 오직 마음공간 속에서 마음저울이자 마음현미경인 싸띠로만 측정할 수 있다. 계측도구가 마음저울이다보니 분명히 존재하는 마음무게나 기억무게를 객관화하기 까다롭다. 이것은 일반물리법칙을 미세물리학에 적용하거나 미세입자 질량을 측정해 객관화하기가 까다로운 것과 같은 이치다. 마음은 마음차원에서 이론과 도구를 찾아야 한다.

것이다. 막가파라에 이르는 4/5지점인 우뻬카-(upekhā, 捨, 平等) 단계에
도달하면 기억이미지와 결합된 대부분 마음오염원은 제거된다.

11. 그러나 기억이미지와 단단히 결합된 뿌리는 잘 뽑히지 않는다. 그
뿌리는 막가파라에 들어 닙바-나를 체험해야 뽑힌다. 기억이미지와 결합
된 마음오염원 뿌리를 완전히 제거해야 비로소 마음거울에 맺힌 상의 실재
를 있는 그대로 볼 수 있다*.

12. 마음이 구속됐다는 것은 기억이미지와 결합된 마음오염원 영향력에
알아차림 기능인 싸띠가 구속된 것이다. 싸띠힘을 키우면 그 영향력으로부
터 자유로워지고 마음이 가벼워진다.

4) 기억 제4법칙(기억에너지 흡수구조)

13. 새로운 데이터가 6감을 통해 마음공간에 입력될 때는 자체질량만
가진 이미지 형태로 입력된다.

14. 마음공간에 질량을 흡수해 저장된 기억이미지가 새로 입력된 데이
터(이미지)와 결합되면서 자기가 가진 질량을 이전한다. 새로 입력된 데이

확철대오 혹은 착각

화두 싸띠수행(話頭禪, 看話禪)자는 자기가 바로 붇다임을 자각하는 것을 목표로 한다. 일단 확철대오하면 자기
가 바로 붇다이고 더 이상 닦을 것이 없다고 생각한다. 그 주장은 절반은 맞다. 붇다하는 마음공간에 마음오염원
이 조금이라도 남아있으면 존재를 있는 그대로 보지 못하고 자기입장에서 본다고 생각했다. 마음오염원 뿌리는 무
명인데 무명은 아라한뜨 막가파라에 도달해 닙바-나를 체험하면 뽑힌다. 확철대오를 말하기에 앞서 아라한뜨 막가
파라에 들어 닙바-나를 체험했는지를 먼저 점검해야 한다. 그게 순서다. 만일 아라한뜨 막가파라에 들지 못한 상
태에서 깨달았다고 주장하면 거짓이거나 착각일 확률이 높다. 그렇지 않으면 건혜지(乾慧地, 막가파라 2/5지점)에
들어 옆길로 빠지고 지혜장애에 걸려 쓸데없는 주장을 하는 것이다.

터는 기억이미지로부터 질량을 이전받아 기억이미지 형태로 마음공간에
저장된다.

15. 동일존재를 접하고 그 데이터가 마음공간에 저장될 때 흡수된 질량
이 각기 다른 것은 새로 입력되는 데이터와 마음공간에 저장됐다 결합하는
기억이미지 질량이 각기 다르기 때문이다.

16. 기억이미지가 흡수한 질량은 저절로는 잘 해체되지 않는다. 시간이
지나면 마음공간 깊은 곳으로 가라앉을 뿐이지 질량자체가 소멸되는 것은
아니다. 기억이미지와 결합된 마음오염원은 싸띠수행이란 구체작업으로
제거할 수 있다.

5) 기억 제5법칙(기억에너지 차단구조)

17. 새로운 데이터가 마음공간에 입력될 때 싸띠와 싸띠집중 힘이 좋고
싸띠 유연성과 순발력이 뛰어나면 알아차림 기능인 싸띠가 새로 입력되는
데이터와 마음공간에 존재하는 기억이미지와의 결합을 교란하고 방해해
에너지 이전을 차단한다.

6) 기억 제6법칙(기억에너지 해체구조)

18. 기억에너지와 결합된 에너지(貪嗔痴 三毒心 마음오염원) 해체구조
는 다음 세 가지다.

19. 첫째, 알아차림 기능인 싸띠힘을 증폭해 기억이미지와 결합된 마음

오염원을 제거한다. 싸띠를 감각대상(기준점)에 밀착고정하면 1차로 압력(三昧力)이 발생한다. 이렇게 발생된 압력을 마음공간에 재차 가하면 수십 배 증폭되고 그 힘으로 기억이미지와 결합된 마음오염원을 제거하고 기억질량을 해체한다*.

20. 기억이미지와 결합된 에너지 해체도구가 알아차림 기능인 싸띠다. 싸띠에 힘을 가하는 것이 싸마-ㄷ히다. 붇ㄷ하는 노력과 싸띠로 기억이미지와 결합된 마음오염원을 해체할 수 있다고 했다.

(표94) **기억에너지 해체구조 ①**

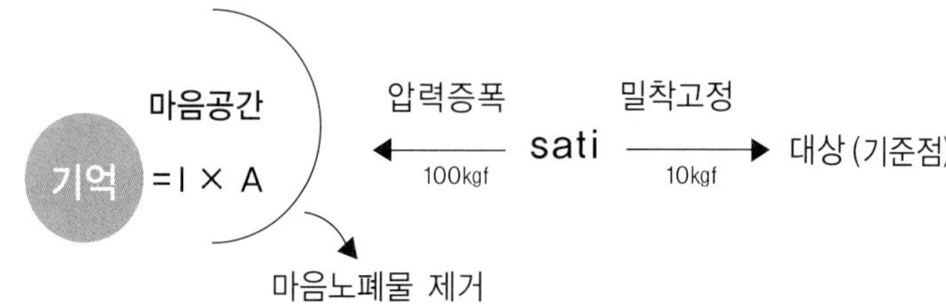

21. 둘째, 마음거울에 맺힌 상에 알아차림 기능인 싸띠가 직접타격을 가

풍선효과

허공에 압력을 가하면 힘이 분산되고 집중되지 않는다. 그러나 풍선에 공기를 가두고 압력을 가하면 힘이 집중된다. 마음공간에서 기억이미지에 압력을 가하면 힘이 분산되고 기억이미지에 효과적으로 힘을 집중할 수 없다. 그러나 감각대상(기준점)에 알아차림 기능인 싸띠를 집중해 1차로 압력을 얻고 그것을 증폭해 마음공간 전체에 압력을 가하면 풍선효과가 나타나면서 힘을 집중할 수 있다. 붇ㄷ하는 보리수 아래서 이것을 발견했다. 이 원리를 이용해 기억질량을 해체하고 마음을 정화했다. 그래서 자기 스스로 기억질량을 해체하는 법칙을 발견한 사람, 자유와 행복으로 가는 길을 깨달은 사람이란 의미로 붇ㄷ라고 선언했다.

해 마음오염원을 제거한다. 질량을 가진 기억이미지가 마음공간에 회상되는 순간 알아차림하고 그것이 이동하거나 형체를 바꾸기 전 짧은 순간에 싸띠를 그곳으로 밀착고정해 기억이미지와 결합된 마음오염원을 제거한다. 그러기 위해서는 싸띠가 활발해야 하고 싸마-디히가 강하고 싸띠 유연성과 순발력도 좋아야 한다.

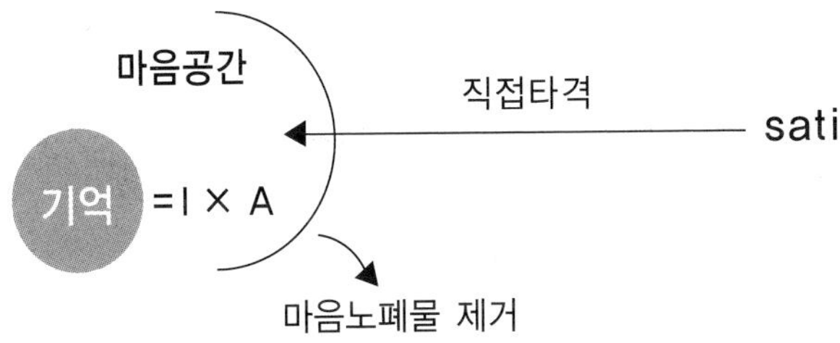

표95 **기억에너지 해체구조 ②**

22. 셋째, 앎이 구조조정되면서 기억이미지와 결합된 마음오염원을 해체한다. 알아차림 기능인 싸띠가 특정한 감각대상(기준점)으로 집중될 때 마음공간에 존재하는 기억이미지도 싸띠가 가는 곳으로 함께 집중된다.

23. 이때 알아차림 기능인 싸띠힘에 의해 기억이미지가 밀착하고 결합이 이뤄지고 기억이미지와 결합된 마음오염원도 함께 해체된다. 그러면서 앎의 구조조정이 일어나고 마음이 맑아지고 앎이 성숙한다. 이것을 붇다하는 심해탈(citta vimutti, 心解脫) 또는 심청정(citta visuddhi, 心淸淨)이라고 했다.

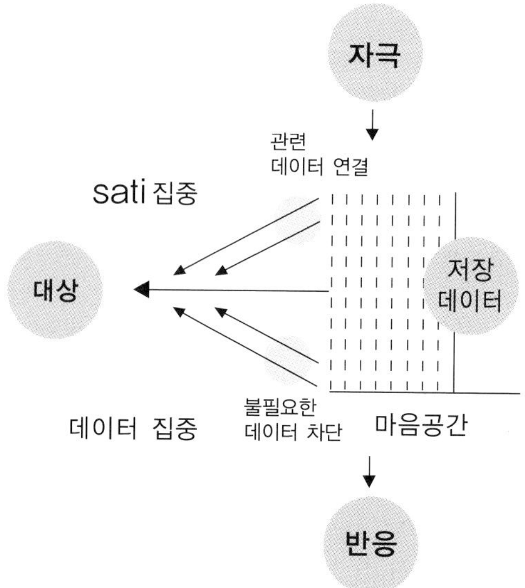

24. 자극과 반응 사이에 시차가 존재한다. 사람은 자극을 받으면 그대로 반응하지 않는다.

25. 접촉 데이터가 마음거울에 맺히면 알아차림 기능인 싸띠가 마음거울에 맺힌 상으로 간다. 이때 마음공간에 저장돼있던 관련 데이터(기억이미지)가 싸띠가 집중되는 곳으로 함께 집중된다. 얼마나 많은 데이터가 집중될지는 싸띠힘, 유연성, 순발력 등이 결정한다.

26. 싸띠힘, 유연성, 순발력 등이 강하면 마음거울에 맺힌 상과 관련된 데이터를 많이 집중해 데이터 가공력이 높아지지만 약하면 관련된 데이터

를 집중하지 못하고 데이터 가공력도 낮아진다.

27. 싸띠힘, 유연성, 순발력이 강하면 마음거울에 맺힌 상과 관련된 데이터를 집중하고 불필요한 데이터가 개입하는 것을 막는다. 그러면 데이터 가공력이 높아지고 앎의 질(빤나수준)도 향상된다.

28. 과학자는 다양한 계측도구를 들고 연구실로 갔다. 그리고 눈에 보이지 않는 핵 구조와 기능, 화학반응, 물리특성 등을 연구했다. 핵을 분리하거나 결합하면서 에너지 변화를 연구한다. 그렇게 해서 얻은 에너지로 삶의 질을 향상하기도 하고 인류를 파멸로 이끌기도 한다.

29. 붇다와 수행자는 방석을 들고 수행도량으로 가서 마음속으로 들어간다. 그리고 알아차림하기도 쉽지 않은 기억이미지가 가진 질량을 관찰했다.

30. 기억이미지가 에너지를 흡수해 무거워지면 마음이 무겁고 삶이 힘들고 기억이미지가 흡수한 에너지를 해체하면 마음이 가볍고 삶은 행복으로 충만해진다는 것을 발견했다.

(표97) **과학자와 수행자**

> 과학자 – 계측도구 – 연구실 – 핵물리 – 에너지 변화 연구
>
> 붇다 · 수행자 – 방석 – 수행도량 – 마음 · 기억 물리 – 기억에너지 흡수 · 해체 연구

31. 붇다는 마음을 올바르게 이해하고 마음과학과 싸띠수행을 창안했다. 싸띠수행으로 기억이미지가 흡수한 질량을 줄이고 자유와 행복으로 가는 길을 열었다. 붇다는 자기가 이해한 마음과 싸띠수행을 토대로 마음과

학과 싸띠수행을 창안했다*.

7) 기억 제7법칙(기억에너지와 신경클리닉)

32. 질량을 가진 기억이미지는 마음공간에 저장된다. 마음은 뇌를 중심으로 한 신경조직 작동으로 생성된다. 기억이미지가 자리잡은 곳은 마음이지만 마음만드는 것은 뇌를 중심으로 한 신경조직이다. 마음이 무겁다는 것은 신경조직 단위 면적당 질량이 높아진 것을 의미한다. 이 상태를 신경조직이 기억질량으로 오염됐다고 한다.

33. 기억이미지와 결합된 마음오염원이 해체되고 기억질량이 가볍고 마음공간이 맑아진 것은 신경조직이 정화된 것을 의미한다. 싸띠수행으로 기억질량을 해체하고 마음맑히는 것이 신경클리닉이다.

34. 현 단계 동서양 과학이나 의학은 마음이나 신경조직을 청소할 수 있는 방법이 거의 없다. 오직 싸띠수행으로만 싸띠힘을 키워 기억질량을 해체하고 신경클리닉할 수 있다. 여기서는 싸띠수행을 제3의학이라고 정의한다.

마음과학

심리학, 상담학, 정신의학자는 마음작용을 설명한다. 그러나 마음작용이 일어난 원리를 설명하지 못한다. 붇다와 수행자는 보리수 아래서 방석을 깔고 마음속으로 들어가 마음구성인자, 마음 구조와 기능, 마음화학반응, 마음물리특성, 싸띠기능, 기억 구조와 기능, 기억 에너지 흡수와 해체에 관한 이론과 기술, 마음작용 등을 연구했고 마음과학과 싸띠수행을 발명했다. 그리고 마음작용 과정뿐만 아니라 원리도 이해했다.

흔히 붇다 깨달음으로 전해지는 내용은 기억에너지 흡수 · 해체에 관한 것과 마음이 감각대상에 구속됨과 자유로움이 삶의 질과 행복에 미치는 영향이었다. 붇다는 이것을 깨달았다. 그리고 자유롭고 행복하게 살았다. 붇다는 행복으로 가는 길을 깨달았다. 깨달았기 때문에 행복한 것이 아니라 행복으로 가는 길을 깨달았던 것이다. 바로 이 깨달음 내용이 붇다 가르침 핵심이다.

9. 싸띠기능

1. 싸띠수행은 기억이미지를 없애는 것이 아니라 기억이미지와 결합된 마음오염원을 제거하는 프로그램이다. 기억이미지와 결합된 마음오염원 제거도구가 알아차림 기능인 싸띠다. 싸띠에 힘을 더하는 것이 싸띠집중이다.

2. 싸띠수행 핵심은 바로 알아차림 기능인 싸띠힘을 키워 기억이미지와 결합된 마음오염원을 해체하는 것이다. 기억이미지와 결합된 마음오염원을 제거하면 마음은 맑고 건강해지고 삶은 자유롭고 행복해진다*.

1) 싸띠 제1법칙(싸띠특성)

3. 알아차림 기능인 싸띠는 감각대상을 따라 옮겨다닐 수 있고, 한 곳에 머물 수 있고, 원하는 곳에 머묾과 옮김을 자유롭게 할 수 있다. 머묾과 옮김을 자유롭게 하기 위해서는 싸띠힘이 강해야 하고 유연성과 순발력도 갖춰야 한다.

빨래하기

옷을 빨면 천이 없어지는 것이 아니라 옷에 묻은 때만 제거된다. 싸띠수행을 하면 기억이미지가 없어지는 것이 아니라 기억이미지와 결합된 마음오염원만 제거된다. 싸띠수행은 기억이미지를 없애는 프로그램이 아니라 기억이미지와 결합된 욕망, 분노, 편견 계열 등 마음오염원을 제거하는 프로그램이다. 싸띠수행은 망상을 제거하거나 일어나지 않게 하는 것이 아니라 접촉 다음에 일어나는 마음작용이나 망상을 알아차림하는 것이다. 그러면 망상구속으로부터 자유롭게 되지만 알아차림을 놓치면 망상에 구속되고 삶이 고달파진다.

2) 싸띠 제2법칙(싸띠 약화구조)

4. 알아차림 기능인 싸띠가 감각대상 영향력에 구속되고 끌려가면 마음에너지를 소모해 마음이 피곤하고 무기력해지고 싸띠힘이 현저히 약해진다.

3) 싸띠 제3법칙(싸띠 강화구조)

5. 알아차림 기능인 싸띠가 감각대상을 선택하고 주체적으로 움직이면 마음에너지를 절약하고 보충해 마음이 건강하고 활기차고 싸띠힘이 강해진다.

4) 싸띠 제4법칙(싸띠 강화훈련)

6. 몸의 특정한 곳에 기준점(출발점) 정하고 이름붙이고 알아차림하면 싸띠기능이 강화되고 싸마-디히 힘이 좋아진다.

7. 알아차림 기능인 싸띠를 기준점(출발점)에 보내 이름붙이고 알아차림한다. 이때 방해현상이 개입해 기준점 알아차림하는 것을 방해하거나 싸띠가 기준점을 벗어나면 그것을 알아차림하고 즉각 기준점으로 돌아간다. 이렇게 싸띠가 기준점과 방해현상 사이를 왔다갔다 하면서 싸띠기능이 향상된다*.

전자와 싸띠

전기 구성인자인 전자를 활용해 다양한 전자제품을 만들어 삶에 유용하게 활용하듯 마음과학은 마음 구성인자인 싸띠를 마음관리와 마음산업에 폭넓게 이용한다.

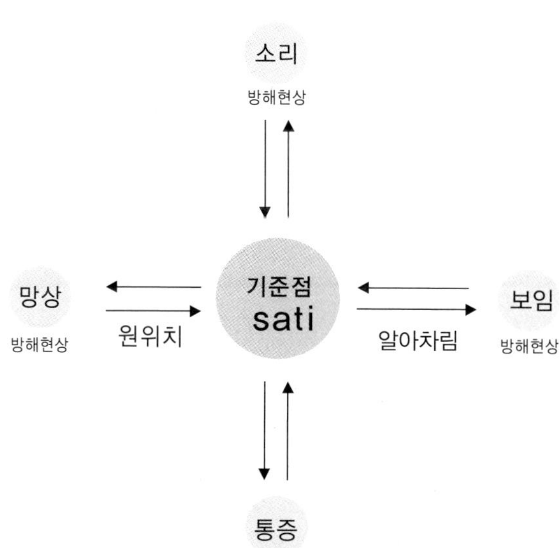

10. 마음작용

  1. 네 가지 마음구성 기본인자가 어떻게 결합해 작동하느냐에 따라 마음
에너지가 보충되거나 소모되기도 하고, 마음이 피곤해지거나 활기차지기
도 하고, 마음공간이 오염되거나 청정해지기도 하고, 마음상태가 불안하거
나 안정되기도 한다.

  2. 네 가지 마음구성 기본인자가 결합해 전개되면서 마음화학반응, 마음

물리특성, 정서과정, 사유과정 등이 발생한다. 이것이 서로 되먹임되면서 다차원의 마음작용이 전개된다. 마음작용은 다음과 같이 여덟 가지 범주로 구분할 수 있다.

1) 실재보기

3. 감각대상이 감각기관과 접촉하면 그 데이터가 마음거울에 보내져 상이 맺힌다. 마음거울에 상이 맺히면 그것을 대상으로 느낌이 발생하고 새로 입력된 데이터와 마음공간에 저장된 데이터가 결합해 가공하고 반응한다.

4. 데이터 결합수준과 마음작용은 싸띠수준, 기억질량, 마음상태, 해당 데이터와 관련성 등에 의해 결정된다. 동일 데이터를 다르게 해석하고 행동하는 것은 그것을 대하는 사람 수준과 입장이 다르기 때문이다.

5. 모든 마음작용에 알아차림 기능인 싸띠가 개입하고 싸띠가 모든 마음작용을 선도한다. 싸띠기능 강약에 따라 다차원의 마음작용이 전개된다. 마음작용에 있어 싸띠가 주변수다[*].

산은 산이고 물은 물이다

산은 산이고 물은 물(山是山 水是水)이다. 문제는 그것을 인식한 사람이 편견, 선입관, 가치관으로 바라보거나 자기입장에서 보면 산은 더 이상 산이 아니고 물 또한 더 이상 물이 아닌 것(山是非山 水是非水)으로 보인다. 산 주인은 저 산 그린벨트 언제 풀리나 하고 바라보지만 환경운동가는 그린벨트 풀리고 개발되면 어떡하나 하고 환경오염을 걱정한다. 앞 집 사람은 새벽 4시에 들어와도 신경이 덜 쓰이지만 인연있는 사람은 저녁 11시만 넘어도 마음쓰인다. 다른 집 아이는 전교에서 꼴찌해도 무심하지만 우리집 아이는 반에서 20등만 해도 집에 먼지가 난다. 지나가던 사람이 보면 동일현상인데 해석이 다른 것은 각자 처한 입장이 다르기 때문이다. 그래서 옛 어른은 붉은 안경을 끼면 세상이 붉게 보이고 푸른 안경을 끼면 푸르게 보인다고 했다. 세상은 있는 그대로 존재하지만 자기가 낀 안경색깔이 문제다. 안경을 벗는 것이 실재를 있는 그대로 보는 유일한 길이다. 그러면 산은 여전히 산이고 물 또한 여전히 물(山是山 水是水)이다. 쓰고있는 안경이 무게를 갖고있기 때문에 저절로 벗겨지지 않는다. 싸띠와 싸띠집중을 먹고 자란 빤나 힘으로 안경을 벗길 수 있다.

6. 마음작용은 순식간에 이뤄진다. 그 짧은 순간 마음공간에 존재하는 기억이미지가 개입해 알아차림 기능인 싸띠를 덮는다[āvaraṇa, 蓋]. 존재는 있는 그대로 마음거울에 상을 맺지만 싸띠를 가리고 있는 덮개나 자기가 끼고있는 안경색깔에 따라 존재를 다르게 해석하고 반응한다*.

해체주의와 싸띠수행

서양 철학사나 예술사 흐름은 한편은 존재에 관념을 덧씌우고 다른 한편은 존재에 덧씌워진 관념을 벗겨내는 역사다.

313년 밀라노 칙령으로 로마제국 공식종교로 인정받은 크리스트교는 모든 존재에 크리스트교 가치관을 덧씌웠다. 왜 그렇게 규정하느냐고 질문하면 그들이 규정한 대로 그냥 믿고 따르라고 강요했다. 그래서 이 시기를 중세 암흑기라고 한다. 이 시기 존재를 포장하는 기술은 매우 거칠고 주관적이었다.

1600년대 프랑스를 중심으로 크리스트교 주관확신에 기초한 주장을 극복하고 좀 더 객관적이고 논리적으로 그럴듯하게 존재를 포장하고 설명하자는 운동이 일어났다. 그 선두에 프랑스 출신 르네 데카르트(Descartes, 1596~1650)가 있었다. 그는 합리론(rationalism)을 주장했다. 그는 존재에 관념을 덧씌울 때 무식하게 주장만 할 것이 아니라 다른 사람이 믿을 수 있도록 그럴싸하게 포장하자고 말했다. 멋있게 포장하는 기술이 합리론이다. 같은 시기 영국을 중심으로 프랜시스 베이컨(Francis Bacon, 1561~1626)은 자기가 경험한 것으로만 존재를 규정하자고 주장했다. 이것을 경험론(empiricism)이라고 한다. 이런 흐름을 모더니즘 또는 근세라고 한다. 이것은 포장기술 차이다. 크리스트교 포장술이 조잡하고 거칠었다면 합리론자나 경험론자가 사용한 포장술은 세련되고 그럴듯해 보였다. 전자가 시장에서 물건포장하는 것이라면 후자는 백화점에서 포장하는 차이다. 그러나 존재를 포장하는데는 모두 생각이 비슷했다.

1900년대 프리드리히 빌헬름 니체(Friedrich Wilhelm Nietzsche, 1844~1900)로부터 오늘날 미셀 푸코(Michel Foucault, 1926~1984)에 이르기까지 존재에 덧씌워진 관념을 걷어내고 포장을 해체하자는 움직임이 활발히 일어났다. 이것을 해체주의, 탈근대화, 포스트모더니즘이라고 한다. 이들은 존재에 덧씌워진 관념을 걷어내고 포장을 해체하려고 노력했다.

존재에 덧씌워진 관념(포장)을 벗겨내야 한다는 점에서 오늘날 해체주의와 싸띠수행은 비슷한 입장을 가진다. 해체주의는 싸띠수행을 보면서 자기가 그렇게 힘들게 쌓아온 논리가 인도는 BCE 531년부터 붇다에 의해 실천됐고 중국은 8~9세기 선승에 의해 치열하게 논의된 것을 보고 감탄해마지 않았다.

붇다는 존재는 있는 그대로 존재할 뿐인데 존재가 마음거울에 상을 맺는 순간 이미 마음공간에 입력돼있던 삶의 흔적, 기억이미지가 개입해 존재를 포장하거나 알아차림 기능인 싸띠를 덮는다고 생각했다. 사람이 보는 것은 있는 그대로 실재가 아니라 싸띠를 덮고있는 관념이거나 끼고있는 안경색깔의 허상이다. 사람이 어떤 안경을 끼고 보느냐에 따라 존재를 달리 규정한다. 존재를 덮고있는 포장을 벗겨내는 방법은 끼고있는 안경을 벗는 것이다.

싸띠수행자는 분석, 사유, 논리로 체계화하지 않고 싸띠힘을 키워 싸띠를 덮고있는 포장을 벗겨내려고 노력했다. 서양은 분석, 사유, 논리를 사용하고 말이나 글로 존재에 관념을 덧씌우기도 하고 그것을 사용해 관념을 해체하기도 했다. 그러다보니 전개과정에서 말이 많아지고 논리가 복잡해진다.

근세서양에서 등장한 이성주의나 지성주의도 마찬가지다. 사람이 미친 사람에 관해 알려고 할 때 미친 사람에게

7. 현상과 실재, 내용과 형식은 일치한다. 그러나 실재가 그대로 현상으로 드러나지 않는다. 마음거울에 맺힌 상은 마음공간에 존재하는 마음오염원에 기초해 다양한 관념[nāma rūpa, 名色, 개념]으로 포장돼 나타난다.

8. 마음오염원으로 포장된 기억이미지가 새로 마음공간에 들어온 데이터에 개입하면서 알아차림 기능인 싸띠를 덮는다. 이렇게 하면 기억질량은 점차 늘어나고 싸띠힘은 서서히 약화되고 실재를 있는 그대로 보지 못하고 자기가 끼고있는 안경색깔대로 인식한 것을 실재라고 착각(顚倒夢想)한다.

9. 알아차림 기능인 싸띠를 덮고있는 포장을 뚫고 그 밑에 존재하는 실재를 있는 그대로 보기 위해서는 두 가지 방법이 있다. 하나는 감각대상과 싸띠 사이로 개입하는 삶의 흔적인 기억질량을 줄이는 것이고 다른 하나는 싸띠기능을 강화해 개입하는 삶의 흔적이나 기억이미지를 밀어내는 것이다.

10. 붇다하는 보리수 아래서 싸띠기능이 강화되는 것만큼 기억질량이 감소하는 것을 발견했다.

11. 마음공간에 존재하는 기억이미지를 직접 다뤄 기억이미지가 흡수한 에너지를 해체하는 것은 까다롭고 고난도 기술이 필요하다.

12. 싸띠기능이 강화되면 그 힘으로 기억이미지와 결합된 마음오염원을 해체하고 실재를 있는 그대로 볼 수 있고 기억질량 구속으로부터 대자유를 성취할 수 있다.

13. 붇다하는 기억질량이 있느냐 없느냐보다 싸띠힘이 있느냐 없느냐를 더 본질적인 것이라고 보았다. 싸띠힘이 강하면 기억영향력으로부터 자유

직접 듣고 판단하는 것이 아니라 그 사람이 미쳤다고 규정한 의사 말을 듣고 판단한다. 서양의 몇몇 똑똑한 사람이 정해놓은 기준을 이성, 지성, 합리, 과학이라고 한다. 그들은 존재를 이성, 지성, 합리, 과학이란 새로운 관념으로 덧씌웠다.

로울 수 있지만 약하면 조그마한 자극에도 구속될 수 있다*.

14. 붇다하는 기억질량을 줄이기보다 싸띠힘을 강화하는 것이 실재를 있는 그대로 보는[yathā bhūta ñāṇadassana, 如實知見] 올바른 길이라고 보았다. 싸띠수행 핵심은 싸띠힘을 강화하는 것이다. 그러면 기억질량이 해체되고 그 영향력으로부터 자유로울 수 있다.

15. 훈련방법은 간단하다. 알아차림 기능인 싸띠를 배, 발, 화두 등 특정대상(기준점)에 집중해 1차로 압력을 만들고, 그렇게 만든 압력을 마음공간(기억이미지)으로 보내 압력을 증폭해 마음무게, 기억질량, 에너지 뭉침 등을 해체한다. 알아차림 기능인 싸띠가 선도한다.

2) 자유롭기

16. 감각대상이 감각기관과 접촉하고 그 데이터가 마음공간에 입력돼 상이 맺힌다. 그 순간 알아차림 기능인 싸띠가 상이 맺힌 것을 알아차림하고 그곳으로 가는 순간 이미 마음공간에 입력돼있던 기억이미지(이미지Ⅱ)가 개입해 새로 들어온 데이터(이미지Ⅰ)와 결합된다.

17. 마음공간에 새로 입력된 데이터는 자체질량만 있다. 여기에 마음공간에 있던 기억이미지가 결합되면서 새로 들어온 데이터가 에너지를 이전받고 마음공간에 저장된다.

18. 마음공간에 존재하던 기억이미지가 새로 입력된 이미지에 에너지

데이터 저장구조

오늘날 과학은 이전보다 비약적으로 발전했지만 기억에 대해 아는 것은 미약하다. 뇌의 각 부위가 어떤 기능을 하고 어떤 기제가 관여하는지에 대해 어느 정도 밝혀졌지만 데이터가 구체적으로 어떤 구조로 저장되고 회상되며 작동하는지는 극히 일부분만 알려져있다.

이전과정을 거치면서 마음공간에 존재하는 기억질량, 마음무게, 업장 등의 무게가 늘어간다. 알아차림 기능인 싸띠힘이 강해 기억이미지와 결합된 마음오염원을 해체하면 기억이미지, 마음무게, 업장 등이 녹아내린다.

19. 알아차림 기능인 싸띠힘이 약하면 에너지를 많이 가진 기억이미지나 감각대상에 구속된다. 이 상태를 결(saṁyojana, 結) 또는 박(bandhana, 縛)이라고 한다. 이 상태는 알아차림 기능인 싸띠가 마음오염원인 아-싸봐에 구속됐다는 의미다*.

20. 마음공간에 존재하는 기억이미지 힘이 클수록 알아차림 기능인 싸띠는 구속되고 고통지수는 커지고 행복지수는 낮아진다. 기억이미지 힘이 약할수록 싸띠는 기억이미지로부터 자유롭고 고통지수는 감소하고 행복지수는 증가한다*.

21. 행위는 순간에 이뤄지고 소멸한다. 그러나 행위영향력은 오랫동안 지속되면서 삶을 얽어맨다. 사람은 행위자체에 구속되는 것이 아니라 행위영향력에 구속된다. 행위영향력은 다른 존재는 물론 자기자신에게 미칠 수

접촉과 자유

존재하느냐 않느냐보다 존재에 알아차림 기능인 싸띠가 구속되느냐 자유롭느냐가 핵심이다. 접촉하느냐 않느냐보다 더 본질적인 것은 접촉 다음에 일어나는 마음작용에 구속될 것인가 자유로워질 것인가다. 다른 사람과 다투고 10일 동안 말하지 않으면 그 사람은 그 행위영향력에 10일 동안 구속된 것이다. 세 시간 정도 지나 툴툴 털고 일어서는 사람은 세 시간 동안 구속된 것이다. 10일 구속될 것인가 3시간 구속될 것인가에 따라 열흘 동안 행복이 제한당할 것인지 세 시간만 제한당할 것인지가 결정된다.

자유와 구속

붇다는 구속으로부터 자유[vimokkha, 解脫]를 말했지 윤회(saṁsāra, 輪廻)로부터 해탈(vimokha, 解脫)을 주장하지 않았다. 붇다가 즐겨 사용한 용어는 행복을 뜻하는 닙바-나(nibbāna, 涅槃, 滅), 자유를 의미하는 위모카(vimokha, 解脫), 지혜를 가리키는 빤냐-(paññā, 般若, 慧), 자비를 상징하는 멧따-까루나-(mettā karuṇā, 慈悲) 등이다.

도 있다. 이것을 붇ㄷ하는 업장이라 했고 서양은 스트레스라고 한다. 여기서는 기억질량 또는 마음무게라고 한다*.

22. 삶의 과정에서 접촉을 피할 수 없지만 접촉 다음에 일어난 마음작용으로부터 자유로울 수는 있다. 접촉 다음에 일어난 마음작용을 알아차림하

업론과 윤회론

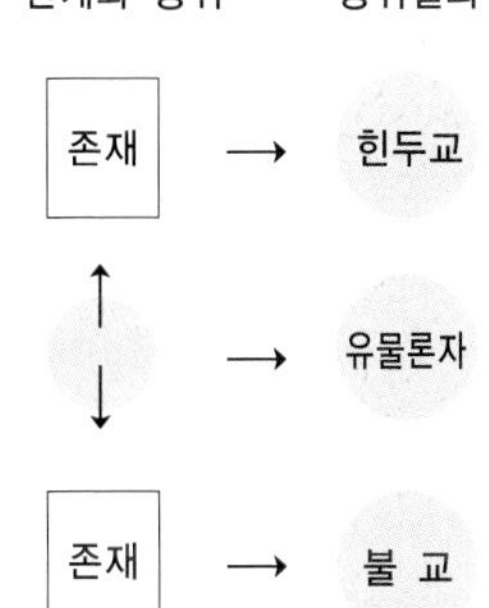

힌두교는 행위는 사회적으로 이뤄지고 행위결과는 사회적으로 축적되지만 다른 존재에게 축적되는 것은 관심없고 자기에게 축적된 것만 중시함.

고대인도 유물론자는 행위는 사회적으로 이뤄지고 행위영향력도 사회적으로 축적되지만 자기자신 이익에만 관심있음.

불교는 행위는 사회적으로 이뤄지고 행위영향력도 사회적으로 축적되기 때문에 자기뿐만 아니라 다른 존재에게 미치는 영향력도 중시함. 그래서 사유와 행동을 조심함.

붇ㄷ하는 자기를 업론자(kamma vādin, 業論者)로 규정했다. 업은 의지가 개입된 행위다.

붇ㄷ하는 행위는 순간에 이뤄지고 소멸하지만 행위영향력은 지속되면서 관계된 존재에게 영향미치고 외부로 퍼져나가기도 하고 자기에게 되돌아와 발목을 잡기도 한다고 보았다. 나에게 축적된 것은 내가 살아서는 나에게 있지만 죽으면 소멸한디. 그러니 인연맺은 존재나 사회에 고스란히 축적되기 때문에 조신해서 행동해야 한다는 것이다. 이것은 행위가 사회적으로 이뤄지는 것을 의미한다. 붇ㄷ하는 가치판단이나 행위판단 기준으로 인과, 다른 존재와의 관계, 상황, 공존 등을 중시하는 연기를 강조했다.

윤회설은 행위는 순간적으로 이뤄지고 소멸하지만 행위영향력은 지속되면서 관계된 존재에게 영향미치고 외부로 퍼져나가기도 하고 자기에게 되돌아와 발목을 잡기도 한다고 보았다. 자기가 죽을 때 자기행위를 축적하는 앗따(atta, sk. Ātman, 我)에 축적돼 다음 생으로 이전된다고 보았다. 내것은 내저장고에 축적되고 다른 사람 것은 그네들 저장고에 축적된다는 논리다. 다른 존재는 내 알 바 아니라는 무책임한 것으로 행위는 사회적으로 이뤄지지만 그 영향력은 개인이 책임진다는 개인주의 성격을 띈다.

붇ㄷ하는 여기 그리고 지금[ida ca idāni, 此現]을 중시했고 윤회론자는 저곳 그리고 과거와 미래를 중시했다. 붇ㄷ하는 객관성과 존재의 있는 그대로 실재보기를 강조했기 때문에 수행을 중시했고 윤회론자는 신의 은총을 중시했기 때문에 기도를 주장했다.

고 효과적으로 다스리면 자유와 행복 지수가 증가하고 알아차림하지 못하면 구속과 고통 지수가 높아진다.

23. 접촉다음에 발생한 마음작용을 알아차림하고 자유로울 수 있는지 알아차림을 놓치고 마음작용에 구속되는지가 핵심이다. 붇다하는 알아차림 기능인 싸띠를 강화해 기억질량을 줄이면 마음거울에 맺힌 상의 영향력으로부터 자유로울 수 있다고 보았다.

24. 훈련방법은 간단하다. 알아차림 기능인 싸띠를 배, 발, 화두 등 특정 대상(기준점)에 집중해 1차로 압력을 만들고, 그렇게 만든 압력을 마음공간(기억이미지)으로 보내 압력을 증폭해 마음무게, 기억질량, 에너지 뭉침 등을 해체한다. 알아차림 기능인 싸띠가 선도한다.

3) 무게줄임

25. 마음공간에 입력된 데이터는 자체 에너지를 가진 상태에서 마음공간에 이미 존재해있던 기억이미지가 가진 에너지(마음오염원)를 이전받아 마음공간(신경조직)에 착상한다.

26. 마음공간에 존재하는 기억이미지가 가진 에너지(질량) 총량만큼 마음공간은 하중받고 마음공간에 가해지는 하중이 클수록 마음상태는 무겁고 피로해진다.

27. 붇다가 만든 기억무게 해체방법인 싸띠수행 혹은 마음과학은 하나하나 기억이미지 속으로 들어가 기억이미지가 흡수한 에너지를 해체하지 않고 마음공간 바깥에서 마음공간에 압력을 가해 기억이미지가 흡수한 에너지 해체방법을 사용한다.

28. 붇다하는 알아차림 기능인 싸띠를 특정대상에 밀착고정해 1차로 압력

을 발생시키고, 그 압력을 마음공간에 재차 보내 압력을 증폭해 기억이미지와 결합된 마음오염원 해체기술을 창안했다.

29. 맨손으로 무거운 것을 들면 힘들지만 기중기를 사용하면 쉽게 들 수 있는 것과 같은 이치다. 맨땅에서 높이뛰기 하면 한계가 있지만 지형지물을 이용해 도약하면 더 높이 오를 수 있다.

30. 붇ㄷ하는 알아차림 기능인 싸띠와 싸띠집중 기능인 싸마-ㄷ히를 이용해 마음무게나 기억질량 감소 원리와 기술을 창안했다.

31. 이것은 스펀지 물빼기와 같다. 스펀지 속으로 들어가 물을 빼려면 까다롭고 잘 빠지지 않지만 외부에서 스펀지에 압력을 가하면 물이 쉽게 빠져나오는 것과 같다. 기억이미지 속으로 들어가 기억이미지가 흡수한 에너지를 해체하는 것이 아니라 마음공간 외부에서 압력을 가해 기억질량을 해체하는 방법이다*.

32. 붇ㄷ하가 보리수 아래서 발견한 것은 기억질량을 제거하고 지나온 삶의 영향력으로부터 자유롭고 청정하고 행복하게 사는 것이었다. 그 순간 오른손으로 땅을 짚고 「내가 그 길을 발견했다.」고 선언했다*.

기억무게

기억이미지가 가진 질량은 아주 미미해 현 단계에서는 어떤 계측도구로도 측정이 불가능하다. 오직 마음공간에서 마음저울과 마음현미경인 싸띠로만 느끼고 계측할 수 있다. 분명히 존재하는 마음무게 계측도구가 마음저울이다보니 객관화하기가 까다롭다. 이것은 일반물리법칙을 미세물리학에 적용하기 까다로운 것과 같은 이치다. 마음은 마음차원에서 접근하는 방법을 찾아야 한다.

강한 확신과 제스처

한국사람은 강한 확신이 들 때 무릎을 치면서 주장하고 인도사람은 오른손으로 땅을 짚으면서 주장한다. 붇ㄷ하가 보리수 아래서 마음 구조와 기능을 이해하고 기억에너지 흡수·해체 구조를 깨달았을 때 오른손으로 땅을 짚으면서 「행복으로 가는 길을 깨달았다. 마음공간에 존재하는 에너지 뭉침, 기억무게 해소 방법을 발견했다.」고 선언했다. 그 장면을 항마촉지인(降魔觸地印)이라고 한다. 오른손은 땅을 짚고 왼손은 무릎에 올려놓은 모습이다. 석굴암불상을 포함해 대부분 불상은 이 모습이다.

33. 붇다가 싸띠힘을 이용해 기억이미지가 흡수한 에너지를 해체하는 방법은 과학자가 핵을 이용해 에너지를 조작하는 것과 비슷하다. 원자핵은 중성자나 양성자 같은 입자가 결합돼있다. 입자가 어떤 비율로 결합하느냐에 따라 핵질량이 결정된다. 핵입자결합을 인위적으로 조절하면 핵 에너지를 변화시킬 수 있다. 핵입자결합을 인위적으로 조절하기 위해서는 많은 에너지가 필요하다.

34. 기억질량도 비슷하다. 마음공간에 입력된 이미지와 욕망, 이기심, 분노, 적의, 원망, 서운함, 편견, 선입관, 가치관 등 마음오염원이 어떤 비율로 결합되느냐에 따라 기억질량이 결정된다.

35. 이때 기억이미지와 결합된 마음오염원을 해체하기 위해서는 많은 압력(에너지)이 필요하다. 그 압력을 만드는 것이 알아차림 기능인 싸띠다. 싸띠가 감각대상에 집중해 1차로 압력을 만들고, 그 압력을 마음공간으로 재차보내 압력을 증폭한다. 이렇게 증폭된 압력으로 기억이미지와 결합된 마음오염원을 해체한다*.

36. 마음무게, 기억질량, 기억무게, 에너지 뭉침 등을 감소시키는 방법도 비슷하다. 스트레스 받거나 업장이 무겁거나 기억질량이 증가하는 것은 마음공간에 입력된 이미지가 주변 에너지를 흡수한 결과다.

37. 스트레스 받는 순간 몸이 차갑고 신경근육이 수축하고 굳어진다. 이

굴착기

딱딱한 돌을 깰 때 굴착기를 사용한다. 굴착기는 계속 두드려 압력을 발생시키고 그것을 사용해 딱딱한 것을 깨뜨린다. 굴착기머리를 지속적으로 두드리면 압력이 발생하는데 밸브가 느슨해지면 공기나 기름이 새면서 압력이 형성되지 않는다.

싸띠수행할 때 싸띠압력(三昧力)을 만드는 원리도 동일하다. 배, 발, 공기, 화두 등을 알아차림 기능인 싸띠가 지속적으로 두드려야(알아차림해야) 압력이 발생한다. 이때 망상이나 소리 등 방해물이 나타날 때 그것을 알아차림만 하면 압력이 증가하지만 그것을 분석하고 사유하면 압력밸브를 여는 것처럼 마음압력이 소멸한다.

것은 스트레스 받는 순간 형성된 이미지가 마음공간(신경조직)에 입력되면서 주변 에너지를 흡수해 일어난 현상이다.

38. 알아차림 기능인 싸띠힘이 좋고 순발력과 유연성이 크면 기억이미지에 싸띠를 곧바로 보내 기억이미지와 결합된 마음오염원을 해체한다.

39. 마음공간에 형성된 에너지 뭉침을 해체하기 위해서는 강한 싸띠힘이 필요하다. 그 힘을 이용해 기억질량을 줄이고 에너지 뭉침을 해체한다. 붇다가 발견한 마음무게나 기억질량 감소방법은 인류의 자유와 행복, 이익과 번영, 현재와 미래에 기여한 위대한 발명 가운데 하나다.

40. 훈련방법은 간단하다. 알아차림 기능인 싸띠를 배, 발, 화두 등 특정 대상(기준점)에 집중해 1차로 압력을 만들고, 그렇게 만든 압력을 마음공간(기억이미지)으로 보내 압력을 증폭해 마음무게, 기억질량, 에너지 뭉침 등을 해체한다. 알아차림 기능인 싸띠가 선도한다.

4) 마음정화

41. 마음정화는 신경클리닉이다. 지나온 삶의 흔적은 기억형태로 마음공간에 저장된다. 마음은 신경작용 결과 만들어진 사이버 공간이다.

42. 신경작용과 마음상태는 서로 밀접히 관계맺고 영향미친다. 신경작용은 곧바로 마음상태에 영향미치고 기억이미지가 착상된 마음공간은 뇌를 중심으로 한 신경조직에 직접 영향미친다.

43. 마음이 무겁고 오염됐다는 것은 신경조직이 오염돼 제대로 기능하지 못한다는 말이다. 싸띠수행으로 마음맑히면 신경조직에서 만들어지는 신경전달물질이 정상화돼 몸과 마음이 건강해진다.

44. 싸띠수행은 기억이미지를 없애는 것이 아니라 기억이미지가 흡수한

에너지 뭉침(마음오염원)만 해체한다. 조금만 노력하면 기억이미지가 흡수한 에너지 뭉침은 얼마든지 해체할 수 있고 맑고 아름다운 마음상태를 가꿀 수 있다.

45. 마음공간에 큰 힘을 가진 나만의 추억거리(기억이미지, 업장, 콤플렉스) 등이 존재하면 마음공간에 존재하는 다른 기억이미지나 새로 마음공간으로 들어온 데이터에 영향미친다.

46. 기억이미지가 자기힘을 다른 존재에게 미치는 것을 아-싸봐(āsava, 流漏) 또는 염(rajana, 染)이라고 한다. 유루는 통 속 내용물이 밖으로 새어나온다는 의미다. 이것은 아-싸봐(마음오염원)가 기억이미지로부터 빠져나오는 상태다. 염은 기억이미지 밖으로 흘러나온 아-싸봐에 의해 마음공간이 오염됐다는 의미다.

47. 대개의 경우 질량을 많이 가진 삶의 흔적(기억이미지)은 마음공간 깊은 곳에 가라앉아 있고 가벼운 것은 표면에 떠있다. 자주 쓰는 것은 길이 뚫려있고 사용하지 않는 것은 막혀있다. 중요한 것은 접근하기 쉽고 사소한 것은 찾기 어렵다.

48. 기억이미지는 뇌를 중심으로 한 신경조직(마음공간)이 없어지기 전에는 사라지지 않는다. 기억이미지를 저장한 신경조직(마음공간)이 타격받으면 관련된 신경조직으로 그 데이터(기억이미지)를 이동해 저장하는 것으로 추정된다.

49. 마음공간 깊은 곳에 잠재한 무거운 기억이미지는 마음표면으로 잘 떠오르지 않는다. 배, 발, 화두, 소리 등에 기준점(출발점) 정하고 이름붙이고 알아차림해 싸띠힘을 키워 1차로 압력을 만들고, 그 힘을 마음공간에 가하면 처음은 작고 가벼운 기억이미지가 마음표면으로 올라오다 서서히 무거운 기억이미지가 떠오른다*.

50. 이때 싸띠힘이 마음공간이나 감각대상에 가하는 압력만큼 기억질량이 해체된다. 이때 그보다 작은 기억질량도 모두 녹아내린다. 붇다하는 이런 간단하고 편리한 방법을 사용해 기억질량, 나만의 추억거리가 가진 에너지 뭉침을 제거했다*.

51. 훈련방법은 간단하다. 알아차림 기능인 싸띠를 배, 발, 화두 등 특정 대상(기준점)에 집중해 1차로 압력을 만들고, 그렇게 만든 압력을 마음공간(기억이미지)으로 보내 압력을 승폭해 마음부게, 기억실량, 에너시 뭉침 등을 해체한다. 알아차림 기능인 싸띠가 선도한다.

5) 마음휴식

52. 몸이 피곤할 때 한 곳에 머물고 휴식하면 피로를 풀 수 있다. 마음도 마찬가지다. 알아차림 기능인 싸띠를 어느 한 곳(기준점)에 고정시키면 마

비포장도로

비포장도로는 차가 달리면 먼지가 일어나고 포장도로는 차가 지나가도 먼지가 일어나지 않는다. 질량을 많이 가진 기억이미지가 마음공간에서 활동하면 기억이미지가 활동한 흔적인 마음오염원이 마음공간에 흩날린다. 싸띠수행으로 기억질량이 해체되면 포장도로에 차가 달려도 먼지가 일어나지 않듯 마음공간은 맑고 고요하다. 움직이고 존재할 뿐이다. 자기일을 할 뿐이다. 자기일에 충실할 때 그 모습이 참으로 멋있다. 이것을 위의적정(威儀寂靜)이라고 힌다.

달걀 깨뜨리기

책상 옆에 달걀을 쌓아놓고 책상이 무너질 정도로 압력을 가하면 책상이 부서지면서 그보다 약한 것도 모두 깨진다. 큰 기억질량을 한두 개 깨뜨리면 그보다 작은 기억질량은 모두 해체된다. 에너지를 많이 가진 기억이미지는 마음공간 깊은 곳에 가라앉아 있어 마음표면에 잘 떠오르지 않는다. 그것을 마음표면으로 떠오르게 하는 방법은 간단하다. 알아차림 기능인 싸띠를 감각대상에 집중할 때 생긴 압력을 마음공간에 가하면 증폭해 마음공간이나 기억이미지에 재차 가해지는데 이때 마음공간 깊은 곳에 가라앉아 있던 무거운 기억이미지가 마음표면으로 떠오른다. 이때 싸띠가 그것을 알아차림하면 기억질량을 해체한다. 이 방법은 쉽고 효과적일 뿐만 아니라 반복성도 없다. 한 번 기억질량을 해체하면 더 이상 그 기억질량에 구속되지 않고 그 영향력으로부터 자유롭게 된다.

음피로가 풀린다.

53. 몸은 피곤할수록 한 곳에 머물려고 하지만 마음은 피곤하거나 무기력하면 한 곳에 머물지 않고 이곳저곳 돌아다닌다. 몸은 피곤하면 상당히 강한 자극에도 한 곳에 멈추지만 마음은 피곤할수록 조그만 자극에도 끌려가고 마음에너지를 소모하고 피로가 누적된다*.

54. 마음이 피곤하다고 할 때 마음전체가 피곤한 것이 아니라 알아차림 기능인 싸띠가 지친 것이다. 마음이 무겁다고 할 때도 마음전체가 무거운 것이 아니라 기억이미지를 저장한 마음공간이 기억질량 하중으로 무거운 것이다.

55. 몸은 낮에 활동하고 밤에 휴식하지만 알아차림 기능인 싸띠는 24시간 활동한다. 깨어있을 때는 감각기관이 데이터를 마음공간으로 입력하기 위해 활동하고 잠잘 때는 외부에서 받아들인 데이터(기억이미지)를 체계적으로 분류하고 유기적으로 결합하느라 분주히 움직인다. 그러면 싸띠는 피로가 누적되고 서서히 무기력해진다.

56. 마음이 에너지를 많이 소비할 때는 존재를 치밀하게 분석하고 깊이 사유하고 논리로 체계화할 때다. 욕망, 이기심, 분노, 적의, 원망, 서운함, 편견, 선입관, 가치관 등으로 존재를 가공할 때 마음에너지를 많이 소모한다. 자극이 강하고 속도가 빠르고 상황이 복잡할수록 마음에너지를 많이 소모한다.

마음본성

알아차림 기능인 싸띠는 한 곳에 오래 머물지 않고 감각대상을 따라 움직이는 특징이 있다. 돈이 좋은 사람은 돈을 벽에 붙여두고 싸띠를 그곳으로 보내면 싸띠가 돈에 가는 순간 「저 돈 어디에 쓸까?」 하고 다음 단계로 옮겨간다. 그리운 사람 사진을 벽에 붙여놓고 싸띠를 그곳으로 보내는 순간 「지금 저 화상 뭐하고 있을까?」 하고 싸띠는 다른 곳으로 옮겨간다. 그러면서 싸띠는 자기 에너지를 소모하고 서서히 피곤하고 무기력해진다.

57. 자극이 부드럽고 속도가 완만하고 상황이 단순할수록 마음에너지를 덜 소모한다. 존재를 분석, 사유, 논리로 체계화하지 않고, 욕망, 분노, 편견 등으로 가공하지 않고 마음거울에 반영되는 대로 있는 그대로 알아차림하고 싸띠움직임을 최소화하고 마음에너지를 절약하고 보충하면 활기차진다.

58. 알아차림 기능인 싸띠를 미리 정해놓은 기준점(출발점)에 밀착고정시켜 휴식하면 피로를 회복할 수 있다. 그러나 싸띠는 오랫동안 감각대상을 찾아 돌아다니는 데 익숙해 한 곳에 잘 머물지 않는 것이 문제다. 싸띠를 한 곳에 고정하는 것이 마음휴식 핵심이다.

59. 훈련방법은 간단하다. 몸에 기준점(출발점) 정하고 이름붙이고 알아차림 기능인 싸띠를 그곳에 보낸다. 싸띠가 기준점을 벗어나면 즉각 기준점으로 되돌려놓는다. 그렇게 하는 과정에서 싸띠훈련량이 늘고 싸띠활력이 커져 싸띠가 기준점에 머물고 피로도 풀린다.

60. 이것이 어느 정도 익숙해지면 알아차림 기능인 싸띠가 한 지점에 계속 머물 수 있고 싸띠힘이 더 향상되면 원하는 곳에 필요한 만큼 머묾과 떠남을 자유롭게 할 수 있다. 이런 과정을 거치면서 무기력한 마음은 활력을 되찾고 건강해진다*.

마음휴식

낮에 운동이나 등산 등으로 몸이 피로하면 저녁에 잠잘 때 몸에 열나고 땀을 흘리고 몸을 많이 뒤척인다. 그러면서 몸에 쌓인 피로가 풀린다. 마음에 쌓인 피로, 업장, 스트레스 등이 해체될 때도 마찬가지다. 낮에 일하고 수행을 시작하면 얼마 지나지 않아 몸에 열나고 뚜렷하지도 않은 생각거품이 빠져나가면서 졸음이 온다. 그러면 수행자는 수행이 잘 안된다고 생각하기 쉽다. 그러나 이것은 함정이다. 졸음과 열기를 수반하면서 생각거품과 마음피로가 빠진다. 이것은 수행으로 싸띠가 휴식하고 마음공간에 저장된 기억이미지에 낀 마음오염원이 해체되면서 나타나는 현상이다. 하루에 쌓인 피로는 5분 정도만 싸띠를 감각대상에 머물게 하면 어느 정도 해체할 수 있다. 이렇게 몸과 마음에 쌓인 피로를 풀 수 있는 사람은 몸과 마음을 건강하게 유지할 수 있다. 하루 5분 혹은 7일에 1시간 정도면 충분하다.

61. 이렇게 왔다갔다하는 사이 싸띠휴식이 가능하다. 1시간 수행할 때 5분 정도 싸띠를 한 곳에 붙일 수 있으면 하루 피로를 다 풀 정도로 마음이 휴식한다*.

6) 뇌휴식

62. 데이터 가공주체이자 도구는 뇌와 마음이다. 일반기계도 어느 정도 가동하면 쉬어야 하듯 뇌와 마음도 적당히 휴식해야 데이터 가공력이 높아진다.

63. 뇌가 아무리 정밀한 기계고 그 능력을 무한대로 확장할 수 있다지만 뇌를 무리하게 가동하면 유효성이 떨어진다. 어느 정도 가동한 뒤에 적당히 휴식해야 더 잘 돌아간다.

64. 뇌가 휴식하기 위해서는 싸띠기능이 최소한으로만 작동돼야 한다. 뇌는 오랜 습관으로 어떤 데이터가 마음거울에 맺히더라도 자동으로 반응하고 가공한다. 가공해야 하는 데이터는 적극 가공하고 가공하지 않아야 하는 데이터는 가공하지 않도록 뇌를 훈련하는 것이 필요하다. 그 구체적인 훈련방법이 싸띠수행이다.

65. 뇌가 휴식하기 위해서는 알아차림 기능인 싸띠를 기준점에 밀착시켜 마음거울에 맺힌 상을 알아차림만 해야한다. 그렇게 해서 뇌기능이 최소로 활성화되면 뇌가 휴식할 수 있다. 이것이 뇌, 마음, 싸띠가 휴식하는

데이터 정리

독일 연구진에 따르면 밤새워 공부하는 것보다 낮에 공부하고 밤에 자는 것이 기억회상에 효과적이라고 한다. 그것은 깨어있을 때 입력된 데이터를 잠잘 때 알아차림 기능인 싸띠가 체계적으로 분류하고 정리하기 때문이다.

원리다*.

66. 존재를 분석, 사유, 논리로 가공하는 것이 뇌와 마음이 노동하는 것이다. 그러면 마음이 휴식하지 못하고 피로가 누적되고 지친다. 뇌나 마음이 휴식하기 위해서는 어떤 데이터라도 가공해서는 안 된다.

67. 뇌와 마음은 데이터 가공과정에서 많은 에너지를 소비한다. 뇌와 마음이 에너지를 많이 소비하면 뇌파가 높게 형성되고 에너지 소비가 적으면 낮게 형성된다.

68. 뇌파가 높게 형성될 때는 존재를 분석, 사유, 논리로 체계화하거나 복잡한 일을 처리할 때다. 이때 뇌와 마음은 에너지를 많이 소모한다. 그러나 분석, 사유, 논리로 체계화하지 않고 일이 단순할 때는 뇌파가 낮게 형성된다. 이때는 뇌와 마음은 에너지를 덜 사용하고 보충한다*.

69. 싸띠수행할 때는 낮고 안정된 뇌파가 형성된다. 잠잘 때도 뇌파는 낮게 형성된다. 존재를 분석, 사유, 논리로 체계화할 때는 높은 뇌파가 형성된다. 뇌파를 낮게 하면 뇌와 마음이 에너지를 적게 사용하고 휴식할 수 있지만 높게 형성되면 뇌와 마음이 에너지를 많이 사용해 피로가 누적되고 무기력해진다.

세 가지 뇌휴식

뇌를 쉬게 하는 세 가지 방법이 있다.

① 뇌가 지나치게 활성화돼 곤란할 경우 의사가 마취제를 사용해 뇌를 잠재운다.
② 스트레스를 많이 받는 사람이 독한 술을 먹고 깊이 잠들면서 뇌를 잠재운다.
③ 싸띠수행자가 마음거울에 맺힌 상을 알아차림하면서 뇌기능을 최소화한다.

상대적이다

같은 일을 처리해도 초보자는 복잡하고 힘들다고 느끼지만 전문가는 간단하고 수월하게 느낀다. 모든 것은 상대적이다. 일 처리주체가 느끼는 것만큼 에너지 소비와 피로도는 달라진다.

70. 훈련방법은 간단하다. 마음공간에 입력되는 어떤 것이라도 가공하지 않을 것. 그것이 바로 뇌와 마음을 쉬게하는 유일한 방법이다. 알아차림 기능인 싸띠가 선도한다.

71. 문제는 오랫동안 길들여진 습관 때문에 데이터를 가공하지 않는 것이 생각만큼 쉽지 않다는 점이다. 그래서 기준점(출발점) 정하고 이름붙이고 알아차림 기능인 싸띠를 정해둔 기준점으로 밀착고정하는 것이다. 그러면 마음거울에 맺힌 상을 가공하지 않고 뇌와 마음이 휴식할 수 있다. 이것이 싸띠수행이다.

7) 거품제거

72. 데이터는 창조되고 유통되는 과정에서 거품이 낀다. 앎에 불필요한 거품이 끼면 지식량은 많아지나 질이 낮아진다. 마음공간에 입력된 데이터를 보다 수준 높은 앎으로 성숙시키기 위해서는 앎(기억이미지)에 낀 거품을 제거해야 한다.

73. 그것은 마음공간에 데이터 입력을 잠시 중지하는 앎의 다이어트나 앎의 단식으로 가능하다. 앎에 긴 거품을 제거하는 도구가 빤나-다. 빤나-는 싸띠와 싸마-디히를 먹고 자란다*.

앎의 다이어트

세포가 소비하고 남는 잉여자양분은 몸에 축적된다. 외부에서 자양분이 공급되지 않으면 세포는 기능을 최소화하고 자기가 축적한 잉여자양분을 소비한다. 이때 장기가 휴식하고 세포가 정화되고 몸무게가 빠지고 건강해진다. 이것이 단식원리다.

앎의 거품을 빼는 과정도 단식과 비슷하다. 마음공간에 들어온 데이터는 다른 데이터와 접촉하고 끊임없이 가공되고 거품을 일으킨다. 그러면 데이터 양은 늘지만 쓸모없는 데이터가 많아지고 질이 떨어지고 마음공간은 정크 데이터로 오염되고 복잡해진다. 이때는 마음공간에 쌓인 쓰레기 데이터를 청소하고 비워야 한다. 쓰레기 데이터

74. 직관은 감각대상을 분석, 사유, 논리로 체계화하지 않고 있는 그대로 알아차림하는 기술이다. 이것이 잘 안 되기 때문에 감각대상에 기준점(출발점) 정하고 이름붙이고 훈련하는 것이다. 어떤 감각대상이라도 단지 이름붙이고 알아차림만 해야 한다. 직관은 싸띠와 싸마-디히로 성장한다.

75. 감각대상을 분석, 사유, 논리로 가공하지 않고 있는 그대로 알아차림하면 마음공간에 더 이상 새로운 데이터가 입력되지 않는다. 그때 알아차림 기능인 싸띠를 사용해 마음공간에 압력을 가하면 산만하게 흩어져있던 데이터가 유기적으로 결합하고 재조정되면서 앎에 낀 거품이 제거되고 앎의 수준이 높아진다*.

76. 훈련방법은 간단하다. 마음거울에 반영돼 상을 맺는 대로 이름붙이고 알아차림만 해야한다. 그러면 싸띠힘이 커지고 압력이 마음공간에 가해지면서 앎에 낀 거품이 제거되고 데이터 순도가 높아진다. 알아차림 기능인 싸띠가 선도한다.

8) 앎숙성

77. 마음공간에 입력된 데이터는 어느 정도 숙성기간이 필요하다. 이것을 여기서는 데이터 숙성 혹은 앎의 숙성이라고 정의한다.

제거방법은 어떤 데이터가 마음공간에 입력돼도 분석, 사유, 논리로 체계화하지 않고 보이는 대로 이름붙이고 알아차림하는 것이다. 그러면 앎에 낀 거품이 제거되고 앎의 순도가 높아지고 마음공간이 정화되고 정돈된다. 이것이 앎의 다이어트다.

데이터 결합수준

데이터가 결합할 때 10+10, 10×10, 10^{10}으로 결합한 결과는 다르다. 마음공간에 있는 데이터가 어떤 방식으로 결합하느냐가 앎의 수준을 결정한다.

78. 데이터가 마음공간에 입력되는 과정이나 입력된 후 마음공간에서 거품이 끼기도 하고 알아차림 기능인 싸띠힘이나 데이터(앎) 구조조정을 통해 데이터에 낀 거품이 해체되기도 한다.

79. 마음공간에 존재하는 데이터는 다른 데이터와 유기적으로 결합하고 성장해 스스로 앎의 수준을 높이거나 이상한 방향으로 발전하기도 한다.

80. 배울 때는 입력하기도 벅차고 잘 이해되지도 않던 것도 시간이 지나면 명료해지기도 한다. 이것은 마음공간에 입력돼있던 기억이미지가 시간이 흐르면서 서로 유기적으로 결합하고 성숙해지면서 앎의 구조조정이 일어난 것이다. 그렇기 때문에 마음공간에 입력된 데이터가 충분히 성숙되도록 기다리는 여유가 필요하다.

81. 훈련방법은 간단하다. 마음거울에 반영돼 상을 맺는 대로 이름붙이고 알아차림만 해야 한다. 그러면 싸띠힘이 커지고 압력이 마음공간에 가해지면서 앎에 낀 거품을 제거하고 데이터 순도가 높아진다. 그러면서 앎이 서서히 성장한다. 앎이 완전히 성숙하면 꽃잎이 열리듯 한순간 삶을 통찰하는 지혜가 열린다. 알아차림 기능인 싸띠가 선도한다*.

발도로프 학교

루돌프 슈타이너(Rudolf Steiner, 1861~1925)가 만든 독일 발도로프 학교는 어린 학생에게는 지식교육을 가급적 자제한다고 한다. 감성을 통해 외부 데이터를 마음공간으로 입력하도록 권장한다. 사춘기에 접어들 때까지는 지식교육은 지혜싹을 키우는 데 독이라고 생각한다. 그렇다고 해서 지식이 없는 것이 아니다. 감성교육과 감각기관을 통해 외부 데이터를 마음공간으로 흡수한 어린이는 앎이 서서히 성장하다 사춘기에 접어들 때쯤부터 폭발적으로 성장하기 때문에 이때부터 개념을 통한 지식교육을 시키면 효과적이라고 본다.

11. 비교마음

1. 몸, 마음, 행동, 삶은 서로 연관돼있고, 서로 영향미치고, 서로 해체하고, 서로 재구성되면서 변화발전한다.

1) 몸 · 마음 · 행동 · 삶

2. 몸, 마음, 행동, 사회, 자연을 통해 삶과 행복으로 접근할 수도 있고 자연환경이나 사회구조로부터 삶과 행복으로 다가갈 수도 있다. 이 가운데 어느 것이 먼저라고 할 수 없다. 범위를 한정지으면 답을 구할 수 있고 구체적으로 행동할 수 있다.

3. 어디서 출발하든 그것이 전부는 아니며 자기가 하고있는 것이 모두 옳다고도 할 수 없다. 단지 자기가 잘 할 수 있고 가능한 부분에서 출발하는 것이 좋다. 모든 것은 서로 의존하고 보완적이고 상대적이다.

4. 존재를 이해할 때는 자기분야에서 출발해 몸, 마음, 행동, 삶을 바라보고 인접분야로 폭을 넓히는 것이 올바른 순서다.

5. 대개 의사나 뇌과학자는 몸에서 출발해 마음, 행동, 삶을 이해하고 수행자는 마음에서 시작해 몸, 행동, 삶을 이해한다.

6. 활동분야가 다르고 수준이 다르면 동일주제를 대상으로 해도 사용하는 용어, 중요도, 우선순위, 사고방식, 행동유형 등에서 차이를 보일 수 있다.

표100 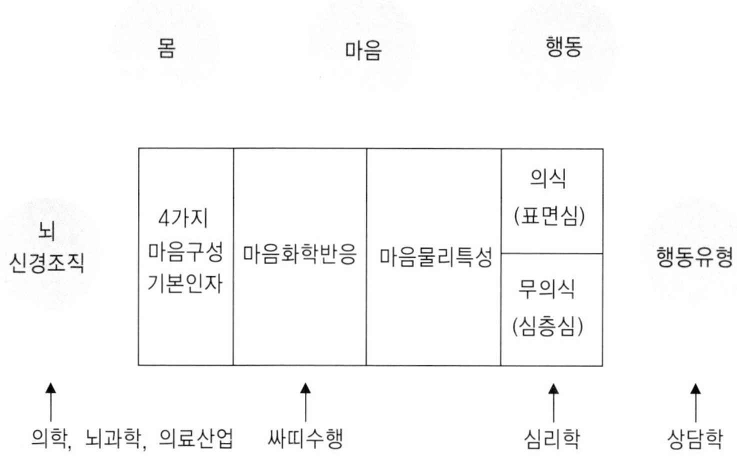 **마음관리 비교도표**

7. 몸이 활동하고 뇌신경조직이 작동하면 신경전달물질과 뇌전기가 발생한다. 그것이 복잡하게 상호 되먹임하고 질적으로 비약하면서 마음현상이 일어난다. 이렇게 발생한 마음은 네 가지 기본인자로 이뤄진다.

8. 마음은 뇌활동으로 파생된 현상이지만 뇌구성인자와 마음구성인자는 다르다. 뇌구성인자나 신경전달물질 분석만으로 마음구성인자, 마음 구조와 기능 등을 알 수 없다. 마음은 마음차원에서 답을 찾아야 한다.

2) 현대의학(뇌과학)과 약물치료(신경전달물질)

9. 현대의학과 뇌과학은 마음구성인자, 마음화학반응, 마음물리특성, 마음작용 등을 잘 이해하지 못하고 뇌와 신경전달물질 차원으로 환원해 마음

과 행동을 이해한다.

10. 마음만드는 기계인 뇌작용과 뇌작용으로 발생한 마음작용을 차원과 특성을 구분해 명확히 이해하지 못하고 마음을 뇌차원으로 환원해 다루는 오류를 현대의학, 심리학, 상담학, 뇌과학 등에서 범한다.

11. 일반물질인 뇌, 뇌활동 결과물인 뇌전기, 뇌전기가 복잡한 과정을 거쳐 일으킨 마음작용, 마음작용으로 발생한 행동유형은 각기 성질과 차원이 다른 존재다. 그럼에도 불구하고 마음과 행동을 일반물질 차원으로 환원해 다루는 것은 접근자체가 잘못됐다. 그러면 마음과 행동을 효과적으로 다루지 못한다.

12. 현대의학이나 뇌과학이 마음다루는 방법은 크게 두 가지다. 하나는 물질차원에서 인공화학물질(약물, 신경전달물질)을 사용해 뇌를 마취하거나 마음상태를 조작하는 것이고 다른 하나는 말이나 행동으로 하는 심리치료다*.

13. 병원에 가면 온갖 기계를 사용해 몸에서 일어난 변화를 측정하고 필요한 화학물질(약물)을 투입해 몸과 마음을 다룬다. 이런 방법은 몸과 마음을 다루는 데 괄목할 만한 성과를 거둔 것은 사실이지만 마음을 일반물질 차원으로 환원해 다루는 것은 마음에 관해서는 충분치 않다*.

14. 마음은 뇌작동으로 만들어진 현상이지만 뇌신경조직이나 신경전달물질 그 자체는 아니다. 마음작용은 그것보다 훨씬 복잡하고 미묘하다. 마

마음화학공장

몸은 정밀하고 우수한 화학공장이다. 몸이 스스로 만들어 사용하던 화학물질 생산에 문제가 발생하면 외부에서 인위적으로 화학물질을 만들어 투입하는 것이 약물요법이다. 이렇게 하면 단기적으로는 효과있지만 장기적으로는 몸은 더 이상 자기가 필요한 화학물질을 스스로 만들어 사용하지 않고 그 기능이 퇴화한다. 몸이 필요한 것을 스스로 만들어 사용할 수 있게 하는 것이 좋다. 그것이 자가치유다.

음은 신경전달물질 단순합이 아니다. 마음은 구성인자가 복잡한 화학반응을 거쳐 만들어진 완전히 다른 성질과 특성을 가진 고분자 복합화합물이다.

15. 현 단계에서 마음을 분자차원에서 이해하려는 것이 현대의학이나 뇌과학 한계다. 마음은 분자차원보다 훨씬 더 복잡하게 작동하는 물질이다. 뇌신경구조나 신경전달물질에 초점맞춰 뇌차원에서 마음다루면 제한적일 수밖에 없다. 마음다룰 때는 마음이 가진 특성에 기초해 다뤄야 유효성이 나온다.

16. 최근엔 마음작용을 관찰하는 기계를 만들어 특정상황에서 마음이 어떻게 작동하는지를 측정한다. 이런 방법은 마음을 이해하는 데 게으른 방법이고 단편적인 정보만 얻을 뿐이다. 직접 자기마음으로 들어가 정밀하게 관찰하지 않고 다른 사람 마음상태만 측정해서는 한계가 있다.

17. 현 단계 과학수준은 다른 사람 마음속으로 들어갈 수 없다. 오직 자기자신만이 자기마음으로 들어갈 수 있다. 마음을 대상으로 실험할 때는 자기마음을 실험대상으로 삼을 수밖에 없다. 이것이 마음이 가진 특성이다.

18. 한의학도 마찬가지다. 마음으로부터 모든 병이 발생되기 때문에 마음을 다스려야 병도 다스릴 수 있다고 주장한다. 그러나 마음구성인자, 마

뇌와 마음 마취

짜증이 일어나면 행동이 거칠어진다. 이때 신경전달물질을 측정하면 균형이 맞지 않는다. 이때 의사는 약물을 주입해 신경전달물질을 균형맞춰 해결하려고 한다. 이러면 마음은 일시적으로 고요해(멍해)지고 행동도 안정된다. 그러나 이것은 일종의 뇌와 신경조직을 마취해 마음작용을 둔화시킨 것이지 마음이 스스로 안정된 것은 아니다. 마취상태가 깨어나면 마음은 원상태로 돌아가 조그마한 자극에도 흔들린다. 이런 상태가 끊임없이 반복된다. 영리를 목적으로 하는 제약회사나 병원은 좋을지 몰라도 소비자인 환자는 문제가 많다. 이것이 한계다.

음화학반응, 마음물리특성 등에 대해 구체적으로 제시된 것이 없고 서양의학처럼 마음작용만 다룬다.

19. 화학약품에 기초해 마음다루는 현대의학은 마음이 비정상적으로 작동되는 병적인 사람에게는 효과있다. 이는 뇌를 마취시킴으로써 행동통제가 가능하기 때문이다. 그러나 어디까지나 그것은 뇌를 마취한 것이지 치료한 것은 아니다. 치료제와 마취제는 구분해야 한다.

20. 정신의사, 심리학자, 상담학자 능은 모든 사람이 마음에 병적인 것을 한두 개쯤 가지고 있는 것으로 주장하는 경향이 강하다. 약간 예민하다고 하면 될 것을 「OO증」으로 진단하고 치료해야 한다고 말한다.

21. 최근 의료계는 정상인 마음상태도 의료행위 범주로 삼아야 한다고 관심영역을 확장한다. 이것은 정신건강이나 예방의학 차원에서 바람직한 현상이다.

22. 그러나 기존 마음이해 차원으로는 곤란하다. 마음건강 핵심은 마음에 대한 과학적인 이해와 구체적인 변화기술이다. 이런 것을 고려하지 않은 채 마음건강이 상품화되는 것은 경계해야 한다.

23. 지나치게 약물에 의존하는 것이 몸의 면역력을 떨어뜨리듯 마음도 마찬가지다. 약간 예민하거나 조금 힘든 상태에 직면하더라도 스스로 극복할 수 있도록 도와주는 것이 좋다. 그렇지 않고 다른 사람이나 약물에 의존하도록 유도하는 것은 개인의 주체적 극복의지를 약화시키는 주범이다.

24. 더 본질적인 것은 정상인 마음상태를 어떻게 다룰 수 있는가 하는 점이다. 이미 발생한 비정상적인 상태를 약물을 이용해 통제하는 것처럼 정상인 마음상태도 약물을 사용해 다룰 수는 없다. 예방의학 차원에서라도 정상인 마음상태를 올바르게 이해하고 다루는 것은 매우 시급하고 필요한

과제다*.

25. 정상인 마음상태를 다루는 것에 초점두고 접근한 것이 싸띠수행이다. 싸띠수행은 정상인 마음상태를 건강하고 활기차게 가꿔 자유로운 삶, 청정한 삶, 행복한 삶, 공존하는 삶을 살 수 있는 토대를 제공하는 것이 목적이다.

3) 심리학·상담학과 마음분석

26. 심리학이나 상담학은 마음구성인자, 마음화학반응, 마음물리특성 등을 잘 알지 못하고 마음작용이나 행동유형에 초점두고 마음다룬다.

27. 심리학과 상담학은 마음을 변화시키려고 노력하지만 마음변화보다 마음현상을 분석하는 데 주력한다. 마음구조, 마음화학반응, 마음물리특성, 마음작용, 마음상태, 행동유형 등은 서로 연관돼있고 서로 영향미침에도 불구하고 그 연결고리를 올바르게 파악하지 못하고 표면적인 마음작용과 행동유형만 통제하려고 애쓴다.

28. 심리학, 상담학, 정신의학 등은 마음작용 과정을 설명하는 데 주목하지만 정작 왜 그런 운동이 이뤄지는지 운동원리를 설명하지 못한다. 그것은 마음구성인자와 마음구조에 대한 무지가 원인이다. 마음작용뿐만 아니라 운동원리 설명은 마음과학과 싸띠수행을 창시한 붇ㄷ하 몫이었다*.

29. 심리학이나 상담학 한계 가운데 하나는 마음을 분석대상으로 다룬다는 점이다. 심리학은 자기가 만든 이론에 기초해 마음과 행동을 해석하고 변화시키려고 한다. 그러나 마음은 분석대상이 아니라 변화대상이다. 특정이론에 사람을 적용할 것이 아니라 사람을 중심에 두고 왜 그렇게 사고하고 행동하는지를 이해하고 설명해야한다*.

30. 심리학은 마음현상이나 마음물리특성을 논리로 분석하는 데 주력하고 상담학은 행동유형을 설명하는 데 조섬둔다. 심리학은 심리검사 등을 즐겨 사용하고 상담학은 성격검사 등을 선호한다. 심리학이나 상담학은 마음과 행동 변화를 강조하면서도 분석과 검사를 중시하는 진단차원에 머문다.

31. 심리학이나 상담학은 작은 기술을 사용해 마음의 단기변화에 효과 있다. 그러나 큰 기술을 사용해 장기적으로 마음과 행동이 변했는지는 정밀히 검토해야 할 숙제다. 주장, 실천, 결과가 일치했는지는 반드시 실천으

주장, 이론, 법칙

주장은 자기생각을 말하는 것이다. 자기생각을 논리를 갖춰 체계있게 말하면 이론이다. 이론이나 가설은 주장의 다른 말이다. 이론은 실천을 통해 그 유효성을 검증하면 법칙이 된다.

프로이트를 비롯해 많은 심리학이나 상담학 이론은 대부분 주장의 다른 이름이다. 가령 성질이 예민한 것은 어린 시설 똥눌 때 편안히 하지 못한 깃에 기인해 생질이 날기릅게 형성됐디고 말한다. 그러나 어릴 때부터 똥눌 때마다 그렇게 실험한 것이 아니라 성질이 날카로운 사람을 두고 어릴 때 배변습관이 좋지 않았다고 유추한 것이다. 결국 자기생각에 기초해 소설썼다는 말이다. 이런 주장이 프로이트나 유명한 사람 권위와 이론으로 포장돼 넘쳐난다. 시급히 이런 이론의 컴플렉스로부터 벗어나야 한다.

행동과학

다양한 행동유형은 마음작용 결과물이다. 마음작용과 행동유형은 서로 관계맺고 서로 의존해있다. 마음작용이 평화로우면 행동은 부드럽고 마음작용이 거칠면 행동은 성글다. 사람행동을 다룰 때는 행동에만 초점맞추면 부족하다. 행동을 일으키는 마음구성인자, 마음화학반응, 마음물리특성, 마음작용 등을 올바르게 이해하고 다뤄야 행동유형을 제대로 이해하고 통제할 수 있다.

로 검증해야 한다.

32. 심리학이나 상담학에서 행복지수, 스트레스 지수, 성격검사 등 여러 가지 검사도표를 만들고 마음작용을 객관화하려고 노력해 상당한 성과를 거둔 것 또한 사실이다. 그러나 그런 것을 검사한다고 마음상태가 변하고 삶의 질이 향상되는 것은 아니다*.

33. 마음구성인자가 결합해 전개되는 마음화학반응과 마음물리특성 등

이론노예

자연과학자, 사회과학자, 경제학자 등이 시중에 나와있는 이론을 따라가다보면 이론노예가 돼 창의력이 나오지 않을 때 새로운 이론을 창출하거나 기발한 아이디어를 인문학적 상상력에서 힌트를 얻는 경우가 많다고 한다. 마음과학자, 싸띠수행자, 인문학자 등은 자연과학자나 사회과학자가 만든 이론도움을 많이 받는다. 이것은 인접학문으로부터 전해받은 지식이 자기분야에는 촉매제로 작용해 상승작용을 일으키기 때문이다.

심리학이나 상담학도 마찬가지다. 시중에 유포돼있는 이론을 따라가다보면 문제해결 주체성이나 창의성은 사라지고 이론틀에 사람을 끼워맞추는 경향이 강하다. 가능한 이론에 사람을 적용하면 안 된다. 항상 사람을 중심에 두고 사고나 행동을 이해해야 한다. 사람이 그렇게 사고하고 행동하는 데 어떤 요인이 영향미쳤는지 규명하는 것이 현명한 방법이다. 어떤 경우든 사람이 가장 중요하다. 특정이론에 사람을 종속시켜서는 안 되고 사고와 행동을 과학적이고 객관적으로 설명할 수 있어야 한다.

연역법적 사고는 원인에서 결과를 도출하는 방법이다. 이것은 신이 우주를 창조했다는 방식과 일치한다. 귀납법은 결과를 파생시킨 요인을 규명하는 방법이다. 이것은 자연현상을 과학적으로 설명하는 방식과 일치한다. 그러나 이것은 운동과정을 설명하지만 운동원리를 설명하지 못한다. 변증법은 운동원리를 설명한다. 파괴력은 비교할 수 없을 정도로 크다. 심리학이나 상담학이 마음작용 과정은 설명할 수 있지만 마음작용이 일어나는 원리를 설명하지 못한다. 그러나 마음과학과 싸띠수행은 마음작용 과정뿐만 아니라 그 원리도 분명히 설명한다.

대부분 심리학이나 상담학이 서구에서 시작해 전 세계로 퍼져나갔고 이런 이론을 만든 사람이 신을 믿는 사람이 많다보니 자연히 신중심 결정세계관 틀을 벗어날 수 없었다. 그 결과 여러 가지 다양한 형식으로 포장했지만 그 속내를 들여다보면 크리스트교 관점을 크게 벗어나지 않음을 알 수 있다.

심리학이나 상담학은 서구 컴플렉스에서 시급히 벗어나야 한다. 마음은 동양이 훨씬 더 종합적이고 효과적으로 다뤘다. 대부분 학자가 서구에서 배우고 돌아와 그것을 가르치다보니 자기학문을 부정할 수 없는 것 또한 현실이다. 브라질에서 아마존 강 생물을 전공했다면 몰라도 그곳에서 홍길동전을 전공했다면 뭔가 이상하듯 서구대학에서 물리학이나 생물학을 전공했다면 몰라도 불교나 마음다루는 것을 배웠다고 하면 이상하게 들리지 않는 것은 또 다른 서구 중심주의가 아닌지 돌아볼 일이다.

서구에서 마음다루는 방법은 잔 기술이 발달했다. 그러다 보니 마음변화도 말로써 설명하고 해결하려는 경향이 강하다. 동양 특히 싸띠수행은 마음변화 큰 기술이 발달했다. 그래서 마음변화 기술인 싸띠수행을 가르친다. 잔 기술은 한두 번은 효과있고 또 효과가 빨리 나타나는 것 같지만 궁극적인 해결점을 제공해주지 못한다. 큰 기술은 처음은 별 자극도 없고 효과도 없는 것 같지만 오랫동안 지속적으로 유효성이 나온다. 잔 기술에 큰 기술을 응용하면 뭔가 어색하지만 큰 기술에 잔 기술을 보완하면 효과가 좋다.

을 정확히 이해하지 못하고 그 결과물인 사유과정이나 정서과정과 같은 마음작용이나 행동유형을 다루면 마음과 행동은 잘 다뤄지지 않고 유효성도 떨어진다.

34. 심리학이나 상담학이 10년을 못 채우고 새로운 학설이 끊임없이 등장하는 것은 학문활력이라기보다 마음을 제대로 이해하지 못한 반증으로 봐야 한다. 물 분자구조에 대한 학설이 바뀐 적이 있던가*.

심리학 흐름

마음을 일반물질처럼 연구하고, 마음에 내재한 법칙, 본성, 화학반응, 물리특성 등을 이해하고, 마음을 효과적으로 다루고자 150여 년 전 유럽에서 심리학이 출발했다.

① 독일심리학(제1심리학)

19세기 유럽을 중심으로 심리학이 처음 발생할 때는 마음구성인자를 찾는 데서 시작했다. 마음구성인자를 찾고 마음작동원리를 규명하던 사람은 마음구성인자 가운데 제한적인 것만 이해하고 마음구조 전체를 이해하는 데 실패했다. 마음이해가 생각만큼 쉽지 않자 마음만드는 기계인 뇌를 연구했다. 그리고 마음구조나 구성인자에 대한 명확한 이해를 덮어둔 채 표면적인 마음작용만 연구했다.

독일심리학은 마음구성인자를 이해하려고 노력했지만 실패했다. 그들은 부파불교에서 사용한 것과 비슷한 방법으로 시도했지만 접근법이 잘못됐다. 그들은 내성법을 동원해 마음구성인자를 규명하려고 시도했지만 결국 마음거울에 맺힌 데이터만 분류하다 답을 얻지 못했다. 내성법은 마음에 떠오르는 생각을 계통별로 정리하고 체계화하는 것이다.

그 주된 이유는 마음을 일반물질 차원에서 이해하고 접근한 것이었다. 마음은 분명 일반물질로부터 나왔지만 일반물질과는 차원을 달리하는 특수물질이다. 그것을 이해하고 다룰 수 있는 틀을 만들지 못하고 일반물질 차원으로 환원해 접근한 것이 한계였다. 독일심리학은 여기서는 제1심리학이라고 한다.

② 실험심리학(제2심리학)

실험심리학은 폐쇄된 연구실에서 마음작용에 미치는 외적요인, 자극에 대해 감각이 어떻게 반응하고 마음작용이 일어나고 행동유형이 이뤄지는지에 대한 연구에 몰두했다. 그러나 감각기관을 하나씩 분리해 실험했고 동물실험 결과를 사람에게 적용했다. 마음구성인자와 마음작용 원리를 밝히려는 독일심리학에 대응한 개념으로 미국심리학을 실험심리학이라고 한다. 여기서는 제2심리학이라고 한다.

1920년대 미국에서 유럽대륙으로 건너와 마음을 연구대상으로 하는 심리학이란 새로운 학문을 배운 사람이 다시 미국으로 돌아가 여러 대학에 심리학과를 개설했다. 미국 심리학자는 심리학이 자리잡는 과정에서 마음구성 기본인자에 대한 충분한 연구와 이해가 이뤄지기도 전에 마음작용을 상품화하는 데 주력했다. 그 주된 이유는 눈에 보이지 않는 마음구성인자를 밝히는 것은 돈도 되지 않고 현실적으로 실용성도 없다고 본 것이었다. 1차, 2차 제국주의 전쟁이 발생하고 대학에서 심리학 무용론을 제기하자 심리학자는 생존차원에서 마음구성인자나 마음구조와 같이 마음작동 원리를 규명하는 것을 포기하고 심리검사 등 1차로 활용할 수 있는 것으로 연구주제를 제한했다. 그렇게 해서 단편적으로 얻은 결과물을 상품화하고 교환가치로 활용했다. 그 결과 미국 심리학자는 자기 생존 문제 해결에 매달리고 마음구성인자나 마음작용 원리규명은 외면하고 덮어버렸다. 이런 흐름은 미국심리학 전통으로 자리잡고 지금까지 지속한다.

실험실에서 개별감각을 분석하거나 동물을 실험해 그 결과를 사람에게 적용한 미국 실험심리학이나 독일 심리학 내성법도 결국 마음에서 가장 중요한 마음거울, 마음거울에 맺힌 상, 마음공간에 저장된 기억이미지, 마음작용이 전개되는 전 과정을 알아차림하는 싸띠, 마음구성인자가 결합해 전개되는 마음화학반응, 마음물리특성, 마음작용, 행동유형 등에 관해서는 감도 잡지 못했다.

③ 분석심리학(제3심리학)

19세기 말 유럽에서 프로이트를 중심으로 시작한 것이 분석심리학이다. 이것을 창안한 사람은 정신분석학이라고 했다. 여기서는 분석심리학으로 부른다. 이 용어가 실험심리학과 비교해서 그 정체성을 더 분명히 드러내기 때문이다. 여기서는 제3심리학이라고 한다.

분석심리학은 실험을 통해 증명된 것을 주장하는 것이 아니라 사람행동을 분석하고 그런 행동을 일으킨 원인을 유추해 주장한 것이다. 프로이트로부터 시작된 대부분 심리학이론은 주장이고 실험으로 증명된 것이 아니다. 많은 심리학이론은 실험을 통해 내린 결론이라기보다 행동을 분석한 것을 재조합한 주장이다. 분석심리학이 심리상태나 행동유형을 분석만 할 수밖에 없는 것은 사람을 상대로 실험할 수 없는 것에 기인한다.

미국 실험심리학이 정상인 심리현상을 일으키는 원인을 찾기 위해 실험실에서 노력한 결과물이라면 분석심리학은 병원이나 상담 현장에서 이상심리 현상을 일으키는 사람이나 삶의 과정에서 현실에 적응하지 못한 사람 심리상태(부적응상태)를 설명하기 위해 발달했다.

실험실에서 정상인을 상대로 개별감각을 자극하고 반응한 결과물이나 동물을 상대로 실험해 얻은 것이 현장에서 6감을 전체로 통합해 사용하는 이상심리 현상을 일으키는 사람에게는 잘 맞지않는 경우가 많다. 분석심리학자는 현장에서 직면하는 사람 마음상태를 설명하기 위해 심리상태, 성격유형, 행동유형 등을 분석하고 다양한 의미를 부여하고 자기생각을 주장했다.

④ 공감심리학(제4심리학)

로저스를 중심으로 미국에서 시작된 것이 공감심리학이다. 여기서는 제4심리학이라고 한다. 공감심리학은 현실에 적응하지 못하고 힘들어 하는 사람을 그들 입장에서 그들 주장을 경청하고 이해하고 지지해주면 힘든 현실을 훌륭하게 극복하고 행복하게 살 수 있다고 보았다.

공감심리학은 대부분 사람이 정신적으로 힘들어 하는 것은 자기자신이 다른 사람과 비교되고 평가받는 것 때문에 정서적으로 충격받아 현실에 적응하지 못하는 원인으로 보았다. 따라서 다른 사람과 비교하고 평가하지 말고 존재를 있는 그대로 보고 이해하고 받아들이면 부적응상태를 잘 극복할 수 있다고 주장했다.

이런 주장은 많은 사람으로부터 공감을 불러일으켰다. 지금까지 심리학은 그 원리를 배우기가 어렵고 현장에 적응하기 위해서는 전문훈련이 필요했다. 실정이 이렇다보니 소수 전문가를 중심으로 행해졌다. 분석심리학이든 실험심리학이든 그것을 배우기 위해서 많은 노력과 시간을 투자해야 한다. 그러나 다른 사람 마음상태를 있는 그대로 받아주고 공감해주기 위해서는 준비할 시간이 많이 필요치 않다. 이것이 상담자나 내담자 서로에게 부담을 주지 않고 편리했다. 오늘날 대부분 상담이론은 이런 관점에서 출발했다.

⑤ 행복심리학(제5심리학)

그 모든 것에 우선해 자유롭고 행복한 삶에 초점두고 출발한 것이 제5심리학이다. 여기서는 행복심리학 혹은 싸띠심리학이라고 한다. 행복심리학은 BCE 531년 인도에서 붇다가 창안했다.

행복심리학은 자유크기가 행복크기를 결정한다고 본다. 사람이 자유롭고 행복하게 사는 데 크게 방해하는 것이

35. 심리학은 뇌작용과 마음작용 사이에 존재하는 마음구성인자와 그 결합작용인 마음화학반응을 이해하지 못한다. 처음부터 그런 것이 있는지도 모른다고 봐야 더 정확하다. 이것은 정신의학, 뇌과학, 심리학, 상담학, 철학 등의 공통한계다.

36. 실험심리학은 실험실의 한정된 공간에서 특정 감각작용, 마음상태, 행동유형만을 집중적으로 다룬다. 이런 방법은 마음에 대해 추상적, 관념적, 자의적으로 주장하던 것에 비해 보다 객관적, 논리적, 과학적이다.

37. 실험심리학은 실험실에서 감각기관을 각각 분리해 실험하고 측정한다. 이것은 문제를 단순화하고 한정함으로써 답구하기는 편리하다. 그러나 복잡하게 얽혀 전개되는 감각기관과 마음작용을 제한함으로써 마음이해

물리구속과 육체고통이다. 거기에 더해 심리구속과 정신고통이 사람이 자유롭고 행복하게 사는 것을 치명적으로 방해한다.

심리구속은 지나온 삶의 흔적인 기억이미지가 욕망, 이기심, 분노, 적의, 원망, 서운함, 편견, 선입관, 가치관 등 마음오염원과 결합해 기억질량이 많아지고 그곳에 알아차림 기능인 싸띠가 구속된 것이다. 훈련(수행)을 통해 싸띠힘을 키우면 기억이미지와 결합된 욕망, 분노, 편견 계열 마음오염원이 해체되고 기억이미지 구속으로부터 벗어나 대자유를 성취할 수 있다. 그 자유크기만큼 행복지수 또한 향상된다.

행복심리학은 구속으로부터 자유롭기 위해서는 존재를 있는 그대로 볼 수 있는 안목이 필요하다고 보았다. 존재를 있는 그대로 보기위해서는 마음공간을 채우고있는 기억이미지와 결합된 마음오염원을 제거해야 한다. 기억이미지와 마음오염원이 많이 결합되면 마음공간이 흐려지고 존재를 있는 그대로 볼 수 없고 내 식대로 해석한다. 그러나 기억이미지와 결합된 마음오염원이 해체되면 마음공간은 지극히 맑고 깨끗해지고 존재를 있는 그대로 볼 수 있다. 그러면 삶은 자유와 행복으로 충만하다.

행복심리학은 마음이 자유롭고 행복하기 위해서는 알아차림 기능인 싸띠가 활기차야 된다고 본다. 싸띠가 김각대상에 끌려가면 마음에너지를 소비하고 무기력해지지만 싸띠가 감각대상을 선택하고 머물면 마음에너지가 보충되고 활기차진다.

행복심리학은 알아차림 기능인 싸띠를 인지과정과 행동과정의 구속과 자유를 결정하는 핵심으로 본다.

행복심리학은 마음구성인자, 마음 구조와 기능, 마음화학반응, 마음물리특성, 마음에너지 소비와 보충, 마음건강 등에 관한 원리와 기술을 올바르게 사용하면 자유로운 삶, 청정한 삶, 행복한 삶, 공존하는 삶을 살 수 있다고 본다.

실험심리학과 분석심리학이 마음현상과 행동유형을 분석하는 데 초점둔다면 싸띠심리학 혹은 행복심리학은 마음작용과 행동유형을 변화시키는데 초점둔다.

실험심리학과 분석심리학, 상담학 등이 마음작용 과정을 설명하는 데 주력한다면 싸띠심리학 혹은 행복심리학은 마음작용 원리를 설명하는 데 초점둔다.

폭을 좁혀놓았다.

38. 삶은 실험실처럼 좁은 공간에서 단순하게 이뤄지지 않는다. 삶은 복잡하고 변수가 많다. 감각대상을 받아들이고 가공하는 마음작용은 복잡하고 미묘하고 종합적이고 유기적으로 이뤄진다.

39. 종합적이고 유기적인 감각기관을 분리해 다루고 복합적이고 미묘한 마음작용을 단순하게 다루면 마음에 관해 제한적인 것만 이해하게 된다. 마음작용은 모든 감각기관이 연합해 작용하는 복합화학물이다.

40. 의학, 뇌과학, 심리학, 상담학, 종교단체, 수행단체 등이 근거로 삼는 불완전하고 자의적인 마음이해는 많은 오답을 제공했다. 그들이 이해한 제한적인 앎을 교환가치로 사용하고 상품화해 많은 사람이 생존문제를 해결하는 도구로 삼는다.

41. 교환가치와 생존문제는 마음이해 수준과 영역을 비약적으로 확장하기도 했지만 동시에 마음이해 지평을 편협하게 왜곡하고 제한하기도 했다. 때로는 법이나 제도를 만들고 특정집단에서 주장하는 것이 아니면 인정하지 않는 폐쇄성을 띠기도 한다. 사실과 진리에 앞서 생존문제와 집단이기주의는 모든 것을 압도한다*.

42. 의학, 뇌과학, 심리학, 상담학, 철학 등이 범한 마음에 관한 오류는 동양에서 마음다루는 분야도 마찬가지다. 마음을 과학적이고 객관적으로 다루지 않고 신비적, 주관적, 미신적인 종교차원으로 얼버무려 대중을 현

행동과학

행동유형은 마음작용 결과물이다. 마음작용과 행동유형은 서로 관계맺고 상호 의존해있다. 마음작용이 평화로우면 행동은 부드럽게 나오고 마음작용이 거칠면 행동은 성글게 된다. 행동을 다룰 때 행동에만 초점맞추면 부족하다. 행동을 일으킨 마음작용과 마음구성인자, 마음화학반응 등을 올바르게 이해하고 다뤄야 행동을 제대로 통제할 수 있다.

혹한다.

43. 의사가 마취제를 사용해 몸을 마취하듯 종교인은 윤회설이나 창조신 등 여러 가지 상징조작으로 마음과 이성을 마취시킨다.

4) 프로이트와 정신분석

44. 현대사회에서 마음에 관해 주목받는 사람 가운데 하나가 지그문트 프로이트(Sigmund Freud, 1856~1939)다.

45. 프로이트를 부정하든 긍정하든 마음에 대해 이야기할 때 피해갈 수 없다. 그는 거칠기는 했지만 서구인으로는 최초로 마음구성인자와 마음구조를 설명하고 성장에 따라 형성되는 성격특성을 규정하고 그 틀에 맞춰 마음과 행동을 통제할 수 있다고 주장했다. 그는 거칠고 불완전하기는 했지만 마음작용 원리를 설명하려고 노력했다*.

46. 프로이트는 마음구성인자를 이드(id), 에고(ego), 슈퍼에고(superego) 세 가지로 보았다. 그는 마음원판을 이드라고 했다. 이것이 마음에너지 원천이고 그 핵심은 성 에너지(rivido, 性)로 보았다.

사회과학

사회과학은 사람마음이 사회구조나 자연환경에 지배받고 마음상태가 사회구조나 존재양식에 영향미친다고 본다. 사람마음은 사회구조나 물질만으로 파악하기에 너무 복잡하고 개인차가 많다. 마르크스주의가 국가경영에 일정 정도 실패한 것은 이 점을 소홀히 취급한 것이 중요한 요인 가운데 하나다. 그들은 의식은 존재에 의존하기 때문에 존재를 변화시키면 의식은 저절로 변화될 것으로 보았다. 그것은 분명 옳은 견해이기는 해도 존재변화와 의식변화 사이에 시차가 존재함을 간과했다. 그리고 존재특성과 의식특성이 다르다는 사실을 이해하지 못한 것이 문제였다. 물질과 마음은 서로 밀접히 연관돼있지만 각자 나름대로 변화법칙이 있다. 그렇기 때문에 물질변화와 마음변화 프로그램을 동시에 가동해야 한다. 마르크스주의는 물질이 의식을 선도한다고 믿고 의식에 내재한 법칙을 규명하는 데 소홀했고 물질변화와 마음변화 사이에 가로놓인 시차를 극복하는 방법을 갖고있지 못한 것이 자본주의에 밀린 결정적인 요인 가운데 하나다. 자본주의는 욕망자극법을 사용했다.

47. 마음원판인 이드에 자극을 가하면 에너지가 활성화돼 지향점을 가진다. 마음에너지가 자극으로 활성화되면 마음상태가 불안하고 안정되면 평화롭다. 마음에서 발화된 에너지는 자기가 원하는 것을 제공받으면 원위치해 고요해진다.

48. 이때 제공되는 것은 반드시 물질이어야 한다. 이드가 필요로 하는 것을 찾아서 제공하는 기능이 에고다. 에고는 삶에 필요한 에너지를 제공하는 핵심기능이다.

49. 활성화된 에너지가 원하는 것을 에고가 찾는 과정에서 자기가 가진 윤리, 도덕, 가치관 등에 위배되는 행동할 때 그것을 통제하는 기능이 슈퍼에고다. 슈퍼에고는 윤리, 도덕 기능을 담당한다.

50. 슈퍼에고는 에고를 억압하는 기능을 한다. 프로이트는 슈퍼에고가 에고에 가한 압력을 제거하면 마음은 억압상태를 벗어나 원래상태로 돌아간다고 보았다.

51. 이때 지나치게 에고를 억압하면 풍선효과가 나타난다. 풍선 한 쪽을 누르면 다른 쪽이 부풀어지듯 어떤 것을 억압하면 다른 쪽으로 힘쏠림 현상이 나타난다.

52. 프로이트는 자기가 하고싶은 것을 물리적으로 억누르면 그것이 해소되는 것이 아니라 마음깊은 곳으로 가라앉고 다른 방향으로 표출된다고 보았다.

53. 해소되지 않고 억눌린 삶의 흔적은 큰 에너지를 가지고 의식깊은 곳에 무의식상태(기억이미지)로 있다가 마음작용이나 행동유형에 영향미치는데 이것이 콤플렉스다.

54. 이때 무의식상태에 있던 에너지 뭉침을 자각할 수 있는 의식상태로 돌출시키면 기억이미지가 흡수한 에너지가 해체되고 마음이 안정된다고

보았다.

55. 슈퍼에고에 의해 억압된 에고는 마음표면에 잘 나타나지 않고 마음 깊은 곳에 무의식상태로 있다가 잠잘 때 꿈으로 마음표면에 등장한다. 따라서 꿈을 분석하면 마음깊은 곳에 존재하는 억압상태를 알 수 있다고 보았다. 이것이 꿈해석이다*.

56. 프로이트는 마음표면에 떠오른 생각을 면밀히 분석해도 억압기제를 알 수 있다고 생각했다. 이것이 자유연상이다. 꿈해석과 자유연상은 프로이트 정신치료 두 축이다.

57. 프로이트는 신체성장 단계에 따라 성격도 발달된다고 보았다. 그는 사람일생을 5단계로 나누고 5~6세 이전에 형성된 것에 의해 이후 삶이 영향받는다고 주장했다*.

꿈 해석과 해몽

꿈 해몽과 해석 차이는 무엇일까? 꿈해몽은 꿈이 미래를 예지한다고 본 동양 사고방식이다. 꿈은 사람이 앞으로 직면할 미래세계를 미리 나타낸 것이기 때문에 꿈을 잘 해몽해 미리 대비하는 것이 좋다고 본다. 꿈을 분석하고 해석한 것은 꿈은 과거를 반영한다고 본 프로이트 사고방식이다. 꿈은 어린 시절 억압된 의식이 잠잘 때 마음표면에 등장한 것이기 때문에 이를 잘 해석하면 문제뿌리를 발견하고 해결할 수 있다고 본 서구 프로이트 관점이다.

동일현상을 두고 다른 해석이 가능한가? 하나는 미신이고 다른 하나는 과학이란 주장은 곤란하다. 그것은 궁극적으로 답이 없거나 주장에 문제있다는 것의 다른 표현이다. 존재는 존재할 뿐인데 존재에 자기가 가진 색깔을 덧칠하고 다양한 주장과 해석을 한다. 사람이 어떤 견해를 갖든 그것은 자유다. 그러나 자기 견해와 주장을 다른 사람에게 강요하는 것은 폭력이고 무지다. 붇다는 존재자세를 부정하지 않는다. 누구든 어떤 현상을 경험했다면 그것은 그 사람 경험이다. 단지 자기가 경험한 것이 본질이 무엇인가는 별개문제다. 해당현상을 객관화하면 본질을 있는 그대로 볼 수 있다는 것이 붇다 생각이었다.

프로이트와 헐리우드

프로이트를 잘 이해하고 활용해 상업화한 것은 심리학이나 상담학이 아니라 예술계다. 그 선두에 헐리우드로 대표되는 영화산업이 있다. 이전에는 대중감각을 자극할만한 영화를 만들어도 왜 그런 영화를 만들었는지에 대한 체계적인 설명하지 못하고 개인의 경험이나 상상력에 의존했다. 그런데 어린 시절 경험 특히 억압된 성 에너지가 이후 삶에 영향미치고 삶을 추동하고 왜곡한다는 이론은 예술가들 특히 헐리우드 영화산업에는 가뭄에 단비와 같은 역할을 했다. 많은 작가와 감독이 프로이트 이론에 따라 영화를 만들고 비평가는 프로이트 관점에서 작품을 평가

58. 프로이트를 비난하는 사람은 그가 주장한 이론이 조잡한 상상력이라고 주장한다. 그를 지지하는 사람은 획기적인 과학이라고 전폭적인 신뢰를 보냈다.

59. 프로이트가 설명한 마음과 성격에 대한 이론의 참과 거짓을 떠나 그는 서구인 최초로 마음구성인자와 마음구조에 대해 구체적으로 설명했다. 그는 자기가 체계화한 정신분석 이론에 맞춰 마음작용과 행동유형을 설명했다.

60. 프로이트는 정신이상자로 알려진 사람을 대상으로 마음을 분석했다. 여섯 명이라는 제한적인 사람에 대한 임상실험 자료를 일반인에게 적용했다는 것이 이 이론한계다.

5) 붇다하와 마음과학과 싸띠수행

61. 붇다하가 만든 마음과학과 싸띠수행은 마음작용뿐만 아니라 마음작용 원리를 설명한다. 운동과정은 설명하기 쉽지만 왜 그렇게 움직이는지 그 원리를 설명하는 것은 차원이 다른 문제다.

62. 마음과학과 싸띠수행이 마음작용뿐만 아니라 그 운동원리를 설명할 수 있었던 것은 마음구성 기본인자, 마음 구조와 기능, 마음화학반응, 마음물리특성, 마음작용, 기억 구조와 기능, 싸띠기능 등을 올바르게 알고있었기 때문이다.

63. 붇다하 마음이해와 관리방식은 간단하다. 붇다하는 뇌신경조직과 신경전달물질, 뇌작동으로 발생한 뇌전기와 뇌전기작용 결과물인 마음사이버

했다. 예술가나 평론가 둘 다 함께 같은 이론으로 존재를 설명할 수 있는 근거를 확보했다. 이것은 함께 공존하고 생존할 수 있는 도구를 갖춘 것을 의미한다. 그 이론의 참, 거짓을 논하기도 전에 대중은 프로이트 이론 소비자로 길들여졌다.

공간, 마음구성인자, 마음 구조와 기능, 마음화학반응, 마음물리특성, 마음 작용, 행동유형 등은 서로 밀접히 연관돼있고 각기 차원과 특성이 다르게 작동한다고 보았다*.

64. 붇다하는 마음은 마음구성인자가 결합해 마음화학반응을 일으키고 사유과정이나 정서과정 같은 마음물리특성이나 마음작용으로 전개된다고 보았다. 그렇기 때문에 마음다룰 때는 마음작동 원리와 특성에 기초해 다뤄야 효과적이라고 보았다.

65. 일반물질은 화학반응과 물리특성을 어느 정도 구별할 수 있지만 마음은 네 가지 마음구성 기본인자가 중중첩첩 결합해 일으키는 마음화학반응과 마음물리특성을 구분하기 까다롭고 미묘하다.

66. 그러므로 마음다룰 때는 사유과정과 정서과정처럼 마음물리특성이나 마음작용만 다루면 잘 다뤄지지 않는다. 마음은 네 가지 마음구성 기본인자가 결합해 전개하는 초기단계인 마음화학반응 차원에서부터 다뤄야 마음작용이나 행동유형을 효과적으로 다룰 수 있다*.

67. 붇다하는 몸, 마음, 행동, 삶 모두 중시했다. 그 가운데서 행복으로 가는 길은 마음구성인자 가운데 알아차림 기능인 싸띠가 주변수라고 보았다.

68. 붇다하는 알아차림 기능인 싸띠는 뇌신경계, 심혈관계, 내분비계, 소

강단불교

오늘날 대학을 중심으로 이뤄지는 강단불교는 마음을 분석만 한다. 더 직접적으로 말하면 이전에 마음을 변화했던 수행자소개나 마음을 분석했던 사람이 써놓은 텍스트 해석만 한다. 심지어 어떤 불교학자는 수행자 행동유형이나 마음작용을 논리적으로 설명하면 자기역할을 다한 것이라고 말한다. 그러나 이런 관점은 무지한 발상이다. 왜냐하면 정치학자는 정치인 행동유형을 분석만 하면 되지만 의대교수는 병을 분석하는 데 그치지 않고 치료기술도 갖고있어야 한다.

붇다하는 자기를 마음의사(心醫)라고 했다. 붇다하 가르침을 배우고 익히는 불교대학은 의과대학과 마찬가지로 마음분석뿐만 아니라 변화시킬 수 있는 구체기술을 배우고 익히는 공간이어야 한다. 불교대학에서 가르치는 교수는 의대교수가 직접 수술할 수 있듯 마음을 변화시킬 수 있는 구체적이고 유효한 기술을 갖고있어야 한다.

(표101) **붇다하 · 프로이트 · 유식 비교**

	붇다하	프로이트	유 식
세계관	연기설, 비결정세계관	결정세계관	윤회세계관
창조신	부정	부정	인정
감각기관	6감	5감	6감변형
마음구성	단층 입체구조	단층 입체구조	3층 입체구조
마음구성인자	4개	3개	다수
마음에너지 원천	태어날 때	태어날 때	태어날 때
마음에너지 이전 주체	anussati(기억이미지)	id(마음원판, 원욕)	ālaya(識)
마음에너지 이전 구조	마음공간에 이미지가 입력되고 기억이미지와 결합할 때	외부자극으로 이드가 활성화될 때(에고에 에너지가 이전됨)	7식을 통과할 때
마음에너지 뭉침	기억이미지와 결합된 마음오염원	무의식공간에 저장된 억압된 기억	7식에 학습된 공간과 8식에 저장된 유식 (기억이미지)
마음변화 도구	싸띠수행	꿈해석, 자유연상	수행

프로이트는 마음원판인 이드가 에너지 원천이라고 보았다. 그는 감각데이터가 마음거울에 맺힌 순간 에너지가 활성화된다고 보았다. 그렇게 활성화된 에너지(욕망)는 반드시 물질을 제공해야 안정되는데 활성화된 에너지가 필요로 하는 물질을 제공하는 것이 에고다. 에고는 활성화된 에너지가 필요로 하는 물질을 제공하는 과정에서 자기가 이제까지 학습한 가치관과 상반된 것을 취할 경우가 있는데 이때 이런 에고 행동을 통제하는 것이 슈퍼에고다.

붇다하는 마음원판인 마음거울이나 마음거울에 맺힌 상은 자체 에너지만 있고 마음공간에 저장한 기억이미지도 에너지를 갖고있는데 이것이 새로 마음공간에 들어오는 데이터(이미지)와 결합하고 기억이미지가 가진 에너지를 이전한다고 보았다. 알아차림 기능인 싸띠가 강하면 새로 입력되는 데이터와 이미 마음공간에 입력돼있는 기억이미지와 결합을 방해하고 에너지 이전을 막을 수 있다고 보았다.

프로이트는 슈퍼에고에 의해 억압된 에너지는 다른 방향으로 분출된다고 보았다. 붇다하는 마음공간에 존재하는 기억이미지가 가진 질량이 총체적으로 삶에 영향미친다고 보았다. 프로이트는 억압된 에너지를 말로 해소할 수 있다고 보았고 붇다하는 싸띠와 싸마-디 힘으로 기억질량을 해체할 수 있다고 보았다. 이와 같은 마음이해와 마음관리 기술차이는 프로이트는 감각기관을 5감으로 이해했고 붇다하는 6감으로 이해한 것에 기인한다.

프로이트와 붇다하는 비슷한 생각을 했다. 둘 다 기억이미지가 다른 데이터에 간섭하면서 존재에 대한 해석이 달라지고 삶을 왜곡한다고 보았다. 프로이트는 큰 기억질량을 무의식(콤플렉스)이라 했고 붇다하는 업장(業障)이라고 했다. 프로이트는 대화나 꿈해석으로 기억질량을 찾아내 억압을 해체하면 마음이 시원해진다는 것을 환자 치료과정에서 발견했다. 이 이론에 기초해 서양에서 마음이해와 심리치료가 발달되기 시작했다. 붇다하는 알아차림 기능화기계, 호흡계, 면역계, 마음작용, 행동유형, 삶 전체에 크게 영향미친다고 보았다.

69. 몸이나 행동이 마음작용에 영향미치지만 싸띠강화와 마음건강에는 크게 영향미치지 못한다고 보았다*.

인 싸띠힘이 커지면 그 압력으로 마음깊이 가라앉은 큰 기억질량을 가진 기억이미지가 마음표면으로 떠오른다는 것을 수행과정에서 발견했다. 기억이미지와 결합돼있는 마음오염원을 싸띠와 사마-디히 힘으로 해체하면 그 구속으로부터 자유로워진다고 보았다. 붇다하는 마음을 정화하는 데 싸띠수행을 즐겨 사용했다. 프로이트는 비정상인을 대상으로 마음을 분석했고 붇다하는 정상인을 대상으로 마음을 이해했다. 프로이트는 치료가 목적이고 붇다하는 건강한 마음과 행복한 삶이 목적이었다.

유식은 붇다가 이해한 마음을 3중 입체구조로 이해했다. 붇다하는 마음을 단층 입체구조로 이해했다. 그것은 몸이 죽으면 마음도 함께 소멸한다고 보았기 때문이다. 유식은 윤회주체를 설정했기 때문에 6식은 표면심이고 외부 데이터 인식기능만 한다고 설정했다. 6식(citta, 心)인 마음거울에 반영된 데이터(viññāṇa, 識)는 7식[manas vijñāna, 末那識]에서 가공되고 8식[ālaya vijñāna, 阿賴耶識, 藏識]에 재반영되고 저장돼 다음생으로 이전된다. 7식을 통과하면서 가공된 데이터가 8식표면에 맞혀 상을 맺고 그것을 8식이 스스로 알아차림한다고 보았다.

붇다하는 네 가지 마음구성 기본인자 가운데 하나인 싸띠를 강화하면 마음화학반응 차원에서 마음작용을 통제하고 효과적으로 다스릴 수 있다고 보았다. 유식은 구체적으로 마음을 어떻게 닦아야 한다는 방법론이 없다. 그래서 수행시간을 수억 겁으로 길게 잡았다. 이것은 유식이 힌두교 윤회설을 차용했기 때문이다. 그래서 유식은 필연적으로 점교(漸敎)고 화엄철학과 연결된다. 나중에 수행을 강조한 선(禪)에서 지금 이 생에서 아라한뜨 막가파라를 성취하고 수행을 마쳐야 한다고 주장했다. 이것이 돈교(頓敎)다.

점돈논쟁은 수행불교와 유식과 화엄으로 대표되는 문자불교와의 이론투쟁이었다. 이것이 수행불교 승리로 끝난 후 다시 수행불교 내부에서 노선투쟁으로 발전했다. 이 투쟁을 시작한 것은 5조홍인 제자 가운데 신수와 혜능 계열이었다.

몸과 마음

정신신체의학 psychosomatic medicine 은 정신적 요인으로 나타난 신체증상과, 신체질환과 관련한 정신질환적 요소 등 정신과 신체 간의 상호작용에 관한 분야다. 특히 종합병원에 근무하는 정신과 의사가 타과 의사들과 협력하여 일반환자들에서 보는 정신신체장애들을 치료하는데 조력하는 임상분야를 자문조정정신의학(諮問調整精神醫學) consultation-liaison psychiatry이라 부른다. 대표저자 민성길 《〈제4개정판 최신정신의학〉》 (일조각, 서울, 2000)

이전에는 몸만 마음에 작용한다고 생각했다. 과거에는 뇌 속에 전기가 흐른다고 주장한 의사를 동료의사가 정신병원으로 보냈다. 마음이 몸에 크게 영향미친다고 주장한 의사를 아무도 인정하지 않자 동료들 앞에서 자기주장을 밝히다 쓰러져 죽었다. 죽으면서 흥분상태(마음)가 몸에 영향미쳐 혈압이 상승한다는 것을 증명했다.

이런 과정을 거치면서 점차 사람지혜가 성숙하고 몸뿐만 아니라 마음상태도 몸에 영향미치는 것으로 밝혀졌다. 심인성질환이란 말은 마음상태가 몸에 영향미쳐 발생한 몸의 이상상태를 설명한 개념이다. 인체에 치명적인 뇌신경계, 심혈관계 질병 등이 스트레스에 기인한다는 것은 마음상태가 몸에 영향미친다는 것을 의미한다. 이런 것을

70. 뇌를 마취해 마음다루는 것은 마음작용을 일시적으로 마취해 통제할 수 있지만 그것이 근본처방은 아니다. 마취효과가 끝나고 마음이 다시 그와 같은 상황에 놓이면 동일한 마음상태가 반복된다.

71. 상담학이나 프로이트 정신분석학도 마찬가지다. 말이나 행동으로 거친 마음작용을 일시적으로 통제할 수 있다. 그러나 궁극적으로 알아차림하는 싸띠기능을 강화하지 않은 상태에서는 언제든지 같은 상황이 반복된다.

72. 그래서 붇다하는 싸띠강화를 마음다루는 핵심으로 보았다. 싸띠기능은 마음작용 전체에 영향미친다. 싸띠기능이 강화되지 않고서는 마음에 관한 어떤 것도 해결할 수 없다는 것이 붇다하 기본생각이었다.

73. 존재를 분석, 사유, 논리로 체계화하지 않고 마음공간에 낀 마음오염원을 제거하면 실재를 있는 그대로 볼 수 있다. 붇다하는 이것을 깨달았다.

74. 사람은 오랫동안 분석, 사유, 논리로 존재를 가공하는 데 익숙해있다. 어떤 데이터가 마음공간에 들어오더라도 즉각 가공하고 평가하고 반응한다.

75. 가공해야 할 데이터는 가공하고 가공하지 말아야 할 데이터는 가공하지 않는 훈련이 필요하다. 학교는 존재를 가공하는 이론과 기술을 가르

다루는 의학분야가 정신신체의학이다. 몸이 마음에 영향미치는 것은 신체정신분야고 마음이 몸에 영향미치는 것은 정신신체분야다.

의사가 치료가 어려운 환자에게 이제 더 이상 할 수 있는 것이 아무것도 없다고 말할 때 핵심은 「제가 알고있는 범위에서 치료방법이 없습니다. 혹시 제가 모르고있는 것도 있을 수 있으니 다른 방법을 강구해보시지요.」로 이해해야 한다. 그렇지 않고 정말 아무방법도 없다고 주장하거나 그렇게 받아들인다면 폭력이거나 무지한 것이다. 과학이란 새로운 것을 끊임없이 발견하는 과정이다. 항상 마음을 열고 새로운 현상이 나타나면 왜 그런 현상이 일어났는지 그 이론구조를 발견하고 설명하는 것은 전문가 몫이다. 아마추어는 발견할 수 있어도 논리적이고 체계적으로 설명하는 데 한계가 많다. 그것을 무시하는 것은 과학자태도가 아니다.

치고 수행도량은 데이터를 가공하지 않는 이론과 기술을 가르친다.

76. 물질과 관련된 데이터는 가공하는 것이 현명하지만 마음오염원과 같은 데이터는 가공하지 않는 것이 현명하다. 데이터를 가공할 것인지 가공하지 말아야 할 것인지 판단하는 능력이 지혜다.

77. 학교는 데이터를 분석, 사유, 논리로 가공하는 데 중점두고 교육한다. 그러면 삶에 필요한 물질을 효과적으로 획득할 수 있다. 수행도량은 데이터를 분석, 사유, 논리로 체계화하지 않고 그것을 전체적으로 압축해 사용하는 직관방법을 가르친다.

78. 싸띠수행으로 마음오염원을 효과적으로 제거하고 마음건강을 회복하면 행복지수를 높인다. 학교는 생존문제를 다루고 수행도량은 행복문제를 다룬다.

79. 마음공간에 입력되는 데이터를 다루는 데는 두 가지 방식이 있다. 하나는 분석, 사유, 논리로 가공해 마음채우는 것이고 다른 하나는 압축, 응축, 직관을 사용해 가공하지 않고 마음비우는 것이다.

표102 **분석과 압축**

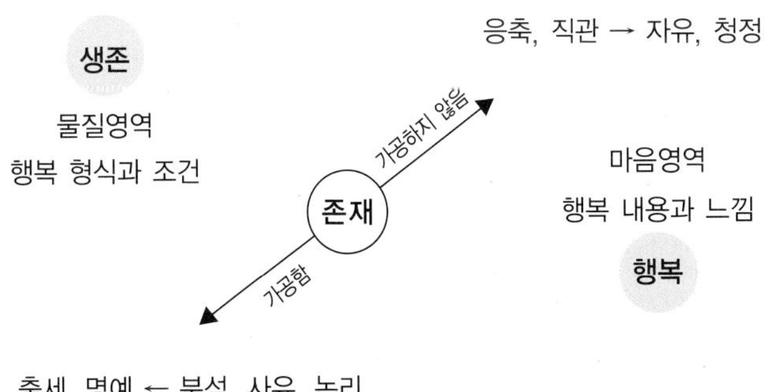

80. 데이터를 가공해 수준을 높이는 것을 지식이라고 한다. 지식은 물질을 가공하는 데 탁월한 효과있다. 지식이 많으면 사회적으로 출세하는 데 도움된다. 현대사회는 지식기반사회다.

81. 어떤 데이터는 가공하지 않고 마음공간에서 비우는 것이 현명하다. 그래야 건강하고 청정한 마음가꿀 수 있다. 마음오염원은 가공하지 않고 제거해야 삶의 질을 높여 행복하게 살 수 있다.

82. 마음오염원은 지혜로 제거한다. 지혜는 존재를 분석, 사유, 논리로 체계화하지 않고 있는 그대로 알아차림하는 것을 통해 성장한다.

83. 데이터 가공수준을 높여 지식량이 늘어나는 것과 만족, 자유, 행복, 평등, 평화 지수 등이 높아지고 삶의 질이 향상되는 것이 반드시 일치하지는 않는다.

84. 욕망, 이기심, 분노, 적의, 원망, 서운함, 편견, 선입관, 가치관 등 마음오염원은 가공하지 않고 마음공간에서 제거하고 비우는 것이 현명하다. 그래야 건강하고 청정한 마음상태를 가질 수 있고 질높은 삶을 누릴 수 있다.

85. 마음오염원은 빤나로 제거할 수 있다. 빤나는 감각대상을 분석, 사유, 논리로 체계화하지 않고 존재를 있는 그대로 알아차림하는 싸띠와 싸띠집중인 싸마-디히로 성장한다.

86. 병들고 난 뒤 치료하는 것보다 예방하는 것이 최상이다. 예방이 치료보다 비용이 적게 든다. 마음건강도 마찬가지다. 마음이 지치고 피곤해진 뒤 대처하는 것은 부족하다. 평소에 조금씩 마음을 맑고 건강하게 가꾸면 마음에 가해지는 충격을 미연에 방지하고 최소화할 수 있고 행복지수를 높일 수 있다.

87. 사람이 살면서 접촉은 피할 수 없다. 접촉을 피할 것이 아니라 접촉 다음에 일어나는 마음작용을 효과적으로 다루는 것이 현명하다. 그 중심에

알아차림 기능인 싸띠가 있다. 싸띠힘이 강하면 접촉 다음에 일어나는 마음작용을 효과적으로 다룰 수 있다.

88. 신경조직에 문제가 생기면 신경과에서 다루고 마음에 이상이 있으면 정신과에서 치료한다. 신경작용과 마음작용 둘 다 정상이지만 마음이 가진 특성으로 인해 마음이 피곤하고 불편한 경우는 수행도량에서 싸띠수행으로 해결할 수 있다.

89. 좋은 존재를 섭하면 욕망이나 이기심이 일어난다. 이런 마음작용은 마음이 이상상태에 빠진 것이 아니라 마음이 가진 본성이다. 이것은 약물로 다스릴 수 없다. 분노, 적의, 원망, 서운함, 편견, 선입관, 가치관 등도 마찬가지다. 이것은 정상적인 마음작용이지만 그것으로 인해 마음이 괴로울 때 해소할 수 있는 약물이 없다. 노래를 불러도 운동을 해도 그때뿐이고 돌아서면 무거운 마음은 그대로 존재한다.

90. 의학은 약간만 이상해도 환자취급한다. 그냥 조금 과민하다고 해도 될 것을 최악상황을 상정하고 설명하지만 정작 듣는 사람은 겁먹고 움츠린다. 미리 예단해 조치하는 것도 좋지만 때로는 여유로움도 필요하다.

91. 지나치게 약물에 의존하는 것이 몸의 저항력을 약화시키는 것처럼 마음도 마찬가지다. 마음에 가해지는 충격이나 어려움은 마음 스스로 극복할 수 있도록 여유갖고 기다리는 것도 필요하다*.

약과 병

일반적으로 병이 먼저 생기고 치료약이 나중에 만들어진다. 그러나 어떤 경우는 약이 먼저 만들어지고 그것을 소비하기 위해 병이 만들어지는 경우도 있다. 병원이나 제약회사 소비자는 환자다. 환자를 치료하기 위해 의사, 병원, 제약회사 등이 존재한다. 사람을 치료하는 것이 의사, 병원, 제약회사의 존재가치지만 그것이 자본주의에서는 교환가치로 작동한다. 오늘날 의사, 병원, 제약회사 등은 모두 이윤을 창출하기 위해 존재한다. 몸이 아파도 교환수단인 돈을 갖지 않으면 치료해주지 않는 것이 현실이다. 제약회사도 마찬가지다. 슬로건은 인류행복을 위해 존재한다지만 실상은 회사이익이 최우선이다. 그렇다보니 병에 따라 약을 만들지만 약을 먼저 만들고 거기에 적합한 병을 만들어 소비시장을 창출하기도 한다.

92. 붇ㄷ하가 보리수 아래서 싸띠수행을 해보니 신기하게도 욕망, 분노, 편견 지수가 낮아지고 기억이미지와 결합된 마음오염원이 제거되고 지친 마음이 활기차지고 피곤한 마음이 건강해지고 산란한 마음이 안정되는 것을 발견했다*.

93. 그 결과 외부에서 들어오는 자극에 대한 총체적 대응력이 높아지고 실재를 있는 그대로 볼 수 있었다. 몸과 마음을 짓누르던 일체구속으로부터 자유로워지고 맑은 행복감을 느꼈다. 그래서 붇ㄷ하는 다음과 같이 선언했다.

(표103) 깨달음 내용

① 나는 자유와 행복으로 가는 길을 깨달았다.

② 나는 마음을 오염시키는 마음오염원(貪嗔痴 三毒心) 해독제(빤나-)를 발견했다.

③ 나는 마음오염원 해독제 제조과정인 싸띠수행을 창안했다.

의사, 심리학자, 상담사, 정신과 의사 등이 일반인을 환자취급하는 것도 시장창출은 아닌지 생각해볼 문제다. 종교인도 마찬가지다. 크리스트교 시장, 이슬람교 시장, 불교 시장 등 끊임없이 새로운 시장이 만들어지고 사람이 그 상품을 소비한다. 무궁무진하다. 어쩌면 현대인 삶은 제약회사, 의료계, 심리학, 상담학, 종교, 수행 소비자로 전락한 것이 아닌지 살펴볼 일이다.

정신의학 개념

정신의학 psychiatry은, 정신 psyche을 치료한다는 뜻의 어원에서 나타나 있듯이, 정신(또는 행동의) 장애와 나아가 건강 상태와 병적 상태에서의 개인의 행동을 연구하고 치료하는 의학의 한 분야다. 정신질환이 하나의 의학적 병으로 인식된 것은 불과 지난 200여 년 전의 일이다. 초기에는 정신의학이 단순히 정신병을 치료하는 의학으로 인식돼 왔으나 근대의학이 발전함에 따라 개인의 인격, 행동, 주관적 생활, 대인관계 및 사회적응 등에 영향을 주는 정상과 이상 사이의 다양한 스펙트럼이 인격 장애들이 정신의학이 대상이 되고 있다. 나아가 정신현상이 아래로는 유전, 분자생물학 및 대뇌기능 등 개인의 신체적 요인들과 상호 관련됨이 밝혀져 있어, 이제 정신의학의 대상은 정신적 원인에 의한 신체적 장애, 신체적 요인에 의한 정신적 장애 그리고 사회문화직 요인과 관련성, 시역사회정신의학 및 정신보건문제에 이르기까지 확대되고 있다. 대표저자 민성길《제4개정판, 최신정신의학》(일조각, 서울, 2000) p1.

94. 고따마 씻다핫타는 스스로를 붇다하(Buddha, 佛陀, 覺者)라고 선언했다. 그 이후 세상사람이 그를 붇다하라고 불렀다*.

95. 불교수행자는 반드시 붇다하 방식에 따라 수행해야 한다. 불교수행자가 힌두교 요가수행, 도교수행, 심리학, 상담학, 정신분석학 등에 기초해 마음을 관리하면 더 이상 붇다하 제자가 아니고 불교수행자도 아니다.

96. 다양한 마음관리 방식이 있다. 어느 것이 옳다고 할 수 없다. 모든 것에는 상단섬이 있고 밝은 변과 어두운 먼이 함께 있다. 무잇이든 신믹힐 수 있다. 그것은 개인 취향이고 자유다. 각자 처한 상황에서 자기에게 적합한 방법이나 수준에 맞게 선택하고 실천하는 것이 현명하다.

97. 긴 불교역사에서 많은 마음관리 방식이 등장했지만 핵심기술은 모두 붇다하로부터 나왔다. 응용한 것은 구체적 역사환경에서 발생했고 특정 사람이나 집단을 위해 만든 경우가 많기 때문에 역사환경이 다르고 사람이 다른 곳에 적용할 때는 세심한 주의를 기울여야 한다.

98. 중국불교나 남방불교가 붇다하를 모방한 것을 한국불교가 다시 모방할 것이 아니라 붇다하로부터 원형을 찾는 것이 현명하다. 그래야 오류를 줄이고 시간과 정열을 아낄 수 있다.

큰 바위 얼굴

BCE 2000~BCE 600년대 사이 고대인도 사회는 중앙아시아로부터 와서 인도에 침입한 백인 아리야인에 의해 시작된 전쟁이 1500여 년 동안 지속됐다. 하루하루 힘든 삶을 살던 사람은 이런 사회혼란을 종식할 위대한 인물을 간절히 기다렸다. 사람이 마음모아 기다린 사람은 두 부류였다. 하나는 폭력과 같이 물리적 강압수단에 의존하지 않고 평등과 평화, 원칙과 신뢰, 사람에 대한 애정에 기반해 사회를 다스릴 정치지도자였고 다른 하나는 욕망, 분노, 편견 지수를 낮추고 사람에 대한 애정과 신뢰를 갖도록 지도해줄 정신적 스승이었다. 전자를 전륜왕 (cakkavattin rāja, 轉輪王)이라 하고 후자를 붇다하(Buddha, 佛陀, 覺者)라고 했다. 이 두 사람은 몸에 32가지 특이한 표시(32相)를 가지고 태어난다고 상상했다. 큰 바위 얼굴처럼. 고따마 씻다핫타가 「내가 바로 붇다하」라고 선언했을 때 사람은 한편으로는 전폭신뢰를 보냈고 다른 한편으로는 의심했다. 나사렛에서 예수가 자기가 유태인이 그토록 기다리던 크리스트 즉 신의 메시아라 했을 때 유태인이 보인 반응과 비슷했다.

99. 무엇보다 불교에 있어 모든 것의 기준이자 모범은 붇다하란 사실을 잊으면 안 된다. 붇다하가 불교 처음이자 끝이다.

수행기술

7

기술을 익혀라

수행 지향점과 출발점

project

check point

여기서는 붇다하가 창안한 싸띠수행 출발점과 지향점에 대해 배우고 익힌다.

1. 수행필요성

1. 모든 일에는 전문분야가 있다. 치과는 이를 다루고 안과는 눈을 다루 듯 싸띠수행은 자유와 행복, 마음과 수행을 대상으로 한다.

2. 아픈 몸을 치료하는 것이 이기적이지 않듯 지친 마음에 휴식을 주고 욕망, 이기심, 분노, 적의, 원망, 서운함, 편견, 선입관, 가치관 등으로 요동 치는 마음을 맑고 평화롭게 가꾸는 것은 삶의 본질이다.

3. 자기가 잘 사는 것만으로도 다른 존재에게 행복을 줄 수 있다. 거기에 더해 다른 존재가 그들의 삶과 마음을 맑힐 수 있도록 도와주는 것은 의미 있는 일이다.

4. 홀로설 수 없는 사람을 돕는 것이 의미있듯 통제되지 않는 마음작용 으로 고통받는 사람마음을 고요하게 해서 자유로운 삶, 청정한 삶, 행복한 삶, 공존하는 삶을 살 수 있도록 도와주는 것은 아름다운 일이다.

5. 자연을 청정하게 가꾸는 것이 인류 번영과 행복을 위해 가치있는 일 이듯 마음을 맑고 아름답게 가꾸는 것은 중요한 일이다. 싸띠수행으로 정 화된 삶이 내뿜는 맑은 향기는 자기뿐만 아니라 관계맺고 살아가는 다른 존재에게도 맑음과 아름다움을 제공한다. 이것이 사람에게 수행이 필요한 이유다.

1) 앎의 정화

6. 인류역사는 어둠에서 밝음으로, 혼돈에서 정돈으로, 무지에서 정지 로, 어리석음에서 지혜로움으로 발전했다.

7. 인류는 미지대상을 연구해 존재에 내재한 실재, 법칙, 본성을 밝혀냈

다. 동시에 그렇게 안 것에 철저히 구속돼있는 것도 사실이다. 사람은 자기가 알고있는 앎의 수준만큼 사고하고 행동한다.

① 앎의 정화

8. 더 높은 앎을 얻기 위해서는 현재 자기가 알고있는 것으로부터 자유로워져야 한다. 자기가 알고있다는 것은 현 단계 자기가 가진 지식 안에서 아는 것을 의미한다.

9. 현재 진리라고 생각하는 것은 다른 차원에서는 비진리일 수도 있다. 앎이란 현재 자기수준에서 알고있다는 한계를 항상 염두에 두고 마음을 열어두어야 한다.

10. 알고있는 것으로부터 자유로워지는 것은 모르는 것으로부터 자유로워지는 것만큼 중요하다. 새로운 것을 알기위해 노력하는 것만큼 이미 알고있는 것으로부터 자유로워지려고 노력해야 한다. 이런 삶의 태도가 자유와 행복으로 인도하는 좋은 도구다.

11. 많이 알아야 하지만 질높게 아는 것은 더 중요하다. 낡은 앎을 새로운 앎으로 성숙시키는 것은 기본이다. 동시에 자기가 알고있는 것으로부터 자유로울 때 삶의 질은 한층 높아진다.

② 있는 그대로

12. 실재를 있는 그대로 봐야 한다. 그러면 삶의 질이 향상되고 삶은 자유와 행복으로 충만해진다.

13. 실재를 있는 그대로 보면 그 상황에서 자기가 해야할 일만 하고 상황이 종료되면 행위도 끝나고 거기서 자유로워진다. 그 자유로움만큼 행복지수도 높아진다.

14. 실재를 있는 그대로 보지 못하면 해당상황에서 자기에게 유리한 방향으로 행동하고 자기에게 이익되거나 자기가 하고싶은 것만 하려고 한다. 행위가 끝나면 결과를 분석하고 집착하고 구속된다. 그 구속만큼 고통지수도 높아진다.

15. 삶이 분석, 사유, 논리로 덮여있을 때는 필연적으로 구분과 차별이 일어난다. 이것은 갈등과 폭력을 낳고 실재를 통찰하지 못하게 하고 감각을 자극하고 존재에 매몰되게 한다. 그러면 삶이 답답해진다.

16. 자유롭고 행복한 삶을 누리기 위해서는 일체 편견과 선입관을 버리고 존재를 있는 그대로 봐야한다. 상대를 이해하고 배려하고 공존하려면 마음을 열고 욕망, 분노, 편견 지수를 낮춰야 한다. 이것이 삶의 토대를 풍요롭게 한다.

17. 감각대상이 마음거울에 맺힌 순간 알아차림하고 실재를 있는 그대로 통찰하면 된다. 그러나 감각대상을 알아차림하는 순간 지나온 삶의 흔적이 개입해 알아차림 기능인 싸띠를 덮거나 마음거울에 맺힌 상과 결합한다.

18. 그러면 감각대상을 있는 그대로 보지 못하고 자기입장에서 해석하고 자기에게 이익되는 방향으로 움직이고 미래를 예측하고 반응한다. 편견, 선입관, 가치관 등에 기초해 존재를 구분하고 차별한다. 그리고 좋은 것은 취하고 싫은 것은 밀쳐내려는 마음갈증을 일으킨다.

19. 마음갈증을 그대로 두면 점차 탐욕으로 발전하고 집착을 일으켜 물리력을 사용해서라도 존재를 원하는 대로 통제하려고 행동한다.

20. 마음갈증이 클수록 집착도 커지고 행위는 격렬해진다. 그 크기만큼 고통 또한 크다. 감각대상에 집착하는 마음 때문에 고통이 발생한다. 고통소멸은 감각대상 집착으로부터 벗어날 때 가능하다.

21. 욕망해소는 자기가 가진 편견, 선입관, 가치관 등을 내려놓으면서 시작된다. 그러면 삶은 맑고 청정해진다. 맑은 마음은 삶을 자유롭고 행복하게 한다. 감각대상 구속에서 자유로워지는 도구가 싸띠수행이다.

22. 마음공간에 가득 찬 마음오염원은 실재를 볼 수 없게 하고 존재를 자기수준에서 이해하고 행동하게 한다. 이것이 고통원인이다. 싸띠수행으로 기억이미지와 결합된 마음오염원을 제거하면 삶이 청정하고 행복해진다. 이런 의미에서 싸띠수행은 마음성형이라고 할 수 있다.

23. 싸띠수행으로 앎에 낀 거품을 제거하고 빤냐-가 성숙되면 아는 것으로부터 자유롭게 된다. 이것이 앎의 해방이다.

2) 삶의 정화

24. 사람은 삶의 토대인 물적조건을 갖추는 데 많은 힘을 소모한다. 사람이 살아가는 데 물적조건은 필수지만 때로는 삶을 포장하는 겉치레이기도 하다.

25. 삶의 포장을 비집고 나오는 욕망, 이기심, 분노, 적의, 원망, 서운함, 편견, 선입관, 가치관 등 마음오염원에 기초한 행동은 삶을 초라하게 한다.

26. 몸과 마음에 대한 체계적인 훈련으로 더 높은 품성을 가질 기회를 갖지 못하는 것은 불행하다. 나쁜 품성의 1차피해자는 그런 품성을 소유한 자기자신이다.

27. 마음과 행위를 절제하지 못하고 욕망, 분노, 편견 등에 기초해 다른 사람을 속이고 거칠게 행동하는 것은 자기는 물론 타인까지도 힘들게 한다. 일련의 체계적인 수행으로 절제된 행동, 부드러운 언어, 맑고 고요한 마음을 소유하면 자신은 물론 다른 사람까지도 행복하게 만든다.

① 마음건강

28. 몸이 건강한 것이 복받은 일이듯 마음이 건강한 것은 행복한 일이다. 몸과 마음은 분리할 수 없다. 이 둘은 동일존재의 다른 표현이고 서로 밀접히 연관돼있다. 싸띠수행으로 마음오염원을 정화하고 삶을 맑고 아름답게 가꾸는 것은 무엇보다 중요하다.

29. 마음이 건강하면 외부자극에 대응력이 높고 동일자극에도 느낌이 좋게 일어난다. 마음이 건강하지 못하면 조그만 자극에도 민감하게 반응하고 느낌은 좋지 않게 일어난다.

30. 마음은 스스로 자정력과 자생력을 갖고있다. 마음에 인위적으로 어떤 노력을 가해 건강하게 하는 것보다 마음건강을 해치는 마음오염원을 제거하고 나머지는 마음에 맡기는 것이 마음관리의 올바른 길이다.

31. 마음건강을 치명적으로 오염시키는 것이 욕망과 이기심이다. 마음 공간이 이런 마음오염원으로 가득 차 있으면 삶이 피곤해진다.

32. 욕망과 이기심보다 더 마음을 지치게 하는 주범은 분노와 적의, 원망과 서운함이다. 이것은 마음뿐만 아니라 몸까지도 힘들게 한다.

33. 이보다 더 치명적이고 본질적인 것은 편견, 선입관, 가치관 등에 기초해 존재를 해석하고 행동하는 안목인 어리석음과 무명이다.

34. 욕망과 분노 등은 자극이 크기 때문에 스스로 통제하려고 노력한다. 그러나 편견과 선입관 등은 자극이 부드럽기 때문에 자각하기 쉽지 않고 잘 통제되지도 않는다.

35. 생명가진 존재는 태어나 죽을 때까지 끊임없이 접촉하고 반응하며 살아간다. 사람이 판단하고 행동할 때는 자기가 살면서 형성시킨 것에 기초해 존재를 구분하고 차별하고 좋은 것은 취하고 싫은 것은 밀쳐낸다.

36. 붇다하는 이런 마음오염원을 세 가지 독가스[tayo akusala, 三不善, 三

毒心]라고 불렀다. 이것이 삶을 지치게 하는 근본원인이다. 이런 마음오염
원을 제거하는 것이야말로 마음을 맑히고 자유와 행복으로 가는 첫걸음이
다.

37. 대지가 독가스로 오염되면 해독제로 정화해야 하듯 오염된 마음공
간은 빤냐로 해독할 수 있다. 빤냐는 알아차림 기능인 싸띠와 싸띠집중
기능인 싸마-디히로 성장한다. 싸띠와 싸마-디히 성숙과정인 싸띠수행은 마음
오염원 해독제 생산과정이기도 하다.

38. 불교는 마음종교라거나 마음을 깨치면 붇다하라고 해서 마음을 중시
한다. 그러나 붇다하가 마음을 강조한 것은 욕망, 분노, 편견 등 마음오염원
으로 오염된 마음공간을 맑히고, 접촉 다음에 일어나는 느낌을 좋게 하고,
실재를 있는 그대로 보고 올바르게 행동해 자유롭고 행복하게 살기위함이
지 마음자체는 아니다.

39. 감각느낌이 일어나는 공간이 마음이다. 마음이 건강하면 외부자극
에 대응력이 높고 느낌은 좋게 일어난다. 마음이 피곤하고 무기력하면 외
부자극에 대응력이 낮고 느낌은 좋지않게 일어난다.

40. 몸이 건강할 때는 주변이 다소 혼란해도 초연할 수 있지만 피곤할
때는 조그만 자극에도 과민하게 반응한다. 마음이 건강할 때는 거칠고 큰
자극도 좋게 받아들이고 여유롭게 반응하지만 지쳐있을 때는 지나가는 개
만 봐도 짜증나는 것이 사람마음이다.

41. 사람은 접촉 다음에 일어나는 느낌이 좋으면 행복하고 찜찜하면 불
행하다고 생각한다. 접촉이 좋은 방향으로 이뤄지도록 삶의 토대를 부드럽
고 평화롭게 가꾸는 것이 중요하다.

42. 그것은 기본이다. 그러나 그것만으로는 부족하다. 접촉 다음에 일
어나는 느낌을 좋게 하려면 수용체인 마음을 청정하고 건강하게 가꿔야

한다.

② 마음에너지 보충

43. 차에 기름이 떨어지면 주유소에서 넣고 배가 고프면 음식으로 필요한 영양분을 공급하듯 마음에너지가 고갈되면 싸띠수행으로 보충할 수 있다.

44. 자극이 크고 속도가 빠르고 일이 복잡할수록 몸뿐만 아니라 마음에너지도 많이 소모된다. 머리로 작업하거나 스트레스나 갈등 지수가 높은 곳에서 일하는 사람일수록 뇌와 마음 에너지를 많이 소모한다.

45. 마음노동 중에서 분석, 사유, 논리로 존재를 치열하게 가공하거나 욕망이나 분노로 마음이 요동칠 때 많은 에너지를 소모한다.

46. 알아차림 기능인 싸띠가 감각대상에 끌려가면 마음에너지를 많이 소모하고 피곤해지고 한 지점에 머물면 마음에너지를 보충해 활기차진다.

47. 마음공간에 입력된 데이터를 가공하면 마음에너지를 많이 소모하고 기본기능만 하면 마음에너지를 덜 소모하고 보충해 활기차진다.

48. 마음에너지를 보충하기 위해서는 마음기능을 최소화하고 마음이 휴식할 수 있도록 해야한다. 그러나 일반기계와는 달리 마음기능을 인위적으로 중단할 수 없다. 그래서 마음기능을 최소화하고 기본기능만 하도록 해야한다. 그러면 마음은 휴식하고 에너지를 보충한다.

49. 마음이 가진 여러 기능 가운데 알아차림 기능인 싸띠를 감각대상에 밀착고정해 알아차림하고 어떤 데이터가 마음공간으로 입력돼도 가공하면 안 된다.

50. 존재를 분석, 사유, 논리로 체계화하지 말고 단지 알아차림만 해야한다. 그러면 마음은 에너지 소모를 줄이고 보충해 활기차게 된다.

③ 마음휴식

51. 몸이 과도하게 일하면 피곤해지듯 마음도 많은 데이터를 처리하면 지친다. 충분한 휴식이 일의 유효성을 높여주듯 마음이 피곤할 때 적절히 쉬면 건강하고 활기찬 마음상태를 유지할 수 있다.

52. 마음이 지치고 피곤해지는 것은 과도한 마음노동 때문이다. 마음에 하중을 가하는 노동은 마음공간에 입력된 데이터를 분석, 사유, 논리로 체계화하고 욕망이나 분노로 마음이 격렬히 활동할 때다.

53. 존재를 가공하는 것은 삶을 유지하는 필수기능이고 마음공간에 입력된 데이터를 처리하는 것이 마음이 담당하는 고유한 일이지만 처리량이 많거나 까다로울 때는 마음도 힘들게 된다.

54. 이때는 마음이 하던 일을 멈추고 충분히 휴식하도록 해야한다. 그러나 대부분 사람은 몸휴식은 잘 알지만 마음휴식은 잘 모른다.

55. 마음휴식도 몸휴식처럼 그 기본구조가 비슷하다. 마음이 피곤한 것은 알아차림 기능인 싸띠가 피곤하기 때문인데 싸띠를 한 곳에 머물게 하면 마음은 휴식한다.

56. 몸은 피곤하면 스스로 한 곳에 머물려고 하지만 마음은 피곤할수록 조그만 자극에도 끌려간다. 마음이 통째로 감각대상에 끌려가는 것이 아니라 알아차림 기능인 싸띠만 끌려가고 구속된다.

57. 알아차림 기능인 싸띠를 한 곳에 오랫동안 머물게 하고 충분히 휴식하게 하는 구체적이고 체계적인 훈련이 필요하다. 또 존재를 분석, 사유, 논리로 체계화하지 않고 단지 알아차림만 하는 노력도 필요하다.

58. 알아차림 기능인 싸띠를 한 곳에 머물게 하고 존재를 분석, 사유, 논리로 가공하지 않는 훈련이 싸띠수행이다.

59. 몸에 기준점(출발점) 정하고 그곳에 알아차림 기능인 싸띠를 밀착고

정한다. 어떤 데이터가 마음공간으로 들어오더라도 그것을 알아차림만 해야 한다. 그러면 마음은 휴식한다.

60. 뇌가 많은 에너지를 소모할 때는 뇌파가 높게 나타나고 에너지를 덜 소모할 때는 낮게 형성된다.

61. 알아차림 기능인 싸띠가 한 곳에 머물 때는 뇌파가 낮고 감각대상에 끌려가면 높다. 싸띠가 존재를 분석, 사유, 논리로 가공하면 뇌파가 높고 알아차림하고 가공하지 않으면 낮다.

62. 뇌와 마음이 휴식하는 원리는 비슷하다. 뇌와 마음이 휴식하는 방법은 싸띠수행으로 뇌와 마음이 쉬도록 하는 것이다. 이것이 뇌와 마음이 에너지를 절약하고 보충하고 휴식하는 방법이다.

④ 마음정돈

63. 주변을 깨끗이 정돈하면 보는 사람도 상쾌하고 생활공간이 어수선하면 보는 사람도 혼란스럽다. 미래를 설계하고 앞으로 나아가듯 지나온 삶의 흔적, 업장, 기억무게, 마음무게, 스트레스, 기억이미지 등을 정화하는 것도 필요하다.

64. 좋은 사람과 함께 가는 산이 아름다운 산이듯 맑은 마음으로 사는 세상이 행복한 삶이다. 싸띠수행으로 지나온 삶의 흔적인 마음오염원을 정화하는 것은 삶을 아름답게 가꾸는 데 필수적이다.

⑤ 마음안정

65. 마음이 안정되면 삶이 평화롭고 일의 집중도가 높고 다른 존재와의 관계도 풍요롭다. 마음이 들뜨고 산만하면 삶이 얽히고 일의 효율성도 떨어진다. 마음이 안정되면 삶이 평화롭고 단출하고 행복지수도 높다.

66. 싸띠수행으로 마음오염원을 제거하고 마음을 맑고 아름답게 가꾸면 자유롭고 행복하게 살 수 있다. 이것이 삶의 해방이다.

2. 수행지향점

1. 싸띠수행이 지향하는 방향을 올바르게 알면 지치지 않는 실천력이 나오고 중간에 길을 잃지 않고 목적지까지 순조롭게 갈 수 있다.

1) 궁극지향점

2. 싸띠수행이 추구하는 궁극지향점은 자유와 행복이다. 붇다하는 자유크기가 행복크기를 결정하고 구속크기가 고통크기를 결정한다고 보았다.

3. 사람은 삶의 과정에서 다양한 감각대상을 접촉하고 다차원으로 구속당한다. 그 구속크기만큼 삶은 얽히고 고통으로 빠진다. 접촉은 피할 수 없지만 접촉 다음에 일어난 마음작용으로부터 자유로워지는 것은 가능하다. 그 자유크기만큼 삶은 청정함과 행복함으로 충만해진다.

4. 앎은 삶에 지속적으로 영향미친다. 앎은 삶에 유용하게 활용되지만 자기가 알고있는 앎에 구속되는 것도 사실이다. 자기가 알고있는 것에 구속될수록 새로운 앎을 흡수하고 활용하는 능력이 떨어진다.

5. 대부분 사람은 자기가 알고있는 앎의 동굴, 지식터널에 갇혀지낸다. 자기가 알고있는 것은 자기수준에서 자기역량만큼 현 단계 과학이 도달한 수준에서 앎이고 진리다.

6. 과학이 진보하고 능력을 향상시키면 기존의 앎, 낡은 앎은 새로운 앎

으로 교체된다. 그렇기 때문에 자기가 알고있는 앎만 고집하고 집착하는 것은 어리석은 일이다.

7. 절대진리는 없다. 현단계 진리는 다음단계에서 비진리로 전환되기 때문에 마음을 열고 유연하게 사고하고 지혜롭게 행동하는 것이 필요하다.

8. 자기가 알고있는 앎을 활용하되 그것으로부터 자유로워지는 것이 중요하다. 붇다는 이것을 앎의 자유라고 했다.

9. 살아있는 한 접촉을 피할 수 없지만 접촉 다음에 일어나는 마음작용에 구속되느냐 자유로우냐 하는 것은 다른 문제다. 누구든지 조금만 노력하면 접촉 다음에 일어나는 마음작용으로부터 자유로울 수 있다.

10. 붇다는 과거와 미래는 존재하지 않는다고 보았다. 과거가 존재하는 것이 아니라 과거흔적이 기억이미지 형태로 마음공간에 저장됐다가 마음거울에 반영되면 과거를 회상하고 마치 과거가 실재하는 것으로 착각한다. 미래도 마찬가지다. 미래가 존재하는 것이 아니라 앞으로 할 일에 대한 생각이 현재 마음거울에 맺힌 것이다. 마음거울에 맺힌 것은 실재가 아니라 이미지다.

11. 지나온 삶의 흔적은 지울 수 없지만 마음공간에 남아있는 기억무게, 삶의 무게로부터 자유로울 수는 있다. 기억이미지를 없앨 수 없지만 기억이미지가 가진 기억질량을 제거해 자유롭고 행복하게 살 수 있다. 이것이 싸띠수행이 추구하는 궁극지향점이다.

2) 현실지향점

12. 싸띠수행이 추구하는 현실지향점은 마음괴로움[dukkha, 苦]을 제거해 만족지수를 높이는 것이다. 행복으로 가는 길에 가장 큰 방해요소는 마

음괴로움이다. 사람은 즐거움부족이 아니라 괴로움 때문에 행복하지 않다.

13. 즐거움속성은 맑고 부드럽고 괴로움속성은 거칠고 탁하다. 마음에 괴로움이 조금만 있으면 즐거움을 모두 날려버린다. 그렇기 때문에 행복으로 가는 데는 즐거움충족보다 괴로움제거가 보다 현명한 길이다.

14. 붇다하는 미가다-야에서 5ㅂ힉쿠에게 행한 최초 수행지도에서 싸띠수행은 괴로움을 제거하고 행복으로 가는 도구라고 선언했다. 그 도구가 8정도고 알아차림 기능인 싸띠가 모든 것을 선도한다.

3) 구체지향점

15. 싸띠수행이 추구하는 구체지향점은 빤나-를 성숙시켜 마음오염원인 아-싸봐를 제거하는 것이다.

16. 계는 몸에 쌓인 거품(오염원)을 제거한다. 싸마-디하는 이미 발생해 마음공간에서 활동하는 생각거품을 가라앉혀 고요하게 한다. 그러나 아-싸봐 발생원인을 완전히 제거할 수는 없다. 아-싸봐 발생원인과 뿌리는 빤나-로 완전히 뽑아버릴 수 있다.

17. 붇다하는 아-싸봐 없애는 방법을 가르쳐 주었다. 자기 마음공간에 떠다니는 아-싸봐를 없앨 수 있는 사람은 오직 자기자신밖에 없다. 아무도 다른 사람 마음공간에 있는 아-싸봐를 제거할 수 없다.

18. 아-싸봐를 소멸하고 마음괴로움을 제거하기 위해서는 싸띠수행으로 빤나-를 성숙시켜야 한다. 빤나-는 알아차림 기능인 싸띠와 싸띠집중 기능인 싸마-디하로 성장한다. 그리고 싸띠가 싸마-디하를 선도한다.

3. 수행출발점

1. 싸띠수행은 마음오염원인 아-싸봐 제거과정이다. 아-싸봐 제거는 싸띠강화로부터 출발한다. 아-싸봐 제거는 알아차림 기능인 싸띠가 선도하기 때문이다.

1) 아-싸봐 정의

2. 아-싸봐(āsava, 流漏)는 「마음공간이 오염되다, 기억이미지가 질량을 가지고 마음공간에 존재하다, 에너지 뭉침, 기억무게, 마음무게」 등의 의미다.

3. 붇다하는 마음공간을 더럽히는 마음오염원을 욕망, 이기심, 분노, 적의, 원망, 서운함, 편견, 선입관, 가치관 등 구체단어를 사용했다. 그것을 통칭해 아-싸봐라고 한다. 이것은 에너지 흐름, 에너지 뭉침이다. 부파부는 그 개념을 계통별로 모아 번뇌(kilesa, 煩惱)라고 표현했다. 그래서 추상적으로 변했다.

4. 아-싸봐가 기억이미지와 결합될 때 에너지(마음오염원)를 흡수하고 기억이미지 질량이 증가한다. 이렇게 해서 힘을 가진 기억이미지가 신경조직과 마음공간에 착상하면 그 하중으로 몸과 마음이 무거워진다.

5. 아-싸봐가 기억이미지와 분리될 때는 기억이미지와 결합된 에너지가 해체되는데 이때 열기나 냉기 형태로 에너지를 내뿜고 몸과 마음이 맑고 가벼워진다.

2) 아-싸봐 기능

6. 접촉은 순간적으로 이뤄지고 소멸하지만 접촉 다음에 일어난 마음작용은 비교적 오랫동안 지속되면서 삶에 영향미친다.

7. 자기를 구속하는 것은 아무것도 없다. 지나온 삶의 흔적에 기초한 편견, 선입관, 가치관 등이 관념을 만들고 존재에 의미를 부여하고 평가하고 구분하고 차별하고 그곳에 스스로를 가둔다.

8. 아-싸봐는 마음오염원이다. 이것이 마음공간에 존재하면서 알아차림 기능인 싸띠를 구속하고 마음을 무겁게 하고 신경조직을 오염시킨다. 아-싸봐는 삶을 고통으로 몰아넣는 주범이자 모든 괴로움 출발점이다.

3) 아-싸봐 분류

9. 아-싸봐는 거친 정도에 따라 거친 아-싸봐, 중간 아-싸봐, 미세한 아-싸봐 등 세 가지로 분류한다.

10. 거친 아-싸봐는 행동으로 표출되는 에너지 뭉침이다. 이것은 살아있는 생명을 해치거나 남의 물건을 훔치는 등 다른 존재에게 직접 피해주는 육체행위와 언어행위다.

11. 행위로 표출되는 거친 아-싸봐는 계(규칙, 질서, 행동원칙)를 지킴으로써 통제한다. 계는 행위를 삼가고 다른 존재에게 피해주지 않고 그들이 행복하게 살 수 있도록 도와주는 도구다.

12. 중간 아-싸봐는 말이나 행동으로 표출되지 않았지만 마음표면에 등장해 활동하는 에너지 뭉침이다. 이것이 거친 아-싸봐 일으키는 원인이다. 의도[saṅkhāra, 行, 有爲]가 마음표면에서 활동하는 상태다.

13. 마음표면에 등장한 중간 아-싸봐는 싸마-디히로 통제한다. 싸마-디히는 이미 발생한 아-싸봐를 마음깊이 가라앉혀 고요하게 한다. 그러나 싸마-디히가 약해지면 다시 마음표면에 등장해 마음공간을 어지럽힌다*.

14. 미세한 아-싸봐는 마음표면에 아직 나타나지 않은 잠재 아-싸봐다. 이깃은 감각대상과 접촉하는 순긴 마음표면에 니다니 활동하는 에너지 뭉침이다. 이것이 거친 아-싸봐와 중간 아-싸봐 일으키는 근본원인이다. 미세한 아-싸봐는 알아차림 기능인 싸띠와 실재를 통찰하는 빤나-로 제거한다.

15. 아-싸봐는 욕망과 이기심, 분노와 적의, 원망과 서운함, 편견과 선입관, 가치관 등 탐진치 삼독심(마음오염원)으로 분류하거나, 10종류(10종 아-싸봐), 108종류(108번뇌)로 분류하기도 한다. 아-싸봐 종류는 이 책 713~715쪽에 자세히 설명해두었다. 참고하면 많이 도움될 것이다.

4) 아-싸봐 발생원인

16. 아-싸봐 발생원인은 실재를 있는 그대로 볼 수 없는 무명과 어리석음이다.

17. 사람이 살면서 형성한 편견, 선입관, 가치관 등에 기초해 자기 관점이나 수준에서 사물을 인식하고 판단한다. 그리고 좋은 것은 취하고 싫은 것은 밀쳐내려는 마음갈증을 일으킨다.

흐린 물 맑히기

흙탕물 맑히는 요령은 물을 건드리지 않고 그대로 두는 것이다. 그러면 흙이 가라앉고 물이 맑아진다. 그러지 않고 흙을 건져낸다고 휘저으면 물은 더 혼탁해진다. 마음오염원은 싸마-디히로 가라앉히고 싸띠와 빤나로 살짝 건어내면 된다.

18. 마음갈증이 점점 커지면 강한 탐욕이 일어나고 감각대상을 움켜쥐고 내것이라고 집착한다. 그리고 물리력을 사용해서라도 그것을 소유하려고 한다.

19. 감각대상을 자기 관점이나 수준에서 해석하고 좋은 것은 취하고 싫은 것은 밀쳐내려는 갈애와 집착이 아-싸봐 발생주범이다. 그 크기만큼 만족지수는 감소하고 고통지수는 증가한다.

5) 아-싸봐 제거

20. 아-싸봐는 싸띠수행으로 제거할 수 있다. 마음괴로움 원인인 아-싸봐를 마음공간에 그냥 둔 채 자유와 행복으로 가는 것은 일시적으로 가능할지 몰라도 근원적으로 불가능하다*.

21. 자유와 행복으로 가려는 사람은 먼저 아-싸봐 제거를 최우선 과제로 삼아야 한다. 아-싸봐 제거는 이제까지 알려진 방법 가운데 2600여 년 전 붇다하가 만든 마음과학과 싸띠수행이 매우 탁월하다*.

자리와 이타

붇다하는 다른 사람을 도와주는 것은 마음공간에 오염원이 존재하지만 그 자체로 의미있는 것이기 때문에 세간길이라 하고 싸띠수행으로 자기 마음공간에 존재하는 오염원을 제거하는 것도 의미있는 것으로 출세간길이라고 정의했다. 불교는 후자를 전문영역으로 설정하고 활동하는 모임이다.

행복기준

아름다움과 추함의 기준이 지극히 주관적이듯 행복과 불행의 기준 또한 지극히 자의적이다. 유교는 입신양명으로 출세하면 행복이라 생각한다. 크리스트교는 열심히 기도해 신의 은총을 받으면 행복이라 간주한다. 붇다하는 모든 구속으로부터 자유로워지는 것을 행복으로 보았다. 어떤 사람은 성적을 높이 받으면 행복이라 생각하고 다른 사람은 행복은 성적순이 아니라 주장한다. 행복은 접촉 다음에 일어난 느낌이 결정한다. 느낌이 좋으면 좋고 찜찜하면 찜찜하다.

22. 구속과 고통을 소멸하고 자유와 행복으로 가는 출발점은 존재를 있는 그대로 알아차림하는 싸띠강화로부터 시작해야한다. 싸띠는 싸마-디히, 관찰, 직관을 선도한다. 싸띠힘을 키우는 것이 아-싸봐 제거 출발점이다*.

23. 아-싸봐는 감각대상이 마음거울에 맺힌 순간을 알아차림하지 못하기 때문에 발생한다. 나쁜 느낌이 일어난 순간을 알아차림하지 못하기 때문에 분노가 일어나고 좋은 느낌이 일어난 순간을 알아차림하지 못하기 때문에 탐욕이 생긴다.

24. 실재를 있는 그대로 볼 수 없기 때문에 존재에 대한 갈애, 탐욕, 집착이 일어난다. 감각대상이 마음거울에 맺힌 순간을 알아차림하면 그 수준만큼 빤냐-가 생기고 아-싸봐는 일어나지 않는다.

25. 알아차림 기능인 싸띠는 아-싸봐 발생을 막아주는 방패역할을 한다. 보고, 듣고, 냄새맡고, 맛보고, 접촉하고, 걷고, 서고, 앉고, 눕는 등 모든 일상행위(行住坐臥 語默動靜)에 싸띠와 쌈빠자-나가 단단히 자리잡으면 아-싸봐는 일어나지 않는다. 아-싸봐 발생을 막기 위해서는 감각대상이 마

병원과 수행처

즐거움속성은 맑고 부드럽지만 괴로움속성은 탁하고 날카롭다. 한두 방울 먹물이 통 속의 맑은 물을 흐리듯 하루종일 즐겁다가도 잠자기 전 한두 마디 말이 모든 즐거움을 날려버린다. 이것은 즐거움과 괴로움 속성이 각기 다르기 때문이다.

사람은 즐거움이 부족해 괴롭다고 느낀다. 그러나 붇다는 즐거움부족이 아니라 괴로움 때문에 즐겁지 못하다고 보았다. 즐겁지 않아도 좋지만 괴롭지만 않으면 세상은 살아볼 만하다는 것이 붇다 기본생각이었다. 건강하지 않아도 좋지만 아프지만 않으면 좋다.

불교와 수행은 정신적 즐거움을 제공하는 것이 아니라 마음괴로움을 제거해 행복하게 살도록 도와준다. 싸띠수행은 지치고 괴로운 마음을 편안히 휴식하게 한다. 붇다는 즐거움을 통해 행복으로 가는 것은 각자 알아서하고 괴로움 때문에 행복하지 못한 사람에게 마음공간에 있는 괴로움뿌리를 제거해 자유롭고 행복하게 살도록 도와주는 일을 정체성으로 삼고 활동했다.

병원은 몸이 아픈 사람을 치료한다. 몸에 나타난 괴로움을 제거해 행복하게 살 수 있도록 도와주는 것을 의료계 정체성으로 삼는다. 병원은 사람에게 즐거움을 제공하는 곳이 아니다. 몸에 나타난 고통을 제거해 행복으로 가게 하는 곳이다. 즐거움을 제공하는 곳은 놀이동산부터 생활주변에 많다.

음거울에 맺힌 순간 조금도 빈틈없이 싸띠를 감각대상에 집중해 알아차림 해야한다.

26. 이때 알아차림 기능인 싸띠힘이 약하면 감각대상과 그것을 알아차림하는 싸띠 사이가 성글게 된다. 그 사이로 마음오염원이 끼어들면 실재를 있는 그대로 통찰하지 못하고 싸띠를 가린 마음오염원 색깔에 따라 자기수준에서 주관적으로 해석하고 반응한다.

27. 알아차림 기능인 싸띠힘이 약한 사람은 처음부터 미세한 마음움직임을 알아차림하기 쉽지 않다. 비교적 알아차림하기 쉬운 몸변화를 관찰하면서 서서히 싸띠힘을 키우는 것이 요령이다.

28. 사람은 오랜 과거부터 아-싸봐를 지니고 산다. 이런 아-싸봐 힘은 강해 단번에 제거하기 쉽지 않다. 처음부터 아-싸봐와 정면으로 맞서지 말고 서서히 그 힘을 약화시켜 제거하는 것이 효율적이다.

29. 알아차림 기능인 싸띠힘이 커지면 마음표면에 있는 아-싸봐는 점차 소멸한다. 그러나 뿌리뽑히지 않고 마음공간에 존재한다. 아-싸봐 뿌리는 막가파라에 들어 닙바-나를 체험하면서 뽑힌다.

30. 쏘따-빳띠 단계는 몸과 마음에 쌓인 아-싸봐가 뿌리뽑히기 시작한다.

31. 싸까다-가-미 단계는 욕망과 분노 지수가 현저히 약해지고 아-싸봐가 뿌리뽑히기 시작한다.

32. 아나-가미 단계는 욕망과 분노 지수가 한 번 더 약해지고 아-싸봐가 뿌리뽑힌다.

33. 아라한뜨 단계는 사물을 주관으로 보는 편견, 욕망, 분노 지수 등이 현저히 약화되고 모든 아-싸봐가 뿌리뽑히기 시작한다.

34. 수행자는 어떤 존재를 만나더라도 사실판단만 해야한다. 그러면 빤

나-가 성숙되고 가치판단이 줄고 실재판단할 수 있다. 궁극적으로 아라한 뜨 막가파라에 들어 모든 고통근원인 아-싸봐를 뿌리뽑고 최상 자유와 행복을 누릴 수 있다.

35. 이것을 위해 노력하는 수행자는 어떤 존재라도 이름붙이고 알아차림만 해야한다. 이것이 싸띠수행 출발점이자 종착점이다.

4. 수행영역

1. 모든 일에는 중심영역이 있다. 크리스트교가 신을 다루는 것처럼 보이지만 핵심은 행복과 불행이다. 신의 노예로 살고 신의 은총으로 행복할지 신을 믿지않고 저주받아 불행할지를 다룬다. 싸띠수행이 다루는 영역이 마음과 깨달음인 것 같지만 실제로는 삶과 행복이다.

2. 싸띠수행은 중생으로 살면서 신에 의존해 나약하게 살 것이 아니라 자기노력으로 붇다하가 되고 자기삶의 주인공돼 자기문제를 스스로 해결하고 홀로서기하는 능력을 갖추는 과정이다.

1) 행복과 불행

3. 싸띠수행은 청정하고 안정된 마음을 가꾸고 마음에너지를 보충해 마음을 건강하게 하고 외부자극에 대한 대응력을 키워 접촉 다음에 일어난 느낌을 좋게하고 실재를 있는 그대로 보고 자유롭고 행복하게 살 수 있도록 하는 도구다*.

4. 행복은 형식과 내용으로 이뤄진다. 형식은 물질적, 객관적, 조건적이

고 마음외부에 존재한다. 이것이 세간길[āsava puñña bhāgiya, 流漏功德, 流漏世間]이다. 내용은 정신적, 주관적, 느낌적이고 마음내부에 존재한다. 이것이 출세간길[anāsava lokuttara maggaṅga, 無漏出世間]이다.

5. 행복은 접촉 다음에 일어난 느낌이 결정한다. 느낌이 좋으면 좋고 싫으면 싫다. 느낌은 마음내부에 존재하고 지극히 주관적이다. 그것은 계측하기 어렵고 계량하기 까다롭고 다른 존재와 비교할 수 없다.

6. 싸띠수행이 다루는 대상은 깨침이 아니라 자유와 행복이다. 붇다하는 깨쳤기 때문에 행복한 것이 아니라 행복으로 가는 길을 발견[buddha, 佛陀, 覺者]하고 자유롭고 행복하게 살았다. 깨치면 모든 문제가 해결될 것이라고 주장하는 것은 수행이나 붇다하 가르침을 잘못 이해한 것이다. 이런 관점은 대단히 선동적이다.

2) 대상과 반영

7. 자연과학은 감각대상을 주제로 삼는다. 싸띠수행은 감각대상이 감각기관과 접촉해 그 데이터가 마음거울에 입력돼 전개되는 마음작용을

중생의 길 붇다하의 길

기도는 중생으로 가는 길이고 수행은 붇다하로 가는 길이다. 기도는 절대자에게 의존해 자기 추함, 나약함, 무능력함을 강조하고 싸띠수행은 자기 맑음과 홀로서기를 강조한다.

붇다하는 보리수 아래서 「나는 행복으로 가는 길을 깨달았다.」고 선언했다. 흔히 수행목적이 「깨달음」이라하지만 붇다하는 그렇게 말한 적이 없다. 동사는 수식하는 말이 있을 때 의미를 가진다. 「간다」는 말은 아무 의미없다. 누가, 언제, 어디로, 왜, 무엇하러 가는지에 대한 수식어가 붙을 때 진정한 의미를 가진다. 깨침보다 더 중요한 것은 무엇을 깨쳤느냐다. 붇다하는 「행복으로 가는 길을 깨달았다.」고 했는데 후세인은 「깨달으면 행복할 수 있다.」고 왜곡했다. 무엇을 깨칠 것인지 왜 깨쳐야 하는지에 대한 설명없이 오직 깨치면 된다는 깨달음 지상주의로 흘렀다. 수단과 목적을 혼동하면 안 된다. 붇다하의 길은 붇다하 길이고 내길은 내길이다. 붇다하 깨침이 곧바로 내것이 될 수 없다. 그것은 붇다하 이외의 사람에게는 단지 참고사항일 뿐이다. 자기행복은 스스로 노력해 체득해야한다.

다룬다.

8. 유물론은 존재를 다루고 관념론은 존재를 인식하는 방법을 다룬다. 싸띠수행은 관계와 상황에 기초해 존재가 마음거울에 어떻게 반영되는지 알아차림하는 싸띠수준에 따라 삶에 어떻게 영향미치는지 그 상호작용을 다룬다. 이것을 붇다하는 연기론이라고 했다.

9. 싸띠수행이 주제로 삼는 것은 마음작용과 행동유형이다. 존재가 마음에 어떻게 반영되고 행농으로 표출되고 자기와 사회에 어떻게 영향미치는지를 다룬다.

10. 감각대상은 있는 그대로 마음거울에 맺힌다. 새로 입력된 데이터는 마음공간에 존재하는 저장 데이터(기억이미지)와 결합되거나 마음공간에 존재하는 기억이미지가 알아차림 기능인 싸띠를 가린다.

11. 대부분 사람은 실재를 있는 그대로 보지 못하고 마음오염원으로 포장된 허상을 보고 그것이 전부인 것처럼 인식하고 주관적으로 해석한다. 싸띠수행은 마음오염원을 제거하면 실재를 있는 그대로 볼 수 있다는 입장에서 출발한다.

12. 내용과 형식은 일치한다. 그러나 내용이 그대로 형식으로 나타나지 않는다. 실재가 그대로 표면에 드러나면 수행이나 과학이 필요치 않을 것이다. 존재에 내재한 실재, 법칙, 본성은 질서있게 존재하지만 드러난 현상은 혼돈스럽고 복잡하다.

13. 마음거울에 맺힌 상을 다루는 수행자는 방석을 들고 선실로 가서 마음을 맑히고 알아차림 기능인 싸띠를 강화해 존재를 덮고있는 포장을 걷어내고 실재를 있는 그대로 볼 수 있도록 노력해야한다.

3) 접촉과 반응

14. 감각접촉은 감각외부와 물질영역에서 객관적으로 이뤄지고 마음작용은 감각내부와 마음영역에서 주관적으로 이뤄진다.

15. 삶의 과정에서 접촉은 피할 수 없고 접촉 다음에는 반드시 마음작용이 일어난다. 동일접촉에 대해 사람마다 다른 느낌이 일어나고 그것을 대상으로 다양한 마음작용이 일어나는 것은 감각느낌과 마음작용이 발생하는 데는 접촉뿐만 아니라 그 수용체인 마음상태와 마음건강이 관여하기 때문이다.

16. 접촉대상이 좋아야 함은 기본이다. 거기에 더해 접촉 다음에 일어나는 마음작용이 좋아야 함은 행복에는 더 직접적이고 본질적이다.

17. 접촉을 좋게하는 것은 사회에서 다른 존재와 어떻게 관계맺고 행동하느냐에 달렸다. 느낌과 마음작용을 좋게하는 것은 마음이 얼마나 맑고 건강한가에 달렸다.

4) 자유와 구속

18. 삶의 과정에서 다양한 존재를 접촉하고 일어난 마음작용에 구속된다. 어떤 사람은 감각대상이나 지나온 삶의 흔적에 구속돼 행복으로 가려하고 어떤 사람은 그런 구속으로부터 자유로워져 행복으로 가려고 한다.

19. 지나온 삶의 흔적이나 물리구속으로부터 자유로워지는 것은 기본적으로 불가능하다. 그것은 지울 수도 없고 변경할 수도 없다*.

20. 행위는 순간에 이뤄지고 소멸하지만 행위영향력은 관계된 존재에게 지속적으로 영향미친다. 엄밀한 의미에서 사람은 과거에 구속당한 것이 아

니라 그 영향력에 구속돼있다.

21. 접촉대상에 구속되는 만큼 고통지수는 커지고 자유로워지는 만큼 행복지수는 높아진다. 삶의 과정에서 접촉으로부터 자유로울 수는 없다. 그러나 접촉 다음에 일어나는 마음작용으로부터 자유로워지는 것은 조금만 노력하면 가능하다.

5) 정정과 오염

22. 붇다하는 청정한 길과 오염된 길을 제시했다. 그리고 싸띠수행으로 청정하게 사는 것이 의미있다고 강조했다.

23. 붇다하는 마음오염원에 구속되는 것, 사물을 있는 그대로 보지 못하고 자기입장에서 해석하고 행동하는 것, 물질만이 삶의 전부라고 생각하는 것, 노력한 것보다 더 많은 것을 가지려는 것, 다른 존재를 이해하고 배려하지 않고 자기만 잘 살려는 것, 증명되지 않은 신이나 이론에 의존해 문제를 해결하려는 것 등을 오염된 법[asuddha dhamma, 不淨法] 또는 사교(pāpaka dhamma, 邪敎)로 규정했다.

24. 마음오염원으로부터 자유로운 것, 실재를 있는 그대로 보는 것, 삶

이미지 구속

어떤 사람은 술, 담배, 마약 등을 통해 행복으로 가려하고 어떤 사람은 접촉을 끊어 행복으로 가려한다. 술을 끊은 사람은 술에서 해방된 지금이 훨씬 행복하다고 말한다. 접촉을 통해 행복으로 가는 것보다 그것으로부터 해방돼 행복으로 가는 것이 질적으로 더 높은 행복감을 누릴 수 있다. 담배에 구속된 것이 아니라 담배피우고 싶은 욕망에 구속돼있고 술에 구속된 것이 아니라 술마시고 싶은 욕망에 구속돼있다. 행위에 구속돼있다고 생각하기 쉽지만 실제로는 행위영향력에 구속돼있다. 행위는 순간적으로 일어났다 소멸하지만 그 영향력이 지속되면서 관계된 존재에 영향미친다. 우연히 본 물건이 한 달이 지났는데도 눈앞에 어른거리면 한 달 동안 그것에 구속된 것이다. 볼 때는 「아, 좋구나」 하지만 돌아서면 자유로워진 사람은 그 자유로움만큼 행복 또한 커진다.

에 물질뿐만 아니라 마음도 중요하다는 것, 노력한 것에 상응하는 대가만 취하는 것, 다른 존재를 이해하고 배려하고 공존하는 것, 자기문제는 스스로 해결하려는 것 등을 청정한 법[visuddhi dhamma, 淸淨法] 또는 정법(sammā dhamma, 正法)으로 규정했다.

6) 붇다하와 중생

25. 삶이 마음오염원으로 가득 차면 중생(satta, 衆生, 有情)이고 마음오염원이 제거돼 맑고 평화로우면 붇다하다. 붇다하와 중생을 구분하는 것은 어느 것이 좋고 나쁘다는 것이 아니라 삶을 대하는 태도와 가치관 차이이다.

26. 붇다하를 신으로 보는 사람은 추함, 나약함, 무능력함, 오염됨, 의존성 등을 강조하고 강한 힘을 가진 존재에 의존할 때 직면한 문제를 해결할 수 있다고 주장한다. 그 주된 방법이 기도와 은총이다. 이것이 타력이다.

27. 붇다하를 인간으로 보는 사람은 맑음, 강인함, 의지력, 청정함, 가능성, 능력, 자립심, 홀로서기 등을 강조하고 자기문제를 스스로 해결할 수 있어야 한다고 생각한다. 그 주된 방법이 수행과 노력이다. 이것이 자력이다.

28. 자기삶의 주인공은 자기자신이다. 오직 한 번뿐인 소중한 삶을 다른 존재에게 맡기는 것은 옳지 않다. 자기 의지와 책임 아래 자기길을 가야 한다. 증명할 수 없는 신이나 절대자에 의지하고 신의 노예로 살건지 자기삶의 주인공으로 살건지는 가치관의 선택, 용기와 결단의 문제다. 자기삶의 주인공돼 자기의지대로 삶을 설계하고 책임지는 것이 아름답고 현명하다고 보았다.

29. 간혹 수행도량인 아라마에 오면 붇다하가 돼야 한다고 말하지만 정

작 실천방법은 중생으로 길들이는 과정을 강요한다. 욕망을 성취시켜 줄 신에 의존하고 자기 추함, 나약함, 무능함을 강조한다. 그 과정에서 점점 더 중생으로 길들여지고 중생처럼 사고하고 행동한다. 그 중심에 기도가 있다.

30. 만약 이런 식으로 중생으로 길들이는 개인이나 단체가 있으면 수행영역에서 추방해야 한다. 불교는 중생을 만드는 곳이 아니라 붇다 양성도량(選佛場)이다. 사람은 붇다로 태어나는 것이 아니라 붇다로 길들여지고 중생으로 태어나는 것이 아니라 중생으로 물들여진다.

31. 붇다는 붇다가야 보리수 아래서 최상깨달음을 성취한 후 읊은 오도송에서 신과 윤회가 삶을 이끄는 원동력이라고 주장하는 힌두교를 부정하고 실재를 보지 못하는 무지와 욕망이 삶을 이끄는 추동력이라고 주장했다.

32. 싸띠수행으로 마음에 존재하는 중생성을 제거하고 불성을 계발시켜 자기삶의 주인공돼야 한다. 이것이 붇다 가르침 핵심이자 싸띠수행 중심 영역이다*.

7) 지혜와 무지

33. 붇다 당시는 오늘날 사용하는 과학이란 용어가 없었다. 그래서 과

사용가치와 교환가치

아라-마 사용가치는 수행으로 마음오염원을 제거하는 것이다. 아라-마에 마음오염원을 제거할 수 있는 수행공간이 없고 수행지도할 사람이 없으면 그것은 대중을 기만하는 것이다. 어떤 아라-마에 가더라도 그곳에 수행할 수 있는 공간이 있고 수행지도할 수 있는 사람이 있는지 먼저 물어봐야 한다. 문화산업에 문화가 없고 산업만 있으면 천박해지고 벤처산업에 기술은 없고 산업만 있으면 사기꾼되기 쉽다. 수행처에 수행은 없고 사찰경영만 존재하면 대중을 속이는 것이다. 원래 사용가치로 쓰이지 않고 교환가치나 상품가치로 바뀌면 곤란하다.

학, 논리, 실재, 법칙, 객관 등을 두루 포함하는 것으로 빤냐-(paññā, 般若, 慧) 또는 윗짜-(vijjā, 明, 科學, 論理)란 용어를 사용했다. 그 반대개념이 비논리, 미신, 주관 등의 의미인 모하(moha, 癡) 또는 아윗짜-(avijjā, 無明, 非科學, 非論理)다.

34. 빤냐는 객관적 사고방식이고, 실재를 볼 수 있는 안목이고 자유와 행복으로 가는 도구다. 어리석음은 주관적 사고방식이고 존재를 자기방식대로 해석하는 안목이고 구속되고 괴로움으로 가는 도구다.

35. 붇다는 실재를 올바르게 이해하는 것이 현명하다고 보았다. 객관적으로 증명할 수 있고, 논리적으로 설명할 수 있고, 누구든지 초청해 보여줄 수 있고, 현재 말할 수 있는 것은 말하고 말할 수 없는 것은 사실로 증명될 때까지 유보해야 한다고 주장했다.

19장

수행기술

project

1. 수행분류

2. 수행준비

3. 좌선 싸띠기술

4. 행선 싸띠기술

5. 생활 · 노동 싸띠기술

6. 메따 수행기술

7. 수행점검 기술

check point

여기서는 수행하기 전에 미리 준비해야 할 것에 대해 자세히 배우고 익힌다.

1. 수행분류

1. 싸띠수행은 내용과 형식, 전해진 지역과 시대, 사용한 사람이나 단체 성향에 따라 여러 가지로 분류하고 다양하게 이름붙인다.

1) 내용

2. 싸띠수행은 내용에 따라 두 가지로 분류한다. 하나는 마음닦는 수행이고 다른 하나는 마음나누는 수행이다. 마음닦는 수행은 싸띠수행(sati bhāvanā, 念)이라 하고 마음나누는 수행은 메따수행(mettā bhāvanā, 慈悲)이라고 한다*.

3. 마음닦는 수행은 실재를 있는 그대로 보기 때문에 실재보기, 깨어나기, 알아차림, 빤나-, 싸띠, 위빳싸나-, 싸마-디히, 참선, 명상 등으로 부른다. 마음나누는 수행은 수행으로 맑힌 마음을 인연있는 사람과 공유하기 때문에 자비수행이라고 한다.

몸과 마음

요가수행은 하늘에 있는 오리지널 신과 피조물 속에 있는 신의 분신이 하나되면 신의 은총받아 행복하게 살 수 있다고 믿는다. 그들은 신과 신의 분신이 하나(梵我一如) 되는 요가수행을 한다. 요가수행은 신과의 합일에서 한 걸음 더 나아가 몸의 구조와 신경조직을 이용해 몸을 치료하려고 시도한다.

밀교수행도 마찬가지다. 힌두교 요가수행 영향을 강하게 받은 밀교수행, 특히 딴뜨라 싸띠수행은 마음오염원을 제거해 얻는 행복한 느낌을 수행으로 마음오염원을 제거하지 않고 현실에서 곧바로 체험할 수 있다고 주장한다. 그들은 요가수행에서 개발한 몸을 건강하게 하는 방법을 불교수행과 결합해 사용한다. 그리고 섹스를 활용해 수행할 수 있다고 주장하고 실천한다.

싸띠수행으로 기억이미지와 결합된 마음오염원을 해체해 삶의 흔적으로부터 자유롭고 마음을 맑혀 실재를 있는 그대로 보자고 출발한 밀교부는 세월이 흐르면서 이상한 방향으로 전개됐다.

2) 형식

4. 싸띠수행은 형식에 따라 여러 가지로 분류한다. 앉아하는 좌선, 걸으며 하는 행선, 누워 하는 와선, 생활하며 하는 생활선, 일하며 하는 노동선 등이 있다. 이것은 내용상 마음닦는 수행에 속한다.

5. 메따수행은 자기가 가진 물질이나 기술을 필요한 사람에게 베푸는 재시(āmisa dāna, 財施), 다른 사람 두려움을 제거해주는 무외시(abhaya dāna, 無畏施), 다른 사람이 수행할 수 있도록 도와주는 법시(dhamma dāna, 法施), 맑은 마음나누는 자비관 등이 있다. 이것은 형식상 마음나누는 수행에 속한다*.

6. 물질을 베푸는 재시는 보시, 적선, 선행, 덕행, 봉사 등과 같은 사회활동 등이 있고 무외시는 현실에 적응하지 못하고 부적응상태에 빠진 사람에게 상담 등을 통해 현실에 적응할 수 있도록 도와준다. 법시는 다른 사람이 수행할 수 있도록 도와주는 것이다. 자비관은 수행으로 맑힌 마음을 인연

붇다 리더십 ②

붇다는 어려운 문제에 봉착하면 먼저 덕을 베풀어 극복하려고 노력했다. 이것이 붇다 리더십 가운데 하나다.

현재 직면한 문제발생 원인이 안에 있을 수도 있고 밖에 있을 수도 있다. 자기에게 있을 수도 있고 상대에게 있을 수도 있다. 당사자가 아니라 사회나 환경 요인으로 인해 발생할 수도 있다.

문제가 발생하면 대개 책임을 회피하거나, 다른 존재에게 떠넘기거나, 다른 존재에게 겁을 주거나 물리력을 사용해서라도 해당상황에서 빠져나가려고 노력한다. 그러나 붇다는 현재상태를 탈출하는 것도 중요하지만 어떻게 빠져나가느냐는 더 중요하다고 보았다. 붇다는 먼저 문제가 발생한 것은 지혜와 자비가 부족했기 때문으로 진단하고 문제해결 출발점을 관계된 존재에게 덕을 베풀면서 시작하라고 했다. 이것이 문제를 부드럽고 수월하게 해결하고 관계를 풍요롭게 하는 핵심이라고 보았다.

어떤 문제가 발생하면 왜 그런 문제가 발생했는지 문제본질을 통찰해야 한다. 그리고 해당문제에서 무엇이 가장 중요한지를 이해하고 나서 우선적으로 무엇을 해야 할지를 결정해야 한다. 그 모든 것에 앞서 지도자가 자기자신의 지혜와 덕을 점검하고 덕을 베풂으로써 해결시발점으로 삼는 것은 매우 중요하다.

붇다는 어떤 문제에 직면하더라도 이런 관점을 견지했다. 덕은 방해요소를 제거하고 좋은 인연을 맺게 해주는 좋은 도구다.

있는 사람에게 보내 그들이 자유롭고 행복한 삶을 살 수 있도록 마음에너지를 보내는 것이다.

3) 기준점

7. 싸띠수행은 알아차림 기준점[sati paṭṭhāna, 念處, 念發趣處, 出發點]을 무엇으로 정하고 어떻게 알아차림하느냐에 따라 여러 가지로 분류한다.

8. 붇다하는 기준점(출발점)을 몸이나 호흡, 대혜종고는 화두(話頭), 티베트 만뜨라(mantra, 眞言), 중국 염불선(念佛禪)은 소리에 정하고 수행한다*.

9. 화두에 기준점(출발점) 정하고 이름붙이고 하면 화두 싸띠수행이고 이름붙이지 않으면 묵조 싸띠수행이다. 몸[dama kāya, 調身], 호흡[dama ānāpāna, 調息], 마음[dama citta, 調心]을 통제하고 몸과 마음을 닦으면 요

진언과 염불

소리를 알아차림 기준점(출발점)으로 정하고 수행하는 것은 대체로 두 가지가 있다. 티베트에서 하는 진언과 중국에서 하는 염불이다.

진언은 만뜨라(mantra, 眞言) 를 말한다. 대개 한 단어에 많은 의미가 담겨있거나 번역하면 원래의미를 제대로 전달할 수 없을 때는 번역하지 않고 원어를 그대로 쓴다. 밀교는 짧은 주문 속에 비밀스런 의미가 담겨있어 주문을 반복해 외우면 신의 은총을 받을 수 있나고 상징소작했나. 나른 나라도 선싸뀔 배노 먼넉뇌시 낳고 원어 그내로 사용했다. 오늘날 절에 가면 불교도가 즐겨 외우는 「옴 마니 반메 훔」 이란 주문도 마찬가지다. 이것은 아름다운 연꽃이란 의미인데 관세음보살을 뜻한다. 이렇게 원어 그대로 외우면 진언이다.

염불은 중국문화권에서 발달한 것이다. 원어를 중국문자인 한문으로 번역해 사용하면 염불이다. 가령 옴 마니 반메 훔을 관세음보살로 번역해 사용하면 염불선이다.

원래 염불은 염불상(sati buddha paṭimā, 念佛像) 준말이다. 붇다하는 알아차림 기준점(출발점)으로 배나 호흡을 즐겨 사용했다. 요가수행은 사물 이미지를 마음에 그리고 수행했다. 붇다하 입멸 후 붇다하가 만든 싸띠수행은 점차 힌두교 요가수행과 섞이고 요가수행 기술인 이미지 기법이 불교 싸띠수행으로 스며들었다. 그러다보니 불교수행자가 힌두교 요가기술을 사용해 싸띠수행하는 사람이 생겼는데 그것이 염불상이다. 불상 이미지를 마음에 그리고 그것을 알아차림 기준점으로 삼고 수행했다. 이 불상 이미지 기술이 중국에서 소리를 알아차림 기준점으로 하는 기술로 바뀌었다.

가(yoga, 瑜伽) 수행이다.

	내용으로 분류	형식으로 분류	특성으로 분류 (기준점, 이름붙이기)
마음닦는 수행	sati vipassanā paññā samādhi 참선 명상	좌선 싸띠수행 행선 싸띠수행 생활선 싸띠수행 노동선 싸띠수행 동선 싸띠수행 정선 싸띠수행	정통 싸띠수행 아-나-빠-나 싸띠수행 화두 싸띠수행 묵조 싸띠수행 조사 싸띠수행 여래 싸띠수행 만따라 싸띠수행 딴따라 싸띠수행 염불 싸띠수행
마음나누는 수행	보시, 봉사, 선행, 두려움제거, 상담, 자비관, 수행지원	재시 무외시 법시	사회참여

2. 수행준비

1. 수행할 때는 모든 감각이 깨어나기 때문에 조그마한 자극에도 예민하게 반응한다. 그러므로 수행 중에는 주변환경이나 다른 사람과의 관계에 세심한 주의가 필요하다. 수행전에 기본적으로 갖춰야 할 것은 다음과 같다.

1) 수행법과 수행지도자

2. 수행자는 올바른 수행법을 선택하는 것이 중요하다. 붇다가 만든 싸띠수행은 불교역사와 그 전파지역만큼 다양하게 발전했다. 그러나 기본은 붇다가 직접 창안하고 실천해 아라한뜨 막가파라에 들어 닙바-나를 체험하고 무상정자각을 성취한 싸띠수행이다. 불교수행자에게 그 이외 수행법은 참고사항이다.

3. 수행할 때 수행법만큼 중요한 것은 수행지도할 스승이다. 간혹 스승없이 수행하는 사람이 있는데 그것은 시간과 노력이 많이들 뿐만 아니라 위험하다. 물론 스승없이 수행할 수 있지만 눈밝은 스승으로부터 지도받으면 쉽고 올바른 방향으로 나아갈 수 있다.

4. 붇다는 지도해줄 스승을 만나지 못하고 혼자 수행하다보니 아라한뜨 막가파라를 성취하는 데 6(7)년 걸렸다. 그러나 싸-리뿟따와 목갈라-나는 붇다 지도로 수행한 결과 각각 14일과 7일 만에 아라한뜨가 되었다. 혼자 해도 안될 것은 없지만 올바르게 지도할 스승이 있으면 더 좋다*.

소리와 졸음

붇다 수제자인 싸리뿟따는 14일만에 아라한뜨 막가파라를 성취했다고 한다. 그는 붇다가 가르쳐준 대로 호흡을 알아차림 기준점(출발점) 삼고 수행하다 옆에서 누가 짧은 게송외우는 소리가 나자 「들림」 하고 알아차림 하면서 아라한뜨 막가파라에 들었다고 한다. 중국 향엄도 대나무에 돌이 부딪치는 소리를 듣고 아라한뜨 막가파라를 성취했다. 마하-데봐는 소리를 기준점 삼고 수행하면 막가파라에 들수 있다고 주장했다.

붇다 수제자인 목갈라-나는 7일만에 아라한뜨 막가파라를 성취했다고 한다. 그는 붇다가 가르쳐준 대로 호흡을 알아차림 기준점(출발점)으로 삼고 수행했다. 밤에 잠을 자지않고 수행했는데 졸음이 강하게 밀려오자 졸음을 알아차림하다 아라한뜨 막가파라에 들었다고 한다. 이후 많은 수행자가 밤새워 수행할 때 밀려오는 졸음을 알아차림 대상으로 수행했다. 마하사-는 4개월 동안 졸음을 알아차림했다고 한다.

2) 장소 · 기후 · 음식

5. 수행하는 데 장소는 별 문제되지 않는다. 그러나 수행초기는 주변여건이 수행자에게 미치는 영향이 크기 때문에 가능하면 조용하고 쾌적한 곳에서 하는 것이 좋다.

6. 수행할 때 기후도 알아차림 대상으로 삼고 수행하면 되지만 초보단계는 쾌적한 기후가 수행향상에 도움되기 때문에 가능하면 덥거나 춥지 않은 장소가 좋다.

7. 수행할 때 약간 더운 것이 좋다. 몸에 쌓인 마음노폐물이나 스트레스 제거과정에서 기억이미지가 흡수한 에너지가 해체되는데 이때 몸에서 열과 땀이 난다. 처음에는 약간 덥지만 조금 지나면 도리어 서늘하게 느낀다.

8. 수행할 때 음식을 많이 먹으면 둔해지기 쉽고 적게 먹으면 영양부실로 수행을 방해한다. 충분히 섭취하되 가능한 적게 먹는 것이 좋다.

9. 음식은 약간 부족한 듯 먹고 많이 먹거나 배고플 때나 술을 마셨거나 밥을 먹은 뒤는 1~2시간 휴식하고 하는 것이 좋다. 기간을 정해 집중적으로 수행할 때는 낮 12시부터 다음날 새벽 5시(해뜰 때)까지 음료수 이외 음식은 먹지 않는 것이 좋다.

10. 실내조명은 너무 어둡거나 밝지 않아야 하고 연기나 냄새가 들어오지 않으면 좋다.

3) 도반과 후원자

11. 다른 사람과 함께 어울려 수행할 때 좋은 도반은 수행진보를 도와주지만 어떤 동료는 방해하기도 한다. 가능하면 방해하는 동료와 함께 하지

않는 것이 현명하다. 좋은 벗은 수행전부지만 그렇지 않다면 무소뿔처럼 혼자서 가라고 붇다하는 주문했다.

12. 일상생활에서 직면하는 잡다한 일도 하나하나 알아차림하면 좋은 수행대상이 될 수 있다. 그러나 수행할 때 이런 일이 마음먹은 것만큼 쉽지 않다. 일상잡무를 처리해주는 후원자가 있으면 수행향상에 유익하다. 그러나 후원자가 도리어 수행을 방해할 수 있다. 그럴 때는 무소뿔처럼 혼자서 가는 것이 현명하다.

4) 몸가짐과 마음자세

13. 수행자는 수행하는 것을 즐겨야 한다. 수행을 즐기다보면 어느새 수행향기가 몸과 마음으로 스민다.

14. 지금 당장 붇다하가 되어야겠다고 생각한다면 마음자세를 달리해야 한다. 여태껏 아라한뜨 막가파라에 들어 닙바-나를 체험하지 못한 것을 깊이 반성하고 열심히 노력해서 붇다하와 같은 경지에 도달하고자 다짐하고 수행해야 한다*.

전문기조건

어느 분야든 해당분야에서 최고소리 듣는 사람은 몇 가지 공통점이 있다. 그 가운데 하나는 끈질김이다. 이것을 수행자는 삼매력이라고 한다. 최소 하루 16시간 이상 2~5년 정도 지속적으로 노력해야 전문가 반열에 오를 수 있다.

사법고시 합격률과 대학고시원 공부시간 비율을 보면 재미있다. 30% 이상 합격률을 보이는 대학고시원은 하루 평균 15시간 이상 공부한다고 한다. 13~14시간 정도 공부하는 대학고시원은 합격률이 12% 대로 떨어진다.

전문가가 경쟁할 때 많이 차이나지 않는다. 100m 달리기에서 차이는 불과 0.1초로 갈라진다. 시험도 마찬가지다. 결국 1~2점으로 결정된다. 하루 1시간 더 노력할 수 있는 힘은 물리적인 1시간이 아니라 질적으로 10시간 이상 차이난다. 이렇게 서너 달 지나면 도저히 따라잡을 수 없다.

언젠가 서울대학교 수석졸업자가 TV에 나와서 4년 동안 전공서적 280권 정도 읽었다고 자랑했다. 이것은 매주

15. 붇다하는 전문적으로 수행하는 출가수행자에게는 수행이 전쟁이라고 했다. 붇다하는 자기를 가리켜 전쟁승리자[vijita saṅgāma, 戰勝者], 대웅 (Mahā vīra, 大雄)이란 표현을 서슴지 않았다.

16. 붇다하가 평소 즐겨 사용한 말이 「죽기밖에 더하겠나」 다. 새겨들어야 한다. 아마추어는 즐기면 되지만 프로는 목숨을 걸어야 한다*.

17. 수행자 마음가짐은 확고부동해야 한다. 이 수행으로 마음맑히고 슬픔과 고통을 제거해 행복한 삶을 누릴 수 있다는 확신을 가져야 한다.

18. 주변환경이나 생활방식이 마음에 미치는 영향이 크다. 수행할 때는 몸가짐을 단정히 하고 삶을 간소하고 단출히 해야 한다.

19. 수행하기 전에 몸을 깨끗이 하고 불필요한 장식물을 떼는 것도 좋다. 옷은 간편히 입고 허리, 손목, 발목 등을 조이는 것은 피해야 한다. 너무 두껍거나 원색옷은 피하고 수행복을 입으면 더 좋다. 무엇보다 다른 사람 수행을 방해하지 않도록 각별히 주의해야 한다.

1권 읽었다는 것인데 세계수준은 1주일에 300쪽 정도 리포트를 요구한다. 300쪽 리포트를 쓰려면 최소 1500쪽은 읽어야 한다. 1주일에 1권 읽고 한국을 대표하고 5권 읽고 세계를 지배한다. 공자(孔子, BCE 552~479)는 책세 수레는 읽어야 함께 말을 섞을 수 있다고 했다. 이것이 세계수준이다.

아라한뜨 막가파라를 성취하고자 하는 수행자가 하루에 얼마만큼 수행하는지 비교해보면 자기를 점검할 수 있다. 하루 12시간 정도 3개월 하고 3개월 쉬고 그렇게 해서 수행분야 최고가 되려고 한다면 생각을 달리해야 한다. 많이 부족한 것이 아니라 평가대상이 아니다. 그런 법은 없다. 마음닦는 분야는 양이 아니라 질이라고 말 할 수 있지만 질은 양에 기초해야 가능하다. 양이 차지 않으면 질로 전환되지 않는다. 아직까지 게으른 붇다하는 없었다.

죽을 둥 살 둥

유명한 가수가 신문에 인터뷰하면서 어떤 자세로 노래부릅니까? 하고 질문하자 「죽을 둥 살 둥 부릅니다.」 하고 대답했다. 그때는 그게 참 우습더니만 살아갈수록 가슴에 내려와 닿는다. 조치훈(趙治勳, 1956~)에게 어떻게 바둑을 둡니까?하고 기자가 질문하자 목숨을 걸고 둔단다. 그게 프로다. 그리고 그 단계를 넘어서면 행위자체를 즐긴다. 그러나 이것은 그 단계를 넘어선 사람에게 적용되는 말이다. 그 단계에 도달하기 위해서는 목숨을 걸어야 한다. 그래야 뭔가 얻을 수 있다. 흔히 즐기면서 하라고 한다. 이 말의 본 뜻은 아마추어는 즐기면서 해도 되지만 전문가는 즐기면서 하면 곤란하다는 말이다. 전문가는 목숨을 걸어야 한다.

5) 수계(授戒)

20. 계, 정, 혜 또는 염, 정, 혜 또는 계, 정, 관의 3학(tayo sikkhā, 三學) 등은 정통적으로 수행을 배우고 익히는 도구이다. 모든 수행자가 이 절차에 의지해 막가파라에 들고 닙바-나를 체험할 수 있다.

21. 붇다 이래 전통적으로 수행자는 수행하기 전에 수행자 행동규범인 계받고 몸과 마음을 청정히 한 뒤 수행했다. 계를 받는 것과 받지않는 것의 본질적 차이는 없다. 마음자세에 달린 문제다. 비불교도는 자유롭다.

22. 계는 집의 기초고, 정은 벽이고, 혜는 지붕이다*.

23. 지붕이 성글면 비가 스며들기 쉽고 벽이 없으면 지붕을 올릴 수 없다. 무엇보다 기초가 튼튼하지 못하면 집을 지을 수 없다. 계는 모든 수행 기초이자 막가파라와 닙바-나에 이르는 길라잡이다.

24. 수행은 자기마음을 맑혀 자유롭고 행복하게 살기위한 과정이고 계는 다른 존재가 그들의 삶을 평화롭게 살 수 있도록 도와주는 과정이다. 수행자는 항상 자기삶뿐만 아니라 다른 존재 삶도 이해하고 배려해야 한다*.

자동차와 도로교통법

미음닦고 수행하는 데 계를 지키는 것이 도움되기 때문에 계를 지킨다는 사실을 혼동하면 안 된다. 계는 수행을 위한 수단이지 목적이 아니다. 아무도 신호등 지키기위해 차를 사지 않는다. 차는 타기위해 산다. 단지 차가 많으면 규칙을 정하고 서로 그것을 지키는 것이 편리하기 때문에 도로교통법이 필요하고 서로 잘 지킨다. 본래목적을 놓치면 곤란하다.

계와 이타행

붇다는 계를 이타행(利他行)으로 보았다. 어떤 힌두교 수행자가 찾아와 자기는 다른 사람을 위해 이타행과 봉사활동을 하는데 불교수행자는 자기 마음건강, 자유와 행복만을 위해 수행한다고 비꼰다. 그 말을 듣고 붇다는 자기마음을 평화롭고 건강하게 하는 것은 자리행일 수도 있고, 생존현상 본질일 수도 있고, 내 마음을 맑히고 나서 다른 사람 마음을 맑힐 수 있도록 도와주는 것은 이타행일 수도 있다고 말한다. 그리고 수행자는 항상 계를 지킴

3. 좌선 싸띠기술

1. 여기서는 수행할 때 앉아서 하는 좌선방법에 대해 구체적으로 배우고 익힌다.

2. 수행 기본자세인 좌선수행을 올바르고 체계적으로 배우고 익히는 것은 수행향상에 유익할 뿐만 아니라, 다른 사람에게 수행지도할 때도 많은 도움된다.

1) 기본자세

3. 붇다 당시 수행자는 숲이나 나무 아래 머물고 마을을 다니면서 탁발해 생활했다. 수행도 앉아하는 좌선뿐만 아니라 걸으며 하는 행선, 생활하며 하는 생활선, 노동하며 하는 노동선도 중시했다.

4. 수행효과는 좌선이 1, 행선이 3, 생활선·노동선이 10 정도로 효과있다. 좌선이 잘 되야 행선과 생활선이 잘 되고 행선과 생활선이 잘 되야 좌선도 잘 된다.

5. 싸띠수행은 좌선이 기본이다. 수행진도에 따라 행선과 생활선을 강화하는 것이 좋다. 수행이 향상될수록 일상생활에서 하는 생활선이나 일하며 하는 노동선을 강화해야 한다. 그러지 않으면 알아차림 기능인 싸띠가 효

으로써 다른 존재 자유와 행복을 지켜주는 일을 소홀히 하지 않는다고 말했다.

　다른 생명을 해치지 않고 보호하는 것(不殺生), 노력한 대가가 노력한 주체에게 돌아갈 수 있도록 지켜주는 것(不偸盜), 사실과 진실만을 말해 건강한 사회를 유지하는 것(不妄語), 다른 존재 성적 선택권을 존중하고 침해하지 않는 것(不邪淫), 술이나 마약 등을 하지 않고 청정한 사회를 건설하기위해 노력하는 것(不飮酒) 등은 수행자가 자기자신을 위한 것이라기보다 자기가 속한 사회공동체와 다른 존재를 위한 적극적인 이타행이자 의미있는 사회참여활동이다.

과적으로 향상되지 않는다*.

6. 좌선이 늘수록 행선을 소홀히 하면 안 된다. 좌선시간이 늘어나도 특별한 지시가 없으면 행선은 60분 이상 늘리지 않는 것이 효과있다. 좌선시간을 늘리거나 좌선시간과 행선시간을 조절할 때 먼저 수행지도자와 상의하는 것이 좋다.

7. 수행이 어느 정도 성숙될 때까지 좌선과 행선 비율을 「1 : 1」로 유지하는 것이 좋다.

8. 어떤 자세를 취하든 편안히 하되 일단 한 번 취한 자세는 그 수행시간 동안 바꾸지 않는 것이 수행진보에 도움된다. 다음 시간은 자세를 바꾸어도 무방하다.

9. 수행에 정해진 형식은 없다. 알아차림 기능인 싸띠를 강화하고 마음 노폐물인 아-싸봐를 해체하고 싸띠가 싸마-디히를 선도하도록 해야한다. 그것은 싸띠는 싸마-디히를 선도하지만 싸마-디히는 싸띠를 선도하지 못하기 때문이다.

10. 수행진도에 따라 좌선과 행선 비율을 조절하면 효과있다. 처음 수행

모방과 창조

뭔가를 배울 때 처음은 모방하는 것이 좋다. 모방을 통해 철저히 기술을 이전받아 축적하고 이론에 관한 의문점을 해결한 후 서서히 자기역량에 기초해 창조활동을 해야한다. 충분한 모방을 통해 기술이 익어지기 전에 자기생각을 개입해 창조하려고 하면 욕심이 앞서 제대로 되지 않는다.

수행도 마찬가지다. 어떤 수행자는 수행을 배우면서 다른 것과 비교하고 자기생각을 개입해 평가한다. 그러면 스승이 가진 수행기술을 제대로 이전받지 못하고 설익게 된다. 마음비우고, 욕심버리고, 스승이 가르쳐주는 대로 모방하고 배우는 것이 필요하다. 붇다는 초전법륜경(初轉法輪經)에서 「스승이 가르쳐주는 대로 자기수준에서 배우고 익히는 것이 수행향상에 중요하다.」고 강조했다.

옛 어른은 소리하기 전에 먼저 듣는 연습을 하라고 주문했다. 마음비우고 스승에게 모든 것을 맡기고 모방하라. 그러면 창조는 자연스럽게 따라온다. 어차피 뭔가를 배우러 갔으면 그곳에는 나 정도 지도할 스승은 있다. 그들을 능가할 정도면 처음부터 그곳에 갈 필요가 없었을 것이다. 항상 설익은 놈이 건방을 떤다. 겉절이도 맛있지만 숙성된 김치도 감칠 맛있다. 모방을 통해 앎을 숙성하라.

하는 초보자는 막가파라 2/5지점(道非道智見淸淨)까지 좌선과 행선 비율을 「1(60분):1(60분)」, 수행이 어느 정도 익숙한 수행자는 막가파라 2/5~4/5지점(行道智見淸淨)까지 좌선과 행선 비율을 「2(120분):1(60)」, 수행이 몸과 마음에 완전히 익숙한 수행자는 막가파라에 들어 닙바-나 체험할 때까지 좌선과 행선 비율을 「3(180분):1(60분)」로 하는 것이 좋다.

2) 좌선 시작할 때

11. 싸띠수행 기본인 좌선(nisajjā sati, 坐禪)은 앉아하는 수행이다. 좌선할 때는 몸자세를 바르게 해야한다. 자세를 잘못 잡으면 수행하는 동안 건강을 해치고 수행진보를 가로막는다*.
12. 좌선 전에 먼저 행선하며 몸과 마음에 쌓인 긴장을 풀어준다. 그리고 방석을 깔고 자리에 앉는다.

3) 앉는 기술

13. 수행할 때 방석을 깔고 앉으면 수월하다. 두께는 0.5cm 정도, 넓이는 앉은 자세에서 사방 10cm 정도 여유있으면 적당하다. 일반적으로 얇은 담요 한두 겹 접어 사용하면 좋다.

비데문화

수행할 때는 앉아있는 시간이 많기 때문에 항문을 청결히 하는 것이 좋다. 옛날 스님은 변소 갈 때 항상 물병(淨瓶)을 가지고 가서 물로 항문을 씻었다. 오늘날 가정에서 사용하는 비데는 수행문화에서 발전한 것이다.

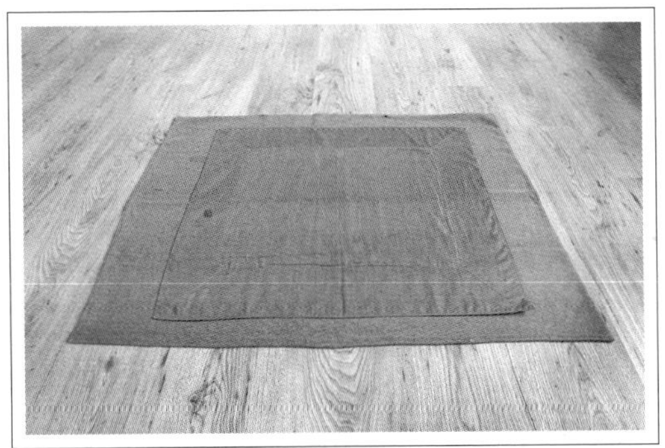

14. 처음 좌선하는 사람은 방석 뒤를 약간 높여 앉아도 되지만 어느 정도 익숙해지면 평평한 바닥에서 하는 것이 좋다. 의자에 앉아할 때는 등받이에 등을 기대지 않고 똑바로 세워 앉는 것이 좋다.

15. 허리와 머리는 곧게 세우고 턱은 약간 앞으로 당긴다. 수행초기 몸에 힘이 들어가거나 알아차림 기능인 싸띠가 약하면 머리나 허리가 한 쪽으로 기울기도 한다.

16. 이런 현상을 알아차림하면 즉시 자세를 처음상태로 바로잡아야 한다. 바로잡으려는 의도와 그 진행과정 하나하나 알아차림하고 적절히 이름 붙이고 바로 세운다.

17. 앉는 방향은 붇다하나 수행지도자와 마주보고 앉는다. 앉는 자리는 불상 가까이 앉는다. 특별한 이유없이 불상이나 수행지도자를 등지고 앉는 것은 결례다*.

18. 참석한 대중이 많거나 장소에 따라서 불상보고 앉기, 벽보고 앉기, 원그리고 앉기, 등맞대고 앉기 등 상황에 맞게 활용하는 것이 좋다.

19. 자리에 앉아 수행하기 전에 천천히 마음과학과 싸띠수행 창시자인

붇다 상에 절을 세 번 한다.

20. 절할 때는 행위 끝을 알아차림해야 한다. 이마가 바닥으로 내려갈 때는 이마 끝, 손으로 땅을 짚을 때는 손끝 동작 하나하나 세밀하게 알아차림해야한다. 일어날 때는 역순으로 한다. 불교도가 아닐 경우는 예배하지 않아도 된다.

21. 가능한 모든 수행자는 자기 수준과 상황에 맞게 서원세우고 수행하는 것이 좋다. 불상에 3배가 끝나면 무릎꿇고 앉은 자세에서 다음과 같이 서원세운다.

「이번 시간에 붇다 최상법 만날 수 있기를 또는 이번 시간에 일어나는 망상을 놓치지 않고 모두 알아차림할 수 있기를 또는 이번 시간에 배 움직임을 놓치지 않고 모두 알아차림할 수 있기를......」

그리고 나서 천천히 방석 위에 앉는다.

4) 발 처리기술

22. 발모양은 사람마다 생김새가 다르기 때문에 어떻게 앉아야 한다고

붇다 방향으로 앉기

좌선할 때 중국이나 한국은 불상을 등지고 앉는데 그렇게 할 이유가 없다. 불교수행자는 수행할 때 항상 불상을 마주보고 앉는다. 대반열반경이나 금강경을 보면 「붇다는 대중을 보고앉고 대중은 붇다를 보고 마주앉아 싸띠수행했다.」고 씌여있다. 이것이 불교수행자가 수행할 때 앉는 방향이다. 보드히다함마가 소림굴에서 벽보고(壁觀) 앉았다고 해서 중국이나 한국은 수행할 때 벽을 보고앉는다. 보드히다함마가 소림굴에서 붇다 상을 벽 안쪽에 모시고 불상과 마주보고 앉아 수행했는데 지나가던 사람 눈에는 굴안에 모신 불상은 보이지 않고 단지 벽보고 앉은 수행자만 보였을 것이다. 이것을 확대해석해 요즘 선방에서 벽보고 좌선하는 전형이 됐다.

정해진 것은 없다. 각자 몸에 맞는 자세를 취해 편히 앉는다.

23. 신체특성을 무시하고 오랫동안 앉으면 골반이 뒤틀리고 건강을 해칠 수 있다. 사람마다 발 길이, 크기, 모양 등이 다르기 때문에 자기에게 맞는 것을 찾으면 좋다.

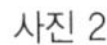
사진 2

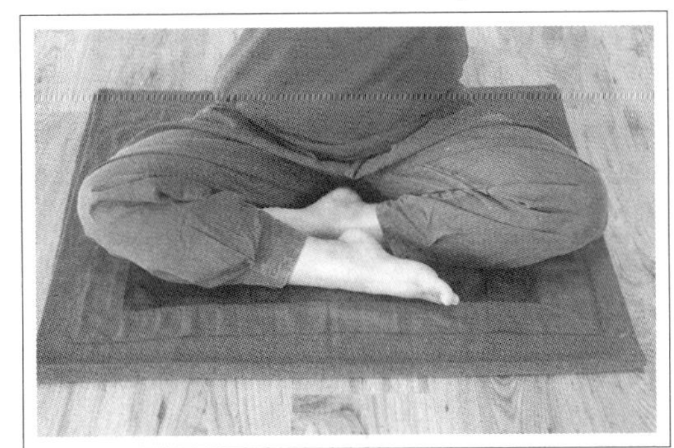

24. 앉을 때는 한 발을 바깥으로 두고 다른 발을 안으로 놓는다[pallaṅka nisīdati, 平坐, 跏趺坐].

25. 안쪽에 놓이는 발 엄지발가락이 바깥쪽에 놓이는 발 장딴지 아래에 살짝 걸치도록 두면 전체적으로 안정감있다. 간혹 수행진도가 많이 나가면 발가락이 눌려 아프기도 하는데 이때는 조금 빼주면 된다.

26. 바깥에 놓인 발방향이 안에 놓인 발 무릎 쪽으로 일직선이 되게하면 좋다. 알아차림 기능인 싸띠가 약하면 발방향이 느슨해지고 바깥에 놓인 발방향이 앞쪽으로 향해진다.

27. 이때는 그것을 알아차림하고 발을 앞으로 바짝 당기고 방향도 무릎과 일직선이 되도록 펴준다. 이때도 그렇게 하는 동작 하나하나를 이름붙이고 알아차림해야 한다. 정해진 것은 아무것도 없다. 각자 체형에 맞게 적

절히 활용하면 된다.

28. 어떤 수행자는 편안한 발을 계속 앞에 두는데 불편하더라도 앉을 때마다 바꿔앉는 것이 좋다. 수행진도가 나가면 발이나 몸자세는 자연스럽게 교정된다.

29. 발위치를 바꿀 때는 먼저 바꾸려는 의도를 알아차림한 후 동작 하나하나 이름붙이고 알아차림하면서 천천히 바꾼다. 이때 옆 사람 수행방해하지 않도록 조심해야한다.

30. 좌선할 때 느끼는 통증은 견딜 수 있는 데까지 참고 견디면서 수행해야한다. 한번 취한 자세는 그 수행시간이 끝날 때까지 가능한 바꾸지 않는 것이 좋다*.

5) 손 처리기술

31. 좌선할 때는 손을 어떻게 처리할 것인지에 대해 여러 견해가 있지만 정해진 것은 아무것도 없다.

32. 발 위에 손을 편안히 올려놓는 것이 보편적이다.

인도와 중국

붇다하가 수행지도한 자료인 경전은 발을 엇갈리게 놓고 앉는다[pallaṅka nisidati, 坐, 結跏趺坐] 고 씌여있다. 이 것을 한문으로 번역할 때 결가부좌(結跏趺坐 혹은 跏趺坐)라고 했다. 그러나 결가부좌로 번역한 원어는 발을 엇갈리게 둔다는 의미인 평좌(平坐)다. 발을 꼬고 앉는 것은 요가자세다. 결가부좌는 요가수행 발 처리방법이다.

전통적으로 인도인은 오른쪽을 신성시해 오른손으로 신에게 공양올리거나 음식먹는 데 사용한다. 왼쪽은 불결하게 여겨 뒷물하는 데 사용한다. 인도인은 좌선할 때 왼발이나 왼손을 밑에 두고 오른발이나 오른손을 위에 두고 수행하는 것을 선호한다. 중국인은 음양설(陰陽說)에 따라 오른쪽은 양(陽)이고 동적(動的)으로 생각하고 왼쪽은 음(陰)이고 정적(靜的)으로 생각한다. 중국인은 음(陰)으로 동(動)을 눌러야 좌우균형이 생긴다고 생각해 오른발 위에 왼발을 두고 오른손 위에 왼손 올려놓는 것을 선호한다.

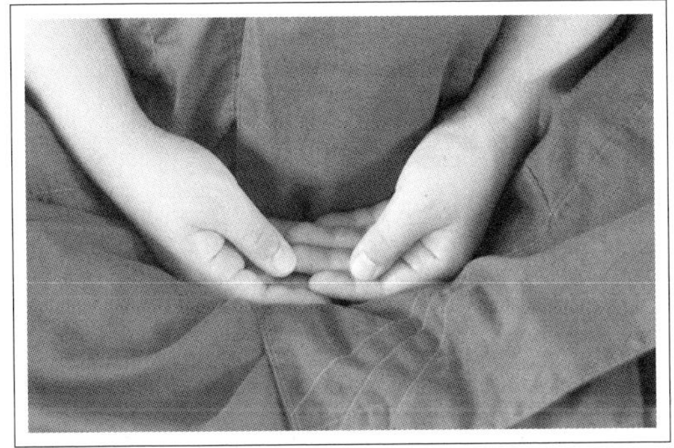

33. 처음 놓는 손은 바깥쪽에 놓인 발과 같은 방향, 안쪽에 놓인 발과 반대방향, 안쪽에 놓인 발과 바깥쪽에 놓인 발 사이 홈 파인 곳에 편안히 둔다. 그 위에 나머지 손을 올려놓는다.

34. 이때 손을 몸쪽에 밀착하거나 발 앞쪽으로 느슨히 하지 말고 손을 배꼽방향으로 위로 끌어올리지 말고 발위에 자연스럽게 둔다. 손과 옆구리 사이를 꽉 조이도록 밀착하거나 너무 느슨하게 하지 말고 자연스럽게 두되 손목과 팔뚝은 허벅지 안쪽에 두고 허벅지를 살짝 받치면 자연스럽게 균형 잡힌다.

35. 사람마다 손모양이 다르기 때문에 편한 대로 손을 처리한다. 그러나 한번 놓은 손은 그 시간 수행이 끝날 때까지 그대로 두는 것이 좋다.

6) 눈 처리기술

36. 눈은 살포시 감는다. 이때 눈에 힘이 들어가면 알아차림 기능인 싸띠가 감각대상으로 가지않고 힘주는 머리에 붙는다.

37. 좌선할 때 기본은 눈을 감는다. 눈에 힘빼고 배 움직임(일어남-사라

짐)을 정확하고 세밀하게 알아차림해야 한다. 좌선할 때는 눈을 감고 행선이나 생활선할 때는 눈을 뜨고한다.

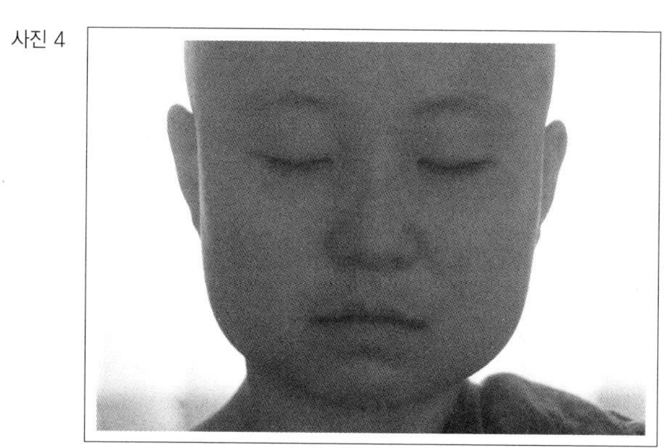
사진 4

38. 화두 싸띠수행(話頭禪, 看話禪)은 수행할 때 눈을 반쯤 뜨고한다. 그것은 12세기 중국에서 화두 싸띠수행자가 혼침, 졸음, 망상 등을 극복하기 위해 창안한 방법이었다.

39. 이것은 붇다가 권장한 수행기술이 아니다. 붇다는 눈감고 배 움직임(일어남-사라짐)을 알아차림하다 혼침, 졸음, 망상 등 방해현상이 나타나면 그것을 이름붙이고 알아차림하고 기준점(출발점)인 배로 돌아왔다. 좌선할 때 기본은 눈감는 것이다.

40. 수행할 때 조명은 너무 밝지 않도록 해야한다. 불을 완전히 끄는 것도 좋지 않다.

7) 기준점, 배 알아차림 기술

41. 좌선할 때는 먼저 알아차림 기능인 싸띠를 둘 기준점(출발점)을 정해야한다. 여기서는 붇다 방법에 따라 좌선할 때는 배 움직임(일어남-사라짐, 風大, 色=身)을 기준점으로 정한다*.

42. 먼저 앉은 모습을 「앉음」, 엉덩이가 바닥에 닿은 느낌을 「닿음」 하고 이름붙이고 알아차림한다. 한두 번 하고나서 알아차림 기능인 싸띠를 배에 툭 던진다. 그리고 생체리듬에 따라 배가 움직일 때 불러오면 「일어남」, 꺼지면 「사라짐」 하고 이름붙이고 알아차림한다*.

43. 좌선할 때 알아차림 대상은 호흡이 아니라 배 움직임(일어남-사라

배 · 호흡 · 32곳

좌선할 때 알아차림 기준점(출발점)을 배 움직임(일어남-사라짐)으로 삼은 것은 나라가경(Nālaka sutta, 那羅迦經)에 다음과 같이 나온다.

「그대에게 자유의 길에 대해 말하겠다. 혀를 입천장에 대고 면도날처럼 하고 배에 집중해서 자기를 다스려라. 마음이 침체해도 안 되고 많은 것을 생각해도 안 된다. 집착을 버리고 청정한 삶을 살아라. 홀로앉아 수행을 배워라. 홀로 있는 데서 기쁨을 찾아라. 홀로 있는 것이 해방의 길이다.」

여러 경전에서 붇다가 앉아서 좌선할 때 코끝을 지나는 공기흐름에 숫자로 이름붙이고 알아차림했다고 전한다. 여기처럼 어떤 경우는 배 움직임(일어남-사라짐)을 알아차림 한 곳도 있다. 다른 곳에는 몸의 32군데를 알아차림 했다고 한다. 공기흐름, 배 움직임, 몸 32곳 등을 알아차림한 것은 움직임을 대상으로 삼은 것이니 이것은 모두 풍대(風大)를 기준점으로 삼은 것이다. 이것은 모두 좌선기법이다. 배 움직임(일어남-사라짐)을 알아차림 기준점으로 삼고 수행하는 것이 마하-사가 개발한 것으로 알고있지만 원래 붇다가 만든 것을 마하-사가 다시 한 번 강조한 것이다.

이름붙이기

붇다는 수행할 때 항상 해당현상에 이름붙이고 알아차림했다. 화두 싸띠수행도 이름붙이기를 사용했다. 마하-사도 이름붙이기를 중시했다. 감각대상을 알아차림할 때 이름붙이는 것은 알아차림 기능인 싸띠를 감각대상에 밀착고정시키는 좋은 방법이다. 간혹 이름붙이기를 소홀히 하는 수행자가 있는데 이는 게으른 수행자거나, 막가파라 2/5지점 이하 수준이거나, 수행지도자가 수행자를 포기했거나, 수행자에게 아부하는 말을 잘못 들은 수행자다.

짐)이다. 이름붙이고 알아차림해야 효과있다. 배 움직임을 알아차림할 때 배 움직임을 인위적이고 규칙적으로 조절하면 안 된다. 자연스럽게 생체리 듬에 맡기고 움직임만 알아차림해야한다.

44. 배 움직임(일어남-사라짐)을 알아차림할 때 방해현상(소리, 망상, 아픔) 등이 나타나면 그것을 알아차림하고 즉시 배 움직임으로 돌아와야 한다. 이때도 반드시 이름붙이고 알아차림해야한다. 알아차림을 놓치고 행 동으로 해소하거나 망상피우는 것은 수행향상에 도움되지 않는다.

45. 처음은 알아차림 기능인 싸띠가 배 움직임(일어남-사라짐)을 따라 가기도 벅차지만 어느 정도 수행이 향상되면 배 움직임과 알아차림이 일치 해 진행된다. 이때는 알아차림이 잘 되기 때문에 도리어 수행이 느슨해지 기 쉽고 퇴보할 수 있다.

46. 초보자는 막가파라 2/5지점에 이를 때까지 배나 발을 대상(기준점) 으로 삼고 알아차림 기능인 싸띠를 강화하는 것이 좋다.

47. 수행이 어느 정도 익숙한 수행자는 막가파라 2/5~4/5지점에 이를 때까지 배나 발을 기준점삼고 알아차림 기능인 싸띠와 싸띠집중 기능인 싸 마-디 중에서 약한 것을 강화시키는 것이 좋다.

48. 수행이 성성한 수행자는 배, 발, 특수대상을 기준점 삼고 자기에게 맞는 방법으로 알아차림 기능인 싸띠 순발력과 유연성을 키워 막가파라에 들어 닙바-나를 체험해야한다.

49. 막가파라를 성취하고 닙바-나를 체험한 수행자는 배, 발, 특수대상 을 기준점으로 삼고 자기에게 맞는 방법으로 더 높은 막가파라를 성취해야 한다.

50. 이때 경험많고 지혜높은 수행지도자로부터 지도받으면 효과있다. 쏘따-빳띠 막가파라를 성취했을 때가 알아차림 기능인 싸띠힘이 한창 성성

할 때다. 이때 눈밝은 스승으로부터 지도받으면 더 높은 막가파라로 수월하게 나아갈 수 있다.

51. 수행할 때 가장 중요한 것은 기준점(출발점)을 정해놓는 것이다.

52. 기준점(출발점)이 조금이라도 알아차림되면 그것을 포기하면 안 된다. 자극이 강한 것을 잡지말고 기준점을 따라가야 한다. 기준점이 핵심이다. 화두 싸띠수행할 때는 화두가 기준점이고 진언이나 염불선할 때는 염불이나 진언이 기준점이다. 배나 발을 볼 때는 배나 발이 기준점이다.

53. 배 움직임(일어남-사라짐)을 알아차림할 때 일어남과 사라짐, 사라짐과 일어남 사이 배 움직임이 잠시 멈추고 틈이 생길 수 있다. 이때는 미리 정해둔 제2기준점을 알아차림해야한다. 그래야 망상이 들어오지 않고 싸띠강화 훈련을 지속할 수 있다.

54. 수행이 충분히 성숙하지 못한 수행자는 알아차림 기능인 싸띠가 약하기 때문에 배 움직임(일어남-사라짐)이 멈추면 배 움직임이 없어진 줄 알고 싸띠가 다른 감각대상을 찾아간다. 그 틈에 망상이 들어온다.

55. 여기서는 좌선할 때 제2기준점은 앉은 「모습」과 엉덩이가 땅에 닿은 「느낌」으로 정한다. 다른 것을 정해도 상관없다. 이때 제2기준점을 미리 정해놓고 배가 움직이지 않으면 즉시 제2기준점으로 알아차림 기능인 싸띠를 보내 그것을 알아차림해야한다.

56. 배 움직임(일어남-사라짐)이 감지되지 않으면 다시 한 번 알아차림 기능인 싸띠를 배에 보내 배 움직임을 찾아야 한다. 그래도 배 움직임이 감지되지 않으면 미리 정해둔 제2기준점인 「앉음-닿음」을 알아차림해야 한다.

57. 제2기준점(앉음-닿음)을 알아차림하는데 배 움직임(일어남-사라짐)이 다시 감지되면 「앉음-닿음」 알아차림을 중지하고 즉시 제1기준점인

배 움직임으로 돌아가 배 「일어남-사라짐」을 알아차림해야한다. 좌선할 때는 제1기준점인 배 움직임이 최우선이다.

8) 좌선핵심

58. 좌선할 때 알아차림 핵심은 배 「일어남-사라짐」인 배 움직임이다.

59. 배 움직임(일어남-사라짐)을 알아차림할 때 모양으로 보지 말고 고유특성인 4대(四大, 地水火風)로 알아차림하면 싸띠가 커지고 존재에 내재한 실재인 3법인(三法印, 無我-苦-無常)을 체득할 수 있다.

60. 이때 배 움직임(일어남-사라짐)을 모양이나 이미지를 만들어 알아차림하면 안 된다. 이미지 기법은 요가수행이다. 그러면 알아차림 기능인 싸띠는 강화되지 않고 싸마-ㄷ히만 향상돼 막가파라에 들지 못하고 닙바나를 체험할 수 없다*.

61. 좌선할 때 알아차림 대상은 배에서 일어나는 모든 현상이다. 이때 알아차림하는 현상을 모양중심으로 보지말고 4대 가운데 풍대로 알아차림하면 지혜가 성숙되는 것만큼 실재인 3법인을 체득할 수 있다.

62. 실재를 보거나 4대 전부 알아차림하는 요령이 4대 가운데 어느 하나에 초점맞추고 알아차림하는 것이다. 알아차림 범위를 좁히는 것이 깊고

가치판단 · 사실판단 · 실재판단

대개의 경우 가치판단에 기초해 사물을 본다. 존재는 존재일 뿐이다. 존재를 관념으로 포장하고 구분하고 차별하는 것이 모든 불행출발점이다. 존재를 볼 때 있는 그대로 사실판단만 해야한다. 그러면 해당현상을 일으킨 인과관계나 실재가 있는 그대로 보인다. 사람은 오랜 세월 자기가 가진 가치관에 기초해 감각대상을 구분하고 차별하는 데 길들여졌다. 그래서 사실판단과 실재판단이 잘 되지않고 어느 사이 가치판단에 기초해 사물을 인식한다. 이런 잘못을 극복하기 위해 존재에 드러난 고유특성(四大)을 알아차림하면(사실판단) 서서히 지혜가 성숙하고 존재를 있는 그대로 실재판단(三法印)할 수 있다.

넓게 보는 핵심이다.

9) 방해현상 처리기술

63. 배 「일어남-사라짐」을 알아차림할 때 새로운 현상이 나타나 배 움직임(일어남-사라짐) 알아차림하는 것을 방해하면 즉시 배 움직임 알아차림을 중지하고 방해현상을 알아차림해야한다.

64. 방해현상이 발생한 곳으로 알아차림 기능인 싸띠를 보내 아픔, 생각, 들림 등 적절히 이름붙이고 알아차림해야한다. 서너 번 이름붙이고 알아차림한 후 즉시 기준점(출발점)인 배 움직임(일어남-사라짐)으로 돌아가야 한다. 알아차림했지만 방해현상이 사라지지 않고 있어도 가능하면 배 움직임으로 돌아오는 것이 효과있다.

65. 왜냐하면 수행자는 해당현상을 알아차림하고 있다고 생각해도 실제로는 해당현상과 어울려 놀거나 싸울 수 있기 때문이다. 그것이 배 움직임(일어남-사라짐)을 방해하면 몇 번이고 다시 가서 알아차림하면 된다.

66. 방해현상이 발생할 때 그것을 알아차림하는 것은 중요하다. 그보다 더 중요한 것은 두세 번 알아차림한 후 즉시 기준점(출발점)인 배 움직임(일어남-사라짐)으로 돌아오는 것이다. 그것이 수행에 효과있다. 알아차림 기능인 싸띠가 기준점과 방해현상 사이를 오가면서 싸띠힘이 강화된다*.

67. 배 움직임(일어남-사라짐)을 알아차림할 때 방해현상이 나타난 순간을 알아차림하고 동시에 배 움직임도 놓치지 않았다면 방해현상이 나타난 것만 알고 계속 배 움직임을 알아차림하는 것이 수행에 효과있다.

68. 방해현상 때문에 배 움직임(일어남-사라짐)을 놓쳤다면 배 움직임 알아차림을 중지하고 즉시 방해현상을 알아차림해야한다. 그래야 수행진

보에 도움된다.

10) 배 움직임 찾는 기술

69. 좌선할 때 수행진보에 따라 배 움직임(일어남-사라짐)은 다양하게 나타난다. 처음 수행할 때는 몸에 힘이 들어가 배가 움직이지 않거나, 알아차림 기능인 싸띠힘이 약해 배 움직임을 감지할 수 없거나, 자기생각에 매몰돼 배 움직임을 알아차림하지 못하기도 한다.

70. 수행이 어느 정도 향상되면 배 움직임(일어남-사라짐)이 미세해지기도 하는데 이때 배 움직임이 작아진 것에 비해 알아차림 기능인 싸띠가 충분히 깨어나지 못하면 배 움직임을 알아차림하지 못하기도 한다.

요가수행과 싸띠수행

표105 요가수행과 싸띠수행

	감각대상	수행도구	수행기술	수행결과	수 행 목 표
요가수행	존재 이미지	Samādhi (三昧, 止, 定)	밀착고정	고요함(흐림)	신과 합일을 통한 행복구걸
싸띠수행	존재 고유특성 (四大)	sati(念)	알아차림	맑음(밝음)	감각대상 실재를 통찰하고 싸띠힘을 키움으로써 자유와 행복추구

　요가수행은 감각대상 모양(이미지)에 초점맞춘다. 그것이 싸마-디히 향상에 더 좋다고 본다. 싸띠수행은 존재에 드러난 고유특성에 초점맞춘다. 그래야 실재를 있는 그대로 볼 수 있는 지혜가 성숙되기 때문이다. 요가수행은 하나의 감각대상에 알아차림 기능인 싸띠를 집중하고 다른 것은 철저히 무시한다. 싸띠수행은 감각대상을 알아차림하면서 동시에 주변에 일어나는 현상 전부 알아차림하라고 주문한다. 이때 모든 것이 다 보여도 초점은 기준점(출발점)에 둔다. 알아차림 범위를 좁혀야 안목이 깊고 넓어진다. 요가수행은 하늘에 있는 오리지널 신인 브라흐마(梵)와 피조물에 들어와 있는 신의 분신인 앗따(我)를 하나로 묶는 것(梵我一如)이 목적이다. 그래야 신의 은총으로 행복하게 살 수 있다고 믿는다. 싸띠수행은 존재를 덮고있는 포장을 걷어내고 그 밑에 있는 실재를 있는 그대로 보는 것에 초점맞춘다. 그래야 어둠을 걷어내고 밝음으로, 혼돈을 맑혀 정돈으로, 흐림을 제거하고 맑음으로 나아갈 수 있다고 본다. 붇다하는 사물을 올바르게 판단하고 행동하면 자유롭고 청정하고 행복하게 공존할 수 있다고 보았다.

71. 어느 경우든 배 움직임(일어남-사라짐)이 감지되지 않으면 배에서 배 움직임을 찾지말고 배에서 빠져나와 찾아야 한다.

72. 이때 제2기준점을 미리 정해놓고 그곳으로 알아차림 기능인 싸띠를 보내 배 움직임(일어남-사라짐)을 찾는 것이 효과있다. 일반적으로 좌선할 때 제2기준점은 「앉음-닿음」으로 한다.

73. 배 움직임(일어남-사라짐)을 알아차림할 수 없을 때는 앉은 모습을 「앉음」, 엉덩이가 바닥에 닿은 느낌을 「닿음」하고 일아차림해야한다. 몇 번이라도 반복해 「앉음-닿음」을 알아차림하다 다시 배 움직임을 감지하면 「앉음-닿음」을 중지하고 즉시 배 움직임으로 돌아가야 한다.

74. 그렇게 해도 배 움직임(일어남-사라짐)을 감지할 수 없을 때는 배에 손을 대서라도 찾아내야 한다. 살아있는 한 배는 움직인다. 단지 알아차림 기능인 싸띠가 약해 수행자가 자각하지 못할 뿐이다. 그렇게 해도 도저히 배 움직임을 찾을 수 없을 때는 수행지도자와 상의하는 것이 좋다.

11) 배 움직임이 여럿일 때 처리기술

75. 수행이 어느 정도 향상되면 배 움직임(일어남-사라짐)이 여러 곳에서 동시에 일어나기도 한다. 이때 어떻게 처리할지 몰라 당황하는 경우가 있다. 이때는 다음 원칙을 기준으로 알아차림해야한다.

(표106) **좌선방법**

① 배 움직임(일어남-사라짐)이 배에서 움직이면 그것을 본다.
② 배 움직임(일어남-사라짐)이 배에도 있고 가슴이나 머리 등에도 있을 때는 배에 있는 것을 우선적으로 본다.

③ 배 움직임(일어남 - 사라짐)이 배에는 없고 가슴이나 머리 등에 있을
때는 그 가운데 강한 것을 알아차림해야한다.

④ 배 움직임(일어남 - 사라짐)이 동시에 여러 곳에서 움직이면 처음
잡았던 것을 계속 알아차림하거나, 자극이 큰 것을 선택해 잡거나,
「앎」하고 그 모든 것을 전체로 알아차림해야 한다.

⑤ 배 움직임(일어남 - 사라짐)이 배 겉에도 있고 속에도 있을 때는 속
에 있는 것을 잡는다.

76. 현재 진행되는 현상을 알고있지만 복잡하고 빠르게 전개될 때는 이
름붙이기가 무척 까다롭다. 이때는 「현재 진행하는 현상을 알고있지만 이
름붙일 수 없다.」는 말을 한 단어로 줄여 「앎」하고 이름붙이고 알아차림
해야한다.

12) 강한 자극 처리기술

77. 수행할 때 느낌이 큰 것, 자극이 강한 것을 알아차림하라고 한다. 이
것은 맞는 말이다. 그러나 그렇게 하면 수행진보를 기대할 수 없다. 이것은
답이기도 하지만 동시에 수행자가 흔히 빠지는 함정이기도 하다.

78. 대개 자극이 강한 것을 잡으라는 말은 감지되는 여러 자극 가운데
중요하다고 생각하거나 이미 정해놓은 기준점(출발점)이 알아차림되면 그
것을 놓치지 말라는 뜻이다.

79. 좌선이나 행선할 때 가장 중요한 것은 알아차림 기준점(출발점)이
다. 자극이 강한 것을 잡으라는 말의 핵심은 처음 정한 기준점을 알아차림
하라는 말의 다른 표현이다. 말꼬리를 따라가면 안 된다. 그것이 가리키는

지향점(落處)을 주목해야 한다. 달을 가리키는 손가락을 보면 달을 볼 수 없다*.

80. 일반적으로 수행지도자가 자극이 강한 것을 알아차림하라고 지시할 때는 강한 자극을 따라가도 되고 기준점(출발점)을 알아차림해도된다. 이때 기준점을 감지할 수 없을 때는 강한 자극을 알아차림해야한다. 기준점도 보이고 다른 현상도 보일 때는 가능한 기준점을 알아차림하는 것이 답이다.

81. 배 움직임(일어남-사라짐)도 보이고 통증, 망상, 소리 등도 느껴질 때는 그 가운데 어느 하나를 선택해 알아차림해야한다. 이때는 기준점(출발점)인 배 움직임이 우선이다. 배를 놓쳤을 때만 다른 것을 알아차림해야 한다. 이것이 기본이고 핵심 기술이다.

82. 옛 어른은 타성일편(打成一片)하라고 주문했다. 수행을 큰 쇳덩이를 두드려 한 조각으로 만드는 것에 비유했다. 많은 현상이 보여도 가능한 기준점(출발점)을 계속 알아차림하면 서서히 마음오염원 거품이 걷히면서 실재가 있는 그대로 보인다.

83. 자극강도는 지극히 주관적이다. 그렇기 때문에 객관적으로 어떤 것이 자극이 강한지는 결정할 수 없다. 자극크기는 수행자가 주관적으로 결정할 수밖에 없다. 자기가 중요하다고 생각한 대상이 자극이 큰 것이다.

싸띠구속

알아차림 기능인 싸띠가 강하면 다소 강한 자극이라도 알아차림할 수 있지만 약하면 감각대상에 구속된다. 이때는 구속된 감각대상에서 억지로라도 싸띠를 빼내 기준점(출발점)으로 갖다두는 것이 싸띠강화 요령이다. 감각대상 자극이 부드러울 때는 싸띠를 그곳으로 보내는 것이 싸띠강화 기술이고 자극이 커서 알아차림 기능인 싸띠를 그곳에 구속시켰으면 반대로 구속된 싸띠를 다른 곳으로 빼내는 것이 싸띠강화 훈련이다. 1kgf 정도 힘에 구속된 것을 빼낼 수 있으면 최소한 그 이상의 힘이 있다. 원리를 올바르게 이해하는 것이 행위유효성을 높이는 데 중요하다.

13) 통증 처리기술

84. 수행할 때 직면하는 어려움 가운데 하나가 몸에 나타나는 통증이다. 모든 수행자에게 통증이 나타나는 것은 아니고 약 50% 정도 수행자에게 나타난다. 약간 심할 수도 있고 가볍게 지나갈 수도 있다.

85. 통증은 다차원으로 일어나는데 심하게 느껴질 때는 수행진보를 치명적으로 방해한다. 어떤 수행자는 통증 때문에 수행을 포기하기도 한다.

86. 대개 통증은 두 가지 요인 때문에 일어난다. 하나는 몸에 아-싸봐, 스트레스, 업장 등과 같은 마음오염원이 쌓이면 신경조직이 굳어지고 수축한다. 수행으로 마음오염원을 제거하면 신경조직이 이완되고 부드러워진다. 이때 수축하는 힘과 이완하는 힘이 부딪치면 통증으로 나타난다.

87. 다른 하나는 뇌훈련 과정에서 통증이 발생한다. 뇌는 자기가 오랫동안 익숙해진 것을 정상으로 생각한다. 편한 생활을 정상이라고 생각하다가 좌선할 때 한 자세로 오랫동안 앉으면 뇌는 그것을 비정상으로 인식한다.

88. 뇌는 평소 하던 자세로 바꾸라고 명령하고 수행자는 자기의지대로 그 자세를 계속 유지하면 뇌에서 내려오는 명령과 수행자의지가 부딪히는 강도만큼 통증이 발생한다.

89. 어느 쪽이 되었든 통증이 발생하면 수행자는 몸을 움직이면 안 된다. 몸을 움직이면 일시적으로 통증이 완화되는 것 같지만 뇌는 자기명령이 옳다고 믿고 더 강한 명령을 내려보내기 때문에 통증강도가 더 커진다.

90. 통증을 견디지 못해 몸을 움직이면 알아차림 기능인 싸띠가 약화되기 때문에 녹아내리던 아-싸봐가 더 이상 해체되지 않고 그 상태에서 멈춘다. 가능하면 몸을 움직이지 말고 처음자세를 유지하는 것이 요령이다.

91. 통증이 발생하면 무시하는 것이 가장 좋다. 통증에 알아차림 기능인

싸띠를 보내지 말고 배 움직임(일어남-사라짐) 알아차림을 강화하는 것이 효과있다. 더 이상 참을 수 없을 정도로 통증이 밀려오면 배 움직임 알아차림을 멈추고 통증을 알아차림해도된다.

92. 통증을 알아차림 할 때는 알아차림 기능인 싸띠를 통증에 두고 「아픔」하고 세 번 정도 이름붙이고 알아차림 한 후 즉시 기준점(출발점)인 배 움직임으로 돌아와야 한다. 다시 통증이 일어나 참을 수 없을 정도면 다시 통증으로 가서 위의 방법대로 알아차림하고 다시 배 움직임으로 돌아와야 한다.

93. 알아차림 기능인 싸띠를 통증에 밀착해 알아차림하면 통증은 다양한 형태로 나타난다. 쑤시기도 하고 저미기도 한다. 이때 계속 「아픔」하고 알아차림하면 지루하고 싸띠집중력도 떨어진다. 통증발생 형태에 따라 이름붙이고 알아차림하는 것이 효과있다.

94. 쑤시듯 아프면 「쑤심」, 후벼파듯 아프면 「후벼팜」, 송곳으로 찌르듯 아프면 「찌름」, 저미듯 아프면 「저밈」 하고 현상에 따라 적절히 이름붙이고 알아차림해야한다.

95. 5분 정도 알아차림해도 통증이 사라지지 않으면 무시하고 즉시 배 움직임(일어남-사라짐)으로 돌아와야 한다. 통증이 심해 도저히 배 움직임을 알아차림하지 못할 때는 30분 정도 통증을 알아차림해도된다.

96. 알아차림 기능인 싸띠와 싸띠집중 기능인 싸마-디히가 강하면 통증으로부터 자유롭게 된다. 통증은 죽을 때까지 없어지지 않는다. 통증을 없애려 애쓸 것이 아니라 싸띠를 강화해 통증구속으로부터 벗어나는 것이 핵심이다.

97. 통증은 대개 한 곳에 고정되지 않고 신경조직을 따라 이동하며 발생하고 소멸한다. 가능하면 통증은 무시하고 배 움직임(일어남-사라짐)을 알

아차림하는 것이 현명하다. 그것이 답이다.

98. 통증, 열기, 냉기 등은 마음오염원인 아-싸봐의 다른 표현이다. 이것은 모두 에너지 뭉침이다. 삶의 흔적이 마음공간에 입력될 때도 에너지를 흡수해 입력되고 해체될 때도 에너지를 뿜어내며 해체된다.

99. 수행초기는 마음이 맑아지는 것만큼 통증이 커질 수 있다. 이 단계에서 행복감, 아-싸봐 해체, 마음정화, 신경클리닉 등으로 불리는 것이 통증과 열기 형태로 나타나기도 한다.

14) 좌선길이

100. 좌선시간은 짧아도 집중적으로 하는 것이 좋다. 양보다 질이 중요하다. 수행초기는 1회 60분 정도가 적당하다.

101. 수행이 어느 정도 익숙해지면 수행지도자 지시에 따라 좌선시간을 늘린다. 수행지도자로부터 특별한 지시가 없을 때는 한 번에 세 시간 이상 하지 않는 것이 좋다.

102. 수행자나이에 따라 좌선시간을 조절하는 것도 요령이다. 초등학생은 15분, 중학생은 20분, 고등학생 이상은 60분 정도가 적당하다. 수행지도자가 있으면 상황에 따라 적절히 판단해줄 것이다.

103. 수행정도에 따라 좌선시간 조절하는 것도 요령이다. 초보자는 30분부터 시작해 60분 될 때까지 한 번에 5분 정도씩 늘려가는 것도 좋다. 중급자는 60분~120분, 익숙한 수행자는 120분~180분 정도가 적당하다.

104. 수행진도에 따라 좌선과 행선 비율을 조절하면 효과있다. 처음 수행하는 초보자가 막가파라 2/5지점(道非道智見淸淨)까지 좌선과 행선 비율을 「1(60분):1(60분)」, 수행이 어느 정도 익숙한 수행자는 막가파라

2/5~4/5지점(行道智見淸淨)까지 좌선과 행선 비율을 「2(120분):1(60)」, 수행이 몸과 마음에 완전히 익숙한 수행자는 막가파라에 들어 닙바-나 체험할 때까지 좌선과 행선 비율을 「3(180분):1(60분)」로 하는 것이 좋다.

105. 좌선이 늘어날수록 행선을 소홀히 해서는 안 된다. 좌선시간을 늘리거나 좌선시간과 행선시간을 조절할 때는 먼저 수행지도자와 상의하는 것이 현명하다. 좌선시간이 늘어나도 특별한 지시가 없으면 행선은 60분 이상 늘리지 않아야 한다.

106. 어떤 수행자는 좌선시간이 늘어난 만큼 행선시간을 줄이는 경우가 있다. 이것은 좋지 않다. 수행도량에서 하루 14시간 이상 집중수행할 때는 행선시간은 5시간 이상 유지해야 수행진보에 효과있다.

107. 자의로 수행시간을 조절하지 말고 수행지도자와 상의해 조절하는 것이 현명하다. 수행진보에 따라 수행지도자는 좌선과 행선 비율을 적절히 조절해줄 것이다.

108. 시간을 정해 수행할 때는 수행시간, 좌선과 행선 비율 등을 수행자가 임의로 길게 또는 짧게 하지말고 정해놓은 시간만큼 일정하게 유지하는 것이 효과있다. 자투리시간을 활용할 때는 상관없다.

109. 60분 좌선할 때 어떤 수행자는 57분하고 마치기도 한다. 이것은 함정이다. 가능하면 62분하고 마치는 것이 좋다. 2~3분 정도 차이지만 그것이 싸띠집중과 수행진보향상에 핵심이다*.

막가파라 드는 시간

막가파라에 들어 닙바-나를 체험하는 것은 사람차이는 있지만 대개 수행시작해서 30~70분 정도가 많다. 평소 120분~180분 정도 거뜬히 좌선할 수 있을 때 60분 전후에 모든 힘을 쏟아부을 수 있다. 100m 달리기선수가 97m 뛰면서 연습하면 본 시합에서 전력질주할 수 없다. 평소 훈련할 때 200~300m 씩 뛰어야 100m에 모든 힘을 쏟아부을 수 있다. 수행도 마찬가지다. 조금 넉넉히 시간을 투자하는 것이 요령이다.

15) 좌선 끝낼 때

110. 먼저 좌선을 끝내야겠다고 마음정한다. 좌선을 끝내기 전에 「마치려고 함」하고 그 의도를 알아차림한다. 호흡을 한 번 크게 토한 후 인연있는 사람에게 맑은 마음(慈悲觀)을 보내고 마친다.

111. 좌선 후 발을 앞으로 뻗거나 손을 뒤로짚고 휴식해도된다. 붇다께 3배 올리고 조용히 자리에서 일어나 방석을 정리한 후 행선하거나 다른 일을 본다.

112. 좌선을 마치고 5~10분 안에는 가급적 스트레칭을 하지않고 가볍게 1단계 행선하는 것이 좋다. 좌선이나 행선 다음에 몸이 무겁거나 찌뿌듯한 것은 운동부족이 아니라 몸과 마음에 쌓인 마음오염원이나 스트레스 등이 해체되는 과정에서 나타나는 일시적 현상인 경우가 많다.

113. 수행할 때 몸에 쌓인 아-싸봐는 1차로 양어깨 중간지점이나 명치끝으로 모였다 머리나 발로 옮겨 해체되는 경우가 많다. 몸이 무겁거나 어깨를 짓누르는 것은 스트레칭으로 해소되지 않는다. 오직 싸띠수행으로만 해소할 수 있다. 몸과 마음이 안정된 상태에서 무리하게 스트레칭하는 것은 연골이나 근육에 무리를 줄 수 있기 때문에 좋지 않다.

114. 수행자는 좌선으로 생긴 싸띠힘을 흩트리지 말고 행선이나 일상생활로 연결해 수행을 향상시켜야 한다. 대개 좌선이 잘 되면 행선도 잘 된다. 좌선을 마치고 곧바로 행선하거나 1단계 행선을 가볍게 5분 정도 한 후 일상생활로 돌아가는 것이 좋다*.

수행할 때 죽비다루는 법

수행처는 각종 행동지시를 말로 하지않고 손짓이나 물건소리로 한다. 중국이나 한국은 대나무를 반으로 쪼개 손

16) 올바른 좌선자세

사진 5

좌선 전면

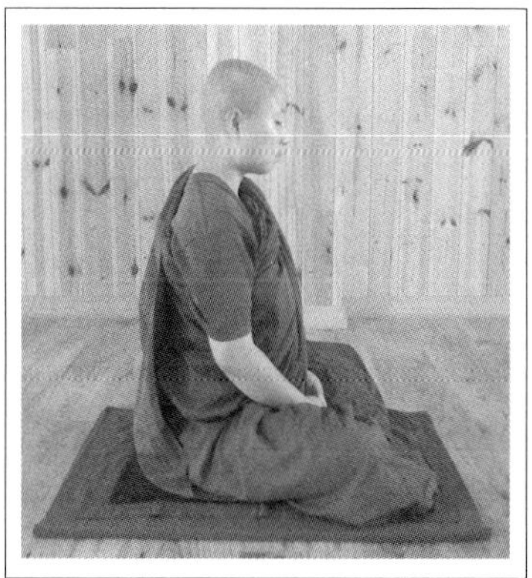

사진 6

좌선 측면

바닥에 부딪쳐 나는 소리로 신호한다. 이것이 죽비(竹篦)다. 죽비는 수행할 때나 공양할 때 수행처에서 사용하는 신호도구다. 죽비는 대개 모임장이 잡거나 정해진 소임자가 잡는다. 죽비를 잡고 칠 때는 엄숙히 다뤄야 한다. 그 것이 대중과 수행에 대한 예의다.

오른손으로 죽비를 잡고 가슴 높이만큼 두 손으로 공손히 받들어 예를 표한다. 그리고 똑바로 세운 후 왼 손바 닥에 가볍게 내려진다. 죽비가 왼 손바닥에 낳음과 동시에 왼손으로 죽비를 삽아주면 소리 무게감이 느껴진다. 나 치고나면 다시 처음처럼 두 손으로 공손히 받들어 예를 표한 후 앞, 옆, 지정된 장소에 내려놓는다.

표107 **죽비 치는 법**

① 좌선		② 행선	
시작죽비	3번(따딱, 딱 딱 딱)	시작죽비	3번(따딱, 딱 딱 딱)
		1, 3, 6단계 바뀌는 죽비	1번(따딱, 딱)
마침죽비	3번(따딱, 딱 딱 딱)	마침죽비	3번(따딱, 딱 딱 딱)

17) 잘못된 좌선자세

사진 7

사진 8

사진 9

사진 10

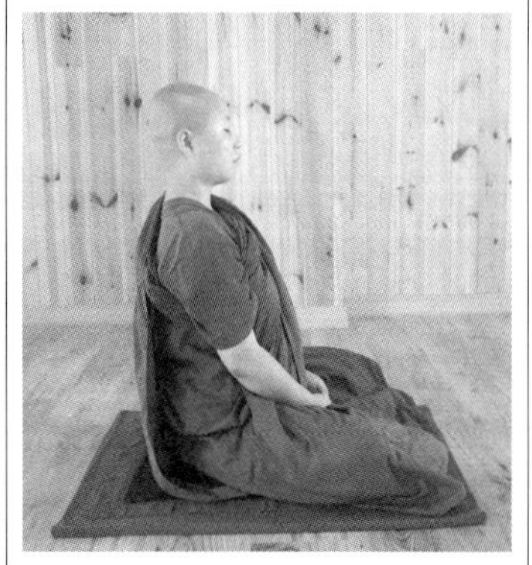

4. 행선 싸띠기술

1. 여기서는 걸으면서 수행하는 행선법에 대해 구체적으로 배우고 익힌다.

2. 행선자세에 대해 체계적으로 배우고 익히는 것은 수행향상에 유익할 뿐만 아니라 다른 사람에게 수행지도할 때 많은 도움된다. 행선은 좌선보다 약 세 배 이상 효과있기 때문에 올바르게 익혀두면 유용하게 사용할 수 있다.

3. 행선(caṅkama sati, 行禪)은 걸으며 하는 수행이다. 행선은 앉아하는 좌선보다 움직임이 크기 때문에 기준점(출발점) 알아차림이 다소 힘들지만 제대로 하면 알아차림 기능인 싸띠를 강화하는 데 효과있다.

4. 붇다 당시 수행자는 일정한 거주처 없이 돌아다니며 수행했기 때문에 행선을 효과적으로 활용했다. 현대인도 행선을 잘 활용하면 수행뿐만 아니라 건강에도 좋다. 행선은 좌선 전후 또는 공양한 뒤에 하면 몸과 마음에 활력을 주고 수행향상에도 좋다*.

행선자세

붇다하는 범망경(Brahmāyu sutta, 梵摩經)에서 행선자세에 대해 다음과 같이 설명한다.

「존자 고따마는 걸을 때 오른발을 앞으로 먼저 내디딘다. 그 보폭은 너무 길지도 않고 짧지도 않으며, 걸을 때는 너무 빠르지도 느리지도 않으며, 무릎이 서로 닿지 않으며, 복사뼈가 서로 부딪치지 않으며, 넓적다리를 많이 올리거나 내리지 않으며, 오므리거나 벌리지 않으며, 걸을 때 몸의 아랫부분만 움직이되 몸에 힘을 빼고 자연스럽게 걷는다.」

1) 장소선택

5. 장소는 중요하지 않다. 걷기 편하고 주위에 장애물없고 다른 사람으로부터 방해받지 않는 곳이면 좋다.

2) 행선 시작할 때

6. 먼저 적당한 장소에 자리잡는다. 일상생활에서 행선할 때는 주변사람에게 피해주지 않도록 세심한 주의를 기울여야 한다. 신고해도 좋고 벗고해도 좋다. 신을 벗고 할 때는 바닥이 차지 않도록 주의해야 한다.

3) 서는 기술

7. 행선할 때는 긴장을 풀고 편하고 자연스럽게 똑바로 서서 정면을 주시한 상태에서 시선만 3~5m 정도 툭 던져놓는다. 엉거주춤한 자세로 서거나 발을 잘 보기 위해 얼굴을 숙이는 것은 좋지 않다.

사진 11	사진 12	사진 13	사진 14

뒷짐지기	뒷짐지기	팔짱끼기	차수하기

4) 손 처리기술

8. 행선할 때 손은 어떻게 하든 상관없지만 처음 취한 자세를 마칠 때까지 유지해야 한다.

9. 손은 뒷짐지기, 팔짱끼기, 차수하기 등 자기가 편한 대로 한다. 여기서는 뒷짐지는 것으로 통일한다. 1단계 행선은 자연스럽게 두고 3단계와 6단계 행선은 뒷짐지는 것이 좋다.

5) 눈 처리기술

10. 행선할 때 눈은 뜨고한다. 좌선할 때는 감고 하지만 행선할 때는 뜨고 해야한다. 행선할 때 눈을 감으면 균형잃기 쉽다.

11. 시선은 전방 3~5m 정도 던져놓는다. 눈에 힘이 들어가면 알아차림 기능인 싸띠가 움직이는 발바닥에 잘 가지 않는다. 행선할 때 눈에 힘빼고 싸띠를 움직이는 발바닥에 툭 던져놓고 알아차림해야 한다.

6) 기준점, 발 알아차림 기술

12. 수행지도자로부터 행선방법과 각 단계마다 시간을 지시받았으면 그것을 준수해야 한다. 지시받은 단계와 시간을 지키는 것이 수행향상에 도움된다. 시간을 변경할 때는 먼저 수행지도자와 상의하는 것이 좋다.

13. 자연스럽게 선 후 「섬」하고 서있는 자세를 알아차림하고 움직이려는 발바닥에 알아차림 기능인 싸띠를 둔다.

① 1단계 행선

「왼발-오른발」

14. 행선 속도와 보폭은 일상적으로 걷는 정도면 적당하다. 손은 자연스럽게 둔다.

15. 1단계 행선할 때 발 움직임(오른발-왼발, 風大, 色=身)을 기준점(출발점)으로 정하고 알아차림하면 지대(地大), 수대(水大), 화대(火大) 등도 분명하고 전체적으로 알아차림된다.

② 3단계 행선

「들어-앞으로-놓음」

16. 행선속도는 보통 걷는 속도보다 약간 느리게 한다. 보폭은 움직이는 발뒤꿈치가 서있는 발 엄지발가락 앞 5cm쯤 되게 놓는다. 두 발 사이는 10cm 정도 벌린다. 들 때는 발뒤꿈치를 먼저 들고 놓을 때는 발 앞쪽을 먼저놓는다. 손은 뒷짐진다.

17. 3단계 행선할 때 발 움직임(들어-앞으로-놓음, 風大, 色=身]을 기준점(출발점)으로 정하고 알아차림하면 지대, 화대, 수대 등이 보다 분명하고 전체로 알아차림된다.

③ 6단계 행선

「들려고 함(의도) − 들어 − 가려고 함(의도) − 앞으로 − 놓으려고 함(의도) − 놓음(누름)*.」

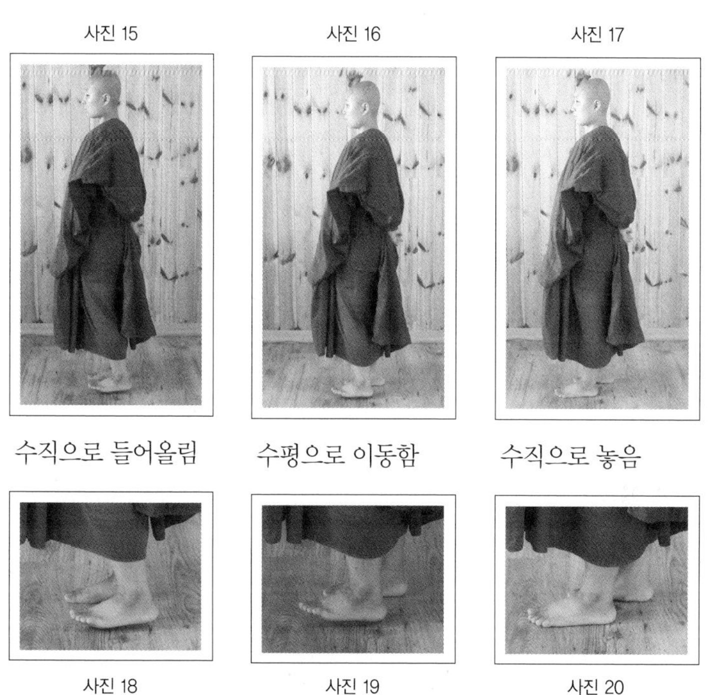

사진 15	사진 16	사진 17
수직으로 들어올림	수평으로 이동함	수직으로 놓음
사진 18	사진 19	사진 20

18. 행선속도는 가능한 천천히 한다. 보폭은 움직이는 발뒤꿈치가 서있

6단계 행선

6단계 행선을 다음과 같이 해도된다. 「들려고 함 − 들어 − 앞으로 − 놓음, 닿음. 누름」

는 발 중간쯤 놓는다. 두 발 사이는 10cm 정도 벌린다. 발은 수직으로 들고, 수평으로 움직이고, 수직으로 내려놓는다. 손은 뒷짐진다.

19. 6단계 행선할 때 머리는 똑바로 들고 시선은 전방 3~5m에 둔다. 이때 시선에 힘주지 않아야 한다. 5~7m 거리를 10~15분 정도로 움직이면 적당하다.

20. 6단계 행선할 때 발 움직임(들려고 함(의도)-들어-가려고 함(의도)-앞으로-놓으려고 함(의도)-놓음-(누름), 地大, 色=身」 무게감을 기준점(출발점)으로 정하고 알아차림하면 수대, 화대, 풍대 등도 분명하고 전체로 알아차림된다.

7) 행선핵심

21. 행선할 때 1단계와 3단계 행선은 발움직임(風大), 6단계 행선은 움직이는 발바닥 무게감(地大)을 기준점(출발점)으로 정하고 알아차림하는 것이 핵심이다.

22. 발 움직임을 알아차림할 때 드러난 고유특성인 4대로 알아차림하면 싸띠가 커지고 지혜가 성숙된다. 지혜가 성장하는 것만큼 실재인 3법인을 체득할 수 있다.

23. 이때 주의할 것은 발움직임을 모양중심(이미지)으로 보면 안 된다. 그렇게 하면 요가수행이다. 알아차림 기능인 싸띠는 강화되지않고 싸띠집중인 싸마-디히만 조금 향상돼 결국 막가파라에 들지 못하고 닙바-나를 체험할 수 없다.

24. 실재를 보거나 4대 전부를 알아차림하는 요령이 4대 가운데 어느 하나에 기준점(출발점) 정하고 알아차림하는 것이다. 이때 알아차림 범위

를 좁히는 것이 깊고 넓게 보는 핵심이다.

8) 방향돌거나 걸음멈출 때 처리기술

25. 행선하는 끝에 도착하면 먼저 서려는 의도를 알아차림하고 「들어-놓음」하고 선 후, 방향을 돌기 전에 그 의도를 알아차림 한 후, 「들어-(돌려)-놓음」하고 천천히 돌려놓는다.

26. 방향을 바꿀 때는 더 세밀한 알아차림이 필요하다. 항상 움직이려는 의도를 먼저 알아차림한 후 행동해야한다. 그래야 수행향상에 도움된다.

9) 방해현상 처리기술

27. 행선할 때 방해현상이 나타나도 가능한 무시하고 알아차림 기능인 싸띠를 움직이는 발에 두는 것이 효과있다*.

28. 행선을 못할 정도로 방해현상이 강하게 나타나면 들고있던 발을 내려놓고 눈을 감고 그것이 나타난 방향으로 알아차림 기능인 싸띠를 보내 서너 번 이름붙이고 알아차림한 후 발 움직임(기준점)으로 돌아온다.

29. 방해현상이 나타나면 그것을 알아차림하는 것은 기본이고 더 중요한 것은 알아차림한 후 즉시 기준점(출발점)으로 돌아오는 것이다.

방해현상

수행할 때 방해현상이 나타나면 다음과 같이 처리한다.

① 좌선은 방해현상이 나타나면 알아차림하고 배 움직임(일어남-사라짐) 기준점(출발점)으로 돌아온다.
② 행선은 가급적 무시하고 발 움직임을 본다.
③ 생활선은 철저히 무시하고 행위 끝에 집중한다.

30. 알아차림 기능인 싸띠가 성숙해 방해현상이 일어난 순간을 알아차림하고 동시에 발 움직임(기준점)도 놓치지 않았다면 그것이 발생한 줄만 알고 계속 발 움직임을 알아차림해야한다.

31. 행선할 때 많은 망상이 들어오는 것은 두 가지 요인 때문이다. 하나는 알아차림 기능인 싸띠가 발 움직임(기준점)에 잘 밀착되지 않기 때문이고 다른 하나는 마음거울이 맑아지고 싸띠기능이 향상돼 마음거울에 맺힌 현상을 더 세밀하게 알아차림하기 때문이다. 행선할 때는 태산같이 망상이 밀려와도 그냥 발 움직임만 알아차림하는 것이 효과있다.

10) 행선시간

32. 시간을 정해 행선할 때는 1단계 5분, 3단계 5분, 6단계 50분 정도 하면 수행향상에 도움된다. 자투리시간을 활용해 행선할 때는 시간이나 단계에 구애받지 않아도 된다.

33. 행선시간은 한 번에 1시간 정도가 적당하다. 처음 수행하는 초보자는 좌선과 행선 비율을 「1:1」로 균형맞춰 1시간 좌선, 1시간 행선하면 좋다. 수행이 어느 정도 성숙된 수행자는 수행지도자 지시에 따라 좌선과 행선 비율, 행선할 때 각 단계와 시간 등을 적절히 조절해야한다. 이때도 행선시간은 60분을 넘지 않아야 한다.

34. 좌선 전후로 행선하면 몸도 풀리고 뇌세포도 활성화돼 좋다. 새벽에 일어나면 뇌세포가 완전히 깨어나지 않은 상태이므로 30분 정도 행선한 후 좌선하는 것이 좋다.

11) 행선거리

35. 행선거리가 멀 필요는 없다. 1단계는 거리에 구애받지 않아도 된다. 3단계와 6단계 행선은 7~10 m 정도가 적당하다.

12) 행선 끝낼 때

36. 행선을 끝내겠다고 마음정한다. 행선을 멈추고 팔을 풀고 호흡을 토해낸다. 이때 조급하거나 거칠게 행동하면 안 된다. 수행 후에는 항상 천천히 움직여야 다음 수행에 도움된다.

37. 행선으로 얻은 수행력을 흩트리지 말고 좌선과 일상생활로 연결해 수행자양분으로 삼아야 한다.

38. 행선도 좌선과 마찬가지로 마치고 나서 곧바로 과격한 몸놀림이나 스트레칭은 피하는 것이 좋다.

39. 알아차림 기능인 싸띠힘이 강할수록 행선 중에 피곤하거나 눈꺼풀이 무겁고 졸음이 몰려올 수도 있다. 이때는 행선을 중단하지 말고 계속 밀어붙여야 한다. 수행진도가 조금 나간 상태에서 행선할 때 졸립거나 피곤한 것은 졸음이나 피곤함이 아니라 아-싸봐 해체와 싸마-디히 특징이다.

40. 이때 행선을 중단하고 조금 쉬었다 하면 더 잘 할 것 같지만 그것은 함정이다. 이것은 등산할 때 높이 올라갈수록 힘들고 피곤한 것과 비슷한 현상이다.

41. 행선이 잘 되고 난 다음 좌선할 때 앉자마자 5분 정도 졸음이 몰려오기도 한다. 이때 졸고 나면 몸과 마음이 상쾌함을 느낄 수 있다. 그러나

상쾌함과 동시에 그 앞 시간 동안 쌓아 둔 수행력도 함께 소멸되기 때문에 조심해야한다. 이런 것은 현상은 졸음이지만 실재는 아-싸봐 해체와 싸마-디히 특징이다.

42. 행선을 마치고 나서도 피곤함과 졸음이 오기도 한다. 행선을 마친 후 5분 안에는 의자에 기대거나 자리에 누워 휴식하지 않는 것이 좋다. 그렇게 하면 몸은 개운하지만 5분 정도 휴식이 그 시간 동안 키워놓은 수행력도 날려버린다.

43. 가급적 행선 다음에 오는 졸음은 알아차림하고 견디는 것이 좋다. 졸음도 알아차림대상으로 삼으면 수행진보에 도움된다.

5. 생활·노동 싸띠기술

1. 여기서는 수행의 꽃인 생활선, 노동선 기본원리와 구체기술을 정확하게 배우고 익혀 다양하게 활용하는 방법을 모색한다.

1) 기본원리

2. 좌선과 행선만이 수행이라 생각하고 나머지 시간은 아무렇게나 행동하면 좌선과 행선으로 이룬 수행력이 흩어질 수 있다. 어떤 상황에서라도 몸 안팎에서 일어나는 현상을 정확히 알아차림해 실재를 통찰하는 것이 중요하다.

3. 생활선(ājīva sati, 生活禪) 싸띠수행은 일상생활이나 노동현장을 수행과 연결한 것이기 때문에 수행보다 생활이나 일이 중심이다.

4. 생활선은 장소나 시간에 구애받지 않고 언제든지 원하는 장소에서 할 수 있다. 붇다하는 일상생활 전부가 수행 아닌 것이 없다고 했다.

5. 아침에 일어나 저녁에 잠잘 때까지 모든 것을 분명하게 알아차림하는 것이 생활선이다. 생활선은 행선이나 좌선보다 알아차림하기 더 어렵기 때문에 제대로 하면 수행효과는 크다.

6. 일상생활 전 과정을 수행으로 삼고 보이면 「보임」, 들리면 「들림」, 생각나면 「생각」하고 알아차림하면 수행은 크게 신보한다. 생활선, 노동선할 때 기본원칙을 잘 숙지하고 활용하면 수행진보에 크게 도움된다.

7. 생활선할 때 알아차림 기준점(출발점)은 행위 끝이다. 걸을 때는 움직이는 발바닥, 청소할 때는 빗자루 끝, 대화하거나 강의할 때는 해당 상황전체를 기준점으로 삼는다. 행동하기 전에 일어난 의도를 알아차림하는 쌈빠자-나(sampajāna, 自知)도 강화해야 한다.

8. 행주좌와 어묵동정(行住坐臥 語黙動靜), 아침부터 저녁까지 모든 것을 있는 그대로 알아차림하는 것이 생활선이다. 생활선은 행선이나 좌선보다 알아차림하기 어렵기 때문에 제대로 하면 수행효과는 크다*.

9. 그러나 일상생활을 수행으로 활용할 때는 현재 하고있는 일을 지속해야한다. 그것을 중단하면 안 된다. 모든 것을 알아차림 대상으로 삼고 수행

생활선 방법

붇다하는 대반열반경(Mahāparinibbāna sutta, 大般涅槃經)에서 생활선에 대해 다음과 같이 설명했다.

「비힉쿠여! 항상 싸띠와 쌈빠자-나로 수행해야한다. 이것이 내가 그대에게 주는 간곡한 가르침이다. 비힉쿠여! 몸을 기준점 삼고 싸띠와 쌈빠자-나로 수행해 세상에 대한 욕망과 근심으로부터 자유로워야 한다......비힉쿠여! 이와 같이 싸띠해야한다. 어떻게 쌈빠자-나 하는가?

비힉쿠여! 앞으로 나아갈 때나 뒤로 물러날 때, 앞을 볼 때나 뒤를 돌아볼 때, 구부릴 때나 펼 때, 옷이나 빳따를 가질 때, 먹고, 마시고, 씹고, 맛볼 때, 대소변 볼 때, 걷고, 서고, 앉고, 눕고, 일어날 때, 말하거나 침묵할 때도 항상 쌈빠자-나 해야한다.」

하면 얼마 하지 못해 지치고 싫증난다. 생활선할 때는 일상생활에서 할 수 있는 만큼만 수행에 활용해야 한다. 그래야 수행향상에 도움된다.

① 기준점 정함

10. 생활선할 때는 알아차림 기준점(출발점)은 행위 끝이다. 걸을 때는 움직이는 발바닥, 청소할 때는 빗자루 끝, 대화하거나 강의할 때는 해당상황 전체를 기준점으로 삼는다.

(표108) **생활선 기준점**

① 행위 끝　② 이름붙이기

② 이름붙임

11. 알아차림 대상이 느리거나 단순하게 움직일 때는 이름붙이고 빠르거나 복잡할 때는 해당현상을 주시만 해야한다. 이름붙일 때는 다음과 같은 기준으로 한다.

12. 가능한 짧게 붙인다. 1음절이면 좋고 최장 3음절 이하로 해야한다. 이름은 현상에 따라 붙여도 되고 한 단어로 통일해도 된다. 옛 어른이 무자(無字) 화두가 좋다고 한 것은 그것이 1음절이었기 때문이다.

13. 붇다하는 숫자(數息觀)나 현상, 화두 싸띠수행은 화두(話頭), 진언 싸띠수행은 진언(眞言), 염불 싸띠수행은 염불(念佛)로 통일해 이름붙인다.

14. 이름붙이고 알아차림하면 알아차림 기능인 싸띠가 감각대상에 밀착하기 쉽고 밀착하는 힘(三昧力)도 커지기 때문에 붇다 이래 정통파는 수행

할 때 반드시 기준점 정하고 이름붙이고 알아차림했다.

③ 방해현상 처리기술

15. 생활선할 때 방해현상이 나타나면 그것이 발생했다는 것만 자각하고 현재 하고 있는 행위 끝에 알아차림 기능인 싸띠를 더 집중해야 한다. 이때 일 속도를 약간 늦추고 싸띠를 감각대상에 집중하면 더 효과있다.

2) 머물 때(住禪)

16. 길을 가다 신호를 기다리거나 버스나 지하철에 서있을 때 배나 발을 알아차림하면 몸과 마음을 잠시 휴식할 수 있다.

17. 시험보기 직전 초조함으로 마음채우기보다 알아차림 기능인 싸띠를 배나 발에 갖다두면 몸과 마음이 안정되고 맑은 에너지가 충만하고 자신감도 생긴다. 머물러 서서하는 생활선은 다음과 같다.

서서 「배 움직임(일어남-사라짐)」
또는 「섬-(오른발, 왼발) 닿음」

으로 알아차림해야한다.

3) 누웠을 때(臥禪)

18. 침대에 누웠다고 피로가 풀리는 것은 아니다. 몸은 휴식하지만 마음은 끊임없이 움직인다. 알아차림 기능인 싸띠가 감각대상에 끌려가면 마음

은 쉬지 못한다.

19. 침대에 누워 알아차림 기능인 싸띠를 배 움직임(일어남-사라짐)에 밀착고정하면 마음이 편안해지고 동시에 몸에 쌓인 피로도 해소된다. 이렇게 휴식하는 것이 숙면하는 것보다 다섯 배 이상 효과있다고 한다. 의자에 기대거나 침대에 누워하는 생활선은 다음과 같다.

배 움직임(일어남-사라짐)

을 알아차림해야 한다.

20. 잠자리에서 망상피우기보다 짧은 순간이라도 배 움직임(일어남-사라짐)을 알아차림하다 잠들면 깊이 숙면할 수 있다.

21. 집중수행할 때는 하루 몇 시간 자야한다는 고정관념에서 벗어나는 것이 필요하다. 하루 몇 시간 자야한다는 정해진 기준은 없다. 잠자는 시간을 아껴 수행하는 것이 바람직하다.

4) 공양할 때(供養禪)

22. 음식먹을 때 수행하면 수행향상에 효과있다. 다른 사람과 함께 먹거나 음식점에서는 피하고 혼자 먹을 때 시도하면 좋다. 음식먹을 때 하는 생활선은 다음과 같다. 먼저 음식 앞에 앉는다.

젓가락을 잡으며 「**잡음**」
뻗으며 「**뻗음**」

집으며 「**집음**」

손을 당기며 「**당김**」

입에 넣으며 「**넣음**」

씹으며 「**씹음**」

삼키며 「**삼킴**」

23. 음식을 입에 넣고나서 바로 씹지 말고 젓가락을 밥상에 내려놓고 손을 상이나 무릎에 고정하고 나서 씹는다. 그리고 처음부터 다시 반복해서 행위 끝을 하나하나 알아차림해야한다.

24. 한 번에 한 동작씩 천천히 이름붙이고 알아차림하고 먹는다. 한 끼 먹는 데 50분 정도면 알맞다. 이때 알아차림 기준점(출발점)은 손을 움직일 때는 젓가락(숟가락) 끝, 음식을 씹을 때는 이 부딪치는 곳에 둔다.

25. 공양할 때 음식을 씹으며 다음 먹을 음식을 두리번거리고 찾거나, 젓가락으로 뒤적거리거나, 옆 사람과 대화하거나, 여러 가지 잡다한 것을 생각한다. 대개 두세 동작을 동시에 하고 먹는다.

26. 점잖은 것 같지만 자세히 관찰하면 동물과 비슷하다. 밥먹는 것을 대상으로 수행하면 음식먹는 것이 품위있고 건강에도 도움된다. 혼자 먹기 심심할 때 밥먹는 것 자체를 수행으로 삼으면 삶의 다른 모습이 보일 것이다*.

공양수행

제대로 된 수행처는 수행지도자가 맨 나중에 공양한다. 일반수행자가 음식 먹을 때 알아차림할 수 있도록 지도하고 필요한 것을 직접 도와준다. 일반수행자가 거의 다 먹고나면 그때 수행지도자가 공양한다. 이렇게 하는 것은 공양할 때 수행이 행선보다 세 배, 좌선보다 열 배 이상 효과있기 때문이다. 한 끼 먹으면서 제대로 알아차림하면 10시간 좌선하는 것보다 좋다.

5) 공부할 때(工夫禪)

27. 공부할 때 수행을 활용하면 데이터 처리기계인 뇌와 마음에 휴식을 주고 공부에 도움되고 유익하다. 공부할 때 수행방법은 다음 두 가지가 있다.

① 잠시 뇌와 마음을 휴식한 후 공부를 시작한다.

28. 책상에 앉아 2~3분 배 움직임(일어남-사라짐)을 알아차림한 후 공부를 시작하면 좋다. 책상에 앉자마자 공부하는 것은 자동차열쇠 꽂고 바로 시동걸어 출발하는 것과 같다. 그러면 자동차 엔진에 무리를 가해 고장 원인이 된다.

29. 뇌와 마음도 마찬가지다. 책상에 앉자마자 공부하면 뇌와 마음에 많은 부담을 준다. 잠시 뇌와 마음을 안정시킨 후 공부하면 효율성이 높다.

30. 시험볼 때 문제지배부 전에 옆 사람과 잡담하거나 책보는 것보다 조용히 눈감고 배 움직임(일어남-사라짐)을 알아차림하고 뇌와 마음을 쉬어주면 짧은 순간이지만 뇌와 마음이 안정되고 맑아지고 집중력도 향상된다.

② 공부할 때 방해현상이 들어오면 알아차림한 후 공부주제로 돌아온다.

31. 공부주제 이외 방해현상이 생기면 그 지점에서 멈추고 눈감고 방해현상이 들어온 방향으로 알아차림 기능인 싸띠를 보내「망상, 들림, 보임」등 해당현상에 적절히 이름붙이고 알아차림한 후 다시 공부주제로

돌아온다*.

32. 이것이 어느 정도 익숙해지면 방해현상이 생겨도 그것이 일어났다는 것만 알고 현재 하고있는 공부주제에 더 집중한다.

33. 처음엔 이런 방법이 공부하는 데 번거롭고 시간도 많이 걸리는 것 같지만 조금 익숙해지면 두서너 시간 수월하게 공부에 집중할 수 있다.

싸띠학습법

하버드를 비롯해 교육현장에서 싸띠학습법을 적극 도입한다. 원리는 간단하다. 마음공간에 새로운 데이터를 입력할 때 기존데이터가 간섭하고 방해할 때는 방해요소를 제거해야 더 많은 데이터를 효과적으로 마음공간에 입력할 수 있다. 이것은 싸띠수행자가 망상을 제거하고 집중력을 높이는 기술에서 응용했다. 수행할 때 이전에 다른 수행자와 다툰 생각이 떠올라 수행을 방해할 때는 그 방해현상(망상)을 알아차림하고 기준점(출발점)으로 돌아와 기준점에 집중하는 것을 응용한 것이다.

① 공부할 때 이전에 친구와 다툰 기억이 떠올라 공부를 방해할 때는 그 생각을 「망상」 하고 알아차림하고 공부주제로 돌아와 집중하는 것이 효과있다.
② 망상이나 분노가 일어나 마음공간에 하중을 가하면 그 하중을 견디기 위해 대응하는 힘이 일어나는데 그것을 스트레스라고 한다. 마음하중 지수가 높으면 스트레스 지수도 높아지고 그 하중을 견디기 위해 몸과 마음에서 더 많은 에너지를 소비한다. 그러면 공부주제를 해결할 에너지가 부족해지고 효율성이 떨어진다. 수행으로 욕망과 분노를 줄이면 스트레스 지수가 감소하고 공부주제를 해결할 에너지를 보충해 공부효율성을 높일 수 있다.
③ 인간관계가 공부를 방해할 수도 있다. 이때 수행으로 마음을 맑고 아름답게 가꾸면 주변관계가 부드럽고 평화롭게 된다. 그러면 공부에 전념할 수 있다.
④ 알아차림 기능인 싸띠힘을 키우면 마음공간에 존재하는 데이터를 주제로 모으는 집중도를 높여 공부효율성을 높일 수 있다.
⑤ 알아차림 기능인 싸띠힘을 키우면 마음공간에 입력한 데이터 구조조정을 일으켜 앎을 숙성해 공부효율성을 높일 수 있다.

교육학, 심리학, 상담학, 정신분석학 등은 불교수행에서 많은 원리를 차용해 사용한다. 동양사람은 서구로 가서 그것이 새로운 학문인 양 받아들인다. 수행자가 수행 한번 해보라고 하면 「요즘 누가 그런 것 하느냐」 고 반문한다. 동남아선방으로 가보면 발에 걸리는 것이 서구에서 온 마음관련 학자다. 수준과 안목 차이다.

6) 졸릴 때(睡眠禪)

34. 수행할 때 큰 어려움 가운데 하나가 졸음이다. 그래서 졸음퇴치법이 다양하게 개발됐다. 붇ㄷ하는 졸음도 훌륭한 알아차림 대상으로 삼고 수행했다.

35. 졸음을 피할 것이 아니라 그것을 적극 알아차림하면 수행향상에 효과있다. 그렇다고 억지로 졸음을 알아차림 대상으로 삼지말고 배나 발 움직임(기준점) 알아차림하는 데 졸음이 방해될 때만 알아차림해야한다*.

36. 졸음을 알아차림 대상으로 삼고 수행할 때는 다음과 같이한다. 기둥 모서리나 벽에서 2~3m 정도 떨어져 앉는다. 졸음을 알아차림하다 놓치면 그 압력만큼 튕겨나가는데 잘못하면 다치기 쉽기 때문이다. 졸음 알아차림은 초보자는 안하는 것이 좋고 수행이 어느 정도 성숙된 사람이 하면 효과있다.

37. 앉은 상태에서 졸음이 오면 「졸음」 하고 알아차림 기능인 싸띠를 머리에 밀착한다. 눈꺼풀이 무겁거나 머리를 누르는 등 다양한 현상이 일어나면 그것을 따라가며 이름붙이고 알아차림해야한다.

졸음관찰

처음 수행하는 초심자는 배나 발 움직임도 알아차림하기 힘들다. 알아차림이 어느 정도 익숙해지면 배나 발 움직임이 알아차림 기능인 싸띠와 밀착된다. 큰 수행진보가 있으면 마음움직임조차 느리게 느껴진다. 마음움직임이 너무 쉬워 도리어 알아차림이 느슨하기 쉽다. 이때는 특별대상을 알아차림 기준점(출발점)으로 선택해 수행하는데 그것이 졸음인 경우가 많다. 목갈라-나는 7일 동안 졸음을 알아차림해 아라한뜨 막가파라를 성취했고 마하-시는 4개월 정도 졸음을 알아차림해 아라한뜨 막가파라를 성취했다. 원효를 포함해 역대조사 또한 졸음을 수행진보하는 좋은 자양분으로 삼았다. 옛 조사는 턱 밑에 송곳을 꽂고 수행하거나 천길 벼랑 끝에 앉아 수행했다. 이때 졸음에 떨어지면 송곳에 찔리거나 벼랑 밑으로 사라졌다.

눈꺼풀이 무거우면 「**무거움**」

정수리를 누르면 「**누름**」

다시 눈꺼풀이 무거우면 「**무거움**」

머리주변으로 바람이 일어나면 「**바람**」

하고 나타난 현상에 적절히 이름붙이고 알아차림하고 해당현상을 따라가며 알아자림해야 한다.

38. 졸음은 일반적으로는 「꾸벅」 하고 오지만 졸음이 오는 머리에 알아차림 기능인 싸띠를 밀착해 알아차림하면 눈꺼풀이 무겁거나 머리를 누르는 등 구체현상으로 나타난다. 이때 해당현상에 이름붙이고 알아차림하는 것이 졸음 알아차림 기술이다.

39. 알아차림 기능인 싸띠힘이 졸음보다 커서 졸음이 깨질 때는 갑자기 머리가 맑아지거나 잠이 「확」 깨거나 머리가 압력을 받다가 갑자기 「퍽」 하고 뭔가 깨지듯 하고 맑아진다. 마치 SF영화에서 시간터널을 통과하는 것처럼 순간적으로 주변이 고요하고 머리가 맑아지고 마음이 선명해진다.

40. 이렇게 되면 7일 정도는 조금만 자도 개운하다. 설사 졸음에 밀려 잠에 떨어지더라도 자고난 후 몸과 마음이 상쾌해져 수행에 효과있다. 졸음 알아차림 기술은 수행할 때뿐만 아니라 공부하거나 연구할 때 활용해도 좋다.

7) 강의 · 대화 · 운전할 때(勞動禪)

41. 강의하거나 다른 사람과 대화할 때 또는 운전할 때 알아차림 기준점(출발점)은 해당 상황전체다. 강의할 때 분필 끝이나 대화할 때 입술 끝이

나 들리는 말을 알아차림하면 말만 들리고 내용이 들어오지 않는다.

42. 강의할 때 강의내용, 진행과정, 청중반응 등을 모두 알아차림하고 진행하다 강의내용 말고 다른 것이 끼어들면 그것이 방해현상이다. 이때는 끼어드는 방해현상으로 알아차림 기능인 싸띠를 보내지 말고 그것이 발생했다는 것만 인지하고 즉시 강의내용으로 돌아가 해당강의에 집중하는 것이 수행향상에 효과있다.

43. 다른 사람과 대화할 때도 마찬가지다. 상황전체를 알아차림 대상(기준점)으로 놓아야 한다. 그러다 대화주제 아닌 다른 것이 끼어들면 그것이 방해현상이다. 이때는 끼어드는 방해현상으로 알아차림 기능인 싸띠를 보내지 말고 그것이 발생했다는 것만 인지하고 즉시 대화로 돌아가 해당대화에 집중해야 한다.

44. 운전할 때는 위험하므로 가급적 수행하지 않는 것이 좋다. 간혹 수행이 설익은 사람이 고난도 기술을 사용하려고 한다. 고난도 기술과 수행효과는 구별돼야 한다.

45. 운전할 때 망상이나 방해현상이 나타나면 그곳으로 알아차림 기능인 싸띠를 보내지 말고 손으로 운전대를 살짝 잡고 「망상」하고 알아차림하면 효과있다. 운전할 때는 앞뿐만 아니라 운전상황 전체가 알아차림 대상(기준점)이다.

8) 염불할 때(念佛禪)

46. 신의 이름을 반복해 부르고 기도하면 중생이 되는 길이고 그 소리를 알아차림 대상(기준점)으로 삼고 수행하면 붇다가 되는 길이다.

47. 붇다 이래 수많은 수행자가 소리를 알아차림하고 막가파라에 들어

닙바-나를 체험했다.

48. 싸-리뿟따도 소리를 듣고 아라한뜨 막가파라에 들어 닙바-나를 체험했고, 마하-데봐(Mahādeva, 摩訶提婆, 大天, BCE 4세기 활동)가 5사(pañca vathuka, 五事)에서 「소리를 듣고 도에 들어간다.」고 한 것도 마찬가지다. 향엄(香嚴, ?~898)은 돌이 대나무에 부딪치는 소리를 듣고 도에 들었고, 경허(鏡虛, 1849~1912)는 새벽 닭소리를 듣고 깨달았다고 한다.

49. 소리 알아차림 기술은 두 가지가 있다. 하나는 소리 발생장소인 입술움직임을 알아차림 기준점(출발점)으로 삼고 수행한다. 이때는 소리를 빠르게 한다. 목탁치고 할 때는 목탁채 움직임이나 목탁채 부딪치는 지점을 알아차림 기준점으로 삼아도 된다. 다른 하나는 소리가 들리는 귀(소리)를 알아차림 기준점으로 삼고 수행한다. 이때는 소리를 천천히 한다.

50. 여러 사람이 모여 소리를 기준점(출발점)으로 삼고 수행할 때는 두 모둠으로 나눠한다. 한 모둠이 염불하면 다른 모둠은 소리가 들리는 귀(소리)를 기준점으로 삼고 그 소리를 알아차림한다. 이렇게 교대로 역할을 바꿔 알아차림하고 수행하면 수행향상에 도움된다.

51. 염불하는 모둠이나 소리듣는 모둠이나 입술, 귀, 소리를 기준점(출발점)으로 삼고 알아차림할 때 방해현상이 나타나면 그곳으로 가지말고 입술이나 귀(소리)에 알아차림 기능인 싸띠를 집중하는 것이 효과있다.

9) 절할 때(禮拜禪)

52. 열심히 근육만 움직여 절하면 운동이고 뭔가 바라고 신에게 절하면 중생되는 길이고 절하는 행위 끝을 알아차림 기준점(출발점)으로 삼으면 수행이다.

53. 절하는 동작을 알아차림 기준점(출발점)으로 삼고 수행할 때는 움직이는 행위 끝을 기준점으로 삼고 천천히 움직이고 동작 하나하나 알아차림 해야한다. 절하는 숫자를 채우기 위해 빠르게 하는 것은 수행에 도움되지 않는다. 절할 때 알아차림 기술은 다음과 같다.

무릎을 꿇을 때는 내려가는 「**동작(무릎) 끝**」
손을 내려놓을 때는 「**손 끝**」
머리를 숙일 때는 「**이마 끝**」
일어날 때는 「**역순**」

으로 한다.

54. 절하는 행위 끝을 알아차림할 때 방해현상이 나타나면 그곳으로 알아차림 기능인 싸띠를 보내지 말고 절하는 행위 끝에 알아차림 기능인 싸띠를 집중한다. 절하는 동작을 알아차림하면 수행에 도움되고 건강에도 좋다.

10) 사경할 때(寫經禪)

55. 뭔가 바라고 사경하면 중생이 되는 길이지만 사경하는 행위 끝을 알아차림 기준점(출발점)으로 삼고 수행하면 붇다가 되는 길이다.

56. 사경할 때는 글쓰는 상황 전체나 붓 끝을 알아차림해야 한다. 사경할 때 방해현상이 나타나면 그곳으로 알아차림 기능인 싸띠를 보내지 말고 붓 끝에 싸띠를 집중해야한다.

57. 지나치게 망상이 들어와 사경하는 것을 방해하면 사경을 멈추고 방

해현상이 들어온 방향으로 알아차림 기능인 싸띠를 보내 이름붙이고 알아 차림한 후 다시 사경하는 것이 수행진보에 도움된다.

58. 모든 것이 알아차림 대상(기준점)이다. 일상생활 전부 알아차림 대상 아닌 것이 없다. 감각대상과 어울려 놀면 망상대상이고 알아차림하면 수행대상이다. 술꾼이 절에 오면 수행처가 술집이 되고 수행자가 술집에 가면 술집이 수행처가 된다.

59. 생활선할 때 처음부터 알아차림 범위를 확대하지 말고 한두 가지 대상으로 범위를 줄여 알아차림하다 수행향상에 따라 서서히 범위를 넓히는 것이 수행향상에 효과있다.

6. 메따수행 기술

1. 맑은 마음을 소중한 사람에게 전하는 메따수행 구체기술을 올바르게 배우고 익히면 유용하게 사용할 수 있다. 맑은 마음을 소중한 사람에게 전하는 구체방법을 올바르게 배우고 익혀 사용하면 삶의 토대가 한층 풍요로 워질 것이다.

2. 붇다하는 두 가지 수행을 했다. 하나는 마음맑히는 수행이고 다른 하나는 마음나누는 수행이다. 위빳싸나- 또는 참선으로 불리는 싸띠수행은 마음맑히는 것이고 자비수행은 맑힌 마음을 인연있는 사람과 공유하는 것이다.

1) 지혜와 자비

3. 빤냐와 메따는 붇다 가르침 두 축이다. 이것을 옛 사람은 수레 두 바퀴에 비유했다.

4. 마음맑히는 것이 싸띠수행이고 맑힌 마음을 인연있는 사람과 나누는 것이 메따수행이다. 메따수행은 싸띠수행과 더불어 수행자가 선호한 수행이다.

5. 붇다는 매일 새벽 4~6시까지 하루 2시간씩 메따수행을 했다. 자비가 필요한 사람에게 맑고 평화로운 마음보내고 때로는 직접 찾아가 수행지도하고 마음나눴다.

6. 지혜는 역동적이고 자비는 고요하다. 지혜는 상쾌하고 자비는 온화하다. 지혜는 날카롭고 자비는 따뜻하다. 지혜는 수행으로 획득하고 자비는 가진 것을 다른 존재와 공유하며 성숙한다.

7. 지혜는 직관, 응축, 단순, 전체, 실재보는 안목이고 자비는 자애, 우정, 선의, 인정, 배려, 우호, 화합, 동료애, 비공격, 비폭력 등의 의미를 가진 용어다.

8. 자비는 자기와 다른 사람이 행복하기 바라는 마음이고 사랑과 우정이 넘치게 하는 도구다*.

9. 자비는 접촉 다음에 일어나는 첫 번째 마음이 타인을 배려하는 것이다*.

자비성질

자비는 흐르는 물과 같다. 물은 가까운 곳부터 적시고 위에서 아래로 흘러간다. 자비도 마찬가지다. 소중한 사람이나 가까이 있는 사람부터 전해진다. 이것이 자비본성이다.

10. 자비의 완전한 용어는 자비희사(慈悲喜捨) 4무량심(四無量心)이다. 자(慈)는 다른 존재에게 기쁨을 주는 것, 비(悲)는 다른 존재 슬픔을 제거하는 것, 희(喜)는 다른 존재가 기뻐할 때 같이 기뻐하는 것, 사(捨)는 다른 존재와 함께 어울리는 것이다.

11. 자비는 베풂을 강조하고 희사는 어울림을 강조한다. 전제왕조 시대 왕의 베풂이란 상징조작에 이론제공을 한 불교용어가 자비다. 모든 존재가 함께 어울리는 섯은 신분세사회에서는 불온한 사상이다. 그래서 자비희사 가운데 앞의 자비만 대중에게 강조하고 뒤의 희사는 의도적으로 제거됐다.

2) 필요성

12. 타인을 배려하는 자비심으로 다른 사람에 대한 공격을 그치고 원한과 증오심을 버릴 수 있다. 자비심으로 인해 다른 사람과 함께 자유와 행복을 나누고 공존하는 마음을 갖는다.

13. 참다운 자비는 따뜻한 동료애와 이해심을 일으킨다. 이런 감정은 자비실천으로 끝없이 확대된다. 성, 인종, 정치, 경제 장벽을 무너뜨리고 모든 존재를 포용하고 삶의 토대를 평화롭게 한다.

14. 탐욕, 증오, 미혹, 질투, 미천함 등에 구속된 마음은 삶을 옹졸하고

자비와 에티켓

자비는 접촉 다음에 일어난 첫 번째 마음이 타인을 배려하는 것이고 에티켓은 마음상태와 상관없이 타인을 배려하는 것이다. 퇴근길 피곤할 때 운좋게 버스타고 자리잡고 가는데 몸이 불편한 사람이 타는 것을 본 순간 이 자리를 저 사람에게 양보해야지 하는 마음이 일어나면 자비심이고 내가 더 앉고 싶지만 이 상황에서 자리를 양보하지 않으면 다른 사람으로부터 비난받을 걸 염려해서 양보하면 에티켓 혹은 도덕이라고 한다. 대중이 모여사는 도시는 에티켓이 발달한 사회다. 이것은 편리하기도 하지만 마음이 멍들기도 한다.

편협하게 한다. 자비심은 이런 편협하고 옹졸한 멍에를 깨뜨리고 모든 속박에서 해방될 수 있게 해준다.

15. 마음은 빈 통이다. 그곳에 오물을 채우면 쓰레기통 되고 향수를 채우면 향수통 된다. 마음공간을 욕망, 이기심, 분노, 적의, 원망, 서운함, 편견, 선입관, 가치관 등 마음오염원으로 채울 것이 아니라 맑고 향기로운 자비심으로 가득 채우면 삶은 자유와 행복으로 충만해진다.

16. 소중한 가족이나 인연있는 사람이 시험준비와 같이 힘들 때 옆에서 도와줄 수 있으면 좋겠지만 본인 스스로 극복해야 하는 것이 대부분이다. 이때 기도로 욕망을 투사하기보다 수행으로 마음맑히고 그 맑은 향기를 소중한 사람에게 보내면 삶의 토대가 한결 부드러워진다. 이것이 메따수행 필요성이다.

3) 이론토대

17. 뇌파를 가공해 텔레파시를 만들고 그것에 마음실어 필요한 사람에게 전하는 것이 메따수행 이론토대다.

18. 모든 생명체는 뇌에서 전기를 일으키고 뇌파를 발산한다. 알아차림 기능인 싸띠를 특정지점에 보내면 산란하게 발산되던 뇌파가 싸띠가 집중된 지점으로 쏠린다. 이것이 텔레파시다.

19. 뇌파 사이클이 같으면 서로 마음을 주고받을 수 있다. 쌍둥이, 가족, 부부, 직장동료, 어릴 때 친구 등은 뇌파 사이클이 비슷하다. 말하지 않고도 서로 마음을 읽을 수 있다.

20. 청정한 마음을 소중한 사람에게 보내는 것은 그들이 적의, 고통, 번민에서 벗어나 자유롭고 행복하게 살 수 있도록 도와준다. 자비는 자기삶

을 맑고 아름답게 가꿀 뿐만 아니라 인류공동체 자유와 행복을 위해서도 필요하다.

21. 마음공간을 맑은 기운으로 가득 채워 그 맑은 향기를 소중하고 인연 있는 사람과 공유해 함께 행복하게 사는 것이 메따수행 지향점이다.

4) 자기에게

22. 메따수행 기술은 다음과 같다. 편안한 자세로 앉는다. 그리고 다른 존재에게 자비심을 보내기에 앞서 자기마음을 자비심으로 가득 채운다.

23. 눈감고 배 움직임(일어남-사라짐)을 알아차림하고 마음을 평화롭게 해야한다. 그리고 나서 다음과 같이 자기마음에 자비심을 채운다.

「욕망, 이기심, 분노, 적의, 원망, 서운함, 편견, 선입관, 가치관 같은 마음오염원에서 벗어나 자유롭고 청정하고 행복하고 공존하고 살 수 있기를……」

24. 자기마음이 자비심으로 충만해졌다고 느끼면 다른 존재에게 자비심을 보낸다. 메따수행은 좌선하고 난 후에 하면 효과있다.

5) 타인에게

25. 먼저 자기마음에 맑은 자비심을 가득 채우고 나서 눈감고 자비심 받을 사람 모습을 얼굴 앞에 그린다. 그리고 나서 다음과 같이 자 비심을 보낸다.

「욕망, 이기심, 분노, 적의, 원망, 서운함, 편견, 선입관, 가치관 같은 마음오염원에서 벗어나 자유롭고 청정하고 행복하고 공존하고 살 수 있기를......」

26. 자비심을 보낼 때는 욕망과 관련된 단어는 피하고 자유와 행복과 관련된 단어를 사용한다. 사용할 단어는 보내는 사람이 상황에 맞게 적절히 응용하면 효과있다*.

27. 눈앞에 떠올린 모습은 선명하고 보내는 마음은 진실해야 한다. 실제로 마음이 대상을 향해 나아가도록 알아차림 기능인 싸띠에 힘을 실어야 한다.

28. 자비심 받는 사람 모습을 영상화할 때 서두르거나 형식적으로 하면 효과없다. 자비심을 적극 투사하는 것은 단순히 자비심에 대해 생각하는 것과는 다르다.

29. 마음보내는 순서는 가족부터 시작해 한 사람씩 인연있는 사람을 마음에 떠올리고 자비심으로 그들을 감싼다. 이때 주의할 점은 배우자와 같이 정깊은 사람은 맨 뒤에 해야한다. 그것은 자비를 때묻게 하는 애착이 개입할 수 있기 때문이다. 좋지 않은 감정있는 사람도 맨 뒤에 보낸다. 살아있는 사람에게만 보내고 죽은 사람에게는 보내지 않는다.

맑은 마음이 극락이다

죽은 사람이 생각나면 싸띠수행으로 그 사람과 맺은 인연을 맑히고 아름답게 가꿔야 한다. 삶의 흔적이 정화될 때 그곳이 바로 극락이다. 살아서 극락을 보지 못한 사람은 죽어서도 극락을 보지 못한다고 했다. 내 마음이 맑을 때 세상이 맑게 보이고 흐릴 때 세상은 어둡게 보인다.

6) 감정있는 사람에게

30. 싫어함, 적대감, 서운함, 일시적 오해 등 좋지 않은 감정을 가진 사람이 있다면 그대로 두지 말고 메따수행으로 녹여내고 자기자신도 그런 생각으로부터 벗어나는 것이 삶의 토대를 맑고 건강하게 가꾼다.

31. 좋지 않은 감정있는 사람에게 자비심을 보낼 때는 먼저 자기마음을 자비심으로 가득 채우고 나서 받을 사람 모습을 눈앞에 그린다. 그리고 나서 다음과 같이 자비심을 보낸다.

「나는 그대에게 아무런 적의가 없다. 그대도 나에게 어떤 분노나 적의도 갖지 않기를, 우리 모두 불편한 마음 놓아버리고 자유롭고 행복하게 살 수 있기를……」

7) 집단이나 지역으로

32. 집단이나 지역 전체를 향해 자비심을 보낼 때는 먼저 자기마음을 자비심으로 가득 채우고나서 보내고자 하는 지역이나 집단 전체를 눈앞에 그린다. 그리고 나서 다음과 같이 자비심을 보낸다.

「이곳에 있는 모든 존재가 욕망, 이기심, 분노, 적의, 원망, 서운함, 편견, 선입관, 가치관과 같은 마음오염원을 내려놓고 자유롭고 행복하게 살 수 있기를……」

33. 이런 방식으로 자기집을 영상화하고 다음에는 옆집을 영상화한다.

이렇게 한 집 한 집 자비심을 보낸다. 그렇게 해서 그 지역이 모두 자비심으로 감싸질 때까지 계속한다.

34. 다음은 옆 거리 그 다음 거리 순으로 온 이웃과 동네를 자비심으로 차례차례 덮는다. 그런 뒤에 방향을 따라 점점 넓히며 자비심을 확장한다. 이렇게 마을에서 도시, 도시에서 국가, 국가에서 대륙, 대륙에서 지구, 지구에서 우주로 점점 확장하며 온 우주에 자비심을 방사한다.

35. 성, 계급, 인종, 종교, 이념에 관계없이 삶의 현장이 자비심으로 충만할 때 삶은 사자처럼 당당하고 바람처럼 자유롭고 연꽃처럼 초연해진다.

7. 수행점검 기술

1. 붇다가 만든 싸띠수행은 간결하고 쉬운데 일반수행자는 수행하는 것이 상당히 어렵다고 느낄 수 있다. 이때 지도하는 스승이나 먼저 수행한 선배로부터 수행점검받는 것이 수행향상에 유익하다.

2. 수행진보에 효과적인 방법 가운데 하나가 수행지도자에게 자기가 경험한 수행과정을 있는 그대로 드러내고 지도받는 것이다. 이렇게 함으로써 막가파라에 들어 닙바-나 체험하는 길로 올바르게 갈 수 있고 길을 벗어나면 즉시 되돌아올 수 있다.

3. 붇다가 간 길이나 일반수행자가 가는 길은 한 길이다. 수행자수준이나 수행법에 따라 다르게 보일 수 있지만 막가파라에 들어 닙바-나 체험하는 길도 하나고 법도 하나다. 길이 두 갈래고 법이 다를 수 없다.

4. 마음속으로 여행은 누구나 처음 가는 길이다. 일반도로처럼 이정표를 눈으로 확인할 수도 없다. 모든 것이 의심스럽고 신기하기만 하다. 때로는

길이 보이지 않아 옆길로 가기도 한다. 이럴 때 경험많고 눈푸른 수행자가 올바르게 안내하는 것이 중요하다.

5. 붇다로부터 마음과 마음으로 전해진 수행법은 글이나 책으로 씌여 전한 것이 아니다. 붇다로부터 막가파라를 성취한 수행자마음으로 전해졌고 수행점검을 통해 다음 수행자마음으로 전했다. 수행지도자로부터 수행점검받는 것은 붇다로부터 전해진 수행기술을 전수받는 유일한 길이다.

6. 특별한 경우가 아니라면 수행지도하는 스승은 수행자가 수행으로 알게되거나 경험할 것에 대해 미리 이야기하지 않는다. 단지 수행자가 감각대상을 어떻게 알아차림할 것인지 그 방법을 지도한다.

7. 배, 발, 화두, 염불 등의 기준점(출발점)을 어떻게 알아차림하는지 알아차림할 때 나타난 방해현상 등을 어떻게 처리하는지에 대해 자세히 가르쳐준다.

8. 수행지도자는 붇다 성스러운 법을 스스로 체득할 수 있도록 앞에서 선도하지 않고 뒤에서 격려하고 방향만 잡아준다.*

1) 수행점검 기술

9. 수행초기는 스승지도가 필수다. 수행지도 스승과 면담할 때는 다음과 같이 수행보고 틀을 갖춰야한다.

스승자비

훌륭한 스승은 제자에게 모든 것을 가르쳐주지 않는다고 한다. 3할만 가르쳐주고 나머지는 제자가 스스로 해결하고 극복하도록 한다. 그래야 제자가 스스로 문제해결 능력을 키워 홀로설 수 있기 때문이다. 자식도 마찬가지다. 부모가 모든 것을 해결해주면 자립능력이 부족해서 삶을 그르칠 수 있다.

① **용어통일**

10. 좌선, 행선, 생활선, 노동선 등을 보고할 때 자기 나름대로 용어를 사용해도 상관없지만 의사소통 편리함, 객관화, 정확함을 위해 용어를 통일하는 것이 필요하다. 가능하면 붇ㄷ하 이래 수행도량이나 수행자가 사용한 수행용어를 사용하는 것이 좋다.

② **보고순서**

11. 수행지도자에게 수행보고할 때는 좌선, 행선, 생활선, 노동선 순서로 해야한다.

12. 수행점검 받을 때는 미리 준비해 시간을 효율적으로 사용하는 것이 좋다. 초보자는 궁금한 것도 많고 생각과 말에 거품이 끼어 수행보고가 다소 산만할 수 있다. 가능하면 말과 생각을 압축하고 수행보고 틀에 맞춰 보고하는 것이 요령이다.

13. 먼저 보고하는 사람을 보고 배우는 것도 도움된다. 보고를 압축하고 요약해 시간을 절약하는 것이 수행지도자와 다른 수행자를 배려하는 것이다. 궁금한 것이 있으면 많은 시간을 사용해도 상관없다. 그것이 무의미한 것이라면 수행지도자가 알아서 제지할 것이다.

2) 좌선 보고기술

14. 수행보고할 때 좌선보고가 70% 이상 차지해야한다. 그 가운데 좌선 기준점(출발점)인 배 움직임(일어남-사라짐) 보고가 80% 이상이어야 한다.

15. 좌선보고는 좌선시간, 배 움직임, 망상 등 생각 움직임, 통증 등 몸

움직임(몸에 나타난 현상) 순서로 보고해야한다.

16. 좌선시간은 한 번에 1시간 하라고 했는데 잘 하고 있는지 아니면 못하고 있는지 자세히 보고해야한다. 배 움직임은 「일어남-사라짐」으로 보고 있는지 아니면 다른 지시가 있어서 그렇게 하고 있는지에 대해 먼저 간략히 보고해야한다.

17. 그리고 나서 알아차림 기준점(출발점)인 배 움직임(일어남-사라짐)에 대해 상세히 보고해야한다. 배 움직임(일어남-사라짐, 風大)은 속노, 규칙, 폭, 무게감, 이동, 일치감, 이름붙이기 등에 관해 구체적이고 세밀하게 보고해야한다.

18. 배가 일상적으로 빠르게 혹은 느리게 움직이는지, 어떤 때는 빠르게 움직이다 서서히 움직임이 작아져 보이지 않는다든지, 규칙적으로 혹은 불규칙적으로 움직이는지, 움직임 폭이 큰지 작은지, 무겁게 움직이는지 가볍게 움직이는지, 처음 움직이던 데서 계속 움직이는지 다른 곳으로 이동하는지, 한 곳에서 움직이는지 여러 곳에서 동시에 움직이는지, 알아차림 기능인 싸띠가 배에 잘 밀착하는지 밀착하지 않는지, 이름붙이고 알아차림하는지 못하는지, 일상적인 배 움직임 이외에 특별한 배 움직임을 경험했는지에 대해서도 자세히 보고해야한다.

19. 배보고가 끝나면 좌선할 때 알아차림한 생각 움직임에 대해서 보고해야한다. 생각이 많았는지 적었는지, 한 생각이 반복해 일어나는지 여러 생각이 잡다하게 떠오르는지, 과거생각이 많았는지, 앞으로 할 미래의지가 많았는지, 생각이 일어난 순간이 바로 알아차림되는지 조금 놀다 알아차림하는지, 망상과 놀았다는 것을 알아차림하고 곧바로 배로 돌아갔는지 망상하고 돌아갔는지, 기준점(출발점)으로 돌아가지 못하고 한참 놀았는지 구체적으로 보고해야한다.

20. 생각보고가 끝나면 좌선할 때 알아차림한 몸 움직임(몸에 나타난 현상)에 대해 보고해야한다. 무릎에 통증이 심하다든지, 등이 가렵다든지, 발이 저려 힘들 때 어떻게 처리했는지도 자세히 보고해야한다.

21. 좌선하는데 갑자기 눈앞이 환하게 밝아져 배보는 것을 놓쳤다든지, 배 움직임을 알아차림하는데 속이 메스껍고 멀미가 난다든지, 갑자기 설사가 나고 눈물이 난다든지 할 때 그것을 알아차림하고 어떻게 대응했는지 구체적이고 세밀하게 보고해야한다.

3) 행선 보고기술

22. 행선보고는 행선시간, 행선단계, 6단계 행선할 때 발 움직임, 망상 등 생각 움직임, 통증 등 몸 움직임(몸에 나타난 현상) 등의 순서로 보고해야한다.

23. 행선은 1단계(5분) – 3단계(5분) – 6단계(50분)로 지시받았다면 수행자는 그렇게 하는지 그렇게 하지 못했다면 왜 못했는지에 대한 분명한 이유를 간결하고 구체적으로 보고해야한다.

24. 행선보고는 수행지도자로부터 특별지시가 없었다면 1단계와 3단계는 하고 있다는 것만 말하고 6단계를 자세히 보고해야한다.

25. 알아차림 기준점(출발점)인 발 움직임(들려고 함–들어–가려고 함–앞으로–놓으려고 함–놓음–누름)을 무게중심으로 구체적이고 세밀하게 보고해야한다.

26. 발 움직임(들려고 함–들어–가려고 함–앞으로–놓으려고 함–놓음–누름)을 알아차림할 때 발을 들 때 발바닥이 가벼운지 무거운지, 앞으로 갈 때 부드럽게 가는지 빠르게 가는지, 놓을 때 밑에서 당기는지 힘없이

내려가는지, 누름하면 바닥이 딱딱한지 부드러운지, 움직이는 발바닥에 알아차림 기능인 싸띠가 밀착하는지 등을 자세히 보고해야한다.

27. 행선할 때 몸이 흔들리는지 안정감있는지, 흔들릴 때 움직이는 발이 흔들리는지 지탱하는 발이 흔들리는지, 머리로부터 흔들림이 내려오는지 지탱하는 발목에서 흔들림이 올라오는지도 자세히 보고해야한다.

28. 발 움직임 보고가 끝난 후 행선할 때 일어난 망상, 통증, 느낌 등 생각 움식임에 대해 보고해야한다.

29. 생각이 많았는지 적었는지, 한 생각이 반복해 일어나는지 여러 생각이 잡다하게 떠오르는지, 과거생각이 많았는지, 앞으로 할 미래의지가 많았는지, 생각이 일어난 순간 바로 알아차림했는지 조금 놀다 알아차림했는지, 망상과 놀았다는 것을 알아차림하고 곧바로 배로 돌아갔는지 망상하고 돌아갔는지, 기준점(출발점)으로 돌아가지 못하고 한참 놀았는지 구체적으로 보고해야한다.

30. 좌선이나 행선 보고할 때 현상이 일어남과 동시에 알아차림했는지 일어난 후에 알아차림했는지, 현상을 얼마나 오랫동안 지속적으로 알아차림했는지, 현상을 알아차림하면서 무엇을 제일 먼저 보았는지, 현상을 알아차림한 뒤 즉시 기준점(출발점)으로 돌아갔는지 자세하고 구체적으로 보고하고 지도받아야 수행향상에 도움된다.

4) 생활선 보고기술

31. 좌선과 행선 보고가 끝나면 일상생활이나 노동할 때 경험한 것을 보고한다. 생활선·노동선 보고는 다음과 같이한다.

32. 먼저 길을 다닐 때 발 움직임(오른발-왼발)을 알아차림했는지, 그때

발에서 어떤 현상을 보았는지를 구체적이고 세밀하게 보고해야한다.

33. 그 다음으로 밥 먹을 때 어떻게 알아차림했는지 구체적이고 세밀하게 보고해야한다. 숟가락을 들며 「듦」, 반찬을 집으며 「집음」, 당기며 「당김」, 입에 넣으며 「넣음」, 숟가락을 내려놓으며 「놓음」, 손을 무릎에 두며 「둠」, 음식을 씹을 때 이 부딪치는 곳을 알아차림하며 「씹음」 했는지, 그때 어떤 현상을 알아차림했는지 구체적이고 세밀하게 보고해야한다.

34. 마지막으로 일상생활에서 문을 열 때 「열려고 함」, 닫을 때 「닫으려고 함」 하고 문을 여닫고, 신을 신기 전에 「신으려고 함」, 벗기 전에 「벗으려고 함」 하고 신고 벗는지, 행동하기 전에 그렇게 행동하려는 의도를 먼저 알아차림하고 행동하는지, 그때 어떤 현상을 보았는지 구체적이고 세밀하게 보고해야한다.

35. 그 외 일상생활에서 행위 끝을 알아차림했는지에 대해서도 보고하고 지도받아야한다.

5) 생각 · 현상 보고기술

36. 좌선, 행선, 생활선 보고가 끝나면 통증 등은 간략히 요점만 간추려 보고해야한다.

37. 수행자는 망상이나 통증 등이 궁금해 질문하고 싶지만 수행지도자는 망상이나 통증 등은 이미 답이 나와있거나, 수행과정에서 대부분 거쳐야 하는 과정이거나, 실재를 보지 못하고 자기수준에서 현상을 이해한 것이기 때문에 수행자는 참고만 해야한다.

38. 수행보고에서 중요한 것은 배나 발 기준점(출발점)이다. 그것이 수

행진퇴를 판단하는 핵심이다.

39. 수행지도자가 듣고싶은 말은 알아차림 기준점(출발점: 배, 발, 화두, 염불 등)에 알아차림 기능인 싸띠가 머무는지, 현상을 알아차림할 때 무엇을 보았는지, 그때 구체적으로 어떻게 대응했는지 등을 알고싶어 한다. 이것이 수행진도를 판단하는 기준이기 때문이다.

6) 궁금한 것 질문

40. 모든 보고가 끝난 후 수행과 관련한 질문이나 궁금한 것이 있으면 묻는다. 이때 되도록이면 수행에 관해 질문하는 것이 좋다.

41. 수행자는 정직해야한다. 오직 수행도중에 알아차림한 것만 보고하고 상상으로 지어내거나 다른 수행자가 보고한 것을 듣고 모방하면 안 된다.

7) 수행점검 공덕

42. 지혜높고 눈푸른 수행자로부터 지도받는 것은 수행향상에 많이 도움된다. 수행지도자와 면담은 수행자가 감각대상을 관념으로 추론하고 자의로 해석하는 등 잘못하는 수행을 막을 수 있고 존재를 있는 그대로 볼 수 있게 하고 자유와 행복으로 인도하는 길라잡이 역할을 한다.

43. 수행지도자와 면담은 붇다 이래 축적되고 수행자 사이에 전해진 수행기술을 전수받는 중요한 시간이다. 수행자는 수행지도자로부터 수행지도받는 것을 소홀히 하면 안 된다.

수행보고 총론	1. 총수행시간 보고(하루) 　1) 좌선시간 　2) 행선시간
좌선 보고요령	2. 총좌선시간 보고 　1) 하루 시간 　2) 한 번 시간 3. 배 움직임(기준점, 일어남 – 사라짐, 風大) 보고 　1) 속도(빠른지 느린지) 　2) 규칙(규칙적인지 불규칙적인지) 　3) 폭(큰지 작은지) 　4) 무게(무거운지 가벼운지) 　5) 이동(한 곳에서 움직이는지 이동하며 움직이는지) 　6) 알아차림(배 움직임이 알아차림되는지 안 되는지) 　7) 일상적인 것 말고 특이하게 알아차림된 것 4. 생각보고 　1) 생각이 많은지 적은지 　2) 과거생각이 많은지 미래의지가 많은지 　3) 한 생각이 많은지 여러 생각이 많은지 　4) 일어난 생각이 알아차림되는지 놓치는지 5. 몸보고 　1) 몸에 나타난 현상보고 　　① 속이 울렁거리고 메스꺼운지 　　② 눈물이 나고 설사가 나는지 　　③ 몸에 열이나고 통증이 심한지 　　④ 기타

행선 보고요령	6. 총행선시간 보고
	 1) 하루 시간
	 2) 한 번 시간
	 3) 행선단계 보고
	
	7. 발 움직임 보고
	 1) 각 단계 시간(1단계 5분, 3단계 5분, 6단계 50분)
	 2) 6단계(발바닥 무게감 중심, 地大) 보고
	  ① 들 때(무거운지 가벼운지)
	  ② 앞으로 갈 때(무거운 지 가벼운지)
	  ③ 놓을 때(무거운지 가벼운지)
	 3) 생각보고(좌선과 같이)
	 4) 몸보고(좌선과 같이)

생활선 보고요령	8. 생활선보고 1) 걸을 때 오른발, 왼발 하는지 2) 공양하는 전 과정을 알아차림하는지 3) 문 여닫고, 신발 신고 벗을 때 알아차림하는지
질문하기	9. 궁금한 것 질문하기

시대배경

8

국수집은 국수만 판다

20장
불교 전파경로

project

1. 초기불교도

2. 전파범위

3. 전파경로

check point

여기서는 인도에서 발생한 불교가 전 세계로 확산되는 경로를 배우고 익힌다.

1. BCE 566년 북인도 까삐라 봣투 룸비니-에서 태어나 29세에 출가하고 6(7)년 정도 수행해 35세에 붇다하가 된 후 자유롭게 사는 길, 청정하게 사는 길, 행복하게 사는 길, 올바르게 사는 길, 인간답게 사는 길, 공존하며 사는 길에 대한 붇다하 가르침은 많은 사람에게 삶의 자양분이 됐다.

1. 초기불교도

1. 초기 불교도는 상인, 정치인, 지식인, 일반민중이 많았다.

2. 이는 각지에서 장사하러 중인도에 왔던 사람이 불교에 귀의하고 귀국한 후 그들 활동지역에 불교를 전파했기 때문이다.

3. 상인이 이동하는 통상로를 따라 수행자도 함께 이동하다보니 자연히 상인이 출가수행자와 접촉할 기회가 많았기 때문이기도 하다.

4. 상인이나 정치인이 사람을 다루다보니 사람사이에 일어나는 경쟁, 긴장, 갈등으로 인해 발생하는 스트레스를 효과있게 처리하기 위해 싸띠수행이 필요했기 때문이다.

5. 신분세습을 거부하고 능력에 따른 보상을 주장하고 노력한 것에 상응하는 대가가 노력한 주체에게 돌아가야한다는 붇다하 가르침은 그 당시 상인이나 정치가의 전폭지지를 받았다.

6. 그 당시 실질적인 힘을 소유한 상인, 정치인, 지식인 등은 사제계급인 브라ㅎ마나에 비해 2등이나 3등 계급으로 취급당하는 신분열등감을 가지고 있었다. 그때 자기와 같은 계급출신인 붇다하가 등장해 신, 윤회, 계급제도 등을 부정하고 신이나 윤회가 아니라 자연법칙과 개인능력에 기초해 평가받는 사회를 건설하자고 한 주장은 그들이 긍지와 자부심을 가지기에 충분했다.

2. 전파범위

1. 붇다하 가르침은 인도를 벗어나 서쪽으로는 힌두쿠시 산맥을 넘어 지중해 연안과 동유럽까지, 동쪽으로는 파미르 고원을 넘어 중국, 한국, 일본까지, 남으로는 스리랑카와 동남아 지역과 말라카 해협을 지나 남중국, 한국, 일본까지 전파됐다. 오늘날은 유럽, 아메리카, 아프리카, 러시아까지 알려졌다.

2. 붇다하 가르침은 해당지역 역사, 자연, 문화 환경 속에서 해석되고 다양한 형태로 발전했다.

3. 전파지역이 넓어지고 세월이 흐를수록 조금씩 해석차이가 발생하면서 원형이 변했지만 오리지널 가르침은 여전히 살아있다.

4. 붇다하가 활동할 때 불교교단은 중인도에서 활동한 신흥 수행단체에 불과했다. 붇다하 입멸 후 제자의 전법활동에 힘입어 양적·질적으로 크게 발전했다.

표110

지중해
유럽
카스피해
이란
아랄해
파미르고원
간다하-라
티베트
둔황
고비사막
산치
아잔타
뭄바이
대승불교 발상지
오리지널불교 발상지
스리랑카
히말라야
라싸
중국
붓다가야
미얀마
교주
장안
광주
건강
한국
가야
일본

불교전파 지도

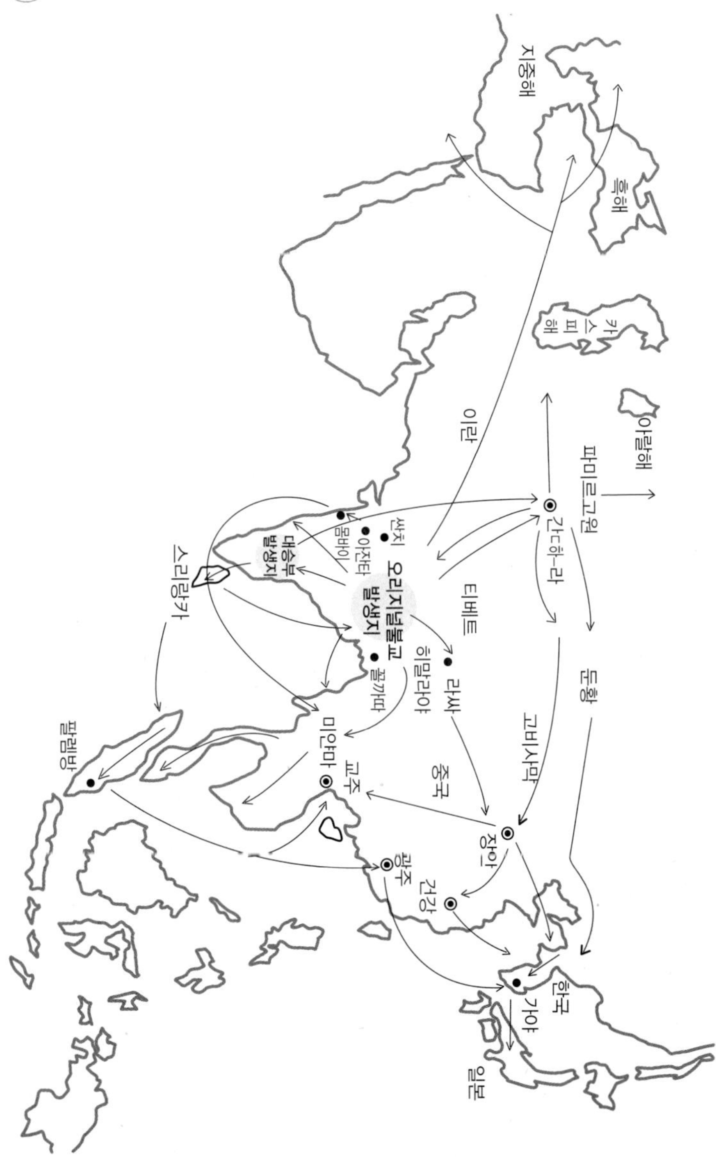

3. 전파경로

1. 인도에서 불교는 다음과 같이 대략 다섯 갈래 통상로를 따라 확산됐다.

표111 **인도불교 확산도표**

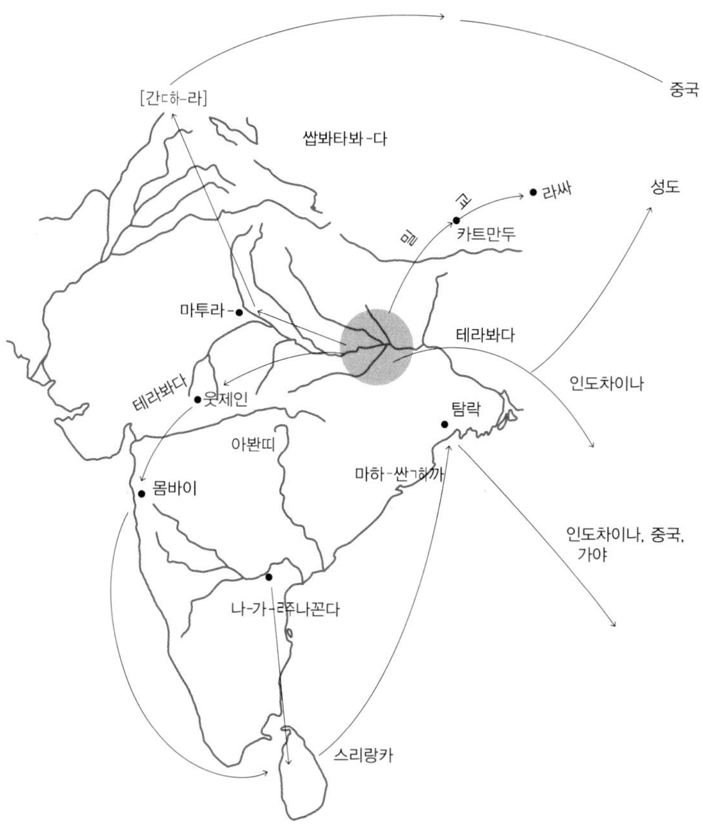

1) 남로

2. 남로(Dakkhiṇa patha, 南路)는 중인도 「빠-따리뿟따 – 라-자가하 – 웃제인 – 싼치 – 아잔타 – 뭄바이」 등 서인도로 뻗어있는 통상로다.

3. 이 길은 위바짜봐-다(Vibhajjavāda, 分別說部) 활동무대다. 스리랑카로 불교가 전해진 경로고 오늘날 동남아시아에 불교가 전해진 길이다.

4. 불교는 숭인도를 벗어나 먼저 서남쪽으로 선파냈다. 붇다가 살아있을 때 서남쪽으로 불교가 전해졌다. 서남쪽불교 유력한 거점은 웃제인이다.

5. 아-난다는 이 통상로에 인연이 많았다. 그는 이 길을 따라 전법활동을 했기 때문에 제자 가운데 이곳 출신이 많았다. 제2차 전인도출가수행자대회때 대표 8명 가운데 6명이 그의 제자였다. 이것은 아-난다가 비교적 장수했기 때문이기도 했다.

6. 붇다 10대제자 가운데 한 사람인 마하-깟짜-나(Mahākaccāna, 大迦旃延)는 아봔띠(Avanti) 출신이다. 그는 붇다 가르침을 논리적이고 체계적으로 해설(分別)하는 솜씨가 뛰어났다. 그는 이성에 호소하는 선전에 능했다. 그는 고향으로 가서 붇다 가르침을 전했고 마투라-(Mathurā) 지방에도 불법을 전했다. 붇다 10대제자 가운데 감성에 호소하는 선동에 능하고 대중연설을 잘 했던 뿐나(Puṇṇa, 富樓那) 고향도 서인도 뭄바이 북쪽이다.

2) 중로

7. 중로(Majjhima patha, 中路)는 중인도 「싸-볏띠- – 웨싸-리- – 빠-따리뿟따 – 라-자가하 – 나-가-ㄹ주나 꼰다」 등 남인도로 뻗어있는 통상로다.

8. 훗날 마하-야나(Mahāyāna, 摩訶衍, 大乘) 발생지로 알려진 마드라스 부근 나-가-ㄹ주나꼰다까지 이어진다.

9. 이 길을 따라 붇ㄷ하가 제정한 계율에 관용입장을 가진 마하-싼ㄱ히까(Mahāsaṅghika, 大衆部) 계통이 왕성하게 활동했다.

10. 마하-싼ㄱ히까는 계율에는 관용입장을 취했지만 사상에는 엄격한 입장을 견지했다.

11. 마하-싼ㄱ히까는 간ㄷ하-라 지역에 정착한 쌉 밧타봐-다(說一切有部)가 윤회설을 주장하자 강력히 반발하고 투쟁했다.

3) 북로

12. 북로(Uttarā patha, 北路)는 중인도 「라-자가하 – 마투라- – 간ㄷ하-라」 등 북인도로 뻗어있는 통상로다.

13. 이 길은 붇ㄷ하 가르침 사상에 관용입장을 취하고 힌두교 윤회설을 가장 먼저 도입한 쌉 밧타봐-다(說一切有部) 길이고 불교에 힌두교가 스며든 길이다*.

14. 실크로드로 통하는 통상로다. 훗날 불교가 실크로드를 따라 중국과 지중해연안으로 전파되는 통로가 된다.

15. 이 지역은 인도에서 BCE 10세기경 오늘날 인도문화 뿌리를 이루는

남쪽에서 북쪽으로

대승부는 BCE1~CE1세기 사이 동남인도 마드라스 일대에서 발생한 것으로 추정된다. 부파부처럼 한 부파로 출발한 대승부는 서해안을 따라 북쪽 간ㄷ하-라 지역으로 가서 그곳에 정착했다. 대승부는 카니쉬카 왕의 지원으로 이곳에서 인도로 내려와 웨싸-리-와 나란다 일대에서 대중성을 획득했다. 대승부가 최대로 번성할 때도 오리지널 불교 70%, 대승부 15%, 이 둘의 혼성이 15% 정도였다.

바라ㅎ마 신, 윤회설, 와나 계급제도를 만든 지역이다.

16. 빠-따리뿟따에서 사파로 규정돼 이 지역으로 추방된 쌉밧타봐-다(說一切有部)가 불교에 윤회설을 적극 받아들이는 역할을 했다. 윤회설을 주장한 쌉밧타봐-다(說一切有部)가 이 이곳에 정착한 것은 힌두교와 사상적으로 친근성이 작용한 것으로 보인다.

17. 이 지역은 힌두교가 발생한 곳으로 힌두교에서는 중요한 성지다. 한때는 불교가 매우 번창했고 오랫동안 쌉밧타봐-다(說一切有部) 근거지가 됐다. 마하-깟짜-나가 이 지역에서 전법활동을 했다. 오늘날은 이슬람이 정착해있다.

18. 붇ㄷ하 가르침은 중인도를 넘어 서북쪽으로 전법활동이 진행됐다. 서방불교 유력한 거점이 되는 곳은 마투라-다. 이곳은 힌두교 주류지역인데 이 지역 사람은 윤회설을 강하게 믿었다.

19. 마투라-로부터 북쪽 까ㅆ미-라(Kaśmīra, gandhāra) 방향으로 전법활동이 확대됐다.

20. 붇ㄷ하 입멸 후 100여 년 뒤 아-난다 마지막 제자인 마ㄷ하-띠까(Madhyāntika, 末田地)가 까쓰미-라로 가서 붇ㄷ하 가르침을 전했다.

21. 이곳에서 실크로드를 따라 서쪽은 지중해연안이나 동유럽까지, 동쪽은 북중국 전진(前秦)에 전해졌다. 전진에 전해진 불교가 고구려에 전해졌다. 384년에는 남중국 동진(東晉)을 통해 백제에도 전해졌다.

4) 동로

22. 동로(Pācīna patha, 東路))는 중인도 「빠-따리뿟따 – 웨싸-리- – 벵갈만 북쪽 – 인도차이나」 등 인도차이나 반도로 뻗어있는 통상로다.

23. 이 길을 따라 남로와 마찬가지로 오리지널 불교가 전해졌다. 이 길은 인도와 인도차이나 반도 사람이 왕래하던 통상로다. 옛날 버마 왕이 불교성지를 순례할 때 이 길을 이용했다.

5) 지중해로

24. 불교가 처음 인도를 벗어나 다른 나라로 전파될 때 처음은 이란을 거쳐 지중해연안으로 전해졌다. BCE 4~3세기 무렵에는 지중해연안이나 로마 등지는 인도와 무역이 상당히 이뤄진 것으로 알려졌다.

25. BCE 250년 무렵 아쏘까 왕은 이집트, 그리스, 마케도니아 등으로 전도사를 파견했다. 알렉산더(Alexandros the Great, BCE 336~323) 왕이 인도를 침입할 무렵에는 그리스 출신 스님도 많았다.

26. 중국에 처음 불교를 전하고 경전을 번역한 스님 가운데는 그리스나 페르시아 출신이 많았다. 대표적인 사람이 148년 무렵 중국에 와서 안반수의경(安般守意經) 등 pāli 어 경전을 중국어로 번역한 안세고(安世高, 147~170 중국활동)다. 그는 페르시아 출신이다.

27. 친불교 정책을 펼친 아쏘까 왕 사후 마우리아 왕조가 멸망하고 힌두교 왕조인 쑨가 왕조가 등장했다. 쑨가 왕조는 국력이 약해지면서 대외활동보다 인도 내부통치에 전념했다. 그 결과 BCE 1~CE 1세기 전후해 지중해길을 통해 불교가 지중해방향으로 전파되는 것이 중단됐다.

6) 실크로드

28. 비단길로 알려진 실크로드(Silk road)를 통해 불교가 인도에서 중국

으로 전파됐다.

29. 이 길을 통해 천축(天竺, 인도)이나 서역(西域, 신장) 출신으로 알려진 인도스님이나 실크로드 주변에 있던 많은 스님이 중국으로 와서 활동했다. 이 길을 통해 많은 중국이나 한국 스님이 인도로 가서 성지순례와 불교공부를 하고 중국으로 돌아와 활동했다.

30. 이 길은 거리도 멀 뿐만 아니라 대부분 사막과 설산으로 이뤄졌기 때문에 많은 희생자를 냈다. 그런 험난함도 수행자의지를 약화시키지는 못했고 생존문제에 매달린 중생을 멈추게 하지도 못했다.

31. 이 길은 동서문명이 교류한 통로일 뿐만 아니라 불교가 인도를 넘어 중국을 비롯해 몽골 초원지대와 동아시아 대륙으로 전파되는 중심길이었다.

7) 티베트로

32. 티베트로는 중인도 「빠-따리뺫따 – 웨싸-리- – 꾸씨나-라- – 카트만두 – 라싸」 등 티베트로 뻗어있는 통상로다.

33. 이 길을 차마고도(茶馬古道) 라고도 한다. 당나라 시대부터 이 길을 통해 중국차가 티베트로 전해졌다. 이 길은 라싸에서 장안이나 성도로 이어진다.

34. 이 길을 따라 만뜨라(mantra, 眞言)와 딴뜨라(tantra) 밀교가 인도에서

밀교와 환경

밀교는 붇다에게 물질을 직접 공양올리기보다 말[mantra, 眞言, 呪文]로 공양올리는 방식을 취했다. 이런 방식은 물질이 풍부한 평지보다 티베트나 파미르 고원처럼 자원이 척박한 지역에서 대중성을 획득했다.

티베트로 전파됐다.*

35. 이 길을 통해 신라 현각(玄恪, 7세기 중후기 활동)과 현조(玄照, 7세기 중후기 활동)는 인도로 갔다. 현조는 무사히 낙양으로 귀국했다. 그러나 당 고종(唐 高宗, 재위 650~684)의 명으로 다시 인도로 갔다가 귀국하지 못하고 그곳에서 입적했다. 불교순례 역사에서 인도와 중국을 두 번에 걸쳐 간 사람은 몇 명 되지 않는다.

36. 이 길은 1200년대 이슬람이 인도를 침입하고 불교를 박해할 때 불교수행자가 인도에서 티베트로 망명한 길이다.

37. 이 길은 티베트불교가 전 세계로 확산된 길이다. 오늘날 달라이라마 (Dalai lama, Tenzin Gyatso, 1935~)가 이 길을 따라 중국정부 박해를 피해 티베트에서 인도로 간 길이기도 하다.

8) 해상로

38. 이 길은 남로와 동로 연장이다. 몸바이 지역 서남인도에서 출발해 마드라스, 스리랑카 등 남인도와 꼴까따를 거쳐 남인도와 스리랑카, 마드라스, 꼴까따 등 동인도를 거쳐 인도차이나 반도, 말라카 해협을 지나 남중국과 한국 삼천포와 김해까지 그리고 서쪽은 지중해까지 연결된 길이다.

39. 이 길을 따라 오리지널 불교, 대승부, 밀교부 등이 동남아, 지중해연안, 중국, 한국, 일본에 전해졌다

40. 이 길은 48년 김수로 왕 부인 허황옥이 인도에서 상선을 타고 현재 BUDDHA DHAMMA SAṄGHA가 있는 김해로 와서 그곳 왕이던 김수로와 국제결혼한 길이다.

41. 이 길을 따라 오리지널 불교가 한국에 전해졌다. 한국은 오리지널

불교와 싸띠수행을 만든 인도인이 직접 붇다 가르침을 전했다.

9) 서양로

42. 서양은 두 번에 걸쳐 불교가 전파됐다. 하나는 실크로드를 따라 지중해연안으로 전파됐고 다른 하나는 근세 서양이 동양을 침략하는 과정에서 불교가 전해졌다.

① 서방으로

43. 인도에서 발생한 불교가 인도를 벗어나 외국으로 전해질 때 해로는 서남인도를 거쳐 스리랑카, 동남아시아, 지중해연안으로 전해졌고 육로는 실크로드를 통해 이란과 중동을 지나 지중해연안으로 전해졌다.

44. 육로는 실크로드를 따라 중국으로 전해지기 이전에 먼저 서방으로 전해졌다. 중국에 불교를 처음 전한 서역인 가운데 지중해연안 출신이 많았다.

45. 최초로 중국어로 불교경전을 번역한 안세고도 페르시아 계통이다. 안세고는 안식국(安息國) 출신이다. 안식국은 BCE 250년경 아르싸께쓰(Arsakes, BCE 3세기 중기활동)가 창건한 파르티아(Parthia)를 말한다. 안식은 이 나라 왕도인 안치오크를 중국에서 음사해 안식으로 불렀다.

46. 그러나 어떤 이유에서인지 몰라도 불교전파에 관해 이 루트는 1세기 전후로 끊어졌다. 그 이후 불교전파는 중국루트가 활성화됐다*.

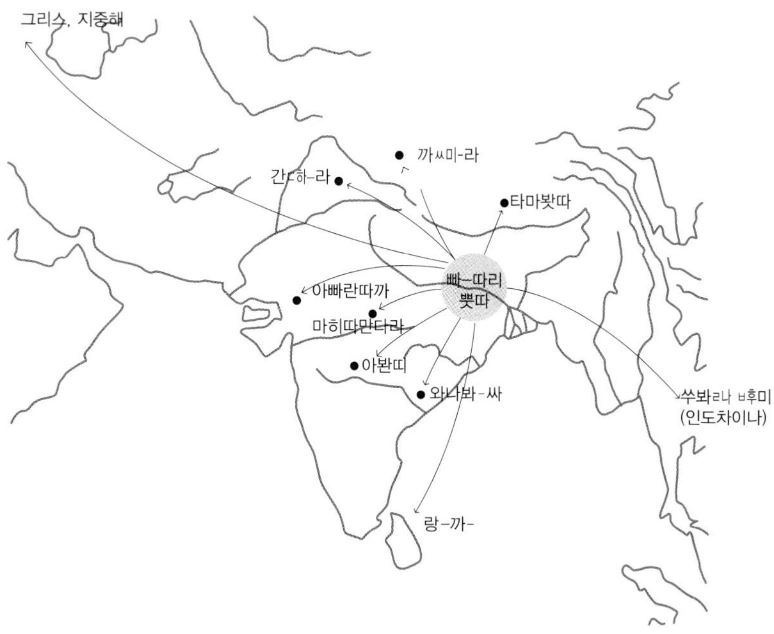

② 근세이후

47. 17세기 이후 영국을 비롯해 서양이 동양을 침입하는 과정에서 자연스럽게 불교가 서양에 전해졌다.

붇다하가 서쪽으로 왔다

흔히 동쪽으로 왔다고 한다. 그것은 중국에 비해 인도가 서쪽에 위치하기 때문이다. 동유럽 사람은 어떻게 말했을까? 그들은 붇다하가 서쪽으로 왔다고 말한다. 헝가리 수도이름이 부다페스트인데 이것은 붇다하가 인도에서 서쪽으로 왔다는 것에서 유래한다.

48. 유럽 근세철학자는 그들이 직면한 한계를 극복하기 위해 동양이나 불교에서 해결책을 찾았다. 실존주의, 해체주의, 심리학, 상담학, 정신의학, 철학자 등은 불교철학, 마음과학, 싸띠수행으로부터 새로운 영감을 많이 받았다.

49. 2차대전 이후 한국전쟁과 베트남 전쟁은 미국이나 유럽 사람이 본격적으로 불교를 접할 수 있는 계기를 제공했다. 중국의 티베트합병은 티베트불교가 전 세계로 선파되는 계기가 됐다.

50. 70년대 히피세대는 욕망과 폭력, 기계와 편리에 기반한 기성문화를 거부하고 평등과 평화, 자연과 공존에 기반한 새로운 문화를 찾는 과정에서 불교와 수행 문화에 매료됐다.

51. IT산업은 그 분야에 종사하는 사람에게 스트레스를 많이 주었다. 그들은 마음에너지 보충과 마음휴식을 찾는 과정에서 붇다가 만든 마음과학과 싸띠수행을 발견했다.

52. 심리학이나 상담학 등은 스트레스를 관리하고 마음다스리는 데 붇다가 체계화한 마음과학과 싸띠수행이 효과적이라는 것을 발견했다.

53. 존스 홉킨스를 비롯한 의료계는 정신의학뿐만 아니라 일반환자 치료에도 마음과학과 싸띠수행을 도입해 많이 활용한다.

54. 발도로프나 하버드를 비롯한 교육계는 마음 건강, 안정, 관리 등이 인성과 학습에도 유효하다는 것을 발견하고 교육현장에 싸띠수행을 적극 활용한다.

55. 기업은 생산성 저해요소 가운데 구성원 사이에 일어나는 갈등과 스트레스가 중요한 요인이라는 점을 발견했다. 그래서 생산성향상을 위해 갈등과 스트레스 해소에 효과있는 마음과학과 싸띠수행을 직접 활용한다.

56. 이렇듯 필요에 의해 붇다가 체계화한 마음과학과 싸띠수행은 동양

을 넘어 서양에 정착했다. 이제 불교, 마음과학, 싸띠수행은 서양세계 주변 부문화가 아닌 주류문화로 자리잡은 지 오래다.

57. 21세기 화두는 마음이다. 그 중심에 붇다가 만든 마음과학과 싸띠수행이 있다.

21장

불교발생 시대배경

project

1. 아리야인 인도침입

2. ㅂ라ㅎ마 신

3. 윤회설

4. 윤회설이 불교에 스며드는 과정

5. 4성 계급제도

6. 우빠싸ー드 철학과 수행

7. 싸마나 운동

8. 6사외도

check point

여기서는 불교발생 시대배경을 구체적으로 이해하고 불교등장 이전에 활동한 ㅂ라ㅎ마 신, 윤회설, 계급 제도를 중심으로 한 힌두교 사유구조와 요가수행, 싸마나 운동 등이 일어난 시대배경을 살펴보고 붇ㄷ하 는 왜 신, 윤회, 계급제도 등을 부정하고 불교, 마음과학, 싸띠수행 등을 만들었는지 그 역사배경을 배 우고 익혀 불교이해 기초로 삼는다. 불교는 고대인도 역사산물이다. 불교가 등장한 고대인도 시대배경 을 이해하는 것은 불교이해에 중요하다.

1. 아리야인 인도침입

1. 한 민족이 다른 지역으로 이동하는 것은 오늘날처럼 차타고 다른 곳으로 가는 것을 의미하지 않는다. 그것은 전쟁과 더불어 문화결합을 의미한다.

2. 고대인도에 침입한 아리야인과 당시 인도에 살던 선주민인 드라비다인과 문다인이 접촉하고 상호침투하는 과정은 다음과 같다.

1) 고대인도 선주민

3. BCE 2000년 무렵 북인도 씬다후(Sindhu, 辛頭, Indus) 강 유역에 살던 인도선주민은 피부색이 약간 검고 몸이 왜소한 드라비다인이나 황색계통 문다인으로 추정된다.

4. 이들은 모헨조다로(Mohenjo Daro)나 하랍빠(Harappa)와 같은 우수한 문명을 창조하고 농업으로 생활했고 좌선을 즐겼다*.

5. 다른 고대인처럼 자연현상을 신격화했고 사람이 상상할 수 있는 온갖 종류 신을 만들고 숭배했다. 그들은 그리스처럼 사람과 신이 함께 어울리는 다신교(多神教) 전통을 형성했고 대부분 신은 여성적이었다*.

수행문화

오늘날 인도문화로 대표되는 수행문화는 씬다후 강 중류 지역, 모헨조다로나 하랍빠 지역 문화였다. 이것이 아리야인에 밀려 드라비다인이나 문다인이 중인도에 와서 침입족인 아리야인 문화인 힌두교와 결합해 요가수행을 만들었다.

다신교와 일신교

지중해 그리스를 중심으로 다양한 신을 창조하고 신봉했다. 크리스트교가 로마국교가 되면서 야훼 신을 숭배하

2) 아리야인

6. BCE 2000년 무렵 카스피 해와 아랄 해 사이 중앙아시아 초원지대에 아리야인이 살았다.

7. 아리야인은 피부색은 하얗고 목축하는 유목민이었다. 그들은 종족제를 유지하고 조상과 태양(ādicca, suriya, 太陽)을 숭배했고 불을 수호신[aggi, 火神]으로 섬겼다. 그들이 모신 대부분 신은 남성적이었다.

8. 아리야인은 자기의지를 강력히 표현할 때는 머리를 빡빡 깎았다. 가슴에 「卍, sovatthika」 문양을 가지고 태어난 사람은 행운(kusa, 吉祥)을 가져온다고 믿었다. 상류층은 채식을 좋아했고 일반인은 육식을 했다. 그리고 영어계통 언어를 사용했다*.

9. 아리야인은 제사를 통해 신께 예배올리는 것을 중시했다. 제사는 살아있는 동물을 죽여올리는 희생제를 즐겼다. 제물은 우유, 곡물, 육류, 발효주 등을 사용했다. 이렇게 제물을 올림으로써 신을 기쁘게 하고 신의 은

는 일신교로 바뀌고 야훼 신 이외 다른 신을 인정하지 않는 배타적인 종교로 변했다. 인도는 다신교를 믿었고 다른 사람이 믿는 신을 인정했다. 대승부나 밀교부는 당시 인도인이 믿던 힌두 신을 불보살로 포장해 믿었다.

卍자 문양

흔히 卍 문양은 불교를 상징하는 것으로 안다. 그러나 이 문양은 불교를 상징한 것이 아니라 힌두교에서 행운을 상징하는 길상(吉祥) 문양이다. 더 근원으로 거슬러 올라가면 중앙아시아 카스피 해 지역에 살던 아리야인이 행운을 상징할 때 사용한 문양이다. 이것이 실크로드를 따라 인도에서 중국으로 오는 과정에서 불교문양으로 바뀌었다. 아리야인 후예인 독일 아돌프 히틀러(Adolf Hitler, 1889~1945)도 이 문양을 제3제국 상징으로 이용했다. 오늘날 인도는 자동차 앞뒤에 이 문양을 새겨서 사고나지 말라는 행운상징으로 쓴다. 원래 이 문양은 태양 회오리를 상징하는 데 태양을 숭배한 아리야인은 이 문양을 신성시했다. 처음 미국에 아·라·마를 세운 스님이 불교상징으로 「卍 깃발」을 걸면 네오나치스가 시위하는 줄 알고 신고받은 경찰이 왔다. 60~70년대 유럽을 여행하는 스님이 깨끗한 호텔에 들어가면 방을 얻을 수가 없었다. 머리를 빡빡깎은 것을 나치스 표시로 오해하고 자기호텔에 투숙시키면 호텔 격이 떨어진다고 생각했기 때문이다.

총을 입어 자기가 원하는 것을 성취할 수 있다고 믿었다.

10. 아리야란 「성스럽다」란 의미로 태양신의 선택받은 종족이란 뜻이다*.

11. BCE 2000년 무렵 아리야인이 대이동을 시작했다. 그들 중 일부는 카스피 해 북쪽을 돌아 그리스를 거쳐 유럽에 정착했고 다른 일부는 카스피 해 남쪽으로 내려와 오늘날 이란인 페르시아에 정착했다. 이들 가운데 일부는 인도로 왔다.

12. 오늘날 유럽인이 사용하는 영어, 프랑스어, 이탈리아어, 독일어 등 85% 정도 유럽언어가 바로 이 아리야인 언어로부터 영향받았다.

13. 이란에 정착한 아리야인은 그곳에서 그들이 숭배하는 태양으로 불을 섬기는 종교를 만들었는데 그것이 조로아스터교[拜火敎]다. 조로아스터(Zoroaster, BCE 7세기 활동)가 만들었다고 해서 그렇게 부른다.

14. 이란은 아리야 준말이다. 아리야인은 이동하면서 자기가 거쳐간 곳 지명에 아리야라는 종족명을 즐겨 남겼다.

15. 아리야인 가운데 일부는 동진을 계속해 씬ㄷ후 강 유역까지 진출했다. 그들은 인더스 문명을 창조한 드라비다인과 문다인을 지배하고 모헨조다로와 하랍빠 문명을 파괴했다.

16. 인도에 침입한 아리야인은 1천년 이상 긴 세월동안 강력히 저항한 드라비다인과 문다인을 물리치고 BCE 1000년 전후해 씬ㄷ후 강을 건너 오늘날 편잡지역인 북인도에 정착했다.

아리랑

일부 재야학자는 아리랑도 아리야인이 중앙아시아에서 북동쪽으로 이동해 우랄 산맥과 알타이 산맥으로 이동하면서 전해진 용어라고 주장한다. 재미있는 관점이다.

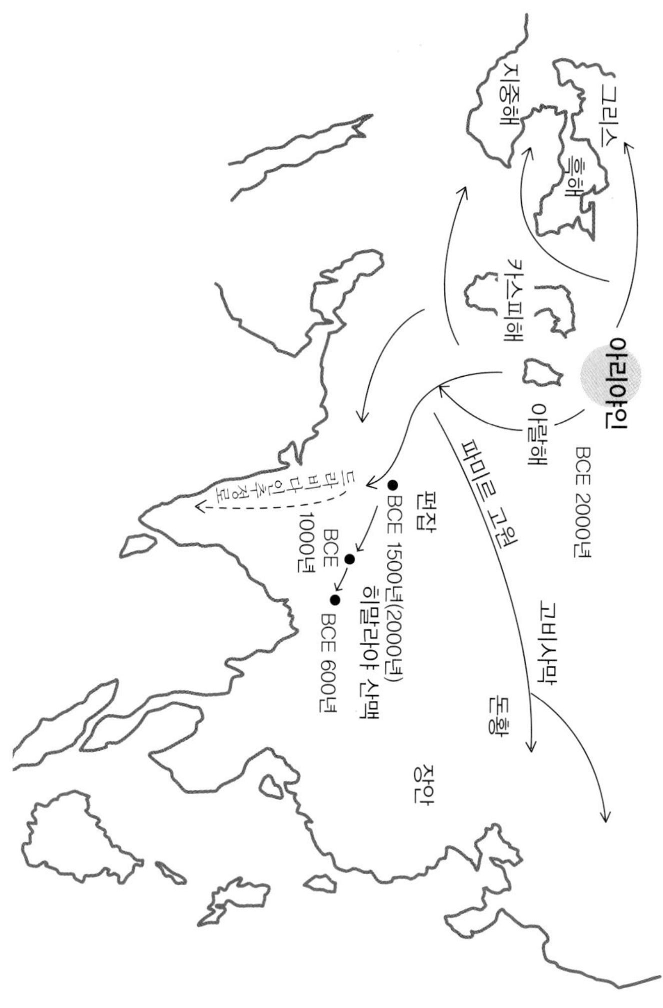
지중해
그리스
에게해
카스피해
아랄해
아리아인
BCE 2000년
파미르 고원
고비사막
인더스강유역문명
펀잡
BCE 1500년(2000년)
히말라야 산맥
BCE 1000년
BCE 600년
돈황
장안

17. BCE 2000년 무렵 시작된 아리야인에 의한 인도침략은 BCE 1000년 무렵은 씬ㄷ후 강을 건너 동쪽으로 이동해 펀잡 지역에 이르렀다. 정복지역이 늘면서 선주민 저항 또한 격렬했다.

18. 아리야인은 무력지배와 병행해 보조적이면서 효과적인 통치수단을 찾았다. 그들은 무력에 의한 고강도 통치전략을 사용하면서 상징조작을 이용해 다스리는 저강도 통치전략인 문화운동을 펼쳤다*.

19. 저강도 통치전략 핵심인 상징조작은 그들이 신봉히는 신인 창조주 ㅂ라ㅎ마(Brahmā, 梵神), 신이 만든 우주질서인 쌍싸-라(saṁsāra, 輪廻), 우주질서에 따라 현실세계에 구현된 짯따-로봔나-(cattāro vaṇṇā, 四姓階級) 등 세 가지다*.

20. 이 세 가지 상징조작은 그것이 만들어진 이래 3000여 년 동안 인도를 지배하는 주류사상으로 자리잡았다.

21. 붇ㄷ하는 이 세 가지 사유구조를 사법(micchā dhamma, 邪法), 사교

통치전략

무력으로 통치하는 것은 지배하는 쪽이 강할 때 효과적이고 쉬운 방법이지만 그만큼 피지배층 반발 또한 강하다. 문화로 지배하는 것은 시간이 다소 오래 걸리지만 한번 문화소비자로 길들여지면 지속적으로 그 문화를 공급해달라고 요청한다. 지배당하는 줄도 모르고 지배당하는 것이 문화통치다.

제조자와 사용자

물건 만든 사람이나 공급하는 사람중심으로 사고하고 행동할 것인지 그것을 사용하고 소비하는 사람중심으로 사고하고 행동할 것인지에 따라 사유방식과 행동유형이 많이 차이난다. 대개 제조자나 생산자 입장에서 사고하고 행동하면 무례하고 폭력적인 성향을 보일 수 있다. 그러나 사용자나 소비자 입장에서 사고하고 행동하면 부드럽고 이해와 배려가 깊다.

이런 경향은 종교를 믿거나 전파하는 데도 나타난다. 대개 창조신을 믿는 종교는 누가 이 세계를 창조했는지를 강조한다. 이 세상을 만든 존재라고 주장하는 신에게 충성을 다하면 충분히 보상해준다고 강조한다. 이 세상은 자연법칙에 따라 만들어진 것이기 때문에 필요에 따라 효율적으로 사용하면 된다고 주장하는 사람은 객관질서를 규명하고 그것을 이용해살면 된다고 설명한다. 전자대표가 크리스트교고 후자대표가 불교다.

(micchā sāsana, 邪敎), 오염법(saṅkilesa dhamma, 汚染法) 등으로 규정했다.

22. 신, 윤회, 세습제, 계급제도를 부정하고 존재를 있는 그대로 보고 존재에 내재된 법칙에 따라 삶을 경영하자는 연기나 노력한 대가를 노력한 주체에게 돌려주자는 인과를 정법(sammā dhamma, 正法), 청정법(visuddhi dhamma, 淸淨法)이라고 했다*.

변혁전선

뭔가 마음에 차지 않는 것이 있을 때 그것을 변화시키기 위해 구체적으로 행동한다. 이때 세력을 모으고 행동 효율성을 가져오기 위해 전선을 형성하는 것이 효과있다. 정치조직이나 사회개혁가는 자기가 주장하는 논리의 정당성을 확보하기 위해 명분을 쌓고 전선을 명확하고 단순화해 대중동원과 전선형성을 잘 하는 사람이다.

붇다하는 기존의 신, 윤회, 세습제, 계급제도를 중심으로 사고하고 행동하는 힌두교를 사법, 사교, 오염법이라고 규정하고 자연질서를 중시하고 실재를 있는 그대로 보고 신과 윤회를 부정하고 능력제와 평등과 평화를 사랑하고 자연과 사람을 중심으로 사고하고 행동하는 것을 정법(正法)이라고 했다.

대승부는 기존불교를 소승으로 부르고 자기를 대승으로 규정했다.

밀교는 대승부는 껍데기(顯敎)고 자기는 붇다하로부터 비밀스럽게 전해진 정법(秘密佛敎, 密敎)을 이어받았다고 강조했다.

중국 화엄종은 5교 10시(五敎十時)을 주장하며 기존종파는 낮은 단계를 설하는 경전을 믿는 사람이고 자기는 수승한 화엄경을 믿는 뛰어난 사람이라고 주장했다. 천태종은 법화경이 가장 수승한 것이라고 강조했고 화엄종은 화엄경이 가장 수승하다고 주장한다.

선종(禪宗)은 붇다하로부터 자기는 불립문자(不立文字), 교외별전(敎外別傳), 이심전심(以心傳心), 직지인심 (直指人心), 견성성불(見性成佛)을 목표로 수행하는 사람이기 때문에 정통파고 교종(敎宗)을 믿고 따르는 사람은 남의 집 소만 세는 사람이라고 비난했다. 선종은 화엄종과 유식에서 오랜 세월 점진적으로 닦아 단계를 거쳐 붇다하가 될 수 있다고 주장한 것은 점교고 금생에 수행해 붇다하를 이룰 수 있다고 주장한 선종은 돈교라고 강조했다.

대감혜능을 따르는 수행자는 자기는 달마로부터 전해진 정법안장(正法眼藏)을 가진 남종돈교(南宗頓敎)고 대통신수를 따르는 사람은 북종점교(北宗漸敎)라고 비난했다.

원래 점돈논쟁은 선종에서 시작된 것이 아니라 화엄종이나 유식수행자와 선수행자가 서로 자기입장을 주장한 것이었다. 이런 논쟁이 선종승리로 끝나고 선종이 헤게모니를 잡자 이제는 선종내부 헤게모니 쟁탈전이 전개되면서 대만홍인 제자사이에서 전개됐다. 이때는 대감혜능 제자는 자기가 돈교고 대통신수 제자는 점교로 몰아붙였다.

9세기 중반 임제의현을 중심으로 한 선수행자는 자기가 하는 수행은 조사 싸띠수행이고 오리지널 불교를 따르는 사람이 하는 수행은 여래 싸띠수행이라고 주장하고 조사 싸띠수행 제일주의로 흐른다.

이런 주장은 754년 안사의 난 이후 당제국이 외곽 통제력을 상실하고 몰락하는 과정에서 보호주의, 국수주의, 민족주의가 등장하는 과정을 반영한다. 790년대까지는 여래 싸띠수행이 가장 수승한 선으로 규정된 것이 850년 대로 접어들면 조사 싸띠수행이 최상승선으로 바뀌는 과정은 이런 역사배경을 이해해야 제대로 볼 수 있다.

2. 바라흐마 신

1. 자연현상을 신격화해 믿는 고대인도 종교는 다신교에 기초해 사람이 상상할 수 있는 온갖 형태의 신을 만들었다.

2. 고대 인도인은 우주를 창조한 신이 존재한다고 믿었다. 그 창조신이 바로 바라흐마(Brahmā, 梵神)다. 나약하고 어리석은 피조물이 신의 은총을 받기 위해서는 신이 좋아하는 일을 해야하는데 그것이 살아있는 생명을 죽여 그 피로 제사지내는 것이다*.

3. 우주와 질서를 창조한 신도 자기가 만든 질서에 지배받는다. 힌두교에서 창조신은 창조자이면서 동시에 자기가 만든 질서를 유지하고 지배받는 존재다.

4. 신은 직접 피조물을 만나지 않고 반드시 대리인(司祭)을 통해 피조물과 교신하는데 사제는 승리자인 아리야인 가운데 최상층부에서 나왔다.

12세기 말에는 대혜종고가 등장해 기존수행은 묵조 싸띠수행이고 점교, 사선(死禪), 사구(死句)로 규정한다. 자기가 하는 수행은 화두 싸띠수행이고 돈교, 경절문(徑截門, 깨달음 족집게 과외, 깨달음 단기 속성과정)이고 활선(活禪), 활구(活句)라고 주장한다. 묵조 싸띠수행이나 화두 싸띠수행은 자기가 스스로 붙인 것이 아니라 상대가 서로를 비난한 주장이 도리어 자기를 상징하는 별칭이 됐다.

BUDDHA DHAMMA SAṄGHA는 붇다 견해에 따라 신을 믿고, 기도하고, 윤회설을 주장하고, 세습과 신분제를 주장하고, 수행하지 않고 문자해독에만 주력하는 것을 사파로 규정한다.

문화뿌리

동서양을 막론하고 고대사회는 신을 즐겁게 하는 일은 살아있는 생명을 죽여 그 피로 제사지내는 것이다. 처음은 사람을 죽여 제사지내다 점차 그 대용품으로 양이나 말 등을 사용했다.

서양은 양을 즐겨 사용했고 중국은 말을 죽여 제사지냈다. 그러나 말은 전투력이기 때문에 아무나 죽일 수 없었다. 고위장성이나 전투에 나가는 장군이 말을 죽여 하늘에 제사지내고 그 피를 나눠마시고 전의를 다졌다. 일반대중은 말 피를 구할 수 없어서 그 대용품으로 붉은 팥을 사용했다. 붉은 팥 색이 말 피와 비슷했다. 동짓날 팥죽끓이는 것은 그것을 집주변에 뿌리면 잡귀를 물리치고 행운이 깃든다는 의식이다.

인도사람이 이마나 머리에 붉은 점을 찍는 것은 살아있는 생명을 죽여 제사지내고 그 피로 목욕했다는 표시다. 시집가는 신부가 연지곤지 찍는 것도 동일한 문화유형이다. 문화뿌리를 이해하면 더 많은 것을 볼 수 있다.

5. 사제는 브라ㅎ마 신을 모신다고 해서 브라ㅎ마나((Brāhmaṇa, 婆羅門)라고 했다. 사제직은 세습됐고 피정복민이 할 수 있는 일은 제물을 준비하고 사제에게 제사를 의뢰하고 신의 은총을 바라는 것뿐이었다.

(표114) **신의 질서 ①**

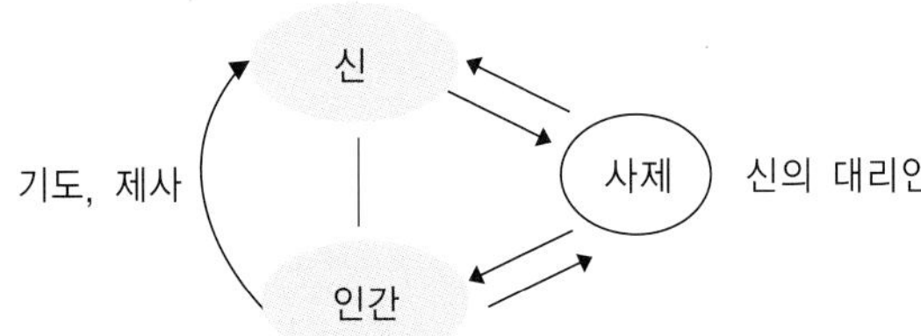

6. 제사지낼 때는 먼저 신을 청했다. 신은 아침 해 뜰 무렵 간가(Gaṅga, 恒河, 天堂來 Ganges) 강 동쪽에서 온다고 믿었다. 이른 아침 강 서쪽에 서서 해뜨는 동쪽을 보고 신을 청했다*.

7. 먼저 기도할 장소를 깨끗이 청소하고 제물을 차리고 살아있는 동물을 죽여 피를 주변에 뿌리고 자기몸에도 묻혔다. 그리고 나서 청할 신 이름을 부르면 그 소리를 듣고 신이 그곳으로 온다고 믿었다. 3일 부르면 3일기

생지와 사지

인도인은 방위로 생사를 표현했다. 그들은 동쪽은 생지(生地)고 서쪽은 사지(死地)라고 생각했다. 사람을 살리는 약사여래(Bhaiṣajyaguru, 藥師如來)는 동방에 거주하고 죽은 사람을 제도하는 아미타불(Amitābha Buddha, 阿彌陀佛)은 서방에 머문다.

도, 7일 부르면 7일 기도, 100일 부르면 100일 기도라고 한다.

8. 신을 부를 때 그냥 이름만 부르지 않고 쇠로 만든 요령으로 소리를 내면 더 효과적이라고 믿었다. 그래서 하늘까지 울려퍼지라고 요령을 흔들며 신을 청했다. 일종의 초인종이다. 절에서 아침저녁 치는 범종(梵鐘)도 같은 원리다. 요즘도 아침저녁 바라-나씨- 간가 강에 가면 신을 청하며 흔드는 요령소리가 요란하다.

9. 드라비다인과 전투에서 승리한 아리야인은 무력으로 정복민을 지배하면서 상징조작으로 지배하는 이중지배전략을 사용했다.

10. 승리자인 아리야인 문화는 우수하고 패배한 드라비다인 문화는 열등하고 승리자인 아리야인 수호신인 ᄇᄅᄒ마 신은 강력한 힘을 지닌 존재고 패배자인 드라비다인 신은 나약한 존재로 규정했다.

11. 패배한 토착민 신은 승리자 신을 숭배해야 하고 패배한 토착민은 승리자를 모셔야 한다고 주장했다. 강력한 힘을 지닌 승리자 신을 잘 모시면 신의 은총을 받지만 그러지 않으면 신의 노여움을 받아 불행해진다고 협박했다.

12. 인도를 지배한 아리야인은 자기문화만 강조하지 않았다. 패배자 문화를 전면적으로 부정하지도 않았다.

13. 아리야인은 자기가 믿는 ᄇᄅᄒ마 신을 최고신 제1신으로 규정하고 그 밑에 피정복민 사용가치에 따라 피정복민이 믿는 신을 제2신, 제3신, 제4신 등으로 규정하고 차등배치했다. 이런 전통이 오늘날 인도문화 다양성과 혼합성을 가져온 기본토대다.

14. ᄇᄅᄒ마 신은 모든 신의 근원이고 피정복민 신은 ᄇᄅᄒ마 신이 변화돼 나타난 화신(nirmāṇa kāya, 化身)이기 때문에 어떤 신을 믿어도 괜찮다고 주장했다. 오늘날 힌두교는 붇ᄃ하나 예수도 ᄇᄅᄒ마 신이 변화돼 나타난 것

으로 주장하고 제2신으로 숭배한다*.

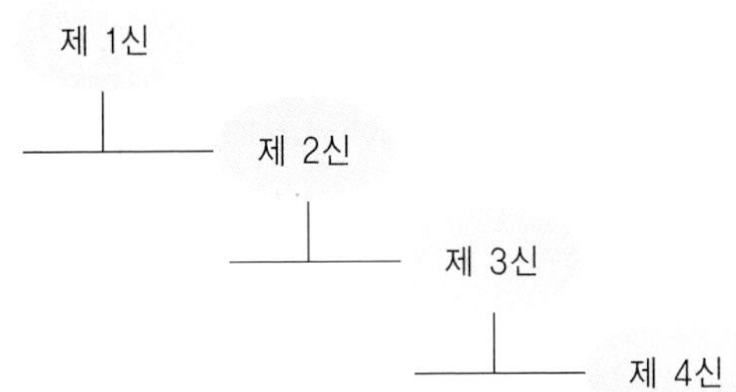

15. 힌두교가 신을 청하는 방식은 대승부와 밀교부가 그대로 차용해 사용한다. 오늘날 절에서 스님이 관세음보살이나 아미타불에게 기도하는 방식을 보면 힌두교에서 신을 청하는 방식과 똑같다*.

비로자나불과 ㅂ라ㅎ마 신

대승이 믿는 비로자나불(Vairocana Buddha, 毘爐遮那佛)은 힌두교 ㅂ라ㅎ마 신의 불교변형이다. 법신(dhamma kāya, 法身)인 비로자나불은 형체가 없다. 비로자나불이 극락에 있으면 아미타불, 지옥에 있으면 지장보살이다. 괴로운 사람에게 나타나면 관세음보살이고 머리 나쁜 사람에게 나타나면 문수보살이다. 이것은 힌두교 제1신이 토착민이 믿고있던 제2신, 제3신, 제4신으로 화현했다고 주장하는 것과 같은 상징조작이다.

기도장소

먼저 관세음보살을 청하는 사람은 관음전, 아미타불을 청하는 사람은 극락전에서 기도한다. 그곳으로 관세음보살이나 아미타불이 온다고 믿기 때문이다.

불보살을 청할 사람은 그곳에 모셔진 불상주변을 깨끗이 청소하고 과일 등 제물을 차려놓고 해당 불보살이름을 계속해 부른다. 이때 목탁을 치거나 요령을 흔들며 불교로 각색된 불보살이름을 부른다. 요즘은 목탁을 나무로 만들지만 옛날은 철이나 은으로 만들었다. 쇠로 만들면 철탁(鐵鐸) 은으로 만들면 은탁(銀鐸)이라고 한다. 물론 힌두교에서 신을 청하던 도구다.

16. 대승부나 밀교부 수행도량 배치양식을 보면 힌두교에서 신을 차등 배치한 것과 동일한 것임을 알 수 있다.

17. 불교에서 가장 큰 어른인 붇다를 모신 대웅전(Mahāvīra, 大雄殿)은 아-라-마 중심에 위치하고 규모도 제일 크다*.

18. 그 다음 신으로 모시는 관세음보살 등 불보살을 모신 전각은 대웅전 옆에 약간 작게 짓는다. 그 다음 신인 산신이나 칠성 등 토착신을 모신 곳은 한쪽 구석에 아수 작게 위지한다. 사람은 이런 배지양식이 불교식이라고 믿지만 제3자 눈으로 보면 분명히 힌두교 아류다*.

19. 오늘날 한국을 비롯해 중국문화권에서 활동하는 거의 모든 불교가 이름만 불교고 형식과 내용은 힌두교임을 부인할 수 없다.

20. 대승과 선종에 토대둔 한국조계종은 그 내용과 형식뿐만 아니라 철학관점과 교육체계 등이 거의 95% 이상 부파부 전통을 따르거나 대승부나 밀교부 형식이다.

스님어원

불교 수행도량인 절을 가람이라고 한다. 가람은 승가람(僧伽藍) 준말이다. pāli 어 saṅgha ārāma를 한문으로 음사해 「승가람(僧伽藍)→가람(伽藍)」으로 쓴다.

스님도 마찬가지다. 수행자모임을 뜻하는 saṅgha를 승가(僧伽)라고 음사했고 생략해 승(僧)이라고 한다. 여기에 존칭접미어 「님」이 결합해 「승님」에서 「스님」으로 발전했다.

푸닥거리도 마찬가지다. 신에게 제물올리는 것을 pāli 어로 pujā다. 여기에 저잣거리 할 때 쓰는 「거리」가 붙으면 pujā 거리→푸닥거리로 발전했다. 신에게 제물올리고 기도하러 가는 길목은 시끌벅적하다. 이와 같이 붇다 언어인 pāli 어가 한문으로 음사돼 오랫동안 사용하다 한글처럼 쓰이는 단어가 약1400여개쯤된다.

귀신들 종합청사

평지는 별을 보고 점치는 점성술(占星術)이 발달한다. 대표적인 것이 칠성신앙이다. 강이나 바다는 용왕과 같은 수신(水神)을 모신다. 산에는 산신이 있다고 믿는다. 붇다 가르침이 인도에서 한국까지 오는 과정에서 벌판지나고 산넘고 강과 바다 건너는 과정에서 많은 신이 스며들었다. 귀신들 종합청사라는 말이 무색할 정도로 다양한 신이 불교에 혼합됐다.

3. 윤회설

1. 불교를 소개하는 대부분 책은 윤회설(saṁsāra, 輪廻說)을 붇다하 가르침으로 설명한다. 그러나 붇다하는 윤회설을 한마디로 허구라고 규정하고 부정했다.

2. 붇다하는 아라한뜨가 되기 전에는 창조주 신과 윤회가 있는 줄 알고 그것을 찾아 헤맸지만 붇다하를 이룬 후에는 신과 윤회가 없는 줄 분명히 깨달았다고 오도송에서 선언했다.

3. 붇다하는 깨닫기 전에는 삶을 추동하는 원동력이 신과 윤회라고 믿었지만 깨닫고 붇다하가 된 후에는 욕망과 무지가 삶을 추동하는 에너지라고 알았다.

4. 붇다하는 허구적인 이론인 신과 윤회에 매달릴 것이 아니라 삶을 추동하는 원동력인 욕망과 무지를 타파하는 것이 괴로움을 종식하고 자유롭고 행복한 삶을 성취하는 유일한 길이라고 보았다.

1) 등장 시기와 지역

5. 윤회설은 BCE 1000년 무렵 북인도에서 인도에 침입한 아리야인이 선주민을 지배하기 위한 도구로 브라흐마 신과 4성계급제도와 더불어 만든 세 가지 상징조작 가운데 하나다.

6. 윤회설에 대한 원형이 만들어진 것은 카스피 해 부근 중앙아시아였지만 이것이 아리야인과 함께 인도에 와서 인도 북동부 간다하-라 지역에서 오늘날과 같은 형태의 윤회설로 발전했다. 이렇게 만들어진 윤회설은 인도 문화 중심이고 오늘날까지 인도인 삶을 지배하는 주류 관념체계로 자리잡

았다.

7. 많은 불교지도자가 윤회설이 불교사상이라고 가르친다. 그러나 이것은 잘못이다. 붇다가 설한 오리지널 경전인 아-가마(Āgama, 阿含, 傳來, 聖典)를 보면 붇다는 힌두교 가치관인 신과 윤회설을 타파하기 위해 평생에 걸쳐 노력한 것을 알 수 있다.

8. 붇다는 막가파라 가운데 가장 아래 단계인 쏘따-빳띠(sotāpatti, 須陀洹, 預流)만 성취해도 신과 윤회설이 허구라는 것을 분명히 안다고 했다.

9. 붇다 견해에 의하면 만일 불교수행자가 신과 윤회설을 믿고 따르면 그 사람은 막가파라 근처도 가보지 못했다고 평가하면 된다. 그리고 사법, 사교, 오염된 법을 믿고 따르는 것이다.

2) 기본구조

10. 윤회설 기본구조는 다음과 같다.

(표116) **윤회설**

구 분	내 용
시 간	과거(전생) – 현재(금생) – 미래(내생)
공 간	지옥 – 아귀 – 수라 – 축생 – 인간 – 천상(六度)
원동력	신 믿음, veda 통달, 직업세습
보 상	죽고 난 다음 생에 받음(금생보상 없음)
판 단	금생에 받는 삶의 질
주 체	자기 전생행위(自業自得)
이 전	Ātman(我), Sat(有) 등

① 시간

11. 윤회론자는 세계는 시간적으로 「과거(前生) – 현재(現生) – 미래(來生)」로 구성된다고 믿었다.

12. 윤회론자는 모든 생명체는 태어난 지금뿐만 아니라 태어나기 이전에도 현재와 똑같은 삶의 방식이 있었고 죽고 난 이후에도 현재와 동일한 삶의 양식이 존재할 것이라고 믿었다.

13. 윤회론자는 존재는 행위[kamma, 業]와 행위영향력[kamma bala, 業力]에 따라 전생에서 금생으로, 금생에서 내생으로 끊임없이 돌고돈다(輪廻轉生)고 보았다.

② 공간

14. 윤회론자는 세계는 공간적으로 「지옥도취(naraka gati, 地獄道趣) – 아귀도취(peta gati, 餓鬼道趣) – 축생도취(tiracchāna gati, 畜生道趣) – 수라도취(asura gati, 修羅道趣) – 인간도취(manussa gati, 人間道趣) – 천상도취(deva gati, 天上道趣)」 등 6도(cha gatiyo, 六趣, 六度)가 존재한다고 믿었다.

15. 존재는 행위와 행위영향력에 따라 우주 맨 밑에 있는 지옥에서부터 맨 꼭대기에 위치한 천상까지 끊임없이 돌고돌면서 각각의 곳에서 층층이 다른 삶이 전개된다고 주장했다.

③ 원동력

16. 다음 생에 보다 향상된 삶의 질을 보장받기 위한 행위기준은 다음과 같다.

17. 이것을 잘 지키면 다음 생에 신분상승과 향상된 삶의 질이 보장되지만 이 가운데 어느 하나라도 지키지 않으면 금생에 곧바로 지옥으로 떨어진다고 경고했다.

18. 여기서 주목되는 것은 직업세습이다. 직업을 자유롭게 선택할 수 있는 사회는 부모직업을 이어받는 것이 자랑스럽지만 직업선택 자유가 원천적으로 봉쇄된 사회에서 부모직업을 물려받는 것은 신분세습을 의미한다.

19. 이것은 윤회설이 형성될 당시 상위신분에 유리한 제도다. 직업세습은 결국 민중에게는 탄압과 착취를 강요하고 반발과 변혁을 무력화시키는 도구다*.

④ 보상

20. 윤회설은 금생에 절제하는 것만큼 다음 생에 더 많이 보상받을 수 있다고 주장한다. 금생에 욕망과 이기심을 억제하면 다음 생은 금생에 억

극기복례

중국에서 국가 유교주의를 채택할 때 왕에게 가장 매력적인 구호가 바로 극기복례(克己復禮)였다. 이것을 「자기를 극복하고 예로 돌아간다.」 고 해석한다. 그러나 본질은 「평등을 주장하는 마음을 버리고(克己) 불평등한 신분사회인 주(周)나라 제도(禮)로 돌아가자.」 는 것이다. 결국 신분상승이나 쿠데타하지 말라는 구호를 좋아할 사람은 군주밖에 없다. 윤회설의 직업세습 또한 마찬가지 기능을 했다.

제한 것 이상으로 보상받는다는 것이 핵심이다.

21. 윤회설에서 말하는 보상원리는 지금 이 순간 내가 흘린 땀의 대가는 지배층수중으로 들어가고 땀흘린 당사자가 죽고난 후에 보상받는 구조다*.

22. 이것은 지금 극복할 수 없는 현실은 포기하고 다음 생에 더 많은 것을 보상받을 수 있다는 허황된 기대심리다. 윤회설은 결국 현재를 포기하라는 말의 다른 표현이다.

⑤ 판단

23. 윤회설은 전생행위는 지금 자기가 처해있는 사회지위나 삶의 질로 판단할 수 있다고 주장했다.

24. 가난한 집에 태어난 것은 전생에 죄를 많이 지은 것이고 부잣 집에 태어난 것은 전생에 복을 많이 지었다는 식이다.

25. 현재 자기가 누리는 삶의 질은 자기노력만으로 결정된 것이 아니라 태어나기 이전 전생행위로 결정된 것이고 내생에 누릴 삶 또한 지금 자기 행위로 결정된다는 주장이다.

26. 힘든 삶을 살기도 벅찬데 검증할 수 없는 전생행위까지 짊어져야 한다는 주장은 민중의 삶을 더 지치고 고달프게 한다.

인도인 진심

인도인은 욕심이 큰 것 같다. 그들은 금생에 절제하면 내생에 더 큰 보상받는다고 믿는다. 금생에 청빈하게 사는 것은 청빈함이 좋아서라기보다 절제하고 사는 것만큼 내생에 더 큰 보상이 주어지기 때문에 기꺼이 금생을 투자하겠다는 것이다. 넉넉해서 좋기는 한데 욕심이 너무 크다.

⑥ 주체

27. 윤회설은 자기가 받게 될 삶의 질이 어떻게 결정될지는 신이 아니라 자기행위가 결정한다고 주장한다.

28. 이것은 매우 파격적이다. 모든 종교는 해당종교가 믿는 신이 피조물 행복과 불행을 결정한다고 주장한다. 그래야 신에게 더욱 매달린다.

29. 윤회설은 개인행위가 행복과 불행을 결정한다고 주장했다. 이런 주장은 시배구소에 대한 민중반발을 그 뿌리부터 부력화시키는 결과를 가져왔다.

30. 모든 것을 검증할 수 없는 전생행위와 내생보상에 귀착시켜 현재 삶을 변혁하려는 개인의지를 약화시켰다.

⑦ 이전

31. 윤회설은 전생행위는 아-뜨만, 싸뜨 등과 같은 특수존재에 축적돼 다음 생으로 이전된다고 주장한다.

32. 전생행위가 다음 생으로 이전될 때 어디에 축적되고 어떤 방식으로 이전되는지 설명하느냐에 따라 철학유형과 수행분파가 나눠진다.

33. 가장 일반적인 것이 아-뜨만(Ātman, pl. atta, 我) 설이다. 창조주 브라흐마 신의 분신인 아-뜨만이 생명체 마음속에 존재하면서 금생에 행한 모든 행위영향력을 흡수해 죽는 순간 몸에서 빠져나와 자기가 흡수한 힘만큼 지옥이나 천상으로 날아가다 6도 가운데 어느 특정한 곳에 안착한다.

34. 생명체에 정착될 때는 자궁 속으로 들어가 잉태된 생명체에 착상한다. 그리고 이전 몸에서 흡수한 에너지를 새로 착상한 생명체에 짜넣으면 전생행위가 새 생명체로 이전된다. 이런 방식을 거치면서 삶은 중중무진

전개된다고 주장한다*.

3) 윤회설 평가

35. 윤회설이 가지고 있는 몇 가지 의문점을 살펴보면 다음과 같다. 어떤 이론이라도 그 이론이 참(法則)이 되기 위해서는 실천을 통해 유효성을 검증해야한다.

36. 유효성이 검증되지 않은 이론은 현 단계에서 참으로 받아들일 수 없다. 거짓은 아닐지 몰라도 참은 아니다. 어느 한 부분이라도 증명할 수 없으면 그것은 참이 아니고 검증된 이론이 아니라 개인확신에 기초한 주장일 뿐이다.

37. 이전 세대 삶의 방식과 흔적은 사회를 매개로 다음 세대로 이전된다.

로비 혹은 공덕

윤회설에 대한 이런 생각은 중국에 와서 조상숭배 신앙과 결합돼 오늘날 49제와 같은 형식으로 발전했다. 금생 행위를 흡수해 몸을 빠져나온 존재를 중유(antarā bhava, 中有)라고 한다. 전생에서 금생으로 가는 중간단계 존재(bhava, 有)다. 중유는 전생행위 힘으로만 이동하기 때문에 자기 스스로는 움직일 힘이 없다. 이때 전생에 인연 있던 가족이나 사람이 붙하 힘을 빌어 공덕을 쌓고 그 공덕을 중유에게 보내면 중유가 더 좋은 곳으로 이동할 수 있다는 것이 중국불교가 49제 지내는 이론배경이다.

사람이 죽으면 영혼자신은 어떤 힘도 행사할 수 없지만 자손입장에서 조상이 지옥으로 가는 것을 막을 수 있으면 좋다고 생각한 결과 죽은 다음에 지옥으로 갈지 천상으로 갈지를 결정하는 신인 염라대왕(Yama rāja, 閻羅 大王)에게 로비해 천상으로 가도록 하자는 기발한 생각을 한다. 이런 사상이 인도로부터 중국으로 전해져 독특한 49제의식이 치러진다. 그들은 전생행위에 대한 평가는 7일 간격으로 7회에 걸쳐 이뤄진다고 믿었다. 그래서 「7× 7=49」라는 등식이 성립했다.

인도사람은 죽은사람 영혼이 하늘[deva, 天, 極樂]로 가기 위해서는 무료급식으로 배고픈 사람에게 음식베푸는 것이 가장 좋다고 믿었다.

그러나 무료급식을 하면 절에 돈이 축적되지 않는다. 세월이 흐르면서 무료급식보다는 경전읽는 것이 로비가 더 잘 된다고 주장했다. 그 결과 제사비용 대부분이 절에 남았다. 오늘날 대부분 제사는 무료급식이 아니라 경전독송 으로 대체됐다. 이렇게 해서 역사상 가장 유명한 불교상품이 탄생했다.

38. 몸은 부모로부터 자식에게로 유전자를 통해 이전된다. 이때 유전자에 축적된 정서나 기질 등도 어느 정도 이전된다. 살면서 후천적으로 많은 정보를 획득한다.

39. 마음(지식)은 태어난 뒤 후천적으로 사회를 통해 이전받는다. 백지 상태인 마음공간에 어머니와 가족을 통해 많은 데이터를 입력시킨다.

40. 이전 세대 삶의 흔적은 다양한 매개체에 저장돼 다음 세대로 이전된다. 이때 이전 세대가 저장한 방식대로 번역하고 이전한다. 이전 세대 삶의 흔적을 이전받기 위해서는 그 세대 삶의 방식을 번역하고 이전받을 수 있는 도구를 갖추는 것이 선결과제다*.

41. 어떤 특정현상을 기억하고 있다고 해도 그것은 다른 존재 영혼이 자기마음에 들어온 것일 수도 있고 다른 전달방식일 수도 있다. 어떤 특정현상에 대해 단순하고 간단하게 윤회와 결부시켜 결론내리는 것이 문제다*.

42. 존재는 다양한 조건이 관여된 결과물이다. 그런 존재를 파생시킨 원인과 전개과정에 관여된 다양한 조건을 객관자료를 통해 체계적이고 논리적으로 설명해야한다. 그래야 과학이다. 그렇지 않고 단지 자기생각을 주

정신 이전구조

역사인물을 아는 것은 그 사람 정신이 내 마음속에 들어온 것이 아니라 그 인물에 관한 기록이 축적된 매개체를 통해 이전받는다. 한글로 적어놓은 것은 한글을 알아야 이전시킬 수 있다.

우울증

사람이 자살하거나 큰 범죄를 저지르면 우울증 때문이라고 간단히 말한다. 사람이 자살하거나 한 건 저지르기 위해서는 여러 가지 요인이 있고 그것이 복합적으로 작용한다. 그러나 그것은 무시하고 우울증이라고 간단히 진단하는 것은 과학자태도가 아니다. 과학은 결과를 파생한 요인의 인과관계를 면밀히 검토하고 진단해 밝히는 것이지 점쟁이처럼 그럴 것이라고 추측하는 것이 아니다.

장만 하면 곤란하다*.

43. 윤회설은 육체 이전방식과 정신 이전방식을 물심이원론(物心二元論)에 기초해 잘못 주장한다.

44. 윤회설이 주장하듯 몸은 「뱀에서 사람」 으로 변했는데 정신은 그대로 존속한다는 것을 논리적으로 설명해야한다.

45. 육체를 나라고 할 것인지, 정신을 나라고 할 것인지, 육체와 정신이 하나인지 둘인지에 대해서도 분명히 정의해야한다.

46. 윤회설은 전생삶의 결과물이 뭔가에 축적돼 자기가 죽을 때 몸에서 빠져나와 축적된 힘만큼 날아가다 지옥이나 천상으로 가지 않으면 다른 생명체자궁에 잉태된 생명체에 착상한다고 주장한다.

47. 몸은 부모로부터 유전자를 통해 이전받지만 몸에 깃든 마음은 다른 존재 영혼이라는 것이 윤회설핵심이다. 문제는 이런 주장을 증명할 수 있는가다.

48. 윤회설에 따르면 금생에 받은 물적조건은 전생행위 결과고 금생에 흘린 땀의 대가는 내생에 받는다고 주장한다.

49. 그렇다면 금생에 내가 흘린 땀의 대가는 누가 가지는가? 만일 현재 내가 흘린 땀을 누군가가 가진다면 윤회설은 그 땀의 대가를 가지려는 사

뇌파 수신

모든 생명체는 뇌파를 발산한다. 뇌파는 발산되는 순간 우주공간으로 퍼지는데 아주 특별한 조건을 형성하면 우주공간을 떠도는 뇌파를 수신할 수도 있다.

오래 전에 발사된 뇌파라도 이론적으로는 시간을 거슬러 올라가면 잡을 수 있다. 단지 시간을 거슬러 올라가는 기계를 못 만들 뿐이다. 사람 뇌는 조금만 훈련하거나 사용방법을 바꾸면 그런 작업이 충분히 가능하다. 불과 150년 전만 해도 사람 목소리나 모습을 필름에 가둔다는 것을 상상이나 했겠는가? 조금만 이상하면 윤회설과 결부시켜 이해하는 것이 문제다. 좀더 객관적, 과학적, 상식적으로 접근하면 더 많은 것이 보일 것이다. 그것이 지혜고 과학이다.

람의 상징조작이 아닌가.

50. 윤회설은 오래 살려는 바람이 만들어낸, 유한한 육체를 극복하고 무한한 정신을 설정하고 몸을 바꿔가며 정신이 새로운 육체에 의지해 새로운 삶을 지속할 수 있다는 순진한 상상력에 불과하다.

51. 윤회설은 지배와 착취 기본이론이다. 윤회이론에 따르면 현재 주어진 현실에 만족하고 살아야 한다. 불만이 있어도 직면한 현실에 충실하면 나음 생에 고쳐실 것이다. 만일 현실에 순종하지 않고 그것을 변경하려고 행동하면 산 채로 지옥간다고 협박한다.

52. 윤회설이 가진 다른 측면은 직면한 고통에 순간적으로 마취제나 진통제 역할을 한다. 그래서 삶의 무게를 느낄 수 없게 만든다. 없어진 것이 아니라 잠시 마취시킨 것이다. 그러나 마취제(진통제)와 치료제를 혼동하면 안 된다.

53. 붇다하는 이런 허구적인 가설이나 확신에 기초한 윤회설을 부정했다. 붇다하는 오도송, 경집, 초전법륜경, 대반열반경 등 거의 모든 경전에서 신, 윤회, 계급제도 등을 부정했다.

4. 윤회설이 불교에 스며드는 과정

1. 힌두교 윤회설이 언제 어떤 과정을 거쳐 불교교리와 결합했는지 이해하는 것은 불교이해에 중요하다.

2. 붇다하가 태어나 활동하던 BCE 7~ BCE 6세기 중엽은 바라흐마 신, 윤회설, 4성계급제도가 정착된 시기였다.

3. 붇다하나 제자도 그런 영향으로부터 자유로울 수 없었다. 그렇지만 그

들은 수행을 통해 지혜를 계발시켜 바라흐마 신, 신의 질서, 윤회설, 4성계급
제도 허구성을 그 본질에서부터 꿰뚫어 보았다*.

4. 붇ㄷ하는 신을 부정하고, 윤회설을 믿지 않았고, 불평등한 신분제도인
4성계급제도 철폐를 강력히 주장했다.

1) 불교우대정책

5. 붇ㄷ하 입멸 후 약 218년 뒤 아쏘까(Asoka, 阿育, 無憂, 재위 BCE
272~231) 왕이 즉위하고 BCE 260년 오늘날 동인도 오릿싸 지역인 까린
가(Kaliṅga) 전투를 끝으로 인도를 최초로 통일했다.

6. 통일 후 불교와 수행자에 대해 우대정책과 함께 많은 재물을 불교교
단에 시주했다. 그러자 빤단가(Paṇḍaṅga, 塗灰者), 짜띠라(Jaṭila, 結髮者),
니간타(Nigaṇṭha, 尼乾陀), 아쩨라까(Acelaka, 裸形修行者), 아-지-봐까
(Ājīvaka, 邪命外道) 등 다른 종교 수행자가 대거 불교수행자로 개종하고
아-라-마에 들어와 살았다.

7. 불교진흥정책은 도리어 불교교단에 심각한 사상혼란을 일으켰다. 불
교로 완전히 사회화되지 않은 사람이 그들이 믿고있던 윤회설을 불교교리
와 결합해 이해하고 설법했다.

8. 불교교단을 지키려는 정통파 수행자는 불교에 스며든 사파와 함께 생

뇌사와 심장사

어떤 사람이 사고로 목이하 하반신을 못쓰고 다른 사람은 뇌사상태에 빠져 목이상을 쓸 수 없다면 이 두 사람
을 쓸 수 있는 부분인 뇌와 몸통을 통째로 교환하고 나머지는 버린다면 이 사람 정체성은 무엇인가. 심장일까 뇌
일까? 누구를 사망신고할 수 있을까? 과학과 의료기술 발달로 이런 문제는 이제 더 이상 미래일이 아니라 현실로
다가왔다. 여기에 대한 윤리판단은 현대사회 담론주제로 등장한 지 이미 오래다.

활하지 않으려 했고 함께 우뽀싸타(uposatha, 布薩陀, 布薩) 하는 것을 거부했다. 아쏘까는 불교교단과 출가수행자가 그들과 함께 공존하길 바랐다.

9. 아쏘까는 물리력을 동원해 정통파스님을 협박하고 심지어 죽이기까지 했지만 그들을 설득할 수 없었다. 얼마 후 그것이 잘못됐다는 것을 깨달았다.

10. 아쏘까는 제3차 전인도출가수행자대회를 소집해 이런 상황을 정비하려고 노력했다.

11. 아쏘까는 목가리뿟따띳-싸(Moggaliputtatīssa) 대장로를 초청해 1000명의 아라한뜨와 함께 빠-따리뿟따에 있는 꾹꾸따 아-라-마(Kukkuta ārāma, 鷄園精寺) 다른 이름은 아쏘까 아-라-마(Asoka ārāma)에서 BCE 250(불멸 236)년에 시작해 9개월 동안 제3결집을 진행했다.

12. 이 결집을 통해 율장(Vinaya Piṭaka, 律藏)과 경장(Sutta Piṭaka, 經藏)에 대한 논문집인 논장(Abhidhamma Piṭaka, 論藏) 7편이 저술됐다.

13. 논문내용은 윤회설은 붇ㄷ하 정법이 아니라고 결론지었다. 그러나 이런 과정을 통해 윤회설은 급속하게 불교교리 속으로 스며들었다.

2) 사상논쟁

14. 다른 한편으로 붇ㄷ하 입멸 후 붇ㄷ하 가르침을 체계적으로 정리하는 과정에서 수행은 하지않고 문자로만 붇ㄷ하 가르침을 배운 출가스님이나 불교학자가 불교교리에 윤회설을 도입했다.

15. 붇ㄷ하가 살아있을 때는 문제가 생기거나 의문사항이 있으면 붇ㄷ하에게 가서 직접 물어보면 해결됐다. 그러나 붇ㄷ하 입멸 후에는 물어볼 곳이 없었다.

16. 그렇다보니 율장과 경장에 있는 자료를 누가 얼마나 논리적이고 체계적으로 설명하고 상대를 설득하느냐가 중심과제로 등장했다. 그것은 필연적으로 경전과 계율에 대한 연구로 이어지고 그 산물이 부파불교다.

17. 붇다 제자는 붇다 입멸 후 100여 년 동안 붇다에 관한 자료를 수집하는 데 열중했다. 그리고 나서 붇다에 관한 자료를 체계적이고 논리적으로 정리하고 연구하기 시작했다.

18. 처음 시작은 붇다 가르침[dhamma, 法]에 대한[abhi, 對] 연구로 출발했다. 그것을 아비히다함마(abhidhamma, 阿毘達摩, 對法, 論)라고 한다.

19. 「붇다 가르침에 대한 연구」는 점차 그 의미가 「변하지 않는 성스러운 존재 또는 다른 존재와 구별되는 존재본성[dhamma, 法]을 찾아서」라는 의미로 내용이 변했다.

20. 처음 전개양상은 아주 단순했다. 선한 마음과 악한 마음은 그 본질상 서로 질이 다르기 때문에 동일공간에 존재할 수 없고 각기 다른 장소에 존재한다고 보았다.

21. 이렇게 다른 존재와 본질적으로 구분되는 존재를 찾는 연구는 점차 발전해 쌉봣타봐-다(說一切有部)은 영원히 변하지 않는 존재(dhamma, 法)를 5범주 57개념(五位五十七法)이라고 주장했고, 위바핫자봐-다(分別說部)는 89개념(法)이라고 주장했다.

22. 이런 논의는 계속돼 5범주가 그냥 마음공간에 존재하는 것이 아니라 더 깊은 곳에 그것을 저장하는 변하지 않는 무엇이 있다고 주장했다.

23. 어떤 것이 존재하고 그 밑에 그것을 수용하는 또 다른 것이 있고 이렇게 변하지 않는 무엇을 찾아 끝도 없이 논의가 진행됐다.

24. 그리고 맨 마지막은 영원히 변하지 않는 실체가 있는데 그것이 유식(vijñāpti mātratā, 唯識)이고 「윤회있음」으로 결론지었다*.

25. 변하지 않는 존재에 대해 이렇다 저렇다 복잡하게 설명하지만 결국 힌두교가 주장한 윤회주체인 앗따(atta, Ātman, 我)를 그렇게 포장해 말한다.

26. 푸른색이 다른 색과 구분되는 뭔가를 가지고 있듯 다른 것과 구분되는 변하지 않는 뭔가를 찾는 연구는 과거행위와 행위영향력을 현재와 미래로 연결하는 변하지 않는 무엇인가가 있다는 주장으로 발전했다. 그 결과 힌두교에서 주장한 윤회주체인 앗따와 같은 기능을 하는 존재를 설정했다.

불교에서 윤회설 주장

마하-싼ㄱ히까(大衆部)는 영원히 변하지 않는 뭔가가 있고 마음은 본래 청정하다는 자성청정심(sabhāva parisuddha citta, 自性淸淨心), 마음본성으로 근본식(mūla viññāṇa, 根本識), 마음작용인 세심(sukhuma citta, 細心)을 주장했다.

쌉밧타봐-다(說一切有部)는 심지(citta bhūmi, 心地, 마음공간)라는 토대 위에 마음작용을 심소(cetasika, 心所), 마음작용을 일으키는 주체를 심왕(ceto rāja, 心王)이라고 보았다. 과거행위를 다음 생으로 이전시키는 주체로 명근(jīvitindriya, 命根)을 설정했다.

유식(vijñāpti mātratā, 唯識)은 마음작용이 생기는 장소를 아-라야뷔자나-나(ālayavijñāna, 阿賴耶識)라고 주장했다. 이것은 죽고 난 후에도 없어지지 않는 윤회주체라고 보았다.

몇몇 부파는 마음은 하나이기 때문에 기쁠 때는 기쁨이 전체고 슬플 때는 슬픔이 전부라고 보았다.

위ㅂ핫자봐-다(分別說部)는 기초심인 유분(有分, bhavaṅga)을 설했다. 유분은 마음은 외부로부터 자극이 있으면 작동하고 자극이 없으면 기초의식만 흐른다는 것이다. 그리고 마음작용으로서 세심(細心)을 설했다.

싸우뜨란-띠까(Sautrāntika, 經量部)는 끊임없이 변하는 마음상태를 연결하는 핵심으로서 종자(bīja, 種子)를 주장했다. 과거경험이 잠재상태로 마음공간에 존재하는 것을 종자라고 한다. 이 종자는 상속(sandhi, 相續, 移轉), 전변(pariṇāma, 轉變, 發展), 차별(visesa, 差別)을 통해 전개된다. 싸우뜨란-띠까(經量部)는 주체지속성을 설명하기 위해 영원히 변하지 않는 뿍가라(puggala, 補特伽羅)가 있고 전생에서 후생으로 연속되는 일미온(eka rasa khandha, 一味蘊)이 있다고 주장했다. 뿍가라에 관해서는 와-띠-뿌뜨라-야(犢子部)나 쌈-마띠-야(正量部)가 비즉비리온(非卽非離蘊)의 아(我)를 주장했다. 그들은 변하지 않는 주체가 있지만 그것은 인식으로는 파악할 수 없다고 주장했다. 마히-싸-싸까(化地部)는 궁생사온(ajātimarṇna khandha, 窮生死蘊)을 주장했다.

변하지 않는 무엇인가가 있다는 주장에 대해 마드햐미까(中觀派)는 무엇인가가 있는 것이 아니라 모든 존재는 조건지어져있고(緣起), 존재본성은 끊임없이 변하고 고정해머무는 것이 없기(空) 때문에 신과 윤회는 없다고 주장했다.

요가-짜-라(瑜伽行派)는 윤회설을 적극적으로 불교교리에 도입했다. 그들은 더 구체적으로 「전생-현생-내생」으로 이전되는 주체가 있고 그것이 유식(唯識)이라고 주장했다. 이들을 유식파(唯識派)라고 한다.

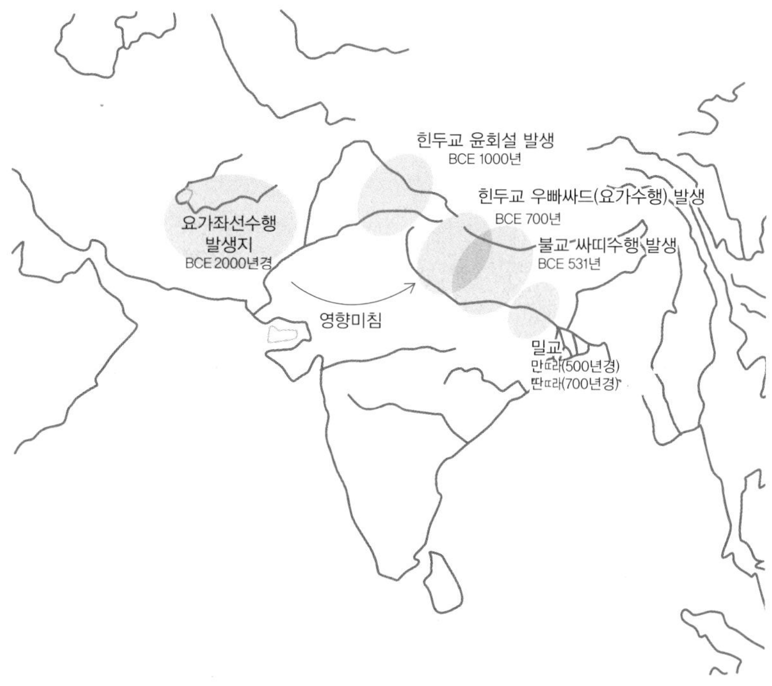

27. 그냥 한마디로 앗따라고 하면 간단히 해결되겠지만 인도에서 그렇게 할 수 없다. 그렇게 하는 순간 힌두교아류라는 것이 드러나기 때문이다.

28. 실정이 이렇다보니 내용은 분명 앗따인데 이름을 다르게 부르고 개념을 복잡하고 애매하게 사용하다보니 전문가조차도 무슨 말을 하는지 알수가 없다.

29. 앗따란 한 마디면 될 것을 그 한 마디를 못해 말을 돌리다보니 수천

권 책으로 설명해도 이해할 수 없는 변명[upanisā, 方便]으로 가득했다.

30. 붇다가 주장한 신없음, 윤회없음, 윤회주체없음 핵심이론인 연기, 무상, 무아를 신있음, 윤회있음, 윤회주체있음으로 재포장하기 위해 다양한 수식어를 사용했지만 결국 그 부파이름에도 드러나듯 쌉밧타봐-다(說一切有部) 계열(說一切有部 - 犢子部 - 正量部)은 변하지 않는 뭔가가 있다고 주장하면서 윤회를 인정하고 붇다가 그토록 경계한 힌두교아류로 스스로 전락했다*.

31. 윤회를 주장하는 사람이 항상 인용하는 구절은 경전에 즐겨 등장하는 다음 한 구절이다.

32. 모든 것은 변한다. 그러나 「막가파라에 들어 닙바-나를 체험한 경험만은 영원히 변하지 않는다.」

33. 이 말은 막가파라를 체험한 순간 그 경험이 맑고 선명해 잊을 수 없다는 것을 강조한 것인데 윤회론자는 다른 것과 구별되는 변하지 않는 실체가 있다는 것으로 해석했다. 그래서 윤회주체있고 윤회있음 근거로 활용했다.

3) 불교탄압

34. 또 하나 중요한 역사사실은 BCE 187년 무렵 뿌쌰미따라(Puṣyamitra,

인도철학 두 흐름

인도철학은 유파(有派)와 무파(無派) 두 가지 큰 흐름이 있다. 유파는 신과 윤회있고 존재는 결정돼있다는 결정세계관을 믿는다. 힌두교가 대표적이다. 무파는 신과 윤회없고 존재는 결정된 것 없고 상황에 따라 변한다는 비결정세계관을 믿는다. 불교가 대표적이다. 불교내부는 오리지널 불교, 중관파(中觀派), 선종 등이 무파고, 쌉밧타봐-다(說一切有部), 유식파(唯識派), 밀교 등이 유파다.

재위 BCE 187~151)가 개국한 쑨가(Suṅga) 왕조가 등장하면서 불교에 대한 가혹한 탄압이 시작됐다.

35. 불교탄압 주된이유는 불교왕조인 마우리아 아쏘까 왕조를 무너뜨리고 힌두교왕조를 세우는 것이었다. 그러나 본질은 자기가 가진 기득권을 세습하는 것이 핵심이었다.

36. 아쏘까를 중심으로 한 통일제국 주역은 통일전쟁 과정에서 능력에 따라 보상해준다고 인재를 모았고 그렇게 모인 사람이 통일주역이 됐다. 그러나 막상 통일이 이뤄지자 통일주역에게 능력제는 자기가 힘들게 이룩한 기득권을 포기하는 것을 의미했다.

37. 이제 그들은 자기가 가진 기득권을 지키기 위해 능력제를 포기하고 세습제를 옹호했다. 그들 이익을 대변할 신분세습을 정당화하는 정치제도와 이데올로기가 필요했다.

38. 그것이 바로 신분세습을 옹호하고 신과 윤회를 인정하는 힌두교였다. 그래서 힌두교를 전면에 등장시켰다. 그들은 힌두철학을 통해 문화, 교육, 종교 등으로 대중을 세뇌시켰다*.

기성종교 본질

지중해연안은 그리스 민주주의를 채택한 로마가 지중해연안 도시국가를 정복하고 통일주역으로 등장했다. 중국은 묵가(墨家)의 능력제를 도입한 진(秦)이 춘추전국시대 수많은 군소국가를 정복하고 통일제국을 이룩했다. 인도는 불교의 인과법, 평등제, 능력제를 도입한 마우리아 아쏘까 왕이 천하통일했다.

그러나 해당제국 통일주역은 통일된 후 자기기득권을 세습시키기 위해 평등제, 능력제, 민주주의 원칙을 폐기하고 신분세습을 도입했다. 로마는 크리스트교를 통해 신분세습을 정당화했고 중국은 국가 유교주의를 통해 신분세습을 완성했다. 인도는 힌두교가 그 역할을 했고 나중에 대승불교가 힌두교와 역할을 분담했다. 오늘날 크리스트교, 유교, 힌두교, 대승, 밀교 등 기성종교는 지난 2천여 년 동안 전제왕조, 봉건국가를 지탱한 불평등한 사회제도인 신분세습을 추인하고 옹호하면서 해당사회에 기생해온 세력이다. 기득권층은 자기이익을 추구하는 과정에 민중반발이 일어나면 종교 등을 내세워 처리했다. 한편으로 박애와 구호, 보시와 복지 등의 구호를 내걸고 빈민구제사업을 했고 다른 한편으로 신의 섭리나 전생업장 등을 강조하면서 반발의지를 무력화시켰다.

39. 그 과정에서 최대걸림돌이 불교였다. 불교는 신분세습을 강력히 거부했고 인과법에 기초해 능력제와 평등제를 선호했다.

40. 불교는 노력한 것에 상응되는 대가가 노력한 주체에게 돌아가는 것을 아름답고 정의로운 것이라고 주장했다.

41. 기선을 제압하고 불교토대를 무너뜨리기 위해 가혹하게 불교를 탄압했다. 다소 과장된 숫자이긴 해도 30여 만 명의 수행자를 죽이고 2만 개 이상의 아-라-마를 파괴했다고 전한다.

42. 불교탄압이 전개된 방향은 빠-따리뿟따 – 마투라- – 간다하-라로 이어지는 북로였다. 이곳은 힌두교 발상지고, 윤회설이 만들어진 곳이고, 불교에서 윤회설을 주장한 쌉 밧타봐-다(說一切有部)가 옮겨 활동한 지역이다.

43. 뿌샤미뜨라 왕은 아쏘까 왕이 세운 투-빠와 아-라-마를 파괴했다. 표면적인 이유는 아쏘까 왕만큼 자기이름을 알리기 위해 아쏘까 왕이 만든 것을 파괴하면 그것을 만든 사람만큼 기억될 것이라고 믿고 그렇게 했다고 한다.

44. 뿌샤미뜨라 아들인 악니미뜨라(Agnimitra, 재위 BCE151~143)가 아버지를 죽이고 등장해 불교탄압 정책을 멈췄다.

45. 불교탄압은 그리 오래 지속되지 않았지만 이 사건을 계기로 인도사회는 친불교적에서 힌두교에 기반한 신분제사회로 급격히 이행됐다.

46. 그 결과 평등제와 능력제를 주장한 불교는 설 자리가 없었다. 현실과 타협하든지 투쟁하든지 둘 중에 하나를 선택해야했다.

47. 이 무렵 바라하마 교는 힌두교로 이름을 바꾸었고 대승부가 등장해 현실과 타협해 불교식 사유와 행동을 힌두식으로 바꾸는 데 앞장섰다.

48. 나중에 대승부가 등장해 기존불교를 원칙주의자고, 속좁고, 비효율적이라고 비난한 것은 당시 불교교단이나 수행자가 그런 것이 아니라 평등

과 능력을 주장한 불교가치관과 세습과 신분에 기초한 힌두가치관이 대립
할때 힌두교식으로 사회에 적응해 살자는 불교 타협론자가 타협하지 않으
려는 오리지널 불교도를 그렇게 매도한 것이다.

49. 얼마 지나지 않아 재가수행자는 현실과 타협하기 시작했다. 그들이
바로 대승부를 만든 사람이다. 그것이 바로 대승본질이다.

50. 출가수행자는 좀더 오랫동안 힌두교화된 현실과 타협하지 않고 순
수성을 지켰다. 그러나 그들 또한 얼마 지나지 않아 흡수해체됐다.

4) 운영자금

51. 윤회설이 불교로 침투하는 데에 또 하나 주목해야 할 것은 불교내부
필요성이었다.

52. 불교가 대중성을 획득하고 많은 사람이 모이자 아-라-마 규모가 커지
고 수행자가 많아지기 시작했다. 이것은 상시적인 운영자금이 많이 필요한
것을 의미한다.

53. 아-라-마 운영에 필요한 자원은 재가수행자로부터 나오거나 유력한
재벌이나 정치인으로부터 충당했다.

54. 아-라-마에 시주를 많이하면 현재 당신이 누리는 기득권이 다음 생으
로까지 유지될 수 있다는 논리가 자연스럽게 등장했다. 그 중심에 신과 윤
회, 세습제와 신분제가 있었다.

55. 윤회주체, 생명지속, 기억보존, 행위와 행위영향력 지속에 관련된
주제는 이후 수백 년 동안 불교담론 주제가 됐다.

56. 힌두교철학에 기반한 쑨가 왕조가 등장하면서 사회분위기가 불교에
서 힌두교로 대체되고 논의주제도 윤회를 인정하는 것으로 급속히 기울어

졌다. 그 과정에서 윤회설은 불교에 자연스럽게 침투했다.

57. 윤회설은 붇다 입멸 후 250년 정도 뒤부터 불교담론 주제가 됐다. 이후 700~800여 년 정도 토론과정을 거치면서 붇다가 그토록 싫어했던 윤회설은 불교에 굳건히 자리잡는다.

5. 4성계급세도

1. 4성계급제도(cattāro vaṇṇā, 四姓階級)는 인도사회 계급제도다. 사람 신분을 네 등급으로 나눴기 때문에 4성계급제도라고 한다. 실제로는 안봔나-(anvaṇṇā, 不容色, 不可觸賤民)를 포함해 5계급이다*.

2. 이 제도는 BCE 1000년 무렵 인도에 침입한 아리야인이 피정복민인 드라비다인과 문다인을 지배하기 위해 만든 제도다.

3. BCE 2000년 무렵 중앙아시아 지역에서 인도에 침입한 아리야인은 처음 인도에 침입할 때는 그들 사이에 브라-ㅎ마나(brāhmaṇa, 婆羅門, 司祭), 캇띠야(khattiya, 刹帝利, 戰士), 와-니자(vāṇija, 商人, 平民) 등 세 계급만 있었다.

4. 당시는 이들 계급사이에 결혼이나 식사 등 어떤 제약도 없었다. 하지만 아리야인이 인도에 들어와 토착민을 정복하고 정복민과 피정복민을 구

카스트 제도

인도 계급제도를 카스트 제도라고 한 것은 16세기 포르투칼인이 인도에 와서 특이한 사회제도를 보고 카스타 (casta)라고 부른데서 유래한다. 이 말은 라틴어 카스투스(castus)로 피의 순결을 의미한다. 원래 인도는 완나 (vaṇṇa, 容色)라고 했다. 이 말은 피부색깔을 의미한 것으로 피부색을 가지고 신분을 구분한 데서 유래했다. jāti(生)라고 해 출생을 의미하기도 한다.

분하고 차별하면서 노예계급이 등장하고 각 계급사이에 금기사항이 나타
났다.

5. 이때부터 이전까지 피부색에 의한 구별을 뜻하던 완나(vaṇṇa, 容色)
는 명백히 오늘날 인도 계급제도와 같은 형태로 사용되기 시작했다.

6. 완나제도는 정복민과 피정복민이라는 단순한 신분구별 형태를 벗어
나 점차 복잡한 형태로 발전했다.

7. 사회상층부는 ㅂ라-ㅎ마나 계급과 캇띠야 계급이 차지했고 와-니자와 쑷
다는 평민과 하층민이 됐다. 그 밑에 제 5계급인 안봐나가 생겼다.

8. 아리야인은 최고계급인 ㅂ라-ㅎ마나는 신의 혀, 제2계급인 캇띠야는 옆
구리, 제3계급인 와-니자는 다리, 제4계급인 쑷다는 발바닥에서 태어난다
고 상징조작했다.

(표119) **5성계급**

제1계급 ㅂ라-ㅎ마나(brāhmaṇa, 婆羅門, 司祭): 제사담당
제2계급 캇띠야(khattiya, 刹帝利): 정치, 군사 담당
제3계급 와-니자(vāṇija, 商人, 平民): 상인, 평민
제4계급 쑷다(sudda, 須陀, 奴隸): 노예
제5계급 안봔나-(anvaṇṇā, 不容色, 不可觸賤民): 화장 등 천한 일 담당

1) ㅂ라-ㅎ마나

9. ㅂ라-ㅎ마나(brāhmaṇa, 婆羅門, 司祭) 계급은 사회에서 최상위치를 차지
했다. 그들은 ㅂ라ㅎ마 신에게 제사담당, 사회경영 원칙을 정하는 철학, 윤리,

도덕 등을 담당했다.

10. 사제인 ᵇ라-ʰ마나는 침입자인 아리야인 가운데 상류층이 전담했고 여자는 할 수 없었고 남자에게로 세습됐다. 후기로 갈수록 왕권이 강화되면서 캇띠야와 ᵇ라-ʰ마나 사이에 갈등이 커졌다.

11. 종교로 최상지배권을 유지하려는 ᵇ라-ʰ마나 계급과 힘과 권력을 통해 지배권을 강화하려는 캇띠야 계급사이 갈등은 전자는 종교와 철학 지배권을 후자는 영토와 민승 지배권을 자지하는 것으로 타결됐다.

2) 캇띠야

12. 캇띠야(khattiya, 刹帝利) 계급은 현실권력을 잡고 국가를 통치했고 군대를 양성하고 전쟁을 담당했다. 정치권력을 잡고 국가를 다스렸다. 실질권력은 칼끝에서 나왔고 그 칼은 캇띠야 계급이 잡고있었다.

13. 캇띠야 계급은 필요에 의해 와-니자나 상인과 제휴했다. 평등을 추구하는 싸마나(samaṇa, 沙門)가 흥기하는 데 많이 영향미쳤다.

3) 와-니자

14. 와-니자(vāṇija, 商人, 平民) 계급은 평민이나 상인으로 이뤄졌다. 이들은 고대인도 사회구성 토대가 됐다. 이들은 농사짓거나 상업을 담당하고 국가유지 실질주역이었다.

4) 쑷다

15. 쑷다(sudda, 須陀, 奴隷) 계급은 노예다. 그들은 힘든 일을 처리했다. 고대사회가 그랬듯 노동대가는 자기보다 높은 계급에 착취당했다.

5) 안봐나 -

16. 4성계급제도에 포함되지 않는 제5계급인 안봐나-(anvaṇṇā, 不容色, 不可觸賤民)도 존재한다. 흔히 이들과 「옷깃만 스쳐도 지옥간다.」 는 의미로 불가촉천민(不可觸賤民)이라고 한다. 최근에는 스스로를 탈리드(Talid)라고 부른다*.

17. 이들 숫자는 암베드까르(B.R. Ambedkar, 1891~1956)나 간디(Mohandas Karamchand Gandhi, 1869~1948)가 활동하던 금세기 초 인도 인구가 2억5천만 명 정도일 때 약 5천만 명 정도였다*.

하리잔과 탈리드

옷깃만 스쳐도 지옥간다는 계급을 영어로 untouchable people(不可觸賤民)이라고 한다. 이것을 간디는 신의 자식이라는 의미로 Harijan 이라고 불렀다. 정작 그들은 그 명칭이 자기를 비하한 것으로 간주하고 탈리드란 이름을 좋아했다. 탈리드란 억압받는 자란 의미다.

간디와 암베드까르

간디는 4성계급 가운데 최상층부에 속했다. 그는 영국에서 변호사자격을 획득하고 인도로 돌아와 반외세 민족자주운동을 주도한 민족해방투사다. 그는 인도가 영국으로부터 해방되면 자기가 속한 계급이 인도를 지배할 것으로 생각했다. 그는 계급을 타파하자는 하층민요구를 거부했다. 그가 영국으로부터 민족해방투쟁을 할 때 비폭력 평화주의를 채택했다.

암베드까르는 최하층민 출신이다. 그는 간디와 동시대에 활동한 사회개혁가이자 하층민권리찾기운동을 전개한

18. 전쟁에서 패한 민중과 비아리야인종이 와-니자나 안봔나-가 됐다. 그들은 사회에서 동물처럼 취급당했고 온갖 궂은 일을 도맡아했지만 그들이 누려야할 정당한 권리는 현재까지도 찾지못하고 있다.

19. 이 제도는 사람신분이 태어나면서 그가 속한 가문에 따라 결정되기 때문에 4성계급제도 내에서 신분상승 기회는 근본적으로 막혀있다.

20. 이런 역사배경 때문인지 인도역사에서 민중혁명으로 왕조나 정권이 잘 바뀌지 않는다. 그러면서도 선거를 통해 세계최초로 공산당이 집권한 곳도 인도다.

21. 4성계급제도는 같은 신분끼리만 함께 음식을 먹을 수 있고 다른 계급과는 같은 자리에서 음식을 나눠먹지 않는다.

22. 결혼 역시 같은 계급끼리만 가능했다. 자기보다 낮은 계급과 결혼하면 그 계급 안에서 누리던 지위와 권리를 박탈당하고 추방된다.

23. 이처럼 엄격한 결혼제한은 처음은 정복민인 아리야인과 피정복민 사이 혼혈방지 차원에서 시작됐다. 그러나 후대로 갈수록 혼혈현상이 심화되면서 이 제도는 직업세습과 신분제도로 발전됐다.

24. 4성계급제도는 그 질서를 만든 장본인이자 관리자인 브라흐마, 행위와 행위영향력, 윤회설 등이 결합되면서 개인 의지나 노력으로 자기삶을 바꿀

민중해방, 계급해방투사다. 그는 간디와 마찬가지로 영국에서 변호사자격을 따고 미국 콜롬비아대학에서 법학박사 학위를 받고 인도로 돌아왔다. 그는 민중해방, 계급해방 운동을 전개하면서 하층민권리찾기운동 일선에서 투쟁했다. 영국으로부터 지배받는 것이나 사제계급으로부터 지배받는 것이나 지배받기는 마찬가지기 때문에 민중해방, 계급해방이 먼저 이뤄져야 한다고 주장했다. 간디와 함께 영국으로부터 인도해방을 위해 협상한 원탁회의 멤버이기도 했지만 간디가 하층민에 대한 애정을 보이지 않고 오로지 사제계급 이익만을 주장하자 이후 죽을 때까지 간디와 투쟁했다. 초대 인도 법무부장관을 지냈고 인도헌법을 초안했고 간디보다도 더 많은 동상이 세워졌다. 그는 계급없는 평등세상을 꿈꾸며 역사상 가장 평화롭고 청정한 삶을 주장한 불교로 개종한 직후 죽었다. 이때 수많은 사람이 그를 따라 불교로 개종했다. 이것이 인도에서 불교가 다시 살아나는 출발점이 됐다. 오늘날 암베드까르를 추종하는 사람은 정치투쟁을 통해 하층민권리찾기운동을 한다. 그러나 수행이 빠져있다. 앞으로 극복해야 할 과제다.

수 없다는 숙명론으로 발전됐다.

6. 우빠싸-드 철학과 수행

1. 전기 웨다시대(BCE 1500~1000)는 인도를 침입한 아리야인의 이주
와 정착기고 후기 웨다시대(BCE 1000~600)는 인도에서 영토확장을 통한
아리야인의 본격적인 정착기다.

1) 시대배경

2. BCE 1000년 무렵 아리야인은 인도에 와 처음 정착했던 서북 펀잡지
역을 벗어나 점차 동남쪽으로 옮겼다.

3. 이전까지 삶의 중심이던 펀잡에서 간가 강을 따라 동남지역으로 이동
해 정착한 동중부 인도 바-라-나씨-(Bārāṇasī, 波羅奈) 지역이 새로운 문화
중심지로 자리잡았다.

4. BCE 800년을 전후해 아리야인은 히말라야(Hema ālaya, 雪藏) 남쪽
간가 중하류까지 진출했다. 이 시기 아리야인 영향력은 북인도 펀잡에서
동쪽으로는 벵갈만까지 확대됐다.

5. 종족중심 아리야 사회는 이 시대에 들면서 보다 넓고 큰 국가형태를
갖추기 시작했다. 군소 부족국가는 도시국가로 발전하고 통일제국으로 가
는 터전을 마련했다.

6. 국가가 병합되는 과정은 필연적으로 전쟁을 수반했다. BCE 1000년
무렵 인도에서 수백 개 부족이 전쟁을 치렀지만 전쟁이 진행되면서 점차

수십 개 거대국가로 통합됐다. 붇ᄃ하가 활동한 BCE 500년 무렵은 16대국으로 압축됐다.

7. 작은 국가가 거대국가로 통합될수록 전쟁규모는 대형화됐고 그 피해 또한 컸다. 피해자는 항상 힘없는 어린이, 여자, 민중이었다.

8. 계속되는 전쟁은 승리자와 패배자를 만들었고 승리자도 수혜계층과 소외계층으로 분열됐다.

9. 소외계층은 수혜계층과 타협하거나 깊은 산으로 은둔해 현실세계와 담을 쌓거나 수혜계층에 강하게 반발했다.

2) 범아일여

10. BCE 800~600년 무렵 현실세계를 새로운 시각으로 사유하고 해석하는 사람이 등장했다.

11. 이들은 아리야인 가운데 소외계층으로 히말라야 산맥이나 평야지대 밀림으로 이주한 사람, 폭력이나 전쟁에 비판적인 지식인, 아리야인에 패배한 토착민이었다.

12. 이들이 새로운 사유구조를 창출한 것은 전쟁과 기득권에 저항하는 한 유형이었다*.

13. 이들은 씬ᄃ후 강 중하류 지역에서 발생한 요가(Yoga, 瑜伽)와 아리야인 지배논리인 바ᄒ마 신을 교묘히 결합해 논리적이고 체계적으로 반격

문화흐름

하나의 문화가 새로운 문화를 받아들이는 데는 대략 100~300여 년 정도 걸린다. 처음 100년은 단순히 흡수하는 데 치중하고, 두 번째 100년은 흡수한 문화를 성장시키고, 세 번째 100년은 축적한 힘을 바탕으로 이제껏 받아들인 문화를 서서히 변용하거나 그것의 단점을 극복하고 자국문화 우수성을 부각하려고 노력한다.

했다. 이것은 토착문화와 침입문화가 결합된 것을 의미했다.

14. 그것은 인도에 침입한 아리야인이 만든 ʙ라ㅎ마 신 가치체계에 토착민이 사용한 요가철학을 결합한 새로운 사유체계였다.

15. 이 시기 등장한 ʙ라ㅎ마 신과 요가수행이 결합된 것이 오늘날 인도문화 주류로 자리잡았다. 그것은 다음과 같다.

16. ʙ라ㅎ마 신이 우주만물을 창조했다. 신은 자기가 만든 피조물에 반해 스스로 피조물 속으로 들어갔다. 이때 신이 직접 피조물 속으로 들어간 것이 아니라 자기분신인 앗따(atta, sk. Ātman, 我)를 만들고 그 분신이 피조물 속으로 들어갔다. 모든 존재 겉모습은 다르지만 그 속에 신의 분신인 앗따가 들어있는 것으로 모두 평등하다*.

17. 그들은 침입자인 아리야인이 통치수단으로 상징조작한 ʙ라ㅎ마 신 구

힌두교 신과 분신

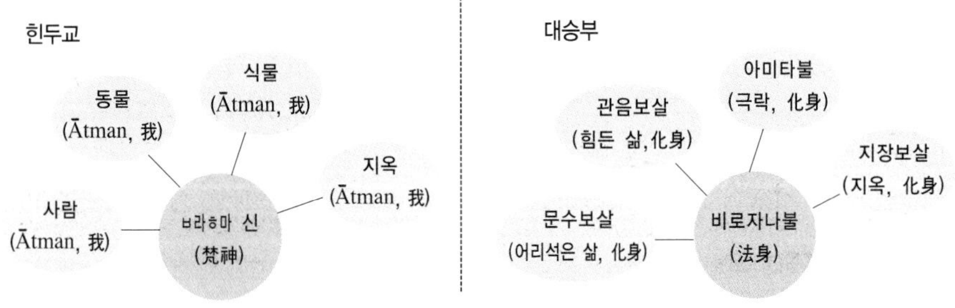

힌두교 창조신 ʙ라ㅎ마 신의 분신인 앗따는 몇 가지 특징이 있다. 그것은 다음과 같다.

① 상(nicca, 常)
신의 분신인 앗따가 피조물을 바꿔가며 윤회하지만 신의 분신이라는 정체성은 변하지 않는다. 앗따가 돼지에 들어가거나 소에 들어가거나 신의 분신으로서 정체성이 변하지 않는다는 것이 상(nicca, 常)이다. 그러나 붇ㄷ하는 신

조를 인정하면서 그 논리를 역이용했다.

18. 그들은 아리야인이 주장한 Ꮭ라흐마 신은 인정했지만 신이 하늘에 존재한 것이 아니라 피조물 마음속으로 들어와 있다고 주장했다. 그렇기 때문에 존재모습은 각기 다르지만 그 속에 신의 분신이 존재하는 것으로 모든 존재는 평등하다고 주장했다.

도 없고 신의 분신도 없다고 주장했다. 그래서 무상(anicca, 無常)이다. 돼지는 돼지마음이 있고 사람은 사람마음이 있는 것이지 돼지마음과 사람마음이 같을 수 없다고 본 것이다.

② 정(suci, 淨)
앗따는 순수 그 자체기 때문에 지극히 맑고 고요하다. 그것이 정(suci, 淨)이다. 그러나 붇다하는 마음본성이 영원히 물들지 않고 청정한 것이 아니라 타락하면 오염되고 수행하면 맑아진다고 보았다. 그래서 염(saṅkiliṭṭha, 染)이 되기도 하고 정(淨)이 되기도 한다. 그렇기 때문에 수행이 필요하다. 대승부에서 자성청정심(自性淸淨心)이라고 해 마음은 맑고 고요하다고 주장하지만 그것은 신의 분신의 특성을 일컫는 힌두교주장이다.

③ 락(sukha, 樂)
앗따는 순수 그 자체기 때문에 항상 즐거움[sukha, 樂]으로 충만하다고 주장했다. 그러나 붇다하는 삶이 항상 즐거운 것이 아니라 만족하면 즐겁고 불만족하면 괴롭다[dukkha, 苦]고 주장했다.

④ 성(niṭṭhā, 成就)
앗따는 항상 자기자신이 원하는 대로 이뤄진다고 주장했다. 붇다하는 세상일이 반드시 자기가 원하는 대로 되는 것은 아니라고 보았다.

이런 신의 분신에 대해 붇다하는 초전법륜경에서 분명히 부정했다. 그것이 불교철학 핵심인 무아(無我) – 고(苦) – 무상(無常)의 3법인이다.
붇다하는 3법인을 신의 분신인 앗따를 부정한 것으로 썼지만 오늘날 불교학자는 존재는 시간적·공간적으로 끊임없이 변하기(無常–無我) 때문에 경계를 정할 수 없다는 의미로 쓴다.
특정상황에서 존재를 규정하고 상황이 변하면 그 규정도 변한다. 존재에 처음부터 경계가 정해진 것은 없다. 사람이 살면서 임의적으로 경계를 정했을 뿐이다. 경계는 지도나 마음속 관념으로만 존재한다. 변하는 주체가 변하는 대상을 인식할 때 변하는 속도가 각기 다른데 변화속도가 불일치하는 것만큼 감각대상에 불만족스러움이 일어나고 그 크기만큼 마음괴로움이 일어난다.
3법인은 수행할 때 알아차림 기능인 싸띠와 싸띠집중력이 향상돼 실재보는 수준을 나타낸다. 3법인을 체험하고 체험한 것을 자각하면서 막가파라에 들어간다. 이때 3법인을 어느 수준으로 보았느냐에 따라 막가파라, 빤냐-, 아-싸봐 해체 수준이 결정된다.
3법인은 세 가지 의미가 있다. 간혹 스님이 상락아정(常樂我淨) 문구를 써놓고 흐뭇해하는데 이것은 불교정체성이 아니라 힌두교 신의 분신인 앗따 정체성이다. 상락아정은 힌두 신과 신의 분신이 가진 특성인데 이것을 대승열반경에서 불성(佛性)이 가진 특성으로 이해했다.

19. 이전은 ʙ라ʰ마 신에게 제사지냄으로써 신으로부터 축복받을 수 있다고 믿었다. 그러나 새로운 사유구조로 훈련된 사람은 자기내부에 들어와있는 신의 분신인 앗따와 하늘에 있는 오리지널 신인 창조주 ʙ라ʰ마 신이 하나로 결합되면 신으로부터 축복받을 수 있다고 주장했다.

20. 이렇게 해서 ʙ라ʰ마 신의 역할을 완전히 바꿨다. 이것이 범아일여(brahma ātma aikya, 梵我一如) 사상이다*.

(표121) **신의 질서 ②**

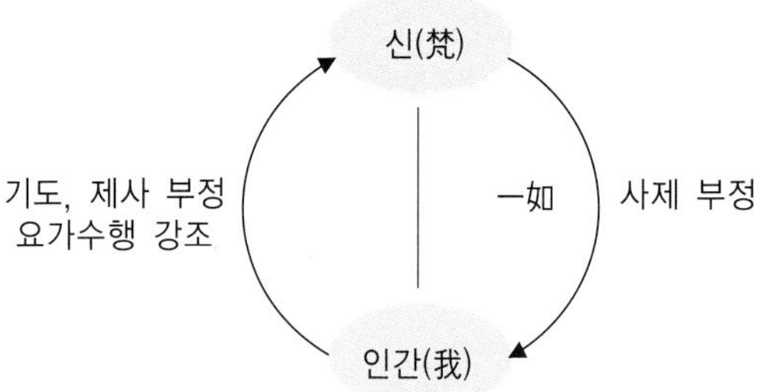

아봐따와 요가수행

아봐따―르(Avatār, 化神)는 힌두교 우빠싸―드 철학에 기초한 요가수행이다. 이것을 최근에 미국 헤리팔머(Harry Palmer)가 정돈해 전파했다. 이것을 불교수행자가 하는 것은 정체성상실을 가져오는 심각한 문제다. 특히 배우는 것을 넘어 이 수행법을 다른 사람에게 가르치는 것은 불교수행자로서 해서는 안될 일이다.

아봐따―르는 세상이 어지러울 때 중생을 구제하기 위해 신이 사람모습으로 세상에 나타난다는 것이다. 이때 중생을 구제하러 오는 존재가 바로 아봐따―르다. 이것을 나의 분신으로 해석하기도 한다. 인터넷에서 아봐따를 자기분신으로 가꾸는 것도 같은 이유다. 이것은 소프트웨어 분야에 인도영향력이 크기 때문일까?

요가수행 또한 힌두교 우빠싸―드 철학에 기초한 수행이다. 간혹 아―라마에서 스님이 요가수행을 지도하는 것을 볼 수 있는데 이것은 신을 부정하는 불교수행자로서 신과 하나되는 요가수행을 가르치는 것은 곤란하다.

21. 이런 우빠싸-드(upasād, sk. upaniṣad) 철학은 우주질서 창조자이자 유지자인 ʙ라ʜ마 신과 피조물인 인간이 동등한 위치에 있다는 것을 주장한 것이다.

22. ʙ라ʜ마 신과 인간은 동등하지 않고 인간은 열등한 존재이기 때문에 창조주 신에 의지할 때만이 신의 은총으로 구제될 수 있다고 주장한 ʙ라ʜ마 신을 믿는 사람은 피조물이 창조주 신과 동일하다는 사유구조를 적대적인 것으로 인식했고 불순한 사상으로 받아들였다*.

23. ʙ라ʜ마 신에게 제사지내는 것을 통해 사제계급인 ʙ라ʜ마 물적토대가 만들어진다.

24. 그런데 마음밖에 있는 신을 인정하지 않고 제사를 부정하고 마음 안으로 들어와있는 신의 분신과 하늘에 있는 신이 하나될 때 신의 은총을 받아 행복해질 수 있다는 주장은 사제계급인 ʙ라-ʜ마나 물적토대를 무너뜨리는 결과를 초래했다. 그 결과 ʙ라-ʜ마나 계급은 우빠싸-드 철학에 따라 수행하는 사람을 가혹하게 탄압했다.

25. 새로운 사유체계를 주장한 우빠싸-드 수행자는 사회를 떠나 밀림으로 들어가 그들만의 세계를 구축하고 폐쇄적인 지식 이전구조를 형성했다.

26. 새로운 사유체계를 가진 수행자는 서로 신뢰하는 스승과 제자가 숲속에서 가까이 [upa], 무릎을 맞대고 앉아 [niṣad] 그들만의 새로운 사유체

동학과 서학

인간이 신과 동등하다는 사유구조는 지배층이 강요한 사유체계에 피지배층이 즐겨 사용한 저항수단이다. 조선 후기 서학(西學)으로 대표된 서구문물과 크리스트교가 전해지면서 창조주(天) 앞에 모든 인간이 평등하지만 신과 피조물(人)은 동등하지 않고 사람이 신에 의지할 때만 행복한 삶이 보장된다고 주장했다. 이것은 당시 민중에게 강한 문화충격이었다. 그 당시 양반과 천민을 엄격히 구분되던 사회분위기에서 모든 존재가 신 앞에 평등하다는 주장은 혁명이었다. 그리고 100여 년 후 동학(東學)이 등장하면서 신과 인간은 동등하다는 인내천(人乃天) 사상을 만들어 서학에 대한 대응논리를 개발했다.

계를 전했다. 그래서 이들을 우빠싸-드 수행자라고 불렀다.

27. 이들은 브라흐마 신의 역할을 획기적으로 바꿨지만 윤회설과 4성계급 제도는 부정하지 않았다*.

3) 요가수행

28. 우빠싸-드 수행자는 하늘에 있는 브라흐마 신에게 제사지내는 것이 아니라 마음속에 들어와 있는 신의 분신인 앗따와 하늘에 있는 신이 하나되는 작업(수행)을 했다.

29. 하늘에 있는 오리지널 신과 피조물 마음속에 들어와있는 분신이 하나되는 작업과정을 요가수행 또는 수정수행(anuyoga, 修定)이라고 한다. 요가는 하나로 묶다, 통제하다 의미다.

30. 그들은 수행방법으로 몸, 호흡, 마음을 통제하거나 조절함으로써 자기마음에 들어와있는 신의 분신인 앗따와 하늘에 있는 오리지널 신인 브라흐마가 하나되면 신의 은총으로 고통으로부터 벗어나 자유롭고, 청정하고, 행복하고 공존하며 살 수 있다고 주장했다.

31. 브라흐마 신과 하나되는 핵심기술은 조신(dama kāya, 調身), 조식(dama ānāpāna, 調息), 조심(dama citta, 調心) 등으로 마음을 한 곳에 집중하는 싸띠집중[samādhi, 定]이었다.

프로테스탄트

카톨릭 사제가 이론과 권력을 독점하고 일반인은 야훼 신을 만날 수 없고 신의 대리인인 사제를 통해서만 생각을 전달하고 신의 의도를 전해받을 수 있다고 주장했다.

여기에 대해 프로테스탄트는 신의 의중은 오직 신만이 알 수 있고 사제는 알 수 없다고 주장하며 그 논리를 부정했다. 일반인은 열심히 일하고 기도하고 나머지는 신에게 맡기면 신이 알아서 모든 것을 처리할 것이라고 믿었다. 이것은 고대인도 브라흐마와 우빠싸-드와 비슷하다.

32. 이런 정적이고 고요한 수행문화는 아리야인이 인도를 침략하기 이전 북인도를 선점한 드라비다인이나 문다인이 씬ㄷ후 강 유역에서 가꾸고 발전시킨 것이었다. 이것은 토착민의 문화반격이 시작됐고 동시에 아리야인이 토착화된 것을 의미했다.

① 조신

33. 조신(dama kāya, 調身)은 몸을 통제하는 것이다. 요가수행자가 특성 자세를 취하고 자기가 견딜 수 있는데까지 움직이지 않는다.

34. 얼마나 오랫동안 한 자세를 유지할 수 있느냐가 자기 안에 들어온 신의 분신인 앗따와 하늘에 있는 오리지널 신인 브라ㅎ마와의 거리를 결정한다고 믿었다.

35. 몸이 요구하는 대로 들어주면 앗따와 신과 거리가 멀어지고 처음 취한 자세를 오랫동안 움직이지 않고 유지하면 앗따와 신과 거리가 가까워져 신의 은총으로 행복하게 살 수 있다고 생각했다.

36. 요가수행에서 취하는 기묘한 자세는 바로 이런 이론에 근거한다. 한 자세를 오랫동안 유지하기 위해서는 편안한 자세보다 몸을 비틀어 꼰 자세가 유리하다.

37. 편안한 자세는 짧은 시간은 좋지만 지속적으로 유지하기는 힘든 자세다. 그러나 몸을 비틀어 꼰 자세는 처음은 힘들지만 갈수록 오래 견딜 수 있는 자세다*.

요가 수행과 체조

요가 수행과 체조 분기점은 브라ㅎ마 신과 앗따를 하나로 묶어 신의 은총을 받는다고 믿고 몸을 통제하면 요가수행이다. 그런 철학은 믿지않고 단지 몸을 비트는 몇몇 자세가 건강에 좋다고 그런 자세를 취하면 요가체조다. 거의 모든 요가센터는 요가수행이 아닌 요가체조를 한다고 보아야 한다.

② 조식

38. 조식(dama ānāpāna, 調息)은 호흡을 통제하는 것이다. 호흡을 조절해 천천히 숨을 쉬다가 참을 수 있는데까지 완전히 멈춘다.

39. 얼마나 오랫동안 호흡하지 않고 참을 수 있느냐가 자기 안에 들어온 신의 분신인 앗따와 하늘에 있는 오리지널 신인 바라흐마와의 거리를 결정한다고 믿었다.

40. 몸이 원하는 대로 숨을 다 쉬면 앗따와 신과의 거리가 멀어지지만 참을 수 있는 데까지 참으면 앗따와 신과의 거리가 가까워져 신의 은총으로 행복하게 살 수 있다고 믿었다.

③ 조심

41. 조심(dama citta, 調心) 마음을 통제하는 것이다. 마음을 특정대상에 밀착고정한다.

42. 얼마나 오랫동안 마음을 정해진 대상에 밀착고정할 수 있느냐가 자기 안에 들어온 신의 분신인 앗따와 하늘에 있는 오리지널 신인 바라흐마와의 거리를 결정한다고 믿었다.

43. 마음이 원하는 대로 감각대상을 쫓아가면 앗따와 신과의 거리가 멀어지고 감각대상에 밀착고정해 이동하지 않으면 앗따와 신과의 거리가 가까워져 신의 은총으로 행복하게 살 수 있다고 믿었다.

4) 수행장소

44. 우빠싸-드 수행자는 땅이 평탄하고 깨끗하며 풀, 자갈, 먼지 등이 없는 곳을 좋아했다.

45. 물이 잔잔히 흐르고 귀를 기쁘게 해주고 나무가 우거지고 눈이 편안한 곳을 즐겨 찾았다. 대개 숲 속 강 옆 조용한 곳에서 몸, 호흡, 마음을 통제하고 수행했다.

46. 이들은 철학적으로는 브라흐마 신이 변해 일체만물을 만들었다는 전변설(pariṇāma, 轉變說)을 믿었다.

47. 고요히 앉아서 마음을 한 곳에 집중하고 마음을 평화롭게 닦는다고 해 ㅈ하-나(Jhāna)라고 한다. 이것을 한문으로 선나(禪那) 또는 선(禪)이라고 번역했다. 오늘날 참선(參禪) 어원이다. 일본식 발음이 젠(zen)이다.

48. 붇다하도 처음 출가해 마음을 정해진 감각대상에 밀착고정하는 수정수행과 몸에 고통을 가하는 고행(tapo, 苦行)을 닦았다.

49. 수정수행이 붇다하에게 많이 영향미쳤고 많은 부분 그 형식이 붇다하가 만든 마음과학과 싸띠수행에 흡수됐다.

50. 붇다하가 만든 싸띠수행과 요가수행은 형식이 비슷하기 때문에 주의해 구분하지 않으면 그 차이를 알수 없다*.

51. 오늘날 많은 불교수행자가 요가수행을 불교수행으로 착각하고 행하는 것을 볼 수 있다. 그러나 이 둘은 형식뿐만 아니라 내용도 완전히 다르다.

52. 대승경전에서 소개하는 대부분 수행기술은 요가수행 기술인 싸마-디히(samadhi, 三昧, 止, 定)인 경우가 많다.

53. 이것은 대승부가 붇다하가 만든 마음과학과 싸띠수행 정체성을 상실하고 철학관점뿐만 아니라 수행기술까지 힌두교화됐다는 것을 의미한다.

전문가안목

일반인은 몰라도 전문가는 미세한 차이도 구분해야한다. 그래서 아마추어와 프로가 다르다. 철학, 수행, 예술, 정치 등을 평가할 때도 마찬가지다. 분명히 존재하지만 잘 보이지 않는 차이를 구분할 수 있는 안목을 갖추는 것이 필요하다.

붇다하 싸띠수행과 요가수행법을 비교하면 다음과 같다.

(표122) **싸띠수행과 요가수행**

구분	싸띠수행	요가수행
자세	편안한 자세를 유지함	한 자세를 오랫동안 유지함
호흡	통제하지 않고 생체리듬에 맡김	천천히 통제하며 참을 수 있는 데까지 멈춤
핵심기술	마음거울에 맺힌 상을 알아차림함, sati(念) 중시	한 지점에 밀착고정함, samādhi(三昧, 止, 定) 중시
세계관	연기설	전변설
신	믿지않음	믿음
윤회	믿지않음	믿음
계급제도	부정함	인정함
신분제도	능력제	세습제

7. 싸마나 운동

1. 싸마나(samaṇa, 沙門, 平等)는 붇다하 당시 출가해 수행한 사람 가운데 브라흐마 신을 믿지않고 비폭력평등운동을 통해 사회변혁을 시도한 사람을 가리키는 용어다.

2. 그들은 고대인도 히피였고 그들 대부분은 유물론자였다. 그들은 철학적으로는 적취설(samūha, 積聚說)을 주장했다.

3. 그들은 인도에 침입한 아리야인이 만든 브라흐마 신 중심으로 한 문화를 거부하고 인도 선주민인 드라비다인이나 문다인이 가진 요가문화에 기반해 활동했다.

4. 싸마나는 기존 사유체계와 권위를 부정하고 평등, 평화, 공존에 기초한 새로운 사회질서를 구현하려고 노력했다. 그들은 집을 떠나 그들이 가진 원칙을 지키고 실천하려고 노력했다*.

표123 고대히피와 현대히피

구분	기존문화	히피문화	싸마나문화
머리	단정히 깎음	치렁치렁하게 눔, 자연수의	빡빡 깎음, 아리야 문화
옷	화려하게 치장함	검소하게 입음	시체쌌던 천을 물들여 입음
가정	남성중심	양성평등	출가독신주의
섹스	폐쇄적 남성중심	개방적 자유주의	가급적 하지말자
음식	잘 먹자	간소하게 하루 3끼	하루 1끼 얻어먹자
예술	인공주의, 틀에 가둠 클래식, 발레, 캔버스에 그림	자연주의, 틀을 깸 rock, rap, 현대무용, 설치미술	가급적 하지말자
지향점	욕망과 이기심 충족 불평등, 폭력, 편견, 차별 인정	욕망 절제, 비폭력 평등, 공존 반전평화운동(외적, 정치적) 기존문화 거부, 새로운 문화창조	욕망 절제, 비폭력, 평등, 공존 비폭력평화운동(내적, 수행) 기존문화 거부, 새로운 문화창조

히피와 싸마나

싸마나 운동을 이해하기 위해서는 현대 서구 히피문화를 이해하는 것이 도움된다. 1차, 2차 제국주의 전쟁, 한국전쟁, 베트남전쟁을 치르면서 서구사회는 두 가지 흐름이 나타났다. 하나는 정치부분에서 반전평화운동이 거세게 일어났고 다른 하나는 문화부분에서 기존 주류문화에 반대하는 새로운 문화운동이었다.

그들은 기존문화가 옷을 깨끗이 입고, 머리를 단정히 깎고, 남성중심으로 가정을 꾸리고, 클래식, 발레, 미술 등 예술을 즐기고, 자기와 인연된 사람끼리 잘 먹고 잘 살고, 욕망을 충족하는 수단으로 폭력에 의존했고, 이렇게 욕망과 폭력에 기초한 사회는 제국주의 대전과 같은 대규모 살상전쟁을 일으켜 궁극적으로 인류가 공멸하는 지경에 이르렀다고 보았다. 좀더 편리한 삶을 누리자고 기술을 개발한 결과 삶은 편리해졌지만 자연으로부터 너무 멀리 떨어졌고 삶은 기계부속품으로 전락했고 정서는 거칠고 인간성은 상실했고 행복지수는 떨어졌다고 진단했다.

이런 욕망과 폭력, 편견과 차별에 기초한 기존문화를 거부하고 비폭력, 평등, 공존에 기초한 새로운 문화를 창조하려는 노력이 일어났다. 그들은 옷은 한 벌로 넝마가 될 때까지 입고, 머리는 자연주의에 기초해 치렁치렁하게 기르고, 가정은 양성평등을 추구했고, 섹스는 개방적이었다. 음악은 락이나 랩, 춤은 현대무용, 그림은 캔버스 밖으로 나와 활동하는 전위예술 등과 같은 것을 선호했다. 조금 불편하더라도 물질이나 기술에 의존하는 것을 줄이

5. 새로운 사회를 꿈꾸던 싸마나는 절제되지 못한 욕망, 이기심, 분노, 적의, 원망, 서운함, 가치관 등에 기초한 사유와 행동이 불평등하고 폭력에 의존한 사회공동체를 건설하고 1500년이 넘도록 인도사회를 전쟁으로 몰아넣었다고 진단했다.

6. 아리야인이 만든 신의 질서가 내용은 욕망충족이고 신과 윤회설로 포장했고 그 중심에 힌두교가 있었다.

7. BCE 2000년 무렵 중앙아시아에서 서북인도로 침입한 아리야인으로부터 시작된 전쟁은 BCE 260년 마우리아 아쏘까 왕이 주도해 인도가 최초로 통일될 때까지 1500여 년 이상 지속됐다.

8. 민중은 전쟁종사자로 많은 인명과 재산 피해를 당했다. 사회는 전쟁으로 인해 폭력지수가 높아지고 평화지수는 낮아졌다. 그런 사회에서 생활하는 사람 삶은 불안정하고 피로에 지쳤다.

9. 평등하고 평화로운 사회를 건설하고 생명중심 삶의 터전을 만들고 행복하게 살기위해 기존의 불평등과 폭력에 기초한 사회구조와 문화양식에 반대하는 저항운동이 일어났다. 이 신문화운동을 주도한 사람을 싸마나라고 했다. 싸마나는 평등을 의미한다*.

고 자연친화적인 삶을 살자고 주장했다.

이런 문화운동을 주도한 사람은 자기가 처음이 아니며 2600여 년 전 BCE 6~7세기경 고대인도 중부지역에 자기와 똑같은 생각과 행동을 한 사람이 있었다고 주장했다. 그리고 68년 비틀스가 인도로 가면서 이 운동은 그 절정에 이른다. 그들은 그곳에서 수행을 한 후 저 유명한 「let it be」를 발표했다.

사바세계

pāli 어 saha는 사바(娑婆)로 음사한다. 그 의미는 참다(忍)와 평등(同)을 의미한다. 이 세계는 험한 세상이기 때문에 참고사는 것이 잘 사는 것이라는 의미와 이곳에 사는 존재업장은 서로 비슷하다는 재미있는 의미있다. 잘못을 저지르고 교도소에 수감된 사람이나 그 사람을 지키기 위해 그곳에 있는 교도관이나 제3자가 보기에 울타리 안에 갇혀살기는 매일반이다. 힘들게 사는 중생삶이나 그 중생을 구제하겠다는 붇ㄷ하삶이나 흙탕물에 뒹굴기는 마찬가지라는 의미일까?

10. 싸마나는 기존문화를 해체하고 새로운 문화를 건설하려고 심혈을 기울였다.

11. 싸마나는 머리를 깎고, 넝마를 주워입고, 결혼하지 않았고, 유희를 배제하고, 음식은 하루에 1끼만 얻어먹고, 집을 떠나 나무 아래서 생활했다.

12. 싸마나는 생명존엄성을 중시했고, 인간관계는 평등과 능력에 기초해야한다고 주장했다.

13. 싸마나는 신과 윤회 중심 세계관을 인간, 생명, 사언 중심에 기초한 세계관으로 변화시켰다.

14. 이런 노력을 통해 기존의 불평등하고 폭력적이고 편견과 차별에 기초한 사회를 평등하고 평화롭고 살기좋은 세계로 변혁하려고 노력했다.

15. 싸마나 운동은 사람이 자기의지에 따라 자유롭게 사유하고 행동하는 것을 허용했다. 그들은 자기가 옳다고 생각하는 방향으로 사유하고 행동하는 것을 좋아했다.

16. 싸마나가 생각하고 행동한 것이 모두 옳지만은 않았다. 그들은 기존 문화를 변혁해야한다는 데는 의견이 일치했지만 구체적으로 어떻게 행동하는 것이 올바른 길인지는 생각이 서로 달랐다.

17. 불교경전에 따르면 그들 또한 자유의지에 따라 싸마나 가운데 고행자(苦行者), 수정자(修定者), 6사외도(六師外道) 등 62개 부류로 분화해 활동했다.

18. 고행자는 사람영혼은 한없이 맑고 깨끗하고 육체는 더럽고 오염된 존재로 인식했다.

19. 맑고 아름다운 영혼이 육체가 요구하는 것을 모두 들어주다 보니 때묻고 물들었기 때문에 몸에 고통을 가함으로써 영혼이 맑고 가벼워진다고 생각했다.

20. 맑고 가벼운 영혼이라야 천상으로 올라가 행복하게 살 수 있다고 믿었다. 그들은 신을 부정하는 파도 있었고 인정하는 파도 있었다. 윤회를 믿는 파도 있었고 믿지않는 파도 있었다. 그들은 여러 가지 요소가 모여 세계가 만들어졌다는 적취설을 주장했다.

21. 수정수행자는 ㅂ라ㅎ마 신과 마음속에 들어와 있는 신의 분신인 앗따가 하나되면 신의 은총입어 행복하게 살 수 있다고 생각했다.

22. 수정수행자는 신과 윤회설을 믿었지만 신의 대리인으로서 사제와 신의 은총바라는 기도를 부정했다. 요가수행으로 신과 하나될 수 있다고 믿었다. 그들은 태초에 ㅂ라ㅎ마 신의 의도가 펼쳐져 세계가 형성됐다는 전변설을 주장했다.

23. 우빠싸-드 수행자와 고행자가 윤회설과 천상에 태어나는 것을 인정하지만 붇ㄷ하는 그런 주장은 증명할 수 없는 허구라고 보고 그런 믿음을 버림으로써 잘못된 신념으로부터 자유로워질 수 있었다.

24. 신을 부정하고 욕망과 폭력에 기초한 힌두문화를 탈피하고 자유와 평등에 기초한 새로운 문화를 창조하자고 출발한 싸마나 운동 또한 때로는 힘의 논리에 매몰되는 경우가 많았다.

25. 붇ㄷ하는 싸마나를 보고 감동해 이 운동을 통해 자유로운 삶, 청정한 삶, 행복한 삶, 공존하는 삶을 살 수 있을 것으로 확신하고 출가해 싸마나가 됐다.

26. 붇ㄷ하는 싸마나 운동을 획기적으로 발전시켜 불교, 마음과학, 싸띠 수행을 만들었다.

27. 이때 형성된 싸마나 문화인 1일 1식, 걸식(piṇḍapāta, 托鉢), 까-싸-야(kāsāya, 袈裟), 삭발, 독신 등 상당부분 전해져 오늘날 스님 생활양식에 많이 영향미쳤다.

8. 6사외도

1. 불교경전은 붇다 당시 활동한 붇다 이외 대표적인 수행자 여섯 사람 [cha satthāro, 六師外道]을 소개한다.

2. 그들은 한결같이 브라흐마 신을 부정했고 살아있는 동물을 죽여 신에게 제사지냄으로써 선업(kusala kamma, 善業)을 쌓을 수 있다는 것을 부정했다. 그러나 사람에 따라 윤회설은 부정하기도 하고 인정하기도 했다.

3. 그들은 아주 다양하고 자유롭고 개성적인 사유방법과 현실적, 유물론적, 논리적 관점을 통해 직면한 문제를 해결하려고 노력했다.

4. 붇다 역시 그 당시 혁신사상을 가진 싸마나 가운데 한 사람이었다.

5. 붇다 가르침과 수행법 또한 이와 같은 토양 위에 피어난 것임을 감안할 때 붇다와 함께 같은 시대를 살았던 여섯 명의 혁신적인 수행자 사유체계를 이해하는 것은 불교를 이해하고 실천하는 데 많은 도움된다.

1) 뿌-라나 깟싸빠

6. 뿌-라나 깟싸빠(Pūraṇa Kassapa)는 기존의 모든 도덕을 부정했다. 살생, 도둑질, 간음, 거짓말 등을 해도 악을 짓는 것이 아니고 악의 과보도 발생하지 않고, 제사, 선행, 극기, 진실한 말도 선을 짓는 것이 아니고 선의 과보도 발생하지 않는다고 주장했다.

7. 뿌-라나 깟싸빠는 당시 일반적으로 인정된 선악행위와 그것이 현재와 미래에 미치는 영향력을 모두 부정했다. 그는 노예출신이다.

2) 막카리 고싸-라

8. 막카리 고싸-라(Makkhali Gosāla)는 윤회를 반복하는 것도 청정해지고 자유롭게 되는 것도 모두 원인이 없다고 주장했다. 그는 어머니자궁을 나오는 순간 운명이 결정된다고 믿었다.

9. 자기의지, 절대자의지, 전생영향력이 미치지않는 어떤 보이지 않는 운명에 의해 삶이 결정된다는 숙명론(akiriyavāda, 宿命論, 非作用論)을 주장했다.

10. 막카리 고싸-라를 따르는 공동체를 아-지-봐까(Ājīvaka)라고 한다. 이 명칭은 원래 단순히 자기생각에 따라 생활하는 사람, 생활규칙을 엄격히 지키는 사람이란 의미다.

11. 다른 수행자는 그들을 가리켜 수행을 생계유지 수단인 직업으로 삼는다고 비난했다. 아-지-봐까 교단은 붇다 시대에도 상당한 세력을 가지고 있었다. 불교경전이나 아쏘까 왕 비문에서도 불교나 자이나교와 함께 독립된 공동체로 인정했다.

3) 아지따 께싸깜바린

12. 아지따 께싸깜바린(Ajita Kesakambalin)은 인도에서 가장 오래된 유물론자다. 그는 지수화풍(地水火風) 4원소만이 참다운 실재로 보고 신과 영혼 등의 정신요소를 부정했다.

13. 인간은 죽음에 의해 소멸하고 사후에 신체는 4원소로 환원되고 전생, 내생, 윤회 같은 것은 없고 오직 현재만이 실재할 뿐이라고 주장했다.

14. 선악행위를 해도 사후에 그 과보를 받지않기 때문에 살아있는 동안

하고싶은 일은 수단과 방법을 가리지 말고 하는 것이 행복에는 직접적이라
고 강조했다. 그는 힘크기가 행복크기를 결정한다고 주장했다.

15. 아지따 께싸깜바린 주장은 후대 많은 정치가 욕망을 자극해 부국강
병책을 추진하는 데 영향미쳐 전쟁을 부추기는 한 요인이 됐다. 그는 유물
론과 쾌락주의를 주장했다.

4) 빠꾸다하 깟짜-야나

16. 빠꾸다하 깟짜-야나(Pakudha Kaccāyana)는 아지따 께싸깜바린과 더
불어 대표적인 유물론자다. 그는 지수화풍 4원소 외에 고(dukkha, 苦), 락
(sukha, 樂), 영혼(jīva, 靈魂) 등 3원소를 더해 7원소를 주장했다.

17. 빠꾸다하 깟짜-야나는 정신도 물질로 보았다. 우주를 구성하는 7원소
는 독립적이고 불변하므로 사람이 칼에 의해 죽어도 칼은 7원소사이를 통
과했기 때문에 죽는 것이 아니라고 주장했다. 그리고 죽었다.

5) 싼자야 베랏티뿟따

18. 싼자야 베랏티뿟따(Sañjaya Belaṭṭhiputta)는 결정불가론자(決定不可
論者)다. 그는 어떤 질문에 대해서도 답을 결정할 수 없다고 말해 결정하는
판단을 내리지 않았다.

19. 싼자야 베랏티뿟따 입장에 대해 당시 사람은 약삭빠르게 빠져나가
는 주장이라고 비난했지만 이런 논의는 철학을 한 차원 높게 끌어올렸다.

20. 이전까지는 검증할 수 없는 태초나 사후와 같은 미지세계에 대해 물
질이 먼저라거나 정신이 먼저라거나 하고 예단하고 결정내렸다.

21. 싼자야 베랏티뿟따는 증명할 수 없는 것에 대해 어떤 결정을 내리는 것은 잘못이라고 보았다. 결정할 수 없는 것은 결정하지 않고 그대로 두는 것이 올바르다고 주장했다.

22. 확정된 지식을 주지 않는다고 해서 불가지론(不可知論)이라고 한다. 이것은 매우 획기적인 사상이었다. 붇다도 그 영향을 많이받은 것으로 보인다.

23. 싼자야 베랏티뿟따가 주장한 판단불가나 결정불가 입장은 그 당시 많은 지식인으로부터 전폭적으로 지지받았다.

24. 그러나 어떤 것도 판단할 수 없다는 주장은 철학적으로는 어떨지 몰라도 실천적으로는 많은 문제를 야기할 수 있다. 결국 아무것도 할 수 없게 되고 말장난[papañca, 戲論]으로 끝날 수 있다.

25. 붇다하는 그 당시 이런 결정불가론을 극복하고 연기(paṭicca samuppāda, 緣起)로 대표되는 관계론, 상황론, 상대론을 제시해 그런 단점을 극복했고 인식뿐만 아니라 실천논리를 갖췄다.

26. 범위를 한정할 것, 관계, 맥락, 상황 속에서 답을 결정할 것 등은 싼자야 베랏티뿟타에 의해 열려진 사고를 몇 단계 향상시켰다.

27. 붇다하 수제자인 싸-리뿟타와 마하-목갈라-나도 원래 싼자야 베랏티뿟타 제자였다.

28. 나중에 이 두 사람이 붇다하를 스승으로 모시고 개종하자 싼자야 베랏티뿟타 제자 가운데 반이 따라서 개종했다. 그 소리를 듣고 싼자야 베랏티뿟타는 피를 토하고 죽었다고 한다.

6) 니간타 나-따뿟따

29. 니간타 나-따뿟따(Niganṭha Nātaputta, 尼乾陀)는 자이나교(Jaina)를 만든 마하-비-라(Mahāvīra, 大雄)다.

30. 니간타는 이전에 있었던 수행집단 이름이고 나-따뿟따는 나따족 출신이란 뜻이다. 원래 그의 이름은 왈ㄷ하마-나(Vardhamāna, 繁榮)인데 수행으로 큰 체험한 후부터 위대한 영웅을 뜻하는 마하-비-라로 불리어졌다.

31. 니간타 나-따뿟따가 만든 공동체를 자이나(Jaina)라고 한 것은 모든 어려움을 극복한 위대한 「승리자(Jina, 勝利者) 가르침」 이란 뜻이다. 그의 가르침에 따라 수행하는 사람을 지나, 자인, 자이나로 부른다.

32. 니간타 나-따뿟따는 붇ㄷ하와 비슷한 시대에 왔지 웨싸-리- 부근 왕족 출신이다. 30세 때 출가해 싸마나가 됐고 12년 동안 고행해 마침내 그가 주장하는 최고깨달음(完全智)에 도달했다. 그 후 30년간 활동하다 70세에 입적했다.

33. 니간타 나-따뿟따 생애는 붇ㄷ하와 유사하며 활동지역, 사용용어, 교단구성, 5계 등도 불교와 공통점이 많다. 자이나교 경전도 붇ㄷ하가 사용한 언어인 pāli 어와 같은 계통인 prākṛt 어를 사용했다.

34. 니간타 나-따뿟따는 여러 가지 면에서 붇ㄷ하와 유사하지만 사상은 다른 점이 많다.

35. 니간타 나-따뿟따는 브라ㅎ마 신의 존재는 부정했지만 윤회는 인정했다.

36. 니간타 나-따뿟따는 우주는 물질과 정신으로 구성됐고 이것이 행위에 의해 끝없이 윤회하는데 윤회는 신의 의지가 아니라 우주질서라고 주장했다.

37. 니간타 나-따뿟따는 윤회와 해탈 문제에 관해서도 독자이론 체계를

세웠다.

38. 니간타 나-따뿟따는 행위(業)와 행위영향력(業力)을 미세한 물질로 보았다. 업이 외부에서 내부로 들어와 영혼과 결합해 영혼을 더럽히기 때문에 영혼이 윤회전생한다고 주장했다.

39. 윤회로부터 벗어나고 영혼이 그 청정본성을 회복하고 윤회로부터해탈하기 위해서는 업(業)이 영혼으로 유입되는 것을 차단하고 이미 영혼에 부착된 업은 제거해야한다고 주장했다.

40. 그러기 위해서는 정해놓은 계율을 엄격히 지키고 할 수 있는 한 최대한 무소유로 살고 때로는 몸에 고통을 가하기도 했다. 그리고 출가수행으로 완성된다고 생각했다.

41. 니간타 나-따뿟따는 엄격한 결과론자다. 그는 결과를 중시했다. 어떤 경우든 결과가 선악판단 기준이 돼야 한다고 주장했다.

42. 니간타 나-따뿟따는 행위에 관해서는 결과주의 입장을 취했지만 사물을 보는 입장은 상대주의 관점을 취했다.

43. 모든 존재는 보는 관점에 따라 달라지므로 어떤 판단을 내릴 경우는 「어떤 점에서 보면」이라는 제한을 붙여 상대적으로 이해해야한다고 주장했다.

44. 출가수행자는 불살생(不殺生), 진실어(眞實語), 불투도(不偸盜), 불사음(不邪淫), 무소유(無所有)의 5대금계(五大禁戒)를 엄중히 지켜야 한다고 강조했다.

45. 몸에 실 한 오라기도 걸치지않은 나체로 여러 가지 고행을 하고 때로는 단식수행으로 죽음에 이르기도 했다. 뒤에는 하얀 옷을 입는 백의파(白衣派)가 등장했다.

46. 재가신도는 다소 완화된 5소금계(五小禁戒)를 지켰다. 그러나 불살

생을 중시했기 때문에 직업은 농경보다 상업에 종사하라고 강조했다.

47. 자이나교는 니간타 나-따빳따 시대에 이미 유력한 교단을 이뤘다. 이후 불교와 더불어 수행공동체로 발전했고 지금까지 존속한다.

48. 싸마나 문화운동 중에서 현재까지 존속하는 것은 자이나교와 불교 뿐이다. 자이나교는 인도내에 국한됐지만 불교는 세계적인 수행공동체로 발전했다*.

서양 종교와 철학 흐름

고대인도 종교와 철학 흐름은 서양 종교와 철학 흐름과 비슷하다. 서양종교 흐름을 간단히 신과 메시아를 중심으로 살펴보면 다음과 같다.

① 유태교
중동에서 유태인은 Yahweh(야훼) 신이 유태인만 구제해 줄 것으로 믿는 유태교를 창시했다. 신의 대리자인 메시아(messiah)는 아직 오지않았고 신은 직접 피조물과 접촉하지 않고 대리인인 사제를 통해서만 접촉한다고 주장했다.

② 예수교
예수(Jesus)는 구제범위를 유태인으로 한정시키지 않고, 신을 믿는 전 인류로 확장했다. 예수는 자기가 바로 Yahweh 신의 대리인인 메시아(Christ)라고 주장했고 사제를 인정했다. 그러나 예수 자신이 스스로를 메시아(christ)라고 주장했는지에 대해서는 다양한 의견이 있다. 최근에 발견된 새로운 자료를 통해 로마 카톨릭 전통과 신약성서에 갇힌 예수가 아닌 오리지널 예수를 찾는 연구가 한창 진행되고 있다.

③ 로마 카톨릭
Catholic(天主教)는 구제범위를 백인, 지주계급으로 한정했다. 예수가 신의 대리인이라는 것을 인정하면서 사제 기능도 인정했다.

④ 프로테스탄트
Protestant(改新教)는 구제범위를 전 인류, 전 직종으로 확장했다. 예수를 신의 대리인으로 인정하지만 사제기능은 부정했다.

⑤ 이슬람교
이슬람(Islam)은 구제범위를 전 인류로 확장했고 신의 대리인을 무함마드(Muhammad, 570~632)로 규정하고 사제는 부정했다.

⑥ **자연과학**

자연과학자는 신을 부정했다. 그들은 신중심 세계관을 자연중심 세계관으로 돌려놓았다.

⑦ **사회과학**

사회과학자는 신을 부정했다. 그들은 신중심 가치관을 인간중심 가치관으로 돌려놓았다. 사회과학자 가운데 실천을 중시한 공산주의는 종교적으로 무신론으로 무장했다. 그들은 유럽에서 소련과 중국으로 이동해 정착했다. 이후 공산주의, 사회주의, 무신론, 소련과 중국은 한 쌍이 돼 활동한다.

⑧ **자본주의**

자본주의는 종교적으로 Protestant와 결합해 발전했지만 유럽에서 정착하지 못하고 미국으로 가서 정착했다. 이후 자본주의, 유신론, 미국은 한 쌍이 돼 활동한다.

자본주의는 자본이 돌아야 자본축적이 가능하다. 자본이 유통되기 위해서는 제품을 생산하고 소비해야한다. 그들은 광고를 통해 욕망을 부추기고 다국적기업을 앞세워 자연을 파괴하고 제품을 만들어 판매한다. 공산주의도 인민욕망을 충족시켜야 정권을 유지할 수 있다. 그들은 공산당이 앞장서 자연을 파괴하고 생필품을 만들어 제공한다. 자본주의든 공산주의든 환경파괴로부터 자유로울 수 없다. 그 결과 푸른 지구를 사람이 살 수 없는 행성으로 만들고 있다.

⑨ **녹색주의**

현대사회 단점을 극복하고 사람과 사람, 사람과 자연이 함께 공존할 수 있는 사회를 만들자고 등장한 것이 녹색주의다. 모든 제도에 우선해 자연과 인간, 인간과 인간이 공존해야한다는 가치관을 추구하는 시민운동은 매우 중요하다.

22장

불교발생에 영향미친 요인

project

1. 불교발생에 영향미친 요인

2. 불교본질

check point

여기서는 불교발생에 영향미친 요인과 불교본질이 무엇인지 배우고 익힌다. 이 장을 잘 익히면 불교이
해 폭과 깊이를 넓힐 수 있을 것이다.

1. 불교는 인도사회 역사산물이다. 불교발생 원인과 조건을 살펴보는 것은 불교를 이해하고 실천하는 데 많은 도움준다.

1. 불교발생에 영향미친 요인

1. 불교발생에는 나음과 같은 몇 가시 요인이 복합석으로 영향미쳤다.

1) 싸마나 운동

2. 붇다하가 활동할 당시 광범위하게 대중성을 획득한 새로운 문화운동이 불교발생에 크게 영향미쳤다.

3. 욕망, 분노, 편견에 기초해 형성된 기존문화를 거부하고 평등, 평화, 공존에 기초한 새로운 문화를 창조하자는 싸마나 운동은 불교발생에 직접 영향미쳤다.

4. 붇다하도 싸마나 운동에 감명받아 출가했고 이 신문화운동을 몇몇 소수가 하던 것에서 대중이 함께 참여할 수 있는 대중운동으로 발전시켰다.

5. 싸마나 운동은 삭발, 걸식, 독신, 출가수행, 청빈, 무소유, 오락금지, 예술활동 금지, 보시, 자비 등 불교수행자 행동양식에 가장 많이 영향미쳤다.

2) 유물론

6. 고대인도 유물론자와 고행주의자가 주장한 적취설(積取說)이 불교발

생에 영향미쳤다.

7. 유물론자는 철학적으로 신이 우주를 창조했다는 전변설(轉變說)을 부정하고 물질로부터 우주가 발전했다는 적취설을 주장했다. 붇다는 적취설을 통해 전변설을 부정할 수 있었고 적취설을 연기설(緣起說)로 발전시켰다.

8. 유물론자는 신을 부정했다. 그들은 존재는 개별인자가 결합된 것으로 보았다. 존재는 신이 만든 것이 아니라 개별존재가 조건에 따라 다른 존재와 결합해 새로운 존재를 만들고 그렇게 만들어진 존재는 새로운 존재와 결합해 새로운 존재를 만든다는 연기설은 유물론자와 고행주의자가 주장한 적취설에서 영향받아 붇다가 창안했다.

9. 유물론자는 존재는 지대(地大), 수대(水大), 화대(火大), 풍대(風大) 등 4대(四大, 地水火風)가 결합해 형성된 것이기 때문에 언젠가 조건이 변하면 이렇게 모인 요소가 흩어지고 자연으로 돌아간다고 보았다. 이들이 주장하는 요소결합(積聚說)을 붇다가 연기설로 발전시켰다. 불교교리 가운데 4대, 연기, 3법인 등은 유물론자로부터 영향받았다.

10. 모든 존재는 서로 내적·외적 관계맺고, 서로 의존하고, 서로 영향미치고, 서로 해체하고, 서로 재구성하며 변화발전한다는 연기설은 불교 사유체계 핵심이다.

11. 존재는 신이 만든대로 변하지않고 영원히 존재하는 것이 아니라 자연법칙에 기초해 조건에 따라 끊임없이 변하고(無常), 존재는 경계를 정할 수 없고(無我), 변하는 존재를 변하는 마음이 인식할 때 서로 변화속도가 다르기 때문에 틈이 생기는데 그 간격만큼 감각대상에 불만족스러움이 발생한다(苦)는 3법인은 붇다 진리관 핵심으로 자리잡았다.

3) 힌두교

12. 붇다가 활동하던 당시 고대인도 사회에 광범위하게 퍼져있던 힌두교(브라흐마)에서 주장한 신과 윤회설이 불교발생에 영향미쳤다. 그 영향은 신과 윤회설을 긍정하는 것이 아니라 부정하는 것이었다.

13. 붇다는 힌두교에서 주장한 신과 윤회 중심 사유구조를 허구라고 보고 자연과 인산중심 사유체계를 창안하려고 노력했나. 오랜 노력으로 붇다는 법칙과 증명을 중시하는 가치체계를 세웠다.

14. 붇다는 검증되지 않은 주장에 기초해 삶을 구속하고 고통으로 몰아넣는 사유체계와 실천방식을 사법, 사도, 오염법이라고 비난하고 거부했다. 붇다는 자유와 행복으로 가는 객관적이고 분명하고 유효한 실천법을 정법이라 하고 그것을 실천덕목으로 삼았다.

4) 요가수행

15. 하늘에 있는 오리지널 신과 피조물 속에 들어와있는 신의 분신인 앗따가 하나되는 요가수행이 불교발생에 영향미쳤다.

16. 붇다는 요가수행하는 수정주의자로부터 마음닦는 수행을 배웠다. 붇다가 창안한 싸띠수행은 요가수행자가 몸과 마음을 통제하던 조신(調身), 조식(調息), 조심(調心) 기술을 개량해 발전시킨 것이다.

17. 요가수행(우빠싸—드 철학)은 하늘에 있는 오리지널 신인 브라흐마 신과 피조물 마음속에 들어와있는 신의 분신인 앗따가 하나되면 신의 은총으로 행복하게 살 수 있다고 주장했다.

18. 수정주의는 철학적으로 신이 우주를 창조했다는 전변설을 따랐다.

신의 은총을 갈구하는 기도를 부정하고 신과 하나되는 수행을 주장했다. 그들은 신을 인정했지만 신에게 의존하지 않고 신과 하나되는 수행을 강조했다.

19. 제사와 기도를 부정하고 신과 하나되는 과정인 요가수행을 통해 괴로운 삶을 벗어날 수 있다는 것[vimokkha, 解脫]이 불교발생에 크게 영향미쳤다.

20. 붇다하는 처음 출가해 아-라-라 까-라-마(Ārāra kālāma)에게서 무소유처(ākiñcañña āyatana, 無所有處)를 3개월 배웠고, 웃따까 라-마뿟따(Uddaka rāmaputta) 지도로 비상비비상처(nevasaññā nāsañña āyatana, 非想非非想處)를 3개월 수행했다.

21. 나중에 이 수정수행이 단지 마음을 고요히 할 뿐 존재에 내재한 실재를 볼 수 있도록 마음을 맑히지는 못한다고 보고 그만두었다. 그리고 붇다가야 보리수 아래로 옮겨서 스스로 싸띠수행(sati, 念)을 창안했다.

5) 쾌락주의

22. 붇다가 젊은 시절 경험한 쾌락주의가 불교발생에 영향미쳤다. 쾌락주의를 통해 그것을 극복하고 만족지수를 높이는 새로운 관점을 발견했다.

23. 붇다하는 쾌락으로 즐거움을 제공해서 자유와 행복으로 가는 것은 불가능하다고 판단하고 욕망을 절제하고 만족지수를 높이는 것이 자유와 행복에는 실질적이고 올바른 길이라고 보았다.

24. 붇다하는 출가수행하기 전 젊은 시절 태자로 생활하며 감각을 자극하는 쾌락을 추구했지만 마음갈증을 해소할 수 없었다. 자극이 강할수록 마음갈증은 더 증가하는 현실을 타파하고자 출가수행했다. 그리고 보리수 아

래서 자유와 행복으로 가는 길을 발견했다. 그것은 욕망을 충족하는 것이 아니라 만족지수를 높이는 것이었다.

6) 고행주의

25. 고행주의가 불교발생에 영향미쳤다. 고행주의는 원래 사람마음은 청정했는데 몸이 요구하는 것을 들어주다보니 봄이 오염되고 마음까지 불들었다고 보았다. 그래서 오염된 몸에 가혹한 고통을 가하면 마음이 맑게 정화돼 가벼워지고, 가벼운 영혼이 천상으로 갈 수 있고, 자유롭고 행복하게 살 수 있다고 주장했다.

26. 붇다는 처음 출가해 고행주의를 닦았다. 그러나 단순히 몸에 고통을 가해 마음이 맑아지고 괴로운 현실을 벗어날 수 있다는 것[vimokkha, 解脫]은 잘못된 가설이라고 부정하고 그만뒀다.

27. 괴로운 삶을 벗어나는 방법론으로서 고행주의는 부정했지만 삶의 속박으로부터 벗어나는 자유로운 삶과 행복한 삶에 대한 관점을 확립했다.

28. 붇다는 고행주의자가 주장한 육체를 괴롭히면 자유롭고 행복할 수 있다는 것은 잘못이라고 보았다. 붇다는 고행주의가 주장한 속박과 해탈이란 주제를 몸뿐만 아니라 마음까지 영역을 확장했다.

29. 붇다는 마음이 건강하고 마음공간에 존재하는 기억이미지 무게가 줄고 존재를 알아차림하는 싸띠기능이 강하면, 감각대상 구속으로부터 벗어날 수 있고 마음오염원을 제거해 마음공간을 맑힐 수 있고 괴로운 현실로부터 탈출할 수 있다는 마음과학과 싸띠수행을 창안했다.

7) 자이나교

30. 붇다 당시 활동한 자이나교가 불교발생에 영향미쳤다. 자이나교는 결과주의와 엄격주의를 신봉했다. 그들은 가치판단 기준을 결과에 두었다. 그들은 결과가 모든 가치를 결정한다고 주장했다. 그들은 무소유, 불살생 등의 엄격한 행동규범을 지켰다.

31. 이런 자이나교 결과주의와 엄격주의에 대해 붇다는 원인주의를 주장했다. 결과보다 원인, 동기, 진행과정을 가치와 선악판단 기준으로 삼아야 한다고 주장했다.

32. 붇다는 지나치게 엄격하고 경직된 것은 소수만을 위한 것이고 대중이 참여해 세상을 변화시키기 위해서는 완화된 행동규범이 필요하다고 주장했다.

33. 붇다는 자이나교가 주장하고 실천한 것 가운데 많은 것을 완화하고 개량해 대중에게 적용했다. 자이나교와 불교는 비슷한 것이 많다. 불교 5계와 자이나교 5계는 비슷하다.

34. 철학적으로 자이나교가 주장한 상대주의는 싼자야 베랏티뿟따가 주장한 판단불가설과 함께 붇다 사유체계에 크게 영향미쳤다. 붇다가 주장한 연기론이나 관계론 등은 자이나교와 서로 영향미쳤다.

35. 붇다와 동시대에 살면서 엄격한 규칙을 준수한 자이나교는 불교발생에 많이 영향미쳤다. 자이나교 개조 마하-비-라는 붇다보다 10살 정도 나이가 많았다.

36. 불교와 자이나교는 활동지역과 추종세력이 겹쳤다. 불교경전은 자이나교와 불교가 경쟁과 갈등이 많았다는 것을 여러 곳에서 보여준다.

8) 불가지론

37. 싼자야 베랏티뿟따가 주장한 판단불가설은 불교발생에 영향미쳤다. 싼자야 베랏티뿟따는 존재에 답을 결정하는 것은 잘못이라고 보고 결정세계관을 부정하고 비결정세계관인 불가지론(不可知論)을 주장했다.

38. 싼자야 베랏티뿟따가 주장한 불가지론은 당시 많은 사람에게 공감을 샀고 세사도 많았나. 그러나 모든 것을 결징할 수 없다는 깃은 구체적으로 행동하는 데 많은 제약을 가져왔다.

39. 붇다하는 비결정세계관 지향점은 받아들이면서 사람이 구체적으로 행동하기 위해서는 시간과 공간으로 범위를 한정해 판단하고 행동해야한다는 현실론을 주장했다.

2. 불교본질

1. 붇다하는 당시 많은 사람이 믿고 따르던 여러 철학관점, 실천방법, 조직론 등을 면밀히 검토하고 직접 실천해보고 나서 그 장단점을 이해하고 그것을 극복할 새로운 이론체계와 실천방법인 불교, 마음과학, 싸띠수행을 창안했다.

1) 철학관점

2. 붇다하는 존재를 바라보는 기존관점인 유신론, 전변설, 적취설, 불가지론 등을 극복할 새로운 철학관점(세계관)인 연기론, 관계론, 상황론, 상대

론 등을 제시했다.

3. 존재는 관계와 상황 속에서 상대적으로 각자 역할을 하며 공존하며 생이 전개된다는 자연주의 관점은 삶의 질을 한층 풍요롭게 한다고 보았다.

4. 존재는 자연에서 와서 자연으로 돌아간다. 존재는 서로 어울려 공존하기 때문에 공존법칙을 정하고 서로 지키는 것이 현명하다고 보았다. 붇다가 제시한 공존법칙이 노력한 대가가 노력한 주체에게 돌아가야 한다는 인과(因果)와 상대를 이해하고 배려해야한다는 자비(慈悲)다.

5. 붇다는 신이나 윤회와 같은 미신적이고 신중심이 아닌 객관적이고 논리적인 자연중심 세계관에 입각해 삶을 경영해야한다고 주장했다.

6. 붇다는 존재 구성원리는 연기고 물리특성은 공이라고 했다. 연기는 관계와 상황을 중시하고 공은 운동과 변화를 강조한다.

7. 붇다는 연기론과 공에 입각해 모든 존재는 서로 관계맺고, 서로 의존하고, 서로 영향미치고, 서로 해체하고, 서로 재구성하는 과정을 거치며 변화발전한다고 보았다.

2) 조직관점

8. 붇다는 가능하면 사람이나 조직에 의지하지 말고 일, 원칙, 실천을 기준으로 삼고 자기자신을 등불로 삼으라는 자등명 법등명(自燈明 法燈明)을 유언했다.

9. 불교교단 정체성은 마음을 맑히고 건강하게 하고 평화롭고 안정되게 해서 다른 존재와 서로 어울리고 공존하며 여유롭고 행복한 삶을 사는 것이다.

10. 단기적이고 현실적으로는 사람이나 조직에 의지하면 효과적으로 일을 처리할 수 있다. 그러나 장기적으로는 일과 원칙을 제시하고 그것에 의지하는 것이 효과적이다.

11. 붇다하는 마음닦는 사람은 만년을 내다보고 긴 안목으로 일해야 한다고 했다. 조직을 꾸리는 것은 10년 동안 유효하고, 교육은 백년 동안 유효하고 문화는 천 년 동안 유효하다고 한다. 그러나 문명은 만 년 동안 영향 미친다.

12. 마음닦는 수행은 문명과 문화를 바꾸는 일이다. 그렇게 때문에 단기간에 성과를 내려고 조급한 마음으로 일하면 그르치기 쉽다. 긴 안목으로 차근히 실천해야 유효성이 오래간다.

13. 권력을 잡아야하는 정치조직이나 이윤을 내야하는 기업이 아니라면 마음닦는 수행자는 여유롭고 자유롭게 행동하는 것이 좋다.

14. 수행자는 먼저 해야할 일을 제시하고 그것을 실천하기 위한 원칙을 드러내야 한다. 그리고 문을 활짝 열고 일할 수 있고 원칙을 지킬 수 있으면 누구든지 환영한다.

15. 오는 사람 막지 않고 가는 사람 잡지 않는다는 붇다하 가르침은 여유로운 삶, 풍요로운 삶, 평화로운 삶, 행복한 삶으로 가는 밝은 등불이다.

3) 실천관점

16. 붇다하는 물질영역은 기본이고 거기에 더해 마음영역이 건강할 때 삶은 자유와 행복으로 충만해진다고 보았다. 붇다하 자신은 마음영역을 더 잘할 수 있다고 보고 그 일을 했다.

17. 붇다하는 수정주의, 요가수행, 고행 등이 아닌 마음과학과 싸띠수행

을 통해 마음을 객관적이고 논리적으로 관리해 자유롭고 행복한 삶을 살 수 있다고 주장했다.

18. 붇다하는 법이나 제도가 불평등한 것은 신이 만든 것이 아니라 그 시대를 살고있는 사람이 만들었다고 보았다.

19. 사람마음에 욕망과 이기심이 많고 분노와 적대감이 높고 편견과 차별이 존재하고 그것을 실천할 의지와 능력이 있으면 법이나 제도를 자기에게 유리한 방향으로 만들고 적용한다.

20. 단기적, 구체적, 직접적, 현실적으로는 정치나 참여 활동을 통해 잘못된 현실을 바로잡아야 하지만 장기적, 근원적, 본질적으로는 그런 현실을 만든 사람마음에 존재하는 욕망, 분노, 편견 지수를 낮춰야 한다.

21. 개인이나 단체가 이 두 영역 모두 잘 할 수 없다. 공동체 구성원이 각자 잘 할 수 있는 분야에서 전문과 연대를 통해 함께 사회를 변화시켜 살기 좋고 행복한 세상을 건설하는 것이 필요하다.

22. 붇다하는 마음공간에 존재하는 내적불평등인 욕망과 이기심, 내적폭력인 분노와 적의, 원망과 서운함, 내적편견인 구분과 차별을 없애고 장기적, 근원적, 본질적인 해결을 위한 비폭력, 평등, 평화, 공존 운동을 창안하고 실천했다.

23. 이런 활동을 통해 자유로운 삶, 청정한 삶, 행복한 삶, 공존하는 삶으로 인도하는 도구이자 길라잡이인 불교, 마음과학, 싸띠수행을 창안했다. 이것이 불교운동 출발점이자 불교본질이다.

23장

부파불교와 종파불교

project

1. 부파불교

2. 종파불교

3. 각국 불교특징

4. 붇ㄷ하가 기준

check point

여기서는 인도, 중국, 한국 등 각국에 전파된 불교특징을 살펴보고, 부파불교와 종파불교 형성과 특징을 배우고 익혀 불교이해 폭을 넓힌다.

1. 부파불교

1. 붇다 입멸 후 100여 년 지난 BCE 386년 무렵 계율해석 차이로 근본교단에서 계율관용파가 떨어져 나간 이후 불교교단은 400~1000여 년 동안 수십 개 부파(Nikāya, 部派)로 분열했다.

2. 오리지널 불교가 세월이 흐르고 전파지역이 확장되면서 여러 부파로 분열된 것은 긍정적인 면과 부정적인 면을 함께 갖고있다.*

3. 여러 부파로 분열되면서 붇다가 가진 사상, 수행, 실천 순수성은 약화됐지만 붇다 가르침과 교세가 확장되는 데는 크게 기여했다.

4. 그 중에서 BCE 1~CE 1세기 전후해 등장한 대승부(Mahāyāna, 摩訶衍, 大乘)와 6~8세기 사이에 등장한 밀교부(Vajirayāna, 金剛乘, 密教部)는 불교, 마음과학, 싸띠수행을 만든 붇다 관점에서 보면 불교가 아니라 힌두교라고 해야한다.

5. 대승부나 밀교부 또한 엄연한 부파 가운데 하나지만 힌두교화된 아주 특별한 부파다.

학파와 종파

학파는 생각을 같이 하는 사람이 모이고 종파는 이익을 같이하는 사람이 모인다. 그래서 학파는 이념중심이고 종파는 정치·경제 중심이다. 학파가 만들어지려면 다음 세 가지 요소를 갖춰야 한다.

① 기존과 다른 개념해석 관점이 있어야 한다.
② 개념을 포용하는 세계관이 있어야 한다.
② 개념을 설명할 세부용어가 있어야 한다.

학파가 만들어질 때는 격렬한 이론논쟁이 벌어진다. 기존해석이 잘못됐다고 생각하는 사람이 모여 존재해석에 대한 새로운 관점을 제시하고 실천으로 유효성을 증명하고 대중성을 획득하면 살아남고 그러지 못하면 사라진다. 종파가 만들어질 때는 기득권을 유지하려는 세력과 새롭게 차지하려는 세력 사이에 물리충돌이 일어나고 격렬한 정치투쟁이 전개된다.

6. 여기서 사용한 자료는 히라카와 아키라 著 이호근 역《인도불교의 역사 상·하》(민족사, 서울, 1994)와 佛敎大辭典(弘法院, 서울, 1998)을 참조했다.

(표124) **부파불교 활동지역**

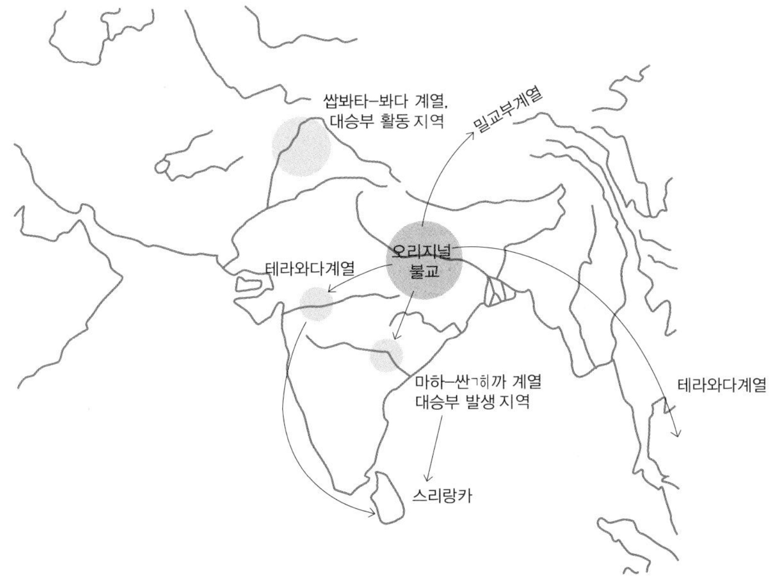

1) 부파발생

7. 부파발생 이유는 계율, 수행, 사상, 지역, 스승 다름, 패권주의 등 다양하다.

① 스승없음

8. 부파가 발생한 여러 가지 요인이 있지만 그 가운데 가장 큰 것은 붇다 입멸 후 궁금한 것을 물어볼 스승이 없었다는 것에 기인한다.

9. 붇다가 살아있을 때는 문제가 발생해도 큰 문제가 되지 않았다. 왜냐하면 언제든지 스승에게 물어보면 간단히 해결할 수 있었다. 그러나 붇다가 입멸하고 난 뒤부터는 물어볼 곳이 없었다.

10. 그렇다보니 붇다 행적이나 수행지도를 기록해 둔 율장이나 경장을 얼마나 논리적으로 해석하고 객관적으로 전달하느냐에 따라 자기주장에 힘이 실리기 때문에 많은 사람이 경전을 조직화하고 개념을 계통별로 정리해 범주나누는 데 주력했다.

11. 그 결과 율장이나 경장을 해석할 때 조그만 차이라도 있으면 갈등이 생기고 조정이 어려우면 갈라져 새로운 부파가 만들어졌다.

② 계율해석

12. 붇다는 입멸할 때 수행자 행동지침인 율장과 수행지도서인 경장을 스승으로 삼고 수행하라고 유언했다. 그래서 불교수행자는 계율과 경전을 스승으로 삼고 열심히 수행했다.

13. 붇다가 입멸할 때 아난다에게 지금까지 제정된 계율이 너무 많고 번잡하고 수행에 도움되자고 제정한 계율이 도리어 수행을 방해하기 때문에 소소한 것은 필요하면 없애도 된다고 유언했다.

14. 아난다는 붇다 입멸을 슬퍼하느라 구체적으로 어떤 것을 없애도 되는지 붇다에게 묻지 않았다.

15. 그래서 붇다 입멸 후 라자가하 웨루봐나에서 열린 제1차 전인도출가수행자대회에서 의견이 분분하자 지금까지 제정된 모든 것을 다 지키자

고 결론지었다.

16. 붇ㄷ하 입멸 후 세월이 지나자 붇ㄷ하가 만든 계율을 바꿀 수는 없고 해서 각 지역에서 각자 자기실정에 맞게 몇 가지 내규를 정해 사용했다.

17. 그러나 자기실정에 맞게 정한 내규를 다른 부파에서 인정하지 않으면 문제가 발생했다. 대중이 모여 잘 조정되지 않으면 불만을 품은 수행자가 분리독립해 부파를 만들었다.

18. 최초로 불교교단이 분열해 테라봐-다(Theravāda, 上座部長老部)와 마하-쌍ㄱ히까(Mahāsaṅghīka, 大衆部)로 분열될 때도 웨싸-리- 지역에서 수행하던 스님이 제정해 사용한 10사(dasa vatthukā, 十事)에 관한 것이 핵심이었다.

19. 수만 명의 수행자가 웨싸-리-에 모여 8개월 동안 토론한 결과 10사가 정법[dasa vatthukā sammā diṭṭhi, 正法]이라고 주장한 사람이 떨어져 나가 부파를 만든 것이 마하-쌍ㄱ히까(大衆部)고 비법[dasa vatthukā micchā diṭṭhi, 非法]이라고 주장한 사람이 남아 부파이름을 정한 것이 테라봐-다다.

③ 수행차이

20. 불교교단은 수행자모임이다. 수행이론이나 기술 차이는 수행자에게 매우 민감한 문제였고 관심사항이었다.

21. 수행 이론과 기술이 다르면 기존 이론과 기술을 따르던 수행자가 거부하고 비난했지만 그것에 불복하고 새로운 수행공동체를 만들어 분리독립해 부파를 만들기도 했다.

22. 마하-데봐(Mahādeva, 大天, BCE 4세기 활동)는 5사(pañca vatthukā, 五事)를 주장하고 소리를 기준점(출발점)으로 삼고 수행해도 아라한뜨 막

가파라를 성취할 수 있다고 주장했다. 대중이 문제제기하자 남인도 쩨띠야 산(Cetiya, 制多山)에 쩨띠야봐-다(Cetiyavāda, 制多山部)를 세우고 분리독립해 수행공동체를 설립했다.

23. 바훗쑤따까(Bahussutaka, 多聞部)는 그 부파를 창시한 아라한뜨가 설산에서 붇ㄷ하가 입멸한 것을 모르고 수행하다 붇ㄷ하 입멸 후 200년 뒤에 세상에 내려오니 마하-쌍ㄱ히까(大衆部)가 주장하는 수행 이론과 기술이 붇ㄷ하가 가르친 것과 다르다는 것을 알고 바훗쑤따까를 세워 분리독립해 수행공동체를 설립했다.

④ 사상차이

24. 붇ㄷ하 입멸 후 236년 뒤 BCE 250년 아쏘까가 왕으로 있던 마우리아 왕도인 빠-따리뿟따 꾹꾸따 아-라-마(Kukkuṭa ārāma, 鷄園精寺, Asoka ārāma, 阿育精寺)에서 열린 제3차 전인도출가수행자대회에서 윤회설은 붇ㄷ하 가르침이 아니라고 결론지었다.

25. 아쏘까 왕은 위ㅂ핫ㅈ하봐-다(分別說部)가 주체가 돼 내린 결정에 따라 윤회설을 믿는 수행자는 불교를 떠나라는 칙령을 내렸다.

26. 이전에 힌두교나 아-지-봐까 수행자였던 자가 불교수행자로 개종했지만 여전히 윤회설을 믿고 따르던 수행자는 환속하지 않고 빠-따리뿟따를 떠나 까쎄미-라 지역으로 옮겨가 쌉 봣타봐-다(說一切有部)를 창립하고 분리독립했다.

27. 붇ㄷ하는 신과 윤회설을 부정했는데 그들은 윤회설을 믿으면서 아쏘까 왕이 불교교단에 많은 재물을 시주하자 돈을 따라 불교로 개종한 수행자이다. 사상이 다르면서도 불교로 들어와 많은 분란을 일으키다 자기가 가진 사상을 버리지 않고 결국 사파로 몰려 인도에서 쫓겨났다.

28. 인도에서는 사파로 규정돼 쫓겨났지만 실크로드를 통해 중국으로
와서는 정파로 둔갑해 활동했다.

⑤ 패권주의

29. 마힝싸싸까(Mahiṁsasaka, 彌喜捨娑柯, 化地部)를 창시한 사람은 국
왕이었는데 출가해 쌉봣타봐-다(說一切有部)에서 불교와 수행을 배운 뒤
분리독립해 이 부파를 만들었다.

30. 그의 사상은 마하-쌍ㄱ히까(大衆部)에 더 가까웠다고 한다. 그런데도
그곳으로 가지 않고 새로운 파를 만든 것은 결국 자기자신이 부파교주가
돼야 한다는 생각에 기초한 것으로 추정된다.

⑥ 지역이나 스승 차이

31. 쌉봣타봐-다(說一切有部)가 활동한 까씨미-라나 간ㄷ하-라 등 서북인
도 지역은 왓지뿟따까(Vajjiputtaka, 犢子部)를 비롯해 사상이나 수행 이론
과 기술 등이 비슷한 데도 부파가 분리독립해 활동했다. 이것은 스승이나
지역이 다르거나 패권주의에 기초해 각 부파가 분리독립된 것으로 보인다.

32. 남인도 쩨띠야(Cetiya, 制多山)를 중심으로 활동한 쩨띠야봐-다
(Cetiyavāda, 制多山部)나 뿝바쎄리야(Pubbaseliya, 東山住部) 등도 마찬가
지다.

2) 붇ㄷ하 입멸 후 과제

33. 붇ㄷ하가 살아 활동할 때는 간단했다. 문제가 있으면 붇ㄷ하에게 물어
보면 됐다.

34. 그것은 붇다가 불교, 마음과학, 싸띠수행 등을 만든 설립자고 제자를 가르친 스승이었고 불교와 수행에 관한 모든 것의 출발점이자 종착점이었기 때문이다.

35. 붇다 입멸 후 제자가 직면한 현실은 훨씬 복잡하고 어려웠다. 그들은 직면한 현실을 극복하기 위해 다음과 같이 여러 가지 방법을 강구했다.

① 3장암송 강조

36. 붇다 입멸 후 남은 제자는 자기수행도 좋고 다른 사람에게 수행지도하는 것도 필요했지만 무엇보다 시급한 것은 붇다 가르침을 암송하고 보존하는 것이었다.

37. 요즘은 다양한 저장매체가 있어 편리하고 정확하게 저장하고 재생할 수 있지만 그 당시는 암송으로 전승하는 것이 유일한 방법이었다.

38. 이런 이유로 점차 수행은 소홀히 하고 문자암송에 전심전력했고 문자암송하는 사람인 3장법사를 수행지도자인 아라한뜨보다 더 중시하게 됐다.

39. 오늘날도 직접 몸과 마음으로 수행하는 수행자보다 문자분석하는 불교학자 말을 더 존중하는 것도 이같은 역사배경에 길들여진 결과다.

② 전통중시

40. 붇다 입멸 후 불교도는 자기가 믿고 따르고 주장하는 것이 붇다로부터 인가받고 물려받은 오리지널이라는 것을 강조했다. 그래야 대중설득이 쉽고 자기활동 이론근거와 물적토대 확보를 수월하게 할 수 있었다.

41. 붇다 제자는 수행, 교리, 계율, 논사 등에 계열을 정하고 전승자를 조작하고 자기파가 붇다로부터 전해받은 핵심주체라고 주장했다.

42. 싸띠수행자는 붇다 정법이 마하-깟싸빠를 통해 전승됐다고 주장했
고, 계율을 중시한 사람은 우빠-리를 전면에 내세웠고, 경전을 중시한 사람
은 아-난다를 강조했고, 논장을 중시한 사람은 깟짜-야나를 드러냈고, 포교
활동을 강조한 사람은 뿐나를 주장했다. 대승부 가운데 빤나-부(般若部)
계통은 쑤ㅂ후-띠(Subhūti, 須菩提, 善現)를 해공제일(解空第一)이라고 주장
했고, 밀교부는 붇다가 자기정법(密敎)을 아들인 라-후라에게 전했고 다른
사람에게 전한 것은 형식적인 것(顯敎)이라고 주장했다.

43. 이렇게 자기역사를 강조한 것은 기존교단으로부터 분리독립해 새로
운 공동체인 부파(nikāya, 部派)를 만들고싶은 사람이 대중설득을 위해 붇
다와 권위에 의존해 직면한 현실을 극복하려는 수단이었다. 인도에서 형
성된 이런 전통은 중국에서 종파불교(宗派佛敎)가 만들어진 배경이 된다.

③ 교리체계화

44. 붇다 입멸 후 남은 제자는 붇다 가르침이 담긴 율장과 경장 2장을
분석, 사유, 논리로 얼마나 잘 정리해 설명하느냐에 따라 권위를 인정받고
대중을 설득할 수 있었다.

45. 붇다가 살아있을 때는 의심나는 것이 있으면 붇다에게 직접 물어
보면 해결할 수 있었다. 그러나 붇다가 입멸하고 난 후에는 의심나거나 궁
금한 것이 있어도 물어볼 곳이 없었다.

46. 남은 제자는 붇다 가르침이 기록된 율장과 경장을 암송하고 분석,
사유, 논리로 얼마나 치밀하게 체계화해 객관적으로 설명하느냐가 자기확
신과 대중설득 핵심이었다.

47. 이런 이유로 일부 수행자를 제외한 대부분 불교도는 율장과 경장을
대상으로 수많은 논문을 생산했다. 그것이 논장이다.

48. 이후 불교도는 율장이나 경장보다 오히려 그것에 대한 해설서인 논장을 더 중시했다. 그것은 입멸한 붇다보다 현재스승과 얽힌 것이 더 많았음을 의미한다.

49. 처음 논장이 만들어질 때는 붇다 가르침(dhamma, 達磨, 法) 핵심을 찾아서 [abhi, 對]로 시작했다. 그래서 논장을 아비히다함마(abhidhamma, 阿毘達磨, 對法, 論藏)라고 한다.

50. 얼마 시나시 않아서 내용이 바뀐다. 「붇다 가르침 핵심을 찾아서」에서 「영원히 변하지 않는 존재를 찾아서」로 변하면서 영원히 변하지 않는 주제찾기에 주력했다.

51. 영원히 변하지 않는 주제찾기가 BCE 250년부터 시작해 300여년 동안 진행된 결과 윤회있음으로 결론지어졌다.

52. 붇다는 평생을 통해 신과 윤회없음을 주장했는데 남은 제자는 붇다 가르침 핵심을 찾는다고 헤매고 다니다 도리어 윤회있음으로 결론내렸다.

53. 스승은 없다고 유언하고 입멸했는데 정작 남은 제자는 있다고 주장했다. 상황과 언어습관으로 한두 마디 한 것을 해당단어만 부각하고 확대해석해 억지로 윤회있음으로 설명했다.

54. 대부분 부파는 일상용어를 계통별로 체계화하고 추상화해 단순하고 간단한 용어와 교리체계를 복잡하고 어렵게 만들었다. 구사론에서 체계화한 것을 도표로 살펴보면 다음과 같다.

修行位階	方便道	三賢(外凡位)	五停心	不淨觀 – 多欲
				慈悲觀 – 瞋恚
				緣起觀 – 愚癡
				界差別觀 – 我見
				數息觀 – 不淨
			別相念住	身 – 不淨
				受 – 苦
				心 – 無常
				法 – 無我
			總相念住	
		四善根(內凡位)	煖善根	
			頂善根	
			忍善根	
			世第一法	
	見道	修陀洹道(預流向) –苦法智忍等一五刹那　　　 – 八八使		
	修道	須陀洹果(預流果) –第一六刹那道類智　　　　 –		
		斯陀含道(一來向)　　　　　　　 – 八一品惑		
		斯陀含果(一來果)		
		阿那含道(不還向)		
		阿那含果(不還果)		
		阿羅漢道(阿羅漢向)		
	無學道	阿羅漢果　　　 – 斷修惑第九品		

55. 처음은 궁금한 것을 해결하기 위해 논문이 필요했지만 세월이 흐르면서 연구 내용과 목적이 논문을 위한 논문생산으로 변질되고, 현실과 동떨어진 추상적이고 관념적 내용으로 발전하고, 대중성을 상실하고 형식적으로 포장하는 데 익숙해지면서 붇다 가르침을 왜곡했다.

④ 수행체계화

56. 불교는 수행자모임이다. 그렇기 때문에 올바른 수행이론, 눈밝은 수행지도자, 열성적인 수행자, 쾌적한 수행도량 등은 중요하다.

57. 붇다 입멸 후 싸띠수행자가 직면한 현실도 마찬가지였다. 그들이 직면한 문제는 붇다가 만든 마음과학과 싸띠수행에 대한 이론설명과 수행기술을 분석하고 체계화해 대중을 설득하는 것이었다.

58. 붇다가 만든 마음과학을 배우고 싸띠수행했지만 붇다와 같은 이론과 실력을 겸비한 수행자가 점차 줄었고, 일반수행자 또한 수행필요성은 인정하면서도 수행열의는 낮고, 수행지도자 수준도 붇다에 비해 떨어져 총체적인 수행수준이 붇다가 활동할 때보다 매우 낮아졌다.

59. 이런 문제에 직면한 수행자는 그가 직면한 문제를 해결하기 위해 더 체계적이고 열심히 수행해 극복하려 하지않고 힌두교 요가수행을 받아들여 불교수행으로 포장해 사용했다.

60. 대승부는 힌두교 요가수행 이론인 싸띠집중(samādhi, 三昧, 止, 定)을 불교이론으로 정착시켰고 밀교부는 일부는 주문을 통해 힌두교기도로 빠졌고 다른 일부는 성교를 통해 신과 하나되는 딴뜨라 수행을 도입했다.

61. 이 시기 불교수행자는 그들이 직면한 문제를 극복하기 위해 붇다가 만든 싸띠수행을 분리하고 특화해 수행이론과 수행단계를 복잡하고 어렵게 만들었다. 그 결과 총체적인 수행 이론과 기술이 퇴보했고 번잡해졌고

불교정체성을 상실했다.

62. 붇다하는 수행 이론과 기술을 전체적이고 통합적으로 다뤘다. 수행기술은 좌선, 행선, 생활선 등을 상황에 맞게 적용했다. 그리고 좌선을 기본으로 삼았다.

63. 배나 발 등 알아차림 기능인 싸띠를 둘 기준점(출발점) 정하고 그 움직임에 이름붙이고 알아차림했다.

64. 배, 발, 호흡 등 기준점(출발점)을 알아차림하다 욕망이나 분노 등이 일어나면 그것을 알아차림하고 기준점으로 돌아왔다. 수행법보다 수행자 근기에 기초해 수행했다.

65. 기준점(출발점) 알아차림을 방해하는 현상이 나타나면 먼저 방해현상을 알아차림하고 즉시 기준점으로 돌아왔다. 새로 나타난 현상이 특별히 기준점 알아차림을 방해하지 않으면 계속 기준점을 알아차림했다. 항상 이름붙이기를 소홀히 하지않았다.

66. 부파불교도는 욕망이 많은 사람은 부정관(asubha bhāvanā, 不淨觀)을 시켰고, 분노가 많은 사람은 자비관(mettā bhāvanā, 慈悲觀)을 권했고, 상황판단이 서툰 사람은 인연관(hetu paccaya bhāvanā, 因緣觀) 등을 강조했다.

67. 개인이 직면한 현실에 맞는 맞춤식 수행지도는 대기설법에 기초한 것이지만 내용이 빠진 형식주의는 나무만 보고 숲은 보지 못하는 결과를 초래했다. 수행철학이 빠진 수행기술만 난무했다.

68. 붇다하는 알아차림 기능인 싸띠힘을 키워 기억이미지 무게를 제거하고 구속으로부터 자유롭고 마음공간을 맑고 아름답게 가꾸기 위해 싸띠강화 기본기술을 강조했다.

69. 부파불교도는 싸띠수행 기초기술보다 응용기술을 강조하고 수행단

계를 구분하고 세밀화해놓고 수행단계에 따라 특정 수행기술을 닦아야 한다고 강조했다. 그리고 수행기술을 지나치게 기계적으로 해석해 적용했다.

70. 시간이 지나면서 싸띠수행은 그 정체성을 상실하고 힌두교 요가수행으로 흡수소멸됐다.

표126 **5위 75법**

色法(11개)	眼根 耳根 鼻根 舌根 身根(감각기관) 色境 聲境 香境 味境 觸境 無表色(감각대상)
心王(1개)	心(감각주체)
心所法(46개)	大地法(10개) 受 想 思 燭 欲 慧 念 作意 勝解 三摩地 大善地法(10개) 信 勤 捨 慚 愧 無貪 不害 輕安 不放逸 大煩惱地法(6개) 無明 放逸 懈怠 不信 惛沈 掉擧 大不善地法(2개) 無慚 無愧 小煩惱地法(10개) 忿 覆 慳 嫉 惱 害 恨 諂 誑 憍 不定法(8개) 惡作 睡眠 尋 伺 貪 瞋 慢 疑
心不相應行法(14개)	得 非得 衆同分 無想果 無想定 滅盡定 命根 生 住 異 滅 名身 句身 文身
無爲法(3개)	虛空無爲 擇滅無爲 非擇滅無爲

3) 부파종류

71. 인도에서 발생한 부파에 관한 자료는 남인도에 전하는 자료(南傳)와 북인도에 전하는 자료(北傳)가 있다.

72. 세일론에 전하는 디-빠방싸(Dīpavaṁsa, 島史), 마하-방싸(Mahāvaṁsa, 大史), 까타-봣투 앗따까따-(Kathāvatthu aṭṭhakathā, 論事註)

등 남전자료가 있고 쌉봣타봐-다(說一切有部) 와쑤미뜨라(Vasumitra, 世友)가 쓴 싸마야 ㅂ헤도빠라짜나 짜끄라(Samayabhedoparacana cakra, 異部宗輪論) 등 북전자료가 있다. 이들 자료에 있는 부파를 정리하면 다음과 같다.

① 마하-싼ㄱ히까

73. 마하-싼ㄱ히까(Mahāsaṅghīka, 摩訶僧祇, 大衆部)는 붇ㄷ하 입멸후 100년 뒤(혹은 236년) BCE 386년 무렵 웨싸-리-(Vesālī, 毘舍離, 廣嚴城)에서 열린 제2차 전인도출가수행자대회 직후 근본교단에서 사상은 엄격한 입장을 취했지만 계율은 관용입장을 취한 사람이 분리독립해 이 파를 만들었다.

74. 이 부파는 웨싸-리- 지역에서 만들어졌지만 남인도 지역과 설산지역에서 활동했다.

75. 근본대중부는 남아있으면서 4회에 걸쳐 8개파로 분파했다.

76. 이 부파는 붇ㄷ하가 만든 싸띠수행을 강조했다.

77. 이 부파가 주장한 철학관점은 현재는 인정하지만 과거와 미래는 존재하지 않는다(現在有體 過未無體)고 주장했다.

78. 이 부파는 사람마음이 본래부터 맑고 깨끗하다(心性本淨)고 주장했다. 이들은 9무위(九無爲)를 주장했다. 생사나 닙바-나 등 모든 것은 이름에 지나지 않는다고 주장했다. 응신(nirmāṇa kāya, 應身)뿐만 아니라 보신(saṁbhoga kāya, 報身)도 주장했다.

79. BCE 250년 마우리아 왕도인 빠-따리뿟따 꾹꾸따 아-라-마(Kukkuṭa ārāma, 鷄園精寺)에서 열린 제3차 전인도출가수행자대회 직후 만들어졌다는 설도 있고 10사문제가 아닌 마하-데봐가 주장한 5사문제로 분열독립했다는 설도 있다.

표127 **부파도표 ① (北傳 異部宗輪論)**

Mūla Saṅgha (根本僧伽)	Theravāda (上座部, 長老部)	Hemavata(雪山部, 根本上座部)		
		Sabbatthavāda (說一切有部) Hetuvāda (說因部)	Vajjiputtaka (犢子部)	Dhammuttariya (法上部)
				Bhadrayānika (賢冑部)
				Sammitīya (正量部)
				Chandāgārika (密林山住部)
			Kassapiya(飮光部) Suvarṣaka(善歲部)	
			Saṅkantika(說轉部) Suttavāda(經量部)	
			Mahiṁsāsaka (化地部)	Dhammaguttika (法藏部)
	Mahāsaṅghika (大衆部)	Ekavyohārika(一說部)		
		Lokuttaravāda(說出世部)		
		Kukkuṭika(鷄胤部)		
		Bahussuttaka(多聞部)		
		Paññattivāda(說假部)		
		Cetiyavāda(制多山部)		
		Aparaseliya(西山住部)		
		Uttaraseliya(北山住部)		

부파불교 도표 ①과 ②는 異部宗輪論, Dīpavaṁsa, 히라카와 아키라著 이호근譯 《인도불교역사 상》 (민족사, 서울, 1994) p139를 토대로 재구성했다.

Mūla Saṅgha (根本僧伽)	Theravāda (上座部, 長老部)	Mahiṃsāsaka (化地部)	Sabbatthavāda (說一切有部)	Kassapiya (飲光部)	Saṅkantika (說轉部)	Suttavāda (經量部)
			Hetuvāda (說因部)	Suvarṣaka (善歲部)		
			Dhammaguttika(法藏部)			
		Vajjiputtaka (犢子部)	Dhammuttariya(法上部)			
			Bhadrayānika(賢胄部)			
			Chandagārika(密林山住部)			
			Sammitīya(正量部)			
	Mahāsaṅghika (大衆部)	Gokulika (牛家部)	Bahussuttaka(多聞部)	Hemavata(雪山部, 根本上座部)		
				Sāgaliya(海部)		
			Paññattivāda(說假部)	Dhammaruci(法喜部)		
		Ekavyohārika(一說部)				
		Cetiyavāda(制多山部)				
		(Andhaka)	Rājagiriya(王山部)			
			Siddhatthika(義成部)			
			Pubbaseliya(東山住部)			
			Aparaseliya(西山住部)			
			Apararājagirika(西王山部)			
			Vājiriya(金剛部)			

② 고꾸리까

80. 고꾸리까(Gokurika, 高俱梨柯, 牛家部), 꾹꾸띠까(Kukkuṭika, 高俱胝柯, 鷄胤部), 회산주부(灰山住部)라고도 한다.

81. 고꾸리까는 BCE 386~286년 사이 마하-쌍ㄱ히까(大衆部)에서 분파했다.

82. 이 부파는 닭을 조상으로 삼은 사람이 부파를 만들었다고 해서 계윤부라고 한다. 이 부파가 살고있는 산에 석회석이 많았기 때문에 회산주부라고도 한다.

83. 이 부파는 수행자 행동규범을 설한 율과 마음관리와 수행기술에 관한 경은 중생근기에 따라 설한 것이기 때문에 논장(論藏)만 분ㄷ하 정법이라고 주장했다.

84. 이 부파는 수행을 강조했고 과거와 미래는 실체가 없다고 주장했다. 현수십종(賢首十宗)은 이 부파를 법무거래종(法無去來宗)으로 분류했다.

③ 바훗쑷따까

85. 바훗쑷따까(Bahussutaka, Buhulika, 婆吼輸底柯, 多聞部)는 BCE 386~286년 사이 고꾸리까에서 분파했다. 정확히 어디서 활동했는지 알 수 없지만 북동인도 설산지역으로 추정된다.

86. 사피의(祠皮衣)라는 아라한뜨가 설산에서 수행하느라 분ㄷ하 입멸을 알지 못했는데 분ㄷ하 입멸 후 200여 년이 지나 세상에 나와보니 마하-쌍ㄱ히까(大衆部) 주장이 분ㄷ하 가르침과 다르기 때문에 새로 분파를 세웠다고 한다. 이 부파를 세운 사람이 워낙 아는 게 많고 박학다식했기 때문에 다문부라고 했다.

87. 이들은 분ㄷ하 가르침을 세간과 출세간으로 구분하고 무상(無常), 고

(苦), 공(空), 무아(無我), 열반(涅槃) 등을 설하면 출세간법(出世間法)이라 하고 이외 것은 세간법(世間法)이라고 구분했다.

88. 이것은 붇ㄷ하가 미가다-야에서 5ㅂ힉쿠에게 수행지도할 때 고집멸도 4성제에 기초해 마음닦으면 불최상설법(佛最上說法)이라 하고 계, 보시, 천상 등에 대해 말하면 차제설법(次第說法)이라 했고, 대사십경에서 8정도를 닦으면 출세간법이고 보시하는 것은 세간법이라고 규정한 것을, 3법인을 닦으면 출세간법이고 그 외 것은 세간법이라는 관점으로 설명한 것이다.

89. 이 부파는 수행을 강조했다.

④ 빤낫-띠봐-다

90. 빤낫-띠봐-다(Paññāttivāda, 說假部)는 분별설부(分別說部), 다문분별부(多聞分別部), 시설론부(施設論部)라고도 한다.

91. 이 부파는 BCE 386~286년 사이 고꾸리까에서 분파했다. 이 부파는 깟짜-야나(Kaccāyana, 迦旃延) 제자가 주축이 돼 만들었다. 구체적으로 어디서 활동했는지 알 수 없다.

92. 이 부파는 세간법과 출세간법에 가법(假法)이 있고 실법(實法)이 있다고 주장했다. 이것이 부파이름이 됐다. 현수십종은 이 부파를 현통가실종(現通假實宗)으로 분류했다.

93. 이 부파는 수행보다 논리를 더 중시한 것 같다.

⑤ 로꿋따라봐-다

94. 로꿋따라봐-다(Lokuttaravāda, 說出世部)는 출세간설부(出世間說部), 출세설부(出世說部), 출세간언어부(出世間言語部)라고도 한다.

95. 이 부파는 BCE 386~286년 사이 마하-싼ㄱ히까(大衆部)에서 분파했다. 활동지역이 어딘지는 잘 알 수 없다.

96. 이 부파 철학관점은 세간번뇌는 존재를 있는 그대로 보지 못하고 자기관점에서 이해하는 잘못된 앎(顚倒)에서 시작됐기 때문에 가명(假名)이고 실체가 없다고 보았다. 그래서 업을 짓고 업에 의해 고통받는다고 주장했다. 출세간법은 존재를 있는 그대로 보기 때문에 도과에 들어 닙바-나 체험한 것은 실체가 있다고 보았다. 현수십종에서 속망진실송(俗妄眞實宗)으로 분류했다.

97. 존재를 있는 그대로 보기 위해서 마음공간에 존재하는 아-싸봐 제거하는 수행을 강조했다.

⑥ 에까뵤하-리까

99. 에까뵤하-리까(Ekavyohārika, 一說部)는 BCE 386~286년 사이 마하-싼ㄱ히까(大衆部)에서 분파했고 활동지역이 어딘지는 잘 알 수 없다.

100. 이 부파는 마하-싼ㄱ히까(大衆部)가 현재는 실체가 있지만 과거와 미래는 실체가 없다는 것에 반대하고, 과거나 미래뿐만 아니라 현재도 실체가 없고 모든 것은 가명이라고 주장했다.

101. 이 부파는 수행을 중시했다.

⑦ 쩨띠야봐-다

102. 쩨띠야봐-다(Cetiyavāda, 制多山部)는 지제산부(支提山部), 지제가부(支提迦部), 지저가부(只底迦部) 등으로 부른다. 이들은 BCE 386~286년 사이 마하-싼ㄱ히까(大衆部)에서 분파했고 주로 남인도 쩨띠야 산에서 활동했다.

103. 이 부파를 만든 사람은 마하-데봐(Mahādeva, 摩訶提婆)다. 5사를 주장했고 마하-쌍ㄱ히까(大衆部) 회복운동을 주장했다.

104. 철학이나 수행 관점 등이 마하-쌍ㄱ히까(大衆部)와 비슷하다. 단지 형식적, 관념적, 추상적인 수행을 탈피하고 수행목적을 중시한 인간적인 수행을 강조했다. 현수십종은 이 부파를 법무거래종(法無去來宗)으로 분류했다.

⑧ 뿝바쎄리야

105. 뿝바쎄리야(Pubbaseliya, 東山住部)에 대한 자세한 기록은 알 수 없다.

⑨ 아빠라쎄리야

106. 아빠라쎄리야(Aparaseliya, 西山住部)는 BCE 386~286년 사이 마하-쌍ㄱ히까(大衆部)에서 분파했고 주로 남인도 쩨띠야 산에서 활동했다. 쩨띠야 파와 비슷했던 것으로 추정된다.

⑩ 라-자기리야

107. 라-자기리야(Rājagiriya, 王山部)는 BCE 386~286년 사이 마하-쌍ㄱ히까(大衆部)에서 분파했고 처음에 나-란다, 라-자가하, 꼬쌈비- 등에서 출발해서 주로 남인도 쩨띠야 산에서 활동했다. 그 외 자세한 것은 알 수 없다.

⑪ 씻ㄷ핫티까

108. 씻ㄷ핫티까(Siddhatthika, 義成部)는 BCE 386~286년 사이 마하-쌍

ㄱ히까(大衆部)에서 분파했고 처음에 나-란다, 라-자가하, 꼬쌈비- 등에서
출발해서 주로 남인도 쩨띠야 산에서 활동했다.

⑫ 테라봐-다

109. 테라봐-다(Theravāda, 他毘梨與, 上座部)는 체비리(體毘履), 타비라
(他髀羅) 등으로 음사한다.

110. BCE 386년 무렵 웨-싸리-에서 계율해석 문제로 세율정신을 중시
하고 시대에 맞게 내규를 정해 사용하자는 사람이 마하-싼ㄱ히까(大衆部)를
만들어 분리독립하자 계율정신뿐만 아니라 계율조문도 중요하기 때문에
어떤 변경이나 새로운 내규를 정해 사용할 수 없다고 주장하는 파가 남아
스스로를 테라봐-다(Theravāda, 上座部, 長老部)라고 했다. 이렇게 해서 근
본분열이 일어났다.

111. 이 부파는 아-난다 제자가 많았고 싼치를 중심으로 한 중서인도 지
역에서 활동했다.

112. 이 부파가 아-난다 제자가 많았던 관계로 수행보다 경전을 중시했
고 붇ㄷ하 가르침을 전승한다는 명목으로 내용보다 형식을 강조했다. 그래
서 세월이 흐르면서 아라한뜨보다 3장법사를 더 중시했다.

113. 철학관점이나 수행기술 등은 모두 붇ㄷ하를 따랐다. 그러나 형식을
강조하다보니 사유나 철학 등이 경직되고 수행보다 경전암송이나 계율 등
을 강조했다.

114. 테라봐-다는 어른스님[thera, 長老] 가르침[vāda, 言]이다. 이것으로
부파이름을 삼았다. 오늘날 남방불교는 대개 이 부파를 따른다. 그러나 모
든 불교도는 붇ㄷ하봐-다(Buddhavāda, 佛言)를 존중해야한다. 어른스님 가
르침을 존중하지만 불교도는 붇ㄷ하 가르침을 따라야 한다.

⑬ 위ᄇ핫자봐-다

115. 위ᄇ핫자봐-다(Vibhajja vāda, 分別說部, 세일론 上座部)는 BCE 250년 빠-따리뿟따 꾹꾸다 아-라-마에서 열린 제3차 전인도출가수행자대회 이후 쌉봣타봐-다(說一切有部)가 윤회설을 주장하자 이를 반대한 사람이 모여 자파이름을 위ᄇ핫자봐-다(分別說部)라고 했다.

116. 이 부파는 윤회를 주장하는 사람과 윤회를 부정하고 붇ㄷ하 가르침을 지키려는 사람을 구분하고 윤회를 주장하는 사람은 힌두교고 붇ㄷ하 제자가 아니기 때문에 불교교단에서 추방해야한다고 강력하게 주장했다. 그래서 붇ㄷ하 정법과 비법을 윤회설을 기준으로 구분하고 해서 부파이름으로 삼았다.

117. 이 부파는 빠-따리뿟따에서 서남인도를 거쳐 스리랑카, 미얀마, 타일랜드 등 인도와 인도차이나 반도에 정착하고 활동했다.

118. 이 부파는 철학관점이나 수행기술 등은 테라봐-다와 비슷했다.

⑭ 헤마봐따

119. 헤마봐따(Hemavata, 雪山部)를 근본상좌부(根本上座部), 상좌제자부(上座弟子部), 설산주부(雪山住部)라고도 한다.

120. BCE 250년 빠-따리뿟따 꾹꾸다 아-라-마에서 열린 제3차 전인도출가수행자대회(三次結集) 이후 쌉봣타봐-다(說一切有部)가 윤회설을 주장하자 이를 반대한 사람이 설산에 들어가 부파를 지켰다. 그리고 이름을 헤마봐따라고 했다.

121. 이 부파 철학관점이나 수행기술 등은 테라봐-다와 비슷했다. 스스로를 근본상좌부라고 불렀다.

⑮ 쌉밧타봐-다

122. 쌉밧타봐-다(Sabbatthavāda, 說一切有部)는 BCE 250년 빠-따리뿟따 꾹꾸다 아-라-마에서 진행된 제3차 전인도출가수행자대회에서, 윤회설은 붇다 가르침이 아닌 사파로 규정하고 윤회설을 주장하는 사람들은 환속하라고 아쏘까 왕이 칙령을 발표하자 이를 거부하고 환속하지 않고 윤회설을 주장하고 윤회주체인 유(有)를 가지고 부파이름을 지어 분리독립했다. 헤누봐-다(Hetuvāda, 說치部)라고노 한나.

123. 이 부파는 빠-따리뿟따에서 쫓겨나 꼬쌈비-(Kosambī, 憍賞彌)로 가서 조직과 이론을 정리해 까씨미-라로 가서 정착했다. 그리고 존재에 윤회주체가 있다는 뜻에서 이름을 쌉밧타봐-다(說一切有部)로 지었다.

124. 이 부파는 정착한 북인도는 신과 윤회설을 믿는 힌두교 발생지다. 이들 또한 윤회설을 주장했기 때문에 그곳으로 가려했던 것 같다.

125. 이 부파는 율장이나 경장보다 논장을 더 중시했다. 그 이유는 이 부파가 주장하는 윤회설이 경전에 없기 때문에 자기주장을 뒷받침하는 논장을 대거 저술하고 그것을 강조했다. 그래서 이 부파를 와ㅂ하-씨까(Vabhāsika, 毘婆沙師)라고도 한다.

126. 훗날 아ㅂ히ㄷ함마(Abhidhamma piṭaka, 論藏)를 가르치는 대학을 탁씨라에 ㄷ함마라-지까 아-라-마(Dhammarājika ārāma, 法王精舍)를 만들고 카니쉬카(Kanishka, 재위 70~150년 무렵) 왕 때 논장을 주석한 것을 모아 결집한 것 등도 같은 이유다.

127. 이 부파 철학관점은 많이 포장했지만 윤회설에 기초해 논리를 전개하고 계체(戒體) 등을 이해하는 것을 보면 힌두교철학과 같은 관점을 가진다.

128. 이 부파는 아공법유 삼세실유 법체항유(我空法有 三世實有 法體恒

有)를 주장했다. 존재에 내재한 실체는 없지만 「과거-현재-미래」를 관통하는 실재가 있다고 주장했다. 현수십종은 이 부파를 유법무아종(有法無我宗)으로 분류했다.

129. 이 부파는 수행보다 논장을 중시했다. 이 부파는 인도본토에서는 사파로 규정돼 쫓겨났지만 인도를 벗어나 중국으로 와서는 정파로 활동했다.

⑯ 왓지뿟따까

130. 왓지뿟따까(Vajjiputtaka, 跋私弗底梨與, 犢子部)는 바추부라부(婆麤富羅部), 가주자제자부(可住子弟子部) 등으로 음사한다.

131. 이 부파는 BCE 250~150년 무렵 쌉밧타봐-다(說一切有部)에서 분리독립해 간ㄷ하-라 지역으로 옮겨 정착했다.

132. 이 부파는 존재를 유위삼세(有爲三世) 무위(無爲)와 불가설(不可說) 5장(五藏)으로 나눠 이해했다.

133. 이 부파는 쌉밧타봐-다(說一切有部)가 존재에 윤회주체가 있다고 주장한 것을 더 선명히 해 존재에 윤회주체인 실아(實我)가 있다고 주장했다. 그래서 많은 부파가 이 부파를 불교 안 외도라고 규정했다. 현수십종은 이 부파를 아법구유종(我法俱有宗)으로 분류했다.

⑰ 쌈미띠-야

134. 쌈미띠-야(Sammitīya, 三彌底, 正量部)는 정량제자부(正量弟子部), 삼미저부(三彌底部), 일체소귀부(一切所貴部)라고도 한다.

135. 이 부파는 BCE 250~150년 무렵 왓지뿟따까(犢子部)에서 분리독립했고 간ㄷ하-라 지역에서 활동했다.

136. 이 부파 철학관점은 주장에 대해 시비를 올바로 가려 믿고 따른다
는 뜻에서 부파이름을 쌈미띠-야(正量部)라고 했다.

137. 이 부파교리는 왓지뿟따까와 비슷하지만 생멸론에서 약간 다르다.
4상(成住壞空, 四相)이 주인(主因)과 여러 가지 인연인 객인(客因)을 세우
고 생할 때는 반드시 주체와 객체를 필요로 하나 멸할 때는 반드시 그렇지
않다고 주장했다. 현수십종은 이 부파를 아법구유종(我法俱有宗)으로 분류
했나.

138. 이 부파는 수행은 중시하지 않은 것 같다.

⑱ ㄷ함뭇따리야

139. ㄷ함뭇따리야(Dhammuttariya, 達摩鬱多梨, 法上部)는 담마울다별
가(曇摩尉多別迦), 달마다리여(達摩多梨與) 등으로 음사한다. 법성부(法盛
部), 법승부(法勝部), 법상부(法尙部)라고도 한다.

140. 이 부파는 BCE 250~150년 무렵 왓지뿟따까(犢子部)에서 분리독
립했고 간ㄷ하-라 지역에서 활동했다.

141. 이 부파는 철학관점 등 대부분은 왓지뿟따까(犢子部)와 비슷하다.
현수십종은 이 부파를 아법구유종(我法俱有宗)으로 분류했다.

⑲ ㅂ하ㄷ라야-니까

142. ㅂ하ㄷ라야-니까(Bhadrayānika, 跋陀羅耶尼, 賢胄部)는 BCE
250~150년 무렵 왓지뿟따까(犢子部)에서 분리독립했고 간ㄷ하-라 지역에
서 활동했다.

143. 이 부파 주장은 왓지뿟따가(犢子部)와 비슷하다. 현 아라한뜨 제자
가 왓지뿟따까(犢子部)로부터 분리독립해 만들었다. 현수십종은 이 부파를

아법구유종(我法俱有宗)으로 분류했다.

144. 이 부파는 수행을 중시했기 때문에 부파를 만들어 수행공동체로 독립한 것으로 추정한다.

⑳ 찬다-가-리까

145. 찬다-가-리까(Chandāgārika, 六城部)는 잉산부(芿山部), 밀림주부(密林住部), 싼다기리까(Saṇḍagirika, 密林山部) 등으로 불린다.

146. 이 부파는 BCE 250~150년 무렵 왓지뿟따까(犢子部)에서 분리독립했고 간다하-라 지역에서 활동했다.

147. 이 부파 주장은 왓지뿟따가(犢子部)와 비슷하다. 주로 밀림에 은거해 수행했기 때문에 이름을 그렇게 불렀다. 현수십종은 이 부파를 아법구유종(我法俱有宗)으로 분류했다.

㉑ 쑷따봐-다

148. 쑷따봐-다(Suttavāda, 經量部)는 싼까띠까(Saṅkantika, 說轉部)라고도 한다. 그것은 윤회주체가 전생부터 존속해 후세까지 전해진다고 주장했기 때문이다.

149. 이 부파는 BCE 186~86년 무렵 쌉봣타봐-다(說一切有部)에서 분리독립했고 간다하-라 지역에서 활동했다.

150. 이 부파는 BCE 250년 무렵 활동한 구마라타(鳩摩羅駄)를 시조(始祖)로 하고, BCE 186년 무렵 활동한 실리다라(室利多羅)를 개조(開祖)로 한다. 이들은 근본부와 지말부가 있다.

151. 근본부는 색(色)과 심(心)이 서로 종자(種子)를 훈습하는데 색심이 없어질 때는 그 종자를 서로 보존하고 색심이 서로 도와 생사가 상속(輪廻)

한다고 주장했다.

152. 지말부는 여기서 한걸음 더 나아가 불멸하는 주체가 세의식(細意識)인데 이것은 색온(色蘊)을 제외한 수상행식(受想行識)이 결합해 이뤄졌고 물질과 정신이 종자를 훈습해 생사윤회 주체가 된다고 주장했다. 이 종자가 일미온(一味蘊)이다.

153. 쑷따봐-다 개조 구마라타는 비유를 많이 사용해 설법했기 때문에 다-ㄹ쌴-띠까(Dārṣṭāntika, 譬喩師)라고도 한다. 현수십종은 이 부파를 아법구유종(我法俱有宗)으로 분류했다.

㉒ 물-라 쌉봣타봐-다

154. 물-라 쌉봣타봐-다(Mūla Sabbatthavāda, 根本說一切有部)는 쌉봣타봐-다(說一切有部)에서 많은 부파가 분리독립해 나가자 남아있던 사람이 분리독립한 부파와 차별성을 가지고 자기정체성을 드러내기 위해 자파이름을 물-라 쌉봣타봐-다로 불렀다.

155. 이 부파 수행기술이나 철학관점 등은 쌉봣타봐-다(說一切有部)와 비슷했다. 현수십종은 이 부파를 아법구유종(我法俱有宗)으로 분류했다.

㉓ 마힝-싸싸가

156. 마힝-싸싸가(Mahīṁsasaka, 磨醯奢娑迦, 化地部)는 미희사사가(彌喜捨娑柯)로도 음사한다.

157. 이 부파 초조(初祖)는 불가기(不可棄)다. 불가기는 국왕이었는데 출가해 처음에는 쌉봣타봐-다(說一切有部)에 입문해 배운 후 마하-싼ㄱ히까(大衆部) 주장에 동조해 분리독립했다.

158. 이 부파는 마힝-싸싸가(化地部)라고 한 것은 개산조가 국왕이란 것

을 강조한 것이다. 국왕이 대지를 살기 좋은 곳으로 변화시킨다(化地)는 의
미다. BCE 186~86년 무렵 쌉 봣타봐-다(說一切有部)에서 분리독립해 북
인도 지역에서 활동한 것으로 추정한다.

159. 이 부파 철학관점은 마하-싼ㄱ히까(大衆部)처럼 현재유체 과미무체
(現在有體 過未無體)를 주장했다. 죽고 난 다음에 몸을 빠져나와 윤회하는
주체인 중유(antarā bhava, 中有)를 부정하고 5식(五識)에 마음오염원[saṅ
kileśa, 雜染]이 결합해있고 9무위(九無爲)를 주장했다. 현수십종은 이 부
파를 법무거래종(法無去來宗)으로 분류했다.

160. 이 부파는 수행을 강조했다. 막가파라를 체험하고, 공무아(空無我)
를 체험하고 4성제(四聖諦)를 한순간에 통찰할 수 있다고 주장했다.

㉔ 깟싸삐야

161. 깟싸삐야(Kassapiya, 迦葉毘, 飮光部)는 가섭유(迦葉遺), 가섭유(迦
葉維) 등으로 음사한다. 쑤봐ㄹ싸까(Suvarśaka, 善歲部)라고도 한다. 음광제
자부(飮光弟子部), 가섭유부(迦葉遺部), 우리사(優梨沙)라고도 한다.

162. 이 부파는 BCE 250~150년 무렵 쌉 봣타봐-다(說一切有部)에서
분리독립했고 활동지역은 북인도로 추정한다.

163. 이 부파가 음광으로 부파이름을 지은 것은 개산조인 깟싸삐야는
몸에서 강한 빛이 나왔는데 그 빛이 다른 빛을 흡수한다고 해서 부파이름
으로 삼았다.

164. 이 부파 철학관점은 존재 하나하나는 실체가 없지만 전체적으로는
윤회주체가 있어 윤회한다고 주장한 쌉 봣타봐-다(說一切有部)와 비슷하
다. 그 외 것은 법장부(法藏部)와 비슷하다. 현수십종은 이 부파를 법유아
무종(法有我無宗)으로 분류했다.

㉕ ㄷ함마굿띠까

165. ㄷ함마굿띠까(Dhammaguttika, 曇無屈多迦, 法藏部)는 달마급다(達磨笈多), 담무덕(曇無德)으로 음사한다. 법밀부(法密部), 법호부(法護部)라고도 한다. 법호(法護)가 이 부파를 세웠다.

166. 이 부파는 BCE 250~150년 무렵 마힝-싸싸가(化地部)에서 분리독립했고 북인도에서 활동한 것으로 추정한다.

167. 이 부파는 철학관점은 4상(四相)과 5장(五藏)을 주장했다.

168. 이 부파는 수행은 잘 하지 않은 것 같다.

4) 대승부

169. 기존부파가 자체분열을 어느 정도 갈무리할 때인 BCE 100~CE 100년 무렵 기존부파와는 완전히 다른 새로운 부파가 등장했다.

170. 그들은 스스로를 마하-야-나(Mahāyāna, 摩訶衍, 大乘)라고 부르고 기존부파를 히-나야-나(Hinayāna, 小乘)로 비하하고 자기와 구분하고 차별했다.

171. 대승부가 처음 활동한 지역은 남인도 마하-쌍ㄱ히까(大衆部)가 활동한 지역과 비슷했다. 그러나 마하-쌍ㄱ히까와는 철학관점이 많이 달랐다.

172. 남인도에서 시작한 대승운동은 서북해안을 따라 간ㄷ하-라 지역으로 이동해 정착했다. 2세기 전후 카니쉬카 왕의 지원으로 전 인도에 퍼졌다.

173. 대승부가 기존부파를 비열하고 속좁다는 의미로 사용한 히-나야-나는 당시 원칙주의자를 그렇게 부른 것이다. 자기는 우수하고 포용적이라는 의미로 사용한 마하-야-나는 타협주의자를 그렇게 포장했다.

174. 대승부가 기존부파를 부정하고 등장했지만 기존불교와 다를 것 없는 새로운 부파임에 틀림없다. 대승 또한 부파다. 기존불교와는 많이 다른 상당히 힌두교화된 부파였다.

175. 대승부가 등장한 배경은 다음과 같이 여러 가지 요인이 있었다. 그 가운데 사회 구조와 성격이 변한 것이 가장 큰 요인이었다.

176. 이런 외적요인으로 인해 붇다가 만든 오리지널 불교를 대체해 힌두사회에 적합한 새로운 불교를 만들었다. 그것이 대승부다.

177. BCE 7~ 2세기 세계는 능력제와 평등제, 신분제와 세습제 등이 혼합된 사회였다.

178. 이 시기 사회성격은 청동기문화에서 철기문화로 이행되면서 생산력증대로 인해 생산관계나 인간관계 구조조정이 폭력과 전쟁으로 표출된 시기였다.

179. 군소국가가 전쟁을 통해 통일제국으로 진행될수록 전쟁규모는 커지고 격렬했고 그 피해는 엄청났다. 모든 구성원은 생존하기 위해 다양한 생존방식을 개발해 살아남기 위해 노력했다.

180. 대승부가 등장한 BCE 1~CE 1세기는 통일전쟁이 끝나고 안정기로 접어들던 시기다.

181. 사회구조는 신분제와 세습제를 토대로 정착됐고 능력제와 평등제는 불순한 사유구조로 규정돼 역사무대에서 퇴출됐다.

182. 이전 시기 능력제사회를 지탱하던 평등원칙은 기득권을 획득한 사람에게는 제거대상으로 규정됐고 신분제와 세습제를 정착하기 위해 모든 것을 구조조정할 필요가 있었다.

183. BCE 260년 아쏘까 왕이 인도를 통일한 후 얼마 지나지 않아서 통일제국을 건설한 주역은 불교사상인 능력과 평등에 기초한 사회를 거부하

고 힌두교 사상인 신분과 세습에 기초한 사회를 건설하려고 쿠데타를 일으켜 성공했다.

184. 그들은 능력과 평등에 기초한 불교를 탄압하고 신분과 세습에 기초한 힌두교를 지원해 부흥시켰다.

185. BCE 187년에 등장한 쑨가 왕조는 30만여 명의 불교수행자를 죽이고 3만 개 이상 불교수행도량인 아-라-마를 파괴했다.

186. 이와 같이 불교탄압 광풍이 일어나자 불교교단은 활발하게 활농하던 것을 멈추고 수세국면으로 접어들었다.

187. 이 시기 힌두교는 비슈누(Viṣṇu) 신을 중심으로 유신론(有神論) 운동을 펼쳤다. 이 운동은 쑨가 왕조 불교탄압보다 더 치명적으로 불교에 영향미쳤다.

188. 얼마 지나지 않아서 불교타협론자가 등장해 힌두교 신과 힌두교철학을 불교 신과 불교철학으로 각색해 받아들여 불보살(佛菩薩)을 만들고 윤회설을 주장했다.

189. 이 당시 불교도가 힌두사상을 받아들인 것은 이전 아쏘까 왕 때 윤회설이 등장했던 것과는 질적으로 달랐다.

190. 아쏘까 왕 때는 정서적으로 윤회설을 주장했지만 대승부가 등장할 때는 사상뿐만 아니라 힌두 신을 불보살로 각색해 윤회설과 결합함으로써 마음과학과 싸띠수행을 대승이라는 종교로 탈바꿈시켰다. 이렇게 해서 불교는 미신적이고 신비적인 종교영역인 힌두교 속으로 서서히 흡수통합됐다. 이후 불교는 다시는 과학영역으로 나오지 못했다.

191. 이런 변화된 상황에 직면한 불교도는 신분과 세습에 기반해 새롭게 형성된 사회를 거부하고 평등과 능력에 기초한 사회로 되돌리기 위해 투쟁할 것인지 아니면 붇다 가르침인 능력과 평등을 포기하고 힌두교 사

상인 신분과 세습을 받아들이고 타협할 것인지 분명한 선택을 해야했다.

192. 처음에는 불교도 대부분이 격렬히 거부하지도 않았지만 적극적으로 동참하지도 않고 자기가 해야할 일만 했다.

193. 그러나 얼마 지나지 않아서 불교도 가운데 변화된 상황을 받아들이자는 운동이 일어났다. 그것이 바로 대승운동이다.

194. 그들은 철학적으로 신과 윤회설을 받아들여 신과 윤회설에 기초해 형성된 신분과 세습 사회에 타협하고 적응해 살아남자고 주장했다.

195. 붇다 가르침도 좋지만 붇다 가르침을 고지식하게 지키다가는 고립되고 결국 퇴출될 것이라고 주장했다. 그리고 원칙을 지키는 것을 속좁고 비열하다고 매도했다. 그리고 힌두사상을 받아들이는 자기는 뛰어나고 포용적이라고 상징조작했다.

196. 문제는 대승이 주장하는 내용을 붇다가 직접 설한 율장이나 경장에서 찾을 수 없었다. 붇다 가르침에 처음부터 그런 것은 없었다. 결국 그들은 신과 윤회설을 인정할 역사소설을 창작할 수밖에 없었다.

197. 대승이론가는 붇다와 직계제자를 주연으로 하고 그 시대를 배경으로 관세음보살(Avalokiteśvara, 阿縛盧枳低濕伐羅, 觀世音菩薩)이나 아미타불(Amitābha Buddha, 阿彌陀佛)과 같은 가공인물을 삽입했다.

198. 이렇게 만들어진 대승경전 혹은 불교역사소설이 아미타경(Sukhāvatī vyūha sūtra, 阿彌陀經) 등 정토삼부경(淨土三部經), 묘법연화경(Saddharma puṇḍarīka sūtra, 妙法蓮華經), 대방광불화엄경(Buddha avataṁsaka mahāvaipulya sūtra, 大方廣佛華嚴經) 등이다.

199. 그 다음으로는 부파에서 붇다 정법을 따르지 않고 힌두교 윤회설을 도입하고 경전암송만 하고 수행하지 않고 다른 사람에게 봉사하지 않고 이기적으로 활동한 것이 불교활동을 위축시킨 요인이라고 진단하고 그것

을 극복하고 봉사와 수행을 중시한 오리지널 불교로 돌아가자는 운동이 일어났다.

200. 이들은 자기가 주장하는 내용을 기초로 대승경전 혹은 불교역사소설을 창작했다. 가장 대표적인 것이 금강반냐바라밀경(Vajra prajñā pāramitā sūtra, 金剛般若婆羅密經, 金剛經) 등 빤나-부(般若部)다.

201. 이들은 붇다하가 직접 설한 아-가마(Āgama, 阿含)를 요약해 금강경을 썼다.

202. 이들 또한 수행을 강조했지만 정작 어떻게 수행해야 할지 몰라 우왕좌왕하다 힌두교 요가수행 이론과 기술을 도입했다.

203. 이들은 다른 사람이 자유로운 삶, 청정한 삶, 행복한 삶, 공존하는 삶을 살 수 있도록 수행으로 봉사하자고 주장했지만 정작 풀어가는 방법은 법시(dhamma dāna, 法施)보다 물질을 도와주는 재시(āmisa dāna, 財施)를 강조했다.

204. 마지막으로는 붇다하 가르침이 대중성을 획득하고 사람이 많이 모이자 수행도량인 아-라-마를 크게 지을 수밖에 없었다. 그러나 아-라-마가 대형화되고 사람이 많이 모일수록 그것을 유지하기 위한 인원과 자금이 필요했다.

205. 필요한 자금을 충당하기 위해서는 아-라-마를 사용하는 사람이 조금씩 모아 사용했지만 대부분 여유있는 사람에게 의존하는 것이 수월했다.

206. 그 결과 아-라-마 운영에 상류층 발언권이 점차 커지면서 그들이 싫어하는 말이나 논리는 밀려나고 그들 이익에 부합하는 이론을 개발했다.

207. 그것이 바로 신과 윤회였다. 당신이 아-라-마에 물질을 보시하는 것만큼 공덕쌓고 복받아 금생뿐만 아니라 다음 생에도 지금보다 더 풍요롭고 행복하게 살 수 있을 것이라는 논리가 개발된 것은 지극히 당연한 결과

였다.

208. 대중을 포용하고 수행으로 돌아가자고 출발한 대승운동이 물질을 매개로 불교역사상 가장 대중을 소외시켰고 수행은 선언만 하고 실천은 없었거나 힌두교 요가수행을 불교수행으로 도입했다. 대승부는 그들이 주장한 실천결과는 상류층이익을 대변했고 대중을 돈에 따라 차별한 부파였다.

209. 대승부가 주장한 포장을 해체하면 그 내용은 돈크기가 행복크기를 결정한다는 것의 다른 표현이다.

210. 대승운동은 직면한 어려움을 극복하기 위해 붇다가 실천했던 그때로 돌아가자고 주장했지만 길을 잃고 그들이 도착한 곳은 붇다가 가장 싫어했고 거부하고 변혁하려고 노력했던 힌두교였다.

211. 대승운동이 일어난 인도는 대승부가 최대 30%를 넘지 못했다. 대부분 불교도는 오리지널 불교를 따랐다. 그리고 대승운동은 500년 정도 전개되다 500년부터 밀교로 흡수통합돼 사라졌다.

212. 법현(法顯, 339~420)은 불국기(佛國記)에서 인도를 순례할 때 「근본불교 9개국, 대승 3개국, 대소승 혼합국 3개국」으로 기록했다. 현장(玄奘, 600~664)은 대당서역기(大唐西域記)에서 「근본불교를 배우는 곳 60, 대승을 배우는 곳 24, 대소겸학을 배우는 곳이 15개소」라고 전했다.

213. 의정(義淨, 635~713)은 남해기귀내법전(南海奇歸內法傳)에서 「대소승 모두 똑같이 계를 지키고 4성제를 학습한다. 그 중에서 보디히쌋따를 예배하고 대승경전을 읽으면 대승이고 이를 따르지 않으면 근본불교」로 불린다고 했다.

214. 간혹 사람은 인도에서 오리지널 불교는 없고 대승만 존재한 것으로 생각하기 쉽다. 그러나 실정은 그렇지 않았다. 대승은 항상 소수였다.

같은 아-라-마에 살고 계를 같이 지키고 같은 까-싸-야를 입고 같이 예불하고 탁발하며 함께 수행했다.

5) 중관파

215. 마-ㄷ햐미까(Mādhyamika, 中觀派)는 1~2세기 활동한 나-가-ㄹ주나를 초조(初祖)로 하고 그가 쓴 중관론(Madhymaka kārikā, 中觀論), 12분론(Dvādaśamukha śāstra, 十二門論), 아-리야데봐(Āriya deva, 聖提婆, 聖天, 3세기 활동?)가 쓴 백론(Śata śāstra, 百論) 등을 이론토대로 삼고 활동했다.

216. 이 부파는 2세기부터 남인도 나-가-ㄹ주나꼰다와 중인도 붇ㄷ하가야와 나-란다 지역에서 활발히 활동했다.

217. 이 부파는 윤회설을 부정하고 존재 구성원리로 연기와 존재 물리 특성으로 공을 강조했다. 이 부파는 금강경 계통인 빤나-부를 중시했다.

218. 연기나 공은 머리로 사유하는 것이 아니라 몸과 마음으로 체험해 이해해야한다고 주장하고 그 방법론으로 싸띠수행을 강조했다.

219. 마음공간은 원래 맑고 깨끗했는데 삶의 과정에서 오염되고 물들었기 때문에 싸띠수행으로 마음을 맑히면 마음거울에 반영된 존재를 있는 그대로 볼 수 있다는 것이 핵심이다.

220. 이 부파는 맑은 마음이 어떻게 오염됐는지에 초점두고 사유하고 실천했다. 그들은 싸띠수행을 중시했다.

221. 나-가-ㄹ주나는 8종(八宗) 개조(開祖)라고 한다. 나-가-ㄹ주나 이후 대부분 불교종파는 그를 종조(宗祖)로 모시고 활동했다.

6) 유식파

222. 위즈나-삐띠마-따라따-봐-다(Vijñāptimātāvāda, 唯識派)은 해심밀경(Saṁdhi nirmocana sūtra, 解深密經)과 대승아비달마론(Mahāyāna abhidharma sūtra, 大乘阿毘達磨經)에 기초해 만들어졌다. 수행기술로는 힌두교 요가수행을 도입했기 때문에 요가-짜-라(Yogācāra, 瑜伽行派)라고도 한다.

223. 이 부파 시조(始祖)는 마이쁘레야나-타(Maitreyanātha, 昧達隷野, 彌勒, 350~430?)이고 그 뒤를 아싼가(Asaṅga, 阿僧伽, 無着, 395~470) 그리고 와쑤반ㄷ후(Vasubandhu, 婆藪槃豆, 世親, 400~480)가 차례로 법을 이었다.

224. 이 부파는 400년대 초반부터 중인도 나란다와 북인도 간ㄷ하-라를 중심으로 활동했다.

225. 이 부파는 힌두교 윤회설을 불교로 각색해 설명하고 수행기술로는 힌두교 요가수행을 도입했다. 이 부파는 철학관점뿐만 아니라 수행기술에 있어서도 불교가 아니라 힌두교라고 해야한다.

226. 이 부파는 현재 오염된 마음을 어떻게 하면 맑힐 수 있는가를 설명했다. 그들은 현재 오염된 마음은 마음공간에 존재하는 마음오염원(기억이미지) 때문이라고 보았다. 따라서 마음공간을 맑히면 마음거울에 반영된 존재를 있는 그대로 볼 수 있다고 주장했다.

227. 이 부파는 마음을 이중구조로 설명했다. 마음거울[mano vijñāna, 意識, 六識]은 감각대상을 반영해 상만 맺는 거울이고 맺힌 상은 과거습관을 저장한 공간[manas vijñāna, 末那識, 七識]을 지나 아-라야 위즈나-나(ālaya vijñāna, 阿賴耶識, 藏識, 八識)에 저장되고 저장된 데이터(八識)는

죽을 때 몸에서 빠져나와 다음 생으로 이전된다는 것이 핵심이다. 이렇게 윤회를 설명했다.

228. 8식에 저장된 기억이미지는 힌두교에서 말하는 브라흐마 신의 분신인 앗따와 동일하다. 기능은 같지만 불교에서는 절대로 앗따라고 말할 수 없다. 그렇게 말하는 순간 힌두교 아류라는 것을 자인하기 때문이다.

229. 마음거울에 맺힌 상이 그대로 8식에 저장되는 것이 아니라 6식과 8식 사이에 습관으로 길들여신 7식인 마나쓰 위사나(manas vijñāna, 末那識, 七識)를 통과해야한다.

230. 6식은 마음거울에 상을 맺게 하고 7식은 길들여진 대로 가공하고 8식은 가공된 대로 저장하고 윤회한다.

231. 이 부파는 존재를 있는 그대로 보지 못하고 자기수준에서 보고 이해하는 것을 극복하기위해 마음공간에 존재하는 마음오염원인 아-싸봐를 제거하는 수행을 해야한다고 주장했다.

232. 그러나 수행할 때는 처음에는 복쌓고 점진적으로 수행하고 시간적으로 「과거-현재-미래」로 무한히 확장하고 다양한 수행단계를 설정해 하나하나 거쳐야 한다고 주장했다.

233. 결국 할 수 있는 것은 아무것도 없다는 말의 다른 표현이다. 이것은 지금 여기서 해결하자 [here and now, 頓悟]는 붇다나 중국선수행자 주장과는 매우 다른 것이었다.

234. 마음구조를 잘 분석하고도 어떻게 실천할 것인가에서 철저히 힌두교 윤회설과 요가수행에 기초해 해결하려고 했다. 이것이 이 부파한계다.

235. 이 부파가 주장한 이론의 복잡성, 시공간의 중층성, 등장인물의 다양성, 힌두교 윤회설과 요가수행 등은 북인도 간ㄷ하라에서 화엄경을 주장하는 사람과 결합해 신과 윤회, 점교와 절차 등이 혼합돼 가장 힌두교적으

로 발전했다.

7) 밀교부

236. 500년대 접어들면 기존불교를 거부하고 새로운 불교가 등장했다. 그들을 부르는 이름은 정해진 것이 없다.

237. 만뜨라 야-나(Mantra yāna, 眞言乘), 와즈라 야나(Vajrayāna, 金剛乘), 딴뜨라 야-나(tantra yāna, 탄트라乘), 싸하자 야-나(sahaja yāna, 俱生乘), 까-라짜끄라 야-나(Kālacakra yāna, 時輪乘) 등 다양하게 불렀다.

238. 이들 주장은 붇다하는 자기가르침 가운데 핵심적인 것(秘密佛敎, 密敎)은 아들인 라후라에게 비밀스럽게 전했고 일반적인 것(顯敎)은 다른 제자에게 전했다고 한다.

239. 아들에게 비밀스럽게 전한 것은 스승이 제자에게 비밀스럽게 전해야한다고 주장하고 의식이나 수행과정을 제한된 사람만이 참석해 폐쇄적으로 한다. 그들이 의식이나 수행을 비밀스럽게 한다고 해서 밀교라고 한다.

240. 밀교는 두 번에 걸쳐 전혀 다른 계통이 등장해 활동했다. 하나는 500년대 중인도 나-란다 지역에서 활동했다. 이때 활동한 밀교는 만뜨라 계통이었다. 그 다음으로 700년대 중인도 나-란다 지역에서 활동한 딴뜨라 계통이었다.

241. 밀교는 인도보다 티베트 고원, 파미르 고원, 몽골 초원지대 등에서 대중성을 획득했다. 그것은 교리체계가 물자가 귀하고 자연환경이 척박한 곳에 더 적합했기 때문이었다.

242. 만뜨라 계통 철학관점은 간단하다. 대승에서 주장하는 것처럼 경전

을 읽고 재물을 보시하면 공덕 쌓는 줄 잘 알지만 일반서민은 시간도 없고 돈도 없고 문자도 모르는데 어떻게 해야합니까? 하고 대승이 등장한 이래 끊임없이 문제제기가 있었지만 대승측에서 적절한 해답을 제시하지 못했다. 이때 만뜨라 계통 밀교가 등장해 다음과 같이 해결책을 제시했다.

「경전을 다 읽지 않아도 되고 경전에 등장한 관세음보살과 같은 주인공이름을 한 번 외우면 책 한 권 읽은 것과 같은 공덕이 있다.」

243. 재물을 직접 시주하지 않아도 입으로 재물을 시주했다고 암송하면 재물을 직접 시주한 것과 같은 효과가 있다고 주장했다.

244. 쉽게 말해 몸으로 때우면 된다는 논리다. 그것도 얼마나 몸으로 직접 실천했느냐에 따라 불교로 각색된 신의 은총을 받을 수 있다는 주장은 일반서민에게는 혁명적이었다.

245. 만뜨라 계통은 소리를 반복해 외움으로써 신의 은총을 받을 수 있다고 주장했다. 이들은 손으로는 신의 이름을 적은 것을 돌리고 입으로는 주문을 외우고 마음으로는 주문을 생각한다*.

246. 이들은 구원계량화를 주장했고 질보다 양이 모든 것을 결정한다고 주장했다. 얼마나 무식하게 몸으로 때우느냐가 지혜와 자비 수준을 결정한

3밀가지

티베트·고원지대에서 5색기에 불교경전을 적어 매달아놓은 것을 볼 수 있다. 천에 쓴 경전내용이 멀리까지 퍼져가라는 의미라고 하지만 원래는 경전을 눈으로 한 번 보면 한 번 읽은 것으로 대체하는 밀교기법에서 나왔다.

티베트 사람이 손에 뭔가 열심히 돌리는 것을 볼 수 있다. 거기에는 주문이 새겨져있다. 그 주문을 한 번 돌리면 경전을 한 번 읽는 것과 동일한 효과가 있다고 생각한다.

밀교를 믿는 사람이 입으로 주문을 외는 것을 볼 수 있다. 그들은 경전에 나오는 주인공이름을 한 번 외우면 경전을 한 번 읽는 것과 같은 효과있다고 믿는다. 신구의(身口意)를 사용해 밀교수행한다고 해서 3밀(三密)이라고 한다.

다고 주장했다.

247. 700년대 등장한 딴뜨라 계통은 막가파라를 성취하고 닙바-나를 체험하고 느끼는 즐거움을 수행하지 않고 현실에서 직접 체험할 수 있다고 주장했다. 그 도구가 성교다.

248. 밀교는 수행할 때 알아차림 기준점(출발점)을 무엇으로 삼을 것인가에서 출발했다. 만뜨라 계통은 알아차림 기준점을 소리에 두었고 딴뜨라 계통은 성교할 때 전해지는 느낌에 두었다.

249. 밀교는 수행과 지혜, 공덕과 자비를 강조하지만 그 내용은 붇다하가 제시한 방법이 아니라 이론과 실천 모두 힌두교 요가수행이나 신과 윤회설에 기초했다. 밀교는 불교라기보다 힌두교라고 하는 것이 더 정확한 표현이다.

2. 종파불교

1. 붇다하 입멸 후 교단은 여러 가지 이유로 부파(部派)나 종파(宗派)가 생겨났다. 부파는 이념을 중심으로 발생했다. 그들은 계율이나 생활은 함께했지만 사상은 달랐다.

2. 인도에서는 사소한 계율해석 차이로 부파가 발생했지만 세월이 흐르면서 점차 사상, 지역, 스승, 이기심 등 여러 가지 이유로 많은 부파가 발생했다.

3. 종파는 중국에서 발생했다. 그들은 자기가 속한 종파구성원끼리만 정치경제적 이익을 공유하고 다른 종파는 배제했다.

4. 종파발생은 긍정적인 면과 부정적인 면이 있다. 어떤 이유든 일단 종

파가 발생하면 자파이기주의에 매몰된다. 그러면 붇ᄃ하 정법보다 자기가
소속된 종파이익을 우선한다. 그 결과 붇ᄃ하 가르침은 심각하게 왜곡되고
종파사이에 투쟁이 일어난다.

5. 종파가 생겨나면서 종파사이에 경쟁이 일어나고 더 많은 추종자를 확
보하기 위해 대외활동과 후계자양성에 주력한다. 그 결과 불교영역이 확장
됐다.

1) 종파발생 배경

6. 붇ᄃ하가 살아있을 때는 불교도에게 큰 문제가 없었다. 궁금한 것이 있
으면 붇ᄃ하에게 직접 물어보면 모든 것이 해소됐다. 그러나 붇ᄃ하 입멸 후
에는 궁금하거나 모르는 것이 있어도 물어볼 사람이 없었다. 특히 붇ᄃ하로
부터 지도받은 직계제자가 모두 입적한 후부터는 이런 문제가 더욱 심각해
졌다.

7. 붇ᄃ하 입멸 후에는 율장과 경장을 누가 더 논리정연하게 설명하느냐
에 따라 붇ᄃ하 가르침에 대한 정통성을 획득했다.

8. 그들은 상황에 따라 적절한 단어를 사용한 붇ᄃ하 방식을 무시하고 붇
ᄃ하가 말한 용어 가운데 비슷한 것을 체계적으로 분류하고 계통별로 모아
범주를 정했다.

9. 이런 흐름은 처음에는 산발적으로 시작됐지만 시간이 흐르면서 더욱
조직화됐다. 그 결과 붇ᄃ하가 사용한 용어는 추상화됐고 전문가조차 제대
로 이해하기 힘들게 변질됐다. 붇ᄃ하는 없고 오직 논문쓰기 위한 개념이거
나 개념을 위한 개념해석만 있었다.

10. 붇ᄃ하는 마음공간을 오염시키는 주범인 마음오염원을 욕망, 이기심,

분노, 적대감, 원망, 서운함, 편견, 선입관, 가치관 등으로 구체적이고 직접적으로 표현했다.

11. 욕망을 나타내는 용어도 갈애(taṇhā, 渴愛), 욕망(rāga, 貪), 집착(upādāna, 着), 탐욕(abhijjhā, 貪慾) 등 그 강도에 따라 다양하게 사용했다.

12. 이런 용어는 붇다 당시부터 계통별로 조직화되기 시작했다. 바람, 갈망, 욕망, 탐욕, 이기심, 집착 등의 용어는 탐(rāga, 貪), 분노, 적대감, 원망, 서운함 등의 용어는 진(dosa, 嗔心), 편견, 선입관, 가치관 등의 용어는 치(moha, 癡), 또는 무명(avijjā, 無明) 등으로 정리됐다.

13. 마음공간을 물들이는 마음오염원을 붇다하는 아-싸봐(āsava, 流漏)라고 했는데 부파는 번뇌(kilesa, 煩惱)라는 추상용어로 개념화했다.

14. 부파에서 정리된 개념을 가지고 뒤에 등장한 대승부와 밀교부는 불교역사소설을 썼다.

15. 대승부나 밀교부가 자기생각을 담은 경전을 창작할 때 부파에서 정리된 불교개념 가운데 하나를 주제로 삼고 붇다와 직계제자를 배경으로 하고 거기에 허구적인 불보살을 등장시켜 불교역사소설을 썼다.

16. 수행과 빤나-를 주제로 쓴 것이 금강경을 비롯한 빤나-부다. 자비를 주제로 창작된 것이 아미타경을 비롯한 정토삼부경(淨土三部經)과 법화경(法華經) 등이다. 수행과 싸띠집중을 주제로 쓴 것이 능가경(楞伽經) 등이다. 붇다에 대한 찬양을 주제로 삼은 것이 화엄경(華嚴經) 등이다.

17. 대승부에서 특정개념을 사용해 불교역사소설을 창작할 때 붇다가 사용한 개념을 그대로 사용한 것이 아니라 내용을 비틀어 사용했다.

18. 붇다는 자기가 가진 것을 다른 존재에게 나눠주는 것을 자비라고 했다. 그러나 대승부는 관세음보살과 같은 자비심을 많이 가진 가공인물을 설정하고 그 존재가 중생에게 자비를 베푸는 것으로 상징조작했다. 내것을

베푸는 것이 아니라 상대방의 것을 자기가 받는 것을 자비라고 개념을 비틀었다.

19. 수행도 마찬가지다. 붇다하는 수행하면 좋다고 했는데 대승경전은 수행하면 좋다고 쓰인 경전 읽거나(受持讀誦), 사경(寫經) 하거나, 다른 사람에게 전해주거나(法施), 경전에 나오는 대로 투-빠를 세우거나 아-라-마를 만드는 것(佛事)도 수행하는 것만큼 좋다(功德)고 주장했다. 그리고 수행이 좋다고 했으면서 불사만 한다.

20. 경전을 읽고, 법시를 베풀고, 불사하는 것은 모두 시간과 돈이 드는 일이다. 돈이 들어야 불보살 가피력을 입고 행복하게 살 수 있다. 그래서 대승불교는 돈크키가 행복크기를 결정한다고 주장했다. 글을 읽고 시간을 낼 수 있는 계층은 상류층 지식인이다. 불교역사에서 가장 대중을 소외시킨 것이 대승불교다.

21. 대승부가 만든 불교창작소설인 대승경전을 가지고 중국은 정치, 경

표129 붇다하 개념, 부파, 종파

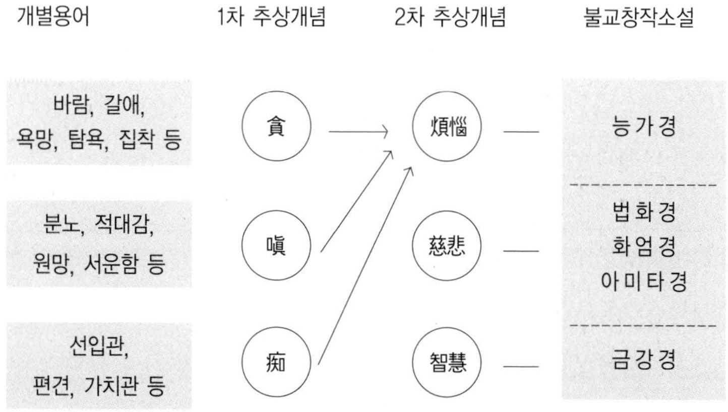

제 이익을 함께하는 종파불교(宗派佛敎)를 만들었다.

2) 종파불교

22. 종파불교는 불교역사상 가장 비불교적이다. 종파불교는 불교가 아니라 종파교(宗派敎)다. 종파불교는 불교역사상 가장 이기적이고 편협한 불교유파다.

23. 종파불교 장점은 자파교세를 확장하기 위해 열심히 노력하는 것이고 단점은 자파이기주의에 매몰된 것이다. 종파불교는 모든 논리에 우선해 자기가 소속된 종파이익에 복무한다.

24. 오늘날 한국은 중국과 마찬가지로 종파불교 전통을 따르고있다. 한국불교도는 누구를 만나더라도 붇다 가르침이나 수행에 관해 묻기보다 어느 종파 소속인지 어느 스님을 따르는지를 먼저 묻는다. 그리고 자기가 추종하는 종파나 스승이 아니면 사파로 간주한다.

25. 현재 한국불교는 붇다 정법보다 자기가 소속된 종파가치관을 우선시한다. 아마도 붇다가 와도 자기가 소속된 종파가 아니면 사이비로 취급할 것이다.

26. 붇다가 사용한 평범한 개념이 2600여 년 뒤에는 가장 비불교적인 기능을 하고있다. 중국에서 만들어지고 한국과 일본에 영향 미친 종파를 살펴보면 다음과 같다.

3) 종파종류

27. 중국에서 발생한 종파는 매우 많다. 법화경(法華經)과 싸띠수행에

기초해 창립한 천태종(天台宗), 화엄경(華嚴經)에 기초해 설립한 화엄종(華嚴宗), 계율 해석과 실천에 기초해 만든 율종(律宗), 아미타경(阿彌陀經)과 염불 싸띠수행에 기초해 세운 정토종(淨土宗), 보드히드함마 제자가 싸띠수행에 기초해 결성한 선종(禪宗) 등 많은 종파가 등장해 활동했다.

28. 주목할 것은 모든 종파창시자는 수행대가였다. 그들은 수행을 통해 체계화한 사상을 실천하기 위해 종파를 만들었다. 삼계교를 제외한 대부분 종파는 왕권과 결탁해 왕조이익에 농조했다.

29. 중국에서 발생한 종파를 살펴보면 다음과 같다. 여기서 사용한 자료는 鎌田茂雄 著 鄭舜日 譯《中國佛敎史》(경서원, 서울, 1992)와 佛敎大辭典(弘法院, 서울, 1998)에서 요약발췌했다.

① 삼론종

30. 삼론학파(三論學派)에서 삼론종(三論宗)으로 발전했다. 삼론은 중론(中論), 백론(百論), 12문론(十二門論)을 말한다.

31. 꾸마-라지-봐(Kumārajīva, 343~413, 鳩摩羅什)가 나가-ㄹ주나가 지은 중론과 12문론, 아-리야데봐가 지은 백론을 번역해 그것을 종지(宗旨)로 삼고 인도 중관학파(中觀學派)를 뿌리삼고 삼론종을 만들었다. 성종(性宗), 공종(空宗), 파상종(破相宗)이라고도 한다.

32. 삼론종계보는 「꾸마-라지-봐(鳩摩羅什) - 도생(道生, 355~434) - 담제(曇濟, 5세기 후기활동) - 도랑(道朗, 450~530) - 승전(僧詮, 7세기 후기 활동) - 법랑(法朗, 507~581) - 길장(吉藏, 549~623)」으로 이어진다. 삼론종은 길장까지를 고삼론(古三論), 승랑 이후를 신삼론(新三論)이라고 한다.

33. 삼론종핵심은 파사현정(破邪顯正), 진속이제(眞俗二諦), 팔불중도

(八不中道)다. 삼론종수행자는 빤냐를 중시했고 수행을 강조했다. 삼론종
수행자는 선수행자와 많이 교류했다.

34. 삼론종은 연기와 공을 강조하고 수행을 중시하고 열심히 수행했다.
삼론종은 보ㄷ히ㄷ함마 계통 선종이 등장하면서 흡수통합됐다.

35. 고구려에서 삼론종이 성행했다. 신라 원효(元曉, 617~686)가 3론
종요(三論宗要)를 짓고, 백제 혜현(慧顯, 573~630)이 삼론을 강설했고 고
구려 혜관(慧灌, 7세기 중기활동)이 일본에 전했다.

② 구사종

36. 546년 중국 해남에 도착한 빠라마-타(Paramātha 혹은 Gunarata, 波
羅末陀, 拘那羅陀, 眞諦, 499~569)가 와쑤반ㄷ후(Vasubandhu, 婆藪槃豆,
世親, 5세기 활동)가 지은 아비달마구사론(Abhidhamma kośa śāstra, 阿毘
達磨俱舍論)을 번역하고, 그것을 종지삼고 인도 쌉봣타봐-다(說一切有部)
에 뿌리두고 구사종(俱舍宗)을 만들었다. 섭론종(攝論宗)이라고도 한다. 섭
론학파(攝論學派)에서 섭론종으로 발전했다.

37. 인도 쌉봣타봐-다(說一切有部)가 주장한 삼세실유(三世實有) 법체
항유(法體恒有)를 종지로 삼았고 쑷따봐-다(輕量部)가 주장한 현재유체(有
體) 과거무체(無體)에 동의했다.

38. 현장도 구사론을 번역했고 그의 제자 규기(窺基, 632~682)등이 열
심히 배우고 실천했다. 신라에도 대강이 전해졌다.

③ 지론종

39. 6세기 초 북위(北魏)에서 보ㄷ히루찌(Bodhiruci, 菩提流支, 佛樂), 붇
ㄷ하싼-따(Buddhaśānta, 佛陀扇多, 覺定), 라ㄸ나마띠(Ratnamati, 勒那摩提,

寶意) 등이 와쑤반ㄷ후(世親)가 지은 십지경론(十地經論)을 번역하고 그것을 소의경전으로 삼고 혜광율사(慧光律師 혹은 光統律師, 6세기 활동)가 지론종(地論宗)을 만들었다.

40. 보ㄷ히루찌, 붇ㄷ하싼-따, 라뜨나마띠 등이 와쑤반ㄷ후가 지은 십지경론을 번역하다 중도에 서로 의견을 달리해서 각자 번역했다. 이것을 혜광이 세 번역본을 비교·대조해 하나로 만든 것이 지금 전하는 12권 십지경론이다.

41. 한때 교세가 대단했지만 현장과 규기에 의해 법상종(法相宗)이 일어나고 법장이 화엄종을 열자 화엄경 일부인 십지경론은 설자리를 잃고 점차 쇠퇴하다 화엄종에 흡수통합됐다.

42. 지론종사상은 법상종이나 화엄종과 비슷하다. 8식을 무시무종(無始無終) 진여로 하고 나머지 7식은 진여가 연을 따라 진여자체가 7망식(七妄識)으로 나타난다고 주장했다.

43. 수행방법으로는 십지론에서 주장한 것처럼 망(妄)을 없애고 진(眞)을 나타내는 것을 주로했다. 오랜 기간 수행하고 수행단계를 차례로 거쳐 붇ㄷ하를 이룬다고 주장했다.

44. 지론종은 북도파(北道派)와 남도파(南道派)로 갈린다. 북도파를 열었던 도총(道寵, 6세기 활동)이 보ㄷ히루찌(菩提流支, 佛樂)에게서 사사했고 남도파를 열었던 혜광(慧光)은 라뜨나마띠(勒那摩提, 寶意) 가르침을 받았다. 혜광은 4분율종을 열었다.

45. 북도파와 남도파 학설차이는 크지 않다. 다만 남도파는 아-라야 위즈나-나(ālaya vijñāna, 阿賴耶識, 八識)를 정식(淨識)으로 간주하고 8식설을 취한 반면 북도파는 진망화합식(眞妄和合識)으로 간주하고 9식설(九識說)을 주장했다.

46. 남도파학설은 송역(宋譯) 4권 능가경(楞伽經)과 같고 북도파는 위역(魏譯) 10권 능가경과 같다. 섭론종이 일어나자 제9 아마라식(amala vijñāna, 庵摩羅識)이 정식(淨識)으로 간주됐기 때문에 북도파설과 일치해서 북도파는 섭론종에 소멸되고 남도파만 남았다.

④ 성실종

47. 하리봐ㄹ마(Harivarman, 訶利跋摩 4세기 활동)가 지은 성실론(Satyasiddi śāstra, 成實論)을 412년 꾸마-라지-봐가 번역하고 그것을 종지로 삼고 인도 중관학파를 뿌리삼고 성실종(成實宗)을 만들었다.

48. 성실종은 아공(我空)뿐만 아니라 법공(法空)을 주장했다. 2공을 강조했고 3종심(三種心)을 멸하면 3계(三界)를 벗어난다고 주장했다. 수행을 강조했고 수행단계를 27단계로 세분했다.

49. 성실론은 모든 현상은 가(假)로 존재하기 때문에 결국 공(空)으로 돌아가는 것이라고 주장하고 이렇게 존재를 보는 것으로 4성제를 깨닫고 8정도를 닦아 마음오염원인 아-싸봐를 제거하면 자유롭고 행복하게 살 수 있다고 주장했다.

50. 고구려 혜관(慧灌, 7세기 중기활동)이 수(隋) 길장(吉藏, 549~623)에게서 삼론종과 성실종을 배웠고 신라 원광(圓光, 555~638)이 진(陳)에서 배웠고 원효는 성실론소(成實論疏) 100권을 지었다.

⑤ 법상종

51. 현장이 인도 나-란다 아-라-마에서 싸라ㅂ하ㄷ라(Silabhadra, 戒賢, 7세기 중기 활동)로부터 아쌍가와 와쑤반ㄷ후가 지은 유식을 배워와서 번역했다. 현장에게서 유식을 배운 규기가 유식을 종지로 삼고 인도 유식학파(唯

識學派)에 뿌리두고 법상종(法相宗)을 만들었다. 유식종(唯識宗), 응리원실
종(應理圓實宗), 중도종(中道宗), 자은종(慈恩宗)이라고도 한다.

52. 소의경전은 해심밀경(解深密經), 성유식론(Vijñaptimātratāsiddhi
śāstra, 成唯識論), 유가사지론(Yogācāra bhūmi, 瑜伽師地論) 등을 삼았다.

53. 법상종은 본체보다 현상을 세밀히 분류하고 설명했기 때문에 법상
종이라고 한다. 유식종이라고 하는 것은 온갖 만물은 유식(vijñapti
mātratā, 唯識)이 변해서 이뤄진 것(萬法唯識)으로 보기 때문이다. 유식이
장식(藏識)이나 종자식(種子識)이 돼 윤회한다고 설했다.

54. 존재는 아뢰야식(ālaya vijñāna, 阿賴耶識)만이 실재고 나머지는 허
상(假有)이라고 보았다. 모든 존재는 아뢰야식이 연기해서 생긴 것이고 연
기 주체(能變)이자 시초(始初)는 8식이고, 제2주체는 7식이고, 제3주체는
6식이라고 본다. 이것은 내심(內心)으로 외경(外境)을 변화시키는 것으로
삼계유일심(三界唯一心), 심외무별법(心外無別法)이라고 한다.

55. 만유(萬有)를 분류해 오위백법(五位百法)으로 정하고 만유의 참된
실재와 허망함을 밝히기 위해 변계소집성(遍計所執性), 의타기성(依他起
性), 원성실성(圓成實性) 등 3성(三性)을 설했다.

56. 법상종은 감각주체와 감각대상도 식이라고 본다. 감각주체인 마음
작용(心王心所 8識)을 상분(相分), 견분(見分), 자증분(自證分), 증자증분
(證自證分) 등 4분설(四分說)로 설했다. 인식대상을 성경(性境), 독영경(獨
影境), 대질경(帶質境) 등 3류경(三類境)으로 설했다.

57. 법상종은 사람을 성문종성(聲聞種性), 독각종성(獨覺種性), 보살종
성(菩薩種性), 부정종성(不定種性), 무성유정종성(無性有情種性) 등 5성각
별(五性各別)을 주장했다. 법상종은 일체중생실유불성(一切衆生悉有佛性)
을 인정하지 않았다. 중생이 해탈하는 방법은 5성(五性)이 각각 다르다고

주장하고 영원히 해탈할 수 없는 사람이 있다고 주장했다. 그래서 일승(一乘)이나 법성(法性)을 주장한 천태종이나 화엄종과 논쟁했다. 삼승교(三乘敎)만이 진실하고 일승교(一乘敎)는 가설(假設)이라고 주장했다. 그래서 법상종을 권대승(權大乘)이라고 한다.

58. 수행계위는 자량위(資糧位), 가행위(加行位), 통달위(通達位), 수습위(修習位), 구경위(究竟位) 등 5위(五位)를 설했다. 법상종에는 원측(圓測, 613~696)을 비롯해 신라출신이 많았다.

59. 현장(玄奘)이 규기(窺基)와 원측(圓測, 613~696)에게 전했고, 신라 진표(眞表, 8세기 활동)가 금산사(金山寺)에서 수행했고 법주사(法住寺), 동화사(桐和寺) 등에서 많은 사람이 수행했다.

⑥ 화엄종

60. 420년 붇ᄃ하ᄇ하ᄃ라(Buddhabhadra, 佛馱跋陀羅, 5세기 활동)가 대방광불화엄경(Buddhāvataṁsaka nāma mahāvaipulya sūtra, 大方廣佛華嚴經)을 번역하고 이 경을 소의경전으로 삼고 세운 종파다. 이 종의 교의를 체계화시킨 현수(賢首, 643~712) 이름을 따서 현수종(賢首宗)이라고도 한다.

61. 화엄종은 북쪽에서 발달한 지론종이나 섭론종학설을 받아들이고 현장이 전한 유식에 자극받아 성립했다. 화엄종은 삼론종, 천태종, 율종, 정토종 등 여러 종파사상을 받아들여 성립했다.

62. 화엄종은 「두순(杜順, 557~640) - 지엄(智嚴, 602~668) - 법장(法藏643~712)」으로 이어졌다. 화엄경전통에 속하지 않는 사람은 이통현(李通玄, 635~730)이 있고 의상(義湘, 625~702)은 지엄에게서 화엄경을 배웠다. 선종과 밀착된 후 쇠퇴했다.

63. 화엄경은 궁극진리를 법계(法界)라고 보았다. 화엄경은 이 법계를

본체로 했다. 화엄경은 처음부터 끝까지 법계에 내재한 법칙(理)을 밝히려고 노력했고 법계를 4종으로 나눴다.

① 사법계(事法界): 우주만물의 차별상(差別相), 개별존재(個別相), 현상계(現象界), 경험계(經驗界)를 말한다.

② 이법계(理法界): 우주만물의 무차별상(無差別相), 보편성(普遍性), 본체계(本體 界), 근본원리(根本原理)를 말한다.

③ 이사무애법계(理事無碍法界): 현상과 실재는 일치한다는 것을 말한다.

④ 사사무애법계(事事無碍法界): 현상과 본체가 일치할 뿐만 아니라 존재와 존재도 서로 의존하고 서로 영향미치고 서로 해체하고 변화발전한다는 것을 말한다.

64. 천태종이 제법실상(諸法實相)과 성구설(性具說)을 설하는 데 대해 화엄종교리는 유심연기(唯心緣起)와 성기설(性起說)을 설했다.

65. 화엄종은 중중무진 법계연기(法界緣起)를 밝히기 위해 10현연기(十玄緣起)와 6상원융(六相圓融)을 설한다. 10현연기는 만유일체가 그대로 상즉상입(相卽相入)하고 일체불리(一體不離)해 일즉다(一卽多) 다즉일(多卽一)인 것을 밝힌 것이고 총상(總相), 별상(別相), 동상(同相), 이상(異相), 성상(成相), 괴상(壞相) 등 6상은 1상(一相)이 되고 1법(一法)이 6상모두를 갖춘다고 설했다.

66. 화엄종교판은 5교10종(五敎十宗)이다. 5교(五敎)는 소승교(小乘敎), 대승시교(大乘始敎), 대승종교(大乘終敎), 대승돈교(大乘頓敎), 대승원교(大乘圓敎)다. 소승교는 우법소승(愚法小乘), 대승시교는 상시교(相始敎)와

공시교(空始敎)로 나누고 상시교는 법상종에 해당하고 공시교는 삼론종에 해당한다. 대승종교는 실교(實敎)라고도 하고 대승기신론(起信論), 능가경, 천태종이 이에 해당한다. 대승돈교는 유마경교설로 돈오법(頓悟法)이다. 대승원교는 화엄종교설이다.

67. 10종(十宗)은 아법구유종(我法俱有宗, 犢子部), 법유아무종(法有我無宗, 有部), 법무거래종(法無去來宗, 大衆部), 현통가실종(現通假實宗, 說假部), 속망진실종(俗妄眞實宗, 說出世部), 제법단명종(諸法但名宗, 一說部), 일체개공종(一切皆空宗, 空始敎), 진덕불공종(眞德不空宗, 終敎), 상상구절종(相想俱絕宗, 頓敎), 원명구덕종(圓明具德宗, 圓敎)이다. 앞 6종은 부파고 뒤 4종은 대승부다. 이 10종은 현수가 자은대사 8종설(八宗說)에 2종을 추가했다. 수행법으로는 5교지관(五敎止觀), 망진환원관(妄盡還源觀), 유심법계기(遊心法界記) 등이 있다.

68. 화엄경은 일체중생이 오직 하나의 도(道)만을 타고나서 모두 성불하는 것을 일승(一乘)이라고 한다. 법화경에서도 일승을 말하는데 이때는 법화일승(法華一乘)이라 하고 화엄경은 화엄일승(華嚴一乘)이라고 한다.

69. 신라는 원효를 초조(初祖)로 하는 해동종(海東宗, 혹은 芬皇宗)과 의상을 초조로 하는 부석종(浮石宗)이 있었으나 부석종이 후세에까지 전해졌다.

⑦ 열반종

70. 412년 북량(北涼) 담무참(曇無讖, 385~433)이 대반열반경(大般涅槃經, 北本)을 번역했다. 이 경을 소의경전으로 삼고 세운 종파가 열반종(涅槃宗)이다.

71. 도생(道生, 355~434)은 강남에서 활동했다. 418년 역출한 니원경

(泥洹經)을 연구했고 430년에 북본열반경이 화남(華南)으로 전래되자 그것을 강의했다. 혜관(慧觀, 5세기 활동)은 이 북본(北本)과 법현(法顯, 5세기 활동)이 가져온 것을 붇다하ㅂ하다라(Buddhabhadra, 佛馱跋陀羅, 359~429)가 주관하고 보운(寶雲, 5세기 활동)이 전역(傳譯)한 6권 열반경과 교합(校合), 수정(修訂)해 남본열반경(南本涅槃經)을 만들었다.

72. 열반종은 모든 중생은 불성(佛性)을 가지고 있는데 수행으로 이것을 승득해 나타낸 것을 열반이라 하고 열반을 석극석으로 해석하는 것을 종시로 삼았다. 성실론수행자인 승연(僧淵, 414~481)은 열반경이 외도설이고 불설이 아니라고 주장했다.

73. 혜관은 5시교판(五時敎判)이라는 열반교판(涅槃敎判)을 만들었다. 그는 붇다하 가르침을 돈교와 점교로 나누고 다시 점교를 삼승별교(三乘別敎, 三乘 行因律果不同), 삼승통교(三乘通敎, 般若經), 류양교(抑揚敎, 維摩經, 思益經), 동귀교(同歸敎, 法華經), 상주교(常住敎, 涅槃經)로 분류했다. 열반경이 붇다하 교설에 관해 가장 궁극경지기 때문에 상주교라고 말한 사람은 혜관이 처음이다.

74. 천태종이 등장한 후 법화경과 열반경은 뜻이 같다고 해서 천태종에 병합되고 독립성을 잃고 소멸했다.

75. 고구려는 보덕(普德, 7세기 활동)이 열반종을 열었다. 뒤에 신라 원효, 의상, 경흥(憬興, 7세기 활동), 의적(義寂, 7세기 활동), 대현(大賢, 8세기 활동) 등이 열반경 소초(疏鈔)를 지었다.

⑧ 천태종

76. 402년부터 15년 동안 꾸마-라지-봐는 많은 경전을 번역했다. 이때 그가 번역한 묘법연화경을 소의경전으로 삼고 세운 종파가 천태종(天台宗)

이다. 천태법화종(天台法華宗), 천태법화원종(天台法華圓宗), 태종(台宗), 태가(台家) 등으로 불렀다.

77. 절강성 천태산에서 지의(智顗, 538~597)가 법화경과 나-가-ㄹ주나 사상을 토대로 천태종을 만들었다. 천태종이란 이름은 당 중기 형계심연(荊溪湛然 711~782)이 처음 사용했다. 개조는 북제(北齊) 혜문선사(慧文禪師 6세기 중기활동)다. 지의가 천태산에서 활동했기 때문에 천태종이라고 했다. 뒤에 그 산에 국청사(國淸寺)를 건립하고 근본도량으로 삼았다.

78. 지의는 법화경을 중심으로 불교를 통일하고 제법실상(諸法實相)을 주장하고 불교철학 체계를 세우고 법화문구(法華文句), 법화현의(法華玄義), 마하지관(摩訶止觀), 삼대부(三大部) 등을 지어 천태교리 토대로 삼았다. 제관(諦觀, ?~970)이 쓴 천태사교의(天台四敎儀)가 중요한 교리책이다.

79. 천태종 교학조직은 이론과 수행을 교관이문(敎觀二門)으로 나눈다. 교(敎)는 교리(敎理)와 교판(敎判)으로 구분했다.

80. 천태교판은 5시8교(五時八敎)가 핵심이다. 5시(五時)는 화엄시(華嚴時), 아함시(阿含時), 방등시(方等時), 빤나-시(般若時), 법화열반시(法華涅槃時)다. 이것은 붇다하가 직접 설한 오리지널 경전과 대승부에서 창작한 대승경전을 붇다하 설법 시기별로 나누고 그것을 대중수준과 결합시켜 경전에 등급을 매긴 것이다.

81. 8교(八敎)는 교화의식(化儀) 4교(四敎, 頓敎, 漸敎, 秘密敎, 不定敎)와 교설내용(化法) 4교(四敎, 藏敎, 通敎, 別敎, 圓敎)다. 교의는 제법실상(諸法實相)을 설했다. 실상은 공(空), 가(假), 중(中) 3제(三諦)로 설했다. 일념삼천(一念三千)을 설하고 성구설(性具說)과 성악설(性惡說)을 주장했다.

82. 수행은 1심3관(一心三觀)을 제시하고 원돈지관(圓頓止觀)을 강조하고 지관쌍수(止觀雙修)를 닦았다. 수행과정은 6위(六位)로 나누고 이즉(理

卽), 관행즉(觀行卽), 상사즉(相似卽), 분진즉(分眞卽), 구경즉(究竟卽) 등 6
즉(六卽)으로 구분했다. 이것은 차제를 나눈 것으로 점교다.

83. 지의 이전은 혜문(慧文)과 혜사(慧思, 6세기초 활동)가 있었고 지의
이후는 장안(章安, 561~632), 지위(智威, ?~680), 혜위(慧威, 634~713),
현랑(玄朗, 673~754), 잠연(湛然, 711~782) 등이 계승했다.

84. 신라 현광(玄光, 6세기 활동), 법융(法融, 594~657), 고구려 파야(波
若, 561~613), 고려 제관(諦觀, ?~970) 등이 천태종을 배웠다. 고려 의천
(義天, 1055~1101)이 송에서 천태종을 배우고 돌아와 1097년 개성에 국청
사(國淸寺)를 창건하고 천태종을 열었다.

85. 천태종은 법화경에 기초해 수행을 강조한 종파다. 천태종은 화엄종,
선종과 더불어 중국불교 정화(精華)다.

⑨ 정토종

86. 정토교(淨土敎)는 무량수경(無量壽經), 관무량수경(觀無量壽經), 아
미타경(阿彌陀經) 등 정토삼부경(淨土三部經)과 왕생론에 기초했다. 중국
정토교는 크게 미륵정토(彌勒淨土)와 미타정토(彌陀淨土) 두 종류로 나눈
다.

87. 축법호(Dhammarakṣa, 竺法護, ?~313)가 번역한 미륵보살소문본원
경(彌勒菩薩所問本願經)이나 불설미륵하생경(佛說彌勒下生經) 등을 소의
경전으로 삼고 미륵정토가 성립했다.

88. 지겸(支謙, 3세기 중엽 활동)이 번역한 대아미타경(大阿彌陀經)과
까-라야싸(Kālayśas, 畺良耶舍, 5세기 초 활동)가 번역한 관무량수경(觀無
量壽經)에 기초해 미타정토를 만들었다.

89. 예배대상으로 정착된 미륵신앙은 북위를 중심으로 번창했다. 미타

정토는 도안(道安, 314~385)으로부터 시작했지만 그다지 융성하지 못했다. 그러나 정토교정통은 미타정토고 남쪽 여산 혜원(慧遠, 335~417)이 결성한 백련사(白蓮社)에 영향받아 번성했다.

90. 정토교는 북위 담란(曇鸞 476~542)이 개조다. 담란제자인 도작(道綽, 562~645)은 출가해 수행하다 609년 현중사(玄中寺)에서 담란비문을 보고 정토교로 개종했다. 그는 관무량수경을 강의하고 매일 아미타불을 7만번씩 독송했다.

91. 북쪽 정토교를 대성한 사람은 선도(善導, 613~681)다. 선도계통은 구칭염불(口稱念佛)을 강조했고 아미타불을 보신(報身), 극락정토를 보토(報土)로 규정하고 범부신(凡夫身)을 본의(本意)라고 강조했다. 그는 극락왕생은 양인 아미타불 명칭횟수가 아니라 신심인 질로 결정된다고 주장했다.

92. 정토교판은 다음과 같다. 담란은 난행도(難行道)와 이행도(易行道)로 구분했고, 도작은 성도문(聖道門)과 정토문(淨土門)으로 나눴고, 선도는 정행(正行)과 잡행(雜行)으로 나눴다. 정행은 예배(禮拜), 찬탄(讚嘆), 관찰(觀察), 독송(讀誦), 칭명(稱名) 등 5종이다. 이 가운데 칭명은 정업(正業)이고 나머지 4종은 조업(助業)이다. 이 5종 정행설(正行說)은 와쑤반드후가 지은 정토론(淨土論, 往生論)에 나오는 5염문(五念門) 중에 독송과 칭명이 추가된 것이다.

93. 염불은 불상을 직접 보고 염불하는 관상(觀像), 불상 이미지를 마음에 새기고 염불하는 관상(觀想), 실재를 직접 보려고 염불하는 실상(實相), 입으로 염불하는 구칭(口稱) 등 4종이 있다. 앞 3종은 자력이고 구칭은 타력이다.

94. 남쪽은 무량수경, 아미타경, 16관경(十六觀經)과 왕생론(往生論)을

소의경전으로 삼고 여산 백련사 혜원이 정토종을 만들었다.

95. 자민(慈愍, 8세기 초기활동) 계통은 선정일치(禪淨一致)를 주장하고 염불선을 개척했다. 정중종(淨中宗)은 염불선을 닦았다.

96. 정토종은 현재는 말세기 때문에 중생근기가 약하다고 보고 그래서 스스로 수행해서 붇다하가 되기보다 서방정토에서 설법하는 아미타불에게 의지해 행복하게 살자는 것이다. 그들은 수행보다 기도를 중시했다.

97. 9세기 초 당제국에 민족주의 광풍이 일어나 불교를 탄입하고 외국 문화추방운동이 벌어지자 당에서 살아남은 불교는 선종과 정토종뿐이었다. 이후 정토종은 중국불교에서 확고하게 자리잡고 오늘날까지 번성하고 있다.

98. 신라는 통일 이전에는 미륵사상이 유행했지만 통일 이후는 정토사상이 유행했다. 욱면비(郁面婢, 8세기 중기활동), 노힐부득(努肹夫得, 8세기 초기활동), 달달박박(妲妲朴朴, 8세기 초기활동), 발징(發徵, 8세기 후기활동) 등은 모두 정토종에 속하는 사람이었다.

⑩ 율종

99. 율종(律宗)은 동진(東晋) 시대 10송율(十誦律), 4분율(四分律), 마하승기율(摩訶僧祇律) 등 율전이 번역되면서 계율연구가 이뤄졌다.

100. 북위시대 법총(法總)이 4분율종(四分律宗)을 만들었고, 지론종 혜광(慧光, 468~537)과 그 계열인 도선(道宣, 596~667)이 종남산(終南山)에서 4분율에 기초해 남산율종(南山律宗)을 개종했다. 법려(法礪, 569~635)는 4분율에 기초해 상부종(相部宗)을 열었고 법려제자 회소(懷素, 624~697)는 스승과 견해를 달리해 4분율신소(四分律新疏)를 저술하고 동탑종(東塔宗)을 열었다. 이 가운데 남산율종이 번성했다.

101. 남산율종 교판은 도선이 4분율행사초(四分律行事鈔)에서 붇다하 가
르침을 화교(化敎)와 제교(制敎)로 구분했다. 화교는 경장이고 제교는 율장
이다. 화교는 성공교(性空敎), 상공교(相空敎), 유식교(唯識敎) 등 3교(三
敎)고, 제교는 실법종(實法宗), 가명종(假名宗), 원교종(圓敎宗) 등 3종(三
宗)이다. 실법종은 구사론을 가르치는데 계체(戒體)를 가진 색법(色法)을
말하고, 가명종은 성실론(成實論)을 가르치는데 계체를 가진 비심비색(非
心非色)을 말하고, 원교종은 법화경, 열반경, 능가경, 섭론 등을 가르치는
데 계체로 있는 심법종자(心法種子)를 말한다.

102. 남산율종은 계를 지지계(止持戒)와 작지계(作持戒)로 구분했다. 그
리고 붇다하가 제정한 계법(戒法), 수계할 때 수계자마음에 새겨진 계체(戒
體), 계율실천인 계행(戒行), 계조문인 계상(戒相) 등으로 구분해 설명했다.

103. 4분율종은 성실론에 기초하므로 원칙적으로 계체는 비색비심(非
色非心) 불상응행법(不相應行法)이 되고, 상부종은 성실론에 기초해 계체
를 비색비심으로 본다. 동탑종은 구사론에 기초해 계체를 색법(色法, 無表
色)으로 간주했다.

104. 남산율종은 성실론에 기초하지만 4분율을 분통대승(分通大乘)으
로 보고 의(義)는 대승에 해당하므로 갈마소(羯磨疏)에서 계체를 유식설에
기초해 아뢰야식에 존재하는 것으로 보았다. 이것이 중국불교에서 이론적
으로 살아남을 수 있었던 근거다.

105. 백제는 겸익(謙益, 6세기 중기활동)이 인도 상가나사(常伽那寺)에
서 계율을 배우고 배달다(倍達多) 3장법사(三藏法師)와 함께 인도에서 돌
아와 계율을 번역했지만 종파는 만들지 않았다. 신라 자장(慈藏, 7세기 중
기활동)이 당나라 종남산 운제사(雲際寺)에서 계율을 배우고 돌아와 통도
사에 금강계단(金剛戒壇)을 설치하고 남산율종(南山律宗)을 열었다.

⑪ **진언종**

106. 7세기 지통(智通, 655~?)이 천수천비관세음보살다라니신주경(千
手千臂觀世菩薩歲羅尼神呪經)을 번역했고 아띠꾸-따(Atikūṭa, 阿地瞿多)
가 다라니집경(陀羅尼集經)을 번역했다. 이것은 모두 잡밀(雜密, 呪密)이
다.

107. 순밀(純密)은 선무외(善無畏, 637~735), 와ㅈ라보ㄷ히(Vajrabodhi, 金
剛智, 669~741), 아모ㄱ하봐ㅈ라(Amoghavajra, 不空, 705~774)에 의해 이
뤄졌다.

108. 선무외는 동인도 오릿싸 국왕이었는데 출가해 나-란다 위하-라에
서 ㄷ함마굽따(Dhammagupta, 達磨笈多)에게서 밀교를 배웠다. 그후 밀교
를 전하기 위해 천산북로를 통해 716년에 장안에 도착했다. 이때 그의 나
이 80이었다. 724년에 일행(一行, 683~727)과 함께 대비로자나성불신변
가지경(大毘盧遮那成佛神變加持經, 大日經)을 번역했다.

109. 와ㅈ라보ㄷ히는 나-란다 위하-라로 출가해 수행하다 720년 해로를
통해 낙양에 왔다. 밀교경전을 번역하고 밀교를 전하다 입적했다. 아모ㄱ하
봐ㅈ라는 719년에 와ㅈ라보ㄷ히 제자가 돼 중국에 함께 왔다. 와ㅈ라보ㄷ히가 입
멸하자 다시 인도로 가서 밀교경전을 가지고 746년에 장안으로 돌아와 번
역했다. 그 가운데 금강정일체여래진실섭대승현증대교왕경(金剛頂一切如
來眞實攝大乘現證大敎王經, 金剛頂經)이 있다.

110. 716년 선무외가 밀종론(密宗論)을 번역하고 724년 대일경을 번역
하고 그것을 소의경전으로 삼고 진언종이 만들어졌다. 밀종(密宗)이라고도
한다.

111. 밀교 교상판석은 현교는 권교(權敎)고 밀교는 실교(實敎)라는 기초
위에 세웠다. 현밀2교(顯密二敎)에 대해 선무외, 와ㅈ라보ㄷ히, 아모ㄱ하봐ㅈ라

등은 현교(顯敎)는 삼승(三乘)이고 밀교(密敎)는 일승교(一乘敎)로 주장했다. 현교는 점교고 밀교는 돈교다.

112. 밀교는 석가모니불이나 아미타불 등 보신이나 응신을 교주로 모시는 것은 대승현교고 대일여래를 법신으로 삼고 교주로 한다. 그리고 진언 다라니를 기초로 신구의(身口意) 삼밀(三密)을 한다.

113. 정통 밀교사상은 다양성 속의 통일성이라는 인도철학에 기초한다. 개체와 전체, 중생과 붇다, 지혜와 자비(방편, 활용), 현상과 실재, 내용과 형식, 몸과 마음 등이 하나로 합일되는 것을 목표로 한다. 수행자 몸과 마음이 통일되는 것을 즉신성불(卽身成佛)이라고 한다.

114. 밀교의식으로 여러 가지 비법과 화제(火祭)를 행하는 것은 잡밀에서 힌두교 웨다를 받아들인 것이다. 밀교는 금기(禁忌), 부적(符籍), 주법(呪法) 등으로 현세욕망을 달성하기 위해 극단적, 신비적, 주술적 의례를 도입했다. 교리체계는 경전에 섞여 한두 줄 나오는 주문을 사용한다. 이것을 잡밀(雜密, 呪密) 혹은 밀교 구교(舊敎)라고 한다. 이것은 주로 서인도에서 발달했다.

115. 순밀(純密, 通密)은 잡밀을 탈피해 법신(法身)인 대일여래를 중심에 두고 교리체계를 완성했다. 순밀은 7세기 중엽에 쓰인 밀교창작소설인 대일경과 금강정경에 기초해 교리체계를 성립했다. 이것은 주로 남인도에서 발달했다.

116. 교리체계는 믿음과 실천을 통일해 체계화했다. 먼저 자기변화를 하고 그 다음에 다른 사람에게 변화를 유도해야한다는 자증화타(自證化他)를 핵심으로 한다. 이것이 선무외, 와즈라보디히, 아모가하봐즈라를 통해 중국에 들어왔다.

117. 이슬람 침입(1027~1087) 이후 성립된 것이 구생승(Sahajayāna, 俱

生乘), 시륜승(Kālacakra yāna, 時輪乘)이다. 시륜승에서 갈라져 나온 것이 딴뜨라승(Tantra yāna)과 길상승(Bhadra yāna, 吉祥乘)이다. 인도에서 티베트나 네팔 등에 전해져 오늘날까지 행해지는 것이 구생승계통이고 티베트에 들어가 발달한 것이 라마교(Lama, 喇嘛敎)다.

118. 밀교수행은 잡밀과 순밀이 약간 다르다. 잡밀은 단순히 주술(口密)을 사용해 기도하는 것이고 순밀은 3밀(三密)을 사용해 수행하는 것이다.

119. 3밀은 신(kāya, 身), 구(vacī, 口), 의(mano, 意)를 사용해 수행하는 것으로 신밀(身密), 구밀(口密), 의밀(意密)이다. 붇다의 몸, 말, 마음으로 이뤄지는 행위는 현상적으로는 범부생각이 붇다에게 미치지 못하지만 본질적으로는 붇다와 범부가 동일하기 때문에 수행자가 신구의를 사용해 수행함으로써 붇다와 합일해 즉신성불(卽身成佛)할 수 있다고 보았다.

120. 붇다 3밀은 온 우주에 충만하지만 4종 만다라(maṇḍala, 曼茶羅)나 불(佛), 연꽃(蓮花), 금강(金剛) 등으로 나타냈다. 중생 3밀은 몸으로 인계(印契)를 맺고 입으로 진언(眞言)을 외우고 마음으로 대일여래(本尊佛)를 관한다.

121. 수행도 우주근원(法身)인 대일여래와 나를 하나로 합일하면 자유롭고 행복한 삶을 살 수 있다는 것으로 힌두교 우빠싸드 범아일여(梵我一如) 사상을 그대로 받아들였고 수행기술도 요가수행 이미지 기법을 그대로 사용한다.

122. 밀교는 석가모니불을 부정하거나 낮추고 밀교주불인 대일여래를 강조하고 수행도 힌두교 요가수행을 채택했기 때문에 불교가 아니다.

123. 선무외와 일행은 태장계(胎藏界)를 전했고 와즈라보디히와 아모그하봐즈라는 금강계(金剛界)를 실천했다. 태장계는 중관파계통이고 금강계는 유가행파계통이다.

124. 13세기 몽골이 중국대륙에 원(元)을 세우자 그들이 믿던 티베트 계통 밀교인 라마교가 널리퍼졌다. 원이 망하고 초원으로 돌아갔지만 라마교는 중국대륙에 뿌리내리고 오늘날까지 번성하고있다.

125. 신라는 혜통(惠通, 7세기 후기활동)이 당에 가서 선무외로부터 인결(印訣)을 받아 664년에 귀국해 신인종(神印宗)을 열었다. 명랑(明朗, 7세기 중기활동)도 당에서 신인(神印)을 얻어 귀국해 신인종을 만들었다.

⑫ 선종

126. 선종(禪宗)은 보ㄷ히ㄷ함마(Bodhidhamma, 菩提達磨, 6세기 초기활동)를 개조로 하고 수행자가 모여 종파를 만든 것이 선종이다. 불심종(佛心宗)이라고도 한다.

127. 그러나 이들이 중국에 선을 처음 전한 것은 아니다. 중국불교는 처음부터 오리지널 불교와 싸띠수행이었다. 중국에 불교가 처음 전해진 이래 한 번도 싸띠수행이 끊어진 적이 없었다. 단지 보ㄷ히ㄷ함마 계통이 종파를 만들고 선종이라고 주장했을 뿐이다.

128. 보ㄷ히ㄷ함마 계통 선종은 「보ㄷ히ㄷ함마 – 혜가(慧可, 487~593) – 승찬(僧璨, ?~606) – 도신(道信, 580~651) – 홍인(弘忍, 602~675) – 신수(神秀, ?~706)·혜능(慧能, 638~713)」으로 이어졌다.

129. 홍인은 신수와 혜능이라는 뛰어난 제자를 두었다. 신수는 장안에서 활동했기 때문에 북종(北宗)이라 하고 혜능은 소주(韶州) 조계보림사(曹溪寶林寺)에서 활동했기 때문에 남종(南宗)이라고 한다.

130. 혜능 아래로 청원행사(青原行思, ?~740)와 남악회양(南嶽懷讓, 677~744)이 나왔다. 청원계열에서 조동종(曹洞宗)이 나왔고 남악계열에서 임제종(臨濟宗)이 나왔다. 조동종에서 묵조 싸띠수행이 나왔고 임제종

에서 화두 싸띠수행이 나왔다. 보드히드함마 계통은 후대에 5가7종(五家七宗)으로 분화됐다.

131. 보드히드함마 계통은 능가경을 중시했기 때문에 능가종(楞伽宗)이라고도 부른다. 그러나 도신 때부터 서서히 금강경을 중시했다. 혜능은 금강경을 배우러 출가했고 금강경을 중시했다. 신수는 능가경을 중시했다.

132. 선사상은 붇드하가 만든 싸띠수행에 기초한다. 싸띠수행을 하자고 모인 사람에 의해 자연발생으로 설성된 섯이 불교교난이다.

133. 붇드하가 만든 마음과학과 싸띠수행은 기억이미지와 결합된 탐진치 3독심인 마음오염원을 제거해 마음을 맑고 아름답게 가꿔 실재를 있는 그대로 보고 자유로운 삶, 청정한 삶, 행복한 삶, 공존하는 삶을 사는 것이다.

134. 그러나 붇드하 입멸 후 얼마 지나지 않아 불교수행에 힌두교 요가수행이 침투하고 더 시간이 지나면 불교 이외 여러 가지 수행법이 불교수행에 침투해 들어와 싸띠수행은 정체성을 상실했다. 이름은 불교수행이지만 내용은 비불교적인 것이 대부분이었다. 이 당시 중국사정도 비슷했다.

135. 붇드하는 자유와 행복으로 가는 길을 깨닫자고 했는데 중국 선수행자는 깨달으면 자유롭고 행복할 것이라고 주장하고 깨달음을 강조했다. 선에서 깨달음이란 심성(心性)에 계합하고 심성을 드러내는 것이다. 선을 닦는 사람은 자기본성을 확철대오(廓徹大悟)해야한다. 보드히드함마 계통은 불립문자(不立文字), 교외별전(敎外別傳), 직지인심(直持人心), 견성성불(見性成佛)을 표방한다.

136. 우두종(牛頭宗)은 도신제자 법융(法融, 594~657)이 우두산(牛頭山) 유서사(幽棲寺)에서 활동했기 때문에 그렇게 부른다. 우두종은 빤나-공관(般若空觀)에 기초해 수행했다.

137. 정중종(淨衆宗)은 홍인제자 가운데 혜안(慧安, 582~709)이 개종했

다. 성도 정중사(淨衆寺)에서 활동했기 때문에 정중종이라고 한다. 정중종은 염불선을 중시했다. 정중종은 티베트 불교수행에 영향미쳤다.

138. 티베트는 8세기 말에 돈점논쟁이 일어났다. 정중종출신 무주(無住, 714~774)는 보당종(保唐宗)을 만들었다. 하택종(荷澤宗)은 혜능제자 하택신회(河澤神會, 670~762)가 신수계통을 비난하면서 만들었다. 홍주종(洪州宗)은 마조도일(馬祖道一, 709~788) 계통이 만들었다.

139. 교종교판(敎宗敎判)을 모방해 선종도 선종교판(禪宗敎判)을 만들었다. 규봉종밀(圭峰宗密, 780~841)은 수행을 외도선(外道禪), 범부선(凡夫禪), 소승선(小乘禪), 대승선(大乘禪), 최상승선(最上乘禪) 등 5종으로 구분했다.

140. 외도선은 불교 이외 요가수행이고, 범부선은 5계(五戒)나 10선(十善)을 실천하는 것이고, 소승선은 수식관(數息觀)이나 법수(法數)를 사유하는 것이고, 대승선은 보살선(菩薩禪)이라고도 하며 수식관, 부정관(不淨觀), 자비관(慈悲觀), 관연(觀緣), 염불(念佛) 등 5문선(五門禪)을 닦았다.

141. 특히 염불문은 불상을 앞에 두고 그것을 보고하는 관상염불(觀像念佛)과 불상 이미지를 마음속에 두고 그것을 보고하는 관상염불(觀想念佛)을 했다. 이것은 꾸마-라지-봐나 불타발타라가 행한 것이고, 동진 등 남조에서 성행한 수행법이다. 천태종이나 삼론종도 이 수행법을 선호했다.

142. 최상승선은 여래청정선(如來淸淨禪)이라고 한다. 이것은 일행삼매(一行三昧)나 진여삼매(眞如三昧)라고도 하며 보ㄷ히ㄷ함마가 전한 것이라고 주장한다. 여래청정선 혹은 여래 싸띠수행을 조사 싸띠수행이라고 한다.

143. 9세기 초 당제국에 민족주의 광풍이 일어나고 불교를 탄압하고 외국문화추방운동이 벌어지자 당에서 살아남은 불교유형은 선종과 정토종뿐이었다. 이후 정토종은 중국불교에서 확고하게 자리잡고 오늘날까지 번

성하지만 선종은 15세기부터 서서히 퇴조하다 소멸됐다.

144. 신라는 650년 무렵 도신으로부터 보ㄷ히ㄷ함마 계통 싸띠수행을 배워온 법랑(法朗, 7세기 후기활동)이 활동했다. 이후 828년 홍척(洪陟, 9세기 중기활동)이 실상사(實相寺)에 실상산문(實相山門)을 여는 것을 시작으로 차례로 9산선문이 개산됐다.

145. 이후 번성하던 한국선종은 고려개국 후부터 서서히 쇠퇴했다. 1200년 보조지눌(普照知訥, 1158~1210)이 대혜종고(大慧宗杲, 1088~1163)가 주장한 화두 싸띠수행을 도입해 지도했다. 그러나 이것도 100년 정도 활동하다 소멸됐다.

146. 고려말 태고보우(太古普愚, 1301~1382)는 원에서 석옥청공(石屋淸珙, 1272~1352) 법을 인가받고 귀국했다. 나옹혜근(懶翁惠勤, 1320~1376)은 평산처림(平山處林, 14세기 중기활동)으로부터 법을 인가받았다. 나옹혜근은 무학자초(無學自超, 1327~1403)와 함께 ㄷ햐-나ㅂ하ㄷ라(Dhyānabhadra, 指空, ?~1363)로부터 새로운 수행법을 배워왔다.

147. 근근히 이어지던 수행법은 조선중기 서산휴정(西山 靜, 1520~1604)에 의해 되살아났지만 형식뿐이고 내용이 빈약했다. 서산문하는 화두 싸띠수행, 묵조 싸띠수행, 염불 싸띠수행 등도 권장했다.

148. 조선 말 초의의순(艸衣意恂, 1786~1866)을 중심으로 묵조 싸띠수행을 닦았고 경허성우(鏡虛惺牛, 1875~1939)를 중심으로 화두 싸띠수행을 했다. 해방 이후 경허제자가 조계종(曹溪宗)을 만드는 데 많이 참여했고 조계종 수행법으로 화두 싸띠수행을 채택했다.

149. 그러나 화두 싸띠수행도 좋지만 불교 창시자인 붇ㄷ하가 만든 정통 싸띠수행으로 돌아가자는 반성운동이 일어났다. 1990년대 초부터 일부 눈 밝은 수행자가 남방으로 가서(入南求法) 붇ㄷ하 법을 전해받아왔다.

⑬ 삼계교

150. 삼계교(三階敎)는 북제(北齊) 시대 말법사상으로 등장했다. 삼계교는 신행(信行, 540~594)이 창립했는데 그는 현재는 말법악세이므로 오직 보경보법(普敬普法)에 의지해야한다고 주장했다.

151. 삼계교는 붇다 가르침을 때와 장소에 따라 삼등분한 데서 이름을 지었다. 제1계는 1승(一乘)으로 불멸 후 500년까지, 제2계는 3승(三乘)으로 불멸 후 1000년까지, 제3계는 보귀보법(普歸普法)으로 불멸 후 1000년 이후라고 주장했다.

152. 신행은 대집경(大集經)과 대방광십륜경(大方廣十輪經)에 기초해 이 교설을 만들었다. 그는 현재는 불멸 후 1000년이 지나 정법이 사라지고 말세이므로 보법에 의지해야한다고 주장했다.

153. 보경보불사상은 일체법은 여래장(如來藏)에서 전개된 것이고, 모든 사람은 불성을 갖추고있기 때문에 사람을 차별하면 안 되고 여래장불(如來藏佛), 불성불(佛性佛), 당래불(當來佛)로 받들어야 한다고 주장했다.

154. 삼계교도는 모든 사람을 존중했고 무진장원(無盡藏院)을 설치해 대중구제에 힘썼다. 이런 평등사상은 당시 신분제사회에서는 불경한 사상으로 간주되고 탄압받았다. 이 당시 현재는 말법악세이므로 미타일념(彌陀一念)을 수행해 난세를 극복하자는 정토교도 등장했다.

155. 신행입적 후 종남산(終南山)에 탑이 건립됐다. 종남산은 남산율종을 연 도선, 화엄종 두순(杜順, 557~640)과 지엄(智嚴, 600~668), 정토교 선도(善導, 613~681) 등의 유적이 있는 중국불교 최대성지다.

3. 각국 불교특징

1. 붇다 가르침이 각 지역으로 전파되는 과정에서 해당사회 역사나 자연 환경으로부터 자유로울 수 없었다. 불교는 전해진 사회에 동화되면서 몇 가지 특징을 가지고 발전했다.

2. 인도불교는 어떤 생각을 하느냐가 중요하고, 중국불교는 어느 종파에 소속하느냐가 중요하고, 한국불교는 스승이 누구인가가 중요하다.

1) 인도불교

3. 인도불교 특징은 이념불교다. 출가수행자는 동일한 아-라마에서 같은 계를 지키고, 함께 탁발을 하고, 같이 우뽀싸타(布薩)를 하고, 같은 까-싸야를 입고, 함께 모여 생활했다.

4. 오리지널 경전을 배우고 실천하면 근본불교수행자, 대승경전을 배우고 실천하면 대승수행자, 밀교경전을 배우고 실천하면 밀교수행자로 분류했다. 사상에 따라 종파가 나눠졌다. 그래서 이념불교라고 한다.

5. 오늘날 인도불교는 오리지널 불교와 싸띠수행자를 만난 사람은 오리지널 불교수행자가 되고 밀교수행자를 만난 사람은 밀교수행자가 된다. 대승스승을 만난 사람은 대승식으로 사유하고 테라봐-다 스승을 모신 사람은 테라봐-다 식으로 행동한다. 암베드까르를 만난 사람은 암베드까르 식으로 움직인다. 그 어디에도 붇다는 없다.

2) 중국불교

6. 중국불교 특징은 종파불교다. 종파불교는 특정종파에 소속된 대중만이 정치·경제 기반을 함께 공유하고 같은 종파가 아니면 의무와 권리로부터 소외시킨다.

7. 같은 종파에 소속된 수행자는 그들만의 의식, 경전, 복장, 규율 등을 별도로 정하고 그것을 지켰다.

3) 한국불교

8. 한국불교 특징은 스승중심이다. 동일한 스승을 모시고 참선, 염불, 강의, 노동, 복지 활동 등 생각과 행동을 달리하는 여러 부류 제자가 함께 모여 수행한다.

9. 어느 종파에 속하고, 어떤 경전을 배우고, 무슨 수행을 하느냐보다 같은 스승 제자라는 한 가지 이유만으로 함께 활동한다. 이것을 통불교(通佛敎)라고 한다.

4) 동남아불교

10. 오늘날 동남아불교도 특징이 있다. 타일랜드는 불교를 국교로 삼고 율장과 형식을 엄격히 따진다. 스리랑카는 경장과 내용을 중시하고 미얀마는 논장과 수행을 강조한다.

11. 오늘날 인도불교는 뚜렷한 인도만의 정체성이 없다. 불교를 만든 곳이지만 불교가 없다. 인도불교는 자국에 들어온 불교유형에 따라 자기수행과 불교정체성을 결정한다.

5) 티베트불교

12. 티베트불교는 만뜨라(mantra, 眞言) 계통 밀교부가 수도하는 가운데 일부 딴뜨라(tantra) 계통 밀교부도 활동한다. 그러나 말이 불교지 내용적으로는 신, 윤회, 주술을 믿는 힌두교다.

6) 서양불교

13. 미국이나 유럽은 위에서 언급된 각국 불교가 모두 유입돼 활동하고 있다. 특히 미국은 실용주의에 입각해 붇다하가 만든 정통 싸띠수행을 심리, 상담, 경영, 교육 등에 적극 활용하고있다. 순수불교보다 응용불교를 더 선호한다.

4. 붇다하가 기준

1. 붇다하는 싸띠수행으로 아라한뜨 막가파라를 성취해 기억이미지와 결합된 마음오염원을 제거하고 자유로운 삶, 청정한 삶, 행복한 삶, 공존하는 삶을 살았다.

2. 붇다하는 마가다-야에서 행한 최초 수행지도에서 자기를 ㅂ하가봐

(Bhagava, 世尊), 아라한뜨(Arahant, 阿羅漢), 쌈마-쌈붇ㄷ하(Sammā sambuddha, 正自覺)로 불러달라고 주문했다.

3. 대승부는 보ㄷ히쌋따(bodhisatta, 菩提薩陀, 菩薩)를 강조한다.

4. 오리지널 불교에서 붇ㄷ하가 되기 이전 수행자시절 고따마 씻ㄷ핫타를 깨달음을 이룬 붇ㄷ하와 구분하기 위해「깨달음을 추구하는 사람」이란 의미로 보ㄷ히삿따라고 했다*.

5. 대승부는 다른 사람이 수행할 수 있도록 도와주는 사람을 보살이라고 상징조작하고 이상적인 존재로 삼는다.

6. 대승부는 붇ㄷ하가 수행을 완성한 후 다른 사람 수행을 도와준 것을 확대해석해 자기수행을 미루더라도 다른 사람이 수행을 완성하고 그들이 자유롭고 행복하게 살 수 있도록 도와주는 사람을 보살이라고 정의한다.

7. 후세사람은 붇ㄷ하가 금생노력만으로는 불가능하고 과거전생에 수없이 많은 세월동안 수행한 결과 금생에 붇ㄷ하가 됐다고 상징조작했는데 과거전생에 수행하던 시절의 붇ㄷ하를 보ㄷ히쌋따라고 한다.

보살

보ㄷ히쌋따(Bodhi satta, 菩提薩陀, 菩薩)는 네 가지 의미가 있다.

① 붇ㄷ하가 되기 이전 수행자 시절을 최상 깨달음을 성취한 후 붇ㄷ하와 구분해 보ㄷ히쌋따라고 한다.

② 대승부는 다른 사람이 수행할 수 있도록 도와주는 사람을 보ㄷ히쌋따라고 한다. 대승불교도는 자기수행을 완성한 후 다른 사람이 수행해 그들이 자유롭고 행복하게 살 수 있도록 도와주는 것을 최고이상으로 삼았다. 그런데 기존 불교수행자가 자기수행을 완성한 후에는 다른 사람에게 수행을 회향하지 않고 은거하는 것에 대해 대중에게 수행을 회향하는 이상인물을 설정해 보ㄷ히쌋따라고 새로운 이름을 지었다. 보살이 아라한뜨다.

③ 붇ㄷ하 전생이야기인 자-따까(Jātaka, 本生談)를 만든 사람은 붇ㄷ하는 금생에 한 수행만으로 붇ㄷ하가 된 것이 아니라 전생에 한 수행공덕으로 금생에 붇ㄷ하를 이뤘다고 상징조작했다. 이때 전생에 수행자인 붇ㄷ하를 보ㄷ히쌋따라고 한다.

④ 한국에서 여자 재가수행자를 보살이라고 한다. 이는 조선중기 불교가 가혹하게 탄압받을 때 명종(明宗, 1534~1567) 어머니 문정왕후(文定王后, 1501~1565)가 절에 오자 스님이 마땅한 호칭을 찾을 수 없어 불교에서 극존칭으로 사용되던 보살이란 호칭을 부르면서 시작됐다고 한다.

8. 선종은 조사(祖師)를 강조한다. 조사란 중국 출신 아라한뜨 막가파라를 성취한 수행자를 말한다.

9. 이것은 9세기 초반 중국에서 민족주의가 대두돼 외국문화배척운동이 일어나 불교탄압이 거세지자 중국화된 불교를 내세우는 과정에서 등장한 개념이다.

10. 밀교는 라마(lama, 喇嘛)를 강조한다. 라마는 가락지를 의미하는데 이것이 환생 또는 윤회로 확장되고 다시 전생의 훌륭한 수행자가 금생에 환생한 것을 가리키는 용어로 정착됐다.

11. 붇다 가르침이 다른 것이 아니라 문화가 다르다. 동일한 개념을 문화가 다르다보니 다르게 표현한 것인데 후세사람은 형식에 집착해 존재를 구분하고 차별한다.

12. 붇다를 따르면 붇다가 되고 보살을 따르면 보살이 된다. 조사를 따르면 조사가 되고 라마를 따르면 라마가 된다.

13. 불교와 수행 기준은 붇다다. 불교도는 모든 것에 우선해 붇다가 불교와 수행 기준이란 사실을 외면하면 안 된다. 그 외 것은 참고사항이다*.

중국불교 흐름

1. 중국불교 특징

불교는 인도가 주류고 중국은 주변부다. 중국불교는 불교에 관해서는 주변부면서 동시에 중국문화권에서는 종주국이란 이중성을 갖는다.

중국불교는 처음부터 오리지널 불교였고 싸띠수행이었다. 중국불교 특징은 전래불교, 수행불교, 종파불교, 번역불교, 복지불교 등의 특성이 있다.

중국불교는 처음부터 오리지널 불교와 싸띠수행이 핵심이었다. 안반수의경에 기초해 앉아하는 좌선을 중시하는 아-나-빠-나 싸띠가 주류였다. 수능엄삼매경(首楞嚴三昧經)에 기초해 걸으며 하는 용건삼매(勇健三昧)도 많이했고 반주삼매경(般舟三昧經)에 기초해 불상 이미지로 하는 관불(觀佛) 수행도 했다. 혜원은 제자를 인도로 보내 수행관련 경전을 구해오도록 했고 보디히담마가 주석한 소림사도 유명한 싸띠수행도량이었다.

인도에서 온 다함마야써(Dhammayasa, 曇摩耶舍, 5세기 초기활동), 다함마미뜨라(Dhammamitra, 曇摩蜜多,

356~442), 구나발마(Gunavarman, 求那跋摩, 367~431), 붇ㄷ하자-봐(Buddhajāva, 佛陀什, 5세기 초중기활
동) 등이 선을 지도했다. 위 효문제(孝文帝, 467~499)는 숭산에 소림사(小林寺)를 지어 붇ㄷ하ㅂ하ㄷ라
(Buddhabhadra, 佛陀跋陀羅, 359~429)에게 공양올리고 그곳에서 수행지도하도록 했다. 륵나마제(勒那摩提,
6세기 초기활동)도 유명한 선사였고 보ㄷ히ㄷ함마도 뛰어난 수행자였다.

중국불교 에너지 원천이 인도다보니 중국불교는 100년 정도 시차를 두고 인도불교 흐름과 비슷하게 전개되는
것을 볼 수 있다. 중국불교 흐름은 30~50년 정도 시차를 두고 한국과 일본 등 주변국에 영향미쳤다.

중국문화 특징인 과장성, 실용성, 사람중심, 몸중심 등이 인도문화 특징인 과장성, 실용성, 신중심, 마음중심과
적절히 결합되면서 독특한 융합문화를 만들었다.

중국에 불교가 전해진 경로는 대략 3가지다. 첫째 실크로드를 통해 북중국 장안으로 오는 길이고, 둘째 해상로
를 통해 남중국 광주로 오는 길이고, 셋째 티베트를 거쳐 성도로 오는 길이었다.

2. 전래와 수용(BCE 243~CE 200년대)

불교가 언제 전해졌는지는 자세히 알 수 없다. 서지학적으로 문제가 있기는 해도 전하는 기록에 따르면 다음과
같다. 인도불교가 중국에 전해진 것은 중국인 요청보다 인도불교도 원력 때문이었다.

BCE 243년 주사행록(朱士行錄)에 석리방(釋利防, BCE 3세기 후기활동) 등 18명의 현자가 불경을 가지고 왔으
나 진(秦) 시황제(始皇帝, BCE 259~210)가 금했다고 한다. 역사적으로 검증할 수 없지만 이것을 시작으
로 중국에 불교가 전해진 기록이 등장한다.

BCE 121년 북제(北齊) 위서(魏書) 석노지(釋老志)에 따르면 전한 무제(武帝, BCE 156~87) 때 최거병(崔去病,
BCE 2세기 후기활동)이 흉노를 토벌할 때 휴부왕(休屠王 BCE 134~86)이 모시던 금인(金人)을 모셔와
감천궁(甘泉宮)에 봉안했다고 한다. 같은 책에 대하(大夏)에 사신으로 간 장건(張騫, ?~BCE 114)이 신독
국(身毒國, 인도)에 부도(浮屠, 佛敎, buddha) 가르침이 있다는 것을 들었다고 한다.

BCE 2년 무렵 중국에 불교가 전해진 보다 확실한 기록이 나타난다. 삼국지(三國志) 위지(魏志) 권3 배송지(裵松
之, 372~451) 주(注)에 인용된 위(魏) 어상(魚豢, 3세기 중기활동)이 찬술한 위략 서융전(魏略 西戎傳)에는
애제(哀帝, 재위 BCE 7~2) 원수(元壽) 원년(元年, BCE 2)에 박사제자(博士弟子) 경노(景盧, BCE 2세기
활동)는 대월지왕(大月支王) 사자 이존(伊存, BCE 1세기 후기활동)에게서 부도경(Buddha sāsana sutta,
佛敎經, 浮屠經)을 구수(口授) 받았다는 기록이 있다. 이때 중국에 전해진 불교는 오리지널 불교와 싸띠수
행이었다. 이 시기 인도에도 오리지널 불교와 싸띠수행 이외는 다른 불교가 없었기 때문이다.

3. 전법승과 경전번역(100~700년대)

인도, 서역, 지중해연안 출신 스님이 법을 전하러 중국으로 왔다 그들은 중국어를 배워서 148~414년 사이 대
부분 오리지널 경전과 대승경전을 번역했다. 인도와 서역에서 온 많은 전법승은 경전번역을 하기 위해 온 것이
아니라 싸띠수행을 전하기위해 왔다. 그들은 뛰어난 수행자였고 중국인도 그들에게서 수행을 지도받는 것을 좋
아했다.

148년 무렵 안세고(安世高)가 페르시아 지역 안식국(安息國)에서 낙양에 왔다. 그 후 20여 년 동안 많은 경전을
번역했다. 그는 수행이론서인 안반수의경(安般守意經), 음지입경(陰持入經), 선행법상경(禪行法想經) 등을
번역했고 아함경(āgama, 阿含)과 아ㅂ히ㄷ함마(abhidhamma, 阿毘達磨) 등을 번역했다.

비슷한 시기 월지국 출신 로깍쎄마(Lokakṣema, 支婁迦讖, ?~186)가 낙양에 와서 도행반야경(道行般
若經), 수능엄경(首楞嚴經), 반주삼매경(般舟三昧經), 아축불국경(阿閦佛國經) 등 대승경전을 번역했다. 이
때 아축불국경에서 최초로 아미타불(阿彌陀佛)을 중국에 소개했다.

222~253년 무렵 월지국 출신 지겸(支謙, 3세기 중기활동)은 유마힐경(維摩詰經), 대아미타경(大阿彌陀經), 법구

경(法句經) 등을 번역했다.

266~308년 사이 월지국 출신 축법호(Dharmarakṣa, 竺法護, ?~313)는 150부 300권의 경전을 번역했다. 그가 번역한 것 가운데 정법화경(正法華經)이 있는데 이로써 중국사람이 관세음보살에 대해 알게 됐다.

344~414년 무렵 구자국 출신 꾸마-라지-봐가 중국에 왔다. 그는 7세에 출가해 처음에는 반두달다(槃頭達多, 4세기 중기활동)에게서 아함경(阿含經) 등 오리지널 불교를 배웠고, 뒤이어 수리야소마(須利耶蘇摩, 4세기 중기활동)에게서 중론(中論)과 백론(百論) 등 대승부(大乘部)를 배웠고, 이어 불타야사(佛陀耶舍)에게서 10송율(十誦律) 등 율장을 배웠다. 382년 전진(前秦) 왕 부견(符堅, 338~385)은 여광(呂光, 338~399)에게 구자국을 정복하고 꾸마-라지-봐를 모셔오라고 명령했다. 꾸마-라지-봐를 모셔오는 도중 전진이 멸망했다. 401년 후진(後秦) 요흥(姚興, 366~416)은 꾸마-라지-봐를 장안으로 모셔와 국사로 존중하고 10년 동안 경전번역을 지원했다. 이때 번역한 경전은 개원석교록(開元釋敎錄)에는 74부 384권이라고 한다. 이때 좌선삼매경(坐禪三昧經) 등 수행이론서, 10송율 등 계율, 금강경(金剛經)과 법화경(法華經)등 대승경전, 중론 등 논서, 용수보살전(龍樹菩薩傳) 등 전기류 등 종류가 다양하다. 꾸마-라지-봐가 번역한 중론, 백론, 12문논은 삼론종, 법화경은 천태종, 성실론은 성실학파, 아미타경이나 10주비파사론(十住毘婆沙論)은 정토교, 미륵성불경(彌勒成佛經)은 미륵신앙, 좌선삼매경은 보살선(菩薩禪), 범망경(梵網經)은 대승계(大乘戒), 10송율은 계율과 같은 토대를 제공했다.

384년부터 21년에 걸쳐 담마나제(曇摩難提, 法喜, 4세기 후기, 5세기 초기활동)는 증일아함경(增一阿含)과 중아함경(中阿含經)을 구송하고 축불념(竺佛念)이 역출했다.

381~396년 쓰리-미뜨라(Śrīmitra, 帛尸梨蜜多羅)가 잡밀계통 대관정신주경(大灌頂神呪經)을 번역했다.

404년 불타야사(Buddhayasa, 佛陀耶舍, 覺明, 5세기 초중기활동)는 장아함경(長阿含經)을 번역했다.

418~420년 사이 불타발타라(Buddhabhadra, 佛馱跋陀羅, 佛賢, 359~429)가 대방광불화엄경(大方廣佛華嚴經)을 번역했다. 이로써 중국인이 문수와 보현 보살, 비로자나불 등에 대해 알게 됐다. 421년에는 무량수경(無量壽經)을 번역했다. 그가 번역한 60권 화엄경은 구역(舊譯)이라 하고 당 실차난타(實叉難陀, 652~710)가 번역한 80권 화엄경은 신역(新譯)이라고 한다.

435년 중천축국 출신 구나봐하드라(Guṇabhadra, 求那跋陀羅, 394~468)는 잡아함경(雜阿含經), 승만경(勝鬘經), 능가경(楞伽經), 상속해탈경(相續解脫經) 등을 번역했다.

이로써 승가제파(4세기 후기활동)가 번역한 증일아함경(增一阿含經), 중아함경(中阿含經), 불타야사가 번역한 장아함경(長阿含經), 구나봐하드라가 번역한 잡아함경(雜阿含經)이 모여 4아함(四阿含)이 전부 번역됐다.

승만경과 능가경 역출은 중국 여래장(如來藏) 사상에 크게 영향미쳤다. 능가경은 선종개조인 보디히담마가 혜가에게 전법한 것으로 중국선종에 크게 영향미쳤다. 상속해탈경은 해심밀경(解深密經) 일부분으로 유가행파 경전 일부가 처음으로 중국에 전해졌다.

716~746년 선무외(善無畏, 637~735), 와즈라보디(Vajrabodhi, 金剛智, 669~741), 아모가하봐즈라(Amoghavajra, 不空, 705~774) 등이 순밀경전을 번역했다. 724년에 일행(一行, 683~727)과 함께 대비로자나성불신변가지경(大毘盧遮那成佛神變加持經, 大日經)을 번역했다. 719년 아모가하봐자라는 와즈라보디 제자가 돼 중국에 함께 왔다. 와즈라보디가 입멸하자 다시 인도로 가서 밀교경전을 가지고 746년에 장안으로 돌아와 금강정일체여래진실섭대승현증대교왕경(金剛頂一切如來眞實攝大乘現證大敎王經, 金剛頂經)을 번역했다.

4. 구법승(260~700년대)

많은 인도, 서역, 지중해연안 출신 스님이 인도에서 중국으로 법을 전하러 왔고 중국출신 스님도 인도로 법을 구하러 갔다. 서역에 최초로 구법여행(求法旅行)을 떠난 사람은 주사행이다. 동진시대도 서행구법승(西行求法僧)

들이 많았다. 현재 이름을 알 수 있는 구법승 숫자는 147명이다. 이때 구법승이 천축으로 떠난 목적은 경전을 찾으려 가는 것, 천축고승에게서 싸띠수행과 오리지널 경전을 배우러 가는 것, 성지순례 등이었다. 귀국해서는 자기가 가지고 온 경전번역에 주력했다.

260년 무렵 중국출신 스님인 주사행(朱士行, 3세기 후기활동)이 빤나-경(般若經) 원본을 구하기 위해 우전(于闐)에 갔다. 그는 낙양에서 도행반야경을 강의했지만 이따금 의미가 통하지 않자 원본을 구하러 직접 서역으로 갔다. 그곳에서 원본을 구했지만 그는 80세로 그곳에서 입적하고 282년 제자인 불여단(弗如檀, 3세기 후기활동)에게 원본을 낙양으로 보내 291년 우전 스님 무라차(無羅叉, 3세기 후기활동)와 하남 우바새인 축숙란(竺叔蘭, 3세기 후기활동)이 방광빤나-경(方光般若經) 20권으로 번역했다. 한인 최초로 서역구법여행을 떠난 사람이 주사행이고 방광빤나-경은 서진시대 빤나-연구를 융성케 하는 원동력이 됐다.

399년 법현(法顯, 339~420?)이 인도로 구법여행을 떠났다. 그는 율장에 빠진 부분을 찾기위해 일행 11명과 함께 399년 장안을 출발해 육로로 인도에 갔다. 그가 장안을 출발할 때 나이가 60세였다. 붇다가야에 3년을 머물며 싸띠수행과 율장을 배우고 스리랑카에 2년 동안 머물다 자바를 거쳐 412년에 청주(靑州, 산동 노산(勞山)에 도착했다. 그는 자기가 가지고 온 경전 가운데 니원경(泥洹經), 대반열반경(大般涅槃經), 마하승지율(摩訶僧祇律), 잡아비담심론(雜阿毘曇心論) 등을 도량사에서 불타발타라와 함께 번역했다. 그는 자신이 순례한 과정을 법현전(法顯傳, 佛國記)으로 남겼다.

645~664년 현장(玄奘, 602~664)이 직접 인도로 가서 불교성지를 참배하고 불교언어인 pāli 어와 힌두교 언어이자 대승경전 언어인 sanskṛit 어를 배우고 돌아와 경전을 번역했다.

현장은 중국번역사에 한 획을 그은 사람이다. 현장 이전 번역을 구역(舊譯)이라 하고 현장 이후를 신역(新譯)이라고 한다. 현장 이전 꾸마-라지-봐 등이 번역한 총량이 469부 1,222권이었는데 현장 혼자서 번역한 것이 76부 1, 347권이다. 645년 현장이 인도에서 돌아온 해에 칙명에 의해 번역원을 설치하고 역경을 시작했다.

현장은 10살 때 출가수행하다 629년 장안을 떠나 육로로 인도에 갔다. 현장이 인도로 순례하러 간 목적은 유가론(瑜伽論)을 원전으로 본토에서 배우고 불교성지를 순례하는 것이었다. 인도에 도착한 현장은 붇다가야 마하-위하-라와 나-란다 위하-라에서 수행하고 공부한 후 인도전역을 순례하고 645년 육로를 통해 장안으로 돌아왔다. 귀국할 때 범본 657부를 가져왔다. 귀국한 후 가져온 경전을 번역했고 순례과정을 상세히 기록한 대당서역기(大唐西域記)를 남겼는데 이것은 인도연구에 귀중한 자료가 된다. 현장여행기를 원(元), 명(明) 대에 서유기(西遊記)로 각색했다.

670~713년 의정(義淨, 635~713)은 육로로 인도로 갔다 해로로 돌아왔다. 그는 남해귀기내법전(南海歸奇內法傳)을 전술하고 많은 경전을 번역했다.

5. 수계와 교단정비(300~400년대)

BCE 243년 중국에 불교가 처음 전래된 이래 400여 년이 지나서 오리지널 경전과 싸띠수행이 자리잡고 수행자숫자가 늘어나자 서서히 수행자양성과 교단정비 필요성이 대두되기 시작했다. 이런 이유로 율장번역이 대거 이뤄졌고 계율에 밝은 스님들이 중요시됐다.

249년 담가가라(曇柯迦羅, 3세기 중기활동)가 낙양에 왔다. 그는 승지계심(僧祇戒心)을 역출하고 인도스님을 청해 수계식을 했다. 이것이 기록상 볼 수 있는 최초수계식이다. 이렇게 해서 당시 체계화되지 않은 수계제도를 정비하고 교단질서를 바로잡았다. 쌍ㄱ하봐르매(Saṁghavarman, 康僧鎧, 3세기 중기활동)는 4분율(四分律)을 역출했고 육가장자경(郁伽長者經)을 번역했다. 이것은 재가와 출가 보살계행을 설한 대승경전이다.

371년부터 다음해까지 축불념은 담마지(曇摩持, 4세기 후기활동)와 함께 10송비구계본(十誦比丘戒本)과 비구니

대계(比丘尼大戒)를 번역했다.

404년 불약다라(Puṇṇatara, 功德華, 5세기 초기활동)는 10송율(十誦律)을 번역했지만 완성하지 못했는데 담마류지(Dhammaruci, 曇摩流支, 法樂, 5세기 초기활동)가 보충해 완역했다. 불타야사(Buddhayasa, 佛陀耶舍, 覺明, 5세기 초중기활동)는 4분율(四分律), 4분계본(四分戒本)을 번역했고, 불타발타라(佛馱跋陀羅)가 마하승지율을 번역했고 불타집(佛陀什)이 5분율(五分律)을 번역해서 율장이 거의 번역됐다.

계율은 북쪽은 꾸마-라지-바가 불약다라와 담마류지와 공동으로 번역한 설일체유부(說一切有部) 10송율, 불타야사가 축불염 도움으로 번역한 법장부(法藏部) 4분율(四分律), 화지부(化地部) 5분율(五分律), 대중부(大衆部) 마하승지율(摩訶僧祇律), 근본설일체유부(根本說一切有部) 근본설일체유부비나야(根本說一切有部毘奈耶) 등에 따라 실천했다. 남쪽은 양무제(梁武帝, 502~549)가 대승계인 보살계를 실천했다. 대승계는 축불념이 번역한 보살영락본업경(菩薩瓔珞本業經)과 꾸마-라지-바가 번역한 범망경(梵網經) 등이 있다. 그러나 이 둘은 중국에서 찬술된 위경(僞經)이란 견해도 있다.

423년 계빈국 출신인 붇다하지-봐(Buddhajiva, 佛陀什, 5세기 초중기활동)가 와서 법현이 가지고 온 5분율(五分律)을 번역했다.

434년 구나발마(求那跋摩)는 남림사(南林寺)에 계단(戒壇)을 세우고 수계식을 했다. 이것이 중국 최초계단이다.

479~501년 제(齊)도 불교를 숭상했다. 이때도 많은 인도스님이 남중국에 왔다. 그 가운데 쌍가하브하드라(Saṅghabhadra, 衆賢, 5세기 후기활동)가 선견율비바사(善見律毘婆沙)를 번역했다. 여기에는 붇다하 입멸 후부터 왓싸를 지낼 때만 점을 하나씩 찍었다는 중성점기(衆聖點記)가 있다.

6. 경전연구(400~500년대)

148년부터 진행된 경전번역이 400년대 중반쯤에는 거의 대부분 경전이 번역됐다. 이때부터 번역된 경전을 대상으로 연구작업이 진행됐다. 이런 필요성에 의해 아비히드함마(論藏)가 대거 번역됐고, 논장에 밝은 스님을 선호했다.

383년 간드하-라 출신 승가발징(僧伽跋澄, 衆現, 4세기 후기활동)은 비바사론(毘婆沙論)을 번역했고, 같은 지역 출신 승가제파(僧伽提婆, Saṅghadeva, 衆天, 4세기 후기활동)는 아비담팔건도론(阿毘曇八犍度論)을 역출하고 이듬해 아비담심론(阿毘曇心論)을 역출했다.

407년 부터 16년 동안 담마야사(Dhamma yasa, 法明, 5세기 초기활동)는 담마굴다(曇摩掘多, 5세기 초기활동)와 함께 사리불아비담론(舍利弗阿毘曇論)을 번역했다. 그는 제자에게 오리지널 불교를 강조하고 대승경전을 읽지 못하게 했다.

431년 간드하-라 출신 구나봐르맨(Guṇavarman, 求那跋摩, 功德鎧, 377~431)은 3장법사(三藏法師)다. 스리랑카를 기쳐 송 건강에 왔다. 그는 0개월 체류하다 입적했다.

508~527년 간드하-라 출신 보드히루찌(Bodhiruci, 菩提流支, 道希, ?~527)는 508년에 육로로 낙양에 왔다. 보리류찌는 아쌍가(無着)와 와쑤반드후(世親) 계통 유식학을 전했다. 이것은 당시 불교계에 큰 영향을 미쳐 지론학파가 생기고 정토교가 흥하는 계기를 가져왔다.

546년 서천축 웃제인 출신인 빠라말-타(Paramārtha, 波羅末陀, 眞諦,599~569)가 해로로 남해에 도착해 건강에 와서 무제를 만났다. 세월이 혼란스러워 힘든 삶을 보냈지만 섭대승론(攝大乘論), 유가행파 논서, 와쑤반드후 구사론(俱舍論), 대승기신론(大乘起信論) 등 많은 논서를 번역했다.

7. 종파불교(550년대 중기이후)

인도어로 된 불교경전이 한문으로 번역되자 그 한문불전을 대상으로 많은 학파와 종파가 생겨났다. 번역된 경전을 가지고 생각과 이익을 함께하는 사람이 모여 종파를 만들었다.

남북조시대 경장이나 논장 연구를 토대로 이념중심인 학파가 성립했다. 그리고 수와 당에는 그 성과물을 토대로 정치경제 토대를 함께하는 종파(宗派)가 등장했다. 이때 등장한 종파는 불교를 중국대륙에 토착화하고 확산시키는 데 크게 기여했지만 종파불교는 불교역사상 자신과 다른 종파에 소속된 사람을 구분하고 차별해 개방적이고 평등한 불교를 폐쇄적이고 불평등한 불교로 만들었다. 종파불교는 불교가 아니라 종파교라고 해야옳다. 그들은 자기와 같은 종파에 소속되지 않으면 불교창시자인 붇다하가 와도 배척할 자세가 돼있다.

중국에서 만들어진 종파는 삼론종, 천태종, 화엄종, 법상종, 정토종, 율종, 진언종, 삼계교, 선종, 성실학파, 열반학파 등이 있고, 이들 종파는 한국이나 일본 등에도 많이 영향미쳤다.

8. 대장경 조판(983년부터)

경전번역이 끝나고 경전에 대한 연구가 진행되고 생각과 이익을 함께 하는 사람이 종파를 만들고, 종파를 중심으로 번역된 경전목록과 저술된 연구논문 목록을 작성하고, 그것을 토대로 대장경 조판사업이 일어났다.

365년 도안(道安, 314~385)은 후한부터 서진까지 역경한 경전을 번역시기와 역경인을 검토하고 진위를 판별하기 위해 365년 종리중경목록(綜理衆經目錄)을 편찬해서 그때까지 번역된 경전목록을 작성했다. 그는 출가수행자는 석씨(釋氏) 성(姓)을 사용하자고 주장했다.

445~518년 이 시기 승우(僧祐, 445~518)는 이때까지 번역된 경전목록을 모아 출삼장기집(出三藏記集)을 편찬했다.

519년 혜교(慧皎, 497~554)는 고승에 관한 자료를 모아 고승전(高僧傳)을 편찬했다. 이것은 이후 속고승전(續高僧傳)과 송고승전(宋高僧傳) 모범이 된다.

730년 지승(智昇, 8세기 초중기활동)이 개원석교록(開元釋教錄)을 편찬해서 그동안 번역한 율장, 경장, 논장 목록을 집대성했다. 이것은 후에 대장경조판에 크게 도움된다. 당대에 이르면 그동안 번역된 경전목록을 수집하고 정리한 경전목록을 편찬했다.

971년 송 태조(宋太祖, 927~976)는 장종신(張從信, 10세기 후기활동)을 촉(蜀) 익주(益州, 成都)에 보내 대장경 조판을 명했다. 개원록(開元錄)에 기초해 1,076부 5,048권이 수록된 대장경이 12년에 걸쳐 완성됐고, 태평흥국사(太平興國寺) 인경원(印經院)에서 인쇄했다. 이것이 촉판대장경(蜀版大藏經, 北宋 勅版 大藏經)이다. 이 촉판을 받아 991년 고려 성종(高麗 成宗)이 22년에 걸쳐 완성된 것이 초조대장경(初彫大藏經, 高麗版 大藏經)이다. 고려 고종 때 다시 만든 것이 현재 해인사에 봉안된 고려대장경(高麗大藏經)이다. 이후 수차에 걸쳐 대장경은 국가가 주도한 관판(官版)과 개인이 주도한 사판(私版)을 간행했다. 송대는 대장경 조판과 출판이 성행했다. 당대에 경전일부를 인쇄했지만 인쇄된 대장경이 간행된 것은 송 태조(太祖)가 처음이다.

요대(契丹, 916~1125)는 친불교정책을 펴고 불교와 스님을 우대했다. 흥종(興宗, 1016~1055)은 스스로 구족계를 받고 수감된 죄인을 풀어주었다. 흥종은 거란판대장경(契丹版大藏經)을 조판했고 고려에도 보내주었다.

원대(元代, 1206~1368)는 1269년 대보녕사(大普寧寺)와 1277년 홍법사(弘法寺)에서 원판대장경(元版大藏經)을 조판했다.

청대(淸大, 1616~1912)는 많은 대장경을 간행했다. 강희제(康熙帝, 1654~1722) 때 만력장(萬曆藏), 속장(續藏), 우속장(又續藏)을 간행했고 옹정제(雍正帝, 1678~1735)와 건륭제(乾隆帝, 1711~1799)에 걸쳐 용장(龍藏)으로 불리는 칙판(勅版) 대장경을 간행했다. 건륭제는 1757년 서장대장경(西藏大藏經) 조사를 명해 여래대장경총목록(如來大藏經總目錄, 番藏目錄)을 작성하고, 몽고장경(蒙古藏經) 조사도 명했다. 건륭제는 1773~1790년 사이 17년에 걸쳐 한문대장경(漢文大藏經)을 만주어(滿洲語)로 번역했다.

9. 선종 전승시대(700~900)

중국불교는 처음부터 오리지널 불교였고 싸띠수행이었다. 인도에서 중국으로 법을 전하기 위해 온 대부분 스님은 뛰어난 싸띠수행자였다. 중국도 처음부터 싸띠수행을 배우기위해 불교를 수용했다. 당 중기이후 크게 발전한 선종은 5대를 거치면서 5가(五家)로 분리독립했고 이어 두 파가 더 분립했다. 이것이 5가7종(五家七宗)이다.

BCE 243년부터 중국불교는 싸띠수행을 도입했고, 이후 단 한 번도 싸띠수행 전통이 끊어진 적이 없었다. 보
ㄷ히ㄷ함마, 혜능, 마조, 임제, 황벽, 운문 등 기라성 같은 수행자도 모두 싸띠수행자였다. 간화선은 1150년
무렵 대혜종고가 만들었다. 그 이전에는 그런 화두 싸띠수행이 없었다. 물론 간화선도 화두를 알아차림 기
준점으로 두는 싸띠수행이다.

528년 무렵 남인도에서 해로로 광주(廣州)에 보ㄷ히ㄷ함마(Bodhidhamma, 菩提達磨, 覺法, 6세기 초기활동)가
왔다. 그는 무제와 토론한 후 양자강을 건너 숭산 소림사(小林寺)로 가서 수행했다. 소림사는 달마가 오
기 전부터 유명한 싸띠수행도량이었다. 이때 그의 나이가 90이었다고 한다. 그는 붇다 정통 싸띠수행을
선하기 위해 인도에서 중국으로 왔다. 소림사에서 혜가를 만나 법을 진하고 입멸했다. 그의 법을 진해받
은 수행자가 중국선종을 만들었다.
　위앙종(潙仰宗)은 백장회해(百丈懷海, 749~814) 제자인 위산영우(潙山靈祐, 771~853)와 그의 제자인 앙
산혜적(仰山慧寂, 807~883)이 만들었다. 임제종(臨濟宗)은 황벽희운(黃檗希雲, ?~850) 제자인 임제의
현(臨濟義玄, ?~867)이 만들었다. 조동종(曹洞宗)은 청원행사(靑原行思, ?~740) 계통인 동산양개(洞山
良价, 807~869)와 그의 제자인 조산본적(曹山本寂, 840~901)이 만들었다. 운문종(雲門宗)은 설봉의존
(雪峰義存, 822~908) 제자인 운문문언(雲門文偃, 864~949)이 만들었다. 법안종(法眼宗)은 청량문익(淸
凉文益, 885~958)이 만들었다. 황룡종(黃龍宗)은 임제종 계통 황룡혜남(黃龍慧南, 1002~1069)이 개창
했다. 양기종(楊岐宗)은 양기방회(楊岐方會, 992~1049)가 만들었다.
618~907년 사이 당대(唐代)는 영가현각(永嘉玄覺, 665~713)이 지은 증도가(證道歌)나 영가집(永嘉集), 석두희
천(石頭希遷, 700~790)이 지은 참동계(參同契) 등 선문학이 발달했다.
960~1279년 사이 송대(宋代)는 불립문자 토대 위에 선문학이 크게 개화했다. 불과극근(佛果克勤, 1063~1135)
이 벽암록(碧巖錄)을 쓰고 제자인 대혜종고(大慧宗杲, 1089~1163)는 화두 싸띠수행(看話禪)을 창안했다.
조동종계통 굉지정각(宏智正覺, 1091~1157)은 묵조선(黙照禪)을 창안하고 송고백칙(頌古百則)을 저술했
다. 여기에 만송행수(萬松行秀, 1166~1246)이 시중(示衆), 착어(著語), 팽창(評唱) 등을 더해 종용록(從容
錄)을 저술했다. 무문혜개(無門慧開, 1183~1260)는 무문관(無門關)을 지었다.
　송대는 정토교가 발전하면서 선수행도 선정쌍수(禪淨雙修) 등에 기초해 수행했다. 법안종 영명연수(永明
延壽, 904~975)는 만선동귀록(萬善同歸錄)을 지어 선정일치(禪淨一致)를 제창했다.
　송대는 사마광이 지은 자치통감(資治通鑑)에 영향받아 경덕전등록(景德傳燈錄) 등 고승 행적이나 어록을
기록한 불교사학이 발전했다. 불교사학이 발전했다는 것은 불교가 현재와 미래를 개척할 생명력을 잃고
지난 역사를 통해 생존을 유지한다는 것으로 이는 망하는 징조다.

10. 라마교(1200년대 이후)

원이 중국을 지배한 이후 명, 청을 거치면서 중국불교는 밀교계통인 라마교 영향으로부터 자유롭지 못했다. 모
든 불교종파는 정체성을 상실하고 라마교에 기초한 기도불교로 전락했다. 이런 현상은 지금까지도 지속되고있다.

11. 불유도 갈등과 공존

중국은 공자 가르침을 중심으로 한 유교와 노자와 장자 가르침을 중심으로 한 도교가 있었다. 여기에 인도에서
붇다가 만든 불교가 들어와 중국인의 삶의 질을 높였고 사상을 풍요롭게 했다. 도교와 불교는 수 차례에 걸쳐 이
론논쟁과 물리충돌을 겪으면서 불유도 3교는 긴장과 갈등 관계에 있으면서 상호 영향미치고 변화발전했다.

1) 노자화호설(老子化胡說)

166년 양계(2세기 후기활동)가 처음 노자화호설(老子化胡說)을 주장한 이래 4세기 초에 다시 등장한다. 노자화호설은 노자가 인도로 가서 붇다가 됐기 때문에 불교는 도교제자란 주장이다. 여기에 대해 불교측에서는 인도 붇다가 중국에 태어난 것이 노자이기 때문에 도교가 불교제자라고 주장한 것을 말한다. 이것은 불도논쟁에 언제나 등장하는 단골메뉴였다. 안세고가 활동했던 시대는 후한 환제(後漢 桓帝, 132~167)가 궁정에서 노자와 붇다를 함께 모시기도 했고 노자가 인도로 가서 붇다가 됐다는 노자화호설(老子化胡說)이 등장한 시기이기도 했다.

도교측에서 조작한 노자화호설에 대응하기 위해 불교측에서 청정법행경(淸淨法行經)을 써서 붇다가 중국(振旦)을 교화하려고 세 명의 제자를 보냈는데 유동보살(儒童菩薩)은 공자(孔子, BCE 552~479), 광정보살(光淨菩薩)은 안연(顏淵, BCE 521~491), 마하보살(摩訶菩薩)은 노자(老子, BCE 6세기 활동)라고 주장했다.

2) 사문불경왕자론(沙門不敬王者論)

혜원(慧遠, 335~417)은 동진에서 활동하며 사문불경왕자론(沙門不敬王者論)을 주장하며 세속권력으로부터 불교 정체성을 지키려고 노력한 것에 비해 스승인 도안은 전진 부견에 의지해 활동하면서 국주(國主)에 의존하지 않으면 법사(法事)를 세우기 어렵다는 태도를 취했고 법과(法果, 5세기 초기활동)는 현재왕을 현재여래라고 주장했다. 이는 남조와 북조 불교성격을 잘 나타낸다.

657년 당 고종(高宗, 628~683)은 칙령에서 스님이 부모를 공경하지 않고 도리어 부모로부터 예배받는 것은 인륜에 어긋난다고 지적했다. 그리고 667년 출가사문도 임금과 부모에게 예배해야한다고 명했다. 그러나 위수(威秀, 7세기 후기활동)와 도선(道宣, 596~667) 등의 반대운동으로 왕에 대한 예경은 취소했지만 부모에 대한 예경은 해야한다고 명했다. 이로서 당 불교는 동진 이후 지켜오던 사문불경왕자론(沙門不敬王者論)이 붕괴됐다. 왕에 대한 칭호도 당 초기는 빈도(貧道)나 사문(沙門)이라고 했지만 760년 혜능제자 영도(令韜, 8세기 중기활동)가 자신을 신(臣)으로 칭한 후 관례가 됐다.

3) 신멸불멸론(身滅不滅論)

420~580년 무렵 남북조 시대 논쟁초점은 신멸불멸(神滅不滅)과 인과응보(因果應報)였다. 유교는 사람이 죽으면 형(刑, 몸)과 신(神, 정신)이 함께 없어져 후세에 응보가 없다고 주장했고 불교는 몸은 없어지지만 정신은 없어지지 않고 남아 윤회한다고 주장했다.

4) 이하론(夷夏論)

467년 송 고환(顧歡, 5세기 중기활동)은 이하론(夷夏論)을 저술하고 불교는 이적(夷狄) 종교이기 때문에 중하(中夏)가 취해서는 안된다고 주장하고 불교를 배척했다. 이에 대해 불교측은 명승소(明僧紹), 정이교론(正二敎論) 등 많은 논문을 저술해 반박했다.

400년대 남중국은 여전히 노장사상이 성했고 노장적인 불교가 대중성을 획득했다. 북중국과는 달리 불교교단에 대한 탄압이 덜했고 인도에서 많은 스님이 와서 활동했다.

637년 당 고조(高祖, 566~635)는 도교시조인 노자 성이 이씨(李氏)라는 사실과 당 왕실을 연결해 노자를 당실조(唐室祖)라는 설을 채용해 도선불후(道先佛後) 석차를 정했다.

691년 무주조(武周朝) 때 잠시 불교가 도교보다 위에 위치하기도 했지만 도선불후 순서는 당왕실 일관된 방침이었다. 당대도 불교와 도교는 서로 우수하다고 논쟁을 멈추지 않았다. 여기에 유교까지 가세해 불도유(佛道儒) 3교는 치열한 이론논쟁과 헤게모니를 차지하기 위해 논쟁했다.

송대는 왕안석(王安石, 1021~1086)이나 주희(朱熹, 1130~1200)처럼 유학자이면서 불교를 연구한 사람이 많았다. 송학(宋學)은 불교 중에서 선이나 화엄에 기초해 불교를 배우거나 비판했다. 배불론자(排佛論者) 가운데 가장 심했던 사람이 구양수(歐陽脩, 1007~1072)다. 구양수는 한유(韓愈, 768~824)가 지은 원도(原道)를 읽고 본론삼편(本論三篇)을 지어 배불(排佛)을 주장했다. 이태백(李太白, 701~762) 등도 여기에 동조했다.

구양수가 주장한 배불론을 반박하기 위해 계숭(契嵩, 1077~1072)은 보교편(輔敎篇), 장상영(張商英, 1043~1121)은 호교론(護敎論), 유밀(劉謐)은 삼교평심론(三敎平心論)을 저술했다. 장횡거(張橫渠, 1020~1077)는 정몽(正蒙)을 지어 유심연기설(唯心緣起說)을 비판했다. 주희 또한 불교를 가혹하게 비판했다. 불교비판이 높아지자 유학자 가운데 조화설(調和說)을 주창하는 사람도 나타났다. 진박(陳搏, ?~989)은 불유도(佛儒道) 삼교조화(三敎調和)를 제창했고 장상영은 호교론 중에서 공자(孔子, BC 551~BC 479) 도는 불교 식심견성(識心見性)과 무상보리(無上菩提) 도라고 주장하고 유(儒)는 피부질환을 치료하고 도(道)는 혈맥질환을 치료하고 불(佛)은 골수병을 치료한다고 주장하고 삼교가 조화를 이룰 때 서로 통한다고 주장했다. 이강(李綱, 1083~1140)은 역(易)과 화엄(華嚴)을 융합해야한다고 주장했다.

12. 대규모 불교탄압

317~420년 동진시대 불교가 급격히 대중성을 획득하자 여러 가지 사회문제가 발생했다. 특히 유교측에서 불교비판이 가장 심했다. 비판핵심은 출가수행자가 노동하지 않는 것, 가정을 떠나 부모와 왕을 공경하지 않는 것, 윤회설 등이었다.

438년 북위(北魏) 때 최호(崔浩, 381~450)와 구겸지(寇謙之, 363~448)가 결탁해 도교를 국교로 하고 불교를 탄압했다. 438년 50세 이하는 출가를 금했고 446년 장안에 입성한 후 사찰과 경전을 불태우고 스님을 살해했다. 사찰출입을 금하고 어기면 사형에 처했고 모든 스님을 환속시켰다. 고종(高宗, 재위 452~465)이 즉위하고 복불(復佛) 조칙을 발표하고 불교탄압이 멈췄다.

567~569년 북주(北周) 무제(武帝, 재위 560~578)는 부국강병책을 취하고 불교를 탄압하고 사찰재산을 국가 재정으로 환수했다. 567년 도사(道士) 위원숭(衛元崇, 6세기 후기활동)은 불교를 없애라고 상소한다. 569년 무제는 도교도사와 불교스님을 모아 도불토론을 시켰다. 그리고 점차 도교와 불교를 멀리하고 유교(儒敎)를 숭상했다. 유교국가로 북주 통치정체성을 삼고 불교와 도교를 탄압했다. 경전과 불상을 불사르고 스님과 도사를 환속시켰다. 577년 북제를 침략할 때도 불교를 탄압했다. 578년 무제가 죽고 선제(宣帝, BCE 91~49)가 즉위하고 불교부흥 소칙을 내렸다. 이때 4만 개 사찰을 귀족저택으로 사용했고 경전을 불태웠고 3백여만 명 스님을 환속시켰다. 기간은 7년에 불과했지만 피해는 아주 컸다.

845년 당 무종(武宗, 814~846)이 행한 불교탄압(廢佛)은 근세이전 북위 태무제(太武帝, 재위 423~452), 북주 무제(武帝, 재위 560~578), 후주 세종(世宗, 921~959), 당 무종(武宗, 814~846) 등 3무1종(三武一宗)으로 불리는 중국역사에서 불교에 가해진 4차례 탄압 가운데 가장 심했다. 표면적인 이유는 도교도의 불교탄압이지만 실제적인 내용은 반외세민족자주 세력의 외세추방운동이었고 불교교단이 소유한 막대한 재정을 국가와 유교도들이 환수하는 것이었다.

955년 5대 각 왕조는 자주 불교단속 조치를 내렸다. 955년 후주(後周) 세종(世宗)은 칙령을 내려 폐불을 단행했다. 이때 폐불은 국가재정 확충과 스님타락이 원인이었다. 이때부터 출가할 때 부모와 조부모 허락을 받아야 했고 개인적인 출가는 금지했고 국가에서 발급하는 도첩(度牒)을 발급받아야 비로소 삭발수계가 가능했다. 세종폐불은 5대왕조 불교정책 귀결이었고 이후 송대 국가권력이 불교교단을 완전히 지배하는 기반을 제공했다.

1898년 청조말기 기독교 사상에 입각해 홍수전(洪秀全, 1814~1864)이 일으킨 태평천국난(太平天國亂) 때 사찰이 많이 파괴됐다. 양문회(楊文會, 1837~1911) 등이 활동해 명맥을 유지했다. 그러나 1898년 장지동(張之洞, 1837~1909)이 제출한 중학(儒敎)을 체(體)로 하고 서학(西學)을 용(用)으로 한다는 교육방침이 천명되고 불교사찰 재산을 몰수해 각종학교를 건설하는 묘산흥학(廟産興學) 폐불정책이 시행됐다. 이 운동은 불교사찰이나 종묘(宗廟) 등이 가진 재산을 징발해 학교설립자금 가운데 7/10을 충당하자는 정책이다. 이 묘산흥학 운동은 민국(民國)이 건국된 이후에도 자주 거론됐다. 남경(南京) 중앙대학 교수인 태협추(邰夾秋, 20세기 중기활동)는 1931년 승벌(僧閥) 타도, 승중(僧衆) 해산, 묘산획발(廟産劃撥), 교육진흥이란 4가지 항목을 내세우고 묘산흥학조직위원회를 조직했다.

불교교단을 위협하는 묘산흥학 운동에 대해 불교계는 1912년 천룡사(天龍寺) 경안(敬安, 1851~1912)이 중화불교총회(中華佛敎總會)를 창설하고 사찰재산보호와 불교진흥활동을 시작했다.

불교계 혁신운동에 활약한 인물은 남경 비로사(毘盧寺) 태허(太虛, 1890~1949)다. 그의 스승 경안이 불교탄압에 반대해 분사(憤死)한 것에 반해 태허는 먼저 불교내부 정리를 위해 각사총서(覺社叢書)를 창간해 정리승가제도론(整理僧伽制度論)을 발표했다. 한편 인재양성을 위해 무창불학원(武昌佛學院) 등을 설립해 활동했고 세계불교도 협력을 강조하고 세계불교연합회를 조직했고 월간지 해조음(海潮音)을 발간했다. 이후 중국에서 활동한 불교도 대부분 그의 감화를 입었다.

1967년 1949년 중화인민공화국(中華人民共和國)이 건국하고 중국이 사회주의 체제가 되면서 불교는 개인신앙 차원으로 한정해 활동했다. 그러나 1967년 문화대혁명 때 홍위병에 의해 불교는 심각한 타격을 받았다. 많은 스님들이 강제환속당했다. 거부하고 강물에 투신해 입적한 스님도 많았다. 문화대혁명이 끝나고 파괴된 불교사찰은 서서히 복원되고 있다.

13. 분열과 통일 제국

중국은 크게 황하와 양자강을 중심으로 북중국과 남중국으로 구분한다. 북중국과 남중국은 인종과 문화 등 모든 면에서 많은 차이가 있다.

북중국은 중국문명의 발상지고 중심지이면서 동시에 비한족계열과 한족계열이 중원을 두고 치열하게 투쟁했다. 대부분 북중국은 비한족이 지배하면서 변화무쌍했고 남중국은 비교적 한족이 지배하면서 평온을 유지했다.

북중국은 한족이 유교와 도교에 기초해 문화우월성을 가진 것에 대해 그런 열등감을 극복하기 위해 인도에서 들어온 불교를 적극적으로 활용했다. 또 이민족이 가진 다양한 종교와 사상을 통합하기 위해 불교를 이용했다.

중국은 군소국가로 분열하거나 거대제국으로 통일하는 과정에서 불교, 유교, 도교 등이 헤게모니를 장악하기 위해 갈등과 조화를 이루기도 했다.

중국에서 외래종교인 불교가 전해지고 정착할 때는 통일제국이 분열할 때였다. 분열된 제국이 통일할 때는 대개 유교가 득세했다. 그것은 불교철학이 개인주의, 자유주의, 홀로서기를 강조하고 유교철학이 집단주의, 통제주의, 복종철학을 강조하기 때문이다.

표130 순례승 이동로

한국불교 처음부터
붇ㄷ하 정통 싸띠수행법이었다

project

1. 선래와 수용

2. 도입과 구법여행

3. 보ㄷ히ㄷ함마 계통 싸띠수행 도입

4. 선교일치운동

5. 화두 싸띠수행 도입

6. 라마교 전래

7. ㄷ하–나ㅂ하ㄷ라 계통 싸띠수행 도입

8. 숭유배불 조선불교

9. 서산휴정 싸띠수행

10. 일제강점기와 해방 이후 불교

11. 오해와 진실

12. 과거와 현재

13. 현실과 전망

check point

여기서는 한국에 전해져 발전한 오리지널 불교와 싸띠수행에 관해 배우고 익힌다. 흔히 붇ㄷ하 정통 싸띠수행이 최근에 한국에 소개된 것으로 알고있다. 그러나 이것은 한국불교사 전반에 대한 무지와 오해에서 비롯된 것이다. 한국은 처음부터 붇ㄷ하가 만든 정통 싸띠수행과 오리지널 불교가 전해졌다. 그 후 이런 전통이 한 번도 끊어진 적 없이 오늘날까지 이어졌다. 이 장을 자세히 배우면 한국불교사 과거와 현재, 현재와 미래에 대한 넓고 깊은 통찰력을 가질 수 있을 것이다.

1. 전래와 수용

1. 붇다하가 보리수 아래서 싸띠수행을 사용해 아라한뜨가 된 이래 싸띠수행은 모든 불교수행 기본이 됐다. 이후 인도와 다른 나라에서 등장한 다양한 불교수행 또한 붇다하가 만든 싸띠수행을 자기가 직면한 상황에 적합하도록 응용해 사용한 것이다*.

인도불교 흐름

BCE 566년 음력 4월 15일 고따마 씯ㄷ핫타 (Gotama Siddhattha, 瞿曇, 悉達多, 義成就 · Buddha, 佛陀, 覺者) 탄생.

BCE 535년 고따마 씯ㄷ핫타 출가수행

BCE 531년 음력 4월 15일 새벽 3시 무렵 붇다하가야 보리수 아래서 고따마 씯ㄷ핫타가 아라한뜨 막가파라에 들어 닙바-나 체험함. 붇다해(Buddha, 佛陀, 覺者)가 됨.

BCE 531년 음력 7월 무렵. 미가다-야(Migadāya, 鹿野園)에서 5비힉쿠에게 수행지도함.

BCE 531년 음력 9월 초순 무렵. 미가다-야에서 불교창립선언문(轉法宣言) 발표. 이후 45년 동안 중인도에서 반경 400km, 매년 1300km를 맨발로 이동하면서 수행지도하고 활동함.

BCE 486년 음력 4월 15일 저녁 11시 무렵. 꾸씨나-라-에서 입멸함. 활동할 때는 별일이 많았지만 붇다하 입멸 후 별일은 대중관심 밖이고 대중은 자기에게 이익되는 것 자유로운 삶, 청정한 삶, 행복한 삶, 공존하는 삶에 관한 가르침인 마음과학과 싸띠수행만 주목함.

BCE 486년 음력 6월 초순부터 이듬해 음력 2월 초순까지 최초 아-라-마인 라-자가하 웨루바나(Veḷuvana, 竹林精舍)에서 제1차 전인도출가수행자대회(一次結集, saṅgīti, 合誦) 개최. 수만 명의 출가수행자가 모여 그 가운데 500명의 아라한뜨를 대표로 뽑아 7개월에 걸쳐 붇다하 가르침과 행적을 수집, 정리, 보관했음. 이때 수행자 행동규범인 율장(vinaya piṭaka, 毘奈耶, 律藏)과 수행과 마음에 관한 내용인 경장(sutta piṭaka, 經藏) 등 2장(二藏)이 성립됨. 이것이 오늘날 대장경 원형임. 사용한 언어는 붇다하가 사용한 언어인 pāli 어고 집단암송(合誦)으로 전승됨.

BCE 380년 무렵 웨싸-리에서 출가수행자가 계율해석 문제로 분쟁이 일어나자 제2차 전인도출가수행자대회(二次結集) 개최. 수만 명이 참여한 이 모임은 500명의 아라한뜨를 뽑고 그 중에서 8명의 대표를 선출해 그들 주도로 8개월 동안 진행하면서 수없이 토론함. 이후 계율에 관한 관용파가 근본교단으로부터 이탈하기 시작함. 그들은 숫자가 많아서 마하-싼ㄱ히까(Mahāsaṅghika, 大衆部)라 하고 남은 수행자는 나이 많은 장로라서 장로 가르침이란 의미로 테라바-다(Theravāda, 長老部, 上座部)라고 했음. 이후 300여 년 동안 20개 부파로 분화함. 이 시기를 부파불교라고 함.

BCE 250년 무렵 불교철학에 힌두교 윤회사상이 침투하기 시작함. 이 문제를 해결하기 위해 아쏘까(Asoka 阿育, 無憂) 왕의 제안으로 빠-따리뿟따(Pāṭaliputta, 巴羅利弗, 華子城)에서 제3차 전인도출가수행자대회(三次結集) 개최. 1000명의 아라한뜨가 모여 9개월 동안 진행한 모임에서 윤회설은 힌두교사상이고 불교철학이 아님을 선언함. 윤회설을 인정하는 사람은 불교교단을 떠나거나 인도를 떠나란 칙령을 발표함. 사상절충 자이자 윤회설을 지지하던 쌉밧타봐-다(說一切有部) 등이 윤회설 발생지인 간ㄷ하-라 등 북인도로 떠남. 이 모임에서 율장과 경장을 해석한 7편의 논문[Abhidhamma, 阿毘達磨, 論藏]을 채택함. 이것을 더해 율경론 3장이 성립함.

BCE 180년 무렵 힌두교 쿠데타가 발생해 불교왕국인 마우리아 왕조를 전복하고 ㅂ라ㅎ마 교를 개량해 힌두교를 만들고 국교로 삼는 쑨가 왕조 세움. 그리고 30여 만 명의 출가수행자를 죽이고 3만 여 곳의 수행도량을 파괴하는 등 대대적인 불교탄압정책 취함.

BCE 35~32년 사이 스리랑카에서 이제까지 암송으로 전해진 pāli 3장을 최초로 싱할리 pāli로 기록함.

BCE 100년~CE 100년 무렵 대승부 등장. 신불교(근본불교) 운동 전개함. 윤회부정파, 윤회인정파, 신부정파, 신인정 파 등 대승부는 여러 갈래로 분화함. 그들은 자기주장을 정당화하기 위해 붇ㄷ하와 직계 제자를 주인공으로 삼고 붇ㄷ하 시대를 배경으로 한 불교역사소설을 씀. 그 역사소설이 금강경계통 빤나-부, 아미타경계통, 법화경계통, 화엄경계통 등 대승 경전임. 수행으로는 힌두교 요가기법과 붇ㄷ하가 만든 싸띠기법을 혼합해 사용함. 대중을 포용하고 수행을 중시하고 불교가 만들어진 근본정신으로 돌아가자고 출발한 대승부는 실천결과 불교역사상 대중을 가장 소외시켰고 수행 또한 멀리하는 결과를 초래함. 그들은 돈크기가 행복크기를 결정한다고 주장함. 그들은 경전을 읽으면 좋고 직접 물질을 시주해 붇ㄷ하 공덕을 찬양하는 것만큼 불보살로부터 가피력을 입는다고 주장함.

150~250년 무렵 중관파 등장. 대승경전을 논리적으로 정리함. 이 학파를 주도한 사람은 나-가-ㄹ쭈나를 중심으로 한 수행자임. 그들은 공(suñña, 空)을 주장하고 윤회를 부정하고 연기와 3법인을 몸과 마음으로 체험하기 위해 수행중시함.

350~450년 무렵 유식파 등장. 이들은 불교철학에 윤회설을 다시 도입함. 이 학파를 주도한 사람은 아상가(無着)와 와쑤반ㄷ후(世親)를 중심으로 한 수행자임. 그들은 사상으로 윤회설을 도입하고 수행으로 요가기법 채택함.

500년 무렵 만뜨래(Mantra, 眞言) 계통 밀교부(雜密) 등장. 이들은 불교 철학과 수행에 힌두요소를 전면 도입함. 이들은 대승부가 대중을 위한다고 주장하지만 실제로는 대중을 소외시켰다고 생각함. 그들이 대중을 위한 불교를 실천하려고 등장했다고 주장함. 그들은 지금 대중은 하근기기 때문에 수행보다는 불교로 각색된 힌두교 신, 관세음보살 등에 의지해 기도하고 가피 받음으로써 행복하게 살 수 있다고 주장함. 그들은 구원계량화를 내세움. 질보다 양을 중시함. 기도량만큼 가피량이 결정된다고 주장함. 그들은 단순반복 행위크기가 행복크기를 결정한다고 믿음. 그들은 경전을 직접 읽지 않아도 경전에 등장하는 주인공이름을 한 번 부르는 것이 경전 한 번 읽는 것과 같은 공덕이 있다고 주장함. 물질을 직접 시주하기보다 말로 시주했다고 하면 직접 물질을 시주한 것과 같은 공덕이 있다고 주장함. 주인공이름을 반복해 외우는 과정에서 싸띠집중력(samādhi bala, 三昧力)이 생기고 수행이 향상된다고 주장함. 수행하지 말고 기도하자고 출발한 밀교가 도리어 수행을 중시하는 결과를 보임. 만뜨라 계통 싸띠수행자는 소리를 알아차림 기준점(출발점)으로 삼고 수행했음. 물질이 아니라 말로 대체하자는 것이 물질이 척박한 티베트나 몽골 초원지대에서 대중성을 획득함.

700년 무렵 딴뜨래(Tantra) 계통 밀교부 등장. 이들은 성교할 때 전해지는 느낌을 알아차림 기준점(출발점)으로 삼고 수행함. 모든 것이 알아차림 대상이기 때문에 감각느낌을 대상으로 삼고 수행하는 것이 이상할 것 없다고 주장함. 이들은 막가파라에 들어 경험하는 닙바-나 즐거움을 막가파라에 들지않고도 직접 체험할 수 있다고 주장함. 그것이 성교할 때 느끼는 즐거움이라고 강조함. 그러나 그들은 길을 놓치고 말았음. 이런 수행기법을 강조한 밀교수행이 대중성을 획득한 티베트고원 파미르고원에 성병이 만연한 것은 많은 것을 시사함. 만뜨라 계통이나 딴뜨라 계통이나 모두 인도중부에서 발생했지만 대중성을 획득한 곳은 티베트 고원이나 파미르 고원임.

1203년 무렵 이슬람 침입으로 인도에서 불교와 힌두교 몰락함.

1600년 무렵 이슬람이 인도에서 물러가자 힌두교는 되살아났지만 불교는 아직까지 되살아나지 못하고 있음. 그

2. 한국에 오리지널 불교와 싸띠수행이 전해진 것은 CE 4년 신라 남해왕(南解王, 재위 4~24) 때 53구 불상(佛像)이 쇠로 만든 종을 타고 와서 강원도 고성에 닿아 금강산으로 들어갔다는 것이 최초다.

3. 그 다음으로는 48년 인도 아유타(阿踰陀) 국에서 가야 김해로 온 허황옥(許黃玉, 33~189)이 가야 김수로(金首露, ?~199) 왕과 국제결혼할 때 함께 온 남매인 장유화상(長遊和尙, 1~2세기 활동)이 오리지널 불교와 싸띠수행을 전했다.

4. 이때 가야에 전해진 불교는 오리지널 불교와 붇다하 정통 싸띠수행이었다. 이때는 인도에도 대승부가 태동하던 시기였기 때문에 한국에 전해진 것은 오리지널 불교였고 수행법 또한 싸띠수행이었다.

5. 그들은 김해 장유사(長遊寺), 은하사(銀河寺), 남해 보리암(菩提庵), 지리산 칠불암(七佛庵) 등 울산에서 삼천포에 이르는 해안선을 따라 많은 아-라-마를 건립했다. 지금은 이들 아-라-마 대부분이 기도처로 사용되지만 처음 설립될 때는 수행도량으로 만들었다.

주된 이유가 대승부로부터 시작된 불교 힌두교화가 원인임. 신과 윤회를 부정한 것이 불교철학 정체성이었는데 불교가 신과 윤회를 도입함으로써 똑같은 가치관 두 개가 같은 지역에 존재할 이유가 없게 됨. 그래서 힌두교를 모방한 불교가 일반민중으로부터 외면 받음. 항상 오리지널은 살아남고 모조품은 생명력이 짧음.

1900년 무렵부터 스리랑카 출신 원력가 ㄷ함마빠-라(Dhammapāla, 法護, 1864~1933)가 Maha Bodhi Society(大覺會) 운동을 시작하면서 4대성지회복운동 출발함. 같은 시기 암베드까르(Ambedkar, 1891~1956)가 하층민권리찾기운동 시작함.

2003년 BUDDHA DHAMMA SAṄGHA가 인도불교살리기운동 시작함. 이 SAṄGHA는 인도불교가 살아나지 않고서는 세계불교 또한 생명을 가질 수 없다는 점에 주목함. 인도불교를 되살리는 일은 그 일을 직접 담당할 주체인 인도출신 출가수행자를 교육하는 것이라고 봄. 교육내용은 자유로운 삶, 청정한 삶, 행복한 삶, 공존하는 삶으로 가는 철학이자 도구인 마음과학과 싸띠수행이라고 결론내림. 그래서 붇다하가 깨달음을 성취하고 불교가 발생한 장소인 붇다하가야 보리수 옆에 국제선원인 INTERNATIONAL PAÑÑĀRĀMA와 국제불교대학인 INTERNATIONAL SATI SCHOOL을 설립하고 수행자 양성운동을 시작함. 이곳에 몸과 마음의 건강, 치료, 행복을 담당할 무료의과대학을 설립하려고 준비함.

6. 372년 인도에서 온 순도(順道, 4세기 후기활동)가 북중국 전진(前秦)에 머물다 그곳 왕 부견(符堅, 4세기 활동)의 사신으로 고구려에 와서 불교와 수행을 전했다.

7. 고구려에 전해진 불교는 삼론종(三論宗) 계통이었다. 삼론종은 윤회를 부정하고 싸띠수행을 강조했다. 그들은 나-가-르주나가 정립한 중론, 12문론, 아-리야데봐가 지은 백론에 기초해 불교를 이해했다.

8. 그들은 존재양식 혹은 존재 결합방식을 설명한 연기와 존재 물리특성을 설명한 공은 사유로 이해하는 것(思惟則)이 아니라 직접 몸과 마음으로 체험해 이해하는 것(經驗則)이 중요하다고 보고 싸띠수행을 강조했다.

9. 384년 인도에서 온 마라난타(摩羅難陀, 4세기 후기활동)가 남중국 동진(東晉)에 머물다 백제에 와서 전한 불교 또한 계율과 수행을 중시한 오리지널 불교와 싸띠수행이었다. 이때 pāli 율장을 번역해주고 다시 중국으로 건너갔다.

10. 가야, 고구려, 백제, 신라가 불교를 수용하고 실천한 양상을 보면 특색이 조금씩 다르다. 가야는 인도로부터 전해진 오리지널 불교를 도입해 사용했고, 고구려는 논장, 백제는 계율, 신라는 대승경전을 중시했다. 그리고 모두 붇다하가 했던 정통 싸띠수행을 기본으로 삼았다.

11. 529년 신라 법흥왕(法興王, 재위 514~540)은 도축금지령을 내려 살생을 금지했고, 599년 백제 법왕(法王, 재위 599~600)은 고기잡는 도구를 불태우고 민가에서 기르는 매 등을 방생하고 살생금지령을 내렸다. 전쟁무기를 녹여 농사도구로 만들기도 했다.

12. 신라 원광(圓光, 555~638)은 세속5계를 지어 젊은이를 전쟁터로 내모는 데 일조했고 자장(慈藏, 7세기 중기활동)은 현실정치에 깊이 개입했다. 고구려 도림(道林, 5세기 후반활동)은 백제에 첩자로 갔고 덕창(德昌,

7세기 중기활동)은 신라에 첩자로 갔다. 삼국이 통일전쟁을 하던 시기 출가수행자도 현실정치로부터 자유로울 수 없었다.

13. 한국불교는 중국이나 인도로부터 불교를 수입해 쓰기만 한 것이 아니라 일본으로 전해주기도 했다.

14. 552년 백제 성왕(聖王, 재위 523~554)은 불상과 경 등을 일본에 전했고, 577년 위덕왕(威德王, 525~598)은 선사(禪師), 율사(律師), 경논(經論) 등을 일본에 전했다. 595년 고구려 영양왕(嬰陽王, 재위 590~618) 때 혜자(惠慈, ?~622)는 일본으로 가서 활동했고, 610년에는 담징(曇徵, 579~631)이 일본에 가서 유교경전과 그림을 가르쳤다. 623년 신라 진평왕(眞平王, 재위 579~632) 때 혜제(慧濟, 7세기 중기활동)를 시작으로 많은 스님이 일본으로 건너가 활동했다.

2. 도입과 구법여행

1. 528년 눌지왕(訥祇王, 재위 417~458) 때 고구려로부터 서역인으로 추정되는 묵호자(墨胡子, 5세기 중기활동)가 신라에 와서 불교와 수행을 전했다. 이 무렵 이차돈(異次頓, 506~527)이 순교하고 불교활동이 공인됐다.

2. 600년대 중기 원효(元曉, 617~686)를 비롯한 많은 수행자가 교학(敎學)만 한 것으로 알려졌지만 실상은 붇다 정통 싸띠수행도 함께 닦았다. 원효는 아미타염불(阿彌陀念佛)만 한 것이 아니라 소리를 대상(觀聲, 기준점, 출발점) 삼고 염불 싸띠수행(念佛禪)을 했다. 다른 수행자도 마찬가지다*.

3. 오늘날 대부분 강단불교학자는 수행자를 연구할 때 그들이 문자만 다룬 것으로 이해하거나 철학관점으로 다룬다. 이것은 곤란하다. 이들 학자가 수행하지 않고 마음과 수행은 모른 채 문자만 다루다보니 자기수준에서 그렇게 해석할 뿐이다. 눈밝은 수행자는 문자뿐만 아니라 수행대가란 사실을 간과하면 안 된다.

4. 한국불교가 수동적으로 중국으로부터 전해지는 불교를 단순히 받아 쓴 것만은 아니다. 중국이나 인도로 불법을 구하기 위해 적극적으로 구법여행(求法旅行)을 떠났다.

5. 526년 백제 겸익(謙益, 6세기 중기활동)이 중인도 상가나 대율사(常伽那 大律寺)에서 pāli 어와 율장을 배웠다. 그리고 인도에서 온 배달다 3장(倍達多 三藏)을 모시고 귀국해 pāli 율장 72권을 번역했다*.

6. 600년대 중반 신라를 중심으로 많은 수행자가 중국으로 가서 불교를

황룡사와 분황사

신라를 말할 때 빠짐없이 이야기 하는 것이 황룡사(皇龍寺)다. 특히 그 도량에 있던 9층목탑은 웅장했다고 한다. 그러나 황룡사 옆에 있던 분황사(芬皇寺)에 대해서는 많이 언급하지 않는다. 황룡사가 국가 공식행사를 위한 사찰이라면 분황사는 수행도량이었던 것으로 추정된다. 특히 원효나 삼국유사 기록에 의하면 싸띠수행도량이었다. 9세기 중엽 보드히드함마 계통 싸띠수행이 도입되기 이전에도 많은 수행자가 싸띠수행을 했다. 보드히드함마 계통 싸띠수행은 680년 무렵 청도 운문사(雲門寺)로 도입됐다. 그리고 828년 지리산 실상사가 최초로 건립됐다. 도입된 지 150년 만이다.

붇드하가야

고따마 씻드핫타가 아라한뜨 막가파라에 들어 닙바-나를 체험하고 최상깨달음을 성취한 성스러운 장소인 붇드하가야는 단순히 성지만은 아니다. 붇드하 입멸 이후 중국이나 한국을 비롯한 이역만리 먼 곳에서 온 수행자가 이곳에 머물면서 먼저 싸띠수행과 pāli 어를 배우고 오리지널 경전을 배웠다. 그리고 나서 대승경전이나 초기밀교(雜密)를 배우고 싶으면 나-란다 아-라-마로 갔고, 아비히드함마를 배우고 싶으면 탁씨라 드함마라-지까 아-라-마로 갔다. 밀교를 배우고 싶으면 비끄라마씨-라 아-라-마로 갔다. 싸띠수행을 하고 싶으면 최초로 수행지도한 미가다-야나 붇드하가야로 갔다. 흔히 불교대학으로 알려진 나-란다는 종합대학이었고 대승불교와 초기밀교를 가르치는 곳이었다.

배우고 돌아왔다. 이때 당에 와서 활동하던 인도스님이 유학 온 한국스님을 따라 한국에 오는 경우가 많았다.

7. 안홍(安弘, 7세기 중기활동)이 귀국할 때는 인도에서 온 비마라진제(毗摩羅眞諦, 7세기 중기활동), 농가타(農伽陀, 7세기 중기활동), 불타승가(佛陀僧伽, 7세기 중기활동) 등이 함께 와서 황룡사에 머물며 경전번역하고 활동했다.

8. 643년 신라 아리나발마(阿離那跋摩, 7세기 중후기활동)가 당으로 가고 그곳에서 파미르 고원길을 따라 인도로 가서 나란다 아라마에서 수행하다 그곳에서 70세로 입적했다. 혜업(慧業, 7세기 중후기활동)은 당으로 가고 그곳에서 다시 인도 붇다가야 대보리사(Mahā Bodhi MahāVihara, 大覺大寺, 大菩提寺)에 머물며 수행하다 나란다 아라마로 가 그곳에서 수행하다 입적했다. 혜업이 쓴 범본(梵本) 책이 나란다 아라마에 있었다고 한다. 빤나발마(慧輪 혹은 惠申, 7세기 중후기활동)는 현장을 따라 인도로 갔지만 암마라파국(菴摩羅波國) 신자사(信者寺)에서 수행하다 40세 무렵에 동쪽 건다라(揵陀羅) 산다사(山荼寺)에서 병으로 입적했다.

9. 신라 싸르바즈나데봐(Sarvajñādeva, 玄泰, 7세기 중후기활동)는 당으로 가서 그곳에서 중인도로 갔다. 붇다가야 대보리사에서 수행한 후 당으로 돌아왔지만 신라로 귀국하지 않고 그곳에서 수행하다 입적했다. 구본(求本, 7세기 후기활동)은 당에서 인도로 갔지만 자세한 행적은 알려지지 않고 있다.

10. 현각(玄恪, 7세기 중후기활동)과 현조(玄照, 7세기 중후기활동)는 당에서 함께 인도로 가서 저란타국(闍蘭陀國)에서 4년 동안 머물면서 경률을 배운 뒤 붇다가야 대보리사에서 4년 동안 논장과 율장을 익혔다. 현각은 40세에 그곳에서 병으로 입적했다.

11. 현조는 나란다 아라마에서 3년 동안 머물며 승광(僧光, 7세기 중후기활동)으로부터 중론, 백론 등을 배웠고, 보사자(寶師子, 7세기 중후기활동)로부터 유가17지(瑜伽十七地)를 배우고 낙양으로 귀국했다.

12. 당 고종(高宗, 제위 650~684) 명으로 다시 인도로 갔다가 나란다 아라마에서 중국 구법승 의정(義淨, 635~713)을 만났고 60세 때 암마라발국(菴摩羅波國)에서 입적했다.

13. 현조는 실크로드로 가지않고 토번(吐蕃, 西藏) 길로 갔다. 오늘날 차마고도(茶馬古道)로 알려진 「성도 – 라싸 – 카트만두」로 간 것으로 추정된다. 라싸에서 당 문성공주(文聖公主, 7세기 중기활동)로부터 여비를 시주받아 구법여행을 마쳤다.

14. 고구려 현유(玄遊, 7세기 중후기활동)는 당으로 가고 그곳에서 승철선사(僧哲, 7세기 중기활동)를 모시고 수행하다 인도로 갔다. 성지를 순례한 후 동인도에 머물다 그곳에서 입적했다.

15. 신라 혜초(慧超, 704~?)는 광주(廣州)에서 인도에서 온 밀교수행자 와ㅈ라보ㄷ히 3장(金剛智 三藏, 8세기 초기활동)을 만나 제자가 됐다.

16. 와ㅈ라보ㄷ히 권유로 717년 광주를 떠나 나신국(裸身國)을 거쳐 해로로 인도에 도착해 5천축을 순례한 후 727년에 당으로 돌아왔다. 그는 해로로 가서 육로로 돌아왔다. 신라로 귀국하지 않고 계속 당에 남아 활동했다. 그는 왕오천축국전(往五天竺國傳)을 지었다.

17. 유교나 도교 문화 본류인 중국도 불교문화에 대해서는 주변부다. 불교에 관해서는 인도가 상징성을 갖고있었다. 인도는 불교에 관한 모든 것의 원천이다.

18. 많은 중국불교 수행자는 마음갈증을 채우기 위해 먼 천축으로 구법여행을 떠났다. 중국수행자를 따라 한국수행자도 인도로 구법여행을 떠났

다. 그러나 그들 대부분은 귀국하지 못하고 그곳에서 입적했다.

19. 그 당시 아시아 중심은 인도와 중국이었다. 중국문화권에 속한 나라는 당 수도 장안으로 가서 신문물을 배우고 귀국해 활동하는 것이 꿈이었다.

20. 643년 신라 자장(慈藏, 7세기 초중기활동)이 당에서 율장과 화엄경을 배우고 귀국했다. 670년 의상(義湘, 625~702)이 당에서 화엄경과 수행을 배우고 귀국했다. 이 무렵 국내에 남아 화엄학과 싸띠수행을 배운 수행자가 원효다.

21. 의상과 원효는 현장에게 유식을 배우기 위해 두 번에 걸쳐 밀항을 시도하지만 실패했다. 원효는 입당유학을 포기하고 혼자 교학과 수행을 통달했고 의상은 중국으로 가서 화엄경을 배워왔다.

22. 이 당시 한국불교계는 입당유학파와 국내파 간에 보이지않는 알력이 있었다. 지금도 마찬가지지만 주변부문화권은 항상 해외파가 득세한다. 그들이 신문물을 도입하고 세상을 바꾸기 때문이다*.

23. 670년 무렵 명랑(明朗, 7세기 중기활동)이 당에서 귀국해 요가수행(Yoga, 瑜伽行)을 전했다. 정확한 내용은 알 수 없지만 만뜨라 수행(mantra, 眞言)으로 추정된다. 이때부터 만뜨라 밀교수행이 유포되기 시작했다. 753년 대현(大賢, 8세기 중기활동)을 중심으로 만뜨라 수행(瑜伽行)이 성행했다.

24. 704년 김사양(金思讓, 8세기 초기활동)이 당에서 돌아오면서 금광

해외파

자장은 출가수행자가 율장에 따라 제정된 까-싸-야를 입고 생활하는 전통을 중국식으로 바꾸었다. 출가수행자는 24시간 내내 까-싸-야를 입고지내는 것이 붇다 이래 전통이었다. 그런데 자장은 중국식 전통에 따라 평소에는 까-싸-야를 입지않고 평복(중국식 혹은 한식 복장)을 입고지내다 행사하거나 예불할 때만 까-싸-야를 입도록 한 것 같다.

명최승왕경(金光明最勝王經)을 가져왔다. 이 경전은 고대인도 민간의학에 관한 내용이 많이 담겨있다. 오늘날 아유르베다와 비슷한 것으로 추정된다. 이때부터 수행을 의료복지에 적극 활용했다.

25. 신라가 3국을 통일하기 전에는 미륵신앙이나 화엄교학 등을 강조했다. 그것이 민중을 조직하고 통일전쟁에 참여할 수 있게 하는 이론틀을 제공했다.

26. 통일 이후는 아미타신앙, 밀교진언, 화엄교학 등을 강조했다. 그것은 통일전쟁 와중에 희생된 사람을 달래고 지역감정을 희석하고 민심을 달래기 위한 방편이었다. 이런 와중에 수행은 점차 대중시야에서 사라졌다.

3. 보ㄷ히ㄷ함마 계통 싸띠수행 도입

1. 680년 무렵 법랑(法朗, 650년 무렵 활동)으로부터 시작된 보ㄷ히ㄷ함마 계통 싸띠수행이 한국에 소개됐다. 보ㄷ히ㄷ함마 계통 싸띠수행이 바로 붇ㄷ하 정통 싸띠수행이다.

2. 보ㄷ히ㄷ함마는 남인도 향지국 출신 수행자다. 그가 중국에 올 때 나이가 90이었다고 한다. 그는 수행하기 위해 중국에 온 것이 아니라 붇ㄷ하 정법을 전하기 위해왔다. 그가 전한 수행법이 붇ㄷ하가 아라한뜨 막가파라를 성취하고 최상정각을 깨달았을 때 사용한 붇ㄷ하 정통 싸띠수행이었다*.

3. 800년대 초중반 중국에서 한국으로 싸띠수행이 물밀듯 전해질 때도 화두 싸띠수행은 없었다. 이때도 「보ㄷ히ㄷ함마 – 대감혜능」으로 이어지는 수행법이 전해졌다. 이 또한 붇ㄷ하 정통 싸띠수행이었다.

4. 821년 도의(道義, 9세기 중기활동)의 귀국으로부터 시작된 입당구법

수행자 귀국은 그 당시 중국불교를 풍미하던 보ㄷ히ㄷ함마 계통 싸띠수행이 주류였다.

5. 826년 홍척(洪陟, 9세기 중기활동)이 귀국한 후 828년 지리산 북쪽에 실상사를 건립하면서 싸띠 수행도량이 집중적으로 건립되기 시작한다. 이후 약 100년 동안 9산선문(九山禪門)으로 대표되는 보ㄷ히ㄷ함마 계통 싸띠수행이 한국불교에 정착됐다. 이것이 오늘날 조계종뿌리다.

6. 이때 교종은 화엄사상에 기초하고 경주를 중심으로 한 신라를 지탱하는 이념이었다. 그들은 싸띠수행을 「마구니 가르침」 이라고 선동하고 불온한 사상으로 간주했다.

7. 그러나 개성을 중심으로 등장한 왕건세력은 싸띠수행이야말로 새로운 사회를 이끌 지도이념으로 이해하고 받아들였다. 그들은 새롭게 등장한 선종세력과 연합해 경주중심 권력을 개성중심으로 이동하는 데 성공했다. 그리고 보ㄷ히ㄷ함마 계통 싸띠수행이 주류사회에 진입했다.

4. 선교일치운동

1. 936년 고려가 건국된 후 고려는 선종만을 편애할 수 없었다. 그 당시 화엄종을 중심으로 한 교종세력이 엄연히 존재했고 국가경영을 위해서는

싸띠수행

싸띠수행은 붇ㄷ하 정통 수행법을 가리키는 용어다. 이 말은 붇ㄷ하가 미가다-야에서 5ㅂ힉쿠에게 최초로 수행지도 할 때부터 꾸씨나-라에서 입멸할 때까지 이것을 자기수행법을 지칭하는 용어로 사용했다. 이 책에서는 싸띠수행 또는 알아차림이라고 한다. 이 용어를 부파는 위빳싸나, 대승은 싸띠, 밀교부는 만뜨라 혹은 딴뜨라, 중국은 선(禪), 서구는 meditation, 이것이 다시 한문으로 번역돼 명상 등으로 다양하게 불려진다.

이들을 무시할 수 없었다.

2. 싸띠수행 특징은 수행자에게 자립심을 키워주고 홀로서기를 가능하게 해준다. 이런 철학은 집중된 힘을 해체하는 데는 효과적이지만 안정된 사회에 힘을 중앙으로 집중하는 데는 어느 정도 한계를 가질 수밖에 없다.

3. 화엄교학을 중심으로 한 교종특징은 개별존재 독립성보다 전체존재 연관성을 중시한다. 따라서 개별존재를 연결하고 한 곳으로 힘을 집중하는 이념토대를 제공해준다.

4. 전환기에 변혁을 원하는 사람은 해체철학을 선호하고 변혁을 원하지 않는 사람은 통합철학을 좋아한다. 변혁에 성공한 사람도 안정기에 접어들면 집중철학을 요구한다. 전환논리는 기득권을 가진 사람입장에서는 좋아할 리가 없다.

5. 이런 관점에서 고려는 창업할 때는 선종과 결합했지만 후삼국통일 이후에는 교종을 선호했다.

6. 나말여초 변혁기를 거치면서 변혁에 적극 동참하면서 선종은 고려사회에 굳건히 뿌리내렸다. 이런 선종의 현실적인 힘을 무시할 수 없는 고려는 선종과 교종의 세력균형을 위해 선종과 교종 통합정책을 추진했다.

7. 959년 광종(光宗, 925~975)은 지종(智宗, 930~1018) 등 36명의 스님을 선발해 중국으로 보내 선수행과 정토신앙을 함께 겸수하는 법안종(法眼宗) 계통 싸띠수행을 도입했다.

8. 1085년 선종(宣宗, 1049~1094) 때 의천(義天, 1055~1101)은 중국으로 가서 선수행과 법화교학(法華敎學)을 겸수하는 천태교학(天台敎學)을 배우고 귀국해 천태종을 개창하고 교선융합(敎禪融合)을 실천했다. 이때 의천이 주도한 교선통합운동 필요에 의해 원효에게 화쟁국사(和諍國師)란 칭호와 권위를 부여하고 역사무대에 재등장시켰다.

9. 화두 싸띠수행과 화엄교학을 결합시킨 선교일치(禪敎一致) 활동은 보조지눌(普照知訥, 1158~1210)에 의해 수선사(修禪社)로 발전했다.

10. 천태수행(止觀修行)에 정토신앙을 결합한 선교통합(禪敎通合) 운동은 원묘요세(圓妙了世, 1163~1245)가 백련사(白蓮社)를 결성하고 대중불교운동으로 전개했다.

11. 그러나 이들 불교개혁운동은 자기가 처한 역사환경을 극복하지 못하고 권력의 그늘 밑으로 용해돼 역사부대에서 사라졌다.

12. 화두 싸띠수행에 기초한 보조지눌의 수선사운동은 대중견성운동이었고 염불과 참회에 기초한 원묘요세의 백련사운동은 대중구제운동이었다. 보조지눌은 중앙무대 무신으로부터 지원받았고 원묘요세는 지방평민에게서 지원받았다.

13. 이자현(李資玄, 1061~1125)을 중심으로 한 거사불교운동도 활발하게 일어났다. 그들은 수행과 재가생활을 하나로 하는 생활불교나 재가수행운동을 펼쳤다. 머리깎고 출가하지 않았지만 재가에 살면서 8계를 받아 거사(anāgārika, 居士)가 되고 재가수행자 표시인 백의를 입고 오후불식과 8계를 지키며 재가에서 싸띠수행을 했다.

14. 고려중기 무신정권이 등장하면서 무신은 자기에게 반대하던 출가수행자를 1500명 이상 죽이면서 고려불교는 무너지기 시작했다. 보조지눌은 불교탄압 주역인 최충헌(崔忠獻, 1149~1219)과 손잡고 정혜결사운동을 펼쳤다.

15. 눈밝은 수행자를 한꺼번에 제거함으로 인해 이후 고려중기불교는 두고두고 인재기근에 시달린다. 이어서 원이 침입하자 대부분 불교교단은 외세를 지지했다. 이것은 반외세 민족자주를 주장하며 등장한 조선에서 불교탄압 원인으로 작용했다.

16. 고려불교는 무신집권기 전후로 많이 다름을 알 수 있다. 무신집권 전에는 국가주도로 선종과 교종을 융합하기 위해 노력했고 무신집권 이후에는 스님이 주도해 다양한 결사운동을 전개하며 교단을 정화하려고 노력했다.

5. 화두 싸띠수행 도입

1. 12세기 중엽 중국에서 대혜종고가 개발한 화두 싸띠수행을 도입하고 한국불교 수행법은 획기적으로 바뀌기 시작했다. 이때 도입된 화두 싸띠수행 또한 붇다 정통 싸띠수행의 대혜종고 버전이다*.

2. 화두를 알아차림 기준점(출발점)으로 삼고 수행하는 화두 싸띠수행(看話禪, 話頭禪)은 보조지눌이 직접 중국에 가서 화두 싸띠수행 기술을 배

불교 장자상속제

　중국은 종법제도(宗法制度)란 독특한 사회제도가 있다. 부모에게서 태어난 첫 번째 남자아이가 집안중심이 되고 집안을 대표하고 조상 제사지내는 제도다. 천하를 대표하고 천하중심이고 하늘에 제사지내는 것이 천자(天子)다. 국가를 대표하고 국가제사를 주재하는 사람이 왕(王)이고 가문을 대표하고 가문제사를 주재하는 사람이 장자(長子)다.

　이런 종법제도는 남아선호사상과 장자상속제(長子相續制)로 발전하고 사회곳곳에 스며든다. 무술가문은 그 가문에 전해지는 최고절기는 다른 사람에게 전하지 않고 반드시 장자(長子)에게만 전해주었다. 이런 장자상속제를 받아들여 중국화된 것이 보디히담마 계통 싸띠수행자다.

　붇다 정통 싸띠수행자는 수행이 성숙한 사람이 초보자를 지도한다. 그리고 제자수행이 어느 정도 성숙되면 서로 의무로부터 자유로워진다. 그리고 필요하면 질문하고 지도한다. 이런 전통은 중국에도 그대로 전해졌다. 그런데 보디히담마 계통 싸띠수행자가 등장하면서 중국 유교전통인 종법제도를 불교수행 전통에 도입했다. 보디히담마 밑에 몇몇 제자가 있었지만 혜가만 부각되고 대만홍인에게는 제자가 많았지만 대통신수나 대감혜능만 부각시키는 것도 마찬가지다. 이런 관습이 수백 년이 지나면서 거대한 문중으로 등장한다. 그리고 이름붙인 것이 선종이다. 이것은 명백히 중국전통이지 붇다 정통은 아니다. 아마도 이런 사회제도는 평지정착 철학인 유교 가르침에 기초해 생존하기 위해 지역민중을 조직하는 과정에서 나온 것으로 보인다.

워 온 것이 아니라 국내에서 서장(書狀)이란 책을 통해 스스로 이해한 것이다.

3. 이 책은 대혜종고가 제자에게 서신으로 수행지도한 내용을 모아 편집한 것이다. 그 내용은 붇다 정통 싸띠수행에 관해 이론과 기술을 중국정서로 말한 것인데 읽는 대중은 일방적으로 화두 싸띠수행 우수성을 주장하고 묵조 싸띠수행(黙照禪)의 부정적인 면만 부각시킨 것으로 오해했다.

4. 책을 통해 이해한 화두 싸띠수행은 많은 한계를 드러냈다. 수행은 철학이 아니라 구체기술이다. 수행은 머리로 이해하는 사유칙이 아니라 몸과 마음으로 체험하는 경험칙이다.

5. 따라서 스승으로부터 직접 수행기술을 전수받지 못하고 책을 통해 간접적으로 수행기술을 이해하고 받아들임으로써 붇다로부터 스승과 제자가 수행점검(以心傳心)을 통해 전해지는 수행정보가 단절되는 치명적 결과를 초래했다*.

6. 그 결과 한국불교에서 펼쳐진 화두 싸띠수행은 거대담론은 뛰어나지만 수행기술, 수행 각 단계에서 나타나는 현상 등에 대한 올바른 이해와 구

확철대오

실지를 있는 그대로 이해하는 것을 「깨달았다.」고 했다. 이런 상태를 견전은 체해탈(paññā vimokha, 慧解脫)이라고 한다. 붇다는 아라한뜨 막가파라에 들어 마음오염원인 아-싸봐를 완전히 제거한 상태에서 실재를 있는 그대로 볼 수 있다고 했다. 따라서 막가파라에 들지않은 상태에서 이해한 것을 분석지(vitakka, 分析智, 알음알이)라고 한다.

과학자가 물질에 내재한 실재를 알기위해서는 현미경과 같은 도구를 사용해 분석하는 것이 답이다. 그러나 마음과학자나 수행자가 마음거울에 맺힌 상을 덮고있는 거품을 제거하고 내재한 실재를 알기위해서는 분석보다 직관이 더 효율적이다.

붇다 견해에 따르면 확철대오를 논하기에 앞서 막가파라에 들었는지를 먼저 점검해야한다. 화두타파도 마찬가지다. 화두타파를 주장하기에 앞서 막가파라에 들었는지를 먼저 점검해야한다. 만일 들지못한 상태에서 뭔가를 알았다면 그것은 분석지고 막가파라 2/5지점에서 나오는 건혜지(乾慧智)다. 더 본질적인 사실은 화두는 알아차림 기능인 싸띠를 강화하기 위한 도구일 뿐이라는 점이다.

체적 처리방법, 스승이 제자를 지도하는 지도방법 등 수행기술 기본과 핵심을 이전받지 못했다*.

7. 보조지눌이 시작한 선교일치를 표방한 수선사운동은 1182년 보조지눌이 승과에 급제하고 도반 10여 명과 함께 정혜결사(定慧結社)를 계획함으로써 시작됐다.

8. 1190년 팔공산 거조암(居祖庵)에서 정혜결사문(定慧結社文)을 발표하고 정혜사운동이 출범했다. 1200년에는 송광사(松廣寺)로 중심도량을 옮기고 정혜사(定慧社)를 수선사(修禪社)로 이름고쳐 활동했다.

9. 수선사활동은 화두 싸띠수행과 화엄교학을 결합시킨 선교일치운동으

깨달음 족집게 과외

핵심이론을 제대로 알지못하고 자기것이 옳다고 주장할 때 필연적으로 도그마에 떨어진다. 현재 한국수행자가 화두 싸띠수행이 최고라고 주장하면서 왜 우수한지 설명하지 못할 때 무척 당혹스럽다. 이것은 화두 싸띠수행을 도입한 보조지눌이 스승으로부터 직접 수행지도받지 않고 수행기술을 이전받지 못한 필연적 결과다. 이런 현실은 한국 화두 싸띠수행에 구체적인 수행기술이 없는 것과 무관하지 않다.

화두 싸띠수행은 처음부터 독창적 수행기법이 없었다. 왜냐하면 대혜종고가 만든 화두 싸띠수행이 붇다 정통 싸띠수행과 다르지 않기 때문에 특별히 새로운 수행기술을 만들 필요가 없었다. 더 본질적으로 화두 싸띠수행은 수행기술을 필요로 하지않는다. 그냥 스승이 시키는 대로 하면된다. 매순간 스승이 수행점검으로 몰아간다. 그냥 우직하게 맨 땅에 머리박고 뻗대보는 것이다. 그렇게 하면 수행력이 축적되다 어느 한순간 최고단계까지 수행이 폭발적으로 진보한다. 이것은 돈키호테 스타일이다.

화두 싸띠수행 특징이 우직함이다. 화두 싸띠수행자는 세밀하게 수행지도하는 것은 선이 약하다고 본다. 이것은 모험적 사고다. 이런 우직한 스타일을 선호한 사람이 무인이었다. 그들은 이런 우직한 수행법을 믿고 따르는 사람이 상근기고 천하대근기라고 상징조작했다.

화두 싸띠수행을 경절문(俓截門, 지름길)이라고 한다. 이것은 「깨달음 단기 속성과정, 혹은 깨달음 족집게 과외」다. 사회지위나 지적수준이 높은 사람에게 모든 것을 생략하고 짧은 기간에 최고수준 깨달음을 체험하기 위해 특수기법으로 개발된 것이 화두 싸띠수행이다. 모든 것을 수행지도자에게 맡기고 수행자는 시키는대로 따라만 간다. 그러면 끝이 보인다. 이렇게 하다보니 수행기술이 스승으로부터 제자에게로 주체적으로 이전되지 못한다.

한국에서 왜곡된 화두 싸띠수행 제일주의는 필연적으로 화두 싸띠수행자를 엘리트주의에 빠뜨렸다. 화두 싸띠수행 이외에는 모두 쓰레기 수행법이라는 관념으로 물든 수행자는 불교를 창시한 붇다까지도 깨닫지 못했다고 시궁창으로 보낸 지 이미 오래됐다. 모든 차별을 없애자고 출가수행하는 사람이 아무것도 아닌 수행기술을 가지고 다른 존재를 구분하고 차별하는 선민의식에 빠진 것은 자기부정이자 모순이다.

로 1182년에 계획해 1190년 출범하고 활동하다 1286년 5세 충경천영(沖鏡
天英, 1215~1286)이 입적한 뒤로는 침체됐다.

10. 무신정권과 함께 등장한 지눌계통 선종세력은 무신정권이 소멸하자
함께 활동을 중단하고 역사무대에서 사라졌다.

11. 1346년 태고보우(太古普愚, 1301~1382)가 중국에 가서 임제종 계
통 석옥청공(石屋淸珙, 1272~1352)에게서 화두 싸띠수행을 배워온다. 이
때부터 한국에 임제종 계통 싸띠수행이 정식으로 전해졌다.

12. 화두 싸띠수행자는 수행을 지도해준 스승인 조사에게 지나치게 의
탁한다. 스승을 존경하는 것은 좋지만 불교창시자인 붇다조차 무시하는
태도는 곤란하다. 이런 의미에서 조사 싸띠수행은 불교가 아닌 조사교(祖
師敎)라고 해야 옳다.

13. 불교는 붇다를 스승으로 모시고 붇다가 만든 정통 싸띠수행을 한
다. 반면 조사교는 조사를 스승으로 모시고 화두 싸띠수행을 중시한다. 그
리고 붇다가 만든 위빳싸나-(싸띠수행)를 수행하면 확철대오하지 못한다
고 주장하며 붇다를 무시한다.

6. 라마교 전래

1. 1170년 무신이 쿠데타로 권력잡고 1231년 원(元)이 침략한 시기는 다
양한 수행운동이 결성돼 활동하고 있었다. 법상종 진억(津億, 13세기 활동)
의 수정사(水精社), 화엄종 요일(蓼一, 13세기 활동)의 반룡사(盤龍社), 대
고(大鼓, 13세기 활동)의 수암사(水岩社), 원묘요세의 백련사, 보조지눌의
수선사 등이 활동했다.

2. 원이 고려를 지배하자 원에서 대중성을 획득한 라마교(Lama, 喇嘛教)가 전해졌다. 이후 한국불교는 지금까지 밀교부영향으로부터 자유롭지 못하다. 명랑이 전한 만ㄸ라 싸띠수행(眞言, 雜密)이 존재했지만 원지배기를 거치면서 티베트 계통 밀교부인 라마교가 한국불교에 크게 영향미쳤다.

3. 라마교는 무늬만 불교고 내용은 95% 이상 힌두교다. 라마교는 신과 윤회를 믿는다. 불교로 각색된 힌두교 신에게 만ㄸ라로 주문외우는 기도를 중시한다.

4. 라마교는 환생한 전생수행자인 라마를 믿는다. 붇ㄷ하보다 라마를 믿고 더 중시하기 때문에 라마교라고 한다.

7. ㄷ햐-나ㅂ하ㄷ라 계통 싸띠수행 도입

1. 14세기 중엽 고려말 나옹혜근(懶翁惠勤, 1320~1376)과 무학자초(無學自超, 1327~1405)는 중국에서 화두 싸띠수행과 붇ㄷ하 정통 싸띠수행을 배워왔다.

2. 나옹혜근은 평산처림(平山處林, 14세기 중기활동)과 ㄷ햐-나ㅂ하ㄷ라(Dhyānabhadra, 指空, ?~1363)로부터 인가받았고 무학자초는 중국에서 ㄷ햐-나ㅂ하ㄷ라와 나옹혜근으로부터 인가받고 귀국했다. ㄷ햐-나ㅂ하ㄷ라는 인도 108대 조사라고 주장했는데 그 말이 사실이라면 나옹혜근은 109대 무학자초는 110대 조사가 된다.

3. 나옹혜근과 무학자초에게 싸띠수행을 지도한 ㄷ햐-나ㅂ하ㄷ라는 고려에 와서 금강산에 잠시 머물며 수행지도한 후 다시 중국으로 건너갔다. 그는 인도 마가ㄷ하 왕자였는데 출가해 아라한뜨 막가파라를 이루고 인도 108대

조사가 됐다고 한다.

4. 나옹혜근은 양주 회암사(檜巖寺)를 중수하고 그곳을 중심으로 붇ㄷ하 정통 싸띠수행을 지도했다.

5. 이후 조선불교는 화두 싸띠수행, 묵조 싸띠수행, 진언 싸띠수행, 염불 싸띠수행 등이 공존했다. 수행자는 자기근기에 맞는 수행법을 선택해 수행했다.

8. 숭유배불 조선불교

1. 1231년 원침략으로 시작해 1356년 공민왕(恭愍王, 1330~1374)이 친원파를 숙청할 때까지 130여 년 동안 고려사회는 암울한 그림자가 드리워졌다.

2. 무극일연(無極一然, 1206~1289), 무기(無己, 고려후기 활동), 무학자초 등 일부 스님을 제외하고 대부분 스님이 원지배에 부역했다.

3. 고려불교가 외세(元) 앞잡이 노릇한 결과는 조선 500년 동안 그 대가를 가혹하게 지불했다.

4. 민족자주파인 참여유교(性理學)가 집권한 조선은 숭유배불(崇儒排佛) 정책을 근간으로 국가를 경영했다.

5. 참여유교는 조선을 개국하고 불교교단이 가진 물적, 인적 토대를 송두리째 무너뜨렸지만 초기에는 각종 통과의식 등 불교사상에 기반한 문화토대는 건재했다.

6. 성종(成宗, 1457~1494), 연산군(燕山君, 1476~1506), 중종(中宗, 1488~1544)을 거치면서 불교식 통과의식을 금지시키고 유교식 관혼상제

를 도입했다. 그리고 조선불교는 완벽하게 무너졌다.

7. 조선불교가 집권층인 참여유교로부터 가혹하게 탄압받고 뿌리까지 뽑혔지만 그런 현실을 가만히 수용만 하지 않았다. 할 수 있는 한 여러 방법을 동원해 끊임없이 응전했다.

8. 조선불교가 임진왜란 이전과 이후 상당히 다른 양상으로 대응하는 것을 볼 수 있다. 임진왜란 이전에는 정치상층부와 결탁해 탄압을 극복하려고 노력했지만 임진왜란 이후에는 민중세력과 결합해 사회변혁을 도모했다.

9. 참여유교 탄압에 맞서 최초로 불교세력과 정치상층부가 결탁해 집권에 성공한 것이 세조(世祖, 1417~1468)였다. 이때는 등용되지 못한 많은 재가불교도가 가세했다. 그러나 세조사후 참여유교 반격으로 불교는 심각하게 타격받는다.

10. 두 번째는 명종(明宗, 1534~1567) 어머니 문정왕후(文定王后, 1501~1565)와 결탁해 다시 한 번 숨통을 튼다. 이때는 허응보우(虛應普雨, 1515~1565)와 재가불자가 참여했다.

11. 그러나 문정왕후 사후 보우는 제주도에서 암살당하고 불교세력은 뿌리뽑힌다. 그러나 이때 양성된 수천 명의 스님 가운데 서산휴정, 부휴선수(浮休善修, 1543~1615), 사명유정(四溟惟政, 1544~1610) 등이 임진왜란 때 활동하고 이후 한국불교를 이끄는 중심에 섰다.

12. 허균(許筠, 1569~1618)을 중심으로 한 불교도와 금강산 스님은 세력으로 결집하지 못하고 역모사건에 연루돼 소멸했다.

13. 1591년 발생한 임진왜란에 승군(僧軍)을 조직해 참여한 불교세력은 승군이란 물적토대를 기반으로 정치상층부와 손잡지않고 다른 한편으로는 민중변혁 세력과 결탁된 사회변혁에 직접 참여했다.

14. 최초로 민중변혁 세력과 결탁한 것은 금강산 운부(雲浮, 18세기 초기활동) 세력과 장길산(張吉山, 18세기 초기활동) 세력이다. 이들의 변혁운동은 실패하고 민중 속으로 잠복했다. 두 번째가 일해장옥(一海璋玉, 19세기 중후기활동) 세력과 갑오농민 세력이었다. 이들 또한 실패했다.

15. 한말 정치상층부와 결탁해 서구모델로 사회변혁을 도모한 것이 이동인(李東仁, ?~1881)과 대치유홍기(大致劉洪基, 1831~?)를 중심으로 한 불교세력과 김옥균(金玉均, 1851~1894)과 박영효(朴泳孝, 1861~1939)를 중심으로 한 개화당(開化黨)이었다. 이들은 갑신정변(甲申政變)에 성공했지만 3일천하로 끝났다.

16. 개화기를 거치면서 불교중흥을 주장한 개인이나 단체가 많이 등장했다. 일부는 교단개혁을 주장했고 다른 일부는 사회현실에 직접 참여해 만주, 상하이, 베이징 등에서 민족해방운동을 하다 산화했다.

17. 선농일치(禪農一致)에 기초한 용성진종(龍城震鍾, 1864~1940)의 대각회(大覺會, 새교단운동), 한영정호(漢永鼎鎬, 1870~1948)의 포교현대화, 간정능화(侃亭能和, 1869~1943)의 거사불교, 경허성우(鏡虛惺牛, 1875~1939)의 격외선(格外禪), 학명계종(鶴鳴啓宗, 1867~1929)의 반농반선(半農半禪), 만해봉완(萬海奉玩, 1879~1944)과 운암성숙(雲巖星淑,

---

지금보다 빨랐다

용성진종이 만주에서 선농일치에 기반해 대각회운동을 시작한 것이 20세기 초다. 인도에서 스리랑카 출신 원력가 ㄷ함마빠-라가 Mahā Bodhi Society를 만들고 활동한 것이 1891년이고 ㄷ함마빠-라가 한국에 온 것이 1913년이다. 그리고 Mahā Bodhi Society를 한문으로 번역하면 대각회(大覺會)다. 100년 전에 활동한 어른스님이 지금보다 훨씬 더 국제적이고 오리지널 불교적이었다. 오늘날 남한은 삼면이 바다로 쌓이고 북쪽은 휴전선이 갈라놓고 있어 완전히 고립된 조그만 섬이다. 하루빨리 휴전선을 개방해 넓은 대륙을 보고 세계를 품을 수 있는 인재가 성장할 수 있기를 학수고대한다.

1898~1969) 등은 반외세 민족자주화운동을 했다*.

18. 개화기를 거치면서 다양한 불교개혁론이 등장했다. 퇴경권상로(退耕權相老, 1879~1965)의 조선불교개혁론(朝鮮佛敎開革論), 만해봉완의 조선불교유신론(朝鮮佛敎維新論), 원불교(圓佛敎)를 창시한 소태산 박중빈(少太山 朴重彬, 1891~1943)의 조선불교혁신론(朝鮮佛敎革新論)등이다.

19. 1919년에 결성된 불교독립당, 1920년 상하이 임시정부와 체제를 같이한 항일단체인 1920년 의용승군과 동아불교회, 1921년 만해 등이 조직한 조선불교유신회, 1930년 만해를 당수로 하는 항일 비밀결사단체인 만당(卍黨) 등을 조직해 반외세 민족자주화 활동을 했다. 해방 이후부터 오늘에 이르기까지 많은 불교단체가 결성돼 활동하고 있다.

9. 서산휴정 싸띠수행

1. 조선초 불교는 참여유교에게 기득권을 송두리째 빼앗기고 교단도 무너졌다. 간신히 명맥을 유지하던 조선불교는 삼천포 해안가 노비출신 부용영관(芙蓉靈觀, 1485~1571))에 이르러서 재기의 발판을 마련했다.

2. 혜성처럼 등장해 기적처럼 붇다하 정통 싸띠수행을 배워 아라한뜨 막가파라를 성취한 부용영관은 부휴선수(浮休善修, 1543~1615), 서산휴정(西山休靜, 1520~1604) 등 조선 후기를 이끄는 쟁쟁한 제자를 대거 양성했다. 조선불교 중흥은 서산휴정이 아니라 부용영관으로부터 시작됐다.

3. 1592년 임진왜란이 일어나자 서산휴정과 사명유정은 승군을 조직하고 직접 전투에 참여해 싸웠다. 이렇게 민중과 함께 피흘린 공덕으로 고려시대 외세 앞잡이 노릇한 원죄로부터 벗어날 수 있었다.

4. 불교역사에서 가장 치욕적인 사건으로 기록될 조선승군 전쟁참여와 희생으로 인해 교단은 서서히 기력을 회복하고 활동할 수 있는 동력을 확보했다. 이후 많은 스님이 호국불교란 이름으로 정치하수인으로 기능하고 있다.

5. 서산휴정은 수행(徑截門), 교학(圓頓門), 염불(念佛門) 등을 수행자가 자기근기에 맞게 선택해 수행할 수 있다고 주장했다. 이것을 통불교(通佛敎)라고 한나. 수행은 화두 싸띠수행뿐만 아니라 묵조 싸띠수행도 병행했다.

6. 통불교는 여러 잡다한 사상이 어울려 함께할 수 있는 장점도 있지만 각자 정체성을 상실하고 잡탕이 되기도 한다. 서산휴정이 일으킨 불교는 후자에 가깝다. 서산휴정이 주도한 통불교전통은 오늘날까지 한국불교에 직접적으로 영향미친다.

7. 서산휴정과 함께 부용영관으로부터 법을 받은 부휴선수 계열은 화두 싸띠수행 못지않게 묵조 싸띠수행을 중시했다.

8. 조선후기 백파긍선(白坡亘璇, 1767~1852)이 선문수경(禪門手鏡)을 발표하면서 선수행 이론논쟁이 촉발됐다. 이 논쟁은 100여 년 동안 지속되면서 조선후기 한국불교를 생동감있게 하는 촉매역할을 했다.

9. 선문수경에 대해 최초로 반박논문을 발표한 것은 초의의순(艸衣意恂, 1786~1866)이었다. 그는 선문사변만어(禪門四辨漫語)를 발표하고 선문수경의 잘못을 지적했다. 추사 김정희(秋史 金正喜, 1786~1856)도 선학변(禪學辨)을 지어 초의견해를 지지했다. 우담홍기(優曇洪基, 1832~1881)는 선문증정로(禪門證正錄)를 발표해 선문수경을 반박했다. 설두유형(雪竇有炯, 1824~1889)은 선원소류(禪源溯流)를 지어 선문수경을 변호했다. 축원진하(竺願震河, 1861~1926)는 선문재정록(禪門再正錄)을 발표하고 이전

논쟁을 총정리하려고 노력했다.

10. 조선후기 대흥사(大興寺)를 중심으로 붇다의 정통 싸띠수행이 활발하게 실천됐다. 초의의순을 중심으로 추사 김정희 등은 뛰어난 싸띠수행자였다. 초의의순은 자기비문에 스스로를 싸띠수행자(觀法行者)라고 적고 있다. 이들과 함께 교류한 다산 정약용(茶山 丁若鏞, 1762~1836)도 불교와 싸띠수행에 관심이 깊었다. 짧은 것이지만 대동선교고(大東禪敎考)를 지어 불교에 관한 자기견해를 드러냈고 일부 서간에는 수행의 힘듦을 말하기도 했다.

10. 일제강점기와 해방 이후 불교

1. 조선 500년 동안 도성출입이 금지됐던 한국스님에게 1895년 도성출입이 자유롭게 됐다. 이런 조치가 한국스님 노력에 의한 것이 아니라 일본 일련종 소속 사노 젠레이(佐野前勵, 19세기 후기활동) 건의에 의해 이뤄졌다.

2. 1906년 일본 정토종 소속 이노우에(井上玄眞, 20세기 초기활동)로부터 교육받은 보담(寶潭, 20세기 초기활동)과 월초거연(月初巨淵, 1858~1934) 등이 원흥사(元興寺, 창신초등학교 터)에 불교연구회를 결성하고 명진학교(明進學敎)를 세워 스님에게 신학문을 가르쳤다. 이 명진학교가 동국대학교로 발전했다.

3. 불교연구회가 일본 정토종으로부터 영향받는 것을 지적하는 사람을 포용하기 위해 불교연구회를 해체하고 1908년 원종(圓宗)을 세웠다. 총본부를 원흥사에 두고 해인사주지 회광사선(晦光師璿, 1862~1933)을 대종

정으로 추대했다.

4. 회광사선은 일본 도쿄로 가서 묵조 싸띠수행하는 일본조동종과 한국 원종을 통합하는 데 합의하고 7개조연합조약을 체결했다.

5. 그러나 이런 흐름에 민족주의 성향을 가진 스님이 강하게 반발했다. 1910년 광주 증심사(澄心寺)에서 1차총회를 열고 1911년 순천 송광사에서 2차총회를 열어 화두 싸띠수행을 표방하고 임제종을 세우기로 결정했다. 1912년에는 본부를 범어사(梵魚寺)로 옮겼다. 이 운동은 만해봉완이 주노했다. 이것이 나중에 조계종으로 발전했다.

6. 만해봉완을 중심으로 일단의 수행자가 일본조동종과 한국원종이 결합하는 것에 대응해 임제종을 주장한 배경에는 12세기 중국불교 정치상황을 염두에 둔 것이었다.

7. 12세기 중엽 금(金)이 송(宋)에 침입하자 문신을 중심으로 국제적이고 개방적인 화친론자는 평화조약을 맺자고 주장했다. 무신을 중심으로 국수적이고 폐쇄적인 주전론자는 반외세 민족자주를 내세우며 강력히 반발했다.

8. 이때 문신은 조동종계통 묵조 싸띠수행자가 많았고 무신은 임제종계통 화두 싸띠수행자가 많았다. 그 중심에 묵조 싸띠수행 창시자 천동굉지(天童宏智, 1091~1157)와 화두 싸띠수행 창시자 대혜종고가 있었다.

9. 역사적으로 보면 화두 싸띠수행자는 무인기질이 많았다. 이들은 다소 폐쇄적이며 반외세 민족자주를 주장하고 현실정치에 깊이 개입했다. 묵조 싸띠수행자는 문신기질이 많았다. 이들은 대체로 개방적이고 국제감각이 있고 현실정치에 참여하지 않고 수행에 전념했다.

10. 고려중기 무신 쿠데타에 이어 몽골침입에 대해 무신과 화두 싸띠수행자가 결합한 것이나 일제강점기를 거치면서 만해봉완을 중심으로 민족

주의성향을 가진 수행자가 화두 싸띠수행에 기반한 조계종을 만든 것도 같은 맥락이다*.

11. 친일을 표방한 원종에 대해 민족자주를 주장한 임제종을 설정한 것은 자연스런 대비였다. 「일본불교 – 묵조 싸띠수행 – 조동종 – 국제주의」에 대해 「한국불교 – 화두 싸띠수행 – 임제종 – 반외세 민족주의」 상징조작이 필요했다.

12. 서울을 중심으로 한 북쪽에는 일본 조동종과 결탁된 원종이 있었고 남쪽에는 민족자주성향을 지닌 임제종이 활동했다. 문제는 이런 활동이 철학이나 수행법차이가 아니라 지극히 정치이유로 대립했다는 것이 한국불교 비극시작이다.

13. 일제강점기 내내 일본으로 대표되는 외세에 친근감을 가진 스님과 그것에 반감을 가진 민족주의 성향을 가진 스님이 대립했다. 오랜 대립 끝에 1941년 오늘날 조계사 자리에 각황사(覺皇寺)를 헐고 태고사(太古寺)를 세우고 조계종(曹溪宗)을 창립했다.

14. 1945년 해방 후 선학원(禪學院)에서 범산법린(梵山法麟, 1899~1964) 등이 지암종욱(智庵種郁, 1884~1969)으로부터 조계종 운영권을 넘겨받는다. 1946년 석전정호(石顚鼎鎬, 1870~1948)를 교정(敎正)으

수행특성

    화두 싸띠수행자가 많이 모여있는 임제가풍은 우직함이 특징이다. 맨손으로 적진에 뛰어들 정도로 무모하고 저돌적이다. 이런 우직함이 수행을 진보시키는 원동력이다. 임제가풍이 자기기질에 맞는 사람이 남아서 이런 특성을 더욱 견고하게 만들었다. 이런 조폭가풍에 적응하지 못하는 수행자는 다른 곳으로 옮겼다.

    묵조 싸띠수행자가 많이 모여있는 조동가풍은 정확함이 생명이다. 복잡한 현상에 내재한 질서, 법칙, 본성을 있는 그대로 보는 것이 힘이다. 그러면 맑음과 상쾌함이 온다. 논리적이고 정확함을 요구하는 이런 깐깐한 가풍에 선이 굵고 우직함을 좋아하는 수행자가 머물기가 답답할 것이다. 이렇게 각자 자기기질에 맞는 수행도량을 찾아 모이다보니 각 수행법이나 수행도량에 따라 독특한 가풍을 형성했다.

로 하는 조선불교교헌(朝鮮佛教教憲)을 선포했다.

15. 1954년 이승만(李承晚, 1875~1965) 전대통령이 발표한 유시로 촉발된 정화운동은 한국불교를 혼돈 속으로 밀어넣었다. 표면이유는 일본불교 청산이었지만 미국의 한국경영 전략과 6.25 이후 이승만과 자유당정권 전쟁수습책에 휘말린 측면도 간과할 수 없다.

16. 1954. 6. 24 선학원 재경비구승회(在京比丘僧會) 소집을 시작으로 촉발된 불리충돌과 법성부쟁은 1969년 대한불교조계송에 정통성을 인정한다는 대법원판결과 1970년 한국불교태고종이 분리되면서 1차로 끝났지만 이것은 새로운 혼란의 시작이었다.

11. 오해와 진실

1. 간(看)을 붇다하가 사용했던 고대 인도어인 pāli 어로 번역하면 싸띠(sati, 念) 또는 위빳싸나-(vipassanā, 觀)다.

2. 중국이나 한국에서는 붇다하 정통 수행법을 싸띠수행, 화두 싸띠수행, 묵조 싸띠수행, 여래 싸띠수행, 조사 싸띠수행, 염불 싸띠수행 등으로 불렀다. 이름이 다르고 문화가 다르고 근기가 다르지 붇다하 가르침(佛法)이 다른 것은 아니다.

3. 화두 싸띠수행은 동적(動的)인 좌선뿐만 아니라 행선, 생활선, 노동선 등을 강조한다. 묵조 싸띠수행은 정적(靜寂)이고 좌선을 강조한다. 묵조 싸띠수행이든 화두 싸띠수행이든 둘 다 붇다하가 만든 정통 수행법이다. 둘 다 싸띠, 싸마-디히, 위빳싸나-, 쌈빠자-나, 빤나- 등의 도구를 사용해 수행한다.

4. 세월이 흐르면서 후세사람은 이 두 수행법이 다르다고 주장한다. 무엇이 다른지는 말하지 않고 단지 다르다고 주장만 한다. 그리고 주장을 넘어 상대를 구분하고 차별하고 비난하는 수준으로 전개된다. 현재는 서로를 부정하고 진흙탕에서 뒹군다.

5. 일반적으로 한국 불교수행이 화두를 알아차림 기준점(출발점)으로 삼고 수행하는 화두 싸띠수행만 존재한 것으로 오해한 것은 극히 최근이다.

6. 한국불교는 처음부터 오리지널 불교와 붇다하 정통 싸띠수행이었다. 조계종뿌리인 9산선문을 만든 장본인이 모두 싸띠수행자였다. 1193년 보조지눌이 화두 싸띠수행을 도입할 때까지 한국불교 수행주류는 위빳싸나로 알려진 싸띠수행이었다.

7. 화두 싸띠수행이 도입된 이후에도 화두잡고 수행하는 화두 싸띠수행과 묵조 싸띠수행을 병행했다. 역대 어떤 조사도 이 두 법이 다르다고 하지 않았고 서로를 사파라고 하지 않았다. 수행자근기에 따라 특정수행법을 선택해 수행했다. 단지 최근 조계종 일부스님이 조동종계통 묵조 싸띠수행을 사파로 규정했다.

8. 이 두 수행법은 내용에 차이가 있지않다. 법은 같은데 수행기술에 조금 차이가 있다. 철학이나 지향점 등은 붇다하가 만든 싸띠수행과 동일하다. 같은데 다르다고 주장하는 것은 곤란하다.

9. 1970년대부터 출발한 현재 조계종은 일본 적산가옥 불하받듯 대형고찰을 점령하고 그곳에서 임제종계통 화두 싸띠수행만이 정법이고 다른 것은 사법이라고 가르친다.

10. 이것은 명백히 자파이기주의에 기초해 역사를 왜곡하고 날조한 것이다. 화두 싸띠수행이 최고라고 주장하지만 정작 자기가 머무는 수행도량에서는 기도를 가르친다.

11. 모르긴 해도 현재 한국에는 붇다하가 와도 사마외도로 배척할 것이다. 붇다하가 직접 수행해 아라한뜨 막가파라를 이루고 최상깨달음을 이룬 것도 부정한다. 붇다하가 만들고 직접 행한 수행인 싸띠수행(위빳싸나-)을 하면 확철대오하지 못한다고 주장한다.

12. 참으로 안타까운 일이다. 후학과 불교도 안목을 열어주지는 못하고 눈뜬장님으로 만드는 세뇌교육은 곤란하다. 장강 앞물은 뒷물이 밀어낸다. 손바닥으로 하늘을 가릴 수는 없다. 한국불교식 색깔논쟁은 이제 더 이상 대중을 설득할 수 없다. 현재의 부끄러운 일을 극복하지 못하면 역사에 큰 죄를 짓는 것이다.

13. 4년 한국에 근본불교와 싸띠수행이 전해진 이후 지금까지 붇다하 정통 싸띠수행이 전해진 것을 살펴보면 다음 표와 같다.

표131 **한국전래 수행법**

法名(생몰년대)	국내法脈	출국~귀국	외국法脈	수행특징
금강산불상(4년)				근본불교와 싸띠수행
長遊和尙(1세기활동)			인도 아유타	〃
謙益(6세기활동)			인도 상가나대율사	〃
明朗(7세기활동)			중국	眞言밀교
法朗(680년활동)	曦陽山門(初祖)	?	4祖道信	좌선,행선,생활선,노동선 중시
神行(704~779)	曦陽山門(2祖)	704~779	普寂(大通神秀)	〃
道義(9세기활동)	迦智山門(初祖)	781~821	西堂智藏(馬祖道一)	〃
洪陟(9세기활동)	實相山門(初祖)	?~826	西堂智藏(馬祖道一)	〃
慧昭(774~850)	玉泉魚山派(初祖)	804~830	滄州神鑑(馬祖道一)	〃
玄昱(787~868)	鳳林山門(初祖)	?~837	章敬懷暉(馬祖道一)	〃
慧哲(785~861)	桐裏山門(初祖)	814~839	西堂智藏(馬祖道一)	〃

體澄(804~880)	迦智山門(2祖)	837~840	스승 없이 귀국함	〃
無染(800~888)	聖住山門(初祖)	821~845	麻谷寶徹(馬祖道一)	〃
道允(798~868)	獅子山門(初祖)	825~847	南泉普願(馬祖道一)	〃
梵日(810~887)	闍崛山門(初祖)	?~847	鹽官諸安(馬祖道一)	〃
順之(893년활동)	玉冠山派(初祖)	856~?	仰山慧寂(潙仰宗)	좌선 중시
大通(816~883)	聖住山門(2祖)	856~866	仰山慧寂(潙仰宗)	〃
行寂(837~916)	闍崛山門(2祖)	870~?	石霜慶諸(曹洞宗)	〃
迴微(864~917)	迦智山門(3祖)	891~905	雲居道膺(曹洞宗)	〃
忠湛(869~940)	鳳林山門(2祖)	?~907	雲蓋志元(曹洞宗)	〃
慶猷(817~921)	계통불명	?~908	雲居道膺(曹洞宗)	〃
麗嚴(862~930)	聖住山門(2祖)	?~909	雲居道膺(曹洞宗)	〃
利嚴(870~936)	須彌山門(初祖)	896~911	雲居道膺(曹洞宗)	〃
璨幽(869~958)	鳳林山門(3祖)	892~921	投子大同(曹洞宗)	〃
慶甫(868~948)		892~921	疎山匡仁(曹洞宗)	〃
兢讓(878~956)	曦陽山門(7祖)	897~924	谷山道緣(曹洞宗)	〃
玄暉(878~941)	聖住山門(3祖)	906~924	九峰道虔(曹洞宗)	〃
智宗(930~1018)	曦陽山門	959~970	永明延壽(法眼宗)	고려에 있던 인도 스님에게 출가
英俊(932~1014)		?	龍册曉榮(法眼宗)	좌선 중시
釋超(912~964)		?	永明延壽(法眼宗)	〃
義天(1055~1101)		1085~1086	了元(法眼宗,天台宗)	인도스님 天吉祥에게 수학함
知訥(1158~1210)	闍崛山門	1200년	大慧 書狀(臨濟宗)	좌선,행선,생활선,노동선 중시
라마수행				만뜨라 싸띠수행 중시
Dhyānabhadra (指空, ?~1363)	인도승	1328년입국		붇다하이래 108대 조사
普愚(1301~1382)	曹溪宗(初祖)	1346~1348	石屋淸珙(臨濟宗)	좌선,행선,생활선,노동선 중시
惠勤(1320~1376)		?~1358	Dhyanabhadra	붇다하이래 109내 소사 〃
自超(1327~1405)		?~1356	Dhyānabhadra	붇다하이래 110대 조사 〃
Punnasanto(道成)	曹溪宗(海印寺, 指月)	국내	Vakenja(태국)	통도사서 수계함
巨海(1940~)	曹溪宗(梵魚寺, 知曉)		U janaka(마하-시-)	좌선,행선,생활선,노동선 중시
Sopaka(性璨,1956~)	曹溪宗(法住寺, 月灘)	1996~2001	U janaka(마하-시-)	〃
Buddhapāla(本願,1960~)	曹溪宗(通度寺, 靑霞)	1996~2000	U vasava(마하-시-)	〃

14. 이상을 살펴보면 처음부터 한국불교는 오리지널 불교였고 붇ㄷ하 정통 싸띠수행이었다.

15. 7세기 이전에는 붇ㄷ하 정통 싸띠수행이 전해졌고 이후에는 보ㄷ히ㄷ함마 계통 싸띠수행이 전해졌다.

16. 680년 무렵 대의도신(大醫道信, 580~651) 계통 싸띠수행이 전해졌고 8세기 말에는 대통신수(大通神秀, 606~706) 계통 싸띠수행이 전해졌다. 9세기 초부터 중엽까지는 마조도일(馬祖道一, 709~788) 계통 싸띠수행이 전해졌고 9세기 중엽에는 앙산혜적(仰山慧寂, 803~887) 계통 싸띠수행이 전해졌다. 10세기 초부터는 조동종계통 싸띠수행이 집중적으로 들어왔다.

17. 10세기 말 고려광종 때는 수행과 염불을 겸수하는 법안종계통 싸띠수행이 전해졌고 11세기 말엽에는 수행과 법화교학을 겸수하는 천태종계통 싸띠수행이 전해졌다. 13세기에는 임제종출신 대혜종고가 개발한 화두 싸띠수행이 전해졌다. 보조지눌은 화엄교학과 화두 싸띠수행을 결합해 수선사운동을 했다. 14세기 말에는 인도로부터 ㄷ햐-나ㅂ하ㄷ라가 와서 싸띠수행을 전했다.

18. 조계종은 태고종과의 오랜 갈등을 봉합하고 교단정비를 위해 먼저 계맥을 세우고 출가수행자에게 수계하는 절차를 정비했다. 그러나 조선 500년 동안 무너진 교단을 바로 세우기에는 한계가 많았다.

19. 1973년 조계종은 타일랜드 싼ㄱ하(saṅgha, 僧伽, 承, 僧團)에 5명의 ㅂ히쿠를 파견해달라고 요청해서, 통도사에 계단을 설치하고 최초로 수계식을 거행했다. 그때 수계한 도성(Punnasanto, 道成, 1924~) 대장로 기억에 따르면 20여 명 스님이 함께 수계했는데 현재 기억되는 스님은 다음과 같다. 고암상언(古庵祥彦, 1899~1988), 경산(京山, 1917~1979), 일각승찬

(一覺僧瓚, 1924~1996), 석암(錫巖, 1911~1987) 동곡일타(東谷日陀, 1942~1999), 도견(道堅, 1925~), 종진(宗眞, 1940~), 혜암성관(慧菴性觀, 1920~2001), 도성(道成, 1024~), 수산(水山, 1922~), 범일보성(梵日普成, 1928~), 고산(杲山, 1934~), 운조홍법(雲照弘法, 1930~1978), 청하성원(淸霞性源, 1928~2001), 혜정(慧淨, 1933~), 상우(祥雨, 1935~), 현우(賢愚), 학산(學山) 등이다.

20. 대부분 조계종 종정, 총무원장, 전계사, 원로위원, 방장 등을 지냈거나 현직에 있는 분이다. 그리고 자운스님은 직접 남방으로 가서 계를 받고 돌아와 조계종 전계사를 지내면서 출가하는 사람에게 계를 주고 스님을 만들었다.

21. 1980년대부터 인도나 미얀마로부터 붇ㄷ하 정통 싸띠수행이 전해져 활발히 활동하고 있다.

22. 현재 한국불교에는 위에서 말한 모든 수행이 혼재해 활동한다. 수행자는 각자 자기근기에 맞는 수행법을 선택해 수행하고 있다.

23. 계맥(戒脈)은 태국 테라봐-다 싼ㄱ하를 통해 복원했고, 법맥(法脈)은 90년대 말 쏘빠까와 붇ㄷ하빠-라 스님을 통해 미얀마 마하-씨- 계통을 통해 전해받았다. 그러나 학맥(學脈)은 아직 복원되지 않고있다.

12. 과거와 현재

1. 조선조 불교교단은 완전히 무너져 뿌리뽑혔고 사유체계는 미신화됐다. 1592년 일본침입에 맞서 출가수행자가 까-싸-야(kāsāya, 袈裟)를 입은 채 전쟁에 나가 민중과 민족을 지키면서 서서히 대중으로부터 신뢰를 회복

하는 단초를 마련했다.

2. 무너진 교단을 정비하고 파괴된 사찰을 복원하고 헝클어진 수행가풍을 회복하려고 노력한 서산휴정조차도 붓다 가르침 핵심과 구체적 수행기술을 올바로 이해하지 못했다.

3. 서산휴정은 기도, 염불, 참선을 한 묶음(三業同修)으로 이해했고 수행과 사찰경영을 병행(理判事判)했다. 재가수행자가 거의 없고 출가수행자가 교단운영을 책임지는 과정에서 출가수행자가 사찰경영에 직접 참여할 수밖에 없었다. 이것이 오늘날 사찰경영을 출가수행자가 독점하는 폐단을 낳았다.

4. 열악한 환경 속에서도 많은 수행자가 열심히 노력한 결과 이후 수백년에 걸쳐 교단은 양적으로 어느 정도 틀을 갖췄다. 그러나 내용은 유교, 도교, 선도, 힌두교 등이 결합한 무속화, 신비화, 미신화된 불교만 남았다.

5. 출가수행자는 500년 가까이 왕이 살던 도성을 출입할 수 없었다. 19세기 중엽 크리스트교가 전파돼 활동할 때도 한국스님은 도성출입을 통제당했다. 이때 일본불교 도움으로 도성출입금지령이 해제되자 많은 스님이 일본불교에 호의를 보였고 일본불교 영향으로 결혼도 했다.

6. 이런 흐름에 대해 반외세 민족자주 의식을 가진 스님은 국내외에서 조국해방투쟁에 직접 참여해 활동하다 죽거나 사라졌다. 국내에 남아 활동하던 스님이 오늘날 조계종을 만들었다.

7. 해방과 6.25 전쟁을 거치고 동서냉전 체제에서 미국은 남한을 동북아시아에서 공산주의 확산을 저지하는 교두보로 삼았다. 그들은 공산주의 무신론에 대응해 유신론인 크리스트교를 믿도록 강요했다. 그 결과 많은 사람이 무속에서 크리스트교로 개종했다.

8. 오늘날 한국불교도는 크리스트교에 대해 상당한 피해의식을 갖고있

다. 그 대표적인 것인 미국이 펼친 여러 가지 물리적 강압장치와 심리적 상
직조작 등에 의해 많은 불교도가 크리스트교로 개종했다고 믿고있다.

9. 이것은 사실이면서 사실이 아니기도 하다. 조선말 한국에는 불교교단
이 무너진 상태에서 불교도는 거의 없었다. 불교를 믿고 절에 오는 사람은
불교도라기보다 무당을 따르고 미신을 믿는 무속화된 불교도였다. 그것도
소수였다. 이런 무주공산에 크리스트교가 와서 자리잡았다.

10. 남도영(南都泳, 1922~)에 따르면 1884년 이후 한국 크리스트교는
학교설립 운동을 추진해 1909년까지 전문학교 1, 신학교 2, 중학교 19, 소
학교 783, 병원 3개를 갖고 있었다. 이런 학교에 재학 중인 학생은 21, 131
명 정도였다. 이때 불교는 1910년까지 20개 학교만을 설립했다. 이게 현실
이었다.

11. 태고종과 투쟁에서 기득권을 획득한 조계종은 그때부터 조계종내부
권력투쟁을 시작했다. 1980년 신군부의 10.27법난(法難), 1982년 신흥사
사건, 1994년 5공계열 불교지도자 추방사건(개혁회의), 2002년 조계사 사
태 등 크고 작은 분쟁이 그칠 날이 없었다.

12. 지명(之鳴, 1940~)에 따르면 처음 비구대처가 분쟁할 때인 1954년
5월 비구대처 비율이 600:7000명이었고(현재 조계종에 소속된 스님은 약
11000명 정도다. ᄇ힉쿠, ᄇ힉쿠니-, 싸마네라, 싸마네리- 포함) 사찰점유비율
은 100:900이었다. 1962년 300:700, 1964년 400:600, 1970년 900:50으
로 역전됐다.

13. 그 와중에 박정희(朴正熙, 1917~1979) 전대통령이 주도한 5.16 군
사 쿠데타가 발생했다. 정치깡패 소탕령으로 많은 깡패가 체포되거나 피신
했다. 비구측은 대처측이 점거한 사찰을 물리적으로 빼앗는 과정에서 조폭
단체로부터 주먹을 고용했다.

14. 이때 조폭이 피신할 때 인연있는 스님이 머무는 사찰로 들어왔고 자연스럽게 머리깎고 출가해 전공분야인 사찰점거투쟁 선봉에 섰다. 그리고 세월이 흘러 기득권과 상징성을 장악했다.

15. 이 기간 동안 대부분 출가수행자는 사찰점거투쟁에 동원됐다. 수행과 공부를 한다는 것은 꿈도 꾸지 못했다. 1955~1980년 사이 조계종과 태고종으로 출가한 스님은 체계적이고 안정적으로 불교와 수행을 배울 수 있는 기회를 원천적으로 갖지 못했다.

16. 이 시기 출가한 스님은 현재 한국불교 핵심으로 성장했다. 그들이 다른 사람에게 불교를 안 가르치는 것이 아니라 못 가르친다고 하는 것이 정확한 표현이다.

17. 이런 상황을 싫어한 일부 수행자는 교단 정치상층부 장악이 아니라 교육과 수행만이 한국불교를 개혁할 수 있다고 믿었다.

18. 그 중 일부는 국내외 대학으로 가서 공부하고 돌아와 동국대학교나 중앙승가대학교 등 각종대학에서 후학을 지도하고 있고 또 다른 일부는 선방으로 가서 수행하고 여러 선원에서 수행을 지도하고 있다.

19. 그러나 그들이 불교를 배우러 간 대학에서 기다린 것은 불교가 아니라 문자와 논리였다. 경전이나 문자가 불교에서 차지하는 비중은 2%로도 되지않고 수행이 98% 이상이다.

20. 경전에 수행이 결합하면 전부지만 수행이 빠진 경전해석은 헛껍데기에 불과하다. 그리고 그곳에서 문자와 논리를 가르쳐준 교수는 대부분 힌두교도거나 크리스천이거나 일반인이었다. 그들은 불교와 수행을 몰랐다.

21. 그럼에도 불구하고 그들은 그곳에서 문자와 논리를 배웠다고 하지 않고 불교를 배웠다고 한다. 일반인은 그들에게서 문자를 배우면서 불교를

배우고 있다고 착각한다.

22. 수행이 빠진 불교는 더 이상 불교가 아니다. 그럼에도 수행이 불교를 망쳤다는 망언을 한다. 수행이 불교를 망친 것이 아니라 수행하지 않는 것이 불교를 망친 주범이다.

23. 이것이 불교식 오리엔탈리즘이다. 서구인이나 힌두교도가 이해한 불교를 배우고 그렇게 배운 불교를 가지고 다른 불교도를 교육시키고 그렇게 교육받은 불교도가 다른 사람에게 불교를 소개하는 악순환이 반복된다.

24. 선방으로 간 스님도 사정은 비슷했다. 큰 용맹심으로 선방으로 갔지만 그곳에서 그들을 기다린 것은 방석과 아집뿐이었다. 어떻게 수행하라는 구체기술을 가르쳐주지 않고 단지 화두 싸띠수행이 최고란 말만 앵무새처럼 되풀이한다.

25.「깨달음 단기 속성과정」이라는 화두 싸띠수행을 하는데도 불구하고 20년이 지나도 다른 사람에게 수행을 제대로 지도하거나 설명할 수도 없다. 10일이면 된다는 「깨달음 족집게 과외」인 화두 싸띠수행을 하는데도 수십 년 수행하고도 쏘따-빳띠 구경도 하지 못한다. 이게 한국불교 현실이자 비극이다.

26. 수행이나 철학 고민없이 시작된 불교개혁은 서구 민주주의를 모방한 행정적, 절차적, 형식적 개혁만 이뤄졌고 수행, 교육, 철학 등 내용면에서는 한 치도 개선되지 않았다.

27. 14세기 중국불교가 생명을 다한 시기 조선불교도 활력을 잃고 역사 속으로 사라졌다. 조선불교 침체를 정부탄압이나 불교타락만으로 설명하는 것은 부족하다. 그 근저에 중국불교 몰락이 있었다. 한국불교는 중국불교에 의존해있었다. 따라서 중국불교 몰락은 조선불교 몰락으로 이어졌다.

28. 중국불교는 인도불교에 의존해있었다. 그들은 항상 인도불교로부터

새로운 생명에너지를 전해받았다. 그러나 1203년 이슬람에 의해 나란다 아라-마가 불타고 웍라마씨-라 아라-마가 무너지면서 인도불교가 몰락했다. 그 영향은 인도불교나 중국불교뿐만 아니라 세계불교 몰락으로 이어졌다.

29. 이후 인도불교는 아직도 미로 속을 헤매고 있고 중국불교는 뚜렷한 수행기술 없이 티베트 계통 밀교위주로 활동하다 역사 속으로 사라졌다.

30. 최근에 다시 되살아날 기미를 보이지만 수행에 기조하지 않은 중국불교가 앞으로 어떻게 전개될지 주목된다. 한국불교도 사정은 마찬가지다. 형식적인 틀은 어느 정도 갖췄지만 내용면에서는 아직도 한참 멀었다.

31. 고려 말 이후 600여 년 동안 외부로부터 새로운 수행법이 한국으로 전해지지 않았고 또 자체적으로 새로운 수행법을 개발하지도 못했다. 한국불교는 지난 1000년 동안 정체돼있다. 물이 고이면 썩는다.

32. 이제 한국불교에 맑은 물을 공급해 새 생명이 싹트도록 해야 할 때다. 그 중심에 붇다하가 직접 만들고 실천해 아라한뜨 막가파라를 성취한 싸띠수행이 있다.

13. 현실과 전망

1. 발생한 현재문제를 해결하기 위해서는 현재수준으로는 해결할 수 없다. 새로운 생각과 행동만이 현재문제를 해결할 수 있다. 오늘날 한국불교가 직면한 문제를 현재 한국불교 수준에서 해결하려고 하면 해결관점을 찾을 수 없을 것이다.

2. 현재 한국불교가 직면한 문제를 극복할 수 있는 지혜를 불교창시자인

붇다하로부터 가져올 때 현재문제를 해결할 수 있는 관점을 발견할 수 있을 것이다. 모든 기득권과 가치관을 내려놓고 근본에서 출발하는 발상전환이 절실히 필요하다.

3. 한국불교 개혁은 새로운 것을 만드는 것이 아니라 붇다하로부터 너무 멀리 온 것을 다시 붇다하에게로 돌려놓는 것이다. 불교에 있어 붇다하를 능가할 어떤 명분도 존재하지 않기 때문이다.

4. 불교도관심은 오직 붇다하 그분뿐이다. 사람은 붇다하가 어떻게 살았고 직면한 고민이 무엇이었는지 붇다하는 자기고민을 해결하기 위해 어떻게 노력했는지를 알고싶어 한다. 그래야 현재 자기에게 필요한 지혜를 배울 수 있기 때문이다.

5. 밝은 면의 붇다하뿐만 아니라 고민하는 붇다하를 볼 수 있어야 비로소 붇다하 지혜와 자비가 보인다. 그래야 붇다하는 자기가 직면한 문제를 해결하기 위해 어떤 지혜와 자비를 사용했는지 알 수 있다. 지혜와 자비야말로 직면한 문제를 해결하는 데 훌륭한 자양분이 될 수 있다.

6. 침체될 대로 침체된 한국불교에 1980년 초부터 뿐나싼또 (Punnasanto, 道成, 1924~), 거해(巨海, 1940~)를 시작으로 쏘빠까 (Sopaka, 性贊, 1956~), 붇다하빠-라(Buddhapāla, 本願, 1960~) 등이 인도와 미얀마로부터 붇다하 정통 싸띠수행을 도입해 활동한다. 그것은 새로운 수행법이 전해진 것이 아니라 단절됐던 붇다하 정통 싸띠수행을 다시 되살린 것이다.

7. 이제 한국불교는 붇다하가 직접 실천하고 아라한뜨 막가파라를 성취한 싸띠수행으로 돌아가야 한다. 중국과 한국의 훌륭한 전통을 존중하지만 그에 못지않게 붇다하가 불교기준이란 것에 이론이 있을 수 없다. 그 바탕 위에 선배수행자가 이룩한 소중한 수행경험을 참고해야한다. 이것이 답이다.

8. 모든 수행자가 한국불교를 개혁하고 세계불교에 기여하고 더 나아가 인류의 현재와 미래, 이익과 번영, 자유와 행복에 기여하려면 불교 사용가치에 충실해야한다. 그것이 바로 수행이다.

9. 붇다하가 전법선언에서 주장하고 대승경전인 금강경에서 대승을 규정하듯 많은 사람의 자유로운 삶, 청정한 삶, 평화로운 삶, 행복한 삶, 공존하는 삶을 위해 수행으로 봉사하는 것이야말로 수행자 자존심이고 명예이고 꿈이고 원력이란 사실을 자각하고 실천할 때 새로운 길이 열릴 것이다.

10. 고개들면 피안이라고 했다. 길은 멀리있지 않다. 바로 지금 그리고 여기에 있다*.

필요할 때만

쌍윳따니까-야에 다음과 같은 재미있는 관점이 있다. 어떤 사람이 붇다를 찾아와 「마음을 길들이고 괴로움을 벗어나기 위해서는 끊임없이 마음을 닦아야 한다.」고 말했다. 그러자 붇다는 그렇지 않다고 말했다. 「마음닦는 방법만 알고있으면 일일이 마음을 통제할 필요없고 마음이 불편할 때만 그때그때 마음을 닦으면 된다.」고 말했다. 대개 수행이라고 하면 엄청나게 많이 닦아야한다고 생각하기 쉽다. 그러나 붇다는 그렇게 생각하지 않았다. 수행하는 방법을 알고있으면 마음이 불편할 때 그 방법을 사용해 불편함으로부터 벗어나면 된다. 10분 마음다스리자고 500시간 투자하는 것은 투자대비 효율성이 떨어진다.

그러나 다른사람에게 마음닦는 방법을 가르쳐주기 위한 전문가가 되려고하는 사람은 훈련을 달리해야한다. 전문가는 죽을 둥 살 둥 해야한다. 그러나 아마추어는 하는 방법만 알고있다가 필요할 때 사용하면 된다.

부록

반냐라마는 당신을 환영합니다.

누구라도 언제든지 오면 붇ㄷ하가 직접 행한 정통 싸띠수행을 지도받고 수행할 수 있다. 수행기간은 자기가 정하고 숙식을 원하는 사람은 3개월 동안 머물면서 수행할 수 있다. 수행점검 받으면서 하루 13시간 이상 수행한다. 이 기간 동안 모든 비용은 무료다.

종교 · 성 · 인종 · 지역 등에 걸림없이 누구나 수행하고픈 마음만 가지고 오면 눈푸른 수행자로부터 붇ㄷ하가 직접 행한 방법대로 수행하고 지도받으며 수행할 수 있다. 수행도량 반냐라마는 당신을 자유와 행복으로 인도하는 좋은 친구다.

시 간	일 과
3시	일어남
3시 15분 ~ 5시	예불, 새벽 수행
5시 ~ 6시	아침 공양, 청소, 휴식
6시 ~ 10시	오전 수행
10시 ~ 12시	점심 공양, 휴식
12시 ~ 18시	오후 수행
18시 ~ 19시	차, 휴식
19시 ~ 22시	저녁 수행
22시 ~ 23시	자유수행
23시 ~ 3시	와선

1. 모든 수행자는 묵언하고 독서와 전화를 금지한다.
2. 모든 수행자는 하루 1시간씩 노동선을 해야한다.
3. 365일 수행이 진행된다.

단기출가 안내

좋은 사람과 함께 가는 산이 좋은 산이듯
좋은 벗과 함께 사는 세상이 아름다운 세상이다.

붇다하는 자기를 좋은 벗이라고 했다.
우리는 붇다와 같은 좋은 벗을 가졌기에
자유롭고 행복한 삶을 살 수 있다.

출가수행은 잠시 하던 일을 내려놓고
마음속으로 떠나는 한갓지고 여유로운 여행이다.

출가수행은 지치고 피곤한 마음이 휴식하는 과정이다.
삶의 무게로 지치고 피곤해진 몸과 마음에 주는 잠시의 휴식이
삶을 한층 풍요롭게 해준다.

평생 출가수행할 수 없는 사람을 위해
1주일부터 3개월까지
자기가 원하는 만큼 기간을 정해
머리깎고 까-싸-야(袈裟)입고 계받고 출가해
붇다와 같이 청정한 삶을 살 수 있는 것은
자유와 행복으로 가는 소중한 자산이 될 것이다.

이 기간 동안 비용은 무료고
눈밝은 수행지도자로부터 점검받으며
수행할 수 있다.

다보산 반냐라마는 1년 내내 문이 활짝 열려있다.
인도 붇다가야 반냐라마는 11~3월까지 겨울에만 가능하다.
누구든지 언제든지 환영한다.

SATI SCHOOL 교육안내

SATI SCHOOL은 마음과학, 마음건강, 싸띠수행에 관한 이론과 실기를 처음 만든 붇ㄷ하 방식과 수준대로 교육하는 수행전문학교다. 각자 자기근기에 맞는 과정을 선택해 배우고 익히면 자유로운 삶, 청정한 삶, 행복한 삶, 공존하는 삶을 살 수 있고 인류 현재와 미래, 이익과 행복에 기여할 수 있을 것이다.

기본

강좌	수행기술	마음과학	수행이론	수행활용	사이버 강의
주제	좌선기술 행선기술 자비관기술 생활선노동선 기술 수행점검 기술	마음실체 마음 구조와 기능 마음화학반응 마음물리특성 마음작용 기억 구조와 기능 싸띠 구조와 기능 동서양 비교 마음	싸띠수행 이론구조 싸띠강화 기술 싸띠수행 진행구조 화두 싸띠수행 수행자근기 싸띠수행 특징	싸띠 상담이론 싸띠 학습이론 싸띠 신경클리닉 다양한 수행활용	수행기술 수행이론 마음과학 불교개론 불교철학 경전읽기
교재	BUDDHA 수행법	BUDDHA 수행법	BUDDHA 수행법	BUDDHA 수행법	

강좌	불교개론	불교철학
주제	삶, 자유, 행복 붇다 가르침 불교교리 교단운영 붇다 생애 시대배경	세계관, 존재관 진리관, 가치관, 인간관, 생명관 교육관, 사회관 상담관, 실천관
교재	BUDDHA 가르침	BUDDHA 가르침

<u>마음과학</u>

마음 · 수행 · 자유 · 행복에 관한 모든 것이 있다.

이 과정은 마음구성인자, 마음 구조와 기능, 마음화학반응, 마음물리특성, 마음작용, 마음에너지, 마음오염원, 마음건강, 마음휴식, 마음안정, 마음무게, 마음활용, 기억구조, 기억무게, 스트레스 구조 등을 올바르고 구체적으로 배우고 익힐 수 있다. 또 심리학자, 상담학자, 정신의학자, 관리자, 교육자, 수행자 등 마음다루는 사람에게 매우 유용하고 핵심적인 정보를 전해줄 것이다.

이 과정을 마치면 마음이해에 혁명이 일어날 것이다.

수행기술

마음닦는 수행은 사유가 아니라 마음관리에 관한 구체기술이다. 그 기술을 올바르게 배우고 익히면 삶은 자유와 행복으로 충만해질 것이다.

이 과정은 좌선, 행선, 생활선에 관한 기본기술을 배우고 익힌다. 여기서는 붇다가 직접 만들고 실천해 아라한뜨 막가파라를 성취한 정통 싸띠수행을 배우고 익힐 수 있을 것이다.

이 과정을 마치면 혼자서도 충분히 수행을 할 수 있을 것이다.

불교개론

불교를 만든 붇다로부터 직접 배우지 않은 이상 우리가 알고 있는 불교는 참일 수도 있고 거짓일 수도 있다.

이 과정은 불교 창시자인 붇다가 만든 원형 그대로 오리지널 불교를 만날 수 있다. 이 과정은 불교발생 시대배경, 붇다 사유구조와 행동체계, 붇다 자유와 행복으로 가는 길, 불교 창립선언, 붇다 오도송과 유언, 교단구성과 운영원리, 불교교단창립 목적과 필요성, 붇다 가르침 내용과 전승 등에 관한 핵심내용을 배우고 익힐 수 있다.

이 과정을 마치면 불교를 바라보는 안목이 넓고 깊어지고 힌두교와 불교, 윤회론과 업론, 세습제와 능력제, 신중심 사유구조와 자연중심 가치체계 등의 차이점을 분명하게 이해할 수 있을 것이다.

붇다 생애

이제까지 우리는 화려하고 신격화된 붇다. 밝고 위대한 붇다만을 알고 있었다면 이제 신화구름을 걷어내고 평범한 인간 붇다를 만나 보고 싶다.

이 과정은 출가하기 전에 낳은 아들과 여동생 때문에 고뇌하는 붇다, 제자가 말썽피우고 힘들게 할 때 때로는 한숨짓는 붇다, 때로는 묵묵히 침묵함으로써 온갖 풍문을 받아들인 붇다, 1년에 1300km 를 맨발로 다니면서 많은 사람에게 자유와 행복, 수행과 마음의 중요성을 설명하고 수행지도한 붇다, 삶의 과정은 복잡하고 다사다난했지만 그런 현실에 얽매이거나 구속되지 않고 자유롭고 행복하게 살다 간 인간 붇다를 만날 수 있다.

이 과정을 마치면 불교와 싸띠수행을 만든 분, 최초로 감각기관이 6개라는 것을 발견한 분, 싸띠지렛대와 싸띠현미경을 발견한 분, 마음 구조와 기능을 이해하고 마음과학을 발견한 분, 자유와 행복으로 가는 길을 발견한 분, 최초로 아라한뜨 막가파라를 성취한 분, 영원한 스승인 붇다 생애를 있는 그대로 이해할 수 있을 것이다.

수행이론

기술을 올바르게 익혀야 유효성이 있고 원리를 정확히 이해해야 창의력과 활용력이 나온다.

이 과정은 붇다가 만든 싸띠수행이 진행하는 단계마다에서 어떤 기술을 익히고 사용하는 것이 수행진보에 효과적인지를 이론적으로 배우고 구체적인 역사환경에서 붇다가 만든 싸띠수행이 어떻게 활용되고 변화되는지를 배울 수 있다.

이 과정을 마치면 싸띠수행 이론구조, 싸띠 강화방법, 수행자 근기, 싸띠수행 특징, 수행진행 과정, 10종 통찰장애, 화두 싸띠수행 등을 실기에 기초해 올바르고 구체적으로 이해할 수 있을 것이다.

불교철학

자유로운 삶, 청정한 삶, 행복한 삶, 공존하는 삶을 추구하는 수행문화는 삶의 좋은 도구다.

이 과정은 불교의 존재관, 세계관, 가치관, 진리관, 생명관, 인간관, 사회관, 교육관, 상담관, 실천관 등에 초해 다양한 가치체계와 실천원리를 살펴볼 수 있다. 또 존재와 삶을 바라보는 새롭고 다양한 관점을 이해할 수 있고 다른 존재와 함께 어울리고 공존할 수 있는 토대를 마련할 수 있다.

이 과정을 마치면 삶과 세계를 바라보는 관점이 한결 여유로워질 것이다.

수행활용

수행을 사용해 삶의 질을 높이고 자유롭고 행복하게 사는 도구로 활용할 수 있다. 수행은 마음오염원을 제거하고 마음에너지를 충전해 마음을 맑고 건강하게 관리하는 것이 목적이다.

이 과정은 수행에서 발견된 마음과학과 수행의 여러 가지 이론과 기술을 활용해 교육과 학습, 연구와 창조, 심리와 상담, 의료와 복지, 회사경영과 사람관리, 휴식과 재충전 등 삶에 유용하게 활용할 수 있을 것이다.

이 과정을 마치면 삶의 현장에 싸띠수행을 적절히 활용할 수 있는 이론과 기술을 배우고 익힐 수 있을 것이다.

경전읽기

붇다가 설한 오리지널 경전, 대승부에서 창작한 불교소설인 대승경전, 중국수행자가 쓴 조사어록 등을 배우고 익힐 수 있다. 특히 붇다가 최초로 아라한뜨 막가파라를 성취하고 미가다-야에서 5비힉쿠에게 수행지도한 6개월 동안 내용을 기록한 초전법륜경과 라-자가하 웨루봐나에서 출발해 꾸씨나-라-에서 입멸할 때까지 붇다의 마지막 1년을 기록한 대반열반경 등은 불교에 대한 올바른 관점을 제시해 줄 것이다.

이 과정을 마치면 개론서에 기초한 인스턴트 불교가 아닌 원전을 통해 오리지널 불교를 배우고 익힐 수 있을 것이다.

심화

수행모임

이 과정은 기본과정에서 배운 내용을 원전(경전)을 통해 확인하고 수행을 몸과 마음으로 익히는 과정이다. 매주 한 번 참석해 1시간 수행, 1시간 경전강의와 수행점검을 통해 수행을 한층 풍부하게 할 수 있다.

장 소	시 간
서울(교대역)	화요일 오전 수행모임 10시 30분 ~ 12시 30분
	저녁 수행모임 7시 30분 ~ 9시 30분
	토요일 자유 수행모임 3시 ~ 7시
부산(다보산)	수요일 오전 수행모임 10시 30분 ~ 12시 30분
	저녁 수행모임 7시 30분 ~ 9시 30분
대구(봉덕동)	목요일 저녁 수행모임 7시 30분 ~ 9시 30분

주말 집중수행

수행을 심화하는 과정이다. 매주 토요일 저녁 7시부터 다음날 낮 12시까지 주말을 각 반냐라마에서 좌선과 행선을 집중적으로 수행하고 수행점검을 통해 수행의 깊이를 더할 수 있다.

※ 각 반냐라마 사정에 따라 수행시간이 조절될 수 있다.

여름 · 겨울 SATI CAMP

이 과정은 여름 · 겨울 방학을 이용해 3박 4일 동안 다보산 반냐라마에서 대중과 함께 집중적으로 수행을 내면화시키는 과정이다. 하루 10시간 수행, 2시간 이론강의 그리고 수행점검을 통해 수행을 향상시킬 수 있다.

SATI Workshop

수행을 확장하는 과정이다. 매월 2째주 금요일 오후 5시부터 일요일 12시까지 2박 3일 다보산 반냐라마에서 2시간 실기, 2시간 이론강의로 진행한다.

이 과정은 수행과 의학, 뇌과학, 심리학, 상담학, 불교학을 비교하고, 마음과학 이론과 수행실기를 배우고 익힐 수 있다. 특히 이 과정은 스님과 불교학자, 의사나 심리학자 등 마음다루는 전문가가 마음 구조와 기능을 배우고 인접학문과 비교할 수 있는 좋은 시간이 될 것이다.

고급

집중수행

수행을 성숙시키는 과정이다. 다보산 반냐라마에서 하루 12시간 이상 좌선, 행선, 생활선을 집중적으로 수행하고 1주일에 3회 수행점검받고 묵언, 독서금지, 전화사용금지 그리고 저녁은 먹지 않으면서 자기수행을 성숙시킬 수 있다. 1년 내내 개설돼 있고 누구나 신청할 수 있다. 머무는 기간은 자기가 정하고 최장 3개월 동안 머물 수 있다. 이 기간 동안 비용은 전부 무료다.

단기출가

수행을 완성시키는 과정이다. 내용은 집중수행과 동일하다. 출가해서 계받고 까-싸-야(袈裟)를 입고 붇다하와 같이 출가수행자(스님)가 되어 수행한다. 누구나 할 수 있고 1년 내내 개설돼 있다. 기간은 1일 이상 할 수 있고 자기가 원하면 얼마든지 연장할 수 있다. 이 기간 동안 비용은 전부 무료다.

왓싸(vassa, 安居)

붇다하 이래 불교수행자는 1년에 한 차례 3개월 동안 가급적 외연을 줄이고 집중적으로 수행에 전념했다. 이 기간 동안 출가수행자는 한 곳에 모여 함께 수행하고 서로 탁마했다. 이렇게 해서 많은 수행자가 막가파라(道果) 들어 닙바-나(涅槃)를 성취했다. 일반인도 참여할 수 있다. 이 기간 동안 비용은 전부 무료다.

SATI MASTER 과정

마음관련 전문가를 양성하는 과정이다. 마음운동지도자를 양성하는 일반과정과 마음관련 전문가를 양성하는 전문과정이 있다. 일반과정은 마음과학을 싸띠수행에 기반해 봉사활동하려는 사람을 양성하는 과정이고 전문과정은 마음과학을 싸띠수행에 기반해 싸띠센터, 상담소, 연수원, 명상센터, 선원 등을 개설하거나 그런 곳에서 활동하려고 하는 전문인을 양성하는 과정이다. 일반과정은 4학기 2년이고 매주 1회 출석수업, 2시간 수행, 3시간 이론을 배우고, 전문과정은 6학기 3년과정이고 매주 1박 2일 20시간 이론과 기술을 배운다.

이 과정은 마음과학, 수행 기술과 이론, 인간의 삶과 역사, 종교개론, 지도자론, 사회학과 미래사회, 불교 수행사, 붇다 생애, 경전, 붇다 철학관점, 심리학, 상담학, 성격이론. 수행일반, 불교일반에 관해 배운다. 불교와 수행을 인문과학, 사화과학, 자연과학 등 인접학문과 비교해서 이해한다.

이 과정을 마치면 마음관련 분야에서 전문가로서 활동할 수 있을 것이다.

International SATI CAMP

우주를 포용할 수 있는 눈밝은 수행자를 양성하는 과정이다. 경전반과 수행반이 있다.

세계 각국 스님이 함께 모여 경전을 배우고 수행을 익히며 서로 탁마하는 과정이다. 매년 겨울 3개월 과정으로 붇다가 수행해 최상깨달음을 이룬 인도 붇다가야에서 진행된다. pāli 어로 된 경전을 영어로 강의하며 붇다가 직접 행한 싸띠수행을 한다. 붇다 가르침이 긴 세월 넓은 지역 다양한 문화에 담기면서 내용이 변질되고 형식이 복잡해졌다. 이런 혼돈을 극복하기 위해 붇다가 아라한뜨 막가파라를 성취한 곳에 International SATI CAMP를 열어 각국 불교수행자가 모여 붇다 정법을 배우고 익혀 불교기준을 정하는 장이 될 것이다.

항공료를 포함해서 모든 비용은 BUDDHA DHAMMA SAṄGHA에서 지원한다.

완성

장기출가

수행을 완성하는 과정이다. 기간은 6년 6왓싸(安居)를 지내야 하고 이론 400학점, 실기 5,000시간을 이수해야한다. 학부·석박사 통합과정이다. 출가해서 ㅂ힉쿠와 ㅂ힉쿠니- 계를 받아야 하며 모든 교육은 영어로 진행한다. 그리고 6왓싸 중 4회는 다보산 반냐라마, 미얀마 마하-시-선원, 인도 붇다가야 반냐라마에서 수행하고 나머지 2회는 본인이 정한다. 막가파라에 들어 닙바-나를 체험해야 졸업할 수 있고 교과과정만 마치면 수료한다. 모든 비용은 BUDDHA DHAMMA SAṄGHA에서 지원하며 졸업 후 남아 활동하는 사람에게는 모든 활동을 지원한다. 2015년에 인도 붇다가야에 학교가 개설되기까지는 다보산 반냐라마를 중심으로 필요한 곳에서 교육한다.

문의 www.satischool.net 010-5405-2841

SATI LIFE DESIGN 평생교육원

삶을 디자인하다

SATI LIFE DESIGN 평생교육원은 마음과학과 싸띠수행을 활용해 당신의 삶을 다자인해주고 자유롭고 행복하게 살 수 있는 길을 안내하는 좋은 길라잡이가 될 것이다.

마음과학과 싸띠수행 자체는 마음관리가 주된 분야다. 거기에 더해 마음과학과 싸띠수행을 지금 당신이 하고 있는 일에 1%로만 활용하면 삶에 많은 도움될 것이다.

SATI LIFE DESIGN 평생교육원은 마음과학과 싸띠수행을 활용한 身心 건강 전문교육기관이다. 마음건강이 업무에 미치는 영향이 큰 CEO, 과학자, 연구원, 심리학자, 철학자, 상담학자, 의사, 한의사, 교사 등 전문분야에 종사하는 사람에게 마음과학과 싸띠수행을 활용할 수 있는 다양한 방법을 함께 고민하고 길을 찾는 유용한 공간이 될 것이다. 특히 우울증이나 스트레스 등을 효율적으로 관리하고 싶은 사람이나 마음건강, 마음안정, 마음에너지가 필요한 사람에게 마음과학과 싸띠수행을 활용해 개발된 다양한 프로그램은 매우 유용할 것이다.

현재 주 1회, 2박 3일, 3박 4일, 한 학기, 2학기, 4학기 등으로 일반강좌와 전문강좌가 다양하게 개설돼 있다.

문의 www.satischool.net 010-5405-2841

SATI SCHOOL 건학기금 모금안내

SATI SCHOOL은 마음과학전문대학원과 무료의과대학을 설립하기 위해 다음과 같은 사업을 추진한다.

1. 활동목표

의료, 교육, 복지 등을 개인에게 맡기지 않고 사회나 공동체가 담당하는 사회가 아름답고 살기 좋은 사회다. 수행공동체 생활공동체를 지향하는 BUDDHA DHAMMA SAṄ GHA 반냐라마는 모든 존재가 함께 어울려 평등하고 평화롭고 공존하는 공동체를 만들고 모든 존재가 자유로운 삶, 청정한 삶, 행복한 삶, 공존하는 삶을 살 수 있도록 기여하는 것이 꿈이자 원력이다.

2. 교육이념

SATI SCHOOL은 붇ㄷ하 가르침과 붇ㄷ하가 만든 마음과학과 싸띠수행을 기본

도구로 삼고 자기자신과 세상을 변화시켜 삶의 질과 자유와 행복 지수를 높이고
모든 존재가 함께 공존할 수 있는 사회공동체를 만드는 것을 이념으로 한다.

3. 교육목적

SATI SCHOOL은 붇다하가 만든 마음과학과 싸띠수행으로 모든 사람이 아라한
뜨 막가파라(道果)를 성취하고 최상행복인 닙바-나(涅槃)를 체험해 탐진치 3독심
을 제거하고 자유로운 삶, 청정한 삶, 행복한 삶, 공존하는 삶을 살 수 있도록 눈
밝은 수행자가 올바르고 체계적으로 수행을 지도한다.

SATI SCHOOL은 마음과학과 싸띠수행을 지도할 수 있는 수행지도자를 양성한
다.

마음과학과 싸띠수행을 삶의 현장에 적용해 의료 복지, 교육, 경영, 어학, 상담,
심리, 철학, 예술, 운동, 인간관계, 마음관리, 스트레스관리, 갈등관리 등에 활용
할 수 있는 프로그램을 만들고 지도할 수 있는 인재를 양성한다.

사회정의와 사회청정성을 실현하고 새로운 문화를 만들 문화창조자를 양성해
새로운 시대를 이끌어갈 주인공을 양성한다.

마음과학과 싸띠수행에 기초해 모든 존재가 자유로운 삶, 청정한 삶, 행복한
삶, 공존하는 삶을 살 수 있도록 이끌 세계수준 지도자를 양성한다.

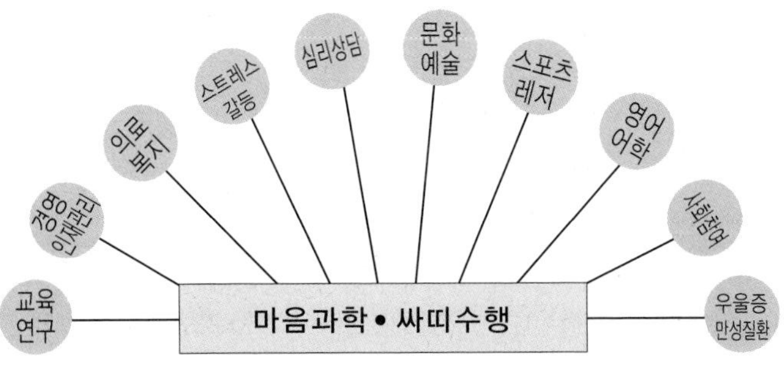

4. INTERNATIONAL SATI SCHOOL(2020년까지 설립예정)

붇다가 불교, 마음과학, 싸띠수행을 창안하고 자유와 행복으로 가는 길을 만든 인도 붇다가야 보리수 부근에 INTERNATIONAL SATI SCHOOL을 설립해 마음과학, 수행, 상담학, 심리학, 예술, 철학, 미학 그리고 마음과학, 싸띠수행, 동서양 의학을 함께 사용해 치료하는 이론과 기술을 배우는 통합의학을 담당할 무료의과대학을 설립할 예정으로 추진하고 있다.

붇다가야에 설립할 의과대학은 수업료 없이 학비전액을 지원하는 무료의과대학이 될 것이다. 생각만 해도 즐거운 일이다.

오늘날 특수계층이 아닌 일반민중이 사용하는 대부분 병원은 의료주체인 환자는 뒷전이고 의사중심으로 치료하고 운영한다. 실정이 그렇다보니 돈없고 힘없는 사람은 치료받을 기회조차 없을 뿐더러 사람답게 취급받지 못하고 무시당하는 것이 현실이다.

또 인공화학약품이나 외과적 방법에 기초해 치료하다 보니 환자가 받는 스트레스 또한 매우 높다. 시급한 수술을 요하는 환자는 화학약품과 외과적 방법에 기초한 의료기술이 유효하지만 한국의 경우 전체환자 가운데 40% 이상을 차지하는 만성질환자와 성인병환자는 서양의술이나 동양의술이라고 해서 별 뾰쪽한 방안이 있는 것도 아니다. 10~20분 진료받고 하루 종일 TV 보고 시간보내는 것이 오늘날 병원 현실이다. 이것은 환자에 대한 폭력이다. 그렇다고 달리 어떤 대안이 있는 것도 아니다.

우리는 이런 현실을 극복하기 위해 자연친화적이고 환자중심적인 의료체계, 돈이 아닌 사람이 중심이 되는 사회, 의료혜택으로부터 소외된 의료사각지대를 찾아가 의료자비를 베푸는 사람, 화학약품을 사용하지만 인체기능을 향상시키고 자가치유능력을 높여 덜 폭력적인 치료체계를 창조할 새로운 사고를 가진 의료인을 양성할 필요성을 느낀다.

우리의 꿈과 원력을 달성하기 위해 인류의 영원한 스승인 붇다가 불교, 마음 과학, 싸띠수행을 만들어 삶의 질을 높이고 자유롭고 행복하게 살 수 있도록 길을 열어준 인도 붇다가야에 무료의과대학을 설립해 새로운 사고와 실천유형을 가진 의료인을 양성하려는 것이다.

인도에 무료의과대학을 설립하려는 것은 현실적으로 국내는 의과대학을 인가 받기도 어려울 뿐더러 비용도 많이 든다. 또 서양의학과 동양의학을 분리해 교육 함으로써 치료받을 환자가 아닌 치료기술 중심으로 의료인을 양성해 자기가 배운 의료지식이 아니면 잘 수용하지 않는다. 이런 현실적인 어려움을 극복하고 사람을 중심에 두고 치료에 도움되는 모든 것, 서양의술, 동양의술, 인도 아유르베다, 중국 몸 다루는 기술(소림무예), 불교 마음과학과 싸띠수행, KĀYA SATI, 심리학, 상담학, 각국 민간요법 등을 참조해 활용하는 의료인을 양성하려고 한다.

1. 한 구좌당 100만원(승계가능)
 1) 분납가능 2) 단체 구좌(가족, 동아리 등) 3) 구좌가입 숫자에 제한 없음
2. 계좌번호
신한은행: 100-020-980411   예금주: 근본불교승가 김영채
농   협: 817125-52-022521 예금주: 다보선원 김영채
부산은행: 099-01-009087-6   예금주: 사단법인 반냐라마
3. 총책임자 : Bhikkhu Buddhapāla(대표 SATI MASTER)
4. 총 모금액 : 300억(1차분 50억)
5. 문의 담당자 : 대표 : 010-5405-2841 055)331-2841
     www.satischool.net

6. 참고사항

① SATI SCHOOL 건학준비위원회 정관에 기초해 업무에 참여할 수 있는 권리

② SATI SCHOOL에서 운영하는 장학회 운영에 참여할 수 있는 권리

③ 회원자격 양도양수 가능(단, 매입 후 10년 후 양도가능, SATI SCHOOL 회원 탈퇴시 연리 2% 지급)

④ 2009년 5월 1일 이전 인도불교후원금에 대한 기금증서는 회원탈퇴 불가
   (단, 2009년 5월 2일 이후 인도불교후원금은 ①~③항에 명시된 동등권리 가짐)

⑤ SATI SCHOOL 학교법인 설립 시, 학교법인 출연자로 인정해 정관에 명시

⑥ SATI SCHOOL 학교법인 임원, 개방이사, 대학평의원이 될 수 있는 자격부여 (단, 출자금에 따라 권리제한)

⑦ SATI SCHOOL 회원이 추천하는 사람이 SATI SCHOOL에 입학할 때 가산점 부여 (단, 출자금에 따라 권리제한)

⑧ 기금증서는 수행공동체, 생활공동체 반냐라마가 개별수행자들이 편안히 머물며 수행, 휴식, 노후생활을 영위할 수 있는 복합공간인 아-라-마 리조트 휴양시설, 병원, 수익사업 등을 할 때 출연금으로 전환할 수 있음(단, 매입 후 5년 후부터)

5. KOREA SATI SCHOOL(2015년까지 설립예정)

현재 김해 다보산 반냐라마에 본부를 두고 SATI SCHOOL을 설립해 마음과학, 수행, 상담학, 심리학, 예술, 철학, 미학 등을 담당할 cyber 대학원을 설립할 예정으로 추진하고 있다.

이 대학원에서 이뤄지는 모든 수업은 한국어와 외국어(영어, 중국어 등)로 병행해 진행할 예정이다. 한국에 설립할 SATI SCHOOL은 마음과학, 싸띠수행, 인문

과학, 사회과학에 기반해 세계를 대상으로 cyber로 교육할 예정이다.

　국내에 설립될 대학원은 on line + off line 을 결합해 수업하는 방식을 채택할 것이다. 이론은 cyber에서 원격으로 처리하고 실기는 각 지역에 있는 반냐라마 수행공간에서 배우고 익히게 될 것이다.

1. 모든 것은 INTERNATIONAL SATI SCHOOL과 동일하고 계좌번호만 다름
2. 계좌번호
　농　　협 : 351-0056-0495-83　예금주: 사단법인 수행도량 반냐라마
　신한은행 : 100-025-228010　　예금주: 사단법인 수행도량 반냐라마 김영채
　부산은행 : 061-01-041506-9　예금주: 사단법인 반냐라마 김영채

인도불교지원과 수행지도자양성 안내

1) 인도불교 살리기

전세계에서 수많은 사람이 붇다 가르침을 배우고 익히기 위해서 붇다가 깨달음을 이룬 인도 붇다가야로 온다. 1년에 수만 명의 서양 사람과 5만 명 이상의 한국 사람도 이곳으로 와서 수행과 성지순례를 한다.

현재 인도는 1천만 명 정도의 순수 불교도와 3000여 명 정도 인도출신 스님 그리고 불교와 힌두교를 함께 믿고 있는 사람이 1억 명 정도 된다. 그러나 안타깝게도 수행지도할 혜안을 갖춘 수행자가 없다. 불교를 배울 수 있는 곳도 두서너 대학뿐이고 그나마 그곳 교수는 전부 힌두교도이다. 불교를 체계적으로 배우고 수행할 공간도 없다. 힌두교도로부터 불교를 배워야 하는 것이 붇다가 탄생한 인도불교 현재 모습이다. 실정이 그렇다보니 불교가 만들어진 인도에서 인도스님은 교육받을 기회를 처음부터 갖지 못하고 있다.

동남아 불교국가에서 온 스님은 인도스님을 무식하다고 천대하고 중국이나 한국에서 온 불교도는 소승이라고 멸시한다. 수많은 티베트 스님이 있지만 그들만의 불교를 한다. 아쉽게도 인도스님은 현재 홀로설 수 있는 능력이 없다. 누군가 조금만 도와주면 그들은 자립할 수 있는 힘을 갖고있다.

불교는 인도에서부터 시작됐다. 과거 중국불교와 한국 불교가 어려울 때 항상 인도불교로부터 새로운 자양분을 공급받아 법을 세웠다. 그렇기 때문에 인도불교를 살리는 것은 매우 중요하다. 인도불교가 살아나지 못하고는 세계불교 전망도 밝지 않다.

한국, 중국, 일본은 지난 2500년 동안 인도로부터 자유 · 청정 · 공존 · 행복으로 가는 도구인 수행을 배워 사용했다. 이제 우리가 그 위대한 가르침을 인도에 되돌려줄 때이다. 인도불교를 살리는 것은 자유와 행복으로 가는 길을 가르쳐 준 붇다 은혜에 보답하는 것이다. 이제 우리가 법으로 회향할 때이다. 인류 역사상 가장 평화로운 사유체계를 만든 인도불교를 되살리는 일에 참여하는 당신은 인류의 평화와 행복, 이익과 번영에 동참하는 것이다.

그 출발점을 수행지도자양성과 싸띠수행으로부터 시작해야한다. 붇다 가르침은 마음닦는 수행이 핵심이다. 붇다가 최상의 깨달음을 이룬 장소인 붇다가야에 마음과학과 싸띠수행에 기반한 SATI SCHOOL(무료 의과대학)과 PAÑÑĀRĀMA(국제선원)를 세워 수행지도할 수 있는 스님(지도자)을 양성하는 일이 올바른 길이다. 우리는 이곳을 인도불교를 살리고 세계불교 중심으로 삼고 붇다가 그랬듯 우리도 인류의 자유와 행복, 이익과 번영, 현재와 미래에 기여하고자 한다.

여기에 당신의 소중한 마음과 힘이 필요하다. 15만원이면 한 평의 땅을 살 수 있다. 1년 300~2000만원, 최소 5~10년이면 한 명의 훌륭한 수행지도자를 양성할 수 있다. 여기에 동참하는 당신은 인류의 행복과 번영의 씨앗을 심는 것이다.

우리는 꿈과 희망이 있다. 최고수준까지 수행지도할 수 있는 눈푸른 수행지도자가 있고 이론과 기술을 갖추고 있다. 그리고 무엇보다 원력이 있다.

현재 붇다가야 보리수 옆에 2008년 1월 21일에 역사적인 개원을 했다. 2007년부터 International SATI CAMP를 열고 매년 수십 명의 스님이 공부와 정진을 시작했다.

이제 그 성스러운 곳에 붇다 가르침에 따라서 많은 사람이 수행할 수 있는 수행도량을 세워 붇다와 대중께 공양올린다. 붇다는 모든 보시 가운데 법보시가 최고라고 했다. 수행으로 나오는 맑은 향기는 보시 가운데 으뜸이다.

인도스님 교육도량이 되고 세계사람 욕망지수와 폭력지수를 낮추고 그들이 자유

롭고 행복하게 살고 마음을 쉴 수 있는 영혼의 쉼터를 제공하는 것은 가치있는 일
이다. 우리의 맑은 정성이 모이면 큰 강물을 이루어 세상을 맑히는 향기가 될 것이
다.

2) International SATI CAMP

반냐라마 SATI SCHOOL은 출가수행자를 위한 International SATI CAMP를
붇다가 최상깨달음을 성취한 곳인 인도 붇다가야에서 개설한다.

세계는 열려있다. 이제 우리마음을 열 때다. 현상 실재를 통찰하고 대중을 올바
르게 인도해야 하는 지도자는 넓은 안목, 올바른 지식, 깊은 지혜를 갖춰야 한다.
특히 붇다 수행을 통해 자신과 세상을 변화시키려고 노력하는 출가수행자는 붇다
가 활동한 현장에서 붇다 언어로 붇다가 직접 행한 싸띠수행과 경전을 배우는 것
이 중요하다.

붇다가 만들고 직접 수행해 무상정자각을 성취한 수행법인 싸띠수행 과정을 붇
다가 사용한 불교 언어인 pāli 경전을 그것이 설해진 현장에서 영어(한문병기)를
배우고 익히는 경전과정과 붇다가 만들고 직접 닦아 아라한뜨 막가파라를 성취한
정통 싸띠수행을 배우고 익히는 싸띠수행반을 개설한다. pāli 어, 영어, 수행 등을
함께 익힐 수 있다.

● 후원계좌 : 신한은행　919-01-023400　　(예금주　근본불교승가)
　　　　　　　농　협　817125-52-022521 (예금주　김영채)

	내 용	참고사항
개 설	개설과목 : 초전법륜경반(10명) 대반열반경반 싸띠수행반(5명) 공동과목 : 인도불교사	대반열반경반은 초전법륜경반을 수료한 사람에 한해 신청받음 매년 경전이 바뀜
교 재	텍스트 언어 : pāli 어(한문) buddha 수행법(한글)	
기 간	매년 1월 중순 시작(3개월)	마친 후 성지순례는 자유
대 상	출가수행자 (일반인은 자비로 참가할 수 있음)	종단, 성, 국적, 출가년도 관계없음
참가비	전액 지원(미화 1500불 정도)	왕복 항공료, 체재비, 강의료 포함 중도포기시 항공료 반환
지도법사	pāli경전 : Pragadeep(인도, 율장전공) pāli문법 : Bodhi Dhamma(인도, Pāli전공) 수행지도 : Buddhapāla(한국, 수행전공)	
수업시간	경전반 : 강의 3시간, 수행 3시간, 논강 2시간, 자율학습 4시간 수업법 : 수행 10시간, 강의 2시간	장소는 붇다하가야 반냐라마 SATI SCHOOL 모든 강의와 생활은 영어로 진행됨. 싸띠수행반은 한국어로 진행

● 신청기간 : 매년 8월 31일까지

● 신청장소 : buddhapala@hotmail.com

● 면　　접 : 9월 20일까지 (개별통보)

● 신청서류 : 자기 소개서,　출가(수행) 이력서

● 문　　의 : 055) 331-2841 www.satischool.net
　　　　　buddhapala@hotmail.com

PAÑÑĀ
수행전문지 **반 냐**

수행전문지 「PAÑÑĀ」는 마음과학과 싸띠수행을 올바르게 전해주고 붇다 정통 싸띠수행에 대한 잘못된 해석을 바로잡고 마음과 수행에 관한 정확하고 구체적인 기술을 드러내고 수행을 응용해서 삶을 풍요롭게 하고 수행과 불교, 마음과학의 기준을 정하고 자유와 행복으로 인도하는 길라잡이다.

「PAÑÑĀ」는 계간으로 발행되며 1년 구독료는 1만원이다. 붇다하는 좋은 도반은 수행전부라고 했다.

『PAÑÑĀ』는 수행과 삶의 좋은 벗이다.

구독신청안내
http://www.satischool.net
055)331-2841, Sati school, 반냐라마

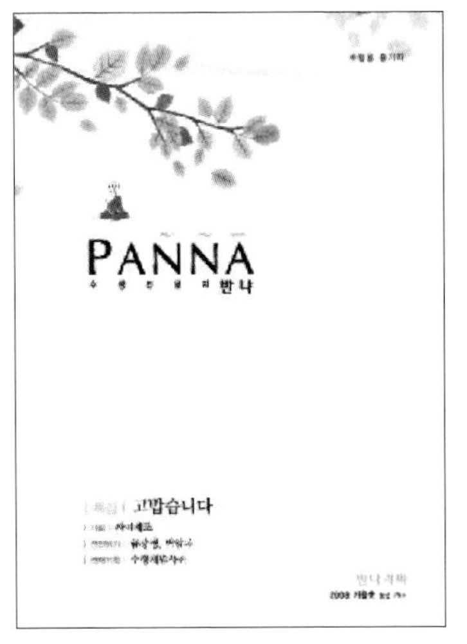

마음과 수행에 관한 모든 것

BUDDHA 수행법

$$M = IA^n$$

(기억)　　(이미지×마음노폐물)

이 하나의 공식이 마음과 수행에 관한 모든 것을 바꿀 것이다.

기억이미지가 에너지를 흡수하고 해체하는 이론구조와 구체적인 방법을 이 책에서 최초로 공식화해 놓았다. 기억은 없앨 수 없다. 수행은 기억이미지에 붙어 있는 마음노폐물 제거과정이다. 마음이 맑아지면 삶은 자유와 행복으로 충만해진다.

이 책을 펼치는 순간 마음과 수행에 관한 모든 궁금증을 해결해줄 것이고 새로운 마음세계로 빠져들 것이다. 불교는 마음관리 프로그램이다. 마음 구조와 기능, 마음구성인자, 마음화학반응, 마음물리특성 등이 일어나는 매커니즘을 분명하게 이해하면 스스로 자기마음을 효과적으로 관리할 수 있다.

이 책은 불교, 마음과학, 싸띠수행을 창시한 붇다가 창안한 원형 그대로 마음관리 프로그램인 싸띠수행을 있는 그대로 드러냈다. 붇다는 마음 이해와 관리에 관한 내용을 말로 설명했다. 그것이 경전이다. 이 책은 말로 설명해놓은 것을 공식과 도표로 체계화시켜 수행이론의 과학성과 실천의 유용성을 마련했다. 이 책은 마음과 수행을 과학차원으로 업그레이드 시켰다.

이 한 권의 책은 불교와 수행 그리고 당신의 삶에 큰 변화를 가져올 것이다.

일반용어

나

다

많이 듣고[bahussuta, 多聞] 511
많이 배우고[bahussuta, 多聞] 505
많이 행하고[bahu kata, 多行] 504
망고동산[ambavana, 菴羅園] 512
먼지[raja, 塵] 470
메시아(messiah) 1015
메시아[Christ] 1015
명근(jāvitīndriya, 命根) 983
명행(jīvita saṅkhāra, 命行) 506
모든 상[sabba ākāra, 諸相] 522
목감청상(abhinīlaṇetta, 目紺青相) 446
목숨이 다할 때[pāṇa upeta, 終命] 489
몸[sarīra, 舍利, 身] 514
묘사[paññāpeti, 施設] 505
무간지옥(avīci niraya, 阿鼻奈落, 阿鼻地
獄, 無間地獄) 396
무속불교 146
무익(alābha, 無益) 513
무익(okāra, 無益) 489
문다 인 1001
문신기질 1137
문자불교 825
문화산업 159
물심이원론(物心二元論) 978
미간백호상(uṇṇa, 眉間白毫相) 446
미국심리학 816
미가-라(Miraga, 鹿子) 717
미륵신앙 1085
미륵정토(彌勒淨土) 1085
미묘(nipuṇa, 微妙) 469
미타일념(彌陀一念) 1096
미타정토(彌陀淨土) 1085
민중불교 101
밀교경전 1089

바

브라흐마 (brahma, 梵天) 470
브라-흐하나(brāhmaṇa, 婆羅門) 451
브라-흐마 신(Brahma, 梵神) 963
브라-흐마나(brāhmaṇa, 婆羅門, 司祭) 989
브하가봐께 귀의(Bhagava saraṇaṁ
gacchāmi, 歸依世尊) 489
브하-봐나-(bhāvanā, 修行) 543
브호자니야(bhojaniya, 飮食, 軟食, 디저트,
부드러운 것) 512
브힉쿠 싼ㄱ하 (bhikkhusaṅgha, 比丘僧伽)
489
브힉쿠(bhikkhu, 比丘, 출가 남자수행자)
289
브힉쿠니- 8경법(比丘尼 八敬法) 417
브힉쿠니-(bhikkhunī, 比丘尼, 출가 여자수
행자) 290
브힉쿠니-제자(bhikkhunī sāvaka, 比丘尼
弟子) 505
브힉쿠제자[bhikkhu sāvaka, 比丘弟子] 505
바-라-나씨-(Bārāṇasī, 波羅奈斯) 994
받아지녀야 한다[samannāgata, 具足] 500
발견[buddha, 佛陀, 覺者] 856
배운 것(ugganhāti, 把持) 505
배화교(aggi paricariyā, 火祀, 拜火教) 84
비렀고[mutta, 放棄] 506
번창(iddha, 繁昌) 505
범부행(pothujjanika, 凡夫) 477
범신매(brahma daṇḍa, 梵罰) 418
범아일여(brahmātmāikya, 梵我一如) 998
범어(brāhmī, 梵語) 280
범음성상(brahmassara, 梵音聲相) 446
범천(sabrahmaka, 梵天) 512
범패(梵唄) 304
범하지 않고[akhaṇḍa, 不犯] 499

자

 **차**

[brahmātmāikya, 梵我一如] 637

하

하늘[deva, 天, 極樂] 976
하얀 연꽃[puṇḍarīka, 白蓮] 337
한국불교 831
한국불교 개혁 1150
한국불교식 색깔논쟁 1141
한국수행자 477
합리적으로 수행하는 ㅂ하가봐 성스런
싼ㄱ하(Ñāyapaṭipanna Bhagavata sāvaka
saṅgha, 理聲聞僧伽) 499
합송(saṅgīti, 合誦, 結集) 294
합장(añjali paggaṇhāti, 合掌) 370
항아리[doṇa, 頭那, 桶] 449
해상 실크로드 129
행운(suladdha, 幸運) 513
행운[kusa, 吉祥] 960
향(gandha, 香) 721
현명한 분[sumedha, 善慧] 471
현실지향점 847
현자로부터 칭찬받고[viññūpasattha,
賢者稱頌] 500
혜근[paññā indriya, 慧根] 686
혜능어록 115
혹독한 고통502
화신(nirmāṇa kāya, 化身) 967
화엄(華嚴, 雜華) 618
화엄사상 1123
화장(jhāpeti, 火葬) 330
화합(samagga, 和合, 雁行) 495
화합하며 수행해야 하고[sāmīci
anudhamma, 和隨法] 515
화합하며 수행하는 ㅂ하가봐 성스런 싼ㄱ하

(Sāmicipaṭipanna Bhagavata sāvaka
saṅgha, 和聲聞僧伽) 499
화합하며 실천하고[sāmīci paṭipanna,
和敬行] 505
확장(vitthārika, 擴張) 506
회향(pariṇāmana, 廻向) 411
후교리(後敎理) 125
후교학 147
후기 웨다시대(BCE 1000~600) 994
흩날리고[okirati, 散花] 514
희론(papañca, 戲論) 627
히-나야-나(Hīnayāna, 小乘) 94
히말라야(Hema ālaya, 雪藏) 994
힌두교 발상지 987
힌두교 사유체계 60
힌두교 세계관 647
힌두교수행 81
힌두교 수행도량 314
힌두교수행자 298
힌두교 신 996
힌두교 윤회설 948
Mohenjo Daro 959
Harappa 959

다

 자

지혜[paññā indriya, 慧根] 687

지혜[paññā bala, 慧力] 688

지혜눈(paññā cakkhu, 慧眼) 425

지혜싹 806

지혜장애 778

직관(sāmukkaṁsika, 直觀) 100

직관기법 491

직관뇌 750

직관력 750

직관방법 827

직관지(paññā, 般若, 慧, 直觀智) 543

직지인심(直持人心) 1093

진(dosa, 瞋) 713

진갈애(盡渴愛) 473

진언(mantra, 眞言) 867

진언 싸띠수행(Mantra, 眞言) 71

진에(dosa, 瞋恚) 650

진에(paṭigha, 瞋恚, 有對) 714

진여삼매(眞如三昧) 1094

진짜 닙바-나 704

질량(힘, 무게, 에너지) 212

집중수행 912

집착(upādāna, 執着) 1072

집착[upādāna, 取] 651

집착을 즐기고[ālayarata, 熱中] 469

집착을 탐닉한다[ālaya sammudita, 眈溺] 469

집착하기 좋아하고[ālayarāma 喜悅] 469

집착하지 않고[aparāmaṭṭha, 不着] 500

쩨또(ceto, 心) 667

찌꺼기 데이터 743

찌름 893

찟따(citta, ceto, 心) 666

차

차가움 572

차별(visesa, 差別) 983

차제설법(anupubba kathā, 次第說法) 489

참선(參禪) 1003

처음 자세 704

처음 정한 기준점 890

천태수행(止觀修行) 1125

천태종 계통 싸띠수행 1143

천하대근기 1128

철학이나 수행 관점 1050

청각 데이터[sota viññāṇa, 耳識] 644

청각[sota, 耳] 756

청각대상[sadda, 聲] 755

청정범행[brahmacariya, 梵行] 505

청정법(visuddhi dhamma, 淸淨法) 964

청정한[pari suddha, 遍淨] 492

청정한 길 859

청정한 마음[pasanna citta, 淨心] 516

청정한 마음상태 490

청정한 마음[pasanna citta, 淨心] 516

청정한 믿음[aveccapasāda, 不壞淨] 497

청정한 삶[visuddhi, 淸淨] 429

체험[abhiññā, 經驗則] 753

체험[abhiññā, 證悟, 知解] 563

초견성(初見性) 708

초보자 906

초선(paṭhama jhāna, 初禪) 696

최고 · 최후 막가파라 단계 711

최상즐거움 468

최상지혜[abhiñña, 超凡智] 508

최상행복[nibbāna, 涅槃, 寂滅] 513

촉(phassa, 觸) 651

촉각 데이터[kāya viññāṇa, 身識] 644

촉각[kāya, 身] 648

3. 사람이름

공자(孔子, BCE 552~479) 872
광종(高麗光宗, 925~975) 1124
굉지정각(宏智淨覺, 1091~1157) 1107
구겸지(寇謙之, 365~448) 1109
구나ㅂ하ㄷ라(Guṇabhadra, 求那跋陀羅,
394~468) 1103
구나봐ㄹ만(Guṇavarman, 求那跋摩, 功德
鎧, 367~431) 1105
구본(求本, 7세기 후기활동) 1119
구봉도건(九峰道虔) 1142
구양수(歐陽脩, 1007~1072) 1108
규기(窺基, 632~682) 1076
규봉종밀(圭峰宗密, 780~841) 1094
금강지(Vajrabodhi, 金剛智, 669~741) 1103
기파(耆婆, 신라화랑) 235
길장(吉藏, 549~623) 1075
김사양(金思讓, 8세기 초기활동) 1121
김수로(金首露, 재위 42~199) 129
김옥균(金玉均, 1851~1894) 1133
김진열(金鎭烈, 1953~) 404
까-라야싸(Kālayasās, 畺良耶舍, 5세기 초
활동) 1085
꾸마-라지-봐(Kumārajīva, 鳩摩羅什,
343~413) 1075
나-가-ㄹ주나(Nāgārjuna, 那伽閼剌樹那, 龍
樹, 대략 150~250 사이 활동) 110
나옹혜근(懶翁惠勤, 1320~1376) 1095
남도영(南都泳, 1925~) 1146
남악회양(南嶽懷讓, 677~744) 1092
남전보원(南泉普願, 748~834) 1142
남해왕(新羅南解王, 재위 4~24) 1115
노자(老子, BCE 6세기 활동) 402
노힐부득(努肹夫得, 7세기말 활동) 1087
농가타(農伽陀, 7세기 중기활동) 1119
눌지왕(新羅訥祗王, 재위 417~458) 1117
뉴튼(Newton, 1642~1727) 752

ㄷ함마굽따(Dhammagupta, 達磨笈多,
?~619) 1089
ㄷ함마미ㄸ라(Dhammamitra, 曇摩蜜多,
356~442) 1101
ㄷ함마빠-라(Dhammapāla, 法護,
1864~1933) 1115
ㄷ함마야싸(Dhammayasa, 曇摩耶舍, 5세기
초 활동) 1101
ㄷ햐-나ㅂ하ㄷ라(Dhyānabhadra, 指空,
?~1363) 131
다까꾸스준지로(高楠順次郎, 1866~1945)
402
다산 정약용(茶山 丁若鏞, 1762~1836)
1136
다찌하나 히데미기(立花俊道, 20세기 활
동) 447
달달박박(姐姐朴朴, 7세기말 활동) 1087
달라이라마(Dalai lama, Tenzin Gyatso,
1935~) 113
담가가라(曇柯迦羅, 3세기 중기활동) 1104
담란(曇鸞, 476~542) 1085
담마굴다(曇摩掘多, 5세기 초기활동) 1105
담마나제(曇摩難提, 法喜, 4세기 후기활
동) 1103
담마류지(Dhammaruci, 曇摩流支, 法樂, 5
세기 초기활동) 1105
담마지(曇摩持, 4세기 후기활동) 1104
담무참(曇無讖, 385~433) 1082
담제(曇濟, 5세기 후기활동) 1075
담징(曇徵, 579~631) 1117
대감혜능(大鑑慧能, 638~713) 108
대고(大鼓, 13세기 활동) 1129
대만홍인(大滿弘忍, 602~675) 964
대의도신(大醫道信, 580~651) 1143
대치 유홍기(大致 劉洪基, 1831~?) 1133
대통(大通, 816~883) 1142

석옥청공(石屋淸珙, 1272~1352) 1129
석전정호(石轉鼎鎬, 1870~1948) 1138
석초(釋超, 912~ 964) 1142
선도(善導, 613~681) 1086
선무외(善無畏, 637~735) 1089
선제(宣帝, BCE 91~49) 1109
선종(高麗宣宗, 1049~1094) 1124
설두유형(雪竇有炯, 1824~1889) 1135
설봉의존(雪峰義存, 822~908) 1107
성왕(聖王, 재위 523~554) 1117
성종(高麗成宗, 960~997) 1106
성종(朝鮮成宗, 1457~1494) 1131
세조(朝鮮世祖, 1417~1468) 1132
소태산 박중빈(少太山 朴重彬, 1891~1943) 1134
속산광인(疎山匡仁) 1142
수리야소마(須利耶蘇摩, 4세기 중기활동) 1103
수산(水山, 1922~) 1144
순도(順道, 4세기 후기활동) 129
순자(荀子, BCE 298~238) 569
순지(順之, 893년활동) 1142
승가발징(僧伽跋澄, 衆現, 4세기 후기활동) 1105
승가제파(僧伽提婆, Saṅghadeva, 衆天, 4세기 후기활동) 1105
승연(僧淵, 414~481) 1083
승우(僧祐, 445~518) 1106
승전(僧詮, 7세기 후기활동) 1075
승찬(僧璨, ?~606) 1092
승철선사(僧哲, 7세기 중기활동) 1120
시황제(秦始皇帝, BCE 259~210) 1102
신수(神秀, ?~706) 1092
신행(信行, 540~594) 1096
신행(神行, 704~ 779) 1141
실차난타(實叉難陀, 652~710) 1103

씨리-미따라(Śrīmitra, 帛尸梨蜜多羅, 4세기 후기활동) 1103
싼ㄱ하ㅂ하ㄷ라(Saṅghabhadra, 衆賢, 5세기 후기활동) 1105
싼자야 베랏티뿟따(Sañjaya Belaṭṭhiputta, BCE 6세기 활동) 434
쌍ㄱ하봐ㄹ마(Saṃghavarma, 康僧鎧,) 1104
쏘빠까(Sopaka, 性贊, 1956~) 1150
씨라ㅂ하ㄷ라(Silabhadra, 戒賢, 7세기 중엽 활동) 1078
아ㄱ니미따라(Agnimitra, 재위 BCE 151~143) 987
아나까리까 ㄷ함마빠라(Anakarika Dhammapala, 法護居士, 1864~1933) 450
아-라-라 까-라~마(Ālāra kālāma) 1022
아리나발마(阿離那跋摩, 7세기 중후기활동) 1119
아-리야데봐(Āryadeva, 聖提婆, 3세기 후반활동) 1065
아모ㄱ하봐ㅈ라(Amoghavajra, 不空, 705~774) 1089
아쌍가(Asaṅga, 阿僧伽, 無着, 395~470) 1066
아쏘까(Asoka, 阿育, 無憂, 재위 BCE 268~232) 297
아지따 께싸감바린(Ajita Kesakambalin, BCE 6세기 활동) 1010
안세고(安世高, 147~170 중국활동) 953
안연(顔淵, BCE 521~491) 1108
안홍(安弘, 7세기 중기활동) 1119
알렉산드로스(Alexandros the Great, BCE 336~323) 950
알버트 아인쉬타인(Albert Einstein, 1879~1955) 736
알버트 엘리스(Albert Ellis, 1913~2007) 598

4. 불보살과 직계제자

보ㄷ히 쌋따(Bodhi satta, 菩提薩陀, 菩薩)
1100
보현보살(Samantabhadra Bodhisatta, 普
賢菩薩) 112
붇ㄷ하(Buddha, 佛陀, 覺者, BCE 566~486)
402
불보살(佛菩薩) 1061
불성불(佛性佛) 1096
비로자나불(Vairocana buddha, 毘盧遮那
佛) 278
빔비싸-라(Bimbisāra, 頻毘婆羅, 影勝) 90
빠쎄나디(Pasenadi, 波斯匿) 90
뿌리싸 담마 싸-라티(Purisa dhamma
sārathi,, 調御壯夫) 276
뿐나(Puṇṇa, 富樓那, 滿願子, 滿慈子) 440
석가모니불(Sakyamuni Buddha, 釋迦牟
尼佛) 278
싸-리뿟따(Sāriputta, 舍利佛, 舍利子) 88
싸함빠띠(sahampati) 470
쌈마-쌈분ㄷ하(Sammā sambuddha, 正自
覺) 111
쌋타-데봐마눗싸(satthā deva manussa,
天人師) 276
쎄니야 빔비싸-라(Seniya Bimbisāra, 斯尼
耶頻毘婆羅, 影勝) 90
쑤가따(Sugata, 善逝) 470
쑤닷따(Sudatta, 須達多, 善施, 給孤獨) 414
쑤ㅂ후-띠(Subhūti, 須菩提, 善現) 442
쑤자-따(Sujāta, 善生) 409
쑷ㄷ호다나(Suddhodana, 淨飯) 83
아-난다(Ānanda, 阿難, 慶喜) 88
아누룻ㄷ하(Anuruddha, 阿那律, 無滅) 439
아눗따라(Anuttara, 無上師) 498
아라한뜨(Arahant, 阿羅漢, 應供) 111
아미타불(Amitābha Buddha, 阿彌陀佛) 966
아미타불(阿彌陀佛) 1102

아씨따(Asita, 阿私陀) 405
아자-따쌋투(Ajātasattu, 阿闍世, 未生怨) 90
안나-꼰단나(aññā koṇḍañña, 阿若憍陳
如) 482
암바빠-리-(Ambapālī, 菴婆波利) 90
앗싸지(Assaji, 阿說示) 415
앙구리마-라(Aṅgulimāla, 央堀摩羅, 指鬘)
420
야싸(Yasa, 耶舍) 151
야쏘ㄷ하라-(Yasodharā, 耶輪陀羅) 83
약사여래(Bhaiṣajyaguru, 藥師如來) 966
우다이ㅂ핫다(Udāyibhadda, 優陀夷跋陀)
416
우빠-리(Upāli, 優波離) 295
위두-다ㅂ하(Viḍūḍabha, 毘瑠璃) 422
위싸-카-(Visākhā, 毘舍佉) 90
윗짜-짜라나 쌈빤나(Vijjā carana
sampanna, 明行足) 498
지장보살(Kṣitigarbha Bodhisatta, 地藏菩
薩) 112
쭌다(Cunda, 純陀) 278
지봐까(Jivaka, 耆婆) 234
Satthā deva manussa(天人師) 276
Sugata(善逝) 276
Sammā sambuddha(正自覺, 正便智, 正等
覺) 276
Purisa dhamma sārathi(調御丈夫) 276
Tathāgata(如來) 276
Anuttara(無上師) 276
Lokavidū(世間解) 276
Vijjācarana sampanna(明行足) 276

6. 부파와 수행도량

8. Pāli 어

E

ekeka loma(孔生一毛相) 445
evaṁ me suttaṁ(如是我聞) 296
eka rasa khandha(一味蘊) 983
Ekavyohārika(一說部) 1049
ehi passika(招請現證) 498
ehi bhikkhu(善來比丘, welcome bhikkhu) 354
eso aha asmi(我) 484
eso me atta(我我) 484
etaṁ mama(我所) 484

O

okāra(無益) 489
okirati(散花) 514
opanayika(引) 498
obhāsa(光)
ossattha(解放) 506

K

Kaccāyana(迦旃延) 1048
Kathāvatthu(論事) 301
Kathāvatthu aṭṭhakathā(論事註) 1043
kappa(劫) 504
kapilavatthu(迦毘羅拔兜) 87
kamma(羯磨, 業) 98
kamma(業, 반응) 99
kamma āvaraṇa(業障) 99
kamma bala(業力) 99
kamma vāda(業論) 646
kamma vādin(業論者) 80

karuṇā(悲) 560
Kaliṅga 980
kalyāṇamittatā(善友) 368
kallacitta(順從心) 489
Kassapa(迦葉) 3형제 412
Kassapiya(迦葉毘, 飮光部) 1058
kāpotaka aṭṭhi bhāvanā(白骨觀) 576
kāma(愛慾) 468
kāmacchanda(愛貪) 716
kāma taṇhā(愛欲渴愛) 480
kāmarāga(欲貪) 710
kāma sukhaallikaanuyoga(沒頭愛欲樂) 477
kāmesu micchācāra(邪淫) 649
kāya(身) 102
kāya kamma(身業) 496
kāruññatā(慈悲心) 471
Kālacakra yāna(時輪乘) 1068
Kālayśas(畺良耶舍, 5세기 초 활동) 1085
kāsāya(袈裟) 117
kāya viññāṇa(身識) 756
kilamatha(苦痛) 477
kilesa(煩惱) 557
Kukkuṭika(高俱胝柯, 鷄胤部) 1047
Kukkuṭapāda giri(鷄足山) 436
kukkuṭa ārāma(鷄園寺, 일명 Asoka ārāma) 981
kuṭi(茅舍, 土窟, 庵子) 316
Kumbha thūpa(瓶塔婆) 455
Kumārajīva(鳩摩羅什, 343~413) 1075
kula putta(善男子) 515
kusa(拘舍, 吉祥草) 328
kusala(善) 513
kusala kamma(善業) 1009
Kusinārā(拘尸那羅) 90
kūṭāgāra sālā(重閣講堂) 323

kevala pari puṇṇa(圓滿) 492
Koṇḍañña(憍陳如) 481
Kosambī(憍賞彌) 417
Kosala(拘薩羅) 87
kosohita vattha guyha(馬陰藏相) 445
Kṣitigarbha Bodhisatta(地藏菩薩) 112

KH

khattiya(刹帝利, 戰士) 989
Khandhaka(犍度部) 300
khādaniya(珂旦尼, 嚼食, 硬食, 주메뉴, 단
단한 음식) 512
khāyita(嚼) 501
Khuddaka nikāya: 15經 300
Khuddakapāṭha(小誦) 300
Khantideva(忍天)

G

Gaṅgā(恒河, 天堂來, Ganges) 966
gaṇa(會衆) 431

gata(行) 501
gandha(香) 721
gandha kuṭi(香室) 316
Gandhāra(健陀羅, 香) 129
gambhīra(深) 468
gamma(世俗) 477
Gayāsīsa(象頭山) 412
Geyya(重頌, 應訟) 309
garukata(尊重) 515
gāthā(가타, 偈頌) 309
gāminī(引) 481

Gijjha(靈鷲) 326
Gijjhakūṭa(耆闍崛山 香室, 多寶山 靈鷲峰
香室) 414
Guṇabhadra(求那跋陀羅, 394~468) 1103
Guṇavarman(求那跋摩, 功德鎧, 377~431)
1105
Gokulika(高俱梨柯, 牛家部) 1046
Gotama(瞿曇, 最良牛) 276
Gotama Siddhattha(瞿曇 悉達多, 義成就,
BCE 566~486) 77
gopakhuma(牛王睫相) 446
Gopikā(瞿比, 喬比迦) 406

GH

ghāna(鼻) 756
ghāna viññāṇa(鼻識) 756

C

cakka(輪) 338
cakkavattin rāja(轉輪王) 831
cakkhu(眼) 471
cakkhu karoti(開眼) 478
cakkhu mant(俱眼者) 489
cakkhu viññāṇa(眼識) 756
catasso appamaññāyo(四無量心) 560
cattāro sukha(四樂) 467
catuttha jhāna(四禪) 696
catutthajjhāna vuṭṭhahati(出四禪) 520
catutthajjhāna samāpajjati(入四禪) 519
catur dhātu(四大, 地水火風) 634
cattāri ariya sacca(四聖諦, 苦集滅道) 680
cattāri ariya magga(四聖道, 四向四果)

tela pajjota(油燈) 489

TH

thīnamiddha(惛沈睡眠) 716
thūpa(塔婆) 317
thera(長老, 上座) 511
Theragāthā(長老偈) 300
Thera bhikkhu(長老比丘) 496
Theravāda(上座部, 長老部) 1034
Therīgāthā(長老尼偈) 300

D

Dakkhiṇa patha(南路) 409
dakkhiṇeyya(布施) 499
dama ānāpāna(調息) 867
dama kāya(調身) 867
dama citta(調心) 867
dhamma dāyāda(法相續者) 348
dasa akusala dhamma(十惡法) 547
dasa āsava(十漏) 714
dasa kusala dhamma(十善法) 547
dasa vatthukā micchā diṭṭhi(非法) 1034
dasa vatthukā sammā diṭṭhi(正法) 1034
dasa vatthūni(十事) 1034
dāna(布施) 350
Dārṣṭāntika(譬喩師) 1057
diṭṭha dhamma(見法) 482
diṭṭhi(見解) 497
dibba cakkhu(天眼通) 439
dīghāṅgula(手指纖長相) 444
Dīgha nikāya: 34經 300
Dīpavaṁsa(島史) 403

dukkata(突吉羅, 惡作) 507
dukkha(苦) 98
dukkha anuyuñjati(沒頭苦) 477
dukkha ariyasacca(苦聖諦) 479
dukkha khandha(苦蘊) 464
dukkha nirodha(苦滅) 469
dukkha nirodha ariyasacca(苦滅聖諦) 480
dukkha nirodhagāminī paṭipadā ariya sacca(苦滅引道聖諦) 481
dukkha samudaya ariyasacca(苦集聖諦) 480
duggahīta(誤解) 510
dutiya jhāna(二禪) 696
dutiyajjhāna vuṭṭhahati(出二禪) 519
dutiyajjhāna samāpajjati(入二禪) 519
duddasa(難見) 468
duranubujjhati(難覺) 468
dulladdha(不幸) 513
deva(天, 極樂) 976
deva gati(天上道趣) 972
Devadatta(提婆達多, 天施) 416
Devanagari(天語) 302
doṇa(頭那, 桶) 449
Dona brāhmaṇa 455
domanassa(憂) 464
dosa carita(嗔格) 576
dosa(嗔) 99
dvattiṁsa mahāpurisa lakkhaṇa(三十二相, 三十二大人相) 444
dvādasa āyatana(十二處) 643
dvadasa paṭicca samuppādaṅga(十二支緣起) 547
dvādasa aṅga sāsana(十二分教) 310
dvi anta(兩極端) 477

vijñāpti mātratā(唯識) 982

viññāṇa(識, 反影, image I) 644

viññāṇañcāyatana samāpatti -
vuṭṭhahati(出識無邊處等至) 519

viññāṇa nirodha(識滅) 520

viññupasattha(賢者稱頌) 500

vitakka(思惟智, 尋) 668

vitakka(分析智, 알음알이) 1127

vitakka(思惟則) 753

vitakka(尋, 가공) 668

vitakka(解悟) 156

vittaka(尋) 742

vitakka carita(尋格) 577

vitamala(無垢) 482

vitthārika(擴張) 506

vidita dhamma(知法) 483

Viḍūdabha(毘琉璃) 422

vinaya dhara(律通) 511

Vinaya Mahā vagga(律藏 大品) 461

Vinaya Piṭaka(毘奈耶, 律藏, 써줄) 1113

vinaya(毘奈耶, 壞) 501

vinā bhāva(離) 506

vinīta(修習) 505

vinīvaraṇacitta(無障碍心) 489

vipariṇāma dhamma(變法) 540

vipassanā(毘鉢舍那, 觀法) 762

vippaṭisāra(後悔) 513

Vibhaṅga(分別論) 298

vibhajati(分別) 505

Vibhajjavādin(分別說部, 세일론 上座部)
947

vibhava taṇhā(富渴愛) 480

vīmaṁsiddhipāda(思惟神足) 685

vimala(離垢) 471

Vimalakīrti(維摩詰, 淨名) 178

Vimalakīrti sūtra(維摩經) 324

Vimānavatthu(天宮事) 300

vimokkha(解脫) 63

vimokha ceto(心解脫) 521

vimokkha sukha(解脫樂) 254

viraja(無塵) 482

virāga(離貪) 469

viriya indriya(勤根) 686

viriya bala(勤力) 687

viriya bojjhaṅga(精進覺支) 688

viriyiddhipāda(精進神足) 685

vilokita(後視) 501

viyatta(有能) 505

vivarati(公開) 505

Visākhā(毘舍佉) 90

visārada(無畏) 505

Visibmitra(選友) 405

visuddhi(清淨) 429

visuddhi dhamma(清淨法) 860

visesa(差別) 983

vihāra(寺) 316

vīra(雄) 471

vūpasama(寂靜) 521

Vethadīpa 455

Vethadīpaka brahma 455

Veda(吠陀) 431

vedanā(受, 느낌) 742

vedanā nirodha(受滅) 660

Vedalla(方廣) 309

veyyākaraṇa bhaññati(說法) 482

Veyyākaraṇa(授記, 記說) 309

vera(憎惡) 513

Veḷuvana(竹林精舍) 89

vesārajja patta(得無畏) 483

Vesālī(毘舍離, 廣嚴城) 86

voloketi(照見) 472

saddha bala(信力) 687

Saddharma puṇḍarīka sūtra(妙法蓮華經) 122

santa(寂靜) 469

santi(寂靜) 521

sandiṭṭhika(自見現證) 498

sandhi(相續, 移轉) 983

sappāṭihāriya dhamma(正理法) 505

sappurisa(善知識) 173

sabba abhibhū(一切勝者) 473

sabbaupadhi paṭinissagga(諸願捨離) 469

sabba ākāra(諸相) 522

sabbataṇhā khaya(諸渴愛壞) 469

Sabbatthavādin(說一切有部) 1053

sabba pāsa(束縛) 492

sabba vidū(一切智者) 473

sabbasaṅkhāra samatha(諸行寂滅) 469

sabhāva parisuddha citta(自性淸淨心) 983

sabbe satta(衆生) 429

sabrahmaka(梵天) 512

samagga(和合, 雁行) 387

samaṇa(沙門, 平等) 407

samanta(一切) 471

samanta cakkhu(一切眼者) 471

Samantapāsādika(善見律毘婆沙) 112

samadanta(齒齊平密相) 446

samannāgata(具足) 500

samala(垢人) 470

samavatta-khandhā(肩圓滿相) 446

samādhi(三昧, 止, 定) 705

samādhi indriya(定根) 687

samādhi bojjhaṅga(定覺支分) 688

samādhi bala(三昧力) 232

samādhi bala(定力) 687

samāraka(惡魔) 512

sāmīci anudhamma(和隨法) 515

sāmukkaṁsika(直觀) 100

samudayadhamma(生法) 482

samuppāda(起) 553

samūha(積聚說) 1004

samūhanati(廢止) 518

sampajāna(自知) 544

sampādeti(現成) 508

samphappalāpa(綺語) 649

sambodhi(自覺, 正覺) 111

sammā ājīva(正命) 675

sammiñjita(屈) 501

Sammitīya(三彌底, 正量部) 1054

sammā kammanta(正業) 675

Sāmmitīya(正量部) 1054

sammā diṭṭhi(正見) 675

sammā dhamma(正法) 860

sammā paññā(正慧) 484

sammā saṅkappa(正思) 675

sammā vācā(正語) 675

sammā vāyāma(正精進) 675

sammā sati(正念) 675

sammā samādhi(正定) 675

Sammā sambuddha(正自覺, 正便智, 正等覺) 276

saraṇa(歸依處) 503

sarīra(舍利, 遺骨) 317

Sarīra thūpa(舍利塔婆) 341

Sarnath(鹿王) 329

Sarvajñādeva(玄泰, 7세기 중후기활동) 1119

saḷāyatana(六入) 651

saḷāyatana(六處) 464

sasamaṇa(沙門) 513

Sahaja yāna(俱生乘) 1068

sahassāra(足千輻輪相) 444

sahetudhamma(有因法) 466

9. 영어

9. 표 찾아보기

불교에 관한 모든 것

BUDDHA 가르침

초 판 佛紀 2542(2009)년 12월 20일

지은이 Buddhapāla
펴낸이 Buddhapāla
펴낸곳 SATI SCHOOL
　　　　경남 김해시 대동면 주동리 680. 반냐라마 SATI SCHOOL
　　　　www.satischool.net Tel. (055)331-2841

제 작 도서출판 무량수
　　　　부산광역시 해운대구 재송동 1209 센텀IS타워 1009호
　　　　전화 051-255-5675 팩스 051-255-5676

등록번호 제2006-01호

ISBN 978-89-958641-2-8

· 편집 / 천윤경 · 사진 / 김상남, 주영배 · 사진인물 / 아빠니따
· 표 / 장준현 · CI디자인 / 윤재중 · 삽화 / 이정민
· 교열 및 교정 / 해주, 씨네루, 따타가-따, 지우

정가 70,000원

잘못된 책은 바꾸어 드립니다.